Christian Solmecke, Sibel Kocatepe

Recht im Online-Marketing

So schützen Sie sich vor Fallstricken
und Abmahnungen

Rheinwerk
Computing

Liebe Leserin, lieber Leser,

vielleicht kennen Sie ja die folgende Situation: Sie haben eine wirkliche tolle und erfolgreiche Online-Marketing-Aktion geplant – aber sind Sie damit auch rechtlich auf der sichereren Seite? In vielen Unternehmen ist Online-Marketing mittlerweile der wichtigste Kommunikationskanal der PR- und Marketingarbeit. Schnell haben Sie sich dabei aber auch in juristische Schwierigkeiten gebracht, die Ihnen schlaflose Nächte verursachen können. Ein ungutes Gefühl beschleicht Sie. Wie können Sie sich vor Abmahnungen und Unterlassungsklagen schützen?

In diesem Buch erfahren Sie alles zu den verschiedenen Teilbereichen des Online-Marketings: Search Engine Advertising, Suchmaschinenoptimierung, Social Media Marketing, Affiliate Marketing, E-Mail-Marketing, Content Marketing u.v.m. Die beiden erfahrenen Juristen begleiten Sie von Anfang an bei der rechtssicheren Planung Ihres Marketings und bei der Lösung der wichtigsten Rechtsfragen.

Um Ihre Planungen zu erleichtern, haben die Autoren direkt einsetzbare Mustertexte und Checklisten erstellt. Sie finden diese nicht nur in diesem Buch, sondern können sie auch unter *www.rheinwerk-verlag.de/3757/* kostenlos herunterladen. Aktuelle Informationen finden Sie zusätzlich unter *www.wbs-law.de*.

Um die Qualität unserer Bücher zu gewährleisten, stellen wir stets hohe Ansprüche an Autoren und Lektorat. Falls Sie dennoch Anmerkungen und Vorschläge zu diesem Buch formulieren möchten, so freue ich mich über Ihre Rückmeldung.

Und nun wünsche ich Ihnen viel Erfolg mit Ihren Online-Marketing-Maßnahmen!

Ihr Stephan Mattescheck
Lektorat Rheinwerk Verlag

stephan.mattescheck@rheinwerk-verlag.de
www.rheinwerk-verlag.de
Rheinwerk Verlag · Rheinwerkallee 4 · 53227 Bonn

Auf einen Blick

Wir hoffen, dass Sie Freude an diesem Buch haben und sich Ihre Erwartungen erfüllen. Bitte teilen Sie uns doch Ihre Meinung mit. Eine E-Mail mit Ihrem Lob oder Tadel senden Sie direkt an den Lektor des Buches: stephan.mattescheck@*rheinwerk-verlag.de*. Im Falle einer Reklamation steht Ihnen gerne unser Leserservice zur Verfügung: *service@rheinwerk-verlag.de*. Informationen über Rezensions- und Schulungsexemplare erhalten Sie von: *britta.behrens@rheinwerk-verlag.de*.

Informationen zum Verlag und weitere Kontaktmöglichkeiten finden Sie auf unserer Verlagswebsite *www.rheinwerk-verlag.de*. Dort können Sie sich auch umfassend und aus erster Hand über unser aktuelles Verlagsprogramm informieren und alle unsere Bücher versandkostenfrei bestellen.

An diesem Buch haben viele mitgewirkt, insbesondere:

Lektorat Stephan Mattescheck, Erik Lipperts
Korrektorat Annette Lennartz
Einbandgestaltung Mai Loan Nguyen Duy
Coverbilder iStockphoto7132136 © PazzazProductions
Typografie und Layout Vera Brauner
Herstellung Martin Pätzold
Satz III-satz, Husby
Druck und Bindung Beltz Bad Langensalza GmbH, Bad Langensalza

Dieses Buch wurde gesetzt aus der TheAntiquaB (9,35/13,25 pt) in FrameMaker.
Gedruckt wurde es auf chlorfrei gebleichtem Offsetpapier (90 g/m^2).

Bibliografische Information der Deutschen Nationalbibliothek
Die Deutsche Nationalbibliothek verzeichnet diese Publikation in der Deutschen Nationalbibliografie; detaillierte bibliografische Daten sind im Internet über *http://dnb.d-nb.de* abrufbar.

ISBN 978-3-8362-3476-4

1. Auflage 2016

Inhalt

Geleitwort

»Online eats the world« – und umso wichtiger ist es, den rechtlichen Überblick zu behalten!

Als wir im Jahr 2011 unser Unternehmen für »Social Media Marketing Software« gegründet haben, wurden wir gerade im deutschsprachigem Raum belächelt: »Wer benötigt denn schon Tools für Facebook & Co.?« Im Nachhinein eine erstaunliche Einschätzung unserer ersten Gesprächspartner, da der Markt für genau solche Anwendungen seitdem geradezu explodiert ist.

Die Logik dieser Denkweise resultierte vermutlich daraus, dass selbst allgemeines Online-Marketing vor wenigen Jahren noch immer ein Nischenthema war. Diese Sichtweise hat sich inzwischen auch in der breiten Masse radikal verändert. Das beweist das alltägliche Verhalten von Marken: Quasi alle relevanten Unternehmen haben eine Website, einen eigenen Webshop und mindestens eine strategische Social-Media-Präsenz. Und: Online-Marketing hat alle Unternehmensbereiche erfasst. Es geht nicht mehr nur um eine erhöhte Markenbekanntheit oder einen gestärkten Vertrieb. Themen wie z. B. Marktforschung und Recruiting werden heute ganz selbstverständlich auch »online gespielt« und sind selbst in Deutschland zu einer Milliardenindustrie gereift. Online-Marketing ist schon lange kein Selbstzweck mehr, sondern wird als Tool verstanden um schnell und effizient Unternehmensziele zu realisieren. Dieses Buch kommt daher zum perfekten Zeitpunkt. Es beleuchtet ausführlich und praxisnah alle relevanten Aspekte. Nach der Lektüre hat man ein sehr solides Fachwissen, das für die allermeisten Online-Maßnahmen die notwendige Rechtssicherheit verschafft.

Mir persönlich hat das Buch sehr geholfen, mein Wissen aufzufrischen und zu vervollständigen. Christian Solmecke und Sibel Kocatepe zeigen sehr verständlich und detailliert, was Sie im Online-Marketing zu beachten haben. Das Buch unterstreicht die führende Stellung der Kanzlei WILDE BEUGER SOLMECKE in dieser Disziplin. Es würde mich nicht wundern, wenn dieses Buch schon bald das Standardwerk im Bereich »Online-Recht« ist!

Benjamin Schroeter
CEO & Gründer von Facelift brand building technologies GmbH

Kapitel 1
Einführung

»Wer nicht mit der Zeit geht, geht mit der Zeit.«
– Carl Josef Neckermann (1912–1992)

Marketing, das klingt zunächst nach aufwendigen Kampagnen großer Konzerne, nach Zielgruppenanalysen und Kundenbedürfnissen. Das wird mit Blick auf viele Unternehmen auch der Realität entsprechen. Die Zeit hat jedoch gezeigt, dass das Internet Ihnen völlig neue Möglichkeiten im Marketing bietet. Während man bis vor ein paar Jahren als Unternehmer schon stolz war, wenn man eine Website oder einen Onlineshop hatte, gehören diese Marketinginstrumente nun schon zum Standard. Nutzer danken Ihnen diese Webpräsenzen nicht, sie sind vielmehr irritiert, wenn Sie nicht darüber verfügen – so mancher findet es schon fast dubios, wenn ein Unternehmen nicht im Internet zu finden ist.

Der Grund dafür ist einfach: Wen es im Internet nicht gibt, der existiert einfach nicht. Ein solches Ergebnis wäre für Gewerbetreibende fatal. Schließlich hat der Wandel des Technologiezeitalters bewirkt, dass Unternehmen mehrere Kanäle gleichzeitig nutzen, um direkten Kontakt zu ihrer Zielgruppe zu haben: Website, Onlineshop, App, soziale Netzwerke und Co. sind nur ein Ausschnitt daraus. Tauchen Sie in keinem oder in nur sehr wenigen Kanälen auf, geraten Sie in Vergessenheit. Um es mit Carl Josef Neckermanns Worten zu sagen: Sie gehen mit der Zeit – wenn auch ungewollt. Doch wenn Sie sich nun fragen, wie Sie das verhindern können, so können wir Ihnen sagen, dass die Antwort darauf ganz einfach ist: Betreiben Sie Online-Marketing.

Der Bereich der Werbung im Internet hat sich auch für kleine Unternehmen, Selbstständige und Privatpersonen geöffnet. Nie zuvor war es einfacher, eine Idee, ein Hobby oder sogar die eigene Person einer Vielzahl von Menschen zugänglich und schließlich zu Geld zu machen. Ein Buch zum Online-Marketing muss sich daher an eine breite Palette von Adressaten richten – vom Großkonzern bis hin zum privaten Blogger.

1.1 An wen richtet sich dieses Buch?

Wenn Sie zur Kategorie der **Unternehmer** bzw. Gewerbetreibenden gehören, haben Sie sicherlich konkrete Vorstellungen davon, was Sie von diesem Buch erwarten. Entweder haben Sie bereits Marketingerfahrung und wollen diese im Online-Bereich ausbauen, oder Sie stehen noch am Anfang und überlegen, wie die ersten Schritte zu gestalten sind.

Der Fokus dieses Buches liegt auf dem geltenden Recht und darauf, wie Sie dieses sicher umsetzen. Rechtsverstöße auf Webseiten und in sozialen Netzwerken stellen einen Großteil der Arbeit von Rechtsanwälten im Internetrecht dar. Nutzen Sie dieses Buch daher auch zur Kontrolle und Überarbeitung Ihrer Internetauftritte. Schließlich ist das Internet dynamisch und damit auch darauf bezogene rechtliche Regelungen.

Praxishinweis

Rechtsverstöße auf Webseiten betreffen nicht nur Urheberrechtsverletzungen. Auch fehlerhafte Impressen und Datenschutzerklärungen werden abgemahnt. Wissen Sie, welche Informationen Sie als Unternehmer in Ihr Impressum schreiben und wo Sie dieses platzieren müssen?

Der Schwerpunkt dieses Buches liegt natürlich auf den verschiedenen Instrumenten des Online-Marketings und deren rechtswirksamer Anwendung. Haben Sie noch nichts von Begriffen wie *Affiliate Marketing*, *Content Marketing* oder *Search Engine Optimization* gehört, ist das kein Problem. Denn wir beginnen jeweils bei den praktischen Grundlagen und arbeiten uns dann Schritt für Schritt bis zur rechtssicheren Realisierung vor.

Rechtliche Probleme thematisieren wir im Einzelnen und verdeutlichen diese an Beispielen aus der Praxis. Zahlreiche Grafiken begleiten den Text und veranschaulichen somit nicht nur die angesprochenen Probleme, sondern erleichtern auch den Lesefluss. Dadurch möchten wir Ihnen auch teils rechtlich komplexere Themen erklären, ohne eine juristische Vorbildung vorauszusetzen.

Allerdings werden auch medienrechtlich Interessierte, Rechtsanwälte und Unternehmensjuristen gut mit diesem Buch arbeiten können. Online-Marketing betrifft verschiedenste Rechtsbereiche, die sich im steten Wandel befinden. Wir bieten ein umfassendes Werk, das rechtliches und technisches Wissen verbindet und somit unverzichtbar für die Praxis ist.

Das Internet macht es auch für kleine Unternehmen und sogar Privatpersonen einfach, Inhalte ohne großen Aufwand einer beachtlichen Zahl von Menschen anzubieten. Allerdings fällt der Einstieg ins Internetmarketing und dessen optimale Anwendung oft schwer. Hier wollen wir helfen – nicht nur dabei, wie eine Idee oder ein erstes Produkt seinen Weg ins Netz findet, sondern auch, wie die verschiedenen Kanäle zur Verbreitung genutzt werden können.

Die letzten Jahre haben gezeigt, wie Menschen ohne übermäßigen Aufwand oder enormes Startkapital durch Blogs, soziale Netzwerke oder Plattformen wie YouTube erheblich an Einfluss gewinnen können. Auch neue Finanzierungsformen, wie zum

Beispiel Crowdfunding, machen aus Start-ups respektable Marktteilnehmer. Online-Marketing hilft allen diesen Personen, ihre Reichweite zu vergrößern und vielleicht sogar ganz neue Wege zu gehen. Hier werden nicht immer herkömmliche Produkte und Dienstleistungen im Mittelpunkt des Marketings stehen, sondern auch Ideen, Persönlichkeiten, Erfahrungen, Hobbys und Meinungen. Genauso wie ein Getränkehersteller sein neuestes Produkt durch gezieltes Online-Marketing zum nächsten Trendgetränk machen möchte, ist ein Reiseblogger daran interessiert, immer mehr Menschen für seine Erfahrungsberichte zu begeistern.

Darüber hinaus bietet Online-Marketing auch die Möglichkeit, selbst zum Werbeträger zu werden. Für viele Blogger bedeutet ihre Tätigkeit auch einen willkommenen Nebenverdienst dadurch, dass sie Anzeigen platzieren oder aktiv für andere Unternehmen werben.

Praxishinweis

Werbeflächen auf der eigenen Website können Geld pro Klick einbringen. Beim Affiliate Marketing kann zum Beispiel ein Blogger Provisionen erhalten, wenn seine Leser auf Werbelinks klicken und darüber Waren einkaufen. So kann das Blog zur Einnahmequelle werden.

Allerdings sind gerade Start-ups, Blogger und private Website-Betreiber auf rechtliche Hilfe angewiesen. Im Gegensatz zu größeren Unternehmen können sie nicht auf erfahrene Rechtsabteilungen oder kostspielige Beratungen zurückgreifen. Aus diesem Grund möchten wir mit diesem Buch auch Ihnen als Internetneuling, erfahrenem Blogger oder Existenzgründer im Bereich des Online-Marketings unter die Arme greifen.

Keines der in diesem Buch behandelten Themen ist ausschließlich auf einen bestimmten Personenkreis beschränkt. Jeder kann von den dargestellten Instrumenten und Handlungsformen profitieren, weshalb wir besonderen Wert darauf legen, die Problematiken allgemein verständlich zu erklären. Wir weisen auf die häufigsten Rechtsprobleme hin, bieten Lösungsvorschläge, klären Sie über Ihre jeweiligen Rechte und Pflichten auf und ermöglichen Ihnen somit, Ihr Ziel nicht nur tatsächlich, sondern auch rechtlich einwandfrei zu erreichen.

1.2 Warum ist rechtliche Hilfe im Online-Marketing unverzichtbar?

Eine Besonderheit des Internets ist, dass es zu jedem Thema Millionen von Erklärungen und zu jeder Frage Millionen von Antworten bereithält. Eine Google-Suche zum Begriff »Online-Marketing« liefert mehr als 500 Millionen Ergebnisse. Warum also ein Buch zu diesem Thema, wenn es bereits so viele Informationen kostenfrei und jederzeit abrufbar gibt?

Abgesehen davon, dass oft unklar ist, wie vertrauenswürdig diese Informationen sind, konzentrieren wir uns in diesem Buch auf die rechtlichen Aspekte des Online-Marketings. Die Relevanz dieses Bereichs wird leider zu oft verkannt und endet dann im schlimmsten Fall vor Gericht.

1.2.1 Einstiegsprobleme

Sie haben eine gute unternehmerische Idee und den Willen, diese auch umzusetzen? Dann lassen Sie das nicht an der Angst vor rechtlichen Konsequenzen scheitern. Es wäre eine Lüge zu behaupten, dass die rechtlichen Hintergründe einfach zu verstehen sind. Sie werden jedoch oft viel komplizierter dargestellt und wahrgenommen, als sie es tatsächlich sind.

Praxisbeispiel

Das deutsche Urheberrecht ist sehr streng und regelmäßig Grund für Abmahnungen. Das sollte Sie nicht davon abhalten, Ihre Website anschaulich zu bebildern. Dafür müssen Sie weder selbst künstlerisch tätig werden noch große Geldsummen für Lizenzen bezahlen. Mittlerweile gibt es viele kostenfreie Lizenzen, auf die wir in Abschnitt 6.1.4 genauer eingehen werden.

Um online Erfolg zu haben, sind Sie schon lange nicht mehr komplett auf Ihre eigenen Fähigkeiten angewiesen. Für fast jedes Vorhaben gibt es Dienstleister, die die Umsetzung erleichtern. Das beginnt bei der Wahl des Website-Hosters und geht bis hin zu Werbeplattformen, auf denen Werbende und Werbeträger durch wenige Klicks zusammengeführt werden. Die Wahl des richtigen Anbieters ist jedoch nicht immer einfach. Gerade die große Anzahl verschiedener Angebote kann Anfänger auf den jeweiligen Gebieten überfordern.

Auch diesem Einstiegsproblem widmen wir uns. Wir zeigen Ihnen, worauf Sie besonders achten müssen und welche Angebote für Ihr individuelles Vorhaben am besten geeignet sind. Dabei untersuchen wir nicht nur die vertraglichen Hintergründe verschiedener Plattformen, sondern klären Sie auch darüber auf, welche Klauseln zum Beispiel ein Vertrag im Affiliate Marketing zwingend beinhalten muss.

So wollen wir Sie ermutigen, neue Ufer zu erschließen und Ihre Vorhaben frei von Bedenken rechtskonform umzusetzen.

1.2.2 Rechtliche Unsicherheiten

Natürlich lässt sich nicht jeder von rechtlichen Problemen abschrecken. Das darf jedoch nicht so weit gehen, dass die rechtliche Seite des Internets vollkommen vernachlässigt wird. Der Satz »Das Internet ist kein rechtsfreier Raum« war schon vor etlichen Jahren abgenutzt. Trotzdem wissen die wenigsten Internetnutzer, mit welchen rechtlichen Gefahren sie im Netz überhaupt konfrontiert werden.

Das Ergebnis ist, dass Rechtsstreitigkeiten um Vorfälle im Internet immer häufiger die Gerichte beschäftigen. Dabei werden die gleichen Fehler regelmäßig wiederholt: Fehlende oder fehlerhafte Impressen, geklaute Bilder, exzessives Datensammeln, Beleidigungen, Rufmord und unzulässige AGB sind nach wie vor an der Tagesordnung.

Viele Rechtsverstöße werden nicht einmal vorsätzlich begangen. Mangelnde Kenntnis und die Hoffnung, dass »es schon gut gehen wird«, sind vor Gericht jedoch keine wirksame Verteidigung. Recht und Internet sind schon seit vielen Jahren kein Neuland mehr – weder für die Nutzer noch für die Gerichte. Richter wissen sehr genau, wie sie vorgehen müssen, um die Hintergründe einer rechtswidrigen Handlung im Internet aufzuklären. Es existieren nur noch wenige rechtliche Grauzonen oder technische Tricks, die die Gerichte vor Argumentationsprobleme stellen. Die Vielzahl an rechtlichen Bagatellverstößen sorgt zudem dafür, dass Abmahnanwälte im Internet ein lohnendes Tätigkeitsfeld gefunden haben.

Vertrauen Sie daher nicht einfach darauf, dass Ihre Handlungen im Netz keine rechtlichen Folgen haben werden. Nutzen Sie dieses Buch zur Information, und schaffen Sie selbst Rechtssicherheit. Wir erklären, wann eine Website abmahnsicher ist, wie Verträge und AGB in Onlineshops auszusehen haben und wie Sie die Rechte Ihrer Kunden und Follower gewährleisten.

Daneben widmen wir uns in jedem Kapitel auch dem Thema, wie Sie selbst Ihre Rechte wahren und durchsetzen können, schließlich sind an Rechtsverstößen immer zwei Parteien beteiligt. Denn bei der Durchsetzung eigener Rechte bestehen genauso rechtliche Unsicherheiten: Wann darf gegen einen Rechtsverstoß vorgegangen werden? Wie wird eine Abmahnung verfasst? Gibt es Alternativen zum Gerichtsprozess, und muss stets ein Rechtsanwalt eingeschaltet werden?

Wir widmen uns in diesem Buch allen rechtlichen Problemen und sorgen dafür, dass Sie sich Ihrer Rechte und Pflichten gleichermaßen sicher sein können.

1.2.3 Ungenutztes Potenzial

Wie bereits erwähnt, haben Sie vielleicht schon eine erfolgreiche Website, einen einflussreichen Social-Media-Account, einen ertragreichen Onlineshop und eine effektive Marketingkampagne. Aber egal, wie Ihr Status quo aussieht, Sie können noch mehr erreichen! Auf den folgenden Seiten erklären wir nicht nur die Grundlagen, sondern gehen auch ins Detail. Neue Technologien und Marketingstrategien entwickeln sich rasant und bieten aufgeschlossenen, flexiblen Nutzern einen erheblichen Vorteil gegenüber ihren Konkurrenten.

Zumal schon die technischen Hintergründe nicht immer einfach zu verstehen sind, stellen die daraus resultierenden Rechtsfragen Laien vor unlösbare Probleme. Wir haben uns intensiv mit den verschiedenen Möglichkeiten im Online-Marketing beschäftigt und können Sie somit umfassend beraten. Holen Sie mehr aus Ihren Projekten heraus, lassen Sie sich nicht von vermeintlichen Problemen abschrecken, und zeigen Sie Entwicklungsoffenheit! Wir wollen mit diesem Buch die Grundlagen und das Selbstvertrauen für den nächsten Schritt schaffen.

1.2.4 Digitaler Wandel

Alle bisher angesprochenen Punkte betreffen Ihre gegenwärtigen Vorhaben und deren Umsetzung. Dabei darf ein Blick in die Zukunft auf keinen Fall fehlen. Es wird niemandem entgangen sein, dass sich die technischen Möglichkeiten in den letzten Jahren gewaltig verändert haben. Heute alltägliche Plattformen wie YouTube und Facebook existieren bloß seit etwas mehr als zehn Jahren. Erst im Laufe der 2000er Jahre wurde das Internet als Marketingplattform relevant.

Mit den technischen ändern sich in gleichem Maße die rechtlichen Voraussetzungen. Der deutsche Gesetzgeber hingegen hängt oft Jahre zurück. Jede neue Technologie und jedes neue Geschäftsmodell wird daher von rechtlichen Unsicherheiten und widersprüchlicher Rechtsprechung begleitet. Verschärft wird das dadurch, dass sich nicht nur das deutsche Recht, sondern auch das europäische Recht ändert. Manchmal kommt es dann auch noch zu Diskrepanzen zwischen deutschem und europäischem Recht.

Praxisbeispiel

Erst im Juni 2014 hat der deutsche Gesetzgeber das Verbraucherrecht reformiert und damit die europäische Verbraucherrechterichtlinie umgesetzt, die wiederum eine Reaktion auf die neuen Begebenheiten im Internet darstellt.

Eine Rechtsberatung kann somit in vielen Bereichen leider nicht abschließend sein. Eventualitäten müssen berücksichtigt, gerichtliche Klärung abgewartet werden.

Was bedeutet das nun für Sie? Wenn Sie sich zum ersten Mal mit dem Thema Online-Marketing beschäftigen, dann lernen Sie mit diesem Buch die aktuellste Rechtslage kennen und werden auch auf zukünftige Änderungen, so gut es geht, vorbereitet.

Sofern Sie bereits Erfahrungen auf diesem Gebiet gesammelt haben, können wir gemeinsam auf diesen Grundlagen aufbauen. Verlassen Sie sich jedoch nicht auf Ihr bisheriges Wissen, sondern beschäftigen Sie sich auch mit den vermeintlich bekannten Kapiteln in diesem Buch. Sie werden mit mehr neuen Dingen konfrontiert werden, als Sie denken!

Darüber hinaus wollen wir Ihr Bewusstsein für den digitalen Wandel schärfen. Die rechtliche Lage kann zu Beginn eines Projekts anders sein, als am Ende. Bereits existierende Projekte können trotz früherer rechtlicher Kontrolle mittlerweile Mängel aufweisen, die bei fortdauernder Missachtung zu Rechtsstreitigkeiten führen können.

Mit Blick auf die rechtlichen Grundlagen können wir Sie allerdings beruhigen: Gerade weil der Gesetzgeber mit dem Erlass neuer Gesetze schon lange in Verzug ist, wird die bestehende Rechtsordnung immer wieder zur Lösung neuer Probleme herangezogen. Die meisten Rechtsbereiche verändern sich daher nur minimal, wobei dann allerdings genau diese Änderungen bekannt sein müssen.

Praxisbeispiel

Das Urheberrecht hat sich seit Jahrzehnten nicht groß verändert, wofür es aber auch stark kritisiert wird. Die Grundlagen im Vertragsrecht bleiben stets dieselben, werden gleichwohl von anderen Rechtsbereichen (wie zum Beispiel dem Verbraucherrecht) stark beeinflusst.

Die beste Vorbereitung ist folglich ein fundiertes Verständnis der elementaren Grundsätze. Dadurch können Sie sich nicht nur Ihres Status quo sicher sein, sondern bekommen auch einen Blick für Veränderungen und sind so in der Lage, rechtzeitig zu reagieren.

1.3 Welche rechtlichen Fallstricke gibt es im Online-Marketing?

Sie fragen sich jetzt sicherlich, wo denn genau die erwähnten Probleme liegen. Daher wollen wir Ihnen im Folgenden einen kurzen Überblick über die typischen rechtlichen Fallstricke im Online-Marketing geben und somit einen ersten Eindruck über den Inhalt dieses Buches verschaffen.

1.3.1 Urheberrecht

Zu den bekanntesten Abmahngründen dürften Verstöße gegen das Urheberrecht gehören. Das mag zum einen daran liegen, dass tatsächlich ein Großteil der Abmahnungen auf der Grundlage von Urheberrechtsverletzungen erfolgt. Zum anderen ist das Thema sehr präsent in den Medien. Allerdings liegt der Fokus hier meist auf dem Filesharing, konkret der unerlaubten Weitergabe von Filmen und Serien, an denen die Verbreiter keine Rechte haben. Filesharing spielt im Online-Marketing keine Rolle, die Probleme liegen also woanders.

Das Urheberrecht schützt die Rechte des Urhebers an seinem Werk. Es versucht zu verhindern, dass sein Werk von anderen Personen verunstaltet, missbraucht oder als eigenes ausgegeben wird. Der Urheber soll von seiner Arbeit wirtschaftlich profitieren können und gleichzeitig für seine Mühen Anerkennung bekommen. Damit besteht ein bedeutender Unterschied zum US-amerikanischen »Copyright«. Wie der Name bereits verrät, steht dort nicht der Urheber als Person im Mittelpunkt, sondern das Werk selbst und die Möglichkeit, es zu kopieren, also gewinnbringend zu verwerten.

Praxishinweis

Dieser Unterschied schlägt sich in den Verträgen zur Werknutzung nieder. Seien Sie sich darüber im Klaren, wenn Sie im Internet nach Bildern, Texten und Videos für Ihre Marketingkampagne suchen.

Das deutsche Urheberrechtssystem hat zur Folge, dass ein Urheber die Rechte an seinem Werk nie vollständig verkaufen kann. Wenn jemand anderes sein Werk nutzen will, um zum Beispiel damit zu werben, dann muss ihm der Urheber eine Lizenz einräumen.

Eine Lizenz ist ein Recht zur Nutzung eines Werkes und damit für Sie das wichtigste Instrument des Urheberrechts! Wenn Sie nicht selbst künstlerisch tätig werden wollen, sind Sie auf die Werke anderer Personen angewiesen. Das bedeutet, dass Sie Nutzungsrechte an diesen Werken erwerben müssen. Woher Sie Lizenzen bekommen und wo Sie mitunter sogar kostenfreie Nutzungsrechte finden, erklären wir im Laufe dieses Buches.

Lizenzen führen leider immer wieder zu Missverständnissen und vermeidbaren Fehlern. Wissen Sie, welche Rechte Ihnen eine Lizenz an einem Bild einräumt? Wenn Sie diese Frage nicht sofort beantworten können, dann muss das kein schlechtes Zeichen sein. Denn Lizenzen werden je nach Bedürfnis, Werk und Vertragspartei andere Inhalte haben. Selten jedoch räumt Ihnen eine Lizenz ein unbegrenztes Nutzungsrecht an einem Werk ein. Überschreitungen der Nutzungsrechte stellen ebenso eine Rechtsverletzung dar, wie die Nutzung des Werkes komplett ohne Lizenz.

Praxisbeispiel

Angenommen, Sie lizenzieren eine Grafik für Ihr privates Blog. Ohne den genauen Inhalt der Lizenzvereinbarung zu kennen, stellen sich nun einige praxisrelevante Fragen: Dürfen Sie die Grafik in Werbeanzeigen für Ihr Blog verwenden? Dürfen Sie die Grafik im Hintergrund Ihres Newsletters zeigen? Dürfen Sie die Grafik verkleinern, zuschneiden und einzelne Elemente überdecken?

Wir werden an verschiedenen Stellen dieses Buches auf Ihre Rechte und Pflichten im Umgang mit Lizenzen eingehen. Anhand von Praxisbeispielen wollen wir Ihr Problembewusstsein stärken, was in vielen Situationen sehr nützlich ist. Denn im Rahmen Ihrer Marketingkampagnen werden auch Sie anderen Parteien Nutzungsrechte einräumen müssen. Überlegen Sie beispielsweise, eine Anzeigenkampagne mit Google AdWords zu starten, müssen Sie Google die Nutzungsrechte an Ihren Werbebannern einräumen. Ohne die entsprechenden Lizenzen wäre es Google rechtlich nicht möglich, die Werbebanner im Internet zu verbreiten. Sie können sich bestimmt jetzt schon denken, dass Probleme entstehen könnten, wenn der Urheber der in Ihren Werbebannern verwendeten Bilder mit einer Weitergabe seiner Werke an Google nicht einverstanden ist.

Weitere typische Probleme im Urheberrecht betreffen die Frage, was überhaupt alles vom Urheberrecht geschützt wird. Blogger beklagen häufig, dass ihre Texte ganz oder teilweise von anderen Bloggern oder Online-Portalen übernommen werden. Das wirft die Frage auf, ob Texte urheberrechtlich geschützt sind und ob es einen Unterschied zwischen einem bekannten Gedicht von Goethe und einem Kuchenrezept aus einem wenig beachteten Food-Blog gibt.

Dieses Thema hat auch für große Unternehmen spätestens dann eine Bedeutung, wenn es um die Frage der Schutzwürdigkeit von Werbeslogans und Produktbezeichnungen geht. Dürfen Sie einen Onlineshop mit dem Namen »adidas-store« betreiben und mit dem Slogan »Geiz ist geil« bewerben? Die Antwort werden Sie sich bereits denken können, allerdings liegt die Rechtsgrundlage hier eher im Markenrecht als im Urheberrecht.

Praxishinweis

Die Unterschiede zwischen Urheberrecht und Markenrecht haben für die Praxis teils erhebliche Folgen. Das Urheberrecht an einem Werk entsteht automatisch, während eine Marke grundsätzlich beim Deutschen Patent- und Markenamt eingetragen werden muss. Mit der Eintragung kann das Recht an einer Marke einfacher nachgewiesen werden als ein Urheberrecht an einem Werk. Allerdings muss ein Markenschutz alle zehn Jahre kostenpflichtig verlängert werden. Das Urheberrecht an einem Werk hingegen besteht bis 70 Jahre nach dem Tod des Urhebers.

Sie sehen also, dass Urheberrechtsprobleme auch mitunter andere Rechtsbereiche berühren. Wenn dann noch mehrere verschiedene Parteien an einem Rechtsproblem beteiligt sind, kann das Personen ohne vertiefte Rechtskenntnisse schnell überfordern. Damit sind zudem noch lange nicht alle urheberrechtlichen Fallstricke angesprochen worden. Insbesondere das Teilen fremder Werke in sozialen Netzwerken und die ungefragte Nutzung von Medien aus öffentlich zugänglichen Plattformen wie YouTube oder Facebook haben die Gerichte in der Vergangenheit schon oft beschäftigt. Das Urheberrecht beeinflusst fast alle Bereiche des Online-Marketings, weshalb wir an den jeweiligen Stellen in diesem Buch immer wieder darauf eingehen werden.

1.3.2 Persönlichkeitsrecht

Ebenfalls eng mit dem Urheberrecht verbunden ist das Persönlichkeitsrecht. Das Persönlichkeitsrecht ist im Grundgesetz verankert und beeinflusst dadurch eine Vielzahl von unterschiedlichen Rechtsgebieten. In der Nachrichtenberichterstattung und der Werbebranche hatte das Persönlichkeitsrecht schon immer eine große Bedeutung. Diese Bedeutung hat sich durch das Internet noch weiter verschärft und dafür gesorgt, dass immer mehr Rechtsstreite vor Gericht ausgefochten werden. Nicht nur hat die Anonymität im Netz eine geringere Hemmschwelle bei der Äußerung von Beleidigungen zur Folge. Auch die Verbreitung von aus dem Kontext gerissenen Zitaten, ungünstigen Bildern und Videos ist durch das Internet so einfach wie nie zuvor.

Das Persönlichkeitsrecht schützt jeden Teil einer bestimmten Person, der für sie charakteristisch ist, also zum Beispiel Name, Stimme und Aussehen. Auch die Ehre eines Menschen ist über das Persönlichkeitsrecht geschützt.

Praxisbeispiel

In einem der bekanntesten Fälle zum Persönlichkeitsrecht, dem sogenannten »Herrenreiter-Fall«, hatte der Hersteller eines Potenzmittels ungefragt mit dem Bild eines prominenten Dressurreiters geworben. Dieser war damit überhaupt nicht einverstanden und sah sich in seinem Persönlichkeitsrecht verletzt.

Für den Bereich des Online-Marketings dürfte das Recht am eigenen Bild der relevanteste Teil des Persönlichkeitsrechts sein. Werbung ohne Menschen ist fast unvorstellbar. Ein lächelndes Gesicht ist einladend, persönlich und ansprechend. Eine Produktempfehlung klingt aus dem Mund einer realen Person glaubwürdiger als abgedruckt in einer Zeitschrift. Wenn Sie erfolgreich werben wollen, kommen Sie folglich nicht umhin, sich mit dem Persönlichkeitsrecht auseinanderzusetzen.

Rechtsfragen stellen sich zunächst bei der Erstellung von Werbematerial. Die Einwilligung des engagierten Models einzuholen ist unproblematisch. Wie aber müssen Sie mit den im Hintergrund abgebildeten Menschen verfahren? Müssen Sie jede Person in einer Menschenmenge kontaktieren und möglicherweise viel Geld für eine Zustimmung zur werblichen Verwendung des Fotos bezahlen? Viele Online-Portale bieten fertige Bilder an, die Sie zu Werbezwecken lizenzieren können. Ist das Einverständnis der abgebildeten Models in der erworbenen Lizenz enthalten?

Das oben erwähnte Beispiel des Herrenreiter-Falls hat Sie vielleicht vor weitere Fragen gestellt. Denn erfolgreiche Marketingkampagnen arbeiten gerne mit einem möglichst prominenten Gesicht als Werbeträger. Dieses Konzept schafft Vertrauen bei den Kunden: Wenn eine in der Öffentlichkeit stehende Person für ein Produkt wirbt, kann es doch nicht schlecht sein!

Wenn Sie es schaffen, einen derartig lukrativen Werbevertrag mit einer berühmten Person zu schließen, gehören Sie sicherlich zu den erfahreneren und bereits erfolgreichen Unternehmen. Aber auch für alle anderen dürfte es interessant sein, wie diese Art des Marketings funktioniert und wie die rechtlichen Voraussetzungen aussehen. Die Problematik der ungefragten Werbung mit Prominenten dürfte Ihnen bewusst sein. Wie sieht es jedoch aus, wenn sich ein Prominenter positiv über Ihr Produkt auf Twitter oder Facebook äußert? Dürfen Sie das Posting teilen, darauf verweisen oder sogar in einer Anzeige als Zitat abdrucken?

1.3.3 Vertragsrecht

Bisher haben wir mehrmals auf »vertragliche Grundlagen« hingewiesen. Tatsächlich stellen Verträge die Basis für die meisten rechtlichen Handlungen dar. Ein gut durchdachter und formulierter Vertrag kann Sie vor jedem Rechtsstreit bewahren. Daher kommt auch ein Buch zum Online-Marketing nicht ohne Ausführungen zum Vertragsrecht aus.

Verträge, insbesondere »Allgemeine Geschäftsbedingungen«, werden von den meisten Menschen als ermüdendes und zähes Thema wahrgenommen. Wir werden dieses Kapitel so anschaulich wie möglich behandeln und versuchen, Ihr Interesse für die nähere Auseinandersetzung mit Verträgen zu wecken.

Egal, ob Kaufvertrag, Werbevertrag, AGB, Widerrufsbelehrung, Lizenzvertrag oder Nutzungsbedingungen – der Inhalt dieser Vereinbarungen beeinflusst die gesamte nachfolgende Geschäftsbeziehung zwischen den Vertragsparteien. Einem Vertrag zuzustimmen, ohne ihn gelesen zu haben, ist für Privatpersonen ungünstig, für Geschäftsleute fatal. Während für Verbraucher noch einige hilfreiche Sonderregeln gelten, wird von Unternehmern stets erwartet, dass sie über ihre Geschäftsbeziehungen informiert sind und die zugrunde liegenden Verträge gelesen haben.

Wir werden uns in diesem Buch einer Vielzahl verschiedener Vertragstypen widmen und die wichtigsten Merkmale genauer betrachten. Unser Ziel ist es nicht, Sie selbst zum Verfassen von Verträgen zu bewegen, sondern Sie für bestimmte Klauseln und die häufigsten Probleme zu sensibilisieren, die Ihnen von Ihren Vertragspartnern vorgelegt werden. Sie sollen lernen, welche Klauseln für Sie von besonderer Bedeutung sind und bei welchen Vereinbarungen Sie vorsichtig sein sollten.

Praxisbeispiel

Natürlich stehen immer die Rechte und Pflichten der Parteien im Mittelpunkt des Vertrags. Ebenso wichtig sind ferner Haftungsausschlüsse, Kündigungsregeln, Vertragsstrafen und die Wahl des zuständigen Gerichts im Fall eines Prozesses.

Am Ende dieses Buches finden Sie in Kapitel 17 mehrere Mustertexte, die Ihnen die rechtssichere Arbeit in einigen Teilbereichen des Online-Marketings erleichtern werden. Viele der hier vermittelten Kenntnisse lassen sich gleichwohl auf Verträge außerhalb des Online-Marketings übertragen. Sie können von einer näheren Auseinandersetzung mit diesem Thema also nur profitieren.

1.3.4 Wettbewerbsrecht

Als Marketer nehmen Sie am wirtschaftlichen Wettbewerb teil. Sie nutzen Online-Marketing, um Internetnutzer auf Ihr Angebot aufmerksam zu machen und Ihren Absatz zu steigern. Das deutsche Wirtschaftsverständnis ist sehr liberal, kommt jedoch nicht ganz ohne Regeln aus. Viele dieser Regeln betreffen die Geschäftspraktiken untereinander und die Vermarktung von Produkten. Ziel ist es, einen fairen Wettbewerb zu schaffen, in dem alle Konkurrenten die gleichen Chancen haben.

Dementsprechend stellt eine Handlung dann einen Wettbewerbsverstoß dar, wenn die Mitbewerber dadurch unzulässig benachteiligt werden. Wenn Sie noch neu auf diesem Gebiet sind, könnte es Ihnen zu Beginn schwerfallen, wettbewerbswidrige Handlungen als solche zu erkennen. Das berücksichtigen wir, indem wir die Hintergründe von Wettbewerbsverstößen erläutern und anschauliche Beispiele aus der Praxis liefern.

Wettbewerbsrecht ist immer zu diskutieren, wenn Sie den Rechtskreis eines Ihrer Konkurrenten berühren. Das ist zum Beispiel dann der Fall, wenn Sie einen Artikel in Ihrem Blog mit den Metatags eines bekannteren Blogs markieren. Suchmaschinen zeigen dann bei der Suche nach dem bekannten Blog mit großer Wahrscheinlichkeit auch Ihren Artikel an. Ähnlich funktioniert die Nutzung fremder Markenbegriffe über Google AdWords. Im Ergebnis profitieren Sie von der Bekanntheit Ihres Konkurrenten, was durchaus die Frage nach der Legitimität derartiger Praktiken aufwirft.

Daneben gibt es zahlreiche Möglichkeiten, den Konkurrenten direkt anzugreifen. So könnten Sie Szene-Blogger für schlechte Rezensionen bezahlen oder sich selbst abwertend über Ihren Konkurrenten in der Öffentlichkeit äußern. Ob das rechtlich zulässig ist, ist allerdings eine andere Sache.

Praxisbeispiel

Daran lässt sich auch die Bedeutung von Impressen erläutern. Stellen Sie sich vor, auf einem Blog wird regelmäßig und stets ohne Beweise von gravierenden Mängeln an Ihren Produkten berichtet. Ein Impressum ist nicht vorhanden. Sie wissen also weder wer das Blog betreibt, noch wie Sie gegen diese Person vorgehen können.

Denkbar ist es auch, die eigenen Produkte mit denen des Konkurrenten zu vergleichen, um die Überlegenheit gegenüber der Konkurrenz zu verdeutlichen. Ihre

Kunden könnte das überzeugen, der betreffende Konkurrent hingegen wird das kritischer sehen.

Anstatt Ihre Konkurrenten anzugreifen, könnten Sie natürlich auch direkt auf Ihre Kunden einwirken: Rabattaktionen und Gewinnspiele erhöhen die Kundenaktivität und haben das Potenzial, die Reichweite erheblich zu vergrößern. Gleichwohl sind diesen Handlungen Grenzen gesetzt, deren Missachtung neben Abmahnungen auch teure Gerichtsprozesse zur Folge haben kann.

So zahlreich wie die unterschiedlichen Marketingideen sind auch die in Betracht kommenden Rechtsverstöße. Wir werden uns erlaubte und nicht erlaubte Praktiken genauer ansehen und Sie somit vor unwillkommenen Überraschungen bewahren.

1.3.5 Datenschutzrecht

Schließlich wollen wir noch ein paar Worte zum Datenschutz verlieren. Dieses Thema ist nicht erst seit ein paar Jahren in aller Munde, sondern primär durch die technischen Neuerungen des Internets im Mittelpunkt der gesellschaftlichen Diskussion.

Ob Sie Besucherstatistiken für Ihre Website anlegen, Mitgliedskonten führen oder Kundendaten für Ihren Onlineshop erheben – Datenschutz ist ein Thema, das Sie durchaus ernst nehmen sollten. Abgesehen von Bußgeldern haben Datenschutzverstöße häufig einen Imageverlust zur Folge. Durch übermäßige Datensammelwut und mangelnde Transparenz verspielen Sie das Vertrauen Ihrer Kunden. Datenlecks und Hackerangriffe suggerieren Unprofessionalität und schlechte innerbetriebliche Organisation.

Persönliche Daten gehören zu den wichtigsten Dingen eines Menschen. Wenn Sie mit diesen Daten fahrlässig umgehen, werden Sie von Ihren Kunden abgestraft.

Zusätzlich müssen Sie mit rechtlichen Konsequenzen rechnen. Das deutsche Datenschutzrecht ist im Vergleich zu den Rechtssystemen anderer Staaten sehr streng, ein Weg, der auch auf europarechtlicher Ebene eingeschlagen wird. Datenschutzrechtliche Probleme sind oft eng verknüpft mit den technischen Hintergründen. Die Funktionsweisen von Cookies, Browsern und IP-Adressen beeinflussen maßgeblich die datenschutzrechtlich relevanten Handlungen.

Wenn ein Internetnutzer Ihre Website besucht, wird das im Regelfall durch eine Analysesoftware registriert. So erhalten Sie detaillierte Statistiken über Popularität und Reichweite Ihrer Internetpräsenz. Ohne entsprechende Informationen über die Website-Besucher ist das nicht möglich. In den jeweiligen Kapiteln, in denen wir uns mit dem Problem des Datenschutzrechts beschäftigen, sehen wir uns rechtliche und technische Hintergründe genauer an. Dabei werden wir uns auf die für das Verständnis erforderlichen Punkte beschränken, um uns nicht in unnötigen technischen Ausführungen zu verlieren.

Im Rahmen dieser Überlegungen werden wir uns allerdings auch einigen neueren Methoden widmen, die für Sie von großem Interesse sein dürften. *Tracking* und *Targeting*, also das Nachverfolgen der Nutzeraktivitäten auch über die eigene Website hinaus, revolutionieren das moderne Marketing. In der Rechtswissenschaft hingegen werden diese Praktiken leidenschaftlich diskutiert. Eine Auseinandersetzung mit der Materie ist Ihnen in jedem Fall zu empfehlen.

1.4 Wie kann man sich immer auf dem neuesten Stand halten?

Wir haben Ihnen nun einen groben Überblick über den Inhalt dieses Buches gegeben. Auf den folgenden Seiten werden wir Ihnen die einzelnen Instrumente des Online-Marketings noch etwas näherbringen, bevor wir uns danach endgültig den Einzelheiten eines jeden Themas widmen.

Trotz des Umfangs dieses Buches können wir natürlich nicht dafür garantieren, dass auch in zehn Jahren noch jedes angesprochene Detail unverändert korrekt ist. Daher möchten wir Ihnen noch einige Tipps und Hinweise an die Hand geben, wie Sie über die nächsten Jahre stets mit den neuen Entwicklungen im Online-Marketing mithalten können.

Wenn Sie dieses Buch aufmerksam durcharbeiten, müssen Sie sich nahezu keinerlei Sorgen machen. Ein gutes Verständnis der Grundlagen und ein ausgeprägtes Problembewusstsein sind die besten Instrumente, um Veränderungen zu realisieren, zu verstehen und umzusetzen.

Hinweis: Adressen, um auf dem Laufenden zu bleiben

- *www.wbs-law.de* – Auf unserer Kanzlei-Website finden Sie täglich neue Artikel und Meldungen aus der Welt des Medienrechts. Dort können Sie auch unseren wöchentlichen Newsletter abonnieren und bekommen so alle aktuellen Themen per E-Mail geliefert.
- *www.wbs-law.de/rss-feeds* – Hier können Sie unsere aktuellen Beiträge bequem per RSS-Feed abonnieren.
- *www.wbs-law.tv* – unser YouTube-Kanal mit täglichen Updates
- *www.facebook.com/die.aufklaerer* – unser Auftritt bei Facebook
- *www.twitter.com/solmecke* – der Twitter-Feed von Christian Solmecke, der ständig mit neuen Updates und interessanten Links gefüttert wird

1.5 Dankeschön

Bevor wir nun in die Materie einsteigen und Ihnen in Kapitel 2 alles Wichtige über die Instrumente des Online-Marketings näherbringen, möchten wir uns bei einigen wichtigen Menschen bedanken, ohne die dieses Buch nicht zustande gekommen wäre.

Zuallererst sind dies die zahlreichen Nutzer unserer kanzleieigenen Social-Media-Angebote. Unsere 55.000 Abonnenten auf YouTube, über 18.000 Fans auf Facebook und die unzähligen Leser unseres Kanzlei-Blogs haben dafür gesorgt, dass uns die rechtlichen Themen für dieses Buch nie ausgingen. Viele der hier behandelten Fragen beruhen auf Kommentaren und Anregungen unserer treuen Leserschaft.

Ein besonderer Dank gilt auch unseren studentischen Mitarbeitern Robin Schmitt und Christina Weingärtner, ohne deren Unterstützung wir dieses Buchprojekt nicht in dieser kurzen Zeit hätten verwirklichen können.

Für das Geleitwort zu diesem Buch danken wir dem CEO und Gründer von Facelift Benjamin Schroeter.

Zuletzt möchten wir auch herzlich dem Rheinwerk Verlag und unseren Lektoren Stephan Mattescheck und Erik Lipperts danken. Ihren Anmerkungen und Tipps ist es zu verdanken, dass wir in diesem Buch eine klare und anschauliche Sprache gefunden haben, die auch für Nichtjuristen verständlich ist.

Kapitel 2
Instrumente des Online-Marketings

Wenn Sie noch nicht genau wissen, was Sie in diesem Buch alles erwartet, oder wenn Sie sich nicht unter jedem Punkt im Inhaltsverzeichnis etwas vorstellen können, bieten sich die folgenden Seiten für einen groben Überblick an.

An dieser Stelle möchten wir einen Blick auf die verschiedenen Instrumente des Online-Marketings werfen. Denn während sich viele beispielsweise durchaus etwas unter Newsletter- oder Social Media Marketing vorstellen können, sind Begriffe wie Content Marketing oder Affiliate Marketing für so manchen noch Marketing-neuland.

Vielleicht wird Sie auch nicht jedes Instrument interessieren, und auch mag Ihnen nicht jedes Instrument den erhofften Nutzen bringen. Das ist nachvollziehbar, weshalb wir uns in diesem Buch mit einer möglichst breiten Auswahl an Marketingtools beschäftigen werden. Welches davon besondere Relevanz für Sie persönlich hat, hängt von Faktoren wie der Zielgruppe, dem konkreten Vorhaben oder dem verfügbaren Budget ab.

Allerdings sollten Sie auch nicht davor zurückscheuen, Neues kennenzulernen und auszuprobieren. Das bringt Sie auf neue Ideen, bietet vielleicht noch unbekannte Möglichkeiten und unerwarteten Nutzen.

2.1 E-Mail- und Newsletter-Marketing

Beginnen wir mit den E-Mails und der bekanntesten Form der Werbe-E-Mail – dem Newsletter. Dieses Mittel ist bei Unternehmen sehr beliebt, um regelmäßig Neuigkeiten an Kunden und Follower zu verbreiten. Newsletter haben eine gewisse Ähnlichkeit mit Postwurfsendungen in der analogen Welt: Entweder vom Zeitungsboten oder Mitarbeitern des Werbenden selbst ausgeliefert, finden sich Prospekte über Sonderangebote in Supermärkten und Speisekarten von Imbissbuden der näheren Umgebung im heimischen Briefkasten. Im Internet braucht es dabei keinen Boten. Die Belieferung von E-Mail-Postfächern kann rund um die Uhr und so oft Sie wollen mit nur einem Klick erfolgen. Dabei stellen sich aus rechtlicher Sicht selbstverständlich mehrere Fragen.

Wenn Sie bereits E-Mail-Marketing betreiben, wissen Sie, dass es keineswegs so einfach ist, wie dargestellt. Und auch wenn Sie selbst noch nie einen Newsletter verschickt haben, so haben Sie bestimmt schon einmal einen bekommen.

Im Gegensatz zum Flyer des neu eröffneten Friseurs um die Ecke finden sich Newsletter in der digitalen Welt regelmäßig nicht ungefragt im Postfach. Wenn Sie einen Newsletter abonniert haben, wurden Sie zuvor nach Ihrer Einwilligung gefragt. Selbst wenn Sie Ihre Zustimmung erteilt haben, erhalten Sie zusätzlich eine E-Mail mit der Bitte um Bestätigung (siehe Abbildung 2.1).

Abbildung 2.1 Um den Newsletter der Kanzlei Wilde Beuger Solmecke zu erhalten, muss zunächst die eigene E-Mail-Adresse angegeben und in einem zweiten Schritt der Button in der Bestätigungs-E-Mail angeklickt werden.

Dieses für Außenstehende etwas befremdliche System werden wir uns in Kapitel 3, »E-Mail- und Newsletter-Marketing«, sehr genau anschauen. Newsletter-Werbung unterliegt einigen Regeln, deren Nichtbeachtung sehr schnell mit einer Abmahnung in Ihrem richtigen Briefkasten endet.

Neben den formellen Anforderungen an die Einwilligung in den Erhalt von Werbe-E-Mails müssen wir uns auch mit der Frage beschäftigen, wann eine E-Mail überhaupt Werbung ist. Der Werbecharakter eines Newsletters mit den neuesten Sonderangeboten in Ihrem Onlineshop sollte Ihnen offensichtlich sein. Aber werben Sie bereits für Ihr Blog, wenn Sie Ihren Followern eine E-Mail mit Links zu ausgewählten Artikeln der letzten Woche schicken?

E-Mail-Werbung erfordert die Akzeptanz Ihrer Adressaten. Niemand wird gerne unfreiwillig mit Werbung zugeschüttet. In der analogen Welt kleben an Briefkästen des Öfteren kleine Aufkleber mit der Aufschrift »Keine Werbung«. Nur weil derartige Maßnahmen für das E-Mail-Postfach nicht ergriffen werden können, bedeutet das für Sie natürlich keine Narrenfreiheit.

Sie merken also, dass auch bei Werbe-E-Mails viele Dinge falsch gemacht werden können. Wenn Sie das Kapitel zum Thema lesen, werden Sie allerdings verstehen, dass die erforderlichen Vorkehrungen für die rechtssichere Nutzung dieses Marketinginstruments ebenso unkompliziert sind wie das Verschicken des Newsletters selbst.

2.2 Mobile und App-Marketing

Hätten wir dieses Buch ein paar Jahre früher geschrieben, wären wir wohl ohne Kapitel 4, »Mobile Marketing«, ausgekommen. Mittlerweile sind mobile Endgeräte aus dem Online-Marketing nicht mehr wegzudenken. Trotzdem dürfte dieser Bereich für viele kleinere Unternehmen und Blogger noch neu sein. Dabei ist zumindest die Erstellung von mobiler Werbung nicht besonders schwer (siehe Abbildung 2.2).

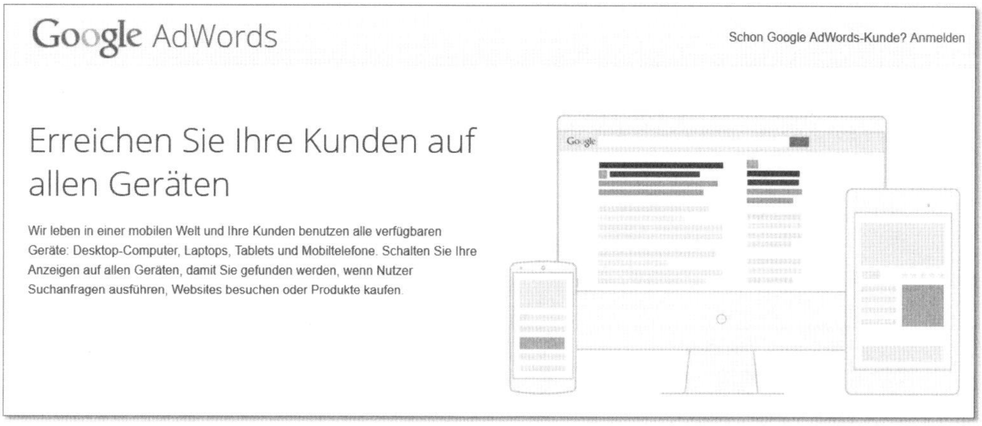

Abbildung 2.2 Google AdWords ermöglicht es Ihnen, Werbung auf allen Endgeräten zu schalten.

Allerdings ergeben sich aus dem Umstand, dass kleine tragbare Geräte als Werbeträger dienen, einige nachvollziehbare Besonderheiten: Zunächst ist der Bildschirm eines Smartphones erheblich kleiner als ein herkömmlicher Computerbildschirm. Sie werden in diesem Buch lernen, dass Werbung bestimmte Voraussetzungen erfüllen muss. Allem voran sieht das Gesetz Informationspflichten über die Unternehmen hinter der Werbung vor.

Angesichts der sehr beschränkten Werbefläche dürfte es für Sie interessant sein, mehr über die äußerlichen Voraussetzungen von Werbung zu erfahren, um sie auf mobilen Endgeräten rechtskonform und gleichzeitig ansprechend zu gestalten.

Am Wichtigsten sind jedoch die sich Ihnen bietenden neuen Möglichkeiten beim Mobile Marketing. Hier sind Sie nicht nur auf Bannerwerbung beschränkt (siehe Abbildung 2.3). Auch der Einsatz von Videowerbung und natürlich die Nutzung von

Apps stellen attraktive Alternativen zu herkömmlicher Werbung dar. Sie können sich bestimmt vorstellen, dass damit auch einige rechtliche Fragestellungen einhergehen, die wir selbstverständlich einzeln untersuchen und beantworten werden.

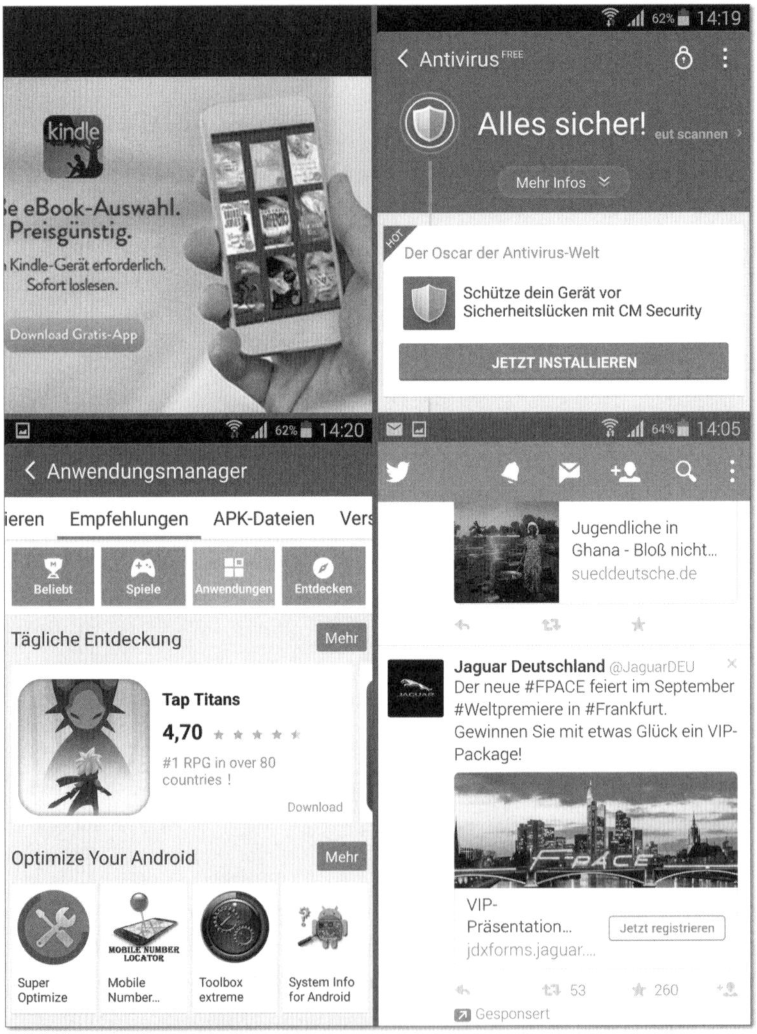

Abbildung 2.3 Verschiedene Arten von mobiler Werbung: als Pop-up, als zusätzliches Softwareangebot, als Empfehlung, als gesponserter Link

Bereits vor dem Aufkommen von Apps wurden mobile Endgeräte zu Werbezwecken genutzt. Werbung per SMS, MMS und Nachrichten per Bluetooth gibt es schon länger, und insbesondere Letzteres bietet noch immer innovative Einsatzmöglichkeiten. So ist zum Beispiel eine Verknüpfung von analoger und digitaler Welt möglich, indem Bluetooth-Nachrichten durch Sender in Kaufhäusern an Smartphones verschickt werden. Ähnliche Praktiken kennen Sie vielleicht von diversen Shopping-

Apps, die mit dem Standort ihrer Nutzer arbeiten, um beim Betreten bestimmter Geschäfte an Einkaufslisten oder Sonderangebote zu erinnern.

Neben diesen rechtlich und technisch komplexeren Methoden bieten auch Apps selbst lukrative Werbeflächen, die je nach Art der App wiederum variieren.

Bannerwerbung innerhalb des Textes einer Nachrichten-App, Videowerbung vor Beginn eines Spiels oder Werbung über sogenannte »Push-Nachrichten«, die von der App direkt auf den Startbildschirm des Smartphones gesendet werden – technisch sind der Kreativität nur wenige Grenzen gesetzt. Aus rechtlicher Sicht sieht das anders aus, weshalb Sie das entsprechende Kapitel aufmerksam lesen sollten.

Werbung in Apps ist für die Nutzer meist ein Ärgernis, weshalb App-Entwickler eigene Ansprüche an die nutzbaren Werbeflächen haben. Hinzu kommen die Betreiber der großen App-Stores wie Google und Apple. Aufdringliche, betrügerische und grafisch unschöne Werbung ist nicht erwünscht. Die Voraussetzungen für das Schalten von Werbung sind meist in speziellen Werberichtlinien geregelt, was für Sie wiederum noch mehr Beschränkung bedeutet. Daher müssen Sie stets gut vorbereitet sein und mit allen Beteiligten einen annehmbaren Mittelweg finden. Wie das funktioniert, erklären wir in diesem Buch.

Alternativ können Sie natürlich direkt Ihre eigene App entwickeln, was Ihnen in gewissem Maße mehr Freiheit bietet. Wenn Sie nicht zufällig selbst in der Lage sind, eine App zu programmieren, müssen Sie dafür jemanden bezahlen. In Kapitel 5, »App-Marketing«, werden wir uns detailliert mit der Gestaltung eines Vertrags auseinandersetzen, der die Entwicklung einer App zum Gegenstand hat.

Darüber hinaus werden wir uns auch den Inhalt einer werblichen App ansehen: Gibt es Besonderheiten bei der Verwendung urheberrechtlich geschützter Materialien in Apps? Welche datenschutzrechtlichen Anforderungen sind an eine App zu stellen?

Schließlich muss die App auch vermarktet werden. Hohe Platzierungen und die damit verbundene Aufmerksamkeit in den großen App-Stores können nicht über Nacht erreicht werden. Das verleitet wiederum dazu, die eigene App künstlich aufzuwerten oder die App des lästigen Konkurrenten durch negative Bewertungen unten zu halten. Die rechtlichen Hintergründe dieser durchaus fragwürdigen Geschäftspraktiken untersuchen wir in Kapitel 5.

2.3 Social Media Marketing: Facebook, Twitter und Co.

Neben der eigenen Website stellen soziale Netzwerke ein weiteres Standbein für Ihre Existenz im Internet dar. In sozialen Netzwerken treten Sie mit Ihren Kunden in Dialog, beweisen Nähe und animieren zur Interaktion. Ein lebendiges Profil ist erfrischend und lässt Sie in einem positiven Licht erscheinen.

Darüber hinaus können Sie über Plattformen wie Facebook, Google+ und Twitter Nachrichten und Werbung verbreiten, ohne dafür zunächst Werbeflächen anmieten zu müssen (siehe Abbildung 2.4). Voraussetzungen für ein erfolgreiches Gelingen sind natürlich eine aktive Nutzerbasis und ein gewisses Gespür für die Bedürfnisse Ihrer Follower – beide Dinge entwickeln sich erst mit der Zeit. Was Sie allerdings sofort wissen müssen, ist, wie Sie sich rechtssicher in sozialen Netzwerken verhalten.

Abbildung 2.4 Die Kanzlei Wilde Beuger Solmecke ist in verschiedenen sozialen Netzwerken vertreten: Google+, Facebook und XING.

Die Anforderungen, die die Netzwerke an Unternehmensprofile wie Ihres stellen, unterscheiden sich mitunter stark. Wenn Sie auf einer oder mehreren Plattformen vertreten sein wollen, müssen Sie sich mit den dortigen Regeln vertraut machen und sich auch daran halten. Regelverstöße sind nicht unbedingt rechtswidrig – gleichwohl ziehen die Plattformbetreiber Ihre eigenen Konsequenzen, zum Beispiel in Form von Profilsperren.

Wir geben Ihnen am Anfang von Kapitel 7, »Social Media Marketing«, einen umfangreichen Überblick über die verschiedenen Netzwerke, die sich Ihnen bietenden Möglichkeiten und die wichtigsten Verhaltensregeln. Besonderen Wert legen wir dabei selbstverständlich auf die Nutzungsbedingungen für Werbemaßnahmen als einen der für Sie wichtigsten Bereiche.

In sozialen Netzwerken verdichtet sich eine Vielzahl der rechtlichen Probleme des Online-Marketings: Urheberrechte an geteilten Bildern, Wettbewerbsrecht beim Platzieren des Impressums, Persönlichkeitsrechte bei verletzenden Kommentaren und auch das Arbeitsrecht, wenn Ihre Mitarbeiter soziale Netzwerke nutzen.

Wir fangen ganz vorne an und arbeiten uns voran von der Wahl des richtigen Profilnamens über den rechtssicheren Betrieb des Profils bis hin zu besonderen Marketingformen wie Direktwerbung und Gewinnspielen. Mit vielen der hier besprochenen Problemstellungen werden Sie in späteren Kapiteln erneut konfrontiert, weshalb Sie das Kapitel zu Social Media auf keinen Fall auslassen sollten.

Dabei werden wir uns auch mit verschiedenen Haftungsfragen beschäftigen. In sozialen Netzwerken sind Sie nie allein, was die Frage aufwirft, inwiefern Sie für rechtswidrige Inhalte auf Ihrem Profil haften. Eng damit verbunden sind wiederum Bewertungen. Die meisten sozialen Netzwerke ermöglichen es Ihren Nutzern, Sie zu bewerten, was für Sie positive, aber auch negative Folgen haben kann.

2.4 Content Marketing

Content Marketing dürfte schon zu den fortgeschrittenen Marketinginstrumenten gehören. Diese Form der Vermarktung gibt es schon seit längerer Zeit, allerdings haben sich durch das Internet ganz neue Möglichkeiten eröffnet, die das Content Marketing zu einem der effektivsten Instrumente machen.

Im Gegensatz zu anderen Werbeformen wird beim Content Marketing nicht durch überdimensionierte Plakatwände oder schrille Videoclips versucht, die Aufmerksamkeit der Kunden zu wecken. Vielmehr wird die Werbung unscheinbar verpackt und nur mittelbar gestreut. Meist werden dabei Werbeelemente mit nützlichen Dingen wie informativen oder unterhaltenden Inhalten verknüpft, um den Adressaten für die eigentliche Werbung aufgeschlossener zu machen. Beispiele für Content Marketing sind das Food-Blog eines Lebensmittelherstellers oder die Reisereportage eines Reiseveranstalters (ein Beispiel zeigt Abbildung 2.5).

Abbildung 2.5 Der Käsehersteller Hochland präsentiert auf dem Kochportal »Chefkoch« eigene Rezepte.

Allerdings gibt es beim Content Marketing ein großes Problem: Sie sind rechtlich dazu verpflichtet, Werbung so zu gestalten, dass der Adressat sie als solche erkennt. Damit stecken Sie in einer Zwickmühle, denn Sie wollen die Werbung so unscheinbar gestalten wie möglich. Content Marketing bedeutet damit immer eine schmale Gratwanderung zwischen rechtlicher Zulässigkeit und wirtschaftlichem Erfolg. Hier sind also intelligente Ideen, Kreativität und unternehmerisches Geschick gefragt.

Sie können sich vielleicht schon denken, dass wir uns im Rahmen dieses Marketinginstruments verstärkt mit dem Thema Schleichwerbung befassen werden. Ungekennzeichnete Werbung wird Ihnen im Internet des Öfteren begegnen; insbesondere im Zusammenhang mit sozialen Netzwerken wird viel getrickst.

Im Mittelpunkt steht dabei vor allem die jüngere Generation, deren Idole sich vermehrt auf Facebook, Twitter und YouTube bewegen. Die starke Zuschauerbindung in sozialen Netzwerken ist für Unternehmen sehr attraktiv: Eine Kaufempfehlung oder Produktvorstellung durch einen YouTube-Star verschafft Ihnen unvergleichlich höhere Aufmerksamkeit als ein bloßes Werbebanner (siehe Abbildung 2.6).

Abbildung 2.6 Coca-Cola ist bekannt dafür, in der Zielgruppe populäre Gesichter in die Werbung einzubinden. Mit »Coke TV« wurde ein eigener YouTube-Kanal gegründet, auf dem Coca-Cola direkt mit YouTubern zusammenarbeitet.

Der laxe Umgang mit den geltenden Gesetzen hat im letzten Jahr jedoch für viel Kritik gesorgt und neben Rechtsanwälten auch die Medienanstalten auf den Plan gerufen. Wenn Sie also mit dem Gedanken spielen, in dieses durchaus lukrative Geschäft einzusteigen, sollten Sie sich im Vorfeld sehr detailliert mit den rechtlichen Voraussetzungen auseinandersetzen. In Kapitel 8, »Content Marketing«, befassen wir uns ausführlich mit den Möglichkeiten und Grenzen des Content Marketings. Neben der Schleichwerbung dürfen selbstverständlich auch nicht die rechtlich unbedenklichen

Formen der Produktplatzierung und Produkthilfe fehlen. Insgesamt werden wir Ihnen genug Hintergrundwissen und auch Ideen mit an die Hand geben, damit Sie Content Marketing sorgenfrei einsetzen können.

2.5 Werbeflächen im Internet- und Affiliate Marketing

Neben den etwas spezielleren Werbeformen dürfen die herkömmlichen Marketingmöglichkeiten des Internets nicht außer Acht gelassen werden. Noch immer gehört die Bannerwerbung als Werbefläche im Internet zu den meistgenutzten Arten des Online-Marketings, und das wird sich auch in Zukunft nicht so schnell ändern. Hierzu finden Sie in Kapitel 9, »Werbeflächen im Internet«, ausführliche Informationen.

Allerdings fühlen sich Internetnutzer beim Surfen oft von den Werbebannern gestört. Besonders blinkende oder sich bewegende Banner können aufdringlich, nervig und ablenkend sein. Daher erfreuen sich sogenannte *Adblocker* großer Beliebtheit. Diese Browsererweiterungen blockieren jede Art von Werbung und machen Ihre Investitionen somit zunichte.

Noch ärgerlicher ist es für Sie, wenn Adblocker Werbung bestimmter Unternehmen gegen eine Geldzahlung zulassen. Derartige Praktiken könnten unter Umständen Ihre wirtschaftliche Position schädigen. Wir werden uns die rechtlichen Hintergründe der Adblocker genauer ansehen und Ihnen einige hilfreiche Tipps zum Thema geben.

Natürlich bietet das Internet noch mehr Werbeflächen als Bannerwerbung. Hier können Sie sämtliche optischen und akustischen Möglichkeiten nutzen, um ansprechende Werbung zu gestalten, wobei Sie doch ein wenig Kreativität mitbringen müssen, um sich von der Konkurrenz abzuheben (siehe Abbildung 2.7).

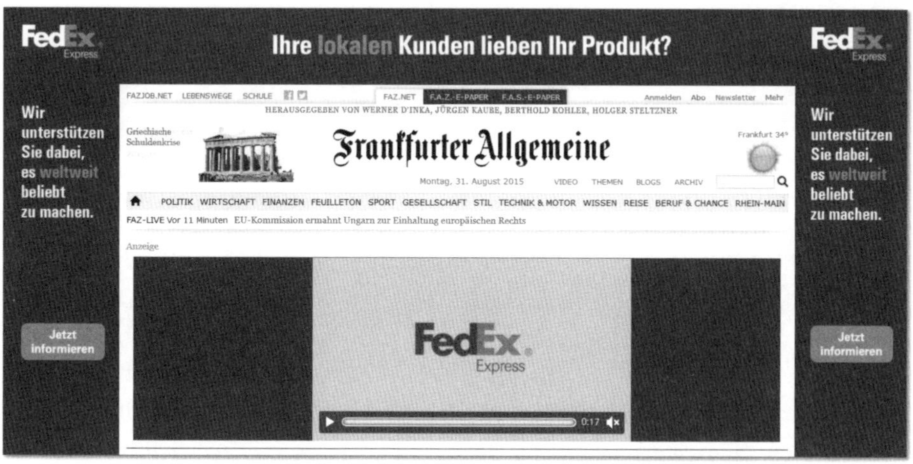

Abbildung 2.7 Auf der Website der »FAZ« nutzt das Logistikunternehmen FedEx die freien Flächen nicht nur für Bannerwerbung, sondern auch für Videowerbung.

Werbung im Internet unterliegt, wie auch die Werbung in der analogen Welt, mehreren gesetzlichen Regelungen. Im Internet kommen noch weitere rechtliche Bestimmungen hinzu, vornehmlich im Bereich des Datenschutzrechts. Denn Werbebanner bieten auch eine hervorragende Möglichkeit, um Daten der Nutzer zu erheben oder Cookies auf deren Festplatte zu hinterlegen.

Mit fortschrittlichen Mitteln lassen sich die Nutzeraktivitäten nachverfolgen und passende Werbeanzeigen zielsicher platzieren. Rechtlich sind viele dieser Bereiche noch unklar, was zur Vorsicht mahnen sollte. Wir werden diesem Thema natürlich trotzdem ein wenig Aufmerksamkeit schenken, um das zugrunde liegende Prinzip zu verstehen und in einem rechtlich zulässigen Rahmen anzuwenden.

Werbung rechtssicher schalten zu können wird Ihnen aber so lange nichts nutzen, wie Sie nicht wissen, wie Werbebanner und -videos im Netz verteilt werden können. Zum einen werden wir uns Dienste wie Google AdWords ansehen und eine rechtskonforme Nutzung beschreiben. Zum anderen werden wir nicht umhin kommen, auch auf das Affiliate Marketing einen Blick zu werfen. Dieses Marketinginstrument hilft Ihnen als Werbendem, jemanden zu finden, der bereit ist, Ihre Werbung auf seiner Website zu platzieren. Um diese Kooperationen zu erleichtern, bieten verschiedene Online-Plattformen Vermittlungsdienste an. In Affiliate-Netzwerken finden Sie einfach und schnell passende Werbeträger für Ihre Zielgruppe (siehe Abbildung 2.8). Der Affiliate schaltet dann Ihre Werbung, und Sie zahlen ihm für Klicks oder erfolgreiche Vermittlungen eine Provision – eine Win-win-Situation.

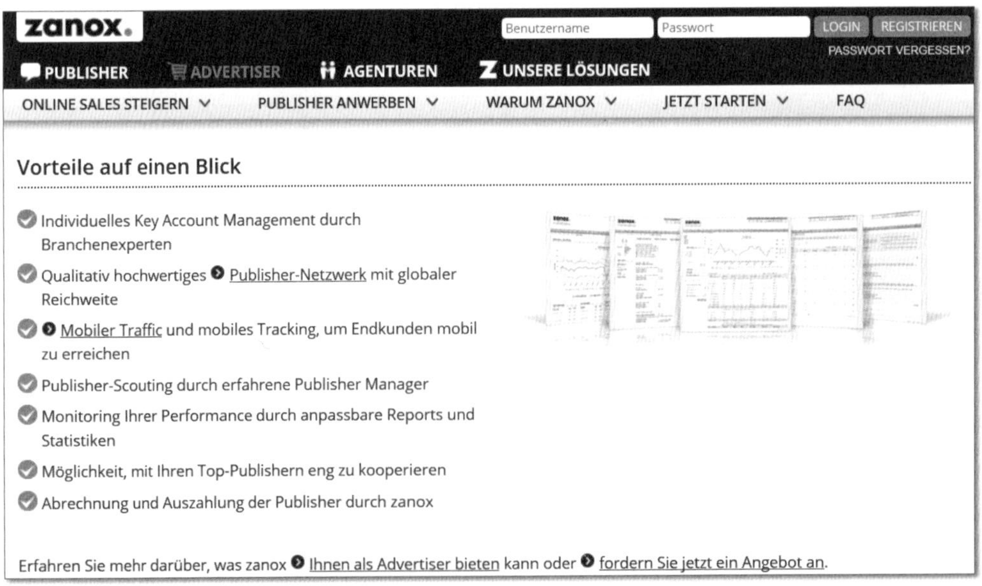

Abbildung 2.8 Zanox, eines der größten deutschen Affiliate-Netzwerke, bringt Sie mit potenziellen Werbeträgern zusammen und ermöglicht eine umfangreiche Analyse Ihrer Marketingkampagnen.

In Kapitel 10, »Affiliate Marketing«, legen wir einen besonderen Schwerpunkt auf die korrekte Vertragsgestaltung zwischen Ihnen und dem Affiliate bzw. dem Affiliate-Netzwerk. Ein ausführlicher Vertrag ist ein wichtiger Bestandteil des Affiliate Marketings, denn dieses Instrument hat auch einige negative Aspekte. So gibt es Missbrauchsmöglichkeiten, um die Provision künstlich in die Höhe zu treiben. Derartige Manipulationen sind leider keine Seltenheit, weshalb technisches und rechtliches Hintergrundwissen für Sie gleichermaßen von Bedeutung sind.

Gleichwohl bietet Affiliate Marketing eine gute Chance, um Werbeflächen im Internet optimal zu nutzen und Werbung nicht nur breit, sondern auch gezielt zu schalten.

2.6 Video-Marketing

Neben Bannerwerbung gehören Werbevideos zu den am häufigsten genutzten Werbeformen. Zwar ist die Produktion deutlich aufwendiger als bei Bannern, allerdings dürfen Sie bei Video-Marketing auch nicht sofort an Fernsehwerbung denken. Werbeflächen gibt es im Internet genug, so dass die Kosten für die Platzierung von Werbevideos erschwinglich sind.

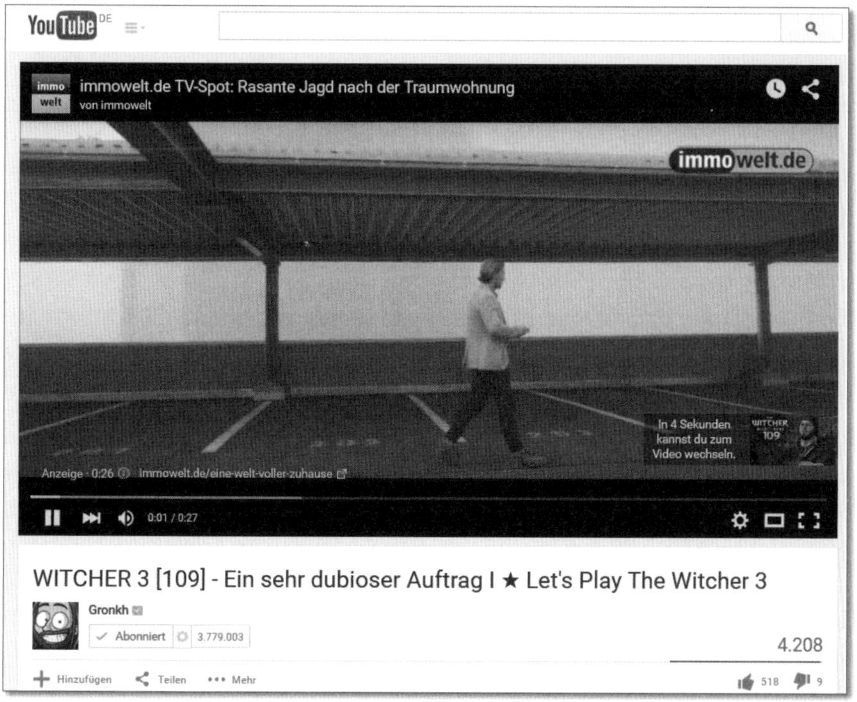

Abbildung 2.9 Werbevideos können auf YouTube vor dem eigentlichen Video geschaltet werden.

Aus rechtlicher Sicht werden wir uns primär mit der Produktion von Werbevideos beschäftigen. Hier stellen sich viele Fragen hinsichtlich der Urheberrechte der einzelnen Bestandteile sowie der Persönlichkeitsrechte der Darsteller. Je mehr Personen an der Produktion beteiligt sind, desto mehr Nutzungsrechte und Einwilligungen müssen Sie einholen, um später Rechtsstreitigkeiten zu vermeiden. Dabei helfen Ihnen vor allem fundierte Vorkenntnisse und ein abstraktes Grundverständnis der Materie.

Auch der Inhalt eines Videos kann rechtliche Relevanz haben. Jugendgefährdende Inhalte sollten nicht für frei zugängliche Seiten produziert werden, und die meisten Werbepartner haben strenge Anforderungen diesbezüglich. Es wäre ärgerlich, wenn Sie ein teures Video produzierten, es aber nicht platzieren könnten. Darauf sollten Sie also noch vor der Produktion achten.

Ist das Video im Kasten, werden Sie mit weiteren rechtlichen Fragestellungen konfrontiert: Wo darf die Werbung geschaltet und welche Regeln müssen dabei beachtet werden? Viele Videoplattformen wie YouTube und Twitch schalten Werbevideos vor die eigentlichen Videos, um Ihre Dienste zu finanzieren (siehe Abbildung 2.9). Hier haben Sie meist großen Einfluss auf die gewünschte Zielgruppe, müssen sich aber auch den jeweiligen Richtlinien unterwerfen.

Nicht fehlen darf in Kapitel 6, »Video-Marketing«, ein Abschnitt zum Thema Framing, also dem Einbinden fremder Videos auf der eigenen Website. Sie wird dabei besonders interessieren, inwiefern Ihr Werbevideo auch von Dritten, zum Beispiel Ihren Konkurrenten, genutzt werden darf. Mit diesen Fragestellungen werden wir uns ausführlich auseinandersetzen.

2.7 Webanalyse

Weder die Website noch den Onlineshop können Sie mit Erfolg führen, wenn Sie keinen Überblick darüber haben, wer Ihre Website besucht und warum. Viele Informationen, für die früher Umfragen und Studien erforderlich waren, können heute automatisch über die Website ermittelt werden.

Gerade im Marketing ist es besonders wichtig, dass Sie Ihre Zielgruppe kennen und wissen, welche Ihrer Angebote in welchem Maße angenommen werden. Stellen wir uns vor, Sie betreiben ein Blog, in dem Sie täglich kurze Kommentare zur deutschen Politik veröffentlichen. Jetzt spielen Sie mit dem Gedanken, in größeren Abständen auch längere, aufwendig recherchierte Reportagen zu veröffentlichen. Das würde sich für Sie natürlich nur lohnen, wenn diese Reportagen von Ihren Lesern auch entsprechend angenommen werden.

Mit der richtigen Webanalysesoftware könnten Sie nun die Klickzahlen sowie Kommentare, Bewertungen und Shares sammeln und zur Messung der Popularität einer ersten Reportage verwenden (siehe Abbildung 2.10). Anhand dessen finden Sie heraus, ob sich eine Fortführung dieses Formats lohnen würde oder nicht. Darüber hinaus könnte der Einsatz der Webanalysesoftware offenbaren, dass Sie sehr viele Leser aus Österreich auf Ihrem Blog haben. Dieses Ergebnis wiederum könnte für eine Ausweitung des Themas Ihres Blogs auch auf die österreichische Politik sprechen.

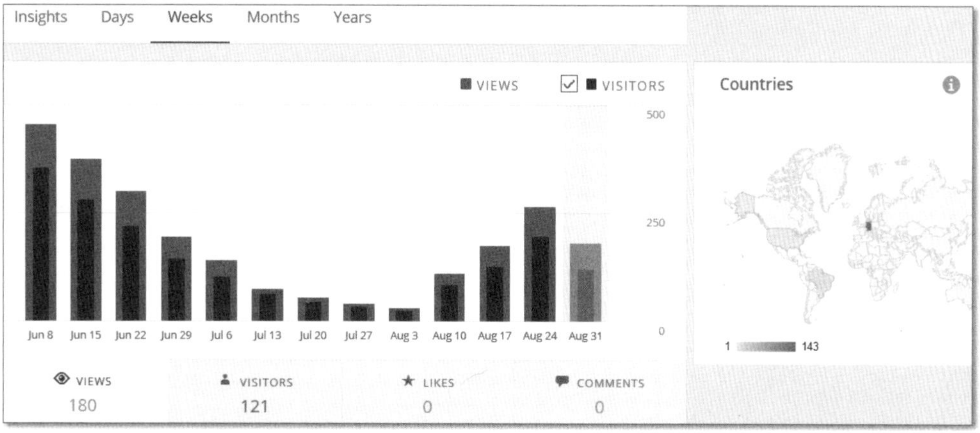

Abbildung 2.10 Webanalysesoftware zeigt nicht nur die Klickzahlen an, sondern informiert auch über die Herkunft der Besucher.

Webanalyse ist also ein wichtiges Instrument, um die Ausrichtung Ihrer Projekte und die zielsichere Schaltung von Werbung zu verbessern. Allerdings müssen all diese Informationen auch irgendwo herkommen. Die Webanalysesoftware erhebt Daten Ihrer Website-Besucher beim Aufruf und während des Verweilens auf Ihrer Site. Wie Sie sich sicherlich vorstellen können, ist das aus datenschutzrechtlicher Sicht nicht unbedenklich. Je nachdem, wie ausgereift das von Ihnen genutzte Analysetool ist, lassen sich damit auch die Verweildauer eines konkreten Nutzers auf einem konkreten Artikel und die in der Zeit getätigten Mausbewegungen nachverfolgen. Wenn dieser Nutzer nun zusätzlich auf Ihrem Blog mit seiner E-Mail-Adresse registriert ist und den Like-Button anklickt, um Ihren Artikel auf seinem Facebook-Profil zu posten, dann erhalten Sie schlussendlich einen umfangreichen und möglicherweise identifizierbaren Datensatz.

Der Webanalyse müssen also auch Grenzen gesetzt werden. Welche das sind und wie eine rechtskonforme Nutzung von Analysesoftware auszusehen hat, werden wir uns in Kapitel 11, »Webanalyse«, sehr genau ansehen. Dazu werfen wir auch einen Blick auf bekannte Tools wie Google Analytics und dessen vertraglichen Hintergründe (siehe Abbildung 2.11).

Schließlich beschäftigen wir uns mit dem wichtigen Thema der Datenspeicherung. Vor allem für größere Unternehmen mit internen Netzwerken und zugriffsberechtigten Mitarbeitern spielt der datenschutzrechtskonforme Umgang mit fremden Daten eine große Rolle.

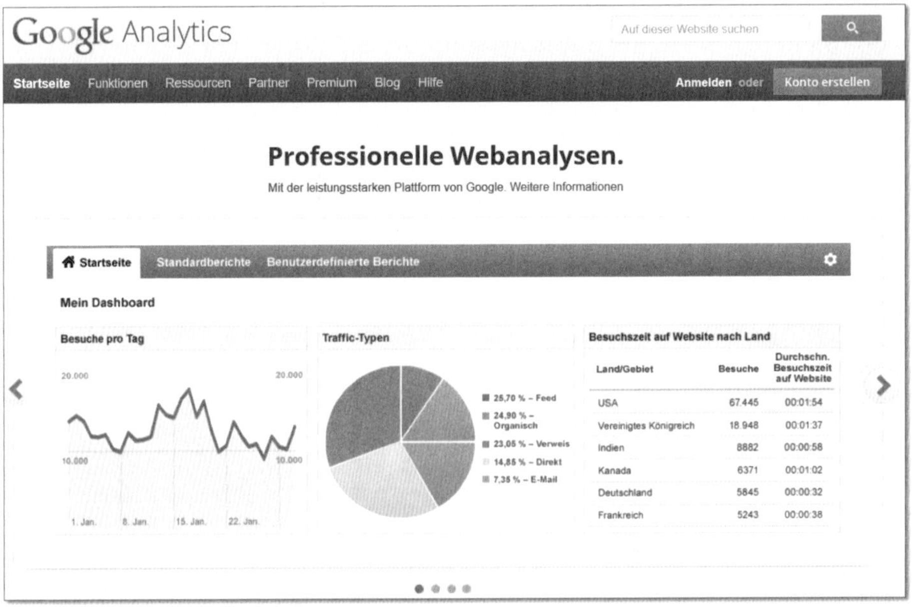

Abbildung 2.11 Google Analytics ist das populärste Webanalysesystem. Die rechtlichen Voraussetzungen für seinen Einsatz haben sich in den letzten Jahren teilweise stark verändert.

2.8 Suchmaschinenmarketing: SEO und SEA

Das Kernstück des Internets stellen Suchmaschinen dar. Ohne Suchmaschinen wie Google oder Yahoo ist es unmöglich, den Überblick über die zahllosen Webseiten zu behalten. Stellen Sie sich vor, Sie müssten ohne Hilfsmittel ein bestimmtes Wort in einem bestimmten Buch in einer großen Bibliothek suchen. Diese Aufgabe wäre nicht nur ermüdend, sie wäre auch unattraktiv. Es sind Suchmaschinen, die das Surfen im Internet unkompliziert und attraktiv gestalten.

Diese Tatsache müssen Sie sich bewusst machen: Internetnutzer wollen nicht lange suchen, sondern auf Ihre Fragen umgehend die passenden Antworten erhalten. Niemand wird sich die Mühe machen, Dutzende Google-Suchergebnisse zu durchforsten, wenn er die Antwort bereits auf der ersten Seite findet (siehe Abbildung 2.12). Das heißt wiederum, dass Ihr Ziel eine Platzierung auf der ersten Seite sein muss, um im Bereich der relevanten Suchergebnisse zu landen. Bei den Unmengen an Webseiten ist das nicht leicht. Allerdings hat sich unter der Bezeichnung Search Engine Optimization (SEO), also Suchmaschinenoptimierung, eine ganze Branche entwickelt, die das Ranking von Webseiten in den Suchergebnissen von Google und Co. gezielt verbessert.

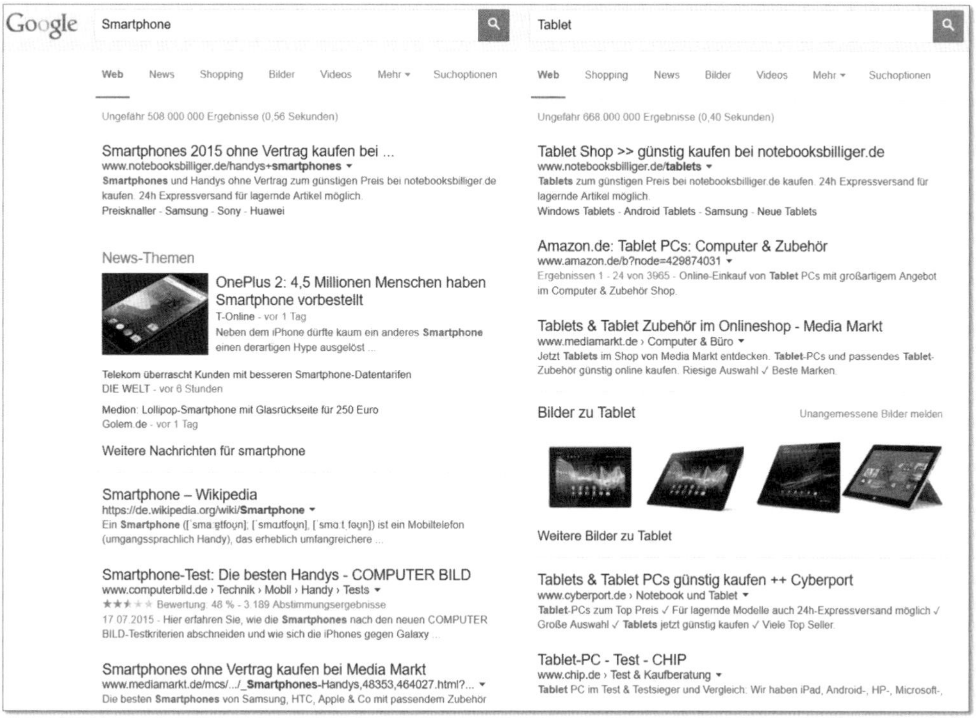

Abbildung 2.12 Top-Suchergebnisse zu den Begriffen »Smartphone« und »Tablet«

Wenn Sie selbst kein SEO-Experte sind, sollten Sie über professionelle Hilfe in diesem Bereich nachdenken. Eine gute Suchmaschinenoptimierung verbessert das Ranking meist erheblich, führt damit zu erhöhten Aufrufzahlen Ihrer Website und steuert somit einen nicht unbedeutenden Beitrag zur Gewinn- bzw. Reichweitenmaximierung bei.

Wir leiten Kapitel 13, »Suchmaschinenoptimierung (SEO)«, mit einem Abschnitt über die Gestaltung eines SEO-Vertrags ein. Von ihm hängt im Wesentlichen das Gelingen der SEO ab. SEO-Agenturen können im Regelfall keine feste Top-Platzierung garantieren – dafür sind die Voraussetzungen im Internet zu unsicher. Sie sollten sich aber auch nicht auf ein bloßes Bemühen verlassen, sondern tatsächliche Ergebnisse verlangen. Hintergrundwissen zur Vertragsgestaltung ist somit zwingend erforderlich.

Darüber hinaus stellen sich auch bei der SEO einige rechtliche Fragen, über die Sie sich im Klaren sein sollten. Nicht technisch gesprochen funktionieren große Teile der SEO mit Schlüsselwörtern, die Suchmaschinen auf die Webseite aufmerksam machen sollen. Fragliche Praktiken stellen zum Beispiel die Verwendung von Marken und Kennzeichen der Konkurrenz dar. Wann immer Sie versuchen, von der Popularität eines Konkurrenten zu profitieren, müssen Sie damit rechnen, dass er versucht, sich rechtlich zu wehren.

Daneben gibt es noch einige Möglichkeiten, das Ranking des Konkurrenten zu manipulieren. So gibt es Methoden, die die Kommentar- oder Gästebuchfunktion zur Platzierung von Links nutzen, die sich negativ auf das Ranking der betroffenen Seite auswirken. Mit dem nötigen technischen Know-how bieten sich viele Optionen zum Missbrauch. Wir wollen Sie aber keineswegs dazu verleiten eine dieser Optionen zu ergreifen, sondern Ihnen vielmehr dabei helfen, Missbrauch zu erkennen und sich rechtlich dagegen zu wehren.

Bevor wir fortfahren, wollen wir noch auf eine weitere Möglichkeit der Nutzung von Suchmaschinen hinweisen: Search Engine Advertising (SEA) beschreibt die gezielte Schaltung von Anzeigen in Suchmaschinen. Denn auch wenn Internetnutzer nicht gerade nach Ihrer Website suchen, könnten Sie sie vielleicht für eines Ihrer Produkte interessieren. Dienste wie Google AdWords platzieren Werbung, die zu der jeweils getätigten Google-Suche passt (siehe Abbildung 2.13).

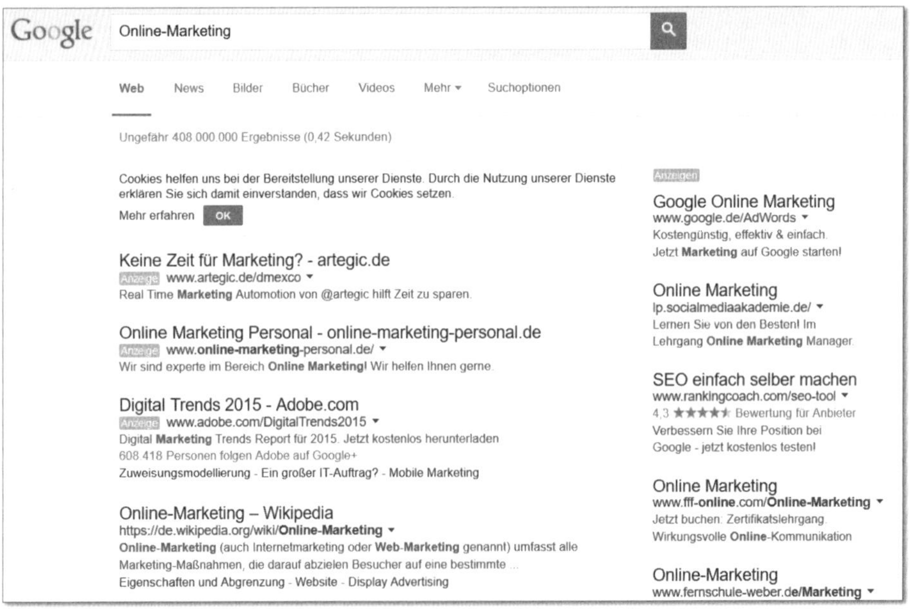

Abbildung 2.13 Anzeigen in den Google-Suchergebnissen zum Begriff »Online-Marketing«

Wiederum spielen Schlüsselwörter eine entscheidende Rolle bei der Platzierung der Werbeanzeigen, womit erneut die Tür zum Missbrauch offen steht. Da insbesondere Google AdWords ein wichtiges Marketinginstrument darstellt, empfehlen wir Ihnen, sich mit Kapitel 12, »Suchmaschinenwerbung (SEA)«, auseinanderzusetzen.

2.9 Website und Onlineshop

Unverzichtbar ist die eigene Website. Sie bildet das Herzstück einer jeden Marketingkampagne. Jede Anzeige und jeder Werbelink führt zu Ihrer Website zurück. Hier sollten Sie sich also keine Fehler erlauben!

Jedoch stellt die Website in Ihren vielfältigen Nutzungsmöglichkeiten eine Art Magnet für rechtliche Probleme dar. Zahlreiche Abmahnungen betreffen Websites, was auch verdeutlicht, dass vielen Betreibern die rechtlichen Voraussetzungen einer Website überhaupt nicht bewusst sind.

Abbildung 2.14 Bilder, Videos und Texte: Die Kanzlei Wilde Beuger Solmecke platziert auf ihrer Website viele urheberrechtlich geschützte Inhalte.

Ihre Website spiegelt das wider, wofür Sie mit Ihrem Namen oder Ihrem Unternehmen stehen – über die Website verbreiten Sie Ihre Erfahrungen, Meinungen, Werbungen und mitunter auch Produkte (siehe Abbildung 2.14). Wenn Sie also fremde Bilder, Videos oder Texte ohne Urheberkennzeichnung auf Ihrer Website präsentieren, riskieren Sie nicht nur Ihre Vertrauenswürdigkeit, sondern begeben sich auch auf rechtlich sehr dünnes Eis. Je größer und bekannter Ihre Website ist, desto eher werden Dritte auf rechtliche Verfehlungen aufmerksam, und die Abmahngefahr steigt.

Seriöse Website-Betreiber vermeiden rechtliche Probleme selbstverständlich komplett. Damit sind nicht nur Urheberrechtsverletzungen gemeint, sondern auch Datenschutzrechtsverletzungen. Sobald Sie die Daten Ihrer Website-Besucher erheben, und sei es nur aus Analysegründen, tragen Sie eine datenschutzrechtliche Verantwortung. Das beginnt bereits damit, nur die tatsächlich erforderlichen Daten zu erheben. Alle anderen Daten, so interessant sie aus Marketinggesichtspunkten sein mögen, sind für Sie tabu.

Wie das in der Praxis genau aussieht, erklären wir in den entsprechenden Kapiteln. Transparenz ist hier ein bedeutendes Stichwort, weshalb wir Sie in diesem Zusammenhang auch über die zwingend erforderliche Datenschutzerklärung aufklären werden.

Ein weiterer typischer Abmahngrund ist das Impressum. Fehlerhafte und nicht vorhandene Impressen schaffen es regelmäßig zum Rechtsanwalt. Während nicht existente Impressen heutzutage grob fahrlässig sind, ist ein fehlerhaftes Impressum zumindest teilweise verständlich: Für Laien ist es schwer, die rechtlichen Grundlagen ohne Hilfe umzusetzen. Oft ist unklar, welche Angaben von einem Blogger und von einem geschäftsmäßig handelnden Unternehmer erwartet werden. Aber dafür widmen wir uns der Impressumspflicht in diesem Buch gleich an mehreren Stellen.

Neben der Website in Kapitel 15 werden wir uns in Kapitel 14 mit dem Onlineshop befassen. Der Vertrieb von Waren über das Internet steigt aufgrund der offensichtlichen Vorzüge deutlich. Zudem ist der eigene Webshop längst nicht mehr großen Unternehmen vorbehalten. Auch für Blogger und andere Internetpersönlichkeiten bietet es sich ab einer gewissen Reichweite an, Merchandise-Artikel zu verkaufen (siehe Abbildung 2.15). Fundierte Kenntnisse im Online-Handel helfen folglich nicht nur reinen Geschäftsleuten.

In diesem Kapitel gehen wir auf einige Besonderheiten ein, die der Natur des Internets geschuldet sind. So ist es beim Einkauf im Internet nicht möglich, die Ware vorher eingehend zu begutachten. Allerdings soll sich auch niemand durch ein Foto des Produkts an einen Kaufvertrag binden lassen. Daher steht Verbrauchern ein Widerrufsrecht zu, mit dem sie den Vertrag rückgängig machen können.

Auf Sie als Betreiber des Onlineshops kommen dadurch einige gesetzliche Regelungen zu, deren Nichtbeachtung zu Abmahnungen und auch Schadensersatzansprüchen führen kann. In unseren Ausführungen zu den rechtlichen Hintergründen des Onlineshops werden wir selbstverständlich die 2014 in Kraft getretene Verbraucherrechtsreform berücksichtigen. Damit dürfte das Kapitel auch für erfahrenere Unternehmer von größerem Interesse sein. Am Ende des Buches finden Sie in Kapitel 17 zudem hilfreiche Mustertexte für Website und Onlineshop.

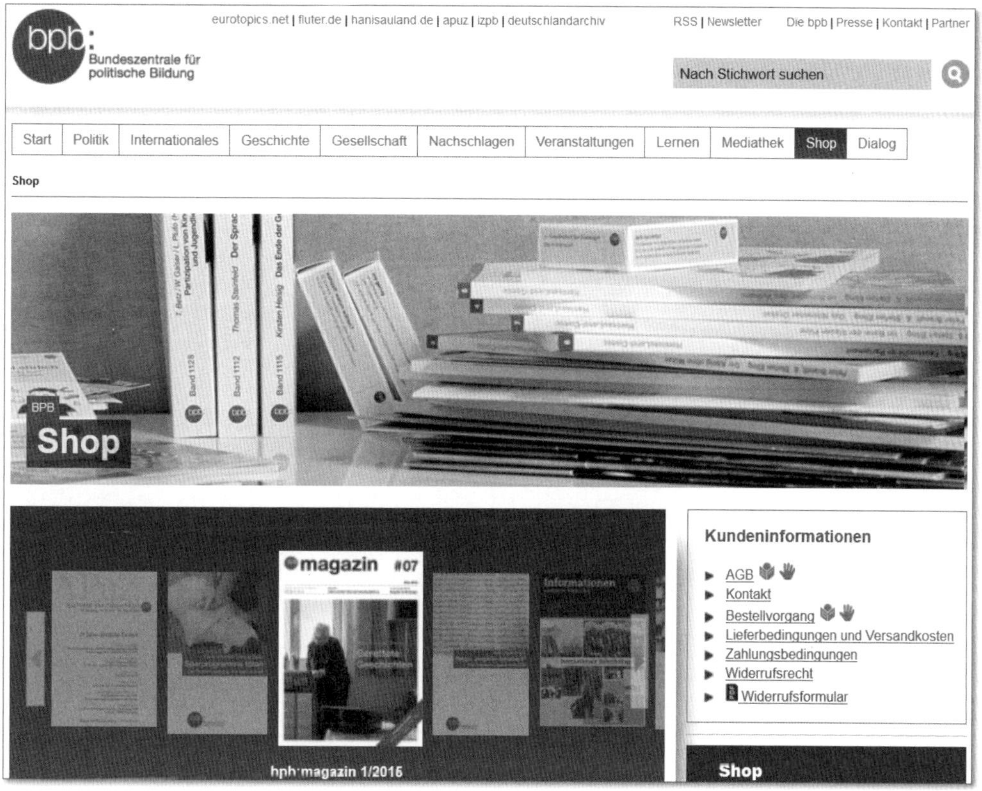

Abbildung 2.15 Die Bundeszentrale für politische Bildung informiert primär über politische Themen, betreibt aber auch einen eigenen Onlineshop.

Kapitel 3
E-Mail- und Newsletter-Marketing

E-Mail- und Newsletter-Marketing sind für Unternehmen eine einfache und kostengünstige Form der Werbung und daher besonders beliebt. Doch beim Empfänger stößt der Erhalt solcher E-Mails nicht immer auf Freude – insbesondere dann nicht, wenn solche gar nicht gewünscht wurden. Darauf hat der Gesetzgeber reagiert und zahlreiche rechtliche Anforderungen an Form, Inhalt und Ausgestaltung dieses Marketinginstruments festgelegt. Damit diese Normierungen nicht zum Stolperstein werden und ein erfolgreiches Marketing behindern, soll dieses Kapitel Ihnen eine Orientierungshilfe im Hinblick auf die wesentlichen Aspekte des E-Mail- und Newsletter-Marketings geben.

Sicher sind auch Sie persönlich im Alltag schon häufig mit Werbe-E-Mails in den verschiedensten Formen konfrontiert worden. Solche auf E-Mails basierenden Werbekampagnen sind ein weitverbreitetes Marketingwerkzeug. Während unverlangte E-Mails für die Empfänger ein enormes Belästigungspotenzial aufweisen, herrscht im Hinblick auf erwünschte Werbe-E-Mails eine hohe Akzeptanz. Wie diese Akzeptanz in der Praxis aussieht und wie die Unternehmen davon profitieren, veranschaulichen Ihnen eindrucksvoll die Daten aus dem Blog Salesforce. In diesem wurden »25 Mind Blowing Email Marketing Stats« zusammengetragen:

- Der Umsatz für E-Mail-Marketing erreichte 2012 die Marke von 156 Mio. US$.
- Für jeden in E-Mail-Marketing investierten Euro kommt durchschnittlich der vierfache Ertrag zurück.
- 82 % der Kunden öffnen E-Mails von Unternehmen.
- 44 % der E-Mail-Empfänger tätigten einen Kauf auf Basis einer Werbe-E-Mail.
- 33 % der E-Mail-Empfänger öffneten eine E-Mail lediglich aufgrund der Betreff-Zeile.
- Sieben von zehn Personen nutzten einen Coupon oder einen Rabatt, der aus einer Werbe-E-Mail der letzten Woche stammt.
- 27 % der Kunden würden ihrem Lieblingsunternehmen empfehlen, mehr in E-Mail-Marketing zu investieren.

Diese statistischen Auswertungen geben Ihnen bereits einen ersten Eindruck davon, welch hohen Stellenwert das E-Mail- und Newsletter-Marketing im Rahmen der Marketinginstrumente hat.

Wichtig für Sie ist aber an dieser Stelle zu wissen, dass Marketing-E-Mails nur dann erfolgversprechend sind, wenn sie auch rechtskonform eingesetzt werden. Denn andernfalls können teure Abmahnungen und Klagen die Folge sein und den Marketingerfolg zumindest finanziell zunichtemachen. Um dieses Risiko zu vermeiden, möchten wir Ihnen in diesem Kapitel die Grundzüge der rechtlichen Anforderungen an das E-Mail-Marketing näher erläutern.

3.1 Welche Art von E-Mail hat rechtliche Relevanz?

Mit E-Mails erreichen Sie kostenlos und schnell eine Vielzahl an Personen, die jedoch für den Empfänger schnell zur Belästigung werden können. Aus diesem Grund unterliegt die Versendung von E-Mails speziellen gesetzlichen Beschränkungen. Aber nicht jede E-Mail, die zwischen Unternehmern und Kunden ausgetauscht wird, hat rechtliche Relevanz: Entscheidend ist der Marketingcharakter der E-Mail.

Der Werbeaspekt wird dabei sehr weit gefasst und immer dann angenommen, wenn eine gewerbliche Äußerung darauf abzielt, den Absatz von Waren oder die Erbringung von Dienstleistungen, einschließlich unbeweglicher Sachen, Rechte und Verpflichtungen, zu fördern. Kurz gesagt: Wollen Sie mit einer E-Mail beispielsweise Kunden zum Kauf animieren, so können Sie auch vom Werbecharakter einer solchen E-Mail ausgehen.

Auch wenn Sie Ihren Kunden einen Newsletter zusenden möchten, ist hierin eine Marketingmaßnahme zu sehen. Solche Rundbriefe werden nämlich in der Regel ganz gezielt dazu genutzt, die Empfänger regelmäßig über Neuigkeiten des Unternehmens zu informieren oder mit Informationen zu versorgen, die in Verbindung mit den angebotenen Produkten oder Dienstleistungen stehen. Versendet ein Versandhändler für Babyprodukte beispielsweise in seinem Newsletter Tipps und Tricks zur Kinderpflege, so zielt auch dies letztlich darauf ab, seine Produkte zu verkaufen, und stellt damit eine Werbemaßnahme dar.

Achtung: Sehr weiter Werbebegriff!

Darunter fallen nicht nur E-Mails, die konkret ein Produkt oder eine Dienstleistung bewerben, sondern auch die Nachrichten, die nicht direkt mit speziellen Angeboten in Verbindung stehen. Dazu gehören zum Beispiel Nachrichten, in denen der Werbende seinem Kunden zum Geburtstag gratuliert, ihm »Frohe Weihnachten« wünscht oder um die Teilnahme an einer Studie zu Marktforschungszwecken bittet.

Abbildung 3.1 Versenden Sie Weihnachtsgrüße und weisen dabei gleichzeitig auf Ihre Angebote hin, so ist dies Werbung!

Vorsicht: Beurteilung im Einzelfall erforderlich!

Da Sie hinsichtlich der inhaltlichen Ausgestaltung von E-Mails eine Vielzahl an Möglichkeiten haben, sind die Grenzen hin zur Werbe-E-Mail fließend. Da folglich die Qualität der E-Mail in jedem Einzelfall separat beurteilt werden muss, gibt es auch keine klare Rechtsprechung, anhand derer beurteilt werden kann, welche Nachricht eine E-Mail-Werbung darstellt und daher den rechtlichen Anforderungen gerecht werden muss und welche nicht. Aus diesem Grund ist es ratsam, grundsätzlich im Zweifel von einem Marketingcharakter der Nachricht auszugehen, um nicht in Haftungsfallen zu tappen.

Interessant ist in diesem Zusammenhang auch, dass es anders als in vielen anderen Bereichen für die Beurteilung des Werbecharakters nicht maßgeblich ist, wer der Empfänger ist. Es gibt für Sie hier, anders als zum Beispiel beim Online-Versand keine besonderen Verbraucherschutzbestimmungen zu beachten. Denn bei der Versendung von Werbe-E-Mails an Unternehmer gelten keine anderen Regeln als bei der an Verbraucher.

Tipp: Selbstkontrolle

Ein erster Anhaltspunkt, um herauszufinden, ob die E-Mail Werbecharakter hat oder nicht, ist die Selbstkontrolle. Fragen Sie sich selbst: »Will ich mit dieser E-Mail den Empfänger dazu bewegen, meine Produkte oder Dienstleistungen zu bestellen, oder nicht?« Wenn Sie diese Frage mit »Ja« beantworten, ist mit hoher Wahrscheinlichkeit von einem Werbecharakter auszugehen.

3.2 Welche Rechtsbereiche können durch unerwünschte E-Mails tangiert werden?

Bekommt eine Person oder ein Unternehmen unerwünscht Werbung zugesandt, so kann dies diverse Rechtsbereiche tangieren. Wo hier die zentralen Probleme liegen, möchten wir Ihnen im Folgenden gerne überblicksweise darstellen.

3.2.1 Eingriff in das Persönlichkeitsrecht bzw. den Gewerbebetrieb

Erhält eine Privatperson Werbung, in die sie nicht eingewilligt hat, so stellt dies einen Eingriff in das gem. Art. 2 Abs. 1 in Verbindung mit Art. 1 Abs. 1 GG verfassungsrechtlich garantierte allgemeine Persönlichkeitsrecht dar, das dem Schutz vor sämtlichen Eingriffen in die persönliche Lebenssphäre einer Person dienen soll.

Werden E-Mails an Gewerbetreibende verschickt, so kann dies als ein Eingriff in den eingerichteten und ausgeübten Gewerbebetrieb qualifiziert werden. Diese Eingriffe haben zur Folge, dass der Empfänger der unerwünschten E-Mail gegen den Absender einen Unterlassungs- und Schadensersatzanspruch geltend machen kann.

3.2.2 Werbe-E-Mails als unzumutbare Belästigung

Verschickt ein Unternehmer virtuelle Post ohne die Einwilligung des Empfängers, hat dies auch wettbewerbsrechtliche Relevanz. Denn § 7 UWG bestimmt, dass solche Handlungen, die den Kunden in unzumutbarer Weise belästigen, unzulässig sind. Eine solche »unzumutbare Belästigung« besteht darin, dass der Adressat der E-Mail gezwungen wird, sich mit jeder erhaltenen E-Mail zu befassen und diese im unerwünschten Fall zu löschen.

Beachten Sie daher, dass der Versand einer E-Mail zu Werbezwecken grundsätzlich immer dann unzulässig ist, wenn dieser ohne die vorherige ausdrückliche Einwilligung des Empfängers erfolgt ist.

3.2.3 Datenschutzrecht

Neben dem Zivilrecht und dem Wettbewerbsrecht spielt auch das Datenschutzrecht für ein rechtskonformes E-Mail-Marketing eine besondere Rolle. Das Bundesdatenschutzgesetz regelt nämlich, dass die Erhebung, Verarbeitung und Nutzung personenbezogener Daten nur in Ausnahmefällen überhaupt zulässig ist. Somit handelt es sich grundsätzlich um ein Verbot mit Erlaubnisvorbehalt.

Als eine solche Ausnahmevorschrift, die die Datenerhebung und -speicherung für eigene Geschäftszwecke zulässt, kommt § 28 BDSG in Betracht. Ob und wann diese Norm in der Praxis bei der Anwendung von E-Mail-Marketing-Strategien zur Anwendung kommt, werden wir Ihnen an den entsprechenden Stellen in diesem Kapitel erläutern.

3.3 Wie erhält man eine rechtskonforme Einwilligung zur Versendung von Werbe-E-Mails?

Wir haben nun bereits an verschiedenen Stellen angesprochen, dass der Absender von Werbe-E-Mails eine Einwilligung des Empfängers einholen muss. Der Gesetzgeber normiert dies einerseits in § 7 Abs. 2 UWG und andererseits in § 28 Abs. 3 S. 1 BDSG. Dieses Erfordernis gilt auch unabhängig davon, ob der Empfänger ebenfalls ein Unternehmer oder ein Verbraucher ist, und ist Grundvoraussetzung für den rechtssicheren Versand von Werbe-E-Mails.

Doch ebenso wichtig wie die Tatsache, dass Sie überhaupt einer Einwilligung bedürfen, ist es für Sie zu wissen, wie genau eine solche aussehen muss. So ist gesetzlich klar geregelt, wie und auf welche Art und Weise die Einwilligung eingeholt werden darf, was sie umfassen muss und wie sie ausgestaltet sein muss.

Achtung: Keine Einwilligung um jeden Preis!

Wir empfehlen Ihnen dringend, sich hinsichtlich der Einholung der Einwilligung an die im folgenden Abschnitt erläuterten rechtlichen Anforderungen zu halten, da die auf anderen Wegen erhaltene Einwilligung einerseits wertlos ist und andererseits zu teuren Abmahnungen führen kann. Bei Unsicherheiten in der Umsetzung ist es daher unter Umständen ratsam, auf die rechtliche Unterstützung eines auf diesem Gebiet spezialisierten Rechtsanwalts zurückzugreifen.

3.3.1 Schriftliche Dokumentation ist das A und O

Zunächst einmal sollte der Absender beachten, dass er derjenige ist, der im Streitfall darlegen und beweisen muss, dass der Empfänger in den Erhalt von Werbe-E-Mails eingewilligt hat. Dies hat der Bundesgerichtshof bereits in seinem Urteil »E-Mail-Werbung I« entschieden (BGH, Urteil vom 11.03.2004, Az. I ZR 81/01).

Tipp: Einwilligung schriftlich protokollieren

Um bei eventuellen Abmahnungen oder gerichtlichen Streitigkeiten das Vorliegen einer Einwilligung auch beweisen zu können, sollte oberstes Gebot der Einwilligung dessen schriftliche Protokollierung sein. Im Fall der elektronisch übermittelten Ein-

…ständniserklärung können Sie diese einfach abspeichern. Dies ist ohne größeren Aufwand möglich und gibt Ihnen die jederzeitige Möglichkeit, die Erklärung bei Bedarf auszudrucken.

Die Dokumentation sollte folgende Angaben enthalten:

- Zeitpunkt der Anmeldung auf der Website des Verkäufers
- Inhalt der Einwilligungserklärung und ihre Ausgestaltung
- E-Mail-Adresse des Einwilligenden
- Datum und Uhrzeit der Einwilligungserklärung
- IP-Adresse des Einwilligenden zum Zeitpunkt der Einwilligung
- Zeitpunkt des ersten E-Mail-Versands

Wurde das Double-Opt-in-Verfahren angewandt, das wir im Folgenden noch erklären werden, dann sollten darüber hinaus noch folgende Daten gespeichert werden:

- Versandzeitpunkt der Einladungs- E-Mail
- Inhalt der Einladungs-E-Mail
- Inhalt der Bestätigungs-E-Mail
- Zeitpunkt der Bestätigung der Einwilligung
- IP-Adresse des Einwilligenden zum Zeitpunkt der Bestätigung

Nur so können Sie wirklich sichergehen, dass Ihre Bestätigungs-E-Mail von einem Gericht nicht als unerlaubte Werbung eingestuft wird.

Tipp: Dauerhafte Archivierung

Es ist ratsam, die Dokumentation nicht nur anfangs, sondern für die gesamte Dauer der Marketingmaßnahme zu archivieren. Dies können glücklicherweise heute E-Mail-Marketing-Systeme für Sie übernehmen.

3.3.2 Transparenz des Absenders der Einwilligung

Grundsätzlich muss der künftige Empfänger von Werbe-E-Mails in einfacher und verständlicher Weise über die wesentlichen Aspekte informiert werden. Kurz gesagt: Der Einwilligende muss wissen, wem gegenüber er die Einwilligung zu welchem Zweck abgibt und was dieser mit seinen Daten vorhat.

Besonders anfällig für Rechtsstreitigkeiten ist die genaue Bezeichnung des werbetreibenden Unternehmens, da dieses klar benannt werden muss. Auch gilt die erteilte Einwilligung aus Datenschutzgründen dann auch nur gegenüber dem benannten

Unternehmen, da das Vertrauen des künftigen Empfängers dahingehend besonders schutzwürdig ist.

Möchten Sie also, dass die Einwilligung für mehr als ein Unternehmen erteilt wird, so müssen Sie alle profitierenden Unternehmen einzeln namentlich benennen. In einem solchen Fall empfiehlt es sich daher, eine Gesamtanzahl von zehn Unternehmen nicht zu überschreiten.

Achtung: So geht es nicht!

Der künftige Empfänger der Werbe-E-Mails muss wissen, welchen Unternehmen gegenüber er seine Einwilligung abgibt. »Allround«- Einwilligungen mit Formulierungen wie »Ich gestatte die Verwendung meiner personenbezogenen Daten (Name, Vorname, Telefonnummer, E-Mail-Adresse) für Werbezwecke durch das Unternehmen XY *sowie die Weitergabe dieser Daten an dritte Partnerunternehmen* des Unternehmens XY zum Zwecke der Werbung und Beratung zu Produkten und Dienstleistungen des Unternehmens XY bzw. der jeweiligen Partnerunternehmen« lassen für den Empfänger weder erkennen, wer die »Partnerunternehmen« sind, noch welche Produktpalette sie abdecken. Damit verstößt eine solche Einwilligungserklärung gegen das Transparenzgebot, da der Empfänger in keiner Weise überblicken kann, von wem und wozu er demnächst mit Werbe-E-Mails womöglich »überschüttet« wird.

Neben den »Partnerunternehmen« gilt dies auch für Unternehmen eines Konzerns. Eine Einwilligung, die gegenüber dem Mutterkonzern abgegeben wurde, gilt auch nur diesem gegenüber und nicht grundsätzlich auch für dessen Tochtergesellschaften (siehe Abbildung 3.2), es sei denn, diese wurden namentlich aufgezählt. Denn der Datenschutzaspekt verbietet auch eine Weitergabe innerhalb eines Konzerns, da die Tochterunternehmen gesellschaftsrechtlich eigenständige Unternehmen darstellen und sich damit nicht von solchen Unternehmen unterscheiden, die nicht Teil des Konzerns sind. So muss sich beispielsweise ein Kunde der Volkswagen AG nicht zwangsläufig für die Produkte der Fahrzeugmarke Seat interessieren.

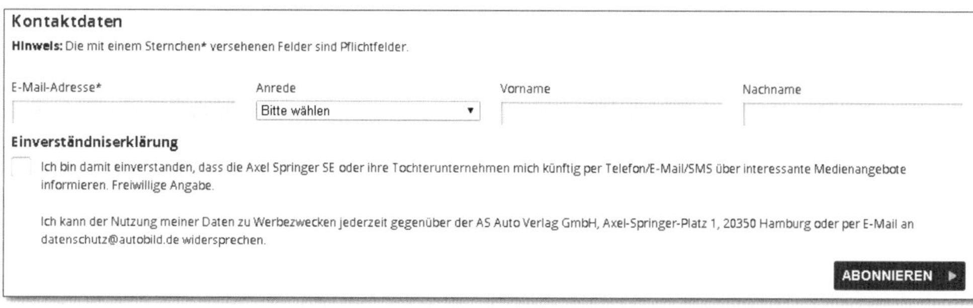

Abbildung 3.2 Hier sehen Sie ein Beispiel, wie versucht wird, auch Tochterunternehmen in die Einwilligungserklärung mit einzubeziehen. Eine konkrete Benennung oder Aufzählung fehlt jedoch.

3.3.3 Transparenz des Inhalts der Einwilligung

Weiterhin gilt das Transparenzgebot auch hinsichtlich des konkreten Inhalts der Einwilligung. Der Empfänger der Werbe-E-Mail muss also nicht nur ganz genau wissen, von wem er künftig kontaktiert wird, sondern auch im Hinblick auf welche Produkte und Dienstleistungen. Dies ist für Sie insbesondere dann von Bedeutung, wenn Sie verschiedene Produkte oder Dienstleistungen anbieten. In einem solchen Fall müssen Sie im Rahmen der Einwilligungserklärung festgelegen, worüber der Empfänger künftig informiert werden soll.

Beispiel: Inhalt der Einwilligung

»Jetzt anmelden: aktuelle Rechtsnachrichten der Kanzlei WILDE BEUGER SOLMECKE«

3.3.4 Transparenz der Kontaktkanäle

Zudem muss der Einwilligende auch konkret darüber informiert werden, über welche Kontaktkanäle er in Zukunft Werbung erhält. Formulieren Sie also ganz klar, ob die Kontaktaufnahme zu Werbezwecken per Telefon, E-Mail, Post oder Fax erfolgen soll oder gar auf allen Wegen.

3.3.5 Bewusste, konkrete und aktive Einwilligungshandlung – Opt-in oder Opt-out?

Darüber hinaus ist zu beachten, dass eine rechtlich wirksame Einwilligung grundsätzlich immer ein bewusstes, aktives und konkretes Handeln des Interessenten voraussetzt. Bewusst heißt dabei, dass der Empfänger den Newsletter nur bekommt, wenn er beispielsweise ein schriftliches Einwilligungsdokument unterschreibt oder durch Eingabe seiner E-Mail-Adresse aktiv wird.

Ihnen steht es in der Praxis ebenfalls frei, eine Einwilligungserklärung vorzuformulieren und mit einem Kästchen zum Ankreuzen zu versehen, das dann vom Einwilligenden schriftlich angekreuzt oder elektronisch angeklickt werden muss. Hierbei handelt es sich um das rechtlich zulässige sogenannte *Opt-in-Verfahren*. Was hingegen außerhalb des rechtlichen Rahmens liegt, zeigen Ihnen die folgenden Beispiele.

Achtung: So geht es nicht!

Hingegen nicht zulässig ist die Formulierung: »Hiermit bestätige ich, dass ich keine Werbung erhalten möchte.« Denn dabei bezieht sich die Aktivität des Empfängers nicht auf die Erteilung der Einwilligung, sondern gerade auf den Nichterhalt. Gleiches gilt für Kästchen zum Anklicken der Bestätigung in Onlineformularen, die bereits im Voraus standardmäßig angeklickt sind und bei denen das Häkchen aus dem Kästchen entfernt werden muss, um nicht an dem Newsletter-Verfahren teilzunehmen.

Über die angesprochenen Aspekte hinaus gibt es auch Regeln zur mutmaßlichen Einwilligung, also zu Fällen, in denen eine Einwilligung zwar nicht ausdrücklich erklärt wurde, diese aber vermutet wird. Jedoch ist das Vorliegen einer solchen gerade für den juristischen Laien sehr schwer zu beurteilen und sollte daher sicherheitshalber nicht ohne Absicherung durch einen Rechtsbeistand angenommen werden. Nur so können Sie Rechtsstreitigkeiten und kostenpflichtige Abmahnungen der Empfänger verhindern.

Achtung: Öffentlich zugängliche E-Mail-Adressen

Möchten Sie mit einem Unternehmen zu Werbezwecken Kontakt aufnehmen, so ist Folgendes zu beachten: Allein der Umstand, dass deren Kontaktdaten in Telefonbüchern, in den Gelben Seiten, auf Visitenkarten, auf deren Homepages oder in sozialen Netzwerken frei zugänglich sind, bedeutet nicht, dass diese mit der Zusendung von Werbe-E-Mails einverstanden sind. Diese Veröffentlichung dient primär der Kontaktaufnahme von Kunden.

3.3.6 Das Double-Opt-in-Verfahren

Sollten Sie Ihre Kunden gerne per Newsletter informieren wollen, so können wir Ihnen eine klare Empfehlung geben, wie die Einwilligung eingeholt werden sollte: Die rechtlich sicherste Variante ist das sogenannte Double-Opt-in-Verfahren. Darunter versteht man ein zweistufiges Anmeldeverfahren, bei dem in einem ersten Schritt der Interessent seine E-Mail-Adresse in ein Anmeldeformular einträgt und das Formular absendet. Ein solches Formular können Sie beispielsweise fest auf der eigenen Unternehmens-Homepage platzieren (siehe Abbildung 3.3).

An dieser Stelle sollte der Kunde über folgende Aspekte informiert werden:

- Was beinhaltet der Newsletter?
- In welchen Zeitabständen soll der Newsletter versendet werden?
- Wer genau versendet den Newsletter?
- Wie kann der Newsletter wieder abbestellt werden?

Nachdem der Interessent dort seine E-Mail-Adresse eingetragen und auf ANMELDEN geklickt hat, verschickt das System des werbenden Unternehmens unmittelbar danach eine Bestätigungs-E-Mail an die von dem Interessenten angegebene E-Mail-

Adresse. In dieser Bestätigungs-E-Mail wird der Empfänger dann gebeten, durch einen Klick auf den Bestätigungs-Link ein zweites Mal zu erklären, dass er zukünftig Werbe-E-Mails erhalten möchte. Erst nach dem Betätigen des Bestätigungs-Links wird die E-Mail-Adresse des Interessenten in das Adressbuch des Unternehmers eingetragen.

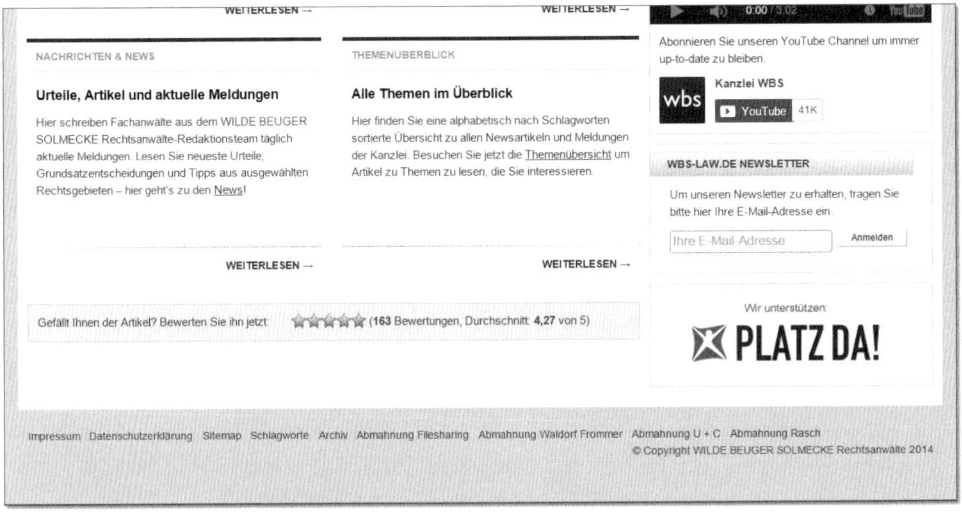

Abbildung 3.3 Diese Abbildung verdeutlicht, wie auf der Unternehmens-Homepage die Anmeldung für den Newsletter umgesetzt werden kann.

Auf diese Weise können Sie sicherstellen, dass Dritte das System nicht missbrauchen und andere Personen mit deren E-Mail-Adresse für zahlreiche Newsletter anmelden, die diese gar nicht wünschen. Denn reagiert der potenzielle Interessent nicht binnen weniger Tage, so erhält er von Ihnen keine weiteren E-Mails.

Der Grund, warum wir Ihnen das Double-Opt-in-Verfahren empfehlen, zeigt sich in einem Vergleich zum sogenannten Single-Opt-in-Verfahren. Dabei trägt sich der Interessent auf der Unternehmens-Website für den Newsletter ein, woraufhin ihm nur auf der Website eine Bestätigung seiner Anmeldung angezeigt wird, er jedoch keine weitere Bestätigungs-E-Mail erhält.

Grundsätzlich würde dieses Verfahren zum Erhalt der Einwilligung ausreichen, wenn diese von dem tatsächlichen Berechtigten abgegeben wurde. Doch genau dort liegt auch die Stolperfalle, aufgrund derer dieses Verfahren nicht zu empfehlen ist.

Achtung: Single-Opt-in-Verfahren birgt Beweisrisiko!

Sollten Sie sich für das Single-Opt-in-Verfahren entscheiden, könnten Sie im Streitfall nicht nachweisen, dass sich tatsächlich der Berechtigte angemeldet hat, und müssten daher mit rechtlichen Konsequenzen rechnen!

Ein weiterer Vorteil des Double-Opt-in-Verfahrens ist zudem der Schutz vor sogenannten *E-Mail-Adressen-Harvestern*. Dabei handelt es sich um Programme, die das Internet gezielt nach E-Mail-Adressen absuchen, um an diese Werbung zu verschicken. Hauptsächlich wird das Programm dabei auf Webseiten von Unternehmen fündig, insbesondere im Impressum. In der Folge verkaufen die dieses Programm verwendenden Unternehmen dann die Adressen an Dritte oder Nutzen sie selbst für die Verwendung von Spam.

Durch die Anwendung des Double-Opt-in-Verfahrens kann verhindert werden, dass E-Mail-Harvester im Netz verfügbare E-Mail-Adressen scannen und für Newsletter anmelden.

3.3.7 Die Bestätigungs-E-Mail

Nachdem sich der Interessent für den Newsletter angemeldet hat, wird ihm eine Bestätigungs-E-Mail zugesandt. In Fällen, in denen Dritte jemanden für den Newsletter angemeldet haben, der einen solchen gar nicht wünschte, stellt sich die Frage, ob auch diese unerwünschte Bestätigungs-E-Mail bereits unzulässigen Spam darstellt. Eine abschließende Antwort auf diese Frage gibt es bisher noch nicht, jedoch kann für eine Rechtskonformität angenommen werden, dass der Bundesgerichtshof die Bestätigungs-E-Mail in seinem Double-Opt-in-Urteil (BGH, Urteil vom 10.02.2011, Az. I ZR 164/09) zumindest nicht beanstandet hat. Dies mag wohl auch daran liegen, dass der Weg über die Bestätigungs-E-Mail der einzige Weg ist, über den ein rechtssicheres E-Mail-Marketing möglich ist.

Achtung: Das darf nicht in die Bestätigungs-E-Mail

Die Bestätigungs-E-Mail ist aber dann als Werbung zu werten, wenn sie visuell so aufgebaut ist, dass sie schon Angebote zu Produkten oder Dienstleistungen des Werbenden enthält.

Den Bestätigungs-Link sollten Sie optisch so neutral wie möglich halten. Um keine rechtlichen Konsequenzen zu riskieren, verzichten viele Unternehmen sogar auf jegliche optische Gestaltung, wie zum Beispiel Unternehmenslogos, dies ist aber gar nicht notwendig.

Auch muss die Bestätigungs-E-Mail nicht als plain text, also als einfacher, schlichter Text versandt werden. Sie können durchaus beispielsweise das Design der Unternehmens-Website, also Farben, Schriftarten etc., wieder aufgreifen, um einen Wiedererkennungseffekt zu erzeugen.

Wichtig: Das muss in die Bestätigungs-E-Mail

Umschreiben Sie auch im Rahmen der Bestätigungs-E-Mail nochmals grob den Inhalt des Newsletters, den Sie versenden möchten, und dessen Frequenz, das heißt, wie oft sie versendet werden sollen (täglich/wöchentlich/monatlich).

Dies bedeutet letztlich, dass Sie sicherheitshalber die gesamte Einwilligungserklärung in der Bestätigungs-E-Mail vollständig wiederholen (siehe Abbildung 3.4), da nur auf diese Weise sichergestellt werden kann, dass der Einwilligende auch tatsächlich sein Einverständnis erklärt hat. Ab diesem Zeitpunkt kann es Ihnen dann aber auch gleichgültig sein, wenn ursprünglich eine dritte Person den Einwilligenden eigenmächtig für den Newsletter registriert hat. Die Einwilligung des Kunden ist dann rechtlich voll wirksam.

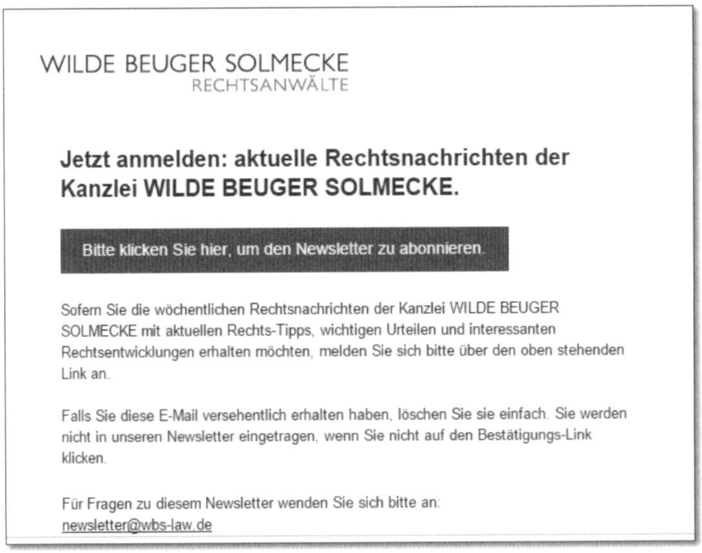

Abbildung 3.4 Beispiel einer Bestätigungs-E-Mail

Zudem empfiehlt es sich auch, den Empfänger bzw. Kunden darauf hinzuweisen, dass er keine weitere E-Mail mehr erhält, wenn er dem Bestätigungs-Link nicht folgt und damit das Anmeldeverfahren nicht abschließt. Denn andernfalls könnte er im Streitfall behaupten, dass er nur aus Versehen dem Bestätigungs-Link gefolgt ist und gar nicht wusste, worin er da tatsächlich einwilligt.

Beispiel: So könnten Sie formulieren

»Falls Sie diese E-Mail versehentlich erhalten haben, löschen Sie sie einfach. Sie werden nicht in unseren Newsletter eingetragen, wenn Sie nicht auf den Bestätigungs-Link klicken.«

Folgt der Empfänger dem Bestätigungs-Link, so erhält er eine Bestätigung der Anmeldung, wie Sie sie exemplarisch in Abbildung 3.5 sehen können.

Abbildung 3.5 Beispiel einer Anmeldebestätigung

Die Erinnerungs-E-Mail

Wenn der potenzielle Empfänger von Werbe-E-Mails auf die Bestätigungs-E-Mail nicht reagiert, so kann dies mehrere Gründe haben:

- Es ist möglich, dass er seine E-Mail-Adresse gar nicht selbst eingetragen hat.
- Er kann sie zwar selbst eingetragen, die Bestätigung aber schlicht vergessen haben.
- Die Bestätigungs-E-Mail ist im Spam-Ordner des Empfängers gelandet.
- Der Empfänger hat sich im Nachhinein bewusst gegen den Erhalt von Werbung per E-Mail entschieden.

Was nun der tatsächliche Grund dafür ist, dass der Empfänger den Bestätigungs-Link nicht aktiviert hat, kann das werbende Unternehmen nicht wissen. Aus diesem Grund stehen Sie nun möglicherweise vor der Frage, ob Sie dem potenziellen Empfänger Ihrer Werbe-E-Mails eine Erinnerungs-E-Mail senden dürfen. Dabei wird die ursprüngliche E-Mail entweder in gleicher Form noch einmal oder auch leicht modifiziert versandt, weshalb man in diesem Zusammenhang auch von Re-Mailing spricht.

Nachdem wir bereits im Rahmen der ersten Bestätigungs-E-Mail auf die Diskussion darüber hingewiesen haben, ob diese selbst schon einen Werbecharakter hat und daher unzulässig ist, stellt sich diese Frage hier nun erst recht. Im Rahmen der Bestätigungs-E-Mail selbst kann man nämlich noch argumentieren, dass es keinen Sinn ergibt, dem Werbenden zum Erhalt einer Einwilligung das Erfordernis einer Einwilligung aufzuerlegen. Hingegen scheint es nicht abwegig, jede weitere E-Mail danach ohne Einwilligung als unzumutbare Belästigung einzustufen, wenn sie nicht unbedingt erforderlich ist.

Zu dieser Frage der Zulässigkeit des Re-Mailings können wir Ihnen hier leider keine abschließende Antwort geben. Eine dahingehende Rechtsprechung gibt es jedenfalls bisher noch nicht. Es ist jedoch damit zu rechnen, dass auch die Befürworter der Rechtmäßigkeit der Bestätigungs-E-Mail im Fall der Erinnerungs-E-Mail zu einem anderen Ergebnis kommen werden. Denn während die Bestätigungs-E-Mail nur dem Zweck der Verifizierung der E-Mail-Adresse und damit dem Erhalt einer rechtskonformen Einwilligung dient und daher nicht vermeidbar ist, zielt die Erinnerungs-E-Mail darauf ab, doch noch an die Einwilligung zu gelangen. Dies könnte jedoch den Grad des für den Empfänger Zumutbaren überschreiten und daher als rechtswidrig kategorisiert werden.

Sicher ist sicher: Verzichten Sie auf Erinnerungs-E-Mails!

Grundsätzlich empfehlen wir daher, auf den Versand von E-Mails mit Erinnerungsfunktion zu verzichten, um keine Abmahnungen zu riskieren. Wer diese jedoch dennoch versenden möchte, der sollte diese Praxis doch sehr restriktiv anwenden, indem er beispielsweise nur eine Erinnerungs-E-Mail versendet. Auf diese Weise kann das Risiko, dass der Empfänger die Erinnerung als Belästigung empfindet und daher rechtliche Schritte dagegen einleitet, reduziert werden.

3.3.8 Eigenständigkeit der Einwilligung

Darüber hinaus ist auch darauf zu achten, dass die Einwilligungserklärung völlig eigenständig formuliert und gestaltet wird. Das heißt, Sie sollten die Erklärung möglichst losgelöst von anderen Inhalten präsentieren. Denn nur auf diese Art und Weise kann sichergestellt werden, dass der Einwilligende freiwillig gehandelt hat und nicht nur eingewilligt hat, weil ihm zum Beispiel die Teilnahme an einem Gewinnspiel oder ein Rabatt in Aussicht gestellt wurde (wie etwa in dem Beispiel in Abbildung 3.6). Denn durch die Verbindung mit anderen Sachverhalten kann der Einwilligende abgelenkt werden und so in seiner Entscheidungsfreiheit beeinflusst werden.

Guten Tag,

wir freuen uns, dass Sie sich für den Zalando Newsletter interessieren.

Um Ihnen regelmäßig News & Trends rund ums Thema "Schuhe und Fashion" per E-Mail zusenden zu können, benötigen wir die Bestätigung Ihrer Anmeldung:

5€ GUTSCHEIN

Hier Anmeldung bestätigen und 5-Euro-Gutschein" erhalten!

Anmeldung bestätigen

Nach der Bestätigung erhalten Sie eine gesonderte E-Mail mit Ihrem persönlichen Gutscheincode, den Sie bei der nächsten Bestellung einlösen können.

Die Abmeldung vom Newsletter können Sie jederzeit in Ihrem Benutzerkonto unter Meine Newsletter vornehmen.

Abbildung 3.6 Die Abbildung zeigt ein Beispiel dafür, wie die Einwilligung in den Newsletter-Versand mit einem anderen Inhalt, nämlich einem Gutschein verknüpft wird. Es ist nicht unwahrscheinlich, dass Kunden nur einwilligen, um den Gutschein zu erhalten. Damit steht die Einwilligung auf rechtlich wackeligen Füßen.

3.3.9 Einwilligungserklärungen in Allgemeinen Geschäftsbedingungen

Uns ist durchaus bewusst, dass es im Zusammenhang mit der Einwilligung eine Vielzahl von formalen Vorgaben zu beachten gilt. Daher würde es auch nicht verwundern, wenn Sie, wie auch viele andere Werbetreibende, womöglich das Bedürfnis haben, das Ganze zu vereinfachen, indem Sie eine formularmäßige Einwilligungserklärung in Ihren Allgemeinen Geschäftsbedingungen (AGB) platzieren. Hierzu gilt es allerdings zu wissen, dass der Bundesgerichtshof in dem bereits angesprochenen Double-Opt-in-Urteil entschieden hat, dass eine solche Vorgehensweise gegen das Transparenzgebot verstößt. Danach müssen Klauseln in AGB klar und verständlich sein.

Auch sahen die Richter darin eine unangemessene Benachteiligung des Verbrauchers, was letztlich zur Folge hat, dass die Klausel unwirksam ist und Sie auf diese Weise keine wirksame Einwilligungserklärung erhalten können.

3.3.10 Datenschutzrechtliche Aspekte der Einwilligung: Die Datenschutzbelehrung

Weiterhin ist zu beachten, dass das Formular zur Einwilligung auch eine Datenschutzbelehrung enthalten muss, die den Empfänger über die Verarbeitung seiner Daten und seine Widerrufsrechte informiert.

Achtung: Bleiben Sie nicht zu allgemein!

Allgemein gehaltene Datenschutzbelehrungen wie »Die Datenerhebung und Datennutzung entspricht den gesetzlichen Vorgaben« sind nicht ausreichend und können zu Abmahnungen führen.

Bei der Gestaltung der Erklärung ist es auch zulässig, dass diese über einen Link auf die Unternehmens-Website abgerufen werden kann. Dabei muss Ihre Datenschutzbelehrung folgende Aspekte enthalten (siehe Abbildung 3.7):

- einen Hinweis auf die Auskunftsrechte und Rechte zur Löschung der Daten des Empfängers
- eine konkrete Benennung der einzelnen erhobenen Daten
- den Zweck der Datenerhebung

Abbildung 3.7 Beispiel einer Datenschutzerklärung auf der Website

> **Tipp: Steigern Sie das Vertrauen!**
> Im Einwilligungsformular selbst sollte schon auf die Abbestellmöglichkeit hingewiesen werden und darauf, dass eine Weitergabe der Daten an Dritte nicht erfolgt. Auf diese Weise steigern Sie das Vertrauen der Interessenten und damit auch die Einwilligungsrate.

3.3.11 Umfang der geforderten Daten

Auch ist zu beachten, dass Einwilligungserklärungen zu Werbezwecken nicht dafür benutzt werden dürfen, umfassend Daten über die Personen zu sammeln, um diese für andere Zwecke, wie zum Beispiel zu statistischen Zwecken, zu verwenden. Sie dürfen grundsätzlich nur die Daten anfragen, die Sie auch tatsächlich für die entsprechende Art der Werbemaßnahme und die gewählte Art der Kontaktaufnahme brauchen.

Wer also in die Zusendung von Werbung per E-Mail einwilligt, der muss grundsätzlich nur seine E-Mail-Adresse preisgeben. Diese muss auch nicht aus einem Klarnamen bestehen. Es spielt also keine Rolle, ob aus der E-Mail-Adresse der bürgerliche Name des Einwilligenden erkennbar ist, so zum Beispiel bei *max.mustermann@yahoo.de*. Auch eine völlig anonymisierte E-Mail-Adresse wie *sternchen1984yahoo.de* ist ausreichend.

Sicher ist sicher: Keine weitergehenden Pflichtangaben

Ob darüber hinaus auch die Abfrage des Namens zulässig ist, wird unterschiedlich beurteilt. Aus diesem Grund sollte darauf als Pflichtangabe verzichtet werden.

Unproblematisch und zulässig ist es dagegen, wenn die Einwilligenden über die E-Mail-Adresse hinausgehende Daten wie Name, Adresse, Geburtsdatum oder Geschlecht freiwillig preisgeben. Lediglich die Kopplung der Herausgabe dieser Daten an den Erhalt der Werbung ist unzulässig.

Wer sich dafür entscheidet, den Einwilligenden um die Preisgabe weiterer Daten zu bitten, der sollte dazu auf ein mehrstufiges Verfahren zurückgreifen. Hierzu kommen verschiedene Methoden in Frage. Sie können

- ein Formular verwenden, das erst nach der Einwilligung erscheint, und unter Hinweis auf die Freiwilligkeit um weitere Daten bittet,
- dem Einwilligenden in der Folgezeit eine E-Mail mit einem Formular zusenden, in welchem Sie ihn um Aktualisierung und Vervollständigung seiner Daten bitten oder
- in Ihrem Formular für alle gewünschten Daten ein Angabenfeld einbauen, aber nur die Pflichtfelder mit einem Sternchen versehen (unterhalb der Felder ist dann das Sternchen aufzulösen und darauf hinzuweisen, dass nur diese Angaben Pflichtangaben sind). Für diese sehr beliebte Möglichkeit sehen Sie Abbildung 3.8 eine beispielhafte Gestaltung.

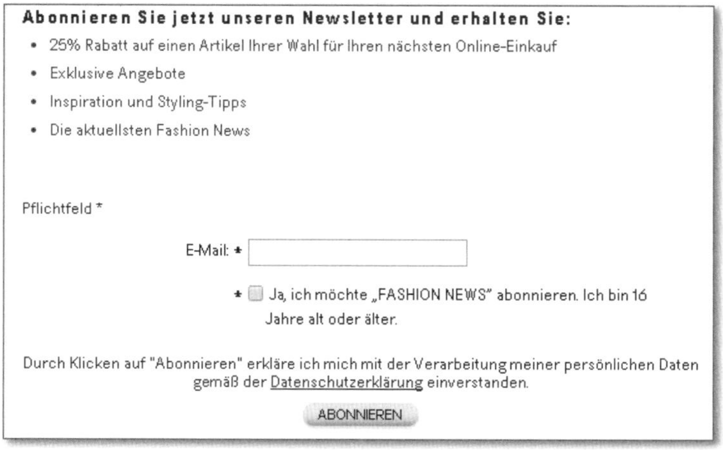

Abbildung 3.8 Beispiel für eine Datenerhebung mit dem Sternchensystem

Mit diesen Arten der Datenerhebung können Sie als werbendes Unternehmen sicherstellen, dass nicht der Eindruck einer Kopplung entsteht und die Daten tatsächlich freiwillig preisgegeben wurden (siehe Abbildung 3.9).

Abbildung 3.9 Hier wird neben dem Sternchenverfahren auch durch die grafische Gestaltung sowie die Überschrift deutlich, dass die Angaben im unteren Feld lediglich optional sind.

3.3.12 Die Form der Einwilligung

Die Einwilligung kann der Kunde auf verschiedene Art und Weise erteilen: in einem persönlichen Kontakt, per Post, per Telefon oder auch online über das Internet. Je nachdem, für welche Modalität sich das werbetreibende Unternehmen entscheidet, sind verschiedene gesetzliche Anforderungen zu beachten. Grundsätzlich gilt aber, dass die Einwilligung gem. § 4a Abs. 1 S. 3 BDSG der Schriftform, also der handschriftlichen Unterschrift des Einwilligenden, bedarf.

Einwilligung in persönlichem Kontakt oder per Telefon

Nun stellt sich die Frage, wie bei der Einholung der Einwilligung in einem persönlichen Kontakt das Schriftformerfordernis eingehalten werden kann. Die Antwort darauf gibt ebenfalls das Bundesdatenschutzgesetz in § 28 Abs. 3a S. 1, wonach in Fällen, in denen das Schriftformerfordernis nicht eingehalten wird, eine schriftliche Bestätigung des Inhalts durch das werbende Unternehmen gegenüber dem Einwilligenden zu erteilen ist. Dies betrifft damit neben der persönlichen Kontaktaufnahme auch die Einholung der Einwilligung per Telefon.

Sicher ist sicher: Dokumentieren Sie die Schriftform!

Die Einhaltung des Schriftformerfordernisses sollten Sie in jedem Falle dokumentieren. Hat der Empfänger in einem persönlichen Kontakt oder per Telefon zugestimmt, so bleibt zu Beweiszwecken zunächst nur dieser als Zeuge. Deshalb ist es sinnvoll, die anschließende schriftliche Bestätigung zum einen zu kopieren und zum anderen durch ein Einschreiben mit Rückschein zu dokumentieren. Auf diese Weise können Sie sichergehen, dass Sie sowohl den Inhalt als auch den Erhalt des Schreibens nachweisen können.

Einwilligung per Post

Sollten Sie sich für den Weg entscheiden, die Einwilligung per Post, beispielsweise in Form einer Postkarte oder eines Briefes, einzuholen, so liegt darin eine schriftliche Erteilung, womit die Schriftform eingehalten ist.

Sicher ist sicher: »Beweise« sichern!

Wer also eine Einwilligung per Post erhält, sollte das Dokument gut aufbewahren, um im Streitfall beweisen zu können, dass die Einwilligung tatsächlich auch erteilt wurde.

Elektronische Einwilligung

Natürlich bietet es sich in der Praxis an, Einwilligungen für Werbung per E-Mail über das Internet einzuholen. Die Anforderungen, die Sie hierfür beachten müssen, sind vom Gesetzgeber in § 13 Abs. 2 TMG genauestens festgelegt. Danach müssen Sie sicherstellen, dass

- der Nutzer seine Einwilligung bewusst und eindeutig erteilt hat,
- die Einwilligung protokolliert wird,
- der Nutzer den Inhalt der Einwilligung jederzeit abrufen kann und
- dass er die Einwilligung jederzeit mit Wirkung für die Zukunft widerrufen kann.

Sicher ist sicher: Double-Opt-in-Verfahren hilft beim Nachweis

Im Rahmen der elektronischen Einwilligung dient das bereits erläuterte Double-Opt-in-Verfahren der einfachen Nachweisbarkeit. Denn neben dem Erhalt der Einwilligung muss der Unternehmer auch beweisen, dass die Einwilligung von der richtigen Person erteilt wurde.

3.3.13 Geltungsdauer der Einwilligung

Nachdem Sie nun die Einwilligung erhalten haben, stellt sich die Frage, wie lange diese gültig ist. Dabei müssen Sie diese Frage differenziert betrachten. Einerseits gibt es Regelungen dazu, wie viel Zeit Sie sich vor dem erstmaligen Versand der Werbe-E-Mail lassen dürfen und andererseits wie lange eine einmal erteilte Einwilligung generell gültig ist.

Erstmalige Nutzung der E-Mail-Adresse

Einwilligungserklärungen haben zwar keine gesetzlich vorgeschriebene Geltungsdauer, sollten aber innerhalb eines angemessenen Zeitraums nach ihrem Erhalt auch genutzt werden. Wie lange genau die Verwendung möglich sein soll, wurde von der Rechtsprechung nicht genau definiert. Jedenfalls ging das Landgericht München I (Urteil vom 8.04.2010, Az. 17 HK O 138/10) in einem Fall davon aus, dass eine erstmalige Verwendung der Einwilligung nach eineinhalb Jahren zu spät gewesen sei, da der Einwilligende nach solch einem langen Zeitraum nicht mehr damit rechnen müsse, kontaktiert zu werden. In einem solchen Fall müsse daher davon ausgegangen werden, dass die Einwilligung keine Geltung mehr habe.

Tipp: Keine lange Zeitspanne zwischen Einwilligung und erster E-Mail

Es empfiehlt sich, die erste Werbe-E-Mail recht zeitnah zur eingeholten Einwilligung zu versenden.

Maximale Geltungsdauer

Eine andere Frage ist jedoch die, über welche zeitliche Dauer Sie dem Kunden Werbe-E-Mails zusenden dürfen. Dahingehend gilt grundsätzlich, dass Sie dem Einwilligenden so lange Werbe-E-Mails zuschicken dürfen, wie er nicht erklärt, dass er künftig keine E-Mails mehr erhalten möchte. Es ist demnach nicht so, dass eine einmal erteilte Einwilligung ihre Wirkung zu einem bestimmten Zeitpunkt verliert.

Praxistipp: Versenden Sie die E-Mails möglichst regelmäßig

Auch wenn es keine fest definierte Geltungsdauer gibt, empfehlen wir Ihnen, die Zeitspanne zwischen den einzelnen Werbe-E-Mails nicht zu lang werden zu lassen. Der Versand von Newslettern beispielsweise sollte zumindest vierteljährlich erfolgen.

3.3.14 Einwilligung in Verbindung mit Gewinnspielen

Die Durchführung von Gewinnspielen ist eine sehr lukrative Art der Werbung. Weil Sie auf diese Weise besonders viele Menschen ansprechen können, ist der Wunsch vieler Unternehmer, die Teilnahme am Spiel von der Zustimmung zu einem Newsletter-Abonnement abhängig zu machen, sehr gut nachvollziehbar.

Die Zulässigkeit dieser Praxis ist jedoch umstritten. Verbraucherschützer sehen hierin unter Umständen eine unangemessene und unsachgemäße Beeinflussung der Entscheidungsfreiheit des Einwilligenden. Sie fürchten nämlich, dass Kunden der Anmeldung zur Marketingmaßnahme nur deshalb zustimmen, weil sie an dem Gewinnspiel teilnehmen möchten.

Wie sich auch in der Entscheidung des LG Hamburg (Urteil vom 10.08.2010, Az. 312 O 25/10) zeigt, besteht unter den Juristen aber zumindest in den folgenden Punkten Einigkeit:

- Der Teilnehmer muss wenigstens über seine Rechte aufgeklärt werden. Das heißt zum Beispiel, dass deutlich gemacht werden muss, dass er der Nutzung seiner Daten jederzeit widersprechen kann.
- Der potenzielle Kunde muss zudem zwingend noch vor dem Beginn der Eingabe seiner Daten über die notwendige Zustimmung zum Newsletter aufgeklärt werden. Damit ist es beispielsweise nicht zulässig, die Zustimmung zu den Teilnahmebedingungen mit der Freigabe zur Datennutzung zu koppeln. Denn in einem solchen Fall läge keine separate Einwilligungserklärung mehr vor, was jedoch Voraussetzung für ein rechtskonformes Newsletter-Marketing ist.

Wie bereits erläutert, muss die Formulierung der Einwilligung außerdem deutlich machen, dass ausschließlich die Einwilligung in die Zusendung des Newsletters bestätigt wird und nicht gleichzeitig auch noch die Gewinnspielteilnahme. Folglich bedarf es einer gesonderten Zustimmung durch Setzen des Häkchens in einem eigenen Kästchen (siehe Abbildung 3.10).

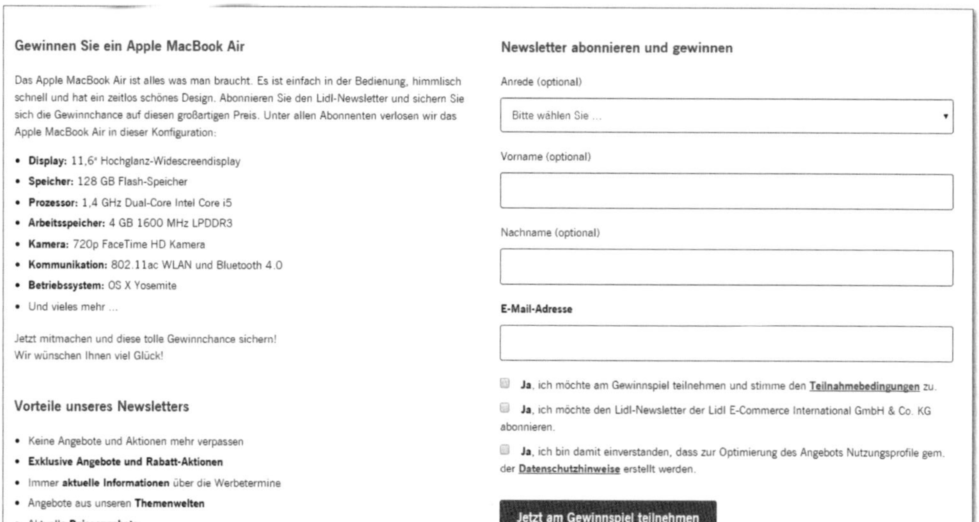

Abbildung 3.10 Beispiel für die rechtskonforme Verbindung von Gewinnspiel und Einwilligung zum Erhalt des Newsletters

Praxistipp: Zur Not einen Anwalt einschalten

So verlockend die Marketingstrategie »Gewinnspiel« auch klingt, sollten Sie doch vorsichtshalber vorher juristischen Rat einholen, um sich vor unangenehmen Konsequenzen wie einer Abmahnung zu schützen.

3.4 Wie gestaltet man einen Newsletter rechtssicher?

Möchten Sie eine rechtkonforme Einwilligung einholen, so stellen sich Ihnen, wie auch vielen anderen werbenden Unternehmen, in der praktischen Ausgestaltung voraussichtlich einige Fragen. Die meisten Probleme entstehen bei der konkreten Umsetzung der theoretischen Vorgaben. Um Ihnen dabei zu helfen, den einen oder anderen Stolperstein zu überwinden, der auch nach der Erteilung der Einwilligung noch auftauchen kann, soll der folgende Abschnitt besonders fehlerträchtige Aspekte der Newsletter-Gestaltung herausgreifen und anhand von Beispielen aufzeigen, wie eine rechtskonforme Gestaltung möglich ist.

3.4.1 Erkennbarkeit des Absenders

So gilt zunächst, dass auch im Newsletter selbst der Absender der Werbe-E-Mail klar erkennbar sein muss. Dies können Sie am einfachsten gewährleisten, indem Sie eine E-Mail-Adresse verwenden, die bereits den Namen Ihres Unternehmens enthält.

Beispiel: So könnte Ihre E-Mail-Adresse lauten

Zu empfehlen sind E-Mail-Adressen, die einerseits ihren Zweck, also die Newsletter-Funktion, und andererseits das werbende Unternehmen erkennen lassen, wie zum Beispiel *newsletter@wbs-law.de* für die Rechtsanwaltskanzlei WBS.

Eine Erkennbarkeit liegt hingegen nicht vor, wenn die E-Mail-Adresse aus beliebigen Zahlen- und Buchstabenkombinationen besteht, die keinen direkten Rückschluss auf den tatsächlichen Absender geben.

Beispiel: So besser nicht!

Die E-Mail-Adresse *1a2b3c4d5e6f@gmx.de* lässt keinerlei Rückschluss darauf zu, wer der Absender der E-Mail ist.

Verwendet ein werbendes Unternehmen dennoch solche anonymen E-Mail-Adressen, stellt dies einen Verstoß gegen das Telemediengesetz dar. Danach »darf in der

Kopf- und Betreffzeile weder der Absender noch der kommerzielle Charakter der Nachricht verschleiert oder verheimlicht werden«. Davon, dass ein solches Verschleiern vorliegt, können Sie also ausgehen, wenn der Empfänger nicht auf den ersten Blick erkennen kann, worum es in der E-Mail geht.

Achtung: Hohes Bußgeld droht!
Handeln Sie entgegen dieser Vorschrift, so stellt dies eine Ordnungswidrigkeit dar, in deren Folge die Verhängung eines Bußgeldes von bis zu 50.000 € möglich ist.

Angenehmer Nebeneffekt der rechtskonformen Absendergestaltung ist zudem, dass leicht nachvollziehbare E-Mail-Adressen vom Empfänger als vertrauenerweckender empfunden werden und einen höheren Wiedererkennungswert haben.

3.4.2 Die Betreffzeile

Bevor der Empfänger die Werbe-E-Mail öffnet, liest er in aller Regel zunächst die Betreffzeile. Anhand dieser entscheidet er dann, ob das Thema für ihn interessant ist oder ob er die E-Mail ungelesen löscht.

Kurz, prägnant, aussagekräftig

Daher sollte der Betreff einerseits kurz und aussagekräftig sein und andererseits den Inhalt der Nachricht richtig wiedergeben (siehe Abbildung 3.11).

Abbildung 3.11 Diese Abbildung zeigt eine Betreffzeile, die kurz und aussagekräftig den Kunden zum Öffnen der E-Mail animiert.

Beispiel: Prägnante Betreffzeile

- »10 % Rabatt auf Gartenartikel – nur heute!«
- »Aktuelle Rechtsnachrichten der Kanzlei WILDE BEUGER SOLMECKE (44/2014)«
- »Karriere an der Uni: Wo sind die festen Stellen?«

Wer einen vermeintlich interessanten oder privat wirkenden Betreff wählt, der jedoch mit dem tatsächlichen Inhalt der Nachricht nichts zu tun hat, um zu verhindern, dass der Adressat die Nachricht nicht liest oder gar löscht, der führt den Empfänger bewusst und gezielt in die Irre. Besonders beliebt sind daher Betreffzeilen mit angeblichen Gewinnzusagen oder Jobangeboten. Eine solche Art der Newsletter-Gestaltung ist daher rechtswidrig.

Erkennbarkeit des kommerziellen Charakters

Darüber hinaus ergibt sich aus § 6 Abs. 2 TMG neben der Erkennbarkeit des Absenders auch, dass bereits aus dem Betreff der E-Mail erkennbar sein muss, dass es sich um eine kommerziell gestaltete Werbe-E-Mail handelt. Hingegen sollten Sie nicht den Eindruck einer privaten E-Mail erwecken, um so zu erreichen, dass der Empfänger die E-Mail in jedem Fall öffnet.

Beispiel: Kommerziellen Charakter deutlich machen

Die Angaben »Newsletter«, »Angebot« oder »Rabatt« in der Betreffzeile sind bereits ein Hinweis auf den kommerziellen Charakter.

3.4.3 Übereinstimmung des Newsletter-Inhalts mit der Einwilligung

Weiterhin muss der Inhalt des Newsletters auch mit dem übereinstimmen, in was der Empfänger eingewilligt hat. Wer also im Rahmen der Einwilligung angegeben hat, dass es sich um Informationen rund um neue Rechtsprechung in einem bestimmten, für den Empfänger interessanten Rechtsgebiet handelt, der darf ihm danach nicht Werbung zu Produkten seines Onlineshops zusenden.

Achtung: Das gilt beim Kauf von E-Mail-Adressen

Besondere Beachtung sollte der Aspekt der Übereinstimmung beim Kauf von E-Mail-Adressen finden. Denn auch dann müssen Sie als Absender sichergehen, dass der Empfänger in den von ihm versendeten Newsletter-Inhalt auch eingewilligt hat. Die Beweislast dafür tragen nämlich im Streitfall Sie selbst.

3.4.4 Die Abbestellmöglichkeit

Ein weiterer wichtiger Aspekt der Newsletter-Gestaltung ist die Abbestellmöglichkeit: Danach kann der Empfänger der Verwendung seiner Daten jederzeit widersprechen. Daraus folgt, dass es ihm schnell und unkompliziert möglich sein muss, sich per E-Mail oder auf anderem Wege wie per Telefon oder Post an Sie zu wenden, um sich wieder aus dem Verteiler austragen zu lassen.

Praxistipp: Kontaktdaten angeben

Geben Sie in jeder einzelnen E-Mail einen deutlichen Hinweis auf weitere Kontaktdaten an.

Zeitpunkt des Hinweises

Grundsätzlich empfehlen wir Ihnen, bereits beim ersten Kontakt, also schon bevor Ihnen der Kunde die Einwilligung erteilt hat, auf die einfache und bequeme Möglichkeit der Abbestellung hinzuweisen. Durch einen solchen Hinweis schaffen Sie Vertrauen beim Empfänger und nehmen ihm die Angst, in Zukunft dauerhaft mit Werbung »überschüttet« zu werden. In der Folge muss dann jede E-Mail mit Werbecharakter und jeder Newsletter erneut den Hinweis auf die Abbestellmöglichkeit enthalten.

Formulierung der Abbestellmöglichkeit

Bei der Formulierung der Abbestellmöglichkeit sollten Sie darauf achten, dass diese klar und verständlich ist.

Der erste Hinweis auf die Abbestellmöglichkeit kann – wie bereits erwähnt – schon in der Einwilligungserklärung enthalten sein. Ergänzen Sie hierzu einfach wie im folgenden Beispiel die vorformulierte Einwilligung um den entsprechenden Hinweis.

Beispiel: Formulierung der Abbestellmöglichkeit

»Ja, bitte senden Sie mir kostenfrei ca. alle 4 Wochen wertvolle Tipps und Informationen zu Ihrem Produkt XY. Eine Abbestellmöglichkeit finde ich in jeder neuen Ausgabe.«

In den weiteren E-Mails kann auf die Abbestellmöglichkeit am Ende der Nachricht hingewiesen werden. Dabei kann dieser Hinweis mit und ohne Abbestell-Link versehen werden. Sollten Sie sich gegen einen Abbestell-Link entscheiden, erfolgt die Abbestellung per E-Mail. Der Empfänger muss dann in einer E-Mail erklären, dass er keinen weiteren Newsletter mehr wünscht.

Beispiel: So können Sie formulieren

- »Um unseren Newsletter abzubestellen, antworten Sie auf diese E-Mail und schreiben Sie »Abbestellung« in die Betreffzeile.«
- »Wenn Sie keine weiteren E-Mails von uns erhalten möchten, senden Sie bitte eine leere E-Mail an newsletter@wbs-law.de.«

Ein Abbestell-Link ist jedoch besonders nutzerfreundlich und daher zu empfehlen, sofern das verwendete E-Mail-Marketing-System eine solche Funktion bereithält.

Beispiel: So integrieren Sie den Abbestell-Link

- »Sollten Sie unsere E-Mails nicht mehr erhalten wollen, können Sie sich: Hier jederzeit aus dem Newsletter austragen.«
- »Wenn Sie unseren Newsletter nicht mehr erhalten möchten, klicken Sie einfach hier: Newsletter abbestellen.«
- »Dieser Newsletter wurde versendet an *max.mustermann@yahoo.de*, weil Sie sich mit dieser E-Mail-Adresse zu unserem kostenlosen Newsletter-Service angemeldet haben. Wenn Sie diesen Newsletter in Zukunft nicht mehr erhalten möchten, klicken Sie bitte hier: Newsletter abbestellen.«

Sie können ebenfalls am Ende der E-Mail einen Button mit »Newsletter abbestellen« platzieren, der dann auf der sich danach öffnenden Seite eine Austragungsmöglichkeit gibt (siehe Abbildung 3.12).

Abbildung 3.12 Beispiel für eine Austragungsmöglichkeit

Keine Erschwerung der Abbestellung

Das A und O der rechtskonformen Abbestellfunktion ist aus Gründen des Schutzes der Empfänger, den Vorgang möglichst einfach zu gestalten. Aus diesem Grund sollten Sie von Versuchen, den Abmeldeprozess zu erschweren und den Empfänger so von einer Abmeldung abzuhalten, Abstand nehmen.

Bisher zur Anwendung kam in diesem Zusammenhang das nicht zu empfehlende sogenannte Double-Opt-out-Verfahren. Dabei erhält der Abmeldende in einem ersten Schritt nach der Abmeldung eine E-Mail, in der er aufgefordert wird, in einem zweiten Schritt die Abmeldung per Klick auf einen Link zu bestätigen.

Darüber hinaus sollten Sie beachten, dass Systeme, die ein Einloggen erforderlich machen, die Abbestellung unnötig erschweren. So kommt es in der Praxis durchaus häufiger vor, dass der Empfänger Benutzernamen und/oder Passwort schon wieder vergessen hat und diese, um sich abzumelden, dann erst wieder anfordern müsste.

Beispiel: Erschwertes Abbestellen durch Login-Zwang

»Wenn Sie unseren Newsletter künftig nicht mehr erhalten möchten, dann loggen Sie sich bitte mit Ihrem Benutzernamen und Passwort im Mitgliederbereich auf unserer Homepage ein, und entfernen Sie in der Rubrik NEWSLETTER das Häkchen bei NEWSLETTER ERHALTEN.«

Bestätigung der Abmeldung

Nachdem der Newsletter-Empfänger den Link zum Abbestellen des Newsletters betätigt hat, sollte ihm die Austragung aus dem Verteiler bestätigt werden. Dabei ist es ausreichend, wenn sich nach Betätigen des Links eine weitere Seite öffnet, die diese Information enthält.

In diesem Rahmen kann der Empfänger auch darum gebeten werden, auf freiwilliger Basis anzugeben, warum er den Newsletter nicht mehr erhalten möchte (siehe Abbildung 3.13). Die Freiwilligkeit und der Umstand, dass die Angabe nicht Voraussetzung für die Abbestellung ist, sollten aus der Art und Weise der Formulierung klar hervorgehen.

Eine weitere Bestätigung per E-Mail ist einerseits nicht erforderlich und andererseits auch nicht unbedingt empfehlenswert, da der Empfänger kurz zuvor erklärt hat, dass er gerade keine weiteren E-Mails mehr wünscht. Daher könnte er selbst die Abbestellbestätigung als unzumutbare Belästigung empfinden.

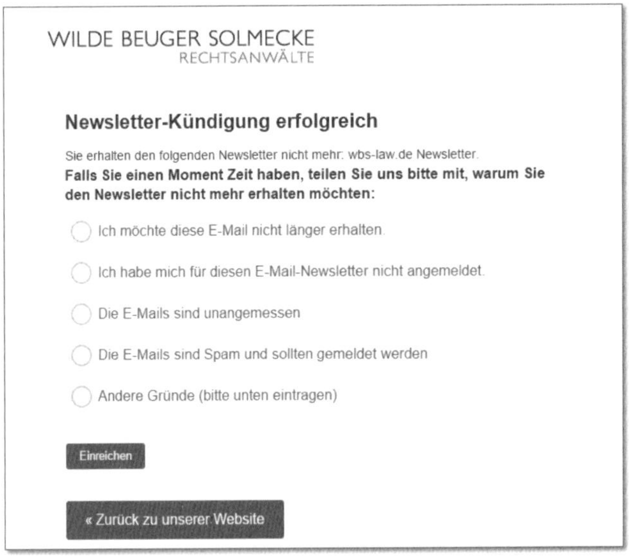

Abbildung 3.13 Beispiel für eine Bestätigung der Abbestellung und Formulierung der freiwilligen Angabe des Grundes für die Abbestellung

Streichen aus dem Verteiler

Nach der Abbestellung des Newsletters muss dieser Umstand von dem werbenden Unternehmen unverzüglich beachtet werden, was bedeutet, dass jede weitere Verarbeitung oder Nutzung für diese Zwecke unzulässig ist und rechtliche Konsequenzen nach sich ziehen kann.

Achtung: Bei Nichtbeachtung drohen Bußgelder!

Wer entgegen eines einmal erklärten Widerspruchs die Daten dennoch verarbeitet oder nutzt, der begeht eine Ordnungswidrigkeit und muss mit einem Bußgeld von bis zu 300.000 € rechnen. Auch können sich Unternehmen nicht damit herausreden, aufgrund mangelnder personeller Kapazität die Umsetzung noch nicht realisiert zu haben. Vielmehr muss das Unternehmen, das die Vorteile eines Newsletters nutzen möchte, auch solche Nachteile tragen können oder andernfalls auf diese Marketingstrategie verzichten.

Um rechtlichen Konsequenzen vorzubeugen, empfehlen wir Ihnen, bei Verwendung des Abbestell-Links in eine gute E-Mail-Marketing-Software zu investieren, da diese in der Regel eine Funktion bietet, die sicherstellt, dass jeder Nutzer, der auf diesen Link klickt, automatisch keine weiteren E-Mails mehr erhält.

Aber auch wenn Sie sich für eine Abbestellung per E-Mail entscheiden, können Sie zur Erleichterung eine E-Mail-Marketing-Software nutzen, da diese die eingehenden E-Mails analysiert und die Abbesteller aus dem Verteiler streicht.

3.4.5 Die Rechte Dritter an Bildern in dem Newsletter

Für den in der Praxis sehr häufigen Fall, dass Sie Ihren Newsletter mit Inhalten, wie zum Beispiel mit Werbebildern oder Videos, gestalten möchten, diese aber nicht selbst angefertigt haben, müssen Sie die Rechte daran abklären. Zu denken ist dabei einerseits an das Persönlichkeitsrecht des Abgebildeten (siehe Abbildung 3.14) und andererseits an das Urheberrecht an den Bildern. Was dies konkret im Einzelfall bedeutet, möchten wir Ihnen im Folgenden näher erläutern.

Abbildung 3.14 Beispiel für die Abbildung von Personen in Newslettern zu Werbezwecken

Das Persönlichkeitsrecht des Abgebildeten

Besondere Relevanz erlangt bei der unbefugten Verwendung von Bildern das Recht am eigenen Bild der abgebildeten Personen. Das Recht am eigenen Bild, wonach jeder Mensch selbst bestimmen darf, ob überhaupt und in welchem Zusammenhang Bilder von ihm veröffentlicht werden, ist Ausfluss des verfassungsrechtlich garantierten allgemeinen Persönlichkeitsrechts und ist von jedem zu respektieren. Die unbefugte Anfertigung und Verbreitung seiner Bildnisse muss demnach niemand dulden.

Die Rechtsgrundlage für den Schutz des Rechts am eigenen Bild bilden die §§ 22, 23 Kunst-Urheber-Gesetz (KUG). Darin ist geregelt, dass die Verbreitung und öffentliche Zurschaustellung von Bildnissen grundsätzlich nicht ohne Einwilligung des Abgebildeten zulässig ist. Dabei kann die Erteilung der Einwilligung ausdrücklich oder durch schlüssiges Verhalten erfolgen.

Achtung: Für Fotos von Mitarbeitern ist deren Einwilligung nötig!

Wer in seinem Newsletter dem Empfänger einen konkreten Ansprechpartner seines Unternehmens darstellen möchte, muss beachten, dass es dazu der Einwilligung des abgebildeten Mitarbeiters bedarf. Der Umstand, dass der Mitarbeiter in einem Dienstverhältnis zu dem Unternehmen steht, ändert nichts an seinen Persönlichkeitsrechten.

Es gibt nur einige wenige Ausnahmen von diesem Einwilligungserfordernis. Welche das sind, ist ausdrücklich und abschließend gesetzlich in § 23 Abs. 1 KUG geregelt. In Betracht kommt eine Veröffentlichung auch ohne Einwilligung in folgenden Fällen:

- Bildnisse aus dem Bereich der Zeitgeschichte
- Bilder, auf denen die Personen nur als Beiwerk neben einer Landschaft oder sonstigen Örtlichkeit erscheinen
- Bilder von Versammlungen, Aufzügen und ähnlichen Vorgängen, an denen die dargestellten Personen teilgenommen haben
- Bildnisse, die nicht auf Bestellung angefertigt sind, sofern die Verbreitung oder Schaustellung einem höheren Interesse der Kunst dient

Diese Ausnahmen von dem Einwilligungserfordernis gelten dann wiederum nicht, wenn eine Verletzung berechtigter Interessen vorliegt. Um dies beurteilen zu können, ist eine einzelfallgerechte, umfassende Abwägung der widerstreitenden Interessen vorzunehmen. Die Abwägung fällt jedoch in jedem Fall dann zugunsten des Abgebildeten aus, wenn das Bildnis zu Werbezwecken eingesetzt wird.

Achtung: Verwendung von Bildern zu Werbezwecken nur mit Einwilligung!

Das heißt für Sie im Fall der Verwendung von Bildern im Rahmen von E-Mail-Marketing-Maßnahmen, dass keine Ausnahme greift und damit die Einwilligung des Abgebildeten immer erforderlich ist.

Bilder von Prominenten dürfen zwar in Presseerzeugnissen unter Einhaltung der rechtlichen Voraussetzungen auch ohne deren Einwilligung abgedruckt werden, jedoch sollte dies nicht dazu verleiten, Bilder Prominenter zu Werbezwecken zu benutzen. Denn es ist allgemein anerkannt, dass die Werbung mit Bildern Prominenter ohne deren Einwilligung einen Rechtsverstoß darstellt und diese dann gegen den Werbenden einen Anspruch auf Zahlung der sogenannten fiktiven Lizenzgebühr haben. Darunter versteht man die Gebühr, die der Werbende zu zahlen hätte, wenn der abgebildete Prominente der Werbung mit seinem Bild zugestimmt hätte. Dies kann unter Umständen je nach Prominenz des Abgebildeten für den Werbenden sehr teuer werden!

Beispiel: Schadensersatz in Millionenhöhe!

Das Landgericht München I verurteilte die Tageszeitung »Frankfurter Allgemeine Zeitung« zu einer Zahlung von 1,2 Mio. € fiktiver Lizenzgebühr, weil diese ohne Einwilligung Werbung mit dem Bild des ehemaligen Tennisspielers Boris Becker gemacht hat (Urteil vom 22.02.2006, Az. 21 O 17267/03).

Damit kann festgehalten werden, dass die Ausnahmen vom Einwilligungserfordernis bei der Nutzung zu Werbezwecken gerade nicht greifen und daher immer die Einholung der Einwilligung erforderlich ist.

Sicher ist sicher: Die Beweislast trägt der Unternehmer

Aus Gründen der Beweislast ist es empfehlenswert, eine schriftliche Einwilligung einzuholen oder die Einwilligung zumindest in Gegenwart eines Zeugen abgeben zu lassen. Denn die Beweislast für das Vorliegen der Einwilligung trägt letztlich der, der sich darauf beruft – in diesem Fall also Sie als Absender des Newsletters.

Das Urheberrecht

Neben dem Persönlichkeitsrecht kann bei der Veröffentlichung von Bildern in Newslettern auch das Urheberrecht des Rechteinhabers verletzt sein. Das Urheberrecht sichert dem Urheber das alleinige und ausschließliche Verwertungsrecht an seinem Werk.

Bilder fallen dann unter den Schutz des Urheberrechts, wenn es sich um eine persönliche geistige Schöpfung des Fotografen handelt. Ist dies der Fall, dürfen die Bilder – mit wenigen Ausnahmen – nicht ohne die Einwilligung des Urhebers vervielfältigt, öffentlich zugänglich gemacht oder bearbeitet werden.

Möchten Sie also Bilder verwenden, an denen Dritte das Urheberrecht haben, so müssen Sie sich von dem Rechteinhaber die sogenannten Nutzungsrechte einräumen lassen. Dies betrifft Fotos jeglicher Art.

Beispiel: Bilder aus Suchmaschinen

Wenn sich ein Unternehmen zur Weihnachtszeit überlegt, dass es im Hintergrund seines Newsletters zu den neuen Weihnachtsangeboten gerne eine schöne Winterlandschaft abbilden möchte und dazu die Bildersuche von Suchmaschinen nutzt, muss es damit rechnen, dass es gegen die Urheberrechte des Rechteinhabers verstößt, wenn es sich dort ohne Einwilligung des Rechteinhabers ein Bild herunterlädt und in seinen Newsletter einsetzt.

Um Rechtsverstöße zu verhindern, gilt es, sich um die Einräumung von Nutzungsrechten zu kümmern. Nutzungsrechte sind im allgemeinen Sprachgebrauch als

Lizenzen bekannt und stellen Rechte am geistigen Eigentum anderer dar. Diese Nutzungsrechte an urheberrechtlich geschützten Werken kann der Urheber als Rechteinhaber (Lizenzgeber) gemäß § 32 UrhG mit einem Lizenzvertrag auf den späteren Werknutzer (Lizenznehmer), für bestimmte Nutzungsarten übertragen und ihm so die wirtschaftliche Nutzung des Werkes gestatten. Der Rechteinhaber eines Fotos entscheidet also, wer das Foto wo, wie und in welchem Umfang benutzen darf und wer nicht.

Dies bedeutet letztlich, dass das Unternehmen beim Rechteinhaber anfragen muss, ob es das gewünschte Bild oder Video für seinen Newsletter nutzen darf. Gegebenenfalls müssen Sie sich dieses Recht dann vertraglich und oftmals gegen ein Entgelt einräumen lassen. Auch hier empfiehlt sich aus Gründen der Beweislast eine schriftliche Fixierung der Vereinbarung.

Praxistipp: So können Sie Geld sparen

Möchten Sie für die Nutzung von Werken Dritter kein Entgelt bezahlen, so können Sie auf kostenlose Alternativen zurückgreifen. Zu denken ist dabei an die sogenannten Creative-Commons-Inhalte (CC = kostenfreie Lizenz). Diese sogenannten »Jedermannlizenzen« richten sich als schöpferisches Gemeingut an alle Betrachter gleichermaßen und erlauben, dass jeder mit einem CC-lizenzierten Inhalt mehr machen darf, als das Urheberrechtsgesetz ihm eigentlich gestattet.

Und so gelangen Sie in der Praxis an frei nutzbare Bilder: Zum möglichst unkomplizierten Auffinden der von Ihnen gewünschten Bilder verwenden Sie zunächst eine Suchmaschine wie etwa Google. Sucht man dort nach Bildern, gelangt man durch einen Klick auf die Suchoptionen zu einem weiteren Button Nutzungsrechte und kann dort angeben, welche Art von Bildern man sucht (siehe Abbildung 3.15).

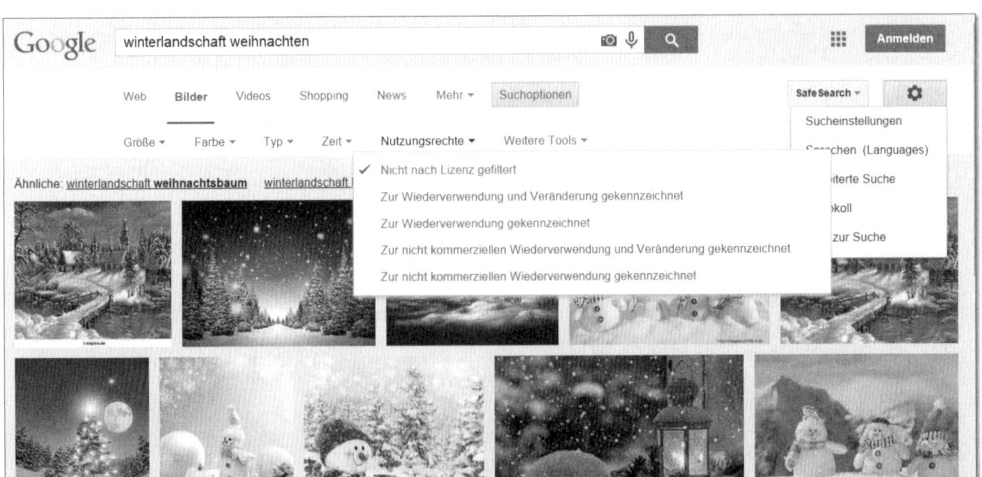

Abbildung 3.15 Beispiel für die Suche nach CC-Inhalten in der Suchmaschine Google

Ganz bedenkenlos können jedoch auch CC-Inhalte nicht genutzt werden. Denn um die Inhalte nutzen zu können, ist die Zustimmung zu den jeweiligen Lizenzbedingungen nötig. Dies hat zur Folge, dass unter Umständen weitere Bedingungen, wie zum Beispiel die Namensnennung des Urhebers sowie das Verbot der Bearbeitung und kommerziellen Nutzung beachtet werden müssen. Somit ist auch bei CC-Inhalten ein Blick in die Lizenzbedingungen unumgänglich, um sich nicht im Nachhinein mit Ansprüchen der Rechteinhaber auseinandersetzen zu müssen.

3.4.6 Die Impressumspflicht

Ebenso wie auf Webseiten und anderen kommerziell genutzten Internetauftritten wie sozialen Netzwerken trifft den Unternehmer auch im Rahmen der Versendung von Newslettern die Impressumspflicht. Man nennt das Impressum auch die »Anbieterkennzeichnung«, also die Angabe zu der Person oder dem Unternehmen, die oder das den Dienst geschäftsmäßig betreibt.

Wen trifft die Impressumspflicht?

Eine solche Impressumspflicht ergibt sich für Newsletter aus § 5 Abs. 1 TMG, da es sich bei einem Newsletter um einen elektronischen Informations- und Kommunikationsdienst handelt, der über das Internet abrufbar ist.

Handeln Sie als Privatperson, so trifft Sie diese Pflicht nicht. Es muss sich vielmehr um ein geschäftsmäßiges Angebot handeln, wovon immer dann ausgegangen werden kann, wenn der Unternehmer den Newsletter aufgrund einer nachhaltigen Tätigkeit mit oder ohne Gewinnerzielungsabsicht erbringt. Wer also in seinem Newsletter beispielsweise seine Produkte bewirbt, der handelt in jedem Fall mit Gewinnerzielungsabsicht und damit geschäftsmäßig.

> **Achtung: Sehr weiter Begriff der Geschäftsmäßigkeit**
>
> Eine Geschäftsmäßigkeit liegt aber auch dann vor, wenn nicht direkt Produkte oder Dienstleistungen beworben, sondern Sie dem Empfänger Informationen zusenden, die thematisch mit Ihrem Geschäftsfeld in Verbindung stehen, da dies letztlich dazu dient, dem Interessenten in Erinnerung zu bleiben und eine Bindung aufzubauen. Dass keine direkte Gewinnerzielungsabsicht vorliegt, ändert an der Geschäftsmäßigkeit nichts und entbindet daher nicht von der Impressumspflicht.

Von einer neben der Geschäftsmäßigkeit erforderlichen Nachhaltigkeit ist immer dann auszugehen, wenn die Tätigkeit auf einen längeren Zeitraum ausgerichtet ist und keine Einzelfalltätigkeit darstellt. Da Newsletter ihrem System nach so konzipiert sind, dass sie dem Empfänger regelmäßig zukommen sollen, kann eine Nachhaltigkeit unproblematisch angenommen werden.

Im Ergebnis lässt sich also festhalten, dass den Absender von Newslettern in jedem Fall eine Impressumspflicht trifft, der er auch nachkommen sollte, da er andernfalls mit teuren Abmahnungen rechnen muss.

Was gehört in ein Impressum?

Trifft den Unternehmer nun eine Impressumspflicht, stellt sich in der Folge die Frage, welche Bestandteile das Impressum mindestens enthalten muss. Dazu gehören gem. § 5 Abs. 1 TMG unter anderem die Angabe von:

- Name und Anschrift des Sitzes des Unternehmens
- bei juristischen Personen deren Rechtsform und deren vertretungsberechtigte Personen
- E-Mail-Adresse und Telefonnummer
- gegebenenfalls Angaben zur ständigen Aufsichtsbehörde
- gegebenenfalls Angaben zum Handelsregister, Vereinsregister, Partnerschaftsregister oder Genossenschaftsregister und der entsprechenden Registernummer
- Angabe der Umsatzsteueridentifikationsnummer

Ein Beispiel für ein rechtskonformes Impressum zeigt Abbildung 3.16.

Abbildung 3.16 Beispiel für ein rechtskonformes Impressum

> **Hinweis**
>
> Wenn Sie sich nicht sicher sind, was alles in Ihr Impressum gehört, so können Sie sich auch des Rechtstexters bedienen, den die Rechtsanwaltskanzlei Wilde Beuger Sol-

mecke in Kooperation mit Trusted Shops entwickelt und auf der Webseite *https://www.wbs-law.de/e-commerce/trusted-shops-und-die-kanzlei-wilde-beuger-solmecke-bieten-abmahnschutzpakete-an-die-garantie-fuer-online-haendler-60997/* online gestellt hat.

Wo muss das Impressum platziert werden?

Über die genaue Platzierung und Erreichbarkeit des Impressums hat der Gesetzgeber auch klare Vorstellungen. Verlangt wird, dass die »Anbieterkennzeichnung« ohne wesentliche Zwischenschritte abgerufen werden kann. Sorgen Sie deshalb dafür, dass die Informationen für den Nutzer leicht erkennbar, unmittelbar erreichbar und ständig verfügbar gehalten werden (siehe Abbildung 3.17). Der Bundesgerichtshof (Urteil vom 20.07.2006, Az. I ZR 228/03) sieht diese Voraussetzungen als gegeben an, wenn das Impressum über die zwei Links IMPRESSUM und KONTAKT erreicht werden kann. Denn die Bezeichnungen Impressum und Kontakt seien mittlerweile als üblich und ausreichend anzusehen, da nach Ansicht des BGH der durchschnittlich informierte Nutzer wisse, dass sich hinter diesen Begriffen häufig Informationen zur Anbieterkennzeichnung befinden.

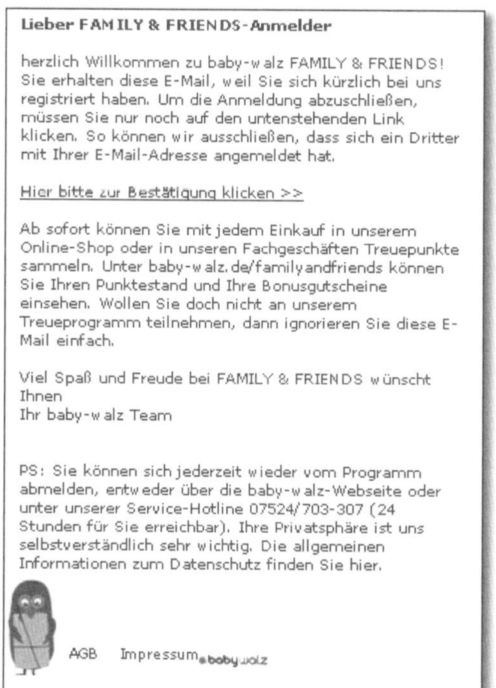

Lieber FAMILY & FRIENDS-Anmelder

herzlich Willkommen zu baby-walz FAMILY & FRIENDS! Sie erhalten diese E-Mail, weil Sie sich kürzlich bei uns registriert haben. Um die Anmeldung abzuschließen, müssen Sie nur noch auf den untenstehenden Link klicken. So können wir ausschließen, dass sich ein Dritter mit Ihrer E-Mail-Adresse angemeldet hat.

Hier bitte zur Bestätigung klicken >>

Ab sofort können Sie mit jedem Einkauf in unserem Online-Shop oder in unseren Fachgeschäften Treuepunkte sammeln. Unter baby-walz.de/familyandfriends können Sie Ihren Punktestand und Ihre Bonusgutscheine einsehen. Wollen Sie doch nicht an unserem Treueprogramm teilnehmen, dann ignorieren Sie diese E-Mail einfach.

Viel Spaß und Freude bei FAMILY & FRIENDS wünscht Ihnen
Ihr baby-walz Team

PS: Sie können sich jederzeit wieder vom Programm abmelden, entweder über die baby-walz-Webseite oder unter unserer Service-Hotline 07524/703-307 (24 Stunden für Sie erreichbar). Ihre Privatsphäre ist uns selbstverständlich sehr wichtig. Die allgemeinen Informationen zum Datenschutz finden Sie hier.

AGB Impressum baby walz

Abbildung 3.17 Die Abbildung zeigt, wie rechtlich einwandfrei das Impressum durch einen Klick auf den Link im Newsletter erreicht werden kann.

Praxistipps zum Impressum

- Für einen rechtssicheren Newsletter ist ausreichend, wenn der Newsletter einen Link zu dem auf der Homepage des Unternehmens befindlichen Impressum enthält. Nicht nötig ist, dass der Anbieter die Angaben auf der Startseite bereithält.
- Als Bezeichnung bieten sich IMPRESSUM oder KONTAKT an.
- Links wie ÜBER UNS in unmittelbarer Nähe zur Anbieterkennzeichnung sollten Sie möglichst vermeiden, um Verwechslungen vorzubeugen.

Für eine gute Lesbarkeit sollte man auf eine ausreichende Schriftgröße und -farbe sowie Hintergrundfarbe achten.

3.5 Darf man Werbe-E-Mails an Bestandskunden senden?

Wie wir gesehen haben, ist die Kontaktaufnahme zu Neukunden mit rechtlichen Hürden versehen. Doch wie sieht es mit den Kunden aus, mit denen man bereits in Kontakt oder gar in Vertragsbeziehungen ist? Darf man diesen auch dann Werbe-E-Mails zusenden, wenn man zuvor keine Einwilligung eingeholt hat? Dieser Frage möchten wir im folgenden Abschnitt auf den Grund gehen.

3.5.1 Das Versenden von Werbe-E-Mails an Bestandskunden

Wie wir Ihnen bereits erläutert haben, ist vor dem Versand von Werbe-E-Mails grundsätzlich zunächst die Einwilligung des Empfängers einzuholen, da ihn dies andernfalls unzumutbar belästigen kann. Jedoch hat der Gesetzgeber auch eine sehr praxisrelevante Ausnahme vorgesehen, nach der der Versand von Werbe-E-Mails auch dann zulässig ist, wenn keine vorherige Einwilligung vorliegt. Diesen Ausnahmetatbestand hat er in § 7 Abs. 3 UWG gesetzlich verankert. Danach liegt eine unzumutbare Belästigung bei einer Werbung unter Verwendung elektronischer Post dann nicht vor, wenn

- ein Unternehmer im Zusammenhang mit dem Verkauf einer Ware oder Dienstleistung von dem Kunden dessen elektronische Postadresse erhalten hat,
- der Unternehmer die Adresse zur Direktwerbung für eigene ähnliche Waren oder Dienstleistungen verwendet,
- der Kunde der Verwendung nicht widersprochen hat und
- der Kunde bei Erhebung der Adresse und bei jeder Verwendung klar und deutlich darauf hingewiesen wird, dass er der Verwendung jederzeit widersprechen kann, ohne dass hierfür andere als die Übermittlungskosten nach den Basistarifen entstehen.

Was dies im Detail bedeutet, möchten wir Ihnen im Folgenden näher erläutern.

Achtung: Ausnahme verlangt die Erfüllung aller Voraussetzungen

Die genannten Voraussetzungen müssen immer alle gleichzeitig vorliegen. Fehlt auch nur eine der Voraussetzungen, greift die Privilegierung nicht, und die dennoch vorgenommene Werbemaßnahme ist rechtswidrig. Dass die Voraussetzungen des Ausnahmetatbestands vorliegen, muss im Streitfall das werbende Unternehmen beweisen, weshalb eine detaillierte Dokumentation zu empfehlen ist.

Elektronische Post

Der Ausnahmetatbestand betrifft nicht alle Marketingmethoden, sondern nur die Werbung mittels elektronischer Post. Unter elektronischer Post versteht man einerseits die E-Mail-Werbung und andererseits die Kontaktaufnahme per SMS und MMS. Aber auch die immer mehr an Bedeutung gewinnende Kommunikation über soziale Netzwerke wie Facebook und XING, Microblogging-Dienste wie Twitter oder Messenger-Dienste wie Skype fällt darunter.

Achtung: Für »konventionelles« Marketing ist Einwilligung nötig!

Dies bedeutet damit im Umkehrschluss, dass die Zusendung von Werbung über alle anderen Kommunikationskanäle weiterhin einer ausdrücklichen Einwilligung bedarf, auch wenn es sich um die Zusendung an bestehende Kunden handelt. Wer also beispielsweise Marketing per Post oder Telefon betreiben möchte, muss weiterhin die dargelegten formalen und inhaltlichen Anforderungen der Einwilligung einhalten.

Kontaktaufnahme mit einem Kunden

Zunächst einmal betrifft der Ausnahmetatbestand nur den Kontakt zu bestehenden Kunden, also zu Personen, zu denen Sie bereits aufgrund des Verkaufs einer Ware oder Dienstleistung in einem geschäftlichen Kontakt stehen.

Es muss also zwischen der Erlangung der E-Mail-Adresse und dem abgeschlossenen Vertrag ein Zusammenhang bestehen. Ein solcher liegt jedenfalls dann vor, wenn Ihnen die elektronische Postadresse entweder

- während der Vertragsanbahnung,
- im Rahmen der Durchführung des Vertrags
- oder bei Erfüllung einer nachvertraglichen Verpflichtung zum Zwecke der Kommunikation bekannt gegeben wurde.

Beispiel: So könnte ein Zusammenhang zwischen der Erlangung der E-Mail-Adresse und dem Vertragsschluss aussehen

- Vertragsanbahnung:
  Eine solche liegt etwa dann vor, wenn Sie zum Beispiel auf einer Messe oder an einem Tag der offenen Tür mit Ihren potenziellen Kunden in Kontakt treten und diese Ihnen unter anderem ihre Visitenkarte hinterlassen, die ihre E-Mail-Adresse enthalten.
- Vertragsdurchführung:
  Im Rahmen der Durchführung von Verträgen liegt ein Zusammenhang dann vor, wenn der Kunde beispielsweise im Rahmen einer Bestellung in Ihrem Onlineshop Ihnen seine E-Mail-Adresse zur Verfügung stellt, um so weiterhin über die Details der Abwicklung der Bestellung informiert zu werden.
- Erfüllung nachvertraglicher Pflicht
- Haben Sie dem Kunden im Rahmen eines Kaufvertrags eine mangelhafte Sache geliefert, so kann der Kunde Ihnen gegenüber Gewährleistungsansprüche wie Nacherfüllung oder Schadensersatz geltend machen, deren Erfüllung eine nachvertragliche Verpflichtung darstellt. Stellt der Kunde zur Erfüllung dieser Verpflichtungen seine E-Mail-Adresse zur Verfügung, ist ebenfalls ein Zusammenhang zu bejahen.

Kommt man nun zu dem in der Praxis besonders relevanten Fall der Vertragsanbahnung, so kann zunächst festgehalten werden, dass diese dann zweifelsfrei vorliegt, wenn das Geschäft vollständig abgeschlossen wurde. Doch daneben stellt sich auch die Frage, wie mit den E-Mail-Adressen umzugehen ist, die Sie im Rahmen eines lediglich begonnenen Bestellprozesses erhalten haben. In der Praxis kommt es nämlich nicht selten vor, dass der Bestellprozess abgebrochen wird und es damit letztlich auch nicht zur Kaufabwicklung kommt.

Beispiel: Adresserlangung im Rahmen von Vertragsanbahnungen

Der potenzielle Kunde schaut sich Ihre Produkte auf Ihrem Onlineshop an und legt verschiedene Waren in den Warenkorb. Im Rahmen des Bestellprozesses gibt er dabei auch seine E-Mail-Adresse an, die Ihnen übermittelt wird. Im Anschluss daran entscheidet er sich jedoch gegen einen Kauf der Produkte und schließt die Website einfach, ohne den Bestellprozess abzuschließen.

Allerdings mehren sich die Stimmen, die den Beginn von Vertragsverhandlungen für eine Privilegierung nicht ausreichen lassen wollen. Das Gesetz setzte für eine solche vielmehr einen tatsächlich erfolgten Vertragsschluss zwischen Werbendem und Empfänger voraus. Für diese Ansicht lässt sich der Wortlaut des § 7 Abs. 3 UWG anführen, der ausdrücklich von »Kunden« ausgeht und nicht von bloßen Interessenten.

Was heißt das nun für Sie als Werbetreibenden? Wenn Sie ganz sichergehen wollen, verzichten Sie in diesem Stadium besser auf das Zusenden von Marketing-E-Mails ohne Einwilligung.

Daneben stellt sich auch die Frage, ob den Kunden eine Werbe-E-Mail zugesandt werden darf, die zwar ursprünglich einen Vertrag abgeschlossen haben, diesen aber danach angefochten oder widerrufen haben oder von diesem zurückgetreten sind.

Ficht der Verkäufer nachträglich den Vertrag an, so hat diese Anfechtung zur Folge, dass der Vertrag rückwirkend beseitigt wird. Das bedeutet, dass es bereits an einem Vertragsschluss fehlt, der Voraussetzung der Privilegierung ist.

Beispiel: Anfechtung eines Vertrags

Eine Anfechtung kommt beispielsweise dann in Betracht, wenn sich der Verkäufer bei der Eingabe des Kaufpreises im Onlineshop vertippt hat, dies aber erst nach Abschluss des Kaufvertrags festgestellt hat. Möchte er diesen Vertragsschluss nicht gegen sich gelten lassen, so hat er die Möglichkeit, den Vertrag anzufechten.

Erklärt der Käufer nach dem Vertragsschluss den Rücktritt oder übt er sein Widerrufsrecht aus, dann fehlt es ab diesem Zeitpunkt an dem geforderten Zusammenhang zwischen Adresserlangung und dem Vertragsschluss. Ab diesem Zeitpunkt dürfen Sie dann keine Werbe-E-Mails mehr an die entsprechenden Personen ohne deren erneute Einwilligung versenden.

Beispiel

Einen häufigen Grund für einen Rücktritt vom Vertrag bildet die Schlechtleistung: Liefert der Verkäufer beispielsweise eine beschädigte Ware, so hat der Käufer unter anderem das Recht, vom Vertrag zurückzutreten.

Ganz ohne Grund kann der Käufer auch innerhalb der gesetzlich vorgesehenen Frist von 14 Tagen den Vertrag widerrufen, wenn er beispielsweise ein Produkt im Internet bestellt hat. Auf diese Weise soll dem Umstand, dass der Käufer die Sache nicht wie in einem Geschäft real sehen und begutachten kann, Rechnung getragen werden.

Liegt also eine Anfechtung des Vertrags, ein Rücktritt davon oder dessen Widerruf vor, so liegen die Voraussetzungen einer Privilegierung nicht mehr vor, so dass danach folgende Werbe-E-Mails rechtliche Konsequenzen nach sich ziehen können.

Eigenständige Übermittlung der E-Mail-Adresse durch den Kunden

Weitere Voraussetzung ist, dass Sie die Adresse des Kunden unmittelbar von diesem selbst erhalten haben. Typischer Anwendungsfall ist dabei der Onlineshop, bei dem der Kunde im Rahmen eines Bestellvorgangs seine E-Mail-Adresse mitteilt, weil weitere Transaktionsinformationen darüber ausgetauscht werden.

Achtung: Kunde muss die Adresse selbst herausgeben

Dass die E-Mail-Adresse durch den Kunden selbst mitgeteilt wurde, ist das A und O der Privilegierung des E-Mail-Marketings unter Geschäftskunden. Daher ist es nicht zulässig, wenn Sie sich die E-Mail-Adresse Ihres Kunden anderweitig beschaffen, beispielsweise über Dritte, die mit der Person in Geschäftskontakt stehen oder über eine Suchmaschinenrecherche.

Werbung für eigene, ähnliche Waren und Dienstleistungen

Weiterhin dürfen Sie die Adresse nur zur Direktwerbung für eigene Waren oder Dienstleistungen verwenden, die denen der ursprünglichen Geschäftsbeziehung ähnlich sind.

Dass die Werbung nur eigene Produkte zum Gegenstand haben darf, bedeutet letztlich, dass Sie die E-Mail-Adresse nicht an Dritte weitergeben dürfen. Genauso unzulässig ist es, die E-Mail-Adresse zur Werbung für Waren- oder Dienstleistungsangebote Dritter zu benutzen.

Darüber hinaus muss eine Ähnlichkeit zwischen dem beworbenen Produkt und dem ursprünglich beworbenen Produkt bzw. der Dienstleistung bestehen. Hier stellt sich nun in der Praxis häufig die Frage, in welchen Fällen eine Ähnlichkeit angenommen werden kann und wann nicht mehr.

Grundsätzlich muss man bei der Beurteilung von der Perspektive des Kunden ausgehen und kann daher eine Ähnlichkeit annehmen, wenn sich die Waren oder Dienstleistungen in Einsatz- und Verwendungsmöglichkeit oder Bedarf entsprechen. Versetzen Sie sich also in den Kunden, und untersuchen Sie anhand seines bisherigen Verhaltens, an welchen weiteren Waren und Dienstleistungen er noch Interesse haben könnte.

Beispiel: Ähnlichkeit von beworbenen Produkten

Hat ein Kunde beispielsweise bei einem Online-Händler Schuhe bestellt, so darf dieser ihm in der Folge auch Werbung für andere Schuhe schicken oder auch für Zubehör, wie zum Beispiel Schuhpflegeprodukte oder Schnürsenkel, nicht hingegen beispielsweise für einen Laptop.

Ob letztlich eine Ähnlichkeit vorliegt oder nicht, muss im Einzelfall beurteilt werden. Dies ist für den juristischen Laien oftmals schwierig, weshalb es durchaus sinnvoll sein kann, rechtlichen Rat einzuholen.

Achtung: So geht es nicht!

Besonders findige Unternehmer kommen auf die Idee, ähnliche Produktwerbung mit solcher für völlig andere Produkte zu vermischen. Anders als gehofft ist dann aber gerade nicht die gesamte Werbemaßnahme zulässig. Vielmehr gilt: Ist ein Teil der Werbung unzulässig, ist aus Gründen des Schutzes der Empfänger davon auszugehen, dass die gesamte Werbemaßnahme unzulässig ist. Der unzulässige Teil der Werbung vergiftet demnach auch den zulässigen Teil. Aus diesem Grund sollten Sie genau darauf achten, das Erfordernis der Ähnlichkeit einzuhalten und bei Zweifeln einen Rechtsbeistand hinzuzuziehen.

Kein Widerspruch des Kunden

Die Privilegierung gilt auch nur dann, wenn der Kunde der Verwendung nicht ausdrücklich widersprochen hat. Dazu reicht eine einfache, formlose E-Mail des Kunden aus, aus der sich ergibt, dass er an dem Erhalt von Werbe-E-Mails nicht interessiert ist.

Beispiel: So kann der Kunde widersprechen

Die Zusendung einer E-Mail mit den Worten *»Bitte senden Sie mir zukünftig keine E-Mails mehr!«* ist völlig ausreichend, da die Anforderungen an einen solchen Widerspruch aus Gründen des Schutzes der Empfänger besonders niedrig gehalten werden müssen.

Eine Besonderheit stellt dabei die sogenannte Robinsonliste dar (siehe Abbildung 3.18). Dabei handelt es sich um eine Liste im Internet, die vom Deutschen Dialogmarketing Verband für die Mitgliedsfirmen geführt wird und darauf abzielt, Verbraucher vor unaufgeforderter und unerwünschter Werbung per E-Mail, Mobilfunk, Telefon und Post zu schützen. Auf der Website *www.robinsonliste.de* können Verbraucher sich ein kostenloses Schutzkonto einrichten lassen. Hier geben sie dann diejenigen persönlichen Daten an, über die sie nicht mehr mit Werbung kontaktiert werden möchten. Dazu gehören beispielsweise Postadresse, E-Mail-Adresse, Telefonnummer, Mobilfunknummer oder Faxnummer.

Auf der in Abbildung 3.19 dargestellten Webseite *www.robinsonabgleich.de* können dann werbetreibende Unternehmen auf freiwilliger Basis gegen ein Entgelt die ihnen vorliegenden Kontaktdaten mit denen der Robinsonliste abgleichen lassen. Dies ist insbesondere für die Unternehmen interessant, die an die Werbedaten über einen Adresskauf gelangt sind. Auf diesem Wege besteht für Sie die Möglichkeit, schon einmal eine Vorauswahl kritischer Empfänger auszusortieren, um so teure Abmahnungen zu verhindern.

Abbildung 3.18 Website der Robinsonliste

Abbildung 3.19 Webseite zum Abgleich der Robinsonliste

Nun stellt sich für Sie die Frage, welche Wirkung diese Robinsonlisten für die Versendung von E-Mail-Werbung an bestehende Kunden haben. Denn möglicherweise könnte ein Eintrag in einer solchen Liste als ein erklärter Widerspruch zu werten sein, der dann eine Privilegierung entfallen lassen würde. Jedoch erfüllt ein solcher Sperrvermerk anerkanntermaßen nicht die rechtlichen Voraussetzungen des § 7 Abs. 3 Nr. 3 UWG, die an einen wirksamen Widerspruch gestellt werden. Liegen also die anderen Voraussetzungen der Privilegierung vor, ist die Werbemaßnahme dennoch zulässig.

Hinweis zur Widerspruchsmöglichkeit

Um unzumutbare Belästigungen auszuschließen, sollten Sie den Kunden darüber hinaus unmittelbar bei Erhebung der Adresse und bei jeder Verwendung klar und deutlich darauf hinweisen, dass er der Verwendung jederzeit widersprechen kann. Dazu müssen Sie dem Kunden auch Ihre Kontaktdaten mitteilen, unter denen dieser widersprechen kann. Dazu gehören beispielsweise Ihre Adresse, E-Mail-Adresse, Telefonnummer oder Telefaxnummer.

Achten Sie darauf, den Hinweis auf die Widerspruchsmöglichkeit inhaltlich klar und verständlich zu formulieren sowie ihn gut sichtbar zu positionieren.

Achtung: Ohne Hinweis keine Privilegierung

Liegt diese Voraussetzung nicht vor, greift die Privilegierung zugunsten des Unternehmers nicht. Auch ist es nicht möglich, bei Fehlen des Hinweises auf die Widerspruchsmöglichkeit diesen in Form einer nachträglichen E-Mail nachzuholen. Vielmehr müssten Sie in einem solchen Fall erreichen, dass der Kunde seine E-Mail-Adresse noch einmal angibt, um dann auf die Widerrufsmöglichkeit hinzuweisen. Dazu können Zusatzangebote genutzt werden, auf die jedoch wieder nicht per E-Mail hingewiesen werden darf, da es dafür an der erforderlichen Einwilligung fehlt. Zu denken sind daher an andere Kontaktmöglichkeiten, wie zum Beispiel Transaktions-E-Mails.

Weiterhin müssen sich die Widerspruchskosten innerhalb der normalen Kommunikationstarife bewegen. Denn das werbende Unternehmen soll durch die Widerspruchsmöglichkeit weder eine weitere Einnahmequelle generieren können, noch soll der Empfänger der Werbe-E-Mails durch zu hohe Kosten von der Ausübung des Widerspruchsrechts abgehalten werden.

Beispiel: So geht es nicht!

Geben Sie im Rahmen des Hinweises der Abbestellmöglichkeit nur die Rufnummer einer teuren Hotline an, so stellt dies für Sie einerseits eine zusätzliche Einnahmequelle dar, wird aber vermutlich andererseits in einer Vielzahl von Fällen dazu führen, dass die Empfänger von der Widerspruchsmöglichkeit keinen Gebrauch machen, weil sie nicht wissen, wie lange sie an der Hotline verharren müssen und damit, wie viel sie die Geltendmachung des Widerspruchs kosten wird. Zähneknirschend wird eine Vielzahl der Empfänger daher die Werbe-E-Mails dulden.

Verstoßen Sie gegen diese Anforderungen, so ist die Marketingmaßnahme rechtswidrig. Selbst wenn die Empfänger keine rechtlichen Schritte dagegen einleiten, so ist doch zu bedenken, dass solche Vorgehensweisen nicht unbedingt förderlich für Sie sind: Lästige E-Mails bleiben dem Empfänger negativ in Erinnerung und landen sehr wahrscheinlich ohnehin ungelesen im Papierkorb. Damit hätte die Marketingmaßnahme dann das genau gegenteilige Ziel erreicht.

3.5.2 Kontaktaufnahme zum Erhalt einer Einwilligung

Auch wenn es sich um bestehende Kunden handelt, darf das werbende Unternehmen seine Kunden, die zuvor nicht in den Erhalt von Werbe-E-Mails eingewilligt haben, auch nicht ein einziges Mal anschreiben, um eine Einwilligung für künftige Werbe-E-Mails zu erwirken.

Achtung: Tarnung macht E-Mail nicht rechtskonform

Auch E-Mails, die als Weihnachtsgruß oder Geburtstagsgratulation getarnt sind, aber letztlich dazu dienen, eine Einwilligung zu erhalten, sind streng genommen nicht rechtmäßig.

3.5.3 E-Mail-Werbung in Transaktions-E-Mails

Neben der Möglichkeit, dem Empfänger in separaten E-Mails Werbung zukommen zu lassen, können Sie auch das Versenden von sogenannten Transaktions-E-Mails dazu nutzten, nebenbei noch Werbung für Produkte und Dienstleistungen zu versenden. Unter Transaktions-E-Mails versteht man E-Mails, die ein Unternehmen im Rahmen der Erfüllung eines Vertrags versendet. Also jegliche E-Mails, die in Verbindung mit einem Vertragsschluss stehen und die Abwicklung der vertraglichen Verpflichtung ermöglichen oder erleichtern.

Beispiel: Verschiedene Transaktions-E-Mails

Typische Transaktions-E-Mails sind Kaufbestätigungen, Auftragsbestätigungen, Versandstatus, Registrierungsbestätigungen, Nachrichten über verlassene Warenkörbe oder Rechnungen.

Grundsätzlich benötigen Sie keine Einwilligung, um dem Kunden Transaktions-E-Mails zuzusenden. Dies könnte jedoch dann anders sein, wenn diese mit Werbemaßnahmen versehen werden sollen. Denn wie bereits erläutert, ist grundsätzlich von dem Erfordernis einer Einwilligung für den Versand von Werbung auszugehen.

Auf der sicheren Seite sind Sie immer dann, wenn Sie eine Einwilligung des Empfängers einholen, aus welcher auch klar die Zustimmung für den Erhalt von Werbung im Rahmen von Transaktions-E-Mails hervorgeht.

Darüber hinaus kann der Versand von Werbung in Transaktions-E-Mails ohne Einwilligung auch von der soeben näher erläuterten Privilegierung für Kundenbeziehungen des § 7 Abs. 3 UWG gedeckt und dadurch zulässig sein. Zu denken ist dabei insbesondere an den Aspekt der Ähnlichkeit zwischen dem beworbenen Produkt bzw. der Dienstleistung und den Gegenständen der bisherigen Vertragsschlüsse.

Hat der Empfänger aber keine Einwilligung in Werbe-E-Mails erteilt und greift auch nicht der Ausnahmetatbestand für Kundenbeziehungen, dann könnte die mit Werbung versehene Transaktions-E-Mail eine unzumutbare Belästigung für den Empfänger darstellen und daher unzulässig sein.

Geht man davon aus, dass die unzumutbare Belästigung darin besteht, dass sich der Empfänger mit einer ihm nicht erwünschten E-Mail befassen muss, so kann dies bei Transaktions-E-Mails wohl nicht der Fall sein. Der Empfänger muss sich vielmehr ohnehin mit der E-Mail beschäftigen, um die darin enthaltenen Informationen zur Vertragsabwicklung zu erhalten. Daher ist zumindest in den Fällen, in denen der Transaktionscharakter und nicht der Werbecharakter der E-Mail im Vordergrund steht, davon auszugehen, dass diese auch ohne ausdrückliche Einwilligung zulässig sind.

Praxistipp: Werbeanteil gering halten

Damit der Transaktionscharakter als klar im Vordergrund stehend angesehen werden kann, sollten Sie mit dem Werbeanteil sparsam umgehen und diesen nicht zentral platzieren.

Insbesondere sollten keine Transaktions-E-Mails unter fadenscheinigen Gründen fingiert werden, um letztlich eine Vielzahl von Werbe-E-Mails versenden zu können. Hier wäre dann ein Umschlagen in eine unzumutbare Belästigung anzunehmen.

3.5.4 Feedbackanfragen nach Vertragsschluss

Nicht nur im Rahmen von Transaktions-E-Mails besteht die Möglichkeit, Werbung an den Kunden zu versenden: Auch die beliebten Feedbackanfragen, die Unternehmen nach einem Vertragsschluss dem Kunden zusenden (siehe Abbildung 3.20), könnten für eine Übermittlung von Werbung genutzt werden. Doch auch hier stellt sich die Frage nach der Zulässigkeit der Verbindung von Feedbackanfrage und Werbung.

Abbildung 3.20 Beispiel für eine Feedbackanfrage nach Vertragsschluss

Achtung: Für Feedbackanfragen gelten eigene Regeln

Anders als bei Transaktions-E-Mails ist bei Feedbackanfragen nach Vertragsschluss nicht abschließend geklärt, ob diese Werbe-E-Mails darstellen oder allein Servicezwecken dienen. Während einerseits davon ausgegangen werden kann, dass sie keine Werbung darstellen, sondern der Verbesserung der vertraglichen Kundenbeziehung dienen sollen, ist andererseits auch vertretbar, dass ihr Ziel mittelbar die Absatzförderung ist und sie damit Werbung darstellen. Um auf der sicheren Seite zu sein, sollten Sie bereits für den Versand von Feedbackanfragen eine Einwilligung einholen. In diesem Rahmen können Sie dann auch um das Einverständnis von Werbung in Feedbackanfragen bitten.

Sofern davon ausgegangen wird, dass Feedbackanfragen reinen Servicecharakter haben und daher keiner Einwilligung bedürfen, stellt sich ebenso wie bei Transaktions-E-Mails die Frage, ob deren Versand auch dann zulässig ist, wenn sie mit Werbung versehen werden.

Grundsätzlich kann auch an dieser Stelle davon ausgegangen werden, dass Sie die E-Mail durch Werbung ergänzen dürfen, wenn eine ausdrückliche Einwilligung oder eine Privilegierung nach § 7 Abs. 3 UWG vorliegt.

Hat der Empfänger aber keine Einwilligung erteilt und greift auch nicht der Ausnahmetatbestand für Kundenbeziehungen, dann könnte die mit Werbung versehene Feedbackanfrage eine unzumutbare Belästigung für den Empfänger darstellen und daher unzulässig sein. Wird davon ausgegangen, dass die unzumutbare Belästigung darin liegt, dass sich der Empfänger mit einer ihm nicht erwünschten E-Mail befassen muss, so kann dies bei Feedbackanfragen durchaus der Fall sein. Der Empfänger muss sich mit diesen E-Mails nämlich, anders als mit Transaktions-E-Mails, nicht zwangsläufig beschäftigen, da darin keine für ihn wichtigen Informationen zur Vertragsabwicklung enthaltenen sind.

Sicher ist sicher: Doppelte Einwilligung einholen!

Im Rahmen der Versendung von Feedbackanfragen sollten Sie sowohl für den Versand der Feedbackanfrage selbst als auch für die Verbindung mit Werbung eine Einwilligung vom Empfänger einholen. Es bietet sich an, sich hierum bereits zu Beginn der Geschäftsbeziehung zu kümmern.

3.6 Darf man Werbe-E-Mails an Kontakte aus sozialen Netzwerken senden?

Im Zeitalter des Webs 2.0 verfügen viele Unternehmen auch über Profile in sozialen Netzwerken wie Facebook oder XING. In diesem Zusammenhang stellt sich die Frage, ob Abonnenten des Unternehmensprofils innerhalb des Netzwerkes Werbe-E-Mails zugeschickt werden dürfen.

Achtung: Kontakt reicht für Einwilligung nicht

Die Tatsache, dass jemand das Unternehmensprofil abonniert hat oder einen Kontakt des werbenden Unternehmens darstellt, kommt keiner Einwilligung in Werbe-E-Mails gleich!

Eine eindeutige Rechtsprechung zu dieser Fallgestaltung gibt es noch nicht. Sie sollten aber beachten, dass auch eine Nachricht über das soziale Netzwerk mit Werbecharakter nicht anders zu behandeln ist als eine herkömmliche E-Mail, da § 7 Abs. 2 Nr. 3 UWG nur von »elektronischer Post« spricht und nicht explizit von E-Mails. Damit sind darunter alle Nachrichten zu fassen, die auf elektronischem Weg erfolgen, also auch Nachrichten über soziale Netzwerke. Eine anderweitige Auslegung entspricht zudem nicht der Intention des Gesetzgebers, da dieser mangels unterschiedlicher Schutzgesichtspunkte nicht zwischen einzelnen Kommunikationswegen innerhalb des Internets differenzieren wollte.

Achtung: Nutzungsbedingungen der Portale beachten!

Neben den gesetzlichen Bestimmungen sind auch die Nutzungsbedingungen der sozialen Netzwerke zu beachten, denen Sie mit der Anmeldung zugestimmt haben. Denn diese verbieten Ihnen in vielen Fällen eine kommerzielle Nutzung der Profile und haben in der Regel klare und verbindliche Regelungen für die Nutzung des Dienstes zu Werbezwecken aufgestellt. Aus diesem Grund lohnt es sich für Sie einen Blick in die Nutzungsbedingungen zu werfen, da Sie andernfalls mit der Löschung Ihres Profils rechnen müssen. Dies kann unter Umständen wesentlich schmerzhafter sein, als eine Abmahnung wegen eines Gesetzesverstoßes, da mit der Löschung ein sichtbarer Imageschaden einhergeht.

3.7 Ist der E-Mail-Adresskauf zulässig?

Das Generieren eines eigenen Stamms von E-Mail-Adressen zu Werbezwecken ist ein langwieriger und aufwendiger Prozess. Aus diesem Grund greifen mittlerweile viele Unternehmen auf die Möglichkeit des Erwerbs von Listen mit einer Vielzahl von E-Mail-Adressen zurück. Diese Methode ist unkompliziert, schnell und oftmals die einfachste, um auf einen Schlag zahlreiche Kontaktdaten zu erhalten. Dabei kann in den Shops der Anbieter genau angegeben werden, ob Daten von Privatpersonen oder von Unternehmen gewollt sind. Auch weitere Differenzierungen sind möglich, um möglichst solche Daten zu erhalten, die der eigenen Zielgruppe am genauesten entsprechen und so die Marketingmaßnahme besonders effektiv gestalten zu können (siehe Abbildung 3.21).

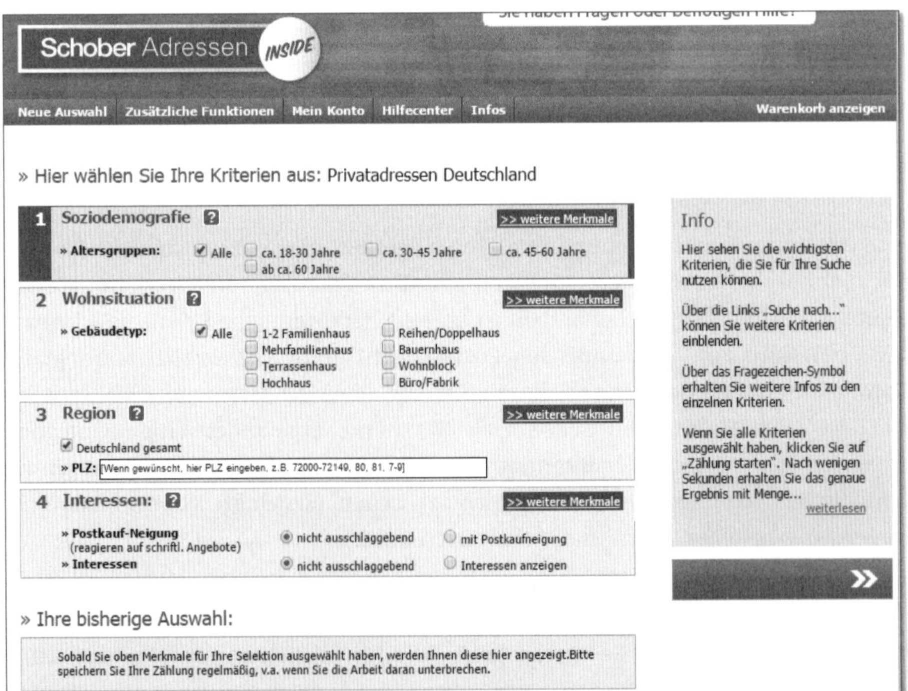

Abbildung 3.21 Beispiel für einen Anbieter von Personendressen

Nachdem der Interessent seine Präferenzen angegeben hat, berechnet das System, wie viele Adressen mit den gewünschten Kriterien zur Verfügung stehen und nennt den zu zahlenden Betrag (siehe Abbildung 3.22).

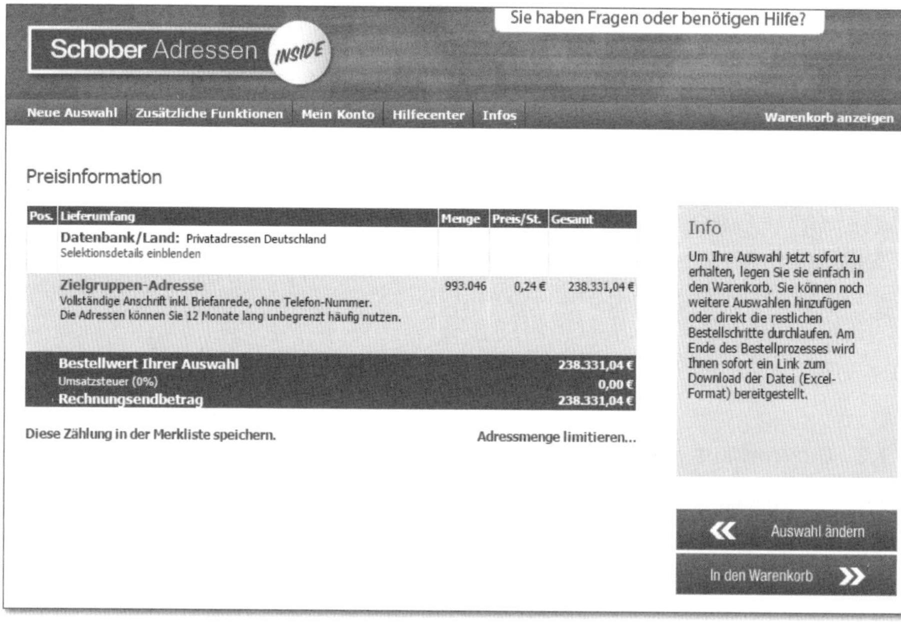

Abbildung 3.22 Beispiel für eine Kalkulation beim Adresskauf

Zwar ist der Verkauf von E-Mail-Adressen grundsätzlich nicht rechtswidrig, jedoch müssen Sie, bevor Sie die Daten zu eigenen Marketingzwecken verwenden, so manchen rechtlichen Stolperstein überwinden.

3.7.1 Legale Erhebung und Speicherung der Daten durch den Verkäufer

Bei E-Mail-Adressen handelt es sich um sogenannte *personenbezogene Daten*, also um Einzelangaben über persönliche und sachliche Verhältnisse. Diese Daten dürfen nach § 28 BDSG nur dann verkauft werden, wenn sie zunächst vom Verkäufer nach § 28 Abs. 1 BDSG legal erhoben und gespeichert wurden. Das Gesetz bestimmt, dass das Erheben, Speichern, Verändern oder Übermitteln personenbezogener Daten oder ihre Nutzung als Mittel für die Erfüllung eigener Geschäftszwecke unter anderem dann zulässig ist, wenn

- es im Zusammenhang mit der Vertragsabwicklung erforderlich ist oder
- es zur Wahrung berechtigter Interessen des Verkäufers erforderlich ist oder
- die Daten allgemein zugänglich sind
- oder der Verkäufer sie veröffentlichen dürfte.

Liegt also eine dieser Voraussetzungen vor und besteht kein Grund zur Annahme, dass schutzwürdige Interessen des Käufers überwiegen, so ist zumindest die Basis für den Verkauf der Daten rechtssicher.

Achtung: Adressen stammen häufig aus illegalen Quellen

Wer E-Mail-Adressen kauft, der sollte damit rechnen, dass nicht alle Verkäufer die Daten auf legalem Weg erwerben. In der Praxis kommt es vor, dass manche Verkäufer an die von ihnen verkauften Adressen über ein E-Mail-Adressen-Harvesting gelangt sind. Dies bedeutet, dass sie sich ein Programm zunutze gemacht haben, dass das Internet gezielt nach dem @-Zeichen durchsucht, um so speziell über Webseiten an E-Mail-Adressen zu gelangen. Dass ein Unternehmen seine E-Mail-Adresse im Internet veröffentlicht hat, kommt jedoch keinesfalls einer Einwilligung zum Erhalt von Werbung gleich.

3.7.2 Der Verkauf von Adressen mit Einwilligung

Nachdem die Daten nun legal erhoben und gespeichert wurden, ist der Handel damit nur unter bestimmten gesetzlichen Voraussetzungen zulässig. So ist die Verarbeitung oder Nutzung personenbezogener Daten für Zwecke des Adresshandels oder der Werbung grundsätzlich zulässig, soweit der Betroffene eingewilligt hat.

Damit ist es zunächst einmal erforderlich, dass der Einwilligende auch der Weitergabe der Daten an Sie zugestimmt hat – andernfalls können erworbene Adressen nicht rechtskonform weiterverwendet werden. Denn der Erwerb von E-Mail-Adressen entbindet Sie nicht von dem grundlegenden Einwilligungserfordernis.

Denken Sie auch daran, im Rahmen der Einwilligungserklärung das Unternehmen, für das die Adressen erworben werden sollen, genau zu benennen. Auch sollte für den Einwilligenden klar erkennbar sein, um welche Branche und damit um welche Produktpalette es sich handelt. Die sachliche Reichweite der Einwilligung muss damit aus dem entsprechenden Erklärungstext eindeutig hervorgehen.

Außerdem ist es ratsam bei einer Generierung für mehrere Unternehmen eine Anzahl von zehn Unternehmen nicht zu überschreiten, damit der Einwilligende nicht den Überblick verliert und diese zumindest schnell überfliegen kann.

3.7.3 Protokollierung der Einwilligung durch den Verkäufer

Kommt es zum Streitfall zwischen einem Empfänger und dem werbenden Unternehmen, wie es in einem Fall des Oberlandesgerichts Düsseldorf (Urteil vom 3.11.2009, Az. I-20 U 137/09) geschehen ist, so muss der Werbende darlegen und beweisen, dass er sich vergewissert hat, dass der Empfänger in den Erhalt der Werbe-E-Mail insbesondere durch ihn eingewilligt hat.

Achtung: Lassen Sie sich die Einwilligung vorzeigen

Liegt tatsächlich keine Einwilligung vor, können Sie sich auch nicht damit entlasten, dass Sie den Verkäufer der Adressen danach gefragt und dieser Ihnen das Vorliegen der Einwilligungen zugesichert habe. Vielmehr trifft Sie die Pflicht, sich die Dokumentation der Einwilligungseinholung vorzeigen zu lassen, sie zumindest stichprobenartig zu überprüfen und diese in der Folge selbst aufzubewahren. Auf diese Weise kann der Käufer von Adressdaten auch schnell erkennen, ob der Verkäufer einen E-Mail-Adressen-Harvester verwendet hat.

Hier noch ein Tipp, damit Sie Ihren Pflichten als werbendes Unternehmen auch sicher nachkommen: Als Käufer von E-Mail-Adressen sollten Sie vertraglich mit dem Verkäufer vereinbaren, dass folgende Daten vom Verkäufer bei der Generierung der E-Mail-Adressen zu protokollieren und an Sie herauszugeben sind:

- Zeitpunkt der Anmeldung auf der Website des Verkäufers
- IP-Adresse des Einwilligenden zum Zeitpunkt der Einwilligung
- E-Mail-Adresse des Einwilligenden
- Inhalt und Ausgestaltung der Einwilligungserklärung
- Datum und Uhrzeit der Einwilligungserklärung
- Datum und Uhrzeit der Versendung der Bestätigungs-E-Mail
- Datum und Uhrzeit der Bestätigung der Anmeldung
- IP-Adresse des Einwilligenden zum Zeitpunkt der Bestätigung
- Zeitpunkt der ersten Newsletter-Anmeldung

3.7.4 Der Verkauf von Adressen ohne Einwilligung

Auch nach dem Bundesdatenschutzgesetz ist eine Weitergabe der Daten unter den strengen Voraussetzungen des § 28 Abs. 3 BDSG zwar ohne die Einwilligung des Empfängers in Ausnahmefällen zulässig. Die gesetzliche Normierung ist jedoch dahingehend nicht klar formuliert, so dass der juristische Laie das Vorliegen der Voraussetzungen nur schwer einschätzen kann.

Praxistipp: In diesem Fall besser nicht ohne Anwalt

Wer also den Verkauf von Adressen ohne Einwilligung vornehmen möchte, der sollte sich in jedem Fall von einem im Datenschutzrecht spezialisierten Rechtsanwalt beraten lassen, da nur dieser beurteilen kann, wann beispielsweise »schutzwürdige Interessen des Betroffenen« im konkreten Einzelfall überwiegen.

3.8 Checkliste E-Mail-Marketing: Alles beachtet?

Checkliste

- Bewusste, konkrete und aktive Einwilligungserklärung?
- Kein Voranklicken des Kästchens?
- Schriftliche Dokumentation der Einwilligung?
- Absender transparent?
- Kurze, aussagekräftige und richtige Betreffzeile?
- Kontaktkanäle transparent?
- Inhalt, Frequenz und Werbecharakter der E-Mail transparent?
- Einhaltung der Formerfordernisse?
- Beachtung der Geltungsdauer der Einwilligung?
- Anwendung des Double-Opt-in-Verfahrens für den Newsletter-Versand?
- Bestätigungs-E-Mail ohne Werbung?
- Keine Kopplung mit Gewinnspielen?
- Keine Platzierung der Einwilligung in AGB?
- Belehrung über die Widerrufsmöglichkeit bzw. Abbestellmöglichkeit?
- Einfache und schnelle Durchführung der Abbestellung?
- Einhaltung des Gebots der Datensparsamkeit?
- Vornahme der Datenschutzbelehrung?
- Richtige und vollständige Platzierung des Impressums?
- Beachtung von Rechten Dritter?
- Kein Versand von Erinnerungs-E-Mails oder Abbestell-Bestätigungen?

Wenn Sie alle Fragen mit Ja beantworten können, dann kann es losgehen ... Viel Erfolg!

Kapitel 4
Mobile Marketing

Nicht nur unterwegs, sondern auch zu Hause ersetzen mittlerweile Smartphones und Tablets zunehmend den normalen Computer. Aus diesem Grund nimmt auch die Werbung über mobile Endgeräte eine vermehrt wichtige Rolle im Bereich des Marketings ein: Eine Vielzahl von Unternehmen hat bereits erkannt, dass es sich bei Smartphones und Tablets um Allround-Talente in Sachen Werbemöglichkeiten handelt, und investiert daher zunehmend in Mobile Marketing. Doch Allround-Talente bieten in der rechtlichen Umsetzung auch Allround-Probleme. Denn trotz aller Euphorie und vielversprechender Wachstumszahlen darf die rechtskonforme Umsetzung der Werbemaßnahmen nicht in den Hintergrund geraten.

Nach einem Bericht des Bundesverbands Digitale Wirtschaft e. V. wurden in Deutschland im Jahr 2012 insgesamt 61,8 Mio. € brutto in Anzeigen auf Smartphones und Tablets investiert und weltweit 6,89 Mrd. € erzielt – Tendenz stark steigend. Doch warum ist die Werbung über mobile Endgeräte überhaupt so lohnenswert? Die Antwort darauf bieten wohl die einzigartigen Features und Funktionen, die Smartphones und Tablets im Vergleich zu einem Desktop-PC aufweisen und die in Sachen Werbung völlig neue Möglichkeiten eröffnen: Die Rede ist von Touch-Screens, Apps und Ortungssystemen.

In der Umsetzung können Unternehmen dann auf verschiedene Marketingmethoden zurückgreifen. Zu denken ist dabei an SMS-, MMS-, Bluetooth- und Push-Nachrichten, Werbebanner, Pop-up-Fenster oder auch Interstitials. Zunehmend an Bedeutung gewinnt auch die standortbasierte Werbung beispielsweise über die neue iBeacon-Technologie von Apple. Diese ermöglicht es, Kunden in einem Kaufhaus zu lokalisieren und mit ortsspezifischen Push-Mitteilungen zu erreichen, um sie so direkt über aktuelle Rabattaktionen oder Ähnliches zu informieren.

Doch was ist im Rahmen der mobilen Werbung überhaupt rechtlich zulässig? Denn aufgrund der umfassenden Nutzung von Smartphones und Tablets können die Nutzer zwar umfassend erreicht werden, jedoch kann dies auch schnell dazu führen, dass diese sich belästigt und kontrolliert fühlen. An dieser Stelle setzt der Gesetzgeber zum Schutz der Verbraucher mit Regelungen im Wettbewerbsrecht und Datenschutzrecht an und normiert Pflichten und Grenzen des mobilen Marketings. Welche Pflichten dies sind und wo die Grenze der Rechtmäßigkeit überschritten wird, soll dieses Kapitel aufzeigen.

4.1 Welche Informationspflichten bestehen für mobile Werbung?

Gerade auf Bildschirmen kleiner Smartphones und Tablets lassen sich nicht immer alle Informationen so abbilden, wie zum Beispiel auf einem Desktop-PC. Bei der Entscheidung für ein Produkt oder eine Dienstleitung soll der potenzielle Kunde jedoch nicht durch falsche Informationen zu einer Entscheidung geführt werden, die er so sonst nicht getroffen hätte. Aus diesem Grund dürfen die technischen Besonderheiten mobiler Endgeräte Sie nicht dazu verleiten, sich in der Darstellung der Informationen nur auf die Ihrer Ansicht nach relevanten zu beschränken.

Dies möchte auch der Gesetzgeber verhindern: Zwar gibt es grundsätzlich keine gesetzlichen Regelungen, die speziell das Mobile Marketing betreffen, doch dies bedeutet nicht, dass es sich um einen rechtsfreien Raum handelt, indem alles erlaubt ist. Vielmehr finden auf diese Form des Marketings die allgemeinen gesetzlichen Regelungen wie das Wettbewerbsrecht oder das Datenschutzrecht Anwendung, die Sie bereits aus den vorherigen Kapiteln kennen. Dazu gehören insbesondere die Ihnen auferlegten Informationspflichten.

Achtung: Verantwortlichkeit trifft nicht nur das werbende Unternehmen!

Die Einhaltung der rechtlichen Voraussetzungen sollte nicht nur Ihnen als werbendes Unternehmen am Herzen liegen. Denn neben Ihnen können bei Rechtsverstößen je nach Fallgestaltung auch weitere Personen in Anspruch genommen werden. Zu denken ist dabei einerseits an die Agenturen und Dienstanbieter, die im Auftrag ihrer Kunden werbende Inhalte gestalten, solche Inhalte innerhalb mobiler Webseiten platzieren oder mittels aktueller Technologien, wie beispielsweise Push-Mitteilungen, an die Adressaten versenden. Andererseits können auch Entwickler von Apps verantwortlich sein, wenn über die App werbende Inhalte transportiert werden.

4.1.1 Bestehen einer Informationspflicht

Informationspflichten in Bezug auf mobile Werbung finden sich schwerpunktmäßig im Lauterkeitsrecht. So normiert der Gesetzgeber in § 5a UWG, dass Informationspflichten bestehen, wenn Waren oder Dienstleistungen in einer solchen Art und Weise angeboten werden, dass ein durchschnittlicher Verbraucher das Geschäft abschließen kann.

Konkret bedeutet dies, dass eine Informationspflicht besteht, sobald in der auf dem Smartphone oder Tablet erscheinenden Werbeanzeige ausreichend Informationen zur Leistung oder zum Preis einer Ware oder Dienstleistung angegeben werden, die einen Verbraucher dazu veranlassen können, sich für den Kauf oder die Buchung zu entscheiden.

Hinweis

Das OLG Schleswig-Holstein (Urteil vom 3.07.2013, Az. 6 U 28/12) betonte in einem ihm zur Entscheidung vorgelegten Fall, dass eine Informationspflicht nicht nur dann besteht, wenn alle vertragswesentlichen Regelungen bekannt gemacht werden. Die Pflicht gilt bereits dann, wenn einige relevante Vertragsbestandteile genannt werden, die für den Kaufentschluss relevant sind.

Daraus folgt, dass bei einer reinen Image- oder Erinnerungswerbung, die grundsätzlich keine geschäftlichen Einzelheiten nennt, auch keine Informationspflicht für mobile Werbung besteht.

4.1.2 Die einzelnen Informationspflichten im Überblick

Unternehmen sollten beachten, dass es nicht nur bei Webseiten, sondern auch im Rahmen von mobilen Werbemaßnahmen eine umfangreiche Informationspflicht des Anbieters gibt.

Achtung: Bildschirmgröße entbindet nicht von Informationspflichten!

Die Tatsache, dass man bei der mobilen Werbung anders als bei einer Werbung über einen Desktop-PC nicht allzu viel Platz in der Darstellung hat, entbindet Sie nicht von der Einhaltung Ihrer Pflichten – hier sind die Gerichte im Interesse der Empfänger sehr streng. Auch reicht es nicht aus, in der mobilen Werbeanzeige hinsichtlich der erforderlichen Informationen auf Ihre Website zu verweisen. Andernfalls müssen Sie mit teuren Abmahnungen rechnen!

In einer mobilen Werbeanzeige, die auf Tablets und Smartphones erscheint, müssen Sie daher in jedem Fall folgende Angaben machen:

- Angabe aller wesentlichen Merkmale der Ware oder Dienstleistung

Hinweis: Wesentlichkeit

Als wesentlich ist dabei jede Information anzusehen, die die geschäftliche Entscheidung des Verbrauchers beeinflussen kann. Dazu zählen beispielsweise die Verfügbarkeit der Ware, die Art, die Ausführung, die Vorteile und Risiken, die Zusammensetzung, der Zeitpunkt der Herstellung, die Menge und ihre Beschaffenheit.

- Identität und Anschrift des Unternehmens

Hinweis: Informationen über Ihr Unternehmen

Sie sollten auch bei mobiler Werbung auf vollständige und wahrheitsgemäße Angaben hinsichtlich der Firma achten und können sich dabei an den Angaben innerhalb des Impressums orientieren. Dies gilt insbesondere auch für die richtige Firmierung. Darüber hinaus sollte die Angabe der korrekten Adresse selbstverständlich sein. Dahinter steht der Gedanke, dass Unternehmen aufgrund ihrer Angaben auch verklagt werden können. Dies ist aber ohne Angabe der genauen Rechtsform sowie der Anschrift nicht möglich, da sich danach richtet, wer genau eigentlich verklagt werden muss.

- weitere Informationen zur Abwicklung des Geschäfts

Hinweis: Weitere Informationen

Zu nennen sind zudem die Zahlungs-, Liefer- und Leistungsbedingungen sowie Verfahren zum Umgang mit Beschwerden, für den Fall, dass beispielsweise Gewährleistungsrechte wesentlich erschwert werden.

- Rücktritts- und Widerrufsrecht

Hinweis: Angaben zu Rücktritt oder Widerruf

Der Verbraucher ist genau über die Details des jeweiligen Rechts inklusive der Darstellung der Rechtsfolgen bei deren Ausübung zu informieren. Dazu gehört beispielsweise die Nennung der Widerrufsfrist von 14 Tagen.

4.1.3 Besondere Pflichten bei der Werbung mit Preisangaben

Wer Werbebanner oder SMS mit konkreten Preisen für Produkte oder Dienstleistungen versehen möchte, um diese direkt zum Kauf bzw. zur Buchung anzubieten, der muss weitere Besonderheiten beachten. Für Werbung mit Preisangaben enthalten die Preisangabenverordnung und das Wettbewerbsrecht die für Sie maßgeblich einzuhaltenden Normierungen. Das bedeutet, dass das Produkt bzw. die Dienstleistung mit der Währung zu versehen ist, in der sie auch bezahlt werden muss.

Eine solche Pflicht besteht schon dann, wenn Sie den potenziellen Kunden durch die Art und Weise der Werbung zwar noch unverbindlich, aber tatsächlich schon gezielt mit dem Ziel ansprechen, ihn zum Kauf des Produkts zu bewegen.

Praxisbeispiel: Werbebanner

Wer beispielsweise innerhalb einer App eines Onlineshops seine Waren besonders herausstellt, muss den Endpreis einschließlich der Umsatzsteuer und sonstiger Preisbestandteile, wie zum Beispiel Verpackungskosten, angeben. Darüber hinaus müssen Sie darlegen, ob zusätzliche Liefer- und Versandkosten anfallen, und gegebenenfalls deren genaue Höhe nennen.

Eine Pflicht zur Preisangabe besteht jedoch dann nicht, wenn nicht konkret ein Produkt bzw. eine Dienstleistung beworben wird, sondern allgemein für Angebote auf einer Internetplattform Aufmerksamkeit erregt werden soll. Gleiches gilt für Image- oder Erinnerungswerbung, die allgemein eine Marke oder ein Unternehmen bewirbt und daher ebenfalls keiner Preisangabe bedarf.

Hinweis

Wer in seiner Werbeanzeige keine Preise angeben möchte, der sollte seine Produkte oder Dienstleistungen in der mobilen Werbebotschaft nicht zu konkret gestalten. Dies gelingt beispielsweise, indem Sie die Ware oder Dienstleistung noch nicht endgültig beschreiben, sondern der potenzielle Kunde seine konkrete Entscheidung im eigentlichen Onlineshop treffen muss.

Entscheiden Sie sich dafür, Ihr Produkt bzw. Ihre Dienstleistung konkret zu bewerben und geben Sie daher Preise an, so müssen diese auch mit den tatsächlichen Preisen übereinstimmen sowie in ihrer Darstellung eindeutig zuzuordnen, leicht erkennbar, deutlich lesbar und sonst gut wahrnehmbar sein.

Achtung: Geringe Bildschirmgröße beachten!

Die richtige Darstellung ist aufgrund der geringen Bildschirmgröße gerade bei mobilen Anwendungen auf Smartphones und Tablets wichtig. Wird dieser Aspekt bewusst bei blickfangmäßig hervorgehobenem Preis und Verschweigen weiterer Preisbestandteile vernachlässigt oder schlicht in der Darstellung nicht ausreichend gekennzeichnet, so müssen Sie mit teuren Abmahnungen und gerichtlichen Verfahren rechnen.

Da über Apps häufig kombinierte Leistungen angeboten werden, die teils unentgeltlich, teils entgeltlich sind, sind Sie auch hier als Anbieter dazu verpflichtet, dem Verbraucher die tatsächlichen Kosten aufzuzeigen, mit denen er zu rechnen hat. Dies bezieht sich jedoch nur auf die jeweils unmittelbar angebotene oder beworbene Ware bzw. Dienstleistung.

Praxisbeispiel: In-App-Käufe

Das bedeutet zum Beispiel im Fall von In-App-Käufen, dass der Anbieter bei der Werbung oder dem Angebot einer App zunächst nur den Endpreis der App angeben muss, nicht dagegen die Preise für im Wege von In-App-Käufen beziehbaren Zusätzen. Etwas anderes gilt nur bei einheitlichen Leistungsangeboten, bei denen die Entscheidung für den Kauf der App gleichzeitig auch die Verpflichtung zum Bezug entsprechender weiterer Gegenstände mit sich bringt.

4.1.4 Besondere Pflichten bei der Werbung mit Alleinstellungsmerkmalen

Eine weitere sehr beliebte Werbestrategie, die aufgrund der geringen Bildschirmgröße gerade bei Werbung über Smartphones häufig Anwendung findet, ist die Behauptung von Alleinstellungsmerkmalen. Die dabei typischen Bezeichnungen wie »die Nr. 1« oder »der Marktführer« klingen zwar gut, sind aber rechtlich nicht ganz unproblematisch. Denn wenn Sie Ihr eigenes Unternehmen oder Produkt über alle anderen stellen, wird dies der Konkurrenz ein Dorn im Auge sein, da dies je nach Formulierung auch einer Herabwürdigung der Konkurrenzprodukte bzw. -dienstleistungen gleichkommen kann. Dies wiederum kann einen Wettbewerbsverstoß darstellen und so zu einer Abmahnung führen.

Das bedeutet aber nicht, dass Werbung mit Alleinstellungsmerkmalen generell nicht zulässig ist. Vielmehr müssen Sie zunächst ganz grundsätzlich für eine Alleinstellungsbehauptung beachten, dass es nicht ausreicht, wenn Sie als Werbender nur einen geringfügigen Vorsprung vor Ihren Mitbewerbern haben. Denn der Verbraucher erwartet bei einer solchen Werbung eine erhebliche Sonderstellung Ihres Unternehmens oder Produkts.

Praxisbeispiel: Erhebliche Sonderstellung

Möchten Sie damit werben, dass Ihr Küchencenter das größte im Rheinland ist, reicht es nicht aus, wenn es nur 10 m^2 größer als das Ihrer Konkurrenz ist.

Darüber hinaus sollten Sie auch beachten, dass die Alleinstellungsbehauptung objektiv wahr ist. Auch muss es Ihnen möglich sein, diese Behauptung anhand objektiver Kriterien nachzuweisen.

Achtung

Keine Alleinstellungswerbung ist eine solche, die von den Empfängern als nichtssagend oder ersichtlich übertrieben aufgefasst wird. Hierunter fallen Aussagen wie »besser als bei Mutti« oder »das beste Eis des Sommers«.

4.1.5 Besondere Pflichten bei Werbung mit der Angabe »Testsieger«

Neben den Alleinstellungsmerkmalen ist eine weitere besonders effektive Marketingstrategie die Werbung mit Angaben wie »Testsieger«. Solche Angaben erreichen eine Vielzahl potenzieller Kunden und beeinflussen bei so manchem maßgeblich die Kaufentscheidung. Dabei machen sich jedoch nur wenige Gedanken darüber, was für ein Test das überhaupt gewesen ist, wer diesen durchgeführt hat oder was genau getestet wurde. Diese Tatsache machen sich manche Unternehmen zunutze und werben mit irreführenden Testergebnissen, um so ganz gezielt potenzielle Kunden bei ihrer Entscheidung für eine Ware oder Dienstleistung einseitig zu seinen Gunsten zu beeinflussen. Auf diese Weise werden diese zu einer Entscheidung verleitet, die sie bei Kenntnis aller richtigen Informationen so vielleicht nicht getroffen hätten.

An dieser Stelle greift der Gesetzgeber erneut aus Gründen des Verbraucherschutzes ein und verbietet Unternehmen solche unlauteren Verhaltensweisen. Wer mit Angaben zu Testergebnissen werben möchte, der muss die klaren Vorstellungen des Gesetzgebers umsetzen und seine Werbung dahin gehend gestalten, um kostenpflichtige Abmahnungen und Gerichtsverfahren zu vermeiden. Welche dies sind, wird im Folgenden näher erläutert:

- Seriöse Testergebnisse
  Grundsätzlich sollten Sie beachten, dass sich Testergebnisse an sachlichen, objektiven und neutralen Kriterien orientieren sollten. Sie müssen auf dieser Basis auch nachvollziehbar sein, da der Test andernfalls selbst dann wegen Irreführung der Kunden als unzulässig eingestuft wird, wenn das Ergebnis richtig sein sollte. Dies können Sie einfach verhindern, indem Sie sich nur auf solche Tests berufen, die von darauf spezialisierten Unternehmen wie Stiftung Warentest oder Öko-Test durchgeführt wurden.
- Angaben zur Fundstelle
  Darüber hinaus müssen Sie eine detaillierte Fundstelle der Testergebnisse angeben, damit sich der potenzielle Kunde bei Interesse über die genauen Testbedingungen informieren kann. Denn nur so kann er sich selbst ein Urteil über die Aussagekraft des Testurteils bilden und Sie müssen sich nicht mit dem Vorwurf der Irreführung auseinandersetzen.

Praxisbeispiel: Lebensmittelkonzern Unilever

In einem Verfahren vor dem OLG Hamburg (Urteil vom 16.12.2013, Az. 5 U 278/11) entschied das Gericht, dass der Lebensmittelkonzern Unilever, der die Marken Lätta, Knorr oder Rama vertreibt, seine Margarine nicht mehr mit den Worten »probieren Sie jetzt selbst den Testsieger* im Geschmack« und »die Nr. 1 im Geschmack« bewerben darf, da diese Art der Werbung irreführend sei. Denn in der mit dem Sternchen verbundenen Fußnote gab Unilever als Fundstelle für die Teststudie an: »*Verbrauchertest 2011 eines unabhängigen Marktforschungsinstituts im Auftrag von Unilever mit 750 Verbrauchern. Im Test Margarine und pflanzliche Streichfette.« Auf diese Weise erwecke der Konzern den Eindruck, es handele sich bei der Kundenbefragung um einen unabhängigen Verbrauchertest einer neutralen Testinstitution. Die Angabe »im Auftrag von Unilever« in der Fußnote sei optisch sehr klein gehalten worden und habe so bewusst beim Kunden die Assoziation mit anerkannten Institutionen wie der Stiftung Warentest hervorgerufen. Darüber hinaus sei der Kunde nicht ausreichend über das Marktforschungsinstitut, die Anzahl der Testpersonen und über die nur gattungsmäßig als »Margarine und pflanzliche Streichfette« bezeichneten Testprodukte aufgeklärt worden. Daher habe er sich nicht über die näheren Umstände des durchgeführten Vergleichstests informieren können.

- Beachtung der Voraussetzungen der Testunternehmen
  Besondere Aufmerksamkeit erweckt die Werbung mit Testergebnissen dann, wenn auch die Logos der bekannten Unternehmen abgedruckt werden. Doch dies ist nicht ohne Weiteres zulässig – vielmehr haben die Testunternehmen genaue Vorstellungen darüber, wie die Werbung mit ihrem Logo und ihren Testergebnissen zu erfolgen hat (siehe Abbildung 4.1). Grundsätzlich müssen die Testergebnisse so dargestellt werden, dass die Gesamtaussage des Tests nicht verfälscht wird.

Abbildung 4.1 Beispiele für die zulässige Verwendung der Logos der Stiftung Warentest zur Werbung mit Untersuchungsergebnissen

Hinweis

Die genauen Details haben die Unternehmen in der Regel auf ihrer Homepage veröffentlicht und sollten von Ihnen in jedem Fall umgesetzt werden, wenn Sie deren Ergebnisse nutzen möchten. Die Bedingungen der Nutzung des Logos der Stiftung Warentest sind einsehbar unter *https://www.test.de/unternehmen/*

werbung/nutzungsbedingungen/. Das ebenfalls besonders beliebte Unternehmen Öko-Test veröffentlicht seine Vertragsbedingungen auf *http://media.oekotest.de/media/Lizenzvertrag-Intranet-072012.pdf*.

- Aktualität des Tests und Identität der Produkte bzw. Dienstleistungen
  Grundsätzlich müssen Sie mit aktuellen Testergebnissen werben und dürfen nicht auf veraltete Testergebnisse zurückgreifen, wenn bereits aktuellere Tests vorliegen. Veraltete Tests dürfen daher nur ausnahmsweise dann herangezogen werden, wenn
  - der Zeitpunkt der Veröffentlichung des Tests erkennbar gemacht wird,
  - für das Produkt kein neueres Prüfungsergebnis vorliegt und
  - die angebotenen Produkte mit den seinerzeit geprüften gleich und auch nicht durch eine neuere Entwicklung technisch überholt sind.

Auch muss das beworbene Produkt bzw. die Dienstleistung tatsächlich mit dem getesteten identisch sein. Auch kleinste Abweichungen führen dazu, dass eine Irreführung angenommen wird.

Achtung: Lebensmittelwerbung

Besonders kompliziert ist die Werbung mit getesteten Lebensmitteln, da die Anforderungen hinsichtlich der Identität besonders hoch sind. So muss beispielsweise auch das Mindesthaltbarkeitsdatum beachtet werden und das Produkt aus der gleichen Charge sein. Möchten Sie also Lebensmittel mit Testergebnissen bewerben, so sollten Sie hier besonders vorsichtig sein und sicherheitshalber rechtlichen Rat hinzuziehen.

4.1.6 Rechtskonforme technische Umsetzung durch Responsive Design

Bereits mehrfach ist zur Sprache gekommen, dass die geringe Bildschirmgröße mobiler Endgeräte werbende Unternehmen vor die Schwierigkeit stellt, die rechtlichen Anforderungen hinsichtlich der bestehenden Informationspflichten wie Impressum oder Datenschutzerklärung auf den kleineren Bildschirmen visuell umzusetzen. Doch hier gibt es technisch bereits Hilfe: das *Responsive Design*. Dabei handelt es sich um eine noch recht junge Technologie, bei der das Layout einer Website so flexibel gestaltet wird, dass dieses auf dem Tablet und Smartphone eine im Vergleich zum Desktop-PC gleichbleibende Benutzerfreundlichkeit bietet und der Inhalt gänzlich und schnell vom Betrachter erfasst werden kann. Dies gelingt, indem die Inhalts- und Navigationselemente ebenso wie der strukturelle Aufbau einer Seite der Bildschirmauflösung des mobilen Endgeräts angepasst werden. Je nach Bildschirmformat ändert sich demnach die optische Gestaltung der Seite (siehe Abbildung 4.2 im Vergleich zu Abbildung 4.3).

Abbildung 4.2 Beispiel für die Darstellung der Website www.mcdonalds.de auf dem Bildschirm eines Desktop-Rechners

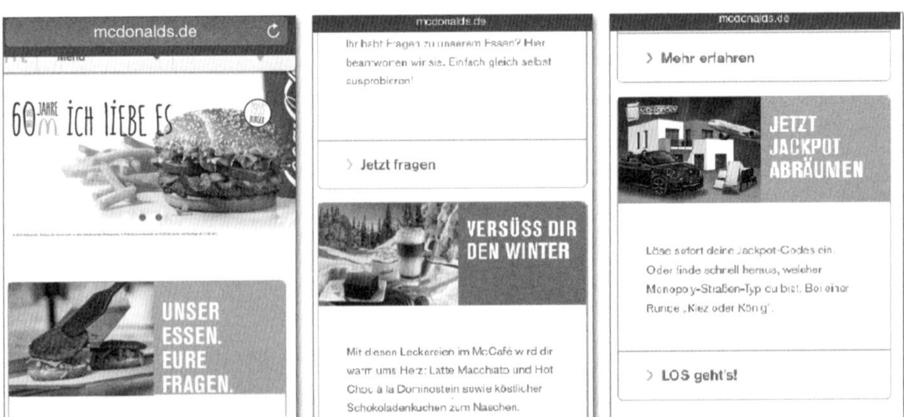

Abbildung 4.3 Beispiel für die Darstellung der Website www.mcdonalds.de auf dem Smartphone mittels Responsive Design

Hinweis

Um sicherzugehen, dass alle Informationen, die auf Ihrer Website vorhanden sein müssen, auch auf mobilen Webseiten erscheinen, empfehlen wir Ihnen, auf die neue Technik des Responsive Designs zu setzen.

4.2 Gibt es Beschränkungen beim Einsatz mobiler Werbung?

Nachdem wir nun einen Blick auf die Informationspflichten bei mobiler Werbung geworfen haben, möchten wir Ihnen nun einen kurzen Überblick über die Beschränkungen dieser Marketingmethode geben. Denn Werbemaßnahmen unterliegen gerade im Hinblick auf das Wettbewerbsrecht Einschränkungen wie dem Verbot der Verschleierung des Werbecharakters oder dem der unzumutbaren Belästigung des Empfängers. Darüber hinaus können Besonderheiten in Bezug auf Personen bestimmter Alters- oder Berufsgruppen sowie in Bezug auf bestimmte Produkte bestehen, da der Gesetzgeber in diesen Fällen von einer besonderen Schutzwürdigkeit ausgeht.

4.2.1 Verbot der Verschleierung des Werbecharakters einer Handlung

Ein wichtiger Grundsatz, der in allen Medien und damit auch bei der Werbung über mobile Endgeräte beachtet werden muss, ist die Erkennbarkeit Ihrer Handlung als Werbung. Der Grund dafür ist ganz einfach: Werbung soll nicht verschleiert werden, um ihre Wirksamkeit zu erhöhen, da der Verbraucher auf diese Weise in die Irre geführt wird. Denn ist Werbung als solche erkennbar, wird sie vom Verbraucher auch als solche erkannt und hat zur Folge, dass der Verbraucher diesen Informationen skeptischer entgegentritt, da er weiß, dass es sich um eine Anpreisung des Herstellers handelt. Dies wollen werbende Unternehmen bei der Verschleierung des Werbecharakters aber gerade verhindern, indem die Werbebotschaft in ein scheinbar objektives und neutrales Gewand gehüllt wird.

Praxisbeispiel: Spieleseiten im Internet für Kinder

Sind Werbebanner auf einer auch für Kinder vorgesehenen Spieleseite im Internet optisch ähnlich gestaltet wie die Bilder, über die die jeweiligen Spiele ausgewählt werden, so kann nach Ansicht des LG Berlin (Urteil vom 14.09.2010, Az. 103 O 43/10) von einem Verstoß gegen das Verschleierungsverbot ausgegangen werden, da für die Zielgruppe der Kinder trotz des unterschiedlichen Formats Spiele und Werbung nicht klar voneinander zu unterscheiden sind.

Für die Frage der Erkennbarkeit kommt es dabei auf die Sichtweise des durchschnittlichen Adressaten an – je nach Zielgruppe muss damit die Gestaltung an unterschiedliche Ansprüche angepasst werden. Sind also Zielgruppe einer Werbung Kinder, so muss das Format so gestaltet werden, dass Kinder den Werbecharakter auch erkennen können (Trennungsgebot). Dies kann unter Umständen deutlicher und auffälliger sein als bei einer Erwachsenen-Zielgruppe.

Hinweis: Trennungsgebot gilt nicht überall!

Das Trennungsgebot greift allerdings nur dann, wenn der Verbraucher eine objektive Information durch einen unabhängigen Dritten erwartet und daher nicht mit dem subjektiven Werbecharakter einer Handlung rechnet. Dies ist von der jeweiligen Gestaltung des mobilen Angebots abhängig.

Unzulässig ist es damit auch, wenn Sie Werbemaßnahmen im Rahmen des Mobile Marketings unauffällig in redaktionelle Inhalte einbauen oder die Werbung als wissenschaftlichen oder allgemein redaktionellen Beitrag beispielsweise im Rahmen von Beiträgen in Ihrer App tarnen. Aber auch Werbelinks werden vom Trennungsgebot umfasst. Bei Werbelinks handelt es sich um Links, die in einen Text eingebettet sind und direkt zu einem Produkt führen. Auf diese sollte gut sichtbar hingewiesen werden, und der Hinweis sollte vor dem eigentlichen Text platziert werden.

Sicher ist sicher: Kennzeichnung

Im Zweifel muss der werbende Charakter des Beitrags deutlich gemacht werden, beispielsweise mit dem konkreten Hinweis »Werbung« oder »Reklame«.

4.2.2 Verbot der unzumutbaren Belästigung des Werbeempfängers

Während Sie vielleicht große Stücke auf Ihre Werbung halten, diese genau konzipieren sowie gestalten und völlig davon überzeugt sind, wird sie unter Umständen von einem Teil der Adressaten als Belästigung empfunden und daher gar nicht richtig wahrgenommen. Denn nicht jeder hat Interesse an dem von Ihnen beworbenen Produkt bzw. der Dienstleistung. Dies ist im mobilen Bereich nicht anders als bei allen anderen Marketingmethoden.

An dieser Stelle setzt daher der Gesetzgeber an und möchte die Adressaten vor besonders aufdringlichen Verhaltensweisen Werbender schützen. Aus diesem Grund normiert er in § 7 Abs. 1 S. 1 UWG, dass jedes geschäftliche Verhalten, das eine unzumutbare Belästigung darstellt, unzulässig ist. Denn um einen unverfälschten und funktionsfähigen Wettbewerb sichern zu können, ist es besonders wichtig, dass keine unsachliche Beeinflussung der Adressaten mobiler Werbung erfolgt. Gerade dies wird aber bei einer aufdringlichen Werbung befürchtet und soll daher verhindert werden.

Doch es stellt sich dabei primär die Frage, was genau eine unzumutbare Belästigung darstellt. Für die Fälle der mobilen Werbung hat der Gesetzgeber in § 7 Abs. 2 UWG Normierungen getroffen, wonach Werbemaßnahmen gegenüber Verbrauchern über Fernkommunikationsmittel (Telefon, Telefax und elektronische Post) stets unzulässig sind, wenn der Adressat direkt sowie hartnäckig angesprochen wird und dies von ihm erkennbar unerwünscht ist. Von einer Hartnäckigkeit kann dabei dann ausgegangen werden, wenn der Verbraucher mehrfach kontaktiert wird, obwohl er klar zu erkennen gegeben hat, dass er dies nicht wünscht. Was das nun für die einzelnen Methoden des Mobile Marketings bedeutet, wird in Abschnitt 4.3, »Wie erfolgt der rechtskonforme Versand von Direktnachrichten auf mobile Endgeräte?«, näher erläutert.

4.2.3 Produktbezogene Beschränkungen

Neben den zuvor erläuterten lauterkeitsrechtlichen Beschränkungen bestehen darüber hinaus noch Vorschriften, die insbesondere die Art und Weise der Werbung konkret im Hinblick auf bestimmte Produkte regeln. Je nach beworbenem Produkt oder beworbener Dienstleistung müssen Sie eine Vielzahl von gesetzlichen Spezialvorschriften beachten, auf die an dieser Stelle jedoch lediglich hingewiesen werden kann. Diese Regelungen gelten für Werbemaßnahmen im Allgemeinen und müssen daher auch beim mobilen Marketing über Smartphones und Tablets beachtet werden. Dies betrifft insbesondere Produkte aus den folgenden Bereichen:

- Arznei- und Heilmittel
- Zigaretten, zigarettenähnliche Tabakerzeugnisse und Tabakerzeugnisse
- Geräte- und Produktsicherheitsvorschriften
- alkoholische Getränke
- Kosmetik
- Finanzprodukte und Finanzdienstleistungen
- Lebensmittel
- Glücksspiele und Wetten

Hinweis

Die Details sind in den jeweiligen Spezialgesetzen wie dem Arzneimittelgesetz oder dem Heilmittelwerbegesetz geregelt. Dabei handelt es sich oft um Vorschriften, die Sie ohnehin kennen sollten, wenn Sie entsprechende Produkte bewerben bzw. vertreiben. Denn bei Nichteinhaltung dieser Regeln muss mit verwaltungs- oder gar strafrechtlichen Sanktionen gerechnet werden. Es ist deshalb in jedem Fall zu empfehlen, sich die notwendigen Informationen über den jeweiligen Branchenverband oder einen Rechtsanwalt zu beschaffen.

4.2.4 Personenbezogene Beschränkungen

Neben Beschränkungen, die als Bezugspunkt bestimmte Produktgruppen im Blick haben, gibt es auch solche, die bestimmte Personengruppen betreffen. Letztere sind sowohl auf der Seite der Werbenden (zum Beispiel bei Kammerberufen) als auch auf der Seite der Adressaten (zum Beispiel bei Kindern) denkbar.

Beschränkungen auf Seiten der Werbenden: Kammerberufe

Im Regelfall unterliegen kammergebundene Berufe, also insbesondere Rechtsanwälte und Notare, Steuerberater und Wirtschaftsprüfer, aber auch Ärzte und Architekten, besonders strengen berufsrechtlichen Regelungen, die vor allem auch Werbeverbote enthalten. Da diese Berufsgruppen aufgrund ihrer herausgehobenen beruflichen Position in der Gesellschaft eine besondere Vertrauensstellung einnehmen, sollen sie grundsätzlich nicht werben, sondern nur sachlich informieren.

Achtung: Keine Werbung für Dritte

Gehören Sie zu einer dieser Berufsgruppen, so sollten Sie über Ihre eigenen Auftritte wie Ihre App oder E-Mails keine Werbung für Dritte beispielsweise in Form von Werbebannern schalten! Denn nach dem Willen des Gesetzgebers sollen Sie sich nicht zu Helfern der werbenden Wirtschaft degradieren lassen. Andernfalls kann dies als ein Verstoß gegen das Sachlichkeitsgebot gewertet werden.

Jedoch stellt sich umgekehrt die Frage, ob Sie als Kammerzugehöriger beispielsweise in Apps von Dritten Werbung für sich selbst bzw. Ihre Kanzlei oder Ihr Büro schalten dürfen. Geht man nun von dem Grundsatz aus, dass Werbung nur dann zulässig ist, wenn sie beispielsweise bei Rechtsanwälten über die berufliche Tätigkeit in Form und Inhalt sachlich unterrichtet, so kann daraus geschlossen werden, dass Werbung nur dann erlaubt ist, wenn sie kein reklamehaftes Sichherausstellen darstellt und nicht auf die Erteilung eines Auftrags im Einzelfall gerichtet ist. Davon ist beim Schalten von Werbebannern für die eigene Kanzlei aber gerade auszugehen, da diese in der Regel dazu dient, neue Mandanten zu akquirieren.

Praxisbeispiel: Bannerwerbung

Betreibt beispielsweise eine Rechtsanwaltskanzlei oder ein Steuerberatungsbüro in der App eines Fachverlags eine animierte Bannerwerbung, die unmittelbar auf die

Homepage der Kanzlei bzw. des Büros führt, so stellt dies ein reklamehaftes Sichherausstellen dar und ist damit unzulässig.

Zusammenfassend lässt sich daher sagen, dass Sie als Kammerzugehöriger mit Werbemaßnahmen zurückhaltend und vorsichtig umgehen sollten. In Zweifelsfällen empfiehlt es sich auch, die eigene Kammer zu kontaktieren.

Beschränkungen auf Adressatenseite: Kinder

Ebenso wie auf Seiten der Werbenden gibt es auch auf Seiten der Werbeempfänger Beschränkungen. Dabei hat der Gesetzgeber insbesondere schutzwürdige Kinder im Blick, die gerade in Spiele-Apps vor Werbung für den kostenpflichtigen Erwerb von Spielzubehör geschützt werden müssen.

Praxisbeispiel

Der BGH (Urteil vom 17.07.2013, Az. I ZR 34/12) entschied vor einiger Zeit, dass eine Softwarefirma in ihrem Online-Spiel »Runes of Magic«, das vorwiegend von Kindern gespielt wird, nicht mit Slogans wie »Schnapp Dir die günstige Gelegenheit und verpasse Deiner Rüstung & Waffen das gewisse Etwas« für den Erwerb virtueller Gegenstände werben darf. Das Spiel funktioniert wie viele Internetspiele nach dem sogenannten Free-to-play-Modell: Die Spieler erhalten die Software zur Teilnahme an diesem Spiel kostenlos. Weitergehende Ausstattung ihrer Spielcharaktere, etwa mit Waffen oder Zeitvorteilen, können dann dazugekauft werden. Eine solche Vorgehensweise fordere die Kinder jedoch unmittelbar zum Kauf auf und sei daher unzulässig, da der Schutz der Kinder es gebiete, auch im Internet eine gewisse Zurückhaltung zu wahren.

Darüber hinaus muss auch bei zulässigen Werbemaßnahmen besondere Rücksicht auf das Entwicklungsstadium der Kinder genommen werden, indem die Trennung von redaktionellem Inhalt und Werbung noch deutlicher zu machen ist, als dies in Erwachsenenmedien erforderlich ist. Insbesondere genügt der Zusatz »Werbung« oberhalb des Banners jedenfalls dann nicht, wenn die Schriftgröße nur einen Bruchteil der Größe des Banners erreicht.

Praxisbeispiel: Umsetzung des Trennungsgebots

Diese Auffassung vertrat auch das OLG Köln (Urteil vom 12.04.2013, Az. 6 U 132/12). Im vorliegenden Fall war das Gericht der Auffassung, dass Banner, die aufgrund ihrer Gestaltung und Einfügung in der Mitte der Seite zwischen den Icons der einzelnen Spiele von Kindern dahin gehend missverstanden werden können, dass es sich um besondere Spielgelegenheiten handele: Denn auch wenn die Bannerwerbung zwar überwiegend ähnlich wie der farbliche Hintergrund der Rubrikenseite in Blautönen gestaltet worden sei, sei sie aufgrund ihrer Ausgestaltung als Art Fotografie von den mit comicartigen Figuren versehenen Spielebuttons bildlich deutlich abweichend. Problematisch sei jedoch, dass der werbliche Inhalt weder durch die Ausweisung eines bestimmten Produkts oder einer konkreten Dienstleistung, noch durch eine Preisangabe oder eine konkrete Kaufaufforderung offengelegt werde. Vielmehr werde der werbliche Charakter verschleiert, indem durch die als Text eingeblendete Frage »Hast du eine Idee, was man hier tun kann?« dem kindlichen Internetnutzer suggeriert werde, dass es sich um ein Rätsel handele und er sich bei Anklicken des Banners selbst aktiv betätigen könne.

Hat Ihre Marketingstrategie unter anderem Kinder im Blick, empfiehlt es sich, diese noch einmal von fachlicher Seite auf ihre Rechtskonformität hin zu überprüfen, bevor Sie die Werbung schalten. Denn insbesondere der Schutz von Kindern wird von Verbraucherzentralen sehr ernst genommen und kann daher schnell zu kostenintensiven Abmahnungen oder gerichtlichen Verfahren führen.

4.3 Wie erfolgt der rechtskonforme Versand von Direktnachrichten auf mobile Endgeräte?

Bevor wir nun einen Blick auf die einzelnen Möglichkeiten des mobilen Marketings werfen und diese auf ihre rechtlichen Zulässigkeitsvoraussetzungen hin untersuchen, möchten wir Sie darauf hinweisen, dass der Dreh- und Angelpunkt der Rechtskonformität die Einwilligung des Empfängers ist. Dazu kann grundsätzlich zunächst festgehalten werden, dass folgende Voraussetzungen gleichzeitig vorliegen müssen:

- Einwilligung des Nutzers
- Angabe des korrekten Absenders
- Hinweis auf Ablehnungsmöglichkeit

Was dies im Detail bedeutet, wurde bereits im Rahmen des E-Mail- und Newsletter-Marketings in Abschnitt 3.3, »Wie erhält man eine rechtskonforme Einwilligung zur Versendung von Werbe-E-Mails?«, ausführlich erläutert und wird daher an dieser Stelle nur noch auf die wesentlichen Aspekte beschränkt.

4.3.1 Einholung der Einwilligung: Opt-in-Verfahren

Liegt eine Einwilligung des Empfängers vor, ist die Direktwerbung beispielsweise per SMS, MMS oder Push-Nachricht stets zulässig. Doch bei der Einholung der Einwilligung sollten Sie auch bei mobilen Marketingmaßnahmen einige grundsätzliche Besonderheiten beachten.

Zunächst ist zu beachten, dass eine rechtlich wirksame Einwilligung grundsätzlich immer ein bewusstes, aktives und konkretes Handeln des Werbeempfängers voraussetzt. Bewusst heißt dabei, dass der Empfänger nur dann direkt mit Werbung kontaktiert wird, wenn er beispielsweise ein schriftliches Einwilligungsdokument unterschreibt oder durch Angabe seiner Mobilfunknummer oder E-Mail-Adresse zu Werbezwecken aktiv wird.

Achtung: Aktive Einwilligungshandlung versus Opt-out-Verfahren

Eine aktive Einwilligungshandlung erfordert demnach, dass es nicht ausreicht, wenn Formulierungen wie »Hiermit bestätige ich, dass ich keine Werbung erhalten möchte« verwendet werden, die der Empfänger ankreuzen soll, wenn er keine Werbung erhalten möchte, da sich dabei die Aktivität des Empfängers nicht auf die Erteilung der Einwilligung bezieht, sondern gerade auf deren Nichterhalt. Gleiches gilt für Kästchen zum Anklicken der Bestätigung in Onlineformularen, die bereits im Voraus standardmäßig angeklickt sind und bei denen das Häkchen aus dem Kästchen entfernt werden muss, um keine Werbenachrichten zu bekommen (sogenanntes Opt-out-Verfahren).

Was die Form der Einholung der Einwilligungserklärung angeht, so ist das sogenannte Opt-in-Verfahren zu empfehlen. Dabei wird die Einwilligung im Voraus beispielsweise durch Unterschrift eines vorformulierten und mit einem Kästchen zum Ankreuzen versehenen Einwilligungsdokuments eingeholt. Dies ist schriftlich ebenso möglich wie elektronisch. Die Einwilligung kann darüber hinaus auch per Touch-Screen erfolgen, was insbesondere auf mobilen Endgeräten eine Rolle spielt.

Achtung: Auch zur Einholung der Einwilligung ist Einwilligung nötig!

Sie müssen jedoch beachten, dass es Ihnen auch nicht gestattet ist, zur Einholung der Einwilligung per Direktnachricht Kontakt mit den potenziellen Empfängern aufzunehmen, da es auch dazu einer Einwilligung bedarf. Sie müssen also schon vor der ersten Kontaktaufnahme eine Einwilligung des Empfängers haben.

Zudem sollten Sie darauf achten, dass die Erteilung der Einwilligung auch nachgewiesen werden können sollte. Denn im Streitfall tragen Sie die Darlegungs- und Beweislast dafür, dass Ihnen gegenüber eine Einwilligung erteilt wurde. Daher sollten Sie die Einwilligungserklärungen protokollieren und auch speichern.

4.3.2 Korrekte Absenderangaben

Weiterhin ist ein rechtskonformer Versand von werblichen Direktnachrichten wie SMS oder Push-Nachrichten nur dann zulässig, wenn Sie als Absender dem Empfänger Ihre Daten korrekt angegeben. Diese Angaben müssen so ausgestaltet sein, dass eine Identifizierung und die Kontaktaufnahme zu Ihnen möglich sind. Dabei können Sie sich an den Pflichtangaben des Impressums orientieren und sollten daher folgende Daten mitteilen:

- Name und Anschrift des Unternehmens
- bei juristischen Personen deren Rechtsform und deren vertretungsberechtigte Personen
- E-Mail-Adresse und Telefonnummer
- gegebenenfalls Angaben zur ständigen Aufsichtsbehörde
- gegebenenfalls Angaben zum Handelsregister, Vereinsregister, Partnerschaftsregister oder Genossenschaftsregister und der entsprechenden Registernummer
- Umsatzsteueridentifikationsnummer

4.3.3 Hinweis auf Widerrufsmöglichkeit

Haben Sie nun rechtskonform eine Einwilligung des Empfängers für Mobile-Marketing-Maßnahmen erhalten, so muss es für den Empfänger dennoch möglich sein, diese Einwilligung jederzeit und ohne Schwierigkeiten zu widerrufen. Dies bedeutet auch, dass der Widerruf kostenlos, problemlos und frei von Bedingungen möglich sein muss.

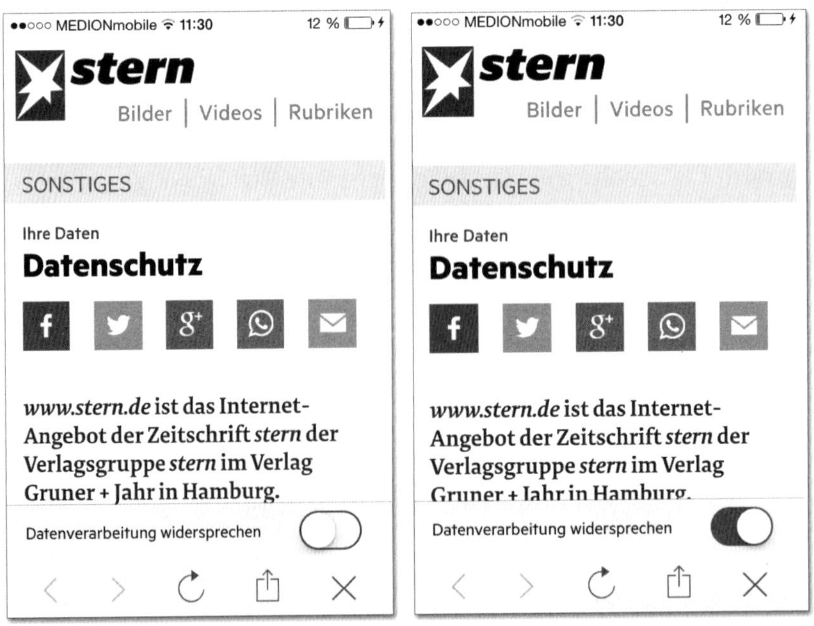

Abbildung 4.4 Beispiel für den Widerspruch gegen die Datenverarbeitung in Apps anhand der App des Magazins »Stern«, dessen Aktivierung auch zur Folge hat, dass der Nutzer keine weitere Werbung mehr erhält

Grundsätzlich sollten Sie den ersten Hinweis auf die einfache und bequeme Möglichkeit des Widerrufs bereits ganz zu Beginn vor der Erteilung der Einwilligung vornehmen. Dies hat für Sie auch den Vorteil, dass ein solcher Hinweis Vertrauen bei Ihrer Zielgruppe erzeugt, da der Empfänger keine Angst haben muss, dauerhaft mit Werbung »überschüttet« zu werden. In der Folge muss dann jede Nachricht mit Werbecharakter erneut den Hinweis auf die Widerrufsmöglichkeit enthalten.

Die Widerrufsmöglichkeit können Sie in Apps ganz einfach beispielsweise in der Rubrik DATENSCHUTZ einbauen und über den Touch-Screen durch ein einfaches Streifen des Buttons nach rechts ermöglichen (siehe Abbildung 4.4).

4.4 Wie erfolgt die rechtlich erlaubte mobile Kontaktaufnahme?

Nachdem nun eine Vielzahl rechtlich relevanter Aspekte des mobilen Marketings im Allgemeinen angesprochen wurden, sollen in diesem Kapitel die einzelnen Instrumente des mobilen Marketings näher betrachtet werden. Dabei möchten wir Ihnen insbesondere erläutern, wann im Einzelfall eine Einwilligung des Werbeadressaten nötig ist und welche Anforderungen Sie im Einzelnen noch erfüllen müssen.

4.4.1 SMS und MMS

Mobiltelefone können nicht nur über Telefonanrufe ein Marketinginstrument darstellen, sondern auch über Direktnachrichten in Form von SMS und MMS. Dies ist für werbende Unternehmen deshalb besonders interessant, da per SMS kurze Textnachrichten verschickt werden können, die beispielsweise über Aktionen informieren und in einer Vielzahl von Fällen auch von den Adressaten gelesen werden. MMS haben darüber hinaus noch den Vorteil, dass Bild- und Tondateien mit verschickt werden können, so dass ergänzend Werbebilder und Werbejingles effektiv eingesetzt werden können.

Was die Zulässigkeit des Versands von Direktnachrichten über SMS oder MMS angeht, so kann vorab festgehalten werden, dass diese ebenso wie E-Mails eine Form der elektronischen Post darstellen. Denn unter elektronischer Post versteht man jede Text-, Sprach-, Ton- oder Bildnachricht, die über ein öffentliches Kommunikationsnetz verschickt wird und die im Netz oder im Endgerät des Empfängers gespeichert werden kann, bis sie von diesem abgerufen wird. Damit gilt für SMS und MMS, dass Direktnachrichten auf Mobiltelefone nur dann zulässig sind, wenn der Empfänger in diese Form der Kontaktaufnahme zu Werbezwecken ausdrücklich eingewilligt hat!

Praxisbeispiel: Einwilligung des Mobilfunkinhabers nötig

Die Einwilligung ist in jedem Fall nur dann gültig, wenn sie von dem tatsächlichen Mobilfunkinhaber erteilt wird. Dies musste auch ein Stromlieferant feststellen, als er in einem Verfahren vor dem OLG Köln (Beschluss vom 12.05.2011, Az. 6 W 99/11) dazu verurteilt wurde, keine Werbe-SMS an Mobilfunkanschlussinhaber zu senden, die eigentlich an deren Familienangehörigen gerichtet sind, wenn die Anschlussinhaber selbst keine vorherige ausdrückliche Einwilligung erteilt haben. Im gegenständlichen Fall riefen Mitarbeiter des Stromlieferanten auf dem Festnetz der Ehefrau eines ihrer Kunden an und erklärten ihr, dass sie auf eine SMS mit Ja antworten solle, um ihren Stromvertrag auf den neuesten Stand zu bringen. Da die Dame selbst keine SMS empfangen konnte, gab sie die Mobiltelefonnummer ihrer Tochter an. Dies ist aber nach Ansicht des Gerichts nicht zulässig. Dabei komme es auch nicht darauf an, ob der Familienangehörige mit dem Einverständnis des Anschlussinhabers rechne und ob dieser sich durch die SMS tatsächlich belästigt fühlt.

Besonders zu beachten ist, dass eine stillschweigende Einwilligung in jedem Fall nicht ausreicht. Diese Auffassung vertritt auch das LG Berlin (Urteil vom 14.01.2003, Az. 15 O 420/02) und begründet dies damit, dass der Werbung per SMS trotz ihrer Kostenlosigkeit solche Unzuträglichkeiten für den Empfänger immanent sind, dass die Annahme eines stillschweigenden Einverständnisses mit dieser Werbeart nicht vereinbar sei. Denn ist das Mobiltelefon eingeschaltet, so ertönt bei Eingang einer SMS ein Signalton, durch den ein aktives Eindringen in die Privatsphäre des Empfängers vorliege. Darüber hinaus müsse der Empfänger die Nachricht gezwungenermaßen lesen bzw. anschauen, um ihren Werbecharakter zu erkennen, und könne sie daher nicht vorher aussondern. Dies liege vor allem daran, dass es, anders als zum Beispiel bei E-Mails, keine Betreffzeile gebe und Absenderdaten wie Name, Mobilfunknummer oder Sendedatum regelmäßig erst am Ende des Textes einer SMS erscheinen.

Sollten Sie Ihren potenziellen Kunden ohne eine Einwilligung Direktnachrichten über SMS und MMS zusenden, so müssen Sie mit Abmahnungen und Unterlassungsklagen rechnen. Darüber hinaus können Sie auch dann in Anspruch genommen werden, wenn Sie die Mobilfunkdaten Ihrer Kunden an Dritte weitergeben und so ermöglichen, dass diese zu Werbezwecken kontaktiert werden können.

4.4.2 Push-Nachrichten

Nicht ganz so eindeutig wie SMS und MMS kann der Fall von Push-Nachrichten auf das Smartphone oder Tablet beurteilt werden. Bei Push-Nachrichten handelt es sich um eine Form von Direktnachrichten, bei denen der Inhaber des Smartphones oder Tablets Nachrichten direkt auf seinem Display angezeigt bekommt, ohne die App selbst öffnen zu müssen (siehe Abbildung 4.5).

Abbildung 4.5 Beispiel einer Push-Nachricht über WhatsApp

Praxisbeispiel: Push-Nachrichten über WhatsApp

Nimmt man zum Beispiel den Messaging-Dienst WhatsApp, so erscheint direkt auf dem Display des mobilen Endgeräts eine Nachricht, wenn der Empfänger eine neue Nachricht erhält. Je nach Einstellung beinhaltet diese sogar einen Teil des Textinhalts.

Doch widmet man sich nun der entscheidenden Frage der Zulässigkeit der Werbung über Push-Nachrichten, so muss zunächst geklärt werden, ob Push-Nachrichten auch als elektronische Post einzustufen sind. Bejaht man dies, wäre für den Versand von Werbung über Push-Nachrichten eine Einwilligung des App-Anwenders nötig. Allerdings ist die rechtliche Einordnung noch recht unklar.

Vergleicht man zur Beantwortung dieser Frage Push-Nachrichten mit E-Mails, SMS und MMS, so liegt der wesentliche Unterschied zwischen diesen Nachrichtenformen darin, dass die Push- Nachricht zwar auf dem Bildschirm des mobilen Endgeräts angezeigt wird, nicht jedoch grundsätzlich im Speicher des Endgeräts verbleibt. Dies könnte dafür sprechen, dass Push-Nachrichten nicht als elektronische Post einzustufen sind und zumindest der Versand in Maßen keine unzumutbare Belästigung darstellt. Anders ist dies hingegen bei Push-Nachrichten, die auf die mobilen Endgeräte des Unternehmens Apple gesendet werden, da dort eine Speicherung durchaus erfolgt. Dies spricht damit eindeutig für eine Gleichstellung von SMS und Push-Nachrichten. Eine solche Einordnung wird zudem noch vom Gesichtspunkt des Empfängerschutzes gestützt, da die Nutzer von Smartphones und Tablets direkt mit den Werbenachrichten konfrontiert werden und sich diesen noch weniger entziehen können als bei E-Mails, SMS oder MMS. Letztere kann man nämlich, anders als Push-Nachrichten, noch löschen, bevor deren Inhalt erscheint. Aus diesem Grund ist davon auszugehen, dass auch Push-Nachrichten als elektronische Post einzustufen sind und es damit für den Versand von Push-Nachrichten grundsätzlich der Einwilligung der Empfänger bedarf.

Sicher ist sicher: Einwilligung einholen!

Solange die Rechtsprechung nicht eindeutig entschieden hat, ob Push-Nachrichten eine elektronische Post darstellen und daher auch dem Einwilligungserfordernis unterliegen, sollten Sie sicherheitshalber vor dem Versand werblicher Push-Nachrichten eine Einwilligung des Empfängers einholen (ein Beispiel zeigt Abbildung 4.6)! Andernfalls müssen Sie mit Abmahnungen und gerichtlichen Verfahren rechnen.

Abbildung 4.6 Beispiel für das Einholen der Einwilligung

4.4.3 Bluetooth-Nachrichten

Eine ähnliche Problematik wie bei Push-Nachrichten besteht bei den Bluetooth-Nachrichten. Bei Bluetooth handelt es sich um eine Technologie, die Kabel ersetzt und es so ermöglicht, digitale Daten, die man auch per USB, Netzwerk- oder Audiokabel von einem Gerät zum nächsten transportieren könnte, auf eine Distanz zwischen 10 und 100 Metern per Funk zu senden. Vor allem in mobilen Geräten steckt heute fast immer auch ein Bluetooth-Chip, der in aktiviertem Zustand eine eindeutige Kennung überträgt, ohne jedoch einen Hinweis auf persönliche Informationen oder die Handynummer zu geben.

Praxisbeispiel: Bluetooth-Nachrichten in Warenhäusern

Hat der Empfänger eines Smartphones seine Bluetooth-Funktion eingeschaltet und betritt er ein Kaufhaus oder hält sich unmittelbar in dessen Nähe auf, so können ihm über Bluetooth Nachrichten auf sein Smartphone gesandt werden, die ihn über aktuelle Aktionen oder Sonderangebote informieren oder ihm Gutscheine zusenden. Diese Nachrichten werden dem Empfänger dann direkt auf seinem Display angezeigt.

Diese Technik können Sie sich auch zu Marketingzwecken zunutze machen. Doch ob dazu eine Einwilligung erforderlich ist oder nicht, ist bisher noch ungeklärt. Hier gelten dieselben Bedenken wie bei Push-Nachrichten. Aus diesem Grund sollten Sie auch hier sichergehen und eine Einwilligung einholen, bevor Sie werbende Bluetooth-Nachrichten versenden.

Achtung

Aus dem Umstand, dass das Smartphone die Bluetooth-Funktion eingeschaltet hat und für den Hotspot sichtbar ist, kann nicht geschlossen werden, dass der Empfänger mit dem Erhalt von Werbenachrichten einverstanden ist.

4.4.4 Pop-up-Fenster

Weit verbreitet ist die Werbung auf Internetseiten mittels eines sich beim Aufruf einer Website zusätzlich automatisch öffnenden Pop-up-Fensters. Dies funktioniert auf mobilen Endgeräten wie Smartphones und Tablets nicht anders als auf dem normalen Desktop-PC: Ein Pop-up-Fenster stellt ein plötzlich auftretendes, visuelles Element auf einer digitalen Benutzeroberfläche dar, das eingesetzt wird, um zusätzliche Inhalte wie Werbeanzeigen anzuzeigen. Pop-up-Fenster überdecken dabei andere Teile der Benutzeroberfläche, wie Sie zum Beispiel in Abbildung 4.7 sehen können.

Was die rechtliche Wertung von Pop-up-Fenstern betrifft, so unterscheidet sich diese im mobilen Bereich nicht von der bei Desktop-Seiten. Damit gilt grundsätzlich: Kann der Anwender der App das Pop-up-Fenster unmittelbar und ohne Weiteres schließen und verzögert sich das Laden des gewünschten Inhalts nicht erheblich, ist diese Form der Werbung nicht zu beanstanden und muss von den Anwendern geduldet werden.

Denn auch wenn diese eine solche Art der Werbung möglicherweise als lästig empfinden, müssen sie Verständnis dafür haben, dass diese Werbeformen der Finanzierung der häufig kostenlosen Apps dienen und Sie daher ein berechtigtes Interesse an der Einblendung haben. Der Anwender von Apps muss nämlich nicht generell vor Werbung geschützt werden, vielmehr soll er vor unzumutbaren Belästigungen geschützt werden. Diese Grenze wird aber im Regelfall bei Pop-up-Fenstern nicht überschritten.

Abbildung 4.7 Öffnet man die App des TV-Kanals RTL, erscheint sofort und automatisch ein Fenster mit einer Werbung des Bierherstellers Bitburger, so dass man zum eigentlichen Inhalt der App erst gelangt, wenn man das Fenster schließt.

Achtung

Die grundsätzliche Zulässigkeit von Pop-up-Fenstern bedeutet nicht, dass Sie bei deren technischer Gestaltung vollkommen freie Hand haben. Denn die Grenze der Zumutbarkeit ist sehr wohl überschritten, wenn

- sich das Pop-up-Fenster auch nach dem Schließen durch den Anwender innerhalb der App automatisch wieder oder gar mehrfach wieder öffnet,
- der Anwender der App durch das ständige Öffnen des Pop-up-Fensters an der beabsichtigten Nutzung der App gehindert wird oder
- Sie ein vom Anwender zum Blockieren von Pop-ups installiertes Programm datentechnisch umgehen.

4.4.5 Interstitials

Mobile Interstitials sind Werbeinhalte, die bildschirmfüllend in der Regel für wenige Sekunden beim App-Start eingeblendet werden. Die Werbung wird dabei vor dem Aufbau des eigentlichen App-Inhalts eingeblendet und gibt nach einer festgelegten Zeit die gewünschte Seite frei. Während der Zeit des Erscheinens kann das mobile Interstitial auf die mobile Landingpage oder Ihre Website verlinken.

Praxisbeispiel: Interstitials in einer Spiele-App

Interstitials sind Werbeanzeigen, die beispielsweise auch nach der Auswahl eines Spiels in einer App erscheinen. Bei einigen der angebotenen Spiele hat der Nutzer die Möglichkeit, die Werbung nach 5 Sekunden durch das Klicken eines Buttons KLICKE HIER, UM SOFORT ZU SPIELEN zu überspringen, bei anderen besteht diese Möglichkeit hingegen nicht, und der Nutzer muss bis zu 20 Sekunden warten, bis die Anzeige verschwindet und er mit dem Spiel beginnen kann.

Ein Interstitial kann als störend oder auch nervend empfunden werden. Es überschreitet jedoch nach Ansicht des LG Berlin (Urteil vom 14.09.2010, Az. 103 O 43/10) nicht die Schwelle zur unzumutbaren Belästigung, wenn es nach 10 Sekunden automatisch verschwindet oder der Anwender die Werbeeinblendung nach 5 Sekunden selbst beseitigen kann. Der Anwender müsse auch an dieser Stelle Verständnis für den Finanzierungsbedarf des Anbieters mobiler Anwendungen haben und daher akzeptieren, dass mit jeder Werbung ein gewisses Maß an Beeinflussung und Belästigung verbunden sei. Diese Belästigungsintensität liege damit weitgehend in seiner Hand, da er durch die Möglichkeit des Wegklickens nach ein paar Sekunden ein relativ einfaches Mittel habe, um sich der Belästigung zu entziehen (siehe Abbildung 4.8).

Abbildung 4.8 Beispiel für ein Interstitial, bei dem oben rechts die 5-Sekunden-Anzeige läuft. Nach deren Ablauf erscheint die Schließen-Funktion.

Kann sich der Anwender der Werbung hingegen nicht entziehen, stellt dies eine unzumutbare Belästigung dar und kann Abmahnungen und gerichtliche Verfahren für Sie zur Folge haben.

4.4.6 Werbebanner innerhalb von Apps

Eine weitere Möglichkeit des mobilen Marketings ist die Einblendung von Werbebannern auf mobilen Apps. In diesem Fall ist also nicht die App selbst das Marketinginstrument, sondern Sie schalten Werbebanner in erfolgreichen Apps Dritter. Diese Bannerwerbung in statischer oder animierter Form leitet den Anwender dann nahezu immer aus der App heraus und auf eine Website im mobilen Browser oder direkt zur beworbenen App weiter (siehe Abbildung 4.9).

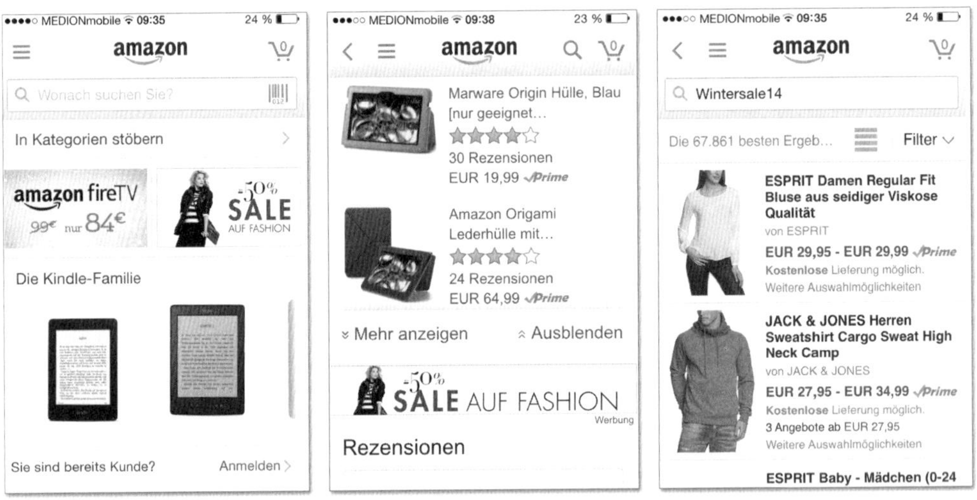

Abbildung 4.9 Beispiel für verschiedene Formen von Werbebannern in der Amazon-App

Was die rechtlichen Anforderungen an diese Form des mobilen Marketings betrifft, so unterliegen Werbebanner ähnlich wie Pop-up-Fenster grundsätzlich nicht dem Einwilligungserfordernis. Denn innerhalb der Grenzen des Zumutbaren müssen Anwender mobiler Endgeräte Werbebanner dulden. Dennoch sollten Sie darauf achten, dass sie vom Nutzer der App oder der mobilen Webseite nicht als unzumutbar belästigend empfunden werden.

Hinweis: Höhere Anforderungen an kostenpflichtige Apps

Was die Zumutbarkeitsgrenze angeht, so wird man an Werbeeinblendungen auf kostenpflichtigen Apps höhere Anforderungen zu stellen haben, als im Fall von kostenfrei nutzbaren Apps, da der Anwender im zweiten Fall in der Regel mit Werbemaßnahmen rechnet, da ihm bewusst ist, dass die Erstellung der App meist gerade über die Werbeeinblendungen finanziert wird.

Darüber hinaus müssen Werbebanner in mobilen Anwendungen eindeutig als Werbung erkennbar gemacht oder zumindest in geeigneter Weise so bezeichnet werden, da andernfalls die Gefahr besteht, dass der Anwender auch das Werbebanner für einen Teil des redaktionellen Inhalts hält.

4.5 Wie sieht es mit der Zulässigkeit besonderer mobiler Marketingmaßnahmen aus?

Nun wurden neben den klassischen Werbebannern und Pop-up-Fenstern in den vergangenen Jahren weitere Marketingmaßnahmen entwickelt, die insbesondere im Rahmen des Mobile Marketings eine wichtige Rolle spielen: Die Rede ist von standortbasierter Werbung und mobilen Coupons. Was sich hinter diesen Begriffen verbirgt und wie Sie deren Vorteile rechtssicher nutzen können, möchten wir Ihnen in diesem Abschnitt näher erläutern.

4.5.1 Standortbasierte Werbung

Bereits im Rahmen der Bluetooth-Nachrichten ist die Möglichkeit standortbasierter Werbung zur Sprache gekommen. An dieser Stelle soll nun noch einmal ein genereller Hinweis zur rechtlichen Problematik erfolgen.

Praxisbeispiel: Die iBeacon-Technologie

Ende 2013 brachte das Unternehmen Apple die iBeacon-Technologie auf den Markt. Diese Bluetooth-basierte Übertragungstechnologie ermöglicht eine genaue Innenraumlokalisierung von Smartphones, ohne auf GPS-Dienste zurückgreifen zu müssen. Die Möglichkeiten, die sich den Smartphone-Nutzern eröffnen, sind groß. In Kombination mit einer App können diese automatisch ortsspezifische Push-Mitteilungen empfangen. Halten sich die Smartphone-Nutzer beispielsweise im Kaufhaus auf, werden sie direkt über aktuelle Rabattaktionen informiert. Im Museum können Push-Nachrichten als zusätzliche Informationen zu einem Kunstwerk verschickt werden, das sich der Besucher gerade anschaut. Auch beim mobilen Bezahlen und zur Navigation kann die Technologie zum Einsatz kommen. Wer in Zukunft beispielsweise ein Fahrrad oder Auto ausleihen möchte, kann sich über eine entsprechende iBeacon-App ohne sein Zutun identifizieren und automatisch bezahlen.

Standortbasierte Werbung ist vielseitig einsetzbar und stellt die Weichen für ein noch individuelleres Ansprechen der Konsumenten und Nutzer. Eine Technologie mit Zukunft, die jedoch in Kombination mit der entsprechenden App rechtlich nicht unbedenklich ist.

Gerade im Hinblick auf den Datenschutz sind Diskussionen vorprogrammiert. Denn standortbasierte Werbung beispielsweise über Apps ist nur dann möglich, wenn die

Standortdaten der Anwender an die auf dem Handy installierte App gesendet und von ihr verarbeitet werden. Es wird daher befürchtet, dass aufgrund der dauerhaften Inanspruchnahme derartiger Dienste und der damit verbundenen Speicherung und Auswertung von Standortdaten Bewegungs- und Persönlichkeitsprofile über die einzelnen Anwender erstellt werden können.

Der Anwender ist jedoch nicht schutzlos: Standortdaten sind als personenbezogene Daten durch die deutschen Datenschutzbestimmungen und speziell im Rahmen mobiler Anwendungen wie SMS oder Push-Nachrichten durch das Telekommunikationsgesetz geschützt.

Hinweis: Standortdaten sind nicht grundsätzlich personenbezogene Daten

Bei Standortdaten handelt es sich nur dann um rechtlich relevante personenbezogene Daten, wenn über sie ein Bezug zu einer natürlichen Person hergestellt werden kann. Dies ist beispielsweise im Rahmen mobiler Anwendungen dann der Fall, wenn

- dem Anbieter weitere personenbezogene Daten über den Anwender bereits bekannt sind,
- eine Registrierung erforderlich ist, da dann in der Regel Personendaten vorliegen,
- der Kunde seine E-Mail-Adresse angeben muss, da diese häufig personenbezogen ist, oder
- ein Personenbezug über auf dem mobilen Endgerät gespeicherte Cookies möglich ist.

Im Rahmen mobiler Anwendungen wie Apps wird jedoch mindestens eine dieser Varianten immer zutreffend sein, so dass Sie davon ausgehen müssen, dass Standortdaten personenbezogene Daten sind und daher die datenschutzrechtlichen Normierungen beachtet werden müssen.

Dies bedeutet zunächst ganz grundsätzlich, dass die Erhebung und Verarbeitung der personenbezogenen Daten des Anwenders seiner ausdrücklichen Einwilligung bedürfen. Dieser muss den erläuterten Datenschutzprinzipien entsprechend genau und ausdrücklich über den Zweck und den Umfang der Datenverarbeitung unterrichtet werden. Andernfalls ist standortbasierte Werbung rechtswidrig.

Eine Ausnahme vom Einwilligungserfordernis besteht nur dort, wo die Verwendung von Standortdaten für die Erbringung der Leistung des Anbieters unerlässlich ist und das für den Kunden auch erkennbar ist.

Praxisbeispiel: Ausnahme vom Einwilligungserfordernis

Lädt jemand beispielsweise eine App einer Kaufhauskette herunter, die den Anwender über aktuelle Warenlieferungen, Warenbestände in der jeweiligen Filiale oder dortige Gutscheine und Aktionen informieren soll, ist dies nicht unerlässlich nur über eine Ortung möglich. Denn theoretisch kann der Anwender die Angabe, in welcher

Filiale er sich gerade befindet, auch manuell vornehmen. Aus diesem Grund ist in diesem Fall eine Einwilligung nötig. Dies gilt ausschließlich dann nicht, wenn eine automatische Ortung – beispielsweise wie bei einer Echtzeit-Navigations-App – unbedingt erforderlich ist.

Zur Einholung der Einwilligung genügt grundsätzlich die Abfrage, ob ein Einverständnis des Anwenders mit der Erhebung und Verwendung der aktuellen Position besteht. Ist der Anwender damit einverstanden, leitet das Smartphone oder Tablet ihn in die Geräteeinstellungen, wo er entsprechende Einstellungen vornehmen muss, die eine Ortung des Geräts ermöglichen (siehe Abbildung 4.10).

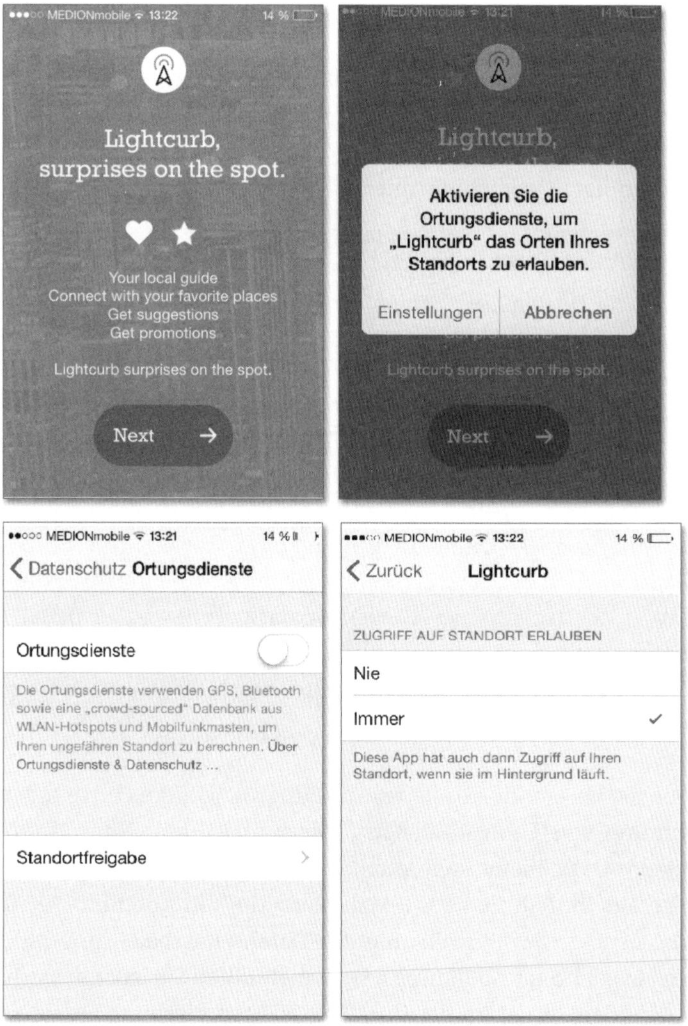

Abbildung 4.10 Beispiel für die Einholung der Einwilligung zur Nutzung von Standortdaten in der Lightcurb-App

Hinweis: Beachten Sie die kleineren Displays mobiler Endgeräte!

Wie so häufig im Rahmen des mobilen Marketings besteht auch an dieser Stelle für Sie die Herausforderung darin, die notwendigen Informationen auf einem kleinen Handydisplay klar und übersichtlich aufzubereiten. Denn auch wenn standortbasierte Werbung zu den zukunftsweisenden Marketingmethoden gehört, so darf nicht übersehen werden, dass das System letztlich auf der Erhebung sensibler personenbezogener Daten basiert, für dessen Schutz Sie ausreichend sorgen müssen. Wer dies nicht tut, weil ihm dies aufgrund der technischen Besonderheiten mobiler Endgeräte nicht gelungen ist, muss mit rechtlichen Konsequenzen rechnen! Insbesondere ist es nicht zulässig, die technischen Anforderungen zu umgehen, indem Sie die Einwilligung in den AGB für den Anwender vorformulieren.

Speziell im Hinblick auf Standortdaten, die über Mobilfunkgeräte wie Smartphones ermittelt werden, stellt zudem das Telekommunikationsgesetz in § 98 TKG umfangreiche Anforderungen. Danach müssen Sie den App-Anwender grundsätzlich per Textmitteilung über die erfolgte Ortung informieren.

Achtung: Bei Nichteinhaltung droht Bußgeld!

Wenn Sie die Mitteilung der Ortung nicht vornehmen, handeln Sie ordnungswidrig und müssen mit einer Geldstrafe von bis zu 300.000 € rechnen!

Hinweis

Die zahlreichen Detailfragen sind bei solch neuen Technologien in einer Vielzahl von Fällen noch nicht abschließend geregelt. Dies stellt Anwender in der rechtskonformen Umsetzung vor erhebliche Herausforderungen und birgt Risiken. Auch wenn wir Ihnen in diesem Abschnitt einen Überblick über die rechtlich relevanten Aspekte gegeben haben, so darf doch nicht vergessen werden, dass der Teufel im Detail steckt. Damit Sie als Werbender nicht in teure Haftungsfallen tappen, empfiehlt es sich oftmals, rechtlichen Rat bei einem spezialisierten Anwalt einzuholen, bevor mit der Marketingmaßnahme begonnen wird.

Darüber hinaus müssen Sie bei standortbasierter Werbung auch daran denken, den Anwender ausreichend und verständlich über Art, Zweck und Umfang der Datenerhebung zu informieren. Dazu bietet sich letztlich die allgemeine Datenschutzerklärung an, die wir bereits im Rahmen des E-Mail-Marketings in Abschnitt 3.3.10, »Datenschutzrechtliche Aspekte der Einwilligung: Die Datenschutzbelehrung«, angesprochen haben (ein Beispiel zeigt Abbildung 4.11). Dabei sollten Sie jedoch beachten, dass Sie auf die besondere Situation der standortbasierten Werbung eingehen müssen.

Abbildung 4.11 Die Smart-Bonus-App hat die datenschutzrechtlichen Besonderheiten der Ortung in ihre Datenschutzerklärung aufgenommen.

4.5.2 Marketing über mobile Coupons

Eine weitere besondere Werbeform im Mobile Marketing ist die Werbung über mobile Coupons. Darüber haben Sie die Möglichkeit, Ihre Produkte auf den Smartphones und Tablets Ihrer potenziellen Kunden zu präsentieren und so ständig mit diesen in Kontakt zu bleiben. Gleichzeitig handelt es sich damit auch um eine Art der effektiven Kundenbindung.

Die dahintersteckende Technik ist im Grunde recht einfach: Der Kunde bekommt einen Coupon auf sein Handy und erhält dann beim Bezahlen einen Rabatt in dem Geschäft, das ihm den Coupon zugesandt hat. Zum Erhalt des Coupons sind verschiedene Möglichkeiten denkbar: SMS, MMS, Bluetooth, E-Mail, mobile Werbeportale oder Apps.

Bei den potenziellen Kunden besonders beliebt sind Mobile-Couponing-Dienstleister wie das Unternehmen Coupies, die in Form einer App eine Plattform für Unternehmen bilden, über die diese Ihre Coupons anbieten können. Dies ist für den Kunden deshalb besonders attraktiv, weil ihm gleich eine Vielzahl von Coupons verschiedener Unternehmen und Branchen angeboten wird (siehe Abbildung 4.12). Die Einlösung kann dann über den Onlineshop, in der Filiale vor Ort oder nach dem Kauf durch Einscannen des Kassenbons erfolgen.

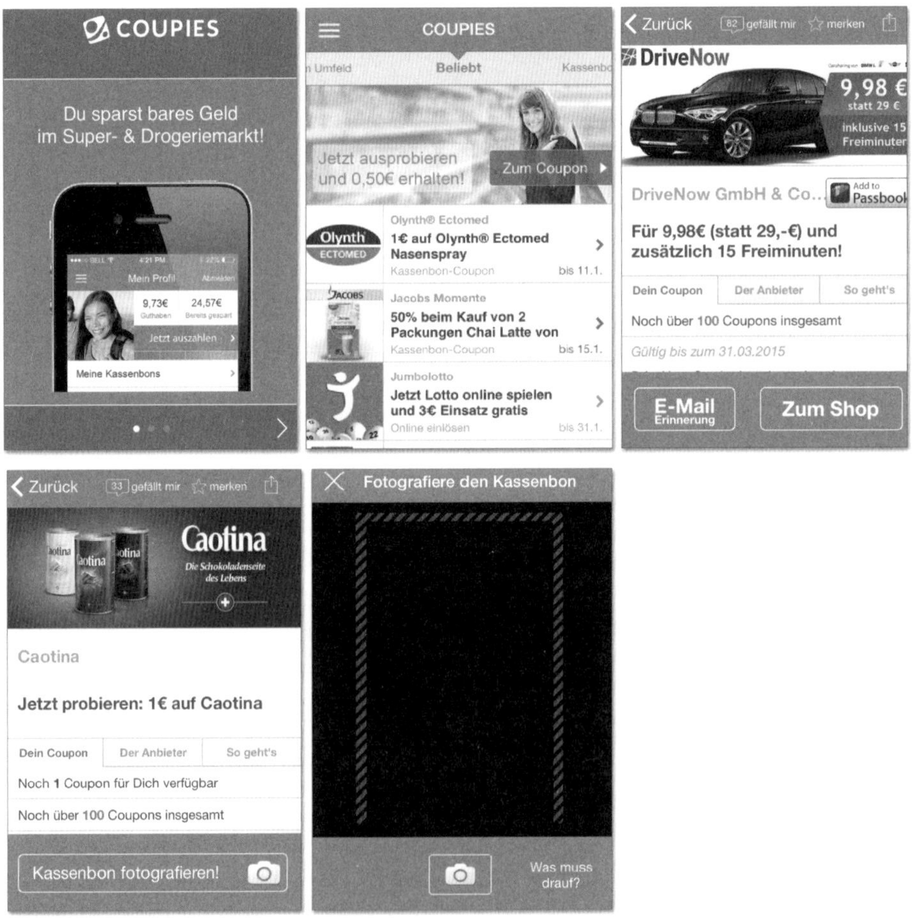

Abbildung 4.12 Die Coupies-App bietet zahlreiche Produkte und Möglichkeiten zur Coupon-Einlösung.

Es gibt aber auch Unternehmen, die diese Marketingmethode in Ihre eigene Marketing-App integrieren. Diese Möglichkeit nutzt zum Beispiel der Supermarkt-Discounter Netto, der Coupons nutzt, die in der vom Kunden favorisierten Filiale über einen Gutscheincode an der Kasse direkt eingelöst werden können (siehe Abbildung 4.13).

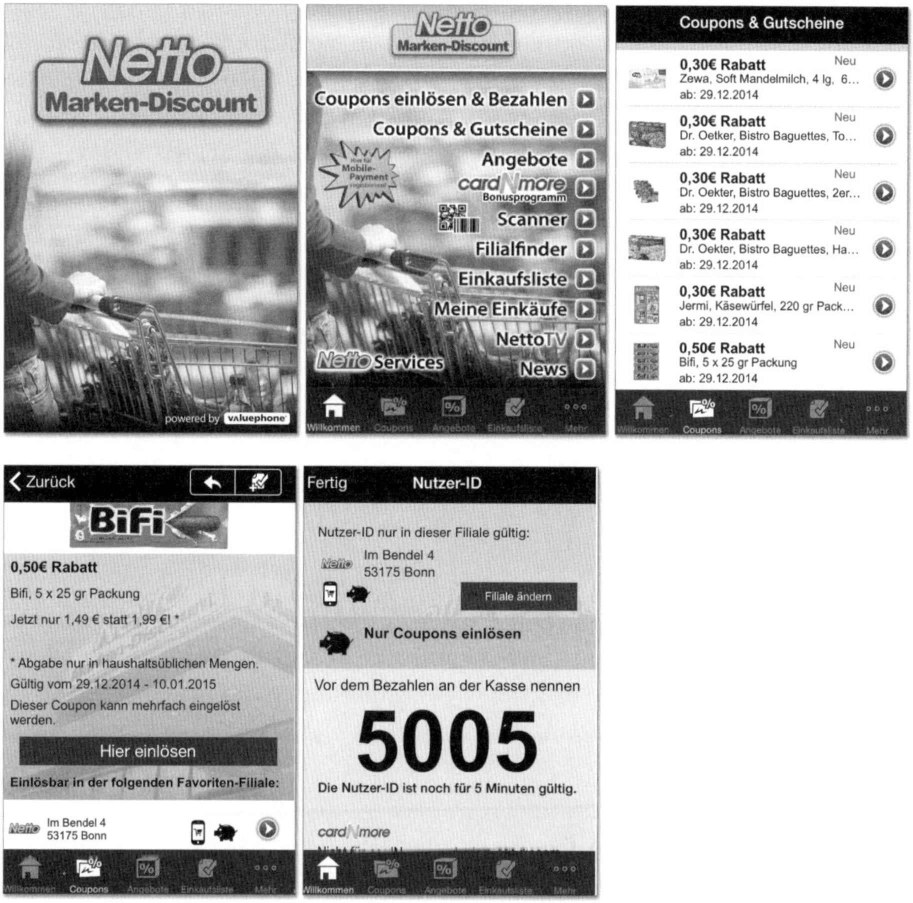

Abbildung 4.13 Coupons aus der App des Discounters Netto

Diese sehr attraktive Form der mobilen Werbung unterliegt selbstverständlich ebenfalls den bereits erläuterten, grundsätzlichen rechtlichen Aspekten. Je nachdem, wie die Kontaktaufnahme mit dem Kunden erfolgen soll, sind die Erfordernisse der Einwilligung zu beachten. So dürfen Sie ohne vorliegende Einwilligung Ihren Kunden keine Rabatt-Coupons beispielsweise per SMS, MMS oder Push-Nachricht zusenden.

Darüber hinaus ist im Hinblick auf das Wettbewerbsrecht zu beachten, dass Sie beim Einsatz mobiler Coupons aufgrund des Grundsatzes der Preisklarheit und Preiswahrheit sowie dem sich daraus ergebenden Transparenzgebot verpflichtet sind, die Bedingungen für die Inanspruchnahme der Coupons leicht zugänglich zu machen sowie klar und eindeutig anzugeben. Dies umfasst insbesondere Angaben über Höhe, Dauer, Begünstigtenkreis und über die Gründe des Preisnachlasses sowie über die Waren oder Dienstleistungen, auf die er sich bezieht.

Was die Dauer der Rabattaktion betrifft, dürfen Sie jedoch nicht die falsche Behauptung aufstellen, dass das Produkt, das Sie mit ihrem mobilen Coupon bewerben, nur eine sehr begrenzte Zeit zu bestimmten Bedingungen verfügbar sei, um so zu erreichen, dass sich der Kunde zu einer sofortigen Entscheidung verleiten lässt. Dies bedeutet jedoch nicht, dass Sie die Aktion von vornherein begrenzen müssen.

Praxisbeispiel: Rabatt-Coupon »nur für kurze Zeit«

In einem Verfahren vor dem OLG Hamm (Urteil vom 28.05.2013, Az. 4 U 217/12) stellte das Gericht fest, dass eine Rabattaktion, die mit den Worten »+++ NUR FÜR KURZE ZEIT +++ NUR FÜR KURZE ZEIT +++« beworben wird, nicht gegen das Transparenzgebot verstößt, weil keine Pflicht bestehe, die Werbeaktion bereits im Vorfeld zeitlich zu begrenzen. Denn andernfalls würde das darauf hinauslaufen, dass Rabattaktionen nur mit einer konkreten zeitlichen Begrenzung durchgeführt werden dürfen. Dies ist aber nicht im Sinn des Gesetzgebers. Vielmehr soll nur der Werbende geschützt werden, der zu Beginn der Aktion noch nicht weiß, wie lange er diese durchführen möchte.

Auch ist es nicht erlaubt, einen vermeintlichen Rabatt über einen Coupon zu bewerben, der tatsächlich aber jedem Kunden – also auch denen, die keinen Coupon vorlegen – gewährt wird, da dies eine unzulässige Irreführung des Kunden darstellt.

Achtung: Rabattverbote

Darüber hinaus müssen Sie beachten, dass Sie nicht jedes Produkt mit einem mobilen Coupon bewerben dürfen. Denn es gibt Produkte, die spezialgesetzlichen Rabattverboten unterliegen. Dazu gehören beispielsweise Bücher, deren Preisgestaltung grundsätzlich vom Buchpreisbindungsgesetz vorgeschrieben wird. Danach muss derjenige, der gewerbs- oder geschäftsmäßig Bücher an Letztabnehmer verkauft, den nach dem Buchpreisbindungsgesetz festgesetzten Preis einhalten. Wer sich daran nicht hält, muss mit Unterlassungs- und Schadensersatzklagen rechnen.

4.6 Checkliste Mobile Marketing: Alles beachtet?

Checkliste

- Unterliegen Sie Informationspflichten?
- Haben Sie die Informationspflichten eingehalten?
- Haben Sie alle wesentlichen Merkmale der Ware oder Dienstleistung angegeben?
- Haben Sie Ihre Identität und Anschrift bzw. die Ihres Unternehmens umfassend und korrekt dargelegt?

- Haben Sie alle weiteren Informationen zur Abwicklung des Geschäfts benannt?
- Haben Sie auf Rücktritts- und Widerrufsrechte hingewiesen?
- Haben Sie gegebenenfalls die Besonderheiten der Werbung mit Preisangaben beachtet?
- Haben Sie die Beschränkungen bei Werbemaßnahmen eingehalten?
- Bedarf Ihre konkrete Werbemaßnahme einer Einwilligung?
- Haben Sie die Einwilligung schriftlich eingeholt und diese protokolliert bzw. gespeichert?

Wenn Sie alle Fragen mit Ja beantworten können, dann kann es losgehen ... Viel Erfolg!

Kapitel 5
App-Marketing

Die immense Verbreitung von Smartphones und Tablets hat dazu geführt, dass Apps in den letzten Jahren von einfachen Anwendungsprogrammen zu nicht zu unterschätzenden Marketingkanälen aufgestiegen sind. In diesem immer dichter werdenden Dschungel von Apps wünschen sich die Anwender von den Anbietern neben einer innovativen Idee insbesondere Transparenz und ein aktives Informationsverhalten. Wie Sie diesem Bedürfnis nachkommen und gleichzeitig das wachsende Marketingpotenzial von Apps rechtssicher einsetzen können, erläutern wir Ihnen in diesem Kapitel.

Der App-Markt ist dicht besiedelt – man kann sogar sagen, er quillt über: Die fünf Top-App-Stores, zu denen insbesondere Google Play und der Apple App Store gehören, hatten im Jahr 2014 insgesamt mehr als 3 Mio. Apps im Angebot. Nach Untersuchungen wurden allein über den Apple App Store zwischen den Jahren 2008 und 2014 weltweit etwa 85 Mrd. Apps heruntergeladen – Tendenz stetig steigend. Die genauen Zahlen können Sie der Statistik in Abbildung 5.1 entnehmen.

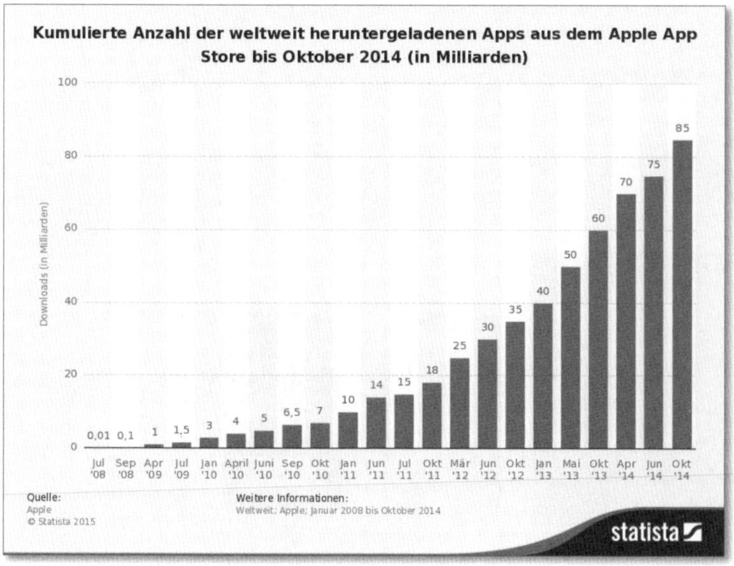

Abbildung 5.1 Entwicklung der App-Downloads seit 2008

Diese Zahlen verdeutlichen eindrucksvoll, dass es auch für Sie sinnvoll sein kann, diesem Trend zu folgen und die App als Marketinginstrument zu nutzen. Dabei können Sie einerseits eine bereits bestehende App Dritter zu Marketingzwecken nutzen, indem Sie darin beispielsweise Werbebanner schalten, und andererseits eine eigene Unternehmens-App entwickeln lassen. Eigene Marketing-Apps bieten dabei den enormen Vorteil, dass diese genau auf Ihre Bedürfnisse zugeschnitten werden können. Aufgrund des stetig steigenden Interesses werbender Unternehmen an eigenen Apps haben wir auf sie den Fokus dieses Kapitels gelegt.

Die Entwicklung einer eigenen App hat eine Vielzahl von Vorteilen:

- Neukundengewinnung und Kundenbindung
- direkter Dialog mit Ihren Kunden
- schnelle und flexible Umsetzung und Anpassung der Marketingmaßnahmen
- Reichweitenvergrößerung Ihrer Werbung
- Image- und Markenbildung
- Umsatzsteigerung

Entscheiden Sie sich dafür, Ihren potenziellen Kunden eine eigene App anzubieten, stellt sich zunächst das Problem, dass diese App innerhalb des App-Dschungels erst einmal wahrgenommen werden muss. Dafür erforderlich sind einerseits eine gute Idee als Grundbaustein und andererseits die richtige Umsetzung. Als Beispiel für eine äußerst kreative Idee, die sich stets wachsender Beliebtheit erfreut, sei an dieser Stelle die Dating-App Tinder erwähnt (siehe Abbildung 5.2).

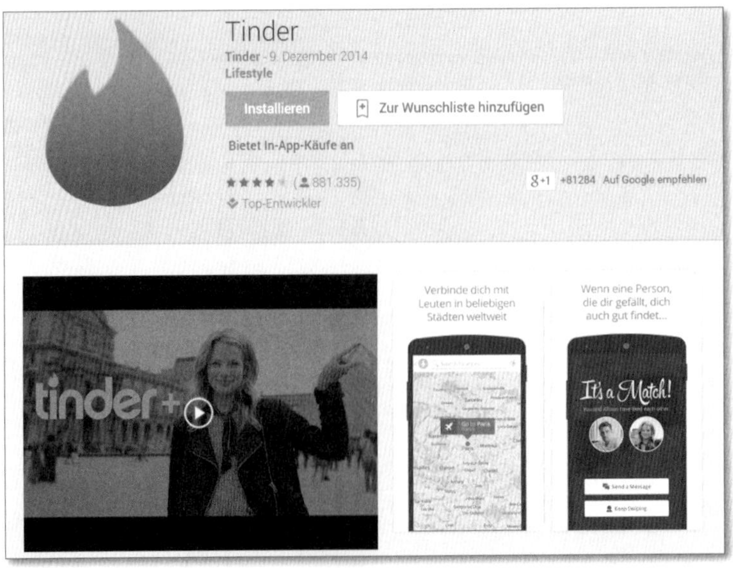

Abbildung 5.2 Beispiel für eine millionenfach genutzte App, der ein einfaches, aber kreatives Konzept zugrunde liegt

Dies betrifft sowohl technische als auch rechtliche Aspekte. Der Spagat zwischen der Gestaltung einer Aufmerksamkeit erregenden, erfolgreichen Marketing-App und der Einhaltung der rechtlichen Anforderungen ist nicht zu unterschätzen.

Erster und wichtigster Ansatzpunkt ist dabei die Entwicklung der App. Doch wo genau liegen die Stolpersteine und wie kann man diese erfolgreich überwinden? Die Dos and Don'ts eines rechtssicheren App-Marketings möchten wir Ihnen im folgenden Abschnitt im Überblick vermitteln.

5.1 Was ist bei der Vertragsgestaltung für die Entwicklung von Apps zu beachten?

Wenn Sie sich dazu entschließen, eine eigene App zu Marketingzwecken zu verwenden, stehen Sie zunächst vor der Herausforderung der Entwicklung der App. In der Regel können die werbenden Unternehmen die Programmierung nicht selbst realisieren und beauftragen daher App-Entwickler. Doch bei der vertraglichen Gestaltung der Vereinbarungen zwischen dem werbenden Unternehmen und dem App-Entwickler lauern zahlreiche Gefahren.

5.1.1 Vertragsart

Werfen wir zunächst einmal einen Blick darauf, was für ein Vertrag zwischen dem Werbenden und dem App-Entwickler geschlossen wird. Die Art des Vertrags hat nämlich einen wesentlichen Einfluss auf die weitere Abwicklung der Geschäftsbeziehung.

In den meisten Fällen werden die Marketing-Apps anhand eines bestehenden Grundgerüsts zusammengesetzt. Tatsächlich gibt es für jeden Professionalisierungsgrad und für unterschiedlichste Ansprüche Möglichkeiten, Apps zu entwickeln (siehe Abbildung 5.3).

Dieses Baukastensystem wird dann von dem jeweiligen Programmierer durch ein individuelles Design ergänzt. Der Schwerpunkt der Arbeit des Entwicklers liegt folglich auf der Planung und Fertigstellung der App. Aus diesem Grund ist davon auszugehen, dass es sich bei einem App-Entwicklungsvertrag um einen Werkvertrag handelt. Ein Werkvertrag liegt nämlich vor, wenn der Schwerpunkt insgesamt auf der geistigen Planungsleistung liegt. Dies ist bei einer App-Entwicklung gerade deshalb der Fall, weil der Schwerpunkt der Leistung des Entwicklers in der individuell geplanten Designleistung liegt.

Praxisbeispiel: Werkvertrag

Typische Werkverträge sind zum Beispiel Verträge mit Handwerkern, Bauverträge oder auch der Vertrag über eine Taxifahrt. Bei all diesen Verträgen ist der Erfolg geschuldet. Bei einer Taxifahrt liegt der Erfolg beispielsweise darin, dass der Fahrgast von Ort A zum Ort B gebracht wird. Etwas anderes gilt etwa dann, wenn der Schüler A bei B Nachhilfe nimmt. Hier ist von B kein Erfolg, wie etwa das Erreichen einer besseren Note geschuldet, sondern lediglich die Tätigkeit des Unterrichtens. In einem solchen Fall wäre von einem Dienstvertrag auszugehen.

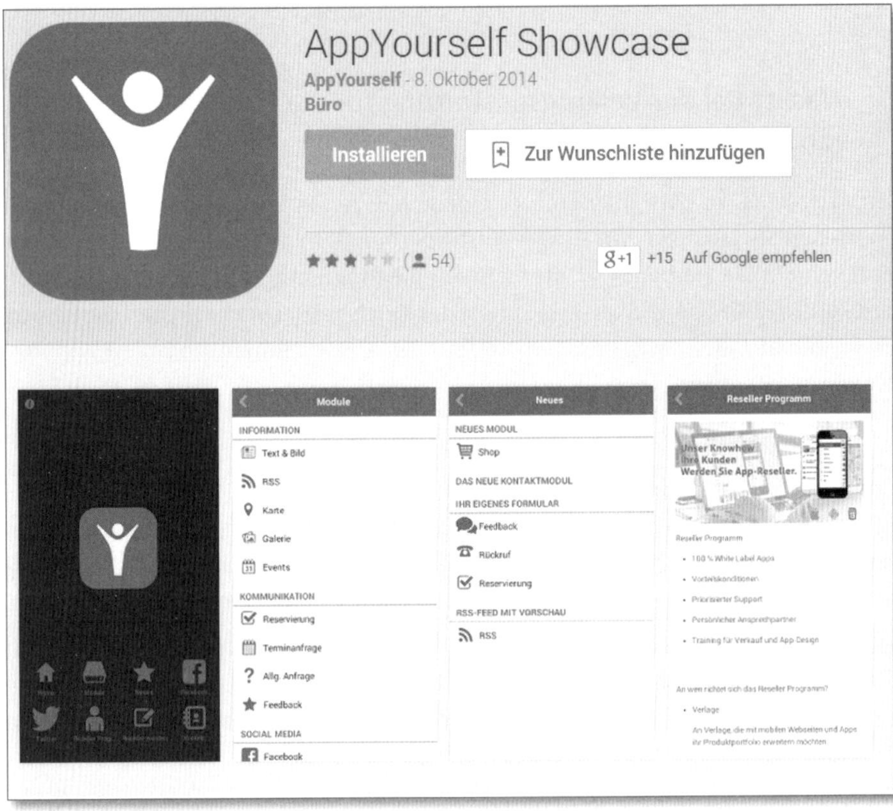

Abbildung 5.3 Beispiel für eine Komplettlösung für die App-Erstellung nach dem Baukastenprinzip

Welche Konsequenzen diese Einordnung für die Vertragsgestaltung hat, soll im Folgenden erläutert werden.

5.1.2 Details der Vertragsgestaltung

Die enorme Bandbreite an Apps gibt Softwareentwicklern und Ihnen als Anbieter zwar völlig neue Möglichkeiten, stellt Sie doch hinsichtlich der Vertragsgestaltung vor rechtliche Herausforderungen. Denn so schlicht die fertige App wirkt, so kompliziert sind die rechtlichen Aspekte, die Sie und der Entwickler bei der Vertragsgestaltung beachten sollten. Denn letztlich verfolgen der Entwickler und Sie als werbendes Unternehmen verschiedene, teils sogar gegenläufige Interessen, die unter einen Hut gebracht werden müssen. Ein präzise formulierter und alle wichtigen Bestandteile der Geschäftsbeziehung enthaltender Vertrag bietet dabei die Basis für einen reibungslosen Ablauf der App-Entwicklung.

5.1.3 Basics der Vertragsgestaltung

Ein Vertrag ist die Basis der Zusammenarbeit und regelt im Idealfall jeden relevanten Punkt der Kooperation. Bei der Gestaltung des Vertrags sollten daher alle möglichen Komplikationen, die sich bei der Entwicklung der App ergeben könnten, gedanklich durchgespielt und verklausuliert werden. Denn nur so können Sie für jede Situation die Modalitäten und die Konsequenzen schon im Voraus vertraglich regeln. Dies betrifft zudem nicht nur den Kernvertrag, sondern auch Vertragsänderungen oder Vertragsergänzungen, die sich im späteren Verlauf der Geschäftsbeziehung ergeben können.

Auch wenn es grundsätzlich so ist, dass ein mündlicher Vertrag genauso wirksam ist wie ein schriftlicher Vertrag, besteht jedoch das Problem der erschwerten Nachweisbarkeit mündlicher Absprachen im Streitfall vor Gericht.

Sicher ist sicher: Schriftform

Die Schriftform ist die einfachste und sicherste Variante, sich im Streitfall auf Absprachen zu berufen, um so eigene Ansprüche durchzusetzen bzw. Gegenansprüche abzuwehren. Denn in einem gerichtlichen Verfahren trägt in der Regel jeder die Beweislast für die für ihn günstige Tatsache. Um einen solchen Nachweis erfolgreich führen zu können, genügt es bereits, wenn Sie eine E-Mail-Kommunikation vorlegen können, die die Absprache und die gegnerische Bestätigung dessen belegt.

Darüber hinaus hat die Schriftform auch den Vorteil, dass sie es den Vertragspartnern ermöglicht, sich während der Zusammenarbeit bei Unklarheiten immer wieder an dem schriftlich Vereinbarten orientieren zu können und so Missverständnisse in den Absprachen zu vermeiden. Denn die Entwicklung einer App umfasst zahlreiche Einzelaspekte, die im Laufe der Zeit in Vergessenheit geraten können, wenn diese nur mündlich besprochen wurden. Auch besteht das Risiko, dass die Absprachen mit Personen getroffen wurden, die bei Entstehen einer Unstimmigkeit nicht mehr im Unternehmen tätig sind.

Praxisbeispiel: So können Sie die Formulierung eines Vertrags beginnen

»Softwareerstellungsvertrag

zwischen

ABC (Firma bzw. Name des Gewerbetreibenden, Anschrift)
nachstehend Auftraggeber

und

XYZ (Firma, bzw. Name des Gewerbetreibenden, Anschrift)
nachstehend Auftragnehmer

wird der nachfolgende Vertrag zur Planung, Erstellung, Lieferung und Einführung eines App-Programms (Software) abgeschlossen.«

5.1.4 Vertragsgegenstand und Leistungsbeschreibung

Die Leistungsbeschreibung bildet die für die Entwicklung einer App wichtigste Richtlinie und damit das Herzstück des Vertrags: Präzise und professionell formuliert, regelt sie im Detail, welche Verpflichtungen sowohl den Entwickler als auch Sie als Anbieter der App zu welchem Zeitpunkt treffen. Je detaillierter eine Leistungsbeschreibung formuliert ist, desto geringer ist die Wahrscheinlichkeit, dass es später zu Problemen bei der Entwicklung der App und damit bei der Abwicklung des Vertrags kommt.

Bestandteile der Leistungsbeschreibung sind einerseits das Lastenheft und andererseits das Pflichtenheft. Was diese im Einzelnen umfassen und was bei deren Erstellung zu beachten ist, soll im Folgenden erläutert werden.

Praxisbeispiel: Genaue Bezeichnung des Vertragsgegenstandes

»Vertragsgegenstand ist das vom Auftragnehmer im Zusammenwirken mit dem Auftraggeber selbstständig zu entwickelnde und dem Auftraggeber zur Nutzung zu überlassende Softwareprogramm, einschließlich Benutzungsanleitung, Quellcode, Dokumentation und weiterer Unterlagen (Produktbeschreibung).«

Sie sollten jedoch darauf achten, dass Sie Vertragsgegenstand und Einsatzbereich der App an dieser Stelle möglichst präzise und ausführlich beschreiben.

Lastenheft

Das Lastenheft wird von Ihnen als Anbieter der App erstellt und beinhaltet Ihre detaillierten Forderungen an den Lieferungs- und Leistungsumfang der App. Im Lastenheft beschreiben Sie dem Entwickler also die Einzelheiten der gewünschten App. Das Lastenheft sollte daher folgende Aspekte umfassen:

- Beschreibung des Konzepts
- Erläuterung des genauen Produkteinsatzes
- Details der App-Funktionen: Einstellungen und Art und Weise der Benutzung
- Ihre Wunschkriterien

Darüber hinaus sollte im Rahmen der Leistungspflichten auch darauf eingegangen werden, dass der App-Entwickler sich genau an den technischen Voraussetzungen zu orientieren hat, die der App-Store in seinen Entwicklerrichtlinien festlegt. Nur so kann nämlich das Risiko einer Ablehnung aus technischen Gründen weitestgehend ausgeschlossen werden.

Nachdem Sie dem Entwickler das Lastenheft aushändigen, überprüft dieser Ihre Wünsche aus dem Lastenheft ausführlich auf ihre Umsetzbarkeit. Hält der Entwickler die App für umsetzbar, erstellt er auf Basis des Lastenhefts dann das Pflichtenheft. Aus diesem Grund sollte das Lastenheft zwar klar formuliert sein, es kann aber durchaus etwas weiter gefasst werden, um dem Entwickler einen Umsetzungsspielraum zu bieten.

Tipp: Kein Verzicht auf das Lastenheft!

Auch wenn Zeitgründe häufig dazu verleiten, sollten Sie im Idealfall nicht auf die Erstellung des Lastenhefts verzichten. Andernfalls muss der Inhalt des Lastenhefts vom Entwickler in das Pflichtenheft mit eingebaut werden. Denn nur so wird klar, was überhaupt umgesetzt werden soll. Dies kann sich unter Umständen für den Entwickler als aufwendig erweisen und somit für Sie einen höheren Zeit- und damit auch Kostenaufwand zur Folge haben.

Pflichtenheft

Im Pflichtenheft legt der Entwickler die Art und Weise der Umsetzung Ihrer Wünsche und Anforderungen dar, die Sie ihm im Lastenheft aufgestellt haben.

Begibt sich der Entwickler dann an die Erstellung des Pflichtenhefts, sollten folgende Punkte unbedingt aufgenommen werden:

- Zielbestimmungen: Muss-, Soll- und Wunschkriterien
- Produkteinsatz: Anwendungsbereich und Zielgruppe der App
- Festlegung des zu programmierenden Betriebssystems (zum Beispiel iOS)

- gegebenenfalls Erfordernis zusätzlicher Hard- und Software
- gegebenenfalls Einrichtung eines Apple Developers oder sonstiger zur Entwicklung notwendiger Accounts
- Angaben zur Produktqualität
- Produktdaten aus Benutzersicht
- Details zur Benutzeroberfläche
- gegebenenfalls Einholung von Lizenzen für Drittinhalte
- Fristenplan

Sicher ist sicher: Schriftform

Ganz grundsätzlich ist bei der Erstellung des Pflichtenhefts zu beachten, dass aus Gründen der Beweislast die Schriftform eingehalten werden sollte, denn nur so kann im Nachhinein nachgewiesen werden, welche Pflichten dem Entwickler oblagen.

Von besonderer Bedeutung ist auch der Fristenplan: Der Fristenplan gibt nicht nur an, in welchem Zeitabschnitt welches Stadium der Entwicklung erreicht werden soll, sondern nimmt dadurch auch maßgeblich Einfluss auf den Zeitpunkt der Abnahme und damit auf die Fälligkeit des Werklohns.

Praxisbeispiel: Klauselmuster zum Fertigstellungstermin

»Die App ist entsprechend der Leistungsbeschreibung und einschließlich der genannten Dokumentation bis zum ... fertigzustellen und an den Auftraggeber zu übergeben. Sollte der Auftraggeber dem Auftragnehmer Vertragsänderungen in Auftrag geben, so ist der Fertigstellungstermin entsprechend des Umfangs der Änderungen anzupassen.«

Sobald Sie das Pflichtenheft akzeptiert haben, wird dessen Inhalt dann Bestandteil des Vertrags und ist damit für beide Vertragsparteien verbindlich.

Praxisbeispiel: Klauselmuster zum Lasten- und Pflichtenheft

»(1) Die Funktionalitäten und Leistungspotenziale der zu erstellenden App sind in dem Lastenheft des Auftraggebers beschrieben, das diesem Vertrag als Anlage 1 beigefügt ist. Dabei umfasst das Lastenheft die vom Auftraggeber definierten Anforderungen an die App.

(2) Der Entwickler wird auf dessen Grundlage das Pflichtenheft erstellen. Pflichtenheft ist die fachliche Feinspezifikation.

(3) Ergibt sich bei der Erstellung des Pflichtenhefts, dass der Umsetzung von Anforderungen des Lastenhefts gravierende technische Probleme entgegenstehen, oder

berücksichtigt das Lastenheft relevante Umstände nicht hinreichend, so wird der Entwickler den Auftraggeber darauf hinweisen.«

5.1.5 Mitwirkungshandlungen und Informationen

Einen nicht zu unterschätzenden Anteil am Erfolg und der effektiven Umsetzung der App haben Sie selbst: Denn zahlreiche Informationen und Mitwirkungshandlungen sind für die Erstellung der App erforderlich und können nur von Ihnen selbst als Anbieter geliefert werden. Somit ist der Entwickler in diesen Punkten auf Ihre Mitarbeit angewiesen und kann die App nur dann rechtzeitig, vollständig und erfolgreich fertigstellen, wenn Sie ihn dabei unterstützen.

Sicher ist sicher: Schriftform

Damit es im Nachhinein nicht zu Konflikten darüber kommt, was Sie als Anbieter hätten wann liefern müssen, sollten die Mitwirkungspflichten auch in Ihrem Interesse Teil der vertraglichen Vereinbarung werden. Wie immer bei der Vertragsgestaltung ist auch hier die Schriftform zu empfehlen.

Nun stellt sich die Frage, welche Handlungen und Informationen denn von Ihnen geliefert werden könnten. Zu den typischen Mitwirkungspflichten gehören beispielsweise:

- die Lieferung der gewünschten Inhalte in der App (zum Beispiel Texte, Bilder, Videos, Grafiken, Tabellen, Logos etc.)
- die Angabe des Präsentationsformats
- die Angabe der zu enthaltenden Informationen in den Anbietersparten (zum Beispiel ÜBER UNS, IMPRESSUM, FAQ/HILFE)
- die Festlegung der App-Kategorie im App-Store
- die Lieferung des Beschreibungstextes für den App-Store, der bei der Veröffentlichung der App erscheint (gegebenenfalls multilingual)
- die Nennung von Keywords für die Suchfunktion im App-Store
- das Treffen von Vorkehrungen zur Datensicherung

Achtung: Die Verletzung von Mitwirkungspflichten hat Konsequenzen!

Kommen Sie Ihren vertraglich vereinbarten Mitwirkungspflichten nicht fristgemäß nach, so müssen Sie sowohl mit vertraglichen Ersatzansprüchen rechnen, sofern solche vereinbart wurden, als auch mit der Geltendmachung von gesetzlich normierten Entschädigungsansprüchen. Darüber hinaus stellt dieser Umstand nach Ablauf einer

Nachfrist sogar ein Kündigungsrecht für den Entwickler dar, der je nach vertraglicher Gestaltung dennoch mit der Pflicht zur vollen Zahlung der Vergütung verbunden sein kann.

Letztlich bedeutet die Mitwirkungspflicht eine Förderung des Erfolgs des eigenen Projekts in jeder Phase der Entwicklung durch aktive und angemessene Mitwirkungshandlungen. Daher haben auch Sie ein Interesse daran, rechtzeitig und vollständig Ihren Pflichten nachzukommen und sollten dies daher auch tun.

5.1.6 Einräumung von Rechten

Im Zusammenhang mit der Entwicklung einer App spielt die Rechteeinräumung an zwei Stellen eine wichtige Rolle: zum einen bei der Einräumung der Nutzungsrechte an der App selbst durch den Entwickler und zum anderen bei der Einräumung von Nutzungsrechten für in der App verwendete Inhalte Dritter. Diese Einräumung von Rechten muss in Ihrem Interesse Bestandteil Ihrer Vertragsvereinbarung werden.

Rechte an der App

Zunächst sollten Sie bei der vertraglichen Gestaltung beachten, dass Sie sich vom Entwickler Nutzungsrechte an der von Ihnen in Auftrag gegebenen App einräumen lassen. Denn grundsätzlich ist derjenige, der das Werk geschaffen hat, auch dessen Urheber, und das Urheberrecht selbst ist nach deutschem Recht nicht übertragbar. Dies hat zur Folge, dass die alleinigen und ausschließlichen Verwertungsrechte an der App grundsätzlich beim Entwickler liegen. Er hat damit allein das Recht, sein Werk in jeglicher Art und Weise zu verwerten und damit zu entscheiden, wer »seine« App nutzen darf und wer nicht. Dagegen dürfen Sie als Dritter die urheberrechtlich geschützte App nur dann rechtmäßig gebrauchen, wenn der Entwickler Ihnen Nutzungsrechte daran einräumt.

Hinweis: Entgeltpflicht ändert die Rechtslage nicht!

Der Umstand, dass Sie für die Entwicklung der App bezahlen, ändert nichts an der urheberrechtlichen Situation!

Nutzungsrechte können grundsätzlich an mehrere Personen bzw. Unternehmen übertragen werden. Während Sie die App in der Regel allein nutzen möchten und kein Interesse daran haben, dass ein Konkurrenz-Unternehmen eine ähnliche App anbietet, hat der Entwickler meist ein Interesse daran, die App auch anderen Unternehmen überlassen zu können, um so mehrfach daran zu verdienen. Möchten Sie die App also als einziges Unternehmen auf den Markt bringen, dann müssen Sie sich ein *exklusives* Nutzungsrecht einräumen lassen.

Haben die Vertragspartner im Hinblick auf den Umfang des Nutzungsrechts keine Regelung getroffen, so gilt von Gesetzes wegen, dass sich der Umfang des eingeräumten Nutzungsrechts nach dem von beiden Parteien zugrunde gelegten Vertragszweck bestimmt. Um hier eine etwaige Auslegung des Vertrags zu Ihren Lasten zu verhindern, ist eine gezielte, präzise und vertraglich eng formulierte Rechtegestaltung unumgänglich.

Praxisbeispiel: Klauselmuster zu den Nutzungsrechten

»(1) Der Auftragnehmer räumt dem Auftraggeber ein ausschließliches, unbefristetes, übertragbares, unwiderrufliches Nutzungsrecht am Vertragsgegenstand einschließlich Dokumentation und Benutzungsanleitung ein.

(2) Das Nutzungsrecht gilt für alle bekannten Nutzungsarten einschließlich der Bearbeitung, Vervielfältigung und Veröffentlichung. Insbesondere ist auch das Recht zur Weiterentwicklung des Programms sowie der dazugehörigen Dokumentation erfasst.«

Einräumung von Rechten an Inhalten Dritter in der App

Darüber hinaus spielen Nutzungsrechte dort eine Rolle, wo fremde Inhalte Dritter, auch Dritt-Content genannt, in der App verwendet werden sollen, wie etwa Musik, Bilder oder Software. Denn soll ein solcher Dritt-Content Bestandteil der App werden, so muss sich die Partei, die diese einbringt, auch die Nutzungsrechte daran einräumen lassen. Ob der Entwickler oder Sie für die Rechteinräumung verantwortlich sind, hängt von der Parteivereinbarung ab. Gehört es beispielsweise zu Ihren Mitwirkungspflichten, solche Inhalte zu liefern, dann müssen Sie sich auch bei diesem Dritten vertraglich das Recht zur Nutzung einräumen lassen, bevor Sie diese dem Entwickler überlassen.

Achtung: Lizenzvereinbarungen in den eigenen Vertrag übernehmen!

Ist der Entwickler für die Rechteeinräumung zuständig, so sollte die Nutzungsvereinbarung zwischen dem Dritten und dem Entwickler in identischer Form auch zum Inhalt der Vereinbarung zwischen dem werbenden Unternehmen und dem Entwickler gemacht werden. Nur so sind Sie auf der sicheren Seite, wenn bei der Übertragung der Nutzungsrechte etwas schiefläuft. Denn wenn Sie vertraglich festgehalten haben, dass der Entwickler für die Rechteeinräumung zuständig ist, verletzt er Ihnen gegenüber eine vertragliche Pflicht, wenn er sich nicht ordnungsgemäß darum kümmert. Sie haben gegen ihn dann gegebenenfalls Schadensersatzansprüche.

Im Rahmen der Entwicklung einer App ist nicht zuletzt darauf zu achten, dass das Endergebnis auch frei von Rechten der Hersteller der Entwicklungstools ist. Wie nämlich bereits zu Anfang des Kapitels erwähnt, nutzen die meisten Softwareentwickler standardmäßige Entwicklungstools, um sich das Programmieren zu erleichtern. An diesen Tools können jedoch auch Rechte bestehen. Daher sollte eine entsprechende Klausel in den Vertrag aufgenommen werden.

Praxisbeispiel: Klauselmuster zur Einräumung von Rechten Dritter

»Der Auftragnehmer sichert zu, über alle vertragsgegenständlichen Rechte im geschuldeten Umfang gegenüber dem Auftraggeber zu verfügen. Von etwaigen Ansprüchen Dritter und damit verbundenen notwendigen Kosten der anwaltlichen Verteidigung, stellt er den Auftraggeber frei.«

Vertragliche Gestaltung der Rechteeinräumung

Wie bereits erläutert, sollte die Einräumung der Rechte Vertragsbestandteil werden. Man spricht bei der vertraglichen Einräumung von Rechten auch von sogenannten Lizenzvereinbarungen. Die Einräumung von Nutzungsrechten in Vertragswerken ist jedoch eine sehr anspruchsvolle Aufgabe und bedarf daher sowohl einer detaillierten Ausgestaltung als auch einer Berücksichtigung der konkreten Umstände des Falls.

Hinweis: Kontrollfragen

Bei der Formulierung eines solchen Vertragswerkes können daher folgende Fragestellungen eine hilfreiche Stütze bilden:

- Welche Nutzungshandlungen sollen Ihnen eingeräumt werden? Die Vervielfältigung, die Umarbeitung, die Verbreitung und/oder die öffentliche Wiedergabe sowie öffentliche Zugänglichmachung?
- Soll Ihnen das Nutzungsrecht einfach oder exklusiv eingeräumt werden?
- Soll die Rechteeinräumung zeitlich, örtlich oder inhaltlich beschränkt werden?
- Auf welche Art der Nutzung soll sich die Rechteeinräumung beziehen? Ist eine Erweiterung auf zukünftige, bisher unbekannte Nutzungsarten gewünscht?
- Haben Sie das Recht, die Nutzungsmöglichkeit Ihrerseits auf Dritte zu übertragen?

5.1.7 Leistungsänderungen vor, während und nach der Entwicklung

Auch eine noch so detaillierte Leistungsbeschreibung bedeutet nicht, dass die App letztlich auch dieser Idee entsprechend fertiggestellt wird. In der Praxis ergeben sich oftmals Änderungswünsche Ihrerseits, oder es stellt sich heraus, dass die App in der Praxis nicht in der Art umgesetzt werden kann, wie es im Pflichtenheft geregelt wurde. Aus diesem Grund kann es passieren, dass von Seiten des Entwicklers eine Anpassung des Vertrags erforderlich wird. Da diese Konstellation der Leistungsänderung nach Vertragsschluss häufig auftritt, sollten bereits vor Vertragsschluss die Konsequenzen geklärt werden. Dabei sollten Sie folgende Aspekte bedenken:

- Sind Leistungsänderungen zugelassen?
- Wie ist bei Leistungsänderungen zu verfahren?
- Muss eine neue Leistungsbeschreibung verfasst werden?
- Wie ist mit der Vergütung für bis dahin gegebenenfalls nutzlos geleistete Arbeit des Entwicklers zu verfahren, und wie mit den durch die Leistungsänderung entstandenen Mehrkosten?
- Muss der Fristenplan den geänderten Umständen angepasst werden?

Praxisbeispiel: Klauselmuster zur Leistungsänderung

»(1) ›Leistungsänderungen‹ sind Anforderungen des Auftraggebers außerhalb der vereinbarten Leistungen oder deren Änderungen, insbesondere nachträgliche Änderungen des Pflichtenhefts.

(2) Der Auftraggeber kann bis zum Zeitpunkt der Abnahme jederzeit Änderungen und Ergänzungen der Leistung verlangen, wenn diese für den Entwickler technisch umsetzbar und zumutbar sind. Der Entwickler prüft Änderungsverlangen innerhalb von 5 Werktagen nach Eingang und teilt dem Auftraggeber das Ergebnis zusammen mit den sich gegebenenfalls ergebenden Kosten und Verschiebungen des Projektzeitplans in Form eines verbindlichen schriftlichen Angebots mit.

(3) Der Auftraggeber wird das Angebot innerhalb von 5 Werktagen ab Zugang des Angebots prüfen. Nimmt der Auftraggeber das Angebot an, so werden die Änderungen Vertragsbestandteil. Nimmt der Auftraggeber das Angebot nicht an, werden die Vertragsparteien das Projekt unverändert fortsetzen. Die Annahme hat schriftlich zu erfolgen.

(4) Der Entwickler wird während eines laufenden Leistungsänderungsverfahrens die vertragsgegenständlichen Leistungen planmäßig weiterführen, es sei denn, der Auftraggeber weist sie schriftlich an, dass die Arbeiten bis zur Entscheidung über die Leistungsänderung eingestellt oder eingeschränkt werden sollen.«

Wenn sich während der Zusammenarbeit zwischen Ihnen und dem Entwickler Änderungen in der Leistung ergeben sollten, so ist zu empfehlen, die Änderungen schriftlich festzuhalten. Denn die Vertragspartei, die sich letztlich auf diese Änderung berufen möchte, trägt für das Bestehen einer Leistungsänderung auch die Beweislast!

5.1.8 Abnahme der App

Die Abnahme nimmt in der Abwicklung eines Werkvertrags an verschiedenen Punkten eine entscheidende und daher nicht zu vernachlässigende Stellung ein. Abnahme deutet in der Praxis, einfach gesagt, die Zustimmung zum hergestellten Werk.

Praxisbeispiel: Abnahme in der Baubranche

Viele von Ihnen werden den Begriff der Abnahme aus der Baubranche kennen: Hat der Bauunternehmer das Haus vertragsgemäß hergestellt, so kontrollieren der Bauherr und der Bauunternehmer das Objekt entsprechend den Vertragsvereinbarungen. Ist das Haus im Wesentlichen den Vereinbarungen entsprechend fertiggestellt worden, so nimmt der Bauherr das Haus ab.

Wenn es nun um die Entwicklung einer App geht, so erfolgt die Abnahme in aller Regel in der Reihenfolge, dass der Entwickler Ihnen die App zum vereinbarten Termin vorführt und Sie die Software dann auf die vereinbarungsgemäße Erstellung und Mangelfreiheit hin überprüfen. Sofern die Überprüfung positiv ausfällt und Sie die App in der Form akzeptieren, gilt diese als endgültig abgenommen.

Praxisbeispiel: Verschiedene Abnahmeformen

Die Erklärung der Akzeptanz kann zum einen ausdrücklich durch beispielsweise die Unterschrift unter einem Abnahmeformular erfolgen oder auch stillschweigend, beispielsweise durch Zahlung der vereinbarten Vergütung.

Insgesamt nimmt die Abnahme auf zahlreiche Aspekte der Vertragsabwicklung Einfluss:

- Mit der Abnahme entsteht der Vergütungsanspruch des Entwicklers.
- Stellt sich bei der Abnahme ein Mangel an der App heraus und nehmen Sie positiv Kenntnis davon, können Sie Gewährleistungsrechte im Nachhinein nur für die Mängel geltend machen, deren Geltendmachung Sie sich vorbehalten haben.
- Nach der Endabnahme ist eine Kündigung des Vertrags Ihrerseits nicht mehr möglich.
- Ab dem Zeitpunkt der Abnahme tragen Sie das Risiko der zufälligen Verschlechterung der App, obwohl die Pflicht zur Zahlung des vollen Lohns des Entwicklers bleibt.
- Das Abnahmedatum bestimmt den Beginn der zweijährigen Verjährungsfrist für Gewährleistungsansprüche bei Mängeln.

Achtung: Die Abnahme können Sie nicht ohne Weiteres verhindern!

Diese gesetzlichen Konsequenzen können Sie nicht dadurch umgehen, dass Sie die App einfach nicht abnehmen. Denn die Abnahme der App zum vertraglich vereinbarten Zeitpunkt stellt Ihre Pflicht dar, wenn die App vollständig und im Wesentlichen mangelfrei erbracht wurde.

Verweigern Sie dennoch die Abnahme, so kommt nach fruchtlosem Ablauf einer Ihnen vom Entwickler gesetzten angemessenen Nachfrist die sogenannte gesetzliche Abnahme-Fiktion zum Tragen: Die Wirkung der Abnahme tritt kraft Gesetzes ein, also auch dann, wenn Sie die App nicht einmal getestet haben. Dies ist für Sie besonders nachteilig und sollte deshalb vermieden werden.

Bei der Gestaltung der Abnahme haben die Vertragspartner zwei Möglichkeiten: Sie können mehrere Teilabnahmen oder eine Endabnahme vereinbaren. Teilabnahmen sind insbesondere bei aufwendigeren Projekten zu empfehlen, die eine längere Zeit zur Entwicklung in Anspruch nehmen. Auf diese Weise kann etwa verhindert werden, dass eine unglücklich formulierte Leistungsbeschreibung zu Missverständnissen bei der Entwicklung der gesamten App führt, was dann erst nach erheblicher Zeit bei der Endabnahme auffällt.

Achtung: Teilabnahmen sind verbindlich!

Entscheidet man sich für das Verfahren von Teilabnahmen, so ist zu beachten, dass eine einmal erfolgte Zustimmung im Rahmen der einzelnen Termine verbindlich ist. Das bedeutet, dass das, was im Rahmen der Teilabnahmen geprüft und angenommen wurde, als abgeschlossen anzusehen ist. Im Rahmen von späteren Teilabnahmeterminen oder bei der Endabnahme können die bereits abgenommenen Teilleistungen dann nicht mehr beanstandet werden!

Praxisbeispiel: Klauselmuster zur Abnahme

»(1) Der Entwickler liefert dem Auftraggeber zur Durchführung der Funktionsprüfung der erstellten App eine Kopie zur direkten Installation auf einem vom Kunden definierten Gerät.

(2) In den auf die Lieferung folgenden 14 Tagen hat der Auftraggeber Gelegenheit, die App zu überprüfen. Zeigt er innerhalb der Abnahmefrist weder Fehler an noch erklärt er die Abnahme, so gilt die App mit Ablauf der Frist als abgenommen. Der Entwickler wird den Auftraggeber bei Beginn der Frist auf die vorgesehene Bedeutung seines Verhaltens besonders hinweisen.

(3) Schlägt die Abnahme fehl, so übergibt der Auftraggeber dem Entwickler eine Auflistung aller die Abnahme hindernden Mängel. Nach Ablauf einer den Beanstandungen entsprechenden, angemessenen Frist hat der Entwickler eine mangelfreie und abnahmefähige Version der App bereitzustellen. Im Rahmen der darauffolgenden Prüfung, die nach den gleichen Maßgaben und Fristen wie die erste Prüfung abläuft, werden nur die protokollierten Mängel geprüft, soweit sie ihrer Funktion nach Gegenstand einer isolierten Prüfung sein können.

(4) Ergibt die Funktionsprüfung, dass die Leistung des Entwicklers der Leistungsbeschreibung entspricht, erklärt der Auftraggeber unverzüglich schriftlich die Abnahme.

(5) Wegen unwesentlicher Mängel darf der Auftraggeber die Abnahme nicht verweigern. Dies steht jedoch unter dem Vorbehalt der unverzüglichen Beseitigung der Mängel durch den Entwickler. Diese Mängel sind im Abnahmeprotokoll einzeln aufzuführen.

(6) Schlägt die Abnahme mindestens zweimal fehl, kann der Auftraggeber die ihm gesetzlich zustehenden Rechte geltend machen.«

5.1.9 Rechte bei Mängeln an der App

Weitere wichtige Bestandteile des Vertrags sind die Regelungen zum Eintritt des Gewährleistungsfalls und zu den Beschränkungen der Haftung.

Wird für den Gewährleistungsfall vertraglich nichts vereinbart, so gelten die gesetzlichen Vorschriften zum Werkvertrag. Was diese beinhalten und auf welche Punkte es sich empfiehlt, vertraglich einzugehen, soll in diesem Abschnitt überblicksartig erläutert werden.

Die Regelungen zum Gewährleistungsfall sind erst dann anwendbar, wenn sich die vom Entwickler geschuldete Leistung nach der Abnahme als mangelhaft erweist.

Achtung: Gewährleistung betrifft die nach der Abnahme sichtbar gewordenen Mängel

An dieser Stelle ist noch einmal zu betonen, dass Mängel, die bereits zum Zeitpunkt der Abnahme bekannt waren, nicht Gegenstand der Gewährleistung sein können. Etwas anderes kann dann gelten, wenn Sie sich die spätere Geltendmachung rechtzeitig vorbehalten haben. Nach der Abnahme kann ein Mangel nämlich grundsätzlich nur noch dann geltend gemacht werden, wenn er schon bei der Abnahme bestanden hat, sich aber erst danach gezeigt hat. Sie sehen einmal mehr: Augen auf bei der Abnahme! Eine genaue Prüfung zu diesem Zeitpunkt kann Ihnen viel Ärger ersparen.

Gesetzliche Regelungen zu Mängeln

Bei der Beurteilung der Mangelhaftigkeit der App unterscheidet der Gesetzgeber zwischen Rechts- und Sachmängeln. Ob ein Sach- oder Rechtsmangel vorliegt, hängt in erster Linie von den Vereinbarungen im Lasten- und Pflichtenheft ab. Damit erkennen Sie an dieser Stelle erneut die Bedeutung einer ausführlichen Gestaltung dieser Vertragsbestandteile.

Nach der Legaldefinition des § 633 Abs. 3 BGB ist die Sache dann frei von Rechtsmängeln, wenn *»Dritte in Bezug auf das Werk keine oder nur die im Vertrag übernommenen Rechte gegen den Anbieter geltend machen können«*.

Praxisbeispiel: Rechtsmangel

Der Rechtsmangel erlangt in Bezug auf Apps dort besondere Bedeutung, wo illegal Inhalte Dritter genutzt werden. Liefert der Entwickler also beispielsweise eine App, in welcher er Musik, Software oder Bilder verwendet hat, deren Nutzungsrechte er sich nicht hat einräumen lassen, obwohl dies zu seinen Pflichten gehörte, so hat er ein Werk erbracht, das mit Rechtsmängeln behaftet ist.

Sachmängel liegen hingegen in erster Linie dann vor, wenn die App nicht die vereinbarte Beschaffenheit hat, was sich primär nach der Leistungsbeschreibung richtet. Mit einer genauen Leistungsbeschreibung sichern Sie sich folglich auch Gewährleistungsrechte.

Haben Sie mit dem Entwickler keine Vereinbarung über die Beschaffenheit der App getroffen, so kann ein Sachmangel auch darin liegen, dass die App sich

- entweder nicht für die nach dem Vertrag vorausgesetzte Verwendung eignet oder
- nicht für die gewöhnliche Verwendung eignet und nicht die Beschaffenheit aufweist, die bei Apps der gleichen Art üblich ist und die der Anbieter nach der Art des Werkes erwarten kann.

Praxisbeispiel: Sachmangel

Typische Sachmängel bei Apps sind fehlende Programmfunktionen, fehlende Leistungsfähigkeit des Programms oder auch unvollständige Programmbeschreibungen oder Dokumentationen.

Stellt sich nun nach der Abnahme ein erheblicher Mangel an der App heraus, eröffnen sich Ihnen verschiedene Möglichkeiten:

1. Vorrangig haben Sie das Recht zur Nacherfüllung in Form der erneuten Erbringung der App in vertragsgemäßer Art und Weise.
2. Verweigert der Entwickler die Nacherfüllung, haben Sie das Recht, auf Kosten des Entwicklers den Mangel selbst oder durch einen Dritten beseitigen zu lassen.
3. Scheitert die Nacherfüllung nach zwei Versuchen, so haben Sie zudem das Recht,
   - vom Vertrag zurückzutreten,
   - die Vergütung zu mindern oder
   - Ersatz des entstandenen Schadens geltend zu machen.

Vertragliche Regelungen zu Mängeln

Möchten Sie Einfluss auf die Details der Abwicklung von Gewährleistungsfällen nehmen, so bietet es sich an, diese vertraglich zu regeln. Denkbar sind dabei einerseits Regelungen, die festlegen, welche Umstände von beiden Vertragspartnern als

Mängel anerkannt werden. Dabei bietet es sich an, zu überlegen, welche Mängel typischerweise bei der Entwicklung einer App auftreten können, und diese dann in den Vertrag aufzunehmen.

Praxisbeispiel: Die Einhaltung der Entwicklerrichtlinien

Eine vertragliche Gestaltung der Gewährleistungsfälle macht beispielsweise im Hinblick auf die Einhaltung der von den App-Stores vorgegebenen App-Entwicklerrichtlinien Sinn. Der Apple App Store beispielsweise veröffentlicht diese bei der Entwicklung einzuhaltenden Voraussetzungen im Hinblick auf Technik oder Design auf seiner Homepage (*https://developer.apple.com/app-store/review*). Sie als Anbieter und Auftraggeber des Entwicklers können von einem professionellen App-Entwickler durchaus erwarten, dass dieser Kenntnis von den Richtlinien hat oder sich diese zumindest verschafft und die Vorgaben auch einhält. Denn andernfalls droht Ihnen die Verwehrung des Zugangs in den App-Store. Um sicherzugehen, sollten Sie daher die Nichteinhaltung der Richtlinien vertraglich klar als Sachmangel vereinbaren.

Darüber hinaus können Regelungen auch die Modalitäten und Details der einzelnen Gewährleistungsrechte betreffen.

Praxisbeispiel: Modalitäten der Gewährleistungsrechte

So können Sie beispielsweise vereinbaren, wie viele Nachbesserungsmöglichkeiten der Entwickler haben soll, wie im Fall von deren Scheitern zu verfahren ist oder in welcher Höhe Minderungen für welche Mängel anerkannt werden.

Ebenso wie Umstände vertraglich als Sachmangel eingestuft werden können, kann das Mängelgewährleistungsrecht auch vertraglich oder gesetzlich ausgeschlossen werden. Es liegt in der Natur der Sache, dass die Pflichten der Gewährleistung ausschließlich den Entwickler treffen. Daher wird dieser ein hohes Interesse daran haben, seine gesetzlich vorgesehene Verantwortlichkeit vertraglich weitestgehend einzuschränken bzw. ganz auszuschließen. Dies ist jedoch nicht immer möglich: Der Gesetzgeber sieht vor, dass ein vertraglicher Gewährleistungsausschluss dort nicht wirksam ist, wo

- der Entwickler Ihnen den Mangel arglistig verschwiegen hat,
- der Entwickler eine Beschaffenheitsgarantie für die App übernommen hat,
- der Gewährleistungsausschluss in unzulässiger Weise in den Allgemeinen Geschäftsbedingungen vereinbart wurde oder
- Sie die App trotz Kenntnis des Mangels abgenommen und den Vorbehalt nicht erklärt haben.

Hinweis: Gewährleistungsausschluss häufig unwirksam!

Steht im Gesetz, dass ein Gewährleistungsausschluss unwirksam ist, so können die Vertragsparteien daran nichts ändern. Gerade formularmäßige Haftungsbeschränkungen in den AGB unterliegen strengen gesetzlichen Anforderungen. Liegt ein unzulässiger Ausschluss vor, so gelten wieder die gesetzlichen Vorgaben.

Praxisbeispiel: Klauselmuster zu den Mängelrechten

»(1) Der Auftraggeber teilt dem Entwickler offenkundige Mängel schriftlich oder per E-Mail binnen 4 Wochen nach dem Zeitpunkt mit, an dem er den Mangel feststellte.

(2) Tritt an der von dem Entwickler gelieferten App ein Mangel auf, wird der Entwickler diesen innerhalb angemessener Zeit nach der Wahl des Auftraggebers entweder beseitigen oder die beanstandete Leistung von Neuem mangelfrei erbringen (insgesamt Nacherfüllung).

(3) Schlägt die Nacherfüllung fehl, insbesondere weil der Mangel trotz der Vornahme von zwei Beseitigungsversuchen nicht behoben wird, die Nacherfüllung sich unzumutbar verzögert oder unberechtigt abgelehnt wird, kann der Auftraggeber nach seiner Wahl vom Vertrag zurücktreten oder die Vergütung mindern.«

5.1.10 Haftung des Entwicklers

Weiterhin sollte im Vertrag geregelt werden, in welchen Fällen und in welchem Umfang Sie anderweitige Ansprüche gegen den Entwickler geltend machen können. In Betracht kommt hier zum Beispiel ein Anspruch wegen der Verletzung vertraglicher Pflichten oder aus unerlaubter Handlung. Grundsätzlich haftet der Schädiger dem Geschädigten in Höhe und Umfang unbeschränkt, sofern vertraglich nichts anderes bestimmt wurde.

Um die Risiken, die sich aus der unbegrenzten Haftung ergeben, zu limitieren und sich vor wirtschaftlich verheerenden Haftungsketten zu schützen, streben App-Entwickler in der Regel eine vertragliche Einschränkung ihrer Haftung im Rahmen des gesetzlich Möglichen an. Da dies aber natürlich nicht in Ihrem Interesse ist, sollten Sie sich genau überlegen, ob und in welchem Umfang Sie damit einverstanden sind.

Dabei kann der Entwickler die Haftung dem Grunde nach und/oder der Höhe nach ausschließen. Wie das im Einzelnen aussehen kann, möchten wir Ihnen im Folgenden darstellen.

Grundsätzlicher Haftungsausschluss

Schränkt man die Haftung dem Grunde nach ein, so hat dies zur Folge, dass bestimmte Umstände erst gar nicht zu einem Haftungsfall führen. Dies kann durch individualvertragliche Regelungen erfolgen, aber auch durch Klauseln in Allgemeinen Geschäftsbedingungen.

Eine individualvertragliche Vereinbarung wird der Entwickler dort einsetzen wollen, wo es um den Ausschluss ganz konkreter, genau diese App betreffende Modalitäten geht.

Praxisbeispiel: Individualvertragliche Vereinbarungen

App-Entwickler regeln über individualvertragliche Vereinbarungen beispielsweise die Freistellung der Haftung für Rechtsverletzungen durch vom werbenden Unternehmen gelieferte Drittinhalte, den Ausschluss der Haftung für die Aufnahme der App in den App-Store oder eine Begrenzung der Haftung für Schadensersatz wegen softwarebedingten Datenverlusts an dem Nutzergerät.

Individualvertragliche Haftungsbeschränkungen gelten jedoch nicht grenzenlos: Möchte der Entwickler seine Haftung für vorsätzliches oder arglistiges Verhalten ausschließen, ist dies in der Regel unzulässig.

Darüber hinaus nutzen App-Entwickler auch oftmals ihre Allgemeinen Geschäftsbedingungen, um formularmäßig für alle von ihnen verwendeten Verträge die Haftung auszuschließen. Dies ist jedoch nur dann zulässig, wenn die Klausel in Einklang mit den gesetzlichen Regelungen der §§ 305 ff. BGB steht. Denn darin normiert der Gesetzgeber die Fälle, in denen ein Haftungsausschluss unzulässig ist. Liegt eine solche unwirksame Klausel vor, so gilt das gesetzlich Normierte, was in der Regel einen weiteren Haftungsrahmen nach sich zieht.

Achtung: Verbotener Haftungsausschluss!

Die Klauselverbote der §§ 305 ff. BGB gelten gegenüber einem Unternehmen jedoch nicht umfassend. Zahlreiche Klauseln sind in diesem Fall ausnahmsweise doch zulässig und können damit wirksam Vertragsbestandteil werden. Wenn Sie also als Unternehmer einen Vertrag über die Entwicklung einer App abschließen, sollten Sie die AGB des Entwicklers besonders aufmerksam lesen. In Zweifelsfällen können Sie den Sachverhalt auch durch einen spezialisierten Rechtsanwalt prüfen lassen.

Summenmäßiger Haftungsausschluss

Darüber hinaus wird der Entwickler auch ein Interesse an Regelungen haben, die seine Haftung der Höhe nach begrenzen sollen. Dies bedeutet, dass er zwar grundsätzlich anerkennt, dass ein bestimmter Umstand seine Haftung auslöst, er die Höhe der Haftungssumme aber auf einen vertraglich zu bestimmenden Betrag begrenzen möchte.

Praxisbeispiel: Haftungsbeschränkungen

Haftungsbeschränkungen der Höhe nach treten meist mit folgenden Formulierungen auf:

- »Der Entwickler haftet für unmittelbare Sach- und Vermögensschäden nur bis zu einem Betrag von EUR ... je Schadensereignis. Treten mehrere Schäden auf, haftet der Entwickler bis zu einem maximalen Gesamtbetrag von EUR ...«
- »Der Entwickler haftet nur für unmittelbare Sach- und Vermögensschäden bis zu einem Betrag von ... % des Auftragswertes je Schadensereignis. Treten mehrere Schäden auf, haftet der Entwickler bis zu einem maximalen Gesamtbetrag von 100 % des Auftragswertes.«

Die Begrenzung der Haftung in der Höhe gilt zum Schutz des Vertragspartners jedoch nicht unbegrenzt. So darf eine Haftungsbegrenzung in den AGB nach höchstrichterlicher Rechtsprechung (BGH, Urteil vom 27.09.2000, Az. VIII ZR 155/99) nur in einem solchen Maße erfolgen, wie sie den möglichen Schaden für die vertragstypischen, vorhersehbaren Schäden auch umfassen würden. Damit läuft der Sinn einer Haftungsbegrenzung jedoch in einer Vielzahl von Fällen faktisch leer.

Praxisbeispiel: Unzulässige summenmäßige Haftungsbeschränkungen

Formulierungen in den AGB von App-Entwicklungsverträgen, wonach der Entwickler nur in Höhe von 100,– € oder nur in Höhe des Auftragswertes haftet, sind demnach dann unzulässig, wenn dieser Betrag nicht dazu ausreicht, die typischen Schäden zu umfassen. Eine solche unzulässige Klausel hat dann zur Folge, dass wieder die gesetzlich vorgesehene und damit summenmäßig unbeschränkte Haftung greift.

Die summenmäßige Haftungsbeschränkung ist ebenso wie der grundsätzliche Ausschluss der Haftung ausschließlich im Interesse des Entwicklers, da dieser andernfalls unbegrenzt haften würde.

Achtung: Inanspruchnahme durch Nutzer einkalkulieren!

Sie sollten sich genau überlegen, ob Sie mit einer solchen Haftungsbeschränkung einverstanden ist. Denn als Anbieter der App müssen Sie auch bedenken, dass Sie selbst möglicherweise von Dritten wie den Nutzern der App für eingetretene Schäden in Anspruch genommen werden. Auch wenn für diesen Schaden eigentlich der Entwickler verantwortlich ist, wird sich der Nutzer an Sie als Anbieter wenden. Sie hingegen können den Entwickler dann nur bis zum Erreichen der Haftungssumme in Anspruch nehmen – für darüber hinausgehende Beträge muss Ihr Unternehmen dann selbst aufkommen.

5.1.11 Vergütungsvereinbarung und Aufwandsentschädigung

Einen weiteren Bestandteil des Vertrags stellen die Vergütungsvereinbarung und die Regelungen zu Aufwandsentschädigungen dar.

Vergütungsvereinbarung

Die Vergütungsvereinbarung regelt die Höhe des Entgeltes für die Entwicklung der App und wird Ihnen in der Regel vom Entwickler in dessen Angebot mitgeteilt. Dieses Angebot bedarf Ihrer Annahme, wobei unbedingt auf Brutto- und Nettobeträge geachtet werden sollte. Der Vergütungsanspruch entsteht dann mit der Abnahme in voller Höhe und bei Teilabnahmen in anteiliger Höhe, wobei der Betrag zu verzinsen ist. Nachdem Sie das Vertragsangebot angenommen haben, wird die Vergütungshöhe ebenso zum Vertragsgegenstand wie die Vergütungsmodalitäten.

Die Vergütungsmodalitäten sind unter anderem von der Abnahmeform abhängig: Ist eine Teilabnahme und damit einhergehend eine Vergütung in Teilbeträgen vereinbart, so kann die Zahlung eines Anfangsbetrags bei Vertragsschluss vereinbart werden, der sodann auch vom Entwickler zur Finanzierung der App-Herstellung verwendet werden kann. Sinnvoll ist es, den Vorschuss in der Größenordnung von 30–40 % der Gesamtvergütung anzusiedeln. Danach können weitere Zahlungsziele je nach festgelegten Teilabnahmen oder andernfalls die Zahlung des gesamten restlichen Betrags bei der Endabnahme formuliert werden.

Sofern noch Vergütungen für andere als die hier genannten Leistungen erfolgen sollen, so sollten auch diese Punkte individuell in den Vertrag eingebaut werden. Bei der Aufstellung sollte auf eine Übersichtlichkeit und einfache Nachvollziehbarkeit geachtet werden.

Praxisbeispiel: Klauselmuster zur Vergütungsvereinbarung

»(1) Der Auftraggeber entrichtet für die Erstellung des Pflichtenhefts einen Betrag von EUR ... zuzüglich der gesetzlichen Umsatzsteuer. Die Vergütung wird nach Erklärung der Abnahme innerhalb von 30 Tagen fällig.

(2) Der Auftraggeber entrichtet für die Erstellung der App einen Betrag von EUR ... zzgl. der gesetzlichen Umsatzsteuer. Die Vergütung wird nach Erklärung der Abnahme innerhalb von 30 Tagen fällig.

(3) Der Auftraggeber zahlt die in Abs. 1 und 2 genannte Vergütung in Teilbeträgen jeweils wie folgt:

bei Vertragsschluss	40 %
bei Übergabe des Pflichtenhefts/der App	50 %
bei Abnahme	10 %«

Aufwandsentschädigung

An dieser Stelle ist zu beachten, dass Kosten, die dem Entwickler zur Erfüllung seiner vertraglichen Pflichten entstehen, grundsätzlich nicht zusätzlich erstattet werden müssen, es sei denn, das wurde vertraglich so vereinbart. Denn grundsätzlich können Sie davon ausgehen, dass der Entwickler alle anfallenden Kosten in seiner Vergütungskalkulation berücksichtigt hat.

Achtung: Keine Ersatzpflicht für nicht vereinbarte Kosten!

Hat der Entwickler die Zahlung von Aufwendungsersatz für bestimmte Leistungen, wie zum Beispiel den Einkauf von Grafiken, nicht gleich bei der Angebotserstellung mit einberechnet oder ausdrücklich vertraglich mit Ihnen vereinbart, so sind Sie auch nicht zu dessen Zahlung verpflichtet. Denn der Vergütungsanspruch beinhaltet nicht grundsätzlich auch Aufwandsentschädigungen. Dass eine solche Vereinbarung bestand, muss dann im Streitfall der Entwickler beweisen.

5.1.12 Beendigung des Vertrags: Kündigung und Rücktritt

Wie bei jedem anderen Vertrag besteht auch bei einem App-Entwicklungsvertrag die Möglichkeit, das Vertragsverhältnis unter verschiedenen Voraussetzungen zu beenden. Dabei gibt es zwei verschiedene Möglichkeiten, die sowohl in ihren Voraussetzungen als auch in ihren Folgen voneinander abweichen: die Kündigung des Vertrags und der Rücktritt vom Vertrag. Wann welches Recht Anwendung findet, hängt vom Zeitpunkt der Abnahme ab: Vor der Abnahme bestehen Kündigungsrechte, nach der Abnahme Rücktrittsrechte.

Kündigung

Vor der Abnahme der App durch den Anbieter stehen beiden Parteien Kündigungsrechte zu. Dabei ist zunächst einmal zwischen Kündigungsrechten, die der Gesetzgeber den Parteien einräumt (gesetzliche Kündigungsrechte), und Kündigungsrechten, die die Parteien miteinander vertraglich vereinbart haben (vertragliche Kündigungsrechte), zu unterscheiden. Da die vertraglichen Kündigungsrechte von Ihnen und den App-Entwicklern selbst formuliert werden müssen und insofern von Ihren individuellen Interessen sowie Vereinbarungen abhängen, sollten Sie sich bei der Gestaltung solcher Klauseln folgende Fragen stellen:

- Welche Voraussetzungen sollen die Kündigungsrechte je nach Partei haben?
- Welches Exit-Szenario möchten Sie regeln?
- Welche Konsequenzen soll die Kündigung insbesondere auf den Vergütungsanspruch haben? Soll die Vergütung ganz oder teilweise entfallen?

Kündigungsrechte können grob in zwei Kategorien eingeteilt werden:

- ordentliche Kündigungsrechte mit Fristsetzung
- außerordentliche Kündigungsrechte ohne Fristsetzung

Hier sollten die Parteien die Begriffe durch die Benennung von Beispielen konkretisieren, um späteren Auslegungsproblemen vorzubeugen.

Praxisbeispiel: Außerordentlicher Kündigungsgrund

Einen außerordentlichen Kündigungsgrund kann beispielsweise die wiederholte und wesentliche Überschreitung der vereinbarten Lieferzeit für die App durch den Entwickler darstellen.

Sofern die Parteien vertraglich keine eigenen Kündigungsrechte vereinbaren möchten, so bedeutet dies nicht, dass dann keine Kündigungsrechte bestehen – beiden Parteien bleiben die gesetzlichen Kündigungsrechte.

Praxisbeispiel: Gesetzliches Kündigungsrecht

Der App-Entwickler kann etwa den Vertrag kündigen, wenn Sie trotz Nachfristsetzung Ihren Mitwirkungspflichten nicht oder nicht ausreichend nachkommen und so die Fertigstellung des Produkts vereiteln. Daneben können Sie selbst ab dem Zeitpunkt des Vertragsschlusses bis zur Abnahme den Vertrag jederzeit fristlos und ohne Angabe von Gründen kündigen.

Die Vergütung des Entwicklers berechnet sich in diesen Fällen aus der Differenz zwischen dem vertraglich Vereinbarten und dem, was der Entwickler durch die Nichtvollendung der App erspart hat oder anderweitig erzielt oder auch böswillig nicht erzielt hat.

Achtung: Beweislast für den Vergütungsanspruch

Da nur der Entwickler darlegen kann, welchen Vergütungsanspruch er hat, trägt auch er die Beweislast für das von ihm berechnete Entgelt nach Ihrer Kündigung. Dies bedeutet, dass er für den Einzelfall detailliert darlegen und beziffern muss, was er an Aufwendungen erspart hat.

Rücktritt

Nach der Abnahme der App können sich sowohl der App-Entwickler als auch Sie selbst nur noch durch einen Rücktritt vom geschlossenen Vertrag lösen und diesen so rückabwickeln. Jedoch gilt auch beim Rücktritt: Er kann nur dann erfolgen, wenn er vertraglich oder gesetzlich gestattet ist.

Hinsichtlich der Gestaltung des vertraglichen Rücktrittsrechts gilt das im Rahmen der Kündigung Erläuterte. Machen die Parteien von der vertraglichen Einräumung keinen Gebrauch, so gelten ebenso wie bei der Kündigung die gesetzlichen Vorschriften.

Achtung: Rücktrittsrecht sehr begrenzt!

Beachten Sie, dass nach dem Willen des Gesetzgebers nur Sie als Auftraggeber ein Rücktrittsrecht haben, nicht aber der Entwickler! Das Rücktrittsrecht des Auftraggebers besteht jedoch auch nur dann, wenn die App sich nach der Abnahme als mangelhaft erweist. Andere Umstände begründen kein gesetzliches Rücktrittsrecht.

5.1.13 Geltendes Recht und Gerichtsstand

Für den Fall von Rechtsstreitigen zwischen dem Entwickler und Ihnen als Anbieter sollten unbedingt im Vorhinein ein Gerichtsstand und das geltende Recht vertraglich festgelegt werden. Hier können Sie regeln, welches Recht bei der Beurteilung einer Streitigkeit zugrunde zu legen ist und welches Gericht dafür zuständig ist. Angesichts der internationalen Bezüge, die App-Software häufig aufweist, ist Ihnen hier dringend anzuraten, deutsches Recht und einen inländischen Gerichtsstand (zum Beispiel den Ort des Geschäftssitzes, soweit der Vertragspartner Kaufmann ist) zu vereinbaren.

Praxisbeispiel: Klauselmuster Gerichtsstandvereinbarung

»Auf den Vertrag ist deutsches Recht anzuwenden. Für Streitigkeiten aus diesem Vertrag ist das Gericht in ... (Ort des Geschäftssitzes) örtlich zuständig.«

Möchten die Parteien verhindern, dass bei Streitigkeiten die ordentlichen Gerichte angerufen werden oder möchten sie eine Vorinstanz dazu schaffen, bieten sich Schlichtungs- und/oder Schiedsgerichtsklauseln an.

Hinweis: Rechtsbeistand sinnvoll

Sollten Schwierigkeiten bei der Gestaltung eines solchen Vertrags auftreten, kann die Unterstützung durch einen Fachanwalt hilfreich sein. Die hier aufgeführten Darstellungen können lediglich als Hinweis und Erläuterung der Problematik verstanden werden. Bei vertragsrechtlichen Einzelfragen sollte jedoch fachkundiger Rat eingeholt werden, der die Gestaltung des Vertrags unter Berücksichtigung der aktuellen Rechtsprechung auf die Zulässigkeit einzelner Klauseln hin für den besonderen Einzelfall überprüft.

5.1.14 Sonderfall 1: Die Nichtaufnahme der App in den App-Store

Nachdem nun zahlreiche Aspekte der Vertragsgestaltung thematisiert wurden, stellt sich aber eine sehr entscheidende Frage: Was passiert, wenn die App nicht im App-Store aufgenommen wird? Über diese Frage machen sich viele App-Anbieter keine Gedanken. Denn oftmals ist Ihnen gar nicht bewusst, dass App-Stores wie der von Apple strenge Anforderungen an die ihnen angebotenen Apps stellen und selbst entscheiden, ob sie diese aufnehmen oder nicht. Die häufigsten Gründe dafür, warum Apps beim ersten Anlauf scheitern, hat Apple auf seiner Homepage (*https://developer.apple.com/app-store/review/rejections*) für App-Entwickler zusammengefasst.

Hinweis: Die zwei häufigsten Gründe für App-Ablehnungen

- 14 % der Ablehnungen von Apps im Apple App Store haben Ihre Ursache in fehlenden Informationen. Damit ist beispielsweise das Fehlen von aktuellen Kontaktinformationen des Anbieters gemeint. Häufig scheitert die App auch an einer fehlenden Demo-Version, über die der Apple App Store die App testen kann.
- 11 % der Ablehnungen basieren auf Programmfehlern, sogenannten Bugs, bei denen die Entwickler eine bestimmte Festlegung der Spezifikation nicht oder falsch umgesetzt haben.

Wie bereits im Rahmen des Haftungsausschlusses kurz angesprochen, wird der Entwickler ein Interesse daran haben, jegliche Verantwortung für die Aufnahme der App in den App-Store von sich zu weisen. Er wird sich daher – wenn überhaupt – nur zur Anmeldung der App vertraglich verpflichten lassen.

Doch ganz so einfach sollten Sie es ihm nicht machen: Eine solche Regelung ist nur dann fair, wenn der Entwickler sich grundsätzlich vollständig an die Entwicklerrichtlinien des jeweiligen App-Stores gehalten hat und die App daher aus solchen Gründen nicht zu beanstanden ist.

Praxistipp: Leistungsbeschreibung nutzen

Um in den Fällen, in denen die Nichtaufnahme auf einem Verstoß des Entwicklers gegen die Entwicklerrichtlinien beruht, diesen dafür auch in Anspruch nehmen zu können, sollten Sie die Einhaltung sämtlicher für den jeweiligen Store geltender Entwicklerrichtlinien als Pflicht des Entwicklers in die Leistungsbeschreibung und dort in das Pflichtenheft aufnehmen.

Gehört die Einhaltung der Richtlinien zu einer Pflicht des Entwicklers, so ist die App, die für Sie entgegen dieser Pflicht entwickelt wurde, mangelhaft. Daher können Sie dann im Rahmen Ihrer Gewährleistungsrechte beispielsweise Nachbesserung verlangen. Sind alle Mängel behoben, kann zudem ein zweiter Versuch gestartet werden, die App im Store zu veröffentlichen.

Doch auch der zweite Versuch kann scheitern: Gründe für die Ablehnung sind vielfältig und nicht immer vom Entwickler der App verschuldet. So kann es beispielsweise auch sein, dass die App zwar technisch einwandfrei hergestellt wurde, die Idee, die der App zugrunde liegt, jedoch schon zu häufig in Apps aufgegriffen wurde und der App-Store daher keinen Bedarf mehr für die Aufnahme Ihrer App sieht. Die Zulassung der App ist daher ein nur schwer kalkulierbares Risiko, das zum Großteil auf Ihren Schultern liegt!

Achtung: Voller Vergütungsanspruch des Entwicklers

Hat der Entwickler die App technisch ordnungsgemäß erstellt, so entsteht sein Vergütungsanspruch auch dann, wenn die App nicht in den App-Store aufgenommen wird. Dies bedeutet letztlich, dass es Ihnen passieren kann, dass Sie über einen langen Zeitraum eine aufwendige und kostspielige App produzieren lassen, diese aber nie auf dem Markt erscheint. Denn gerade die für den Apple App Store hergestellten Apps können in keinem anderen App-Store veröffentlicht werden.

Wenn Sie der Ansicht sind, dass der Entwickler für die Nichtaufnahme in den Store verantwortlich ist, dann müssen Sie ihm das Ihrer Ansicht nach ausschlaggebende Verhalten im Streitfall auch nachweisen und noch zusätzlich beweisen, dass die Nichtaufnahme genau auf diesem Verhalten beruht. Da der App-Store in einer Vielzahl von Fällen eine Mitteilung herausgibt, woran die Aufnahme gescheitert ist, um so eine Nachbesserung zu ermöglichen, könnte ein solches Dokument vor Gericht als Beweis angeführt werden.

5.1.15 Sonderfall 2: Die spätere Löschung der App aus dem App-Store

Auch kann es Ihnen passieren, dass die App zwar anfangs vom App-Store zugelassen wird, jedoch zu einem späteren Zeitpunkt durch diesen wieder gelöscht wird. So führt zum Beispiel nicht jeder App-Store Kontrollen im Vorfeld durch, weshalb es Ihnen passieren kann, dass Ihre App zwar anfangs aufgenommen wird, im späteren Verlauf jedoch wieder gelöscht wird. Rechtlich ist ein solches Vorgehen auch zulässig. Denn die App-Stores, mit denen Sie als Anbieter einen Vertrag schließen, um zu erreichen, dass Ihre App in deren Store veröffentlicht wird, behalten sich ein solches Recht vor. Um eine App in deren Store zu platzieren, ist es zwingend erforderlich, deren Vertragsregelungen zu akzeptieren – einen Diskussions- oder Gestaltungsspielraum gibt es nicht. Daher müssen Sie auch die Möglichkeit einer späteren Löschung akzeptieren und einkalkulieren.

Praxisbeispiel: Google löscht 60.000 Apps aus App-Store

Anders als Apple führt Google keine Vorkontrolle der Apps durch. Hier wird die Kontrolle immer mal wieder im laufenden Betrieb durchgeführt. Aus diesem Grund löschte Google im Jahr 2013 auf einen Schlag 60.000 Apps aus seinem App-Store Google Play. Zur Begründung wurde nur angeführt, dass es sich bei einer Vielzahl der Apps um solche gehandelt habe, die gegen die Nutzungsbedingungen verstoßen hätten, von minderer Qualität gewesen seien oder regelwidrige Funktionen enthalten hätten.

Aber auch dann, wenn Sie die Kontrolle im Vorfeld überstanden haben, kann es dennoch passieren, dass die App im Nachhinein gelöscht wird.

Praxisbeispiel: App-Store von Microsoft

Microsoft beispielsweise regelt in seinem Entwicklerrichtlinien (*http://msdn.microsoft.com/de-de/library/windows/apps/hh694058.aspx*), dass es sich eine Löschung der App dann vorbehält, wenn Sie »*Ihr Konto nicht einwandfrei führen (beispielsweise, indem Sie für das Store-Konto anfallende Gebühren nicht bezahlen, Microsoft gegenüber falsche oder nicht mehr aktuelle Angaben machen, sich unlauter oder betrügerisch verhalten, den aktiven Status im Store-Katalog nicht aufrechterhalten, wiederholt Apps übermitteln, die gegen diese Vereinbarung verstoßen, den Store-Dienst missbrauchen oder die Nutzung des Store-Dienstes durch andere Parteien beeinträchtigen)*«.

Aus rechtlicher Sicht ist die Löschung aus dem App-Store ebenso wie die Nichtaufnahme in den Store danach zu beurteilen, wer die Verantwortung dafür trägt: Handelt es sich um eine Löschung, die auf einem Verstoß gegen die Entwicklerrichtlinien im Hinblick auf den Herstellungsprozess basiert, so ist dafür grundsätzlich der Entwickler verantwortlich. Dies sollte auch so in den Vertrag aufgenommen werden, da somit auch in jedem Fall die Regelungen zur mangelhaften Leistung Anwendung finden.

Handelt es sich dagegen um eine Löschung, die auf Ihrem Verhalten basiert, so tragen Sie allein die Verantwortung und die Konsequenzen dafür. Dies kann beispielsweise dann der Fall sein, wenn Sie im Rahmen der Entwicklung auf der Aufnahme von rechtswidrigen Materialien (zum Beispiel gewaltverherrlichenden Inhalten) bestehen oder sich bei der Führung Ihres App-Store-Kontos ein Fehlverhalten zuschulden kommen lassen. Für diese Fälle wird der App-Entwickler auch vertraglich keine Verantwortung übernehmen.

Achtung: Sie tragen die Beweislast!

Wenn Sie den Entwickler für eine Löschung in Anspruch nehmen möchten, die nach Ihrer Ansicht auf seinem Fehlverhalten beruht, so sind Sie im Streitfall auch dazu verpflichtet zu belegen, dass ein solches Fehlverhalten vorliegt und dieses zudem zur Löschung der App aus dem App-Store geführt hat. Schwierig wird es für Sie daher in den Fällen, in denen die App – was häufig passiert – ohne die Angabe von Gründen aus dem App-Store gelöscht wurde.

5.2 Darf man im Inhalt der App fremde Marken verwenden?

Wurde die Marketing-App nun erfolgreich entwickelt und befindet sie sich im App-Store, so ist für Sie vor allem eines von Interesse: Die Zielgruppe muss Ihre App auch finden. Dabei können innerhalb der jeweiligen App-Stores die Apps gezielt über eine Suchfunktion gefunden werden, oder der Nutzer kann innerhalb bestimmter Kategorien »stöbern« und auf diese Weise auf die App aufmerksam werden. Um dabei von den Nutzern besser gefunden zu werden, ist gerade für Start-ups die Verlockung groß, fremde Marken zur besseren Positionierung in den App-Stores zu nutzen. Dabei werden fremde Marken als Schlagwort in der eigenen App verwendet, um sozusagen im Windschatten des etablierten Wettbewerbers zu fahren und dessen Bekanntheit für das eigene Angebot auszunutzen. Welche Risiken sich hieraus ergeben können und wo im Einzelnen die Problemfelder liegen, möchten wir Ihnen in diesem Abschnitt näherbringen.

5.2.1 Die Problematik

Wenn es also darum geht, die eigene App zwischen den zahlreichen anderen Apps schnell auffindbar zu machen bzw. ihr eine möglichst hohe Position in Listen zu verschaffen, verwenden Anbieter regelmäßig die sogenannten Keywords oder die Beschreibung der eigenen App zur Platzierung fremder Markennamen.

Als Keywords, zu Deutsch Schlüssel- oder Schlagwörter, bezeichnet man die Begriffe, die der Smartphone- oder Tablet-Nutzer in die Suchmaschine des App-Stores eingibt, um an die gewünschte App zu gelangen. Auf Basis dieser Keywords schlägt die Suchmaschine dem Nutzer dann diejenigen Apps vor, in denen diese Schlüsselbegriffe gefunden wurden. Dies bedeutet also für Sie als Anbieter der App, dass Ihre App dann wesentlich schneller gefunden wird, wenn sie etwa den Namen einer bekannten, häufig gesuchten Marke verwendet haben. Der positive Effekt ist natürlich am größten, wenn Sie die Keywords benutzen, die einerseits am wahrscheinlichsten und häufigsten von den Nutzern eingegeben werden, aber andererseits auch nicht zu gängig sind, da die App ansonsten innerhalb ihres Segments wieder untergeht.

Praxisbeispiel: Die App »Pocket Anwalt«

Die Rechtsanwaltskanzlei Wilde Beuger Solmecke bietet ihren Mandanten die App »Pocket Anwalt«, über die Nutzer Rechtsfragen an Rechtsanwälte stellen können, über aktuelle Urteile informiert werden oder selbst Gerichts- und Anwaltskosten berechnen können. Würde man nun bei den Keywords nur den Begriff »Rechtsanwalt« verwenden, so würde die App schnell zwischen den zahlreichen anderen Apps der Anwaltskollegen untergehen.

An dieser Stelle wird damit auch die Relevanz der Keywords sehr deutlich: Eine App kann inhaltlich optimal ausgestaltet sein, die Zielgruppe jedoch völlig verfehlen, wenn die falschen Keywords verwendet werden. Sie sind damit nach der Fertigstellung der App ein essenzieller Bestandteil der Vermarktung.

Praxisbeispiel: Keywords zur Suchmaschinenoptimierung

Wer im Windows Marketplace in die Suchmaske den Markennamen »Adidas« eingibt, erhält 29 Ergebnisse. Dies sind aber keinesfalls 29 Apps des Unternehmens Adidas AG, sondern auch Spiele-Apps wie Solitär, die offensichtlich gar nichts mit der Marke Adidas zu tun haben (siehe Abbildung 5.4). Daneben finden sich zudem auch Apps von Einzelhändlern, die Sportartikel der Marke Adidas anbieten und daher den Namen in ihren Keywords aufgenommen haben, um von potenziellen Nutzern schneller gefunden zu werden.

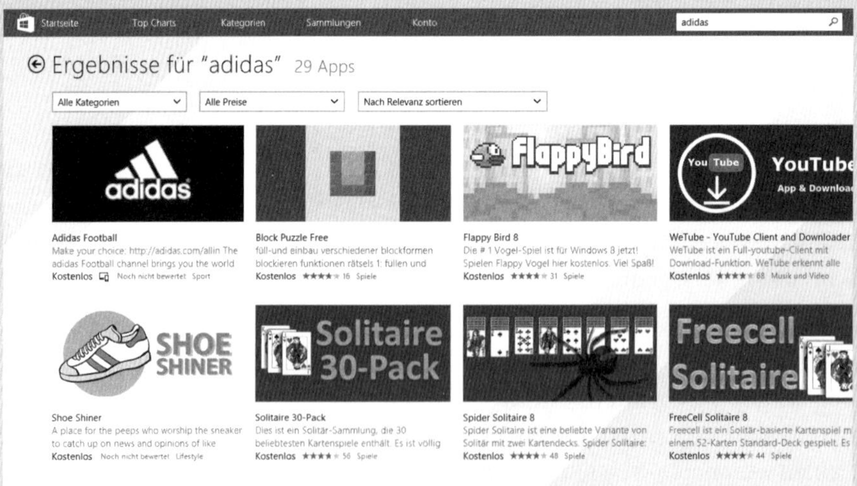

Abbildung 5.4 Suchergebnisse im Windows Marketplace bei der Eingabe des Markennamens »Adidas«

Im Fall der Verwendung der Markennamen durch die Abnehmer der betreffenden Unternehmen (wie im genannten Beispiel etwa durch ein Warenhaus, das die Marke Adidas vertreibt) werden sich die Markeninhaber wohl kaum beschweren, da sie letztlich ein eigenes Interesse haben: ihren Absatz. Problematisch kann es hingegen dann werden, wenn die Markennamen von Konkurrenzunternehmen verwendet werden, die auf Kosten der bekannten Marken ihre eigenen Apps und damit Konkurrenzprodukte fördern wollen. Ob dies unter verschiedenen rechtlichen Gesichtspunkten zulässig ist, wird im Folgenden erläutert.

5.2.2 Die Verwendung von Marken als Keywords nach dem Markenrecht

Ob die Verwendung von Marken Dritter in Keywords gegen das Markenrecht verstößt, ist in jedem Einzelfall anhand der Gestaltung der konkreten App zu beurteilen. Demnach kann eine Zulässigkeit oder Unzulässigkeit nicht pauschal bejaht oder verneint werden. Vielmehr steckt der Teufel hier im Detail und lässt das Markenrecht für unbedarfte Verwender zur Stolperfalle werden.

Praxisbeispiel: Verfahren zu Google AdWords

Ob das Verfahren grundsätzlich eine Markenrechtsverletzung darstellt oder nicht, wurde für Internetsuchmaschinen bereits im Rahmen der Anzeigenschaltung in Google durch Google AdWords mehrfach gerichtlich entschieden. Dabei gelangte der Europäische Gerichtshof zu dem Ergebnis, dass für die Beurteilung der markenrechtlichen Zulässigkeit entscheidend sei, ob sich aus der jeweiligen Werbeanzeige für den Benutzer ergibt, dass die Anzeige nicht vom Markeninhaber stammt. Kann der Nutzer dies also gar nicht oder nur schwer erkennen, so kann der Markeninhaber dem werbenden Unternehmen die Verwendung seiner Marke als Keyword verbieten (EuGH, Urteil vom 26.03.2010, Az. C-91/09 – Bananabay).

Nun hat das OLG Hamburg (Urteil vom 19.06.2013, Az. 5 W 31/13) festgestellt, dass diese Rechtsprechung auch auf Keywords in Apps übertragbar sei, und entschied, dass ein solches Vorgehen zulässig sei, wenn die beanstandete App den Markennamen nicht sichtbar enthalte und auch sonst keinerlei Hinweise auf eine wirtschaftliche bzw. organisatorische Verbindung zu dem Markeninhaber suggeriert werde. Denn in solchen Fällen bestehe für den Durchschnittsinternetbenutzer in der Regel kein Anlass, die beanstandete App dem Markeninhaber zuzuordnen.

Die Richter stellten im oben genannten Urteil fest, dass die Platzierung der beanstandeten App ebenfalls zu beachten sei: Sie müsse nicht grundsätzlich nach der App des Markeninhabers erscheinen, jedoch sei von einer Rechtsverletzung regelmäßig dann auszugehen, wenn der Markeninhaber aus der Position, die ihm eigentlich zusteht, dauerhaft verdrängt wird. Ein Beispiel dafür, was rechtlich noch zulässig sein dürfte, finden Sie in Abbildung 5.5.

Zusammenfassend lässt sich also festhalten: Die App sollte den Markenamen nicht sichtbar beinhalten und keine wirtschaftliche Verbindung zwischen dem werbenden Unternehmen und dem Markeninhaber suggerieren. Außerdem darf der Markeninhaber nicht dauerhaft von seiner Listenposition verdrängt werden. Liegen diese Voraussetzungen vor, so muss sich der Markeninhaber mit der Verwendung seiner

Marke bzw. seines Namens abfinden. Denn im Wirtschaftsleben ist es nicht ungewöhnlich und auch rechtlich nicht grundsätzlich zu beanstanden, dass ein Unternehmen versucht, in einen fremden Kundenkreis einzudringen und Kunden der Konkurrenz abzuwerben.

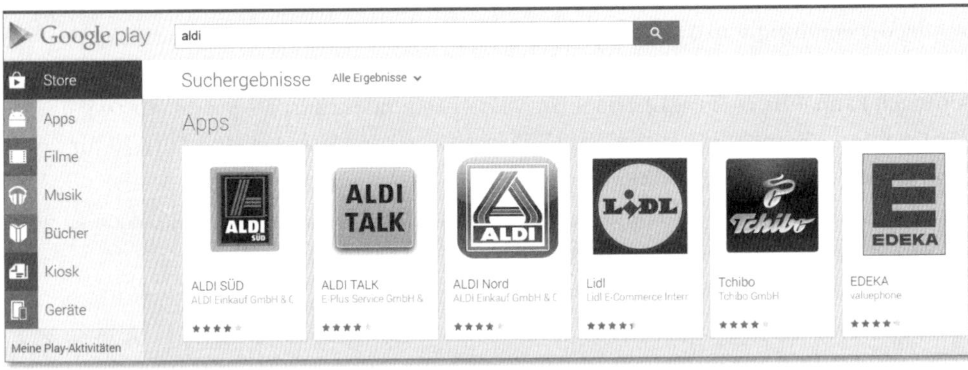

Abbildung 5.5 Zwar erscheinen auch direkte Konkurrenten, wenn man im App-Store nach »Aldi« sucht. Der Markeninhaber erscheint jedoch auf den vorderen Plätzen.

5.2.3 Die Verwendung von Marken als Keywords nach dem Wettbewerbsrecht

Nachdem nun grundsätzlich von einer markenrechtlichen Zulässigkeit der Verwendung von Marken und Namen Dritter als Keywords in einer App ausgegangen werden kann, so bedeutet dies für Sie als App-Anbieter noch keinen Freibrief. Denn ein solches Verhalten kann daneben noch wettbewerbsrechtlich zu beanstanden sein. Was sagen die Gerichte dazu?

In demselben Verfahren, in dem das OLG Hamburg bereits auf die markenrechtliche Zulässigkeit einging, äußerte es sich auch zur wettbewerbsrechtlichen Relevanz der Verwendung von Marken Dritter als Keywords in Apps. Dreh- und Angelpunkt der Fragestellung war dabei die Listenplatzierung der beanstandeten App. Denn in dem Verfahren hatte das werbende Unternehmen den Titel einer Konkurrenten-App als Keyword so geschickt ausgewählt, dass seine App im Rahmen der Suchfunktion immer an erster Stelle genannt wurde. Dies war dem Markeninhaber verständlicherweise ein Dorn im Auge, weshalb er das werbende Unternehmen abmahnte und auf Unterlassung verklagte.

Das OLG Hamburg entschied, dass ein solches Verhalten eine wettbewerbsrechtlich unzulässige gezielte Behinderung darstelle. Indem sich der Anbieter der App der Zielgruppe des Markeninhabers als vorrangiger Anbieter präsentiere, dränge er sich gezielt und in unlauterer Weise zwischen ihn und dessen Zielgruppe. Eine solche Beeinflussung stelle eine Manipulation der Suchergebnisse dar, mit der der durchschnittliche Nutzer nicht rechne, und führe zur Unzulässigkeit.

Durchaus zulässig ist es dagegen weiterhin, sich durch geschickte Marketingstrategien an die Spitze der Suchergebnisse zu setzen. Wann die Grenze zur Manipulation überschritten wird, muss jedoch stets im Einzelfall bewertet werden.

Hinweis: Die Grenze im Wettbewerbsrecht verläuft fließend

In dem Verfahren des OLG Hamburg blieb leider offen, welche Optimierungsstrategie angewandt wurde. Daher kann auch nicht ganz nachvollzogen werden, warum eine markenrechtlich zulässige Optimierung der App wettbewerbsrechtlich als Behinderung eingestuft wird. Allein die Tatsache einer besseren Keyword-Wahl kann wohl noch keine Behinderung darstellen – denn dazu hat schließlich auch der Markeninhaber die Möglichkeit.

5.2.4 Die Verwendung von Marken in der Beschreibung der App

Wer auf die Idee kommt, in der Beschreibung der App fremde Namen und Marken zu verwenden, bewegt sich nach der derzeitigen Rechtsprechung auf sehr dünnem Eis. Denn in diesen Fällen wird einheitlich eine Markenrechtsverletzung angenommen, Die Marke wird nämlich für den Nutzer sichtbar und bewusst dazu eingesetzt, ihn auf die eigene App hinzuweisen. Dazu wird die von dem Markeninhaber aufgebaute Kraft der Marke, die sogenannte Lotsenfunktion einer Marke, ausgenutzt. Daneben kann ein solches Verhalten auch wettbewerbsrechtliche Konsequenzen nach sich ziehen. Wie in der Praxis die Beschreibung einer App aussehen kann, soll Ihnen Abbildung 5.6 zeigen.

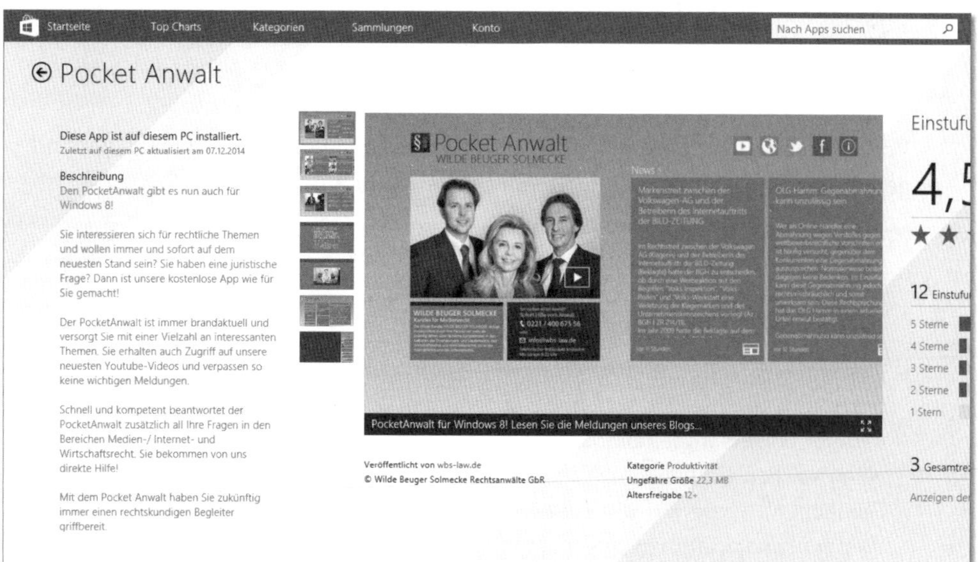

Abbildung 5.6 Beispiel für die Beschreibung einer App

Daneben kann ein solches Verhalten auch wettbewerbsrechtliche Konsequenzen nach sich ziehen.

Praxisbeispiel: Diese Sanktionen können auf Wettbewerbsverstöße folgen!

Zunächst einmal zieht ein solcher Verstoß in der Regel einen Beseitigungsanspruch des Betroffenen nach sich. Darüber hinaus kann auch ein Schadensersatzanspruch auf Sie zukommen. Ebenfalls möglich ist ein Anspruch auf Gewinnabschöpfung, was bedeuten würde, dass der durch die rechtswidrige Maßnahme erwirtschaftete Gewinn herausgegeben werden müsste.

5.2.5 Die Verwendung von Marken im Titel der App

Um die Suchergebnisse der App besonders zu optimieren, scheint auch die Möglichkeit naheliegend, den fremden Markennamen gleich in den Titel der App einzubauen. Doch dies ist ebenfalls rechtlich nicht unumstritten und war bereits Gegenstand von mehreren Gerichtsverfahren.

Praxisbeispiel: Streit um die Wortmarke »Stadt Land Fluß«

Die Inhaberin der eingetragenen Wortmarke »Stadt Land Fluss« hat vor dem Kammergericht Berlin (Urteil vom 1.11.2013, Az. 5 U 68/13) gegen den Anbieter der App mit dem Titel »Stadt, Land, Fluss – Multiplayer« Klage eingereicht und wollte sich damit gegen die Nutzung ihrer Marke zur Wehr setzen. Das Kammergericht entschied, dass es sich bei der Bezeichnung »Stadt, Land, Fluss« um einen bekannten Spieleklassiker handele und daher der Titel nur der Beschreibung des Inhalts der App diene. Dies stelle aber keinen Verstoß gegen das Markenrecht dar, da der Name des Spiels grundsätzlich nur seiner Bezeichnung und der Unterscheidung des Spiels von anderen Spielen diene.

Vor Kurzem beschäftigte sich in einer aktuellen Entscheidung auch das Oberlandesgericht Köln mit der Verwendung von Markennamen in App-Titeln.

Praxisbeispiel: Streit um die Domain »wetter.de«

In dem zugrunde liegenden Rechtsstreit (Urteil vom 5.09.2014, Az. 6 U 205/13) hatte ein Unternehmen der Mediengruppe RTL, das die Domain »wetter.de« und die gleichnamige App betreibt, gegen ein Unternehmen aus Österreich geklagt, das unter anderem die Domains und Apps mit den Titeln »wetterDE« und »wetter-de« betreibt. Es verlangte vom Gericht Schutz vor Verwechslung. Die Richter lehnten einen solchen Schutz jedoch mit der Begründung ab, dass die Titel der Apps und Domains in Bezug auf die Zurverfügungstellung von Informationen zum Thema Wetter über das Internet eine rein beschreibende Sachangabe darstellen würden, die so für sich genommen nicht schutzfähig sei. Erforderlich für einen markenrechtlichen Schutz sei ein Individualisierungsmerkmal.

Was heißt das alles für Sie? Hinsichtlich der Verwendung von Markennamen in App-Titeln kann festgehalten werden, dass es sich nur dann um eine Rechtsverletzung handelt, wenn der Werktitel eine bestimmte Kennzeichnungskraft besitzt. Davon ist jedoch nur dann auszugehen, wenn er sich dazu eignet, ein Werk von einem anderen zu unterscheiden und nicht rein beschreibenden Charakter hat.

5.2.6 Konsequenzen eines Markenrechtsverstoßes

Ähnlich wie im Urheberrecht ist auch hier der Schlüssel zu einem rechtskonformen Gebrauch von eingetragenen Marken der Lizenzvertrag. Dieser hat die Nutzung einer Marke zum Gegenstand und regelt Art und Umfang der Rechteeinräumung.

Hinweis: Verwechslungsgefahr

Verwechseln Sie den Lizenzvertrag nicht mit der Übertragung der Rechte an der Marke. Diese Übertragung erfolgt im Gegensatz zur zeitlich begrenzten Rechteeinräumung dauerhaft.

Verwenden Sie eine Marke, ohne die Einräumung von Rechten vereinbart zu haben, außerhalb des rechtlich zulässigen Bereichs, so liegt darin eine Rechtsverletzung.

Achtung: Markenrechtsverletzung kann teuer werden!

Eine solche Rechtsverletzung berechtigt den Markeninhaber zur Geltendmachung von Ansprüchen auf Unterlassung, Schadensersatz, Auskunft, Vernichtung oder Rückruf. Diese Ansprüche kann der Markeninhaber im Streitfall auch gerichtlich geltend machen.

Darüber hinaus müssen Sie aber auch mit Konsequenzen von Seiten des App-Stores rechnen. Denn die App-Stores halten in aller Regel Beschwerdeformulare für Inhaber von Markenrechten bereit, über die diese Verletzungen geltend machen können. Wie so ein Formular der Store-Betreiber aussieht, können Sie Abbildung 5.7 entnehmen.

Abbildung 5.7 Beispiel eines Beschwerdeformulars des App-Stores von Microsoft bei Verletzungen des Rechts am geistigen Eigentum

Daraufhin kontaktiert der Store den Anbieter der App und gibt ihm Gelegenheit zur Stellungnahme oder zum Beheben des Problems. Liegt jedoch tatsächlich ein Markenrechtsverstoß vor, so behält es sich der Store in der Regel vor, die App wegen Missbrauch aus dem Store zu entfernen. In den Fällen, in denen die App für den Apple App Store programmiert wurde, ist dies besonders misslich, da sie dann in keinem anderen App-Store eingesetzt werden kann.

5.3 Inwiefern muss man beim Inhalt der App das Urheberrecht beachten?

Eine App, die zu Werbezwecken eingesetzt werden soll, bedarf auch einer ansprechenden inhaltlichen Gestaltung. Aus diesem Grund setzen Unternehmen zunehmend auf die Verwendung von Bildern, Zitaten, Musik oder Videos in den Apps. Abbildung 5.8 zeigt, wie so etwas in der Praxis aussehen kann.

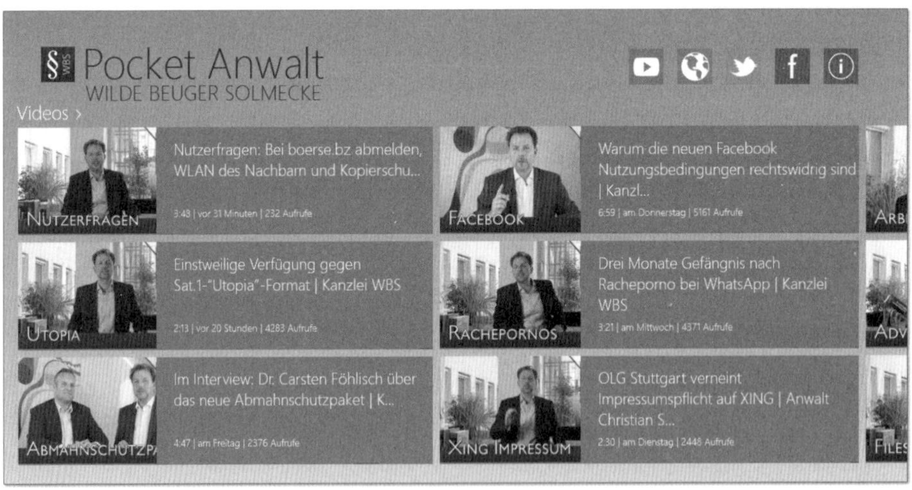

Abbildung 5.8 Beispiel für die Verwendung von Videos in einer App

Doch wenn Sie Inhalte einsetzen, die Sie nicht selbst hergestellt haben, können Sie dabei schnell in Konflikt mit dem Gesetz geraten. Denn dann besteht das Risiko, dass die veröffentlichte App Urheberrechte Dritter verletzt. Dies ist immer dann der Fall, wenn die Entwickler der App es versäumt haben, sich die Nutzungsrechte einräumen zu lassen.

5.3.1 Die Verwertungsrechte des Urhebers

Um zu verstehen, wann die Einräumung von Nutzungsrechten erforderlich ist, muss man zunächst die Grundstrukturen des Urheberrechts verstehen. Dazu möchten wir

Ihnen im Folgenden das Urheberrecht und seine praxisrelevanten Aspekte ein wenig näherbringen.

Den umfassenden Schutz des Urheberrechts genießen grundsätzlich alle Werke der Literatur, Kunst und Wissenschaft, die eine persönliche geistige Schöpfung eines Menschen darstellen.

Praxisbeispiel: Urheberrechtlich geschützte Werke

Darunter fallen beispielsweise Fotos, Texte, Videos, Musik, Software, Link-Sammlungen oder auch die App selbst.

Die Person, die das Werk geschaffen hat, ist ihr Urheber. Dies hat zur Folge, dass sie das alleinige und ausschließliche Recht hat, ihr Werk zu verwerten. Sie kann also beispielsweise entscheiden, wer das Werk vervielfältigen oder veröffentlichen darf – Dritte bedürfen hingegen grundsätzlich ihrer Einwilligung.

Wenn Sie nun also Werke Dritter in Ihrer Marketing-App verwenden möchten, tangieren Sie damit insbesondere drei Rechte des Urhebers:

- das Recht der öffentlichen Zugänglichmachung
- das Recht zur Vervielfältigung
- das Bearbeitungsrecht

Von einer öffentlichen Zugänglichmachung ist dann auszugehen, wenn Bilder oder Videos derart im Internet angeboten werden, dass sie von einem unbestimmten Personenkreis betrachtet werden können. Für Apps gilt, dass es keinerlei Möglichkeit gibt, den Empfängerkreis einzuschränken, und dass dies in der Regel letztlich auch nicht dem Ziel entspricht, das Sie mit Ihrer App erreichen wollen. Aus diesem Grund stellt die öffentliche Zugänglichmachung der geschützten Werke in einer App ohne die Einwilligung des Urhebers eine Verletzung seiner Rechte dar, die zivilrechtliche Ansprüche nach sich ziehen kann.

Praxisbeispiel: Öffentliche Zugänglichmachung

Verwenden Sie in Ihrer App ein Bild, das Sie nicht selbst hergestellt haben oder an dem Sie sich die Rechte nicht haben einräumen lassen, so machen Sie das Bild durch das Einstellen der App in den App-Store und die Möglichkeit des Downloads öffentlich zugänglich und verletzen damit ein Recht des Urhebers.

Das Recht zur Vervielfältigung erlaubt es dem Rechteinhaber, Kopien eines Werkes anzufertigen. Davon umfasst ist jede Art von Kopie, durch welche das Werk wiedergegeben werden kann, und auch jede beliebige Anzahl. Auf die technische Art der Kopie kommt es dabei ebenso wenig an wie auf die Qualität des Werkes.

Praxisbeispiel: Vervielfältigung

Durch jeden einzelnen Download der App aus dem App-Store wird eine Kopie des urheberrechtlich geschützten Werkes (Bild, Text, Musik etc.) hergestellt, womit das Vervielfältigungsrecht des Urhebers verletzt wird.

Das Bearbeitungsrecht schützt den Urheber vor der unbefugten Bearbeitung oder sonstigen Umgestaltung seines Werkes in qualitativer oder quantitativer Hinsicht. Unter die Bearbeitung fallen nicht nur die identische oder nahezu identische Vervielfältigung des geschützten Werkes, sondern auch Änderungen daran.

Praxisbeispiel: Bearbeitung

Wer leichte Modifikationen an dem geschützten Werk eines Dritten vornimmt, beispielsweise durch ein Bildbearbeitungsprogramm, gelangt dadurch nicht in den rechtssicheren Bereich. Dies geschieht erst dann, wenn das Werk derart verändert wird, dass die Bearbeitung selbst eine persönliche geistige Schöpfung darstellt.

Letztlich sollte bei der Verwendung von Bildern, Videos oder Texten Dritter in der App immer im Hinterkopf behalten werden, dass an jedem Werk Urheberrechte bestehen können. Daher sollte bei jeder Verwendung überprüft werden, ob das Recht besteht, dieses Werk für den beabsichtigten Zweck zu nutzen. Häufig finden Sie auch auf der entsprechenden Internetseite entsprechende Hinweise. Wie so etwas aussehen kann, zeigt Ihnen Abbildung 5.9.

Achtung: Wert des Werkes und Zugänglichkeit entscheiden nicht über Schutzwürdigkeit!

Für den urheberrechtlichen Schutz ist es völlig unerheblich, ob es sich um das Werk eines Laien oder eines Professionellen handelt. Bei Bildern beispielsweise genießt ein einfacher Schnappschuss ebenso urheberrechtlichen Schutz wie ein aufwendig produziertes Marketingfoto.

Auch der Umstand, dass ein Werk im Internet frei zugänglich ist, bedeutet grundsätzlich nicht, dass es ohne die Einwilligung des Urhebers genutzt werden darf.

Möchten Sie oder der Entwickler in der App nun Werke Dritter nutzen, so muss einer von Ihnen beim Urheber anfragen, ob das gewünschte Werk für die App genutzt werden darf. Ist er damit einverstanden, so räumt er die Nutzungserlaubnis, auch Lizenz genannt, dann vertraglich und oftmals gegen ein Entgelt ein. Der Urheber entscheidet also, wer sein Werk wo, wie und in welchem Umfang benutzen darf und wer nicht sowie ob dies entgeltlich oder unentgeltlich geschieht.

Abbildung 5.9 Unter der Rubrik »Impressum« sowie am Rand eines jeden Bildes finden Sie auf dieser Seite Hinweise zum Urheberrecht.

Sicher ist sicher: Schriftform

Auch hier empfiehlt sich aus Gründen der Beweislast eine schriftliche Fixierung der Vereinbarung, da Sie als Anbieter der App die Beweislast dafür tragen, dass Ihnen eine solche Nutzungserlaubnis erteilt wurde. Kümmert sich der Entwickler um die Inhalte, so sollte das werbende Unternehmen sich einerseits die Lizenzvereinbarungen zwischen dem Entwickler und dem Urheber des entsprechenden Werkes zumindest in Kopie aushändigen und sich zudem vertraglich von einer Haftung gegenüber dem Urheber freistellen lassen.

Daneben gibt es aber auch Werke, die vom Urheber ohne die Zahlung eines Entgeltes zur freien Verwendung jedem zur Verfügung gestellt werden. Dabei handelt es sich um sogenannte Creative-Commons-Inhalte (CC = kostenfreie Lizenz). In Abbildung 5.10 sehen Sie ein Beispiel für ein Bild, das mit einer CC-Lizenz ins Netz gestellt wurde. Diese sogenannten Jedermann-Lizenzen richten sich als Gemeingut an alle Betrachter gleichermaßen und erlauben, dass jeder mit einem CC-lizenzierten Inhalt mehr machen darf, als das Urheberrechtsgesetz ihm eigentlich gestattet.

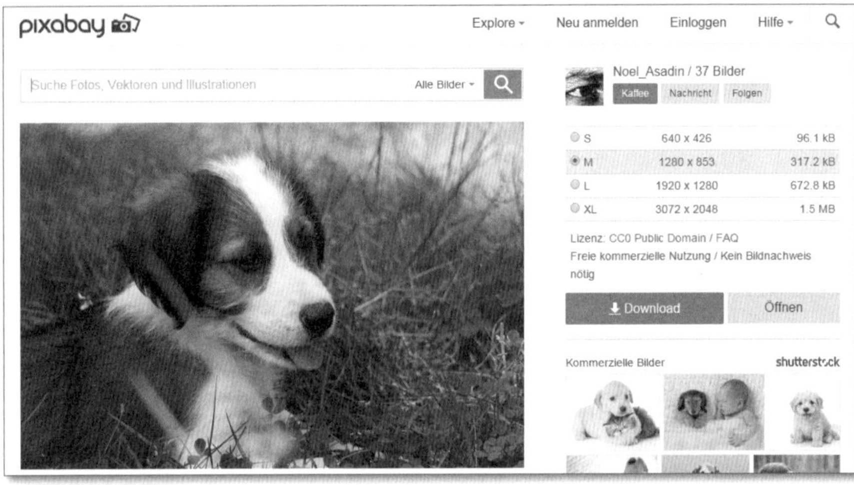

Abbildung 5.10 Der Nutzer der Plattform Pixabay hat das Hundebild unter Verwendung einer CC-Lizenz zur kommerziellen Nutzung freigegeben.

Ganz bedenkenlos können jedoch auch diese Inhalte nicht genutzt werden. Denn um die Inhalte nutzen zu können, ist die Zustimmung zu den jeweiligen Lizenzbedingungen nötig. Dies hat zur Folge, dass unter Umständen weitere Bedingungen, wie zum Beispiel die Namensnennung sowie das Verbot der Bearbeitung und kommerziellen Nutzung, beachtet werden müssen. Eine Übersicht zu den verschiedenen CC-Lizenztypen finden Sie in Abbildung 5.11. Der einfachste CC-Lizenzvertrag verlangt dabei vom Nutzer (Lizenznehmer) lediglich die Namensnennung des Urhebers/Rechteinhabers (Lizenzgeber). Darüber hinaus können aber weitere Einschränkungen gemacht werden, je nachdem, ob der Rechteinhaber eine kommerzielle Nutzung zulassen will oder nicht, ob Bearbeitungen erlaubt sein sollen oder andere Einschränkungen gemacht werden sollen.

	Vervielfältigen	Verbreiten	Vorführen	Verarbeiten	Kommerziell Nutzen	Namensnennung	Weitergabe unter derselben Lizenz
CC BY	●	●	●	●	●	✖	
CC BY-SA	●	●	●	●	●	✖	✖
CC BY-ND	●	●	●	▬	●	✖	
CC BY-NC	●	●	●	●	▬	✖	
CC BY-NC-SA	●	●	●	●	▬	✖	✖
CC BY-NC-ND	●	●	●	▬	▬	✖	

Abbildung 5.11 Übersicht über die Inhalte der sechs Lizenzmodelle der Creative Commons

Somit ist auch bei CC-Inhalten ein Blick in die Lizenzbedingungen für werbende Unternehmen unumgänglich, da insbesondere eine Marketing-App eine gewerbliche Nutzung darstellt.

Praxistipp: CC-lizenzierte Bilder

Bei der Internetsuchmaschine Google ist im Rahmen der Bildersuche auch eine Suche nach CC-lizenzierten Fotos unter *http://images.google.de/* möglich.

5.3.2 Konsequenzen aus der unbefugten Nutzung urheberrechtlich geschützter Werke

Liegt eine Verletzung der Urheberrechte vor, so können Urheber und Rechteinhaber dagegen vorgehen. Dabei gewährt das Urheberrechtsgesetz diesen verschiedene Ansprüche, wie etwa einen Unterlassungs-, Beseitigungs- oder Schadensersatzanspruch.

Kommt es zu einem Rechtsstreit wegen einer Urheberrechtsverletzung, so liegen die für die Berechnung der Gerichts- und Rechtsanwaltskosten maßgeblichen Streitwerte in der Regel zwischen 50.000 € und 100.000 €. Dies hat zur Folge, dass Rechtsverletzungen für Sie als Anbieter der App schnell auch mit Kosten von mehreren tausend Euro verbunden sein können.

Praxisbeispiel: Verfahrenskosten

So kann beispielsweise allein eine außergerichtliche Abmahnung in durchschnittlichen Fällen bei einem Streitwert von 50.000 € nur für den gegnerischen Rechtsanwalt Kosten in Höhe von ca. 1.800 € und bei einem Streitwert von 100.000 € in Höhe von ca. 2.300 € erzeugen. Hinzu kommen dann noch die gegebenenfalls anfallenden Kosten für den eigenen Rechtsanwalt.

Kommt es danach noch zu einem Gerichtsverfahren, fallen erneut Rechtsanwaltskosten und zusätzlich noch Gerichtsgebühren an, so dass die Kosten insgesamt durchaus im fünfstelligen Bereich liegen können.

Die Kosten des Verfahrens müssen dann allesamt von Ihnen als Rechtsverletzer getragen werden. Dies gilt insbesondere auch unabhängig davon, ob Sie Kenntnis von der Rechtswidrigkeit der Verwendung der Werke hatten oder nicht, da die Pflicht zum Schadensersatz verschuldensunabhängig greift.

Praxistipp: Kostenrisiko vermeiden

Das Kostenrisiko ist bei Urheberrechtsverletzungen so hoch, dass es oftmals deutlich günstiger ist, sich entgeltlich Nutzungsrechte einräumen zu lassen. Wer kein Entgelt zahlen möchte, kann auch versuchen, CC-Inhalte den Lizenzbedingungen entsprechend zu verwenden. Die Werke unter Missachtung der Rechte Dritter zu verwenden sollte jedoch keine Alternative sein.

Darüber hinaus bieten die Stores Urhebern ebenfalls die Möglichkeit, Beschwerden über die Verletzung Ihres geistigen Eigentums geltend zu machen. Wie so etwas in der Praxis aussieht, zeigt Abbildung 5.12. Denn verstoßen Sie gegen die Rechte am geistigen Eigentum Dritter, wozu auch Urheberrechte gehören, so verstoßen Sie oftmals auch gegen die Nutzungsbedingungen des App-Stores.

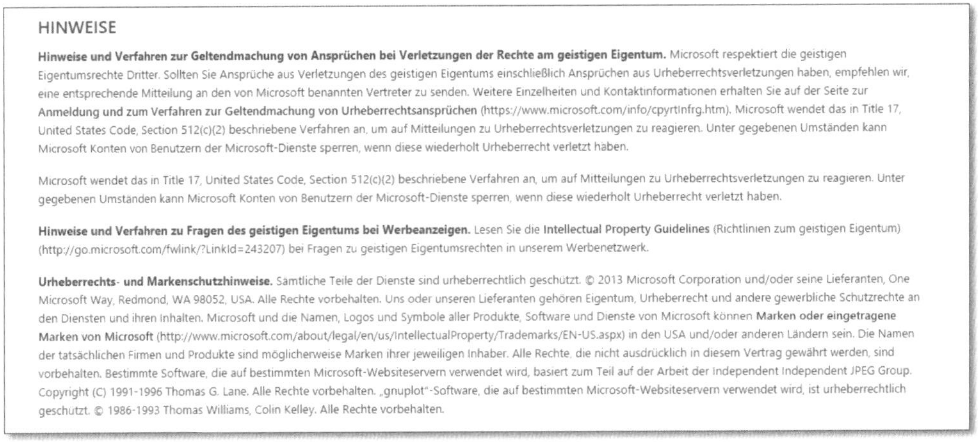

HINWEISE

Hinweise und Verfahren zur Geltendmachung von Ansprüchen bei Verletzungen der Rechte am geistigen Eigentum. Microsoft respektiert die geistigen Eigentumsrechte Dritter. Sollten Sie Ansprüche aus Verletzungen des geistigen Eigentums einschließlich Ansprüchen aus Urheberrechtsverletzungen haben, empfehlen wir, eine entsprechende Mitteilung an den von Microsoft benannten Vertreter zu senden. Weitere Einzelheiten und Kontaktinformationen erhalten Sie auf der Seite zur **Anmeldung und zum Verfahren zur Geltendmachung von Urheberrechtsansprüchen** (https://www.microsoft.com/info/cpyrtInfrg.htm). Microsoft wendet das in Title 17, United States Code, Section 512(c)(2) beschriebene Verfahren an, um auf Mitteilungen zu Urheberrechtsverletzungen zu reagieren. Unter gegebenen Umständen kann Microsoft Konten von Benutzern der Microsoft-Dienste sperren, wenn diese wiederholt Urheberrecht verletzt haben.

Microsoft wendet das in Title 17, United States Code, Section 512(c)(2) beschriebene Verfahren an, um auf Mitteilungen zu Urheberrechtsverletzungen zu reagieren. Unter gegebenen Umständen kann Microsoft Konten von Benutzern der Microsoft-Dienste sperren, wenn diese wiederholt Urheberrecht verletzt haben.

Hinweise und Verfahren zu Fragen des geistigen Eigentums bei Werbeanzeigen. Lesen Sie die **Intellectual Property Guidelines** (Richtlinien zum geistigen Eigentum) (http://go.microsoft.com/fwlink/?LinkId=243207) bei Fragen zu geistigen Eigentumsrechten in unserem Werbenetzwerk.

Urheberrechts- und Markenschutzhinweise. Sämtliche Teile der Dienste sind urheberrechtlich geschützt. © 2013 Microsoft Corporation und/oder seine Lieferanten, One Microsoft Way, Redmond, WA 98052, USA. Alle Rechte vorbehalten. Uns oder unseren Lieferanten gehören Eigentum, Urheberrecht und andere gewerbliche Schutzrechte an den Diensten und ihren Inhalten. Microsoft und die Namen, Logos und Symbole aller Produkte, Software und Dienste von Microsoft können **Marken oder eingetragene Marken von Microsoft** (http://www.microsoft.com/about/legal/en/us/IntellectualProperty/Trademarks/EN-US.aspx) in den USA und/oder anderen Ländern sein. Die Namen der tatsächlichen Firmen und Produkte sind möglicherweise Marken ihrer jeweiligen Inhaber. Alle Rechte, die nicht ausdrücklich in diesem Vertrag gewährt werden, sind vorbehalten. Bestimmte Software, die auf bestimmten Microsoft-Websiteservern verwendet wird, basiert zum Teil auf der Arbeit der Independent Independent JPEG Group. Copyright (C) 1991-1996 Thomas G. Lane. Alle Rechte vorbehalten. „gnuplot"-Software, die auf bestimmten Microsoft-Websiteservern verwendet wird, ist urheberrechtlich geschützt. © 1986-1993 Thomas Williams, Colin Kelley. Alle Rechte vorbehalten.

Abbildung 5.12 Beispiel für Nutzungsbedingungen des Windows Marketplace im Hinblick auf die Verletzung von Urheberrechten

5.4 Welche datenschutzrechtlichen Rahmenbedingungen gelten bei der Verwendung von Apps?

Wenn sich ein Unternehmen dafür entscheidet, eine eigene App zu Marketingzwecken auf den Markt zu bringen, so können die Nutzer diese in aller Regel ohne die Zahlung eines Entgeltes nutzen. Doch ganz uneigennützig handeln die Unternehmen dabei nicht. Sie lassen sich ihren Dienst zumeist mit den persönlichen Daten des Kunden »bezahlen«. Deswegen bewegen wir uns hier im Spannungsfeld zwischen geschickter Marketingstrategie und dem verfassungsrechtlich garantierten Recht auf Privatsphäre. Vor einem allzu sorglosen Umgang mit Apps sowohl auf Seiten der Nutzer wie auch durch die Anbieter muss also aus datenschutzrechtlicher Sicht an dieser Stelle dringend gewarnt werden.

5.4.1 Die Problematik

Grundsätzlich soll jeder Bürger selbst über die Preisgabe und Verwendung seiner personenbezogenen Daten bestimmen. Dies setzt aber voraus, dass ihm überhaupt bewusst ist, zu welchem Zeitpunkt er welche Informationen an wen herausgibt. Das Interesse der Unternehmen geht hingegen in die Richtung, mit möglichst wenig Aufwand so viele Daten wie möglich zur weiteren Verwendung auf diversen Marketingkanälen anzuhäufen. Die folgende Übersicht zeigt Ihnen, welche Daten besonders gerne gespeichert werden.

Praxisbeispiel: Personenbezogene Daten in Apps

Im Rahmen von Apps zählen neben Daten wie Name, Adresse, Alter und Geschlecht noch folgende Einzelangaben über persönliche und sachliche Verhältnisse der Nutzer als personenbezogene Daten:

- IP-Adresse
- Geräte- und Kartenkennung
- Mobilfunknummer
- Name des Telefons
- Standortdaten
- Fotos, Videos, Audiodateien
- biometrische Daten wie der Fingerabdruck
- Nutzungsdaten
- Kontaktdaten
- Kalendereinträge
- Registrierungsdaten
- Anruflisten
- Nachrichten
- Kontoverbindungsdaten

Diese teilweise massenhaft erlangten Informationen können Datensammler dann zu einem Nutzerprofil zusammenstellen, das zur Vermarktung der eigenen Produkte und Dienstleistungen gezielt und effizient eingesetzt werden kann. Da sich die Apps oftmals auf dem Smartphone befinden, können sie Informationen zu Kontakten, Interessen und durch den Gebrauch von Ortungssystemen auch zu den Aufenthaltsorten der Nutzer liefern. Doch überall, wo Daten von Nutzern eine Rolle spielen, sind die Diskussion und der Streit um die Rechtmäßigkeit der Erhebung, Speicherung und weiteren Nutzung von Daten nicht weit. Inwieweit daher Apps dazu benutzt werden dürfen, um zu Marketingzwecken an Daten der Zielgruppe zu gelangen, soll in diesem Abschnitt einmal näher betrachtet werden.

5.4.2 Grundprinzipien der rechtmäßigen Datenerhebung in Apps

Grundvoraussetzung für die rechtmäßige Speicherung und weitere Verwendung der Daten ist zunächst, dass diese überhaupt rechtmäßig erhoben wurden. Dabei müssen grundsätzlich die Grundprinzipien des Datenschutzes eingehalten werden. Welche dies sind, wird im Folgenden überblicksartig erläutert.

An erster Stelle ist zu beachten, dass nach dem Bundesdatenschutzgesetz (BDSG) die Erhebung, Verarbeitung und Nutzung personenbezogener Daten außerhalb des rein privaten Gebrauchs grundsätzlich nur dann zulässig ist, wenn dies durch ein Gesetz gestattet wird oder der App-Nutzer seine Einwilligung ausdrücklich erteilt hat – ein Einholen der Einwilligung über die Zustimmung zu den AGB ist nicht zulässig. Somit handelt es sich grundsätzlich um ein Verbot, das jedoch unter dem Vorbehalt der Erlaubnis steht.

Praxisbeispiel: Gesetzliche Erlaubnis

Eine gesetzliche Erlaubnisnorm ist beispielsweise § 28 BDSG. Danach ist unter bestimmten Voraussetzungen die Datenerhebung und Datenspeicherung zu eigenen Geschäftszwecken zulässig. Welche Voraussetzungen dies sind und nach welchen Gesetzen eine Erlaubnis noch in Betracht kommt, wird an späterer Stelle in diesem Abschnitt thematisiert.

Daneben stellen wir Ihnen jetzt einige Grundsätze vor, die Sie als Entwickler oder Anbieter einer App dringend beachten sollten, um nicht mit dem Gesetz in Konflikt zu geraten:

- **Grundsatz der Direkterhebung**: Danach dürfen Daten nur direkt beim Nutzer der App selbst und durch dessen Mitwirkung beschafft werden.

Praxisbeispiel: Direkterhebung

Damit ist es nicht zulässig, die Grundeinstellungen der App so vorzunehmen, dass diese beispielsweise automatisch das Telefonbuch des Nutzers ausliest.

- **Grundsatz der Datenvermeidung**: Danach sind Sie als App-Anbieter verpflichtet, die Daten sparsam zu verarbeiten.

Praxisbeispiel: Datenvermeidung

Es ist demnach nicht zulässig, wahllos sämtliche Daten des Nutzers der App zu sammeln, mit dem Gedanken, man könne die bestimmt später zu irgendeinem Zweck mal gebrauchen.

- **Grundsatz der Datensparsamkeit**: Dieser schreibt vor, dass Daten nicht für unbegrenzte Zeit gespeichert werden sollen und zu löschen sind, wenn sie nicht mehr gebraucht werden.

  Darüber hinaus haben der App-Store und Sie als App-Anbieter die Pflicht, die erhobenen Daten zu anonymisieren bzw. zu pseudonymisieren, soweit dies mit dem Verwendungszweck vereinbar ist und in keinem unverhältnismäßigen Aufwand steht.

Praxisbeispiel: Datensparsamkeit

Wird die App vom Nutzer deinstalliert, so gibt es für den Anbieter der App auch keinen Grund, weiterhin dessen Daten zu speichern.

- **Zweckbindungsgrundsatz**: Hiernach sind nur diejenigen Daten zu erheben, die für den vorgesehenen Zweck erforderlich sind. Denn jeder Datenverarbeitung muss ein bestimmter Zweck zugrunde liegen, der bereits im Voraus festgelegt werden muss.

Praxisbeispiel: Zweckbindungsgrundsatz

Dient die Datenerhebung dem Vertrieb von Produkten, so dürfen auch nur diejenigen Daten eines Nutzers abgefragt werden, die zur Erbringung der Vertragsleistung erforderlich sind.

- **Transparenzgebot**: Nach diesem Prinzip muss jeder Betroffene wissen, dass überhaupt Daten über ihn erhoben werden, zu welchem Zweck welche Stelle die Daten wie lange erhebt und zu welchem Zweck sie gespeichert werden.

Praxisbeispiel: Transparenzgebot

Hat der Nutzer der App keine Kenntnis davon, dass Daten von ihm gespeichert werden oder geht er beispielsweise davon aus, dass nur seine Mobilfunknummer gespeichert wird, obwohl daneben auch die Daten aus dem Telefonbuch heimlich ausgelesen werden, so liegt ein klarer Verstoß gegen das Transparenzgebot vor.

5.4.3 Die Zulässigkeit der Erhebung und Verwendung von Daten nach dem Telemediengesetz

Wie bereits erläutert, ist ohne die Einwilligung des App-Nutzers eine Datenerhebung nur dann zulässig, wenn es eine Norm gibt, die ausdrücklich das Erheben der Daten eines App-Nutzers als zulässig einstuft.

Beim Telemediengesetz (TMG) handelt es sich um ein solches Gesetz, das Ausnahmen vom grundsätzlichen Verbot der Datenerhebung- und Verwendung vorsieht. Zulässig ist eine Verwendung unter anderem zu Marketingzwecken, soweit es sich um sogenannte Nutzungsdaten handelt. Darunter versteht man die personenbezogenen Daten, deren Erhebung erforderlich ist, weil ohne sie die App nicht verwendet werden kann. Die Erforderlichkeit ist damit ein entscheidendes Kriterium: Sind die Daten für die Verwendung der App nicht erforderlich, so dürfen sie auch nicht erhoben und verwendet werden.

Praxisbeispiel: Nutzungsdaten

Eine Navigations-App beispielsweise kann ohne ein Ortungssystem nicht verwendet werden. Die Standortdaten des Nutzers sind damit Nutzungsdaten.

Zu Marketingzwecken sieht der Gesetzgeber in § 15 Abs. 3 TMG ausdrücklich die Erstellung von Nutzungsprofilen vor, wenn

- die Anonymisierung der Nutzungsdaten sofort und unmittelbar mit ihrer Erhebung erfolgt, so dass keine Auswertung eines Nutzerverhaltens möglich ist, und
- der App-Nutzer auf die Erstellung solcher Nutzungsprofile hingewiesen wurde und dieser nicht widerspricht.

Für einen solchen Hinweis bietet sich beispielsweise der Datenschutzhinweis in der App an.

Achtung: Zahlenkombinationen sind keine Pseudonyme!

Auch wenn Geräte- und Kartenkennungen der Smartphones und Tablets oder auch die IP-Adresse nur aus Buchstaben- und Zahlenkombinationen bestehen und für sich genommen den Nutzer nicht auf den ersten Blick erkennen lassen, so stellen sie dennoch keine Pseudonyme dar. Denn über sie kann der Nutzer konkret ermittelt werden. Daher ist die Verwendung solcher Daten in Nutzungsprofilen nicht zulässig.

Anders verhält es sich dagegen mit den sogenannten Bestandsdaten. Diese personenbezogenen Daten, die im Rahmen eines Vertragsverhältnisses zwischen dem App-Anbieter und dem App-Nutzer abgegeben wurden, da sie für die Vertragsabwicklung unerlässlich sind, dürfen ohne die ausdrückliche Einwilligung des Nutzers auch nur insoweit erhoben und verwendet werden, als sie für die Begründung, inhaltliche Ausgestaltung oder Änderung des Vertragsverhältnisses erforderlich sind.

Praxisbeispiel: Bestandsdaten

Ist die Nutzung der App auf dem Smartphone oder Tablet des Nutzers nur gegen die Zahlung eines Entgeltes möglich, so liegt dem Download der App eine vertragliche Vereinbarung zugrunde. Die Vertragsdaten aus der Nutzung der App wie der Name des Nutzers, seine Anschrift und E-Mail-Adresse und die IP-Adresse sowie seine Mobilfunknummer sind als Bestandsdaten einzustufen. Sie als App-Anbieter dürfen diese Daten demnach nur dafür verwenden, die ordnungsgemäße Abwicklung des Vertrags über die App-Nutzung vorzunehmen, nicht hingegen, um dem Nutzer beispielsweise zusätzlich Werbung für Ihren Onlineshop zukommen zu lassen.

Damit ist aufgrund der strikten Zweckbindung eine Verwendung von Bestandsdaten zu Marketingzwecken nicht zulässig. Insoweit ist der Schutz der Bestandsdaten höher als der der Nutzungsdaten.

5.4.4 Die Zulässigkeit der Erhebung und Verwendung von Daten nach dem Bundesdatenschutzgesetz

Neben dem Telemediengesetz sieht auch das Bundesdatenschutzgesetz mit dem bereits angesprochenen § 28 BDSG eine Norm vor, die den Umgang mit personenbezogenen Daten zu eigenen Geschäftszwecken erlaubt.

Besteht zwischen Ihnen und dem App-Nutzer ein Vertragsverhältnis, beispielsweise weil die App nur gegen Zahlung eines Entgeltes heruntergeladen werden kann, dann benötigt der App-Anbieter personenbezogene Daten des App-Nutzers. Aber auch hier gilt: Diese Daten dürfen grundsätzlich nur dann erhoben und gespeichert werden, wenn sie zur Erfüllung des eigenen Geschäftszwecks für die Begründung, Durchführung und Beendigung des Vertrags erforderlich sind.

Praxistipp: Für weitere Daten Einwilligung einholen!

Wenn Sie trotzdem gerne weitere Daten zu Marketingzwecken verwenden möchten, können Sie dies rechtssicher tun, indem Sie zuvor die Einwilligung des Nutzers einholen. Diese sollte jedoch unbedingt durch eine ausdrückliche Erklärung des Kunden erfolgen (siehe hierzu Abschnitt 3.3, »Wie erhält man eine rechtskonforme Einwilligung zur Versendung von Werbe-E-Mails?« Wie das in der Praxis aussehen kann, erklären wir Ihnen im Folgenden.

5.4.5 Die Einwilligung des App-Nutzers in die Erhebung und Verwendung seiner Daten zu Marketingzwecken

Wie gerade bereits angesprochen, sind Sie auf der sicheren Seite, wenn Sie sich vom Nutzer eine Einwilligung zur Erhebung und Verwendung der gewünschten Daten erteilen lassen. Da die Einwilligung in der App-Praxis in aller Regel auf elektronischem Wege erfolgt, haben Sie nach § 13 Abs. 2 TMG sicherzustellen, dass

1. der Nutzer seine Einwilligung bewusst und eindeutig erteilt hat,

Praxistipp: Opt-in-Verfahren nutzen

Zur Erfüllung dieser Voraussetzung ist es ausreichend, wenn die Einwilligungserklärung durch Anklicken eines Kontrollkästchens bei gleichzeitiger zumindest auszugsweiser Darstellung der Einwilligungserklärung auf dem Bildschirm erteilt wird (sogenanntes Opt-in-Verfahren).

2. die Einwilligung protokolliert wird,
3. der Nutzer den Inhalt der Einwilligung jederzeit abrufen kann und
4. der Nutzer die Einwilligung jederzeit mit Wirkung für die Zukunft widerrufen kann.

Diese vier Voraussetzungen müssen für eine rechtskonforme Einwilligung alle erfüllt werden. Fehlt auch nur eine der genannten Voraussetzungen, so führt dies zur Unwirksamkeit der Einwilligung.

5.4.6 Die Datenschutzerklärung

Auch Apps benötigen eine eigene und vor allem App-spezifische Datenschutzerklärung.

Hinweis: 75 % der Apps fehlerhaft!

Kaum zu glauben, aber wahr: Obwohl die dahin gehende Rechtslage eindeutig ist und auch die gängigen App-Stores eine solche eindeutig vorsehen, stellte das Bayerische Landesamt für Datenschutzaufsicht im Jahr 2013 fest, dass in etwa 75 % der dort geprüften Apps entweder gar keine oder keine App-spezifische Datenschutzerklärung vorhanden war.

Wie eine Datenschutzerklärung in Apps im Detail inhaltlich sowie formal gestaltet werden sollte und wie sie in eine App rechtskonform eingebunden werden kann, soll daher an dieser Stelle erläutert werden.

Inhaltliche Anforderungen

Inhaltlich soll die Datenschutzerklärung über Art, Umfang und Zweck der Datenerhebung und -verwendung unterrichten. Diese nur sehr schwammigen gesetzlichen Vorgaben bedeuten in der Praxis, dass der Nutzer umfassend darüber zu informieren ist, welche personenbezogenen Daten die App von ihm wie und wozu erhebt, was danach mit den Daten geschieht und welche Rechte der betroffene App-Nutzer hat.

In der Praxis sollte eine Datenschutzerklärung deshalb zumindest die folgenden Fragen beantworten:

- Welche Arten von personenbezogenen Daten werden erhoben?
- Sind gegebenenfalls Zugriffsrechte erforderlich?
- Zu welchem Zweck werden die Daten erhoben?
- Wie lange werden die Daten gespeichert, und unter welchen Umständen werden sie wieder gelöscht?
- Wird das Nutzerverhalten ausgewertet?
- Werden Daten an Dritte übermittelt?

- Wie kann der App-Nutzer Sie kontaktieren?
- Wie kann der App-Nutzer der Datennutzung widersprechen?

Der Text der Datenschutzerklärung muss allgemein verständlich sein. Das wird erreicht, indem der Text verständlich und in deutscher Sprache verfasst wird und nach Möglichkeit auf allzu komplizierte juristische Fachsprache verzichtet wird.

Formale Anforderungen

Neben den Inhalten ist auch die optische Darstellung der Datenschutzhinweise wichtig.

> **Praxistipp: Nutzer frühzeitig informieren**
>
> Denken Sie daran, dass je nach Ausgestaltung Ihrer App schon bei der Installation durch den Nutzer Daten erfasst und Freigaben benötigt werden. Um hier rechtlich auf der sicheren Seite zu sein, sollten Sie sicherstellen, dass der Nutzer möglichst frühzeitig, also schon vor dem eigentlichen Download, über die Erhebung und Nutzung seiner Daten informiert wird.

Für Nutzer ist es meist sehr mühsam, sich gerade auf recht kleinen Displays von Smartphones durch seitenlange Erklärungstexte zu scrollen. Daher sollte bei der formalen Gestaltung auf diese besondere Gegebenheit Rücksicht genommen werden. Achten Sie deshalb darauf, dass die Datenschutzerklärung gut lesbar ist, indem insbesondere Schriftgröße und Darstellung an die kleinere Displaygröße angepasst werden.

> **Achtung: Lesbarkeit sicherstellen!**
>
> Zur erleichterten Lesbarkeit bietet es sich an, zum einen mit Überschriften zu arbeiten und zum anderen eine Funktion einzubauen, bei der sich der Text bei einem Klick auf- bzw. zuklappt.

Weiter muss der Nutzer seine Einwilligung zu der dort beschriebenen Datennutzung ausdrücklich erklären, und diese Erklärung muss von Ihnen auch protokolliert werden, das heißt, der Nutzer muss am besten per Opt-in-Verfahren zustimmen.

Einbindung der Datenschutzerklärung

Was die Platzierung der Datenschutzerklärung betrifft, so stehen Sie vor der Frage, wo und wie diese in die App einzubinden ist. Nach den gesetzlichen Vorgaben müssen Sie nämlich dafür Sorge tragen, dass die Datenschutzerklärung jederzeit und ohne großen Suchaufwand abgerufen werden kann. Doch was bedeutet dies konkret?

Die gängigen App-Stores sehen die Einbindung eines Links zur Datenschutzerklärung ausdrücklich vor. Der Anbieter sollte von solch einer Möglichkeit auch Gebrauch machen. Ein entsprechender Link sollte in Menüs integriert werden und einfach erkennbar und schnell erreichbar sein.

Als Bezeichnungen kommen dabei Begriffe wie Datenschutzerklärung, Datenschutzhinweis oder einfach Datenschutz in Betracht. In jedem Fall sollte aber sofort erkennbar sein, wo sich die Datenschutzhinweise befinden, weshalb es nicht ausreicht, diese versteckt in den Allgemeinen Geschäftsbedingungen zu platzieren.

Achtung: Die Datenschutzerklärung der Website reicht nicht immer aus!

Ein Hinweis bzw. Link auf die Datenschutzerklärung auf der eigenen Website ist nicht immer ausreichend, da eine App möglicherweise völlig andere Daten als eine Website erhebt. Auch eine Übernahme der Erklärung in der App wird den rechtlichen Anforderungen nicht gerecht. Eine Ausnahme gilt nur dann, wenn Sie auf Ihrer Internetseite im Rahmen der Datenschutzerklärung auf die einzelnen von Ihnen genutzten mobilen Anwendungen getrennt eingehen.

5.4.7 Das Impressum

Neben der Datenschutzerklärung sind Sie auch dazu verpflichtet, ein Impressum bereitzustellen. Zweck eines Impressums ist es, dass ein Nutzer der App Sie als Verantwortlichen schnell und unkompliziert ausfindig machen kann.

Achtung: Abrufbarkeit schon vor dem Download

Das Impressum muss für den Nutzer bereits vor dem Download aufrufbar sein, da andernfalls ein Verstoß gegen die gesetzlichen Vorgaben vorliegt, der zur Abmahnung führen kann.

Inhalt des Impressums

In der Folge stellt sich nun die Frage, welche Bestandteile das Impressum mindestens enthalten muss. Da die Pflichtangaben für alle Internetangebote gleichermaßen gelten, bestehen für Apps keine anderen Anforderungen als für Websites oder Facebook-Auftritte. Wie ein Impressum aussieht, das den rechtlichen Anforderungen genügt, zeigt Ihnen Abbildung 5.13. Eine App-spezifische Ausgestaltung wie beim Datenschutzhinweis gibt es beim Impressum demnach nicht.

Da man das Impressum auch die Anbieterkennzeichnung nennt, muss es grundsätzlich folgende Anbieterdaten enthalten:

- Name und Anschrift des Unternehmens
- Rechtsform bei juristischen Personen und deren vertretungsberechtigte Personen

- E-Mail-Adresse und Telefonnummer
- gegebenenfalls Angaben zur ständigen Aufsichtsbehörde
- gegebenenfalls Angaben zum Handelsregister und ähnlichen Registern sowie der entsprechenden Registernummer
- Angabe der Umsatzsteueridentifikationsnummer

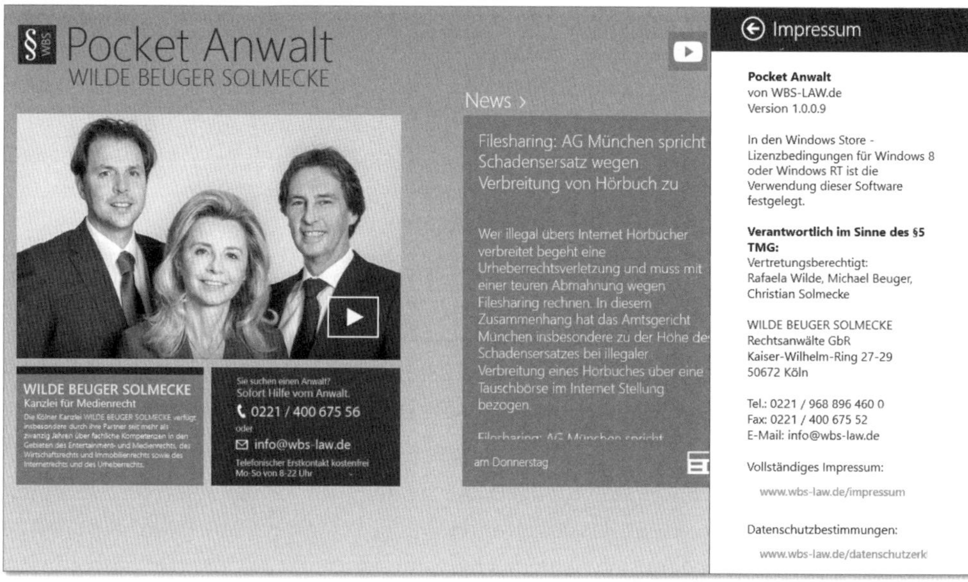

Abbildung 5.13 Beispiel für die Gestaltung eines Impressums in einer App

> **Hinweis**
>
> Wenn Sie sich nicht sicher sind, was alles in Ihr Impressum gehört, so können Sie sich auch des Rechtstexters bedienen, den die Rechtsanwaltskanzlei Wilde Beuger Solmecke in Kooperation mit Trusted Shops entwickelt und auf der Webseite *https://www.wbs-law.de/e-commerce/trusted-shops-und-die-kanzlei-wilde-beuger-solmecke-bieten-abmahnschutzpakete-an-die-garantie-fuer-online-haendler-60997/* online gestellt hat.

Platzierung

Darüber hinaus hat der Gesetzgeber auch klare Vorstellungen darüber, wo das Impressum hingehört und wie es zu erreichen ist. Die Informationen müssen

- leicht erkennbar,
- unmittelbar erreichbar sowie
- ständig verfügbar gehalten werden.

Die leichte Erkennbarkeit wird dadurch gewährleistet, dass ein durchschnittlich informierter und aufmerksamer Nutzer den Link zum Impressum ohne Weiteres wahrnehmen kann und auch damit rechnet, an der platzierten Stelle ein Impressum zu finden.

Praxisbeispiel: Leichte Erkennbarkeit durch Link zum Impressum

Eine leichte Erkennbarkeit des Links wurde bereits dort bejaht, wo sich ein solches unter der Sparte IMPRESSUM, KONTAKT oder ÜBER UNS befand. Anders hingegen wurde eine Platzierung unter Sparten wie INFO, BACKSTAGE oder einfach unter dem nicht näher bezeichneten Symbol »▸« beurteilt. Daneben ist es auch unzulässig, sein Impressum in den Allgemeinen Geschäftsbedingungen zu »verstecken« oder Schaltflächen wie MEHR oder WEITER zu verwenden, bei denen das Impressum erst nach dem Anklicken als weiterer Menüpunkt angezeigt wird.

Die weiterhin geforderte »unmittelbare Erreichbarkeit« ist gewährleistet, wenn die Informationen ohne wesentliche Zwischenschritte abgerufen werden können. Der BGH (Urteil vom 20.07.2006, Az. I ZR 228/03) geht vom Vorliegen dieser Voraussetzung aus, wenn das Impressum über zwei Klicks erreicht werden kann.

Darüber hinaus soll das Impressum in der App auch ständig verfügbar sein. Dies erfordert, dass das Impressum für die Dauer, zu der die App angeboten wird, jederzeit abrufbar ist. Dies bedeutet, dass das Impressum einen festen Platz innerhalb der App haben muss und es damit nicht ausreicht, wenn es immer nur dann angezeigt wird, wenn der Nutzer online ist.

Konsequenzen eines Verstoßes gegen die Impressumspflicht

Ein Verstoß gegen die Impressumspflicht kann zu einer Abmahnung oder gar Klage beispielsweise durch Mitbewerber führen, da der Gesetzgeber eine Impressumspflicht vorsieht und Sie, indem Sie diese Pflicht nicht erfüllen, gegen eine gesetzliche Vorschrift verstoßen, die gerade dazu gedacht ist, im Interesse der Marktteilnehmer das Marktverhalten zu regeln.

Während die Kosten für eine Abmahnung mit wenigen hundert Euro wohl noch recht überschaubar sein werden, müssen Sie von Seiten der App-Stores mit deutlich gravierenderen Konsequenzen rechnen. Denn wenn die App einmal eingestellt wurde, kann die Vornahme von Nachbesserungen dazu führen, dass je nach Store die App der erneuten Überprüfung unterzogen wird und nun unter Umständen aus anderen Gründen nicht noch einmal zugelassen wird – dann wären die in die Entwicklung und Vermarktung der App gesteckten Gelder völlig nutzlos aufgewandt worden.

Hinweis: Rechtsbeistand sinnvoll

Um ein rechtskonformes Impressum bereitstellen zu können, kann für Unerfahrene angesichts der komplizierten rechtlichen Lage die Hinzuziehung eines Rechtsanwalts durchaus sinnvoll sein.

5.4.8 Konsequenzen für den Umgang mit Datenschutzrecht in der Praxis

Als Leitlinie für die tägliche Praxis können wir Ihnen empfehlen, Ihre App möglichst an den von den Datenschutzbehörden aufgestellten Anforderungen auszurichten. Denn die behördlichen Rechtsauffassungen sind nicht nur angesichts der im Datenschutzbereich kaum vorhandenen Rechtsprechung von besonders hoher Bedeutung. Auch überwachen und kontrollieren letztlich die Datenschutzbehörden, ob datenschutzrechtliche Vorschriften befolgt werden, und sind für Sie in Zweifelsfällen daher vorrangiger Ansprechpartner.

Hinweis: Ihre Datenschutzbehörde

Die für Sie zuständige Datenschutzbehörde bestimmt sich nach dem Bundesland, in dem Sie Ihren Unternehmenssitz haben. Die zuständigen Datenschutzbehörden sind:

- Baden-Württemberg: Landesbeauftragter für den Datenschutz: *http://www.baden-wuerttemberg.datenschutz.de*
- Bayern: Bayerisches Landesamt für Datenschutzaufsicht: *http://www.lda.bayern.de*
- Berlin: Berliner Beauftragter für Datenschutz und Informationsfreiheit: *http://www.datenschutz-berlin.de*
- Brandenburg: Die Landesbeauftragte für den Datenschutz und das Recht auf Akteneinsicht Brandenburg: *http://www.lda.brandenburg.de*
- Bremen: Die Landesbeauftragte für Datenschutz und Informationsfreiheit Bremen: *http://www.datenschutz-bremen.de*
- Hamburg: Der Hamburgische Beauftragte für Datenschutz und Informationsfreiheit: *http://www.datenschutz-hamburg.de*
- Hessen: Der Hessische Datenschutzbeauftragte: *http://www.datenschutz.hessen.de*
- Mecklenburg-Vorpommern: Der Landesbeauftragte für Datenschutz und Informationsfreiheit Mecklenburg-Vorpommern: *http://www.lfd.m-v.de*
- Niedersachsen: Der Landesbeauftragte für den Datenschutz Niedersachsen: *http://www.lfd.niedersachsen.de*

- Nordrhein-Westfalen: Der Landesbeauftragte für Datenschutz und Informationsfreiheit Nordrhein-Westfalen: *https://www.ldi.nrw.de*
- Rheinland-Pfalz: Der Landesbeauftragte für den Datenschutz Rheinland-Pfalz: *http://www.datenschutz.rlp.de/de/index.php*
- Saarland: Die Landesbeauftragte für Datenschutz und Informationsfreiheit Saarland: *http://www.lfdi.saarland.de*
- Sachsen: Der Sächsische Datenschutzbeauftragte: *http://www.saechsdsb.de*
- Sachsen-Anhalt: Der Landesbeauftragte für den Datenschutz Sachsen-Anhalt: *http://www.sachsen-anhalt.de/index.php?id=31919*
- Schleswig-Holstein: Unabhängiges Landeszentrum für Datenschutz Schleswig-Holstein: *https://www.datenschutzzentrum.de*
- Thüringen: Der Landesbeauftragte für den Datenschutz Thüringen: *http://www.tlfdi.de/tlfdi*

Der Bundesbeauftragte für den Datenschutz ist für die Überwachung von öffentlichen Stellen (Behörden) des Bundes und für Telekommunikationsunternehmen zuständig und kann unter *http://www.bfdi.bund.de/Vorschaltseite_DE_node.html* erreicht werden. Für Sie wird er jedoch nur in Ausnahmefällen der richtige Ansprechpartner sein.

Andere, rechtlich unsichere Lösungswege sollten nur ausnahmsweise und unter Einbeziehung des (Kosten-)Risikos, vor allem im Hinblick auf mögliche Bußgelder, erwogen und umgesetzt werden. Dabei kann ein im Medienrecht spezialisierter Rechtsbeistand eine sinnvolle Hilfestellung bieten.

5.5 Vermarktung der App mit gefälschten Bewertungen?

Auf eines sind alle App-Anbieter angewiesen, um sich erfolgreich auf dem App-Markt etablieren zu können: Nutzerbewertungen. Dafür sehen die einzelnen Stores Bewertungssysteme meist in Form von Sternen vor, die zusätzlich mit einem Kommentar versehen werden können. Wie ein solches Bewertungssystem in der Praxis häufig aussieht, können Sie auch Abbildung 5.14 entnehmen. Aus den vorhandenen Bewertungen wird dann ein Durchschnittswert ermittelt, der den Nutzern schon bei der Suche nach der App angezeigt wird.

Doch was Sie bereits von anderen Internetplattformen wie Onlineshops her kennen, hat auch vor dem App-Markt keinen Halt gemacht: das Fälschen von Nutzerbewertungen. Es gehört traurigerweise zu den am häufigsten eingesetzten Methoden beim App-Marketing, denn gerade kostenpflichtige Apps sind auf gute Bewertungen angewiesen, um ihren Absatz steigern zu können. Aus diesem Grund gibt es bereits Anbieter, die sich auf den Verkauf gefälschter Bewertungen spezialisiert haben –

über mangelnde Nachfrage müssen diese »Geschäftsleute« sich dabei leider keine Gedanken machen.

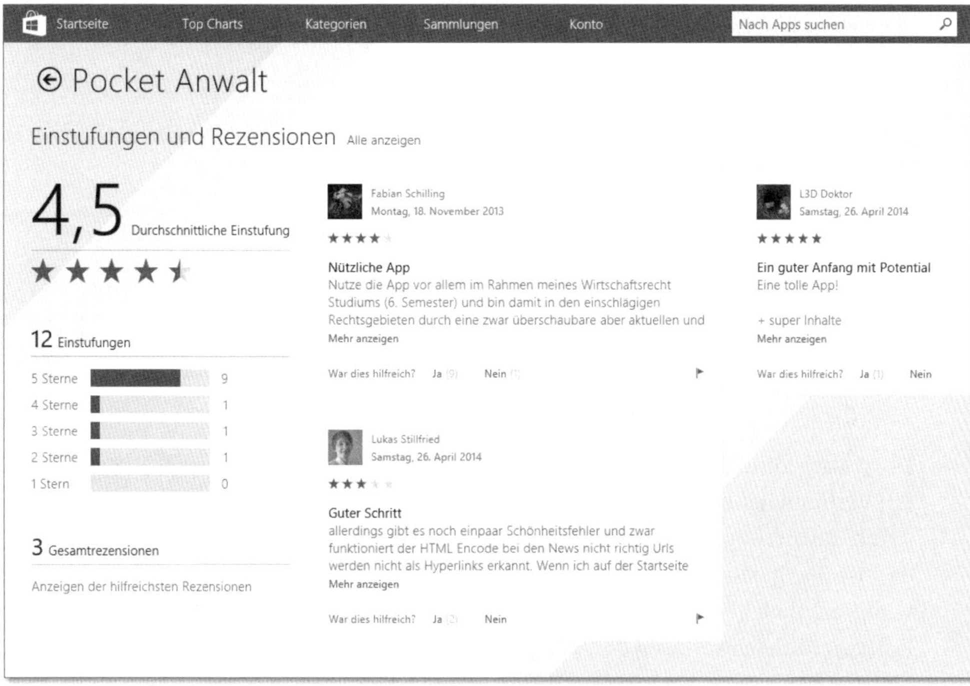

Abbildung 5.14 Beispiel für ein Nutzerbewertungssystem von Apps

Das Fälschen von Nutzerbewertungen betrifft dabei sowohl die überaus gute Bewertung der eigenen App als auch die schlechte Bewertung von Konkurrenzangeboten. Was in der Praxis leicht umgesetzt ist, ist rechtlich jedoch hoch problematisch. Denn die Grenze zur Rechtswidrigkeit ist schnell überschritten, und es bedarf daher genauer Differenzierung. Wer subtil vorgeht, wird zwar womöglich in einer Vielzahl von Fällen gar nicht auffallen, doch andernfalls sind die drohenden Konsequenzen nicht zu unterschätzen.

5.5.1 Positive Bewertung der eigenen App

Widmen wir uns zunächst der Steigerung positiver Bewertungen der eigenen App: Hier könnte man als cleverer Geschäftsmann daran denken, die eigene Zielgruppe zur Abgabe einer positiven Bewertung zu animieren. In Betracht kommt dabei eine Belohnung der eigenen Nutzer für eine positive Bewertung der App. Dies ist zum Beispiel in Form von Warengutscheinen für den Onlineshop des Unternehmens denkbar. Grundsätzlich spricht nichts dagegen, den Kunden um die Abgabe einer Bewertung zu bitten.

Hinweis: Aufforderung zur Bewertung nur mit Einwilligung

Die in der Praxis relevanteste Möglichkeit, den Kunden um eine Bewertung zu bitten, ist wohl, ihm eine E-Mail zuzusenden. Denken Sie hier aber unbedingt an das Einwilligungserfordernis.

Darüber hinaus kommen Unternehmen auch schon einmal auf die Idee, Mitarbeiter für das Schreiben von Nutzerbewertungen zu bezahlen.

Praxisbeispiel: Hotelbuchungsportal HRS

Im Sommer 2014 wurde dem Hotelbuchungsportal HRS vorgeworfen, Studenten für den Test und die anschließende positive Rezension der HRS-App mit 3,20 € pro Bewertung zu bezahlen. Schaut man sich nun die Bewertungen an, so kann die App im Schnitt vier von fünf Sternen verzeichnen.

Doch was womöglich verlockend klingt, verstößt gegen das Wettbewerbsrecht. Denn ein Verbraucher muss immer erkennen können, ob eine Bewertung aus freien Motiven heraus erfolgt oder unerlaubterweise durch ein Unternehmen beeinflusst worden ist. Bei gefälschten Nutzerbewertungen wird die Objektivität der Bewertungen widerrechtlich gegen Zahlung von Geld beeinflusst. Dies stellt eine Form der unzulässigen Schleichwerbung dar, bei der der Werbecharakter einer Geschäftshandlung bewusst verschleiert wird. Gerade im Bereich des Internets legt der Gesetzgeber besonderen Wert darauf, dass Werbung auch als solche gekennzeichnet wird.

Darüber hinaus handelt es sich auch um eine Form der wettbewerbsrechtlich ebenfalls unzulässigen irreführenden Werbung. Hierbei werden durch den Anbieter selbst unwahre und zur Täuschung geeignete Angaben gemacht, die dazu dienen, dem Verbraucher ein verzerrtes und übertrieben positives Bild der App vorzuspiegeln, das nicht der Realität entspricht. Der Nutzer wird also durch dieses Vorgehen getäuscht und in die Irre geführt.

Hinweis: Beweislast liegt beim Nutzer

Wird Ihnen ein solches rechtswidriges Verhalten vorgeworfen, so muss Ihnen auch nachgewiesen werden, dass es sich tatsächlich um gefälschte Nutzerbewertungen handelt. In der Praxis ist dieser Nachweis allerdings äußerst schwierig und wird in der Regel daher von den App-Anbietern nicht als ernst zu nehmende Gefahr angesehen.

5.5.2 Negative Bewertung von Konkurrenz-Apps

Eine andere Art, die eigene App zu fördern, ist es, Konkurrenz-Apps durch negative Bewertungen für die gemeinsame Zielgruppe unattraktiv zu machen. Dies ist für die betroffenen Unternehmen besonders ärgerlich, da die Bewertungen unmittelbar Einfluss auf den Absatz der App und das Ansehen des Unternehmens bei potenziellen Kunden haben. Aus diesem Grund unternehmen viele Betroffene große Anstrengungen, um gegen eine solche Art der Bewertung vorzugehen. Doch nicht jede negative Bewertung eines Konkurrenten ist rechtswidrig. So muss man zwischen berechtigten und unberechtigten negativen Bewertungen unterscheiden. Denn grundsätzlich muss jeder Anbieter einer App hinnehmen, auch von Konkurrenten oder deren Angestellten kritisch und auch negativ beurteilt zu werden. Entscheidend ist dabei, dass das Gebot der Sachlichkeit gewahrt bleibt.

Berechtigte negative Bewertungen

Hat eine App tatsächlich Schwächen, so können diese im Rahmen des rechtlich Erlaubten auch von Konkurrenten bemängelt werden. Es besteht also kein grundsätzlicher Anspruch darauf, nicht von Konkurrenten negativ bewertet zu werden. Jedoch unterliegt auch die Bewertung durch Mitbewerber Grenzen. Diese ergeben sich einerseits aus den allgemeinen Schranken der Meinungsfreiheit und andererseits aus den Regelungen des Wettbewerbsrechts.

So verstößt eine negative Bewertung dann gegen das Wettbewerbsrecht, wenn der Mitbewerber abfällige Tatsachenbehauptungen oder Werturteile über eine Konkurrenz-App äußert, obwohl dafür keine tatsächliche Grundlage vorliegt.

In der Praxis liegt die Schwierigkeit doch besonders darin, zu beurteilen, welche Äußerung tatsächlich eine Herabsetzung darstellt und wann der Anbieter der App nunmehr damit leben muss, dass seine App zu Recht nicht ausschließlich positive Bewertungen verzeichnen kann. Zu beachten ist jedoch, dass bei Bewertungen von Konkurrenten der Maßstab zur Beurteilung strenger angelegt wird als bei Privatpersonen, da die Konkurrenten in aller Regel in Wettbewerbsabsicht handeln, wenn sie Produkte von Mitbewerbern bewerten. Schließlich haben sie, anders als Privatpersonen, in der Regel kein Interesse an konstruktiver Kritik, die der Verbesserung des Konkurrenzprodukts dient.

Eine abfällige Bewertung ist nicht von der Meinungsfreiheit des Bewertenden gedeckt, wenn diese eine pauschale Abwertung ohne einen sachlichen Grund darstellt. Aber auch in den Fällen, in denen die Kritik objektiv gerechtfertigt und wahr ist, muss bei ihrer Formulierung achtgegeben werden. So sind Bewertungen, die allein der Diffamierung dienen oder Beleidigungen enthalten, nicht zulässig.

Praxisbeispiel: Unzulässige Herabsetzungen

Eine App als »letzten Scheiß« oder »absoluten Mist« zu bewerten, dient allein ihrer Herabsetzung und ist damit unzulässig.

Dies bedeutet jedoch nicht, dass abwertende Bezeichnungen generell unzulässig sind. Sie sind erlaubt, wenn sie eine sachbezogene Aussage enthalten. Zu beachten ist stets, dass negative Bewertungen potenzielle Interessenten der App von einem Download abhalten können und daher nur in Maßen eingesetzt werden dürfen.

Unberechtigte negative Bewertungen

Bewertet der Konkurrent eine App zu Unrecht negativ und stützt sich dabei auch noch bewusst auf nicht erweislich wahre Tatsachenbehauptungen, so verstößt er in jedem Fall gegen das Wettbewerbsrecht, wenn diese Äußerungen geeignet sind, den Betrieb des Konkurrenzanbieters zu schädigen. Eine Tatsachenbehauptung unterscheidet sich von einem Werturteil dadurch, dass ihr Wahrheitsgehalt grundsätzlich beweisbar ist. Es muss sich also um die Behauptung eines Umstandes und nicht bloß um eine persönliche Empfindung handeln. Ob nun eine Tatsachenbehauptung oder ein Werturteil vorliegt, lässt sich der Formulierung des Bewertenden entnehmen.

Praxisbeispiel: Werturteil und Tatsachenbehauptung

Bewertungen, die mit »ich finde, die App ...« oder »meiner Meinung nach ist die App ...« sind offensichtliche Darstellungen der persönlichen Empfindung des Bewertenden. Auch subjektive Adjektive wie »nützlich« oder »unpraktisch« sind klar von einem eigenen Empfinden des Bewertenden gekennzeichnet und stellen daher Werturteile dar.

Dagegen sind Aussagen wie »die App funktioniert nicht« oder »die App hat mein Smartphone beschädigt« beweisbare Behauptungen über Tatschen.

Entscheidend für die Annahme eines Wettbewerbsverstoßes ist, dass die Aussage nicht nachweisbar wahr ist und beim bewerteten Unternehmen einen Schaden verursachen kann. Darüber hinaus stellt ein solches Verhalten auch eine gezielte Behinderung des Mitbewerbers dar, welche ebenfalls wettbewerbsrechtlich nicht zulässig ist.

Da durch die unrechtmäßige negative Bewertung auch das Ansehen und der Ruf des App-Anbieters in ein schlechtes Licht gerückt werden, wird auch der soziale Achtungsanspruch des App-Anbieters verletzt, der Teil des Allgemeinen Persönlichkeitsrechts des Unternehmens ist.

Was also das bewusste Abgeben negativer Bewertungen ohne sachlichen Grund angeht, so kennt der Gesetzgeber kein Pardon – zahlreiche Rechtsvorschriften werden verletzt und können zu mit hohen Kosten verbundenen rechtlichen Konsequenzen führen.

5.5.3 Konsequenzen unrechtmäßiger Bewertungen

Kein App-Anbieter muss dulden, dass Mitbewerber seine App in unrechtmäßiger Weise negativ bewerten: außergerichtliche Abmahnungen sowie gerichtliche Unterlassungs-, Beseitigungs- und Schadensersatzklagen stehen ihm als mögliche Abwehrmaßnahmen zur Verfügung. Bekommt das klagende Unternehmen vor Gericht Recht, so muss der Bewertende dann auch die gesamten Kosten des Verfahrens tragen. Auf diese Weise kann der vermeintliche Gewinn durch die Schädigung des Mitbewerbers schnell zu einem eigenen finanziellen Desaster werden. Dieselben Konsequenzen drohen daneben auch App-Anbietern, die ihre eigene App positiv bewerten.

Achtung: Nachweispflicht liegt beim Betroffenen!

Das Problem der Geltendmachung der Ansprüche besteht oftmals darin, dass es nur schwierig möglich ist, dem Mitbewerber nachzuweisen, dass er die negative Bewertung vorgenommen hat. Denn oftmals werden solche Bewertungen in App-Stores anonym vorgenommen. Ein solcher Nachweis müsste jedoch erbracht werden, um den Rechtsverletzer erfolgreich in Anspruch nehmen zu können.

Wer seine eigene App mit besonders guten Bewertungen schmückt, muss ebenfalls mit Abmahnungen von Verbrauchern oder Mitbewerbern rechnen und damit, dass sie sich beim jeweiligen App-Store beschweren. Denn gefälschte Bewertungen verstoßen zudem auch gegen die Richtlinien der App-Stores, die es sich oftmals vorbehalten, gefälschte Bewertungen zu löschen oder die App gar ganz aus dem Store zu entfernen.

Praxisbeispiel: App »Better Fonts Free«

Nachdem das Unternehmen Apple bereits mehrfach damit gedroht hat, hat es seine Drohungen offenbar nun wahr gemacht und damit begonnen, gefälschte Bewertungen aus seinem App Store zu entfernen. Dies bekam die App »Better Fonts Free« wohl kürzlich zu spüren, als die Zahl ihrer Bewertungen im amerikanischen Apple App Store über Nacht von mehr als 20.000 auf rund 4.000 gesunken ist. Da Entwickler und Anbieter selbst keine Bewertungen löschen können, muss Apple selbst aktiv geworden sein.

Nehmen App-Entwickler diese Bewertungen vor, so müssen sie auch damit rechnen, aus dem Entwicklerprogramm des jeweiligen Stores ausgeschlossen zu werden. In diesem muss man jedoch Mitglied sein, um seine App dort veröffentlichen zu können.

Daneben sollten App-Anbieter auch bedenken, dass solche Abstrafungen zudem bei ihrer Zielgruppe zu immensen Imageverlusten führen können. Fliegt man also mit gefälschten Bewertungen auf, sind die materiellen und immateriellen Kosten oftmals deutlich höher als der vermeintliche Nutzen, weshalb von solchen Strategien im eigenen Interesse Abstand genommen werden sollte.

5.6 Checkliste App-Marketing: Alles beachtet?

Checkliste

- Schriftliche Fixierung des Vertrags zur Entwicklung der App?
- Besonders detaillierte Darstellung der Leistungsbeschreibung im Lasten- und Pflichtenheft sowie im Fristenplan?
- Vertragliche Vereinbarung des Umfangs der Nutzungsrechte an der App?
- Einräumung von Nutzungsrechten an Drittinhalten und Einhaltung der Lizenzvorgaben?
- Rechtskonformer Einsatz von Marken?
- Verwendung von Daten nach den datenschutzrechtlichen Prinzipien?
- Korrekte Datenschutzerklärung?
- Rechtskonformes Impressum?
- Keine gefälschten Nutzerbewertungen!

Wenn Sie alle Fragen mit Ja beantworten können, dann kann es losgehen ... Viel Erfolg!

Kapitel 6

Video-Marketing

Videos sind die Zukunft des Marketings. Denn sie sind auf dem besten Weg, das Hauptmedium zu werden, dass das große Informations- und Unterhaltungsbedürfnis der Nutzer befriedigt. Schon jetzt nutzen weltweit zwei Drittel aller Internetnutzer Videoportale. Dies birgt für Sie aus Marketinggesichtspunkten enormes Potenzial, das Sie nicht ungenutzt lassen sollten. Damit Sie auch dieses Marketinginstrument sicher und rechtskonform einsetzen können, möchten wir Ihnen in diesem Kapitel die wesentlichen rechtlichen Aspekte des Video-Marketings näher erläutern.

Social Media im Allgemeinen ist ein elementarer Bestandteil im Kommunikationsprozess geworden. Derzeit wird so viel Inhalt produziert und konsumiert wie noch nie zuvor. Besonders beliebt ist dabei User-generated Content, also von Nutzern selbst generierter Inhalt. Der macht nach Angaben der Internetplattform Business-Wire etwa ein Drittel des gesamten Medienkonsums aus und ist damit anderen Medienformaten weit voraus. Dies zeigt auch die enorme Beliebtheit der Videoplattform YouTube (siehe Abbildung 6.1), die es in 75 Ländern und 61 Sprachen gibt. Mittlerweile gilt YouTube als zweitgrößte Suchmaschine der Welt.

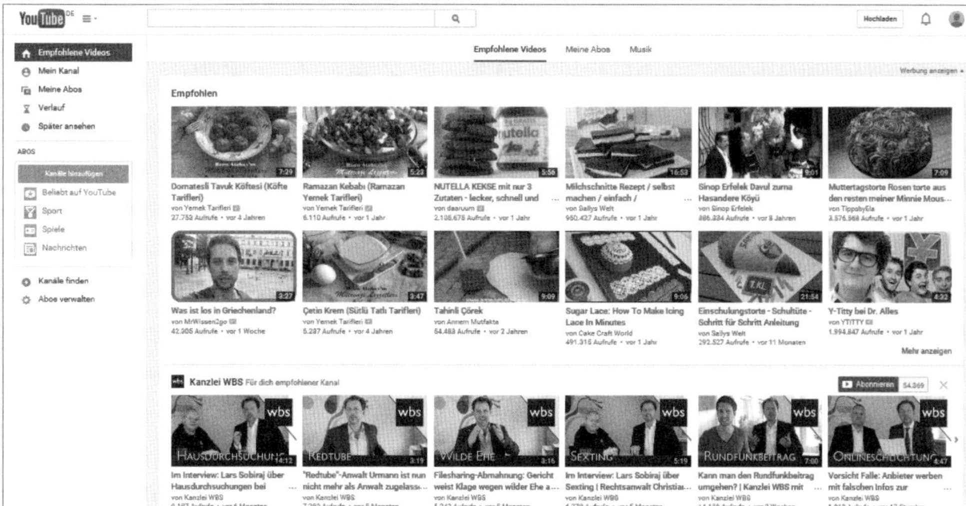

Abbildung 6.1 Startseite der Videoplattform YouTube

Das enorme Potenzial des Video-Marketings zeigt auch eine von der Plattform selbst auf seiner Website veröffentlichte Statistik zur Nutzung von YouTube:

- YouTube hat mehr als 1 Mrd. Nutzer.
- Täglich werden auf YouTube-Videos mit einer Gesamtdauer von mehreren hundert Millionen Stunden wiedergegeben und Milliarden Aufrufe generiert.
- Die Anzahl der Stunden, die Nutzer jeden Monat auf YouTube ansehen, steigt jährlich um 50 % im Vergleich zum Vorjahr.
- Pro Minute werden 300 Stunden Videomaterial auf YouTube hochgeladen.
- Etwa 60 % der Aufrufe eines Videokünstlers werden außerhalb des Heimatlandes generiert.
- Die Hälfte der Aufrufe wird über Mobilgeräte generiert.
- Der über Mobilgeräte generierte Umsatz steigt auf YouTube pro Jahr um über 100 %.

Für Unternehmen und Start-ups stellen Videos ein wichtiges Werkzeug dar, mit dem sie auf individuelle Art und Weise mit potenziellen Kunden kommunizieren und gleichzeitig ihr Branding stärken können. Dies haben zahlreiche Unternehmen bereits erkannt und setzen daher immer mehr auf dieses Marketinginstrument (siehe Abbildung 6.2).

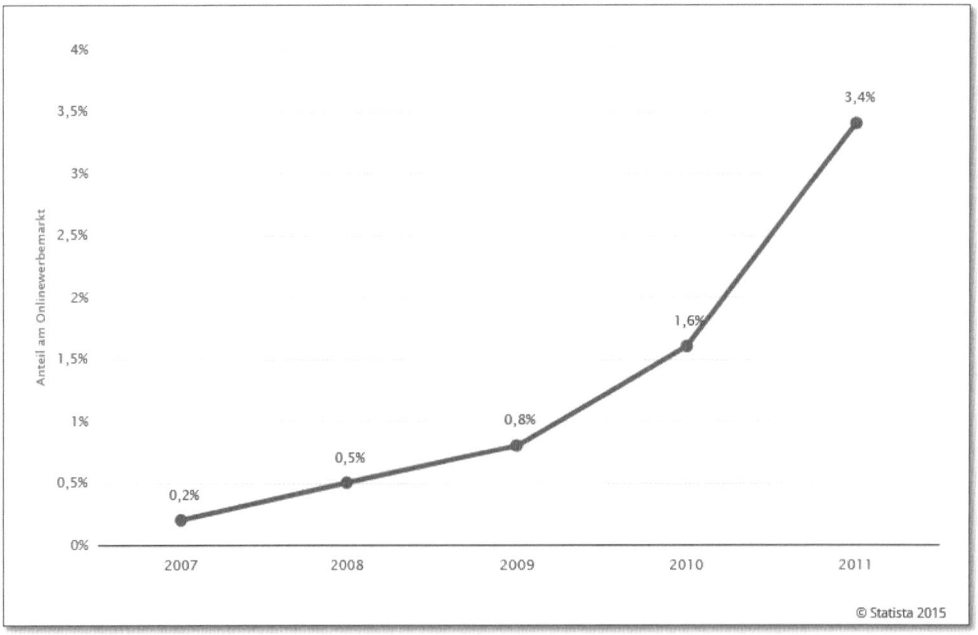

Abbildung 6.2 Diese Statistik zeigt die Entwicklung des Anteils von Video-Marketing an den Gesamtumsätzen im Online-Marketing in Deutschland.

Das Video-Marketing bietet als neuer Distributionskanal eine Möglichkeit, Botschaften von Unternehmen und sonstige kommerzielle Interessen an die Zielgruppen heranzutragen. Eher noch als Texte mit Bildern haben Videos die Chance, einen viralen Effekt hervorzurufen. Dies ist für Unternehmen aber nicht der einzige Anreiz für den Einsatz von Video-Marketing (siehe Abbildung 6.3).

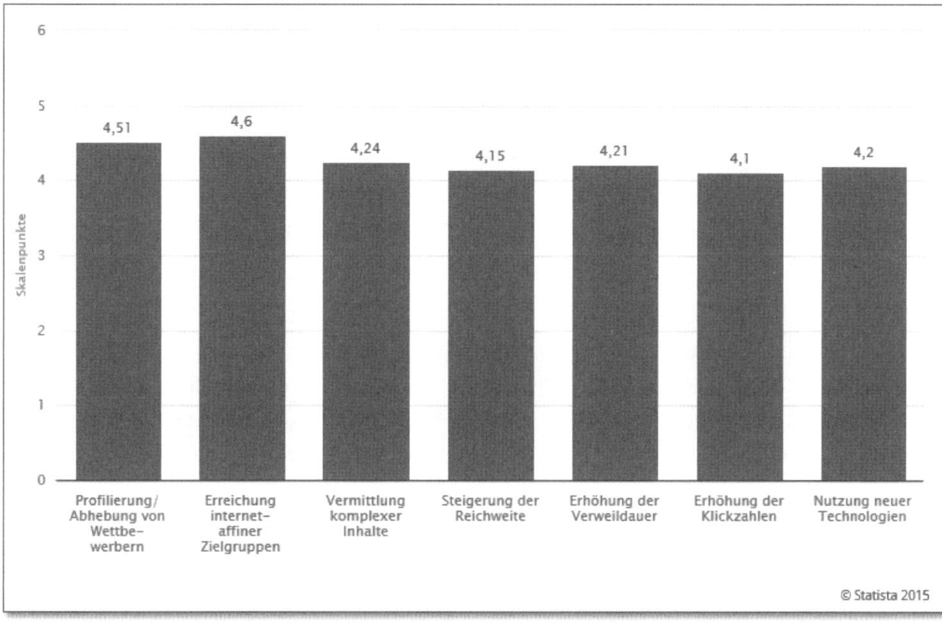

Abbildung 6.3 Die Grafik zeigt die Bewertung der Motivationsgründe für den Einsatz von Video-Marketing durch Unternehmen.

Ebenso bedeutend wie die Nutzung dieses Marketinginstruments ist die Einhaltung der rechtlichen Rahmenbedingungen. Probleme in Bezug auf das Recht am eigenen Bild und Urheberrechte, insbesondere Musikrechte, sind dabei ebenso wichtige Aspekte des Video-Marketings wie das Verbot der Schleichwerbung bei Videos mit Werbecharakter. Diese und weitere rechtliche Fallstricke im Bereich des Wettbewerbsrechts, des Datenschutzes und der Haftung als Plattformbetreiber möchten wir Ihnen im Folgenden kompakt und leicht verständlich erläutern.

6.1 Welche Möglichkeiten gibt es bei der Produktion von Videos?

Video-Marketing beginnt natürlich damit, dass Sie erst einmal ein Video benötigen. Dabei haben Sie verschiedene Möglichkeiten:

- Sie können das Video selbst produzieren, sofern Sie die technischen Voraussetzungen dafür mitbringen.

- Sie können das Video von Agenturen nach Ihren Wünschen herstellen lassen.
- Sie können ein fertiges Video aus Stockarchiven einkaufen.

Je nachdem, für welche Variante Sie sich entscheiden, müssen Sie unterschiedliche rechtliche Aspekte speziell im Hinblick auf die Vertragsgestaltung im Blick haben. In diesem Kapitel möchten wir Ihnen darüber einen Überblick verschaffen und Hilfestellungen geben.

6.1.1 Eigenproduktionen

Entscheiden Sie sich für die Nutzung von Video-Marketing, dann brauchen Sie zum Beispiel Darsteller oder Musik. Auch wenn Sie das Video selbst produzieren, müssen Sie zum Beispiel Persönlichkeitsrechte der Darsteller und Rechte an der Musik beachten. Diese möchten wir Ihnen ausführlich in den folgenden Abschnitten erläutern.

Ihr Vorteil bei der Eigenproduktion ist, dass Sie der Urheber des Videos sind und demnach die vollumfänglichen Rechte daran haben. Sie können also zum Beispiel selbst frei entscheiden, wie Sie Ihr Video nutzen, wo Sie es veröffentlichen oder ob andere es auch gegen Entgelt oder kostenlos für eigene Zwecke nutzen dürfen. Allerdings ist die Eigenproduktion natürlich sehr zeit- und kostenaufwendig.

6.1.2 Auftragsproduktionen

Die wenigsten Unternehmen, die sich für Video-Marketing entscheiden, stellen die dafür erforderlichen Inhalte auch selbst her. In der Regel bedienen sie sich dazu spezialisierter Werbe- oder Videoagenturen (siehe Abbildung 6.4), die die Videos in ihrem Auftrag produzieren. Auf diese Weise können Sie die eigenen Produkte und Dienstleistungen optimal und professionell hervorheben.

Abbildung 6.4 Startseite der Internetpräsenz der Videoagentur impulswerk

Die Agentur ist dann von der Entwicklung bis zur Ablieferung des fertigen Videos an dem Prozess verantwortlich beteiligt und gilt somit auch als dessen Urheber. Das bedeutet für Sie, dass Sie, selbst wenn Sie das Video in Auftrag gegeben haben, es nur nutzen dürfen, wenn Sie sich von der Agentur vertraglich die Verwertungs- und Nutzungsrechte an dem Video einräumen lassen. Diese Rechte sollten Sie sich grundsätzlich ausschließlich und zeitlich sowie räumlich unbeschränkt einräumen lassen, damit Sie sich nicht der Gefahr einer Urheberrechtsverletzung aussetzen.

Hinweis

Möchten Sie das Video auch in sozialen Netzwerken veröffentlichen, sollten Sie daran denken, sich auch für diese Art der Nutzung die Rechte einräumen zu lassen.

Ebenfalls im Blick haben sollten Sie Rechte Dritter wie Musikrechte oder Persönlichkeitsrechte der Darsteller, auf die wir in Abschnitt 6.2, »Wie beachtet man die Bildrechte der Darsteller?«, noch zu sprechen kommen werden. Dahin gehend sollten Sie sich in jedem Fall von Ihrer Agentur zusichern lassen, dass diese selbst über alle eingeräumten Rechte verfügt. Hat die Agentur beispielsweise Hintergrundmusik in Ihr Video eingebaut, so sollte sie die dafür erforderlichen Lizenzen beispielsweise bei der GEMA eingeholt haben. Denn veröffentlichen Sie das Video im Anschluss, werden Rechteinhaber sich mit vermeintlichen Rechtsverletzungen auch dann an Sie wenden, wenn Sie diese gar nicht verursacht haben. Aus diesem Grund sollten Sie vertraglich vereinbaren, dass die Agentur, die das Video erstellt oder Ihnen verkauft hat, haftet, wenn sie sich nicht alle erforderlichen Rechte eingeholt hat. Zu Beweiszwecken sollten Sie auch an dieser Stelle daran denken, solche Vereinbarungen schriftlich festzuhalten.

6.1.3 Stockvideos

Neben der aufwendigen Auftragsproduktion besteht auch die Möglichkeit, fertige Videos, sogenannte Stockvideos, einzukaufen und zu verwenden. Auf Stockvideoarchiven wie Getty Images (*www.gettyimages.de*) können Sie Videomaterial zu verschiedenen Themen wie Business, Mode oder Natur finden (siehe Abbildung 6.5).

Doch nur weil Sie diese Videos über Stockarchive beziehen, sollten Sie sich rechtlich nicht in Sicherheit wiegen. Denn auch hier ist Vorsicht geboten: Vor der Verwendung sollten Sie einen Blick in die Nutzungsbedingungen des jeweiligen Archivs werfen, denn die vergebenen Nutzungsrechte erlauben Ihnen nicht jede Art der Verwendung. So besteht beispielsweise oftmals eine Einschränkung für die Verbreitung der Videos auf sozialen Netzwerken.

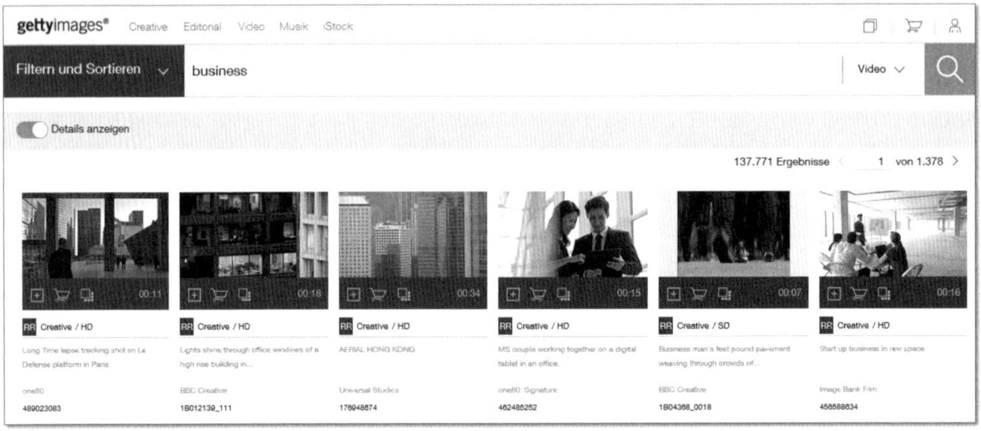

Abbildung 6.5 Videos zum Thema Business auf der Plattform Getty Images

Die kostenpflichtigen Stockbildarchive, wie zum Beispiel Getty Images, bieten meist keine Videos an, die auch in den sozialen Netzwerken genutzt werden dürfen. Das liegt daran, dass die Nutzungsbedingungen der sozialen Netzwerke, wie zum Beispiel Facebook, bestimmen, dass in dem Moment, in dem Sie Videos auf Facebook hochladen, automatisch vollumfängliche Nutzungsrechte an den eingestellten Videos auf Facebook übertragen werden. Alle Videos, die hochgeladen werden, unterliegen dann einer neuen Lizenz. Die Lizenzbedingungen der Stockvideoarchive verbieten jedoch grundsätzlich die weitere Übertragung der Nutzungsrechte an Dritte und damit auch an soziale Netzwerke. Der Grund dafür liegt darin, dass die Archive verständlicherweise erreichen wollen, dass ihre Videos weiterhin unter ihren Bedingungen genutzt werden und nicht unter denen der sozialen Netzwerke. Daher heißt es in den Nutzungsbedingungen von Getty Images:

> *»Soweit dies in den Rechten und Einschränkungen nicht anders festgelegt ist, darf der Lizenznehmer das Endprodukt des Lizenznehmers weder direkt noch indirekt in sekundären Vervielfältigungen wie Zusammenstellungen, Screenshots, Kontextwerbung oder auf dateifreigebenden Websites oder Kontaktwebsites wie YouTube, Facebook, MySpace oder Bebo vervielfältigen.«*

Eine Lösung für dieses Problem könnten zwar auch die kostenfreien Stockvideoarchive darstellen, jedoch besteht dort das Problem, dass Sie nicht wissen können, ob die Videos überhaupt rechtmäßig eingestellt wurden. Denn möglicherweise weiß der Rechteinhaber gar nicht, dass sein Video sich in einem kostenlosen Stockvideoarchiv befindet und möchte dies unter Umständen auch gar nicht. Da es keine gutgläubige Nutzung von Videos im Urheberrecht gibt, setzen Sie sich so der Gefahr rechtlicher Konsequenzen aus.

Die beste Lösung bietet hier wohl der kostenpflichtige Anbieter ClipDealer (*www.clipdealer.com*). Dort können Sie gegen einen Aufpreis eine Social-Media-Lizenz erwerben, die es Ihnen gestattet, das Video auch in den sozialen Netzwerke (siehe Abbildung 6.6). Denn nur dann dürfen Sie ausnahmsweise das sozialen Netzwerke unterlizenzieren. Besonders positiv ist zudem, dass ... leistung dafür übernommen wird, dass die Videos rechtmäßig in das Archiv eingestellt worden sind.

2.5 Merchandising Lizenz (nicht erforderlich bei Videos):
Beim Erwerb einer Merchandising Lizenz gelten die Regelungen der 2.1 bis 2.4. Zusätzlich gilt:

Insbesondere enthalten ist das Recht zur kommerziellen Auswertung der Inhalte durch die Herstellung und Verbreitung von Waren aller Art (Wiederverkaufsprodukte wie z.B. Poster, Kalender, Puppen, Spiele, Spielzeug, Stofftiere, Sportartikel, Haushalts-, Bad- und Küchenwaren, Kleidungsstücke, Druckschriften einschließlich Comics, Kopfbedeckungen, Buttons etc.).

2.6 Social Media Lizenz
Beim Erwerb einer Social Media Lizenz gelten grundsätzlich die Regelungen der 2.1 bis 2.4. Die Lizenz enthält das Recht zur Nutzung der Inhalte innerhalb sozialer Netzwerke (z.B. Facebook, Google+, MySpace u. dgl.). In diesem Rahmen ist eine Unterlizenzierung der Inhalte gestattet (abweichend von Ziffer 2.3). Die Grundsätze des Urheber- und Persönlichkeitsrechts sowie die Einschränkungen der nachfolgenden Ziffer 3 sind zu beachten, insbesondere dürfen etwa Inhalte, auf denen eine Person abgebildet ist, nicht als Profilbild eingesetzt werden.

3. Unerlaubte Nutzung

Die Inhalte dürfen nicht eingesetzt werden

(a) für pornografische, sexistische, diffamierende, verleumderische, rassistische, Minderheiten oder religiös verletzende Darstellungen;

(b) in einer dem Urheber oder die abgebildete Person/en herabwürdigenden Art und Weise bzw. wenn davon ausgegangen werden kann, dass der Urheber oder die abgebildete Person mit der Veröffentlichung (trotz Vorliegen eines sogenannten Model Releases = Freigabeerklärung) nicht einverstanden sein könnte. Zur Verdeutlichung: Dies betrifft alle Abbildungen, die diese Person in einer möglicherweise persönlichkeitsverletzenden Situation darstellt, einschließlich sexuellen oder angedeuteten sexuellen Handlungen oder Vorlieben, Drogenge- oder -missbrauch, Verbrechen, physischem oder mentalem Missbrauch oder Leiden, bzw. jedweder sonstigen Situation, die berechtigterweise wahrscheinlich für jedwede in dem Inhalt dargestellte Person anstoßend

Abbildung 6.6 Auszug aus dem Kundenlizenzvertrag von ClipDealer

6.1.4 Creative-Commons-Videos

Neben Stockvideos gibt es im Internet auch unzählige Anbieter von Videos, die unter einer sogenannten Creative-Commons-(CC-)Lizenz stehen. Dazu gehört beispielsweise auch die Plattform Vimeo, *www.vimeo.com* (siehe Abbildung 6.7).

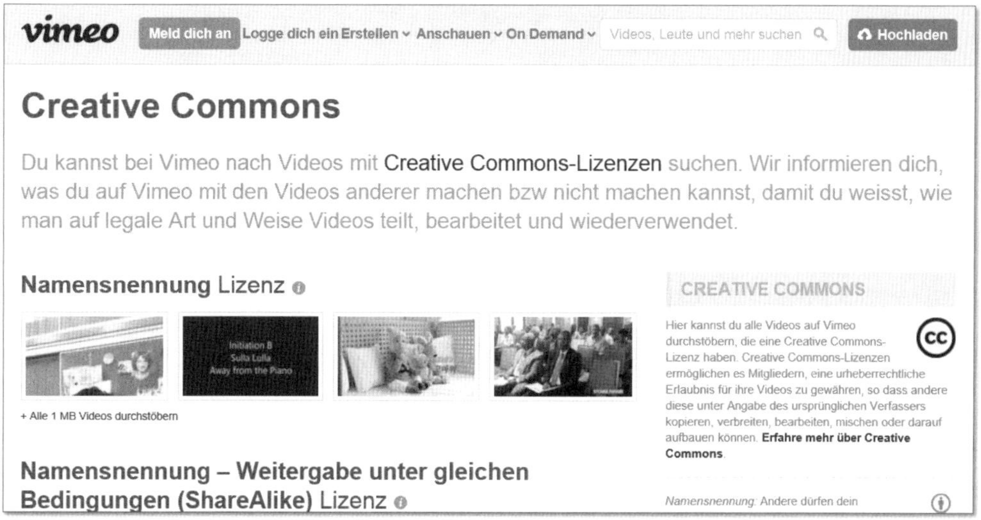

Abbildung 6.7 Startseite des CC-Video-Anbieters Vimeo

In den letzten Jahren hat sich Creative Commons über die ganze Welt verbreitet und im Internet fest etabliert. Von diesem Erfolg profitieren Urheber und Nutzer gleichermaßen, was sich nicht zuletzt in der Fülle der unter Creative Commons lizenzierten Werke zeigt. Abseits von wirtschaftlicher Gewinnmaximierung stellt Creative Commons eine starke Alternative zu herkömmlichen Lizenzsystemen dar.

Doch nun stellt sich Ihnen sicherlich die Frage, was Creative Commons überhaupt bedeutet. Vermutlich haben Sie diesen Begriff auch schon im Zusammenhang mit Bildern für die Website, die App oder den Newsletter gehört. Da CC-Material eine hohe Bedeutung im Online-Marketing hat, möchten wir Ihnen in diesem Abschnitt einmal einen ausführlichen Überblick über Creative Commons geben.

Creative Commons ist der Ausdruck eines Bestrebens, die Regelungskomplexe des Urheberrechts aufzubrechen und für die Allgemeinheit zu vereinfachen. 2001 als Non-Profit-Organisation in den USA gegründet, sind Creative-Commons-Lizenzen fast 15 Jahre später auf der ganzen Welt weit verbreitet: Mehr als 880 Mio. Werke stehen bereits unter einer Creative-Commons-Lizenz (siehe Abbildung 6.8).

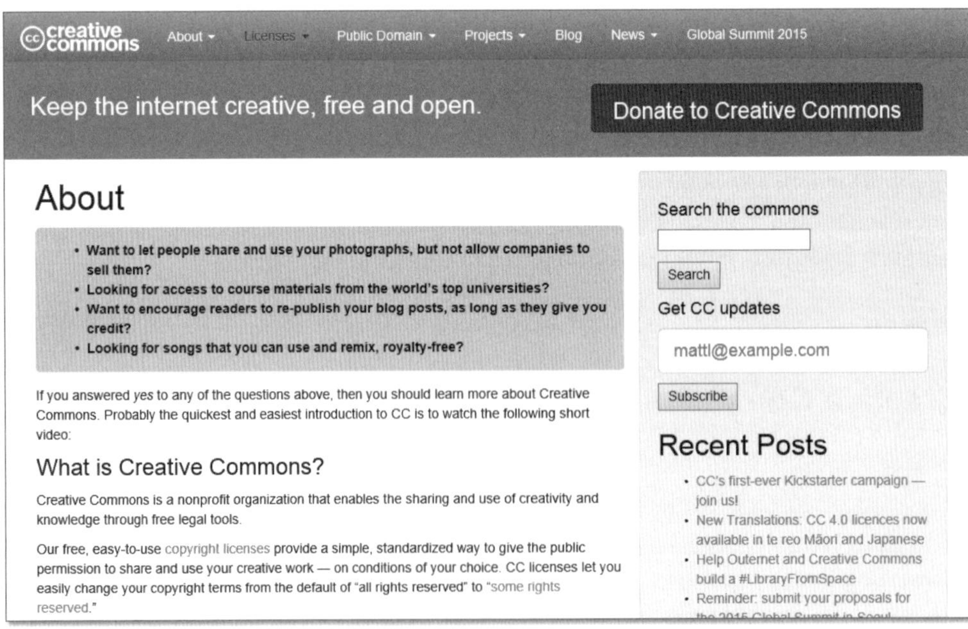

Abbildung 6.8 Internetpräsenz der Organisation Creative Commons

Die Lizenzierung ist schnell und unkompliziert. Der Urheber wählt eine der sechs verschiedenen CC-Lizenzmodelle und markiert damit sein Werk. Interessierte Nutzer können anhand der jeweiligen CC-Lizenzsymbole unproblematisch erkennen, wie sie das Werk nutzen dürfen, ohne eine Rechtsverletzung zu begehen. Weder muss eine Verwertungsgesellschaft oder der Urheber selbst kontaktiert noch ein Vertrag ausgehandelt und unterzeichnet werden.

Hintergrund des Systems

Zum Verständnis des Systems und des rechtlichen Hintergrundes ist es hilfreich, die Motivation einer Creative-Commons-Lizenzierung zu verstehen. Für Sie als Nutzer, der beispielsweise auf der Suche nach kostenlosen Videos ist, bietet Creative Commons eine unproblematische und schnelle Lösung.

Aber was motiviert einen Urheber, sein Werk unter einer CC-Lizenz zu veröffentlichen? Nicht jeder Urheber ist an einer bestmöglichen Vermarktung seines Werkes interessiert. Oft besteht einfach ein Interesse daran, die eigene künstlerische Arbeit mit anderen Menschen zu teilen. Das Internet bietet Möglichkeiten, die es vorher nicht gab: Musik, Bilder und Videos können durch einen einzigen Klick mit der gesamten Welt geteilt werden. Es braucht keine Verwertungsgesellschaften, Manager oder andere Dritte, die zwischen Urheber und Endnutzer vermitteln. Das ist natürlich vor allem für neue, noch unbekannte Urheber interessant. Die bloße Möglichkeit einer weltweiten Verbreitung der eigenen Werke ist reizvoll.

CC-Lizenzsystem

Trotzdem will niemand ganz auf seine Rechte verzichten. Ein besonderes Interesse besteht daran, dass der Name des Urhebers stets mit dem Werk verknüpft ist. Eventuell ist der Urheber nicht mit einer Bearbeitung oder Kommerzialisierung seiner Werke durch Fremde einverstanden. Das bedeutet wiederum, dass Regeln für den Umgang mit den Werken festgelegt werden müssen. Doch die meisten Urheber werden weder das Wissen, noch die Lust oder Zeit haben, entsprechende Lizenzverträge zu verfassen. Hier setzt die Creative-Commons-Organisation an: Creative Commons bietet ein Lizenzmodell an, das zum einen den Urhebern eine einfache und schnelle Lizenzierung ihrer Werke ermöglicht und zum anderen den Endnutzern eine verständliche und rechtssichere Nutzung dieser Werke erlaubt.

Das Lizenzsystem ähnelt einem Baukasten: Grundlage bilden vier Module, die zu insgesamt sechs verschiedenen Lizenzen zusammengesetzt werden können. Jedes Modul wird durch jeweils zwei Buchstaben abgekürzt:

- **BY**: Das erste Modul betrifft die Angabe der Urheberbezeichnung. Die Nennung des Urhebers eines Werkes ist Teil des Urheberpersönlichkeitsrechts und unverzichtbar. Daher ist dieses Modul Bestandteil einer jeden CC-Lizenz. Wann immer ein fremdes Werk genutzt wird, muss der Name des Urhebers angegeben werden.
- **NC**: Dieses Modul steht für *non-commercial*. Eine CC-Lizenz mit diesem Modul verbietet Ihnen eine kommerzielle Nutzung des Werkes. So kann beispielsweise

ein Video unter einer BY-NC-Lizenz zwar für ein privates Blog, aber nicht für den Internetauftritt Ihres Unternehmens verwendet werden.

- **ND**: Wenn der Urheber verhindern will, dass sein Werk von Dritten bearbeitet wird, dann wählt er dieses Modul. Die Abkürzung steht für *no derivates*, also keine Bearbeitungen. Eine Bearbeitung liegt immer dann vor, wenn das Original in irgendeiner Weise verändert wird. Auch das Zuschneiden von Videos ist eine Bearbeitung. Erlaubt sind lediglich zwingende, minimale Veränderungen, wie beispielsweise das Anpassen des Formats. Ein Verzerren oder eine übertriebene und unnötige Verkleinerung oder Vergrößerung können jedoch wieder als Bearbeitung angesehen werden.
- **SA**: Das letzte Modul wird SA abgekürzt, *share alike*. Damit ist gemeint, dass ein Werk nur unter derselben Lizenz weitergegeben werden darf. Wenn der Urheber sein Werk zum Beispiel unter BY-NC-SA veröffentlicht, dann dürfen Dritte das Werk zwar bearbeiten. Wenn sie das veränderte Werk allerdings ihrerseits im Internet verbreiten, dann sind sie an die BY-NC-SA-Lizenz gebunden. Eine Kommerzialisierung des veränderten Werkes ist aufgrund des NC-Moduls somit nicht möglich.

Wie bereits erwähnt, können die vier Module zu insgesamt sechs Lizenzen zusammengesetzt werden und so unterschiedliche Dinge gestatten und verbieten: BY, BY-SA, BY-ND, BY-NC, BY-NC-SA und BY-NC-ND. Die Bezeichnung der Lizenzen setzt sich aus der Kombination der Abkürzungen zusammen. Zu jeder der sechs Lizenzen gibt es einen entsprechenden vorgefertigten Lizenzvertrag. Darin werden die Rechte und Pflichten hinsichtlich der Nutzung der jeweiligen Lizenz noch einmal detailliert beschrieben (siehe Abbildung 6.9).

Neben diesen sechs Lizenzen bietet die Gesellschaft Creative Commons seit dem Jahr 2009 eine neue Lizenzform: CC0 (sprich *cc zero*). Dabei handelt es sich um ein Werkzeug, mit dem Rechteinhaber auf alle Rechte verzichten können, soweit dies gesetzlich möglich ist. Damit können Anwender ihre eigenen Werke in die Gemeinfreiheit überführen. Es wird also vorzeitig der Zustand der Gemeinfreiheit hergestellt, der sonst mit Zeitablauf des gesetzlichen Schutzes eintritt – in Deutschland also 70 Jahre nach dem Tod des Urhebers.

Problematisch aus der Sicht des deutschen Urheberrechts ist allerdings, dass dieses die ökonomischen Verwertungsrechte und Urheberpersönlichkeitsrechte als Einheit ansieht. Das Urheberpersönlichkeitsrecht ist aber so eng mit der Person des Urhebers verbunden, dass es grundsätzlich nicht übertragen oder aufgegeben werden kann. Die Urheberpersönlichkeitsrechte werden auch als »Grundrechte« des Urhebers bezeichnet. Danach hat der Urheber

- das alleinige Recht zu bestimmen, ob und wie sein Werk veröffentlicht wird,
- einen Anspruch auf die Anerkennung seiner Urheberschaft,
- einen Schutz vor Entstellung seines Werkes.

Ein allumfassender Verzicht auf das Urheberrecht ist im deutschen Recht daher nicht möglich. Der Urheber darf Dritten lediglich einzelne Nutzungsrechte an seinem Werk einräumen. Für die deutsche Rechtsordnung bedeutet dies demnach, dass der Urheber nicht auf sein Urheberrecht verzichten kann. Eine solche Lizenz muss daher so verstanden werden, dass der Urheber darauf verzichtet, Dritten Nutzungsrechte einzuräumen. Auch kann er nicht endgültig auf die Anerkennung seiner Urheberschaft verzichten. Er kann jedoch zustimmen, dass sein Name nicht genannt wird.

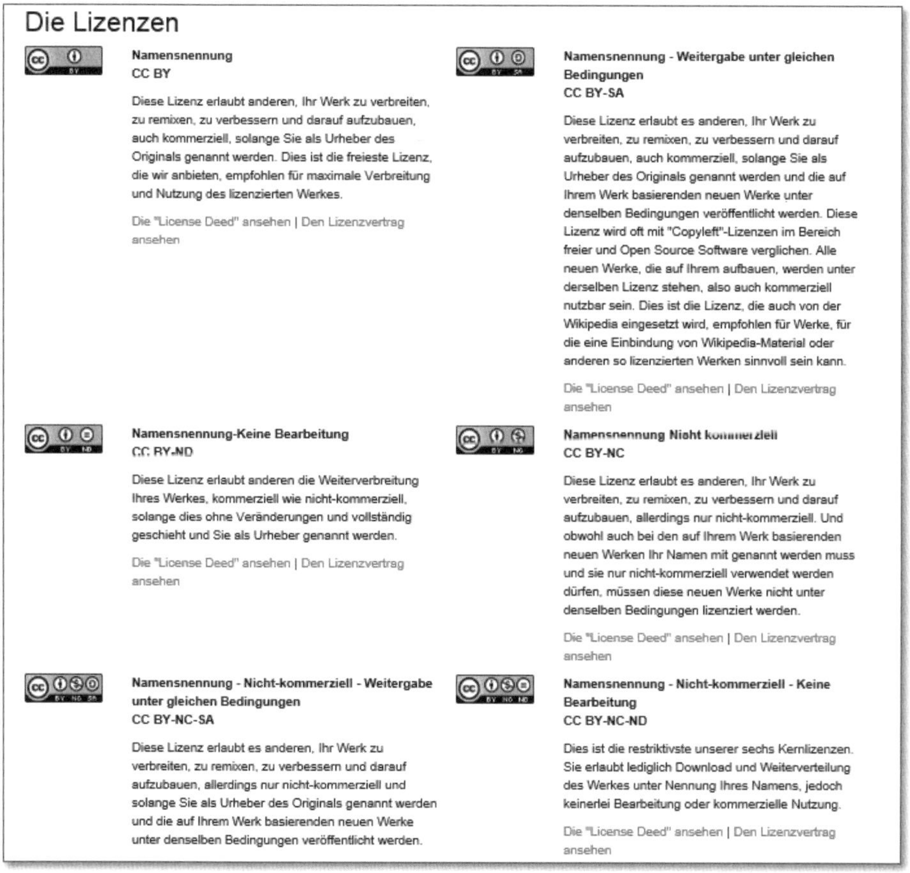

Abbildung 6.9 Erläuterung der CC-Lizenzmodelle durch die Organisation Creative Commons

Kombiniert man nun die sechs erläuterten Lizenzmodelle, so kann bereits am Namen der Lizenz erkannt werden, was erlaubt ist und was nicht.

Praxisbeispiel

Möchten Sie ein Video nutzen, das unter einer CC-BY-NC-ND-Lizenz steht, so sind Ihnen die kommerzielle Nutzung sowie die Bearbeitung verboten. Gleichzeitig sind Sie aber zur Angabe des Urhebers verpflichtet.

Zu beachten ist, dass es unterschiedliche Versionen dieser Verträge gibt. Hintergrund ist die logische Entwicklung des Lizenzsystems sowie die Reaktion auf rechtliche Lücken, etwaige neue urheberrechtlich relevante Nutzungsarten und Anpassungen der bestehenden Regelungen hinsichtlich Schutzvorschriften und deren Verletzung. Aufgrund dieser Unterschiede zwischen den Versionen müssen Sie bei einer Nutzung von Creative Commons immer die entsprechende Version des Lizenzvertrags, auf den Sie sich beziehen, mit angeben. Zurzeit gibt es vier Versionen. Je nach Reichweite der Lizenzierung können sich von Land zu Land Unterschiede ergeben.

Praxisbeispiel

Verwenden Sie ein Video, das unter einer CC-BY-NC-ND-Lizenz steht, das Sie in der Version 3.0 des Lizenzvertrags verwenden, so muss die Angabe CC BY-NC-ND 3.0 aussehen.

Erst wenn eine aktuelle Version vollständig übersetzt und an die bestehende Rechtslage angepasst wurde, können Sie sie problemlos in dem jeweiligen Land verwenden. Diese Anpassung einer Lizenzversion nennt man auch *Portierung*. Um eine landesspezifische Verwendung einer Lizenz zu verdeutlichen, hängt man an die Lizenz die entsprechende Landeskennung an.

Praxisbeispiel

Um das obige Beispiel fortzuführen, wäre eine korrekte Verwendung: CC BY-NC-ND 3.0 DE.

CC-Videos in der Praxis

Die Organisation Creative Commons bietet Ihnen auf ihrer Homepage eine Suchmaschine, die zu den von Ihnen eingegebenen Schlagwörtern das Netz nach CC-Material durchsucht. Dabei können Sie dann beispielsweise zwischen Videoplattformen wie YouTube, Flickr oder Pixabay wählen (siehe Abbildung 6.10). Zwar können Sie die Videos auch über die klassischen Suchmaschinen wie Google im Netz finden, jedoch bietet Google in den Suchoptionen für Videos anders als für Bilder keine Möglichkeit, diese nach Nutzungsrechten zu sortieren. Sie können also auf Google nicht gezielt nach Videos suchen, die unter einer CC-Lizenz stehen.

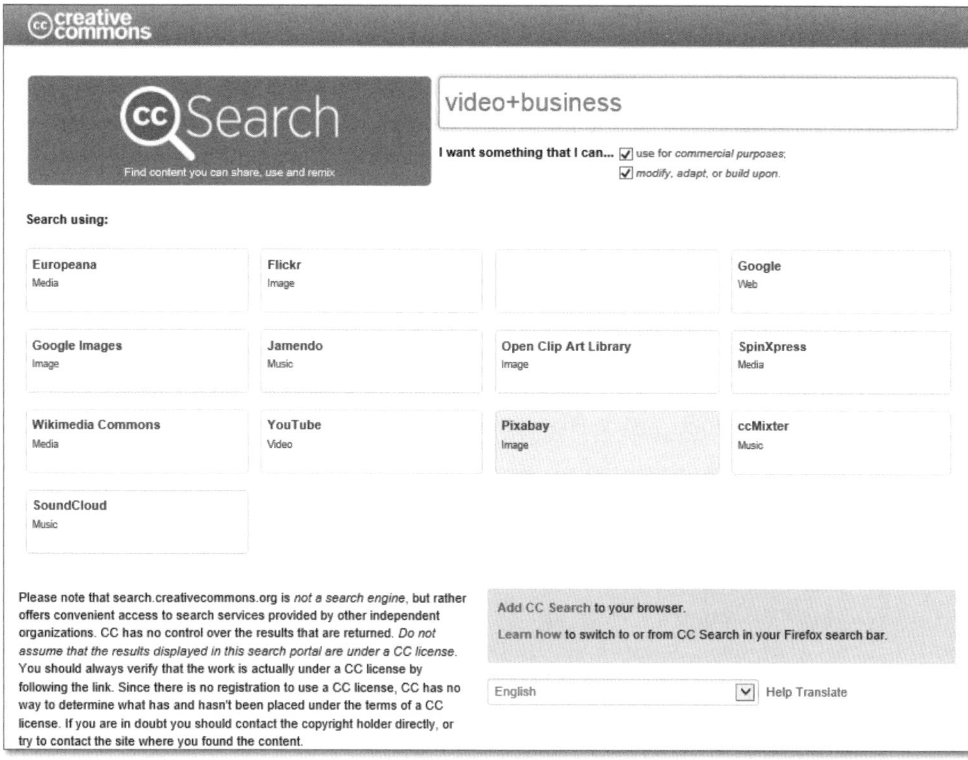

Abbildung 6.10 Suchmaske der Organisation Creative Commons

Hinweis

Da die klassischen Suchmaschinen in der Regel keine Angaben zu Nutzungsrechten machen, empfehlen wir Ihnen, dort aufgezeigte Videos nicht einfach zu übernehmen. Denn auch hier gilt ebenso wie bei Fotos, Texten und Musik: Nur weil der Inhalt im Internet veröffentlicht wurde, bedeutet dies noch nicht, dass Sie ihn auch frei nutzen dürfen. Dies gilt insbesondere dann, wenn Sie das Video auch noch kommerziell nutzen möchten!

Creative Commons erlösen Sie zwar weitestgehend von urheberrechtlichen Problemen, allerdings bedeutet das keinen Freifahrtschein für sämtliche rechtlichen Streitigkeiten. Insbesondere bei der Verwendung von fremden Bildern sind weitere Rechtsverletzungen denkbar. Persönlichkeitsrechte von abgebildeten Personen, Markenrechte an abgebildeten Produkten und Logos sowie auch Urheberrechte an fotografierten Werken bleiben durch Creative Commons unberührt. Wenn ein Video an sich eine Rechtsverletzung darstellt, ändert eine CC-Lizenz daran natürlich nichts, hier geht es um zwei verschiedene Rechtsbereiche.

Denn Creative Commons regeln Verwertung und Nutzung eines Werkes, nicht jedoch den rechtlichen Status eines Werkes selbst. Problematisch ist regelmäßig das Verbreiten fremder Werke als eigene. Die Lizenzierung eines fremden Werkes unter einer CC-Lizenz ohne Einwilligung des eigentlichen Urhebers stellt immer eine Rechtsverletzung dar. Möchten Sie Creative Commons nutzen, empfehlen wir Ihnen daher entweder beim Urheber selbst oder über einschlägige Suchportale nach geeigneten Werken zu suchen. So kann das Risiko einer rechtswidrigen Lizenz minimiert werden.

Wer ein CC-Video verwendet, sich dabei aber nicht an die Lizenzbedingungen hält, begeht eine Urheberrechtsverletzung. Denn er erhält das Nutzungsrecht nur unter der Bedingung, dass er die Lizenzbedingungen einhält. Tut er dies nicht, fällt das Recht an den Urheber zurück. Hier gilt für Videos nichts anderes als für Bilder.

Praxisbeispiel

In einem Fall hatte eine Fotografin ein Bild des Politikers Thilo Sarrazin auf ihre Website gestellt. Dieses war mit der Creative-Commons-Lizenz »Attribution – ShareAlike 3.0 Unported« versehen. Nach diesen Bedingungen muss ein Dritter bei einer Nutzung – etwa durch Veröffentlichung des Fotos auf seiner Website – den Urheber angeben und entweder eine Kopie des Lizenztextes beifügen oder die Internetadresse dafür angeben.

Eine rechtsextreme Partei hielt sich jedoch nicht daran. Sie veröffentlichte das Sarrazin-Foto auf ihrer Website, ohne diese Angaben zu machen. Als die Fotografin dies bemerkte, beantragte sie beim Landgericht Berlin eine einstweilige Verfügung – zu Recht!

Das Landgericht Berlin erließ am 8.10.2010 (Az. 16 O 458/10) die beantragte einstweilige Verfügung. Die Richter entschieden, dass in der Veröffentlichung des Bildes ohne Einhaltung der CC-Lizenz eine Urheberrechtsverletzung liege, da dies eine widerrechtliche Verwendung darstelle. Diese Rechtsprechung ist in jedem Fall auch auf Videos als Bewegtbilder übertragbar.

6.2 Wie beachtet man die Bildrechte der Darsteller?

Videos zu Marketingzwecken enthalten nicht immer nur Aufnahmen von Produkten. Vielmehr zeigen eine Vielzahl von Videos auch Personen, die zum Beispiel neue Produkte vorstellen oder als Darsteller in Imagevideos agieren (siehe Abbildung 6.11). Schließlich lassen Menschen Videos lebendiger wirken und erfreuen sich beim Publikum größerer Beliebtheit.

Abbildung 6.11 YouTube-Video des Unternehmens Siemens zum Thema Windenergie

6.2.1 Grundsätze des Persönlichkeitsrechts

Treten in Ihrem Video Personen auf, so müssen Sie deren Rechte bei der Veröffentlichung der Videos beachten. Andernfalls drohen Unterlassungsansprüche oder in schweren Fällen sogar Geldentschädigungsverpflichtungen. Denn grundsätzlich gilt: Jeder hat das Recht, über die Verwendung seines Bildes frei zu bestimmen. Dieses Recht ist sogar im Grundgesetz als Recht am eigenen Bild gesetzlich verankert. Sicher ist Ihnen das schon aus dem Bereich der Verwendung von Bildern bekannt – für Videos als Bewegtbilder gilt aber nichts anderes. Daher benötigen Sie auch für Aufnahmen von Personen in Videos deren Einwilligung. Zudem müssen Sie sich die ausschließlichen Nutzungs- und Verwertungsrechte an den Aufnahmen einräumen lassen. Dabei sollten Sie insbesondere darauf achten, sich ausdrücklich auch die Erlaubnis zur kommerziellen Nutzung der Aufnahmen einräumen zu lassen. Andernfalls können Sie die Aufnahmen nicht im Rahmen Ihrer unternehmerischen Tätigkeit nutzen, ohne mit rechtlichen Konsequenzen rechnen zu müssen.

Praxisbeispiel

Die Kommission für Zulassung und Aufsicht der Medienanstalten (ZAK) hat im Jahr 2012 eine Sendung von »kabel eins« beanstandet. In einer Folge des »K1 Magazins« wurden Mitarbeiter eines Finanzamtes ohne deren Einwilligung gezeigt. Der Beitrag dokumentierte einen Streit zwischen einer Gaststätte und dem Finanzamt. Das Team von »kabel eins« hatte sich vor das Finanzamt gestellt, um die Angestellten zu befragen, wobei keiner der Befragten mit der Reporterin sprechen wollte. Auch im Gebäude wurde gedreht, wobei sich auch hier dieselben Szenen abspielten. In der beanstandeten Folge des »K1 Magazins« wurden die Gesichter deutlich erkennbar gezeigt, obwohl keine Einwilligung der gefilmten Personen eingeholt wurde. Nach Ansicht der ZAK sei das ein Verstoß gegen das Recht am eigenen Bild. Der Sender hat daraufhin erklärt, bei einer Wiederholung die befragten Beamten unkenntlich zu machen.

6.2.2 Bildrechte der eigenen Mitarbeiter

Dies gilt nicht nur dann, wenn es sich um Bilder professioneller Darsteller handelt, sondern auch dann, wenn in Ihrem Video Ihre eigenen Angestellten auftreten. Zu denken ist da beispielsweise an die Vorsteller neuer Produkte oder Videos mit Bedienungshilfen. Denn der Umstand, dass diese in einem Anstellungsverhältnis zu Ihnen stehen, bedeutet nicht, dass Sie auch deren Bilder veröffentlichen dürfen. Etwas anderes gilt nur dann, wenn Sie sich das Einverständnis schon im Arbeitsvertrag haben einräumen lassen. Eine solche Klausel ist nur dann nicht notwendig, wenn der Mitarbeiter in einer Funktion tätig ist, die ein solches Einverständnis als Teil des Aufgabenbereichs unbedingt erfordert. Dies ist beispielsweise bei Pressesprechern der Fall. Schließlich ist es seine Aufgabe, vor den Medien und in Bild- und Videobeiträgen als Vertreter des Unternehmens aufzutreten. Ohne eine Einwilligung in die Nutzung dieser Aufnahmen könnte er seiner Funktion als Pressesprecher auch nicht vollumfänglich nachkommen.

Nun stellt sich die Frage, wie lange eine solche Einwilligung gilt und ob sie nicht mit Ende des Arbeitsverhältnisses auch erlischt. Grundsätzlich gilt dabei: Die ohne Einschränkung erteilte schriftliche Zustimmung erlischt nicht automatisch mit dem Ende des Arbeitsverhältnisses. Demnach können Sie Bilder und Videos, in denen Ihre Mitarbeiter auftreten, auch dann weiter nutzen, wenn der entsprechende Mitarbeiter nicht mehr für Sie tätig ist.

Praxisbeispiel

Im Sommer 2007 war der betroffene Arbeitnehmer in die Dienste eines Unternehmens für Klima- und Kältetechnik getreten. Dort werden rund 30 Mitarbeiter beschäftigt. Im Herbst erklärte er schriftlich seine Einwilligung dazu, dass das Unternehmen von ihm Filmaufnahmen als Teil der Belegschaft macht sowie diese für die Öffentlichkeitsarbeit des Unternehmens verwendet und ausstrahlt. Danach wurde ein Werbefilm hergestellt, in dem zweimal der betroffene Arbeitnehmer erkennbar abgebildet war. Das Video konnte auf der unternehmenseigenen Homepage angesehen werden.

Das Arbeitsverhältnis endete im September 2011. Im November erklärte der ehemalige Mitarbeiter den Widerruf seiner »möglicherweise« erteilten Einwilligung und forderte das Unternehmen auf, das Video innerhalb von 10 Tagen aus dem Netz zu nehmen. Ende Januar 2012 folgte das Unternehmen dem Anliegen, allerdings unter Vorbehalt. Der Arbeitnehmer klagte und verlangte Unterlassung weiterer Veröffentlichungen sowie Schadensersatz in Höhe von 6.819,75 €, jedoch ohne Erfolg: Die Richter des Bundesarbeitsgerichts (Urteil vom 19.02.2015, Az. 8 AZR 1011/13) sahen die erforderliche schriftliche Einwilligung des Mitarbeiters als gegeben an – auch über das Arbeitsverhältnis hinaus!

6.2.3 Darsteller als Beiwerk

Neben diesem grundsätzlichen Einwilligungserfordernis sieht der Gesetzgeber auch Ausnahmen davon vor. Eine solche Ausnahme liegt dann vor, wenn die abgebildete Person lediglich ein sogenanntes Beiwerk ist. Dazu kommt es entscheidend darauf an, ob entsprechend dem Gesamteindruck des Videos der einzelne Abgebildete nur bei Gelegenheit erscheint oder ob er aus der Anonymität hervorgehoben wird.

Um dies zu beurteilen, ist im Einzelfall die konkrete Gestaltung des Videos zu bewerten. Die abgebildete Person ist danach grundsätzlich dann lediglich ein Beiwerk, wenn Ihr Unternehmen im Vordergrund der Filmaufnahmen steht und in seiner Gesamtheit gefilmt wird, der Abgebildete aber nicht im Fokus der Aufnahmen ist. Demnach greift die Ausnahmeregelung unter anderem dann nicht, wenn die abgebildete Person in dem Video eindeutig aus der Anonymität herausgelöst wird und aus Sicht des Betrachters zum Blickfang wird (siehe Abbildung 6.12).

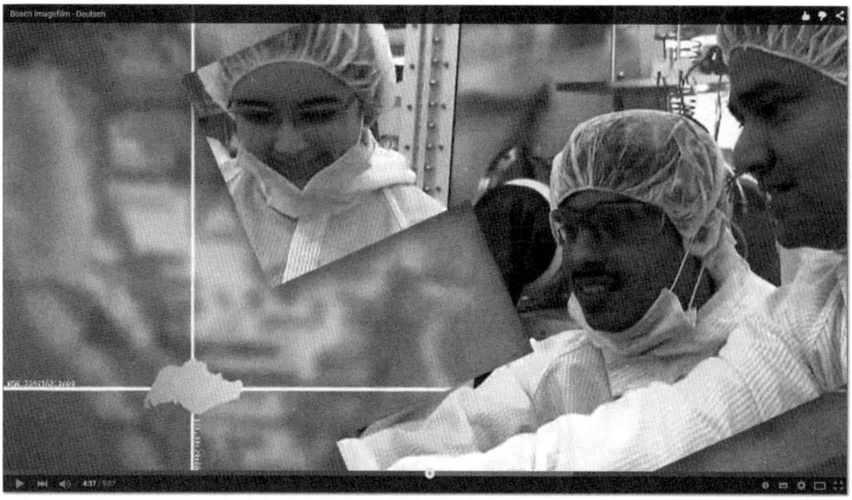

Abbildung 6.12 Imagevideo des Unternehmens Bosch

Hinweis

Sicherheitshalber sollten Sie immer die Einwilligung der abgebildeten Personen einholen und sich die Nutzungsrechte einräumen lassen. Denn ob eine Ausnahme vom Einwilligungserfordernis greift, ist eine komplexe juristische Einzelfallentscheidung, bei der Sie kein Risiko eingehen sollten. Dabei sollten Sie auch hier daran denken, sowohl die Einwilligung als auch die Einräumung der Rechte schriftlich zu fixieren, um diese im Streitfall auch beweisen zu können!

6.3 Was ist bei Musikrechten zu beachten?

Ebenso wie Personen trägt Musik einen wesentlichen Beitrag zu einem ansprechenden Video bei. Gerade zu Marketingzwecken erfüllt Musik einen ganz entscheidenden Zweck: Musik soll Aufmerksamkeit generieren, einen Wiedererkennungswert schaffen und beim Betrachter des Videos Emotionen wecken. Die Musik soll die Bilder unterstreichen und das Publikum emotional erreichen. Im Idealfall sollen sich all die positiven Eindrücke dann auch auf das Produkt übertragen. Dies ist vielen Unternehmen bewusst, weshalb sie gerne zu einer ansprechenden Hintergrundmusik greifen.

6.3.1 Urheberrechtlicher Schutz der Musik

Möchten auch Sie Musik in Ihrem Video verwenden, so müssen Sie bedenken, dass jegliches urheberrechtlich geschützte Material nur verwendet werden darf, wenn hierfür vom Inhaber der Rechte eine Erlaubnis vorliegt. Dies gilt auch dann, wenn es sich »nur« um Hintergrundmusik handelt. Für eine nicht lizenzierte Verwendung der Musik kann der Rechteinhaber Sie abmahnen oder auf Schadensersatz, Unterlassung und Beseitigung in Anspruch nehmen. Dabei kann er sich auch an die Plattform wenden und eine Urheberrechtsbeschwerde einreichen, womit er die Löschung des Videos erreichen kann (siehe Abbildung 6.13).

Die Rechte an Musikstücken haben meist die Künstler oder deren Produzenten bzw. Plattenfirmen. Damit Sie das Musikstück – sei es in einzelnen Tönen oder Akkorden oder als Ganzes – nutzen können, müssen diese Ihnen die Verwertungs- und Nutzungsrechte einräumen. Das gilt unabhängig davon, ob Sie einen Musiker mit der Komposition eines Musikwerkes für Ihr Video beauftragen oder ein bereits bestehendes Musikstück nutzen.

Da an der Produktion eines Musikstücks mit Songwriter, Komponist, Produzent und Tonträgerhersteller in der Regel mehrere Personen beteiligt sind, gibt es auch mehrere Rechteinhaber, die Sie bei der Lizenzierung beachten müssen. In einer Vielzahl von Fällen übertragen die Rechteinhaber ihre Rechte an die Plattenfirma oder an Verwertungsgesellschaften, so dass Sie nur noch einen Ansprechpartner haben, bei dem Sie die Nutzungserlaubnis einholen müssen.

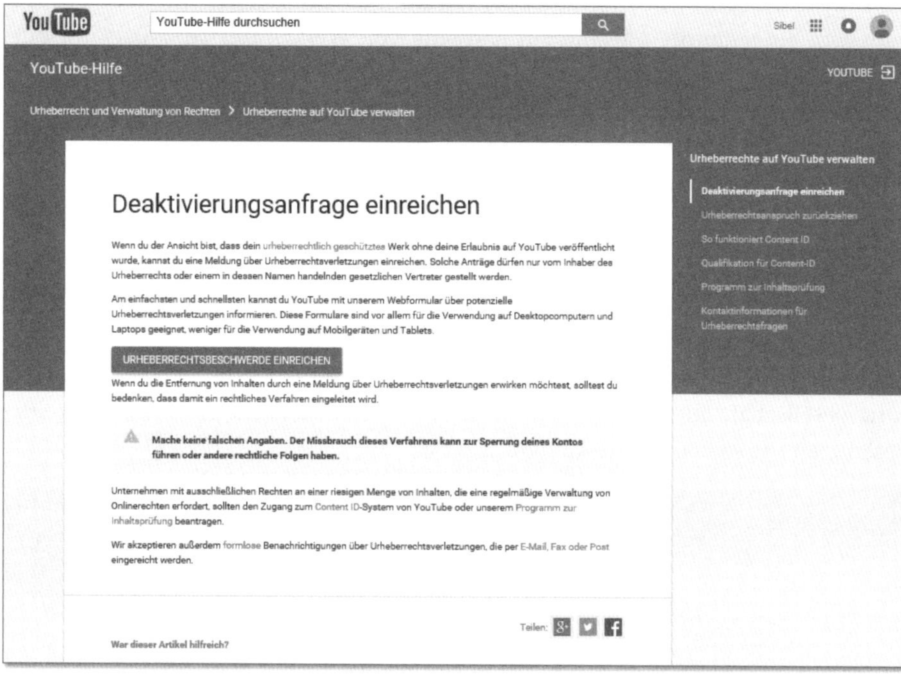

Abbildung 6.13 Rechteinhaber können auf der Videoplattform YouTube eine Deaktivierungsanfrage stellen, wenn ein Video ihre Urheberrechte verletzt.

6.3.2 Lizenzen von Verwertungsgesellschaften

Doch nun stellt sich Ihnen vielleicht die Frage, was überhaupt Verwertungsgesellschaften sind: Die Verwertungsgesellschaften bilden eine Brücke zwischen den Rechteinhabern und den Nutzern des urheberrechtlich geschützten Werkes. Sie nehmen die Urheberrechte und Leistungsschutzrechte wahr und vereinbaren Lizenzverträge mit den Nutzern, die diese eingehen müssen, wenn sie das entsprechende Werk nutzen möchten. Alle Vergütungen, die aus einer solchen Vereinbarung zwischen Urheber und Nutzer stammen, können sodann nur durch eine Verwertungsgesellschaft geltend gemacht werden.

Die Höhe der Lizenzgebühren muss mit den Verwertern ausgehandelt werden. Unterschieden werden muss hier zwischen Gesamt- und Einzelverträgen. Gesamtverträge sind solche, die zwischen Nutzervereinigungen und den Verwertungsgesellschaften geschlossen werden. Hier gelten dann für alle Nutzer die gleichen Tarife. Einzelverträge beziehen sich auf Nichtmitglieder. Die Lizenzgebühren für die letztgenannten Verträge basieren auf den von den Verwertungsgesellschaften ausgestellten Tarifen.

Bei der Lizenzierung von Musik ist die GEMA, die Gesellschaft für musikalische Aufführungs- und mechanische Vervielfältigungsrechte, die entscheidende Verwertungsgesellschaft. Sie nimmt die ihr von Komponisten, Textdichtern und Musikverlegern eingeräumten Rechte zur Nutzung von Werken der Tonkunst mit oder ohne Text wahr. Sie ist von der Verwertungsgesellschaft Wort (VG Wort) und der Gesellschaft zur Verwertung von Leistungsschutzrechten (GVL) ermächtigt, die von diesen wahrgenommenen Rechte und Ansprüche der Urheber von Sprachwerken (VG Wort) sowie der ausübenden Künstler und Tonträgerhersteller (GVL) geltend zu machen.

Möchten Sie also die Lizenz für ein Musikstück erwerben, so sollten Sie als Erstes überprüfen, ob dafür die GEMA zuständig ist. Dazu können Sie auf der Website der GEMA *www.gema.de* eine Online-Recherche durchführen, indem Sie in die Suchmaske den Titel des gewünschten Musikstücks eingeben. Ist die GEMA die Verwertungsgesellschaft für den gesuchten Titel, so gibt sie die an dem Musikstück beteiligten Urheber an (siehe Abbildung 6.14).

Abbildung 6.14 Recherche nach dem von Nena gesungenen Musikstück »99 Luftballons«

6.3.3 Lizenzen direkt vom Rechteinhaber

Handelt es sich um ein Musikstück, dessen Rechte nicht von der GEMA wahrgenommen werden, müssen Sie mit dem Rechteinhaber einen Vertrag über das Recht zur

Nutzung des Musikstücks in Ihrem Video abschließen. Nutzungsrechte sind meinen Sprachgebrauch auch als Lizenzen bekannt und stellen Rechte des g Eigentums anderer dar. Diese Nutzungsrechte an urheberrechtlich geschützt -ken kann der Urheber als Rechteinhaber und Lizenzgeber mit einem Lizenzvertrag auf den späteren Werknutzer als Lizenznehmer für bestimmte Nutzungsarten übertragen und ihm so die wirtschaftliche Nutzung des Werkes gestatten.

Der Lizenzvertrag sollte den Gegenstand der Lizenz und die eingeräumten Benutzungsbefugnisse hinsichtlich ihres Gebiets und der Zeit bzw. der Menge genau beschreiben. Die Dauer der Rechteeinräumung ist möglichst für die gesamte Dauer der Auswertung des Videos zu vereinbaren. Zumindest aber sollten Sie sich eine Option einräumen, die es Ihnen ermöglicht, die Lizenz zu einem späteren Zeitpunkt zu verlängern.

Ebenso sollte festgelegt werden, ob Sie als Lizenznehmer ein einfaches Nutzungsrecht haben, bei dem auch anderen Lizenznehmern durch den Lizenzgeber dieselben Rechte eingeräumt werden können, oder ob es sich um eine ausschließliche Lizenz handeln soll, die exklusiv nur Ihnen eingeräumt wird. Auch Regelungen zur Höhe der Lizenzgebühr, zu Geheimhaltungspflichten und zu möglichen Ausübungspflichten sollten in den Vertrag aufgenommen werden.

Hinweis

Auch hier empfiehlt sich aus Gründen der Beweislast eine schriftliche Fixierung der Vereinbarung, um im Streitfall beweisen zu können, dass Sie die Nutzung rechtmäßig vorgenommen haben.

6.3.4 Musik aus Stockarchiven

Möchten Sie sich nicht mit Lizenzen beschäftigen oder kein Entgelt dafür bezahlen, so könnten Sie im Internet bereits auf Anbieter von kostenloser Stockmusik gestoßen sein. Über Anbieter wie Free Stock Music beispielsweise können Sie diverse Songs für Ihre Projekte herunterladen und verwenden – kostenlos (siehe Abbildung 6.15).

Wahrscheinlich stellt sich Ihnen nun die Frage, ob dies denn legal ist. Werfen Sie einen Blick in die Nutzungsbedingungen, so stellen Sie fest, dass der Download von Musik über die Plattform Free Stock Music für die genannten Zwecke tatsächlich rechtmäßig ist. Denn alle Lieder stehen unter einer sogenannten *royalty free license*. Der Begriff, der im Deutschen häufig mit dem irreführenden Begriff Lizenzfreiheit übersetzt wird, heißt nicht mehr, als dass das Werk gegen eine einmalige, vom Urheber des Werkes festgelegte Nutzungsgebühr erworben wird und im Normalfall unbegrenzt oft, zeitlich unbegrenzt in allen möglichen Medien und auch zu kommerziellen Zwecken verwendet werden darf. Denn die Plattform überträgt Ihnen ein nicht exklusives, nicht übertragbares weltweites Nutzungsrecht zu den von ihr vorgegebenen Nutzungsarten (siehe Abbildung 6.16).

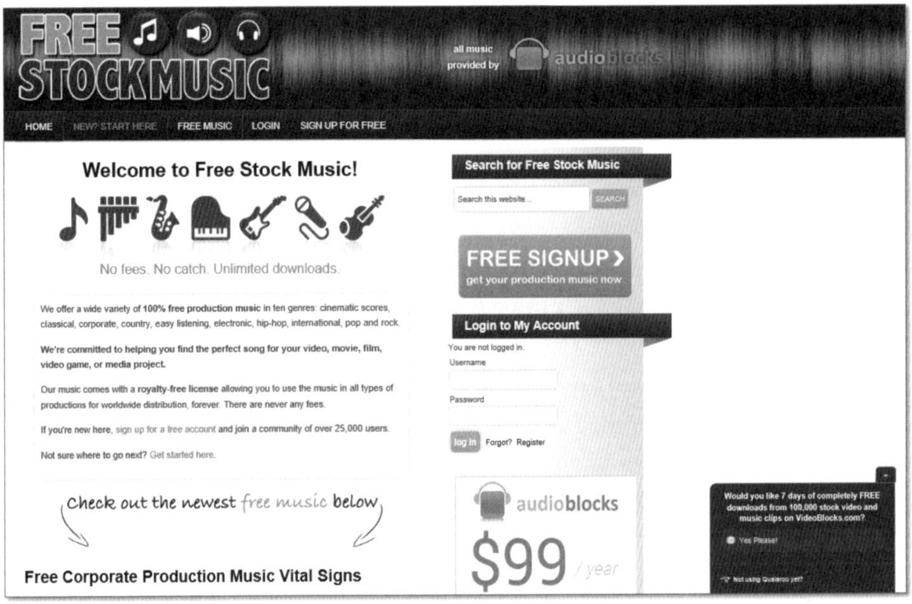

Abbildung 6.15 Startseite der Plattform Free Stock Music

Abbildung 6.16 Lizenzvertrag der Plattform Free Stock Music

Allerdings heißt das nicht, dass Sie diese Werke deshalb ohne Einschränkung verwenden können. Denn in dem Lizenzvertrag heißt es weiter, dass die Musik für jegliche, auch kommerzielle Projekte, genutzt werden kann, sofern die Musik nur als Teil eines neu produzierten Werkes erscheint. Die Musik darf demnach nicht für sich gesehen, als reines Musikstück weiterverwertet werden. Das Stück muss beispielsweise Teil eines Videoclips oder einer Präsentation sein. Eine Verbreitung der Musik über Musiklisten oder der Verkauf der einzelnen Musikstücke ist nicht erlaubt. Demnach dürfen Sie die Musik frei als Hintergrundmusik Ihres Videoclips zu Marketingzwecken benutzen.

Hinweis

Ein Problem taucht dann aber doch manchmal auf: Zum Teil werden die mit den Songs erstellten Werke bei Videoplattformen wie YouTube und Co. gesperrt. Rechtlich gesehen haben Nutzer jedoch nichts zu befürchten, denn das Recht zur Nutzung ist durch die Einbettung des Songs in ein kreatives Projekt gewährleistet. Denn die Lizenzbedingungen sehen anders als bei Stockfotos in der Regel vor, dass die in Ihr Video eingearbeitete Stockmusik auf Plattformen wie YouTube hochgeladen werden darf. So heißt es beispielsweise in den Nutzungsbedingungen der Plattform *www.stockmusic.net*: *»Present the audio synced to YouTube, Vimeo or any other web distribution.«*

6.4 Wie kann ich Produktplatzierungen in Videos vornehmen?

Möchten Sie Videos nutzen, um neue Distributionskanäle zu den Zielgruppen zu erschließen, so müssen Sie beachten, dass bei der Erstellung von Online-Videos zu Werbezwecken der Werbecharakter für den Videokonsumenten zum Ausdruck kommen muss. Andernfalls liegt ein Verstoß gegen das Wettbewerbsrecht vor. Denn das Wettbewerbsrecht sieht klar vor, dass werbliches Handeln von Unternehmen transparent sein muss. Dabei spielt die Qualität des Videos keine Rolle. Der Werbecharakter muss ausdrücklich gekennzeichnet und für den durchschnittlichen Adressaten erkennbar sein. Dies gilt nur dann nicht, wenn Sie das Video allein auf Ihrer Website veröffentlichen, da der dortige Besucher sich der Werbewirkung der eingeblendeten Videos bewusst ist.

Neben eigenen Videos als Marketinginstrument greifen Unternehmen auch auf eine subtilere Art zurück, um ihre Kunden zu erreichen: Produktplatzierungen. Dabei stellen nicht sie selbst ihre Produkte vor, sondern Dritte bauen ihre Produkte eher beiläufig in ihre Videos ein.

Praxisbeispiel

So platziert zum Beispiel der Getränkehersteller Coca-Cola in Filmen seine Produkte, in dem die Darsteller beispielsweise in einem Café eine Cola bestellen oder sich aus dem Kühlschrank eine Flasche herausnehmen und trinken.

Dies ist rechtlich zwar grundsätzlich zulässig, jedoch nicht ohne gewisse Anforderungen. Welche dies sind, möchten wir Ihnen in diesem Abschnitt erläutern.

6.4.1 Das Verbot der Schleichwerbung in Videos

Doch nun stellt sich die Frage, wie es mit Videos in Videokanälen von Plattformen wie YouTube aussieht: Inwieweit sind YouTube-Videos als illegale Schleichwerbung anzusehen, und welche Konsequenzen sind damit für Unternehmen verbunden?

Zunächst einmal handelt es sich immer dann um eine illegale Schleichwerbung, wenn Werbung und redaktioneller Inhalt miteinander vermischt werden, ohne dass dies kenntlich gemacht wird. Geregelt wird das im Telemediengesetz. Dort heißt es, dass kommerzielle Kommunikation klar als solche erkennbar sein muss. Darüber hinaus regelt das Gesetz gegen den unlauteren Wettbewerb, dass es unlauter und damit unzulässig ist, wenn der Werbecharakter einer geschäftlichen Handlung verschleiert wird. Auch muss die Werbung als solche klar erkennbar und vom übrigen Inhalt der Angebote eindeutig getrennt sein.

Da es noch keine Rechtsprechung dazu gibt, ob YouTube-Videos fernsehähnliche Medien sind, auf die dann die Regeln des Rundfunkstaatsvertrags anzuwenden wären, jedoch viel für eine solche Einordnung spricht, sollten Sie sicherheitshalber auch die dahin gehenden Regelungen einhalten. Danach darf Werbung allgemein nicht:

- die Menschenwürde verletzen
- die Diskriminierungen aufgrund von Geschlecht, Rasse oder ethnischer Herkunft, Staatsangehörigkeit, Religion oder Glauben, Behinderung, Alter oder sexueller Orientierung beinhalten oder fördern
- irreführen oder den Interessen der Verbraucher schaden
- Verhaltensweisen fördern, die die Gesundheit oder Sicherheit sowie in hohem Maße den Schutz der Umwelt gefährden

Es stellt sich die Frage, wann es sich bei Videos auf Plattformen wie YouTube überhaupt um Werbung handelt. Klare Anhaltspunkte für eine Werbung sind dann geben, wenn Sie beispielsweise anderen YouTubern größere Zahlungen für die Erwähnung Ihrer Produkte zahlen oder diese ihre YouTube-Videos nur produzieren, um darin Ihre Produkte zu platzieren.

Praxisbeispiel

Die berühmteste Entscheidung in diesem Zusammenhang – lange vor der Erfindung von YouTube – ist das BGH-Urteil »Feuer, Eis & Dynamit I« vom 6.07.1995 (Az. I ZR 58/93). In dem Film wurden zahlreiche Produkte wie Skier, Fahrräder oder Getränke in den Vordergrund gestellt. Bezahlt hatten dafür die Hersteller und finanzierten damit ein Fünftel des gesamten Films. Der Bundesgerichtshof hat entschieden, dass bei solchen Zahlungen »von erheblichem Gewicht« von einer gezielten Werbemaßnahme auszugehen ist, die auch als solche hätte kenntlich gemacht werden müssen. Diese Rechtsprechung dürfte auch auf YouTube-Videos Anwendung finden.

6.4.2 Regeln zur Produktplatzierung

Der Begriff der Produktplatzierung ist gesetzlich geregelt. Demnach ist:

> *»Produktplatzierung die gekennzeichnete Erwähnung oder Darstellung von Waren, Dienstleistungen, Namen, Marken, Tätigkeiten eines Herstellers von Waren oder eines Erbringers von Dienstleistungen in Sendungen gegen Entgelt oder eine ähnliche Gegenleistung mit dem Ziel der Absatzförderung. Die kostenlose Bereitstellung von Waren oder Dienstleistungen ist Produktplatzierung, sofern die betreffende Ware oder Dienstleistung von bedeutendem Wert ist«.*
> *(§ 2 Abs. 2 Nr. 11 RStV)*

Im letzten Satz wird bereits deutlich, worin der Unterschied zur bloßen Produkthilfe liegt. Spielen die Produkte in der Sendung nur eine Nebenrolle, etwa weil der Lippenstift zum Aufzeigen einer Schminktechnik gebraucht wird, ohne dass es dabei auf die Marke des Lippenstiftes ankommt, dann liegt eine nicht kennzeichnungspflichtige Produkthilfe vor. Die Produkthilfe wird im Gegensatz zur Produktplatzierung unentgeltlich gewährt. Sie ist grundsätzlich nicht kennzeichnungspflichtig. Erst wenn die Produkthilfe eine hohe finanzielle Zuwendung bedeutet, muss auch diese wie die klassische Produktplatzierung gekennzeichnet werden. Eine bedeutende finanzielle Zuwendung wird angenommen, wenn die Produktionshilfen mehr als 1 % der Produktionskosten oder mehr als 1.000 € ausmachen.

Praxisbeispiel

Typische Fälle sind Blogger, die in YouTube-Videos Produkte wie Kosmetik oder Werkzeug testen. Wichtig ist dabei, dass sich die Blogger nicht durch die Bereitstellung beeinflussen lassen und bei einer Produktbewertung ehrlich ihre Meinung äußern. Sind die Blogger zum Beispiel zur positiven Berichterstattung verpflichtet, stellt dies wieder eine illegale Schleichwerbung dar.

Möchten Sie sich nicht den Vorwurf der illegalen Schleichwerbung gefallen lassen, müssen Sie einige Punkte beachten. So darf die Produktplatzierung nicht unmittelbar zu Kauf, Miete oder Pacht von Waren oder Dienstleistungen auffordern, insbesondere nicht durch spezielle verkaufsfördernde Hinweise auf diese Waren oder Dienstleistungen.

Auch müssen Sie auf eine Produktplatzierung hinweisen. Um auch den strengen Anforderungen des Rundfunkstaatsvertrags (RStV) gerecht zu werden, sollten Sie auf eine Produktplatzierung bereits zu Beginn des Videos, nach einer Werbeunterbrechung und zum Ende der Aufnahmen hinweisen. Die Kennzeichnung muss für den Nutzer erkennbar zu Beginn und zum Ende der Sendung, sowie nach einer Werbeunterbrechung für mindestens 3 Sekunden mit der Abkürzung P als senderübergreifendes Logo zum Ausdruck gebracht werden. Ergänzend sollte der Hinweis »unterstützt durch Produktplatzierung« eingeblendet werden. Manche YouTuber vermerken diesen Hinweis zusätzlich im Titel des Videos (siehe Abbildung 6.17).

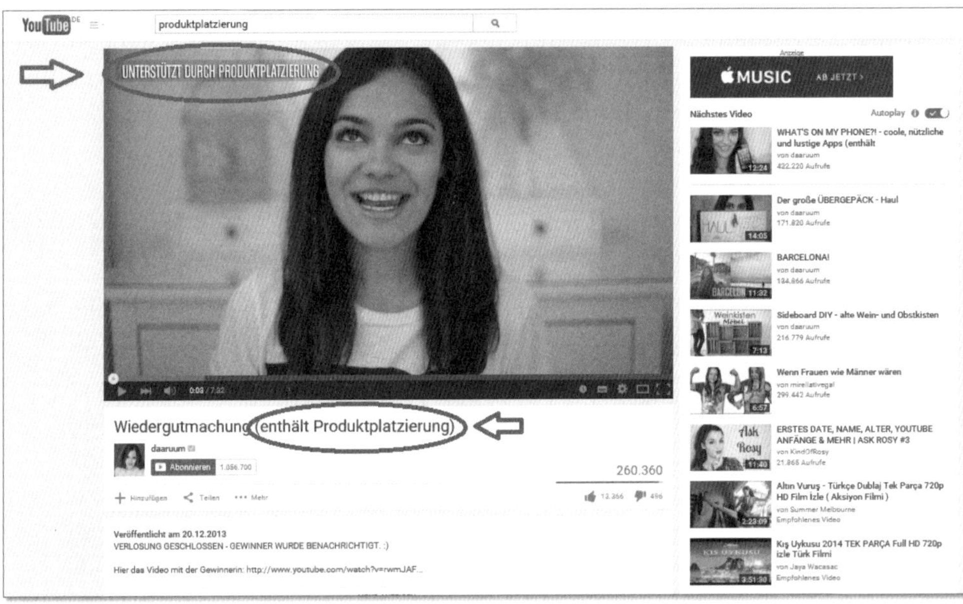

Abbildung 6.17 Beispiel für die Kennzeichnung einer Produktplatzierung in einem YouTube-Video

6.4.3 Konsequenzen eines Rechtsverstoßes

Verstoßen Sie gegen das Gebot der Transparenz von Werbung, so drohen Ihnen Abmahnungen, die schnell einige tausend Euro kosten können, sowie Unterlassungsforderungen.

Doch auch die Aufsichtsbehörden können Bußgelder in Höhe von bis zu 50.000 € verlangen. Davon wird aber oft erst bei mehrfachen Verstößen Gebrauch gemacht. In den meisten Fällen sind die Verträge zwischen einem Unternehmen, das seine Produkte in YouTube-Clips platzieren möchte, und dem YouTuber bzw. dem dahinterstehenden Netzwerk jedoch geheim, so dass die Wenigsten erwischt werden.

6.5 Was ist beim Hosting auf der Unternehmens-Website zu beachten?

Nachdem Sie das Video rechtskonform erstellt haben, geht es nun an das Hosting. Dabei haben Sie drei Möglichkeiten:

- Sie hosten das Video auf Ihrer eigenen Unternehmens-Website.
- Sie hosten das Video auf Videokanälen wie YouTube, ClipFish oder MyVideo.
- Sie hosten das Video sowohl auf Ihrer Website als auch auf Videokanälen.

Jede dieser Möglichkeiten hat ihre Vor- und Nachteile, sowohl praktisch als auch rechtlich.

Sie können Ihre Videos zunächst einmal auf Ihrer eigenen Unternehmens-Website zu Werbezwecken veröffentlichen. Dies bietet sich beispielsweise für Imagevideos, Produktvorstellungen und Anwendungshilfestellungen an (siehe Abbildung 6.18).

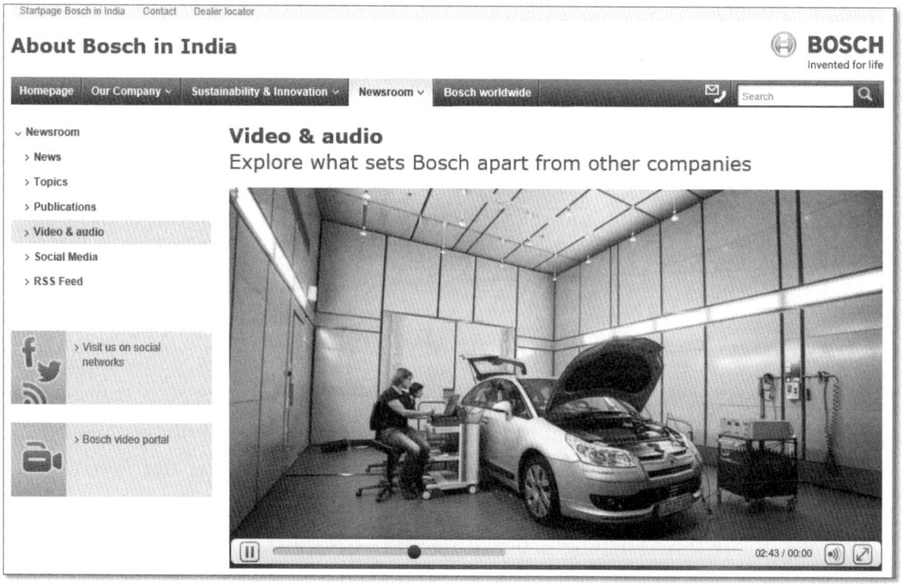

Abbildung 6.18 Imagevideo auf der Website des Unternehmens Bosch

Wenn Sie Ihr Video auf Ihrer eigenen Website veröffentlichen, haben Sie rechtlich den Vorteil, dass Sie die wettbewerbsrechtlichen Regelungen zur Schleichwerbung nicht beachten müssen. Denn man geht davon aus, dass dem Besucher einer Unternehmens-Website durchaus bewusst ist, dass darauf befindliche Videos einen Werbecharakter haben und er nicht zusätzlich darauf hingewiesen werden muss. Zudem müssen Sie nicht den Nutzungsbedingungen, Community-Richtlinien und Datenschutzbestimmungen der Videokanäle zustimmen, die verschiedene Nachteile für Sie haben können.

Geht es an die Veröffentlichung des Videos, sind auch formale Vorgaben zu beachten. Sollen die eigenen Videos auf der eigenen Homepage veröffentlicht werden, so ist dabei insbesondere die Impressumspflicht einzuhalten.

Hinweis

Wenn Sie sich nicht sicher sind, was alles in Ihr Impressum gehört, so können Sie sich auch des Rechtstexters bedienen, den die Rechtsanwaltskanzlei Wilde Beuger Solmecke in Kooperation mit Trusted Shops entwickelt und auf der Webseite *https://www.wbs-law.de/e-commerce/trusted-shops-und-die-kanzlei-wilde-beuger-solmecke-bieten-abmahnschutzpakete-an-die-garantie-fuer-online-haendler-60997/* online gestellt hat. Dieses kostenlose Tool hilft Ihnen dabei, das Impressum für Ihren Videokanal schnell, einfach und immer auf dem neuesten Stand zu generieren. Auf diese Weise können Sie sich günstig, einfach und sicher vor Abmahnungen schützen.

6.6 Was ist beim Hosting auf Videokanälen zu beachten?

Als Marketingschritt mag das Posten von Videos auf Videoportalen ein durchaus sinnvoller Schritt sein. Doch birgt das Videoportal bei sorglosem Umgang auch rechtliche Stolpersteine. Diese machen sich insbesondere dann bemerkbar, wenn man einen Blick in die Nutzungsbedingungen, Community-Richtlinien und Datenschutzbestimmungen der einzelnen Plattformen wirft.

6.6.1 Nutzungsbedingungen der Plattformen

Nutzen Sie zur Veröffentlichung Ihres Videos eine Videoplattform, so müssen Sie sich mit deren Nutzungsbedingungen vertraut machen. Andernfalls müssen Sie damit rechnen, dass die Plattform Ihren Videokanal sperrt oder den Vertrag mit Ihnen kündigt. Dies ist besonders dann eine empfindliche Einbuße, wenn Sie über Jahre hinweg einen Kanal aufgebaut haben und viele Nutzer Ihre Videos mitverfolgen. Um dies zu verhindern, sollten Sie sich grundsätzlich mit den Regelungen auseinandersetzen, die das rechtliche Verhältnis zwischen der Plattform und Ihnen bestimmen. Das sind insbesondere die Nutzungsbedingungen, die Datenschutzrichtlinie und die Community-Richtlinien.

Werfen wir nun zunächst einen Blick auf die Nutzungsbedingungen, so stellt sich als Erstes die Frage, ob Sie die Plattform überhaupt für Ihre Marketingzwecke nutzen dürfen. Denn manche Plattformen sind damit nicht einverstanden. Bei der Plattform YouTube beispielsweise lässt sich nicht direkt eine Regelung zur Zulässigkeit von Werbemaßnahmen finden. Doch an einer Stelle der Nutzungsbedingungen regelt YouTube die Zulässigkeit der Verwendung der Plattform zu kommerziellen Zwecken.

Hinweis: Was ist ein kommerzieller Zweck?

Ein kommerzieller Zweck liegt immer dann vor, wenn das Verhalten in irgendeiner Verbindung zu einer gewerblichen Tätigkeit wie dem Absatz von Waren oder Dienstleistungen steht. Ein kommerzieller Zweck liegt demnach nur dann nicht vor, wenn es sich um eine rein private Verwendung handelt. Da Marketingmaßnahmen zumindest mittelbar immer dem Absatz dienen, verfolgen sie einen kommerziellen Zweck.

Den Nutzungsbedingungen zufolge soll die Plattform grundsätzlich nicht zu kommerziellen Zwecken genutzt werden, insbesondere *»nicht für die Anbahnung von Geschäften im Zusammenhang mit Handel oder einem gewerblichen Unternehmen«*. Davon werden nicht nur die Website selbst und deren Dienste umfasst, sondern YouTube macht in den Nutzungsbedingungen auch ausdrücklich darauf aufmerksam, dass ebenso die Kommentare und E-Mail-Funktionen der Website eingeschlossen sind. Eine Ausnahme gilt nur dann, wenn Sie im Voraus die Zustimmung dazu durch YouTube eingeholt haben. Somit sollten Sie sich mit Ihrem Begehren an YouTube wenden und eine Gestattung erwirken, bevor Sie mit der Durchführung Ihrer Werbemaßnahmen beginnen.

Praxisbeispiel

Der Videokanal YouTube lässt sich eine weltweite, nicht exklusive und gebührenfreie Lizenz unter anderem zur Nutzung, Reproduktion, zum Vertrieb und zur Bearbeitung der Videos einräumen, gleichgültig in welchem Medienformat und über welchen Verbreitungsweg. Diese umfassende Lizenz beinhaltet zudem das Recht zur Unterlizenzierung (siehe Abbildung 6.19).

10. Rechte, die Sie einräumen
10.1 Indem Sie **Nutzerübermittlungen** bei **YouTube** hochladen oder posten, räumen Sie

A. **YouTube** eine weltweite, nicht-exklusive und gebührenfreie Lizenz ein (mit dem Recht der Unterlizenzierung) bezüglich der Nutzung, der Reproduktion, dem Vertrieb, der Herstellung derivativer Werke, der Ausstellung und der Aufführung der **Nutzerübermittlung** im Zusammenhang mit dem Zur-Verfügung-Stellen der **Dienste** und anderweitig im Zusammenhang mit dem Zur-Verfügung-Stellen der **Webseite** und **YouTubes** Geschäften, einschließlich, aber ohne Beschränkung auf Werbung für und den Weitervertrieb der ganzen oder von Teilen der **Webseite** (und auf ihr basierender derivativer Werke) in gleich welchem Medienformat und gleich über welche Verbreitungswege;

B. jedem Nutzer der **Webseite** eine weltweite, nicht-exklusive und gebührenfreie Lizenz ein bezüglich des Zugangs zu Ihren **Nutzerübermittlungen** über die **Webseite** sowie bezüglich der Nutzung, der Reproduktion, dem Vertrieb, der Herstellung derivativer Werke, der Ausstellung und der Aufführung solcher **Nutzerübermittlung** in dem durch die Funktionalität der **Webseite** und nach diesen **Bestimmungen** erlaubten Umfang.

10.2 Die vorstehend von Ihnen eingeräumten Lizenzen an **Nutzervideos** erlöschen, sobald Sie Ihre **Nutzervideos** von der **Webseite** entfernen. Die vorstehend von Ihnen eingeräumten Lizenzen an **Nutzerkommentaren** sind unbefristet und unwiderruflich, lassen aber Ihre oben unter Ziffer 8.2 bezeichneten Eigentumsrechte im Übrigen unberührt.

Abbildung 6.19 Nutzungsbedingungen des Videokanals YouTube

Darüber hinaus müssen Sie auch beachten, dass die Nutzungsbedingungen oftmals Klauseln zur Übertragung der Urheberrechte an den von Ihnen eingestellten Videos auf die Plattform enthalten. Dies ist besonders in Fällen problematisch, in denen Sie nur eine Lizenz an Inhalten erworben haben, die eine Unterlizenzierung verbietet, wie es beispielsweise bei den Videos aus Stockarchiven der Fall ist.

Bei manchen Plattformen, wie zum Beispiel YouTube, beschränkt sich die Einräumung von Rechten jedoch nicht nur auf die Plattform selbst: Vielmehr lässt sich den Nutzungsbedingungen entnehmen, dass dieselben Nutzungsrechte auch einem jeden Nutzer der Plattform übertragen werden. Eine Ausnahme gilt nur im Hinblick auf das Recht zum Weitervertrieb und zur Verwendung von Werbung. Vielmehr werden Nutzer auf eine Verwendung im Zusammenhang mit der Plattform beschränkt.

Manche Unternehmen fürchten daher, dass Nutzer Ihr Video unkontrollierbar auf fremden Seiten einbetten können. Je nach Fallkonstellation kann dies zu einem Imageschaden führen und zur Folge haben, dass sich das fremdbearbeitete Video von den Webseiten anderer User nicht mehr löschen lässt. Dies ist zumindest auf YouTube rechtlich auch zulässig, da Sie selbst mit dem Upload anderen Nutzern ein solches Recht eingeräumt haben. Dies zeigt ein Blick in Klausel 10.1 B der Nutzungsbedingungen (siehe Abbildung 6.19).

Hinweis

Wenn Sie dies verhindern möchten, dürfen Sie unter ERWEITERTE EINSTELLUNGEN in der Rubrik VERBREITUNGSOPTIONEN kein Häkchen in dem Kasten zu EINBETTEN ZULASSEN setzen (siehe Abbildung 6.20).

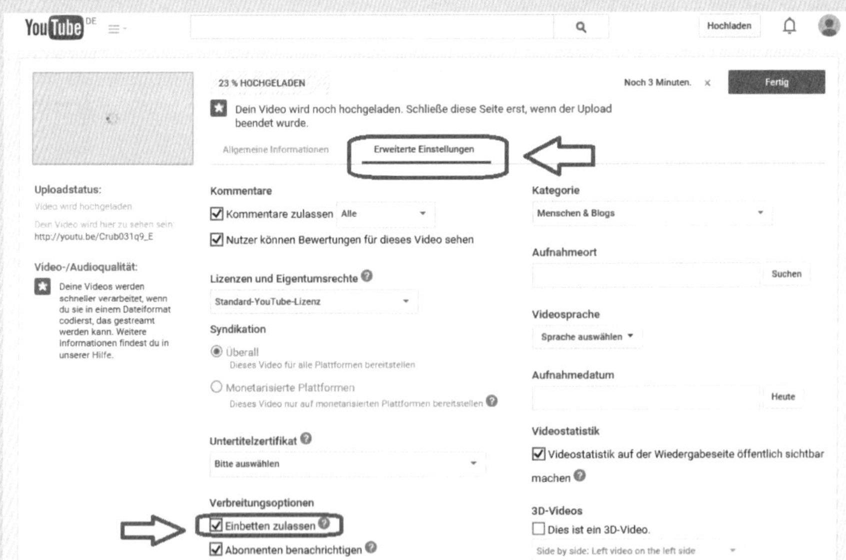

Abbildung 6.20 Content-ID-Programm von YouTube

Die eingeräumten Lizenzen erlöschen in der Regel, wenn das Video von der Webseite entfernt wird. Danach ist eine rechtmäßige Nutzung des Videos also weder durch YouTube noch durch andere Nutzer möglich.

6.6.2 Community-Guidelines

Die Community-Guidelines beinhalten die »Spielregeln« der Videoplattform. Darin enthalten sind generelle Verhaltensregeln, die die Plattform aufgestellt hat. Diese variieren je nach Anbieter, enthalten in der Regel aber alle beispielsweise das Verbot, gewaltverherrlichende, strafbare oder persönlichkeitsrechtsverletzende Inhalte auf der Plattform zu veröffentlichen (siehe Abbildung 6.21).

Spielregeln einhalten

Die folgenden allgemeinen Regeln werden dir helfen, Probleme auf YouTube zu vermeiden. Wir bitten dich, diese Regeln ernst zu nehmen und zu beherzigen. Bitte versuche nicht, Schlupflöcher zu finden oder die Regeln zu umgehen, sondern nimm sie zur Kenntnis und respektiere sie in dem Sinne, in dem sie festgelegt wurden.

Nacktheit oder pornografische Inhalte
Auf YouTube sind pornografische oder sexuell explizite Inhalte nicht erlaubt. Bitte poste dein Video nicht auf YouTube, falls es Inhalte dieser Art umfasst – auch wenn das Video nur Aufnahmen von dir selbst enthält. Darüber hinaus arbeiten wir eng mit den Strafverfolgungsbehörden zusammen und bringen jede Form von Kindesmissbrauch zur Anzeige. Weitere Informationen

Schädliche oder gefährliche Inhalte
Lade keine Videos hoch, die andere Nutzer – insbesondere Kinder – zu Handlungen ermutigen, die ihnen schweren Schaden zufügen könnten. Je nach Schweregrad können Videos, die solche gesundheitsschädlichen bzw. gefährlichen Handlungen darstellen, von uns mit einer Altersbeschränkung versehen bzw. gelöscht werden. Weitere Informationen

Gewalttätige oder grausame Inhalte
Auf YouTube dürfen keine gewalttätigen oder blutigen Inhalte hochgeladen bzw. veröffentlicht werden, die vorrangig in schockierender, respektloser oder effekthascherischer Art und Weise gestaltet sind. Wenn du gewalttätige bzw. grausame Inhalte hochlädst, die einen tagesaktuellen oder dokumentarischen Informationswert haben, solltest du darauf achten, ausreichend Informationen zur Verfügung zu stellen, damit der Zuschauer deine Videoinhalte richtig einordnen kann. Ermutige andere Nutzer außerdem niemals dazu, eine Gewalttat zu begehen. Weitere Informationen

Urheberrecht
Respektiere das Urheberrecht, indem du nur solche Videos hochlädst, die du selbst produziert hast bzw. zu deren Verwendung du alle erforderlichen Rechte besitzt. Das bedeutet: Ohne ausdrückliche Genehmigung solltest du keine Videos hochladen, die du nicht selbst erstellt hast, und kein Material in deinen Videos einsetzen, dessen Urheberrechte einer anderen Person gehören – z. B. Musiktitel, Ausschnitte aus urheberrechtlich geschützten Programmen oder Videos, die von anderen Nutzern erstellt wurden. Weitere Informationen findest du in unseren Richtlinien zum Urheberrecht.

Abbildung 6.21 Auszug aus den Community-Regeln der Videoplattform YouTube

Außerdem wird Wert darauf gelegt, dass Sie beim Hochladen eines Videos das Urheberrecht beachten. Insbesondere darf ohne Einwilligung des Berechtigten keine fremde Musik verwendet werden.

Praxisbeispiel

In den Community-Richtlinien der Videoplattform YouTube (*https://www.youtube.com/yt/policyandsafety/de/communityguidelines.html*) heißt es beispielsweise:

»Ohne ausdrückliche Genehmigung solltest du keine Videos hochladen, die du nicht selbst erstellt hast, und kein Material in deinen Videos einsetzen, dessen Urheberrechte einer anderen Person gehören – z. B. Musiktitel, Ausschnitte aus urheberrechtlich geschützten Programmen oder Videos, die von anderen Nutzern erstellt wurden.« (siehe Abbildung 6.21).

6.6.3 Datenschutzbestimmungen

Neben den Nutzungsbedingungen und den Community-Guidelines müssen Sie zur Nutzung eines Videokanals in der Regel auch den Datenschutzbestimmungen zustimmen. Damit erklären Sie sich mit der Art und Weise der Datenerhebung und der weiteren Nutzung durch die Plattform einverstanden. Diesen Aspekt sollten Sie nicht vernachlässigen, da bei der Nutzung eines Videokanals doch mehr Daten übermittelt werden, als Sie vielleicht auf den ersten Blick denken.

Die Datenerhebung beginnt mit der Erstellung des eigenen Kontos. In der Regel werden Sie dafür nach Ihrer E-Mail-Adresse und einem Passwort gefragt (siehe Abbildung 6.22).

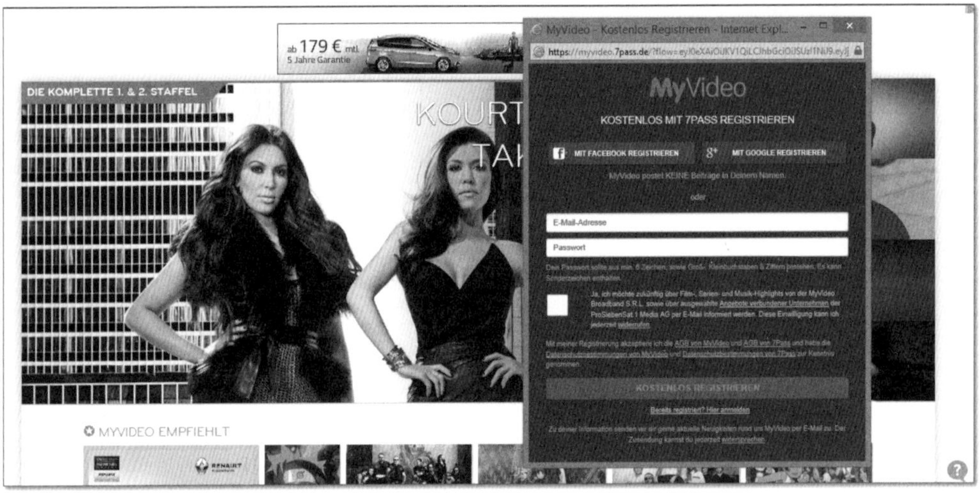

Abbildung 6.22 Registrierungsmaske bei der Videoplattform MyVideo

Die Erweiterung des Profils um personenbezogene Angaben wie Name, Geschlecht oder Foto ist zumindest bei den Plattformen YouTube und MyVideo lediglich optional. Diese Anbieter erheben also nicht mehr personenbezogene Daten über den Nutzer, als für die Nutzung der Plattform unbedingt erforderlich sind. Dies ist besonders positiv zu bewerten. Je mehr Daten die Plattform von Ihnen unbedingt fordert, desto mehr sollten Sie sich darüber informieren, was sie mit diesen Daten macht.

Andererseits werden jedoch oftmals umfangreiche Informationen über das Nutzungsverhalten aufgezeichnet. Dazu gehören beispielsweise Angaben dazu, welche Videos Sie sich angesehen haben, welche Kanäle Sie abonniert haben oder welche Nutzer Sie kontaktiert haben.

Vergleichsweise umfangreich sind auch die Bestimmungen zur Schaltung von Werbeanzeigen. YouTube beispielsweise verwendet dabei diverse Systeme wie den *»DoubleClick-Cookie und andere Ad Serving-Systeme von Drittanbietern«*, um Ihnen eine *»relevante und hilfreiche Werbung«* zu bieten. Das System des Doubl kies ist einfach: Wenn eine Anzeige in einem Browser geschaltet werdeı mithilfe von DoubleClick anhand der Cookie-ID des Browsers überprüft w che DoubleClick-Anzeigen in diesem speziellen Browser bereits erschienen sind. Auf diese Weise kann zum Beispiel auch vermieden werden, dass dem Nutzer Anzeigen geschaltet werden, die er bereits gesehen hat. Der DoubleClick-Cookie kann von dem Nutzer auch deaktiviert werden, so dass dieser nicht mehr als Grundlage zur Schaltung von Anzeigen verwendet werden kann.

Dabei wird stets betont, dass es sich bei den erhobenen Daten keinesfalls um personenbezogene Daten handelt. Als Beispiel dafür wird jedoch auch die IP-Adresse genannt, was aus datenschutzrechtlicher Sicht keinesfalls unumstritten ist, da es durchaus Ansichten gibt, die IP-Adressen als personenbezogene Daten einstufen.

6.6.4 Impressumspflicht

Nutzen Sie auf der Videoplattform Ihren eigenen Kanal, so unterliegen Sie damit zudem der Impressumspflicht. Das Impressum muss dabei nicht nur richtig und vollständig sein, sondern auch schnell zugänglich. Insofern gilt die Zwei-Klick-Lösung des Bundesgerichtshofs (Urteil vom 20.07.2006, Az. I ZR 228/03), wonach das Impressum über höchstens zwei Klicks erreichbar sein muss (siehe Abbildung 6.23). Demnach ist es völlig ausreichend, wenn Sie in Ihrem Kanal auf das Impressum der eigenen Website verlinken. Wichtig ist dabei nur, dass erkennbar ist, dass der Link zum Impressum führt. Empfehlenswert und am einfachsten ist dabei die Erstellung einer eigenen Impressums-Rubrik.

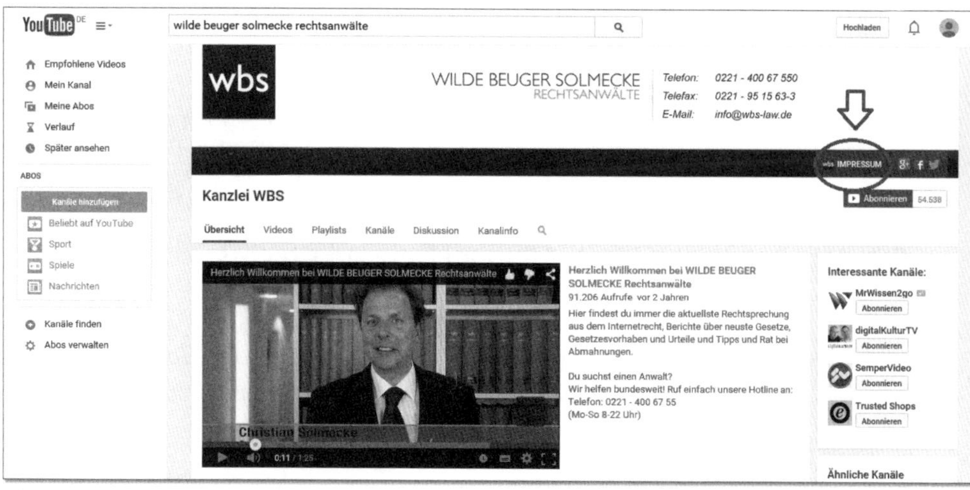

Abbildung 6.23 Ein Klick auf den Button »Impressum« im YouTube-Kanal der Rechtsanwaltskanzlei Wilde Beuger Solmecke führt zur Anbieterkennzeichnung auf der Website der Kanzlei.

Hinweis

Auch hier können Sie sich bei Unsicherheiten des Rechtstexters bedienen, den Sie auf der Webseite *https://www.wbs-law.de/e-commerce/trusted-shops-und-die-kanzlei-wilde-beuger-solmecke-bieten-abmahnschutzpakete-an-die-garantie-fuer-online-haendler-60997/* finden (siehe Abbildung 6.24). Auf diese Weise können Sie Ihr Impressum immer auf dem neuesten Stand generieren und sich günstig, einfach und sicher gegen Abmahnungen schützen.

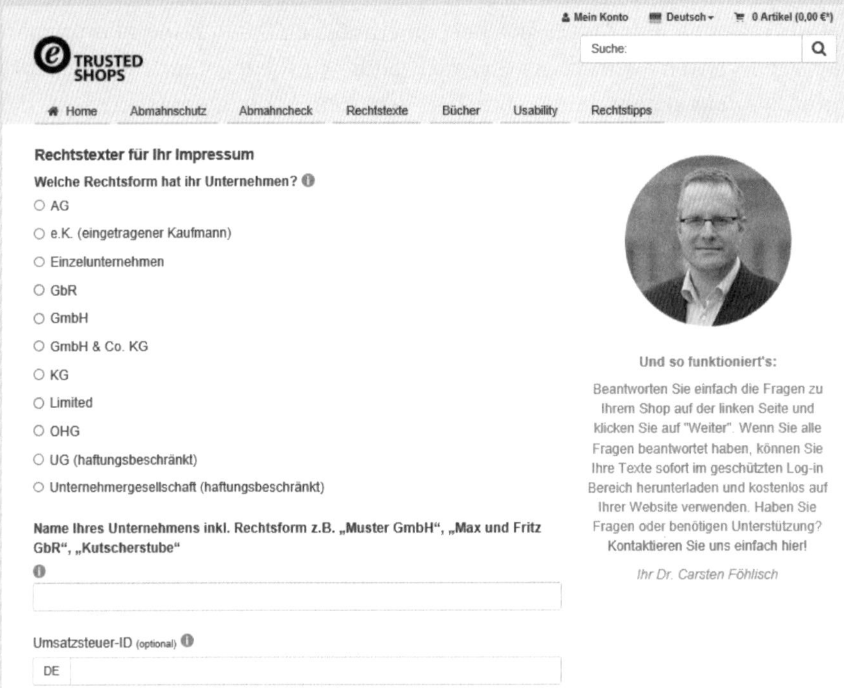

Abbildung 6.24 Der Rechtstexter hilft Ihnen bei der Erstellung Ihres Impressums.

6.7 Wie kann man Multi-Channel Networks rechtssicher verwenden?

Multi-Channel-Netzwerke sind Unternehmen, die mit mehreren YouTube-Kanälen verbunden sind und in der Regel in folgenden Bereichen Unterstützung leisten:

- Produktentwicklung
- Zusammenstellung des Programms
- Finanzierung
- Cross-Promotion

- Partner-Management
- Verwaltung digitaler Rechte
- Vertrieb und/oder Aufbau eines Publikums

Dabei sind diese Unternehmen keine Partner von YouTube oder Google und werden von diesen auch nicht unterstützt.

Praxisbeispiel

Mediakraft (*www.mediakraftnetworks.de*) ist eines der größten Vermarktungsnetzwerke in Deutschland (siehe Abbildung 6.25). Gegründet wurde es von YouTubern, und das Aushängeschild sind die YouTube-Stars von Y-Titty. In ihrem Subnetzwerk MagnoliaNetz wird speziell die Zielgruppe Beauty, Lifestyle und Fashion bedient. Mediakraft hat 300 Mio. Videoabrufe im Monat, 16 Mio. Unique User und rund 1.000 Kanäle.

Abbildung 6.25 Das Netzwerk Mediakraft unterstützt seine Partner beim Marketing.

Die schnelle Verbreitung der Videos und deren dauerhafte Abrufbarkeit bieten einen klaren Vorteil gegenüber dem klassischen Fernsehen. Das haben auch bereits die großen Sender bemerkt und investieren daher zunehmend in führende Multi-Channel Networks (MCN).

Praxisbeispiel

ProSiebenSat.1 hat unter dem Namen Studio71 (*www.studio71.com*) ein eigenes Netzwerk gegründet und kann die Vermarktung von SevenOne nutzen. Zudem kann es die Plattform MyVideo und TV-Studios zugunsten der YouTuber einsetzen. Studio71 hat 130 Kanäle im Netzwerk und 130 Mio. Videoabrufe im Monat (siehe Abbildung 6.26).

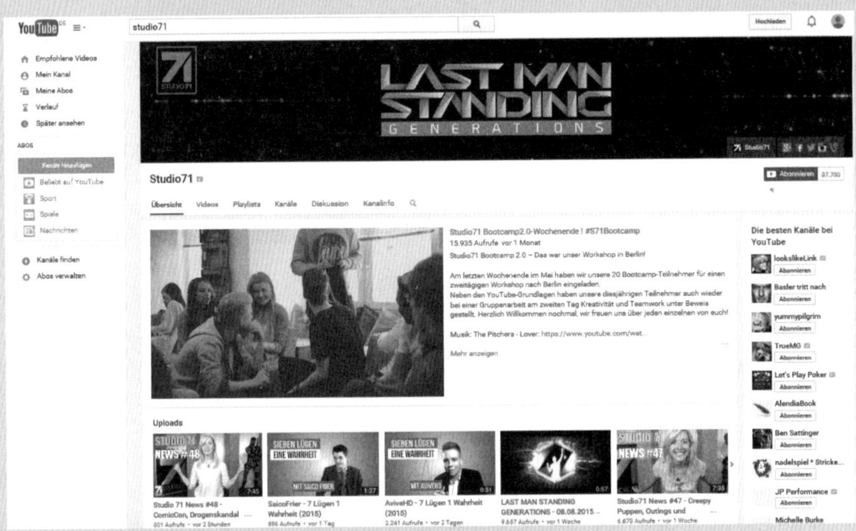

Abbildung 6.26 Startseite des Netzwerkes Studio71

Gerade wer die Jugendlichen von heute erreichen will, muss sich dem digitalen Wandel anpassen und kommt nicht umhin, seine Inhalte auf der beliebten Plattform YouTube anzubieten. Allein in Deutschland verzeichnet die Plattform monatlich 38 Mio. Nutzer und ist weltweit die zweitstärkste Suchmaschine.

Ein MCN besteht aus mehreren gebündelten YouTube-Kanälen. Die Netzwerkbetreiber kümmern sich um die professionelle Vermarktung der Kanäle und versprechen eine große Reichweite. Die Inhalte kommen von einzelnen Künstlern oder werden coproduziert. YouTube unterstützt die Vermarktung dieser Kanäle und bietet den Netzwerken Sonderverträge an. Damit avancieren die MCNs zu neuen wichtigen »Fernsehsendern«.

YouTube lockt seine Zuschauer vor allem auch mit Nischenprogrammen. Das, was das klassische TV nicht leisten kann, weil es auf hohe Zuschauerquoten angewiesen ist, findet nun bei YouTube statt. Ein weiterer Vorteil: Der Zuschauer kann die Inhalte ganz leicht mit seinem Handy oder Tablett abrufen. Kostenlos und zu jeder Zeit.

Dieser Aspekt ist gerade für Sie unter Marketingaspekten besonders wichtig. Aus diesem Grund möchten wir Ihnen in diesem Abschnitt die Vorteile eines Beitritts einmal näher erläutern und auch einen Blick auf den MCN-Vertrag werfen, den Sie dann abschließen müssten, um die Vorteile zu genießen.

6.7.1 Vorteile eines Beitritts zu einem Netzwerk

Der Beitritt zu einem YouTube-Netzwerk bietet Ihnen eine Reihe von Vorteilen. Das Netzwerk bietet Ihnen Unterstützung bei der Vermarktung und Produktion und hilft

Ihnen, die Reichweite Ihres Kanals zu verbessern. Die einzelnen Leistur schen Ihnen und dem Netzwerk je nach bisherigem Umsatz und bish weite individuell bestimmbar.

Vermarktung

YouTube-Netzwerke bieten Unterstützung beim Management von Kanal und Nutzern. Auch bei der Pflege der Social-Media-Profile greifen sie Ihnen unter die Arme. Darüber hinaus sollen auch die Presse- und Werbearbeit sowie die Vermittlung an TV und Künstleragenturen durch das Netzwerk erleichtert werden.

Produktion

YouTube-Netzwerke können lizenzierte Musik-, Sound-, Bild- und Videoinhalte bereitstellen, Studio- und Produktionskapazitäten schaffen oder die gesamte Produktion für Sie übernehmen. Diesbezüglich stellen sie die rechtliche Situation fest und kümmern sich um alles Notwendige, wie zum Beispiel das Beschaffen der erforderlichen Lizenzen. Netzwerke können Lizenzen von Dritten einfacher erwerben, da die Netzwerke diese für all ihre YouTuber erlangen.

Ein weiterer wichtiger Faktor ist, dass Sie als Angehöriger eines Netzwerkes nicht mehr von der Regelung der sogenannten YouTube-Strikes betroffen sind. Strikes ergehen in der Regel wegen Verletzung des Urheberrechts. Tauchen Beschwerden gegen ein Video auf, wendet sich YouTube an die Netzwerke und diese bekommen Zeit, um zu reagieren. Ohne ein Netzwerk wird das betroffene Video bei Erhalt des ersten Strikes von YouTube gesperrt. Der Strike verfällt nach einer Dauer von 6 Monaten. Verstößt der YouTuber innerhalb dieser Zeit erneut gegen YouTube-Richtlinien und erhält einen Strike, so bleiben beide Strikes dauerhaft bestehen.

Achtung

Nach dem »Three-Strike-System« wird Ihr Konto gekündigt, wenn Sie drei Urheberrechtsverwarnungen erhalten. Zudem werden alle zugehörigen Videos entfernt, und Sie verlieren auch die Möglichkeit, ein neues Konto zu erstellen. Dies ist gerade bei über Jahre hinweg aufgebauten Kanälen eine besonders empfindliche Abstrafung.

Reichweite

Eine der populärsten Leistungen, die die YouTube-Netzwerke erbringen wollen, ist die Ausweitung der Reichweite der Kanäle und Videos, das sogenannte Audience-Development. Im Rahmen dessen werden die Kanäle und Videos optimiert, die Zusammenarbeit für Cross-Promotion mit anderen YouTubern und die Interaktion auf YouTube gefördert sowie YouTuber für eine optimale Nutzung ihrer Kanäle geschult.

Vermarktung

Darüber hinaus will das YouTube-Netzwerk höhere Erlöse für Sie erreichen. Im Gegensatz zu YouTube vermarktet das Netzwerk den einzelnen YouTuber sowie einzelne Kanäle und Videos gezielt und nicht »nur« die gesamte Plattform. Mit gezielten Produktplatzierungen und effektivem Marketing sowie dem Einsatz der YouTuber als Testimonials sollen die Einnahmen steigen. Die Organisation dieser Maßnahmen übernimmt das jeweilige YouTube-Netzwerk.

Hinweis

Möchten Sie einem Netzwerk nicht beitreten, da Sie beispielsweise die volle gestalterische Freiheit behalten möchten, so können Sie indirekt dennoch Netzwerke zu Marketingzwecken nutzen: Sie können über die Netzwerke Kontakt zu YouTubern aufnehmen, die dann in ihren Videos zum Beispiel Produktplatzierungen für Sie schalten.

6.7.2 Der Multi-Channel-Network-Vertrag

Die Vorteile, die Ihnen der Beitritt zu einem YouTube-Netzwerk bringen kann, klingen zunächst gut. Es sind dennoch einige Faktoren, die Sie vor Vertragsunterzeichnung beachten sollten. Exklusivität und Transparenz, Rechte und Leistungen, Vergütung, Haftung und Laufzeit sind dabei die wichtigsten Schlagwörter, auf die wir im Folgenden eingehen möchten.

Vertragsart

Bei den Verträgen zwischen Ihnen und den Netzwerken handelt es sich in der Regel um Dienstverträge. Denn ein konkretes Ergebnis wird in den meisten Fällen nicht bestimmt und damit auch nicht geschuldet. Die Netzwerke verpflichten sich lediglich, einen bestimmten YouTube-Kanal marketingstrategisch voranzutreiben. Was man darunter verstehen kann, ist oftmals Interpretationssache. Ihre Vorstellungen können dabei deutlich von denen des Netzwerkes abweichen. Zu einem konkreten Erfolg wird sich das Netzwerk in der Regel jedoch nicht verpflichten lassen, da es sonst auch dafür einstehen muss.

Exklusivitätsklausel und Transparenz

In den Verträgen findet sich meist eine Klausel, wonach Sie sich dazu verpflichten, Ihren Kanal zur Auswertung und Vermarktung eines Netzwerkes exklusiv zur Verfügung zu stellen. Sie sind somit in den allermeisten Fällen nicht befugt, weitere Verträge über Ihre Kanäle und Videos abzuschließen. Auch neue Kanäle und Videos unterfallen zunächst diesem Vertrag. Dies nennt man *Exklusivitätsvereinbarung*.

Achtung

Die Exklusivitätsvereinbarung ist ein Grund, warum viele große Unternehmen, wie zum Beispiel Coca-Cola, solchen Netzwerken nicht beitreten. Denn sie möchten ihre Inhalte einem Netzwerk nicht zur Verfügung stellen. Aus diesem Grund bieten sich solche Netzwerke insbesondere für diejenigen an, die über einen Kanal möglichst werbeneutrale Informationen verbreiten und dadurch quasi subtil auf sich aufmerksam machen möchten.

Exklusivitätsvereinbarungen schränken Sie zwar ein, sind aber nicht per se unzulässig. Sie finden ihre Grenze jedoch da, wo Ihnen Ihre künstlerische und wirtschaftliche Betätigungsfreiheit genommen wird.

Achtung

Sie sollten grundsätzlich darauf achten, dass Ihnen die vollständige kreative Freiheit bei der Gestaltung Ihrer Videos gelassen wird. Wenn für bestimmte Situationen diese Freiheit eingeschränkt werden soll, müssen Sie auf eine ganz konkrete Nennung des Falles achten.

Besonders wichtig ist es, dass Sie sich vertraglich zusichern lassen, dass bestimmte Videos vom Netzwerk freigegeben werden können, wenn die Vermarktung für das Netzwerk nicht interessant ist. In diesen Fällen können Sie sich dann an ein anderes Netzwerk wenden. Wenn diese Möglichkeit besteht, dann ist die Exklusivitätsklausel zulässig.

Hingegen unzulässig sind Klauseln, die beinhalten, dass Sie zwar die kreative (Letzt-)Entscheidungsgewalt innehaben, aber verpflichtet sind, rechtliche und redaktionelle Vorgaben vom Netzwerk im Fall eines Risikos für den Vermarktungserfolg zu beachten. Mit dieser Klausel lässt sich das Netzwerk eine zu große und unbestimmte Handlungsfreiheit in Bezug auf den Inhalt der Videos einräumen. Denn die zuerst gewährte Entscheidungsbefugnis wird ausgehöhlt, weshalb solche Klauseln rechtlich als sittenwidrig eingestuft werden. Schließlich wird Ihre kreative Freiheit für nicht klar bestimmbare Situationen ausgeschlossen. Unklar ist bei solchen Formulierungen nämlich, wann ein Risiko für den Vermarktungserfolg vorliegt und wann Sie den Vorgaben des Netzwerkes nachkommen müssen. Derartige Klauseln sind nicht ausreichend transparent. Der Vertrag muss nämlich inhaltlich hinreichend bestimmt sein. Dies ist bei solchen Formulierungen aber gerade nicht der Fall, da sie dem Netzwerk noch einen Beurteilungsspielraum lassen, der Sie in Unsicherheit versetzt.

Hinweis

Wir raten Ihnen, die vertraglichen Regelungen zum Mitspracherecht und der Entscheidungsbefugnis genau zu lesen und die Konsequenzen zu verstehen. Sie dürfen nicht vergessen, dass Verträge individuell zu verhandeln und zu gestalten sind. Lässt ein Netzwerk sich hierauf nicht ein, sollte das ein Warnsignal für Sie sein.

Vergütungsvereinbarung

Netzwerke arbeiten natürlich nicht umsonst. Grundsätzlich gehen zunächst einmal etwa 45 % der Einnahmen direkt an YouTube. Es bleiben 55 %, die zwischen dem Netzwerk und Ihnen aufzuteilen sind. Mehr als 30 % sollten im Fall der Vermarktung durch ein Netzwerk diesem nicht zugesprochen werden. Je niedriger aber die prozentuale Beteiligung der Netzwerke ist, desto besser für Sie.

Hinweis

Dies gilt nicht für Product Placements. Für diese werden Einzelfallvereinbarungen getroffen, die auf 50:50 bis 70:30 zugunsten des Netzwerkes hinauslaufen können.

Sie können aber auch Regelungen treffen, bei denen Sie 100 % bis zum Erreichen eines festgelegten Betrags erhalten und erst darüber hinausgehende Einnahmen zwischen Ihnen und dem Netzwerk geteilt werden.

Praxisbeispiel

Bis zum Erreichen eines monatlichen Erlöses von 2.000 € erhalten Sie 100 %. Bei darüber hinausgehenden Erlösen erhält das Netzwerk 60 %, und Sie erhalten 40 % der Einnahmen.

Sie sollten zudem darauf bestehen, die tatsächlichen Einnahmen einsehen zu dürfen. Auf diese Art wird Transparenz, Vertrauen und Fairness geschaffen.

Rechte und Leistungen

Im Vertrag müssen die Leistungspflichten und Rechte des Netzwerkes eindeutig formuliert sein. Die Bestimmtheit aller vertraglichen Regelungen ist bei diesen Verträgen enorm wichtig. Hier liegt meist der Knackpunkt. Sie sollten daher darauf achten, dass die Verträge keine zu schwammigen Formulierungen enthalten und Sie nicht zu viele Zugeständnisse machen. Die Klauseln sollten individuell auf Ihren Fall zugeschnitten und vor allem eindeutig formuliert werden.

Praxisbeispiel

Regelt das Netzwerk in einer Klausel, dass es Promotion- und Vermarktungsaktivitäten »nach billigem Ermessen« ausführt, so ist dies nicht eindeutig und sollte daher von Ihnen nicht akzeptiert werden. Denn was in das billige Ermessen des Netzwerkes fällt, ist sehr subjektiv und für Sie daher nicht überschaubar.

Darüber hinaus enthalten die Verträge oftmals auch Klauseln, mit denen sich die Netzwerke Rechte vorbehalten. Dazu gehört beispielsweise die Vornahme von jeglichen Änderungen und Bearbeitungen, um Content ganz oder in Teilen in die Plattform zu integrieren. Auch behalten sich manche Netzwerke vor, die ihnen eingeräumten Befugnisse Dritten einzuräumen oder Dritten die Nutzung zu gestatten.

Achtung

In diesen Fällen sollten Sie sich unbedingt ein Zustimmungserfordernis einräumen, wonach das Netzwerk vor jeder solchen Handlung Ihre Zustimmung einholen muss. Nur so können Sie die Kontrolle über Ihre Inhalte behalten.

Schließlich ist auch die Formulierung einer Leistungspflicht in Ihrem Interesse, die besagt, dass das Netzwerk dafür Sorge zu tragen hat, dass die Kanäle und Videos den rechtlichen Vorgaben entsprechen. Dahin gehend sollte das Netzwerk auch beratend tätig sein, speziell im Hinblick auf Urheberrechte Dritter bei Bild- und Tonmaterial. Grob gesagt soll das Netzwerk Sie schützen, Ihre Rechte klären und Sie dahin gehend absichern, keine Rechtsverletzungen zu begehen.

Haftung

In der Regel wird vertraglich vereinbart, dass Sie zu 100 % haften, wenn durch Ihre Videos Rechte Dritter verletzt werden. Das Netzwerk lässt sich von sämtlichen Ansprüchen Dritter freistellen, die mit Inhalten der Kanäle und Videos und deren Auswertung in Zusammenhang stehen. In Anbetracht dessen, dass ein Netzwerk die Inhalte vermarktet und dafür sorgt, dass sie eine größere Öffentlichkeit erreichen, ist es wertungsmäßig nicht gerecht, dass das Netzwerk die unliebsame Haftung vollständig auf Sie überträgt.

Hinweis

Sie sollten auf eine anteilige Haftung des Netzwerkes bei der Verletzung von Rechten Dritter bestehen. Denn nur dann hat das Netzwerk auch ein tatsächliches Interesse, seine Beratungsfunktion umfassend wahrzunehmen und nicht nur finanziell zu profitieren.

Laufzeiten

Ein weiteres Problem bilden auch die häufig zu langen Vertragslaufzeiten und Kündigungsfristen. Die Vereinbarung einer unbestimmten Laufzeit, die erstmals nach einem Jahr gekündigt werden kann, ist zulässig. Empfehlen würden wir Ihnen eine solche Vereinbarung jedoch nicht. Denn wenn Sie mit der Leistung nicht zufrieden sind, bleiben Sie dennoch bis zum Ende der Vertragslaufzeit mit sämtlichen Kanälen und Videos an das Netzwerk gebunden. Sie sollten eher eine kürzere, feste Laufzeit vereinbaren, die dann automatisch verlängert wird, wenn sie nicht gekündigt wird. Aus demselben Grund sollten Sie auch Kündigungsfristen von über 3 Monaten nicht akzeptieren. Sinnvoll ist es, hier keine zu großen Kompromisse einzugehen.

Hinweis

Vor Abschluss eines Vertrags sollten Sie die Vor- und Nachteile einer vertraglichen Bindung an das Netzwerk sorgfältig abwägen. Insbesondere sollten Sie darauf achten, dass die Leistungen des Netzwerkes schriftlich festgehalten werden und zu Ihren Gunsten sind. Denn Sie binden sich für eine gewisse Zeit mit all Ihrer Arbeit an das Netzwerk und unterwerfen sich dessen Regelwerk. Dies ist besonders dann ärgerlich, wenn das Netzwerk nicht die gewünschten Erfolge bringt. Sie sollten daher auch die verschiedenen Netzwerke und ihre unterschiedlichen Vertragskonditionen vergleichen.

Im Vorteil ist bei Vertragsverhandlungen immer derjenige, der genaue Vorstellungen davon hat, wie die Dienstleistung des Netzwerkes auszusehen hat, und sich bewusst ist, zu welchen Zugeständnissen er bereit ist oder eben auch nicht. Im Zweifel bietet es sich an, einen Rechtsanwalt bei der Auswahl des richtigen Netzwerkes und den Vertragsverhandlungen hinzuzuziehen.

6.8 Was gibt es im Hinblick auf haftungsrechtliche Aspekte zu bedenken?

Die Haftung ist auch in diesem Kapitel wohl ein Thema, das Sie besonders interessiert. Wir möchten daher an dieser Stelle auf die Aspekte eingehen, die speziell beim Video-Marketing von besonderer Bedeutung sind: das Framing und die Haftung für User-generated Content. Was sich hinter diesen Begriffen verbirgt und wie Sie verhindern können, in Haftungsfallen zu tappen, erläutern wir Ihnen im Folgenden.

6.8.1 Framing

Besonders gute Marketingerfolge erzielt Ihr Video dann, wenn es möglichst weit verbreitet wird. Aus diesem Grund fahren viele Unternehmen mehrgleisig und veröffentlichen die Videos aus ihrem YouTube-Kanal auch auf ihren eigenen Social-Media-Profilen (siehe Abbildung 6.27) wie Facebook oder Google+. Solange es sich um ihre eigenen Profile und eigenen Videos handelt, ist dies rechtlich ganz unbedenklich.

Doch wie sieht es aus, wenn Dritte Ihre Videos auf deren eigener Website einbinden? Dieser als Framing bezeichnete Vorgang ist rechtlich nicht ganz unbedenklich. Beim Framing werden fremde Inhalte, zum Beispiel Videos oder Bilder, durch einen elektronischen Verweis so auf einer Internetseite eingebunden, dass sie dort direkt dargestellt bzw. abgerufen werden können. Ein Beispiel hierfür ist das bereits erläuterte Posten von YouTube-Videos auf Facebook.

Abbildung 6.27 Die Rechtsanwaltskanzlei Wilde Beuger Solmecke verbreitet über ihr Facebook-Profil auch ihre YouTube-Videos.

Unter Umständen ist es nicht in Ihrem Interesse, wenn Ihr Video von Dritten eingebunden wird. Schließlich könnte eine solche Einbindung je nach Webseite zu Imageschäden führen.

Framing ist urheberrechtlich umstritten, es stellt sich die Frage, ob und inwieweit das Einbinden eines YouTube-Videos auf einer anderen Webseite urheberrechtlich zulässig ist. Konkret geht es um die Frage, ob das Einbetten eine sogenannte öffentliche Zugänglichmachung und somit eine Urheberrechtsverletzung darstellt. Ist dies der Fall, könnten Sie die jeweiligen Betreiber der Webseiten unter anderem auf Unterlassung und Schadensersatz in Anspruch nehmen. Ob dies auch tatsächlich der Fall ist, haben die Gerichte in der Vergangenheit unterschiedlich beurteilt.

Teilweise wurde angenommen, das Einbetten stelle keine öffentliche Zugänglichmachung dar, weil der fremde Inhalt auf einer anderen Seite gespeichert sei und dort auch bereits abrufbar gemacht worden sei. Ein eingebettetes Video sei daher vergleichbar mit einem Link, der nach der Rechtsprechung des BGH aus urheberrechtlicher Sicht zulässig ist.

Andere Gerichte, wie zum Beispiel das OLG Düsseldorf, waren hingegen der Auffassung, dass sehr wohl die Rechte des Urhebers verletzt seien, da das Einbinden eines fremden Inhalts kein bloßer Verweis sei. Anders als bei einem Link werde durch das Einbinden der Inhalt selbst zum Abruf bereitgehalten und somit auch öffentlich zugänglich gemacht. Dies stelle damit eindeutig eine Urheberrechtsverletzung dar.

Teilweise Klarheit in diese umstrittene Rechtsprechung brachte im Jahr 2014 der Europäische Gerichtshof (Urteil vom 21.10.2014, Az. C-348/13). Dieser entschied, dass das Einbinden eines YouTube-Videos auf einer anderen Webseite grundsätzlich keine Urheberrechtsverletzung darstellt, wenn dadurch kein neues Publikum erschlossen und keine neue Technik verwendet werde. Diese Voraussetzungen lägen im Fall des Framings gerade vor. Insbesondere handele es sich um kein neues Publikum, da laut EuGH davon ausgegangen werden könne, *»dass der Inhaber des Urheberrechts, als er die Wiedergabe erlaubte, an alle Nutzer des Internets gedacht habe«*. Auch eine neue Technik werde laut EuGH beim Framing nicht verwendet.

Unklar ist aber, ob dies auch für illegal ins Internet gestellte Inhalte gilt. Denn der EuGH geht in seinem Urteil davon aus, dass der Rechteinhaber das Video selbst ins Netz gestellt hat. Es könnte sich daher an der rechtlichen Wertung etwas ändern, wenn Dritte das Video gegen den Willen des Rechteinhabers ins Netz gestellt haben. Dazu äußert sich der EuGH leider nicht eindeutig.

Mit dieser Frage setzte sich jedoch der Bundesgerichtshof Mitte des Jahres 2015 auseinander (Urteil vom 9.07.2015, Az. I ZR 46/12) und entschied, dass es entscheidend darauf ankomme, ob das Video ursprünglich mit oder ohne Zustimmung des Rechteinhabers bei YouTube hochgeladen wurde. Liegt eine solche Zustimmung nicht vor, handelt es sich beim Framing um eine öffentliche Wiedergabe, die allein dem Rechteinhaber vorbehalten ist. Andere Personen begehen demnach eine Urheberrechtsverletzung, wenn Sie rechtswidrig ins Internet gestellte Videos via Framing weiterverbreiten.

Praxisbeispiel

Ein auf Wasserfiltersysteme spezialisiertes Unternehmen erwarb die ausschließlichen Nutzungsrechte an einem Kurzfilm über Wasserverschmutzung mit dem Titel »Die Realität«. Dieser Kurzfilm gelangte auf YouTube, wo zwei Mitkonkurrenten des Unternehmens ihn entdeckten und für eigene Zwecke verwendeten. Dazu eröffneten sie den Besuchern ihrer eigenen Webseiten die Möglichkeit, durch eine Video-Einbettung den Kurzfilm vom YouTube-Server abzurufen, der dann auf den eigenen Webseiten in einem Frame abgespielt wurde. Das auf Wasserfiltersysteme spezialisierte Unternehmen sah das eigene Recht zur öffentlichen Zugänglichmachung verletzt und erhob Klage.

Internetnutzer dürfen also nicht bedenkenlos beliebige YouTube-Videos im Wege des Framings einbetten. Es dürfen vielmehr nur solche Videos eingebettet werden, die rechtmäßig hochgeladen wurden. Ob dies der Fall ist, können die Nutzer nicht auf Anhieb wissen. Denn man sieht es einem Video in aller Regel nicht an, ob es mit oder ohne Zustimmung des Urhebers hochgeladen wurde – es sei denn, es handelt sich um einen gerade im Kino laufenden Hollywood-Film. Selbst bei Videos auf offiziellen YouTube-Kanälen kann es durchaus sein, dass die Rechte nicht ordnungsgemäß eingeräumt wurden. Dafür würde dann derjenige haften, der das Video als Frame einbindet. Betroffen wären auch Nutzer sozialer Netzwerke, die das Video über ihr Profil posten oder teilen. Sollte eines Ihrer Videos also unrechtmäßig ins Netz gelangen und dann über andere Seiten weiterverbreitet werden, so können Sie sich dagegen wehren, indem Sie vor Gericht zum Beispiel Unterlassung, Beseitigung oder Schadensersatz verlangen.

Hinweis

Zu Ihren Gunsten gilt, dass es völlig irrelevant ist, ob die entsprechenden Personen von der Rechtswidrigkeit wussten. Denn im Urheberrecht kommt es auf ein Verschulden nicht an!

Neben der urheberrechtlichen Problematik bestehen auch datenschutzrechtliche Aspekte, die Sie beachten müssen. Diese spielen insbesondere dann eine Rolle, wenn Sie die Videos mit dem »Gefällt mir«-Button von Facebook einbinden (siehe Abbildung 6.28).

Abbildung 6.28 Einbindung des »Gefällt mir«-Buttons in ein YouTube-Video

Hierbei müssen Sie vielfältige Datenschutzvorgaben beachten. Denn Anbieter wie Google+, Facebook und Twitter erheben über den Like-Button automatisch personenbezogene Daten, wie beispielsweise die IP-Adresse, übermitteln sie an den Anbieter und verknüpfen die Daten mit dem Account des Nutzers und mit dem Facebook-Account des Besuchers. Wie genau die Anbieter die Daten anschließend verwerten, ist unbekannt. Zudem hat der Klick auf den Button dann zur Folge, dass automatisch eine entsprechende, für alle Kontakte des Nutzers sichtbare Mitteilung auf dessen Facebook-Profil erscheint.

Dieses System stellt jedoch immer dann einen Verstoß gegen das Datenschutzrecht dar, wenn Sie den Nutzer nicht zu Beginn des Nutzungsvorgangs über Art, Umfang und Zweck der Erhebung und Verwendung personenbezogener Daten sowie über die Verarbeitung seiner Daten unterrichten und wenn dieser der Datennutzung nicht zugestimmt hat.

Praxistipp: Muster einer erweiterten Datenschutzerklärung

Ein Muster für eine solche erweiterte Datenschutzerklärung können Sie kostenfrei auf der Website der Rechtsanwaltskanzlei Wilde Beuger Solmecke (*https://www.wbs-law.de/internetrecht/muster-datenschutzerklaerung-facebook-like-button-5712*) herunterladen (siehe Abbildung 6.29).

Für den Fall, dass Sie Facebook-Plugins auf die hier empfohlene „2-Klick"-Weise einbinden, empfehlen wir Ihnen die folgende Muster-Datenschutzerklärung.

Datenschutzerklärung

Sie können unsere Seite besuchen, ohne Angaben zu Ihrer Person zu machen. Personenbezogene Daten werden nur erhoben, wenn Sie uns diese im Rahmen Ihres Besuchst unseres Internetauftritts freiwillig mitteilen.

Auf unserer Website sind zudem Verweise (Links) auf das externe soziale Netzwerk Facebook enthalten. Dieser Internetauftritt wird ausschließlich von der Facebook Inc., 1601 S. California Ave, Palo Alto, CA 94304, USA (Facebook) betrieben. Die Verweise sind im Rahmen unseres Internetauftritts durch das Facebook Logo oder den Zusatz „Gefällt mir" kenntlich gemacht (es werden keine Facebook-Plugin genutzt).

Wird diesen Verweisen durch einen Klick gefolgt, werden die Facebook-Plugins aktiviert und Ihr Browser stellt eine direkte Verbindung mit den Servern von Facebook her.

Sofern Sie während des Besuchs unserer Website den Verweisen folgen und über Ihr persönliches Benutzerkonto bei Facebook eingeloggt sind, wird die Information, dass Sie unsere Website besucht haben, an Facebook weitergeleitet. Den Besuch der Website kann Facebook ihrem Konto zuordnen.

Diese Informationen werden an Facebook übermittelt und dort gespeichert. Um dies zu verhindern müssen Sie sich vor dem Klick auf den Verweis aus Ihrem Facebook-Account ausloggen.
Die den Verweisen von Facebook zugewiesenen Funktionen, insbesondere die Übermittlung von Informationen und Nutzerdaten, werden nicht bereits durch das Besuchen unserer Website aktiv, sondern erst durch den Klick auf die entsprechenden Verweise.

Zweck und Umfang der Datenerhebung durch Facebook sowie die dortige weitere Verarbeitung und Nutzung Ihrer Daten wie auch Ihre diesbezüglichen Rechte und Einstellungsmöglichkeiten zum Schutz Ihrer Privatssphäre entnehmen Sie bitte den Datenschutzhinweisen von Facebook (http://de-de.facebook.com/privacy/explanation.php).

Bei Fragen zur Erhebung, Verarbeitung oder Nutzung Ihrer personenbezogenen Daten sowie bei Auskünften, Berichtigung, Sperrung oder Löschung von Daten wenden Sie sich bitte an: (Name, Anschrift des Ansprechpartners für Datenschutz, ggf. Datenschutzbeauftragter)
Diese Datenschutzerklärung wurde von der Kanzlei WILDE BEUGER SOLMECKE erstellt und ist auf https://www.wbs-law.de zu finden.

Abbildung 6.29 Muster einer Datenschutzerklärung von der Rechtsanwaltskanzlei Wilde Beuger Solmecke

Sie sollten daher Ihre Datenschutzhinweise um die Erläuterungen zu der Verwendung des Social Plug-ins erweitern und sich so eine Einwilligung des Nutzers einholen. Denn sicher ist, dass die Übertragung der Daten nicht schon beim Aufrufen des Videos ohne Anklicken des Like-Buttons stattfinden darf.

6.8.2 User-generated Content

Die zahlreichen Kommunikationsmöglichkeiten der Videoportale ermöglichen es Ihnen nicht nur, Videos in Ihrem eigenen Kanal zu veröffentlichen, sondern bieten Nutzern beispielsweise auch die Möglichkeit, diese zu kommentieren (siehe Abbildung 6.30).

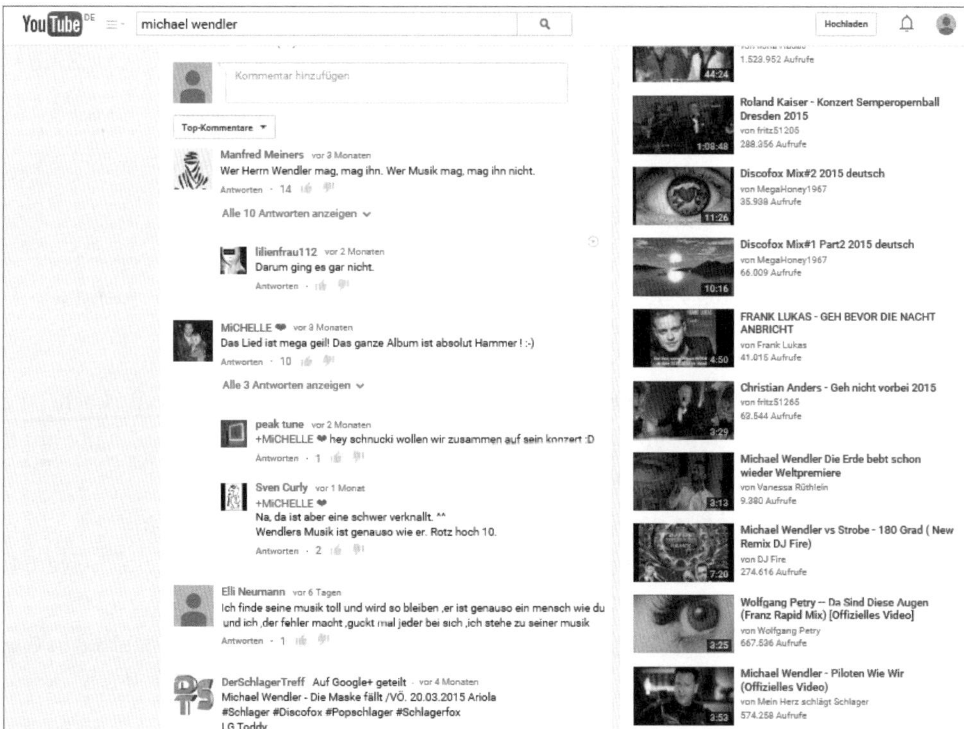

Abbildung 6.30 Kommentare zu einem Video des Schlagersängers Michael Wendler

Dabei stellt sich nun die Frage, ob Sie als Uploader des Videos auch für rechtsverletzende Inhalte unter Ihrem Video haften. Zu denken ist da beispielsweise an Kommentare, die die dargestellten Personen beleidigen, wie es häufig bei Prominenten passiert (siehe Abbildung 6.31).

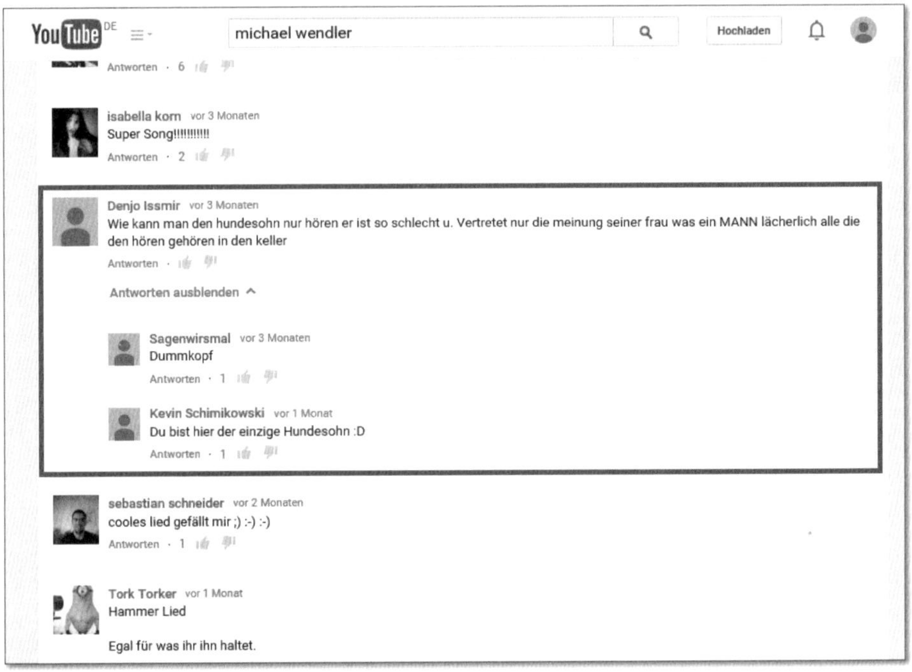

Abbildung 6.31 Unter einem Video des Schlagersängers Michael Wendler werden auch beleidigende Kommentare hinterlassen.

Hierbei gilt: Grundsätzlich haften Sie nur für Ihre eigenen Inhalte und für solche, die Sie sich zu eigen gemacht haben. Darüber hinaus haften Sie für fremde Inhalte unter Ihrem Video unter anderem dann nicht, wenn Sie

- keine Kenntnis von der Rechtsverletzung oder der Information haben,
- nach der Kenntnisnahme unverzüglich tätig geworden sind, um die rechtsverletzenden Inhalte zu entfernen, oder
- den Zugang zu den rechtsverletzenden Inhalten gesperrt haben, sobald Sie davon Kenntnis erlangt haben.

Grundsätzlich können Sie nicht auf Anhieb erkennen, ob Kommentare unter Ihren Videos Rechte Dritter verletzen. Auch kann Ihnen nicht zugemutet werden, dies stets zu überprüfen und zu überwachen – dies sieht auch der Gesetzgeber so. Aus diesem Grund normierte er eine Haftung erst ab dem Moment, in dem Sie von der Rechtsverletzung Kenntnis erlangen.

Praxisbeispiel: Kenntniserlangung

Im Rahmen von Videoplattformen kann diese Kenntniserlangung beispielsweise durch eine private Nachricht des Rechteinhabers an Sie als Kanalinhaber erfolgen. Von einer Kenntniserlangung kann jedoch nicht schon dann ausgegangen werden, wenn Sie eine automatische Benachrichtigung über den Eintrag erhalten haben oder diesen sogar ebenfalls kommentiert haben. Denn dass Sie Kenntnis von der Existenz des Beitrags erlangt haben, bedeutet noch nicht, dass Sie auch Kenntnis von der Rechtswidrigkeit haben.

In diesem Zusammenhang hat sich das aus dem US-Recht stammende *Notice-and-takedown-Verfahren* bewährt. Danach werden Sie als Kanalinhaber zunächst beispielsweise durch den Rechteinhaber selbst über die Verletzung seiner Rechte informiert, damit Sie diesen Zustand dann unverzüglich beseitigen können.

Nach der Rechtsprechung des BGH muss der Hinweis dabei so konkret gefasst sein, dass der Rechtsverstoß auf der Grundlage der Behauptungen des Betroffenen unschwer – das heißt ohne eingehende rechtliche und tatsächliche Überprüfung – bejaht werden kann. Haben Sie Zweifel an der Richtigkeit der Mitteilung, so können Sie dies dem Betroffenen innerhalb der Frist mitteilen und um Nachweis der Rechtsinhaberschaft bitten. Reagiert dieser darauf nicht mehr, so besteht für Sie keine Löschungspflicht.

Auf Löschungsforderungen der Rechteinhaber sollten Sie jedoch unbedingt reagieren, da Sie andernfalls mit Forderungen nach Unterlassung, Beseitigung und Schadensersatz rechnen müssen. Jedenfalls dann, wenn eine Rechtsverletzung offensichtlich ist, ist eine sofortige Löschung nur empfehlenswert.

Ebenso sollten Sie vorgehen, wenn der Rechteinhaber Sie nicht direkt kontaktiert, sondern den Weg über die Betreiber der Plattform wählt. Denn diese bieten oftmals Formulare, über die Rechteinhaber Rechtsverletzungen melden können (siehe Abbildung 6.32). Missbraucht jemand dieses Verfahren, muss er unter anderem damit rechnen, dass sein eigener Account gesperrt wird.

Abbildung 6.32 Möglichkeit zur Meldung von Urheberrechtsverletzungen auf YouTube in Verbindung mit der Anfrage zur Deaktivierung des beanstandeten Videos

6.9 Checkliste Video-Marketing: Alles beachtet?

Checkliste

- Haben Sie bei einer Eigenproduktion an die Rechte Dritter gedacht?
- Haben Sie die Bildrechte der Darsteller eingeholt?
- Haben die in dem Video abgebildeten Mitarbeiter in die Nutzung eingewilligt?
- Haben Sie für Musik Dritter im Video die Lizenzen eingeholt?
- Haben Sie die Nutzungsbedingungen bei der Verwendung von Bildern aus Stockarchiven beachtet?
- Enthält Ihr Video keine unzulässige Schleichwerbung?
- Produktplatzierungen haben Sie als solche gekennzeichnet?
- Haben Sie vor dem Hosten auf Videokanälen die Nutzungsbedingungen, Community-Guidelines und die Datenschutzbestimmungen eingesehen?
- Haben Sie Ihren Videokanal mit einem Impressum versehen?
- Haben Sie Ihren MCN-Vertrag kontrolliert?
- Haben Sie die Haftungsregeln zum Framing verinnerlicht?
- Haben Sie das Notice-and-takedown-Verfahren verstanden?

Wenn Sie alle Fragen mit Ja beantworten können, dann kann es losgehen ... Viel Erfolg!

Kapitel 7
Social Media Marketing

Soziale Netzwerke sind seit einigen Jahren ein wesentlicher Bestandteil in der Außendarstellung von Unternehmen. Denn diese haben verstanden, dass sich Kundennähe einfach über soziale Netzwerke wie Facebook, Twitter, YouTube und Co. umsetzen lässt. Doch was so einfach klingt und auf den Webseiten der Social-Media-Plattformen so simpel aussieht, ist gerade bei der kommerziellen Verwendung durch Unternehmen mit rechtlichen Fallstricken verbunden. Aus diesem Grund stellt der Schritt in die sozialen Netzwerke oft noch immer eine Herausforderung dar. Um Ihnen diesen Schritt zu erleichtern, geben wir Ihnen in diesem Kapitel einen Überblick über die rechtlichen Rahmenbedingungen, die es bei der Gestaltung und dem Betrieb der Social-Media-Präsenz zu beachten gilt.

Heutzutage kann es sich kaum ein Unternehmen leisten, auf die Vorteile der Nutzung von Social Media zu verzichten. Soziale Netzwerke wie Facebook, Google+, XING oder Twitter sowie Bewertungsplattformen bieten Ihnen diverse Möglichkeiten effektive und innovative PR- und Marketing Strategien zu entwickeln und zu verbreiten. Diese Chancen haben viele Unternehmen bereits erkannt und nutzen diese.

Hinweis!

Einer Umfrage des Online Statistik-Portals Statista unter Vertretern deutscher Unternehmen zu der Verwendung von Social Media in ihrem Unternehmen zu Folge gaben 38 % an, dass sie Social Media betreiben. Mit dem Einsatz von Social Media verfolgen die Unternehmen verschiedene Ziele: Bei 73,2 Prozent der befragten Unternehmen steht Kundenbindung an erster Stelle, dicht gefolgt von dem Ziel der stärkeren Kundenbindung, der Verbesserung des Images und einem besseren Zugang zur Zielgruppe.

Die Nutzung von Social Media bietet Ihnen viele Chancen, birgt jedoch auch einige rechtliche Risiken. Vom Urheberrecht und dem Recht am eigenen Bild, über die Impressumspflicht bis hin zum rechtskonformen Direktmarketing über soziale Netzwerke, gibt es einige rechtliche Fallstricke, die es zu vermeiden gilt. Wenn Sie diese rechtlichen Fallstricke jedoch einmal kennen, können Sie diese einfach lösen und einen klaren Gewinn aus der Nutzung von Social Media ziehen- dabei möchten wir Ihnen mit diesem Kapitel helfen!

7.1 Wie bereitet man einen rechtssicheren Social-Media-Auftritt vor?

XING, Facebook, Google+, Twitter, YouTube ... – die Zahl der Social-Media-Plattformen wächst stetig an. Doch wenn Sie sich dazu entscheiden, für Ihre Kunden und potenziellen Neukunden auch in sozialen Netzwerken präsent zu sein, stellt sich die Frage, welche Plattform Sie wählen und wie Sie den Auftritt gestalten sollten.

7.1.1 Die Wahl des Social-Media-Kanals

Die Entscheidung für einen Social-Media-Auftritt beginnt mit der Wahl einer Social-Media-Plattform. Dabei müssen Sie sich zunächst folgende Fragen stellen:

- Welches soziale Netzwerk spricht Ihre Zielgruppe an?
- Welche Plattform wird am ehesten den von Ihnen mit dem Social-Media-Auftritt verfolgten Zielen gerecht?
- Welche Social-Web-Plattform ist personell und organisatorisch für Sie am ehesten umsetzbar?
- Sollten Sie unter Umständen mehrere Kanäle parallel nutzen, um die Zielgruppe auch tatsächlich zu erreichen?

Während beispielsweise bei Blogs aufgrund des höheren Administrationsaufwands die Einstiegshürde für Unternehmen relativ hoch ist, bieten die sozialen Netzwerke ein niederschwelliges und attraktives Angebot für eine Vielzahl von Nutzern. Doch auch innerhalb der sozialen Netzwerke gibt es Unterschiede. Welche das sind und auf welches Netzwerk Sie daher Ihre Marketingmaßnahmen konzentrieren sollten, wird im Folgenden erläutert.

7.1.2 Soziale Netzwerke

Auf den ersten Blick sind die meisten sozialen Netzwerke zwar kostenlos, dies bedeutet jedoch nicht, dass Sie dafür keinerlei Kosten aufwenden müssen. Denn die Pflege von sozialen Netzwerken ist für Unternehmen mit einem nicht zu unterschätzenden Zeitaufwand verbunden, und Zeit ist bekanntlich Geld. Schließlich besteht Social Media Marketing in sozialen Netzwerken nicht nur daraus, ein entsprechendes Profil anzulegen. Vielmehr lebt das Marketing davon, dass Sie den Auftritt ständig auf dem neuesten Stand halten, neue Produkte oder Dienstleistungen einpflegen und auf

Feedback oder Kontaktwünsche von potenziellen Kunden möglichst schnell reagieren – andernfalls geraten Sie in Vergessenheit. Dies bedeutet also sehr viel Arbeit, die von Ihnen oder Ihrem Personal geleistet werden muss. Daher sollten Sie sich genau überlegen, für welches soziale Netzwerk Sie sich entscheiden, um nicht am Ende auf den Kosten sitzenzubleiben.

Um Ihnen die Wahl zu erleichtern, geben wir Ihnen im Folgenden einen Überblick über die einzelnen sozialen Netzwerke und ihre Besonderheiten.

Facebook

Das wohl berühmteste und derzeit am meisten genutzte soziale Netzwerk ist die 2004 unter anderem von Mark Zuckerberg gegründete Plattform Facebook (siehe Abbildung 7.1).

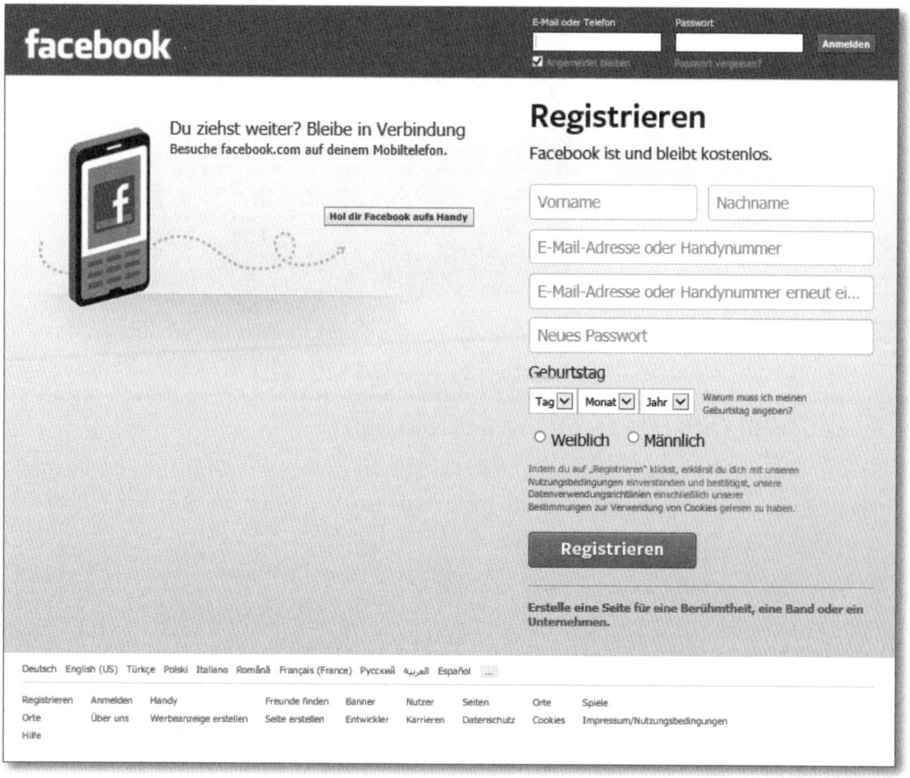

Abbildung 7.1 Die Startseite des sozialen Netzwerkes Facebook

Mittel der Wahl ist dabei eine Unternehmensseite in dem sozialen Netzwerk (siehe Abbildung 7.2). Diese ist Dreh- und Angelpunkt für alle Aktivitäten Ihres Unternehmens.

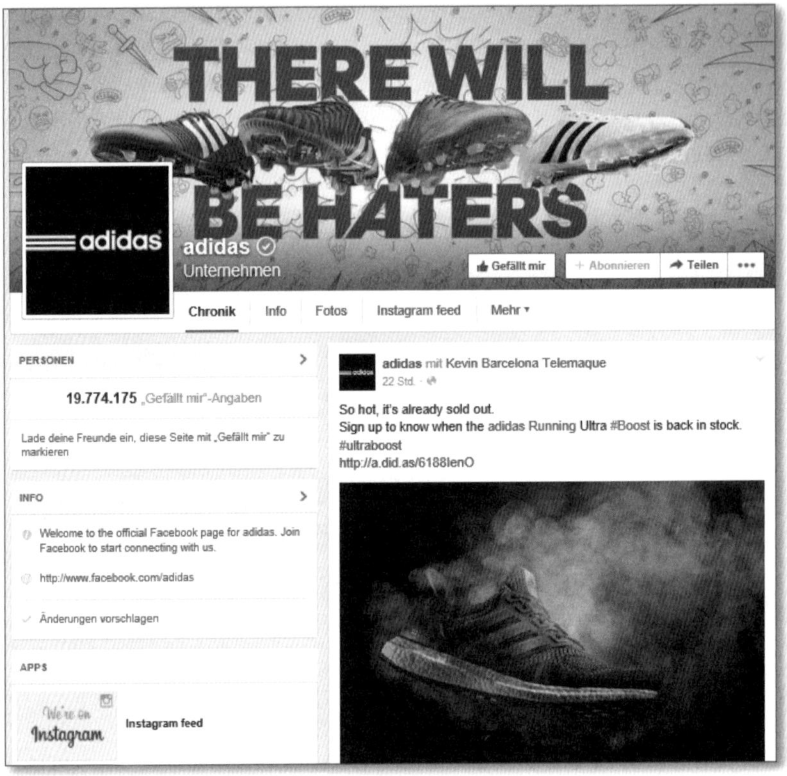

Abbildung 7.2 Die Facebook-Unternehmensseite des Sportprodukteherstellers Adidas

Praxistipp: Begrifflichkeiten in sozialen Netzwerken

Sollten Ihnen die Begriffe Follower, Chronik, Stream und Like noch überhaupt nichts sagen, empfehlen wir Ihnen, sich über folgende Links mit den wichtigsten Funktionen von Facebook vertraut zu machen:

- Facebook Beginner's Guide von Netzwelt.de: *http://www.netzwelt.de/news/95139-erste-schritte-facebook-beginners-guide.html*
- Grundlagen für Facebook-Seiten: *https://www.facebook.com/help/387958507939236*
- Einführung und Überblick zum Facebook-Marketing auf allfacebook.de: *http://allfacebook.de/einfuehrung-ueberblick*

Damit bietet Ihnen Facebook die Möglichkeit, neue Kontakte herzustellen und mit bereits bestehenden Kunden in Verbindung zu bleiben. Gleichzeitig können die Kunden die Seite des Unternehmens ihren Freunden weiterempfehlen und so den Bekanntheitsgrad Ihrer Seite vergrößern. Haben Sie also eine gute Marketingstrategie, haben Sie über Facebook die Möglichkeit, Ihr Angebot in kurzer Zeit und ohne Umwege einer breiten Masse bekannt zu machen.

Praxischeck

Facebook ist ein Netzwerk, das aufgrund seiner weiten Verbreitung in allen Alters- und Bevölkerungsgruppen von nahezu jedem Unternehmen zu Marketingzwecken sinnvoll eingesetzt werden kann. Wer sich also im Bereich Social Media etablieren möchte, sollte auf einen Facebook-Account nicht verzichten.

Google+

Google+ (*www.plus.google.com*) funktioniert ähnlich wie Facebook, arbeitet aber mit sogenannten Kreisen. Wer ein Profil auf dieser Plattform hat, wird über Neuigkeiten anderer informiert, indem er diese einem oder mehreren Kreisen zuordnet (sogenanntes Einkreisen). Durch dieses Einkreisen können Sie Zielgruppen für Ihre Beiträge definieren und so beispielsweise Informationen gezielt nur an bestimmte Gruppen senden, wenn nur diese ein Interesse daran haben.

Eine Besonderheit im Google+-Netzwerk bilden die *Hangouts*, bei denen es sich um kostenlose Videokonferenzen für bis zu zehn Teilnehmer handelt. Google+ setzt mit seinen Communitys, Kreisen und Videochats stärker auf die Diskussion zwischen den Nutzern. Gerade deshalb tummeln sich dort deutlich mehr Professionals (siehe Abbildung 7.3).

Abbildung 7.3 Das Google+-Profil des Modeunternehmens Dior

…t vor?

…axischeck

Ein Google+-Account kann sich für Sie schon aus Gründen der Suchmaschinenoptimierung als lohnenswert erweisen! Denn mit einem Google+-Account werden Sie in den Suchmaschinen von Google höher gelistet und können auf diese Weise dann auch von Interessenten schneller gefunden werden. Außerdem bieten sich durch die Vernetzung mit anderen Google-Diensten hohe Synergieeffekte.

XING

Eine Sonderstellung in den sozialen Netzwerken nimmt das deutsche Netzwerk XING (*www.xing.de*) ein. Der Kerngedanke von XING ist die Vernetzung von Unternehmern, Führungskräften und Freiberuflern. Interessant ist XING deshalb insbesondere für den Recruitment-Bereich und um mit Business-Kontakten in Verbindung zu bleiben (siehe Abbildung 7.4).

Abbildung 7.4 Startseite des Netzwerkes XING

Dazu legen die Nutzer Profile mit professionellen Daten ähnlich einem Lebenslauf an, aus welchem erkennbar wird, wo der Profilinhaber bisher gearbeitet hat oder in welchen beruflichen Bereichen er spezialisiert ist.

Daneben haben Unternehmen ebenfalls die Möglichkeit, das Portal für Marketingzwecke zu nutzen: Sie können innerhalb Ihrer Branche in der Rubrik ÜBER UNS Ihr Unternehmen darstellen und in einem Steckbrief die Eckdaten angeben (siehe Abbildung 7.5).

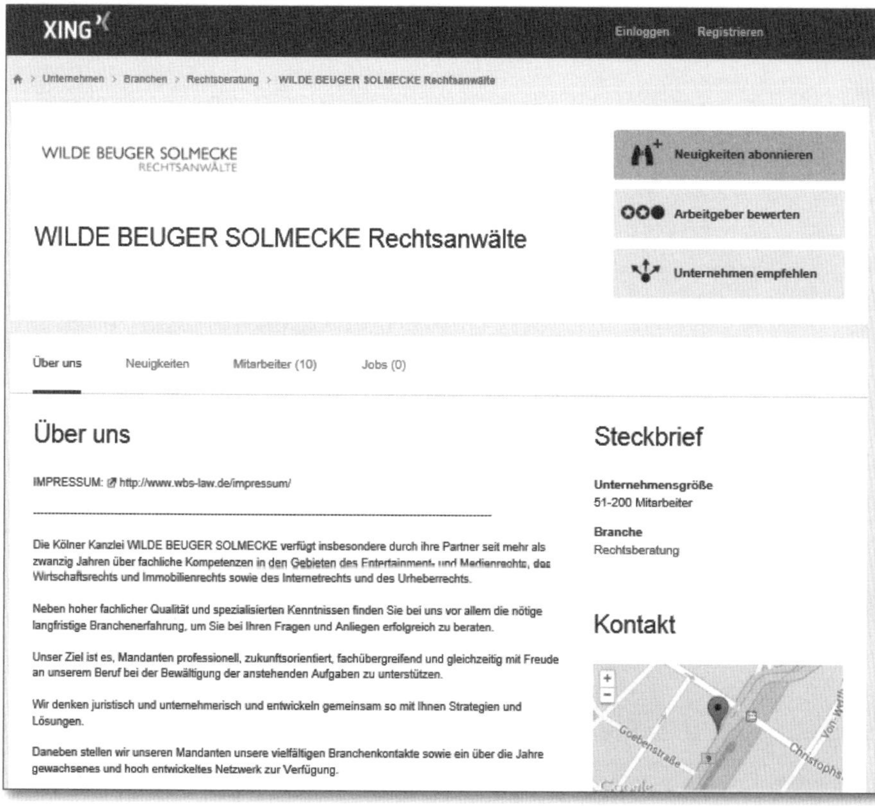

Abbildung 7.5 Unternehmensprofil der Rechtsanwaltskanzlei Wilde Beuger Solmecke

In der Sparte NEUIGKEITEN können Sie dann die Business-Plattform beispielsweise dazu nutzen, neue Stellenangebote zu veröffentlichen. Diese können von den Abonnenten der Unternehmensseite mitverfolgt werden (siehe Abbildung 7.6).

Über den Dienst kununu (*www.kununu.com*) ist es zudem möglich, die Bewertungen Ihrer Mitarbeiter, Auszubildenden und Bewerber zu sammeln (siehe Abbildung 7.7).

Abbildung 7.6 Die Verwendung eines XING-Unternehmensprofils im Recruitment-Bereich am Beispiel der Rechtsanwaltskanzlei Wilde Beuger Solmecke

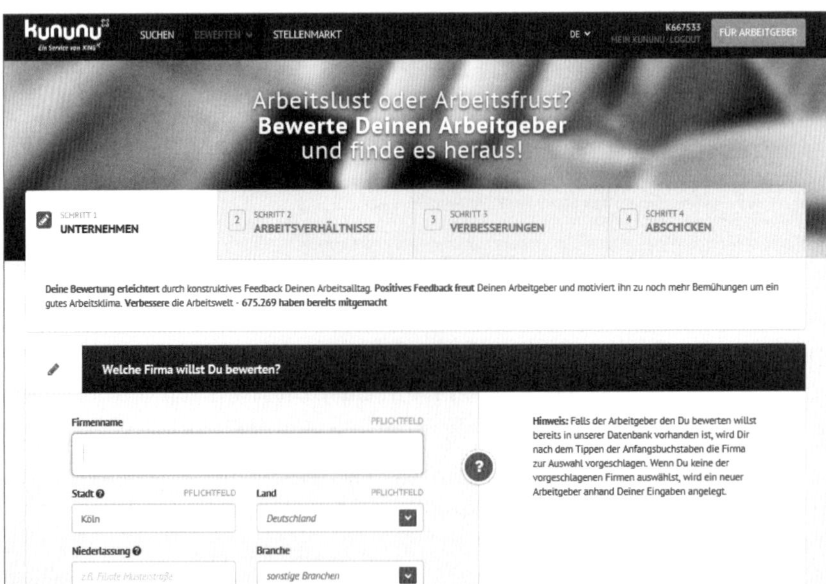

Abbildung 7.7 Formular zur Bewertung des Arbeitgebers

Auf diese Weise können sich Personen, die beispielsweise eine Stellenanzeige des Unternehmens auf XING gesehen haben, einen Eindruck über dieses verschaffen (siehe Abbildung 7.8).

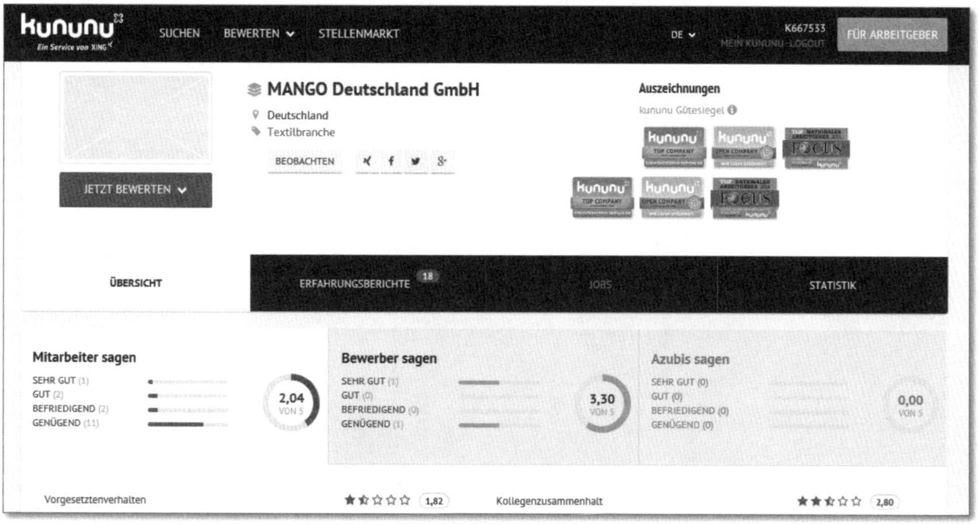

Abbildung 7.8 Bewertung des Bekleidungsunternehmens MANGO auf kununu

> **Praxischeck**
> Ein Account in der Business-Plattform XING macht in erster Linie im Recruitment-Bereich Sinn und ist damit wohl eher für mittelständische und große Unternehmen sinnvoll, die immer wieder offene Stellen zu besetzen haben. Dabei müssen Sie sich jedoch überlegen, ob ein XING-Account bei den Angestellten in Ihrer Branche überhaupt gängig ist. Ist dies nicht der Fall, so macht ein Account für Sie eher wenig Sinn, da Sie Ihre Zielgruppe darüber wahrscheinlich nicht erreichen werden.

Twitter

Twitter ist kein soziales Netzwerk im klassischen Sinne, sondern eine sehr offene Kommunikationsplattform (siehe Abbildung 7.9). Nutzer und Unternehmen können sich auf der Internetseite *www.twitter.de* ein Profil erstellen und kurze öffentliche Nachrichten mit maximal 140 Zeichen (sogenannte *Tweets*) veröffentlichen.

Das virtuelle Gezwitscher der mehr als 4 Mio. Nutzer kann von anderen Nutzern an die eigenen Follower weitergezwitschert werden (sogenanntes *Retweeten*). Darüber hinaus kann man auch auf die Tweets anderer antworten (*@-Reply*).

Abbildung 7.9 Startseite des Dienstes Twitter

Ein Twitter-Account ist mittlerweile bei Unternehmen ein gängiges Marketinginstrument, da auf diese Weise einfach Kontakt zu bestehenden Kunden und potenziellen Neukunden aufgenommen werden kann. So können beispielsweise Hinweise zu Aktionen, Rabatten oder einfach aktuelle News schnell und unkompliziert verbreitet werden (siehe Abbildung 7.10).

Abbildung 7.10 Der Twitter-Account der Deutschen Bahn

Praxischeck

Der Betrieb und die Pflege eines Twitter-Accounts sind sehr zeitintensiv, da er von der ständigen Verbreitung der Kurznachrichten lebt. Zudem müssen Sie sich hinsichtlich des Timings der Nachrichtenverbreitung nach Ihren Followern richten, um Ihre Zielgruppe auch zu erreichen.

7.1.3 Foto- und Video-Communitys

Neben den sozialen Netzwerken stehen Ihnen im Rahmen des Social Media Marketings auch Foto- und Video-Communitys zur Verfügung, über die Fotos oder Videos geteilt werden können. Die größten und beliebtesten Vertreter dieser Gattung sind YouTube, Flickr und Pinterest.

YouTube

Auf der weltweit größten Videoplattform YouTube (*www.youtube.com*) können Nutzer Profile erstellen und darüber Videos teilen, die wiederum von anderen Nutzern kommentiert und erneut geteilt werden können (siehe Abbildung 7.11).

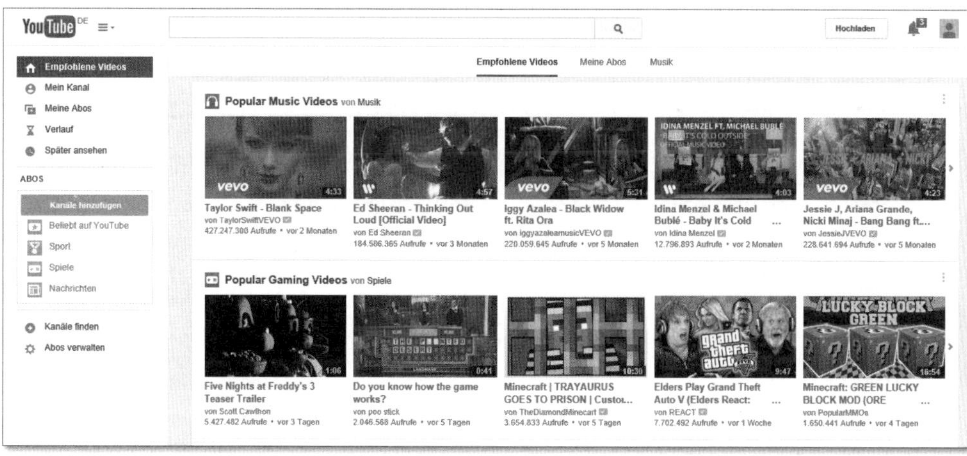

Abbildung 7.11 Startseite des Videoportals YouTube

Nach Angaben von YouTube selbst besuchen jeden Monat mehr als 1 Mrd. einzelne Nutzer die Plattform. Aufgrund dieser großen Verbreitung von YouTube und der Verzahnung mit anderen Google-Diensten ist das Videoportal auch für Unternehmen sehr interessant und wird von vielen bereits dazu genutzt, um Neuigkeiten zu verbreiten oder auch Werbung für ihre Produkte und Dienstleistungen zu machen (siehe Abbildung 7.12).

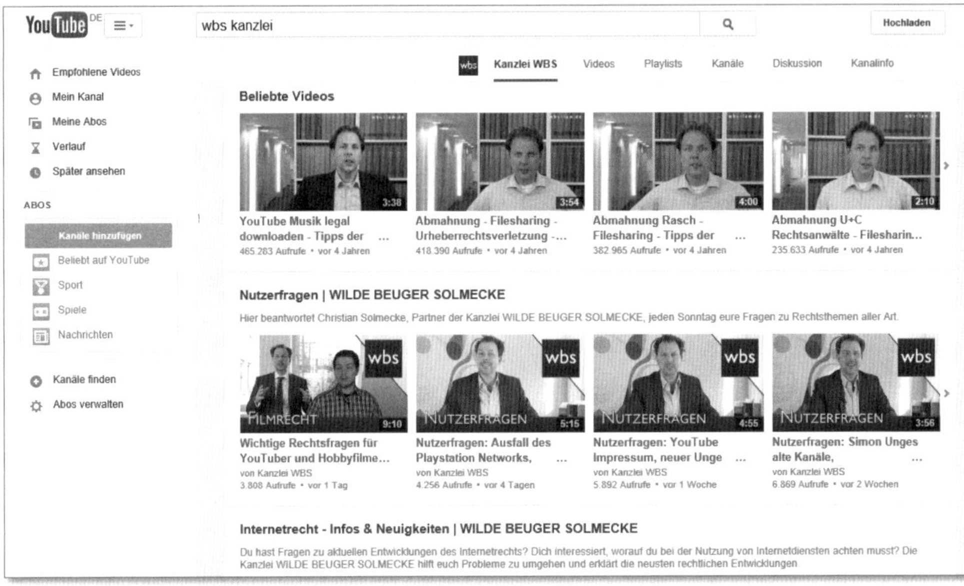

Abbildung 7.12 Das YouTube-Profil der Rechtsanwaltskanzlei Wilde Beuger Solmecke mit zahlreichen Videos, unter anderem zu Nutzerfragen

Praxischeck

Die Erstellung von Videos für Ihr Unternehmen ist im Vergleich zu einfachen Textbeiträgen in sozialen Netzwerken relativ zeit- und kostenintensiv. Ob ein YouTube-Channel für Sie sinnvoll ist oder nicht, hängt davon ab, ob Sie mit Ihren Videos für Ihre Kunden und Interessenten einen Mehrwert leisten können. Darüber hinaus leisten YouTube-Videos einen Beitrag zu einem besseren Ranking in Suchmaschinen, was einen nicht zu unterschätzenden Vorteil für Unternehmen darstellt.

Flickr

Flickr ist eine Fotocommunity des Suchmaschinenanbieters Yahoo (*www.flickr.de*), bei der das Veröffentlichen und Teilen von Fotografien im Vordergrund steht. Zahlreiche professionelle Fotografen haben auf Flickr ein Profil, um für ihre Arbeit zu werben. Aber auch Unternehmen wie Bayer sind auf der Plattform aktiv und verbreiten dort Bilder von Veranstaltungen, Firmenstandorten oder neuen Produkten (siehe Abbildung 7.13). Auf diese Weise kann die Plattform auch zu Marketingzwecken genutzt werden.

Darüber hinaus können Sie Ihr Unternehmen und Ihre Produkte aber nicht nur bewerben, sondern auch gleichzeitig mit Ihren Bildern Geld verdienen. Seit Ende 2014 bietet der von Flickr ins Leben gerufene Dienst Wall Art Nutzern die Möglichkeit, Bilder auf Leinwand zu drucken oder ein Fotobuch zu erstellen und sich dieses zuschicken zu lassen. Möchte man nun seine Flickr-Fotos dafür zur Verfügung stellen, muss man sich anmelden. Die Bilder werden begutachtet und bei Interesse für Wall Art berücksichtigt. Möchte jemand Ihr Werk dann ausdrucken, erhalten Sie 51 % der Nettoeinnahmen daran.

Abbildung 7.13 Flickr-Profil des Bayer Hochschulmarketings

> **Praxischeck**
>
> Für Sie ist ein Unternehmensprofil auf Flickr dann sinnvoll, wenn Sie eine emotionale Produktpalette haben und über genügend interessantes Bildmaterial über Ihre Produkte oder Dienstleistungen, Mitarbeiter oder Räumlichkeiten verfügen. Denn auf diese Weise können Sie Kunden und Interessenten Eindrücke aus Ihrem Firmenalltag präsentieren. Darüber hinaus ist auch zu beachten, dass ein Unternehmens-Account ebenfalls für die Suchmaschinenoptimierung von Bedeutung ist.

Pinterest

Derzeit in aller Munde ist die noch relativ junge Fotoplattform Pinterest (*www.pinterest.com*): Schöne Bilder und Videos, beispielsweise zu Hochzeiten, Fashion und Beauty, sind dabei der Renner, die die Nutzer mit anderen auf ihren virtuellen Pinnwänden teilen, womit sie Auskunft über individuelle Interessen und Vorlieben geben (siehe Abbildung 7.14).

Die Mehrzahl der Nutzer ist derzeit noch weiblich, wobei jedoch auch die Zahl der männlichen Interessenten stetig steigt. Insbesondere in den Branchen Mode, Frisuren, Wohnraum-Dekoration und Lifestyle ist Pinterest besonders beliebt (siehe Abbildung 7.15).

Abbildung 7.14 Startseite der Fotoplattform Pinterest

Abbildung 7.15 Beispiel eines Pinterest-Profils

Auch Ihr Unternehmen kann von den zahlreichen Möglichkeiten profitieren, indem Sie Bilder oder Videos Ihrer Produkte und Dienstleistungen als sogenannte *Pins* den Interessenten zur Schau stellen. Letztlich kann Pinterest durch seinen Bild- und Videoservice zur globalen Unternehmensschau gezielt genutzt werden und so sowohl bestehende Kunden erreichen als auch Neukunden gewinnen. Dazu bietet Ihnen die Plattform auf *https://business.pinterest.com/de* die Möglichkeit einer eigenen Unternehmensseite (siehe Abbildung 7.16).

Abbildung 7.16 Der Pinterest-Beitritt für Unternehmen

Praxischeck

Ähnlich wie Flickr ist auch Pinterest immer dann eine gute virtuelle Marketingstrategie, wenn ansprechende Produkte vorgestellt werden sollen. Mit einem attraktiven Foto kann also in kürzester Zeit sowohl eine hohe Bekanntheit als auch Reichweite für das eigene Produkt erzielt werden. Darüber hinaus können Sie die Interessenten über Pinterest direkt in den eigenen Onlineshop ziehen und so auch Ihren Website-Traffic erhöhen.

7.2 Muss man Nutzungsbedingungen der Social-Media-Plattformen kontrollieren?

Haben Sie sich nun für eine Präsenz Ihres Unternehmens auf einer oder mehreren Social-Media-Plattformen entschieden, so beinhaltet die Registrierung dort den Abschluss eines Nutzungsvertrags zwischen Ihnen und dem Plattformbetreiber. Regelmäßig liegen diesem dann auch Allgemeine Geschäftsbedingungen, Nutzungsbedingungen und Datenschutzbestimmungen zugrunde, mit denen Sie sich einverstanden erklären müssen – Verhandlungsspielraum besteht dabei nicht. Aus diesem

Grund müssen Sie vor der Entscheidung für die entsprechende Plattform genau prüfen, welche Regeln das Netzwerk Ihnen zur Nutzung aufstellt.

Hinweis: Nutzungsbedingungen für Werbemaßnahmen

Nutzungsbedingungen spielen für Unternehmen besonders dann eine Rolle, wenn es um Marketingmaßnahmen geht. Denn da Unternehmen gewerblich handeln, haben die Betreiber sozialer Netzwerke in der Regel klare Vorstellungen über die Zulässigkeit von Werbemaßnahmen und gegebenenfalls über die Details der Ausgestaltung. Diese müssen Ihnen in jedem Fall bekannt sein und auch eingehalten werden.

Mit dem Einverständnis, das Sie in der Regel bei der Registrierung durch Anklicken des Buttons REGISTRIEREN erklären (siehe Abbildung 7.17), ist es jedoch noch nicht getan.

Abbildung 7.17 Beispiel für die Erklärung des Einverständnisses zu den Nutzungsbedingungen beim Kurznachrichtendienst Twitter

Vielmehr müssen die Bedingungen bei der späteren Nutzung auch eingehalten werden, da sonst die Sperrung oder gar Löschung des Accounts drohen. Ergeben sich nach Ihrer Registrierung Änderungen in den Bedingungen, so sind diese ebenfalls für Sie verbindlich. Daran ändern auch Widersprüche nichts, die von Nutzern auf den eigenen Profilen veröffentlicht werden (siehe Abbildung 7.18).

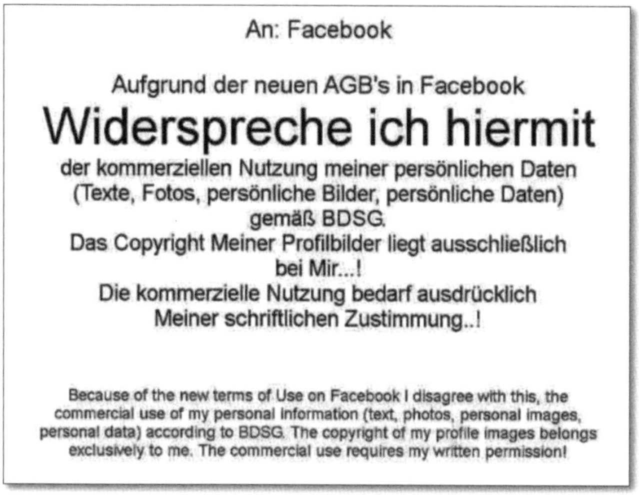

An: Facebook

Aufgrund der neuen AGB's in Facebook

Widerspreche ich hiermit

der kommerziellen Nutzung meiner persönlichen Daten (Texte, Fotos, persönliche Bilder, persönliche Daten) gemäß BDSG.
Das Copyright Meiner Profilbilder liegt ausschließlich bei Mir...!
Die kommerzielle Nutzung bedarf ausdrücklich Meiner schriftlichen Zustimmung..!

Because of the new terms of Use on Facebook I disagree with this, the commercial use of my personal information (text, photos, personal images, personal data) according to BDSG. The copyright of my profile images belongs exclusively to me. The commercial use requires my written permission!

Abbildung 7.18 Beispiel für einen Versuch eines Widerspruchs gegen neue Nutzungsbedingungen im sozialen Netzwerk Facebook

Bei den Nutzungsbedingungen handelt es sich jedoch nicht um ein allgemeines Regelwerk, das für alle sozialen Netzwerke gilt, sondern um Bedingungen, die jede Plattform selbst bestimmt und individuell auf ihre Dienste abstimmt. Alle Regelungen der einzelnen Plattformen im Rahmen dieses Kapitels darzustellen, würde den Rahmen dieses Kapitels sprengen, zumal die Vorgaben ständig überarbeitet und geändert werden. Wir möchten Ihnen daher ans Herz legen, die Bedingungen der von Ihnen gewählten Plattform einmal vollständig durchzulesen. An dieser Stelle möchten wir Ihnen jedoch einen kurzen Überblick über die Regelungen zu Marketingmaßnahmen geben.

7.2.1 Facebook

Die Nutzung von Facebook ist – auch für Unternehmen – grundsätzlich kostenlos. Allerdings verlangt Facebook von Ihnen, dass Sie bei der Anmeldung mehrere Regelwerke, auch Nutzungsbedingungen genannt, akzeptieren und diese im täglichen Betrieb auch einhalten.

Hinweis: Nutzungsbedingungen auf Facebook

Wenn Sie vorhaben, eine Unternehmensseite auf Facebook zu betreiben, sind besonders folgende Regelungen für Sie wichtig:

- Die allgemeinen Facebook-Nutzungsbedingungen: *https://www.facebook.com/legal/terms*

- Die besonderen Facebook-Nutzungsbedingungen für deutsche Nutzer:
https://www.facebook.com/terms/provisions/german/index.php
- Die Facebook-Community-Standards:
https://www.facebook.com/communitystandards
- Die Nutzungsbedingungen für Facebook-Seiten:
https://www.facebook.com/page_guidelines.php
- Die Facebook-Werberichtlinien:
https://www.facebook.com/ad_guidelines.php
- Die Bedingungen für Self-Service-Werbeanzeigen:
https://www.facebook.com/legal/self_service_ads_terms
- Die Richtlinien für Promotions:
https://www.facebook.com/page_guidelines.php#promotionsguidelines
- Die Zahlungsbedingungen:
https://www.facebook.com/payments_terms
- Falls Sie Facebook-Apps einsetzen möchten, zusätzlich die Richtlinie zur Facebook-Plattform:
http://developers.facebook.com/policy/

Regelmäßig nutzen Unternehmen ihre eigene Facebook-Seite dazu, um Werbeaktionen zu schalten. Wie ein Blick auf den Abschnitt PROMOTIONS in den Facebook-Nutzungsbedingungen ergibt (siehe Abbildung 7.19), ist dies grundsätzlich zulässig. Facebook legt jedoch Wert darauf, dass generell Gesetze und Vorschriften eingehalten werden und das Netzwerk nicht in Verbindung mit der Werbeaktion gebracht wird.

E. **Promotions**

1. Wenn du Facebook nutzt, um über eine Promotion zu berichten bzw. diese zu organisieren (z. B. Preisausschreiben oder Verlosungen), so bist du für die den ordnungsgemäßen Ablauf dieser Promotion verantwortlich; dazu gehören folgende Elemente:

   a. Die offiziellen Regelungen,

   b. die Angebotsbedingungen und Auswahlkriterien (z. B. Alters- und Wohnsitzbeschränkungen) und

   c. die Einhaltung der geltenden Regelungen und Vorschriften, welche die Promotion sowie alle angebotenen Gewinne regeln (z. B. Registrierung und Einholung notwendiger regulatorischer Genehmigungen).

2. Promotions auf Facebook müssen folgende Elemente enthalten:

   a. Eine vollständige Freistellung von Facebook durch jeden Teilnehmer.

   b. Anerkennung, dass die Promotion in keiner Verbindung zu Facebook steht und in keiner Weise von Facebook gesponsert, unterstützt oder organisiert wird.

3. Promotions können auf Seiten oder in Apps auf Facebook organisiert werden. Persönliche Chroniken und Freundschaftsverbindungen dürfen nicht für die Organisation von Promotions genutzt werden (beispielsweise sind Aufforderungen wie „teile diesen Beitrag in deiner Chronik, um teilzunehmen" oder „erhöhe deine Gewinnchancen durch Teilen in der Chronik deiner Freunde" und „markiere deine Freunde in diesem Beitrag, um teilzunehmen" sind nicht erlaubt).

4. Wir werden dich nicht bei der Organisation deiner Promotion unterstützen und du stimmst zu, dass du auf eigenes Risiko handelst, wenn du unseren Dienst für die Organisation deiner Promotion nutzt.

Abbildung 7.19 Bestimmungen für Werbemaßnahmen in den Nutzungsbedingungen für Seiten auf Facebook

Wenn Sie Ihre Facebook-Seite nun für Werbeanzeigen nutzen möchten, die eine Verlosung, einen Wettbewerb, ein Preisausschreiben bzw. Angebot hervorheben, müssen Sie sich laut den Nutzungsbedingungen von Facebook auch an die Vorgaben der Werberichtlinie halten. Diese enthält unter anderem Vorgaben zum Datenschutz und zu Werbeinhalten: Handelt es sich bei den von Ihnen beworbenen Produkten oder Dienstleistungen beispielsweise um Alkohol, Dating, Medikamente oder Glücksspiel, so gelten für Sie besondere Vorgaben, die Sie unbedingt berücksichtigen müssen (siehe Abbildung 7.20)!

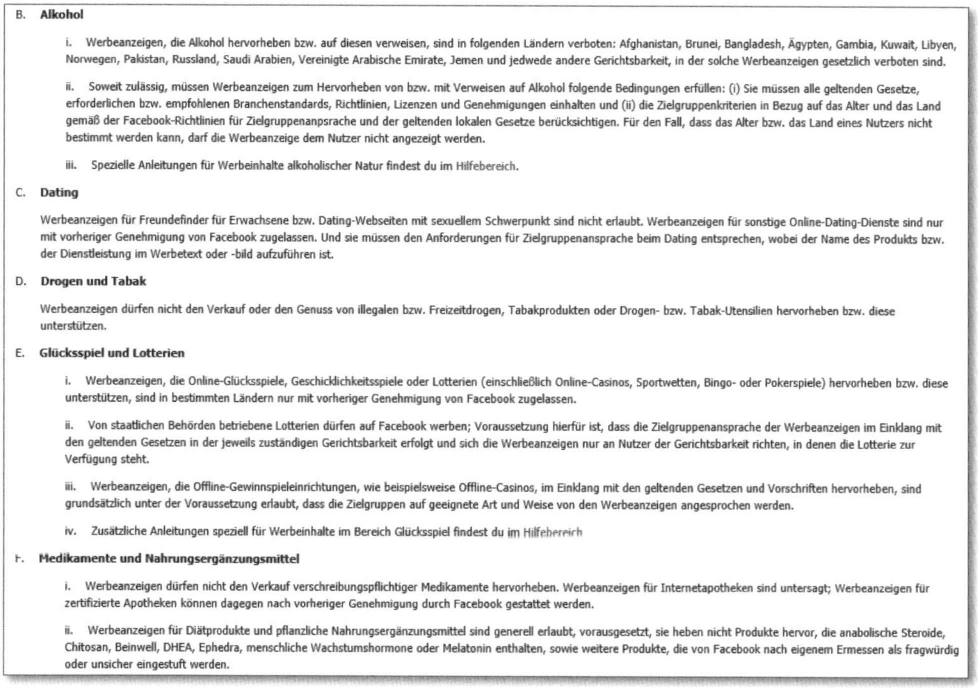

B. **Alkohol**

i. Werbeanzeigen, die Alkohol hervorheben bzw. auf diesen verweisen, sind in folgenden Ländern verboten: Afghanistan, Brunei, Bangladesh, Ägypten, Gambia, Kuwait, Libyen, Norwegen, Pakistan, Russland, Saudi Arabien, Vereinigte Arabische Emirate, Jemen und jedwede andere Gerichtsbarkeit, in der solche Werbeanzeigen gesetzlich verboten sind.

ii. Soweit zulässig, müssen Werbeanzeigen zum Hervorheben von bzw. mit Verweisen auf Alkohol folgende Bedingungen erfüllen: (i) Sie müssen alle geltenden Gesetze, erforderlichen bzw. empfohlenen Branchenstandards, Richtlinien, Lizenzen und Genehmigungen einhalten und (ii) die Zielgruppenkriterien in Bezug auf das Alter und das Land gemäß der Facebook-Richtlinien für Zielgruppenanpsrache und der geltenden lokalen Gesetze berücksichtigen. Für den Fall, dass das Alter bzw. das Land eines Nutzers nicht bestimmt werden kann, darf die Werbeanzeige dem Nutzer nicht angezeigt werden.

iii. Spezielle Anleitungen für Werbeinhalte alkoholischer Natur findest du im Hilfebereich.

C. **Dating**

Werbeanzeigen für Freundefinder für Erwachsene bzw. Dating-Webseiten mit sexuellem Schwerpunkt sind nicht erlaubt. Werbeanzeigen für sonstige Online-Dating-Dienste sind nur mit vorheriger Genehmigung von Facebook zugelassen. Und sie müssen den Anforderungen für Zielgruppenansprache beim Dating entsprechen, wobei der Name des Produkts bzw. der Dienstleistung im Werbetext oder -bild aufzuführen ist.

D. **Drogen und Tabak**

Werbeanzeigen dürfen nicht den Verkauf oder den Genuss von illegalen bzw. Freizeitdrogen, Tabakprodukten oder Drogen- bzw. Tabak-Utensilien hervorheben bzw. diese unterstützen.

E. **Glücksspiel und Lotterien**

i. Werbeanzeigen, die Online-Glücksspiele, Geschicklichkeitsspiele oder Lotterien (einschließlich Online-Casinos, Sportwetten, Bingo- oder Pokerspiele) hervorheben bzw. diese unterstützen, sind in bestimmten Ländern nur mit vorheriger Genehmigung von Facebook zugelassen.

ii. Von staatlichen Behörden betriebene Lotterien dürfen auf Facebook werben; Voraussetzung hierfür ist, dass die Zielgruppenansprache der Werbeanzeigen im Einklang mit den geltenden Gesetzen in der jeweils zuständigen Gerichtsbarkeit erfolgt und sich die Werbeanzeigen nur an Nutzer der Gerichtsbarkeit richten, in denen die Lotterie zur Verfügung steht.

iii. Werbeanzeigen, die Offline-Gewinnspieleinrichtungen, wie beispielsweise Offline-Casinos, im Einklang mit den geltenden Gesetzen und Vorschriften hervorheben, sind grundsätzlich unter der Voraussetzung erlaubt, dass die Zielgruppen auf geeignete Art und Weise von den Werbeanzeigen angesprochen werden.

iv. Zusätzliche Anleitungen speziell für Werbeinhalte im Bereich Glücksspiel findest du im Hilfebereich

F. **Medikamente und Nahrungsergänzungsmittel**

i. Werbeanzeigen dürfen nicht den Verkauf verschreibungspflichtiger Medikamente hervorheben. Werbeanzeigen für Internetapotheken sind untersagt; Werbeanzeigen für zertifizierte Apotheken können dagegen nach vorheriger Genehmigung durch Facebook gestattet werden.

ii. Werbeanzeigen für Diätprodukte und pflanzliche Nahrungsergänzungsmittel sind generell erlaubt, vorausgesetzt, sie heben nicht Produkte hervor, die anabolische Steroide, Chitosan, Beinwell, DHEA, Ephedra, menschliche Wachstumshormone oder Melatonin enthalten, sowie weitere Produkte, die von Facebook nach eigenem Ermessen als fragwürdig oder unsicher eingestuft werden.

Abbildung 7.20 Vorgaben zu Werbeinhalten in der Facebook-Werberichtlinie

Gerade das Netzwerk Facebook muss sich jedoch immer wieder scharfer Kritik im Hinblick auf seine Nutzungs- und Datenschutzbedingungen aussetzen und öfter den Vorwurf gefallen lassen, es verstoße gegen deutsches und europäisches Recht. So auch erneut, als das Unternehmen wieder in die Schlagzeilen geriet, weil die Nutzungsbedingungen seit dem 30.01.2015 vorsehen, dass Unternehmen das Surfverhalten ihrer Mitglieder auswerten und für Werbeanzeigen nutzen dürfen (siehe Abbildung 7.21). Zwar wurde dies auch bis dahin vorgenommen, jedoch in deutlich eingeschränkterem Maße: Während bislang Werbeprofile nur über das Verhalten der Nutzer durch das Teilen von Beiträgen oder das Betätigen des »Gefällt mir«-Buttons erstellt wurden, sollen nun das Surfverhalten über mehrere Webseiten hinweg und die benutzten Apps ausgewertet werden.

Werbe-, Mess- und Analysedienste (nur nichtpersonenbezogene Informationen).
Wir möchten, dass unsere Werbung genauso relevant und interessant ist, wie die anderen Informationen, die du auf unseren Diensten findest. Vor diesem Hintergrund verwenden wir sämtliche Informationen, die wir über dich haben, um dir relevante Werbeanzeigen anzuzeigen. Wir geben ohne deine Erlaubnis keine Informationen an Werbe-, Mess- oder Analysepartner weiter, die dich persönlich identifizieren (solche sog. personenbezogenen Informationen sind Informationen wie Name oder E-Mail-Adresse, mit denen du eigenständig kontaktiert oder identifiziert werden kannst). Wir können diesen Partnern Informationen über die Reichweite und Wirksamkeit ihrer Werbung zur Verfügung stellen, ohne Informationen bereitzustellen, mit denen du persönlich identifiziert werden kannst, oder wenn wir die Informationen zusammengefasst haben, so dass sie dich nicht persönlich identifizieren. Beispielsweise können wir Werbetreibenden sagen, wie erfolgreich ihre Werbeanzeigen sind oder wie viele Personen ihre Werbeanzeigen aufgerufen oder eine App installiert haben, nachdem sie eine Werbeanzeige gesehen haben, oder wir können diesen Partnern nichtpersonenbezogene demografische Informationen (wie z. B. eine 25 Jahre alte Frau in Madrid, die sich für Software Engineering interessiert) bereitstellen, damit sie ihre Zielgruppe bzw. ihre Kunden besser verstehen; allerdings erst, nachdem sich die Werbetreibenden zur Einhaltung unserer Richtlinien für Werbetreibendeverpflichtet haben.

Bitte prüfe deine Werbeanzeigen-Einstellungen, um zu verstehen, warum du eine bestimmte Werbeanzeige auf Facebook siehst. Du kannst deine Werbeanzeigen-Einstellungen anpassen, wenn du dein Werbeanzeigen-Erlebnis auf Facebook steuern und verwalten möchtest.

Abbildung 7.21 Die seit dem 31.01.2015 geltenden Datenschutzbestimmungen Facebooks zu personalisierter Werbung

Praxisbeispiel: Personalisierte Werbung

Wenn Sie nun auf Facebook eingeloggt sind und sich nebenbei im Internet über Online-Marketing informieren, sagen Sie Facebook damit, dass Sie daran vermutlich interessiert sind. Das Netzwerk kann diese Information dann nutzen, um Ihnen in Zukunft gezielt Werbung beispielsweise über Agenturen einzublenden, die in dieser Branche tätig sind (siehe Abbildung 7.22).

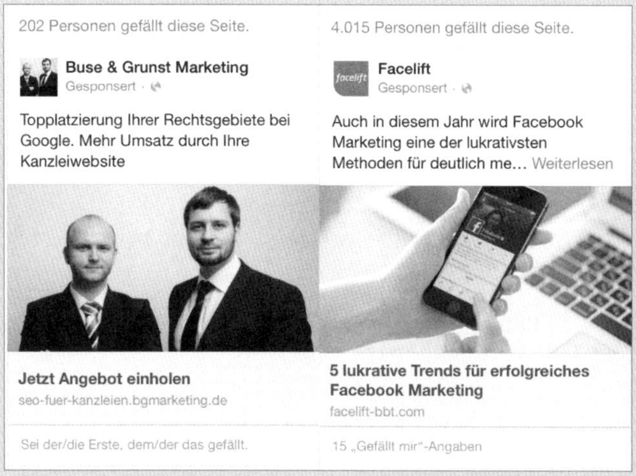

Abbildung 7.22 Beispiel für personalisierte Werbung im sozialen Netzwerk Facebook im Bereich Online-Marketing

Darüber hinaus soll nun auch eine standortabhängige Werbung erfolgen: Über GPS und die Facebook-App erfährt das Unternehmen, wo sich der Nutzer gerade befindet. Dieser könnte in Zukunft dann Werbung von Geschäften, Restaurants oder Attraktionen in der Nähe seines aktuellen Standortes bekommen. Auch Freunde in der Nähe sollen angezeigt werden können, wenn sie dies möchten. Mit einem Kauf-Button ist es nun zudem möglich, direkt im sozialen Netzwerk zu shoppen (siehe Abbildung 7.23). Klickt man auf den Button JETZT EINKAUFEN, so wird man direkt in den Onlineshop weitergeleitet. Dies bietet Unternehmen damit einen neuen Absatzkanal, der das soziale Netzwerk aus Marketinggesichtspunkten damit noch attraktiver macht.

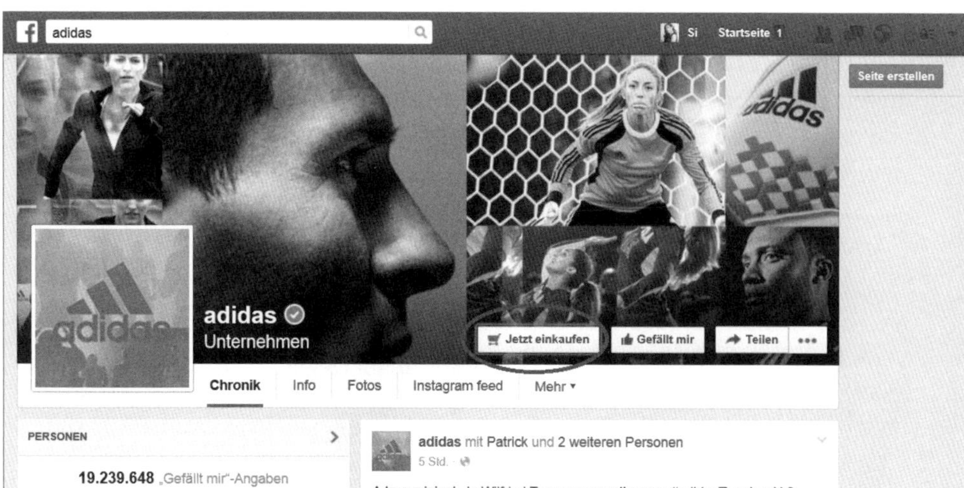

Abbildung 7.23 Auch das Unternehmen Adidas nutzt den neuen Kauf-Button.

7.2.2 Google+

Auch die Nutzung der Plattform Google+ ist ohne die Einwilligung in die Nutzungsbedingungen nicht möglich. Daher sollten Sie diese vor der Registrierung genau unter die Lupe nehmen.

Hinweis: Nutzungsbedingungen auf Google+

Entscheiden Sie sich für eine Präsenz in der Plattform Google+, so sind besonders folgende Regelungen für Sie wichtig:

- Die Google-Nutzungsbedingungen: *https://www.google.com/intl/de_ALL/policies/terms/*
- Zusätzliche Nutzungsbedingungen für Google+-Seiten: *https://www.google.com/intl/de/+/policy/pagesterm.html*
- Inhalts- und Verhaltensrichtlinien für Nutzer: *https://www.google.com/intl/de_ALL/+/policy/content.html*
- Wettbewerbs- und Werberichtlinien: *https://www.google.com/intl/de_ALL/+/policy/contestspolicy.html*
- Richtlinien für Schaltflächen: *https://developers.google.com/+/web/buttons-policy?hl=de*
- Zusätzliche Nutzungsbedingungen für Google My Business: *https://www.google.com/intl/de_ALL/+/policy/pages-services.html*
- Die Datenschutzerklärung: *https://www.google.com/intl/de_ALL/policies/privacy/*

Wer seinen Google+-Account dazu nutzen möchte Wettbewerbe, Gewinnspiele und ähnliche Werbeaktionen durchzuführen, der muss sich auch an die Wettbewerbs- und Werberichtlinien halten (siehe Abbildung 7.24). Danach dürfen Werbeaktionen nicht direkt auf Google+ geschaltet werden, und Google+-Merkmale oder Funktionen dürfen kein erforderlicher Bestandteil der Werbeaktion sein. Jedoch ist es zulässig, von dem Google+-Profil aus auf eine separate Webseite zu verlinken, wo beispielsweise das Gewinnspiel dann stattfindet.

Achtung: Gesetze, Vorschriften und Richtlinien einhalten!

Auch das Verlinken auf andere Webseiten gestattet Google nur dann, wenn alle geltenden Gesetze und Vorschriften eingehalten werden und die Durchführung Ihrer Werbeaktion nicht gegen die Richtlinien für Schaltflächen, die Datenschutzerklärung oder die zusätzlichen Nutzungsbedingungen für Google+-Seiten verstößt. Verstoßen Sie dennoch gegen diese Vorgaben, so kann Google Inhalte Ihrer Werbeaktion oder Links ohne Angabe von Gründen aus dem Netzwerk entfernen.

Google+ Datenschutzerklärung & Nutzungsbedingungen

- Inhalts- und Verhaltensrichtlinien für Nutzer
- Wettbewerbs- und Werberichtlinien
- Nutzungsbedingungen für Hangouts On Air
- Nutzungsbedingungen für Google Places für Unternehmen
- Nutzungsbedingungen für personalisierte Google+ URLs
- Google+ Seiten: zusätzliche Nutzungsbedingungen
- Richtlinien für eingebettete Inhalte
- Richtlinien für Schaltflächen
- Datenschutzerklärung
- Nutzungsbedingungen

Wettbewerbs- und Werberichtlinien für Google+

Sie dürfen Wettbewerbe, Gewinnspiele und ähnliche Werbeaktionen (im Folgenden zusammenfassend "Werbeaktion") nicht direkt auf Google+ durchführen oder so gestalten, dass zur Durchführung Google+ Merkmale oder Funktionen erforderlich sind – es sei denn, eine solche Werbeaktion wurde vorab genehmigt. Stattdessen können Sie von Google+ auf eine separate Website verlinken, auf der die Werbeaktion durchgeführt wird. Dies ist jedoch nur unter der Voraussetzung gestattet, dass Sie die volle Verantwortung für die Werbeaktion tragen und dafür sorgen, dass alle geltenden Gesetze und Vorschriften der staatlichen und nichtstaatlichen Gebietskörperschaften eingehalten werden, in denen die Werbeaktion angeboten oder für sie geworben wird. Die Durchführung Ihrer Werbeaktion darf nicht gegen die Richtlinien für Schaltflächen, die Datenschutzerklärung oder die zusätzlichen Nutzungsbedingungen für Google+ Seiten verstoßen. Google+ Merkmale oder Funktionen dürfen kein erforderlicher Bestandteil der Werbeaktion sein. Google ist berechtigt, Inhalte Ihrer Werbeaktion oder Links ohne Angabe von Gründen aus Google+ zu entfernen.

Sie stellen Google von sämtlicher Haftung im Zusammenhang mit Ihrer Werbeaktion frei. Außerdem verpflichten Sie sich, Google, dessen Mutter- und Konzernunternehmen, Geschäftsleitung, Vorstands-, Aufsichtsrats- und Verwaltungsratsmitglieder, Mitarbeiter, Vertreter sowie Erfüllungsgehilfen im Zusammenhang mit allen Klagen, Ansprüchen, Schäden, Verpflichtungen, Verlusten, Haftungsfällen, Kosten/Verbindlichkeiten und Aufwendungen (z. B. Anwaltskosten) zu verteidigen und freizustellen, die sich aus dem Folgenden ergeben: 1. Ihrer Nutzung und Ihrem Zugriff auf Google+ zum Zweck Ihrer Werbeaktion, 2. einem Verstoß Ihrerseits gegen eine der vorliegenden Richtlinien, 3. einer Verletzung von Rechten Dritter im Rahmen Ihrer Werbeaktion, z. B. in Bezug auf Urheber-, Eigentums- oder Datenschutzrecht, 4. Forderungen, Ansprüchen und Klagen Dritter zu oder aus Ihrer Werbeaktion oder 5. vermeintlichen Verstößen Ihrer Werbeaktion gegen Gesetze und Vorschriften. Die genannte Verpflichtung zur Verteidigung und Haftungsfreistellung bleibt auch bestehen, wenn diese Richtlinien geändert werden, das den Dienst betreffende Rechtsverhältnis beendet wird oder Sie Google+ nicht mehr nutzen.

Abbildung 7.24 Vorgaben von Google+ zu Werbemaßnahmen

Ähnlich wie auch bei Facebook müssen Unternehmen, deren Inhalte *»für regulierte Produkte oder Dienstleistungen wie zum Beispiel Alkohol, Glücksspiel, Arzneimittel, Tabakwaren, Feuerwerkskörper, Waffen oder gesundheitsfördernde bzw. medizinische Produkte werben, (...) für die Einhaltung der Beschränkung auf die zulässigen Altersgruppen und Länder sorgen«*. Deutsche Unternehmer sollten sich ohnehin grundsätzlich über die gesetzlichen Vorgaben zum Vertrieb ihrer Produkte und Dienstleistungen informieren und diese dann auch in sozialen Netzwerken einhalten.

7.2.3 XING

Wer der Ansicht ist, dass die Business-Plattform XING das Richtige für die Umsetzung seiner Marketingmaßnahmen ist, der sollte auch hier die Nutzungsbedingungen genau im Blick haben.

Hinweis: Nutzungsbedingungen auf XING

Ist eine Präsenz in der Plattform XING für Sie das Richtige, so sind besonders folgende Regelungen für Sie wichtig:

- Die Allgemeinen Geschäftsbedingungen: *https://www.XING.com/terms*

- Allgemeine Geschäftsbedingungen für die Nutzung von XING-Unternehmensprofilen:
  https://www.XING.com/app/user?op=tandc&what=cp
- Allgemeine Geschäftsbedingungen für die Nutzung des XING AdCreators:
  https://www.XING.com/app/user?op=tandc&what=adc
- Allgemeine Geschäftsbedingungen für die Selbstschaltung von Werbeanzeigen:
  https://www.XING.com/app/user?op=tandc&what=ads
- Zusätzliche Bedingungen für die Nutzung der Arbeitgeberbewertungsplattform:
  https://www.XING.com/terms#c

Was die Zulässigkeit von Marketingmaßnahmen auf XING betrifft, so macht die Plattform in ihren Nutzungsbedingungen zwar nicht viele Angaben, sie macht jedoch klar, dass Unternehmen grundsätzlich die Unternehmensseite dazu nutzen dürfen, im Rahmen des gesetzlich Erlaubten ihre Produkte und Dienstleistungen zu präsentieren (siehe Abbildung 7.25). Damit können Sie grundsätzlich das Unternehmensprofil zu Marketingzwecken verwenden.

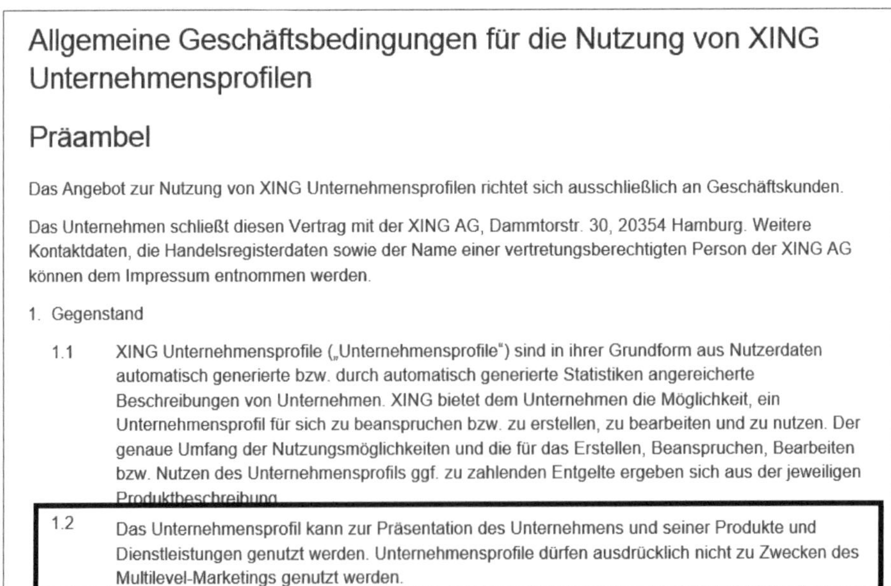
Allgemeine Geschäftsbedingungen für die Nutzung von XING Unternehmensprofilen

Präambel

Das Angebot zur Nutzung von XING Unternehmensprofilen richtet sich ausschließlich an Geschäftskunden.

Das Unternehmen schließt diesen Vertrag mit der XING AG, Dammtorstr. 30, 20354 Hamburg. Weitere Kontaktdaten, die Handelsregisterdaten sowie der Name einer vertretungsberechtigten Person der XING AG können dem Impressum entnommen werden.

1. Gegenstand

1.1 XING Unternehmensprofile („Unternehmensprofile") sind in ihrer Grundform aus Nutzerdaten automatisch generierte bzw. durch automatisch generierte Statistiken angereicherte Beschreibungen von Unternehmen. XING bietet dem Unternehmen die Möglichkeit, ein Unternehmensprofil für sich zu beanspruchen bzw. zu erstellen, zu bearbeiten und zu nutzen. Der genaue Umfang der Nutzungsmöglichkeiten und die für das Erstellen, Beanspruchen, Bearbeiten bzw. Nutzen des Unternehmensprofils ggf. zu zahlenden Entgelte ergeben sich aus der jeweiligen Produktbeschreibung.

1.2 Das Unternehmensprofil kann zur Präsentation des Unternehmens und seiner Produkte und Dienstleistungen genutzt werden. Unternehmensprofile dürfen ausdrücklich nicht zu Zwecken des Multilevel-Marketings genutzt werden.

Abbildung 7.25 AGB zu Unternehmensprofilen von XING

Die Zulässigkeit werblichen Handelns hat für das Business-Portal jedoch da seine Grenze, wo die Förderung und Vornahme sogenannter progressiver Kundenwerbung beginnt. Darunter versteht man eine illegale Werbeform, bei der Privatpersonen in die Vertriebsorganisation eines Unternehmens einbezogen werden. Indem das werbende Unternehmen ihnen Vorteile gewährt, veranlasst es sie, die Waren oder Dienstleistungen des Unternehmens abzunehmen sowie andere Personen zum Abschluss gleichartiger Geschäfte zu bewegen. Bekannt ist dieses Verfahren auch als Schneeball- oder Pyramidensystem.

Praxischeck: Woran erkennt man ein Schneeball- oder Pyramidensystem?

Indizien für ein illegales Schneeball- oder Pyramidensystem sind:

- Verdienstmöglichkeiten, die überwiegend aus Vorteilen bestehen, die für die Anwerbung neuer Mitglieder gewährt werden
- der Vertrieb eines überteuerten Produkts
- eine ungewöhnlich hohe Marge oder Provision
- ein Produkt, das zum angebotenen Preis ohne Provisionsaussichten kaum von Kunden erworben werden würde

Nehmen Sie solche Werbemaßnahmen dennoch vor, so müssen Sie mit verschiedenen Konsequenzen rechnen. Dazu gehören die fristlose Kündigung Ihres Accounts, die Löschung der von Ihnen eingestellten Inhalte, die Sperrung des Zugangs zu XING oder der Ausspruch einer Abmahnung.

7.2.4 Twitter

Wer seine bestehenden Kunden, potenziellen Neukunden und Interessenten mit Informationen über sein Unternehmen in Form von Kurznachrichten versorgen möchte, der muss die Nutzungsbedingungen des Dienstes Twitter akzeptieren und einhalten.

Hinweis: Nutzungsbedingungen auf Twitter

Ist eine Präsenz auf der Plattform Twitter für Sie das Richtige, so sind besonders folgende Regelungen für Sie wichtig:

- Die Allgemeinen Geschäftsbedingungen: *https://twitter.com/tos*
- Die Twitter-Regeln: *https://support.twitter.com/articles/87137-die-twitter-regeln#*
- Regeln und Best Practices: *https://support.twitter.com/groups/56-policies-violations/topics/237-guidelines/articles/110878-regeln-und-best-practices#*
- Folge-Limits und Best Practices: *https://support.twitter.com/articles/355433-folge-limits-und-best-practices#*
- Leitlinien für Preisausschreiben auf Twitter: *https://support.twitter.com/groups/56-policies-violations/topics/237-guidelines/articles/490446-leitlinien-fur-preisausschreiben-auf-twitter#*

Sie benötigen für ein erfolgreiches Twitter-Marketing eine Vielzahl von Followern, die Ihre Inhalte teilen. Wer viele Follower hat, hat hohe Zugriffszahlen, die wiederum dazu führen, dass das eigene Twitter-Profil in Rankings weiter oben steht. Diese gestiegene Attraktivität erleichtert es dann, neue Follower zu gewinnen, und mit diesen wiederum ergibt sich die Möglichkeit, dass die eigenen Inhalte öfter geteilt werden. Auf diese Weise können Werbemaßnahmen einer breiteren Öffentlichkeit zugänglich gemacht werden. Doch diese Popularität ist für Sie mit viel Aufwand verbunden. Aus diesem Grund finden sich immer mehr Dienstleister, die den Verkauf von Followern anbieten (siehe Abbildung 7.26). Follower zu kaufen stellt jedoch nicht nur einen Verstoß gegen die Nutzungsbedingungen, sondern auch noch einen Wettbewerbsverstoß dar, der von Konkurrenten kostenpflichtig abgemahnt werden kann.

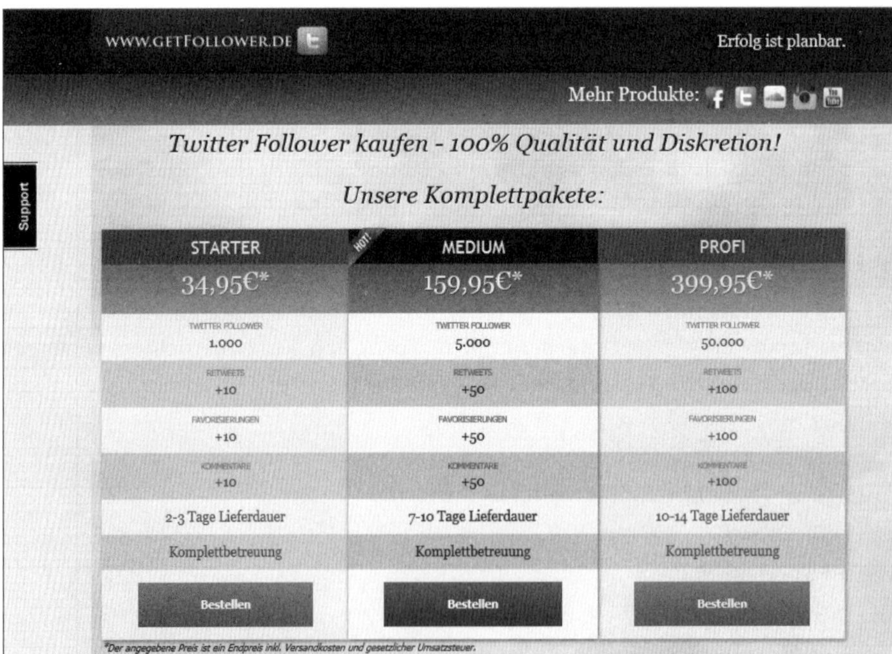

Abbildung 7.26 Beispiel für den Verkauf von Twitter-Followern

Doch dieses für Unternehmen scheinbar lukrative Angebot ist Twitter ein Dorn im Auge und daher auch in deren Nutzungsbedingungen als unzulässig gelistet: Darin heißt es unter anderem, dass der Kauf von Followern ebenso wie der von anderen Account-Interaktionen wie Re-Tweets oder Favoriten als Spam kategorisiert wird und damit verboten ist. Dies gilt ebenso, wenn Sie Dienste oder Anwendungen Dritter, wie zum Beispiel *Follower Trains*, nutzen oder fördern. Diese sogenannten Follower Trains sind die Erfindung eines Social-Marketeers aus den USA und funktionieren nach einem simplen Prinzip: Twitter-User loggen sich ein, hinterlassen ihre Account-Daten und folgen einem Train von Usern. Im Gegenzug folgt die gleiche Anzahl an Usern ihnen (siehe Abbildung 7.27).

Abbildung 7.27 Beispiel für einen Follower Train

Darüber hinaus dürfen Ihre Mitteilungen nicht größtenteils aus Links bestehen. Sie dürfen also Twitter beispielsweise nicht nutzen, um immer wieder Links zu Ihrem Onlineshop zu twittern und so auf Ihre Produkte aufmerksam zu machen.

Ein weiterer Aspekt, den Sie bei der Verwendung von Twitter zu Marketingzwecken beachten müssen, ist der, dass Twitter auch verhindern möchte, dass Sie Hashtags irreführend für Ihre Zwecke einsetzen. Im Rahmen von Marketingstrategien dürfen Sie die Popularität und das Interesse an aktuellen Themen nicht für Ihre Marketingzwecke ausnutzen, indem Sie Ihren Inhalt mit einem Hashtag zu diesen Themen versehen, obwohl tatsächlich keinerlei Bezug dazu besteht. Denn auf diese Weise wird der Nutzer in die Irre geführt und gelangt auf der Suche nach Beiträgen zu Ihren Inhalten, die aber tatsächlich nichts mit dem gewünschten Thema zu tun haben. Dies ist für die Nutzer sehr lästig und soll daher verhindert werden.

Hinweis: Was ist ein Hashtag?

Bei einem Hashtag handelt es sich um das Rautezeichen (»#«), das unmittelbar vor ein Wort geschrieben wird. Die Kombination aus Rautezeichen und dem Wort bildet dann den Hashtag. Der Begriff, der nach dem Rautezeichen steht, ist dadurch verschlagwortet und kann von jedem User, der im Internet nach diesem Hashtag sucht, gefunden werden. Wer also beispielsweise bei Twitter in die Suchmaske »#SocialMediaMarketing« eingibt, dem werden alle Beiträge von anderen Nutzern angezeigt, die diesen Hashtag ebenfalls enthalten (siehe Abbildung 7.28).

Abbildung 7.28 Der Hashtag »#SocialMediaMarketing« auf Twitter

7.2.5 YouTube

Ebenso wie die klassischen sozialen Netzwerke bedienen sich auch Videoportale wie YouTube dem Regelwerk der Nutzungsbedingungen, das Sie einhalten müssen, wenn Sie das Portal nutzen möchten. Andernfalls müssen Sie damit rechnen, dass YouTube den Vertrag mit Ihnen kündigt.

Hinweis: Nutzungsbedingungen auf YouTube

Möchten Sie die Videoplattform YouTube zu Marketingzwecken nutzen, dann sollten Sie insbesondere folgende Regelungen beachten:

- Die Nutzungsbedingungen: *https://www.youtube.com/t/terms*
- Die YouTube-Community-Richtlinien: *https://www.youtube.com/t/community_guidelines*
- Richtlinie zum Werben von YouTube-Abonnenten: *https://support.google.com/youtube/answer/6051134?hl=de*

Wirft man einen Blick in die Nutzungsbedingungen von YouTube im Hinblick auf Marketingaktionen, so lässt sich nicht direkt eine Regelung zur Zulässigkeit von Werbemaßnahmen finden. Doch in Punkt 6.1 E der Nutzungsbedingungen regelt YouTube die Unzulässigkeit der Verwendung der Plattform zu kommerziellen Zwecken.

Hinweis: Was ist ein kommerzieller Zweck?

Ein kommerzieller Zweck liegt immer dann vor, wenn das Verhalten in irgendeiner Verbindung zu einer gewerblichen Tätigkeit wie dem Absatz von Waren oder Dienstleistungen steht. Ein kommerzieller Zweck liegt demnach nur dann nicht vor, wenn es sich um eine rein private Verwendung handelt. Da Marketingmaßnahmen zumindest mittelbar immer dem Absatz dienen, verfolgen sie immer einen kommerziellen Zweck.

Den Nutzungsbedingungen zufolge soll die Plattform grundsätzlich nicht zu kommerziellen Zwecken genutzt werden, insbesondere *»nicht für die Anbahnung von Geschäften im Zusammenhang mit Handel oder einem gewerblichen Unternehmen«*. Davon werden nicht nur die Website selbst und deren Dienste umfasst, sondern YouTube macht in den Nutzungsbedingungen auch ausdrücklich darauf aufmerksam, dass das auch die Kommentare und E-Mail-Funktionen der Website einschließt. Eine Ausnahme gilt nur dann, wenn Sie im Voraus die Zustimmung von YouTube dazu eingeholt haben. Somit sollten Sie sich mit Ihrem Begehren an YouTube wenden und eine Gestattung erwirken, bevor Sie mit der Durchführung Ihrer Werbemaßnahmen beginnen. In der Praxis ist ein Großteil der Inhalte trotzdem kommerzieller Natur – die Grenzen sind dabei natürlich fließend und oftmals schwer einzuschätzen. Ob all diese Inhalte zuvor von YouTube genehmigt wurden, können wir nicht wissen. Bislang sind uns jedoch noch keine Abmahnungen oder Vertragskündigungen seitens YouTube aus diesem Grund bekannt.

Beachten müssen Sie zudem auch, dass YouTube – ähnlich wie auch Twitter – zum Beispiel Dienste verbietet, die künstlich die Anzahl der YouTube-Abonnenten mit automatisierten Mitteln erhöhen. Dazu zählt YouTube beispielsweise den Kauf von Abonnenten auf Drittanbieter-Websites oder die Teilnahme an Börsen und Diensten zum gegenseitigen Austauschen von Abonnenten auf Drittanbieter-Websites, die in Ihrem Auftrag Kanäle abonnieren, damit diese dann im Gegenzug wiederum Ihren Kanal abonnieren. Wer sich dem widersetzt, der muss mit Sanktionen rechnen. Welche dies sind, lässt YouTube in seinen Richtlinien für das Werben von Abonnenten jedoch offen.

7.2.6 Flickr

Auch vor dem Start in das Foto- und Videoportal Flickr ist ein Blick in die Nutzungsbedingungen nötig, um einen rechtskonformen Betrieb sicherstellen zu können.

Hinweis: Nutzungsbedingungen auf Flickr

Möchten Sie die Plattform Flickr für Ihre Marketingmaßnahmen nutzen, so sind besonders folgende Regelungen für Sie wichtig:

- Flickr Community-Richtlinien:
  https://www.flickr.com/help/guidelines
- Yahoo Allgemeine Geschäftsbedingungen:
  http://info.yahoo.com/legal/eu/yahoo/utos/de-de/
- Best Practices für Unternehmen und Organisationen:
  https://www.flickr.com/bestpractices/

Grundsätzlich kann den Nutzungsbedingungen entnommen werden, dass Unternehmen die Plattform nutzen können, solange sie sich an die Regeln halten (siehe Abbildung 7.29). Eine kommerzielle Nutzung ist damit ausdrücklich zugelassen.

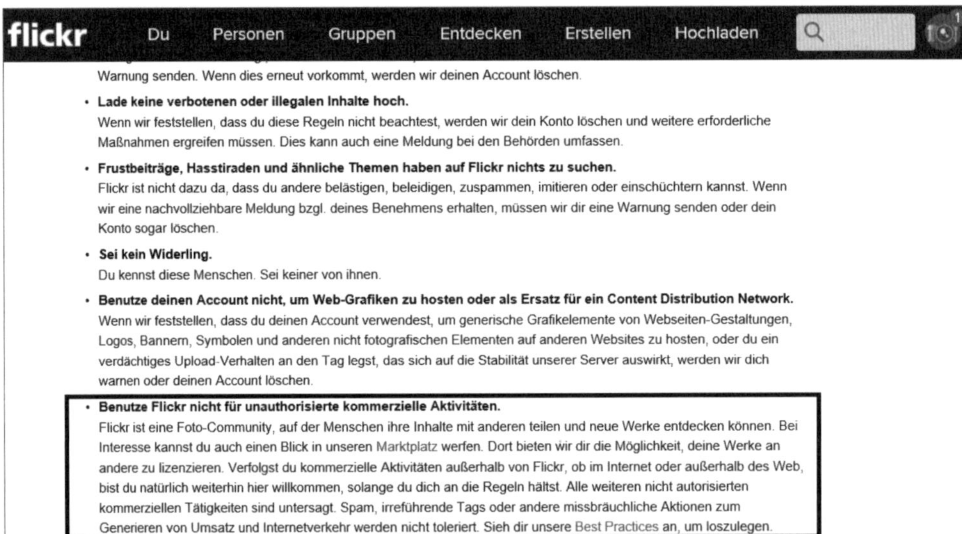

flickr Du Personen Gruppen Entdecken Erstellen Hochladen

Warnung senden. Wenn dies erneut vorkommt, werden wir deinen Account löschen.

- **Lade keine verbotenen oder illegalen Inhalte hoch.**
  Wenn wir feststellen, dass du diese Regeln nicht beachtest, werden wir dein Konto löschen und weitere erforderliche Maßnahmen ergreifen müssen. Dies kann auch eine Meldung bei den Behörden umfassen.
- **Frustbeiträge, Hasstiraden und ähnliche Themen haben auf Flickr nichts zu suchen.**
  Flickr ist nicht dazu da, dass du andere belästigen, beleidigen, zuspammen, imitieren oder einschüchtern kannst. Wenn wir eine nachvollziehbare Meldung bzgl. deines Benehmens erhalten, müssen wir dir eine Warnung senden oder dein Konto sogar löschen.
- **Sei kein Widerling.**
  Du kennst diese Menschen. Sei keiner von ihnen.
- **Benutze deinen Account nicht, um Web-Grafiken zu hosten oder als Ersatz für ein Content Distribution Network.**
  Wenn wir feststellen, dass du deinen Account verwendest, um generische Grafikelemente von Webseiten-Gestaltungen, Logos, Bannern, Symbolen und anderen nicht fotografischen Elementen auf anderen Websites zu hosten, oder du ein verdächtiges Upload-Verhalten an den Tag legst, das sich auf die Stabilität unserer Server auswirkt, werden wir dich warnen oder deinen Account löschen.
- **Benutze Flickr nicht für unauthorisierte kommerzielle Aktivitäten.**
  Flickr ist eine Foto-Community, auf der Menschen ihre Inhalte mit anderen teilen und neue Werke entdecken können. Bei Interesse kannst du auch einen Blick in unseren Marktplatz werfen. Dort bieten wir dir die Möglichkeit, deine Werke an andere zu lizenzieren. Verfolgst du kommerzielle Aktivitäten außerhalb von Flickr, ob im Internet oder außerhalb des Web, bist du natürlich weiterhin hier willkommen, solange du dich an die Regeln hältst. Alle weiteren nicht autorisierten kommerziellen Tätigkeiten sind untersagt. Spam, irreführende Tags oder andere missbräuchliche Aktionen zum Generieren von Umsatz und Internetverkehr werden nicht toleriert. Sieh dir unsere Best Practices an, um loszulegen.

Abbildung 7.29 Die Regelungen zur kommerziellen Verwendung von Flickr in den Community-Richtlinien

Gerade für den kommerziellen Umgang mit dem Netzwerk empfiehlt Flickr, besonders interessantes Material Ihrer Produkte und Dienstleistungen zu veröffentlichen, um die Kundenbindung zu erhöhen. Dabei sollten Sie aber nicht durch inszenierte Werbefotos übers Ziel hinausschießen – Authentizität steht im Vordergrund (siehe Abbildung 7.30). Für einen erfolgreichen Umgang von Unternehmen mit Flickr nennt die Plattform beispielsweise Fotos von Kunden in Ihren Geschäftsräumen, einen Blick hinter die Kulissen bei der Herstellung der Produkte oder Bilder von der Teilnahme an Veranstaltungen wie Messen oder Wohltätigkeitsbällen.

Wer die Plattform zum Verkauf von Nutzungsrechten (Lizenzen) an seinen Fotos verwenden möchte, für den sieht Flickr eine spezielle Plattform vor, den sogenannten

Marktplatz, über den Lizenzen für Bilder vertrieben werden können. Auf diese Weise können Bilder beispielsweise an Blogger, Nachrichtenagenturen wie Reuters oder Zeitungen wie die New York Times verkauft werden (siehe Abbildung 7.31) und so einem noch breiteren Publikum präsentiert werden. Die Community-Richtlinien sehen jedoch ganz klar vor, dass außerhalb dessen kommerzielle Aktivitäten nicht geduldet werden. Insbesondere Spam ist strengstens untersagt.

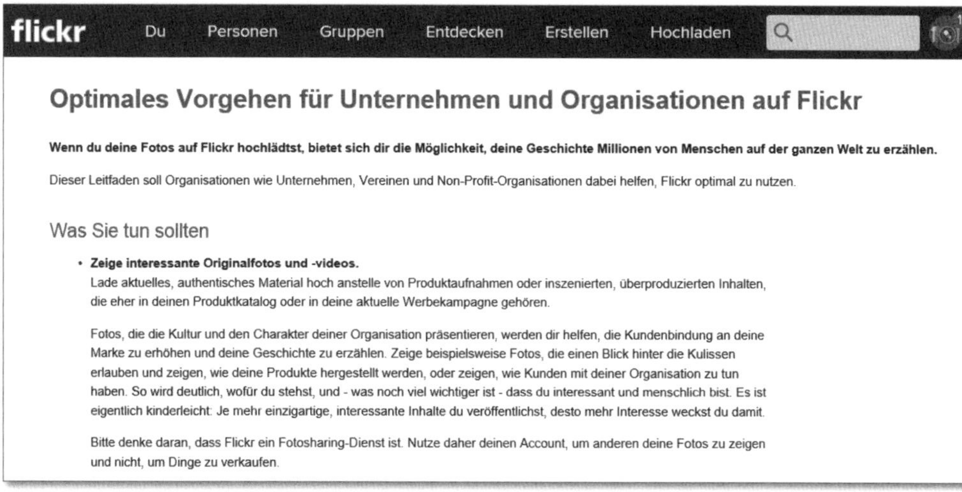

Abbildung 7.30 Best Practices für Unternehmen und Organisationen der Plattform Flickr

Abbildung 7.31 Möglichkeiten des Verkaufs von Bildern über den Flickr-Marktplatz

7.2.7 Pinterest

Die Nutzungsbedingungen der Plattform Pinterest sollten ebenfalls vor dem Beginn der Marketingmaßnahmen genau studiert werden.

Hinweis: Nutzungsbedingungen auf Pinterest

Folgende Grundsätze sollten Sie sich genau durchlesen, wenn Sie die Plattform Pinterest zu Marketingzwecken nutzen möchten:

- Die Nutzungsbedingungen:
  https://about.pinterest.com/de/acceptable-use-policy
- Die Allgemeinen Geschäftsbedingungen für Unternehmen:
  https://business.pinterest.com/de/business-terms-service
- Datenschutzrichtlinien:
  https://about.pinterest.com/de/privacy-policy

Gemäß den Nutzungsbedingungen von Pinterest ist grundsätzlich eine gewerbliche Nutzung und damit eine Nutzung zu Marketingzwecken zulässig. Erforderlich dafür sind jedoch die Erstellung eines Unternehmenskontos und die Zustimmung zu den AGB für Unternehmen (siehe Abbildung 7.32).

Was ist Pinterest?

Bei Pinterest registrieren

a. Wer Pinterest verwenden kann

Verwenden Sie unsere Produkte nur, wenn Sie einen bindenden Vertrag mit Pinterest eingehen dürfen und dann auch nur in Übereinstimmung mit diesen AGB und allen geltenden Gesetzen. Bei der Erstellung Ihres Pinterest-Kontos sind Sie verpflichtet, vollständige und wahrheitsgemäße Angaben zu machen. Die Verwendung eines gewerblichen Pinterest-Kontos oder der Zugriff darauf ist Kindern und Jugendlichen unter 13 Jahren untersagt. Wenn Sie im Auftrag eines Unternehmens, einer Organisation oder einer anderen Einrichtung ein Konto einrichten, (a) bezieht sich die persönliche Anrede „Sie" sowohl auf Sie als auch auf die Einrichtung und (b) Sie vertreten diese Einrichtung und versichern, dass Sie ermächtigt sind, alle Berechtigungen und Lizenzen, die mit diesen Bedingungen bereitgestellt werden, zu gewähren, und diese Einrichtung an diese Bedingungen zu binden, sowie sie im Auftrag der Einrichtung einzuhalten. Einige unserer Produkte werden in Form von Software angeboten, die auf einen Computer, ein Mobiltelefon, ein Tablet oder anderes Gerät heruntergeladen wird. Sie nehmen zur Kenntnis, dass wir eventuell automatische Upgrades dieser Produkte vornehmen und dass diese Bedingungen auch für diese Upgrades gelten.

Ganz einfach ausgedrückt:

Das Mindestalter für die Verwendung von Pinterest ist 13 Jahre. Und wenn Ihr Chef Sie beauftragt, Pinterest zu verwenden, dann sollten Sie ein Unternehmenskonto einrichten.

b. Unsere Lizenz an Sie

Gemäß diesen AGB (einschließlich unserer Nutzungsbedingungen) erteilen wir Ihnen eine begrenzte, nichtexklusive, nicht übertragbare und widerrufliche Lizenz zur Verwendung unserer Produkte.

c. Gewerbliche Verwendung von Pinterest

Wenn Sie unsere Produkte zu gewerblichen Zwecken verwenden möchten, erstellen Sie ein Unternehmenskonto und stimmen Sie unseren AGB für Unternehmen zu.

Abbildung 7.32 Bedingungen zur gewerblichen Nutzung von Pinterest

Die AGB für Unternehmen sehen dabei ausdrücklich vor, dass Sie sich an die gesetzlichen Regelungen halten müssen, insbesondere an die zu Werbemaßnahmen (siehe Abbildung 7.33). Damit ist auch bei Pinterest eine unzumutbare Belästigung anderer Nutzer, beispielsweise durch Spam, klar untersagt. Über die gesetzlichen Anforderungen hinaus stellt die Plattform jedoch keine Anforderungen an seine gewerblichen Nutzer.

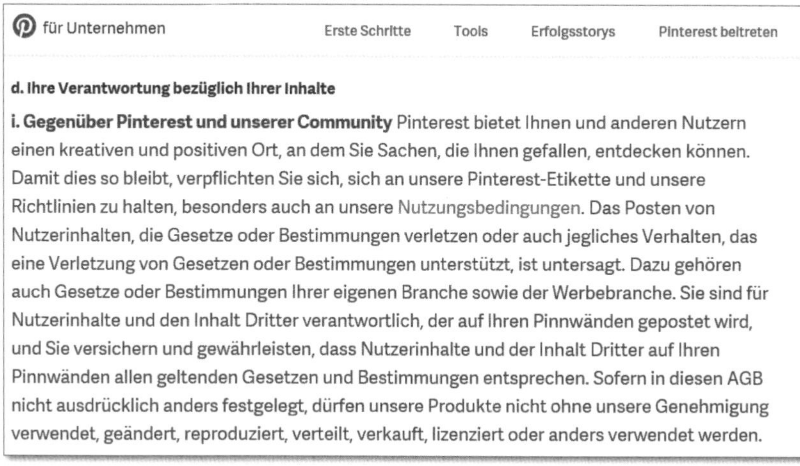
für Unternehmen   Erste Schritte   Tools   Erfolgsstorys   Pinterest beitreten

d. Ihre Verantwortung bezüglich Ihrer Inhalte

i. Gegenüber Pinterest und unserer Community Pinterest bietet Ihnen und anderen Nutzern einen kreativen und positiven Ort, an dem Sie Sachen, die Ihnen gefallen, entdecken können. Damit dies so bleibt, verpflichten Sie sich, sich an unsere Pinterest-Etikette und unsere Richtlinien zu halten, besonders auch an unsere Nutzungsbedingungen. Das Posten von Nutzerinhalten, die Gesetze oder Bestimmungen verletzen oder auch jegliches Verhalten, das eine Verletzung von Gesetzen oder Bestimmungen unterstützt, ist untersagt. Dazu gehören auch Gesetze oder Bestimmungen Ihrer eigenen Branche sowie der Werbebranche. Sie sind für Nutzerinhalte und den Inhalt Dritter verantwortlich, der auf Ihren Pinnwänden gepostet wird, und Sie versichern und gewährleisten, dass Nutzerinhalte und der Inhalt Dritter auf Ihren Pinnwänden allen geltenden Gesetzen und Bestimmungen entsprechen. Sofern in diesen AGB nicht ausdrücklich anders festgelegt, dürfen unsere Produkte nicht ohne unsere Genehmigung verwendet, geändert, reproduziert, verteilt, verkauft, lizenziert oder anders verwendet werden.

Abbildung 7.33 Die AGB für Unternehmen von Pinterest

7.3 Kann man den Nutzernamen frei auswählen?

Haben Sie sich dann für eine oder mehrere Social-Media-Plattformen entschieden, stellt sich im Rahmen der Registrierung die scheinbar so simple Frage nach dem Namen des Profils.

7.3.1 Die Wahl des Namens

Bei der Wahl des Namens haben Sie grundsätzlich freie Hand. Dennoch sollten Sie sich zunächst genau überlegen, wie Sie Ihr professionelles Profil nennen möchten. Denn die Namenswahl hat im Social Web insbesondere Bedeutung für die Internetadresse (URL), unter der der Social-Media-Auftritt dann auffindbar ist. So ist beispielsweise Ihre Facebook-Seite unter *http://facebook.com/IHRNAME* oder Ihr Twitter-Account unter *http://twitter.com/IHRNAME* erreichbar.

Praxistipp: Klarnamen verwenden

Für Unternehmen empfehlenswert ist die Verwendung eines Klarnamens. Auf diese Weise können Sie die Auffindbarkeit der Seite für andere Nutzer vereinfachen, steigern den Wiedererkennungswert und strahlen gleichzeitig Seriosität aus.

Doch nun kann es vorkommen, dass der gewünschte Name bereits von einem anderen Nutzer verwendet wird. Wenn Sie im Rahmen Ihres Social Media Marketings planen, mehrere Plattformen zu nutzen, sollten Sie bedenken, dass es sinnvoll ist, immer denselben Namen zu verwenden. Möchten Sie dazu herauszufinden, ob der von Ihnen präferierte Name auf den anvisierten Plattformen noch verfügbar ist, haben aber keine Lust, diese alle einzeln »abzuklappern«, so können Sie sich eines Tools bedienen, das prüft, ob der Name im Social Web noch verfügbar ist (siehe Abbildung 7.34). Denn grundsätzlich gilt bei der Registrierung von Namen das Prioritätsprinzip, getreu dem Motto: »Wer zuerst kommt, mahlt zuerst!«

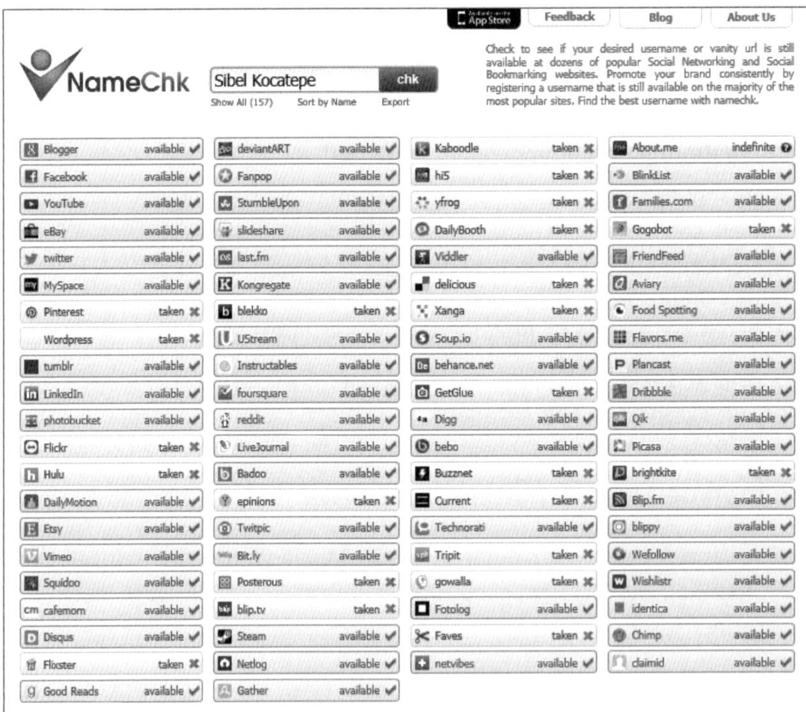

Abbildung 7.34 Beispiel für eine Webseite, auf der ein Namenscheck im Social Web durchgeführt werden kann

Ist der gewünschte Name bereits vergeben, so haben zwar Private noch die Möglichkeit, einen völlig anderen Namen oder einen Fantasienamen zu wählen, doch für ein professionelles Unternehmen sind die Möglichkeiten aufgrund der gewünschten schnellen Auffindbarkeit begrenzt.

Auch kommt es vor, dass der eigene Unternehmensname von anderen Unternehmen genutzt wird. Dies ist insbesondere bei gängigen und ungeschützten Unternehmensbezeichnungen der Fall. So gibt es beispielsweise eine Vielzahl von Cafés oder Restaurants mit dem Namen »Havanna«. Da es sich dabei um eine Städtebezeichnung handelt, ist der alleinige Name nicht durch das Markenrecht schützbar und kann daher von mehreren Café- und Restaurantbetreibern verwendet werden. In diesen Fällen empfiehlt es sich daher, noch einen Individualisierungszusatz zu wählen, der beispielsweise aus dem Namen der Stadt bestehen kann, in der sich der Gastronomiebetrieb befindet (siehe Abbildung 7.35).

Abbildung 7.35 Beispiel für die mehrfache Verwendung des Unternehmensnamens »Havanna« auf Facebook

7.3.2 Gesetzliche Vorgaben bei der Namenswahl

Zwar können Sie unter der Voraussetzung des Prioritätsprinzips grundsätzlich den Profilnamen frei wählen, jedoch besteht eine Ausnahme dann, wenn das Gesetz etwas anderes vorsieht. Dabei liegt ein besonderes Augenmerk auf dem Namens-, Marken- und Wettbewerbsrecht. Diese finden dann Anwendung, wenn es sich um einen rechtlich geschützten Namen handelt, der unrechtmäßig von einem Dritten verwendet wird. Dann nämlich gewährt das Gesetz dem Berechtigten das Recht, sich gegen die Namensanmaßung zur Wehr setzen. Denn dass der andere Nutzer die Registrierung vorher vorgenommen hat, ist unerheblich, wenn dem Berechtigten aus dem Marken-, Namens- oder Wettbewerbsrecht ein »besseres« Recht zusteht.

Praxisbeispiel: Kein Prioritätsprinzip bei rechtlich geschützten Namen

Selbst wenn Sie als Erster ein Profil unter dem Namen »Mercedes Benz« registrieren, dürfen Sie dieses nicht betreiben, da dieser Name als Marke geschützt ist.

Sie sollten daher von der Verwendung solcher Namen Abstand nehmen, die

- als Marke registriert wurden,
- einer Marke sehr ähnlich sind,
- einen fremden Personennamen darstellen oder
- einen Titel von Büchern, Filmen, TV-Sendungen etc. beinhalten.

Verstößt ein Nutzer gegen diese gesetzlichen Regelungen, so kann der Berechtigte den Nutzer außergerichtlich abmahnen oder einen gerichtlichen Beseitigungs- bzw. Unterlassungsanspruch geltend machen. Auf diese Weise kann er dann die Freigabe des Namens erreichen. Hat der Nutzer auch schuldhaft gehandelt, können Sie zudem Schadensersatz geltend machen. Davon ist in jedem Fall dann auszugehen, wenn dieser Ihren Unternehmensnamen bewusst zu Werbezwecken verwendet, um so bei Suchmaschinen ein besseres Ranking zu erreichen oder auch um potenzielle Interessenten zu akquirieren.

Praxistipp: Rechte sichern und checken

Bei Unternehmen empfiehlt es sich grundsätzlich, ein ausschließliches Verwendungsrecht am Firmennamen zu sichern, sofern dies möglich ist. Denn dann können Sie Dritte von der kommerziellen Nutzung ausschließen. Einen Schutz als Marke erreichen Sie über eine Registrierung beim Deutschen Patent- und Markenamt (*http://dpma.de*). Dort können Sie über die Suchmaske auch überprüfen, ob der von Ihnen gewünschte Name bereits registriert wurde.

7.3.3 Vorgaben der Social-Media-Plattformen zur Namenswahl

Nachdem Sie sich Gedanken über einen möglichen Namen gemacht haben, sollten Sie zudem kontrollieren, ob Ihr Wunschname auch in Einklang mit den Regelungen zur Namenwahl der jeweiligen Plattform steht. Dazu sollten Sie erneut einen Blick in die Nutzungsbedingungen werfen. Aus Gründen der Komplexität soll an dieser Stelle nur auf ein paar Besonderheiten hingewiesen werden, ohne jedoch die Einzelheiten im Detail für jede Plattform anzusprechen.

So macht beispielsweise das soziale Netzwerk Facebook in seinen Nutzungsbedingungen für Seiten darauf aufmerksam, dass Sie bei der Namenswahl keine allgemeinen Begriffe verwenden dürfen und auf korrekte Rechtschreibung achten müssen. Auch dürfen keine überflüssigen Zeichen oder Symbole verwendet werden, wozu beispielsweise der inflationäre Gebrauch von Ausrufezeichen zählt. Ebenso dürfen im Seitennamen auch keine überflüssigen Beschreibungen und unnötigen Vermerke auftauchen (siehe Abbildung 7.36).

II. Verwaltung von Seiten

A. Seitennamen und Facebook-Internetadressen

Seitennamen und Facebook-Internetadressen müssen die Seiteninhalte genau wiedergeben. Wir können deine administrativen Rechte entfernen bzw. von dir verlangen, den Seitennamen und die Facebook-Internetadresse für jedwede Seite zu ändern, die diese Anforderung nicht erfüllt.

Seitennamen müssen folgende Anforderungen erfüllen:

i. Sie dürfen nicht nur aus allgemeinen Begriffen bestehen (z. B. „Bier" oder „Pizza");

ii. sie müssen richtige, grammatikalisch korrekte Großschreibung verwenden und dürfen nicht ausschließlich Großbuchstaben enthalten, mit Ausnahme von Akronymen;

iii. sie dürfen keine Zeichen oder Symbole, wie beispielsweise unnötige Satzzeichen und Handelsmarkenbezeichnungen, enthalten;

iv. sie dürfen keine überflüssigen Beschreibungen oder unnötigen Kennzeichen enthalten;

v. sie dürfen andere Personen nicht zu der Ansicht verleiten, es handele sich bei der Seite um eine offizielle Seite des Gegenstands der Seite oder sie sei von einem autorisierten Vertreter des Gegenstands der Seite genehmigt worden; und

vi. sie dürfen nicht die Rechte anderer verletzen.

Abbildung 7.36 Die Facebook-Vorgaben zu Seitennamen

Praxisbeispiel: Unzulässige Namen für Facebook-Seiten

Namen wie »SOCIAL MEDIA MARKETING«, »Social Media Marketing !!!!« oder »Soical Medai Marketing« verstoßen gegen die Nutzungsbedingungen.

Auch auf der Plattform XING darf ein persönliches Profil nur unter dem richtigen Namen betrieben werden. Insbesondere verbieten die Allgemeinen Geschäftsbedingungen die Verwendung von Pseudonymen oder Künstlernamen (siehe Abbildung 7.37).

4. Allgemeine Pflichten des Nutzers und besondere Bestimmungen für die Nutzung des sozialen Netzwerks

4.1 Der Nutzer ist verpflichtet,

(a) ausschließlich wahre und nicht irreführende Angaben zu machen sowie seinen Klarnamen und keine Pseudonyme oder Künstlernamen zu verwenden;

(b) als Profilbild im Nutzerprofil im Rahmen des sozialen Netzwerks nur ein solches Foto zu verwenden, auf dem der Nutzer klar und deutlich erkennbar ist. Der Nutzer stellt sicher, dass die öffentliche Wiedergabe des von ihm übermittelten Profil-Fotos auf den XING-Websites nach geltendem Recht erlaubt ist. Die Nutzung von Fotos oder Abbildungen anderer oder nicht existierender Personen oder anderer Wesen (Tiere, Fantasiewesen etc.) oder von Logos als Profilbild ist nicht gestattet.

Abbildung 7.37 Die XING-Nutzungsbedingungen zur Namenswahl

Auch auf Twitter ist eine Identitätstäuschung unzulässig – Sie müssen also den richtigen Namen angeben. Den Twitter-Regeln zufolge ist es zudem nicht erlaubt, Seiten mit Namen zu registrieren, die rechtlich geschützt sind, oder vorsorglich Seiten mit den gewünschten Namen schon einmal zu belegen, ohne diese zu nutzen. Wird ein solcher Verstoß festgestellt, löscht Twitter den Account (siehe Abbildung 7.38).

Weitaus weniger Vorgaben macht Google+ seinen Nutzern: So heißt es in den zusätzlichen Nutzungsbedingungen für Google+-Seiten, dass der Name grundsätzlich frei gewählt werden kann. Tabu sind nur solche Bezeichnungen, die gegen die Google+-

Inhaltsrichtlinien verstoßen. Danach ist beispielsweise der Identitätsdiebstahl unzulässig. Dies bedeutet, dass die Erstellung falscher Profile unter dem Namen einer anderen Person, das Verfassen von Beiträgen oder Versenden von Nachrichten unter diesem gefälschten Account ebenso unzulässig ist wie das Verlinken mit Bekannten und Freunden dieser Person.

Inhaltliche Einschränkungen und Twitter Nutzung

Um die Dienstleistung von Twitter bereitzustellen und es zu ermöglichen, mit anderen zu kommunizieren und verbunden zu bleiben, gibt es einige Einschränkungen zum Inhalt, der auf Twitter veröffentlicht wird. Diese Einschränkungen entsprechen den gesetzlichen Bestimmungen und sorgen für eine angenehmere Twitter Erfahrung für alle Beteiligten. Es ist möglich, dass wir diese Regeln von Zeit zu Zeit abändern müssen – dieses Recht behalten wir uns vor. Schauen Sie bitte regelmäßig hier vorbei, um auf dem neuesten Stand zu bleiben.

- **Identitätsbetrug**: Sie dürfen sich nicht auf Twitter als jemand anders ausgeben um (zu versuchen) andere zu täuschen, fehlzuleiten oder zu hintergehen.
- **Markenzeichen**: Wir behalten uns das Recht vor, Nutzernamen einzufordern, wenn wir von Firmen oder Personen kontaktiert werden, die einen Rechtsanspruch auf diese Nutzernamen haben oder deren Marke diesen Nutzernamen entspricht. Accounts, die Namen und/oder Logos von Firmen mit dem Ziel verwenden, andere zu täuschen, werden ggf. dauerhaft gesperrt.

Abbildung 7.38 Die Twitter-Regeln zur Namenswahl

Hinweis: Konsequenzen bei Verstößen

Wer gegen die Grundsätze der Namensfindung verstößt, muss mit schwerwiegenden Folgen rechnen: Während rechtlich Abmahnungen und Schadensersatzansprüche die Folge sein können, kann praktisch der Auftritt als solcher auf dem Spiel stehen, da viele Plattformen bei Verstößen gegen die Nutzungsbedingungen die Profile sofort und unumkehrbar löschen. Dies bedeutet neben dem finanziellen Schaden letztlich auch einen Imageverlust bei der Zielgruppe, der gerade im Hinblick auf den eigentlichen Marketingzweck wohl deutlich schwerer wiegen dürfte.

7.3.4 Probleme mit dem Account-Namen: Account-Grabbing

Während Sie testen, ob der von Ihnen gewünschte Name für Ihre Seite noch verfügbar ist, ist es möglich, dass Sie auf folgendes Problem stoßen: Dritte haben bereits einen Social-Media-Account unter dem Namen Ihres Unternehmens erstellt. Dies ist jedoch nicht aus dem Grund passiert, weil der Nutzer ein Unternehmen mit dem gleichen Namen hat, sondern hatte von Anfang an nur den Zweck, Ihnen den Account zum Kauf anzubieten. Die Person, die den Account registriert hat, hatte demnach zu keiner Zeit die Absicht, den Account selbst zu nutzen. Dieses Problem ist so manchem von Ihnen vielleicht aus dem Bereich der Domains bekannt.

Doch Account-Grabbing müssen Sie sich nicht gefallen lassen: Ihnen stehen Ansprüche aus dem Namens-, Marken- oder Wettbewerbsrecht zur Verfügung. So ist das Namensrecht nach § 12 BGB verletzt, wenn eine hinreichend wahrscheinliche Zuordnungsverwirrung vorliegt, also durch die Wahl des Account-Namens eine Verbindung zu Ihrem Unternehmen suggeriert wird, die tatsächlich aber nicht besteht. Ist Ihr Unternehmensname darüber hinaus noch als Marke registriert, so stehen Ihnen bei markenmäßiger Verwendung des Namens und einer bestehenden Verwechslungsgefahr ein Anspruch auf Unterlassung sowie Schadensersatz zu. Erfolgt das Account-Grabbing durch Konkurrenten, so stellt dies unter Umständen auch eine unlautere Behinderung oder Irreführung dar und hat damit als Wettbewerbsverstoß ebenfalls unter anderem Unterlassungs- und Schadensersatzansprüche zur Folge.

Praxistipp: Plattformbetreiber kontaktieren

Zwar steht Ihnen im Fall des Account-Grabbings eine Vielzahl von Ansprüchen zur Verfügung, doch besteht in der Praxis häufig das Problem darin, den Account-Grabber ausfindig zu machen. In solchen Fällen sollten Sie daher Kontakt zum Betreiber der Plattform aufnehmen und den Verstoß melden. In der Folge kann der Plattformbetreiber den Vorwurf prüfen. Sollte sich Ihr Vorwurf bestätigen, können die Betreiber die Seite dann löschen, wodurch der Name wieder frei wird und von Ihnen genutzt werden kann.

7.3.5 Problem: Unfreiwillige Unternehmensprofile

Nun gibt es nicht nur den Fall, in dem Dritte ein Profil von Unternehmen erstellen, sondern auch den, in dem soziale Netzwerke selbst ohne jegliche Veranlassung des Unternehmens Profile erstellen (siehe Abbildung 7.39).

Diese basieren dann oftmals auf Wikipedia-Einträgen oder Mitarbeiterprofilen und bergen damit die Gefahr, dass die Angaben auf den »Zwangsprofilen« unvollständig oder unrichtig sind. Dies ist den betroffenen Unternehmen natürlich ein Dorn im Auge, da sie Imageverluste befürchten müssen.

Doch auch hier müssen Betroffene ein solches Profil nicht dulden. Denn durch das unfreiwillige Profil werden Unternehmen indirekt gezwungen, ein eigenes Profil anzulegen, um die Fehler und Unvollständigkeiten korrigieren zu können. Daher können Sie als betroffenes Unternehmen gegenüber der Plattform wegen der Verletzung von Marken- und Urheberrechten einen Unterlassungs- und Schadensersatzanspruch geltend machen.

Abbildung 7.39 Eine von Facebook erstellte Seite über die Piratenpartei

Praxistipp: Plattformbetreiber kontaktieren

Wurde ein »Zwangsprofil« von Ihrem Unternehmen angelegt, sollten Sie zunächst die Plattform kontaktieren und sie zur Löschung des Accounts auffordern. Unter Umständen kommt das Unternehmen Ihrer Forderung nach, und Sie sparen sich weitere Mühen und Kosten einer gerichtlichen Geltendmachung.

7.4 Wie gestaltet man ein Impressum?

In den vergangenen Jahren führte ein Thema immer wieder zu Diskussionen und hatte teure Abmahnungen zur Folge: die Impressumspflicht in sozialen Netzwerken. Das Impressum, auch Anbieterkennzeichnung genannt, stellt eine gesetzlich vorgeschriebene Informationspflicht dar und beinhaltet die Angabe zu der Person oder dem Unternehmen, die das Social-Media-Profil geschäftsmäßig betreibt. Bis vor einiger Zeit bestand Streit darüber, wann für Profile in sozialen Netzwerken überhaupt ein Impressum erforderlich ist, mittlerweile ist die dahin gehende Rechtsprechung recht eindeutig. Wie diese aussieht und wie ein Impressum rechtskonform gestaltet werden kann, soll in diesem Abschnitt erläutert werden.

7.4.1 Inhalt der Impressumspflicht

Da die Social-Media-Plattformen in der Regel ähnliche Inhalte und Funktionen wie eine Homepage aufweisen, ist mittlerweile anerkannt, dass Sie auch bei der Verwendung sozialer Netzwerke der Impressumspflicht unterliegen, wenn Sie das Profil zu Marketingzwecken benutzen, da dann nicht nur eine reine private Nutzung vorliegt.

In der Folge stellt sich nun die Frage, welche Bestandteile das Impressum bei Unternehmen mindestens enthalten muss. Dazu gehören gem. § 5 Abs. 1 TMG in jedem Fall die Angabe von (siehe Abbildung 7.40):

- Name und Anschrift des Unternehmens
- bei juristischen Personen deren Rechtsform und deren vertretungsberechtigten Personen
- E-Mail-Adresse und Telefonnummer
- gegebenenfalls Angaben zur ständigen Aufsichtsbehörde
- gegebenenfalls Angaben zum Handelsregister, Vereinsregister, Partnerschaftsregister oder Genossenschaftsregister und der entsprechenden Registernummer
- Angabe der Umsatzsteueridentifikationsnummer

Abbildung 7.40 Beispiel für ein inhaltlich rechtskonformes Impressum

7.4.2 Platzierung und Erreichbarkeit

Darüber hinaus hat der Gesetzgeber auch klare Vorstellungen darüber, wo das Impressum hingehört und wie es zu erreichen ist. Danach müssen die Informationen vom Betreiber der Seite leicht erkennbar, unmittelbar erreichbar und ständig verfügbar gehalten werden. Das bedeutet, dass die Informationen ohne wesentliche

Zwischenschritte abgerufen werden können müssen. Der Bundesgerichtshof geht davon aus, dass diese Voraussetzungen erfüllt sind, wenn das Impressum über zwei Klicks erreicht werden kann. Dies ist beispielsweise im Fall von Facebook gewährleistet, wenn der erste Klick auf die Schaltfläche INFO oder MEHR auf eine Seite gelangt, auf der der zweite Klick auf einen Link erfolgt, der dann zum Impressum auf der eigenen Unternehmens-Website führt (siehe Abbildung 7.41).

Abbildung 7.41 Beispiel für die Erreichbarkeit des Impressums über zwei Klicks

Im Rahmen der Social-Media-Auftritte stellt sich aufgrund der beschränkten gestalterischen Möglichkeiten darüber hinaus die Frage, wo das Impressum rechtssicher platziert werden kann. Da an dem Design der Plattformen keine Änderungen vorgenommen werden können, muss der Nutzer mit den Möglichkeiten arbeiten, die ihm zur Verfügung stehen.

So war es bisher beispielsweise eher schwierig der Impressumspflicht auf den Facebook-Seiten nachzukommen. Zwar führte das soziale Netzwerk eine Funktion zum Erstellen eines »Business Accounts« ein, darin wurden bislang die Daten jedoch unter dem Punkt INFO im Profil hinterlegt. Zweifelhaft ist jedoch nach der Rechtsprechung, ob die Angabe INFO ausreicht.

Doch jetzt führt Facebook zum Erstellen eine Impressums-Rubrik ein, die relativ einfach bedient werden kann: Sie können in das Feld IMPRESSUM alle erforderlichen

Angaben eintragen. Der Vorteil liegt darin, dass Sie damit ein rechtssicheres Impr sum erstellen können. Dazu gehen Sie folgendermaßen vor:

1. Seite aufrufen
2. Seiteneinstellungen öffnen
3. in den Bereich TAB/SEITENINFO wechseln
4. das Feld IMPRESSUM raussuchen und Angaben eintragen
5. sichern

Hinweis

Sollten sich mehrere Stellen für die Platzierung des Impressums anbieten, so sollten alle genutzt werden, um eine rechtssichere Gestaltung zu gewährleisten. Auch sollte im laufenden Betrieb auf Designänderungen der Plattformbetreiber geachtet werden, da dies auch zu einer Verschiebung des Links führen kann. Ein Verstoß gegen die Impressumpflicht kann dann eine Abmahnung oder als Ordnungswidrigkeit auch ein Bußgeld von bis zu 50.000 € zur Folge haben.

Sollten Sie verschiedene Social-Media-Plattformen nutzen, so bietet es sich an, ein zentrales Impressum auf Ihrer Website zu erstellen, auf welches Sie dann jeweils verlinken. Dies hat den Vorteil, dass nur einmalig ein Impressum gepflegt werden muss. Ändert sich also beispielsweise ein Geschäftsführer des Unternehmens, kann dies an zentraler Stelle verwaltet werden. So werden die Risiken eines falschen Impressums minimiert.

7.5 Wie funktioniert der rechtssichere Betrieb eines Social-Media-Accounts?

Nachdem alle Vorkehrungen für einen rechtssicheren Social-Media-Auftritt getroffen sind, können Sie sich nicht ganz zurücklehnen: Auch im laufenden Betrieb des Accounts müssen Sie gesetzliche Vorschriften ebenso beachten wie die Vorgaben der Plattformen selbst. Dies spielt insbesondere bei der Veröffentlichung von Informationen und Inhalten wie Bildern, Videos oder Zitaten eine nicht zu vernachlässigende Rolle.

Achtung: Besonderes Augenmerk auf die Imagepflege!

Da Sie als Unternehmen besonders an der Imagepflege interessiert sind und sich Fauxpas nicht leisten können, empfiehlt es sich, in rechtlich unsicheren Konstellationen Zurückhaltung zu üben oder sich rechtlichen Rat zu holen.

Dieser Abschnitt soll Ihnen einen Überblick über die grundsätzliche rechtliche Situation geben und Ihnen dabei helfen, den Social-Media-Auftritt nicht nur interessant, sondern gleichzeitig auch rechtssicher zu betreiben.

7.5.1 Persönlichkeitsrecht: Das Recht am eigenen Bild

Das Web 2.0 ist ein neues Zeitalter im Hinblick auf Persönlichkeitsrechte. Denn seitdem das Internet und soziale Netzwerke zu einem festen Bestandteil des Alltags der Menschen geworden sind, ist die Zahl der Persönlichkeitsrechtsverletzungen rasant gestiegen. Noch nie war es so einfach, innerhalb kürzester Zeit Bilder, Videos oder Musik mit einer unbestimmten Menge an Personen zu teilen. Die Begeisterung für die neuen technischen Möglichkeiten lässt dabei den Sinn für Persönlichkeitsrechte in den Hintergrund treten.

Eine besondere Rolle spielt das Persönlichkeitsrecht in sozialen Netzwerken im Hinblick auf Bildrechte. Denn Auftritte in sozialen Netzwerken lassen sich durch Bild- oder Videodateien deutlich interessanter gestalten als mit reinen Textpassagen. Doch bei der Verwendung von Fotos sollten Sie Vorsicht walten lassen. Ob bewusst oder unbewusst können mit der Veröffentlichung eines Bildes Persönlichkeitsrechte verletzt werden.

Um zu verstehen, welche Bilder in sozialen Netzwerken hochgeladen und verbreitet werden dürfen und worauf Sie achten müssen, um das Recht am eigenen Bild der Abgebildeten nicht zu verletzen, müssen Sie zunächst einmal verstehen, welchen Regelungszweck das Recht am eigenen Bild hat.

Das Recht am eigenen Bild besagt, dass jeder Mensch selbst bestimmen darf, ob überhaupt und in welchem Zusammenhang Bilder von ihm veröffentlicht werden. Die unbefugte Anfertigung und Verbreitung seiner Bildnisse muss demnach niemand dulden. Dieses Recht ist Ausfluss des Allgemeinen Persönlichkeitsrechts und hat damit seine Verankerung in unserer Verfassung. Die Rechtsgrundlage für den Schutz des Rechts am eigenen Bild bilden dann die §§ 22, 23 Kunst-Urheber-Gesetz, wonach die Verbreitung und öffentliche Zurschaustellung von Bildnissen grundsätzlich nicht ohne die Einwilligung des Abgebildeten zulässig ist.

Achtung: Auch die eigenen Mitarbeiter müssen einwilligen!

Das Einwilligungserfordernis gilt auch für Ihre eigenen Mitarbeiter, wenn Sie diese beispielsweise im sozialen Netzwerk als Ansprechpartner abbilden möchten. Der Umstand, dass die Mitarbeiter in einem Arbeitsverhältnis zu Ihnen stehen, ändert nichts an ihren Persönlichkeitsrechten.

Es gibt nur einige wenige Ausnahmen von diesem Einwilligungserfordernis. Welche das sind, ist ausdrücklich und abschließend gesetzlich geregelt. In Betracht kommt eine Veröffentlichung auch ohne Einwilligung damit nur in folgenden Fällen:

- Bildnisse aus dem Bereich der Zeitgeschichte
- Bilder, auf denen die Personen nur als Beiwerk neben einer Landschaft oder sonstigen Örtlichkeit erscheinen
- Bilder von Versammlungen, Aufzügen und ähnlichen Vorgängen, an denen die dargestellten Personen teilgenommen haben
- Bildnisse, die nicht auf Bestellung angefertigt sind, sofern die Verbreitung oder Schaustellung einem höheren Interesse der Kunst dient

Im Rahmen des Unternehmensalltags spielt der dritte Ausnahmetatbestand eine bedeutende Rolle. Zu denken ist dabei an öffentliche Veranstaltungen wie Firmenjubiläen oder Messeauftritte. Dabei dürfen die Fotos, die von den Teilnehmern gemacht wurden, unter gewissen Voraussetzungen auch ohne deren Einwilligung in sozialen Medien veröffentlicht werden.

Dazu muss es sich zunächst einmal um eine öffentliche Versammlung handeln. Davon ist dann auszugehen, wenn mehrere Personen zu einem gemeinsamen Zweck zusammenkommen und es sich nicht um eine Privatveranstaltung handelt. Ein gemeinsamer Zweck liegt dann vor, wenn die Personen ein Ziel verfolgen, das nur gemeinsam erreicht werden kann, so zum Beispiel ein Kongress. In diesem Zusammenhang dürfen Fotos einer öffentlichen Veranstaltung einwilligungsfrei veröffentlicht werden, wenn sie die Menschenmasse an sich zeigen. Die Bilder dürfen sich ausnahmsweise auf einzelne Personen konzentrieren, wenn diese Personen beispielsweise durch eine Rede gewollt hervortreten. Dies gilt jedoch nur so lange, wie nicht die Nutzungsbedingungen der Veranstalter etwas anderes regeln – in diese sollten Sie daher vor der Veröffentlichung ebenfalls einen Blick geworfen haben.

Achtung: Vorsicht bei betriebsinternen Feierlichkeiten!

Anders sieht es hingegen aus, wenn Sie Bilder von betriebsinternen Feierlichkeiten, wie zum Beispiel einer Weihnachtsfeier, veröffentlichen möchten. Auch wenn diese an einem öffentlichen Ort wie in einem Restaurant stattgefunden hat, handelt es sich nicht um eine öffentliche Veranstaltung. Damit ist zur Veröffentlichung der Bilder eine Einwilligung von allen Abgebildeten erforderlich!

Diese Ausnahmen von dem Einwilligungserfordernis gelten dann wiederum nicht, wenn eine Verletzung berechtigter Interessen vorliegt. Um dies beurteilen zu können, ist eine einzelfallgerechte, umfassende Abwägung Ihrer Interessen gegenüber denen der Abgebildeten vorzunehmen. Die Abwägung fällt in jedem Fall dann zugunsten des Abgebildeten aus, wenn das Bildnis zu Werbezwecken in den sozialen Netzwerken eingesetzt wird. Damit kann festgehalten werden, dass die Ausnahmen vom Einwilligungserfordernis bei der Nutzung zu Werbezwecken gerade nicht greifen und daher immer die Einholung der Einwilligung erforderlich ist. Dies gilt innerhalb aller Medien und damit auch im Social-Media-Bereich.

Sicher ist sicher: Die Beweislast trägt der Unternehmer!

Aus Gründen der Beweislast ist es empfehlenswert, eine schriftliche Einwilligung einzuholen oder die Einwilligung zumindest in Gegenwart eines Zeugen abgeben zu lassen. Denn die Beweislast für das Vorliegen der Einwilligung trägt letztlich der, der sich darauf beruft – in diesem Fall also Sie als Inhaber des Profils.

Der Verstoß gegen das Kunst-Urheberrecht stellt aber nicht nur einen Verstoß gegen das Gesetz dar, sondern in der Regel auch gegen die Nutzungsbedingungen der Plattformen. Diese bieten dazu Betroffenen Beschwerdemöglichkeiten an, um sie bei der Beseitigung der Verletzung zu unterstützen (siehe Abbildung 7.42). Wenn Sie mit Ihrem Auftritt Rechte Dritter verletzen, müssen Sie also nicht nur mit gesetzlichen Folgen rechnen, sondern auch mit Konsequenzen von Seiten der Plattformbetreiber, welche bis zur Sperrung des Nutzerkontos reichen können.

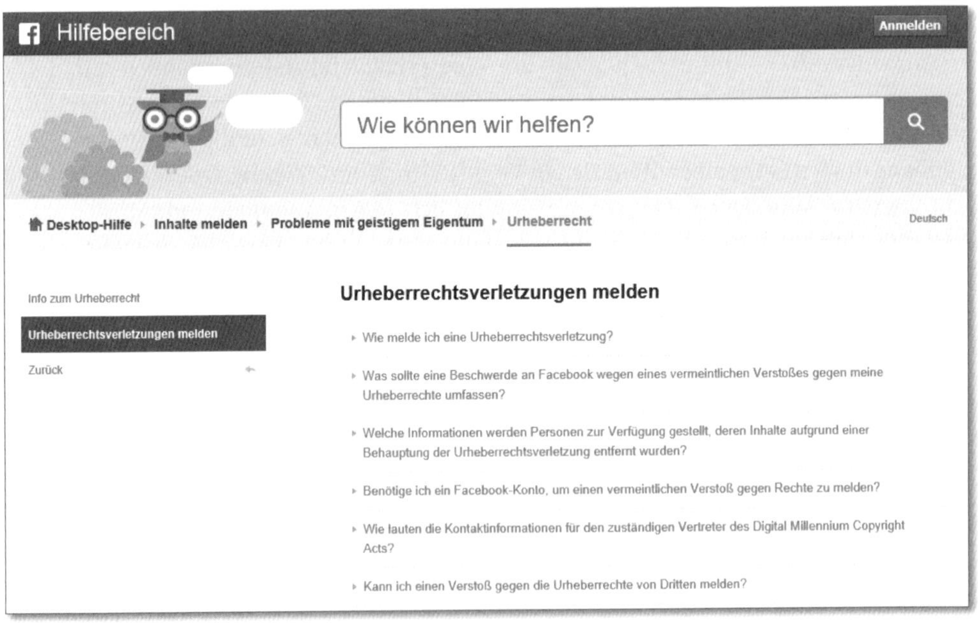

Abbildung 7.42 Beispiel einer Beschwerdemöglichkeit bei Urheberrechtsverletzungen in dem sozialen Netzwerk Facebook

7.5.2 Äußerungsrecht: Welche Äußerungen im Netz sind zulässig?

Schnell lassen sich Inhalte aller Art und damit auch Nachrichten und Äußerungen über die sozialen Netzwerke an eine Vielzahl von Personen verbreiten. Oftmals werden dabei Nachrichten und Bilder von anderen Nutzern übernommen und weiterverbreitet, ohne diese auf ihren Wahrheitsgehalt und die Rechte daran zu überprüfen oder sich über die Konsequenzen für den Betroffenen Gedanken zu machen. Davon betroffen sein können private Personen ebenso wie Personen der Zeitgeschichte oder andere Unternehmen. Je nach Art der Äußerungen kann dies einen Eingriff in das bereits angesprochene Persönlichkeitsrecht, die Berufsfreiheit oder die Eigentumsfreiheit der Personen darstellen, über die berichtet wird. Dies spielt sowohl dann eine Rolle, wenn Sie oder Ihre Mitarbeiter Äußerungen auf der Unternehmensseite veröffentlichen, als auch dann, wenn Mitarbeiter sich über Ihr Unternehmen auf ihren privaten Profilen äußern.

Äußerungen auf der Unternehmensseite

Grundsätzlich stellt nicht jede Äußerung, an der sich eine andere Person stört, eine Rechtsverletzung dar. Denn die Verbreitung Ihrer Meinung ist ebenfalls verfassungsrechtlich durch die Meinungsfreiheit aus Art. 5 Abs. 1 GG geschützt. Diese umfasst das Recht, eine Meinung bilden, haben und verbreiten zu dürfen. Dies gilt auch im Geschäftsleben: Unternehmen können Werturteile über Ihre Produkte treffen, die dann von der Meinungsfreiheit geschützt werden, da diese auch die kommerzielle Meinung sowie die reine Wirtschaftswerbung mit wertendem, meinungsbildendem Inhalt schützt. Auch können Unternehmen und deren Mitarbeiter ihre Meinung zu einem bestimmten Thema beispielsweise in sozialen Netzwerken nach außen tragen und damit ihr Recht auf freie Meinungsäußerung wahrnehmen (siehe Abbildung 7.43).

Abbildung 7.43 Den Facebook-Beitrag eines Nutzers zu Artikeln der Bild-Zeitung kommentieren sowohl die Mitarbeiter der Bild-Zeitung selbst als auch die von Spiegel Online.

Äußerungen in sozialen Netzwerken werden von so manchen Mitarbeitern aber nicht immer mit der nötigen Zurückhaltung getätigt. Dies kann dann zu negativer

Presse und Imageschäden führen. So geschah es beispielsweise auf der Facebook-Seite einer Filiale des Schnellrestaurants Burger King im irischen Tralee (siehe Abbildung 7.44). Dort beklagte sich ein Gast über den lahmen Service mit dem Kommentar: »Schlechtester Drive-Thru aller Zeiten ... In der Zeit, die ich warten musste, um meine Bestellung aufzugeben, hätte McDonald's bereits 20 Autos abgearbeitet.« Darauf konterte dann ein Mitarbeiter etwas ungeschickt: »Warum verpisst Du Dich nicht einfach zu McDonald's und isst deren Scheiß-Fraß?«

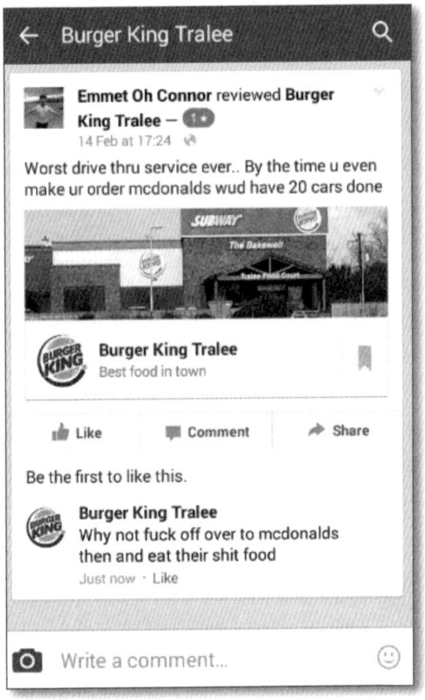

Abbildung 7.44 Beispiel für Äußerungen in sozialen Netzwerken, die Imageschäden hervorrufen können

Solche Situationen treten im Alltag sozialer Netzwerke nicht selten auf und führen zu Konflikten. Kollidiert Ihre Meinungsfreiheit mit den Rechten des Betroffenen, ist eine Interessenabwägung vorzunehmen, um sodann entscheiden zu können, welches Grundrecht in dem konkreten Fall überwiegt.

Damit Sie sich überhaupt auf die Meinungsfreiheit berufen können, muss es sich bei Ihrer Nachricht auch um eine Meinung handeln. Denn der Schutzbereich dieses Grundrechts umfasst nur Werturteile, die aber auch mit Tatsachenbehauptungen verbunden sein können. Nach Ansicht des Bundesverfassungsgerichts ist jedoch die erwiesen oder bewusst unwahre Tatsachenbehauptung nicht geschützt. Hieran wird deutlich, dass die Unterscheidung zwischen Tatsachenbehauptung und Werturteil für die rechtliche Beurteilung der Zulässigkeit Ihrer Äußerung ganz entscheidend ist. Dies ist aber nicht immer ganz einfach, da sich insbesondere in Berichten und Meldungen in sozialen Netzwerken oftmals Werturteile und Tatsachenbehauptungen vermischen. Daher soll im Folgenden ein kurzer Überblick über die wesentlichen Kriterien der Einordnung gegeben werden.

Tatsachen sind alle wahrnehmbaren oder feststellbaren äußeren und inneren Zustände oder Vorgänge aus der Vergangenheit und Gegenwart, die dem Beweis zugänglich sind.

Praxisbeispiel: Tatsachenbehauptung

Die Behauptung »Gestern war es in Köln 37° C« beschreibt einen Zustand aus der Vergangenheit, der durch Wettermessungen einfach nachgewiesen werden kann und damit eine Tatsachenbehauptung darstellt. Auch wenn diese Behauptung mit Zusätzen wie »ich meine« oder »ich denke« versehen wird, ändert das nichts daran, dass es sich um eine Tatsachenbehauptung handelt.

Werden nun in Berichten Tatsachen behauptet, so sind diese durch die Meinungsfreiheit geschützt, wenn sie mit einem Werturteil verbunden oder Grundlage für die Meinungsbildung sind. Damit sind solche Tatsachenbehauptungen nicht geschützt, die unwahr sind, da die unrichtige Information kein schützenswertes Gut ist. Dies liegt daran, dass es kein öffentliches Interesse an unwahren Tatsachenbehauptungen geben kann, da sie nicht der Meinungsbildung dienen.

Handelt es sich hingegen um wahre Tatsachenbehauptungen, so müssen diese – mit wenigen Ausnahmen – auch dann hingenommen werden, wenn sie für den Betroffenen besonders unangenehm sind. Ausnahmen von diesem Grundsatz sind beispielsweise dort vorgesehen, wo es sich um Formalbeleidigungen handelt. Dabei handelt es sich um Tatsachen, die zwar wahr sind, aber in einem besonders herabwürdigenden Ton, in einer gehässigen Einkleidung oder gegenüber einer übertriebenen Öffentlichkeit veröffentlicht wurden.

Achtung: Beweislast

Sollte sich der Betroffene gegen Ihren Bericht zur Wehr setzen wollen, so müssen Sie im Fall von übler Nachrede darlegen und beweisen, dass es sich um eine wahre Tatsache handelt. Gelingt Ihnen dieser Beweis nicht, so wird die Äußerung wie eine unwahre Tatsache behandelt, und Sie können von dem Betroffenen beispielsweise auf Unterlassung in Anspruch genommen werden.

Neben den Tatsachenbehauptungen kennt das Äußerungsrecht die Werturteile. Dabei handelt es sich um Äußerungen, die einen subjektiven Bezug zwischen dem sich Äußernden und dem Gegenstand seiner Äußerung aufweisen. Entscheidender Unterschied zur Tatsachenbehauptung ist damit die Darstellung der persönlichen Auffassung, die daher dem Beweis nicht zugänglich ist. Werturteile sind beispielsweise Bewertungen, Prognosen, Zweifel und Schlussfolgerungen.

Praxisbeispiel: Werturteil

Die Aussage »Gestern war es sehr heiß in Köln« beschreibt zwar einen Zustand aus der Vergangenheit, ist aber nicht dem Beweis zugänglich, da das Hitzeempfinden bei jedem Menschen anders ist.

Die freie Äußerung von Werturteilen ist als Meinungsfreiheit ein verfassungsrechtlich garantiertes Grundrecht, das seine Grenze in rechtswidrigen Äußerungen findet. Dazu gehören die Menschenwürdeverletzung, Formalbeleidigung sowie die Schmähkritik, da diese nicht in gleichem Maße am Grundrechtsschutz teilnehmen wie andere Werturteile. Daher sollten Sie mit kritischen Aussagen übers Internet zurückhaltend umgehen. Denn häufig werden sie von sehr vielen Menschen gelesen, weil inzwischen viele Nutzer Zugang zu diesem Medium haben. Die Inhalte werden bei Suchmaschinen wie Google häufig hoch platziert. Was hierüber verbreitet wird, kann nur schwer rückgängig gemacht werden. Ebenso schwer ist es auch, als juristischer Laie zu erkennen, wo genau die Grenze zwischen einer zulässigen Meinungsäußerung und einer Beleidigung liegt, da dies von den besonderen Umständen im jeweiligen Fall abhängt.

Praxistipp: Zurückhaltung aus Imagegründen

Auch wenn rechtlich keine Bedenken an der Verbreitung bestimmter Nachrichten bestehen, so ist es dennoch aus Imagegründen empfehlenswert, heikle Themen nur mit Zurückhaltung in der Öffentlichkeit zu diskutieren oder zu kommentieren. Schließlich sollten Sie die Seriosität des Unternehmens wahren.

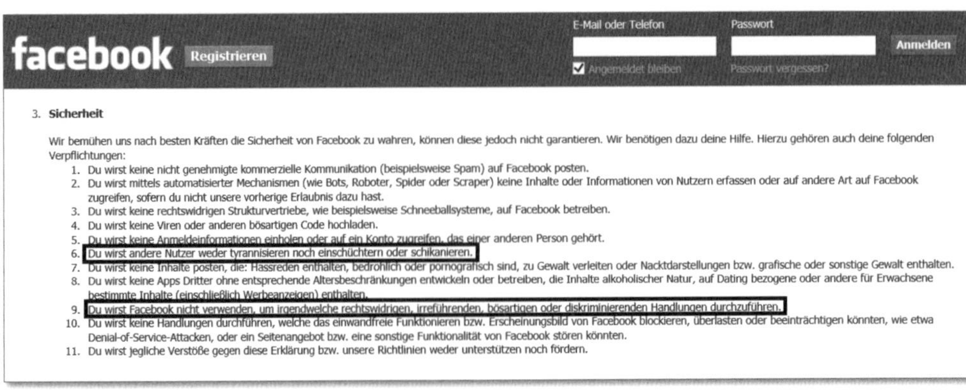

Abbildung 7.45 Beispiel für die Pflicht zur Achtung der Persönlichkeitsrechte Dritter in den Nutzungsbedingungen von Facebook

Auch können Verletzungen des Persönlichkeitsrechts Dritter durch Ihre Äußerungen Konsequenzen von Seiten der jeweiligen Plattform nach sich ziehen. Denn Plattformbetreiber möchten solche Übergriffe gegen andere Nutzer verhindern und haben dies daher in aller Regel auch in Ihre Nutzungsbedingungen aufgenommen (siehe Abbildung 7.45).

Äußerungen von Mitarbeitern auf deren privaten Profilen

Neben den Äußerungen, die Sie über Ihre Unternehmensseite veröffentlichen, spielen aus Marketingaspekten auch solche Äußerungen eine Rolle, die Ihre Mitarbeiter auf deren privaten Profilen tätigen. Fallen diese Äußerungen positiv aus, ist das natürlich völlig unproblematisch und vorteilhaft für Sie. Doch kommt es auch häufig vor, dass Mitarbeiter durch rein private Äußerungen über den Arbeitgeber oder dessen Produkt gewollt oder ungewollt ein negatives Bild zeichnen. Neben Rufschädigungen sind gezielte Beleidigungen von Vorgesetzten und Arbeitnehmern und der Verrat von Betriebs- und Geschäftsgeheimnissen in der Praxis nicht selten. Dies ist dann besonders problematisch, wenn sich aus den Informationen auf dem Profil auch noch ergibt, dass es sich bei dem Kritiker um Ihren Angestellten handelt.

Praxisbeispiel: Beleidigung des Arbeitgebers in sozialem Netzwerk

Im Jahr 2012 befasste sich das Arbeitsgericht Hagen (Urteil vom 16.05.2012, Az. 3 Ca 2597/11) mit einer Kündigung eines Mitarbeiters, der sich nach Erhalt von zwei Abmahnungen mit folgendem Kommentar auf seiner Facebook-Chronik über seinen Vorgesetzten ausließ: »*Diesen kleinen Scheißhaufen mache ich kaputt, werde mich beschweren über diesen Wixer. Bin 32 hier dabei und so ein faules Schwein, der noch nie gearbeitet in seinem Scheißleben gibt mir zwei Abmahnungen, da hat er sich im falschen verguckt diese Drecksau* ...« Diese Nachricht konnten die 70 »Freunde« – davon 36 Arbeitskollegen – des Arbeitnehmers auf Facebook sehen. Vor diesem Hintergrund erläuterten die Richter, dass der Arbeitnehmer die Äußerung mit demselben Effekt auch im Betrieb auf dem »Schwarzem Brett« hätte aushängen können. Die beleidigende Äußerung sei daher betriebsöffentlich und nicht im kleinen Kollegenkreis erfolgt, bei dem eine besonders geschützte »vertrauliche Kommunikation« vorliegen kann. Die außerordentliche Kündigung hielt das Arbeitsgericht lediglich wegen des Alters und der über 30-jährigen Betriebszugehörigkeit des Arbeitnehmers für unangemessen. Dies bedeutet jedoch, dass in anderen ähnlichen Fällen eine Kündigung durchaus wirksam erfolgen kann.

Ein solches Verhalten ist rechtlich natürlich nicht unproblematisch. Zwar hat der Arbeitnehmer das Recht, seine Meinung auch in sozialen Netzwerken frei zu äußern und zu verbreiten, jedoch können Sie gegen die Äußerung vorgehen, wenn dies das Arbeitsverhältnis konkret beeinträchtigt. Denn ein solches Verhalten stellt einen Verstoß gegen die Rücksichtnahme- und Treuepflicht des Arbeitnehmers dar, die Ihnen gegenüber arbeitsvertraglich besteht. Ohne eine solche Beeinträchtigung hat der Arbeitgeber daher kein Recht, private Äußerungen des Arbeitnehmers im Social Web zu untersagen oder gar zu sanktionieren.

Praxistipp: Beeinträchtigung prüfen lassen!

Sind Sie sich nicht ganz sicher, ob Sie gegen die unerwünschte Äußerung tatsächlich vorgehen können, sollten Sie sich rechtlichen Rat einholen. Denn zur Beurteilung des beeinträchtigenden Charakters ist stets eine Einzelfallbeurteilung erforderlich.

7.5.3 Urheberrecht: Rechte an Bildern, Videos und Zitaten

Neben dem Persönlichkeitsrecht kann bei der Veröffentlichung von Inhalten auf sozialen Netzwerken auch das Urheberrecht verletzt sein. Dieses spielt im Social Web insbesondere im Hinblick auf eingestellte Bilder und Videos sowie auf Zitate eine große Rolle. Denn nur weil Inhalte im Internet frei zugänglich sind, bedeutet dies nicht, dass diese auch nach Belieben benutzt werden dürfen.

Das Urheberrecht schützt Werke der Literatur, Kunst und Wissenschaft, die eine persönliche geistige Schöpfung darstellen. Darunter fallen beispielsweise Fotos, Texte, Videos oder Musik. Es sichert seinem Schöpfer als Urheber das alleinige und ausschließliche Recht zu, sein Werk zu verwerten. Dies bedeutet besonders im Social-Media-Bereich, dass er selbst über das Ob und Wie der Vervielfältigung, der öffentlichen Zugänglichmachung und der Bearbeitung eines Werkes entscheiden darf. Entscheidend für die Rechtmäßigkeit der Nutzung durch Dritte ist damit die Einwilligung des Urhebers.

Praxistipp: Mit der Einwilligung auf der sicheren Seite

Sollten Sie Werke Dritter verwenden, empfiehlt es sich immer, vorsorglich deren Einwilligung einzuholen. Diese sollten Sie schriftlich festhalten und dabei auch Wert auf eine detaillierte Darstellung des Umfangs der Verwendung legen. Dabei sollte ausdrücklich eine Verwendung im Social Web vereinbart werden.

Hinsichtlich der Rechtmäßigkeit eingestellter Inhalte muss dann zwischen Bildern und Videos sowie Texten unterschieden werden.

Bilder und Videos

Besonders gerne werden soziale Netzwerke dazu genutzt, Bilder oder Videos mit der eigenen Community zu teilen (siehe Abbildung 7.46).

Dabei handelt es sich jedoch nicht immer um selbst angefertigtes Material. In einem solchen Fall müssen Sie beachten, dass dann das Recht der öffentlichen Zugänglichmachung des Urhebers verletzt sein kann. Davon ist dann auszugehen, wenn Bilder oder Videos derart im sozialen Netzwerk angeboten werden, dass sie von einem unbestimmten Personenkreis betrachtet werden können. Da es bei professionellen Auftritten in sozialen Netzwerken keine Möglichkeit gibt, den Empfängerkreis des Bildes oder Videos einzuschränken, stellt die öffentliche Zugänglichmachung des Bildes ohne Einwilligung des Urhebers eine Verletzung seiner Rechte dar, die eine Haftung nach sich ziehen kann.

Abbildung 7.46 Über das soziale Netzwerk Facebook können beispielsweise Videos der Plattform YouTube mit der eigenen Community geteilt werden.

Dies gilt auch dann, wenn Sie nur leichte Änderungen an dem Bild vornehmen. Denn solange das ursprüngliche Bild noch in der Bearbeitung weiterwirkt, ist es vom Urheberrecht geschützt. Dies schützt den Urheber nämlich auch vor der unbefugten Bearbeitung oder sonstigen Umgestaltung seines Werkes in qualitativer oder quantitativer Hinsicht.

Praxistipp: Urheberrechte immer im Hinterkopf behalten!

Bei der Verwendung von Bildern oder Videos auf der Seite des sozialen Netzwerkes sollten Sie immer im Hinterkopf behalten, dass an jedem Werk Urheberrechte bestehen. Dabei ist es unerheblich, ob es sich bei dem Bild um einen einfachen Schnappschuss oder um ein aufwendig produziertes Porträtfoto handelt. Letztendlich sollten Sie bei jeder Verwendung eines Bildes überprüfen, ob Sie das Recht haben, dieses Bild für Ihre Zwecke zu verwenden.

Sollen also urheberrechtlich geschützte Werke wie Bilder oder Videos auf dem Social-Media-Auftritt verwendet werden, so müssen Sie sich vom Urheber die Nutzungsrechte daran einräumen lassen. Dies bedeutet letztlich, dass Sie beim Urheber anfragen müssen, ob Sie das gewünschte Bild oder Video für Ihren Social-Media-Auftritt nutzen dürfen. Stimmt er dem zu, müssen Sie sich dieses Recht dann vertraglich und oftmals gegen ein Entgelt einräumen lassen. Auch hier empfiehlt sich aus Gründen der Beweislast eine schriftliche Fixierung der Vereinbarung.

Möchten Sie für die Nutzung von Werken Dritter kein Entgelt zahlen, so können Sie auch auf die kostenlosen Alternativen der Creative-Commons-Inhalte zurückgreifen (siehe Abschnitt 5.3.1, »Die Verwertungsrechte des Urhebers«).

Achtung: Einwilligung auch bei dienstlichen Zwecken

Auch wenn Sie Bilder Ihrer Mitarbeiter auf einer Social-Media-Plattform veröffentlichen möchten, um diesen beispielsweise als Ansprechpartner für bestimmte Themen darzustellen, müssen Sie diese zuvor um deren Einwilligung fragen. Die Tatsache, dass die Bilder nur zu dienstlichen Zwecken veröffentlicht werden, ändert daran nichts.

Texte

Neben Fotos und Videos werden gerade zu Marketingzwecken auch Texte Dritter verwendet.

Praxisbeispiel: Piratenpartei twittert Songtext der Band »Die Ärzte«

Weil die Piratenpartei im Zuge ihrer Wahlwerbung vor der Bundestagswahl 2009 den Songtext »Deine Schuld« der Band »Die Ärzte« ungefragt genutzt hat, wurde sie abgemahnt. Per Twitter hatte die Partei die Zeile »Es ist nicht Deine Schuld, dass die Welt ist, wie sie ist. Es wäre nur Deine Schuld, wenn sie so bleibt« benutzt, um für Stimmen zu werben. Über dem Tweet war das Logo der Partei zu sehen. Da die Band jedoch in diesem Zusammenhang nicht zitiert werden wollte, beauftragte sie Rechtsanwälte mit der Abmahnung der Partei, da dieses Verhalten ihre Rechte verletze.

Im Hinblick auf die Übernahme von fremden Texten erlaubt das Urheberrecht die Nennung von Zitaten im Rahmen einer Auseinandersetzung mit dem Werk. Grundvoraussetzung ist dabei, dass das Zitat inhaltlich richtig wiedergegeben wird, also zum Beispiel keine Entstellung des Textes durch Entfernung wesentlicher Aussagen erfolgt.

Darüber hinaus muss auch ein Zitatzweck vorliegen. Dies ist dann gegeben, wenn es sich um eine kritische Bezugnahme oder um einen Beleg für eine eigene Aussage handelt.

Besonders wichtig zur Wahrung der Rechte des Urhebers ist es, das Zitat auch entsprechend den allgemeinen Zitierregeln als solches durch die Verwendung von Anführungsstrichen am Anfang und am Ende der übernommenen Textpassage kenntlich zu machen und darüber hinaus auch die Quelle anzugeben.

Werden diese Regeln beachtet, so kann die Nutzung des Textes ohne die Einwilligung des Urhebers erfolgen; andernfalls kann dies als Urheberrechtsverletzung gewertet werden.

7.5.4 Datenschutzrecht: Plug-ins, Cookies und Co.

Seitdem sich das Internet in unser aller Alltag etabliert hat, kochen datenschutzrechtliche Diskussionen immer wieder hoch und haben sich in der Gesellschaft zu einem empfindlichen Thema entwickelt. Aus diesem Grund scheuen Unternehmen oftmals den Schritt in die sozialen Netzwerke: Die Unterscheidung zwischen Erlaubtem und Verbotenem fällt vielen schwer, und zu groß ist die Angst davor, in Haftungsfallen zu tappen. Denn Begriffe wie Plug-ins oder Cookies fallen immer wieder, jedoch wissen viele gar nicht genau, was sie sich darunter vorzustellen haben. Um Ihnen ein Grundverständnis für das Datenschutzrecht und die rechtlichen Tücken zu geben, stellen wir Ihnen im Folgenden die wichtigsten Eckpunkte zusammen.

Das Veröffentlichen personenbezogener Daten

Das Datenschutzrecht spielt immer dann eine Rolle, wenn es sich um sogenannte personenbezogene Daten handelt. Darunter sind alle Einzelgaben über persönliche oder sachliche Verhältnisse von bestimmten oder bestimmbaren Personen zu verstehen. Diese auf den ersten Blick recht eindeutige Definition birgt bei der konkreten Zuordnung in der Praxis im Hinblick auf die Bestimmbarkeit doch erhebliche Schwierigkeiten. Insoweit hilft die Europäische Datenschutzrichtlinie weiter: Danach wird eine Person als bestimmbar angesehen, wenn sie über die Einzelangaben direkt oder indirekt identifiziert werden kann.

Praxisbeispiel: Personenbezogene Daten

Als personenbezogene Daten anerkannt sind beispielsweise Namen, Telefon- bzw. Mobilfunknummern, Fotos, E-Mail-Adressen oder IP-Adressen.

Die Wahrung dieser Informationen ist mit dem allgemeinen Persönlichkeitsrecht im Grundgesetz verankert. Denn das daraus resultierende Recht auf informationelle Selbstbestimmung gewährt jedem das Recht, selbst über die Preisgabe und Verwendung seiner personenbezogenen Daten zu bestimmen. Eine ungerechtfertigte Erhebung, Speicherung, Weitergabe und Verwendung dieser Daten stellt einen Eingriff in das Recht auf informationelle Selbstbestimmung dar und ist auch von den Plattformbetreibern nicht gewünscht. Dies hat das soziale Netzwerk Facebook beispielsweise auch in seinen Nutzungsbedingungen für Seiten geregelt (siehe Abbildung 7.47).

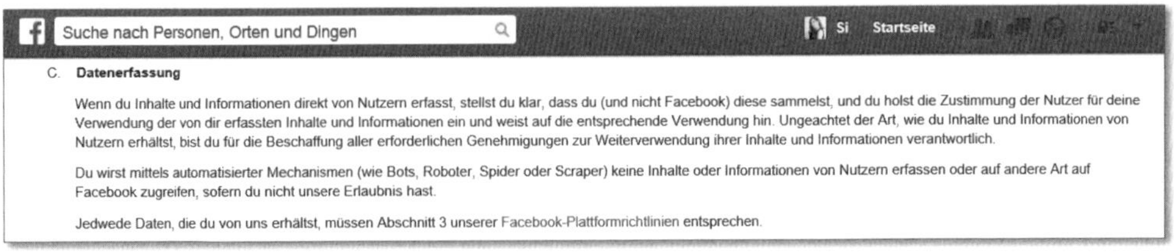

Abbildung 7.47 Regelungen zur Datenerfassung auf Facebook-Seiten

Bei der Veröffentlichung personenbezogener Daten sollten Sie also vorsichtig sein. Sind Sie sich nicht sicher, ob Sie die gewünschten Daten veröffentlichen dürfen, sollten Sie rechtlichen Rat einholen oder im Zweifel darauf verzichten. Andernfalls müssen Sie nämlich damit rechnen, von den Betroffenen auf Unterlassung und Schadensersatz in Anspruch genommen zu werden.

Die Verwendung von Plug-ins

Auch wenn Sie sich gegen die Verwendung von personenbezogenen Daten auf Ihrem Social-Media-Auftritt entscheiden, so bedeutet dies nicht, dass der Datenschutz keine Rolle mehr spielt. Denn die besondere Art der Kommunikation in sozialen Netzwerken mit Buttons wie GEFÄLLT MIR bei Facebook oder 1+ bei Google+ rücken den Datenschutz dennoch in den Fokus.

Diese Buttons sind kleine Schaltflächen, die ein kundiger Website-Betreiber mit wenigen Handgriffen in seinen Internetauftritt einbinden kann. Dabei handelt es sich um eine Funktionserweiterung, die als Plug-in bezeichnet wird. Beim Besuch der Unternehmens-Homepage kann der Nutzer auch gleich sein Gefallen ausdrücken, indem er beispielsweise auf GEFÄLLT MIR klickt (siehe Abbildung 7.48). Der Klick auf den Button hat dann zur Folge, dass automatisch eine entsprechende, für alle Kontakte des Nutzers sichtbare Mitteilung auf dessen Facebook-Profil erscheint.

Das Plug-in spielt datenschutzrechtlich insofern eine Rolle, als dass es dazu führt, dass personenbezogene Daten der Nutzer, wie beispielsweise die IP-Adresse, erhoben, an Facebook übermittelt und mit dem Facebook-Account des Besuchers verknüpft werden. Dieses System stellt jedoch immer dann einen Verstoß gegen das Datenschutzrecht dar, wenn der Nutzer nicht zu Beginn des Nutzungsvorgangs über Art, Umfang und Zweck der Erhebung und Verwendung personenbezogener Daten sowie über die Verarbeitung seiner Daten unterrichtet worden ist und der Datennutzung zugestimmt hat.

In der Regel fehlt es in der Praxis an einer Belehrung der Nutzer des Buttons. So vertrat das unabhängige Landeszentrum für Datenschutz (ULD) im Jahr 2011 die Ansicht, dass die direkte Einbindung von Social Plug-ins ohne hinreichende Information der Nutzer und ohne die Einräumung eines Wahlrechts nicht mit deutschen und europäischen Datenschutzstandards zu vereinbaren sei. Aus diesem Grund forderte das ULD, von der Nutzung von Plug-ins abzusehen.

Abbildung 7.48 Integration des »Gefällt mir«-Buttons auf der Homepage des Reiseveranstalters TUI

Doch wer auf Social Plug-ins verzichtet, muss befürchten, im Wettbewerb den Kürzeren zu ziehen. Eine Alternative bietet da die sogenannte *Zwei-Klick-Lösung*. Danach wird der Button im ersten Schritt ohne Funktionalität als reines Bild eingebunden. Nutzerdaten werden dabei nicht übermittelt. Erst durch einen ersten Klick auf den Button wird dieser dann in einem zweiten Schritt aktiviert. Dann öffnet sich ein neues Fenster und die Nutzer müssen sich in dem sozialen Netzwerk einloggen (siehe Abbildung 7.49), woraufhin ihre Daten übermittelt werden. Erst durch einen zweiten Klick kann der Inhalt dann veröffentlicht werden. Auf diese Weise kann eine rechtskonforme Einbindung sichergestellt werden.

Praxistipp: Anleitung zur Umsetzung der Zwei-Klick-Lösung

Anleitungen zur Einbindung der Zwei-Klick-Lösung für Facebook, Google+ und Twitter finden Sie beispielsweise bei heise (*http://www.heise.de/extras/socialshareprivacy*). Mit der Erweiterung der Illusions-Schmiede GmbH (*https://github.com/grekko/socialshareprivacy-extended*) können Sie die Zwei-Klick-Lösung auch für XING einsetzen.

Möchten Sie die Zwei-Klick-Lösung anwenden, so ist zudem eine Anpassung der Datenschutzerklärung notwendig. Denn dort müssen Sie dann auch auf den Einsatz von Facebook und Co. hinweisen.

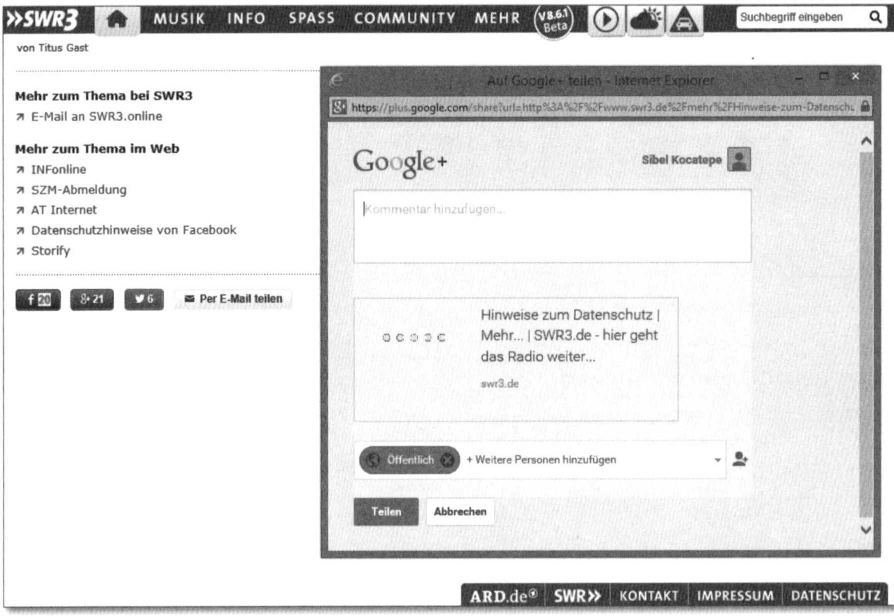

Abbildung 7.49 Beispiel der Zwei-Klick-Lösung auf der Website des Radiosenders SWR

Praxistipp: Muster einer erweiterten Datenschutzerklärung

Ein Muster für eine solche erweiterte Datenschutzerklärung können Sie kostenfrei auf der Website der Rechtsanwaltskanzlei WILDE BEUGER SOLMECKE (*https://www.wbs-law.de/internetrecht/muster-datenschutzerklaerung-facebook-like-button-5712*) herunterladen.

Cookies

Eine weitere datenschutzrechtliche Problematik stellt der in Verbindung mit der Nutzung von Social Media stehende Zugriff auf Cookies dar. Cookies sind kleine Datenpakete, die auf dem Rechner eines Nutzers installiert werden, wenn dieser eine bestimmte Webseite besucht. Beim nächsten Besuch derselben Seite übermittelt die Datei dem Anbieter der Webseite ungefragt die Daten, die mit dem Cookie gespeichert wurden. Dies können Anmeldedaten einer verschlüsselten Seite sein oder aber auch Informationen über das bisherige Nutzerverhalten.

Diese Datenpakete können entweder personenbezogen, also unter Angabe individueller Daten des Nutzers, sein oder aber pseudonym, wobei ein Nutzerprofil ohne identifizierende Angaben gebildet wird. Für die personenbezogenen Cookies ist bereits nach derzeitiger Rechtslage eine positive Einwilligung erforderlich, für pseudonyme Cookies jedoch nicht.

Der Anwender kann die Cookies zwar grundsätzlich einsehen und löschen, wenn er dies jedoch nicht tut, hat er keinen Einfluss auf den Inhalt der Cookie-Daten oder den späteren Empfänger.

Die Gefahr von nicht gelöschten Cookies liegt eben in dieser ungefragten Übermittlung von privaten Daten, durch die Anbieter ihre Nutzer quasi »ausspähen« können. Interessant ist dies natürlich insbesondere für Unternehmen im Hinblick auf Marketingstrategien, da so Daten zum Beispiel über das Kaufverhalten eines Nutzers gesammelt werden können, um anschließend Werbung individualisierter zu gestalten. Es können jedoch auch von Drittanbietern individuelle Analysen der Nutzerdaten vorgenommen werden, wodurch der Nutzer immer gläserner wird. Besonders häufige Cookies sind:

- Warenkorb-Cookies
- Cookies, die der Sicherheit des Einloggens dienen
- Session-Cookies, die zum Beispiel die einzelnen Schritte während eines Bestellvorgangs speichern
- Flash-Cookies für Video- oder Audioausführungen
- Cookies, die die Eigenschaften des Nutzers speichern, wie zum Beispiel die Sprache oder Währung

Die datenschutzrechtliche Relevanz erlangen die Cookies durch die Übermittlung personenbezogener Daten. Diese Daten können zwar direkt im Cookie gespeichert werden, müssen aber vom Nutzer zunächst selbst eingegeben werden. Personenbezogene Daten werden häufig der Dateneingabe bei Online-Bestellungen entnommen.

Zur rechtskonformen Gestaltung sieht der europäische Gesetzgeber in der unter dem Namen Cookie-Richtlinie bekannt gewordenen Richtlinie 2009/136/EG seit dem Jahr 2011 eine einheitliche Regelung vor, die noch im gleichen Jahr in nationales Recht umgesetzt werden sollte. Danach muss der Nutzer bei den meisten Cookies vorher seine Einwilligung geben. Dies gilt nicht nur für solche Cookies, die personenbezogene Daten sammeln, sondern auch für pseudonymisierte Daten.

Allerdings bedarf es weiterhin keiner Einwilligung, wenn der Cookie technisch erforderlich ist, um den jeweiligen Dienst zu erbringen, und der Nutzer den Dienst ausdrücklich gewünscht hat (Session-Cookie, zum Beispiel bei einem Warenkorb). Außerdem braucht der Betreiber keine Einwilligung, wenn der alleinige Zweck des Cookies die Durchführung der Übertragung einer Nachricht über ein elektronisches Kommunikationsnetz ist.

Wie genau die Einholung der Einwilligung aussehen soll, überlässt die Richtlinie der Ausformung durch den nationalen Gesetzgeber. Denn die Cookie-Richtlinie ist nach der Regelungssystematik der EU kein Gesetz, das Bürger direkt betrifft. Vielmehr müssen die einzelnen EU-Mitgliedsstaaten die Vorgaben der Richtlinie innerhalb eines bestimmten Zeitraums in ihre nationalen Gesetze übernehmen. Ihnen verbleibt dabei ein gewisser Umsetzungsspielraum, so dass die auf einer EU-Richtlinie beruhenden Gesetze durchaus unterschiedlich ausfallen können.

Während viele EU-Staaten die Cookie-Richtlinie bereits in ihr nationales Gesetz übernommen haben, fehlt es in Deutschland bislang an einer Umsetzung. Dies kritisieren auch die Datenschutzbeauftragten des Bundes und der Länder, da sie darin ein hohes Gefährdungspotenzial für die Persönlichkeitsrechte der Nutzer sehen. Aus diesem Grund forderten sie die Bundesregierung und den Gesetzgeber im Februar 2015 zur Umsetzung auf.

Es stellt sich jedoch die Frage, welche Konsequenz eine Nichtumsetzung hat. Es könnte angenommen werden, dass die Richtlinie in Deutschland einfach noch nicht gilt und Website-Betreiber sie getrost ignorieren können. Es gibt jedoch auch gewichtige Stimmen von Datenschützern, die der Ansicht sind, die Richtlinie gelte bereits direkt und sei daher von allen Website-Betreibern zu beachten. Die Frage ist allerdings dabei, ob die Richtlinie hinreichend konkret genug gefasst ist, um unmittelbar anwendbar zu sein. Dafür spricht, dass die Richtlinie in den meisten EU-Staaten tatsächlich eins zu eins übernommen wurde. Stellt man sich auf diesen Standpunkt, so könnte der Nutzer sich gegenüber Ihnen direkt auf diese Regelung berufen und auf Ihre Pflichten zur Information und zum Einholen der Einwilligung bestehen. Es ist daher zu empfehlen, auch in Deutschland Websites dahin gehend richtlinienkonform zu gestalten.

Solange sich der deutsche Gesetzgeber noch nicht für eine einheitliche Lösung entschieden hat, gibt es verschiedene Möglichkeiten, Websites so auszugestalten, dass sie als richtlinienkonform gelten. Dies zeigt auch ein Vergleich innerhalb der verschiedenen EU-Länder, in denen die Richtlinie unterschiedlich umgesetzt wurde. Wichtig und in allen EU-Staaten einheitlich geregelt ist vor allem, dass der Nutzer ausdrücklich und klar verständlich darüber belehrt wird, dass

- eine Website überhaupt Cookies nutzt,
- wofür seine Daten gespeichert und genutzt werden,
- dass er die Speicherung verweigern kann und
- wie er seine Browsereinstellungen so verändern kann, dass keine Cookies gespeichert werden.

Wo diese Belehrung stattfinden muss, ist allerdings ebenso offen wie die Form der Einwilligung. So gehen manche Website-Betreiber davon aus, dass ein Hinweis auf die Cookies ausreicht und der weitere Besuch der Website als konkludente Einwilligung zu verstehen ist (siehe Abbildung 7.50).

Am sichersten ist jedoch die sogenannte Opt-in-Lösung, bei der der Nutzer ein Häkchen setzen muss, um explizit die Nutzung von Cookies zu erlauben. Ein solches

Häkchen könnte er entweder bei seiner Zustimmung zur Datenschutzerklärung einer Website setzen, vorausgesetzt die Einwilligung in die Nutzung von Cookies wird gesondert hervorgehoben. Oder aber es erscheint ein Pop-up-Fenster bzw. ein Banner, das direkt auf die Cookie-Nutzung hinweist und um die Einwilligung bittet (siehe Abbildung 7.51).

Abbildung 7.50 Beispiel für die Einholung einer konkludenten Einwilligung auf der Website des Modehauses Zara

Abbildung 7.51 Beispiel zur Einholung der Einwilligung für Cookies auf der Website von AOL

In manchen Ländern, in denen die Richtlinie bereits umgesetzt wurde, genügt jedoch bereits die sogenannte Opt-out-Lösung. Bei dieser muss der Nutzer ein bereits gesetztes Häkchen entfernen, um die Nutzung von Cookies zu verhindern. Nutzt er die Website trotz Belehrung weiter, wird seine Zustimmung zur Cookie-Nutzung unterstellt.

Achtung: Cookie-Freiheit ist Grundvoraussetzung!

Sowohl bei der Opt-In-Lösung als auch bei der Opt-out-Lösung stellt sich allerdings das Problem, dass vor der Erklärung der Zustimmung zur Cookie-Nutzung die Webseite frei von Cookies sein muss, um den Anforderungen der Cookie-Richtlinie zu genügen. Hier müssen Sie gegebenenfalls nachbessern.

7.5.5 Arbeitsrecht: Was ist im Arbeitsalltag zu beachten?

Einen weiteren rechtlich besonders relevanten Aspekt im täglichen Umgang mit dem Social Web bildet das Arbeitsrecht. Dies spielt beispielsweise eine Rolle, wenn der Unternehmens-Account dazu genutzt werden soll, Bewerber auf eine von Ihnen ausgeschriebene Stelle einmal genauer unter die Lupe zu nehmen. Darüber hinaus kommt das Arbeitsrecht zum Tragen, wenn der Unternehmens-Account von einem Mitarbeiter, einem sogenannten Social-Media-Beauftragten, gepflegt wird und dieser dann aus dem Unternehmen ausscheidet.

Überprüfung von Bewerbern im Social Web

Wird eine Stelle ausgeschrieben, prüfen viele Arbeitgeber nach dem Eingang der Bewerbungsunterlagen deren Aktivitäten in sozialen Netzwerken, um sich so einen vermeintlich realistischen Eindruck über deren Persönlichkeit zu verschaffen. Dies ist vielen Nutzern bekannt und hinterlässt einen faden Beigeschmack. Aus diesem Grund verwenden viele Nutzer Pseudonyme oder verzichten gänzlich auf Profile in sozialen Netzwerken. Doch die so einfach und unkompliziert wirkende Recherche ist rechtlich nicht ebenso unproblematisch.

Denn Online-Recherchen stellen datenschutzrechtlich eine sogenannte Datenerhebung dar, weshalb es schon für die bewusste und gewollte, rein visuelle Wahrnehmung der Arbeitnehmerdaten einer Beachtung des Bundesdatenschutzgesetzes bedarf. Danach muss der Beschäftigte in die Erhebung seiner Daten einwilligen – dies gilt auch im Bewerbungsstadium. Gerade daran fehlt es in der Praxis jedoch regelmäßig.

Dieses Einwilligungserfordernis gilt jedoch dann nicht, wenn die erhobenen Daten frei zugänglich sind. Nun stellt sich jedoch die Frage, ob Informationen aus dem Social Web frei zugänglich sind. Die Antwort darauf ist unter Juristen umstritten:

Während die einen diese Informationen grundsätzlich als allgemein zugänglich ansehen, differenzieren andere nach dem Charakter des sozialen Netzwerkes. Entscheidend sei, ob es sich um ein berufsorientiertes Netzwerk, wie beispielsweise XING, oder um ein privates Netzwerk, wie etwa Facebook oder Google+, handelt. Dass die Recherche in berufsorientierten Netzwerken zulässig sein soll, leuchtet ein. Schließlich hat hier doch der Nutzer gerade für mögliche künftige Arbeitgeber Informationen bereitgestellt. Daten, die gezielt nur einem beschränkten Kreis an »Freunden« zugänglich sind, sind dagegen eindeutig nicht »allgemein zugänglich«.

Selbst wenn man davon ausgeht, dass es sich um allgemein zugängliche Daten handelt, so ist nur dann eine Einwilligung nicht erforderlich, wenn eine einzelfallabhängige Interessenabwägung ergibt, dass das berechtigte Interesse des Arbeitgebers dem schutzwürdigen Interesse des Nutzers überwiegt.

Praxistipp: Rechtskonforme Einwilligung einholen!

Möchten Sie rechtskonform Online-Recherchen Ihrer Bewerber einholen, so können Sie dies beispielsweise tun, indem Sie im Rahmen der Stellenausschreibung auf die Informationsbeschaffung im Internet verweisen. Dabei müssen Sie jedoch beachten, dass Sie den Einwilligenden im Vorfeld auf den Zweck der Erhebung und die Folgen bei der Verweigerung einer Einwilligung hinweisen müssen. Dahin gehend sollten Sie die eigene Personalabteilung entsprechend sensibilisieren.

Zu beachten ist auch, dass eine Bewerberrecherche gegen die Nutzungsbedingungen der sozialen Plattform verstoßen kann. So sieht beispielsweise das soziale Netzwerk studiVZ klar die Unzulässigkeit eines solchen Verhaltens vor (siehe Abbildung 7.52).

5.4 Bei der Nutzung der Inhalte innerhalb des studiVZ-Netzwerkes

5.4.1
Die Nutzung des studiVZ-Netzwerkes und seiner Anwendungen darf ausschließlich zu privaten Zwecken erfolgen. Nutzer dürfen daher die Kontaktdaten anderer Nutzer, die über das studiVZ-Netzwerk zugänglich sind, für keine anderen Zwecke nutzen, als für die eigene private Kommunikation. Nicht gestattet ist deshalb z.B. die Verwendung der Daten eines Nutzers zum Zwecke der Personaldatenerhebung durch Arbeitgeber, Ausbildungsbetriebe, Personal- bzw. Arbeitsvermittler, Universitäten, Fachhochschulen oder durch vergleichbare öffentliche oder private Bildungseinrichtungen.

5.4.2
Jede Nutzung, die darauf abzielt, das studiVZ-Netzwerk, über dieses zur Verfügung gestellte Anwendungen oder zugänglich gemachte Inhalte geschäftsmäßig, gewerblich oder sonstig kommerziell zu verwenden, ist untersagt. Es gilt den für alle Nutzer verbindlichen Verhaltenskodex für die Nutzung des studiVZ-Netzwerkes zu beachten, der auch strenger sein kann als geltende gesetzliche Vorschriften und der abrufbar ist unter: http://www.studivz.net/l/rules/

5.4.3
Die über das studiVZ-Netzwerk zugänglichen Inhalte dürfen – mit Ausnahme der gesetzlich zugelassenen Fälle – nicht ohne Zustimmung der jeweiligen Rechteinhaber kopiert, verbreitet oder anderweitig öffentlich zugänglich gemacht werden. Untersagt ist insoweit auch der Einsatz von Computerprogrammen zum automatischen Auslesen von Daten, wie z.B. Crawlern (alias Spider oder Robot, kurz: Bot).

Abbildung 7.52 Verbot der Bewerberrecherche beim Netzwerk studiVZ

Herausgabe von Zugangsdaten und Kundendaten bei Beendigung des Arbeitsverhältnisses

Gerade in mittelständischen und größeren Unternehmen ist es die Regel, dass ein oder mehrere Mitarbeiter die Unternehmensprofile im Social Web pflegen. Doch was passiert nun, wenn ein solcher Mitarbeiter das Unternehmen verlässt? Dies ist besonders dann relevant, wenn man sich gerade nicht im Guten trennt und der Mitarbeiter sich beispielsweise weigert, die Passwörter herauszugeben – darf er das? Darüber hinaus stellt sich die Frage, wie es mit den Kundendaten aussieht – muss der Mitarbeiter diese herausgeben? Die Antwort auf diese Fragen hängt entscheidend davon ab, wie der Account genutzt wurde. Zu differenzieren ist dabei zwischen der privaten und der geschäftlichen Nutzung.

Während Sie auf rein private Accounts selbstverständlich keinen Zugriff haben, haben Sie bei rein geschäftlichen Account durchaus einen Anspruch auf Herausgabe des Accounts und Zugriff darauf. Denn nach Beendigung des Arbeitsverhältnisses hat der Mitarbeiter die ihm zur Verfügung gestellten Arbeitsmittel an Sie herauszugeben, wozu dann auch beispielsweise die Passwörter zu den rein betrieblichen Accounts gehören. Er muss Ihnen also die Passwörter mitteilen. Der Mitarbeiter darf aber zuvor noch private Kontakte und Korrespondenz löschen. Dies gilt selbst dann, wenn Sie die private Nutzung zuvor ausdrücklich untersagt haben.

Selbst wenn Sie keinen Anspruch auf Herausgabe der Zugangsdaten haben, beispielsweise weil der Mitarbeiter für die Kosten des Accounts aufgekommen ist, so muss er zumindest die Kundendateien preisgeben, damit Sie die von ihm getätigten Geschäfte weiterführen können. Dies gilt ebenso für geschäftliche Korrespondenz, soweit sie von wirtschaftlichem Belang für Sie ist.

Praxisbeispiel: XING-Account

Gerade das XING-Profil eines Mitarbeiters kann bei dessen Ausscheiden für Sie interessant sein. Im Fall einer ausschließlich privaten Nutzung durch den Mitarbeiter haben Sie natürlich keine Rechte an dem Account. Sie können lediglich verlangen, dass der Arbeitnehmer wichtige Daten, die auch bei einer physischen Kartei herauszugeben wären, zur Verfügung stellt. Einen geschäftlich genutzten XING-Account muss der Arbeitnehmer dagegen herausgeben.

7.6 Sind Social Media Guidelines notwendig?

Social Media Guidelines sind ein Leitfaden, den Sie für Ihre Mitarbeiter zusammenstellen, um diesen die von Ihnen gewünschte Art und Weise der Nutzung des Social Webs näher zu erläutern. Dieses Regelwerk soll die Mitarbeiter für rechtliche Problemfelder des Social Webs wie die hohe Verbreitungsgeschwindigkeit von Aussagen oder den Kontrollverlust über einmal getätigte Aussagen sensibilisieren. Auf diese Weise soll ein dauerhaft verantwortungsvoller Umgang sichergestellt und eine optimale Umsetzung der Marketingstrategie erreicht werden. Die Guidelines sollen Ihnen und Ihren Mitarbeitern also helfen, Risiken durch den falschen Umgang mit sozialen Medien zu verringern.

Da das Social Web jedoch sehr facettenreich ist und nicht jede denkbar riskante Konstellation angesprochen werden kann, sollten die Social Media Guidelines sich weder auf die Auflistung von Verbotstatbeständen beschränken, noch jeden erdenklichen Sachverhalt bis ins letzte Detail zu regeln versuchen – optimal ist die kurze, nachvollziehbare, einheitliche und übersichtliche Darstellung der wichtigsten Aspekte bei der Gestaltung und Nutzung des Social-Media-Auftritts in Form von Handlungsempfehlungen und -anweisungen. Dazu gehört beispielsweise auch die Darstellung der gewünschten öffentlichen Wahrnehmung des Unternehmens, damit auch die mit dem Auftritt verfolgten Marketingziele realisiert werden können. Denn auf diese Weise können Mitarbeiter Ihre Motivation hinter der Social-Web- Präsenz verstehen und versuchen, in jeder Situation dementsprechend zu handeln.

Praxistipp: Alle Mitarbeiter einbeziehen!

Eine effektive Umsetzung der Guidelines ist nur dann möglich, wenn alle Mitarbeiter einbezogen werden. Dazu gehören auch Azubis, Ferienarbeiter oder Praktikanten. Die alleinige Fokussierung auf Führungskräfte ist nicht ausreichend. Jeder Mitarbeiter sollte wissen, dass es Guidelines gibt, wo diese zu finden sind und welche Inhalte darin wie geregelt werden!

Im Folgenden geben wir Ihnen einen Überblick über die wichtigsten Aspekte der Guidelines. Bei der Zusammenstellung des Regelwerkes bietet es sich zunächst an, die Vorschriften in allgemeine Regelungen, Regelungen zur dienstlichen Nutzung sowie solche zur privaten Nutzung zu unterteilen.

Hinweis: Muster Social Media Guidelines

Ein kostenfreies Muster für Social Media Guidelines können Sie auf der Website der Rechtsanwaltskanzlei WILDE BEUGER SOLMECKE (*https://www.wbs-law.de/internetrecht/muster-fuer-social-media-guidelines-5718*) einsehen.

7.6.1 Allgemeine Regelungen

Im Rahmen der allgemeinen Regelungen können Sie beispielsweise darlegen, ob die Nutzung des Social Webs zu privaten Zwecken überhaupt zulässig, verboten oder begrenzt gestattet ist. In diesem Zusammenhang können Sie dann die Besonderheiten und Risiken der Nutzung erläutern.

Darüber hinaus können Sie eine Sensibilisierung der Mitarbeiter besonders dann erreichen, wenn Sie diesen den einzuhaltenden rechtlichen Rahmen der Nutzung erläutern. Zu denken ist dabei insbesondere an das Persönlichkeitsrecht, Markenrecht, Wettbewerbsrecht und das Urheberrecht.

Regelungen zur IT-Sicherheit sollten darüber hinaus ebenso enthalten sein wie die Benennung eines zentralen Ansprechpartners, der bei Unklarheiten in konkreten Sachverhalten kontaktiert werden kann.

Auch sollten Sie im Voraus darlegen, welche Sanktionen und arbeitsrechtlichen Konsequenzen ein Verstoß gegen die in der Guideline aufgestellten Regeln für die betreffenden Mitarbeiter haben kann, um die Umsetzungsrate zu erhöhen und bei dennoch auftretenden Verstößen eine Durchsetzung der Konsequenzen zu erleichtern.

7.6.2 Dienstliche Nutzung

Im Rahmen der Regelungen zur dienstlichen Nutzung hat die Festlegung der Art und Weise der öffentlichen Kommunikation obersten Stellenwert, da dies letztlich das A und O des Social-Media-Auftritts ist. In diesem Bereich können nur klare Regelungen sicherstellen, dass die mit dem Social-Media-Auftritt verfolgten Marketingzwecke auch realisiert werden können und das Ansehen des Unternehmens nicht leidet. Dazu ist auch die Aufstellung von Regelungen zur internen Abstimmung von Inhalten unumgänglich. Zudem kann die Festlegung auf bestimmte Netzwerke ebenso wie die Normierung des qualitativen und quantitativen Nutzungsumfangs erfolgen.

Daneben sollte auch die Pflicht zur Herausgabe der Account-Daten beim Ausscheiden des zuständigen Mitarbeiters klargestellt werden, um spätere Konflikte zu vermeiden.

Private Nutzung

Zur privaten Nutzung dienstlicher Accounts sollten ebenfalls Regelungen bestehen, wenn Sie denn die private Nutzung zulassen möchten. Denn Ihnen sollte klar sein, dass Sie sich mit der Regelung der privaten Nutzung sozialer Netzwerke gleichzeitig damit einverstanden erklären, dass Ihre Mitarbeiter das Internet dann offiziell zu privaten Zwecken nutzen dürfen.

Achtung: Mitbestimmungsrechte des Betriebsrats beachten!

Grundsätzlich müssen die Regelungen innerhalb der Guidelines auch in Einklang mit den Arbeitsverträgen stehen. Darüber hinaus müssen Sie beachten, dass sich aus Social Media Guidelines, die für den Arbeitnehmer konkrete verpflichtende Regelungen im dienstlichen Bereich beinhalten, Mitbestimmungsrechte des Betriebsrats ergeben können. Dies gilt insbesondere dann, wenn an die Verletzung der Verhaltenspflichten arbeitsrechtliche Maßnahmen gekoppelt sind. Zu denken ist dabei an Regelungen zum Umfang der privaten Nutzung sozialer Netzwerke.

In den Regeln zur privaten Nutzung können Sie dann beispielsweise festlegen, dass die Mitarbeiter die Pflicht haben, private Meinungen durch die Verwendung von »ich« statt »wir« auch als solche zu kennzeichnen. Auch empfehlen wir Ihnen, Ihren Mitarbeitern die Verwendung beruflicher E-Mail-Adressen bei privaten Accounts zu verbieten.

Allgemein sollten Sie die Mitarbeiter zudem an dieser Stelle auf ihre gesetzliche Pflicht zur Rücksichtnahme auf die Rechte, Rechtsgüter und Interessen ihres Arbeitgebers hinweisen.

Achtung: Guidelines unterliegen einem stetigen Wandel!

Darüber hinaus müssen Sie grundsätzlich nach der Erstellung der Guidelines beachten, dass diese nicht statisch sind: Vielmehr müssen sie immer wieder im Hinblick auf technische und rechtliche Veränderungen überdacht, ergänzt und modifiziert werden.

7.7 Wie kann man Gewinnspiele in sozialen Netzwerken veranstalten?

Die Durchführung von Gewinnspielen ist auch im Social Web eine sehr lukrative Art der Werbung: Nutzer können auf sich aufmerksam gemacht werden und dazu animiert werden, Ihr Profil regelmäßig zu besuchen. Jedoch ist auch dies mit rechtlichen Vorgaben verbunden, die stets eingehalten werden sollten. Welche dies sind und wie demnach ein Gewinnspiel rechtssicher gestaltet werden kann, können Sie diesem Abschnitt entnehmen.

7.7.1 Rechtliche Vorgaben

Zunächst einmal stellt sich die Frage, wann überhaupt ein Gewinnspiel vorliegt: Ein Gewinnspiel liegt vor, wenn ohne Leistung eines Einsatzes zur Teilnahme an einem Spiel aufgefordert wird. Der Gewinner wird dabei durch irgendein Zufallselement, wie zum Beispiel die Ziehung eines Loses, bestimmt.

Bei der Veranstaltung eines Gewinnspiels ist es zunächst einmal wichtig, die Teilnahmebedingungen klar und eindeutig anzugeben. Diese müssen zudem leicht einsehbar und ständig verfügbar sein. Ein bloßer Verweis auf eine andere Quelle reicht in der Regel nicht aus. Im Detail muss das Gewinnspiel dabei folgende Informationen umfassen:

- genaue Angabe des Beginns und der Dauer des Gewinnspiels
- Teilnahmeberechtigungen, zum Beispiel Altersbeschränkung
- Teilnahmebedingungen
- Gewinnspielverfahren
- genaue Angabe der möglichen Gewinngegenstände
- Angaben zur Auslosung
- Termin für die Verkündung des Gewinners
- Ausschluss des Rechtsweges
- Hinweise zum Datenschutz

Achtung: Datenschutz beachten!

Die persönlichen Daten der Teilnehmer müssen selbstverständlich ausreichend geschützt sein. Es muss sichergestellt werden, dass diese ausschließlich zum Zwecke des Gewinnspiels genutzt werden und nicht zu Marketingzwecken. Alles andere bedarf einer ausdrücklichen Einwilligung des Teilnehmers. Sie müssen jedoch beachten, dass Sie auch mit Einwilligung nicht mehr Daten erheben dürfen, als für das Spiel zwingend notwendig sind.

Auch dürfen die Teilnehmer des Gewinnspiels nicht durch irgendeine Art psychologischen Zwang dazu verleitet werden, eine Ware oder Ähnliches zu kaufen. Zum Beispiel wäre es nicht rechtmäßig, einen Teilnehmer zu zwingen, seine Teilnahmekarte in einem kleinen Ladenlokal persönlich beim Verkäufer abzuholen. In dieser Situation ist die Gefahr zu groß, dass der Spieler ein schlechtes Gewissen bekommt und sich verpflichtet fühlt, etwas einzukaufen – genau dies möchte der Gesetzgeber zum Schutz der Teilnehmer verhindern.

Daneben ist jedoch die Kopplung der Teilnahme am Gewinnspiel an die Erteilung der Zustimmung zu einem Newsletter ohne Weiteres zulässig (siehe Abbildung 7.53). Voraussetzung ist in jedem Fall, dass die Teilnehmer wenigstens über ihre Rechte aufgeklärt werden. Das heißt, es muss deutlich gemacht werden, dass der Teilnehmer der Nutzung seiner Daten widersprechen kann. Der Teilnehmer muss zudem zwingend noch vor dem Beginn der Eingabe seiner Daten über die notwendige Zustimmung zum Newsletter aufgeklärt werden.

So einfach die Marketingstrategie Gewinnspiel auch klingt, sollten sich Unternehmen vorsichtshalber vorher juristischen Rat einholen, um sich vor unangenehmen Konsequenzen wie einer Abmahnung zu schützen.

Abbildung 7.53 Der Lebensmittelkonzern REWE verlost über Facebook Einkaufsgutscheine an die, die sich für den Newsletter anmelden.

7.7.2 Vorgaben der sozialen Netzwerke

Neben den gesetzlichen Vorgaben sind bei der Veranstaltung eines Gewinnspiels auch die Vorgaben der sozialen Netzwerke zu beachten, sofern diese dazu Regelungen getroffen haben. Dafür ist ein Blick in die Nutzungsbedingungen der verwendeten Plattform zu werfen.

Facebook: Ja zu Gewinnspielen, Nein zum Fan-Gate

Das Netzwerk Facebook hat dabei beispielsweise ganz klare Vorgaben: So erlaubt es Unternehmen zwar, Seiten für Gewinnspiele zu nutzen, sieht aber vor, dass sämtliche Gewinnspiele rechtmäßig sein und den jeweiligen nationalen Gesetzen entsprechen müssen. Auch müssen die Nutzer von dem Veranstalter insbesondere darauf hingewiesen werden, dass eine vollständige Freistellung von Facebook stattfindet und anerkannt wird, dass die Promotion in keiner Verbindung zu Facebook steht und in keiner Weise von Facebook gesponsert, unterstützt oder organisiert wird. Diese Vorgaben müssen demnach auch in die Teilnahmebedingungen des Gewinnspiels aufgenommen werden (siehe Abbildung 7.54).

E. **Promotions**

1. Wenn du Facebook nutzt, um über eine Promotion zu berichten bzw. diese zu organisieren (z. B. Preisausschreiben oder Verlosungen), so bist du für die den ordnungsgemäßen Ablauf dieser Promotion verantwortlich; dazu gehören folgende Elemente:

   a. Die offiziellen Regelungen,

   b. die Angebotsbedingungen und Auswahlkriterien (z. B. Alters- und Wohnsitzbeschränkungen) und

   c. die Einhaltung der geltenden Regelungen und Vorschriften, welche die Promotion sowie alle angebotenen Gewinne regeln (z. B. Registrierung und Einholung notwendiger regulatorischer Genehmigungen).

2. Promotions auf Facebook müssen folgende Elemente enthalten:

   a. Eine vollständige Freistellung von Facebook durch jeden Teilnehmer.

   b. Anerkennung, dass die Promotion in keiner Verbindung zu Facebook steht und in keiner Weise von Facebook gesponsert, unterstützt oder organisiert wird.

3. Promotions können auf Seiten oder in Apps auf Facebook organisiert werden. Persönliche Chroniken und Freundschaftsverbindungen dürfen nicht für die Organisation von Promotions genutzt werden (beispielsweise sind Aufforderungen wie „teile diesen Beitrag in deiner Chronik, um teilzunehmen" oder „erhöhe deine Gewinnchancen durch Teilen in der Chronik deiner Freunde" und „markiere deine Freunde in diesem Beitrag, um teilzunehmen" sind nicht erlaubt).

4. Wir werden dich nicht bei der Organisation deiner Promotion unterstützen und du stimmst zu, dass du auf eigenes Risiko handelst, wenn du unseren Dienst für die Organisation deiner Promotion nutzt.

Abbildung 7.54 Vorgaben des Netzwerkes Facebook zu Promotions

Eine Neuerung sieht Facebook seit Ende des Jahres 2014 vor: das Aus für Fan-Gates. Ein Fan-Gate liegt vor, wenn beispielsweise die Teilnahme an einem Gewinnspiel an eine Zugangsbeschränkung wie ein Like der ausrichtenden Seite gekoppelt wird. Dies war bis dahin zulässig und wurde auch umfassend genutzt. Der Grund dafür liegt darin, dass Facebook mit diesem Schritt die Qualität der Verbindungen zwischen Seiten und Nutzern erhöhen will. Nutzer sollen auf den Like-Button klicken, weil sie tatsächlich Informationen von dem Unternehmen erhalten möchten, und nicht aufgrund künstlich geschaffener Anreize wie Gewinnauslosungen.

Hinweis: Rechtsprechung nicht immer so streng

Das Landgericht Hamburg (Urteil vom 10.01.2013, Az. 327 O 438/11) sieht in der Kopplung einer Gewinnspielteilnahme mit der Betätigung des Like-Buttons keinen rechtlich problematischen Sachverhalt, insbesondere keinen Wettbewerbsverstoß. Denn mit der Betätigung des »Gefällt mir«-Buttons komme nach dem Verkehrsverständnis lediglich eine unverbindliche Gefallensäußerung zum Ausdruck, mit der das Netzwerk des betroffenen Nutzers keine weiteren Erwartungen oder Gütevorstellungen verbinde.

Google+: Nein zu direkten Gewinnspielen

Anders hingegen sieht es beispielsweise bei Google+ aus: Das Netzwerk verbietet grundsätzlich die direkte Durchführung von Gewinnspielen über seine Plattform, sofern es nicht vorher die Genehmigung dazu erteilt hat. Stattdessen ist es aber erlaubt, ein Gewinnspiel auf einer externen Seite zu bewerben und die Werbung mit einem Link zu dieser Seite zu versehen (siehe Abbildung 7.55).

Wie man sieht, fallen die Vorgaben im Social Web durchaus unterschiedlich aus. Aus diesem Grund sollten Sie diese immer im Vorhinein einsehen und schließlich auch beachten.

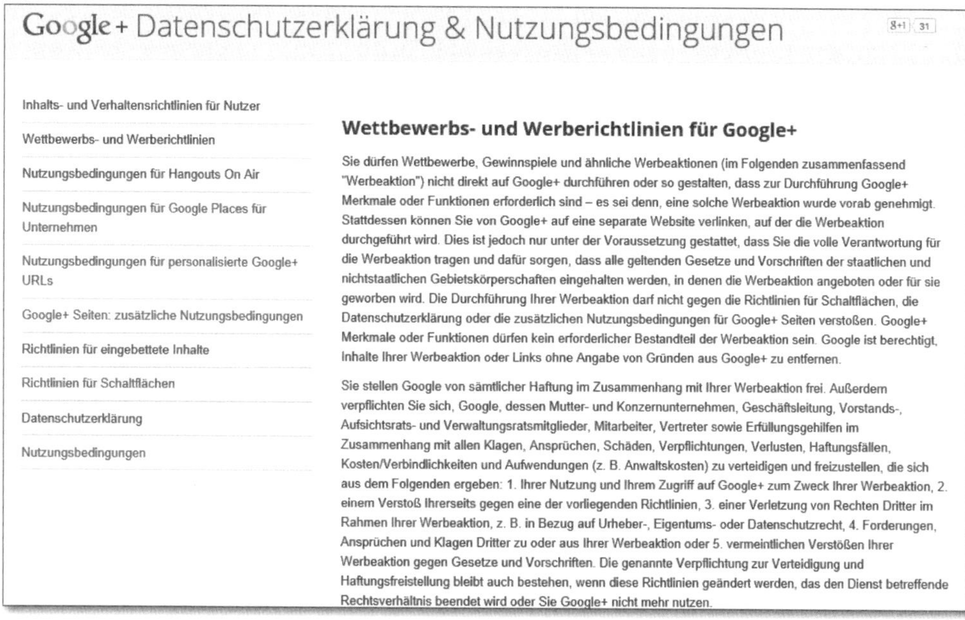

Google+ Datenschutzerklärung & Nutzungsbedingungen

- Inhalts- und Verhaltensrichtlinien für Nutzer
- Wettbewerbs- und Werberichtlinien
- Nutzungsbedingungen für Hangouts On Air
- Nutzungsbedingungen für Google Places für Unternehmen
- Nutzungsbedingungen für personalisierte Google+ URLs
- Google+ Seiten: zusätzliche Nutzungsbedingungen
- Richtlinien für eingebettete Inhalte
- Richtlinien für Schaltflächen
- Datenschutzerklärung
- Nutzungsbedingungen

Wettbewerbs- und Werberichtlinien für Google+

Sie dürfen Wettbewerbe, Gewinnspiele und ähnliche Werbeaktionen (im Folgenden zusammenfassend "Werbeaktion") nicht direkt auf Google+ durchführen oder so gestalten, dass zur Durchführung Google+ Merkmale oder Funktionen erforderlich sind – es sei denn, eine solche Werbeaktion wurde vorab genehmigt. Stattdessen können Sie von Google+ auf eine separate Website verlinken, auf der die Werbeaktion durchgeführt wird. Dies ist jedoch nur unter der Voraussetzung gestattet, dass Sie die volle Verantwortung für die Werbeaktion tragen und dafür sorgen, dass alle geltenden Gesetze und Vorschriften der staatlichen und nichtstaatlichen Gebietskörperschaften eingehalten werden, in denen die Werbeaktion angeboten oder für sie geworben wird. Die Durchführung Ihrer Werbeaktion darf nicht gegen die Richtlinien für Schaltflächen, die Datenschutzerklärung oder die zusätzlichen Nutzungsbedingungen für Google+ Seiten verstoßen. Google+ Merkmale oder Funktionen dürfen kein erforderlicher Bestandteil der Werbeaktion sein. Google ist berechtigt, Inhalte Ihrer Werbeaktion oder Links ohne Angabe von Gründen aus Google+ zu entfernen.

Sie stellen Google von sämtlicher Haftung im Zusammenhang mit Ihrer Werbeaktion frei. Außerdem verpflichten Sie sich, Google, dessen Mutter- und Konzernunternehmen, Geschäftsleitung, Vorstands-, Aufsichtsrats- und Verwaltungsratsmitglieder, Mitarbeiter, Vertreter sowie Erfüllungsgehilfen im Zusammenhang mit allen Klagen, Ansprüchen, Schäden, Verpflichtungen, Verlusten, Haftungsfällen, Kosten/Verbindlichkeiten und Aufwendungen (z. B. Anwaltskosten) zu verteidigen und freizustellen, die sich aus dem Folgenden ergeben: 1. Ihrer Nutzung und Ihrem Zugriff auf Google+ zum Zweck Ihrer Werbeaktion, 2. einem Verstoß Ihrerseits gegen eine der vorliegenden Richtlinien, 3. einer Verletzung von Rechten Dritter im Rahmen Ihrer Werbeaktion, z. B. in Bezug auf Urheber-, Eigentums- oder Datenschutzrecht, 4. Forderungen, Ansprüchen und Klagen Dritter zu oder aus Ihrer Werbeaktion oder 5. vermeintlichen Verstößen Ihrer Werbeaktion gegen Gesetze und Vorschriften. Die genannte Verpflichtung zur Verteidigung und Haftungsfreistellung bleibt auch bestehen, wenn diese Richtlinien geändert werden, das den Dienst betreffende Rechtsverhältnis beendet wird oder Sie Google+ nicht mehr nutzen.

Abbildung 7.55 Google+-Nutzungsbedingungen zu Gewinnspielen

7.7.3 Ausgestaltung des Gewinnspiels

Bei der Umsetzung des Gewinnspiels in sozialen Netzwerken gibt es verschiedene Möglichkeiten. Zu denken ist dabei beispielsweise an eine Kopplung der Teilnahme an dem Gewinnspiel mit dem Abonnieren der Seite oder dem Teilen des Beitrags, zum Beispiel durch Klicken des »Gefällt mir«-Buttons bei Facebook (siehe Abbildung 7.56).

Abbildung 7.56 Beispiel für die Kopplung der Teilnahme an dem Gewinnspiel mit dem Abonnieren der Seite

Darüber hinaus kann auch auf der eigenen Seite ein Beitrag verfasst werden, der dann von den Nutzern mit einem Bild oder Textbeitrag kommentiert werden soll (siehe Abbildung 7.57). Daraus kann dann der Veranstalter selbst den Gewinner ermitteln oder den zum Gewinner erklären, dessen Beitrag am häufigsten mit GEFÄLLT MIR versehen wurde.

Abbildung 7.57 Beispiel für die Teilnahme an einem Gewinnspiel durch Kommentieren des Beitrags

Wer das Gewinnspiel nicht im Social Web durchführen möchte oder nicht darf, der kann auch einen Beitrag darin verfassen und diesen mit einem Link zu einer externen Webseite versehen (siehe Abbildung 7.58).

Abbildung 7.58 Beispiel für das Verlinken zu einer externen Webseite

7.8 Ist Direktmarketing in sozialen Netzwerken zulässig?

Nirgendwo gelangt man so schnell an zahlreiche Informationen wie in sozialen Netzwerken: Name, Wohnort, Alter, Beruf, Ausbildung oder Familiendetails – Daten, die sonst keiner so schnell preisgeben würde, werden oftmals sorglos öffentlich gemacht. Diese zahlreichen Profilinformationen würden sich viele Unternehmen gerne für ein effektives Marketing ihrer Produkte und Dienstleistungen zunutze machen. Denn die Daten können helfen, potenzielle Kundengruppen deutlich besser zu identifizieren, als dies zum Beispiel beim E-Mail-Marketing möglich ist. Auch die Kontaktaufnahme ist leichter: Direktmarketing, also Werbemaßnahmen, bei denen die direkte Ansprache des möglichen Kunden mit der Aufforderung zur Antwort erfolgt, ist im Social Web besonders attraktiv.

Jedoch sollten bei allem Eifer die bestehenden rechtlichen Grenzen nicht übersehen werden. Schließlich gelten diese bei Marketing- und Servicemaßnahmen über die sozialen Netzwerke ebenso wie bei traditionellen Marketinginstrumenten. Damit spielen wettbewerbsrechtliche Vorgaben ebenso eine Rolle wie datenschutzrechtliche Aspekte, wenn es darum geht, einen angemessenen Ausgleich zwischen den Werbeinteressen der Wirtschaftsunternehmen und dem Kundeninteresse vor übermäßiger Belästigung zu schaffen.

Unter welchen Bedingungen welche Formen des Direktmarketings im Social Web zulässig sind, möchten wir Ihnen in diesem Abschnitt näher erläutern.

Praxistipp: Vorgaben rechtzeitig im Voraus lesen!

Wenn Sie vom Direktmarketing Gebrauch machen möchten, dann sollten Sie sich rechtzeitig im Voraus mit den Rahmenbedingungen auseinandersetzen. Diese bestehen zum einen aus den gesetzlichen Vorgaben und zum anderen aus Vorschriften der sozialen Netzwerke selbst, die ein Direktmarketing nicht immer dulden. Denn oftmals lassen sich die Anforderungen nur erfüllen, wenn man die notwendigen Erklärungen im Rahmen der Möglichkeiten von Facebook, XING und Co. entsprechend abbildet. Andernfalls müssen Sie mit Abmahnungen und gerichtlichen Verfahren gegen Sie rechnen.

7.8.1 Private Nachrichten

In nahezu jedem sozialen Netzwerk gibt es die Möglichkeit, andere Nutzer über private Nachrichten direkt anzuschreiben. Doch ist dies auch zu Werbezwecken zulässig? Bei der Antwort auf diese Frage muss zwischen den Vorgaben des Gesetzes und den Nutzungsbedingungen der Plattformen unterschieden werden.

Gesetzliche Vorgaben

Die Problematik erinnert an die des Versendens von Werbe-E-Mails (siehe Abschnitt 3.1, »Welche Art von E-Mail hat rechtliche Relevanz?«). Tatsächlich ist auch die rechtliche Einordnung der Zulässigkeit von Privatnachrichten in sozialen Netzwerken ähnlich einzustufen, da die Interessenlage identisch ist. Damit kann grundsätzlich festgehalten werden, dass vor dem Versand von werblichen Privatnachrichten als elektronische Post die Einwilligung des Nutzers in dessen Erhalt erforderlich ist. Dabei muss der Empfänger auch darüber aufgeklärt werden, welche Art der Werbung er erhält, von welchem Unternehmen und wie häufig. Zudem muss der Angesprochene darüber belehrt werden, dass er die Einwilligung jederzeit widerrufen kann. Andernfalls liegt eine unzumutbare und damit unzulässige Belästigung des Werbeempfängers vor.

Praxistipp: Opt-in-Verfahren anwenden

Wer also in zulässiger Weise Werbenachrichten über die sozialen Netzwerke versenden möchte, der sollte zur Einholung der Nutzer-Einwilligung das Opt-in-Verfahren einhalten.

An dem Einwilligungserfordernis ändert sich auch dann nichts, wenn die Nutzer, die Sie anschreiben möchten, Ihre Seite abonniert haben oder Ihre Follower sind. Denn allein der Umstand, dass ein generelles Interesse an Ihren Inhalten besteht, bedeutet noch nicht, dass auch eine konkrete Kontaktaufnahme gewünscht ist, und kann daraus auch nicht geschlossen werden. Denn dazu müsste der Nutzer in unmittelbarer Nähe der »Gefällt mir«-Schaltfläche darüber aufgeklärt werden, dass der Klick einer Einwilligung der Zusendung von Werbung gleichkommt. Dies ist aber gerade nicht der Fall und auch rein technisch in der Regel nicht umsetzbar.

Vorgaben der Plattformbetreiber

Grundsätzlich stehen die Plattformbetreiber hinsichtlich des Versands von direkten Werbenachrichten auf einer Linie. Zum Schutz der Nutzer dulden daher auch Plattformen wie Facebook (siehe Abbildung 7.59) oder XING (siehe Abbildung 7.60) den Versand von Spam nicht.

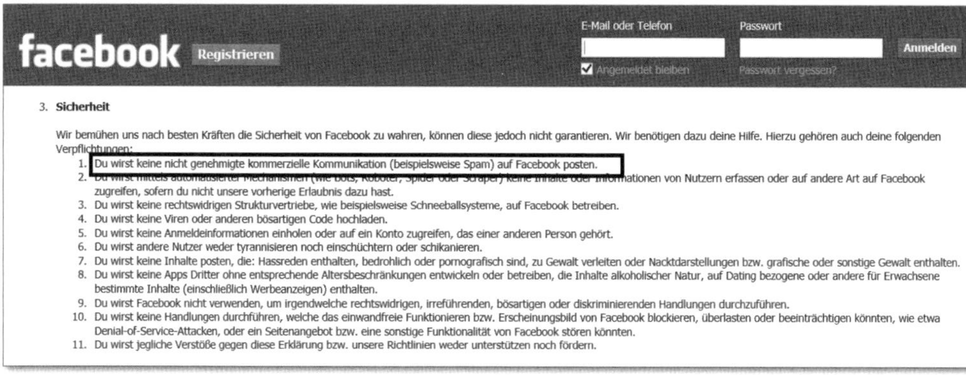

3. **Sicherheit**

Wir bemühen uns nach besten Kräften die Sicherheit von Facebook zu wahren, können diese jedoch nicht garantieren. Wir benötigen dazu deine Hilfe. Hierzu gehören auch deine folgenden Verpflichtungen:

1. Du wirst keine nicht genehmigte kommerzielle Kommunikation (beispielsweise Spam) auf Facebook posten.
2. Du wirst mittels automatisierter Mechanismen (wie Bots, Roboter, Spider oder Scraper) keine Inhalte oder Informationen von Nutzern erfassen oder auf andere Art auf Facebook zugreifen, sofern du nicht unsere vorherige Erlaubnis dazu hast.
3. Du wirst keine rechtswidrigen Strukturvertriebe, wie beispielsweise Schneeballsysteme, auf Facebook betreiben.
4. Du wirst keine Viren oder anderen bösartigen Code hochladen.
5. Du wirst keine Anmeldeinformationen einholen oder auf ein Konto zugreifen, das einer anderen Person gehört.
6. Du wirst andere Nutzer weder tyrannisieren noch einschüchtern oder schikanieren.
7. Du wirst keine Inhalte posten, die: Hassreden enthalten, bedrohlich oder pornografisch sind, zu Gewalt verleiten oder Nacktdarstellungen bzw. grafische oder sonstige Gewalt enthalten.
8. Du wirst keine Apps Dritter ohne entsprechende Altersbeschränkungen entwickeln oder betreiben, die Inhalte alkoholischer Natur, auf Dating bezogene oder andere für Erwachsene bestimmte Inhalte (einschließlich Werbeanzeigen) enthalten.
9. Du wirst Facebook nicht verwenden, um irgendwelche rechtswidrigen, irreführenden, bösartigen oder diskriminierenden Handlungen durchzuführen.
10. Du wirst keine Handlungen durchführen, welche das einwandfreie Funktionieren bzw. Erscheinungsbild von Facebook blockieren, überlasten oder beeinträchtigen könnten, wie etwa Denial-of-Service-Attacken, oder ein Seitenangebot bzw. eine sonstige Funktionalität von Facebook stören könnten.
11. Du wirst jegliche Verstöße gegen diese Erklärung bzw. unsere Richtlinien weder unterstützen noch fördern.

Abbildung 7.59 Facebook- Nutzungsbedingungen zu Spam

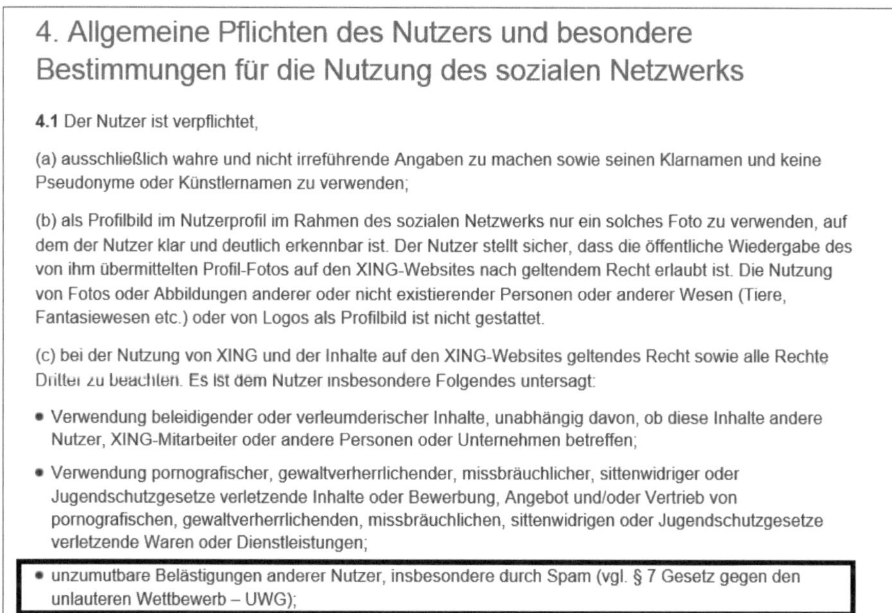

4. Allgemeine Pflichten des Nutzers und besondere Bestimmungen für die Nutzung des sozialen Netzwerks

4.1 Der Nutzer ist verpflichtet,

(a) ausschließlich wahre und nicht irreführende Angaben zu machen sowie seinen Klarnamen und keine Pseudonyme oder Künstlernamen zu verwenden;

(b) als Profilbild im Nutzerprofil im Rahmen des sozialen Netzwerks nur ein solches Foto zu verwenden, auf dem der Nutzer klar und deutlich erkennbar ist. Der Nutzer stellt sicher, dass die öffentliche Wiedergabe des von ihm übermittelten Profil-Fotos auf den XING-Websites nach geltendem Recht erlaubt ist. Die Nutzung von Fotos oder Abbildungen anderer oder nicht existierender Personen oder anderer Wesen (Tiere, Fantasiewesen etc.) oder von Logos als Profilbild ist nicht gestattet.

(c) bei der Nutzung von XING und der Inhalte auf den XING-Websites geltendes Recht sowie alle Rechte Dritter zu beachten. Es ist dem Nutzer insbesondere Folgendes untersagt:

- Verwendung beleidigender oder verleumderischer Inhalte, unabhängig davon, ob diese Inhalte andere Nutzer, XING-Mitarbeiter oder andere Personen oder Unternehmen betreffen;
- Verwendung pornografischer, gewaltverherrlichender, missbräuchlicher, sittenwidriger oder Jugendschutzgesetze verletzende Inhalte oder Bewerbung, Angebot und/oder Vertrieb von pornografischen, gewaltverherrlichenden, missbräuchlichen, sittenwidrigen oder Jugendschutzgesetze verletzende Waren oder Dienstleistungen;
- unzumutbare Belästigungen anderer Nutzer, insbesondere durch Spam (vgl. § 7 Gesetz gegen den unlauteren Wettbewerb – UWG);

Abbildung 7.60 Allgemeine Geschäftsbedingungen von XING zu Spam

Auch dem Kurznachrichtendienst Twitter ist der Versand von Spam ein Dorn im Auge, weshalb in den Twitter-Regeln zahlreiche Verhaltensweisen klar als unzulässig festgelegt werden (siehe Abbildung 7.61).

- **Spam**: Sie dürfen den Service, den Twitter anbietet, nicht dazu einsetzen, jemanden zu spammen. Die Definition dessen, was als „spammen" gilt, wird sich immer wieder erweitern, da wir auf neue Tricks und Taktiken von Spammern reagieren. Einige der Kriterien, die wir anwenden, um zu beurteilen, ob gespammt wird, sind:
  - Wenn Sie innerhalb kurzer Zeit einer großen Anzahl von Nutzern folgen und/oder entfolgen, insbesondere, wenn dies auf automatisierte Art und Weise geschieht (aggressives Following und wiederholtes Folgen und Entfolgen);
  - Wenn Sie wiederholt Nutzern folgen und entfolgen, um Follower zu gewinnen oder um verstärkt auf Ihr Profil aufmerksam zu machen;
  - Wenn Ihre Status-Aktualisierungen größtenteils aus Links und nicht aus persönlich verfassten Mitteilungen bestehen;
  - Wenn viele Leute Ihr Profil blockieren;
  - Wenn eine große Anzahl an Spam-Beschwerden gegen Sie vorgebracht worden ist;
  - Wenn Sie den gleichen Inhalt auf mehreren Accounts posten oder Mehrfachaktualisierungen auf einem Account posten;
  - Wenn Sie mehrfach Status-Aktualisierungen zu einem Thema mit integriertem #, zu einem angesagten oder aktuellen Thema oder einem gesponserten Trend posten, die in keinerlei Zusammenhang zu diesem Thema stehen;
  - Wenn Sie mehrfach @Antworten oder Erwähnungen doppelt versenden;
  - Wenn Sie sehr viele unerwünschte @Antworten oder Erwähnungen versenden;
  - Wenn Sie eine große Zahl an Nutzern, die in keinerlei Zusammenhang zueinander stehen, in Listen zusammenfassen;
  - Wenn Sie wiederholt falsche oder irreführende Inhalte erstellen;
  - Wenn Sie Tweets wahllos oder auf aggressive Weise folgen, sie favorisieren oder retweeten;
  - Wenn Sie wiederholt die Account-Informationen anderer Nutzer als Ihre eigenen ausgeben (Biografie, Tweets, URL, usw.);
  - Wenn Sie irreführende Links posten (z. B. verbundene Links, Links zu Malware/Clickjacking-Seiten usw.);
  - Wenn Sie irreführende Accounts oder Account-Interaktionen erstellen;
  - Wenn Sie Account-Interaktionen verkaufen oder kaufen (z. B. Verkauf oder Kauf von Followern, Retweets, Favoriten usw.);
  - Wenn Sie Dienste oder Anwendungen Dritter verwenden oder fördern, die behaupten, mehr Follower für Sie zu bekommen (wie „Follower Trains", also Sites, die „schnell mehr Follower" versprechen, oder andere Sites, die anbieten, Ihrem Account automatisch Follower hinzuzufügen)

Abbildung 7.61 Spam-Kategorisierung des Nachrichtendienstes Twitter

Wer sich diesen Vorgaben widersetzt, muss von Seiten der Plattformbetreiber mit Sanktionen, wie zum Beispiel mit der Sperre oder der Löschung seines Accounts, rechnen. Aber auch Schadensersatzklagen sind denkbar und schon gerichtlich geltend gemacht worden.

Praxisbeispiel: Schadensersatzklage in Höhe von 711 Mio. US$

Das soziale Netzwerk Facebook hat gegen den Internetwerber Sanford Wallace vor einem US-Gericht nach eigenen Angaben Schadensersatz in Höhe von 711 Mio. US$ erstritten. Als einschlägig bekannter »Spam-König« versendete Wallace wiederholt und professionell Spam-Mails an Facebook-Nutzer ohne deren Zustimmung. Zudem habe der Richter den Fall an die Staatsanwaltschaft weitergegeben.

7.8.2 Einträge auf den Seiten anderer Nutzer

Neben den Privatnachrichten bieten soziale Netzwerke oftmals auch die Möglichkeit, Text- oder Bildnachrichten auf den Seiten der anderen Nutzer zu hinterlassen (siehe Abbildung 7.62).

Abbildung 7.62 Beispiel für die Möglichkeit der Beitragsverfassung auf Seiten Dritter im sozialen Netzwerk Facebook

Wer dabei auf die Idee kommt, Werbenachrichten veröffentlichen zu können, der sollte sich besser zurückhalten. Denn auch bei Nachrichten auf Seiten anderer Nutzer gelten dieselben Grundsätze wie bei Privatnachrichten: Das A und O ist demnach wieder die Einwilligung! Auch an dieser Stelle ändert sich an der Voraussetzung nichts, wenn der Nutzer die Seite abonniert hat oder Sie als Kontakt hinzugefügt hat. Denn in der Regel geht diese Person nicht davon aus, dass auf das Abonnieren bzw. die Bestätigung nun Werbeeinträge auf seiner eigenen Seite folgen. Im Zweifel will nämlich keiner seine Seite für Ihre Werbezwecke zur Verfügung stellen.

7.8.3 Versand von Einladungen an Dritte per Kontaktimporter

Als schnellster Weg, um Abonnenten oder Follower für die eigene Seite zu gewinnen, erscheint eine Einladung an andere unbekannte Nutzer oder an Kunden- bzw. sonstige E-Mail-Kontakte. Dazu bieten manche Netzwerke beispielsweise Kontaktimporter an, mit denen Kontakten, deren Adressen im eigenen E-Mail-Account gespeichert sind und die noch keine Nutzer des Netzwerkes sind, Einladungen versendet werden können (siehe Abbildung 7.63).

Neben der Möglichkeit, Dritte zum Beitritt ins Netzwerk einzuladen, besteht auch die Möglichkeit, nach anderen Nutzern zu suchen und diesen Freundschaftseinladungen zu schicken. Das soziale Netzwerk Facebook beispielsweise hat dazu den Button FREUNDE FINDEN (siehe Abbildung 7.64). Dort geben Sie die E-Mail-Adresse oder Telefonnummer eines Freundes ein, und Facebook sucht den entsprechenden Kontakt.

Ist der Kontakt bereits registriert, zeigt Facebook Ihnen dies an und versendet in Ihrem Namen eine Freundschaftseinladung per E-Mail. Andernfalls wird dem Gesuchten eine Einladung zum Beitritt in das Netzwerk zugesandt (siehe Abbildung 7.65).

Abbildung 7.63 Der Kontaktimporter im sozialen Netzwerk Facebook

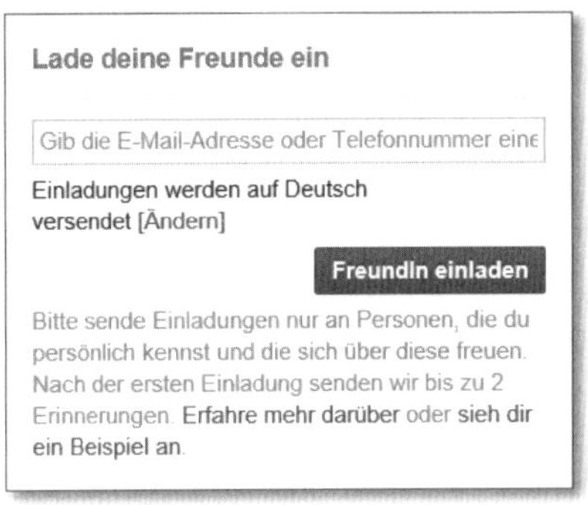

Abbildung 7.64 Die Freunde-Suche bei Facebook

Abbildung 7.65 Die Einladung zum Beitritt zu Facebook

Doch die Verwendung dieser Funktionen ist nicht ganz unbedenklich. Sowohl gesetzliche Vorgaben als auch die Bedingungen der Plattformen selbst müssen eingehalten werden.

Gesetzliche Vorgaben

Die durch diese Funktion generierte Einladung per E-Mail stellt zweifelsfrei eine Werbemaßnahme im Interesse des Netzwerkes dar. Denn Werbung ist jegliches unternehmerische Tun, das auf Absatzförderung bedacht ist. Dieser sehr weite Begriff umfasst auch die Einladung auf eine Online-Präsenz und bedarf daher der vorherigen Einwilligung.

Selbst wenn ein Nutzer als Dritter den Versand der Einladung veranlasst, so bezweckt das Netzwerk mit einer solchen Funktion, auf den Empfohlenen und seine Leistungen aufmerksam zu machen und damit Personen, die noch keine Mitglieder des Netzwerkes sind, als solche zu gewinnen. Daraus folgt ebenso wie beim herkömmlichen E-Mail-Marketing, dass grundsätzlich zuvor eine Einwilligung des Empfängers erforderlich ist. Die Tatsache, dass das Netzwerk nicht selbst tätig wird, ändert daran nichts. Denn der unaufgeforderte Erhalt von Einladungen kann von den Empfängern als unzumutbare Belästigung empfunden werden. Darüber hinaus ist die Weitergabe der E-Mail-Adressen Ihrer Freunde an Facebook in der Regel auch als Verstoß gegen geltendes Datenschutzrecht zu werten.

Achtung: Auch bei Geschäftskontakten Einwilligung einholen!

Auch wenn Sie zwar bei langjährigen Geschäftskontakten mutmaßen können, dass diese sich wahrscheinlich nicht belästigt fühlen werden, so können Sie sich doch erst ganz sicher sein, wenn Sie zuvor eine Einwilligung zur Kontaktierung über soziale Netzwerke eingeholt haben.

Vorgaben der Plattformbetreiber

Zudem sehen auch die Plattformen selbst Beschränkungen bei der Nutzung der Funktionen vor. Der Kurznachrichtendienst Twitter beispielsweise verbietet es seinen Nutzern, den Kontaktimporter dazu zu benutzen, wiederholt Masseneinladungen zu versenden. Dies würde nämlich so mancher Nutzer gerne tun, um so die Zahl der Follower schneller zu erhöhen (siehe Abbildung 7.66).

Dies zeigt, dass, selbst wenn die Netzwerke solche Mittel zur Verfügung stellen, dies nicht bedeutet, dass Sie diese bedenkenlos nutzen können. Sie sollten immer auch einen Blick in die Nutzungsbedingungen werfen, bevor Sie loslegen.

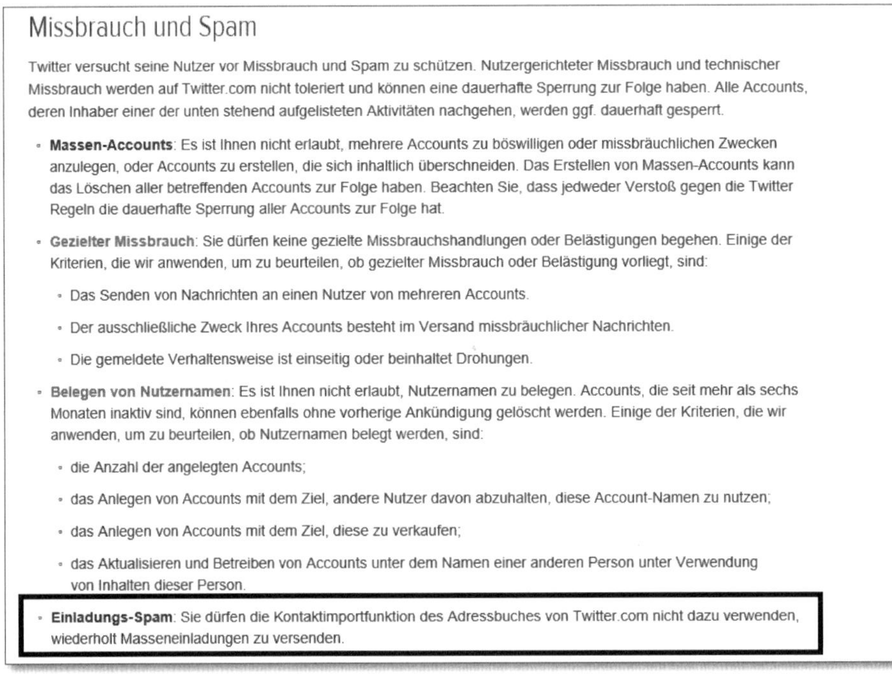

Missbrauch und Spam

Twitter versucht seine Nutzer vor Missbrauch und Spam zu schützen. Nutzergerichteter Missbrauch und technischer Missbrauch werden auf Twitter.com nicht toleriert und können eine dauerhafte Sperrung zur Folge haben. Alle Accounts, deren Inhaber einer der unten stehend aufgelisteten Aktivitäten nachgehen, werden ggf. dauerhaft gesperrt.

- **Massen-Accounts**: Es ist Ihnen nicht erlaubt, mehrere Accounts zu böswilligen oder missbräuchlichen Zwecken anzulegen, oder Accounts zu erstellen, die sich inhaltlich überschneiden. Das Erstellen von Massen-Accounts kann das Löschen aller betreffenden Accounts zur Folge haben. Beachten Sie, dass jedweder Verstoß gegen die Twitter Regeln die dauerhafte Sperrung aller Accounts zur Folge hat.
- **Gezielter Missbrauch**: Sie dürfen keine gezielte Missbrauchshandlungen oder Belästigungen begehen. Einige der Kriterien, die wir anwenden, um zu beurteilen, ob gezielter Missbrauch oder Belästigung vorliegt, sind:
  - Das Senden von Nachrichten an einen Nutzer von mehreren Accounts.
  - Der ausschließliche Zweck Ihres Accounts besteht im Versand missbräuchlicher Nachrichten.
  - Die gemeldete Verhaltensweise ist einseitig oder beinhaltet Drohungen.
- **Belegen von Nutzernamen**: Es ist Ihnen nicht erlaubt, Nutzernamen zu belegen. Accounts, die seit mehr als sechs Monaten inaktiv sind, können ebenfalls ohne vorherige Ankündigung gelöscht werden. Einige der Kriterien, die wir anwenden, um zu beurteilen, ob Nutzernamen belegt werden, sind:
  - die Anzahl der angelegten Accounts;
  - das Anlegen von Accounts mit dem Ziel, andere Nutzer davon abzuhalten, diese Account-Namen zu nutzen;
  - das Anlegen von Accounts mit dem Ziel, diese zu verkaufen;
  - das Aktualisieren und Betreiben von Accounts unter dem Namen einer anderen Person unter Verwendung von Inhalten dieser Person.
- **Einladungs-Spam**: Sie dürfen die Kontaktimportfunktion des Adressbuches von Twitter.com nicht dazu verwenden, wiederholt Masseneinladungen zu versenden.

Abbildung 7.66 Twitter-Regeln zum Kontaktimporter

7.8.4 Personalisiertes Direktmarketing: Facebook Custom Audiences

Über die für Unternehmen sehr verlockend klingende Funktion *Custom Audiences* ermöglicht Ihnen das soziale Netzwerk Facebook, anderen Nutzern Werbung schnell, gezielt und auf den Adressaten angepasst bei Facebook anzuzeigen. Dazu müssen Sie Listen mit E-Mail-Adressen oder Telefonnummern hochladen (siehe Abbildung 7.67). Auf diese Weise können die gelisteten Nutzer dann im Anschluss konkret angesprochen werden.

Dies funktioniert, indem beim Hochladen der Kundendaten bei Facebook die E-Mail-Adressen und Telefonnummern gehasht werden, so dass ausschließlich verschlüsselte Daten an Facebook übertragen werden. Facebook kann die übermittelten Hashwerte mit seinen eigens erstellten Hashwerten vergleichen und so erkennen, welche Kunden bereits bei Facebook registriert sind und diese dann zielgerichtet bewerben. Die Hashwerte dieser Nutzer werden entsprechend als Custom Audience (= benutzerdefiniertes Publikum) gespeichert. Am Ende des Abgleichs werden alle hochgeladenen Hashwerte wieder gelöscht. Sie haben im Endergebnis nun über Facebook Zugriff auf spezifische Kundenlisten, die Sie gezielt und maßgeschneidert ansprechen können. Facebook sichert dabei zu, dass die Listen keine Informationen zu den dahinterstehenden Einzelpersonen enthalten, sondern lediglich Angaben zu der ungefähren Anzahl von Kunden preisgeben, die sich hinter den Listen verbergen.

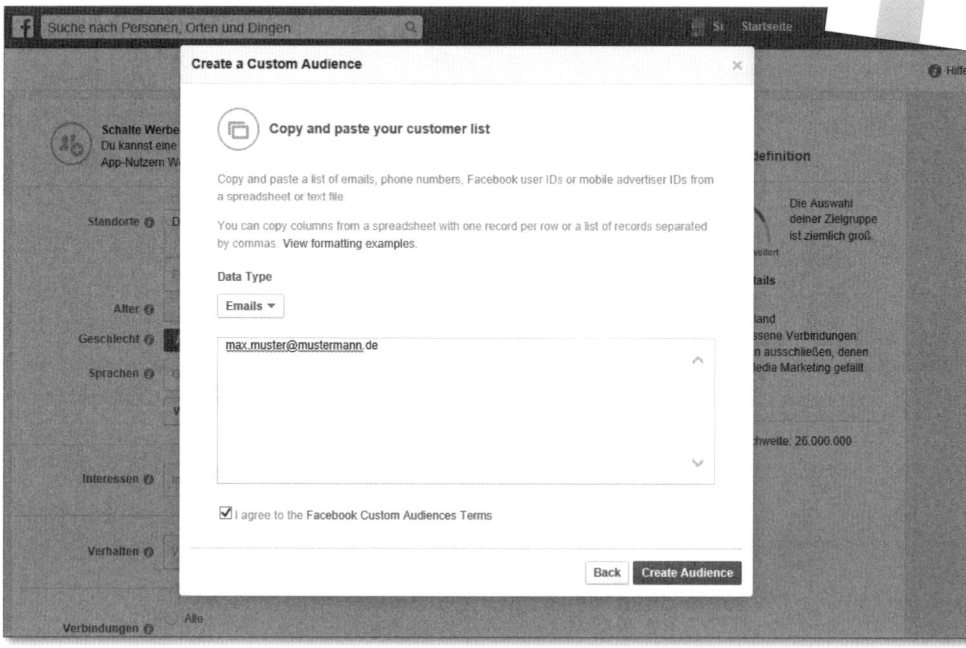

Abbildung 7.67 Funktion zum Einfügen von E-Mail-Adressen bei Custom Audiences

Eine weitere Besonderheit bietet Ihnen Facebook zudem durch die Möglichkeit, Custom Audiences auch über Ihre Website zu nutzen, um so beispielsweise bestehende Kunden und Kunden, die bereits Interesse an Ihrem Unternehmen gezeigt haben, zu erreichen (siehe Abbildung 7.68). Dies funktioniert, indem Sie in Ihrem Facebook-Werbekonto ein Tracking-Pixel generieren und dieses dann auf Ihrer Website einbinden. Da jeder Facebook-Nutzer über eine unabhängige Facebook-ID verfügt, kann mittels dieses Pixels beispielsweise jeder Besucher Ihrer Seite markiert und einem Facebook-Profil zugeordnet werden. Entsprechende Personen können Sie dann über eine Facebook-Anzeige erneut gezielt zu Werbezwecken ansprechen.

Dieses Vorgehen ist datenschutzrechtlich nicht ganz unbedenklich. Denn das deutsche Datenschutzgesetz sieht vor, dass die Übermittlung personenbezogener Daten an Dritte nur dann zulässig ist, wenn der Betroffene eingewilligt hat oder die Erhebung der Daten gesetzlich erlaubt wird. Da hier keine gesetzliche Erlaubnis vorliegt, brauchen Sie unbedingt eine Einwilligung der Betroffenen. Die Tatsache, dass die Daten verschlüsselt werden, ändert nichts an dem Einwilligungserfordernis. Sollten Sie ohne Einwilligung der Betroffenen deren Daten an Facebook Custom Audiences übertragen, so verstoßen Sie damit gegen das Datenschutzrecht und müssen mit Konsequenzen rechnen. Denn auch bei den gehashten Werten handelt es sich nach überwiegender Meinung um personenbezogene Daten, für deren Übertragung immer eine Einwilligung vorausgesetzt wird.

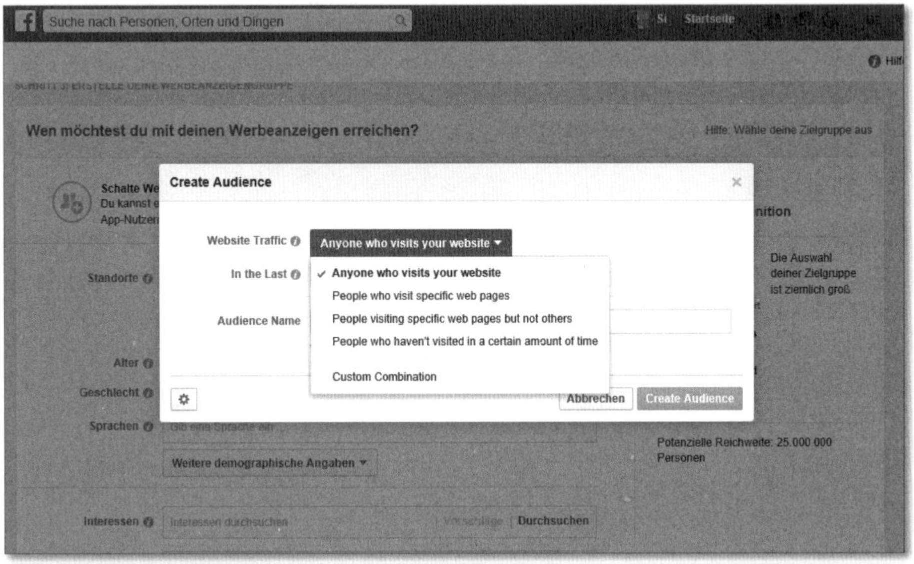

Abbildung 7.68 Maske zur Erstellung einer Zielgruppe

Eine wirksame Einwilligung setzt voraus, dass der Betroffene genau erfährt, zu welchem Zweck und an wen seine Daten übertragen werden. Dies ergibt sich aus dem Transparenzgebot des Datenschutzgesetzes. Das bedeutet konkret, dass der Betroffene genau darüber informiert werden muss, über welches Werbemedium, für welche Produktkategorien und von wem er Werbung erhalten wird.

Achtung: Opt-out-Verfahren unzulässig!

Die Einwilligung muss ausdrücklich erfolgen. Die Anwendung der sogenannten Opt-out-Lösung, bei der meist ein Kästchen zur Erteilung der Einwilligung vorangeklickt ist, das der Nutzer demnach entfernen muss, um seine Daten zu schützen, ist nicht zulässig!

Schließlich gilt als weiterer wichtiger Grundsatz die Zweckbindung. Das heißt, dass die erhobenen Daten dann auch ausschließlich nur zu dem Zweck verarbeitet und genutzt werden dürfen, für den eine Einwilligung erteilt wurde. Bevor Sie ihre Kundendaten bei Facebook hochladen, sollten Sie sich genau überlegen, ob deren Nutzung zur Bestimmung des benutzerdefinierten Publikums zulässig ist. Denn häufig wird die Einwilligung zur Datenübertragung für die Abwicklung eines Kaufs erteilt. Die Datennutzung für Facebook Custom Audiences gehört jedoch eindeutig nicht mehr zur Kaufabwicklung. Auch die Zustimmung eines Kunden zur Zusendung des Newsletters ist nicht davon umfasst. Der Newsletter ist eine Werbemaßnahme, die auf die Zusendung einer E-Mail beschränkt ist und nicht die Darstellung von Werbeanzeigen bei Facebook einschließt.

Achtung: Konsequenzen bei Nutzung ohne Einwilligung

Liegt keine wirksame Einwilligung vor und nutzen Sie dennoch den Dienst Custom Audiences, so setzen Sie sich einer hohen Strafe aus: Das Bundesdatenschutzgesetz sieht für die unbefugte Weitergabe von Daten ein Bußgeld in Höhe von bis zu 300.000 € vor. Auch eine Abmahnung durch Mitbewerber ist denkbar, da die rechtswidrige Weitergabe von Kundendaten zu Werbezwecken ebenfalls einen Wettbewerbsverstoß begründet.

Was die Anforderungen an die rechtskonforme Nutzung von Website Custom Audiences angeht, so müssen Sie auch hier eine Einwilligung einholen. Dies ist jedoch bei Website Custom Audiences ein bisschen komplizierter, denn die Daten werden bereits durch das bloße Aufrufen Ihrer Seite automatisch übertragen. Hier stellt sich im Grunde genommen die gleiche Problematik wie beim Facebook-Like-Button: Beim Besuch einer Website, auf der ein Facebook-Like-Button eingebaut ist, werden personenbezogene Daten über den Website-Besucher erhoben und an Facebook übermittelt. Facebook verknüpft anschließend die erhaltenen Daten mit dem Account des Besuchers. Dieser Vorgang ist datenschutzrechtlich sehr umstritten. Eine abschließende Rechtsprechung steht noch aus.

Nutzt ein Website-Betreiber die Website-Funktion Custom Audiences, müsste dieser ähnlich wie bei der Integration des Facebook-Like-Buttons dafür sorgen, dass die Nutzer zunächst über ein Pop-up-Fenster über die Datenübertragung und die konkrete Nutzung der Daten informiert werden. Erst nach einer aktiven Zustimmung des Nutzers (Opt-in-Verfahren) kann von einer wirksamen Einwilligung in die Datenübertragung ausgegangen werden. Dieses System wird bereits zur Einholung der Einwilligung für die Cookie-Nutzung verwendet (siehe Abbildung 7.69).

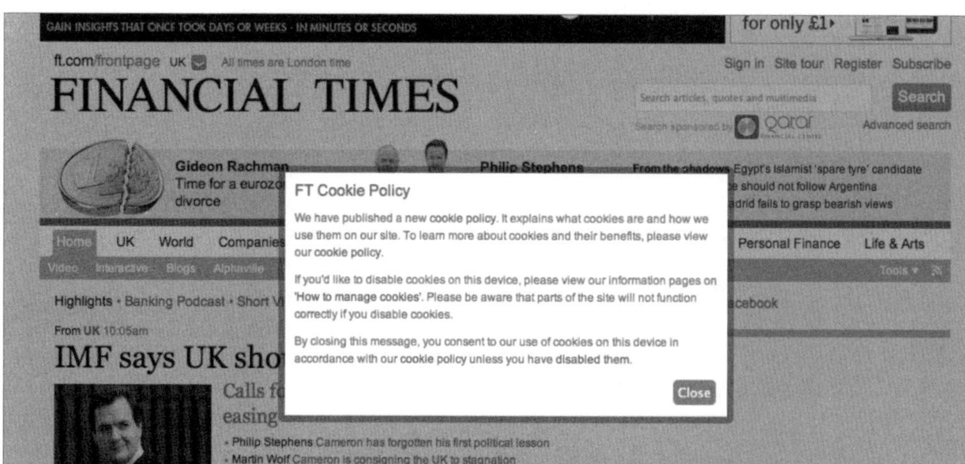

Abbildung 7.69 Beispiel für die Einholung der Einwilligung zur Cookie-Nutzung über ein Pop-up-Fenster auf der Internetseite der britischen Zeitung Financial Times

Damit ist Facebook Custom Audiences zwar ein effektives Marketingtool, jedoch ohne konkrete Einwilligung der Kunden rechtswidrig!

7.8.5 Schleichwerbung in eigenen Beiträgen

Immer mehr Werbekampagnen sind darauf angelegt, dass sie nicht auf den ersten Blick als Werbung zu erkennen sind. So werden beispielsweise YouTube-Videos geschickt dazu genutzt, die eigenen Produkte und Dienstleistungen unauffällig zu bewerben. Doch die Grenze zur unlauteren Schleichwerbung kann schnell überschritten werden. Daher sollten Sie sich vorher einen Überblick darüber verschaffen, wann Schleichwerbung vorliegt, und zudem in welcher Form Werbung gekennzeichnet werden muss.

Schleichwerbung liegt nach dem Wettbewerbsrecht vor, wenn der Werbecharakter einer geschäftlichen Handlung verschleiert wird, also das äußere Erscheinungsbild einer geschäftlichen Handlung so gestaltet wird, dass die Marktteilnehmer den geschäftlichen Charakter nicht klar und eindeutig erkennen können. Denn darin liegt genau der anstößige Charakter: Der Adressat hält die Werbeaussage für eine sachliche Information eines Dritten und wird damit schlichtweg getäuscht.

Praxisbeispiel: Schleichwerbung auf YouTube

Die Bezirksregierung Mittelfranken wirft der Künstlerformation Y-Titty vor, sie habe in YouTube-Videos auf ihrem Kanal unter anderem Produkte von Samsung, McDonald's und Coca-Cola präsentiert und dafür ein Entgelt enthalten, ohne dies ausreichend als kommerzielle Werbung zu kennzeichnen (siehe Abbildung 7.70).

Abbildung 7.70 Die Künstlerformation Y-Titty trinkt in ihrem YouTube-Video das Getränk Coca-Cola.

Das Verbot von Schleichwerbung ist an unterschiedlichen Stellen gesetzlich geregelt und betrifft alle Medienbereiche – von Print über Rundfunk bis zum Internet. Jedoch ist es nicht grundsätzlich unzulässig, Produkte erkennbar in Videos zu zeigen. Wird das Produkt deutlich gekennzeichnet in einer Sendung platziert, handelt es sich um ein zulässiges sogenanntes Product Placement (siehe Abbildung 7.71). Fehlt es hingegen an einer solchen Kennzeichnung, kann kein Product Placement vorliegen, so dass es sich gegebenenfalls um Schleichwerbung handelt.

Abbildung 7.71 Beispiel für die Kennzeichnung von Product Placement

Eine Produktplatzierung ist zu Beginn, nach einer Werbeunterbrechung und zum Ende einer Sendung eindeutig zu kennzeichnen. Der Grund für diese Kennzeichnungspflicht ist eigentlich ganz einfach: Werbung muss von redaktionellen Inhalten getrennt werden, weil der Zuschauer einem redaktionellen Beitrag regelmäßig größere Bedeutung beimisst und dementsprechend mehr Beachtung schenkt. Durch die Vermischung von Werbung und Beitrag wird die Aufmerksamkeit des Zuschauers durch eine Tarnung der Werbung erschlichen und ist daher unzulässig. Dieses Prinzip gilt für YouTube Videos genauso wie für Blogbeiträge oder Inhalte in sozialen Netzwerken.

Schleichwerbung und redaktionelle Berichterstattung sind in der Praxis oft nicht leicht voneinander zu trennen, insbesondere wenn Medien unentgeltlich über bestimmte Produkte oder Unternehmen berichten. In diesen Fällen ist der Trennungsgrundsatz nicht verletzt, wenn die sachliche Unterrichtung des Publikums im Vordergrund steht und werbliche Auswirkungen nur zwangsläufige Folge der

Berichterstattung sind. Dabei darf auch der Name des Produkts oder des Herstellers genannt werden. Die Grenze zur Schleichwerbung wird aber beispielsweise dann überschritten, wenn das Produkt oder der Hersteller ohne sachlichen Grund übermäßig herausgestellt wird oder wenn Leistungsangebote werbend dargestellt werden.

Ob Schleichwerbung vorliegt, ist anhand einer Gesamtwürdigung aller Umstände des Einzelfalles zu bewerten. Dabei kommt es vor allem auf den Inhalt und die Aufmachung des redaktionellen Berichts an sowie auf die Art und das Maß der Herausstellung des Produkts bzw. Herstellers. Entscheidend ist dabei auch, ob und inwiefern für die Darstellung in der konkreten Form ein öffentliches Informationsinteresse besteht.

Ein Informationsinteresse besteht beispielsweise dann, wenn das Video dazu dient, den Gebrauch eines Produkts zu erläutern. Dies ist zum Beispiel dann sinnvoll, wenn die schriftliche Gebrauchsanweisung nur schwer verständlich ist und eine bildliche Erläuterung schneller zielführend ist (siehe Abbildung 7.72).

Abbildung 7.72 Video mit der Anleitung zum Gebrauch einer Babytrage

Ähnlich verhält es sich auch bei Videos von Beauty-Bloggern. Dabei handelt es sich in der Regel um junge Frauen, die ihrer Community Make-up-Anleitungen geben und dazu auch die erforderlichen Materialien wie Wimperntusche oder Puder bestimmter Marken darstellen. Diese Produkte sind erst dann eine kennzeichnungspflichtige Produktplatzierung, wenn der Wert der Produktbereitstellung 1.000 € überschreitet. Dies ist bei Kosmetik jedoch in der Regel nicht der Fall und diese daher kennzeichnungsfrei.

Wichtig ist jedoch, dass sich die Bloggerin nicht durch die Bereitstellung beeinflussen lässt und bei einer Produktbewertung ehrlich ihre Meinung äußert. Ist die Bloggerin zur positiven Berichterstattung verpflichtet, stellt dies eine unzulässige Schleichwerbung dar. Denn dann wird dem Zuschauer eine sachliche Berichterstattung nur vorgetäuscht. Wird über Affiliate-Links auf Produkte hingewiesen, so sind diese Links als Werbung zu kennzeichnen.

Praxistipp: Selbstkontrolle

Um sich selbst zu überprüfen, können Sie sich fragen, welchen Zweck Ihr Beitrag tatsächlich hat: Dient er der Bewerbung des Produkts, so muss dies gekennzeichnet werden. Steht hingegen die Information im Vordergrund, ist dies nicht erforderlich. Ein weiterer Anhaltspunkt ist ein mögliches Entgelt: Wird für den Bericht ein Entgelt gezahlt oder ein sonstiger wirtschaftlicher Vorteil gewährt (zum Beispiel Anzeigenaufträge), so spricht dies in der Regel für das Vorliegen von Werbung.

Verstoßen Sie gegen diese Grundsätze, so drohen Abmahnungen, die schnell einige tausend Euro kosten können. Ebenso müssen Sie mit Unterlassungsforderungen rechnen. Doch auch die Aufsichtsbehörden können Bußgelder in Höhe von bis zu 50.000 € verlangen. Davon wird aber oftmals erst bei mehrfachen Verstößen Gebrauch gemacht. In den meisten Fällen sind die Verträge zwischen einem Unternehmen, das seine Produkte in YouTube-Videos platzieren möchte, und dem YouTuber bzw. dem dahinterstehenden Netzwerk jedoch geheim, so dass die Wenigsten erwischt werden.

7.8.6 Gekaufte Likes und Follower

Immer wieder wird der Zukauf von Facebook-Freunden und -Likes sowie Twitter-Followern zum Thema. Denn Unternehmen können auf Webseiten sogenannte Likes für Ihre Unternehmensseite auf Facebook kaufen (siehe Abbildung 7.73).

Der Nutzen solcher gekauften Fans ist allerdings fraglich. Das von Unternehmen aufgeführte Argument für den Kauf solcher Likes ist die Hoffnung, dass durch die breitere Aufstellung Likes von echten Fans hinzukommen.

Praxisbeispiel: Gekaufte Likes bei Angela Merkel?

Im Jahr 2014 wurde der Bundeskanzlerin von Stern TV (siehe *sterntv-experimente.de*) vorgeworfen, sie habe Likes für ihren Facebook-Account gekauft. Dies habe man daran erkennen können, dass nahezu die Hälfte der Likes aus dem Ausland, vornehmlich aus Rumänien, Albanien, Serbien und den USA stammten. Dies sei ein Hinweis darauf, dass die Likes nicht natürlich zustande gekommen seien.

Abbildung 7.73 Website zum Kauf von Facebook-Likes

Auch Follower bei Twitter lassen sich über ähnliche Geschäftsmodelle erwerben. Auch einigen Prominenten und Politikern sagen die Nutzer der sozialen Netzwerke Popularitätsausbrüche durch dubiose Methoden nach.

Praxisbeispiel: Gekaufte Follower bei der CDU?

Im Jahr 2012 erregte der Twitter-Account der Partei CDU Aufsehen, als dieser innerhalb von drei Tagen einen sprunghaften Anstieg um 5.000 Follower verzeichnete. Die Partei will damit nichts zu tun haben, Twitter hat die gefälschten Accounts in der Folgezeit gelöscht.

Mittlerweile kann man über Seiten wie *http://www.sterntv-experimente.de/FacebookLikeCheck/* den sogenannten Facebook Like Check machen (siehe Abbildung 7.74). Das bedeutet, dass die Facebook-Seite auf die Herkunft der Likes überprüft wird. Handelt es sich beispielsweise um ein überwiegend national vertriebenes Produkt bzw. eine nur national angebotene Dienstleistung, so ist es eher verwunderlich, wenn ein beträchtlicher Teil aus dem Ausland stammt. Dies könnte dann auf einen Like-Kauf hinweisen, eindeutig beweisen lässt sich dies jedoch nicht.

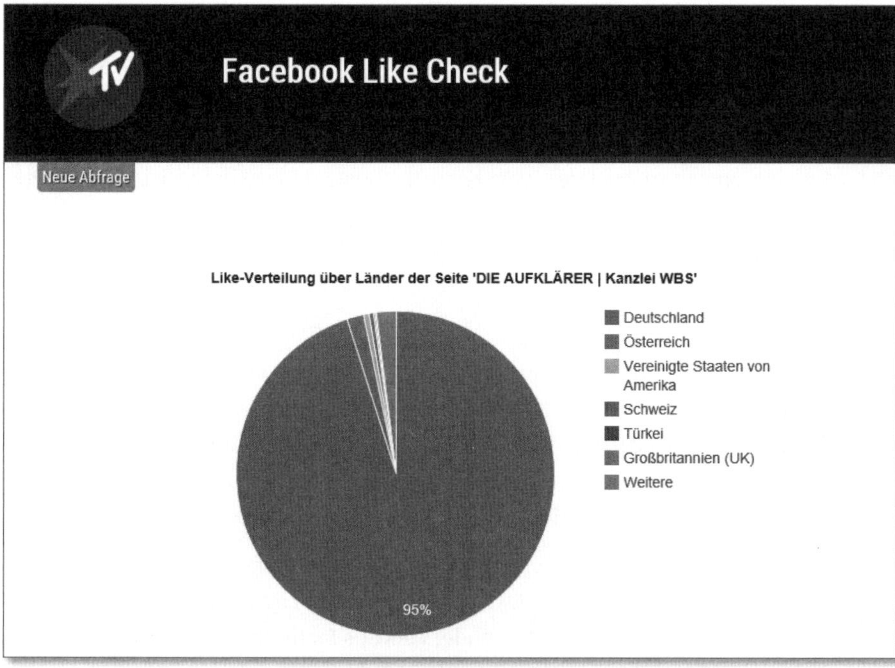

Abbildung 7.74 Facebook Like Check der Seite Die Aufklärer-Kanzlei WBS

Was die Zulässigkeit eines solchen Kaufs angeht, so muss man an dieser Stelle zwischen den gesetzlichen Vorgaben und denen der Plattformbetreiber unterscheiden.

Gesetzliche Vorgaben

Rechtlich bewegen sich die Anbieter der »falschen Freunde« in einer Grauzone. Zwar könnte man auf die Idee kommen, dass gekaufte Likes eine Art Schleichwerbung sind, jedoch hat dies die Rechtsprechung bisher nicht einheitlich entschieden: Voraussetzung für die Annahme von Schleichwerbung wäre ein positiver Charakter der Likes. Dies verneinte beispielsweise das LG Hamburg (Urteil vom 10.01.2013, Az. 327 O 438/11) und begründete seine Entscheidung vor allem damit, dass wenn die Benutzer einer Seite folgen und über deren Neuigkeiten informiert werden wollen, sie keine Alternative zum Like haben. Daher sei dem Liken kein wirklich positiver Ausdruck zu entnehmen.

Dies kann man aber auch anders sehen: Denn die Anzahl der Facebook-Fans oder Twitter-Follower kann als eine digitale Währung für die Popularität der Firma und ihrer Produkte angesehen werden. Eingekaufte Empfehlungen und Gefolgschaften in sozialen Netzwerken können deshalb auch eine tatsächlich so nicht bestehende Bekanntheit und wirtschaftliche Kraft vortäuschen. Ähnlich wie der verbotene Kauf positiver Kundenbewertungen (sogenanntes *Astroturfing*) ist dies nicht nur geeignet, den Verbraucher zu beeinflussen, sondern auch konkurrierenden Unternehmen Nachteile zuzufügen. Solch irreführende Werbemaßnahmen sind aber nach dem Wettbewerbsrecht verboten und damit illegal. Dies sieht auch das LG Stuttgart (Beschluss vom 06.08.2014, Az. 37 O 34/14) so und verbot einem Unternehmen, mit gekauften Likes aus dem Ausland zu werben, da dadurch der Eindruck entstehe, dass das Unternehmen besonders gut mit Kunden umgehen könne sowie weitreichend vernetzt und bekannt sei.

Vorgaben der Plattformbetreiber

Der Umgang der Plattformbetreiber mit gekauften Likes oder Followern fällt durchaus unterschiedlich aus. Facebook beispielsweise macht keinerlei Vorgaben zu gekauften Likes – ausdrücklich verboten ist es also nicht. Ob Käufer von Likes zumindest von Seiten Facebooks mit Konsequenzen wie der Sperrung des Accounts oder der Löschung der Likes rechnen müssen, ist daher nicht ganz klar.

Weniger verständnisvoll ist da hingegen der Kurznachrichtendienst Twitter: Gekaufte Follower sind dort ein absolutes No-Go, so die Twitter-Regeln (siehe Abbildung 7.75). Der Grund dafür liegt aber, anders als aus Sicht des Gesetzgebers, nicht in der Irreführung der anderen Nutzer, sondern in der Tatsache, dass mit den dazu preisgegebenen Passwörtern Missbrauch betrieben werden kann.

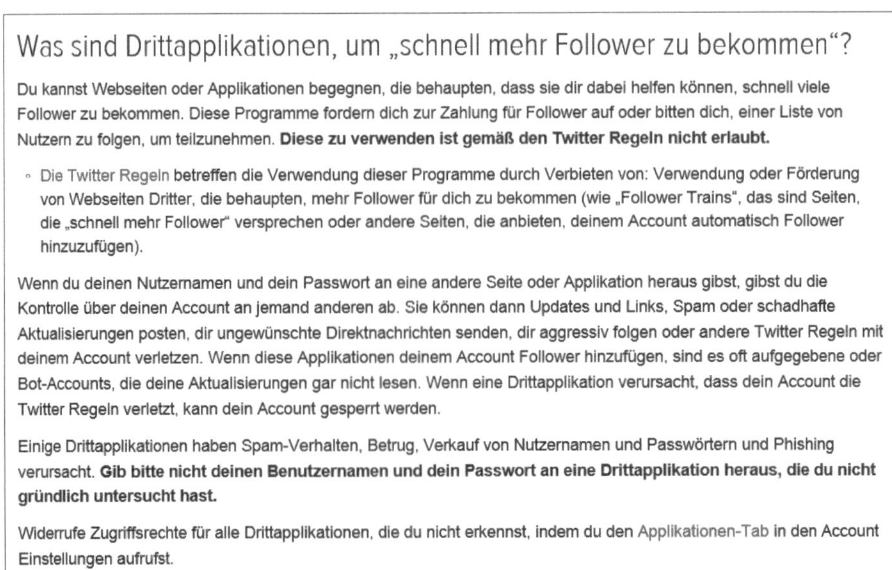
Was sind Drittapplikationen, um „schnell mehr Follower zu bekommen“?

Du kannst Webseiten oder Applikationen begegnen, die behaupten, dass sie dir dabei helfen können, schnell viele Follower zu bekommen. Diese Programme fordern dich zur Zahlung für Follower auf oder bitten dich, einer Liste von Nutzern zu folgen, um teilzunehmen. **Diese zu verwenden ist gemäß den Twitter Regeln nicht erlaubt.**

- Die Twitter Regeln betreffen die Verwendung dieser Programme durch Verbieten von: Verwendung oder Förderung von Webseiten Dritter, die behaupten, mehr Follower für dich zu bekommen (wie „Follower Trains“, das sind Seiten, die „schnell mehr Follower“ versprechen oder andere Seiten, die anbieten, deinem Account automatisch Follower hinzuzufügen).

Wenn du deinen Nutzernamen und dein Passwort an eine andere Seite oder Applikation heraus gibst, gibst du die Kontrolle über deinen Account an jemand anderen ab. Sie können dann Updates und Links, Spam oder schadhafte Aktualisierungen posten, dir ungewünschte Direktnachrichten senden, dir aggressiv folgen oder andere Twitter Regeln mit deinem Account verletzen. Wenn diese Applikationen deinem Account Follower hinzufügen, sind es oft aufgegebene oder Bot-Accounts, die deine Aktualisierungen gar nicht lesen. Wenn eine Drittapplikation verursacht, dass dein Account die Twitter Regeln verletzt, kann dein Account gesperrt werden.

Einige Drittapplikationen haben Spam-Verhalten, Betrug, Verkauf von Nutzernamen und Passwörtern und Phishing verursacht. **Gib bitte nicht deinen Benutzernamen und dein Passwort an eine Drittapplikation heraus, die du nicht gründlich untersucht hast.**

Widerrufe Zugriffsrechte für alle Drittapplikationen, die du nicht erkennst, indem du den Applikationen-Tab in den Account Einstellungen aufrufst.

Abbildung 7.75 Erläuterung der Twitter-Regeln zum Follower-Kauf

Praxistipp: Finger weg von gekauften Likes!

Letztlich muss festgestellt werden, dass die gekauften Likes und Follower lediglich die Statistik in die Höhe treiben, aber keinen produktiven Mehrwert bieten. Denn für eine Marke wirklich interessant sind nur echte, engagierte Fans und nicht künstliche Pseudo-Fans, die im Grunde kein wirkliches Interesse für Ihre Aktivitäten aufbringen. Zudem besteht das Risiko, dass die Benutzer des Netzwerkes die sprunghaften Anstiege feststellen und dann mit Häme auf den jeweiligen Twitter- oder Facebook-Account reagieren. Dies wäre aus Marketinggesichtspunkten eher kontraproduktiv! Zudem müssen tricksende Unternehmen neben dem Imageschaden mit teuren Abmahnungen oder Klagen rechnen, da es bisher noch keine einheitliche Rechtsprechung dazu gibt.

7.9 Was ist bei Bewertungsportalen und Nutzermeinungen zu bedenken?

Die Relevanz von Bewertungsportalen und Nutzermeinungen nimmt in sozialen Netzwerken stetig zu. Denn Konsumenten haben immer stärker das Bedürfnis, ihrer Stimme Ausdruck zu verleihen, ist es doch in sozialen Netzwerken so einfach, auf der Unternehmensseite mal kurz ein Lob oder eine Schelte zu hinterlassen. Damit wächst gleichzeitig die Macht der Konsumenten über den Ruf und damit auch über den Umsatz eines Unternehmens – ein zweischneidiges Schwert. Was Sie bei der Verwendung von Bewertungsportalen und Nutzermeinungen beachten müssen, um diese rechtssicher zu Marketingzwecken einsetzen zu können, möchten wir Ihnen in diesem Abschnitt erläutern.

7.9.1 Nutzermeinungen und Bewertungen im Social Web

Vor dem Gang in ein Restaurant oder dem Kauf eines Produkts betreibt eine Vielzahl von Personen eine Internetrecherche. Dabei sind Sie oftmals auf der Suche nach Erfahrungsberichten von anderen Konsumenten in sozialen Netzwerken. Denn auf Unternehmensseiten in sozialen Netzwerken können auch Bewertungen abgegeben werden (siehe Abbildung 7.76).

Bewertungsportale im Internet haben daher eine zunehmend hohe Bedeutung für Konsumentscheidungen des Verbrauchers. Dies wissen auch Unternehmen und haben ein besonderes Interesse daran, möglichst gute Resonanzen aufzuweisen.

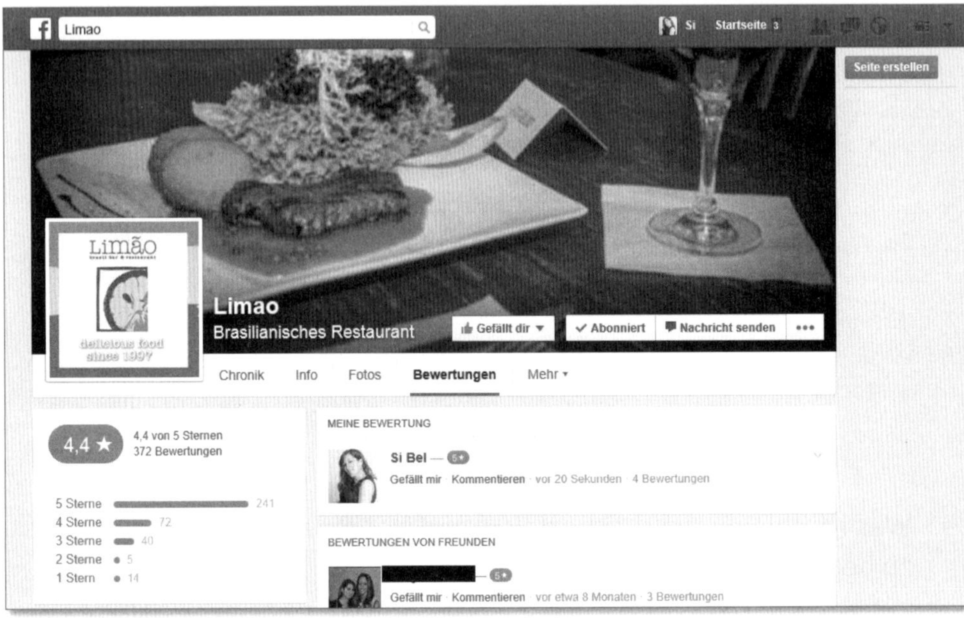

Abbildung 7.76 Bewertung des Restaurants »Limao« durch die Facebook Nutzer

7.9.2 Manipulierte Nutzermeinungen und Bewertungen

Problematisch wird der Wunsch nach besonders guten Bewertungen und positiven Nutzermeinungen jedoch dann, wenn Unternehmen Verbrauchermeinungen kaufen oder ihnen Anreize wie Rabatte im Gegenzug für positive Bewertungen bieten.

Praxistipp: Wie erkennt man gekaufte Nutzermeinungen?

Meist fallen gekaufte Nutzermeinungen dadurch auf, dass die Bewertung besonders übertrieben ausfällt. Das Produkt bzw. die Dienstleistung wird überdurchschnittlich stark angepriesen und enthält werbetypische Formulierungen oder offizielle Werbeaussagen. Auch ist es markant, wenn eine Bewertung besonders ausführlich vorgenommen wird und zahlreiche Facetten des Produkts erläutert werden – so viel Zeit nehmen sich Verbraucher doch eher selten.

Doch manipuliert bedeutet nicht immer unbedingt die Zahlung eines Entgeltes. Um möglichst viele positive Bewertungen zu erhalten, lassen sich Unternehmer so einiges einfallen. Manche kommen dabei auf die Idee, Rabatte gegen positive Kommentare oder ein GEFÄLLT MIR der Unternehmensseite auszuloben.

Das kann jedoch rechtliche Folgen haben. Denn das Anbieten von Rabatten, Gutscheinen oder sonstigen Vergünstigungen gegen eine (positive) Bewertung kann einen Verstoß gegen das Wettbewerbsrecht darstellen, der durch Konkurrenten oder

Verbände abgemahnt werden kann. Zumindest dann, wenn nicht ausdrücklich darauf hingewiesen wird, dass es sich um gekaufte Nutzermeinungen handelt. Das OLG Hamm (Urteil vom 23.11.2010, Az. I-4 U 136/10) hatte einen ähnlichen Fall zu entscheiden: Ein Internethändler für Druckerzubehör warb in seinem Newsletter mit einem Sonderrabatt. Diesen Rabatt sollte der Kunde dann erhalten, wenn er eine Bewertung auf einem Meinungsportal abgibt. Konkret hieß es in der Werbung:

> *»Sie sind von uns begeistert oder wollen einfach Ihre Meinung über uns mit anderen teilen? Wenn Sie innerhalb von 90 Tagen nach Erhalt unserer Waren eine Bewertung auf dem folgenden Meinungsportal abgeben [...] und uns eine Kopie der Bewertung per Email an [...] senden, erhalten Sie von uns nachträglich einmalig einen Preisrabatt von 10 % auf den Warenwert Ihrer letzten Bestellung [...].«*

Auf dem Bewertungsportal wurde auf das Rabattangebot an die Kunden jedoch nicht hingewiesen. Diese Werbung ließ eine Mitbewerberin wegen Verstoßes gegen das Wettbewerbsrecht abmahnen, und sie erhielt auch vom OLG Hamm Recht. Die Werbung mit Rabatten für Kundenbewertungen stelle eine Irreführung dar, so dass die Mitbewerberin Unterlassung verlangen könne. Die Kunden, die auf dem Bewertungsportal ihre Meinung zu der Qualität der Waren der Onlineshops äußerten, waren bei ihrem Urteil nicht frei und unbeeinflusst. Es handele sich jedenfalls dann, wenn – wie hier – auf die Bezahlung der Nutzermeinungen nicht ausdrücklich hingewiesen wird, um wettbewerbswidrig bezahlte Empfehlungen. Dies gelte selbst dann, wenn nicht ausdrücklich um positives Feedback gebeten werde, da die Belohnung durch den Rabatt in der Regel ein gutes Feedback nach sich ziehe.

Ob es sich dabei um Bewertungen in Bewertungsportalen oder in sozialen Netzwerken handelt, ist irrelevant. Daher müssen Sie auch bei Belohnungen für Feedback in sozialen Netzwerken mit Unterlassungs- und Beseitigungs- sowie Schadensersatzansprüchen der Mitbewerber rechnen.

Achtung: Zurückhaltung bei gekauften negativen Aussagen

Manche Unternehmen kommen nicht nur auf die Idee, Belohnungen für positive Bewertungen ihres Unternehmens zu vergeben, sondern gehen noch einen Schritt weiter und lassen Konkurrenzunternehmen negativ bewerten, um so selbst besser dazustehen. Doch wer auf solche Mittel zurückgreift, sollte vorsichtig sein. Denn in einem solchen Fall tragen Sie als beauftragendes Unternehmen für Aussagen des »gekauften« Bewertenden grundsätzlich die Verantwortung und müssen mit der Geltendmachung von Beseitigungs-, Unterlassungs- und Ersatzansprüchen rechnen. Schließlich kann diese negative PR einen Vertrauensverlust der Verbraucher in die Produkte des Unternehmens zur Folge haben und damit enormen Einfluss auf das Schicksal des betroffenen Unternehmens nehmen. Kommt der Kauf solcher Bewertungen an die Öffentlichkeit, ist dies zudem für Sie besonders unangenehm und bedeutet oftmals einen Imageschaden.

7.10 Wie ist die Haftung im Rahmen von sozialen Netzwerken geregelt?

Während des Betriebs des Social-Media-Auftritts muss einem Aspekt besondere Aufmerksamkeit geschenkt werden: der Haftung. Die Kommunikationswege auf Auftritten in sozialen Netzwerken erfolgen auf verschiedene Arten und Weisen. Neben Ihnen als Betreiber des Auftritts selbst können auch Nutzer Inhalte über Ihre Seite verbreiten, indem Sie dort durch einen Klick auf Buttons wie STATUS oder FOTO/ VIDEO Texte, Links, Fotos oder andere Bilder hinterlassen können (siehe Abbildung 7.77).

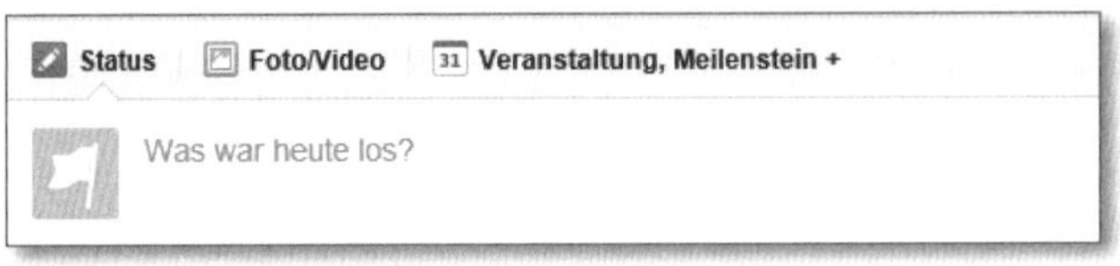

Abbildung 7.77 Beispiel für die Möglichkeiten des Teilens von Inhalten in dem sozialen Netzwerk Facebook

Es stellt sich die Frage, wer die Verantwortung für welche Inhalte zu tragen hat. Die Antwort auf diese Frage soll in diesem Abschnitt gegeben werden.

7.10.1 Die Haftung für eigene Inhalte

Grundsätzlich haften Sie als Inhaber des Social-Media-Auftritts auf Netzwerken wie Facebook, Twitter oder XING für Ihre eigenen Inhalte. Dazu gehören unter anderem Postings von Texten, Bildern, Videos, Fotos oder Kommentaren auf eigenen oder fremden Seiten des Netzwerkes. Dies gilt ebenso für RSS-Feeds über Nachrichtendienste wie Twitter. Denn der Gesetzgeber sieht in § 7 Abs. 1 TMG klar vor, dass Sie als Diensteanbieter »für eigene Informationen, die sie zur Nutzung bereithalten, nach den allgemeinen Gesetzen verantwortlich« sind. Davon umfasst sind nicht nur die von Ihnen selbst eingestellten Inhalte, sondern auch solche Ihrer Mitarbeiter, die Sie mit der Verwaltung des Auftritts beauftragt haben.

Praxisbeispiel: Verantwortung für Mitarbeiter

Teilt Ihr Social-Media-Beauftragter beispielsweise ein Bild, an dem Dritte die Rechte haben, so sind Sie als Betreiber des Accounts für die Rechtsverletzung verantwortlich und können vom Rechteinhaber unter anderem auf Unterlassung oder Schadensersatz in Anspruch genommen werden.

7.10.2 Die Haftung für zu eigen gemachte Inhalte

Wie bereits erläutert, haftet der Betreiber des Social-Media-Accounts grundsätzlich nur für eigene Inhalte und somit nicht für Inhalte, die Nutzer auf seiner Seite veröffentlichen. Eine Ausnahme von diesem Grundsatz bildet jedoch die Konstellation, in der Inhalt zwar von einem Dritten veröffentlicht wird, der Betreiber sich diesen aber zu eigen macht. Ist dies der Fall, haftet er für fremde Inhalte wie für eigene.

Nun stellt sich die Frage, wann eine solche Zueigenmachung anzunehmen ist. Um herauszufinden, ob eine Zueigenmachung vorliegt, ist nach Ansicht der Rechtsprechung eine objektive Sicht auf der Grundlage einer Gesamtbetrachtung aller relevanten Umstände nötig. Wesentlich sei nämlich, ob der durchschnittlich verständige Nutzer den Eindruck gewinnen muss, dass sich der Betreiber der Seite dergestalt mit der Information identifiziert, dass diese als eigene erscheint. Davon ist beispielsweise dann auszugehen, wenn Sie Inhalte Dritter auf Ihre Social-Web-Seite aufnehmen, ohne diese als fremd zu kennzeichnen.

Praxisbeispiel: Zueigenmachung

Ein Nutzer veröffentlicht auf seiner Seite ein Bild, das er einfach von einer Webseite kopiert hat, ohne zu wissen, dass es sich um urheberrechtlich geschütztes Material handelt. Dies ist Ihnen auch nicht bekannt, weshalb Sie es kurzerhand mit einem GEFÄLLT MIR versehen und mit Ihrem Netzwerk TEILEN. Dies geschieht besonders häufig bei lustigen Fotos (siehe Abbildung 7.78). Bevor Sie ein solches Bild mit Ihren Freunden teilen oder den »Gefällt mir«-Button klicken, müssen Sie bedenken, dass das Bild urheberrechtlich geschützt sein kann und auch die darauf abgebildeten Personen eine Verbreitung und Veröffentlichung nicht dulden müssen.

Abbildung 7.78 Beispiel für ein lustiges Bild, das insgesamt 15.413 Personen mit »Gefällt mir« versehen und 624 Nutzer geteilt haben

Um einen Haftungsfall zu vermeiden, sollte bei der Veröffentlichung von Inhalten theoretisch grundsätzlich geprüft werden, ob diese Rechte Dritter verletzen könnten. Im Zweifel können Sie dies aber nicht nachvollziehen.

Praxishinweis: Risikoverringerung

Da die Kontrolle der Rechte an den Inhalten in der Regel ein Ding der Unmöglichkeit ist, können wir Internetnutzern nur raten, den Teilen-Knopf auf bekannten Webseiten zu drücken. Hier besteht am ehesten die Wahrscheinlichkeit, dass die Rechte ordentlich eingeholt worden sind. Außerdem gibt es im Abmahnfall einen solventen Ansprechpartner, bei dem der einzelne Nutzer Regress nehmen kann.

Liegt eine Rechtsverletzung vor, so müssen Sie mit Abmahnungen rechnen: Die erste Abmahnung wegen Drücken des Teilen-Buttons auf Facebook ist bereits im Frühjahr 2015 versendet worden! Getroffen hat es die Inhaberin einer Fahrschule, die den beliebten Teilen-Knopf von Facebook unter einem Internetbericht der Bild-Zeitung gedrückt hat, der von Marco Reus und seiner Fahrt mit einem gefälschten Führerschein handelte. Der Fotograf war wenig begeistert, als sein Bild bei Facebook geteilt wurde, ohne ihn als Urheber zu nennen. Er mahnte die Inhaberin der Fahrschule ab.

Diese Abmahnung ist für den Nutzer aber besonders überraschend, da beim Teilen eines Beitrags über den Share-Button immer automatisch ein verkleinertes Vorschaubild gezeigt wird, auf das der Nutzer keinen Einfluss hat. Hier liegt ein entscheidender Unterschied zum Teilen eines Links bei Facebook. Beim Setzen eines Links kann das Vorschaubild entfernt oder bearbeitet werden. Daher sollten hier Blogbetreiber und Online-Medien in die Pflicht genommen werden: Konkret sollten die Betreiber von Internetseiten sich von Fotografen also die entsprechenden Rechte vorher einräumen lassen, etwa dadurch, dass im Lizenzvertrag geregelt ist, dass die eingekauften Bilder auch in den sozialen Netzwerken (die möglichst konkret benannt werden sollten) verwendet werden dürfen – und zwar notfalls auch ohne Nennung des Urhebers. Ansonsten müssen sie mit Regressansprüchen der abgemahnten Nutzer rechnen. Dies haben bereits die Richter am Landgericht Frankfurt in einem Streit zum Share-Button von Facebook entschieden (Urteil vom 17.07.2014, Az. 2-03 S 2/14). Solange die Teilen-Funktion genutzt wird, vergibt der Seitenbetreiber konkludent eine Lizenz an den geteilten Inhalten. Außerdem müssen die Blogbetreiber dafür sorgen, dass die Urhebernennung im Artikel so platziert wird, dass diese auch beim Teilen in den sozialen Netzwerken noch sichtbar ist.

Achtung: Kein Unterschied zwischen privatem und geschäftsmäßigem Profil!

Wichtig für die Nutzer ist auch zu wissen, dass kein Unterschied darin besteht, ob es sich um eine private oder geschäftsmäßige Facebook-Seite handelt. Auch für das öffentliche Zugänglichmachen auf einer privaten Facebook-Seite brauchen Nutzer die Erlaubnis des Rechteinhabers. Das liegt daran, dass bei der Vielzahl von Freunden, die Nutzer bei Facebook haben, nicht mehr von einem privaten Rahmen gesprochen werden kann. Natürlich ist aber die Abmahngefahr bei einer geschäftsmäßigen Seite größer. Auch die Abmahnkosten und die Schadensersatzansprüche werden hier regelmäßig deutlich höher ausfallen. Denn während bei Privatleuten die Abmahnkosten grundsätzlich gesetzlich gedeckelt sind, besteht eine solche Kostengrenze bei geschäftlicher Nutzung der Inhalte nicht.

Es wird mit Sicherheit nicht bei dieser einen Abmahnung bleiben, weshalb eine wegweisende Gerichtsentscheidung unabdingbar ist. Bis dahin besteht nun eine erhöhte Abmahngefahr für die Nutzer und eine noch größere Gefahr für die Blogbetreiber, die womöglich bald zahlreichen Regressansprüchen ausgesetzt sein werden.

Achtung: Abmahnung bei kommerzieller Nutzung!

Mit einer Abmahnung muss insbesondere der rechnen, der das Vorschaubild nicht nur redaktionell, sondern auch kommerziell verwendet. So ist es nämlich auch im Fall der ersten Abmahnung der Fahrschulbetreiberin gewesen. Diese hatte den Artikel zum Fahren ohne Führerschein als Werbemaßnahme für ihre eigenen Zwecke verwendet. Dies muss sich der Rechteinhaber nicht gefallen lassen!

Das Gleiche gilt für das Retweeten beim Kurznachrichtendienst Twitter. Ähnlich wie beim Teilen auf Facebook macht sich der Twitter-Nutzer einen fremden Tweet zu eigen, wenn er ihn retweetet. Ein Retweet wird automatisch als solcher gekennzeichnet; ob dieser vergleichsweise unscheinbare Vermerk allerdings ein Zueigenmachen verhindert, kann bezweifelt werden. Im Gegensatz zum Teilen von Facebook-Posts können Retweets nicht kommentiert werden. Eine Distanzierung von den retweeteten Inhalten ist also nicht möglich.

7.10.3 Die Haftung für fremde Inhalte

Die zahlreichen Kommunikationsmöglichkeiten der sozialen Netzwerke ermöglichen es Ihnen, nicht nur Inhalte auf Ihrer eigenen Seite zu veröffentlichen, sondern – je nach Einstellung – auch auf Seiten Dritter. Dabei stellt sich nun die Frage, ob Sie als Profilinhaber auch für diese Inhalte haften, wenn diese Rechte Dritter verletzen.

Wie bereits erläutert, haften Sie grundsätzlich nur für Ihre eigenen Inhalte und für solche, die Sie sich zu eigen gemacht haben. Darüber hinaus haften Sie für fremde Inhalte auf Ihrer Seite unter anderem dann nicht, wenn Sie keine Kenntnis von der Rechtsverletzung oder der Information haben oder Sie unverzüglich tätig geworden sind, um die rechtsverletzenden Inhalte zu entfernen oder den Zugang zu ihnen zu sperren, sobald Sie diese Kenntnis erlangt haben.

Grundsätzlich können Sie nicht auf Anhieb erkennen, ob beispielsweise auf Ihrer Seite gepostete Bilder oder Texte die Rechte Dritter verletzen. Auch kann Ihnen nicht zugemutet werden, dies stets zu überprüfen und zu überwachen – dies sieht auch der Gesetzgeber so. Aus diesem Grund normierte er eine Haftung erst ab dem Moment, in dem Sie von der Rechtsverletzung Kenntnis erlangen.

Praxisbeispiel: Kenntniserlangung

Im Rahmen sozialer Netzwerke kann diese Kenntniserlangung beispielsweise durch eine private Nachricht des Rechteinhabers an Sie als Profilinhaber erfolgen. Von einer Kenntniserlangung kann jedoch nicht schon dann ausgegangen werden, wenn Sie eine automatische Benachrichtigung über den Eintrag erhalten haben oder diesen sogar kommentiert haben. Denn allein die Kenntniserlangung von der Existenz des Beitrags bedeutet noch keine Kenntniserlangung von dessen Rechtswidrigkeit.

In diesem Zusammenhang hat sich das aus dem US-Recht stammende *Notice-and-takedown-Verfahren* bewährt. Danach werden Sie als Profilinhaber zunächst beispielsweise durch den Rechteinhaber selbst über die Verletzung seiner Rechte informiert, damit Sie diesen Zustand dann unverzüglich beseitigen können.

Nach der Rechtsprechung des BGH muss der Hinweis dabei so konkret gefasst sein, dass der Rechtsverstoß auf der Grundlage der Behauptungen des Betroffenen unschwer – das heißt ohne eingehende rechtliche und tatsächliche Überprüfung – bejaht werden kann. Haben Sie Zweifel an der Richtigkeit der Mitteilung, so können Sie dies dem Betroffenen innerhalb der Frist mitteilen und um Nachweis der Rechtsinhaberschaft bitten. Reagiert dieser darauf nicht mehr, so bestehe für Sie keine Löschungspflicht.

Auf Löschungsforderungen der Rechteinhaber sollten Sie jedoch unbedingt reagieren, da Sie andernfalls mit Forderungen nach Unterlassung, Beseitigung und Schadensersatz rechnen müssen. Jedenfalls dann, wenn eine Rechtsverletzung offensichtlich ist, ist eine sofortige Löschung nur empfehlenswert.

Praxistipp: Beschränkungen für Dritte einrichten

Bei Social-Media-Auftritten von Unternehmen kann es zur Vermeidung dieser Problematik empfehlenswert sein, über die Einstellungen der sozialen Netzwerke Beiträge von Dritten auf der eigenen Seite der eigenen Überprüfung zu unterlegen oder gar ganz zu verhindern (siehe Abbildung 7.79). Dies schränkt zwar einerseits die Kundennähe ein, verhindert jedoch andererseits den Missbrauch der Seite zu Zwecken, mit denen Sie unter Umständen nicht in Verbindung gebracht werden möchten. Andernfalls müssen Sie die Beiträge auf Ihrer Seite weitestgehend im Blick haben und nach Kenntnis einer Rechtsverletzung den zweifelhaften Beitrag löschen.

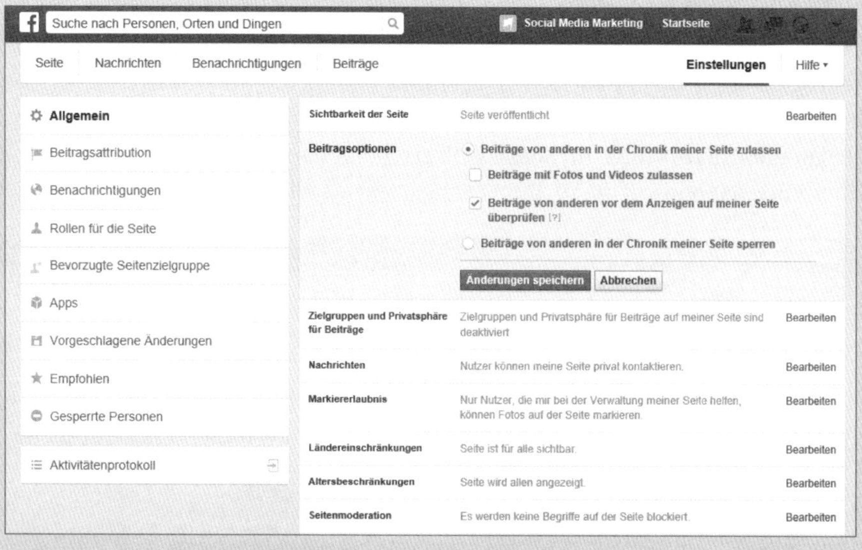

Abbildung 7.79 Möglichkeiten der Veränderung der Beitragsoptionen auf einer Facebook-Seite über die »Einstellungen«

Ebenso sollten Sie vorgehen, wenn der Rechteinhaber Sie nicht direkt kontaktiert, sondern den Weg über die Betreiber der Plattform wählt. Denn diese bieten oftmals Formulare, über die Rechteinhaber Rechtsverletzungen melden können (siehe Abbildung 7.80). Missbraucht jemand dieses Verfahren, muss er unter anderem damit rechnen, dass sein eigener Account gesperrt wird.

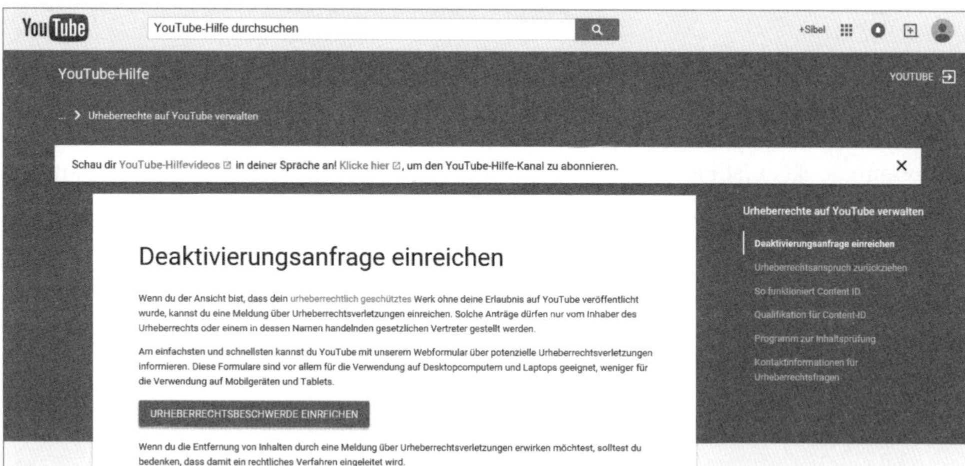

Abbildung 7.80 Möglichkeit zur Meldung von Urheberrechtsverletzungen auf YouTube in Verbindung mit der Anfrage zur Deaktivierung des beanstandeten Videos

7.10.4 Die Haftung für Links

Im Rahmen der Haftung ist darüber hinaus ein Blick auf die Frage zu werfen, ob Sie in einem sozialen Netzwerk auch für Hyperlinks haften, die über Ihre Seite verbreitet werden. Bei Hyperlinks handelt es sich um Querverweise, über die ein Sprung zu einer anderen Seite erfolgt. Im Social Web erscheint dann nach Eingabe des Links ein kleines Vorschaubild auf die verlinkte Seite (siehe Abbildung 7.81).

Abbildung 7.81 Beispiel für einen Hyperlink zu einem YouTube-Video

Denn denkbar ist beispielsweise, dass Sie die Popularität eines Beitrags dazu nutzen möchten, besonders viel Aufmerksamkeit auf Ihre eigene Seite zu ziehen und dazu Hyperlinks zu diesem Beitrag auf Ihre Seite setzen. Es stellt sich dabei jedoch die Frage, ob Sie dann auch für die dahinterstehenden Inhalte der Links haften, wenn diese rechtsverletzend sind. Die Antwort auf diese Frage ist in der Rechtsprechung und juristischen Literatur noch nicht einheitlich beantwortet worden.

Hyperlinks zu rechtswidrigen Inhalten

Einigkeit besteht zumindest darüber, dass das Setzen von Hyperlinks auf einen urheberrechtlich geschützten Inhalt ohne Einwilligung des Rechteinhabers grundsätzlich keine Urheberrechtsverletzung darstellt, da weder eine Vervielfältigungshandlung noch eine öffentliche Zugänglichmachung vorgenommen werde.

Es stellt sich jedoch die Frage, ob Sie auch für die Inhalte auf der verlinkten Seite in Anspruch genommen werden können. Hierbei ist auf die Grundsätze der Haftung für eigene Inhalte zurückzugreifen: Eine Inanspruchnahme kann jedenfalls dann bejaht werden, wenn Sie sich den Inhalt des Links zu eigen gemacht haben. Davon ist immer dann auszugehen, wenn Sie den hinter dem Link stehenden rechtswidrigen Inhalt zur Kenntnis genommen und seine Weiterverbreitung gefördert haben. Werden also Links mit rechtswidrigen Inhalten von Ihnen mit zustimmenden Kommentaren versehen, so ist von einer Zueigenmachung auszugehen.

Liegt keine Zueigenmachung vor und handelt es sich damit klar um einen fremden Inhalt, so gelten auch im Rahmen der Link-Setzung die bereits erläuterten Haftungsregelungen und das Notice-and-takedown-Verfahren.

Praxistipp: Disclaimer

Gegen die Annahme einer Zueigenmachung von Links kann ein sogenannter *Disclaimer* helfen (siehe Abbildung 7.82). Dieser signalisiert eine Distanzierung von fremden Inhalten. Dabei ist jedoch eine pauschale Distanzierung nicht möglich, vielmehr ist eine Benennung dessen nötig, wovon man sich konkret distanziert. Ein Disclaimer kann die Haftung für bewusst gesetzte rechtswidrige Links oder Inhalte jedoch nicht ausschließen.

Haftung für Links
Unser Angebot enthält u.U. Links zu externen Webseiten Dritter, auf deren Inhalte wir keinen Einfluss habe. Deshalb können wir fürdiese fremden Inhalte auch keine Gewähr übernehmen. Für die Inhalte der verlinkten Seiten ist stets der jeweilige Anbieter oder Betreiber der Seiten verantwortlich. Die verlinkten Seiten wurden zum Zeitpunkt der Verlinkung auf mögliche Rechtsverstöße überprüft. Rechtswidrige Inhalte waren zum Zeitpunkt der Verlinkung nicht erkennbar. Eine permanente inhaltliche Kontrolle der verlinkten Seiten ist jedoch ohne konkrete Anhaltspunkte einer Rechtsverletzung nicht zumutbar. Bei Bekanntwerden von Rechtsverletzungen werde ich derartige Links umgehend entfernen.

Abbildung 7.82 Beispiel für einen Disclaimer auf der Internetseite der Rechtsanwaltskanzlei Wilde Beuger Solmecke

Embedded Links

Eine Besonderheit im Rahmen der Link-Haftung stellen die sogenannten Embedded Links dar. Unter Embedded Links versteht man Inhalte von Drittanbietern, die Internetnutzer auf Ihrer eigenen Internetseite einbinden.

Praxisbeispiel: Embedded Links

Täglich werden millionenfach Links zu YouTube-Videos auf sozialen Netzwerken wie Facebook geteilt. Durch das Posten des Links bindet Facebook automatisch das dazugehörige Video in den sogenannten Embedded Player ein, so dass das Video direkt auf dem Facebook-Profil abgerufen werden kann (siehe Abbildung 7.83).

Abbildung 7.83 Einbetten eines YouTube-Videos auf Facebook

Unter Juristen war jahrelang umstritten, ob das Einbinden urheberrechtlich geschützter Inhalte auf anderen Webseiten eine Urheberrechtsverletzung darstellt. Auch die Gerichte waren sich nicht einig – selbst der BGH konnte diese Frage nicht abschließend entscheiden, so dass der EuGH angerufen werden musste. Nun hat der EuGH (Beschluss vom 24.10.2014, Az. C-348/13) endlich eine klare Entscheidung zugunsten der Freiheit des Internets getroffen und entschieden, dass das Einbinden von YouTube-Videos keine Urheberrechtsverletzung darstellt. Die Entscheidung erlaubt es, alle Inhalte, die einmal im Netz öffentlich zugänglich gemacht worden sind, im Wege des Framings auf anderen Internetseiten einzubinden. Das bedeutet zum Beispiel, dass es legal ist, fremde Fotos auf der eigenen Internetseite einzubinden, sofern diese Bilder weiterhin an der Ursprungsquelle liegen und nicht kopiert werden. Eine Lizenz ist hierfür nicht erforderlich. Dies könnte zur Folge haben, dass in Zukunft auch die Fotos kommerzieller Anbieter ohne den Erwerb einer Lizenz im Wege des Framings genutzt werden dürfen.

Unklar ist aber noch, ob dies auch für illegal ins Internet gestellte Inhalte gilt. Dazu äußert sich der EuGH leider nicht eindeutig. Wenn man davon ausgeht, dass das Urteil auch für illegale Inhalte gilt, würde das bedeuten, dass Sie künftig auch beispielsweise Kinofilme selbst dann rechtmäßig in Ihre eigene Internetseite einbinden können, wenn diese zuvor unrechtmäßig ins Netz gestellt worden sind. Diese Bewertung wäre jedoch sehr weitreichend, eine abschließende Aussage dazu gibt es noch nicht.

Festgehalten werden kann jedoch in jedem Fall, dass Sie für Embedded Links jedenfalls dann nicht haften müssen, wenn es sich um legal ins Netz gestellte Inhalte handelt. Ob dies auch für illegal verbreitete Inhalte gilt, bleibt abzuwarten. Sollte dies nicht der Fall sein, so kommt eine Haftung auch an dieser Stelle nach dem Notice-and-takedown-Verfahren erst ab Kenntnisnahme in Frage.

7.11 Checkliste Social Media Marketing: Alles beachtet?

Checkliste

- Entspricht die von Ihnen gewählte Plattform Ihrer Zielgruppe?
- Können Sie den für die gewählte Plattform erforderlichen zeitlichen und personellen Aufwand stemmen?
- Haben Sie die Nutzungsbedingungen im Hinblick auf die grundsätzliche Zulässigkeit und die Modalitäten einer gewerblichen Nutzung kontrolliert?
- Hält Ihr gewünschter Nutzername die Regeln der Plattform ein, und verletzt er auch keine Rechte Dritter?
- Erfüllt Ihr Impressum die gesetzlichen Voraussetzungen?
- Beachten Sie insbesondere die Regelungen zu Äußerungen und zum Teilen von Inhalten?
- Entspricht Ihr Gewinnspiel den rechtlichen Anforderungen und den Bedingungen der Plattform, auf der es stattfinden soll?
- Haben Sie die Grundsätze zur Einwilligung beim Direktmarketing beachtet?
- Haben Sie verinnerlicht, wie Sie Ihre eigene Haftung vermeiden können?

Wenn Sie alle Fragen mit Ja beantworten können, dann kann es losgehen ... Viel Erfolg!

Kapitel 8
Content Marketing

Content Marketing rückt immer mehr ins Zentrum des Online-Marketings. Denn Werbende haben erkannt, dass mittlerweile ein wenig mehr nötig ist, um die Zielgruppe zu erreichen, als einfach nur einen durchschnittlichen Werbeclip zu produzieren oder Bannerwerbung zu schalten. Immer häufiger greifen sie daher zu Blogs, Ratgebern, Tutorials, Demonstrationsvideos, Studien oder Tests, um so potenzielle Kunden mit einem unmittelbar unterhaltenden oder informativen Mehrwert zu begeistern und Reputation aufzubauen. Doch auf dem Weg zum qualitativ hochwertigen Inhalt lauern rechtliche Fallstricke, die Sie mithilfe dieses Kapitels vermeiden können.

Klassische Werbemaßnahmen bieten den Empfängern in der Regel wenig Mehrwert. Content Marketing setzt an dieser Stelle an und baut auf qualitativ hochwertige Informationen, die in der Regel kostenlos auf der Website oder einem Blog des Unternehmens veröffentlicht werden. Typische Beispiele sind Tutorials, Ratgeber, Infografiken, Software, Spiele oder auch E-Books (siehe Abbildung 8.1).

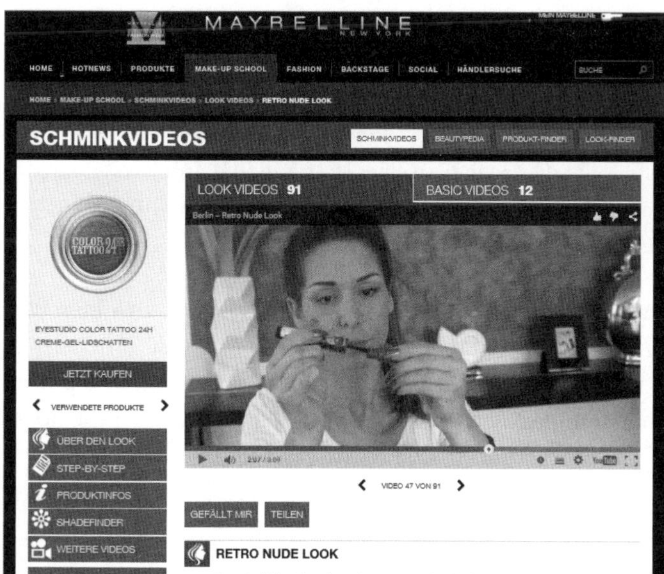

Abbildung 8.1 Der Kosmetikhersteller Maybelline New York bietet seinen Kundinnen auf der Website eine Schmink-School an, die Videos mit Schminkanweisungen enthält.

Mit Content Marketing setzen Sie auf eine subtilere Art der Werbung: Sie rücken die eigentlich beworbenen Produkte eher in den Hintergrund und wollen primär die Aufmerksamkeit des Betrachters. Erst nachdem der potenzielle Kunde »geködert« wurde, kommt die eigentliche Werbung zum Tragen. Das Prinzip lautet also: erst begeistern, dann verkaufen!

Dass Kundenbindung schon lange nicht mehr nur über eine Website mit ein paar netten Bildern funktioniert, haben bereits einige Unternehmen erkannt und setzen daher auf diese Art des Marketings (siehe Abbildung 8.2).

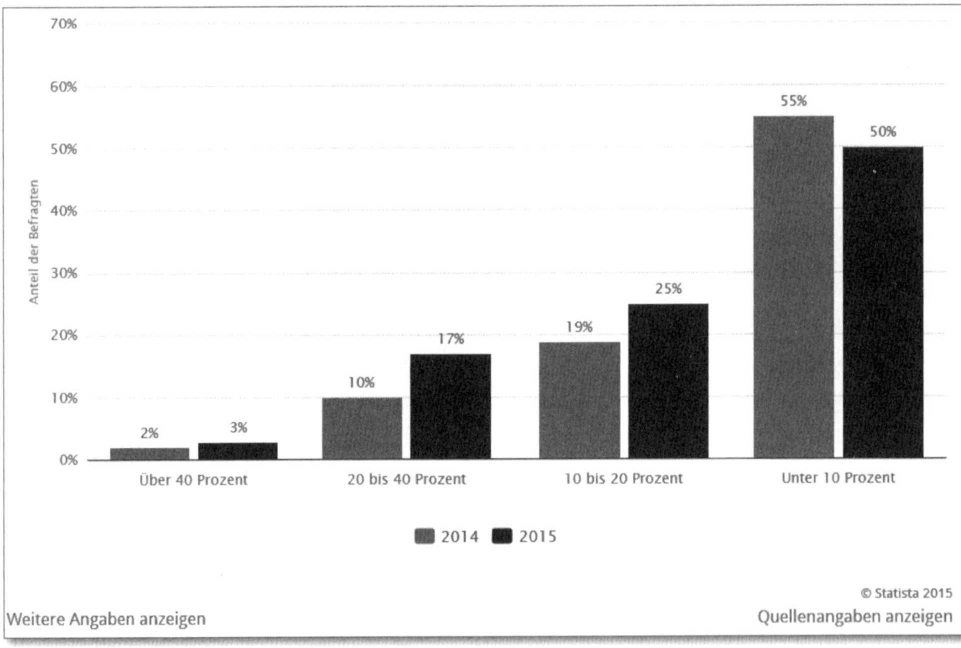

Abbildung 8.2 Diese Statistik zeigt die Ergebnisse einer Umfrage zum Anteil von Content Marketing am Kommunikationsbudget von international ausgerichteten Unternehmen aus Deutschland und der Schweiz.

In der Gesamtschau der Marketinginstrumente handelt es sich jedoch um einen Weg zum Kunden, der im Moment noch nicht so oft eingeschlagen wird, wie zum Beispiel App-Marketing oder Social Media Marketing (siehe Abbildung 8.3). Dies mag wohl auch damit zusammenhängen, dass Content Marketing ein qualitativ sehr hochwertiges Instrument und daher zeit- und kostenintensiv ist.

In einer Zeit, in der klare Anzeigenformate wie Banner- und Textwerbung miserable Klickraten haben und von Internetnutzern oftmals nur als störend empfunden werden, ist Content Marketing eine Strategie, um den Kunden langfristig in Erinnerung zu bleiben und Kunden zu binden. Dabei lässt sich diese Marketingstrategie auf verschiedene Arten umsetzen. Entweder entscheiden Sie sich für Inhalte auf Ihrer eigenen Unternehmens-Website oder auf von Ihnen speziell zu Marketingzwecken geschaffenen Webseiten mit Inhalten, die einen Bezug zu Ihren eigenen Produkten und Dienstleistungen haben (siehe Abbildung 8.4).

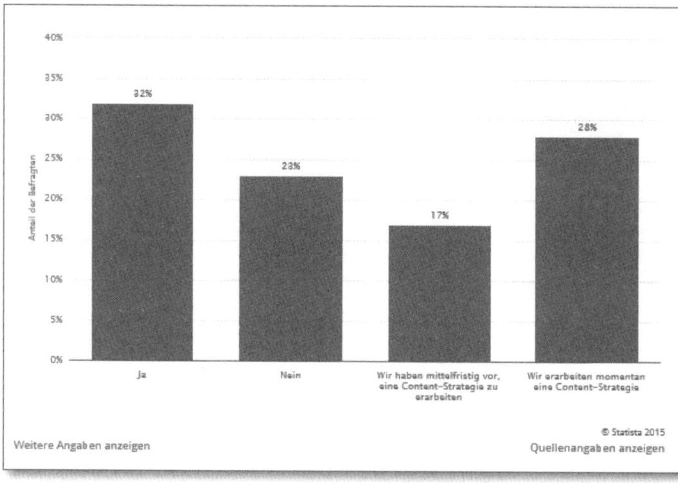

Abbildung 8.3 Diese Statistik zeigt die Ergebnisse einer Umfrage zum Vorhandensein einer Content-Marketing-Strategie von international ausgerichteten Unternehmen aus Deutschland und der Schweiz.

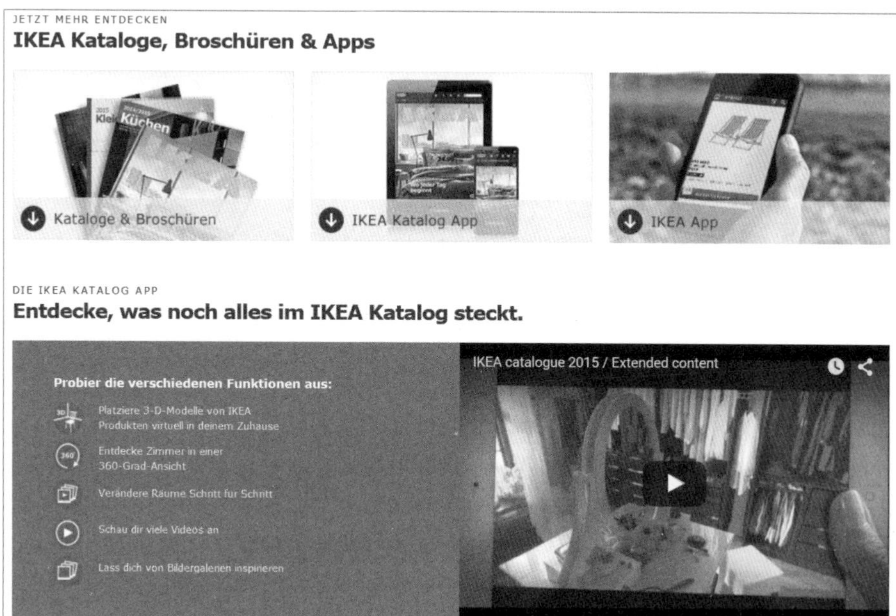

Abbildung 8.4 Der schwedische Möbelhersteller IKEA bietet seinen Kunden eine Software, mit der Sie sich einen besseren räumlichen Eindruck über die von Ihnen präferierten Möbel verschaffen können.

Oder Sie nutzen fremde Webseiten, die dann Hinweise zu Ihren Produkten, Ihren Internetauftritten oder zu Ihrem Onlineshop beinhalten. Internetauftritte müssen nicht unbedingt nur Websites sein, vielmehr eignen sich dazu auch soziale Netzwerke wie Facebook oder Instagram (siehe Abbildung 8.5).

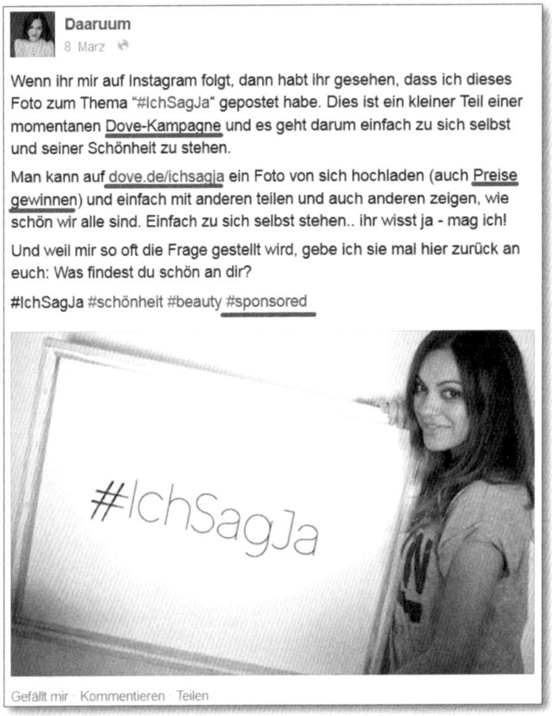

Abbildung 8.5 Auf Ihrem Profil »erzählt« Videobloggerin Daaruum von ihrer Teilnahme an einer Aktion des Kosmetikherstellers Dove.

Während die erste Variante rechtlich noch recht einfach umzusetzen ist, sind gerade bei der Werbung mit Inhalten auf Seiten Dritter rechtliche Fallstricke verborgen. Denn in vielen Fällen handelt es sich dabei um Werbung, die gar nicht aussieht wie Werbung. Dies lässt der Gesetzgeber jedoch nur bedingt zu. Darüber hinaus stellt sich Ihnen sicher die Frage, wie Sie – gerade im Internet – Ihre hochwertigen Inhalte davor schützen können, von Dritten ebenfalls genutzt oder kopiert zu werden. Auf diese und andere Aspekte des Content Marketings möchten wir in diesem Kapitel eingehen und Ihnen Hilfestellungen bei der rechtskonformen Umsetzung bieten.

8.1 Sind Produktplatzierungen in Videos legal?

Während dem Betrachter bei Inhalten auf Ihrer Website der Werbecharakter durchaus bewusst ist und er ihm daher möglicherweise weniger glaubwürdig erscheint, vermitteln Inhalte auf Drittseiten, die auf Ihre Produkte hinweisen, Seriosität und Glaubwürdigkeit. Aus diesem Grund bevorzugen bereits viele Unternehmen Werbemaßnahmen auf Webseiten Dritter. Doch genau dieser Aspekt der vermeintlich höheren Seriosität ist rechtlich problematisch. Denn es stellt sich die Frage, ob es sich um eine zulässige kreative Werbeform handelt oder um unterschwellige Schleichwerbung. Denn unter Umständen müssen Sie sich den Vorwurf gefallen lassen, den potenziellen Kunden Unabhängigkeit vorzuspielen. Was genau Schleichwerbung ist, ob Content Marketing Schleichwerbung ist und was Sie darüber hinaus beachten müssen, möchten wir Ihnen im Folgenden erläutern.

8.1.1 Schleichwerbung

Oftmals wird Content Marketing der Vorwurf gemacht, es handele sich um eine gezielte Vermischung von neutralem Inhalt und Werbung, weshalb auch der Begriff Schleichwerbung immer wieder fällt. Doch was ist Schleichwerbung überhaupt genau?

Schleichwerbung liegt vor, wenn Sie den Werbecharakter einer geschäftlichen Handlung verschleiern. Dies setzt seiner gesetzlichen Definition nach voraus, dass das äußere Erscheinungsbild einer geschäftlichen Handlung so gestaltet wird, dass die Marktteilnehmer den geschäftlichen Charakter nicht klar und eindeutig erkennen können. Das Anstößige an der Schleichwerbung besteht darin, dass der Adressat die Werbeaussage für eine sachliche Information eines Dritten hält. Wer Schleichwerbung anwendet, täuscht also über das Vorliegen von Werbung, und das ist unzulässig.

Praxisbeispiel

Anfang des Jahres 2014 entstand eine öffentliche Diskussion um Videos der deutschen YouTuber Y-Titty. Diese haben Produkte von Coca-Cola und Samsung ohne Werbehinweis in die regulären Videos integriert. Der konkrete Vorwurf betrifft beispielsweise ein Video, in dem indirekt ein neues Samsung-Smartphone getestet und gelobt wird (siehe Abbildung 8.6).

Das Verbot von Schleichwerbung ist an unterschiedlichen Stellen gesetzlich geregelt und betrifft alle Medienbereiche – von Print über Rundfunk bis zu Kino und Internet. Dahin gehend haben wir Ihnen bereits Näheres im Rahmen des Video-Marketings in Abschnitt 6.4, »Wie kann ich Produktplatzierungen in Videos vornehmen?«, erläutert und möchten darauf an dieser Stelle verweisen.

Schleichwerbung wird oft fälschlicherweise mit Produktplatzierung gleichgesetzt. Dabei unterscheiden sich die Werbeformen bereits durch die Kennzeichnung: Produktplatzierung setzt voraus, dass ein Produkt deutlich gekennzeichnet in einer Sendung platziert wird. Fehlt es an einer solchen Kennzeichnung, kann schon keine

Produktplatzierung vorliegen – unter Umständen wohl aber eine Schleichwerbung. Seit dem Jahr 2010 sind Produktplatzierungen in Deutschland unter bestimmten Voraussetzungen erlaubt.

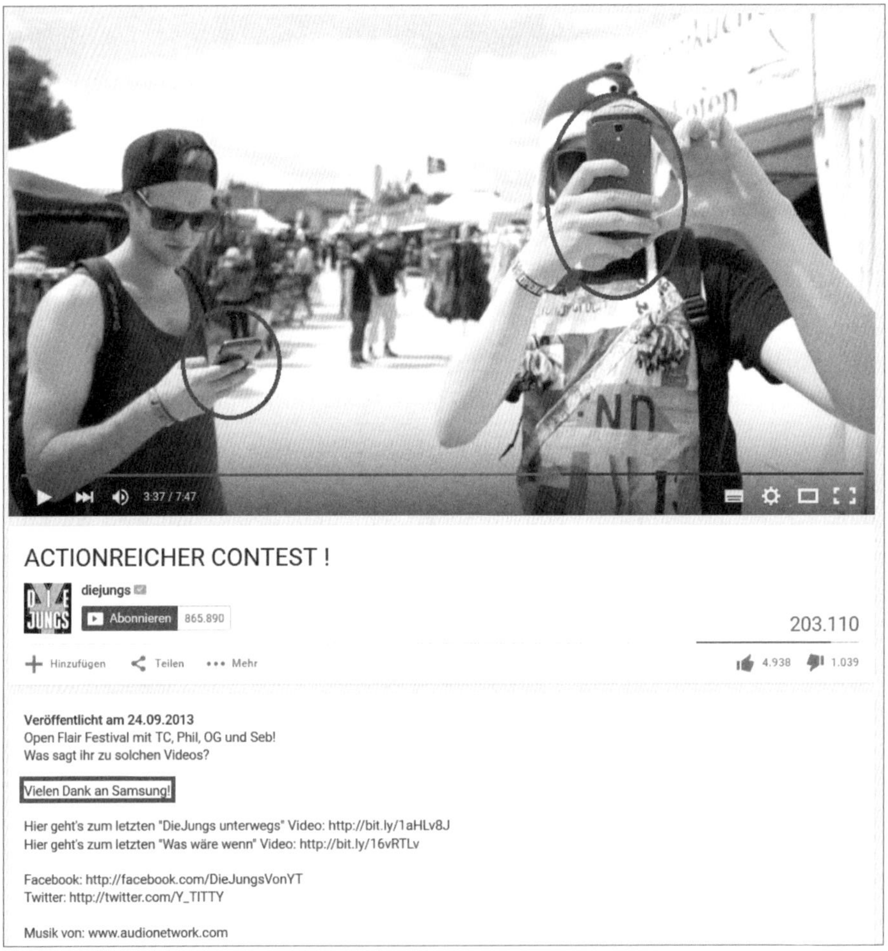

Abbildung 8.6 Die YouTuber Y-Titty testen ein Smartphone der Marke Samsung.

Danach muss Werbung in Presse, Fernsehen, Rundfunk und Internet von redaktionellen Inhalten getrennt werden. Hintergrund dieser Regelung ist, dass der Adressat einem redaktionellen Beitrag regelmäßig größere Bedeutung beimisst und dementsprechend mehr Beachtung schenkt.

Dies ist insbesondere beim jungen Publikum ein Problem. Dieses kann durch die heimliche Werbung von Bloggern und Videostars manipuliert werden. Denn für Jugendliche haben ihre Internet-Ikonen auf YouTube oder Instagram eine große Glaubwürdigkeit. Aus diesem Grund wird auch dieser Kanal häufig genutzt, um werbende Inhalte zu platzieren (siehe Abbildung 8.7).

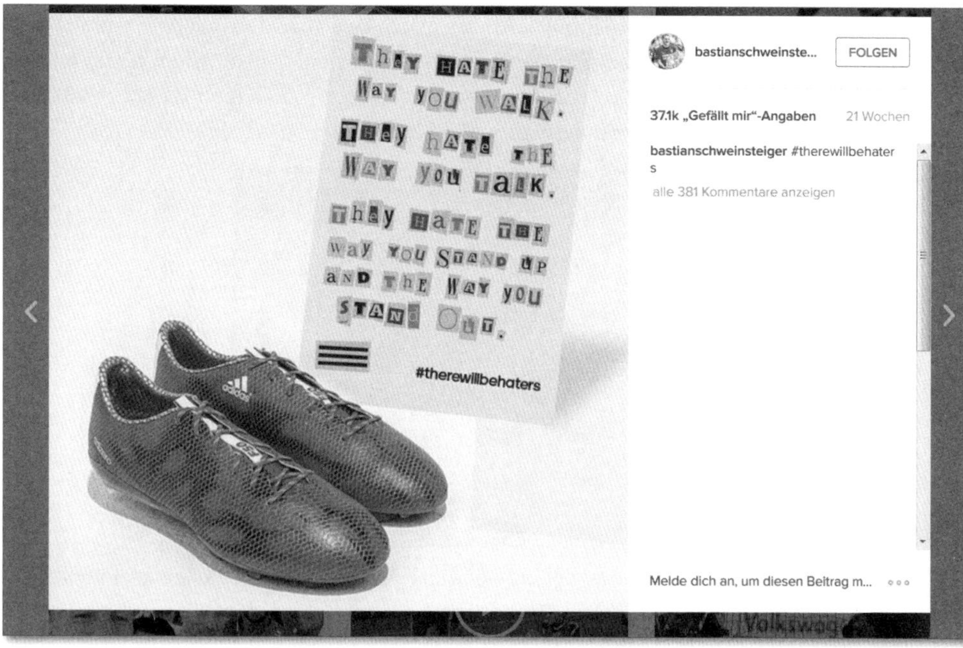

Abbildung 8.7 Der Fußballer Bastian Schweinsteiger nutzt sein Instagram-Profil auch schon einmal, um seine adidas Fußballschuhe zu zeigen.

Das Problem in der Praxis ist jedoch, dass Schleichwerbung und redaktionelle Berichterstattung oft nicht leicht voneinander zu trennen sind, insbesondere wenn Medien unentgeltlich über bestimmte Produkte oder Unternehmen berichten. In diesen Fällen ist der Trennungsgrundsatz nicht verletzt, wenn die sachliche Unterrichtung des Publikums im Vordergrund steht und werbliche Auswirkungen nur zwangsläufige Folge der Berichterstattung sind.

Dabei darf auch der Name des Produkts oder des Herstellers genannt werden. Die Grenze zur Schleichwerbung wird aber zum Beispiel dann überschritten, wenn das Produkt oder der Hersteller ohne sachlichen Grund übermäßig herausgestellt wird oder wenn Leistungsangebote werbend dargestellt werden.

Praxisbeispiel

Das Reality-TV-Format »Ich bin ein Star – holt mich hier raus!« gehört zu den großen Quotenerfolgen des TV-Senders RTL. Dort müssen Prominente im australischen Dschungel leben, sich von Reis und Bohnen ernähren und können mit Dschungelprüfungen und Schatzsuchen weitere »Luxusartikel« wie Gemüse, Fleisch oder Gewürze erspielen, um so ein wenig Abwechslung auf dem Teller zu erhalten. In der Folge vom 24.01.2014 hatten die Teilnehmer der Sendung eine Prüfung erfolgreich absolviert und als Belohnung eine Packung PiCK-UP-Kekse von Leibniz gewonnen (siehe Abbildung

8.8). Nachdem sich die Teilnehmer enthusiastisch dazu äußerten, hat die Kommission für Zulassung und Aufsicht dem Sender RTL vorgeworfen, gegen Bestimmungen des Rundfunkstaatsvertrags zur Produktplatzierung verstoßen zu haben. Dies begründete sie damit, dass das Keksprodukt übermäßig hervorgehoben worden sei.

Abbildung 8.8 Die Teilnehmer der RTL-Sendung »Ich bin ein Star – holt mich hier raus« freuen sich übermäßig über den Gewinn von PiCK-UP-Keksen der Marke Leibniz.

Handelt sich es dagegen um Produkte, die nur zufällig im Video oder Bild erscheinen, so besteht keine Kennzeichnungspflicht, da die Produkte dann nur eine Nebenrolle spielen (siehe Abbildung 8.9).

Abbildung 8.9 Zufällig sieht man in diesem Video beispielsweise Produkte des Herstellers Apple, ohne dass diese inhaltlich eine Rolle spielen.

Ob tatsächlich ein Fall von Schleichwerbung vorliegt, ist anhand einer Gesamtwürdigung aller Umstände des Einzelfalles festzustellen. Dabei kommt es vor allem auf den Inhalt und die Aufmachung des redaktionellen Berichts an sowie auf die Art und das Maß der Herausstellung des Produkts bzw. Herstellers. Entscheidend ist jedoch auch, ob und inwiefern für die Darstellung in der konkreten Form ein öffentliches Informationsinteresse besteht.

Wird für den Bericht ein Entgelt gezahlt oder ein sonstiger wirtschaftlicher Vorteil, wie zum Beispiel ein Anzeigenauftrag, gewährt, spricht dies in der Regel für das Vorliegen von Schleichwerbung. Dies ist jedoch keinesfalls eine Voraussetzung. Werbung kann also auch dann als Schleichwerbung eingestuft werden, wenn dafür gar kein Entgelt gezahlt oder irgendein anderer Vorteil gewährt wird.

Praxisbeispiel

Ein Verfahren vor dem Europäischen Gerichtshof (Urteil vom 9.06.2011, Az. C-52/10) hatte eine Sendung des griechischen Privatsenders »Alter Channel« zum Gegenstand. In einer im November 2003 ausgestrahlten Sendung unterhielt sich eine Moderatorin mit einer Zahnärztin über Wirkung und Kosten einer kosmetischen Zahnbehandlung, die als Weltneuheit angepriesen wurde. Gegen den Betreiber wurde daraufhin vom griechischen Nationalrat für Rundfunk und Fernsehen eine Geldbuße in Höhe von 25.000 € wegen des Verstoßes gegen das Verbot der Schleichwerbung verhängt. Der Betreiber der Seite klagte dagegen und berief sich darauf, dass er kein Geld für die Werbung erhalten habe. Der Europäische Gerichtshof stellte jedoch fest, dass die Existenz eines Entgeltes oder einer ähnlichen Gegenleistung keine notwendige Voraussetzung für die Feststellung sei, dass eine beabsichtigte Schleichwerbung vorliegt.

Schleichwerbung stellt einen Wettbewerbsverstoß dar, da es unlauter ist, den Werbecharakter von geschäftlichen Handlungen zu verschleiern. Dies kann eine kostenpflichtige Abmahnung eines Mitbewerbers zur Folge haben. Darüber hinaus können auch Sanktionen der zuständigen Aufsichtsbehörden, wie etwa der Landesmedienanstalten, zu befürchten sein.

8.1.2 Haftung für Schleichwerbung

Eines lässt sich in jedem Fall vorab festhalten: Schleichwerbung funktioniert. Sie kann Ihnen hohe Aufmerksamkeit bescheren, Ihre Produkte mit positiven Assoziationen versehen und so das Image der Marke aufpolieren – letztlich also auch den Absatz steigern.

Jedoch ist Schleichwerbung nicht ehrlich und deshalb auch rechtswidrig. Es stellt sich daher die Frage, wer eigentlich dafür haftet, wenn Ihre Produkte rechtswidrig in

Inhalten Dritter platziert werden – Sie oder der Schleichwerber, also YouTuber zum Beispiel. Hier müssen Sie sich grundsätzlich merken, dass Sie nicht von einer Haftung befreit werden, nur weil Sie die Schleichwerbung nicht selbst platziert haben! Denn wenn Sie Kenntnis vom Verstoß haben oder dazu sogar aufgefordert haben, sind eine Mithaftung und Abmahnungen von Mitbewerbern nicht ausgeschlossen. Noch viel empfindlicher ist aber wohl der Imageschaden, den Sie erleiden, wenn die Schleichwerbung öffentlich wird.

Dennoch scheint Schleichwerbung für viele Unternehmen noch immer ein lohnendes Marketinginstrument zu sein. Anders lässt sich die hohe Anzahl der Fälle in der Praxis wohl nicht erklären. Denn von Unwissenheit kann in den meisten Fällen eher nicht die Rede sein.

8.1.3 Produktplatzierungen

Um sich nicht den Vorwurf der Schleichwerbung gefallen lassen zu müssen, muss Werbung in redaktionellen Beiträgen mit dem klaren Hinweis versehen werden, dass es sich um Werbung handelt bzw. ein Produkt vom Hersteller in diesem Inhalt platziert wurde.

Doch nicht immer muss die Platzierung eines Produkts auch als solche gekennzeichnet werden. Handelt es sich beispielsweise nur um eine Produkthilfe, entfällt diese Pflicht. Doch wann ist dies der Fall?

Der Begriff der Produktplatzierung ist im Rundfunkstaatsvertrag geregelt. Danach ist:

> *»Produktplatzierung die gekennzeichnete Erwähnung oder Darstellung von Waren, Dienstleistungen, Namen, Marken, Tätigkeiten eines Herstellers von Waren oder eines Erbringers von Dienstleistungen in Sendungen gegen Entgelt oder eine ähnliche Gegenleistung mit dem Ziel der Absatzförderung. Die kostenlose Bereitstellung von Waren oder Dienstleistungen ist Produktplatzierung, sofern die betreffende Ware oder Dienstleistung von bedeutendem Wert ist«. (§ 2 Abs. 2 Nr. 11 RStV)*

Im letzten Satz wird bereits deutlich, wo der Unterschied zur Produkthilfe liegt. Produkthilfe wird im Gegensatz zur Produktplatzierung unentgeltlich gewährt. Sie ist grundsätzlich nicht kennzeichnungspflichtig. Erst wenn die Produkthilfe eine hohe finanzielle Zuwendung bedeutet, muss auch diese wie die klassische Produktplatzierung gekennzeichnet werden. Eine bedeutende finanzielle Zuwendung liegt vor, wenn die Produktionshilfen mehr als 1 % der Produktionskosten ausmachen oder pauschal einen Betrag von 1.000 € übersteigen.

Praxisbeispiel

Besonders beliebt bei jungen Frauen sind Beauty-Tutorials (siehe Abbildung 8.10). Darin testen die Bloggerinnen Kosmetik und geben Tipps bei der Anwendung. Da der Wert der verwendeten Kosmetik in der Regel einen Betrag von 1.000 € nicht überschreitet, hat die Bloggerin keine Kennzeichnungspflicht. Wichtig ist aber auch, dass die Bloggerin sich nicht durch die Bereitstellung beeinflussen lässt und bei einer Produktbewertung ehrlich ihre Meinung äußert. Ist die Bloggerin zum Beispiel zur positiven Berichterstattung verpflichtet, stellt dies wieder eine illegale Schleichwerbung dar.

Abbildung 8.10 Die Beauty-Bloggerin Lauren Curtis verwendet in einem Tutorial Kosmetik der Marke Rimmel.

8.1.4 Verbot der Produktplatzierung

Unzulässig sind Produktplatzierungen in Kindersendungen, informierenden Magazinen, Ratgebern – und Verbrauchersendungen, Übertragungen von Gottesdiensten, Sendungen zum politischen Zeitgeschehen und vor allem in Nachrichtensendungen. Das Verbot von Produktplatzierungen in einzelnen Genres wird vor allem damit begründet, dass einzelne Zuschauergruppen leichter zu beeinflussen sind und bestimmte Informationsquellen wie Informations- und Nachrichtensendungen von jeglicher möglichen Beeinflussung durch Werbepartner geschützt sein sollen.

Dass dies gerade bei der Zuschauergruppe der Kinder und Jugendlichen auch tatsächlich erforderlich ist, zeigt eine Studie zur »Kinder und Onlinewerbung« der Landesanstalt für Medien NRW und des Bundesministeriums für Familie, Senioren, Frauen und Jugend. Danach sind nur 18 % der Kinder im Alter von sechs bis elf Jahren in der Lage, Werbung und redaktionelle Inhalt zu trennen. Sie können Werbebotschaften also nicht eindeutig als solche identifizieren. Aus diesem Grund ist Werbung gegenüber diesem jungen Adressatenkreis besonders klar als solche zu kennzeichnen – die Maßstäbe sind hier deutlich strenger. Werbliche Aufforderungen zur Interaktion, zum Beispiel in Online-Games wie »Jetzt hier klicken!« oder »Hast Du kurz Zeit, Dir das Angebot anzusehen?«, sind eindeutig unzulässige Schleichwerbung. Dies gilt erst recht, wenn die Kinder und Jugendlichen in dem Spiel zum Kauf animiert werden.

Praxisbeispiel

Der Bundesverband der Verbraucherzentralen klagte vor dem BGH (Urteil vom 17.07.2013, Az. I ZR 34/12) gegen die Softwarefirma Gameforge, welche das Online-Fantasierollenspiel »Runes of Magic« vertreibt. Sie bietet das Spiel nach dem *Free-to-play-Modell* an: Die Spieler können sich kostenlos die Software herunterladen und am Spiel teilnehmen. Zusätzlich bietet sie den Spielern die Möglichkeit, virtuelle Spielgegenstände käuflich zu erwerben, um die Spielfiguren besser auszustatten und den Spielverlauf voranzutreiben. Bezahlen kann der Spieler entweder per Kreditkarte oder per SMS. Um die Spieler zum Kauf dieser Gegenstände zu animieren, warb die Firma unter anderem mit der Aussage: *»Schnapp Dir die günstige Gelegenheit und verpasse Deiner Rüstung & Waffen das gewisse Etwas.«* Der Bundesverband der Verbraucherzentralen sah diese Werbeaussage als unzulässig an und klagte. Seiner Ansicht nach steckt darin eine unzulässige Aufforderung an Kinder, diese zusätzlich angebotenen Spielgegenstände zu kaufen, und bekam Recht!

Der BGH kam zu dem Ergebnis, dass es eindeutige Hinweise dafür gegeben habe, dass sich die Werbeaussage auch an Kinder gerichtet habe. Sowohl die Wortwahl als auch die kinderfreundliche Möglichkeit der Bezahlung per SMS lasse einen solch eindeutigen Schluss zu. Dies sei aber verboten, da zum Schutz der Kinder auch im Internet eine gewisse Zurückhaltung geboten sei.

8.1.5 Kennzeichnung der Produktplatzierung

Die Kennzeichnung muss für den Nutzer erkennbar zu Beginn und zum Ende der Sendung sowie nach einer Werbeunterbrechung für mindestens 3 Sekunden mit der Abkürzung P als senderübergreifendes Logo zum Ausdruck gebracht werden. Ergänzend sollte der Hinweis »Unterstützt durch Produktplatzierungen« eingeblendet werden (siehe Abbildung 8.11).

Abbildung 8.11 Die Bloggerin Daaruum hält sich in diesem Video an die erforderlichen Kennzeichnungspflichten.

Achtung

Wenn Sie stattdessen zu Angaben wie *sponsored by* greifen (siehe Abbildung 8.12), weil dies etwas unauffälliger ist als der Begriff Anzeige, dann entspricht dies nach Ansicht des Bundesgerichtshofs (Urteil vom 6.02.2014, Az. I ZR 2/11) nicht den rechtlichen Anforderungen, da es sich dabei um eine sehr unscharfe Formulierung handele, die zur Verdeutlichung des Anzeigencharakters der Veröffentlichungen nicht ausreiche. Wir empfehlen Ihnen daher, Anzeigen einfach mit der präzisen Angabe Anzeige oder Werbung zu kennzeichnen.

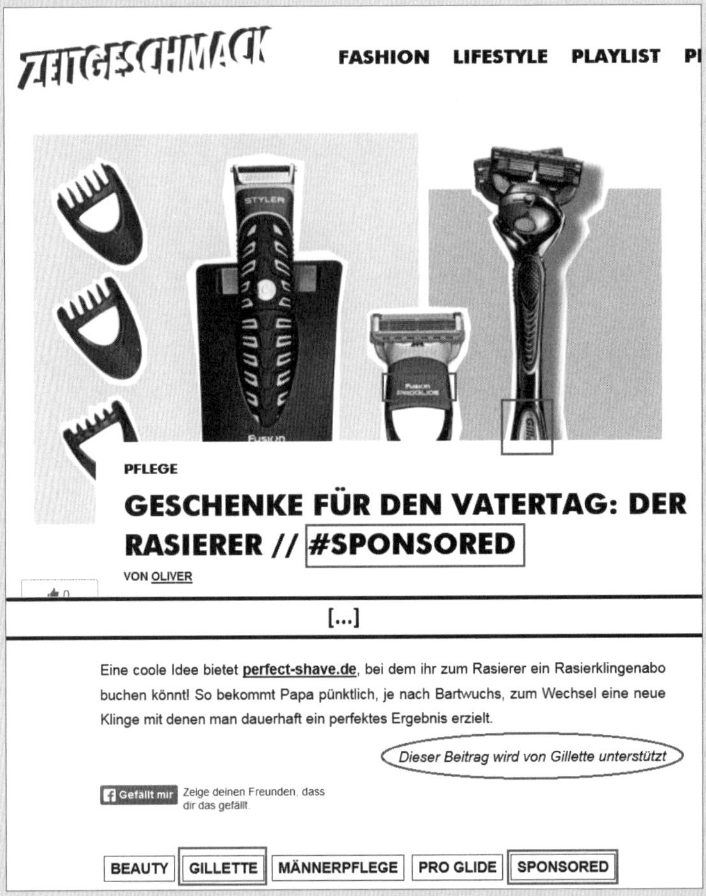

Abbildung 8.12 Beispiel einer unzureichenden Kennzeichnung durch den Zusatz »sponsored by«

8.1.6 Produktplatzierungen in sozialen Netzwerken

Neben der rechtlichen Zulässigkeit von Produktplatzierungen müssen Sie sich zudem darüber informieren, ob Produktplatzierungen auch in den jeweiligen Kanälen der sozialen Netzwerke erlaubt sind. Dazu sollten Sie einen Blick in die Nutzungsbedingungen oder die speziellen Werberichtlinien der jeweiligen Plattform werfen.

Die Videoplattform YouTube beispielsweise ist ein beliebter Kanal zur Platzierung von Produktvideos. Entscheiden Sie sich für diese Verbreitungsform, sind Sie auf der sicheren Seite. Denn YouTube gestattet ausdrücklich die Integration bezahlter Produktplatzierungen und Empfehlungen in die Videoinhalte. Dabei werden dem YouTuber jedoch Regeln auferlegt, die Sie auf der Website der Videoplattform einsehen können (*https://support.google.com/youtube/answer/154235?hl=de*).

Auch die Plattform Pinterest erlaubt ausdrücklich sogenannte *Promoted Pins*, wenn diese rechtskonform sind sowie mit den Nutzungsbedingungen und Werberichtlinien in Einklang stehen. Jedoch behält Pinterest sich das Recht vor, Inhalte aus jeglichen Gründen zurückzuweisen oder zu entfernen, wenn sie nicht im Interesse der Plattform sind.

Eine Vielzahl von sozialen Netzwerken macht jedoch keine konkrete Angabe zu Produktplatzierungen. Dies bedeutet aber nicht, dass sie solche grundsätzlich nicht erlauben. Vielmehr gelten dort die allgemeinen Regeln zu Werbemaßnahmen, die wir bereits in Kapitel 7, »Social Media Marketing«, näher unter die Lupe genommen haben.

8.1.7 Kombination der Produktplatzierung mit einem Affiliate-Link

Durch einen Affiliate-Link kann beispielsweise der Betreiber einer Website oder eines YouTube-Kanals an dem Verkauf Ihres Produkts verdienen, indem er auf seiner Seite einen Link zu Ihrem Onlineshop setzt (siehe Abbildung 8.13). Dabei bekommt er ein Entgelt nicht einfach nur dafür, dass er Ihren Onlineshop bewirbt. Vielmehr erhält er eine Provision, wenn der Link benutzt wird und zum Beispiel ein Kauf getätigt wird. Es handelt sich also um eine Art Vermittlungsprovision, die Sie bezahlen. Eine Provision ist daneben aber auch für reine Klicks auf das Werbemittel oder die Übermittlung von Kundenkontakten möglich.

Abbildung 8.13 Das YouTube-Video von Gronkh enthält einen Affiliate-Link zur Website des Bierherstellers Jever.

Nun könnten Sie auf die Idee kommen, in ein und demselben Beitrag nicht nur Produktplatzierungen anzuwenden, sondern auch mit Affiliate-Links zu arbeiten. Die

Kombination von Affiliate und Content Marketing ist rechtlich jedoch nicht unproblematisch. Denn eine Produktplatzierung ist nur dann zulässig, wenn die redaktionelle Verantwortung und Unabhängigkeit hinsichtlich des Inhalts unbeeinträchtigt bleiben. Die Produktplatzierung darf daher nicht unmittelbar zum Kauf auffordern, und das platzierte Produkt darf nicht zu stark im Vordergrund stehen.

Diese Voraussetzungen kann der Affiliate-Link aber nicht erfüllen. Denn bei einem Affiliate-Link wird eine unabhängige Darstellung des Inhalts zumindest beeinträchtigt und kann im Zweifel nicht mehr gewährleistet werden. Außerdem stellt der Link mindestens indirekt eine Kaufaufforderung dar, die in Verbindung mit einer Produktplatzierung verboten ist.

Achtung

Ein Verstoß dagegen stellt eine Ordnungswidrigkeit dar und kann von den Ordnungsbehörden mit einer Geldbuße von bis zu 500.000 € geahndet werden!

8.2 Wie gestaltet man ein Corporate Blog rechtssicher?

Hochwertige Inhalte können am besten über einen eigenen Kanal verbreitet werden – zum Beispiel über ein unternehmenseigenes Blog! Große Unternehmen wie die Automobilhersteller Audi oder Daimler Benz greifen ebenso zu dieser Marketingstrategie wie der Stromlieferant Yello (siehe Abbildung 8.14).

Abbildung 8.14 Corporate Blog des Stromlieferanten Yello

Zielgruppe solcher Blogs müssen nicht immer nur die Kunden sein: Der Automobilhersteller Audi beispielsweise konzentriert sich mit seinem Corporate Blog klar auf »Einblicke für Medienprofis« (siehe Abbildung 8.15). Das Unternehmen möchte diesen Kanal also dazu nutzen, Journalisten und auch anderen Bloggern einen Einblick hinter die Kulissen zu gewähren.

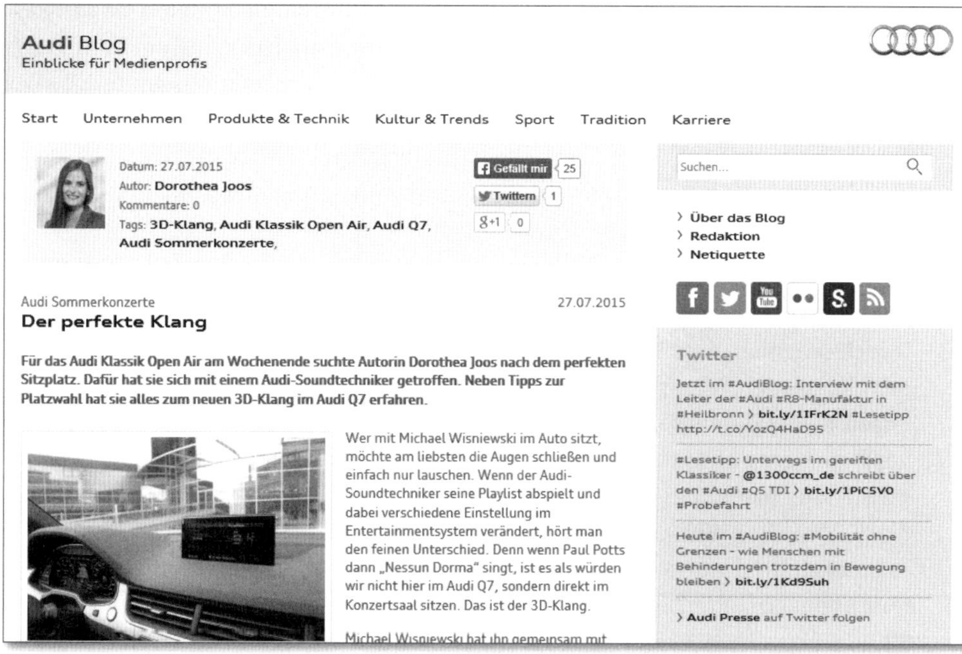

Abbildung 8.15 Corporate Blog für Medienprofis des Unternehmens Audi

Zwar gehören Corporate Blogs noch lange nicht zur Selbstverständlichkeit in der Unternehmenskommunikation, sie nehmen aber stetig zu. Doch das Führen eines Unternehmensblogs birgt Gefahren, die Sie nicht unterschätzen sollten. Zwar sind Ihrer Kreativität bei der inhaltlichen Gestaltung Ihres Unternehmensblogs keine Grenzen gesetzt, jedoch müssen Sie bei mancherlei Umsetzung ein paar Dinge beachten.

Sie können in Ihrem Blog nicht nur Texte schreiben, sondern auch Bilder veröffentlichen. Dies ist für eine lebhafte Gestaltung des Blogs auch unumgänglich. Greifen Sie dabei auf Inhalte zurück, die Sie nicht selbst erstellt haben, so müssen Sie die Rechte Dritter beachten. Hier gilt urheberrechtlich nichts anderes als in Ihrem Social-Media-Profil oder auf Ihrer Website (siehe Abschnitt 7.5.3, »Urheberrecht: Rechte an Bildern, Videos und Zitaten«).

Aber auch Bilder Ihrer eigenen Veranstaltung, wie zum Beispiel von einem Firmenjubiläum, sind gute Inhalte zur Auflockerung Ihres Blogposts. Dabei müssen Sie jedoch auch an die Persönlichkeitsrechte der Abgebildeten denken: Peinliche Fotos der Mitarbeiter zum Beispiel sind kein Stoff für ein öffentliches Blog, auch wenn sie – zumindest aus Ihrer Sicht – noch so lustig sind. Ein wenig Humor zeigt zwar, dass Menschen hinter dem Blog stecken, jedoch sollte dies nicht auf Kosten anderer geschehen.

Aktuelle Verkaufsangebote, Gewinnspiele und Rabattaktionen bieten ebenfalls guten Stoff für kurze und nützliche Blogartikel und sind damit eine gute Möglichkeit, subtil Ihre Produkte oder Dienstleistungen zu bewerben. Doch auch in Ihrem eigenen Blog gelten die üblichen Regeln zu Gewinnspielen (siehe Abschnitt 7.7, »Wie kann man Gewinnspiele in sozialen Netzwerken veranstalten?«) oder Preisangaben (siehe Abschnitt 14.1.5, »Die Bestandteile des Vertrags«) – hier hat der Gesetzgeber klare Vorstellungen. Halten Sie sich nicht daran, müssen Sie mit Abmahnungen, Klagen und Geldbußen rechnen.

Blogs leben von einer persönlichen Note. Aus diesem Grund sollten Sie den Blog dazu nutzen, Inhalte aus Ihrem Unternehmensalltag zu veröffentlichen. Dabei müssen Sie jedoch beachten, dass Sie einerseits ohne die vorherige Zustimmung keine Namen der handelnden Personen nennen oder diese in einem negativen Licht erscheinen lassen. Bei Letzterem sollten Sie besonders sorgfältig sein, wenn es um Konkurrenten geht, da diese auf solche Blogposts besonders empfindlich reagieren. Die negative Darstellung von Kunden ist selbstverständlich ebenfalls tabu – schließlich möchten Sie mit dem Blog Werbung in eigener Sache machen. Lassen Sie sich durch die lockere und persönliche Atmosphäre eines Blogs nicht dazu verleiten, unseriös zu werden. Dahin gehend sollten Sie auch bloggende Mitarbeiter schulen.

Hinweis

Sind innerhalb eines Unternehmens mehrere Personen mit der Erstellung von Inhalten für das Blog beauftragt, empfehlen wir Ihnen dahin gehend Guidelines zu erstellen, in denen Sie klare Regeln vorgeben, die die Mitarbeiter beim Betrieb des Blogs beachten müssen. Auch sollten Sie einen Verantwortlichen bestimmen, der die Einhaltung der Regeln überprüft.

8.3 Gekaufte Blogbeiträge: Hot or not?

Sie können Inhalte aber nicht nur über Ihr eigenes Blog vermarkten, sondern auch mit neutralen Bloggern kooperieren, um Ihre Inhalte zu vermarkten. Dabei können Blogger entweder Blogposts selbst neu schreiben und veröffentlichen oder von Ihnen verfasste Beiträge verwenden. Die Posts beschreiben in der Regel eine Website oder ein Produkt, zu denen der Blogger dann auch seine Meinung sagt oder Kritik übt. Die Höhe des Entgeltes ist sehr unterschiedlich und hängt vom Traffic sowie dem Bekanntheitsgrad des jeweiligen Blogs ab.

In aller Regel enthält der Beitrag zudem einen Keyword-Link zum Webprojekt oder Onlineshop des Werbekunden. Aus diesem Grund sind Blogposts auch aus Aspekten der Suchmaschinenoptimierung interessant. Auf dem Markt gibt es bereits einige Anbieter, die eine entsprechende Vermittlung von bezahlten Blogposts anbieten (siehe Abbildung 8.16).

Abbildung 8.16 Website des Anbieters für Social Channel Marketing hallimash

In der konkreten Umsetzung kann der Betreiber des Blogs dann entweder ein konkretes Angebot des dafür zahlenden Unternehmens vorstellen oder er schreibt einen allgemeinen Artikel zu einem Thema seiner Wahl, setzt dann aber einen Link zu einem vom werbenden Unternehmen genannten Keyword auf dessen Website. Häufig fordern die Unternehmen in diesen Fällen, dass keine Kennzeichnung des Artikels als Werbung erfolgen darf, um den potenziellen Werbeeffekt nicht einzuschränken.

In beiden Fällen stellt sich jedoch die Frage, ob es sich nicht um kennzeichnungspflichtige Werbung handelt. Während dies im ersten Fall wohl recht unproblematisch angenommen werden kann, da es sich um einen typischen Fall der Werbung handelt, der nicht mit einem redaktionellen Beitrag gemischt werden darf, ist dies in der zweiten Alternative etwas schwieriger zu beurteilen. Im Ergebnis müssen Sie jedoch von einer Kennzeichnungspflicht mit Begriffen wie Werbung oder Anzeige ausgehen, da andernfalls der durchschnittliche Internetnutzer zu Recht davon ausgeht, dass sich in einem rein redaktionellen Artikel lediglich solche Links befinden, die ihn zu weiterführenden Informationen im Hinblick auf den Artikel führen. Daher muss der Blogger den Link, der aus einem redaktionellen Zusammenhang auf Ihre Werbeseite führt, so gestalten, dass für den Nutzer eindeutig erkennbar ist, dass auf eine Werbeseite verwiesen wird. Dies gilt insbesondere dann, wenn Sie für den Link auch noch bezahlen.

Praxisbeispiel

Das KG Berlin (Urteil vom 30.06.2006, Az. 5 U 127/05) entschied bereits im Jahr 2006 über ein Verfahren, das einen Beitrag der Bild-Zeitung auf seinem Online-Portal *www.bild.de* zum Gegenstand hatte, in dem für das Volks-Sparen geworben wurde (siehe Abbildung 8.17).

Abbildung 8.17 Über diese Webseite der Bild-Zeitung wurde vor Gericht gestritten.

Der Beitrag enthielt neben der Überschrift »Dieser Zins bringt's« zudem ein Sparschwein mit dem Volks-Sparen-Logo und wurde deutlich durch das Wort Anzeige als

Werbung gekennzeichnet. Unter diesem Werbelink befand sich eine Leiste, die zu anderen Bild.de-Seiten führte. Danach folgten redaktionelle oder scheinbar redaktionelle Artikel wie Umfragen zu Sparzielen und Finanztipps. Darunter befand sich auch ein Test der Prominenten Max Schautzer und Jochen Sattler mit dem Titel: »Prominente Sparfüchse nehmen das Volks-Sparen unter die Lupe«. Was jedoch für den Leser nicht auf Anhieb erkennbar war: Dieser vermeintliche Test war Teil der Anzeige – dies bemängelte auch das Gericht. Schließlich sei die Deutsche Bank als werbendes Unternehmen nicht einmal genannt worden.

Halten Sie sich nicht an diese Kennzeichnungspflicht, drohen Ihnen zum Beispiel Abmahnungen von Konkurrenten. Denn diese Form der Werbung stellt eine unzulässige Schleichwerbung dar.

Achtung

Die Kennzeichnung als Werbung muss auch auf Smartphones und Tablets sichtbar sein!

8.4 Advertorial: Werbung oder Beitrag?

Advertorials, eine Mischung aus den englischen Wörtern *advertisement* (englisch für Anzeige) und *editorial* (englisch für Leitartikel), werden immer beliebter. Als redaktionelle Aufmachung einer Werbeanzeige erwecken sie den Anschein eines redaktionellen Beitrags und stehen zwischen Kommunikationsinstrument und Werbeform (siehe Abbildung 8.18). Denn Ziel dieses Instruments ist es letztlich, dass der Leser einer solchen Anzeige beim flüchtigen Lesen der Anzeige diese nicht als Werbung erkennt. Im Optimalfall wird er sogar glauben, dass es sich beim Inhalt dieser Anzeige um wirklich redaktionelles Material handelt.

Für Unternehmen ist diese Art der Werbung deshalb so interessant, weil die Advertorials meist in einem bestimmten und passenden Themenumfeld angeboten werden. Auf diese Weise haben Sie die Möglichkeit, einen Werbeplatz zu kaufen, der zu den von Ihnen angebotenen Produkten und Dienstleistungen passt. So können Sie Ihre Zielgruppe effektiv erreichen, und das in einem Moment, in dem sie in einem wesentlich höheren Maße aufnahmebereit sind, da sie Interesse an dem Beitrag haben.

Rechtlich ist eine solche Einkleidung jedoch nicht unproblematisch. Advertorials nehmen häufig Züge von Schleichwerbung an. Denn das bereits erläuterte Trennungsgebot gebietet eine klare Trennung von redaktionellem Inhalt und Werbung. Ein Advertorial wird aber bewusst so gestaltet, dass diese klare Trennung nicht auf

Anhieb erkennbar ist. Dabei müssen auch Advertorials mit den Bezeichnungen Anzeige oder Werbung versehen werden. Andernfalls handelt es sich um eine unzulässige Schleichwerbung.

Abbildung 8.18 In einem Advertorial des Kosmetikherstellers Maybelline wird passend zum Mascara im Drama-Look erklärt, wie die Anwenderinnen sich wie eine Drama Queen verhalten.

8.5 Native Advertising: Schleichwerbung in neuem Gewand?

Seit ein paar Jahren setzt die Werbeindustrie auf eine neue Form des Marketings – Native Advertising. Die neue Werbemethode wird von einigen hoch gelobt und von anderen scharf kritisiert. Native Advertising wird auch als Advertorial in neuem Gewand bezeichnet oder eben schlicht als Schleichwerbung. Dabei stellt sich die Frage, wie mit Native Advertising umzugehen ist und welche Voraussetzungen Sie einhalten müssen, um diese Art der Werbung rechtskonform einzusetzen.

Doch was ist Native Advertising überhaupt? Native Advertising ist eine Werbeform, die möglichst stark in die Content-Form einer Website oder Plattform eingebunden ist. Die derzeit häufigsten Beispiele für sogenannte Native Ads sind gesponserte Suchmaschinenbeiträge, *Promoted Tweets* im Kurznachrichtendienst Twitter und *Promoted Posts* im sozialen Netzwerk Facebook (siehe Abbildung 8.19).

Abbildung 8.19 Beispiel für einen Promoted Post auf Facebook

Ähnlich wie ein Advertorial passt sich die Native Ad in ihr Umfeld ein und ist somit von einem redaktionellen Beitrag schwer bis hin zu gar nicht mehr zu unterscheiden (siehe Abbildung 8.20), da sowohl die Form als auch die Funktion der Unterhaltung genau dieselbe ist wie bei einem redaktionellen Beitrag. Daher muss man doch schon zweimal hinsehen, um zu erkennen, dass es sich eigentlich um Werbung handelt.

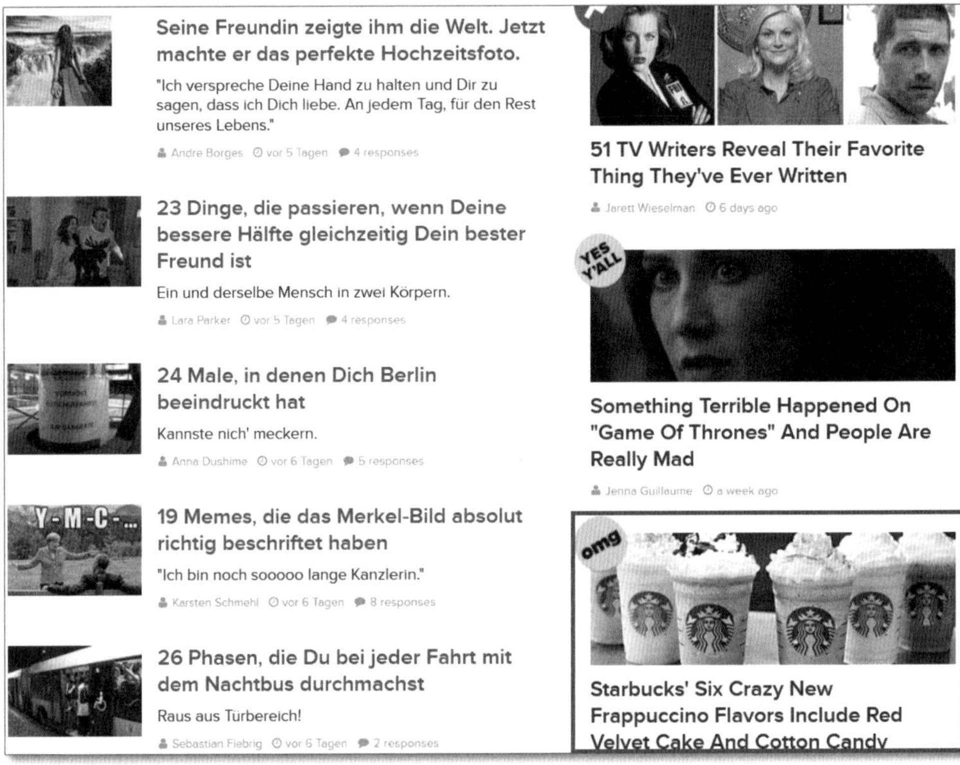

Abbildung 8.20 Die Plattform BuzzFeed integriert optisch unauffällig Werbevideos des Kaffeehauses Starbucks zwischen den übrigen Beiträgen.

In den USA sind Native Ads bereits Alltag geworden. Dort werden beispielsweise auch Links zu anderen Webseiten in einen redaktionellen Text wie einen Nachrichtenbeitrag eingebaut (siehe Abbildung 8.21).

In Deutschland hingegen stellt sich die Frage, wie mit einer solchen Art der Werbung rechtlich umgegangen werden soll. Dazu ist es notwendig, die Schwierigkeiten einer Native Ad im deutschen Rechtskreis näher zu beleuchten.

Wie der Name schon sagt, handelt es sich bei Native Advertising um eine Werbemaßnahme. Dies erkennt man zudem grob gesagt auch daran, dass der Zweck der Äußerung eines Unternehmens der Absatz seiner Produkte oder Dienstleistungen ist. Daher gilt für Native Ads grundsätzlich ebenfalls das bereits erläuterte Gebot der Trennung von redaktioneller Arbeit und Werbung. Die Werbung muss also als solche für den Konsumenten erkennbar sein, indem Sie die Anzeige mit der Angabe Anzeige versehen.

Abbildung 8.21 Ebenso unauffällig integriert die Plattform BuzzFeed Links zu einer Webseite mit Versicherungsempfehlungen.

Achtung

Da es aber gerade das Ziel einer Native Ad ist, dass sie nicht als Werbung wahrgenommen wird, verstößt eine Native Ad, die nicht deutlich genug als Werbebotschaft zu erkennen ist, regelmäßig gegen das Trennungsgebot und bietet Angriffsfläche für teure Abmahnungen.

8.6 Was ist beim viralen Marketing zu beachten?

Eine ähnliche Problematik ergibt sich im Hinblick auf die Transparenz bei werblicher Kommunikation im Rahmen des viralen Marketings. Unternehmen stellen immer häufiger kurze Spots ins Netz, die sich dann zum Beispiel über YouTube rasend schnell verbreiten. Das Besondere an diesen Spots ist meist, dass sie oft auf den ersten Blick nicht eindeutig als Werbung identifizierbar sind, da Sie den Eindruck machen, zu Unterhaltungszwecken produziert worden zu sein.

Praxisbeispiel

Die Schweizer Organisation Solidar Suisse setzt sich für fair gehandelten Kaffee ein und hat einen Spot geschaltet, der Nestlé bzw. dessen Marke Nespresso in die Kritik bringt und gleichzeitig Werbung für die eigene Arbeit macht. Während in dem ursprünglichen Nespresso-Spot George Clooney von einem Klavier erschlagen wird, verwendet die Organisation ein George-Clooney-Double, das von einer herabstürzenden Reklametafel, die stark an das Nespresso-Logo erinnert, getroffen (siehe Abbildung 8.22). In dem von Solidar Suisse erstellten Video hört man nach dem Unfall den Spruch: »Sorry George – so fühlt es sich an, wenn man als Kaffeepflücker ausgebeutet wird.« Die Organisation wirft Nestlé vor, das Fair-Trade-Konzept nicht zu beachten, und möchte auf diese Weise Druck auf den Lebensmittelkonzern Nestlé ausüben.

Abbildung 8.22 In dem Video der Organisation Solidar Suisse wird das George-Clooney-Double von dem Nespresso-Schild erschlagen.

Auch im Rahmen einer unterhaltenden satirischen Auseinandersetzung mit einem Produkt muss die Kennzeichnung als Anzeige im Internet erfolgen, da der angesprochene Verkehrskreis auf den ersten Blick nicht erkennen kann, ob es sich um Werbung oder um einen redaktionellen Inhalt handelt. Ohne deutlichen Hinweis auf den werblichen Charakter des Inhalts besteht die Gefahr, dass die angesprochenen Verbraucher davon ausgehen, dass es sich um einen redaktionellen und objektiven Inhalt handelt und nicht um subjektiv geprägtes Marketing. Da Verbraucher Werbung jedoch deutlich anders wahrnehmen und gedanklich verarbeiten, muss die Gefahr einer Verwechslung minimiert werden. Das Vertrauen der Verbraucher in redaktionell gestaltete Inhalte ist nämlich erheblich größer als in reine Unternehmenswerbung. Daher muss der Verbraucher vor Irreführungen geschützt werden.

Praxisbeispiel

In einem Verfahren vor dem OLG Köln (Urteil vom 9.08.2013, Az. 6 U 3/13) hat das Gericht über einen Rechtsstreit entschieden, in dem ein Autohersteller auf einer eigens eingerichteten Internetseite satirisch über das Kaufverhalten von Käufern anderer Automarken berichtete. Dabei wurden die Käufer von Autos anderer Automarken gezielt so dargestellt, als ob der wichtigste Kaufgrund des jeweiligen Autos die damit verbundene Außenwirkung sei. Die gesamte Internetseite war gestalterisch so aufgebaut, dass auf den ersten Blick nicht deutlich wurde, dass es sich um eine von einem Autohersteller geschaltete Internetseite handelte und nicht um eine objektiv journalistisch geprägte Homepage. Dagegen hat ein Verband geklagt und letztlich Recht bekommen!

Bei fehlender Erkennbarkeit des Werbecharakters für den durchschnittlichen Nutzer ist daher auch in diesen Fällen von einem Wettbewerbsverstoß auszugehen.

8.7 Rechtskonforme Werbeanfragen: Ist die Einwilligung ein Muss?

Werbung wirkt glaubwürdiger, wenn sie nicht von Ihnen selbst geschaltet wird, sondern Dritte wie Blogger, YouTuber, Produkttester oder Betreiber von Ratgeberseiten Ihre Produkte in ihre Inhalte einbauen. Doch wie können Sie erreichen, dass diese Personen auf Ihre Produkte aufmerksam werden? Dazu gibt es verschiedene Möglichkeiten: Sie könnten diejenigen telefonisch kontaktieren, ihnen eine E-Mail schicken oder die Produkte einfach zuschicken. Dabei stellt sich jedoch die Frage, ob dies so ohne Weiteres erlaubt ist.

Praxisbeispiel

Um zu beurteilen, ob ein solches Verhalten zulässig ist, bietet es sich an, sich folgendes Szenario vorzustellen: Sie sind Hersteller von Kosmetikprodukten und möchten, dass eine Beauty-Bloggerin auch Ihre Produkte testet und dann in ihrem Tutorial vorstellt. Daher fragen Sie dies bei ihr zunächst per E-Mail an. Nachdem Sie darauf keine Antwort bekommen, da sie an Ihren Produkten kein Interesse hat, senden Sie ihr die Produkte einfach zu. Denn Sie denken sich, dass die Bloggerin sich so direkt einen Eindruck verschaffen kann. Was Sie aber nicht wissen: dasselbe Vorgehen haben in der letzten Woche auch 30 andere Unternehmen an den Tag gelegt. All die Produkte entsprechen jedoch nicht den Vorstellungen der Bloggerin, weshalb diese völlig genervt davon ist, dass Sie jeden Tag unzählige E-Mails lesen und sich um die Pakete kümmern muss.

Versetzt man sich nun in die Position der Beauty-Bloggerin, so wird schnell klar, dass sie solche Handlungen in unzumutbarer Weise belästigen und daher unzulässig sind. Denn die Beauty-Bloggerin wird gezwungen, sich mit jeder erhaltenen E-Mail zu befassen und diese im unerwünschten Fall zu löschen. Auch um die Pakete muss sich jemand kümmern. Dies kostet wertvolle Zeit, und Zeit ist bekanntlich Geld. Daher kann ein solches Verhalten bei Gewerbetreibenden als ein Eingriff in den eingerichteten und ausgeübten Gewerbebetrieb qualifiziert werden und Konsequenzen wie Unterlassungsansprüche und Schadensersatzforderungen nach sich ziehen. Allein der Umstand, dass die angefragte Person im Internet eine E-Mail-Adresse bereitgestellt hat, ändert daran nichts – dies stellt nämlich grundsätzlich keine Einwilligung in Werbeanfragen dar.

Praxisbeispiel

In einem Verfahren vor dem Bundesgerichtshof (Urteil vom 17.07.2008, Az. I ZR 197/05) entschied das Gericht über einen Fall, in dem ein Sportverein in der Rechtsform des eingetragenen Vereins auf seiner Website eine E-Mail-Adresse angab. Daraufhin erhielt der Verein E-Mails, in denen der Absender nachfragte, ob es möglich sei, Bannerwerbung auf der Website des Vereins zu platzieren. Das Gericht entschied, dass allein die Preisgabe der E-Mail-Adresse auf der Website keiner konkludenten Einwilligung in die Kontaktaufnahme für werbliche Anfragen gleichkomme. Vielmehr hätte der Absender vor dem Versenden der E-Mail eine ausdrückliche Einwilligung einholen müssen.

Um Adressaten vor der Belästigung durch Werbe-E-Mails zu schützen, hat der Gesetzgeber normiert, dass die Kontaktaufnahme zu Marketingzwecken immer nur dann zulässig ist, wenn Sie die vorherige ausdrückliche Einwilligung des Empfängers eingeholt haben.

Dabei müssen Sie beachten, dass eine rechtlich wirksame Einwilligung grundsätzlich immer ein bewusstes, aktives und konkretes Handeln des Adressaten voraussetzt.

Bewusst heißt dabei, dass der Adressat die Werbe-E-Mail nur bekommen darf, wenn er beispielsweise auf seiner Website darauf hinweist, dass Unternehmen ihn für Werbeanfragen kontaktieren können und dafür ein Kontaktformular oder Kontaktdaten, wie zum Beispiel eine E-Mail-Adresse, bereitstellt (siehe Abbildung 8.23).

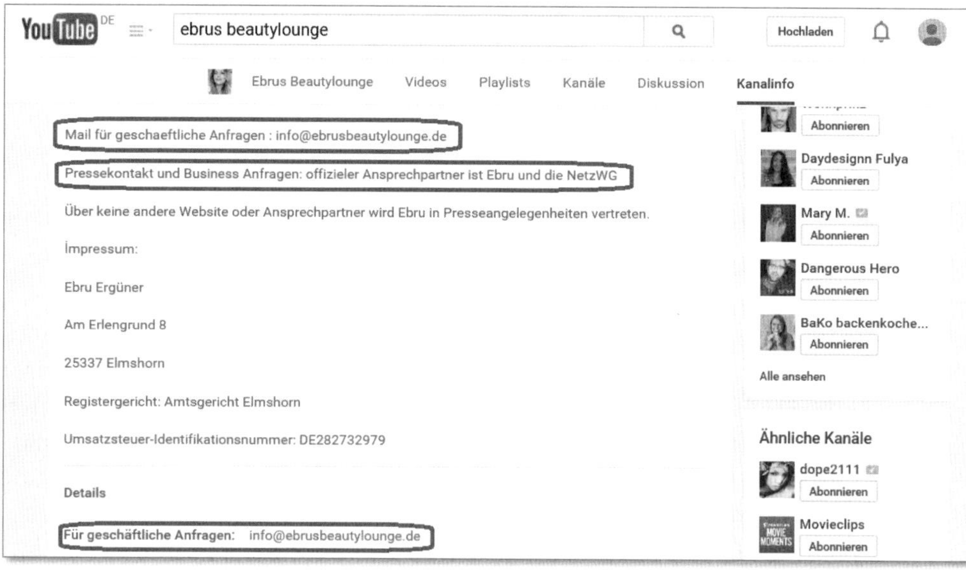

Abbildung 8.23 Für den Kanal »Ebrus Beautylounge« werden für geschäftliche Anfragen Ansprechpartner und E-Mail-Adresse genannt.

Dabei sollten Sie auch beachten, dass Sie als Absender derjenige sind, der im Streitfall darlegen und beweisen muss, dass der Empfänger in den Erhalt von Werbe-E-Mails eingewilligt hat.

Praxistipp

Um bei eventuellen Abmahnungen oder gerichtlichen Streitigkeiten das Vorliegen einer Einwilligung auch beweisen zu können, sollte oberstes Gebot der Einwilligung dessen schriftliche Protokollierung sein. Im Fall der elektronisch übermittelten Einverständniserklärung können Sie diese einfach abspeichern. Andernfalls bietet sich auch ein Screenshot an. Dies ist ohne größeren Aufwand möglich und gibt Ihnen jederzeit die Möglichkeit, die Erklärung bei Bedarf auszudrucken. Es ist zudem ratsam, die Dokumentation zu archivieren.

Halten Sie sich nicht an das Einwilligungserfordernis, müssen Sie mit Abmahnungen oder Unterlassungs- und Schadensersatzansprüchen rechnen. Auch empfindliche Geldbußen von bis zu 300.000 € können auf Sie zukommen!

8.8 Wie kann man sich vor Content-Diebstahl schützen?

Praxisbeispiel

Ein Beispiel für Content-Diebstahl ist die illegale Kopie von Inhalten und Identitäten von Blogs. Das Prinzip ist ganz einfach: Unbekannte Betrüger übernehmen Material aus deutschen Blogs eins zu eins, um dann den Content wieder online zu stellen. Dabei melden die Betrüger bei dem amerikanischen Registrar GoDaddy den jeweiligen Domainnamen des Blogs mit einer .com-oder .net-Domain an. Auf dem in dieser Form nachgemachten Blog wird dann Werbung geschaltet, um im Anschluss mit den kopierten Webseiten Werbeeinnahmen zu kassieren.

Content-Diebstahl betrifft nicht nur Blogs. Nahezu jeglicher Inhalt kann kopiert werden: Software, Musik, Filme, Spiele, Texte, Bilder, Skripte, Codes etc. Dies ist zwar illegal, schreckt aber so manchen nicht davon ab, es dennoch zu tun. Schließlich vermittelt das Internet Anonymität und das Gefühl, es würde einem ohnehin keiner auf die Schliche kommen können. Tatsächlich ist die rechtliche Verfolgung von Internetdelikten gar nicht so einfach. Betroffene haben zwar grundsätzlich Ansprüche wie Schadensersatz, Beseitigung oder Unterlassung, jedoch haben sie auch gleichzeitig das Problem, erst einmal herausfinden zu müssen, gegen wen sie diese Ansprüche geltend machen können. Denn ohne die Angabe des Beklagten kann kein Gerichtsverfahren durchgeführt werden.

Da sich dies im Internet nicht gerade einfach gestaltet, sollten Sie zum Schutz Ihrer Inhalte reagieren, bevor sprichwörtlich das Kind in den Brunnen gefallen ist. Dabei gibt es verschiedene Möglichkeiten, die zwar keinen hundertprozentigen Schutz bieten, den ein oder anderen aber vielleicht abschrecken. Diese Möglichkeiten möchten wir Ihnen an dieser Stelle einmal näher erläutern:

1. Sie können Ihre Internetpräsenz mit einem Urheberrechtsvermerk versehen. Diesen können Sie beispielsweise in den Footer setzen (siehe Abbildung 8.24).

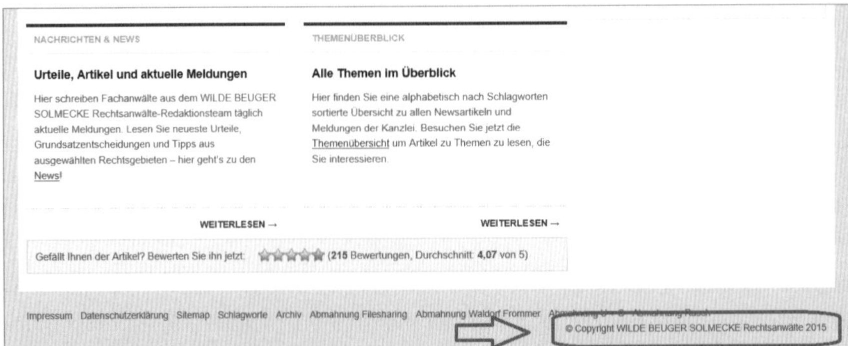

Abbildung 8.24 Urheberrechtsvermerk auf der Website der Rechtsanwaltskanzlei Wilde Beuger Solmecke

2. Sie können auch zum Beispiel in Ihrem Impressum oder in den AGB einen Absatz verfassen, in dem Sie zusätzlich schriftlich auf das Urheberrecht hinweisen (siehe Abbildung 8.25).

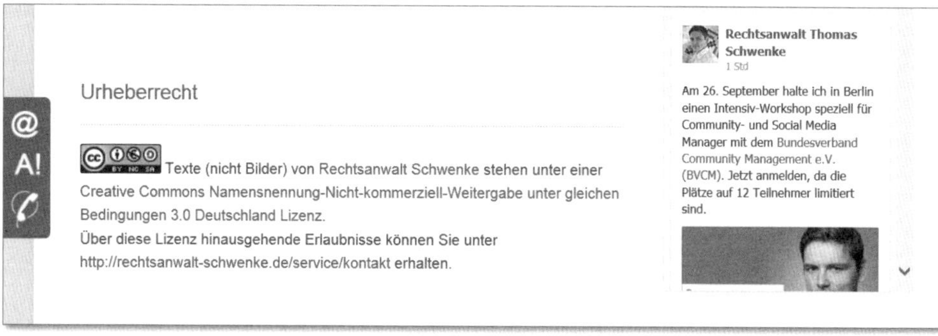

Abbildung 8.25 Rechtsanwalt Thomas Schwenke platziert seinen Urheberrechtshinweis im Impressum.

3. Bei Bildern oder Fotos empfiehlt es sich, diese mit einem Wasserzeichen zu versehen. Zu Beweiszwecken kann in GIF- oder JPG-Grafiken ein unsichtbarer Copyright-Kommentar hinterlegt werden (siehe Abbildung 8.26).

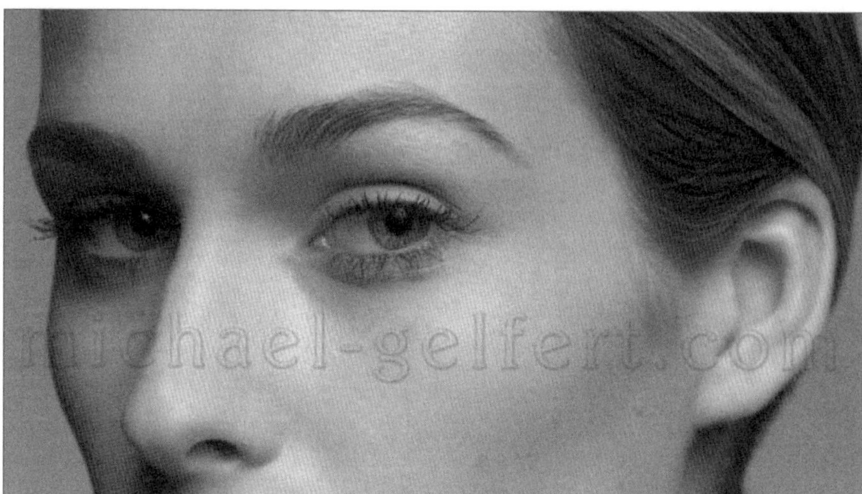

Abbildung 8.26 Wasserzeichen auf dem Bild des Fotografen Michael Gelfert

4. Um das manuelle Kopieren von Texten zu erschweren, können Sie diese als Grafik veröffentlichen. Dies verhindert zwar das Kopieren nicht, ist aber für den Kopierer mühsam, da er den Text abtippen müsste. Der Nachteil ist allerdings, dass Grafiken für Suchmaschinen unlesbar sind.

5. Unerwünschte Bots, die reihenweise komplette Webseiten downloaden, können Sie beispielsweise mit der Datei *robots.txt* oder per *.htaccess* aussperren.

Haben all diese Schutzmaßnahmen nichts gebracht und es ist dennoch zur Kopie von Webseiten, Texten oder Bildern gekommen, so werden diese früher oder später von Google erfasst und sind dann leicht zu finden. Dazu können Sie stichprobenartig individuell genug erscheinende Phrasen von Ihrer Website in die Suchmaske kopieren. Liegt eine Kopie vor, wird die Suchmaschine Ihnen diese anzeigen. Alternativ können Sie auch Internetanbieter verwenden, die automatisch nach Kopien im Netz suchen.

Praxisbeispiel

Ein solcher Anbieter ist beispielsweise PlagAware (*www.plagaware.de*), der eine Software entwickelt hat, um Plagiate von Webseiten aufzuspüren, zu verfolgen und letztlich die Löschung der kopierten Inhalte zu erwirken. PlagAware bietet Betreibern von Websites ein umfassendes Softwaresystem, das Ihnen die Möglichkeit gibt, Ihre Site automatisch auf möglichen Content-Diebstahl zu überwachen und diesem zu begegnen (siehe Abbildung 8.27).

Abbildung 8.27 Website des Anbieters für Plagiatsschutz PlagAware

Um herauszufinden, ob auch Ihre Website kopiert wurde, können Sie dies mithilfe von Anbietern wie Checkdomain (*www.checkdomain.de*) oder United Domains (*www.united-domains.de*) überprüfen. Dafür müssen Sie jeweils Ihren Domainnamen in die Suchmaske eingeben. Dann wird ersichtlich, ob und gegebenenfalls von wem die Domain registriert wurde (siehe Abbildung 8.28). Da die Betrüger jedoch meist falsche Namen verwenden, sollten Betroffene einen Missbrauchsantrag stellen.

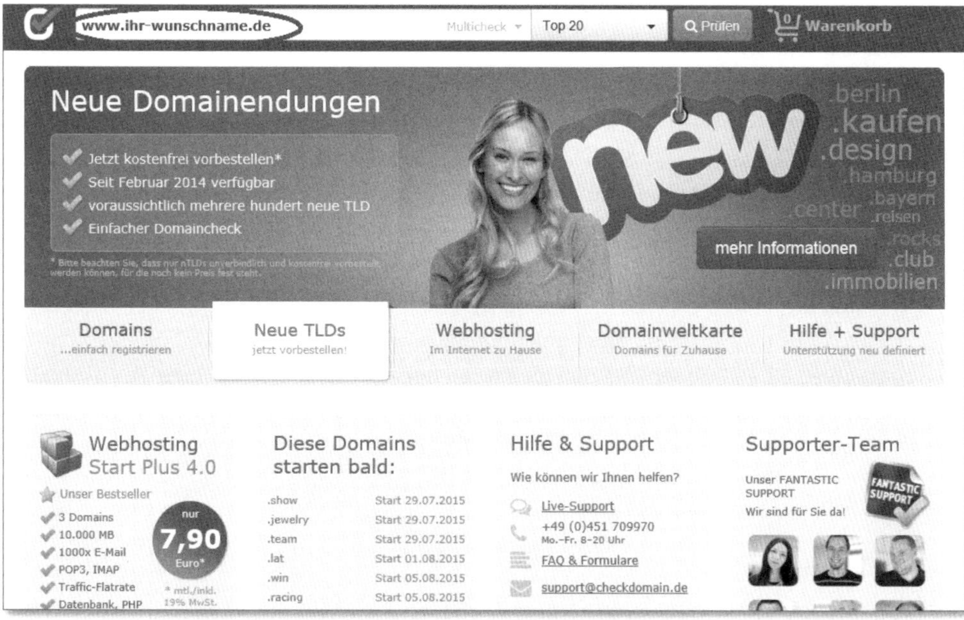

Abbildung 8.28 Startseite des Anbieters Checkdomain

8.9 Wie ist eine rechtskonforme Verbreitung des Contents über Social-Media-Kanäle möglich?

Nachdem Sie hochwertige Inhalte produziert haben, müssen diese auch die von Ihnen anvisierte Zielgruppe erreichen, von dieser konsumiert und im besten Fall weiter verbreitet werden. Dazu sollten Sie in jedem Fall die Social-Media-Kanäle wie Facebook oder YouTube nutzen. Denn dort erreichen Sie ein deutlich größeres Publikum als beispielsweise auf Ihrer Website, und Ihre Inhalte können innerhalb kürzester Zeit auf der ganzen Welt weiter verbreitet werden – im Optimalfall wird Ihr Inhalt also zum Selbstläufer.

Social-Media-Kanäle haben jedoch im Vergleich zu Ihrer Unternehmens-Website einen entscheidenden Nachteil: In der Regel sehen die Nutzungsbedingungen der sozialen Plattformen vor, dass Sie diesen die Rechte an den von Ihnen eingestellten Inhalten einräumen. Das ist zwingend – Verhandlungsspielraum besteht dabei nicht.

Somit müssen Sie zwar für die Unterstützung Ihrer Marketingziele kein Entgelt zahlen, kostenlos ist das Ganze aber dennoch nicht. Daher sollten Sie sich im Vorhinein genau überlegen, ob Sie dem zustimmen möchten. Entscheiden Sie sich dann für eine Nutzung, sollten Sie stets gut bedenken, welche Inhalte Sie auf Ihrem Profil platzieren wollen.

Im Detail fallen die eingeräumten Rechte in Art und Umfang je nach Plattform recht unterschiedlich aus. Daher möchten wir Ihnen an dieser Stelle einen Überblick über die gängigen Verbreitungskanäle und deren Nutzungsbedingungen im Hinblick auf die Rechteeinräumung geben.

Hinweis: Nutzungsbedingungen für Werbemaßnahmen

Nutzungsbedingungen spielen für Unternehmen besonders dann eine Rolle, wenn es um Marketingmaßnahmen geht. Denn da Unternehmen gewerblich handeln, haben die Betreiber sozialer Netzwerke in der Regel klare Vorstellungen über die Zulässigkeit von Werbemaßnahmen und gegebenenfalls über die Details der Ausgestaltung. Diese müssen Ihnen in jedem Fall bekannt sein und von Ihnen auch eingehalten werden. Wie diese aussehen, haben wir Ihnen bereits in Kapitel 7, »Social Media Marketing«, erläutert und möchten daher an dieser Stelle darauf verweisen.

8.9.1 Facebook

Besonderes Augenmerk sollten Sie bei den Nutzungsbedingungen auf die Einräumung von Rechten an den von Ihnen eingestellten Inhalten richten (siehe Abbildung 8.29). Denn Facebook lässt sich von Ihnen eine Lizenz für die Nutzung jeglicher IP-Inhalte einräumen, die Sie auf oder im Zusammenhang mit Facebook posten. Diese Lizenz gilt zwar nicht exklusiv für Facebook, ist aber auf Dritte übertragbar sowie unterlizenzierbar.

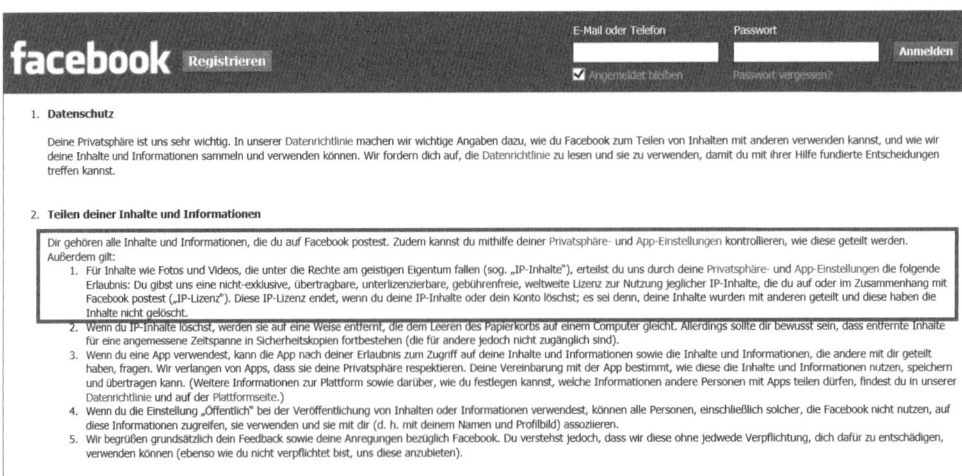

facebook Registrieren

E-Mail oder Telefon | Passwort | Anmelden

Angemeldet bleiben | Passwort vergessen?

1. **Datenschutz**

   Deine Privatsphäre ist uns sehr wichtig. In unserer Datenrichtlinie machen wir wichtige Angaben dazu, wie du Facebook zum Teilen von Inhalten mit anderen verwenden kannst, und wie wir deine Inhalte und Informationen sammeln und verwenden können. Wir fordern dich auf, die Datenrichtlinie zu lesen und sie zu verwenden, damit du mit ihrer Hilfe fundierte Entscheidungen treffen kannst.

2. **Teilen deiner Inhalte und Informationen**

   Dir gehören alle Inhalte und Informationen, die du auf Facebook postest. Zudem kannst du mithilfe deiner Privatsphäre- und App-Einstellungen kontrollieren, wie diese geteilt werden. Außerdem gilt:
   1. Für Inhalte wie Fotos und Videos, die unter die Rechte am geistigen Eigentum fallen (sog. „IP-Inhalte"), erteilst du uns durch deine Privatsphäre- und App-Einstellungen die folgende Erlaubnis: Du gibst uns eine nicht-exklusive, übertragbare, unterlizenzierbare, gebührenfreie, weltweite Lizenz zur Nutzung jeglicher IP-Inhalte, die du auf oder im Zusammenhang mit Facebook postest („IP-Lizenz"). Diese IP-Lizenz endet, wenn du deine IP-Inhalte oder dein Konto löschst; es sei denn, deine Inhalte wurden mit anderen geteilt und diese haben die Inhalte nicht gelöscht.
   2. Wenn du IP-Inhalte löschst, werden sie auf eine Weise entfernt, die dem Leeren des Papierkorbs auf einem Computer gleicht. Allerdings sollte dir bewusst sein, dass entfernte Inhalte für eine angemessene Zeitspanne in Sicherheitskopien fortbestehen (die für andere jedoch nicht zugänglich sind).
   3. Wenn du eine App verwendest, kann die App nach deiner Erlaubnis zum Zugriff auf deine Inhalte und Informationen sowie die Inhalte und Informationen, die andere mit dir geteilt haben, fragen. Wir verlangen von Apps, dass sie deine Privatsphäre respektieren. Deine Vereinbarung mit der App bestimmt, wie diese die Inhalte und Informationen nutzen, speichern und übertragen kann. (Weitere Informationen zur Plattform sowie darüber, wie du festlegen kannst, welche Informationen andere Personen mit Apps teilen dürfen, findest du in unserer Datenrichtlinie und auf der Plattformseite.)
   4. Wenn du die Einstellung „Öffentlich" bei der Veröffentlichung von Inhalten oder Informationen verwendest, können alle Personen, einschließlich solcher, die Facebook nicht nutzen, auf diese Informationen zugreifen, sie verwenden und sie mit dir (d. h. mit deinem Namen und Profilbild) assoziieren.
   5. Wir begrüßen grundsätzlich dein Feedback sowie deine Anregungen bezüglich Facebook. Du verstehst jedoch, dass wir diese ohne jedwede Verpflichtung, dich dafür zu entschädigen, verwenden können (ebenso wie du nicht verpflichtet bist, uns diese anzubieten).

Abbildung 8.29 Die Einräumung von Rechten bei Facebook

Darüber hinaus erklären Sie mit Ihrer Zustimmung zu den Nutzungsbedingungen, dass Sie damit einverstanden sind, für die Erteilung dieser Lizenz kein Entgelt zu erhalten. Das heißt, dass Facebook mit Ihren Inhalten Geld verdienen kann, ohne dass Sie davon einen Anteil erhalten. Dies ist gerade bei besonders aufwendig produzierten und kostspieligen Inhalten wie Werbefotos oder -videos ärgerlich. Auch müssen Sie beachten, dass Sie dagegen nicht widersprechen können, wenn Sie Facebook nutzen möchten.

Praxisbeispiel: Lizenz an den Fotos Ihrer Betriebsfeier

Laden Sie auf Ihrer Facebook-Seite für Ihre Kunden beispielsweise Fotos von Ihrem Firmenjubiläum hoch, so hat Facebook ebenso wie Sie die Rechte daran. Das bedeutet, dass Facebook diese Fotos weltweit für eigene Zwecke verwenden kann oder auch Dritten deren Verwendung gestatten kann, ohne dass Sie dagegen widersprechen oder dafür ein Entgelt verlangen können.

Diese Lizenz endet grundsätzlich erst, wenn Sie die veröffentlichten Inhalte entfernen oder Ihr Benutzerkonto löschen. Eine Ausnahme davon besteht jedoch dann, wenn Sie die Inhalte mit anderen Nutzern geteilt und diese die Inhalte nicht gelöscht haben. Denn dann können Inhalte unter Umständen auch nach ihrer Löschung oder der des Benutzerkontos abrufbar sein, da sie bereits weiter verbreitet wurden.

8.9.2 Google+

Ebenso wie in dem Netzwerk Facebook müssen Sie auch bei Google+ im Rahmen der Nutzungsbedingungen besonders die Einräumung von Rechten an den von Ihnen eingestellten Inhalten beachten. Denn Sie räumen Google+ mit Ihrer Registrierung auf der Plattform die Rechte an den von Ihnen eingestellten Inhalten ein. Die Nutzungsbedingungen von Google sehen nämlich vor, dass Sie dem Unternehmen selbst und dessen Vertragspartnern eine unentgeltliche, nicht ausschließliche, weltweite und zeitlich unbegrenzte Lizenz einräumen, die insbesondere das Vervielfältigungsrecht und Recht der öffentlichen Zugänglichmachung umfasst (siehe Abbildung 8.30). Dabei werden die Rechte *»ausschließlich zum Zweck der Erbringung des jeweiligen Dienstes und lediglich in dem dafür nötigen Umfang«* eingeräumt. Dies ist ein wesentlicher Unterschied beispielsweise zu Facebook, denn im Gegensatz zu Facebook erhält Google+ damit also nicht das Recht, jedes Bild und jeden Text selbst auch zu anderen Zwecken zu verwenden.

Wie bei den anderen Plattformen auch endet das Recht der öffentlichen Zugänglichmachung mit dem Zeitpunkt, in dem Sie den eingestellten Inhalt entfernen oder die Bestimmung der öffentlichen Zugänglichmachung aufheben. Dies bedeutet letztlich, dass der Inhalt nach dessen Löschung nicht mehr rechtmäßig von Google genutzt werden kann.

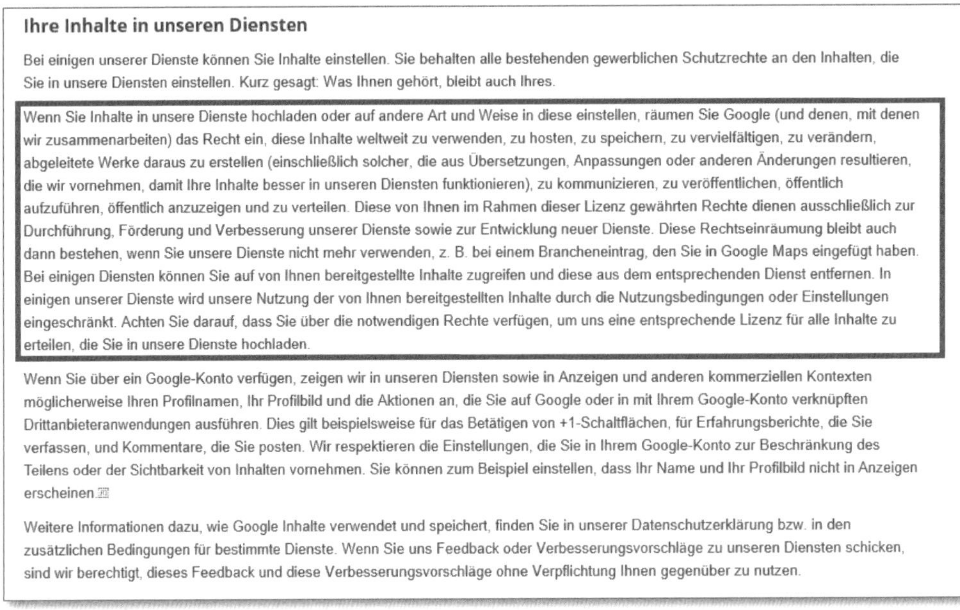

Ihre Inhalte in unseren Diensten

Bei einigen unserer Dienste können Sie Inhalte einstellen. Sie behalten alle bestehenden gewerblichen Schutzrechte an den Inhalten, die Sie in unsere Diensten einstellen. Kurz gesagt: Was Ihnen gehört, bleibt auch Ihres.

Wenn Sie Inhalte in unsere Dienste hochladen oder auf andere Art und Weise in diese einstellen, räumen Sie Google (und denen, mit denen wir zusammenarbeiten) das Recht ein, diese Inhalte weltweit zu verwenden, zu hosten, zu speichern, zu vervielfältigen, zu verändern, abgeleitete Werke daraus zu erstellen (einschließlich solcher, die aus Übersetzungen, Anpassungen oder anderen Änderungen resultieren, die wir vornehmen, damit Ihre Inhalte besser in unseren Diensten funktionieren), zu kommunizieren, zu veröffentlichen, öffentlich aufzuführen, öffentlich anzuzeigen und zu verteilen. Diese von Ihnen im Rahmen dieser Lizenz gewährten Rechte dienen ausschließlich zur Durchführung, Förderung und Verbesserung unserer Dienste sowie zur Entwicklung neuer Dienste. Diese Rechtseinräumung bleibt auch dann bestehen, wenn Sie unsere Dienste nicht mehr verwenden, z. B. bei einem Brancheneintrag, den Sie in Google Maps eingefügt haben. Bei einigen Diensten können Sie auf von Ihnen bereitgestellte Inhalte zugreifen und diese aus dem entsprechenden Dienst entfernen. In einigen unserer Dienste wird unsere Nutzung der von Ihnen bereitgestellten Inhalte durch die Nutzungsbedingungen oder Einstellungen eingeschränkt. Achten Sie darauf, dass Sie über die notwendigen Rechte verfügen, um uns eine entsprechende Lizenz für alle Inhalte zu erteilen, die Sie in unsere Dienste hochladen.

Wenn Sie über ein Google-Konto verfügen, zeigen wir in unseren Diensten sowie in Anzeigen und anderen kommerziellen Kontexten möglicherweise Ihren Profilnamen, Ihr Profilbild und die Aktionen an, die Sie auf Google oder in mit Ihrem Google-Konto verknüpften Drittanbieteranwendungen ausführen. Dies gilt beispielsweise für das Betätigen von +1-Schaltflächen, für Erfahrungsberichte, die Sie verfassen, und Kommentare, die Sie posten. Wir respektieren die Einstellungen, die Sie in Ihrem Google-Konto zur Beschränkung des Teilens oder der Sichtbarkeit von Inhalten vornehmen. Sie können zum Beispiel einstellen, dass Ihr Name und Ihr Profilbild nicht in Anzeigen erscheinen.

Weitere Informationen dazu, wie Google Inhalte verwendet und speichert, finden Sie in unserer Datenschutzerklärung bzw. in den zusätzlichen Bedingungen für bestimmte Dienste. Wenn Sie uns Feedback oder Verbesserungsvorschläge zu unseren Diensten schicken, sind wir berechtigt, dieses Feedback und diese Verbesserungsvorschläge ohne Verpflichtung Ihnen gegenüber zu nutzen.

Abbildung 8.30 Die Einräumung von Rechten laut den Nutzungsbedingungen für Google-Dienste

8.9.3 XING

Da bei XING als Business-Plattform anders als bei Google+ oder Facebook das Teilen von Bildern und Videos mit dem eigenen Netzwerk nicht möglich ist, enthalten die Nutzungsbedingungen von XING auch keine ausdrückliche Rechteeinräumungsklausel. Vielmehr ermöglicht es XING seinen Nutzern nur, Textnachrichten und Links einzustellen.

Dies bedeutet jedoch nicht, dass Sie dem Portal deshalb keine Rechte an den eingestellten Inhalten einräumen – im Gegenteil: Das Urheberrechtsgesetz sieht vor, dass Sie durch das Einstellen der Inhalte dem Portal die Rechte daran einräumen. Die Rechteeinräumung wird jedoch entsprechend dem gesetzlichen Zweckübertragungsgrundsatz auf die zur Nutzung der Plattform erforderlichen Rechte begrenzt, wovon insbesondere die Vervielfältigung und öffentliche Zugänglichmachung umfasst ist. Damit übertragen Sie als Nutzer eines XING-Profils weniger Rechte als beispielsweise als Facebook-Nutzer.

Da es keine ausdrückliche Vereinbarung zur Einräumung der Rechte gibt, gibt es auch keine Regelung zum Ende der Lizenz. Unter Berücksichtigung des Zweckübertragungsgrundsatzes bedeutet dies jedoch, dass es sich nur um ein einfaches Nutzungsrecht handelt, das von Ihnen widerrufen werden kann. Darüber hinaus erlischt das Nutzungsrecht, wenn Sie den Inhalt entfernen oder das Benutzerkonto löschen.

8.9.4 Twitter

Wenn Sie die Neuigkeiten Ihres Unternehmens über den Kurznachrichtendienst Twitter »zwitschern« möchten, kommen Sie ebenso wie in den anderen sozialen Netzwerken grundsätzlich nicht um die Einräumung umfangreicher Rechte an den von Ihnen eingestellten Inhalten herum (siehe Abbildung 8.31).

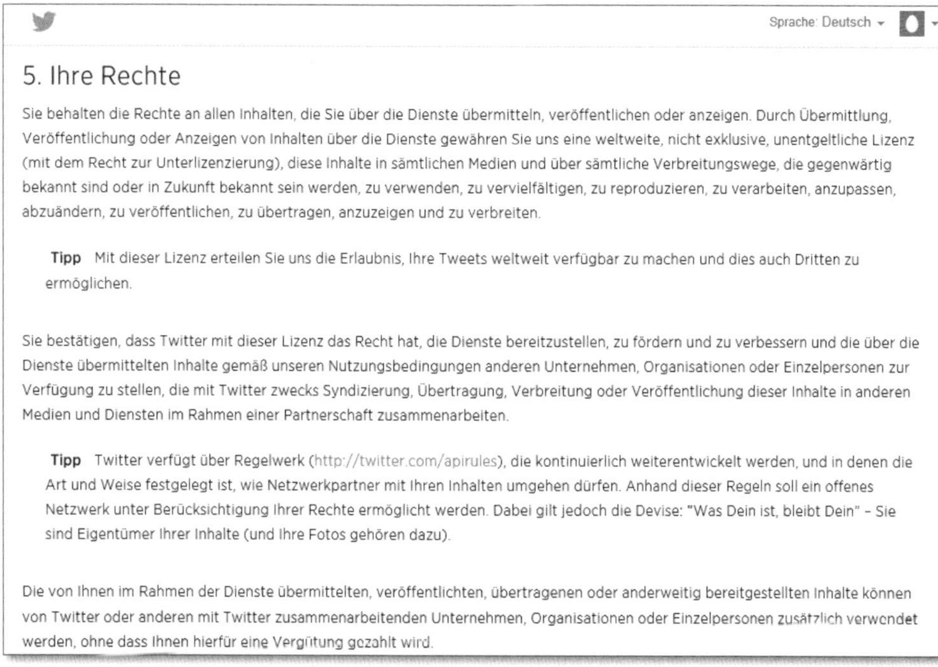

Sprache: Deutsch

5. Ihre Rechte

Sie behalten die Rechte an allen Inhalten, die Sie über die Dienste übermitteln, veröffentlichen oder anzeigen. Durch Übermittlung, Veröffentlichung oder Anzeigen von Inhalten über die Dienste gewähren Sie uns eine weltweite, nicht exklusive, unentgeltliche Lizenz (mit dem Recht zur Unterlizenzierung), diese Inhalte in sämtlichen Medien und über sämtliche Verbreitungswege, die gegenwärtig bekannt sind oder in Zukunft bekannt sein werden, zu verwenden, zu vervielfältigen, zu reproduzieren, zu verarbeiten, anzupassen, abzuändern, zu veröffentlichen, zu übertragen, anzuzeigen und zu verbreiten.

Tipp Mit dieser Lizenz erteilen Sie uns die Erlaubnis, Ihre Tweets weltweit verfügbar zu machen und dies auch Dritten zu ermöglichen.

Sie bestätigen, dass Twitter mit dieser Lizenz das Recht hat, die Dienste bereitzustellen, zu fördern und zu verbessern und die über die Dienste übermittelten Inhalte gemäß unseren Nutzungsbedingungen anderen Unternehmen, Organisationen oder Einzelpersonen zur Verfügung zu stellen, die mit Twitter zwecks Syndizierung, Übertragung, Verbreitung oder Veröffentlichung dieser Inhalte in anderen Medien und Diensten im Rahmen einer Partnerschaft zusammenarbeiten.

Tipp Twitter verfügt über Regelwerk (http://twitter.com/apirules), die kontinuierlich weiterentwickelt werden, und in denen die Art und Weise festgelegt ist, wie Netzwerkpartner mit Ihren Inhalten umgehen dürfen. Anhand dieser Regeln soll ein offenes Netzwerk unter Berücksichtigung Ihrer Rechte ermöglicht werden. Dabei gilt jedoch die Devise: "Was Dein ist, bleibt Dein" - Sie sind Eigentümer Ihrer Inhalte (und Ihre Fotos gehören dazu).

Die von Ihnen im Rahmen der Dienste übermittelten, veröffentlichten, übertragenen oder anderweitig bereitgestellten Inhalte können von Twitter oder anderen mit Twitter zusammenarbeitenden Unternehmen, Organisationen oder Einzelpersonen zusätzlich verwendet werden, ohne dass Ihnen hierfür eine Vergütung gezahlt wird.

Abbildung 8.31 Die Einräumung von Rechten in den Nutzungsbedingungen von Twitter

Der Kurznachrichtendienst fordert von Ihnen eine nicht exklusive, gebührenfreie und weltweite Lizenz inklusive Unterlizenzierung, die das Recht umfasst, *»Inhalte in sämtlichen Medien und über sämtliche Verbreitungswege, die gegenwärtig bekannt sind oder in Zukunft bekannt sein werden, zu verwenden, zu vervielfältigen, zu reproduzieren, zu verarbeiten, anzupassen, abzuändern, zu veröffentlichen, zu übertragen, anzuzeigen und zu verbreiten«*.

Zu beachten ist jedoch, dass Twitter sich zudem auch die Weitergabe aller von Ihnen übermittelten, veröffentlichten, übertragenen oder anderweitig bereitgestellten Inhalte an Twitter oder andere mit Twitter zusammenarbeitende Unternehmen, Organisationen oder Einzelpersonen vorbehält, ohne Ihnen hierfür eine Vergütung zahlen zu müssen.

Die Nutzungsbedingungen des Kurznachrichtendienstes Twitter ähneln hinsichtlich der Rechteeinräumungsklausel damit denen der sozialen Netzwerke Facebook und Google+.

8.9.5 YouTube

Von besonderer Bedeutung im Rahmen des Content Marketings ist wohl die Verbreitung der Inhalte über den Videokanal YouTube. Doch um dessen Vorteile nutzen zu können, erteilen Sie YouTube die Rechte an den von Ihnen eingestellten Videos (siehe Abbildung 8.32).

10. Rechte, die Sie einräumen
10.1 Indem Sie **Nutzerübermittlungen** bei **YouTube** hochladen oder posten, räumen Sie

A. **YouTube** eine weltweite, nicht-exklusive und gebührenfreie Lizenz ein (mit dem Recht der Unterlizenzierung) bezüglich der Nutzung, der Reproduktion, dem Vertrieb, der Herstellung derivativer Werke, der Ausstellung und der Aufführung der **Nutzerübermittlung** im Zusammenhang mit dem Zur-Verfügung-Stellen der **Dienste** und anderweitig im Zusammenhang mit dem Zur-Verfügung-Stellen der **Webseite** und **YouTubes** Geschäften, einschließlich, aber ohne Beschränkung auf Werbung für und den Weitervertrieb der ganzen oder von Teilen der **Webseite** (und auf ihr basierender derivativer Werke) in gleich welchem Medienformat und gleich über welche Verbreitungswege;

B. jedem Nutzer der **Webseite** eine weltweite, nicht-exklusive und gebührenfreie Lizenz ein bezüglich des Zugangs zu Ihren **Nutzerübermittlungen** über die **Webseite** sowie bezüglich der Nutzung, der Reproduktion, dem Vertrieb, der Herstellung derivativer Werke, der Ausstellung und der Aufführung solcher **Nutzerübermittlung** in dem durch die Funktionalität der **Webseite** und nach diesen **Bestimmungen** erlaubten Umfang.

10.2 Die vorstehend von Ihnen eingeräumten Lizenzen an **Nutzervideos** erlöschen, sobald Sie Ihre **Nutzervideos** von der **Webseite** entfernen. Die vorstehend von Ihnen eingeräumten Lizenzen an **Nutzerkommentaren** sind unbefristet und unwiderruflich, lassen aber Ihre oben unter Ziffer 8.2 bezeichneten Eigentumsrechte im Übrigen unberührt.

Abbildung 8.32 Die Rechteeinräumungsklausel in den Nutzungsbedingungen von YouTube

Diese Rechte umfassen ähnlich wie bei den sozialen Netzwerken die Nutzung, Reproduktion, den Vertrieb, die Herstellung derivativer Werke, die Ausstellung, Aufführung und die Unterlizenzierung an den von Ihnen hochgeladenen Videos. Dabei handelt es sich um eine weltweite, nicht exklusive und gebührenfreie Lizenz, die es YouTube gestattet, Ihre Videos zu vertreiben und zu Werbezwecken zu verwenden. Diese Lizenz endet dann, wenn Sie das Video wieder löschen.

Anders als bei den bisher untersuchten sozialen Netzwerken beschränkt sich die Einräumung von Rechten jedoch nicht nur auf die Plattform YouTube selbst: Vielmehr lässt sich den Nutzungsbedingungen entnehmen, dass Sie dieselben Nutzungsrechte auch gegenüber einem jeden Nutzer von YouTube übertragen. Eine Ausnahme gilt nur im Hinblick auf das Recht zum Weitervertrieb und zur Verwendung von Werbung. Dabei werden Nutzer auf eine Verwendung im Zusammenhang mit YouTube beschränkt.

8.9.6 Pinterest

Auch die amerikanische Plattform Pinterest hat eine Klausel zur Rechteeinräumung in seinen Nutzungsbedingungen (siehe Abbildung 8.33).

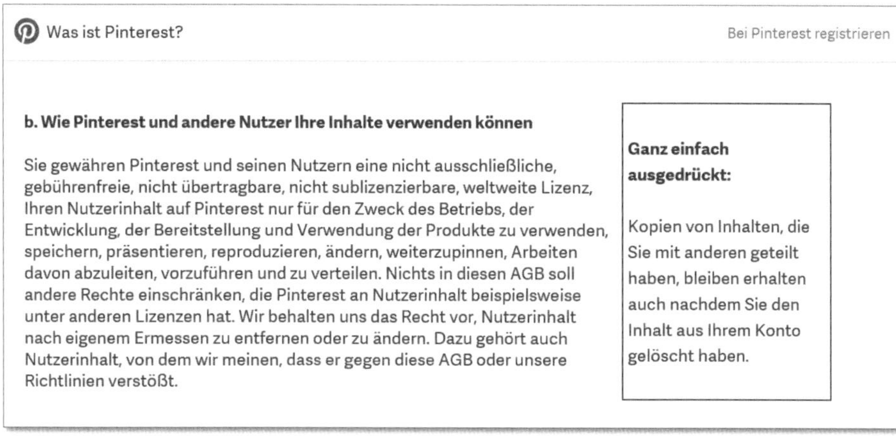

Was ist Pinterest?

Bei Pinterest registrieren

b. Wie Pinterest und andere Nutzer Ihre Inhalte verwenden können

Sie gewähren Pinterest und seinen Nutzern eine nicht ausschließliche, gebührenfreie, nicht übertragbare, nicht sublizenzierbare, weltweite Lizenz, Ihren Nutzerinhalt auf Pinterest nur für den Zweck des Betriebs, der Entwicklung, der Bereitstellung und Verwendung der Produkte zu verwenden, speichern, präsentieren, reproduzieren, ändern, weiterzupinnen, Arbeiten davon abzuleiten, vorzuführen und zu verteilen. Nichts in diesen AGB soll andere Rechte einschränken, die Pinterest an Nutzerinhalt beispielsweise unter anderen Lizenzen hat. Wir behalten uns das Recht vor, Nutzerinhalt nach eigenem Ermessen zu entfernen oder zu ändern. Dazu gehört auch Nutzerinhalt, von dem wir meinen, dass er gegen diese AGB oder unsere Richtlinien verstößt.

Ganz einfach ausgedrückt:

Kopien von Inhalten, die Sie mit anderen geteilt haben, bleiben erhalten auch nachdem Sie den Inhalt aus Ihrem Konto gelöscht haben.

Abbildung 8.33 Nutzungsbedingungen der Fotoplattform Pinterest

Die Inhalte, die Sie auf Pinterest veröffentlichen, dürfen von anderen Pinterest-Mitgliedern genutzt werden. Das heißt, andere Pinterest-Nutzer dürfen die Beiträge nicht nur *repinnen*, sondern auch auf Pinterest modifizieren, reproduzieren, anzeigen und verteilen. Wenn hingegen andere Benutzer etwas mit den Inhalten außerhalb von Pinterest tun, das sie nicht tun dürfen, liegt das nicht im Verantwortungsbereich von Pinterest. In einem solchen Fall müssten Sie sich dann mit dieser Person in Verbindung setzen.

Zwar behält sich Pinterest diese Verwertungsrechte vor, jedoch betont es, dass die Bilder weiterhin Ihr Eigentum bleiben. Während Pinterest sich darüber hinaus vor ein paar Jahren noch das Recht zum Weiterverkauf einräumen ließ, hat es davon nach harscher Kritik in den Medien seit einiger Zeit Abstand genommen.

8.10 Checkliste Content Marketing: Alles beachtet?

Checkliste

- Werbung haben Sie als solche gekennzeichnet?
- Produktplatzierungen wurden als solche gekennzeichnet?
- Sie haben keine Produktplatzierungen in Bereichen angeregt, wo diese verboten ist?
- Sie haben Vorsichtsmaßnahmen zum Schutz Ihres Content getroffen?
- Sie haben sich mit den Nutzungsbedingungen des von Ihnen gewünschten Verbreitungskanals auseinandergesetzt?
- Sie haben vor Werbeanfragen kontrolliert, ob der Empfänger mit solchen Anfragen einverstanden ist?
- Sie haben die Einwilligung für Werbeanfragen eingeholt?

Wenn Sie alle Fragen mit Ja beantworten können, dann kann es losgehen ... Viel Erfolg!

Kapitel 9

Werbeflächen im Internet

Das Internet bietet nahezu grenzenlose Möglichkeiten, um effizient und gezielt Werbung zu schalten: Anzeigen, Werbung in Apps, Werbebanner, Pop-ups und vieles mehr. Als Medium der Zukunft läuft das Internet schon jetzt vielen althergebrachten Medien den Rang ab: Die Zahl der Internetnutzer steigt täglich und damit auch das Interesse für Werbeflächen im Internet. Denn wo sich viele Menschen tummeln, ist Werbung besonders attraktiv. Doch das Internet wirft auch viele rechtliche Fragen auf, die wir in diesem Kapitel beantworten möchten.

Man kennt es: Man besucht eine Webseite, und ein Drittel des Bildschirms ist gefüllt mit Werbebannern. Hinzu kommen riesige Pop-up-Fenster, und vor vielen Videos muss man sich oft einen Werbespot anschauen. Dennoch: Zwei Drittel der deutschen Internetnutzer akzeptieren Werbung im Internet, wenn die Angebote dadurch kostenlos oder günstiger zu nutzen sind, so das Ergebnis einer Erhebung im Auftrag des Hightech-Verbands BITKOM aus dem Jahr 2012. Denn gerade den jungen Internetnutzern im Alter von 14 bis 29 Jahren ist in der Regel bewusst, dass das niedrige Preisniveau bei Online-Angeboten auf Anzeigen basiert. Daher sind sie Werbung gegenüber durchaus tolerant. Nahezu das übrige Drittel gab jedoch an, lieber mehr Geld für Angebote zu zahlen, wenn sie dadurch keine Werbung sehen müssten. Der Grund dafür liegt wohl darin, dass diese Internetnutzer von Werbung genervt sind. Die Konsequenz daraus reicht von der Anwendung von Werbeblockern bis hin zur Meidung des Webshops (siehe Abbildung 9.1).

Die Wahl der richtigen Werbeform hängt von vielen Faktoren wie Angebot, Zielgruppe und Bekanntheitsgrad ab. Werbenden ist daher geraten, sich im Detail mit den möglichen Werbeformen auseinanderzusetzen und ihre Werbung bestenfalls breit zu streuen. Was für Möglichkeiten es dabei genau gibt und wie Sie das enorme Potenzial von Werbeflächen im Internet rechtskonform nutzen können, möchten wir Ihnen in diesem Kapitel näher erläutern.

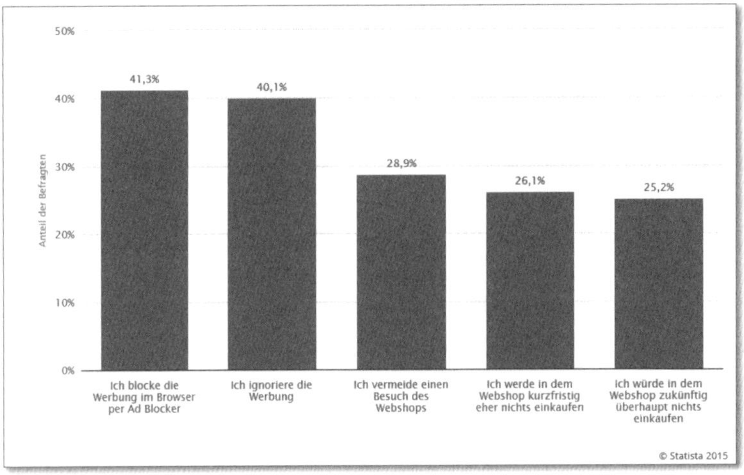

Abbildung 9.1 Statistik zu den Reaktionen der Internetnutzer, die sich durch wiederholte Online-Werbung gestört fühlen

9.1 Wie können Werbebanner legal eingesetzt werden?

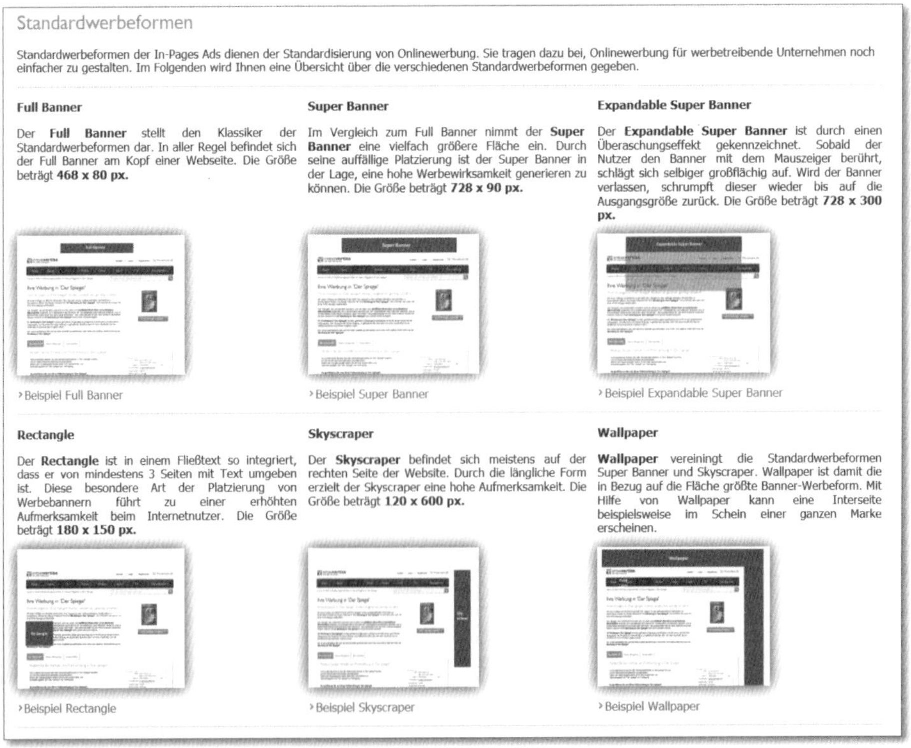

Abbildung 9.2 Möglichkeiten der Werbebanner auf Webseiten

Werbebanner sind noch immer die am häufigsten genutzten Internetwerbeflächen. Dabei handelt es sich um mit herkömmlichen Werbeanzeigen in Printmedien vergleichbare Werbeflächen auf einer Webseite. Hinsichtlich der Platzierung der Bannerwerbung bieten sich Ihnen verschiedene Möglichkeiten (siehe Abbildung 9.2).

In der Regel sind die Werbebanner optisch auffällig gestaltete Werbeinhalte, die mittels eines Hyperlinks mit der Website des werbenden Unternehmens verknüpft sind. Klickt der Internetnutzer also auf Ihr Werbebanner, dann gelangt er direkt auf Ihre Website (siehe Abbildung 9.3).

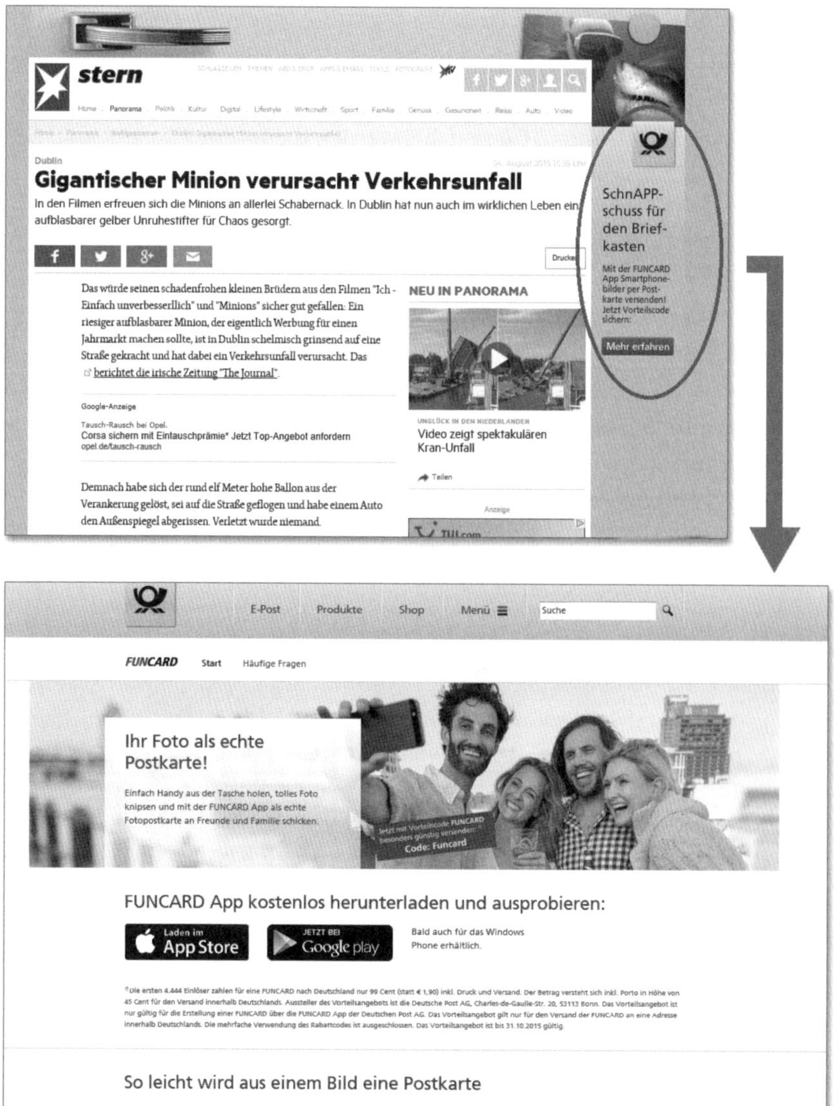

Abbildung 9.3 Oben sehen Sie die Bannerwerbung der Deutschen Post auf der Website des Magazins Stern. Klickt man auf das Werbebanner, öffnet sich die Website der Deutschen Post.

9.1.1 Zulässigkeit von Werbebannern

Stellen Sie sich nun die Frage, ob diese Art der Werbung zulässig ist, so können wir ganz klar sagen: Ja! Insbesondere wettbewerbsrechtlich ist diese Werbeform nicht zu beanstanden. Eine allenfalls in Betracht kommende Unzulässigkeit wegen einer unangemessenen Belästigung des Internetnutzers liegt bei der Bannerwerbung gerade nicht vor, da dieser mittlerweile an die althergebrachte Werbeform der Bannerwerbung gewöhnt ist. Schließlich ist ihm bekannt, dass gerade kostenlose Internetangebote, wie zum Beispiel Online-Magazine, sich nur über Werbeanzeigen Dritter finanzieren können, der Nutzer rechnet daher mit der Einblendung von Werbung.

Unzulässig sind dagegen solche Werbebanner, die als Fehlermeldungen, allgemeine Informationen oder Eingabefehler getarnt werden und bei Anklicken auf die werbenden Seiten eines Anbieters führen. Denn dabei werden die Internetnutzer belästigt, die auf der Suche nach Informationen im Internet sind.

9.1.2 Keine besondere Kennzeichnungspflicht als Werbung

Auch muss die Bannerwerbung nicht noch zusätzlich mit dem Hinweis Anzeige versehen werden, um dem Gebot der Trennung von Werbung und redaktionellen Inhalten gerecht zu werden. Denn in der Regel sind die Platzierung und die deutliche visuelle Trennung ausreichend, damit der durchschnittliche Internetnutzer vom ersten Moment an ohne ausdrücklichen Hinweis erkennen kann, dass es sich bei Werbebannern auch um Werbung handelt.

Praxisbeispiel

In einem Verfahren vor dem Kammergericht Berlin (Urteil vom 24.01.2012, Az. 5 W 10/12) stritten die Parteien um eine Bannerwerbung auf einer Webseite, in deren Zentrum eine Animation und ein interaktives Spiel für Kinder standen. Zwar war die Werbung nicht zusätzlich als solche gekennzeichnet, jedoch sah das Gericht eine ausreichende Trennung der Bannerstreifen vom eigentlichen Inhalt als gegeben an. Als Begründung führte das Gericht an, dass jeder Internetnutzer ab der ersten Online-Sitzung wisse, dass es solche Trennungen von »eigentlichen« Inhalten im optischen Zentrum eines Internetauftritts und Bannerwerbung in dessen Randbereichen gebe. Auch Kindern sei diese Trennung bereits vertraut, so die Argumentation der Richter. Dass es zwischen Werbeteil und inhaltlichem Teil Gemeinsamkeiten gebe, gehöre zu den wirtschaftlichen Prinzipien von kostenfreien Internetangeboten und sei spätestens seit Einführung des Keyword Advertisings alltäglich.

Letztlich kommt es aber auf den optischen Gesamteindruck an, um zu beurteilen, ob eine Webseite unerlaubte Schleichwerbung betreibt oder nicht. Wenn Sie jedoch auf

Nummer sicher gehen möchten, empfehlen wir Ihnen, die Werbung mit Begriffen wie Anzeige oder Werbung zu auch als solche kennzeichnen.

9.2 Welche Anforderungen bestehen an Pop-up-Advertising?

Pop-up-Werbung hat in den letzten Jahren stark abgenommen. Denn bei diesem Werbemittel scheiden sich wohl wie bei keinem anderen die Geister der Internetnutzer: Während die einen sich davon nicht stören lassen, fühlen sich andere durch diese Werbeform enorm belästigt.

Entscheiden Sie sich dennoch für den Einsatz dieser Werbeform, so haben Sie die Möglichkeit, das Pop-up-Advertising entweder in eigener Sache auf Ihrer Unternehmens-Website zu betreiben oder Werbung auf Webseiten Dritter zu schalten. Für letztere Variante gibt es spezielle Pop-up-Vermarkter wie PopAds oder Popcash, die für Sie als Dienstleister die Pop-ups schalten (siehe Abbildung 9.4).

Abbildung 9.4 Startseite des Pop-up-Vermarkters Popcash

In einem weiteren Schritt müssen Sie sich dann überlegen, auf welche Art und Weise das Fenster erscheinen soll. Denn ähnlich wie bei der Bannerwerbung bieten sich Ihnen auch bei der Pop-up-Werbung verschiedene Gestaltungs- und Einsatzmöglichkeiten, die auch rechtlich unterschiedlich beurteilt werden: Neben klassischen Pop-up-Fenstern gibt es noch die sogenannten Exit-Pop-ups und die Pop-under-Fenster.

Was sich hinter diesen Begriffen tatsächlich und rechtlich verbirgt, werden wir Ihnen in diesem Abschnitt näher erläutern.

9.2.1 Klassische Pop-ups

Gesehen hat sie wohl jeder schon einmal, die Werbefenster, die beim Öffnen einer Webseite aufspringen und einem die Sicht auf die eigentliche Webseite versperren (siehe Abbildung 9.5). Gerade Webseiten mit kostenlosen Inhalten wie Online-Magazine, Online-Spiele oder Gewinnspielseiten greifen häufig zu dieser Art der Werbung, um Ihre Inhalte zu finanzieren.

Abbildung 9.5 Gerade auf Gewinnspielseiten öffnen sich häufig Pop-up-Fenster.

Während die einen Internetnutzer Pop-up-Fenster als aufdringlich und unseriös empfinden und deshalb zu speziellen Pop-up-Blockern greifen, hat diese Art der Internetwerbung bei anderen einen erheblichen Einfluss auf die Kaufentscheidung oder die Wahl von Produkten und Dienstleistungen (siehe Abbildung 9.6).

Rechtlich gesehen ist klassische Pop-up-Werbung grundsätzlich unbedenklich, wenn der Internetnutzer das Pop-up-Fenster am Desktop unmittelbar und ohne Weiteres schließen kann und sich das Laden des gewünschten Inhalts nicht erheblich verzögert. Dann ist diese Form der Werbung nicht zu beanstanden und muss von den Anwendern geduldet werden. Denn auch wenn die Nutzer eine solche Art der Werbung möglicherweise als lästig empfinden, müssen sie Verständnis dafür haben, dass sie der Finanzierung der häufig kostenlosen Dienste dient und Sie als Anbieter daher ein berechtigtes Interesse an deren Einblendung haben.

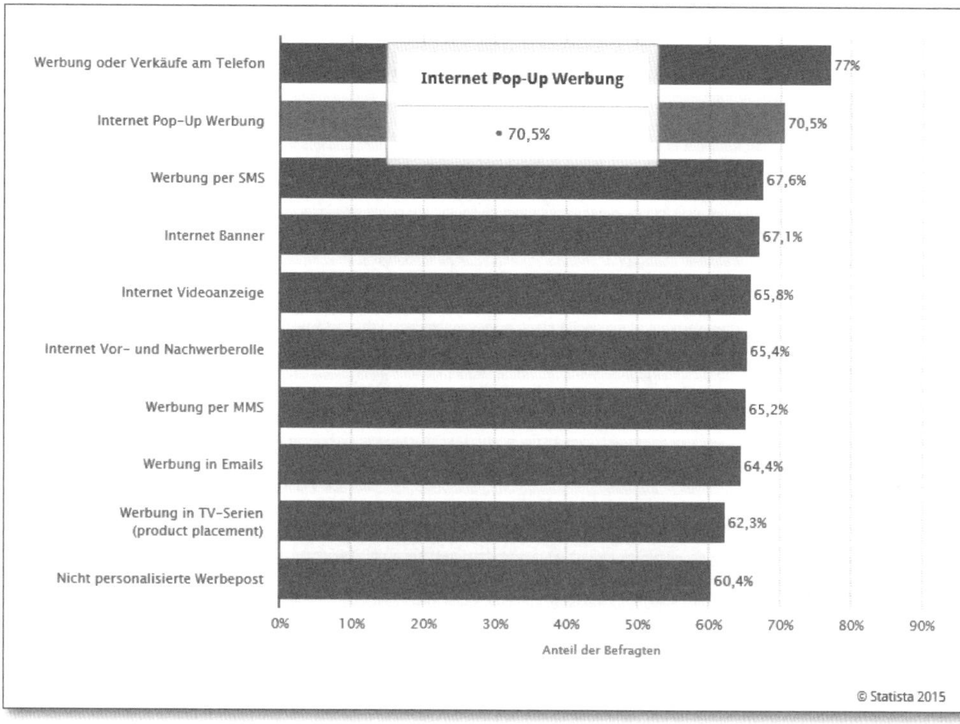

Abbildung 9.6 Die Grafik zeigt Kommunikationsmittel, die für die Kaufentscheidung oder Wahl von Produkten, Dienstleistungen, Marken usw. nützlich waren. Für 70,5 % der befragten Personen war Pop-up-Werbung nützlich.

Eine Ausnahme davon gilt jedoch dann, wenn Sie Pop-up-Werbung auf Webseiten von fremden Unternehmen buchen, ohne dass diese damit einverstanden sind. Denn ein solches Verhalten stellt eine unlautere Behinderung, Rufausbeutung und Umleitung von Kundenströmen dar und ist damit rechtswidrig. Teure Abmahnungen und Unterlassungsklagen sowie Schadensersatzforderungen können die Folge sein.

9.2.2 Exit-Pop-ups

Ein Nachteil von Pop-up-Advertising ist, dass Pop-up-Fenster von Nutzern oft schneller weggeklickt werden, als sie vollständig geladen sind. Aus diesem Grund greifen manche Werbenden zu einer speziellen Form des Pop-ups: Exit-Pop-ups. Diese aggressiven Pop-ups funktionieren in zwei Schritten: Zunächst wird dem Nutzer die reguläre Pop-up-Werbung angezeigt. Möchte dieser das Fenster schließen, öffnet sich in einem zweiten Schritt im Browser ein neues Fenster, welches die eigentliche Werbung enthält (siehe Abbildung 9.7).

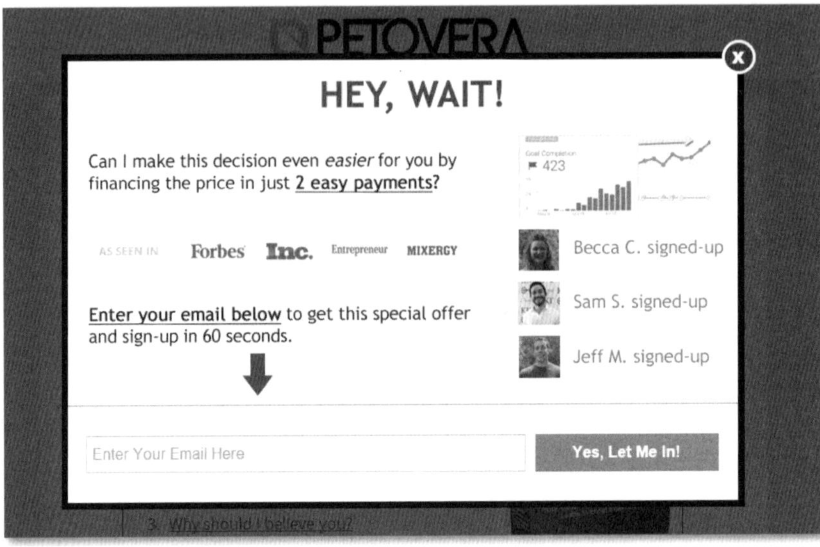

Abbildung 9.7 Beispiel für ein Exit-Pop-up-Fenster

Diese Form der Pop-up-Werbung ist für Internetnutzer besonders lästig und wurde deshalb auch schon zum Gegenstand von Gerichtsverfahren. Denn diese Form der Werbung ist rechtlich unzulässig. Zwar hat der Internetnutzer die ursprüngliche Domain zunächst selbst aufgerufen und damit freiwillig den Kontakt zum Werbenden hergestellt, allerdings wird er durch das aufdringliche Exit-Pop-up gegen seinen ausdrücklich erklärten Willen gezwungen, den Kontakt mit der Internetseite aufrechtzuerhalten und deren Angebote zur Kenntnis zu nehmen. Dadurch wird die Grenze dessen, was man einem Internetnutzer an Werbung zumuten kann, überschritten. Daher verstößt die Verwendung von Exit-Pop-up-Fenstern gegen die guten Sitten des Wettbewerbs und ist rechtswidrig.

Praxisbeispiel

In einem vor dem Landgericht Düsseldorf entschiedenen Fall (Urteil vom 26.03.2003, Az. 2a O 186/02) stritten die Beteiligten um die Zulässigkeit von Pop-up-Fenstern. Gegenstand des Streits war die Website des Beklagten, der unter der Domain *www.peepphone.info* ein erotisches Angebot aus einer Kombination aus Telefonsex und Webcam anbot. Beim Betreten seiner Seite forderte der Beklagte den Internetnutzer auf, eine sogenannte »Zugangssoftware« herunterzuladen. Es öffneten sich hierzu die üblichen Download- bzw. Installationsfenster des Browsers, wobei jedoch die Schaltfläche zum Abbruch der Installation deaktiviert wurde. Klickte der Nutzer nun statt auf den Button WEITER auf die Schaltfläche SCHLIESSEN, öffneten sich sechs bis acht neue Browserfenster, die überwiegend erotische und pornografische Angebote enthielten. Wollte der Nutzer ein Fenster schließen, öffneten sich immer weiter neue Fenster. Daraufhin mahnte ihn sein Konkurrent ab und erhob in der Folge Klage – mit Erfolg!

Zwar gibt es auch Stimmen, die die generelle Einstufung von Exit-Pop-ups als rechtswidrig für zu weitgehend kritisieren, jedoch sollten Sie angesichts der bestehenden Rechtsprechung kein Risiko eingehen und keine Exit-Pop-ups verwenden. Schließlich müssen Sie andernfalls mit teuren Abmahnungen und Unterlassungsklagen rechnen.

9.2.3 Pop-under-Fenster

Neben den klassischen Pop-up-Fenstern gibt es noch eine abgewandelte Form: die Pop-under-Fenster, auch Pop-down-Fenster genannt. Während Pop-up-Fenster im Vordergrund aufspringen, wird das Pop-under-Fenster vom Webbrowser im Hintergrund geöffnet – man sieht es also erst dann, wenn man alle anderen Browserfenster schließt. Das Pop-under wird dabei durch die gewünschte Seite überdeckt. Das System ist demnach umgekehrt zum Pop-up-Fenster.

Dieses System der Überdeckung hat zur Folge, dass der Nutzer sich nicht gestört fühlt. Aus diesem Grund ist diese Variante auch ebenso wenig zu beanstanden wie das klassische Pop-up-Fenster. Da der Nutzer die Werbung auch erst sieht, wenn er die eigentliche Seite schließt, ist diese Art der Werbung auch effizienter. Denn die Wahrscheinlichkeit, dass der Nutzer sich die Zeit nimmt und die Werbung anschaut oder ihr gar folgt, ist höher, wenn er nicht auf dem Weg zur gewünschten Seite von aufspringenden Fenstern genervt wird.

9.3 Promoted Posts in sozialen Netzwerken: Zulässig?

Soziale Netzwerke bieten Ihnen ebenfalls lukrative Werbeflächen, schließlich tummeln sich dort täglich zahlreiche Internetnutzer. Dabei achten die Netzwerke darauf, dass die Werbung subtil bleibt und die Nutzer nicht in der Verwendung stört, und integrieren die Werbung deshalb in der Timeline und daneben. Auf diese Weise sind Nutzer empfänglicher für Werbeinhalte und reagieren unterbewusst darauf. In diesem Abschnitt möchten wir die Promoted Posts am Beispiel des sozialen Netzwerkes Facebook im Hinblick auf ihre Funktionsweise, Vorteile und die rechtlichen Rahmenbedingungen für Sie genauer unter die Lupe nehmen.

9.3.1 Funktionsweise und Vorteile der Promoted Posts von Facebook

Für Nutzer von Unternehmensseiten bietet das Netzwerk Facebook *Promoted Posts* an. Dabei handelt es sich um eine neue Art der Page Post Ads, die wesentlich besser in die Seite integriert sind (siehe Abbildung 9.8).

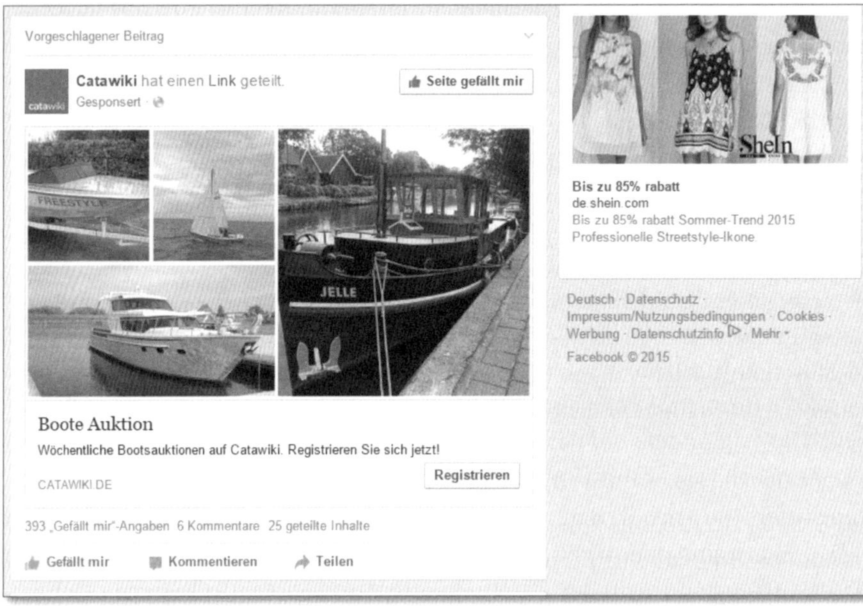

Abbildung 9.8 Beispiel für Promoted Posts auf Facebook

Sie zielen darauf ab, die Reichweite eines Beitrags und damit auch der Unternehmensseite zu erweitern. Dies funktioniert, indem Sie auf den Button WERBUNG FÜR BEITRAG klicken, den Sie unter jedem bestehenden Post auf Ihrer Seite finden. Klicken Sie auf den Button, öffnet sich ein Fenster, in dem Sie Budget, Dauer und Währung der Promotion festlegen können (siehe Abbildung 9.9).

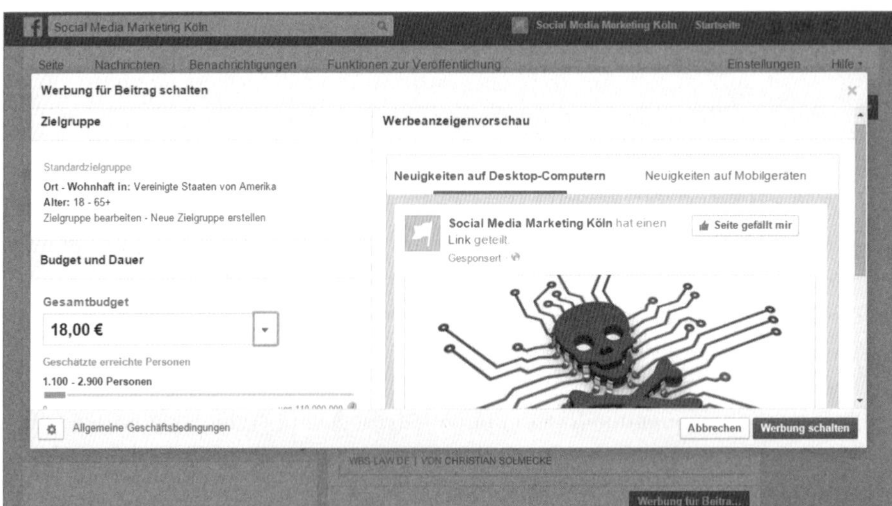

Abbildung 9.9 Um Ihren Beitrag zu bewerben, können Sie auf Facebook die Eckdaten Ihrer Zielgruppe sowie Ihr Budget und die Dauer der Promotion festlegen.

Hinweis

Promoted Posts sind sehr gut dafür geeignet, wichtige Meldungen möglichst breit zu verteilen oder den Erfolg der eigenen Beiträge an mehr als nur der Kundschaft zu testen. Denn Sie können durch eine gründliche Auswertung der Promoted Posts genau feststellen, welcher Content bei Ihrem Publikum gut ankommt (siehe Abbildung 9.10). Diese Daten sind für eine Optimierung des Unternehmensauftritts nicht zu unterschätzen.

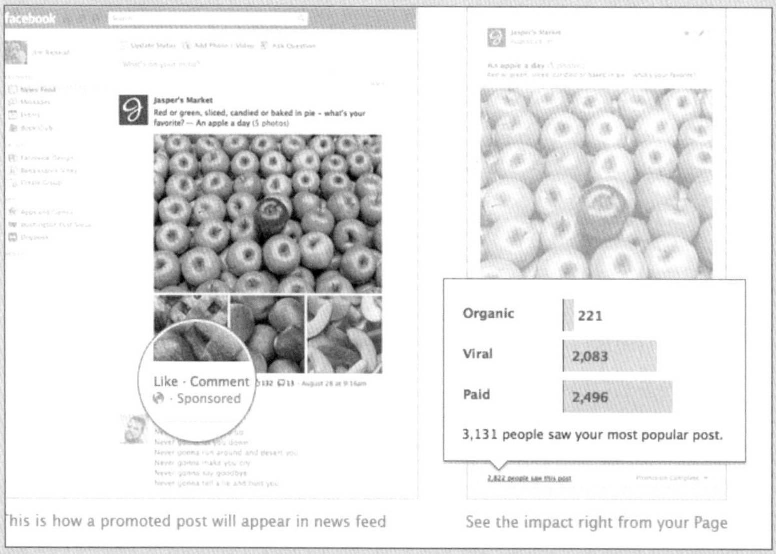

Abbildung 9.10 Auswertung des Erfolgs Ihres Promoted Posts

9.3.2 Rechtliche Rahmenbedingungen zum Bewerben der Beiträge

Möchten Sie die Vorteile von Promoted Posts nutzen, müssen Sie dazu den Nutzungsbedingungen bzw. den Werberichtlinien des sozialen Netzwerkes zustimmen und diese auch einhalten. Für Facebook können Sie diese auf der Webseite *https://www.facebook.com/policies/ads/* einsehen. Diese umfassen zum einen gestalterische Vorgaben, wie zum Beispiel die Anweisung, dass Werbeanzeigen keine Bilder enthalten dürfen, deren Text mehr als 20 % des Bildbereichs ausmacht. Zum anderen hat das Netzwerk auch hinsichtlich des Inhalts der Bilder klare Vorstellungen: So ist das Prinzip »Sex sells« nicht im Interesse des Netzwerkes – hier ist Zurückhaltung geboten. Aber auch schockierende, sensationsheischende, respektlose oder übermäßig Gewalt darstellende Inhalte sind verboten. Möchten Sie bestimmte Zielgruppen ansprechen, so ist das dann verboten, wenn es sich um Unterscheidungsmerkmale wie Rasse, Religion oder ethnische Herkunft handelt (siehe Abbildung 9.11).

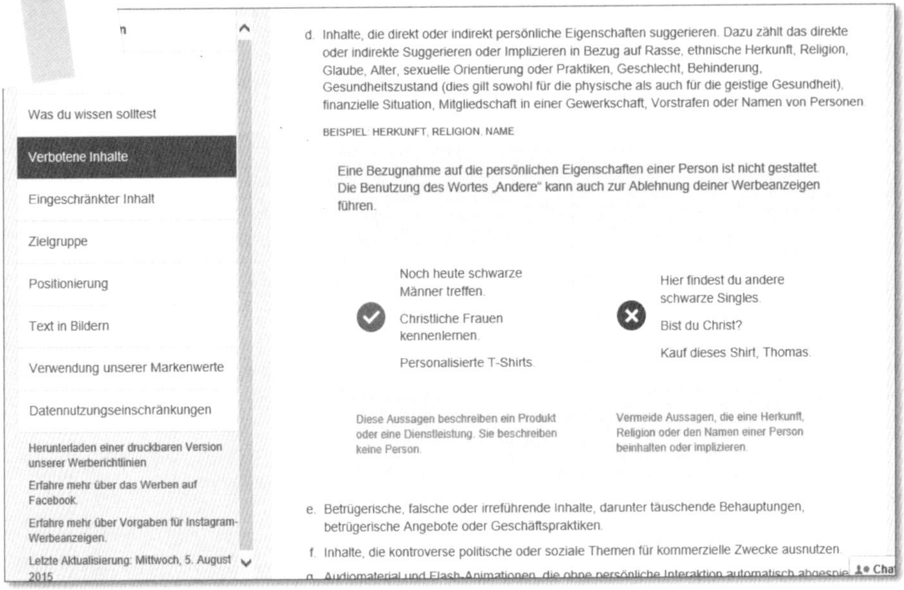

Abbildung 9.11 Werberichtlinien zur Zielgruppenbestimmung

Auch dürfen bestimmte Produkte wie zum Beispiel Alkohol, Tabak oder Medikamente ebenso nur bedingt beworben werden wie Glücksspiele oder Dating-Dienste. Der Grund dafür liegt darin, dass diese Produkte und Dienstleistungen strengen gesetzlichen Regeln unterliegen. Bieten Sie diese an, sollten Sie sich sowohl die gesetzlichen Anforderungen, als auch die Vorgaben der sozialen Netzwerke dazu genauer anschauen.

Achtung

Verstöße gegen die Facebook-Werberichtlinien können zur Ablehnung der Anzeige, zu ihrer Löschung oder auch zur Sperrung der Seite führen.

Ein wichtiger Aspekt ist weiterhin der der Kennzeichnung: Wo Werbung drin ist, muss auch Werbung draufstehen – oder auch Anzeige. Das entschied auch der Bundesgerichtshof (Urteil vom 6.02.2014, Az. I ZR 2/11). Facebook selbst hingegen verwendet nur die Angabe GESPONSERT (siehe Abbildung 9.8). Dies ist nach Ansicht der Richter eine sehr unscharfe Formulierung, die zur Verdeutlichung des Anzeigencharakters der Veröffentlichungen nicht ausreiche. Verwenden Sie diese Angabe dennoch, können Sie dafür als Verantwortlicher der Anzeige in Anspruch genommen werden.

Daneben müssen Sie aber auch in sozialen Netzwerken die gesetzlichen Regelungen des Wettbewerbsrechts und der Preisangabenverordnung beachten. Zur Einhaltung des Wettbewerbsrechts sollten Sie insbesondere einen Blick in die »Schwarze Liste« im Anhang zu § 3 Abs. 3 UWG werfen und sich daran halten. Dort sind die 30 geschäftlichen Handlungen aufgeführt, die automatisch wettbewerbswidrig sind.

Achtung

Bei Verstößen gegen diese gesetzlichen Normierungen drohen Abmahnungen und Bußgelder, aber auch Klageverfahren sind möglich.

9.4 Gekaufte Rankings in Bewertungsportalen: Hot or not?

Bewertungsportale haben Sie sicher schon einmal verwendet: Auf der Suche nach einem guten Restaurant, einem schönen Hotel oder gar einem guten Arzt sind Sie daher vielleicht schon einmal auf Bewertungsportale wie Jameda, Holidaycheck oder Tripadvisor gestoßen (siehe Abbildung 9.12). Diese Portale sollen dem Nutzer im Dienstleistungsdschungel auf Basis von Empfehlungen oder Kritik anderer Nutzer Hilfe bei der Suche nach dem für sie passenden Angebot bieten.

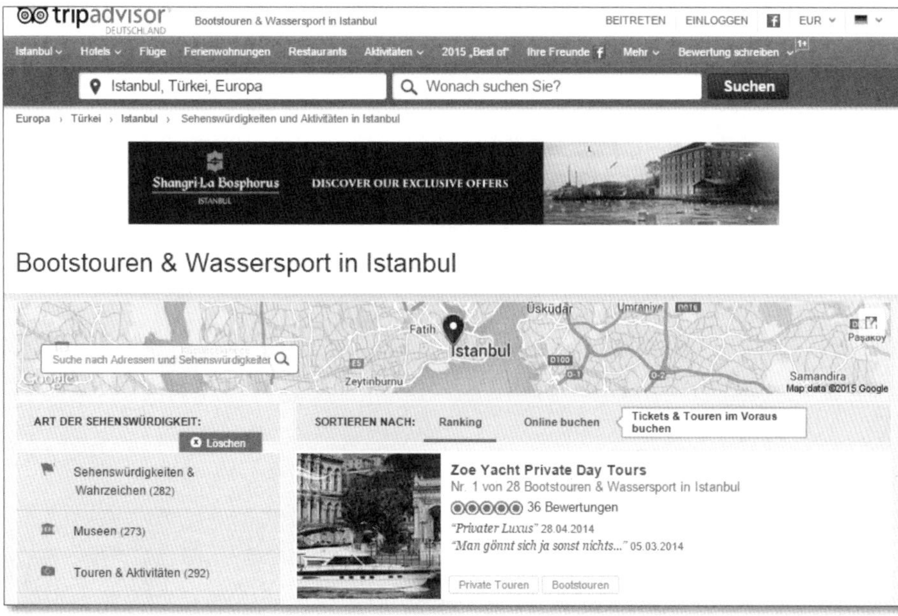

Abbildung 9.12 Die Plattform Tripadvisor bietet Ihnen Bewertungen und Preisvergleiche zu Reisen und mehr.

Nun gibt es auch Portale, die den Dienstleistern Werbemöglichkeiten durch Top-Platzierungen gegen ein Entgelt bieten. Dies ist zwar grundsätzlich zulässig, jedoch muss diese Art der Werbung klar als solche gekennzeichnet werden. Andernfalls drohen auch hier Abmahnungen, beispielsweise durch Konkurrenten, da der Eindruck entstehen könnte, die Spitzenplatzierung basiere auf den Nutzerbewertungen. Um dies zu verhindern, müssen gekaufte Rankings auch ausdrücklich und eindeutig als solche gekennzeichnet werden.

Praxisbeispiel

Die Ärzteplattform Jameda bietet Ärzten gegen Zahlung eines höheren Preises eine »Top-Platzierung Fachgebiete« an. Wer davon Gebrauch macht, wird vor den übrigen Medizinern platziert (siehe Abbildung 9.13). Diese Praxis führte zu einem Rechtsstreit: Die Wettbewerbszentrale verklagte das Bewertungsportal wegen Irreführung des Verbrauchers auf Unterlassung. Zwar berief sich Jameda darauf, dass der Vorwurf unzutreffend sei, da der Verbraucher aufgrund der Gestaltung der Internetseite mit einer farblichen Hervorhebung erkennen könne, dass es sich hier um Werbung von Ärzten handelt, scheiterte mit seinem Einwand jedoch. Das Landgericht München I gab gleichwohl der Klage mit Urteil vom 18.03.2015 (Az. 37 O 19570/14) statt und untersagte dem Bewertungsportal diese Praxis der gekauften Top-Platzierungen. Denn der Verbraucher werde durch die gekauften Rankings gezielt in die Irre geführt, indem ihm suggeriert werde, dass der zuerst genannte Arzt über die beste Bewertung von Patienten verfüge. Daran ändere das von der Plattform gewählte, unauffälliges Textfeld »Premium-Partner«, das zudem nur beim Hinüberfahren mit dem Mauszeiger sichtbar wird, nichts. Vielmehr sei eine ausdrückliche Kennzeichnung erforderlich.

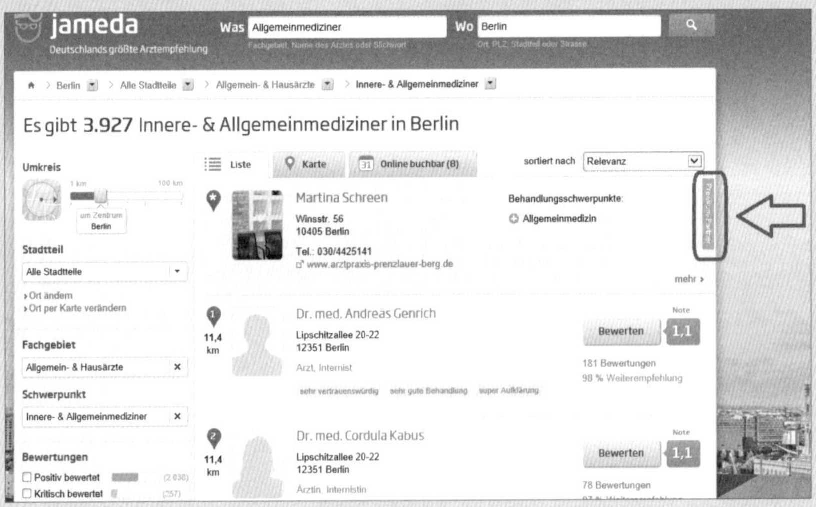

Abbildung 9.13 Gekauftes Ranking im Bewertungsportal Jameda

9.5 Was muss bei Vorschaltwerbung beachtet werden?

Werden Inhalte dem Nutzer kostenlos angeboten, so muss der Anbieter des Inhalts seine Kosten auf eine andere Art und Weise decken – in der Regel durch Werbung.

Gerade aufwendig produzierte Videos oder Filme, die sich die Nutzer kostenlos über Plattformen wie YouTube ansehen können, oder Online-Spiele auf Spieleplattformen schalten Werbung. Wird diese vor Beginn des eigentlichen Inhalts gesendet, handelt es sich um Vorschaltwerbung (siehe Abbildung 9.14).

Abbildung 9.14 Vorschaltwerbung in einem Video von Spiegel Online

Für Nutzer, die endlich das Video ansehen möchten oder mit dem Spiel beginnen möchten, ist diese Art der Werbung oftmals eher nervig. Was wir umgangssprachlich als nervig bezeichnen, könnte rechtlich eine unzumutbare Belästigung und damit einen Verstoß gegen das Wettbewerbsrecht darstellen.

Davon ist bei Vorschaltwerbung immer dann auszugehen, wenn der Nutzer einerseits keine Möglichkeit hat, die Werbung vorzeitig wegzuklicken, und wenn der Nutzer andererseits so lange warten muss, dass die Schwelle des Zumutbaren überschritten wird. Wann diese Schwelle überschritten wird, muss im Einzelfall beurteilt werden.

Das Landgericht Berlin (Urteil vom 14.09.2010, Az. 103 O 43/10) hat in einem Fall entschieden, dass eine Vorschaltwerbung mit einer Dauer von 20 Sekunden ohne eine Möglichkeit des vorzeitigen Wegklickens eine unzumutbare Belästigung der Nutzer darstellt und damit unzulässig ist. Wenn sich der Nutzer dagegen der Werbung schon nach kurzer Zeit durch einfaches Wegklicken entziehen kann, sei die Schwelle zur unzumutbaren Belastung nicht überschritten.

Praxisbeispiel

Das Oberlandesgericht Köln (Urteil vom 12.04.2003, Az. 6 U 132/12) entschied über einen Fall, der das werbefinanzierte Portal für Online-Spiele *www.spielaffe.de* zum Gegenstand hatte. Klickt man auf dem Portal auf ein kostenloses Spiel, so erscheint erst einmal eine Videoclip-Vorschaltwerbung (siehe Abbildung 9.15). Das Werbefenster enthält den Hinweis, dass diese Werbung zur Finanzierungszwecken gezeigt wird. Das Wort Werbung erscheint oberhalb des Werbefensters. Nach 5 Sekunden hat der Spieler die Möglichkeit auf ein Feld zu klicken und die Werbung zu überspringen, um das Spiel zu beginnen. Tut er dies nicht, schaltet sich die Werbung 5 Sekunden später von selbst aus. Dem Betreiber wurde vorgeworfen, unlauter zu handeln, da die Vorschaltwerbung eine unzumutbare Belästigung darstelle – zu Unrecht!

Das Gericht entschied, dass diese Vorschaltwerbung keine unzumutbare Belästigung darstelle, da eine Werbedauer von 10 Sekunden insgesamt nur kurz andauere. Zudem sei das Warten auf das automatische Ende der Werbung im Verhältnis zu der im Alltag wahrgenommenen Fernsehwerbung relativ kurz. Aus diesem Grund handele es sich nicht um einen Fall einer erhöhten Belästigung.

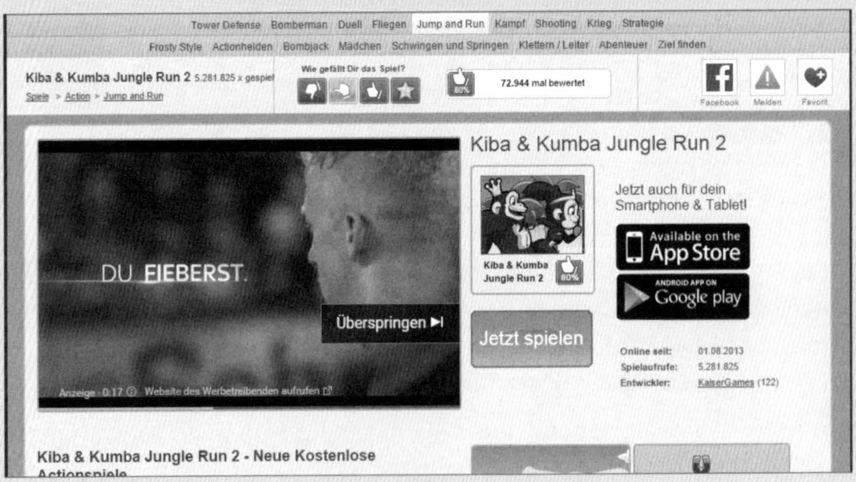

Abbildung 9.15 Werbung zu Beginn des Spiels mit der Möglichkeit des Überspringens auf der Spieleplattform Spielaffe

9.6 Werbeflächen in Suchmaschinen: Wie kann Keyword Advertising rechtskonform betrieben werden?

Während Werbebanner oder Pop-up-Fenster althergebrachte Werbemethoden sind, gibt es seit einigen Jahren auch die Möglichkeit, Suchmaschinen wie Google oder Yahoo zu Werbezwecken zu nutzen: Keyword Advertising ist das Schlüsselwort. Mit dem bekanntesten Beispiel der Suchmaschine Google bietet Ihnen Google AdWords eine Werbefläche im Internet, insbesondere in Suchmaschinen. Die Besonderheit zu anderen Werbemethoden besteht darin, dass die Anzeige entsprechend den Sucheingaben der Nutzer geschaltet wird und dementsprechend nur die erreicht, die sich auch tatsächlich für das Produkt oder die Dienstleistung interessieren – Sie können Werbung also effizient und zielgruppenorientiert schalten und erhöhen so deren Erfolg (siehe Abbildung 9.16).

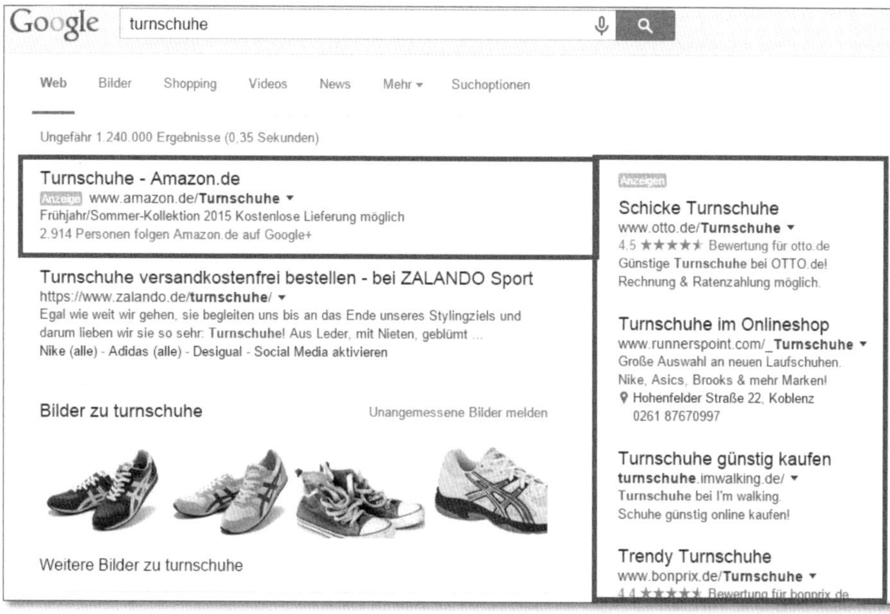

Abbildung 9.16 Beispiel für Anzeigen über Google AdWords

Auf Details zu dieser Art der Werbung kommen wir noch in Kapitel 12, »Suchmaschinenwerbung (SEA)«, zu sprechen. An dieser Stelle möchten wir Ihnen daher nur einen groben Überblick über die rechtlich relevanten Aspekte geben.

9.6.1 Markennamen in Keywords

Von besonderer Relevanz sind Markennamen als Keywords. Denn nicht selten möchten Unternehmen ihr eigenes Produkt in den Fokus der Aufmerksamkeit rücken, indem sie bekannte Markennamen als Keywords benutzen. Sind Sie der Inhaber der geschützten Marke, so ist dies natürlich völlig unproblematisch. Anders sieht es hingegen aus, wenn Sie die Markennamen von Konkurrenten nutzen. Denn diese haben natürlich ein Interesse daran, dass Kunden, die über eine Suchmaschine auf Ihre Website gelangen wollen, nicht vorher von »Trittbrettfahrern« abgefangen werden. Andererseits können bekannte Unternehmen aber auch nicht davor geschützt werden, dass neben ihrem Angebot auch als solche gekennzeichnete Werbung anderer Unternehmen eingeblendet wird – Ihre beispielsweise.

Denn bereits der Europäische Gerichtshof hat in seinem Grundsatzurteil vom 8.07.2010 (Az. C-558/08) entschieden, dass die Verwendung fremder Markennamen als Keywords für AdWords-Anzeigen zulässig ist, wenn ersichtlich ist, von wem die angebotenen Leistungen stammen. Generell ist eine Verwendung danach zulässig. Ist die Anzeigenqualität durch die ausdrückliche Kennzeichnung für den Nutzer der Suchmaschine ersichtlich, dann wird bei diesem auch keine Fehlvorstellung oder Verwirrung ausgelöst und auch der Ruf der Marke nicht beeinträchtigt.

Praxisbeispiel

Schalten Sie Anzeigen über Google AdWords, dann werden die Suchergebnisse in der Rubrik ANZEIGEN veröffentlicht (siehe Abbildung 9.17). Dort erwartet der Nutzer nicht ausschließlich Angebote des Markeninhabers, da ihm bewusst ist, dass es sich hier um bezahlte Anzeigen handelt. Der Nutzer kann also bei AdWords zwischen den bezahlten und den unbezahlten Suchergebnissen differenzieren.

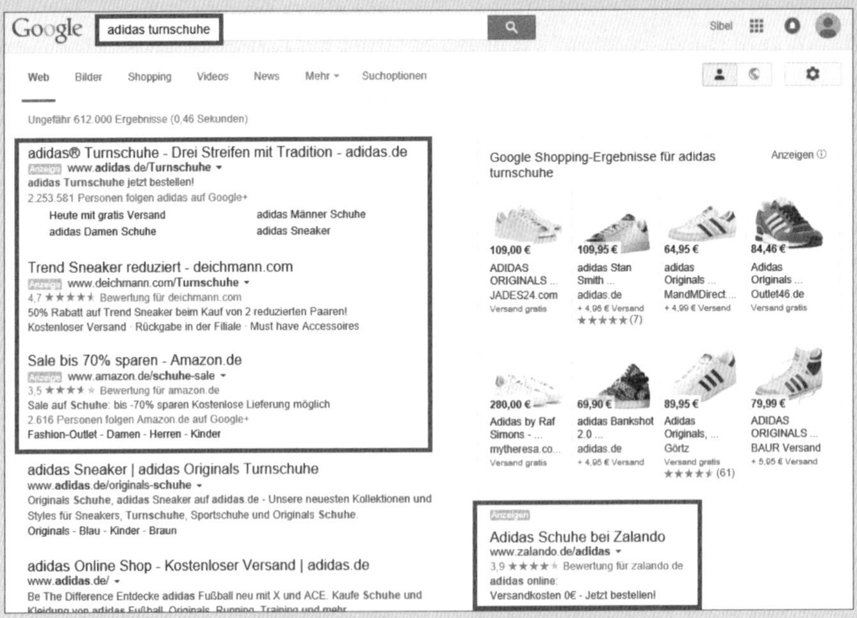

Abbildung 9.17 Gibt man bei Google die Suchbegriffe »Adidas Turnschuhe« ein, erscheinen nicht nur Anzeigen des Unternehmens Adidas selbst.

9.6.2 Kennzeichnungsanforderungen

Sie überschreiten die Grenze zur Rechtswidrigkeit demnach dann, wenn sich Ihre Werbeanzeige nicht erkennbar von dem fremden Markennamen distanziert – beispielsweise durch eine klare Kennzeichnung mit dem Begriff Anzeige.

Darüber hinaus müssen Sie auch Besonderheiten in Ihrem Anzeigentitel und im Beschreibungstext beachten. Denn auch daraus muss klar hervorgehen, dass Ihre Firma hinter der Anzeige steckt und nicht das Markenunternehmen (siehe Abbildung 9.18).

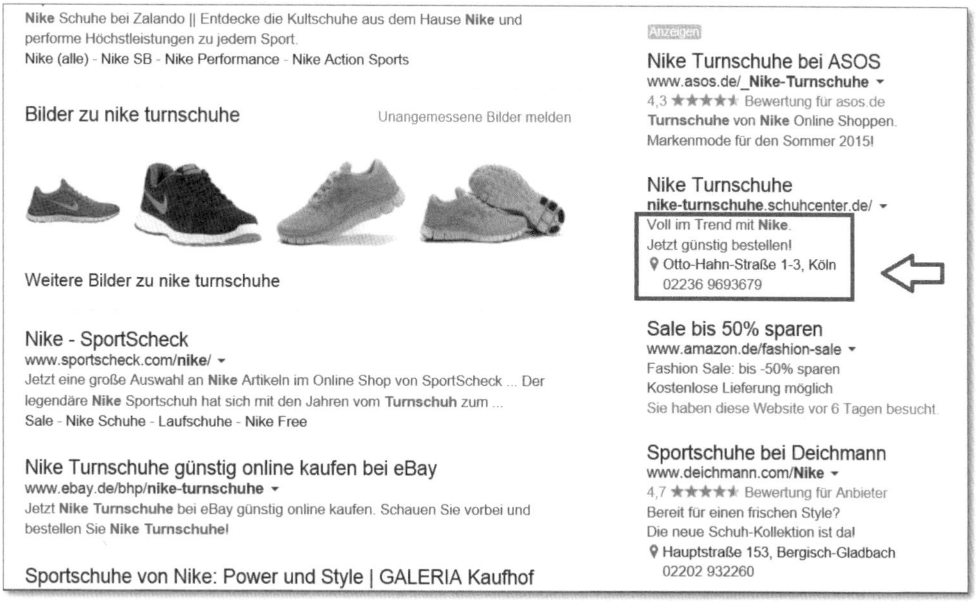

Abbildung 9.18 In der rot eingerahmten Google-AdWords-Anzeige enthält der Titel allein die Angabe »Nike Turnschuhe«, aus der Beschreibung wird jedoch klar, dass es sich um die Anzeige eines lokalen Schuhgeschäfts handelt. Markenrechte der Firma Nike werden damit nicht verletzt.

Rechtskonform ist eine Werbung mit Markennamen Dritter jedenfalls immer dann, wenn Sie eine dahin gehende vertragliche Vereinbarung mit dem Inhaber des Markenrechts haben oder beispielsweise ein Betreiber eines Onlineshops sind und Produkte der Marke in Ihrem Sortiment haben.

Hinweis

Sind Sie selbst ein betroffener Markeninhaber, so können Sie bei Google eine Markenbeschwerde einlegen, wenn Sie der Ansicht sind, dass eine Anzeige Ihre Rechte verletzt.

9.7 Wie schaltet man rechtssichere In-App-Werbung?

Nachdem wir Ihnen in Kapitel 5, »App-Marketing«, bereits erläutert haben, dass Sie Ihre eigene App zu Marketingzwecken einsetzen können, möchten wir in diesem

Abschnitt noch kurz darauf eingehen, dass Sie auch die Apps anderer nutzen können, um Ihre Werbebotschaften zu verbreiten (siehe Abbildung 9.19).

Abbildung 9.19 In der App der Zeitung »The Guardian« schaltet der Onlineshop Amazon Werbung für seine Shopping-App.

Die immense Verbreitung von Smartphones und Tablets hat dazu geführt, dass Apps in den letzten Jahren von einem einfachen Anwendungsprogramm zu einem nicht zu unterschätzenden Marketingkanal aufgestiegen sind und nun für Sie ein enormes Marketingpotenzial bieten. Besonders gerne schalten Unternehmen in Apps Bannerwerbung, vereinzelt auch Videowerbung.

Auch wenn für Werbung in Apps grundsätzlich dieselben allgemeinen Regelungen gelten wie für andere Werbeformate, sollten Sie ein paar Dinge beachten, bevor Sie Werbung in Apps Dritter platzieren.

Für Werbung in Apps über Werbebanner oder per Push-Nachricht benötigen Sie grundsätzlich keine Einwilligung des App-Anwenders. Sie sollten aber darauf achten, dass die Werbung nicht belästigend ist. Die Grenze der Zumutbarkeit ist jedoch schneller überschritten, wenn es sich um kostenpflichtige Apps handelt, da die App-Anwender gegenüber Werbung in kostenfreien Apps toleranter sind, weil ihnen bewusst ist, dass dies zu Finanzierungszwecken erforderlich ist.

Das Einwilligungserfordernis gilt jedoch dann wieder, wenn Sie dem App-Anwender Werbung per Push-Nachricht auf sein mobiles Endgerät schicken möchten. Andernfalls stellt diese Art der Werbung eine wettbewerbswidrige unzumutbare Belästigung dar.

Bei der inhaltlichen Gestaltung müssen Sie beachten, dass auch in Apps das Trennungsgebot gilt. Das heißt, dass auch Werbung in mobilen Anwendungen eindeutig als Werbung erkennbar gemacht oder zumindest in geeigneter Weise so bezeichnet werden muss, da andernfalls die Gefahr besteht, dass der Anwender aufgrund des kleinen Displays auch das Werbebanner für einen Teil des redaktionellen Inhalts hält. Der Hinweis allein, dass es sich um In-App-Werbung handelt, genügt nicht. Im Fall einer unzureichenden Kennzeichnung können Sie dafür abgemahnt werden.

9.8 Wie können eigene Werbeinhalte geschützt werden?

Eigene Werbeinhalte zu erstellen ist sowohl zeitaufwendig als auch mit Kosten verbunden. Je qualitativ hochwertiger der Inhalt ist, desto höher ist auch der Preis, den Sie dafür zahlen müssen. Daher ist es für Sie besonders von Interesse, dass Dritte Ihre Werbeinhalte nicht einfach zu eigenen Zwecken nutzen dürfen. Umgekehrt möchten Dritte in der Regel auch nicht, dass Sie deren Inhalte ohne Zustimmung verwenden.

Dieses Anliegen unterstützt auch der Gesetzgeber und bietet den Rechteinhabern unter anderem mit dem Urheberrecht und dem Markenrecht Möglichkeiten, Dritte von der unbefugten Verwendung der eigenen Inhalte auszuschließen.

Dass Bilder, Texte, Grafiken und Co. unter gewissen Bedingungen urheberrechtlich geschützt sind, haben wir Ihnen bereits im Rahmen des App-Marketings in Kapitel 5 eingehend erläutert und möchten darauf an dieser Stelle daher verweisen. Viel interessanter ist an dieser Stelle jedoch, ob auch beispielsweise Werbeideen oder Werbeslogans geschützt werden können. Auf diese Aspekte möchten wir im Folgenden eingehen.

9.8.1 Schutz des Werbekonzepts

Jedem Marketing-Content liegen eine Idee und ein Werbekonzept zugrunde. Während bloße Ideen angesichts einer mangelnden Verkörperung nicht durch das Urheberrecht geschützt sind, stellt sich die Frage, wie es mit Werbekonzepten aussieht.

Bereits im Jahr 1955 hat der Bundesgerichtshof entschieden, dass auch für neue und eigenartige Werbeideen als solche nach geltendem Recht grundsätzlich kein Rechtsschutz besteht. Auch ein wettbewerblicher Schutz kann nur für die Art der praktischen Durchführung dieser Idee in Betracht kommen. Dies gilt auch nur dann, wenn es sich um eine selbstständige Leistung besonderer Eigenart handelt.

Demnach ist also das Werbekonzept als solches nicht schutzfähig, wohl aber die einzelnen Werbemittel, die in dem Konzept verwendet werden, wie zum Beispiel Bilder, Musik, Slogans oder Werbetexte. Erfüllen diese Elemente die Voraussetzungen einer Schutzfähigkeit, genießen sie unabhängig von der Konzeption Schutz oder auch nicht, sie werden jedenfalls immer einzeln betrachtet.

Zwar bietet das Urheberrecht keinen Schutz, dies bedeutet jedoch nicht, dass das Werbekonzept völlig schutzlos ist. Unter Umständen kommt ein Schutz nach dem Wettbewerbsrecht in Betracht.

Praxisbeispiel

In einem Verfahren vor dem Oberlandesgericht Karlsruhe (Urteil vom 25.01.1995, Az. 6 U 127/94) stritten zwei im Malerhandwerk tätige Parteien über die Übernahme eines Werbekonzepts, welches vom Kläger entwickelt und vertrieben wurde. Der Beklagte hat das Konzept ohne Genehmigung des Klägers übernommen und wurde von diesem daraufhin wegen wettbewerbswidriger Nachahmung eines von ihm entwickelten Werbekonzepts auf Unterlassung in Anspruch genommen – zu Recht!

Das Gericht entschied, dass die Übernahme eines Werbekonzepts oder einer Werbeidee zwar grundsätzlich erlaubt ist, jedoch gelte dies nicht, wenn es sich um die Nachahmung eines neuen, sich von gängigen Werbemaßnahmen durch Eigenart und selbstständige Gedankenführung unterscheidenden Werbekonzepts handele und zudem zu einer Rufausbeutung sowie zur Behinderung des Mitbewerbers führe. Denn in diesen Fällen sei die Nachahmung sittenwidrig und verstoße damit gegen das Wettbewerbsrecht. Dies sei im Fall des Malermeisters der Fall gewesen, was man an der *»Verwendung der auffälligen Farbkombination blau-dunkellila-rosarot und durch die eigenwillige Schreibweise des Berufs und des Namens des Werbenden (in einem Wort und in kleinen Buchstaben)«* erkennen könne.

9.8.2 Schutz des Werbeslogans

Möchten Sie Ihren Content mit einem griffigen und einprägsamen Werbeslogan versehen, so stellt sich auch hier die Frage der Schutzfähigkeit. Denn auch Slogans können dem Schutz des Urheberrechts unterliegen und bei der Nutzung ohne die Einwilligung des Rechteinhabers Konsequenzen nach sich ziehen.

Praxisbeispiel

Der junge CSU-Politiker Fabian Giersdorf ließ auf seinem Wahlplakat folgenden Spruch drucken: »Chabos wissen, wer der Babo ist!« (siehe Abbildung 9.20). Der Spruch sollte die jungen Wähler ansprechen. Babo, übersetzt der Boss, wurde zum Jugendwort 2013 gewählt. Das Wort Chabos steht für die Freunde, die zum Boss aufschauen. Dieser Spruch ist jedoch gleichzeitig der Titelsong eines Albums des deutschen Rappers Haftbefehl. Der Künstler fühlte sich durch die Verwendung auf den Wahlplakaten, die ohne eine Zustimmung seinerseits erfolgte, übergangen und beschwerte sich. Schließlich handele es sich um den Titel seines Songs, der in der Form so nicht genutzt werden dürfe – zu Unrecht jedoch! Denn der Songtitel »Chabos wissen, wer der Babo ist!« genießt keinen urheberrechtlichen Schutz, da die verwendeten Worte zum Alltag des jugendlichen Sprachgebrauchs gehören.

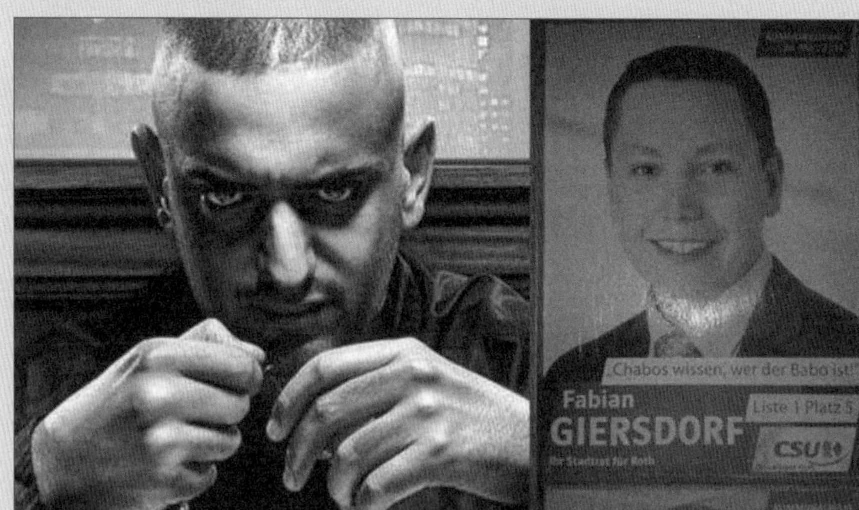

Abbildung 9.20 Auf der linken Seite sehen Sie den Musiker Haftbefehl und auf der rechten Seite das Wahlplakat der CSU.

Gegen die Nutzung seines Titelsongs kann ein Musiker jedoch nur vorgehen, wenn die Nutzung tatsächlich eine Urheberrechtsverletzung darstellt. Um überhaupt eine Urheberrechtsverletzung annehmen zu können, müsste es sich bei dem Songtitel zunächst um ein Kunstwerk im Sinne des Urheberrechts handeln. Das heißt, dass man dem Titel eine gewisse künstlerische Schöpfungshöhe zusprechen können müsste.

Werbeslogans erreichen diese Schöpfungshöhe aufgrund ihrer Kürze jedoch meist nicht. Nur in Ausnahmefällen, in denen die Zusammensetzung der Wörter als einzigartig und besonders fantasievoll angesehen werden kann, können auch kurze Textzeilen urheberrechtlich geschützt sein. Dies ist unter anderem dann der Fall, wenn der Titel zur Unterscheidung eines Werkes von anderen Werken geeignet ist. Davon kann beispielsweise dann ausgegangen werden, wenn er einem bedeutenden Teil des angesprochenen inländischen Publikums bekannt ist und geeignet ist, einen Hinweis auf die betriebliche Herkunft des Werkes zu geben.

Praxisbeispiel

Das Oberlandesgericht Köln (Urteil vom 5.12.2014, Az. 6 U 100/14) entschied über einen Fall, in dem einem Touristik-Unternehmen vorgeworfen wurde, die Titelschutzrechte des Autors eines Buch-Bestsellers zu verletzen.

Die Antragstellerin ist Verlegerin des in Deutschland im Jahr 2006 erschienenen Buches »Ich bin dann mal weg«, in dem der Autor Hape Kerkeling seine Erlebnisse während einer Pilgerreise auf dem Jakobsweg im Jahr 2001 beschreibt (siehe Abbildung 9.21). Die Antragsgegnerin ist ein im Jahr 2005 gegründetes Touristik-Unternehmen, das unter anderem die Reiseportale weg.de und ferien.de betreibt. Seit dem 27.12.2013 bewirbt die Antragsgegnerin ihre Leistungen mit dem Slogan »Ich bin dann mal weg.de« in Form von TV-Spots und seit dem 11.01.2014 durch bundesweite Plakatwerbung. Die Antragstellerin hat in der Verwendung des Slogans der Antragsgegnerin eine unzulässige Ausbeutung des Rufs ihres bekannten Titels gesehen – zu Recht!

Abbildung 9.21 Buchcover des Bestsellers von Hape Kerkeling

Ist der Werbeslogan hingegen so individuell und gibt einen Hinweis auf ein bestimmtes Unternehmen, so ist auch ein Schutz nach dem Markenrecht möglich.

Praxisbeispiel

Die Inhaberin eines Hamburger Geschäftsbetriebs mit dem Namen »lieblings«, die unter anderem Speiseeisprodukte vertreibt, wollte den Spruch »lieblings Eis wie frisch verliebt« als Marke für die Bereiche Eisgetränke, Eiskonfekt und Eis beim Deutschen Patent- und Markenamt anmelden. Als die Markenstelle die Eintragung ablehnte, wendete sie sich schließlich an das Bundespatentgericht. Das Gericht teilte jedoch die Ansicht des DPMA und begründete diese damit, dass der Slogan gar nicht als Marke schutzfähig sei und daher ein Eintragungshindernis vorliege. Dies begründete das Gericht damit, dass der Slogan lediglich suggeriere, dass es sich um ein besonders leckereres Eis handele. Dieses könne von einer beliebigen Firma hergestellt worden sein. Es mangele also an der erforderlichen Unterscheidungskraft von anderen Unternehmen.

9.8.3 Schutz von Werbetexten

Kopieren andere ungefragt Ihre Texte, so müssen Sie sich das nicht gefallen lassen. Denn Texte genießen grundsätzlich auch urheberrechtlichen Schutz. Ob dies auch im konkreten Fall gegeben ist, muss anhand des Einzelfalles beurteilt werden. Denn entscheidend ist, ob der Text die erforderliche Schöpfungshöhe erreicht. Um dies zu entscheiden, muss der Text im konkreten Einzelfall unter die Lupe genommen und untersucht werden, ob der Text das Ergebnis einer individuellen schöpferischen Leistung ist. Der Text muss also die durchschnittliche Gestaltung eines Textes deutlich überragen. Je länger einer solcher Text ist, desto größer sind die Gestaltungsmöglichkeiten und desto eher können Sie dem Text zum Beispiel durch sprachliche Gestaltungen, Überschiften oder besondere Strukturierung eine individuelle Note geben.

Praxisbeispiel

Ein Rechtanwalt veröffentlichte auf der Website seiner Kanzlei »Rechts-News«. Dabei handelte es sich um Beiträge über aktuelle Gerichtsentscheidungen, die in einer für Laien verständlichen Sprache aufbereitet werden. Er verschickte an den gewerblichen Betreiber einer anderen Website eine Abmahnung. Hierin warf er ihm die Begehung einer Urheberrechtsverletzung durch Content-Klau bei zwei Beiträgen vor und forderte die Abgabe einer strafbewehrten Unterlassungserklärung – zu Recht! Nach Ansicht des Amtsgerichts Hamburg (Urteil vom 23.01.2015, Az. 35a C 46/14) sind auch Rechts-News urheberrechtlich geschützt, da sie zwar nur den Inhalt von Gerichtsentscheidungen kurz und prägnant zusammenfassen, jedoch in der sprachlichen Gestaltung in Form einer News-Meldung eine schöpferische Leistung liege. Dadurch, dass der Beklagte auf seiner Website die Gliederungen der Texte, sehr viele Formulierungen und einige Textpassagen übernommen hat, habe er das Urheberrecht des Klägers verletzt. Dass er die Reihenfolge der Wörter geändert oder einzelne Ausdrucksweisen modifiziert hat, ändere daran nichts. Der Beklagte musste in der Folge 200 € Schadensersatz pro übernommenen Beitrag zahlen. Die Höhe des Schadensersatzes richtet sich dabei nach der Tariftabelle des Deutschen Journalisten-Verbands als branchenübliche Vergütung.

9.8.4 Schutz von Videomaterial

Content Marketing besteht in vielen Fällen aus Videomaterial. Dabei machen sich Unternehmen viele Gedanken, wie sie ansprechende, informative und hochwertige Sendungen produzieren können. Doch darf man beispielsweise den Vorspann oder die gesamte Kulisse eines Videos kopieren? Diese Frage ist für Sie nicht nur dann interessant, wenn Sie Ihr eigenes Format vor der Kopie durch Dritte schützen möchten, sondern auch dann, wenn Sie sich bei der Entwicklung eines neuen Formats inspirieren lassen möchten, ohne danach mit Schadensersatz- und Unterlassungsansprüchen konfrontiert zu werden.

Zwar unterliegt der Inhalt eines Videos dem Schutz des Urheberrechts, doch damit ist es noch lange nicht getan. Neben dem eigentlichen Inhalt gibt es auch andere Elemente, wie zum Beispiel den Vorspann eines Videos, den Rechteinhaber gerne vor der Kopie Dritter schützen würden. Der Vorspann eines Beitrags unterliegt als Filmwerk sehr wohl dem Urheberrecht und darf daher nicht ohne Zustimmung des Rechteinhabers kopiert werden – andernfalls müssen die Täter mit hohen Schadensersatzforderungen rechnen!

Praxisbeispiel

Der Fernsehsender ProSieben musste im Jahr 2004 feststellen, dass seit anderthalb Jahren der chinesische Fernsehsender CQTV ohne Erlaubnis bei seinen »CQTV News« einen verblüffend ähnlichen Opener nutzte wie ProSieben bei seinem Nachrichtenmagazin »Newstime« (siehe Abbildung 9.22). Diesen hatte ProSieben selbst von der Produktionsfirma Liga01 Computerfilm entwerfen lassen.

Abbildung 9.22 Vergleich der Opener von ProSieben und CQTV

9.9 Werbeblocker: Fluch oder Segen?

Werbeblocker wie AdBlock Plus sind Programme oder Programmzusätze zum Internetbrowser, mit denen sich das Anzeigen von Werbung unterdrücken lässt (siehe Abbildung 9.23).

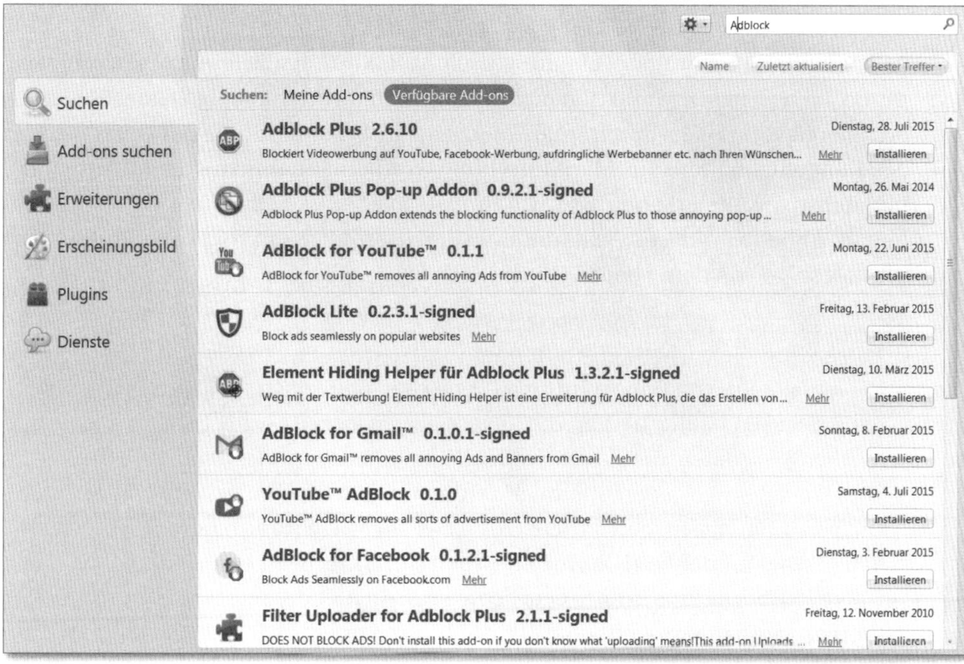

Abbildung 9.23 Liste der verschiedenen Werbeblocker

Dabei wird nicht nur verhindert, dass die Werbung angezeigt wird, sondern bereits das Laden der Werbeelemente unterbunden. Diese Werbeblocker werden von immer mehr Internetnutzern benutzt. Das ist natürlich für Sie als Werbenden nicht vorteilhaft, investieren Sie doch viel Zeit und Geld in die Schaltung von Online-Werbung. Diese Investition ist jedoch völlig umsonst, wenn sie den Internetnutzer gar nicht erst erreicht (siehe Abbildung 9.24).

Dies ist besonders problematisch für die Anbieter kostenloser redaktioneller Inhalte, wie zum Beispiel Spiegel Online, Heise, FAZ oder Golem. Denn diese Anbieter sind auf Werbeeinnahmen angewiesen, um ihren Dienst kostenlos anbieten und dennoch die anfallenden Kosten decken zu können. Wenn nun jedoch immer mehr Internetnutzer die kostenfreien Seiten nutzen, ohne dass Werbung angezeigt werden kann, dann wird die entsprechende Seite für die Werbeindustrie weniger attraktiv. Sinkende Werbeeinnahmen sind in einem bereits hart umkämpften Markt dann die Konsequenz. Daher stellen sich immer mehr Anbieter kostenloser Dienste die Frage, ob

Werbeblocker überhaupt erlaubt sind und wie sie sich dagegen unter Umständen wehren können. Auf diese Fragen möchten wir im Folgenden eingehen.

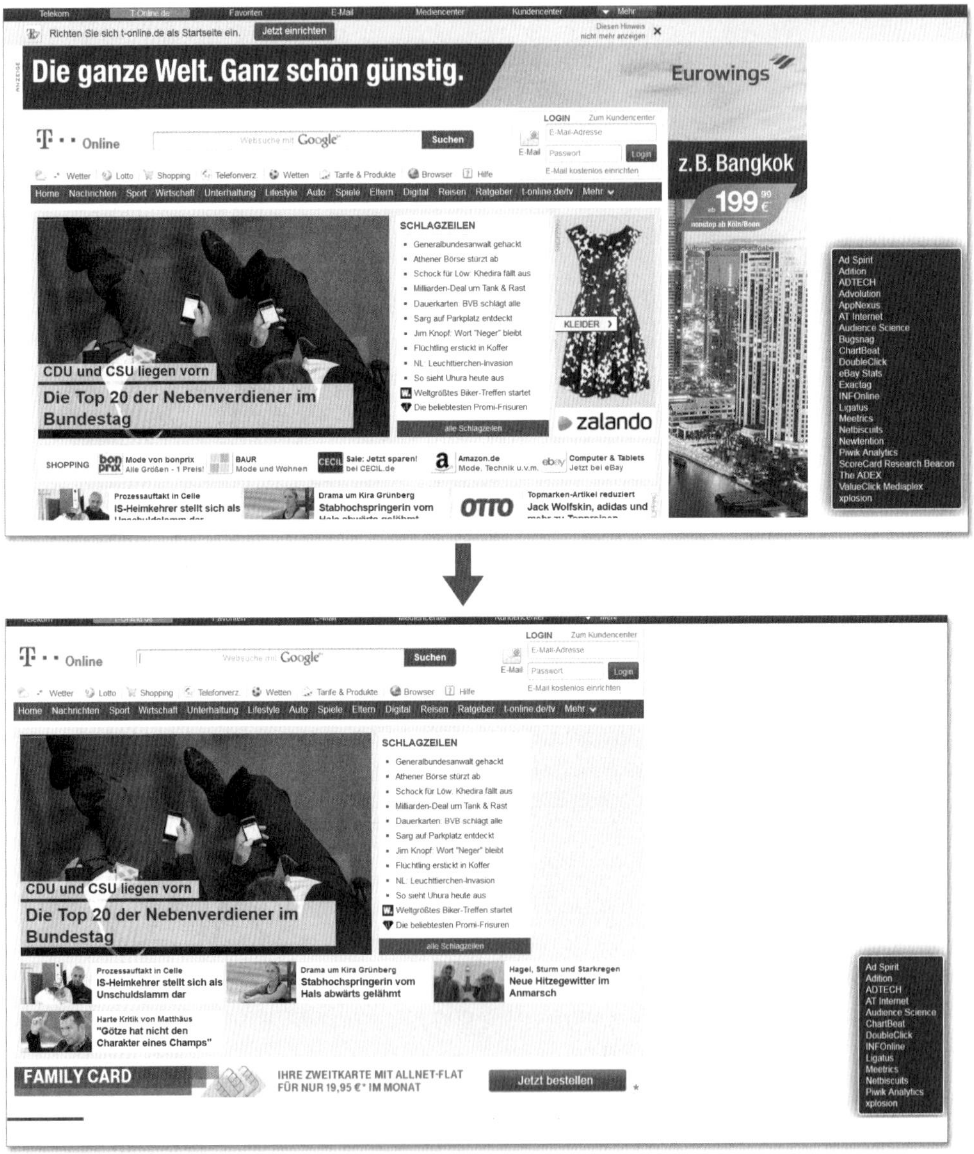

Abbildung 9.24 Oben sehen Sie die Webseite ohne Werbeblocker und unten mit Werbeblocker.

9.9.1 Generelle Zulässigkeit von Werbeblockern

Es stellt sich zunächst die Frage, ob Werbeblocker überhaupt rechtlich zulässig sind. Diese Frage führte bereits zu zahlreichen Verfahren verschiedener Online-Medien gegen den Betreiber des bekannten Werbeblockers Adblock Plus. Durch die Installation von Adblock Plus können Nutzer Werbeanzeigen unterdrücken lassen, die sonst auf den Webseiten der Verlage zu sehen wären. Die Verlage sehen in der Bereitstellung dieser Funktion eine wettbewerbswidrige Maßnahme, da die Online-Seiten sich weitestgehend über die Werbung finanzieren.

Praxisbeispiel

Das Landgericht Hamburg (Urteil vom 21.04.2015, Az. 416 HK O 159/14) verneinte eine wettbewerbswidrige Behinderung durch Adblock Plus. Dies begründete das Gericht unter anderem damit, dass der Nutzer allein darüber entscheide, ob er den Blocker nutze oder nicht. Der Anbieter von Adblock Plus, das Unternehmen Eyeo GmbH, biete nur die Funktion an und greife nicht selbst in das Marktgeschehen ein. Die Tatsache, dass Werbung von bestimmten Unternehmen auch bei Nutzung des Werbeblockers, zum Teil doch angezeigt wird, ändere an dieser Beurteilung nichts. Die Argumentation der Medien, dass von den Werbeanzeigen ihre Existenz abhänge, konnte das Gericht nicht ganz nachvollziehen. Schließlich gäbe es für Medien die Möglichkeit werbefreie Angebote hinter sogenannte Paywalls zu setzen und so die Umsätze zu generieren (siehe Abbildung 9.25).

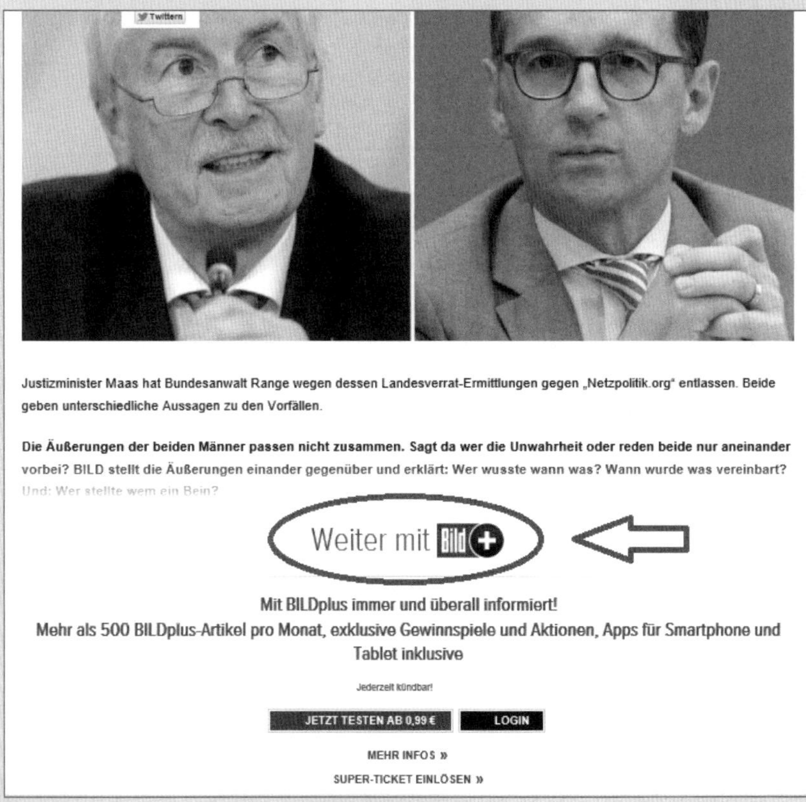

Abbildung 9.25 Auch Bild.de setzt auf Paywalls.

9.9.2 Gegeninitiativen zu Werbeblockern

Zudem argumentiert die Rechtsprechung damit, dass es Betreibern von Websites auch zuzumuten sei, das Ausblenden der Werbung durch Anbringen von Hinweisen oder durch technische Maßnahmen zu unterdrücken. Dies haben im Jahr 2013 auch schon mehrere Newsportale wie Zeit Online, Spiegel Online, FAZ.net versucht. Sie forderten ihre User dazu auf, ihre Werbeblocker zu deaktivieren (siehe Abbildung 9.26).

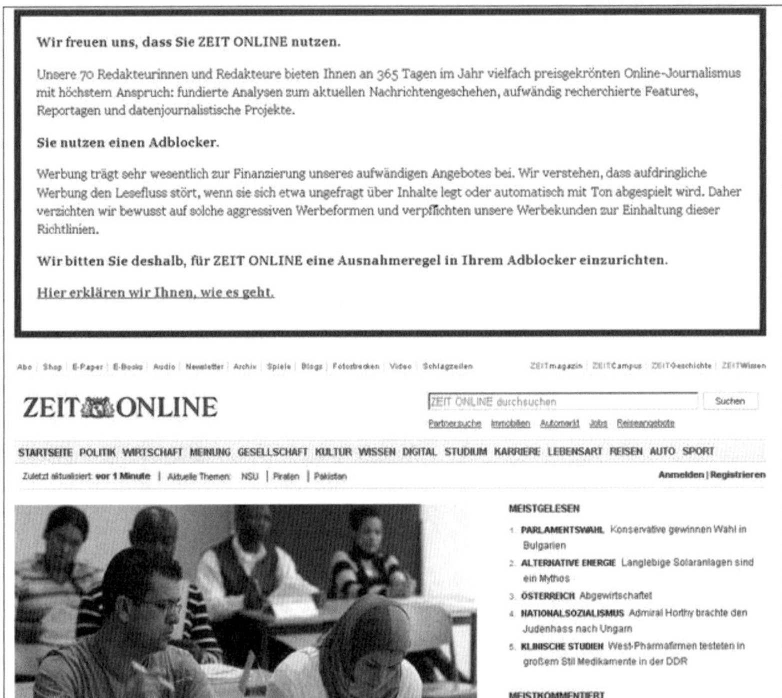

Abbildung 9.26 Aufruf von Zeit Online zur Deaktivierung des Adblockers

Mit etwas anderen Mitteln hat die United Internet AG, die Muttergesellschaft von 1&1, Web.de oder auch GMX, im Jahr 2014 den Kampf gegen Werbeblocker aufgenommen: Nutzer, die Seitenangebote von United Internet aufriefen und gleichzeitig Werbeblocker installiert hatten, wurde eine Sicherheitswarnung eingeblendet. Die Sicherheitswarnung leitete auf eine Informationsseite um und riet dringend zur Deinstallation der Werbeblocker (siehe Abbildung 9.27).

Begründet hat das Unternehmen diese Aufforderung damit, dass Werbeblocker angeblich ein erhebliches Sicherheitsrisiko darstellten und es Kriminellen ermöglichen würden, die Passwörter und auch Zugangsdaten zum Online-Banking auszuspähen. Einen Beweis oder eine fundierte Quelle nannte die von Web.de und GMX betriebene Informationsseite *www.browsersicherheit.info* jedoch nicht. Tatsächlich verschleiert die Informationsseite jedoch, dass die Werbeblocker-Add-ons üblicherweise eher die Sicherheit verstärken, indem sie möglicherweise verseuchte Werbebanner unterdrücken.

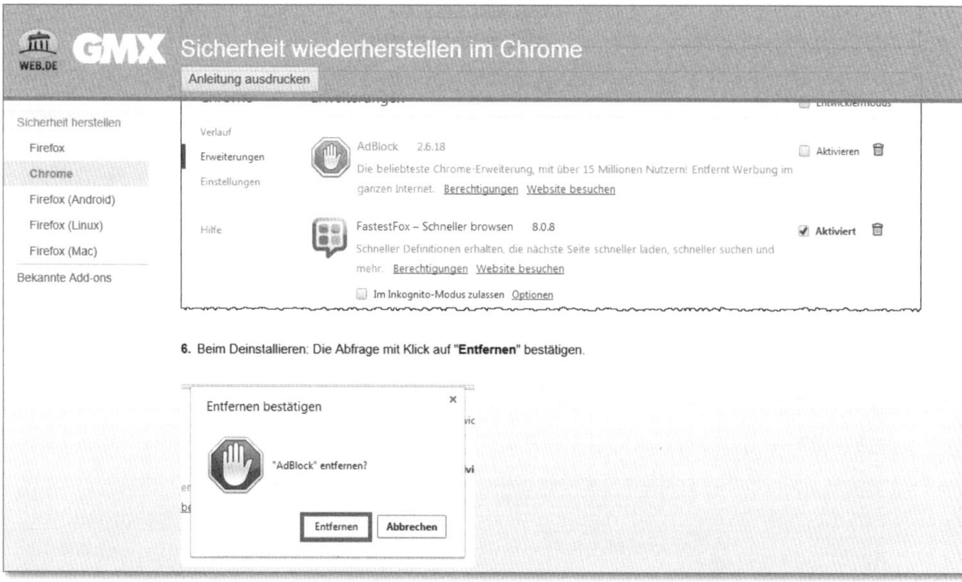

Abbildung 9.27 GMX fordert seine Nutzer »aus Sicherheitsgründen« zur Entfernung des Adblockers auf.

Auf der anderen Seite hat ein Großteil der Diensteanbieter immer noch kein wirkliches Geschäftsmodell gefunden bzw. ist aufgrund des Geschäftsfeldes auf Werbeeinnahmen angewiesen. Deshalb könnte der Weg, den bereits viele Anbieter gegangen sind, der erfolgversprechendere sein: die Nutzer offen ansprechen und auf das Dilemma erklärend hinweisen. Denn dass kostenlose Online-Angebote wie Spiegel Online, Zeit Online oder Sueddeutsche.de auf Dauer nicht völlig kostenlos funktionieren können, leuchtet wohl auch den Nutzern ein, die keine Werbung mögen.

Achtung

Systeme, die Sie einsetzen, um die von Nutzern eingesetzten Werbeblocker zu umgehen, sind unzulässig! Denn wird dem Nutzer Ihre Werbung angezeigt, obwohl er dies offensichtlich nicht möchte, so stellt dies eine unzumutbare Belästigung dar. Von dieser Art der Gegenoffensive sollten Sie daher Abstand nehmen.

9.9.3 Zulässigkeit von Whitelists

Nicht nur die Werbeblocker als solche sind Diensteanbietern ein Dorn im Auge, sondern auch eine spezielle Funktion des Werbeblockers *Adblock* Plus, die dafür sorgt, dass bestimmte Werbeanzeigen, die nach den Kriterien der Betreiber zuvor als »nicht nervend« eingestuft wurden, doch gezeigt werden (siehe Abbildung 9.28).

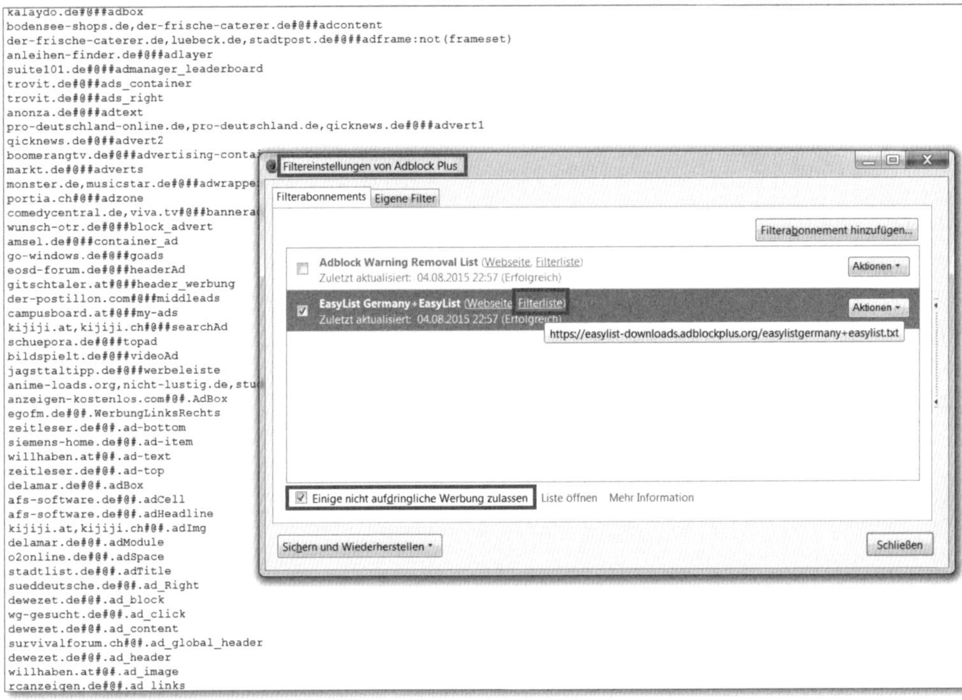

Abbildung 9.28 Die Whitelist des Werbeblockers Adblock Plus

Unternehmen, die nach den Richtlinien von Adblock Plus akzeptable Werbung bieten, können zudem gegen Entgelt auf eine sogenannte *Whitelist* kommen und dafür sorgen, dass ihre Werbung uneingeschränkt gezeigt wird und den Filter von Adblock Plus passiert. Große Unternehmen wie Microsoft und Google haben bereits von dieser Möglichkeit Gebrauch gemacht. Andere sehen darin jedoch einen Verstoß gegen das Wettbewerbsrecht, da dabei bestimmte zahlungskräftige Unternehmen bevorzugt werden würden.

Die bloße Möglichkeit über Adblock Plus Werbung auszuschalten, ist für sich genommen jedoch noch kein Wettbewerbsverstoß. Denn entscheidend ist, dass der Nutzer selbst frei entscheiden kann, ob er das Plug-in nutzt oder nicht. Hier liegt also keine automatische Ausschaltung fremder Werbung durch einen Konkurrenten vor. Der Nutzer wird zudem genau darüber informiert, dass lediglich bestimmte »nervige« Werbung durch den Werbeblocker ausgeschaltet wird. Eine Irreführung liegt somit ebenfalls nicht vor.

Die Whitelist-Funktion bietet jedoch die Möglichkeit, sich unabhängig vom Nutzerwillen freizukaufen, um weiter seine Werbung anzuzeigen. Diese Funktion ist kritisch zu sehen, denn sie führt zu einer Behinderung des Wettbewerbs. Es ist daher durchaus möglich, dass diese Funktion in Zukunft nicht mehr angeboten wird.

9.10 Checkliste Werbeflächen im Internet: Alles beachtet?

Checkliste

- Lässt sich Ihr Pop-up-Fenster am Desktop unmittelbar und ohne Weiteres schließen?
- Haben Sie sich die Werberichtlinien zu Promoted Posts in dem von Ihnen präferierten Netzwerk angesehen und eingehalten?
- Werden von Ihnen gekaufte Platzierungen in Bewertungsportalen als solche gekennzeichnet?
- Kann Ihre Vorschaltwerbung nach wenigen Sekunden vom Nutzer übersprungen werden?
- Enthält Ihre AdWords-Anzeige keinen Hinweis auf eine fremde Marke, weder in der Überschrift noch im Text oder im Link?
- Erscheint die AdWords-Anzeige in einem getrennten und entsprechend gekennzeichneten Werbeblock?
- Haben Sie vor dem Versand von Werbe-Push-Nachrichten in Apps die Einwilligung der App-Anwender eingeholt?
- Haben Sie sich mit der Möglichkeit von Paywalls auseinandergesetzt, sofern Sie Inhalte kostenlos anbieten?

Wenn Sie alle Fragen mit Ja beantworten können, dann kann es losgehen ... Viel Erfolg!

Kapitel 10
Affiliate Marketing

Eine Marketingstrategie, die angeblich auf einer Cocktailparty ihren Ursprung hatte, ist eine der ältesten Werbeformen im Internet: Affiliate Marketing. Es basiert auf dem System der Vermittlung und ermöglicht den Aufbau umfangreicher Werbe- und Vertriebsnetze. Sowohl kleine als auch große Unternehmen können gleichermaßen von diesem Instrument profitieren, wenn sie es rechtssicher einsetzen. Wo dabei die Schwierigkeiten liegen und wie diese aus dem Weg geräumt werden können, ist Gegenstand dieses Kapitels.

Affiliate Marketing ist ein Begriff, der womöglich nicht jedem etwas sagt. Aus diesem Grund möchten wir an dieser Stelle zunächst kurz darauf eingehen, was sich überhaupt dahinter verbirgt. Affiliate-Systeme (englisch *affiliate* = angliedern) sind internetbasierte Vertriebslösungen, bei denen meistens ein kommerzieller Anbieter seine Vertriebspartner erfolgsorientiert durch eine Provision vergütet. Der an einem solchen System teilnehmende Händler (Advertiser) stellt dabei in der Regel seine Werbemittel zur Verfügung, die der Vertriebspartner (Affiliate) dann auf seinem Internetauftritt zur Bewerbung der Angebote des Advertisers verwenden oder über andere Kanäle einsetzen kann. Affiliate-Systeme basieren auf dem Prinzip der Vermittlungsprovision. Die Vermittlung läuft meist durch die direkte Verlinkung auf die Verkaufsplattform des Advertisers (siehe Abbildung 10.1).

Abbildung 10.1 Affiliate-Link unter einem YouTube-Video zur Website www.mmoga.de

Der Affiliate-Link enthält einen speziellen Code, der den Affiliate eindeutig beim Advertiser identifiziert. Der Affiliate fungiert also lediglich als Vermittler zwischen Händlern und potenziellen Kunden.

Die Geburtsstunde des Affiliate Marketings ist ein Mythos in der Branche. Auf der Suche nach den Ursprüngen des Affiliate Marketings trifft man immer wieder auf eine Geschichte: Auf einer Cocktailparty in den USA habe sich der Amazon-Gründer Jeff Bezos mit einer Frau unterhalten, die zu der Zeit eine Internetseite zum Thema Scheidung betrieben habe. Diese besagte Frau soll Bezos das Angebot gemacht haben, Bücher zum Thema Scheidung, die auf Amazon verkauft werden, auf Ihrer Website vorzustellen und gleichzeitig auf den Amazon-Shop zu verlinken. Dies sollte jedoch nicht umsonst sein – sie forderte dafür als Gegenleistung eine Vertriebsprovision. Aufgrund dieser Idee soll Amazon das weltweit erste Affiliate-Programm entwickelt und im Jahr 1996 gestartet haben. Mittlerweile betreibt die Plattform mit dem Amazon PartnerNet das wohl größte Affiliate-Programm weltweit (siehe Abbildung 10.2).

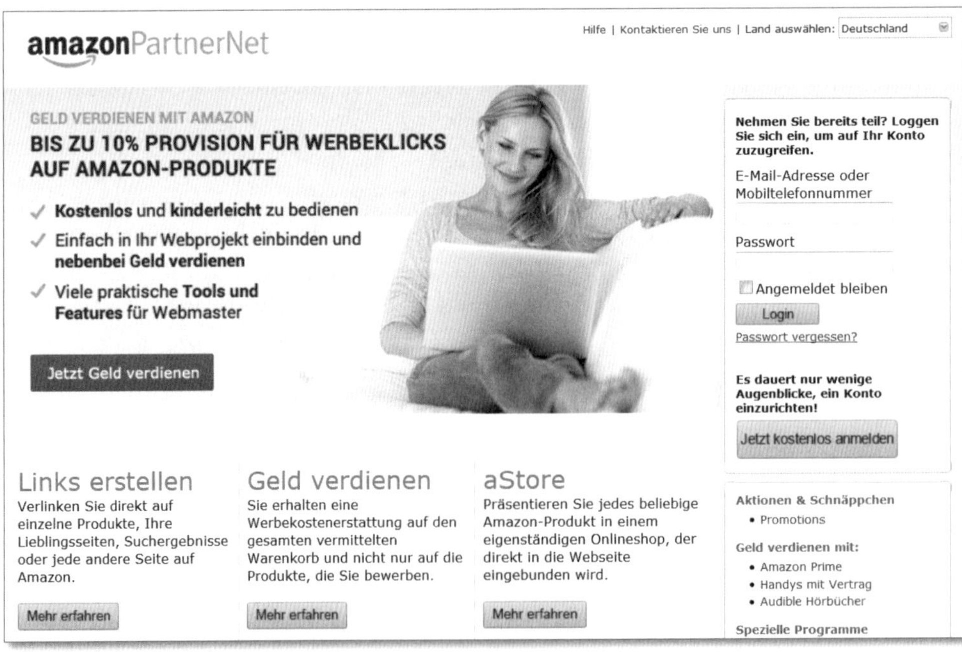

Abbildung 10.2 Die Startseite des Amazon PartnerNet

Auch wenn es vorher schon Affiliate-Programme gegeben haben soll, so bleibt Amazon in jedem Fall einer der Pioniere und hat wesentlich zur Entwicklung des Affiliate Marketings beigetragen.

Beim Affiliate Marketing handelt es sich um ein Instrument, dessen Einsatz stetig steigt, aber noch immer nicht die Spitzenposition erreicht hat (siehe Abbildung 10.3).

So bleibt Affiliate Marketing beispielsweise hinter E-Mail-Marketing oder der Werbung über soziale Netzwerke zurück.

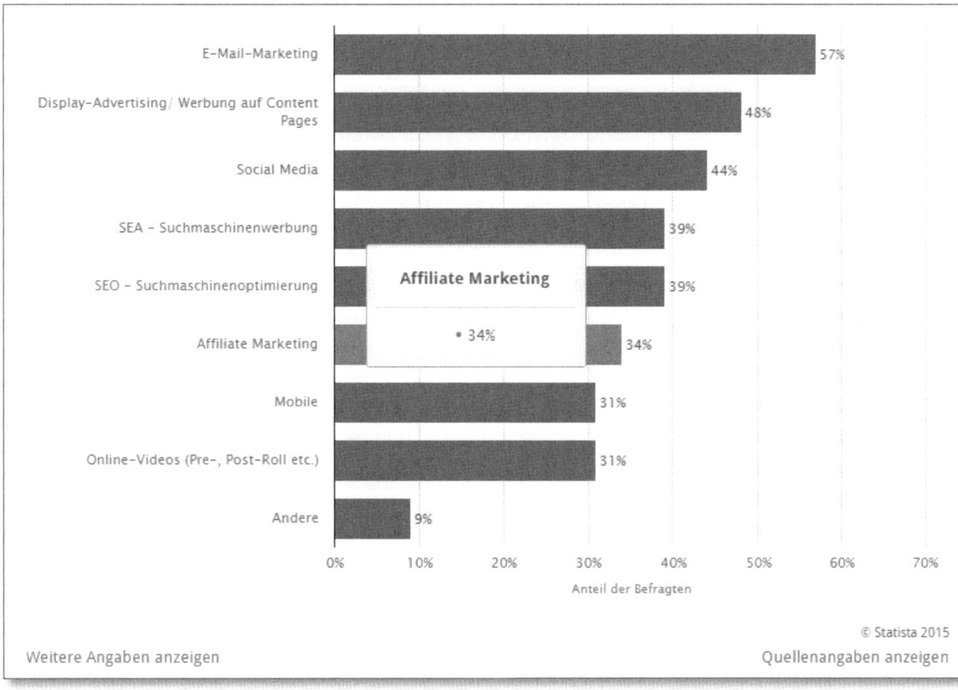

Abbildung 10.3 In einer Umfrage unter Media- und Marketing-Entscheidern zu genutzten Online-Marketing-Formen gaben 34 % an, dass ihr Unternehmen Affiliate Marketing nutzt oder genutzt hat.

Wer nun denkt, dass das System der Affiliate-Werbung so einfach ist, dass so viel wohl nicht schiefgehen kann, der irrt. Rechtlich gibt es so einige Stolpersteine, die Sie im Blick behalten müssen. Von besonderer Bedeutung sind in diesem Kontext die Vertragsgestaltung und Ihre Haftung als Werbender für Rechtsverstöße des Affiliates. Auch Betrugsmaschen sind beim Affiliate Marketing nicht selten. Diese und weitere Themen, die Sie rund um das Thema Affiliate Marketing beachten müssen, möchten wir Ihnen in diesem Kapitel erläutern.

10.1 Ein sicherer Start: Mit wem schließt man einen Vertrag?

Ein richtig verfasster Vertrag ist das A und O einer jeden geschäftlichen Zusammenarbeit. Diesen Satz lesen Sie so oder so ähnlich sicher nicht zum ersten Mal in diesem Buch. Doch diese Aussage ist beim Affiliate Marketing ebenfalls nicht zu unterschätzen, da die Vertragsgestaltung auch maßgeblich über Ihre Haftung mitentscheidet. Da Affiliate

Marketing jedoch in der Regel durch die Einschaltung von Affiliate-Netzwerken erfolgt, möchten wir zunächst einen Blick darauf werfen, welche Personen an einem Vertrag beteiligt sind und in welchem Verhältnis die Personen zueinander stehen.

10.1.1 Die Beteiligten des Vertrags

Bevor wir auf die Details der Vertragsgestaltung eingehen, möchten wir zunächst einen Blick auf die an dem Affiliate Marketing Beteiligten werfen. Denn hier handelt es sich um ein Mehrpersonenverhältnis aus:

- Affiliate-Netzwerk
- Advertiser
- Affiliate

Das *Affiliate-Netzwerk* bildet das Bindeglied zwischen Ihnen als Advertiser und dem Affiliate. Bekannte Beispiele sind dabei affilinet, DigiStore 24 oder Zanox (siehe Abbildung 10.4).

Affiliate-Netzwerke Top-10

Vergleich: Markierungen löschen | markierte vergleichen (0 von max. 10)

Rank	Affiliate-Netzwerk	seit	Team	PLZ	Ort	PP[1]
1	affilinet (DE)	1997	200	81829	München	1907
2	DigiStore24	2012		31141	Hildesheim	109
3	Zanox	2000	600	10245	Berlin	2011
4	belboon GmbH	2002	24	10178	Berlin	1391
4	TradeTracker DE	2004	200	20537	Hamburg	779
6	ADCELL	2003	14	10315	Berlin	1344
7	SuperClix	1997	14	79106	Freiburg	409
8	Tradedoubler	1999	380	80331	München	523
9	Webgains Deutschland	2006	90	90461	Nürnberg	448
10	CJ affiliate by Conversant	1998	600	81671	München	185

Vergleich: Markierungen löschen | markierte vergleichen (0 von max. 10)

[1] Auswahl der deutschen und internationalen Partnerprogramme, da nicht alle auf 100partnerprogramme.de gelistet sind.

Abbildung 10.4 Top Ten der Affiliate-Netzwerke

Manche Netzwerke kümmern sich um die gesamte Abwicklung und bieten Ihnen komplette Online-Vertriebslösungen, so zum Beispiel auch das Netzwerk DigiStore24 (siehe Abbildung 10.5).

Abbildung 10.5 Angebote des Affiliate-Netzwerkes DigiStore24

Abbildung 10.6 Die Telekom sucht gezielt nach Affiliate-Partnern.

Weiterhin ist am Affiliate Marketing der *Advertiser* beteiligt, manchmal auch Merchant genannt. Dabei handelt es sich um den Werbenden, dessen Rolle in der Regel Sie einnehmen, der mit dem Affiliate Marketing seine Produkte und Dienstleistungen bewerben will und dazu Affiliates benötigt (siehe Abbildung 10.6).

Als dritter Beteiligter agiert der *Affiliate*, manchmal auch Publisher genannt. Dabei handelt es sich um den Betreiber einer Plattform im Internet, auf der die Werbung des Advertisers dann geschaltet wird (siehe Abbildung 10.7).

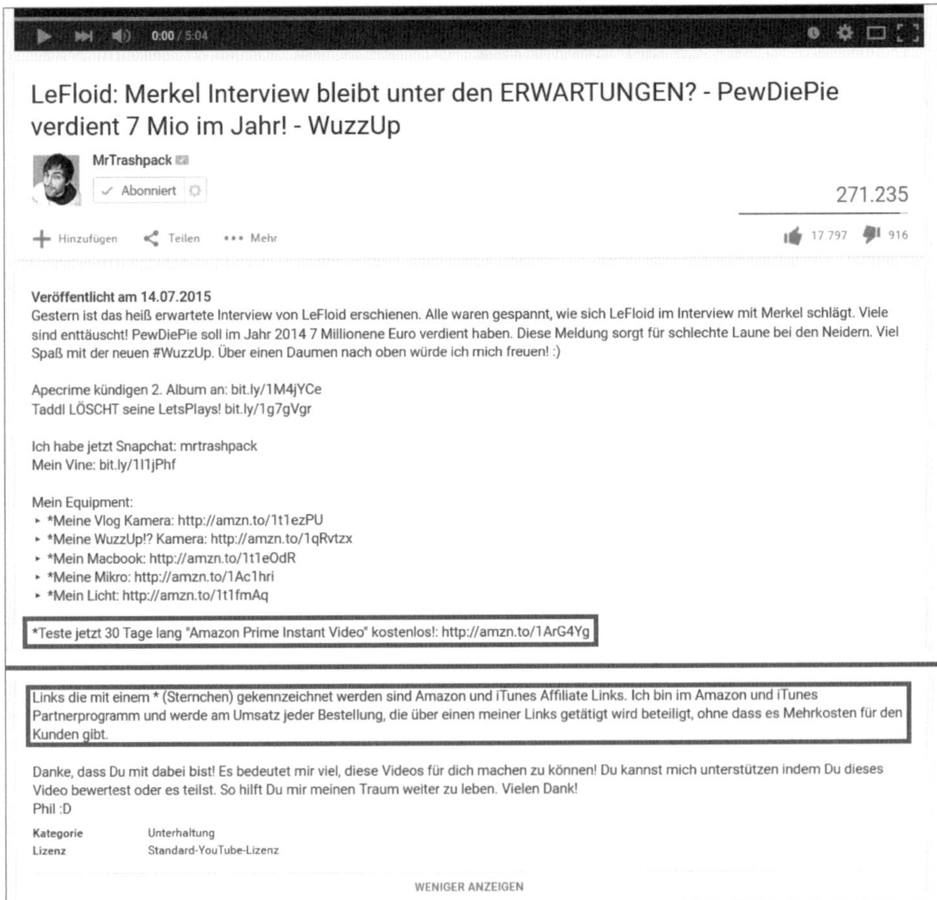

Abbildung 10.7 Affiliate-Link zu Amazon unter einem YouTube-Video

Typischerweise entsteht eine Verbindung zwischen diesen Beteiligten, wenn sich der Affiliate und der Advertiser online in dem Affiliate-Netzwerk anmelden. Im Anschluss daran kann sich der Affiliate die Partnerprogramme der Advertiser ansehen und diesen ein Angebot schicken, wenn er Interesse daran hat (siehe Abbildung 10.8). Hat der Advertiser Interesse an dem Angebot des Affiliates, erhält der Affiliate für die geschaltete Werbung die vereinbarte Provision.

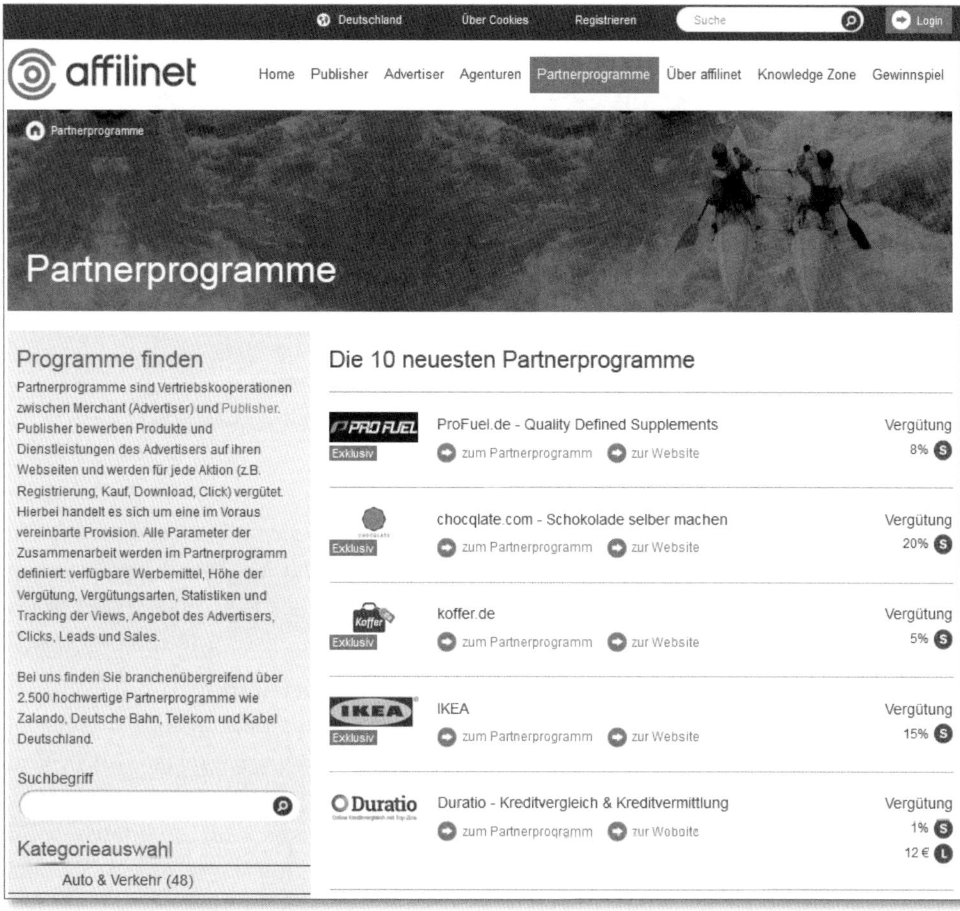

Abbildung 10.8 Die Wahl der Partnerprogramme auf affilinet

Nun gibt es verschiedene Möglichkeiten, wie diese Beteiligten in einem vertraglichen Verhältnis zueinander stehen können. Dies betrifft insbesondere die Rolle des Netzwerkes, also ob dieses als Dienstleister oder als Vermittler auftritt. Wie diese Unterschiede aussehen und was Sie dabei beachten müssen, möchten wir Ihnen in diesem Abschnitt erläutern.

10.1.2 Der Vertrag mit dem Affiliate-Netzwerk als Dienstleister

Einerseits besteht die Möglichkeit, dass sich der Advertiser und der Affiliate jeweils bei dem Affiliate-Netzwerk registrieren und das Netzwerk dann die Verbindung zwischen diesen beiden herstellt (siehe Abbildung 10.9). Der Affiliate gibt dabei ein Angebot in Form einer Bewerbung beim Advertiser ab, der sich wiederum überlegen kann, ob er das annimmt oder nicht.

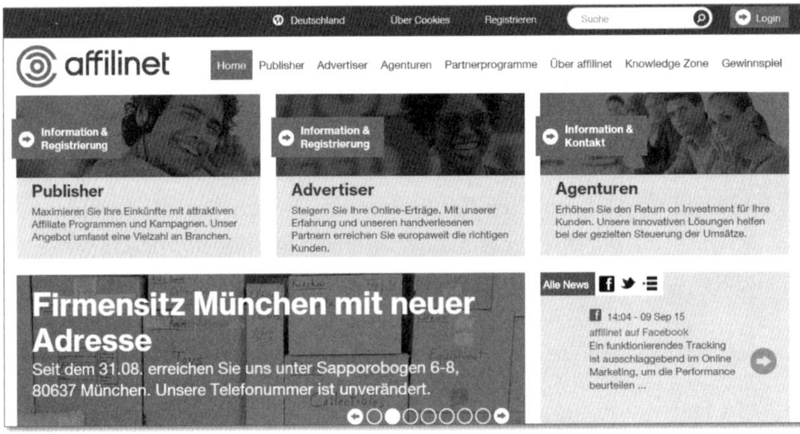

Abbildung 10.9 Startseite des Netzwerkes affilinet

Durch die Registrierung treten sowohl der Affiliate als auch Sie als Advertiser in eine vertragliche Beziehung zu dem Netzwerk. Nehmen Sie das Angebot des Affiliates an, entsteht zusätzlich ein Online-Werbevertrag. Letztlich bestehen also drei Vertragsverhältnisse (siehe Abbildung 10.10):

1. der Vertrag zwischen Ihnen als Advertiser und dem Netzwerk
2. der Vertrag zwischen dem Affiliate und dem Netzwerk
3. der Vertrag zwischen dem jeweiligen Affiliate und Ihnen als Advertiser

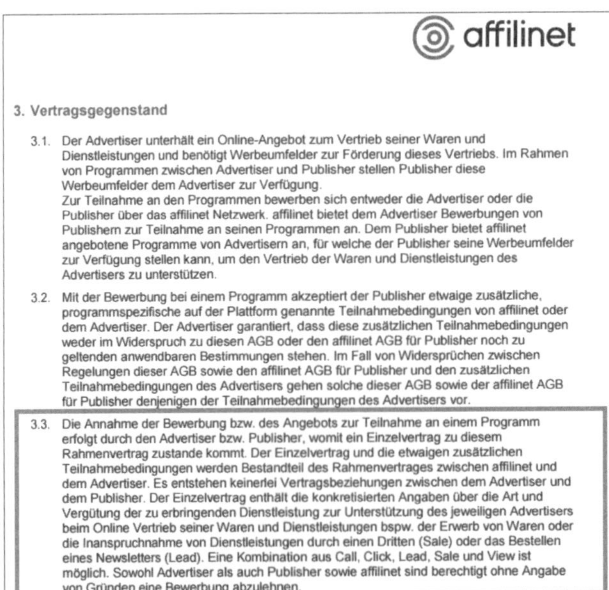

affilinet

3. Vertragsgegenstand

3.1. Der Advertiser unterhält ein Online-Angebot zum Vertrieb seiner Waren und Dienstleistungen und benötigt Werbeumfelder zur Förderung dieses Vertriebs. Im Rahmen von Programmen zwischen Advertiser und Publisher stellen Publisher diese Werbeumfelder dem Advertiser zur Verfügung.
Zur Teilnahme an den Programmen bewerben sich entweder die Advertiser oder die Publisher über das affilinet Netzwerk. affilinet bietet dem Advertiser Bewerbungen von Publishern zur Teilnahme an seinen Programmen an. Dem Publisher bietet affilinet angebotene Programme von Advertisern an, für welche der Publisher seine Werbeumfelder zur Verfügung stellen kann, um den Vertrieb der Waren und Dienstleistungen des Advertisers zu unterstützen.

3.2. Mit der Bewerbung bei einem Programm akzeptiert der Publisher etwaige zusätzliche, programmspezifische auf der Plattform genannte Teilnahmebedingungen von affilinet oder dem Advertiser. Der Advertiser garantiert, dass diese zusätzlichen Teilnahmebedingungen weder im Widerspruch zu diesen AGB oder den affilinet AGB für Publisher noch zu geltenden anwendbaren Bestimmungen stehen. Im Fall von Widersprüchen zwischen Regelungen dieser AGB sowie den affilinet AGB für Publisher und den zusätzlichen Teilnahmebedingungen des Advertisers gehen solche dieser AGB sowie der affilinet AGB für Publisher denjenigen der Teilnahmebedingungen des Advertisers vor.

3.3. Die Annahme der Bewerbung bzw. des Angebots zur Teilnahme an einem Programm erfolgt durch den Advertiser bzw. Publisher, womit ein Einzelvertrag zu diesem Rahmenvertrag zustande kommt. Der Einzelvertrag und die etwaigen zusätzlichen Teilnahmebedingungen werden Bestandteil des Rahmenvertrages zwischen affilinet und dem Advertiser. Es entstehen keinerlei Vertragsbeziehungen zwischen dem Advertiser und dem Publisher. Der Einzelvertrag enthält die konkretisierten Angaben über die Art und Vergütung der zu erbringenden Dienstleistung zur Unterstützung des jeweiligen Advertisers beim Online Vertrieb seiner Waren und Dienstleistungen bspw. der Erwerb von Waren oder die Inanspruchnahme von Dienstleistungen durch einen Dritten (Sale) oder das Bestellen eines Newsletters (Lead). Eine Kombination aus Call, Click, Lead, Sale und View ist möglich. Sowohl Advertiser als auch Publisher sowie affilinet sind berechtigt ohne Angabe von Gründen eine Bewerbung abzulehnen.

Abbildung 10.10 In den AGB für Advertiser des Netzwerkes affilinet kommt klar zum Ausdruck, dass dieses sich nur als Dienstleister sieht.

Hinweis

Sie müssen jeden Vertrag für sich allein sehen, bei dem jeder seine Pflichten seinem eigenen Vertragspartner gegenüber erfüllen muss und diesem gegenüber verantwortlich ist.

Der Online-Werbevertrag beinhaltet für Sie und den Affiliate wechselseitige Pflichten und damit auch Ansprüche. Während Sie als Advertiser zur Zahlung der vereinbarten Provision verpflichtet sind, obliegt es dem Affiliate, die vereinbarte Werbung auch tatsächlich zu schalten.

Das Netzwerk kann den Vertrag zwischen Ihnen und dem Affiliate nicht beeinflussen. Es kann lediglich aus seinem eigenen Vertrag heraus Konsequenzen ziehen, wenn einer seiner Vertragspartner – also Sie oder der Affiliate – gegen seine Nutzungsbedingungen verstößt. Gibt es also Probleme in der Abwicklung des Online-Werbevertrags, hat das Netzwerk von Gesetzes wegen keinerlei Möglichkeiten, auf Ihren Vertragspartner einzuwirken. Denn das Netzwerk agiert lediglich als Dienstleister, der die Plattform zur Kontaktaufnahme bereitstellt sowie Organisatorisches abwickelt.

Hinweis

Diese Art der Zusammenarbeit hat für Sie als Advertiser den Vorteil, dass ein direktes Vertragsverhältnis zwischen Ihnen und dem Affiliate besteht. Denn dadurch können Sie auch selbst konkret gegen den Affiliate vorgehen, wenn es zu Problemen bei der Vertragsabwicklung kommt.

10.1.3 Der Vertrag mit dem Affiliate-Netzwerk als Vermittler

Darüber hinaus finden sich in der Praxis auch Konstellationen, in denen das Affiliate-Netzwerk noch stärker in den Online-Werbevertrag zwischen Ihnen als Advertiser und dem Affiliate eingebunden ist. Auch in dieser Konstellation melden sich Affiliate und Advertiser beim Netzwerk an und schließen jeweils einen Rahmenvertrag ab (siehe Abbildung 10.11).

Praxisbeispiel

In dem Rahmenvertrag vereinbart das Netzwerk dann mit dem Affiliate seine Leistungen, die regelmäßig in der Zahlung der Provision und der Vermittlung des Affiliates an den Advertiser liegen sowie der Bereitstellung der Webseite zur Schaltung von Werbung durch den Affiliate.

Der Rahmenvertrag mit dem Advertiser hat zum Beispiel zum Gegenstand, dass der Advertiser dem Affiliate-Netzwerk alle für die Angebotsschaltung erforderlichen Inhalte zur Verfügung stellt. Auch Vereinbarungen zu Provisionen und der Abrechnungsmethode werden ausgehandelt.

Allgemeine Geschäftsbedingungen (AGB) für Advertiser

Zum Betrieb von Partnerprogrammen auf den belboon Online-Plattformen

1. Geltungsbereich / Definitionen

1.1. Die nachstehenden Allgemeinen Geschäftsbedingungen sind Bestandteil eines jeden Vertrages zwischen der belboon GmbH, Weinmeisterstr. 12-14, D-10178 Berlin (im folgenden: belboon genannt) und dem Vertragspartner.

1.2. belboon erbringt ihre Dienste, Leistungen und Lieferungen für Advertiser ausschließlich auf der Grundlage dieser Allgemeinen Geschäftsbedingungen für Advertiser. belboon ist im Übrigen berechtigt, die Leistungserbringung oder Teile hiervon zur selbständigen Erledigung auf Drittdienstleister oder Erfüllungsgehilfen zu übertragen.

1.3. Die Gültigkeit dieser Allgemeinen Geschäftsbedingungen für Advertiser erstreckt sich auf alle für Advertiser angebotenen Leistungen von belboon. Der Advertiser erkennt mit der Inanspruchnahme der Leistungen von belboon diese Allgemeinen Geschäftsbedingungen für Advertiser als für ihn verbindlich an.

1.4. Neben den vorliegenden Allgemeinen Geschäftsbedingungen für Advertiser wird auch die jeweils gültige Preisliste von belboon Vertragsbestandteil.

1.5. Es gelten für die Anwendung und Auslegung des Vertrages nachfolgende Definitionen:

Publisher
Ein Publisher ist eine natürliche oder juristische Person, Inhaber bzw. Betreiber digitaler Medien (Webseiten, E-Mails, SMS, MMS, o.ä.), der belboon verlinkte Werbeflächen zur Verfügung stellt, die an Advertiser weiter vermittelt werden. Ein Publisher ist Unternehmer (§ 14 BGB) und kein Verbraucher (§ 13 BGB).

belboon
belboon übermittelt mit seinem Partnerprogramm-Netzwerk die Werbung von Advertisern auf digitalen Medien von Publishern. Hierzu schließt belboon mit diesen Parteien Rahmenverträge, bietet die technische Infrastruktur und protokolliert die vermittelten Leistungen.

Abbildung 10.11 Nutzungsbedingungen des Netzwerkes belboon

Der wesentliche Unterschied bei dieser Konstellation im Vergleich zu der, in der das Netzwerk als Dienstleister fungiert, besteht darin, dass in diesem Fall gerade kein Vertrag zwischen Affiliate und Ihnen als Advertiser zustande kommt. Der Grund dafür liegt darin, dass der Advertiser den Vertrag mit dem Affiliate nicht in eigenem Namen abschließt, sondern im Namen des Netzwerkes. Er handelt also als Bevollmächtigter des Netzwerkes. Damit kommt ein Vertrag nur zwischen dem Affiliate und dem Affiliate-Netzwerk zustande.

Hinweis

Diese Art der Zusammenarbeit hat für Sie als Advertiser den Vorteil, dass Sie sich nicht mit jedem einzelnen Affiliate auseinandersetzen müssen. Dies erspart Ihnen in der Praxis viel Zeit und damit auch Geld.

10.2 Was ist bei der Vertragsgestaltung zu beachten?

Unabhängig davon, ob Sie den Vertrag mit dem Affiliate direkt schließen oder sich eines Affiliate-Netzwerkes als Vermittler bedienen, sollten Sie bei der jeweiligen Vertragsgestaltung auf ein paar Dinge achten.

Achtung

Gerade in den Fällen, in denen Sie als Advertiser keinen Vertrag mit dem Affiliate abschließen, sondern nur einen Rahmenvertrag mit dem Netzwerk, ist es umso wichtiger, dass Sie detailliert Ihre Vorstellungen von dem Werbeprogramm vertraglich festhalten. Denn dies ist für Sie die einzige Möglichkeit, Einfluss auf den Affiliate zu nehmen.

10.2.1 Inhaltliche Vorgaben

Zunächst einmal ist Basis eines zufriedenstellenden Werbeprogramms, dass Sie klare und detaillierte Vereinbarungen dazu treffen, wie die Werbung inhaltlich ausgestaltet und wie sie durchgeführt werden soll. Dazu gehört zum Beispiel die Angabe, auf welcher Webseite des Affiliates die Werbung überhaupt geschaltet werden soll. Möglicherweise haben Sie ein Interesse daran, dass die Werbung auf einer ganz bestimmten Webseite platziert wird oder auch genau dort nicht.

Darüber hinaus sollten Sie auch Vereinbarungen zur Platzierung der Werbung im Hinblick auf Eckdaten wie Größe und Ort oder Design der Webseite im direkten Umfeld der Werbung treffen, um eine möglichst werbewirksame Präsentation zu erreichen.

Auch sollten Sie klar die Dauer der Einblendung festlegen, also wie lange die Werbung präsentiert werden muss.

Praxisbeispiel

»Der Affiliate ist verpflichtet, die Werbung mindestens 12 Stunden täglich im monatlichen Durchschnitt zu präsentieren.«

Wir empfehlen Ihnen, dem Affiliate möglichst alle für die Werbung erforderlichen Materialen zur Verfügung zu stellen und diesen vertraglich auch darauf zu beschränken. Auch sollte für den Affiliate klar sein, welche Werbemittel er einsetzen darf und welche nicht. So können Sie ihn zum Beispiel darauf beschränken, nur Werbebanner zu verwenden oder Keyword-Advertising nicht anzuwenden.

Insbesondere der Einsatz von Keyword-Advertising sollte im Hinblick auf die Verwendung von Markennamen im Vertrag ausdrücklich geregelt werden. Für eine ausführliche Darstellung der Problematik des Keyword-Advertisings möchten wir auf die noch folgenden Erläuterungen in Kapitel 12, »Suchmaschinenwerbung (SEA)«, verweisen.

> **Hinweis**
>
> Auch sollten nur Sie das Recht haben, die Inhalte, wie zum Beispiel die Gestaltung des Werbebanners, zu bearbeiten. Andernfalls hat der Affiliate freie Hand, was zu bösen Überraschungen führen kann.

Verwenden Sie bei den Werbeinhalten beispielsweise Fotos oder Logos einer Marke, so handelt es sich dabei um Inhalte, die urheber- bzw. markenrechtlich geschützt sind (siehe Abbildung 10.12).

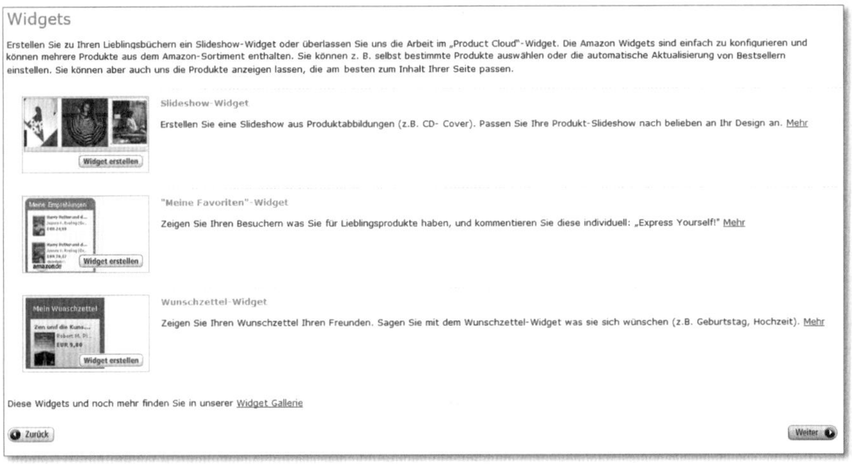

Abbildung 10.12 Im Amazon PartnerNet besteht die Möglichkeit, Widgets mit Bildern Ihrer Produkte zu erstellen.

Damit der Affiliate diese verwenden kann, müssen Sie ihm eine unentgeltliche Lizenz daran einräumen. Gleiches gilt auch, wenn der Affiliate mit Ihren Marken wirbt. In der Konstellation, in der Sie als Advertiser keinen Vertrag mit dem Affiliate eingehen, sondern nur das Netzwerk, müssen Sie dem Netzwerk die Erlaubnis zur Nutzung der Inhalte oder der Marke erteilen und dieses wiederum dem Affiliate. Jedoch sollten Sie beachten, dass diese Lizenzen nur für die im Vertrag festgelegte Dauer der Zusammenarbeit gelten.

> **Achtung**
>
> Haben Dritte Schutzrechte an dem Material, so müssen Sie zunächst abklären, ob Sie die Inhalte an den Affiliate zu kommerziellen Zwecken unterlizenzieren dürfen!

10.2.2 Vergütung und Abrechnungsmethoden

Ein weiterer wichtiger Aspekt ist der der Vergütung. Das umfasst die Frage, wie hoch die Vergütung sein soll und nach welcher Methode diese abgerechnet werden soll.

Hinweis

Grundsätzlich sollte das Vergütungsmodell auf den Einzelfall zugeschnitten sein. Dabei sollten einerseits Interesse und Bedürfnisse des Advertisers und andererseits die Möglichkeiten des Affiliates in Einklang gebracht werden.

Um das richtige Vergütungsmodell zu finden, können Sie sich an folgenden Fragen orientieren:

- In welchem Preissegment befinden sich Ihre Angebote?
- Welche Art von Werbung soll geschaltet werden?
- Welche Zielgruppe erreicht der Affiliate?
- Wie stark wächst die Plattform des Affiliates?

Nun gibt es verschiedene Modelle, nach denen eine Abrechnung erfolgen kann (siehe Abbildung 10.13). Je nach Netzwerk können diese variieren. Aber auch eine Kombination verschiedener Modelle ist denkbar und ermöglicht eine Risikoverteilung auf beide Seiten.

Abbildung 10.13 Vergütungsmodelle bei affilinet

Die häufigsten Vergütungsmodelle sind folgende:

- Pay per Click
- Pay per Sale
- Pay per Lead

Bei dem Vergütungsmodell *Pay per Click* ist die Vergütung abhängig von jedem einzelnen Klick auf die Werbemittel, wie zum Beispiel auf ein Werbebanner, wodurch es dann zur Weiterleitung auf Ihre Website kommt. Bezahlt wird also für jeden einzelnen Aufruf der Seite des Advertisers, an dem der Affiliate beteiligt ist. Bei diesem Modell ist es insbesondere wichtig, darauf zu achten, dass Missbrauchsmöglichkeiten technisch eingeschränkt werden.

Eine Vergütung soll bei dem Modell *Pay per Lead* immer dann gezahlt werden, wenn es zur Vermittlung gekommen ist. Was diese Vermittlung genau beinhaltet, muss im Einzelfall vertraglich geregelt werden. Es kann sich dabei beispielsweise um eine Anmeldung zu Ihrem Newsletter handeln oder auch um die Bestellung Ihres Katalogs. Dann bekommt der Affiliate für jede einzelne Anmeldung bzw. Bestellung in Folge seiner Vermittlung eine Vergütung. Kommt es also nicht zur Vermittlung, erhält er allein für das Schalten der Werbung kein Geld.

Pro verkauftem Produkt oder verkaufter Dienstleistung wird bei dem Vergütungsmodell *Pay per Sale* abgerechnet. Auch hier ist es wichtig, vertraglich zu regeln, was und wie viel in Folge der Vermittlung verkauft werden muss, um die Vergütung zu verdienen. Ebenfalls sollte geregelt werden, was passiert, wenn der Kauf später vom Kunden widerrufen oder anderweitig rückgängig gemacht wird.

Klauselmuster

Um diese Situation vertraglich zu regeln, können Sie folgende Foemulierung wählen: »Der Affiliate hat einen Provisionsanspruch für jeden von ihm an den Advertiser über die Werbeeinblendung weitergeleiteten Kunden, sobald dieser durch Abschluss eines entgeltlichen Geschäftes mit einem Vertragspartner des Advertisers einen eigenen Zahlungsanspruch des Advertisers auslöst.«

10.2.3 Kündigungsrechte

Ein Vertrag sollte Kündigungsmöglichkeiten für beide Seiten beinhalten. Dabei ist zwischen regelmäßigen Kündigungen unter Einhaltung einer Frist und fristlosen Kündigungen aus wichtigem Grund zu unterscheiden.

Ordentliche Kündigungen unter Einhaltung einer Frist sollten immer vereinbart werden. Sie sind schließlich im Interesse beider Parteien, um sich auch vom Vertrag lösen zu können.

Klauselmuster

Die nachfolgende Formulierung können Sie verwenden: »Der Vertrag kann jederzeit durch beide Vertragspartner unter Einhaltung einer Frist von drei Monaten zum Monatsende gekündigt werden. Die Kündigung bedarf der Schriftform.«

Um Ihre Einflussmöglichkeiten sicherzustellen und die Kontrolle zu behalten, sollten Sie sich darüber hinaus auch außerordentliche Kündigungsrechte einräumen. Dabei empfehlen wir Ihnen, sich im Voraus genau zu überlegen, unter welchen Umständen Sie mit dem Affiliate nicht mehr zusammenarbeiten möchten. Diese Situationen sollten Sie dann klar und eindeutig als Kündigungsgründe niederschreiben. Dies kann zum Beispiel den Verstoß gegen geltendes Recht oder auch die nicht abgesprochene Änderung der Werbung durch den Affiliate umfassen. Dem Vertragspartner des Affiliates sollten Möglichkeiten der Einflussnahme vorbehalten bleiben.

Praxisbeispiel

Verstöße gegen geltendes Recht oder Ihre Vorgaben im Hinblick auf Werbegebote und -verbote können ein Grund für fristlose Kündigungen sein.

10.2.4 Vertragsstrafenklauseln

Neben dem außerordentlichen Kündigungsrecht können Sie auch Vertragsstrafen für Vertragsverletzungen vereinbaren. Denn mehr noch als Kündigungsrechte sind Vertragsstrafen ein effektives Mittel, den Affiliate dazu anzuhalten, sich an die vertraglichen Vereinbarungen zu halten. Kommt es dann zu einem Verstoß, können Sie auf Basis des Vertrags die Strafsumme direkt einfordern.

Zur Höhe der Vertragsstrafe lassen sich nur schwer konkrete Aussagen treffen. Auf jeden Fall muss die Vertragsstrafe aber in einem angemessenen Verhältnis zum Gewicht der Vertragsverletzung stehen. Dabei wird der zulässige Rahmen der Vertragsstrafe von juristischen Laien regelmäßig überschätzt. In der Praxis werden Vertragsstrafen häufig nach einem Teilbetrag der Auftragssumme bemessen. Erforderlich ist daher eine Einzelfallbetrachtung.

Achtung

Vertragsstrafen sollten Sie nicht selbst formulieren. Denn haben Sie mit der Vertragsstrafe in Ihren AGB eine unverhältnismäßige Regelung getroffen, kann es passieren, dass die gesamte Vertragsstrafenklausel als unwirksam eingeordnet wird. Dies hätte dann zur Folge, dass das gesetzlich Geregelte gilt. Da das Gesetz aber keine Vertragsstrafen vorsieht, hätten Sie auch keinen Anspruch auf Zahlung einer solchen.

10.2.5 Klauseln zur Freistellung von der Haftung

Ein weiterer wichtiger Aspekt der Vertragsgestaltung ist gerade für Sie als Advertiser die Regelung zur Haftung und dahin gehende Vereinbarungen zur Haftungsfreistellung, sogenannte Freistellungsklauseln. Die Haftung des Advertisers erfolgt grundsätzlich nach den allgemeinen gesetzlichen Regelungen.

Praxisbeispiel

Bei einem Verstoß gegen das Wettbewerbsrecht haftet der Advertiser verschuldensunabhängig für Rechtsverstöße des Affiliates, da es für die Haftung unerheblich ist, wie die Vertragsbeziehungen ausgestaltet sind. Entscheidend ist allein das Ergebnis, und das besteht in diesem Fall in einer rechtsverletzenden Werbemaßnahme des Advertisers. Dabei ist auch unerheblich, ob der Advertiser überhaupt Kenntnis von dem Handeln des Affiliates hatte.

In Betracht kommen gerade beim Affiliate Marketing neben Verstößen gegen das Wettbewerbsrecht auch Konflikte mit telemedienrechtlichen Vorgaben wie dem Gebot der Trennung von Werbung und redaktionellem Inhalt. Durch die Regelungen zu Haftungsbeschränkungen oder gar zum Haftungsausschluss kann der Advertiser sein Haftungsrisiko minimieren bzw. ganz ausschalten.

In erster Linie können Haftungsfälle dadurch verhindert werden, dass Sie dem Affiliate genaue Handlungsanweisungen geben und diese regelmäßig kontrollieren. Wie weit Ihre Kontrollpflicht dabei geht, muss im Einzelfall beurteilt werden.

Darüber hinaus helfen Ihnen Klauseln im Vertrag, die festlegen, in welchen Fällen Sie der Affiliate von der Haftung gegenüber Dritten freistellen muss. Denn die Haftung gegenüber Dritten können Sie im Verhältnis zum Affiliate nicht ausschließen, Sie bleiben damit der Verantwortliche für die Rechtsverletzungen durch Ihre Werbung. Sie können jedoch vereinbaren, dass der Affiliate Ihnen die Kosten, die Ihnen durch Ihre Haftung gegenüber Dritten entstehen, ersetzen muss.

Praxisbeispiel

Hält der Affiliate sich nicht an die vertragliche Vereinbarung des Verbots von Werbe-E-Mails und versendet diese dennoch, können Sie in der Folge entstandene Kosten durch Abmahnungen oder Schadensersatzklagen sowie die Kosten Ihres Rechtsanwalts vom Affiliate zurückverlangen.

10.3 Manipulationen durch den Affiliate: Drohen Konsequenzen?

Sobald es im Internet Geld zu verdienen gibt – und das auch noch relativ einfach –, werden auch Betrüger und Kriminelle auf das Thema aufmerksam. Eigenbuchungen, Cookie-Dropping oder Klickbetrug sind dabei Begriffe, die immer wieder in Verbindung mit Affiliate Marketing fallen. Was es damit auf sich hat und welche Konsequenzen solche Methoden haben, möchten wir Ihnen in diesem Abschnitt erläutern.

10.3.1 Eigenbuchungen

Nachdem wir im Rahmen der Vertragsgestaltung bereits die Abrechnungsmodelle einmal näher unter die Lupe genommen haben, möchten wir an dieser Stelle auf ein Problem des Missbrauchs zweier dieser Modelle kommen. Betroffen ist die Vergütung nach den Modellen Pay per Sale und dem Pay per Lead.

Hinweis

Noch einmal zur Erinnerung: Bei dem Modell Pay per Sale erhält der Affiliate eine Provision für jeden durch ihn vermittelten Einkauf bzw. für jede durch ihn vermittelte Inanspruchnahme einer Dienstleistung auf Seiten des Advertisers. Beim Modell Pay per Lead muss es zu einer Vermittlung gekommen sein, die beispielsweise in der Anmeldung zu einem Newsletter bestehen kann

Dieses System kann durch Eigenbuchungen des Affiliates manipuliert werden. Das bedeutet, dass der Affiliate selbst eine geschäftliche Handlung beim Advertiser vornimmt.

Praxisbeispiel

Im Rahmen der Vergütung per Leads nimmt der Affiliate Anmeldungen zu Newslettern mit Fake-Accounts vor. Für jede Neuregistrierung erhält der Affiliate dann eine Provision, obwohl der Advertiser durch den Versand des Newsletters an einen inaktiven Fake-Account keinen Vorteil hat.

Im Rahmen der Vergütung per Sale nimmt der Affiliate Bestellungen unter Angabe falscher Daten vor und gibt als Zahlungsart die Versandart Nachnahme an. Aufgrund der falschen Adresse kann die Ware in der Folge nicht ausgeliefert werden und wird letztlich storniert. Für die Vermittlung erhält der Affiliate jedoch dennoch seine Provision.

Wie Sie sich sicher denken können, ist ein solches Verhalten rechtlich bedenklich, denn einerseits verstößt diese Vorgehensweise gegen die vertraglichen Vereinbarungen und ist andererseits auch strafrechtlich relevant. Denn durch die Eigenbuchungen täuscht der Affiliate den Advertiser und verursacht bei diesem einen finanziellen Schaden, wenn dieser Provisionszahlungen für Eigenbuchungen leistet. In Betracht kommt die Erfüllung des Straftatbestandes des Betrugs.

Indem der Affiliate Eigenbuchungen vornimmt, täuscht er den Advertiser darüber, dass es sich bei den von dem Affiliate vermittelten Buchungen sämtlich um solche außenstehender Dritter gehandelt hat und hält diesen Irrtum auch zumindest bewusst aufrecht. Durch die Zahlung für die gefälschten Vermittlungen entsteht zudem ein Vermögensschaden beim Advertiser.

Praxisbeispiel

In einem Verfahren vor dem Landgericht Berlin (Urteil vom 23.10.2008, Az. 32 O 501/08) hatte sich das Gericht mit einem Fall auseinanderzusetzen, in dem der Affiliate von April bis Ende August 2008 durch seine Mitarbeiter Eigenbuchungen hat vornehmen lassen, ohne dass die gebuchte Leistung auch tatsächlich in Anspruch genommen worden ist. Auf diese Weise wollte der Affiliate entsprechend höhere Provisionsansprüche gegenüber dem Advertiser erlangen. Das Gericht entschied, dass diese Vorgehensweise des Affiliates sowohl vertragswidrig sei als auch den Straftatbestand des Betrugs erfülle.

10.3.2 Cookie-Dropping

Ein weiteres Manipulationsverfahren ist das sogenannte *Cookie-Dropping*. Dabei handelt es sich um eine Betrugsmasche, die beim Cookie-Tracking ansetzt und für den normalen Internetnutzer gar nicht erkennbar ist: Gezielt und automatisch werden für das Tracking relevante Cookies von Affiliate-Netzwerken gesetzt. Doch wie muss man sich das genau vorstellen?

Affiliate-Netzwerke verwenden sogenannte Tracker, um die Höhe der Klicks, Views und Transaktionen auf der Seite des Affiliates zu messen und auf dieser Grundlage letztlich die Provision zu berechnen. Diese Tracker wiederum arbeiten mit Cookies.

Eigentlich sind Cookies so konzipiert, dass der Internetznutzer beim erstmaligen Besuch einer Website gefragt wird, ob er damit einverstanden ist, dass Cookies verwendet werden. Somit kommt im Rahmen des Affiliate Marketings ein Cookie erst dann zum Einsatz, wenn der Nutzer den Affiliate-Link und damit die beworbene Webseite aufgerufen hat. Zuvor sollte es – zumindest von dieser Webseite – keine Cookies geben (siehe Abbildung 10.14).

Klickt der Nutzer dann beispielsweise auf der Website des Affiliates auf ein Werbebanner des Advertisers, wird im Browser des Nutzers ein Cookie hinterlegt (siehe Abbildung 10.15).

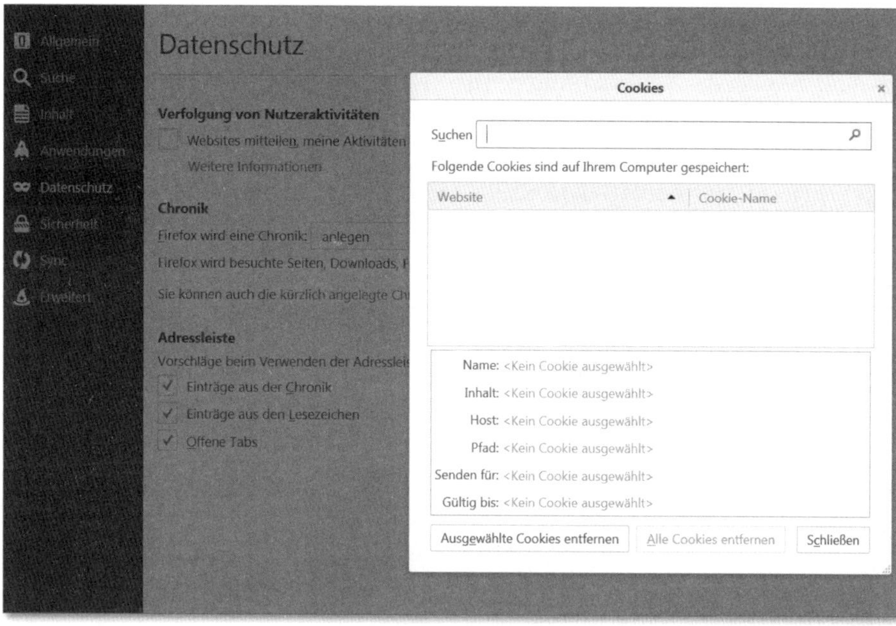

Abbildung 10.14 Vor dem Besuch der Webseite sollten auf Ihrem Browser keine Cookies von dieser Webseite gespeichert sein.

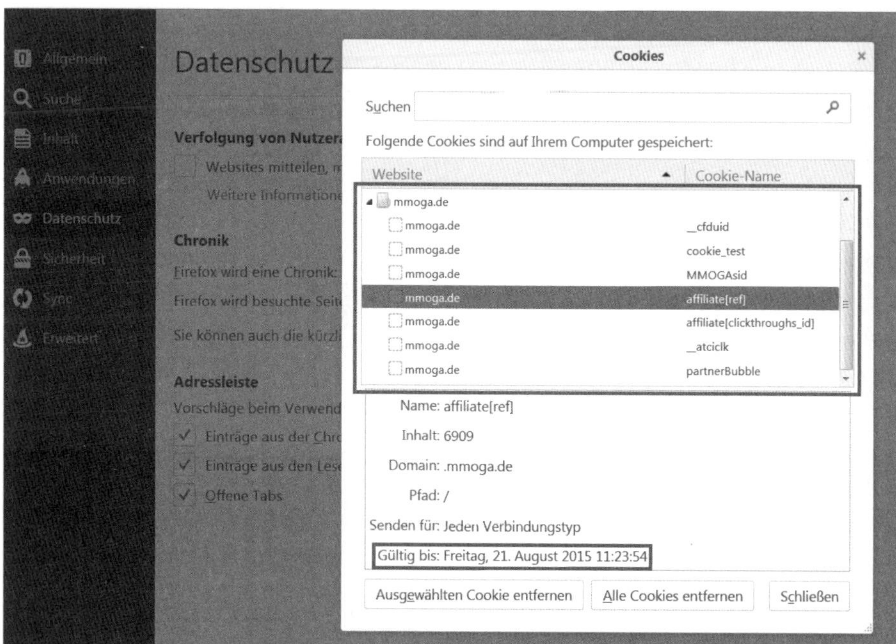

Abbildung 10.15 Nach dem Besuch der Website www.mmoga.de und der Zustimmung zur Verwendung von Cookies werden diese auch sichtbar aufgelistet.

Anders hingegen beim Cookie-Dropping: Der Affiliate bindet den Link als verstecktes iFrame oder als verstecktes Bild in eine Webseite ein, indem er die Größenangaben des iFrames oder des Bildes so einstellt, dass sie für den Nutzer nicht sichtbar sind. In der Folge wird der Affiliate-Link vom Browser des Nutzers im Hintergrund automatisch geladen, ohne dass dieser davon etwas mitbekommt. Nimmt der Nutzer dann in der Folge eine für den Affiliate relevante Aktion wie den Kauf eines Produkts vor, wird diese Handlung durch den Cookie dem Affiliate zugeschrieben. Dem Nutzer wird also ein Affiliate-Cookie »untergeschoben«, ohne dass er tatsächlich auf das Werbebanner geklickt hat. Das Ergebnis ist dann, dass dem Affiliate eine Provision bezahlt wird, obwohl tatsächlich keine Vermittlung stattgefunden hat. Schließlich hatte die Werbung keinen Einfluss auf das Verhalten des Nutzers.

Hinweis

Cookie-Dropping kann auch vertraglich erlaubt sein. Dies betrifft den Fall des Vergütungsmodells Pay per View, bei dem die Advertiser explizit erlaubt haben, dass die Cookies durch reine Views und nicht durch Klicks erzeugt werden dürfen. Es empfiehlt sich daher insbesondere bei kombinierten Vergütungsmodellen das Verfahren des Cookie-Droppings im Vertrag klar zu regeln.

Unzulässiges Cookie-Dropping kann – wenn es aufgedeckt wird – Konsequenzen auf verschiedenen Ebenen nach sich ziehen. Der Affiliate muss mit der zivilrechtlichen Geltendmachung von Ansprüchen durch den Advertiser oder Dritte und zudem mit der strafrechtlichen Verfolgung dieses Vorgehens rechnen.

Auf der zivilrechtlichen Ebene stellt das nicht vereinbarte Cookie-Dropping einen Vertragsbruch dar, da die Vereinbarung in der Vergütung von Vermittlungen besteht. Durch die Berechnung von Provisionen für nicht erfolgte Vermittlungen verstößt der Affiliate gegen die Vereinbarung mit Ihnen als Advertiser. Daher können Sie diese zu Unrecht gezahlte Vergütung in jedem Fall zurückverlangen.

Darüber hinaus können sich aber auch Konkurrenten an dem Verhalten Ihres Affiliates stören und Sie in der Folge abmahnen sowie Beseitigungs- oder Unterlassungsansprüche geltend machen. Cookie-Dropping kann nämlich als wettbewerbswidrige gezielte Behinderung der Mitbewerber bewertet werden, da dieses Verfahren die Affiliate-Cookies anderer Affiliates behindern kann. Denn auf diese Weise können Cookies anderer Affiliates überschrieben oder ganz verhindert werden, da immer nur ein Affiliate-Cookie auf einer Webseite aktiv sein kann. Streut ein Affiliate seine Cookies durch Cookie-Dropping, werden seine ehrlichen Mitbewerber benachteiligt.

In dem Moment, in dem der Affiliate Cookies ohne ein Einverständnis des Nutzers setzt, kann dies zudem einen Verstoß gegen die Regelungen des Datenschutzrechts darstellen. Denn diese sehen ganz klar vor, dass der Nutzer dem Einsatz von Cookies zustimmen muss und die Möglichkeit haben muss, dem zu widersprechen.

Während der Verstoß gegen das Wettbewerbsrecht und das Datenschutzrecht grundsätzlich zunächst Sie als Advertiser und damit als Verantwortlichen trifft, ist der Affiliate im Hinblick auf die strafrechtliche Qualität seines Handelns allein verantwortlich. Denn ebenso wie Eigenbuchungen erfüllt auch das Cookie-Dropping den Tatbestand des Betrugs. Schließlich zielt auch dieses Verfahren allein darauf ab, sich durch die Täuschung des Advertisers über eine Vermittlungstätigkeit Provisionszahlungen zu erschleichen.

Praxisbeispiel

Das FBI ermittelte im Jahr 2009 gegen die eBay-Affiliates Shawn Hogan und Brian Dunning. Dunning war seinerzeit für die Fertigstellung von »WhoLinked« verantwortlich. Hogan – CEO der Online-Marketing-Firma Digital Point Solutions – entwickelte »Geo Visitors«. Beides sind Erweiterungen, die es ermöglichen, eBay-Besucher zu lokalisieren. Mithilfe dieser Anwendungen wurde der eBay-Traffic aufgezeichnet, und etwaige Kaufabschlüsse wurden mit Provisionen vergütet.

Der Vorwurf lautete, dass zugunsten von Dunning und Hogan Provisionen ausgeschüttet wurden, obwohl es keinerlei Zusammenhang zwischen ihrem Tätigwerden und späteren Besucheraktionen gab.

Dunning und Hogan waren schon seit Anfang 2000 am eBay-Affiliate-Programm beteiligt; erste wirkliche Erfolge verbuchten sie seit 2006. Die beiden sollen in diesem Zeitraum mit eBays Affiliate-Programm zusammen rund 35 Mio. US$ kassiert haben. Zum Vergleich: der normale Affiliate nimmt durchschnittlich lediglich 2.700 US$ pro Jahr ein.

Aufgrund der immensen Diskrepanz versuchte eBay schon seit Längerem – insbesondere seit dem Anstieg des Traffics 2006 – zu ergründen, warum die beiden Vermarkter so ungemein erfolgreich waren. Das Unternehmen vermutete, dass Hogan Cookie-Dropping vorgenommen habe und schaltete im Jahr 2009 das FBI ein.

Mithilfe eines Filters (»Trip-Wire«) konnte das FBI die Machenschaften der beiden aufdecken: Der Filter analysierte die Seitennutzer, welche im Affiliate-Programm Hogan und Dunning zugeordnet wurden. Schließlich konnte aufgedeckt werden, dass 99 % des aufgezeichneten Traffics eigentlich ohne Zutun von Hogan und Dunning zustande kam – es handelte sich also um Manipulationen!

In der Folge wurde Shawn Hogan wegen Betrugs in Höhe von 28 Mio. US$ zu einer Haftstrafe von fünf Monaten verurteilt. Zusätzlich muss er 25.000 US$ Strafe zahlen und bleibt drei Jahre nach der Haft auf Bewährung.

10.3.3 Klickbetrug

Eine Form des Klickbetrugs ist das *Affiliate Hopping*. Dies ist nur dann möglich, wenn Sie das Abrechnungssystem Pay per Click ausgewählt haben. Denn bei dieser

Betrugsmasche erschleichen sich sogenannte Affiliate-Hopper Provisionen, indem sie für denselben Advertiser auf mehreren Affiliate-Plattformen als Affiliate registriert sind.

Praxisbeispiel

Sie als Advertiser schalten im Rahmen Ihrer Marketingkampagne ein bestimmtes Werbebanner. Der Affiliate veröffentlicht dieses zwar auf seiner Website, er verlinkt das Banner jedoch auch mit den drei anderen Affiliate-Programmen, bei denen Sie registriert sind. In der Folge erhalten alle vier Netzwerke Rückmeldungen, wenn es zur Vermittlung kommt. Dadurch erhält der Affiliate die vierfache Provision für lediglich eine Vermittlung. Damit hat der Affiliate die Provision in einem Fall redlich verdient und in den drei anderen Fällen durch Täuschung erschlichen.

Da jedes Netzwerk für sich arbeitet und die Netzwerke untereinander nicht vernetzt sind, fallen solche Betrügereien dem Advertiser nur schwer auf. Aus diesem Grund ist das Vergütungsmodell Pay per Click für Sie als Advertiser wenig attraktiv. Denn abgesehen von Affiliate Hopping kann der Affiliate seine Provision auch unrechtmäßig in die Höhe treiben, indem er selbst massenhaft auf das Werbemittel, also den Link oder das Banner, klickt.

Um solchen Klickbetrügereien auf die Spur zu kommen, nehmen die Netzwerke sogenannte Conversion-Überprüfungen vor. Das bedeutet, dass das Verhältnis zwischen Anzahl der Klicks und Anzahl der getätigten Transaktionen überprüft wird. Je nach Ergebnis lassen sich Klickbetrügereien sehr genau feststellen. Um dies zu verhindern, setzen betrügerische Affiliates wiederum sogenannte *Clicking-Agents* ein, mit deren Hilfe Conversion-Prüfungen umgangen werden.

Sowohl das Affiliate Hopping selbst auch der Einsatz von Clicking-Agents stellt eine Vertragsverletzung im Verhältnis zum Advertiser dar. Dazu ist es nicht erforderlich, dass im Vertrag ausdrücklich ein Verbot reglementiert wird. Denn dass solche Methoden nicht erlaubt sind, ergibt sich bereits aus der Auslegung des Vertragszwecks: Wer Geld für Vermittlungen bezahlt, ist nicht bereit, Geld für gefälschte Vermittlungen zu zahlen, und auch nicht damit einverstanden, dass der Affiliate Methoden einsetzt, die seine Betrügereien verschleiern. Daraus folgen zivilrechtliche Schadensersatzansprüche und die Rückforderung zu Unrecht gezahlter Provisionen.

Darüber hinaus treffen den Affiliate auch strafrechtliche Konsequenzen. Denn in jedem Fall erfüllt ein solches Verhalten einen Straftatbestand. Ob dies letztlich der Tatbestand des Betrugs ist oder des Computerbetrugs, hängt davon ab, wer der Getäuschte ist. Beim Betrug wird ein Mensch getäuscht, beim Computerbetrug ein Computer. Ob Klickbetrug nun einen klassischen Betrug oder einen Computerbetrug darstellt, ist in der Praxis irrelevant. Denn einer der Tatbestände ist in jedem Fall erfüllt und in beiden Fällen sieht der Gesetzgeber als Strafe eine Freiheitsstrafe von bis zu fünf Jahren oder eine Geldstrafe vor.

10.3.4 Konsequenzen von Seiten des Netzwerkes

Nachdem wir uns nun mit den Manipulationsmöglichkeiten und deren rechtlichen Konsequenzen von Gesetzes wegen beschäftigt haben, möchten wir uns an dieser Stelle mit der Frage beschäftigen, welche Konsequenzen Manipulationen von Seiten der Affiliate-Netzwerke nach sich ziehen können.

Grundsätzlich kann diese Frage nicht einheitlich für alle Netzwerke beantwortet werden. Vielmehr ist im Einzelfall ein Blick in die Allgemeinen Geschäftsbedingungen der Affiliate-Netzwerke zu werfen. Diesen hat der Affiliate ebenso wie Sie mit der Registrierung zugestimmt. Dabei hat sich der Affiliate auch damit einverstanden erklärt, nicht gegen die Missbrauchsregelungen der Netzwerke zu verstoßen (siehe Abbildung 10.16).

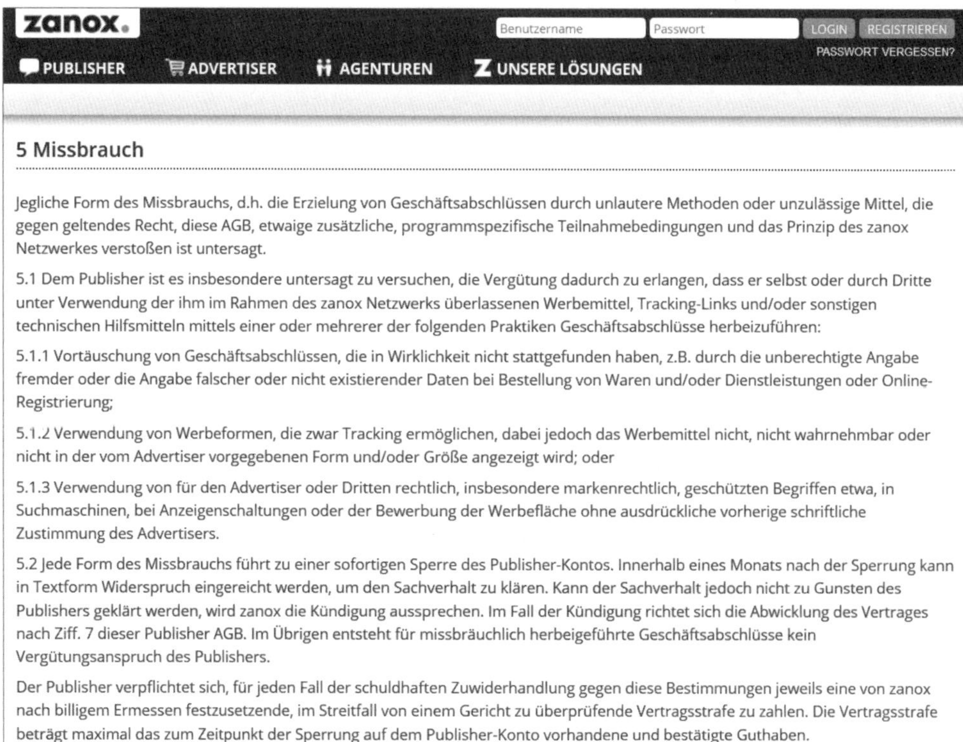

5 Missbrauch

Jegliche Form des Missbrauchs, d.h. die Erzielung von Geschäftsabschlüssen durch unlautere Methoden oder unzulässige Mittel, die gegen geltendes Recht, diese AGB, etwaige zusätzliche, programmspezifische Teilnahmebedingungen und das Prinzip des zanox Netzwerkes verstoßen ist untersagt.

5.1 Dem Publisher ist es insbesondere untersagt zu versuchen, die Vergütung dadurch zu erlangen, dass er selbst oder durch Dritte unter Verwendung der ihm im Rahmen des zanox Netzwerks überlassenen Werbemittel, Tracking-Links und/oder sonstigen technischen Hilfsmitteln mittels einer oder mehrerer der folgenden Praktiken Geschäftsabschlüsse herbeizuführen:

5.1.1 Vortäuschung von Geschäftsabschlüssen, die in Wirklichkeit nicht stattgefunden haben, z.B. durch die unberechtigte Angabe fremder oder die Angabe falscher oder nicht existierender Daten bei Bestellung von Waren und/oder Dienstleistungen oder Online-Registrierung;

5.1.2 Verwendung von Werbeformen, die zwar Tracking ermöglichen, dabei jedoch das Werbemittel nicht, nicht wahrnehmbar oder nicht in der vom Advertiser vorgegebenen Form und/oder Größe angezeigt wird; oder

5.1.3 Verwendung von für den Advertiser oder Dritten rechtlich, insbesondere markenrechtlich, geschützten Begriffen etwa, in Suchmaschinen, bei Anzeigenschaltungen oder der Bewerbung der Werbefläche ohne ausdrückliche vorherige schriftliche Zustimmung des Advertisers.

5.2 Jede Form des Missbrauchs führt zu einer sofortigen Sperre des Publisher-Kontos. Innerhalb eines Monats nach der Sperrung kann in Textform Widerspruch eingereicht werden, um den Sachverhalt zu klären. Kann der Sachverhalt jedoch nicht zu Gunsten des Publishers geklärt werden, wird zanox die Kündigung aussprechen. Im Fall der Kündigung richtet sich die Abwicklung des Vertrages nach Ziff. 7 dieser Publisher AGB. Im Übrigen entsteht für missbräuchlich herbeigeführte Geschäftsabschlüsse kein Vergütungsanspruch des Publishers.

Der Publisher verpflichtet sich, für jeden Fall der schuldhaften Zuwiderhandlung gegen diese Bestimmungen jeweils eine von zanox nach billigem Ermessen festzusetzende, im Streitfall von einem Gericht zu überprüfende Vertragsstrafe zu zahlen. Die Vertragsstrafe beträgt maximal das zum Zeitpunkt der Sperrung auf dem Publisher-Konto vorhandene und bestätigte Guthaben.

Abbildung 10.16 Allgemeine Geschäftsbedingungen des Netzwerkes Zanox

Verstößt der Affiliate gegen diese Vereinbarungen, indem er beispielsweise Cookie-Dropping gegen Ihren ausdrücklichen Willen betreibt, drohen ihm einerseits Sanktionen und andererseits weitere rechtliche Schritte (siehe Abbildung 10.17). So behalten sich die Netzwerke in aller Regel vor, die Nutzerkonten zu sperren oder gar ganz zu löschen sowie Vertragsstrafen einzufordern.

Abbildung 10.17 Rot umrandet sehen Sie die Regelungen zu den Konsequenzen bei einem Verstoß gegen die Missbrauchsregelungen des Netzwerkes Zanox.

Auch hat sich der Affiliate mit dem Einverständnis zu den AGB in der Regel dazu bereit erklärt, das Netzwerk von sämtlichen Ansprüchen Dritter freizustellen, wenn solche gegenüber dem Netzwerk aufgrund einer Vertragsverletzung des Affiliates geltend gemacht werden (siehe Abbildung 10.18). Manipulationen durch Eigenbuchungen oder Cookie-Dropping stellen in der Regel solche Vertragsverletzungen dar.

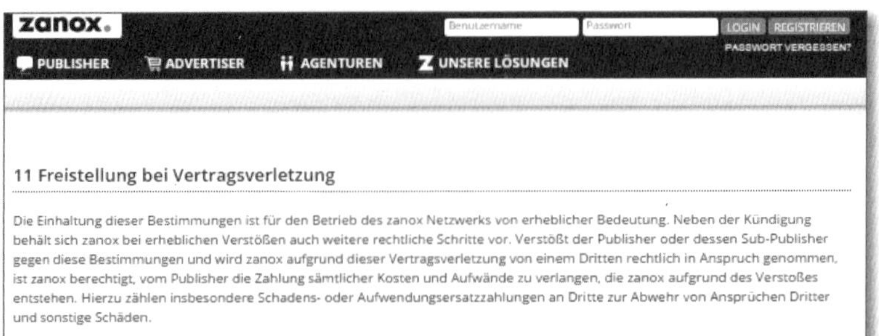

Abbildung 10.18 Vereinbarung zur Haftungsfreistellung in den AGB des Netzwerkes Zanox

Doch nicht nur die AGB sind für Sie und den Affiliate verbindlich. Daneben haben Affiliate-Netzwerke oftmals noch Auflistungen von Verhaltenskodizes, die ebenfalls

Vertragsbestandteil werden. Darin erläutert das Netzwerk noch einmal seine AGB und gibt Handlungsempfehlungen heraus, um die Zusammenarbeit von Advertiser und Affiliate fair und transparent zu machen. So hat das Netzwerk Zanox beispielsweise einen *Code of Conduct*, der weitere Maßnahmen im Fall von Vertragsverletzungen vorsieht (siehe Abbildung 10.19). Dazu gehören beispielsweise Ermahnungen, Auszahlungssperren oder Netzwerkverbote.

zanox.
Benutzername | Passwort | LOGIN | REGISTRIEREN
PASSWORT VERGESSEN?
PUBLISHER | ADVERTISER | AGENTUREN | UNSERE LÖSUNGEN

4.2.3 Sanktionen

Dem NetworkWatch Team stehen verschiedene Reaktionsmöglichkeiten und Sanktionen zur Durchsetzung des zanox Network Code of Conduct und der Teilnahmebedingungen zur Verfügung.

Grundsätzlich werden Publisher über Sanktionen per Email informiert und erhalten die Gelegenheit zu einer Stellungnahme innerhalb einer angemessenen Frist.

4.2.3.1 Ermahnungen
Bei weniger schwer wiegenden oder erstmaligen Verstößen wird in der Regel eine Ermahnung ausgesprochen, wodurch die Beteiligten dazu angehalten werden, einen Verstoß zu beheben oder bei vereinbarungspflichtigen Tätigkeiten möglichst zeitnah eine entsprechende Klärung mit dem Advertiser zu erreichen.

4.2.3.2 Auszahlungssperren
Die Auszahlungssperre wird in der Regel verhängt, wenn Publisher mit einmaligen oder minderschweren Verstößen auffällig wurden, und diese nach entsprechender Ermahnung weder abstellen, noch durch eine Vereinbarung mit dem jeweiligen Advertiser legitimieren. Lässt sich die Angelegenheit auf diesem Wege beilegen, wird die Auszahlungssperre umgehend aufgehoben.

4.2.3.3 Account-Sperrungen
Eine Account-Sperrung erfolgt in der Regel bei wiederholten oder sonstigen Verstößen oder wenn dies aufgrund der Eigenart des Verstoßes zur Abwendung möglicher Gefahren oder Beseitigung des Verstoßes geboten ist.

4.2.3.4 Ordentliche Kündigung
Wenn das zanox NetworkWatch Team keine ausreichende Grundlage für eine Partnerschaft gemäß der zanox AGB und des Code of Conduct mehr sieht, es zu wiederholten Ermahnungen gekommen ist, oder eine weitere Zusammenarbeit nach den Gesamtumständen für zanox nicht mehr zumutbar ist, wird die ordentliche Kündigung ausgesprochen. Hierbei wird in der Regel die Werbetätigkeit unverzüglich unterbunden und das Restguthaben ausgezahlt. Dem Publisher wird darüber hinaus eine Neuregistrierung im zanox Netzwerk untersagt („Netzwerkverbot“).

4.2.3.5 Netzwerkverbot
Bei einer Kündigung und bei einer endgültigen Account-Sperrung wird dem Publisher in jedem Fall Netzwerkverbot ausgesprochen.

Dies hat zur Folge, dass es dem Publisher verboten ist, sich wieder bei zanox zu registrieren. Wird trotzdem eine Registrierung vorgenommen, wird der Account umgehend gesperrt; ein Vergütungsanspruch besteht in diesem Fall von Anfang an nicht.

4.2.3.6 Vertragsstrafen
Bei schweren Verstößen (Missbrauch im Sinne Ziffer 5 der zanox AGB für Publisher oder Verstöße gegen geltendes Recht) verwirkt der Publisher die Vertragsstrafe gemäß Ziffer 5.2 der zanox AGB für Publisher.

4.2.3.7 Zivil- und strafrechtliche Verfolgung
zanox behält sich in allen Fällen die zivil- und strafrechtliche Verfolgung von Verstößen vor.

Abbildung 10.19 Auszug aus dem Code of Conduct des Netzwerkes Zanox

10.4 Haftung: Ist der Advertiser für Rechtsverstöße des Affiliates verantwortlich?

Ganz grundsätzlich muss man die Frage in der Überschrift wohl mit einem klaren Ja beantworten. Das Haftungsrisiko des Advertisers für seine Affiliates ist grundsätzlich sehr hoch. Wie die Haftung aussieht und welche besonderen Fälle der Haftung bereits Gegenstand von Gerichtsverfahren waren, möchten wir nachfolgend erläutern.

10.4.1 Grundsätzliche Regelung der Haftung

Bereits im Jahr 2009 entschied der Bundesgerichtshof (Urteil vom 7.10.2009, Az. I ZR 109/06), dass Rechtsverstöße des Affiliates zum beherrschbaren Risiko des Advertisers gehören würden und ihm daher zurechenbar seien. Denn auch wer die Bewerbung seiner Internetseiten auslagere, sei für diese weiterhin verantwortlich. Der Grund dafür liegt darin, dass es sich bei dem Affiliate um einen Beauftragten im Sinne des Wettbewerbs-, Marken- und Urheberrechtsgesetzes handele, für den der Advertiser als Unternehmer haftet. Ein Beauftragter im Sinne dieser Regelungen ist, wer, ohne Mitarbeiter zu sein, im oder für das Unternehmen eines anderen aufgrund eines vertraglichen oder anderen Verhältnisses tätig ist. Dies ist bei einem Affiliate eindeutig der Fall.

Praxisbeispiel

In dem oben genannten Verfahren vor dem Bundesgerichtshof stritten die Parteien um die Frage, ob der Advertiser für den Affiliate haftet. Der Streit entfachte sich dadurch, dass der Affiliate durch die Verwendung eines fremden Zeichens als Meta-Tag rechtswidrige Werbung für den Advertiser auf einer Domain geschaltet hatte, die zudem nicht bei dem Netzwerk angemeldet war. Der Inhaber des Markenzeichens verlangte daraufhin von dem Advertiser die Unterlassung der Zeichenbenutzung.

Ob dabei ein unmittelbares Vertragsverhältnis zwischen Affiliate und Merchant besteht oder ob ein Affiliate-Netzwerk Verträge mit beiden Parteien abschließt, ist unerheblich. Denn eine Haftung besteht grundsätzlich auch dann, wenn ein Netzwerk zwischengeschaltet wird, das letztlich den Vertrag mit dem Affiliate abschließt. Der Umstand, dass der Advertiser durch die Anmeldung in einem Netzwerk keinen unmittelbaren vertraglichen Einfluss mehr auf den Affiliate hat, kann nicht dazu führen, dass er besser gestellt wird als jener, der in einem direkten Vertragsverhältnis zum Affiliate steht. Schließlich hat der Advertiser sich diese Situation selbst ausgesucht, da er beispielsweise aus organisatorischen Gründen Vorteile aus der Zwischenschaltung eines Netzwerkes hat. Eine umgekehrte rechtliche Beurteilung hätte zudem nur die Konsequenz, dass alle Advertiser den Vertrag mit dem Affiliate durch das Netzwerk abschließen lassen würden, um sich der Haftung zu entziehen. Dies ist natürlich nicht im Sinne des Gesetzgebers.

Hinweis

Die Haftung des Advertisers erstreckt sich allerdings nur auf solche Affiliates, die bei ihm bzw. bei dem Netzwerk offiziell angemeldet sind. Der Advertiser haftet folglich nicht, wenn ein Affiliate rechtswidrige Werbung auf einer Domain schaltet, ohne beim Netzwerk angemeldet gewesen zu sein. In einem solchen Fall fehlt es am Element der gewissen Risikobeherrschung, so dass eine Verantwortlichkeit des Advertisers ausscheidet.

10.4.2 Haftung für verbotene Werbemaßnahmen

Nun stellt sich die Frage, ob Sie als Advertiser auch dann haften, wenn der Affiliate Werbemaßnahmen vornimmt, die Sie ihm ausdrücklich vertraglich untersagt haben und Sie zudem keine Kenntnis davon haben, dass der Affiliate diese dennoch vornimmt. Zu denken ist da beispielsweise an irreführende Werbeaussagen durch den Affiliate.

Praxisbeispiel

Das Landgericht Karlsruhe (Urteil vom 30.01.2014, Az. 15 O 101/13) entschied über einen Fall, in dem der Affiliate eine irreführende Werbeaussage verwendet hatte, die nach dem Vertrag der beiden Parteien ausdrücklich verboten war. Die Produktwerbung an sich war vertraglich vereinbart. Im Innenverhältnis durfte allerdings nur mit Aussagen geworben werden, die der Advertiser freigegeben hat. Daran hatte sich der Affiliate jedoch nicht gehalten, weshalb der Advertiser aufgrund eines Verstoßes gegen das Gesetz gegen den unlauteren Wettbewerb auf Unterlassung in Anspruch genommen wurde.

Das Gericht hat in diesem Verfahren noch einmal bestätigt, dass ein Advertiser für die Handlungen seiner Affiliates in Anspruch genommen werden kann. Denn Innen- und Außenverhältnis seien rechtlich getrennt voneinander zu betrachten. Im Außenverhältnis sei der Advertiser voll verantwortlich, könne sich aber seinerseits beim Affiliate wegen Vertragsbruches schadlos halten.

Dies sehen jedoch nicht alle Gerichte so eindeutig. Dies zeigt sich zum Beispiel bei dem in der Praxis sehr relevanten Thema des unautorisierten Versands von Spam durch den Affiliate. Denn auch dies kann Ansprüche Dritter gegen den Advertiser auslösen, mit denen der sich dann auseinandersetzen muss. Dass ein Affiliate ohne vertragliche Grundlage, gegen ein ausdrückliches Verbot und vor allem ohne jede Gegenleistung eine Werbung für ein Unternehmen betreibt, ist zwar auf den ersten Blick verblüffend, jedoch können die Gründe dafür vielfältig sein. Eine solche Vorgehensweise bedeutet nicht zwingend, dass sie vom Advertiser gewollt oder zumindest geduldet wird. Es stellt sich daher auch in diesen Fällen die Frage nach der Haftung des Advertisers.

Praxisbeispiel

Das Landgericht Stuttgart (Urteil vom 29.05.2013, Az. 13 S 200/12) entschied über einen Fall, in dem sich ein Advertiser an einem Affiliate-Netzwerk beteiligte. In Bezug auf die damit durchgeführte Online-Werbung untersagte er dem Affiliate ausdrücklich das Versenden von Spam-Mails. Doch dieser hielt sich nicht daran. Im Folgenden ging einer der Empfänger des Spams gegen den Advertiser vor und nahm ihn auf Unterlassung in Anspruch. Darüber hinaus verlangte er Ersatz der vorgerichtlichen Anwaltskosten – zu Unrecht, so das Gericht!

Sowohl das Amtsgericht Stuttgart als auch das Landgericht Stuttgart verneinten eine Heranziehung des Advertisers, da ihm der rechtswidrige Versand von Spam nicht zugerechnet werden könne und er zudem seine Prüfungspflicht in Bezug auf rechtswidrige E-Mail-Werbung nicht verletzt habe. Er habe schließlich nicht gewusst, dass der Affiliate Spam verschickt habe. Zu berücksichtigen sei, dass er im Grunde seriöse Online-Werbung betrieben habe und Spam ausdrücklich untersagt habe. Eine Haftung scheide selbst dann aus, wenn er gewusst hätte, dass der Affiliate E-Mail-Werbung betrieben habe. Der Empfänger der Spam-Mail müsse daher direkt gegen den Versender der Spam-Mails vorgehen.

Wie Sie sehen, ist sich die Rechtsprechung bei diesem wichtigen Thema der Haftung noch nicht einig. Daher kann mangels höchstrichterlicher Urteile nicht genau gesagt werden, wie künftig andere Gerichte urteilen werden. Die Tendenz geht jedoch zu einer Haftung des Advertisers.

Hinweis

Bei einer Abmahnung sollten Sie sich daher gerade aufgrund der unklaren rechtlichen Situation durch einen Rechtsanwalt beraten lassen.

10.4.3 Prüfpflichten des Advertisers

Bedienen Sie sich als Advertiser eines Affiliates, so sind Sie nach Ansicht der Rechtsprechung zudem verpflichtet, den Affiliate stichprobenartig zu überwachen.

Praxisbeispiel

Der Advertiser kann die Website des Affiliates öffnen und regelmäßig kontrollieren, ob die dort sichtbare Werbung seinem Auftrag und den gesetzlichen Vorgaben entspricht.

Bei einer nicht vereinbarten Werbung im Internet besteht diese Kontrollmöglichkeit jedoch nur sehr eingeschränkt. Schließlich muss der Advertiser dann mit Suchprogrammen versuchen, die Werbung zu finden. Gibt es keine Anhaltspunkte dafür, dass der Affiliate nicht vereinbarte Werbung schaltet, wird von dem Advertiser auch kaum zu verlangen sein, dass er regelmäßig derartige Suchen durchführt.

10.4.4 Grenzen der Haftung

Die Regelungen zur Haftung gelten jedoch nicht unbegrenzt. So hat der Bundesgerichtshof (Urteil vom 7.10.2009, Az. I ZR 109/06) bereits entschieden, dass die Haftung des Advertisers dort ende, wo das Handeln des Affiliates nicht mehr seiner

Geschäftsorganisation, sondern der des Affiliates selbst zuzurechnen ist. Denn der Advertiser hafte nur für diejenigen geschäftlichen Handlungen des Affiliates, die dieser im Zusammenhang mit dem Geschäftsbereich vornimmt, der dem Auftragsverhältnis zugrunde liegt. Dies gelte jedoch nur dann, wenn der Advertiser nicht damit rechnen muss, dass der Affiliate auch anderweitig für ihn tätig wird.

Damit haben Sie als Advertiser die Möglichkeit, der strengen Haftung zu entgehen, wenn Sie gut organisiert sind. Voraussetzung dafür ist jedoch, dass Sie den Geschäftsbereich des Affiliates bereits bei der Vertragsgestaltung begrenzen.

10.5 Checkliste Affiliate Marketing: Alles beachtet?

Checkliste

- Haben Sie die unterschiedlichen Vertragskonstellationen im Hinblick auf die Rolle des Netzwerkes verstanden?
- Haben Sie bei der Wahl des Netzwerkes darauf geachtet, wie die Vertragskonstellation dort ist?
- Haben Sie die inhaltlichen Vorgaben zur Schaltung der Werbung möglichst genau festgelegt?
- Haben Sie sich Gedanken darüber gemacht, welches ein für Sie sinnvolles Abrechnungsmodell darstellt und wie Sie Missbrauch technisch verhindern können?
- Haben Sie ordentliche und außerordentliche Kündigungsrechte vereinbart?
- Haben Sie Regelungen zur Ihrer Haftungsfreistellung getroffen?
- Haben Sie Vertragsstrafen für Vertragsverletzungen des Affiliates vereinbart?
- Haben Sie sich mit den Grundsätzen Ihrer Haftung und den Möglichkeiten der Haftungsbeschränkung auseinandergesetzt?

Wenn Sie alle Fragen mit Ja beantworten können, dann kann es losgehen ... Viel Erfolg!

Kapitel 11
Webanalyse

Wer macht was, wann und wo im Internet? Das ist die Mutter aller Fragen, wenn es um Webanalyse geht. Die Antwort darauf ist die Basis aller erfolgreichen Online-Marketing-Kampagnen. Denn wenn Sie beispielsweise wissen, woher die Besucher Ihrer Website oder Ihres Onlineshops kommen, wissen Sie auch, wo Sie in Zukunft gezielt werben müssen, um noch mehr Besucher zu erreichen. Webanalyse funktioniert aber umso besser, je mehr Daten Sie über das Nutzerverhalten Ihrer Website-Besucher haben. Doch die Erstellung solcher Nutzerprofile birgt rechtliche Gefahren, auf die wir in diesem Kapitel eingehen.

Nicht nur die Frage, wo die Besucher herkommen, ist für Sie besonders interessant. Auch ist es für Sie sehr hilfreich zu wissen, wie lange die Besucher auf Ihrer Website verweilen, was sie sich dort wie lange anschauen und wo sie den Besuch abbrechen. Gerade wenn Sie einen Onlineshop betreiben, können Sie dieses Wissen nutzen, um zu sehen, wo eventuell in der Gestaltung des Shops Unklarheiten bestehen, die zum Kaufabbruch führen, aber auch, um zu wissen, an welcher Stelle Sie die Besucher dazu animieren müssen, weiterhin auf Ihrer Website zu bleiben. Wenn Sie dann solche Informationen haben, können Sie Nutzerprofile zusammenstellen und so das maximale Potenzial aus Ihrer Website oder Ihrem Onlineshop herausholen (siehe Abbildung 11.1).

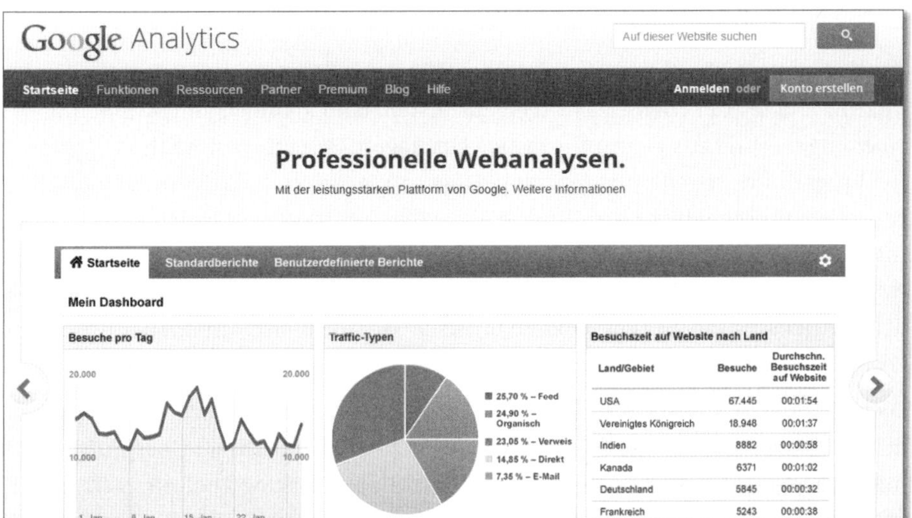

Abbildung 11.1 Webanalyse mithilfe von Google Analytics

Um an solche Daten zu gelangen, mussten Sie früher auf Umfragen zurückgreifen oder die Käufer mit Bewertungs-E-Mails belästigen. Heute gibt es jedoch verschiedene professionelle Anbieter von Webanalysesystemen, die das Nutzerverhalten systematisch beobachten und analysieren: *Google Analytics*, *Piwik* oder *etracker* sind dabei bekannte Webanalysetools, wobei das Angebot von Google mit Abstand am häufigsten genutzt wird (siehe Abbildung 11.2).

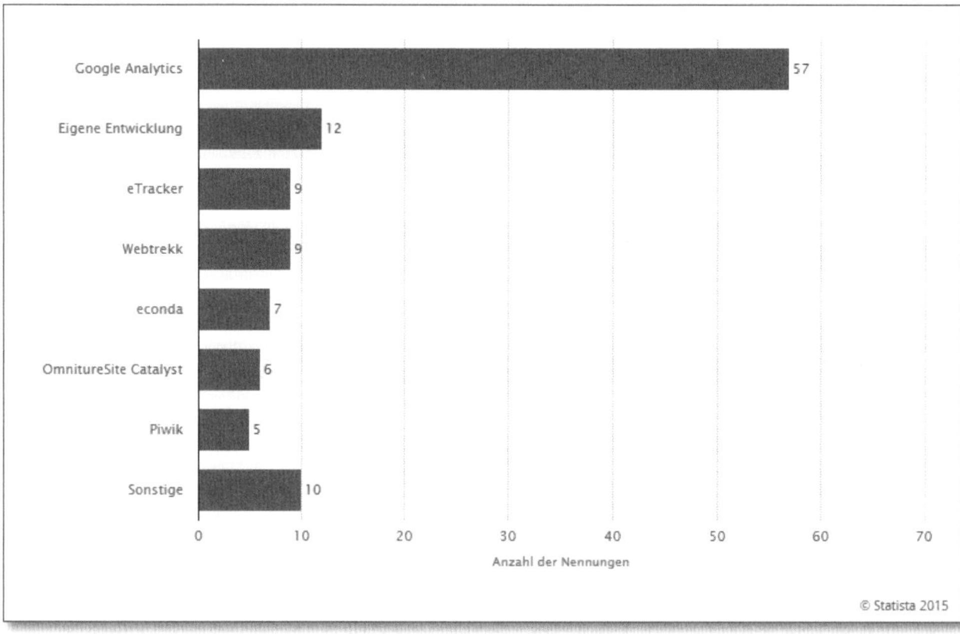

Abbildung 11.2 Die Statistik bildet die Ergebnisse einer Umfrage unter führenden Unternehmen der Online-Welt zu den genutzten Analysetools ab.

Die Webanalyse gibt Ihnen also die Möglichkeit, eine Einschätzung und Bewertung Ihrer Produkte oder Dienstleistungen aus erster Hand, nämlich vom Kunden selbst, zu erlangen – und das ganz ohne lästige Umfragen. Denn die zur Analyse eingesetzten Programme, sogenannte Tracking-Programme, erfassen das Verhalten der Nutzer auf unterschiedliche Art und Weise. Die technischen Möglichkeiten dieser Analysetools reichen weiter als die Protokollierung des Surfverhaltens allein: die IP-Adresse und damit auch das Land aus dem sich der Besucher einwählt, das verwendete Betriebssystem, der verwendete Browser oder die Bildschirmauflösung können ebenfalls festgestellt werden.

Diese Datenerfassung durch Analysetools ist datenschutzrechtlich jedoch bedenklich: Das bayerische Landesamt für Datenschutzrecht hat bei einer Überprüfung von mehreren tausend Webseiten festgestellt, dass das Tracking-Tool oft nicht datenschutzkonform eingesetzt wird. So gab es zum Beispiel nur bei 3 % der Anbieter, die

Google-Analytics eingesetzt haben, keine Beanstandungen. Damit haben 97 % der Nutzer das Programm rechtswidrig angewandt. An dieser Stelle möchten wir in diesem Kapitel ansetzen und Ihnen Hilfestellungen dabei geben, die Webanalyse rechtskonform umzusetzen.

11.1 Wie lassen sich Webanalysetools rechtskonform einsetzen?

Webanalysetools gibt es viele: Google Analytics, etracker, econda, Webtrekk und Piwik sind wohl die bekanntesten Beispiele. Teils kostenlos, teils gegen ein Entgelt analysieren die Anbieter das Online-Verhalten Ihrer Nutzer.

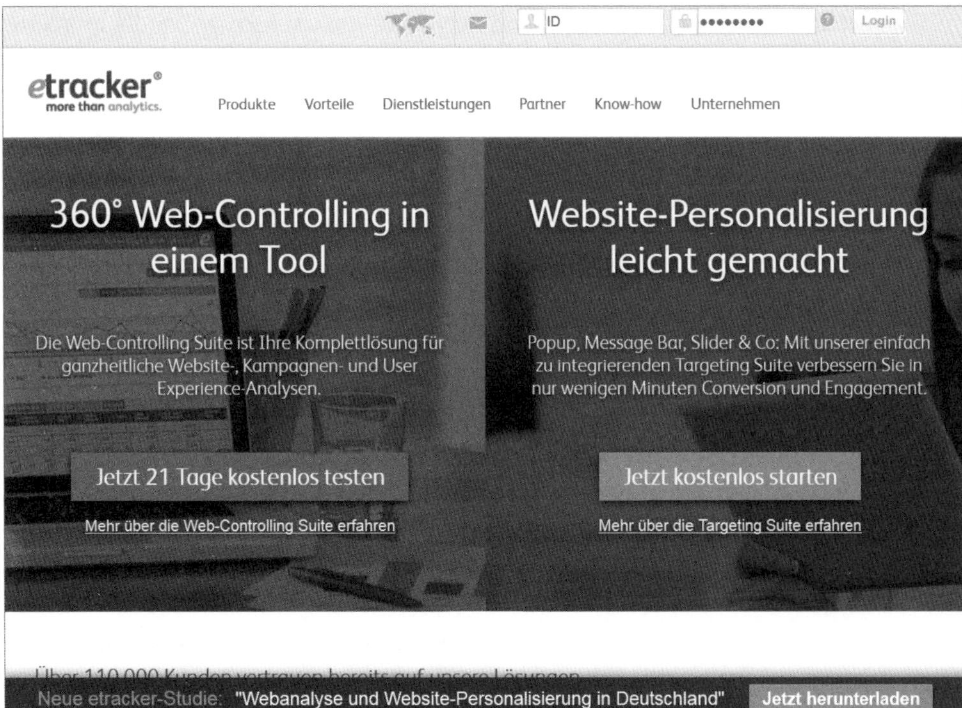

Abbildung 11.3 Website des Webanalyse-Anbieters etracker

Damit Sie von der Webanalyse profitieren können, ist rein praktisch nur die Anmeldung beim Webanalyse-Anbieter nötig und gegebenenfalls noch die Zahlung eines Entgeltes. Doch damit ist es für Sie noch nicht getan. Denn da die Webanalyse unter anderem auch personenbezogene Daten Ihrer Nutzer speichert und analysiert, hat die Frage eines rechtskonformen Einsatzes lange Zeit für Streit gesorgt.

Im November 2009 hatte sich der Düsseldorfer Kreis, das bundesweite Gremium der Aufsichtsbehörden für den Datenschutz im nichtöffentlichen Bereich, zu den Voraussetzungen für eine datenschutzkonforme Ausgestaltung von Analyseverfahren zur Reichweitenmessung bei Internetangeboten geäußert (siehe *www.lda.bayern.de/onlinepruefung/Beschluss_Reichweitenmessung.pdf* – Beschluss vom 26./27.11.2009). Auf dieser Grundlage hat der hamburgische Beauftragte für Datenschutz und Informationsfreiheit federführend für die Aufsichtsbehörden in Deutschland Verhandlungen mit der Firma Google geführt und sich darüber verständigt, wie das Produkt angepasst werden muss, damit es die deutschen Nutzer datenschutzkonform einsetzen können. Als Ergebnis dieser Gespräche hat Google das Verfahren im Jahr 2011 dahin gehend geändert, dass

- Google ein Deaktivierungs-Add-on zur Verfügung gestellt hat, auf das die Website-Betreiber die Nutzer hinzuweisen haben und das die Nutzer auf ihrem Rechner installieren können, um von ihrem Recht auf Widerspruch gegen die Erfassung von Nutzungsdaten Gebrauch zu machen,
- auf Anforderung des Website-Betreibers die letzten acht Ziffern der IP-Adresse des Nutzers vor jeglicher Speicherung schon innerhalb von Europa gelöscht werden, so dass insoweit keine Daten in die USA fließen und keine Identifizierung des Nutzers mehr möglich ist,
- Google mit den Website-Betreibern, die Google Analytics einsetzen wollen, zur Sicherstellung des ordnungsgemäßen Umgangs mit den Daten der Nutzer einen Vertrag zur Auftragsdatenverarbeitung nach den Vorschriften des Bundesdatenschutzgesetzes abschließt.

Darüber hinaus erfordert ein rechtskonformer Umgang, dass Sie Ihre Datenschutzerklärung im Hinblick auf verwendete Analysetools erweitern. Was diese Anforderungen im Detail bedeuten und wie Sie diese umsetzen können, möchten wir Ihnen in diesem Abschnitt erläutern.

Achtung

Wenn Sie sich nicht an die datenschutzrechtlichen Anforderungen halten, riskieren Sie hohe Bußgelder! Zudem kann darin auch ein Verstoß gegen das Wettbewerbsrecht gesehen werden. In der Folge könnten Verbraucherschutzverbände und auch Konkurrenten mit Abmahnungen und Unterlassungsklagen dagegen vorgehen.

11.1.1 Der Vertrag mit Google Analytics und Co.

Möchten Sie ein Webanalyseprogramm, wie zum Beispiel Google Analytics, rechtskonform nutzen, so müssen Sie als Auftraggeber mit Ihrem Webanalyse-Anbieter, also zum Beispiel Google, einen schriftlichen Vertrag zur Auftragsdatenverarbeitung abschließen. Der Grund dafür steht im Gesetz: Da bei der Webanalyse in Ihrem Auftrag personenbezogene Daten, wie beispielsweise die IP-Adressen der Website-Besucher, erhoben werden, sieht das Datenschutzrecht vor, dass Sie es auch sind, der für die Einhaltung der Datenschutzvorschriften verantwortlich sind. Das bedeutet, dass es zwar der Webanalyse-Anbieter ist, der die Daten erhebt, verarbeitet oder nutzt, dass Sie aber haften, wenn dieser sich nicht an die Vorschriften hält, da er nur in Ihrem Auftrag handelt. Aus diesem Grund sollten Sie als Website-Betreiber mit dem Webanalyse-Unternehmen einen schriftlichen Vertrag abschließen, der bestimmte gesetzlich vorgesehene Punkte der Auftragsdurchführung regelt. Auf diese Weise haben Sie die Möglichkeit, die Tätigkeit des Webanalyse-Unternehmens genau zu bestimmen und auch zu begrenzen, um so Verstöße gegen die Datenschutzvorschriften zu vermeiden.

Praxistipp

Für die Verwendung von Google Analytics finden Sie den Entwurf eines solchen Vertrags auf der Webseite *http://static.googleusercontent.com/media/www.google.com/de//analytics/terms/de.pdf*, von wo Sie ihn auch herunterladen und verwenden können (siehe Abbildung 11.4).

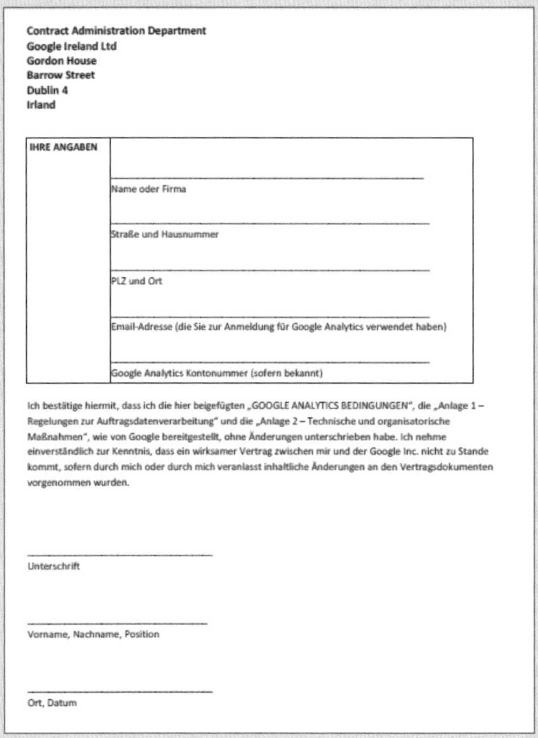

Contract Administration Department
Google Ireland Ltd
Gordon House
Barrow Street
Dublin 4
Irland

IHRE ANGABEN	
	Name oder Firma
	Straße und Hausnummer
	PLZ und Ort
	Email-Adresse (die Sie zur Anmeldung für Google Analytics verwendet haben)
	Google Analytics Kontonummer (sofern bekannt)

Ich bestätige hiermit, dass ich die hier beigefügten „GOOGLE ANALYTICS BEDINGUNGEN", die „Anlage 1 – Regelungen zur Auftragsdatenverarbeitung" und die „Anlage 2 – Technische und organisatorische Maßnahmen", wie von Google bereitgestellt, ohne Änderungen unterschrieben habe. Ich nehme einverständlich zur Kenntnis, dass ein wirksamer Vertrag zwischen mir und der Google Inc. nicht zu Stande kommt, sofern durch mich oder durch mich veranlasst inhaltliche Änderungen an den Vertragsdokumenten vorgenommen wurden.

Unterschrift

Vorname, Nachname, Position

Ort, Datum

Abbildung 11.4 Auszug aus dem Auftragsdatenverarbeitungsvertrag von Google

Der Gesetzgeber hat dabei klare Vorstellungen darüber, was der Vertrag zwischen Ihnen und dem Webanalyse-Unternehmen im Detail zu regeln hat, und hat diese in der Folge in § 11 Bundesdatenschutzgesetz normiert. Dazu gehören:

- der Gegenstand und die Dauer des Auftrags
- der Umfang, die Art und der Zweck der vorgesehenen Erhebung, Verarbeitung oder Nutzung von Daten, die Art der Daten und der Kreis der Betroffenen
- die zu treffenden technischen und organisatorischen Maßnahmen
- die Berichtigung, Löschung und Sperrung von Daten
- die bestehenden Pflichten des Auftragnehmers, insbesondere die von ihm vorzunehmenden Kontrollen
- die etwaige Berechtigung zur Begründung von Unterauftragsverhältnissen
- Ihre Kontrollrechte und die entsprechenden Duldungs- und Mitwirkungspflichten des Auftragnehmers
- mitzuteilende Verstöße des Auftragnehmers oder der bei ihm beschäftigten Personen gegen Vorschriften zum Schutz personenbezogener Daten oder gegen die im Auftrag getroffenen Festlegungen
- der Umfang der Weisungsbefugnisse, die Sie sich gegenüber dem Auftragnehmer vorbehalten
- die Rückgabe überlassener Datenträger und die Löschung beim Auftragnehmer gespeicherter Daten nach Beendigung des Auftrags

Hinweis

Generell sollten Sie beachten, dass Sie alle Bestandteile des Vertrags genau dahin gehend überprüfen sollten, ob diese Ihren Interessen gerecht werden. Denn die Bedürfnisse einzelner Website- oder Webshop-Betreiber können stark variieren. Daher sollten Sie die Grenzen der Datenerhebung individuell festlegen. Vermeiden Sie dabei abstrakte Formulierungen, und übernehmen Sie keine fremden Vertragsmuster.

Von besonderer Bedeutung für Sie ist dabei die Vereinbarung zur Datenerhebung. Dieser Teil des Vertrags beschäftigt sich damit, welche Art von Daten bei der Analyse erhoben werden, in welchem Umfang dies erfolgt sowie in welcher Art und zu welchem Zweck sie verwendet werden. Darüber hinaus wird auch geregelt, wer von der Datenerhebung betroffen ist.

Dieser Aspekt ist für Sie deshalb von besonderer Bedeutung, weil Sie hier die Möglichkeit haben, die Tätigkeit des Webanalyse-Unternehmens genau zu bestimmen und vor allen Dingen auch zu begrenzen. Gerade die Begrenzung der Datenerhebung ist wichtig, damit Sie Ihren datenschutzrechtlichen Pflichten gerecht werden. Denn als Betreiber der Website oder des Onlineshops sind Sie für den Umgang mit den Daten Ihrer Besucher auch dann verantwortlich, wenn Sie Dritte mit der Analyse beauftragen. Aus diesem Grund sollten Sie den beauftragten Webanalyse-Unternehmen keine unbegrenzte Befugnis zum Datensammeln einräumen. Andernfalls müssen Sie mit Konsequenzen, wie zum Bespiel hohen Bußgeldern, rechnen.

Achtung

Bei der Datenerhebung müssen Sie insbesondere beachten, dass das Webanalyse-Unternehmen nicht das Recht erhält, die erhobenen Daten mit weiteren Daten wie Klarnamen oder Bankinformationen zusammenzuführen!

Da Sie praktisch keine Möglichkeit haben, die erforderlichen datenschutzrechtlichen Vorgaben einzuhalten, sollten Sie diese vertraglich Ihrem Webanalyse-Unternehmen auferlegen. Denn dies allein kann die Anforderungen umsetzen.

Zu Ihren Pflichten gehört zum Beispiel,

- dafür zu sorgen, dass die Mitarbeiter zur Einhaltung des Datengeheimnisses angehalten werden,
- die Pflicht zur ordnungsgemäßen Bestellung eines Datenschutzbeauftragten, sofern dies gesetzlich erforderlich ist,
- die Pflicht zur Kooperation mit den Aufsichtsbehörden,
- der Hinweis auf die strafrechtliche Haftung bei einer vorsätzlichen Schädigungshandlung.

Zudem sollten Sie schriftlich vereinbaren, dass das Webanalyse-Unternehmen die Daten nach Beendigung der Auftragsdatenverarbeitung wieder löschen muss. Werden jedoch etwaige Aufbewahrungspflichten gewünscht, so müssen Sie diese auch individuell aushandeln.

Achtung

Beachten Sie, dass Sie sich nach Abschluss des Vertrags nicht entspannt zurücklehnen können. Denn als Auftraggeber obliegen Ihnen auch weiterhin Kontrollpflichten zum Schutz der personenbezogenen Daten!

Jedoch können Sie Ihren Kontrollpflichten nur dann nachkommen, wenn der Auftragnehmer Sie auch über Probleme informiert. Sobald Sie von Rechtsverstößen Kenntnis erlangen, müssen Sie die Aufsichtsbehörden und die Betroffenen informieren – so sieht es der Gesetzgeber vor. Aus diesem Grund sollten Sie vertraglich vereinbaren, dass der Auftragnehmer Ihnen Verstöße gegen geltendes Recht mitzuteilen hat, damit Sie Ihrerseits Ihrer Meldepflicht nachkommen können. Denn andernfalls droht Ihnen ein Bußgeld von bis zu 300.000 Euro!

11.1.2 Umgang mit IP-Adressen der Website-Besucher

Eine IP-Adresse dient den verschiedenen Nutzern bzw. Geräten in einem Netzwerk wie dem Internet als eine Adresse, über die sie für andere Nutzer bzw. Geräte erreichbar sind. Sie ähnelt also einer Postanschrift. Die IP-Adresse wird den meisten Internetnutzern dabei von ihren jeweiligen Zugangsanbietern zugewiesen. Dabei ist zwischen sogenannten dynamischen und statischen IP-Adressen zu unterscheiden.

Dynamische IP-Adressen werden vom Provider zumeist bei jedem neuen Einwahlvorgang ins Internet neu vergeben. Ein Internetnutzer surft also häufig unter wechselnden IP-Adressen. Dies ist die Regel bei Privatkunden. Insbesondere Geschäftskunden haben jedoch in einigen Fällen mit ihren Providern vertraglich eine statische IP-Adresse vereinbart. Sie erhalten also jedes Mal dieselbe IP-Adresse.

Gerade im Hinblick darauf, dass IP-Adressen bei Privatnutzern in der Regel dynamisch sind und ohnehin nur wie eine anonyme Aneinanderreihung von Zahlen aussehen, ist vielen nicht bewusst, wie viele Daten sich tatsächlich hinter dieser Zahlenreihe verbergen. So können Sie über die IP-Adresse beispielsweise erfahren, von welchem Ort aus sich der Besucher einwählt (siehe Abbildung 11.5).

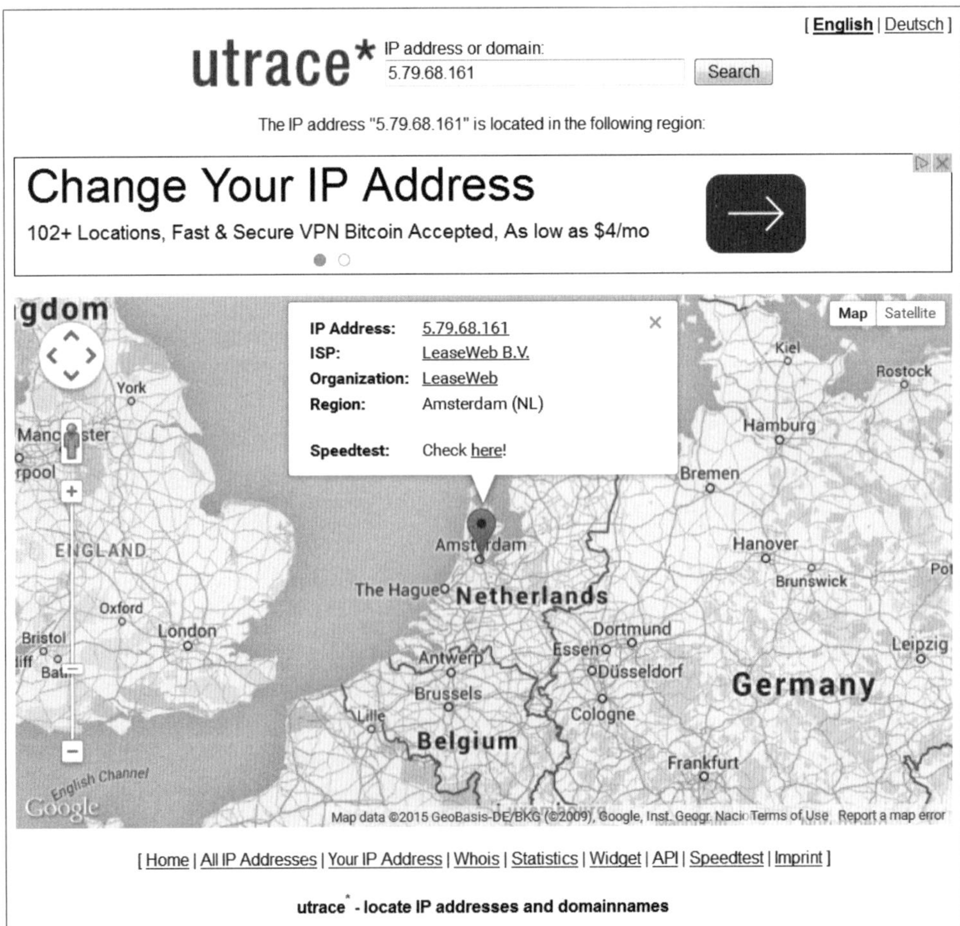

Abbildung 11.5 Die IP-Adresse dieses Website-Besuchers zeigt, dass er sich in Amsterdam befindet und von dort aus auf die Webseite zugreift.

Zu wissen, wo Ihre Website-Besucher geografisch herkommen, ist für Sie gerade dann wertvoll, wenn Sie lokal Werbung schalten möchten.

Praxisbeispiel

Schalten Sie als deutsches Unternehmen beispielsweise seit längerer Zeit Werbung auf Schweizer Webseiten, haben aber keinerlei Zugriffe aus der Schweiz, so ist dies ein Zeichen dafür, dass Ihre Werbung die gewünschte Zielgruppe entweder nicht erreicht oder zwar erreicht, sie aber nicht zum Besuch Ihrer Website animieren kann. Mit dieser Information können Sie darauf reagieren und beispielsweise zunächst die Strategie ändern. Gibt es dann noch immer keine Zugriffe, ist Ihr Produkt oder Ihre Dienstleistung auf dem Schweizer Markt eventuell nicht gefragt, und Sie können sich Kosten für weitere Werbemaßnahmen sparen.

Nun stellt sich die Frage, ob Sie die IP-Adressen so ohne Weiteres speichern und auswerten dürfen. Die Antwort darauf hängt primär davon ab, ob IP-Adressen personenbezogene Daten sind oder nicht. Ist dies der Fall, unterliegt der Umgang mit diesen Daten den strengen Regeln des Datenschutzrechts. Andernfalls bestehen keinerlei Bedenken.

Hinweis

Personenbezogene Daten sind Einzelangaben über persönliche oder sachliche Verhältnisse einer bestimmten oder bestimmbaren natürlichen Person. Dazu zählen beispielsweise der Name, die Kreditkartennummer oder das KFZ-Kennzeichen.

Ob bzw. wann IP-Adressen zu den personenbezogenen Daten gezählt werden, ist unter Juristen umstritten.

Eine Ansicht geht davon aus, dass ein Datum immer dann personenbezogen ist, wenn irgendein Dritter das Datum einer Person zuordnen kann. Es genügt also die rein theoretische Möglichkeit, um eine IP-Adresse als personenbezogen zu qualifizieren. Dies entspricht auch der wohl überwiegenden Meinung.

Eine andere Ansicht geht davon aus, dass eine IP-Adresse nur dann personenbezogen ist, wenn die verarbeitende Stelle – in diesem Fall also das Webanalyse-Unternehmen, selbst in der Lage ist, mit üblichen Mitteln und unter vernünftigem Aufwand eine Zuordnung zu einer einzelnen Person vorzunehmen. Danach hat eine IP-Adresse also immer nur dann einen Personenbezug, wenn der Verwender noch weitere Informationen über den Nutzer der IP-Adresse hat, über die er selbst den Personenbezug herstellen kann.

Für Access-Provider sind IP-Adressen damit unstreitig immer personenbezogene Daten, denn sie kennen die Person, der sie die IP-Adresse zugewiesen haben. Für alle anderen müssten weitere Daten hinzutreten. So wäre die IP-Adresse im Fall des

Betreibers eines Onlineshops zum Beispiel dann personenbezogen, wenn sich der Shopbesucher mit einem Account samt realem Namen im Shop anmeldet.

Praxisbeispiel

Das Landgericht Berlin (Urteil vom 31.01.2013, Az. 57 S 87/08) hat entschieden, dass dynamische IP-Adressen nicht grundsätzlich als personenbezogene Daten zu werten sind. In diesem Fall hat der Kläger die Bundesrepublik Deutschland auf Unterlassung verklagt und verlangt, dass sie seine IP-Adresse auf diversen Internetseiten zum Beispiel von Bundesministerien und Bundesorganen nicht mehr speichert. Seine IP-Adresse wurde in einer Protokolldatei zusammen mit weiteren Informationen wie Datum und Uhrzeit des Zugriffs, Namen der besuchten Webseiten, eingegebener Suchbegriffe und Vermerke gespeichert. Der Kläger sah sich darin in seinen Rechten verletzt.

Ob IP-Adressen personenbezogene Daten sind, wird bald der Europäische Gerichtshof entscheiden – dies wollte nämlich der deutsche Bundesgerichtshof wissen (Beschluss vom 28.10.2014, Az. VI ZR 135/13).

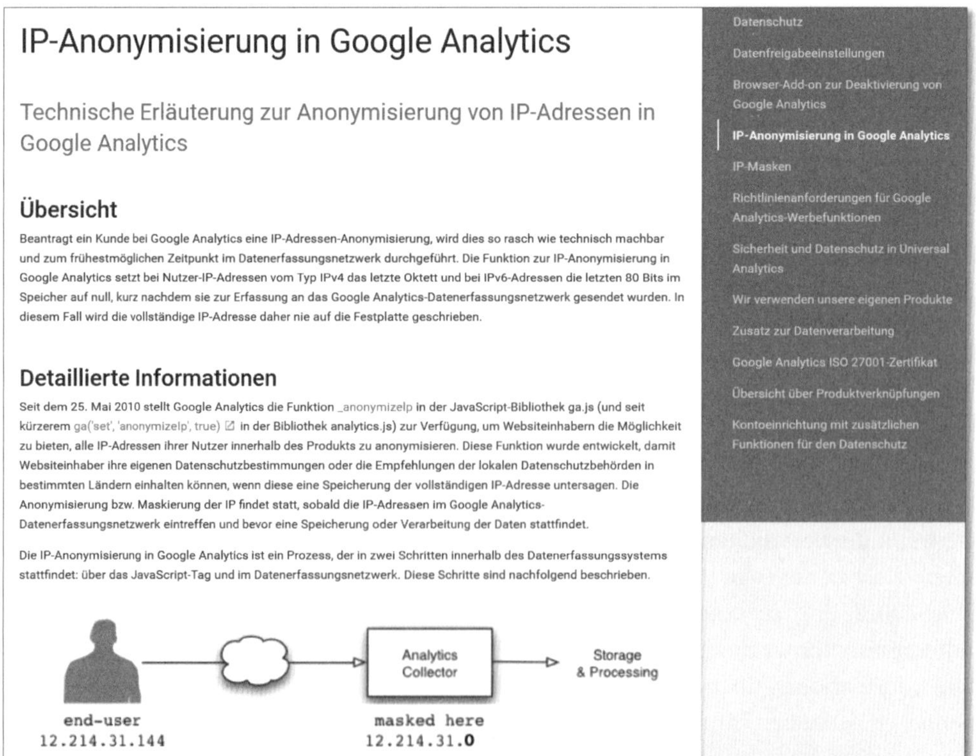

Abbildung 11.6 Information von Google Analytics zur Anonymisierung der IP-Adresse

Hinweis

Um auf der sicheren Seite zu sein, empfehlen wir Ihnen, davon auszugehen, dass es sich bei IP-Adressen um personenbezogene Daten handelt. Denn indem Sie die strengeren Datenschutzvorschriften einhalten, können Sie sich vor kostspieligen Abmahnungen und Klagen schützen.

In der Praxis bedeute dies nun, dass Sie grundsätzlich vor der Erhebung, Speicherung und Verarbeitung von IP-Adressen eine Einwilligung der Nutzer einholen müssen. Dieses gesetzliche Erfordernis ist in der Praxis nur schwierig und aufwendig umzusetzen. Das weiß auch der Gesetzgeber und gibt Ihnen die Möglichkeit, diese Pflicht zu umgehen, wenn Sie die IP-Adresse anonymisieren. Denn dann kann kein Personenbezug mehr hergestellt werden (siehe Abbildung 11.6).

Sie brauchen jedoch keine Sorge zu haben, dass die Verkürzung der IP-Adresse diese für Sie nutzlos macht. Denn Anonymisierungswerkzeuge verhindern eine Geolokalisierung nicht, da dazu nicht die komplette IP-Adresse benötigt wird. Die IP-Adressen können also datenschutzkonform vor der Geolokalisierung verkürzt werden (siehe Abbildung 11.7).

Abbildung 11.7 Obwohl die letzten drei Ziffern der IP-Adresse auf 0 gesetzt werden, kann man sehen, dass der Nutzer aus Amsterdam auf die Webseite zugreift.

Die Anonymisierung der IP-Adressen der Nutzer erreichen Sie, indem Sie den Google-Analytics-Code durch `anonymizeIP` händisch erweitern (siehe Abbildung 11.8). Auf diese Weise werden die letzten 8 Bit der IP-Adressen gelöscht und somit anonymisiert.

```
<script type="text/javascript">

var _gaq = _gaq || [];
_gaq.push(['_setAccount', 'UA-XXXXXXX-X']);
_gaq.push(['_gat._anonymizeIp']);
_gaq.push(['_trackPageview']);

(function() {
var ga = document.createElement('script'); ga.type = 'text/javascript';
ga.async = true;
ga.src = ('https:' == document.location.protocol ? 'https://ssl' :
'http://www') + '.google-analytics.com/ga.js';
var s = document.getElementsByTagName('script')[0];
s.parentNode.insertBefore(ga, s);
})();

</script>
```

Abbildung 11.8 Beispiel für einen datenschutzkonformen Tracking-Code

Nutzen Sie IP-Adressen ohne Einwilligung des Nutzers und ohne diese zu anonymisieren, so begehen Sie damit eine Ordnungswidrigkeit und gehen das Risiko eines Bußgeldes ein.

Praxisbeispiel

Im Jahr 2009 speicherte der Medienjournalist Stefan Niggemeier auf seiner Website *www.stefan-niggemeier.de* IP-Adressen seiner Nutzer, ohne deren Einwilligung einzuholen, und erstellte damit Nutzungsprofile. Der Berliner Datenschutzbeauftragte untersagte ihm dies und rügte unter Bußgeldandrohung eine fehlende Unterrichtung über die Erhebung, Verwendung und Verarbeitung von Nutzerdaten auf Niggemeiers Website – zu Recht!

11.1.3 Datenschutzerklärung

Wie Sie bereits feststellen konnten, dreht sich bei der Webanalyse alles um Daten. Aus diesem Grund spielt rechtlich auch an dieser Stelle die Datenschutzerklärung auf Ihrer Website eine besonders wichtige Rolle. Was dies im Hinblick auf Analysetools bedeutet, möchten wir Ihnen in diesem Abschnitt erläutern.

Hinweis

Als Betreiber von Internetseiten oder Onlineshops sind Sie aufgrund der datenschutzrechtlichen Bestimmungen bei der Verarbeitung und Nutzung von personenbezoge-

nen Daten verpflichtet, den Kunden über jede Art, den Umfang un
Erhebung, Verarbeitung und Nutzung personenbezogener Daten zu unt

Nutzen Sie Webanalysesysteme wie Google Analytics, so müssen Sie die Besucher Ihrer Website bzw. Ihres Onlineshops darüber informieren.

Denn der Besucher muss selbst entscheiden können, ob er mit der Erhebung und Verwendung seiner Daten einverstanden ist und dem unter Umständen widersprechen können. Dies kann er aber nur, wenn er darüber auch informiert wird. Aus diesem Grund müssen Sie den Besucher detailliert auf die Verwendung von Webanalysesystemen hinweisen. Dazu bietet sich die Datenschutzerklärung an (siehe Abbildung 11.9).

Google Analytics

Dieses Angebot benutzt Google Analytics, einen Webanalysedienst der Google Inc. („Google"). Google Analytics verwendet sog. „Cookies", Textdateien, die auf Computer der Nutzer gespeichert werden und die eine Analyse der Benutzung der Website durch sie ermöglichen. Die durch den Cookie erzeugten Informationen über Benutzung dieser Website durch die Nutzer werden in der Regel an einen Server von Google in den USA übertragen und dort gespeichert.

Im Falle der Aktivierung der IP-Anonymisierung auf dieser Webseite, wird die IP-Adresse der Nutzer von Google jedoch innerhalb von Mitgliedstaaten der Europäischen Union oder in anderen Vertragsstaaten des Abkommens über den Europäischen Wirtschaftsraum zuvor gekürzt. Nur in Ausnahmefällen wird die volle IP-Adresse an einen Server von Google in den USA übertragen und dort gekürzt. Die IP-Anonymisierung ist auf dieser Website aktiv. Im Auftrag des Betreibers dieser Website wird Google diese Informationen benutzen, um die Nutzung der Website durch die Nutzer auszuwerten, um Reports über die Websiteaktivitäten zusammenzustellen und um weitere mit der Websitenutzung und der Internetnutzung verbundene Dienstleistungen gegenüber dem Websitebetreiber zu erbringen.

Die im Rahmen von Google Analytics von Ihrem Browser übermittelte IP-Adresse wird nicht mit anderen Daten von Google zusammengeführt. Die Nutzer können die Speicherung der Cookies durch eine entsprechende Einstellung Ihrer Browser-Software verhindern; Dieses Angebot weist die Nutzer jedoch darauf hin, dass Sie in diesem Fall gegebenenfalls nicht sämtliche Funktionen dieser Website vollumfänglich werden nutzen können. Die Nutzer können darüber hinaus die Erfassung der durch das Cookie erzeugten und auf ihre Nutzung der Website bezogenen Daten (inkl. Ihrer IP-Adresse) an Google sowie die Verarbeitung dieser Daten durch Google verhindern, indem sie das unter dem folgenden Link verfügbare Browser-Plugin herunterladen und installieren: http://tools.google.com/dlpage/gaoptout?hl=de.

Alternativ zum Browser-Add-On oder innerhalb von Browsern auf mobilen Geräten, klicken Sie bitte diesen Link, um die Erfassung durch Google Analytics innerhalb dieser Website zukünftig zu verhindern. Dabei wird ein Opt-Out-Cookie auf Ihrem Gerät abgelegt. Löschen Sie Ihre Cookies, müssen Sie diesen Link erneut klicken.

Piwik

Dieses Angebot benutzt Piwik, eine Open-Source-Software zur statistischen Auswertung der Nutzerzugriffe. Piwik verwendet sog. "Cookies", Textdateien, die auf dem Computer der Nutzer gespeichert werden und die eine Analyse der Benutzung der Website durch die Nutzer ermöglichen. Die durch den Cookie erzeugten Informationen über die Benutzung dieses Agebotes werden auf dem Server des Anbieters in Deutschland gespeichert. Die IP-Adresse wird sofort nach der Verarbeitung und vor deren Speicherung anonymisiert. Nutzer können die Installation der Cookies durch eine entsprechende Einstellung Ihrer Browser-Software verhindern; Der Anbieter weisen die Nutzer jedoch darauf hin, dass sie in diesem Fall gegebenenfalls nicht sämtliche Funktionen dieser Website vollumfänglich nutzen können.

Sie können sich hier entscheiden, ob in Ihrem Browser ein eindeutiger Webanalyse-Cookie abgelegt werden darf, um dem Betreiber der Website die Erfassung und Analyse verschiedener statistischer Daten zu ermöglichen.
Wenn Sie sich dagegen entscheiden möchten, klicken Sie den folgenden Link, um den Piwik-Deaktivierungs-Cookie in Ihrem Browser abzulegen.

Ihr Besuch dieser Website wird aktuell von der Piwik Webanalyse erfasst.
Klicken Sie hier, damit Ihr Besuch nicht mehr erfasst wird. Speichern

22. Juli 2015

SCHLAGWÖRTER

1blu Alfahosting allinkl.com angebot angebote contabo Dedicated Server DMSolutions do.de domainfactory Domain Offensive domains erfahrungsbericht EUserv Externe Domains Hosteurope Hosting installation kostenlos Managed Server Managed vServer netcup news ownCloud piwik Rabatt Root Server SEO Server Server4You Sicherheit SSD Test testbericht THemes tutorial umzug Update vServer WebGo24 Webhosting WebHostOne Webtropia webtropia.com wordpress

ARCHIVE

Juli 2015
Juni 2015
Mai 2015
April 2015
März 2015
Februar 2015
Januar 2015
Dezember 2014
November 2014
Oktober 2014
September 2014
August 2014
Juli 2014
Juni 2014
Mai 2014
April 2014
März 2014
Februar 2014
Januar 2014

Abbildung 11.9 Beispiel für eine Datenschutzerklärung mit Hinweis auf die Verwendung der Webanalysesysteme Google Analytics und Piwik

Sie müssen jedoch beachten, dass Sie den Nutzer über alle Analysesysteme informieren müssen, die Sie verwenden. Nutzen Sie mehrere Systeme, müssen Sie Angaben zu jedem einzelnen Webanalysetool in Ihrer Datenschutzerklärung bereithalten (siehe Abbildung 11.10). Andernfalls ist Ihre Datenschutzerklärung nicht rechtskonform.

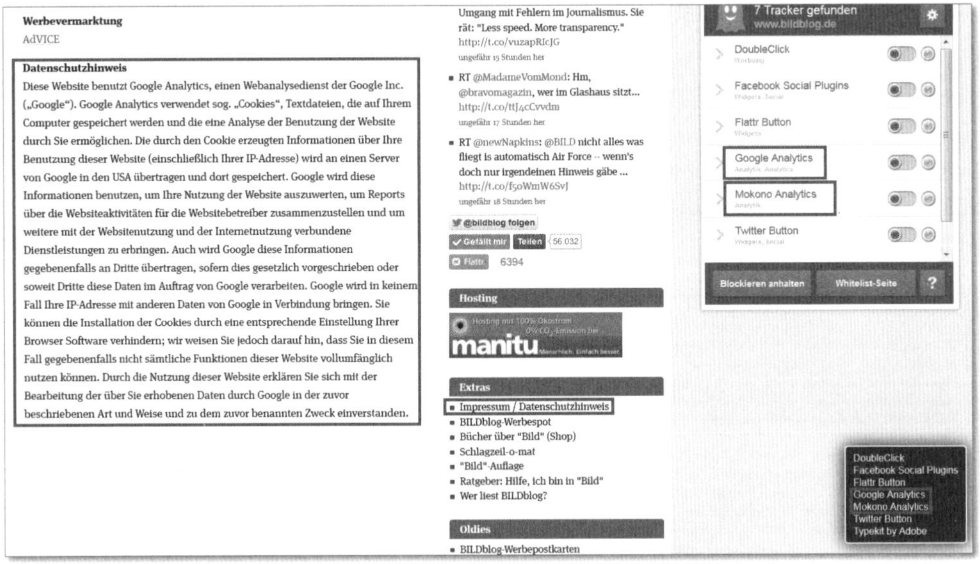

Abbildung 11.10 Die Website Bildblog.de beschränkt ihre Datenschutzerklärung auf die Verwendung von Google Analytics, Angaben zu Mokono Analytics fehlen dagegen.

Eine ausführliche Datenschutzerklärung ist nicht nur aus rechtlicher Sicht erforderlich, sondern auch zu empfehlen, um Transparenz zu schaffen. Schließlich reagieren Website-Besucher zunehmend empfindlich, wenn es um ihre Daten geht. Durch einen offenen Umgang können Sie Vertrauen zu Ihren Besuchern aufbauen. Dazu bietet es sich an, auch über die Gründe der Datenerhebung aufzuklären.

Hinweis: Rechtstexter

Der von der Rechtsanwaltskanzlei Wilde Beuger Solmecke in Kooperation mit Trusted Shops entwickelte Rechtstexter hilft Ihnen dabei, Ihre Datenschutzerklärung auch um den Hinweis der Verwendung von Google Analytics zu erweitern. Der Rechtstexter wird Ihnen auf der Webseite *https://www.wbs-law.de/e-commerce/trusted-shops-und-die-kanzlei-wilde-beuger-solmecke-bieten-abmahnschutzpakete-an-die-garantie-fuer-online-haendler-60997/* kostenlos zur Verfügung gestellt. Auf diese Weise können Sie sich günstig, einfach und sicher gegen Abmahnungen schützen.

In der praktischen Umsetzung müssen Sie dann beachten, dass Sie die Besucher über die Verwendung der Daten zu Beginn der Nutzung des Online-Angebots umfassend informieren. Dabei kann die Unterrichtung zentral in einer von jeder Seite aus erreichbaren Datenschutzerklärung erfolgen. Der entsprechende Link sollte mit DATENSCHUTZ, DATENSCHUTZERKLÄRUNG oder DATENSCHUTZINFORMATIONEN bezeichnet werden.

Alternativ kann auch eine Kundeninformationsseite eingerichtet werden. In diesem Fall sollte dann der Link DATENSCHUTZ auf den Abschnitt mit den entsprechenden Angaben verweisen. In jedem Fall muss die Datenschutzerklärung aber mit einem Klick erreichbar sein (siehe Abbildung 11.11).

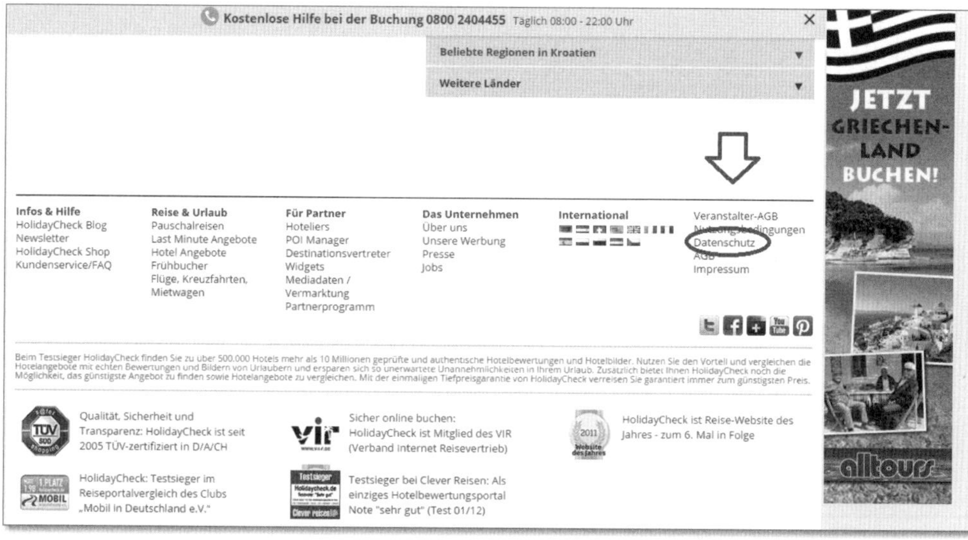

Abbildung 11.11 Beispiel für einen rechtskonformen Datenschutzhinweis auf der Website holidaycheck.de

> **Achtung**
> Die Datenschutzerklärung darf nicht im Impressum oder in den Allgemeinen Geschäftsbedingungen versteckt sein! Wir empfehlen Ihnen eine separate Seite, auf die Sie am Kopf oder am Fuß der Webseite hinweisen.

11.1.4 Widerspruch gegen die Verwendung von Analysetools

Weiterhin müssen die Besucher der Webseite auch die Möglichkeit haben, Ihrer Datenerhebung und -verwendung zu widersprechen. Denn grundsätzlich kann jeder selbst entscheiden, ob Daten über ihn erhoben werden oder nicht. Dieses Recht ist sogar in der Verfassung verankert. Aus diesem Grund sieht der Gesetzgeber vor, dass Sie als Website-Betreiber grundsätzlich die Einwilligung der Nutzer einholen müssen, bevor Sie deren Daten erheben und nutzen.

Eine Ausnahme davon ist nur dann vorgesehen, wenn die erhobenen Daten pseudonymisiert werden. Wenn Sie, wie empfohlen, den Programmcode so eingestellt haben, dass das Webanalyse-Unternehmen den Auftrag zur Kürzung der IP-Adressen erhält, so liegt eine Pseudonymisierung der Daten vor (siehe Abschnitt 11.1.2, »Umgang mit IP-Adressen der Website-Besucher«). Dies hat den Vorteil, dass die Besucher Ihrer Website in die Anwendung von Webanalysesystemen nicht mehr einwilligen müssen, sondern nur noch darauf hingewiesen werden müssen. Da die Besucher aber dennoch selbst entscheiden können sollen, ob sie analysiert werden möchten, müssen Sie ihnen die Möglichkeit des Widerspruchs geben. Denn die Pseudonymisierung entbindet Sie nicht von der Pflicht, dem Nutzer eine Möglichkeit des Widerspruchs einzuräumen!

Praxisbeispiel

Gegenstand eines Verfahrens vor dem Landgericht Frankfurt (Urteil vom 18.02.2014, Az. 3-10 O 86/12) war die Website Phraseexpress, ein Anbieter für Textbausteinverwaltung. Ihm wurde von einem Konkurrenten vorgeworfen, er nutze das Analysetool Piwik, ohne die Besucher auf eine Widerspruchsmöglichkeit hinzuweisen. Das Gericht entschied, dass diese Praxis rechtswidrig sei, da trotz der Pseudonymisierung der Daten auf die letzten beiden Ziffernblöcke technisch die Möglichkeit bestehe, die mit der Software Piwik *»erstellten Nutzerprofile mit einer Nutzer- oder Abrufstatistik bezogen auf die jeweilige Homepage zu vergleichen und so – mit einer hohen Wahrscheinlichkeit – eine Zuordnung zu den IP-Adressen vorzunehmen«*.

Die Widerspruchsmöglichkeit muss für den Nutzer einfach zu erreichen sein. Wir empfehlen Ihnen daher, diese in der Datenschutzerklärung unterzubringen. Dies gelingt durch einen Link zum Deaktivierungs-Add-on (siehe Abbildung 11.12).

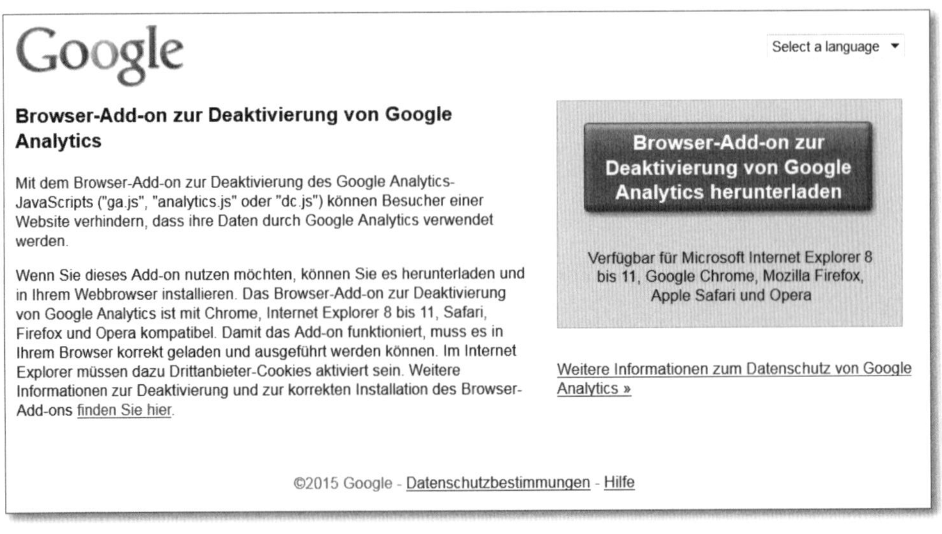

Abbildung 11.12 Browser-Add-on zur Deaktivierung von Google Analytics

Sie müssen jedoch beachten, dass Browser-Add-ons nicht bei jedem Browser bzw. jedem Endgerät funktionieren. Daher sollten Sie Ihre Datenschutzerklärung zusätzlich mit einem Opt-out-Cookie versehen. (siehe Abbildung 11.13).

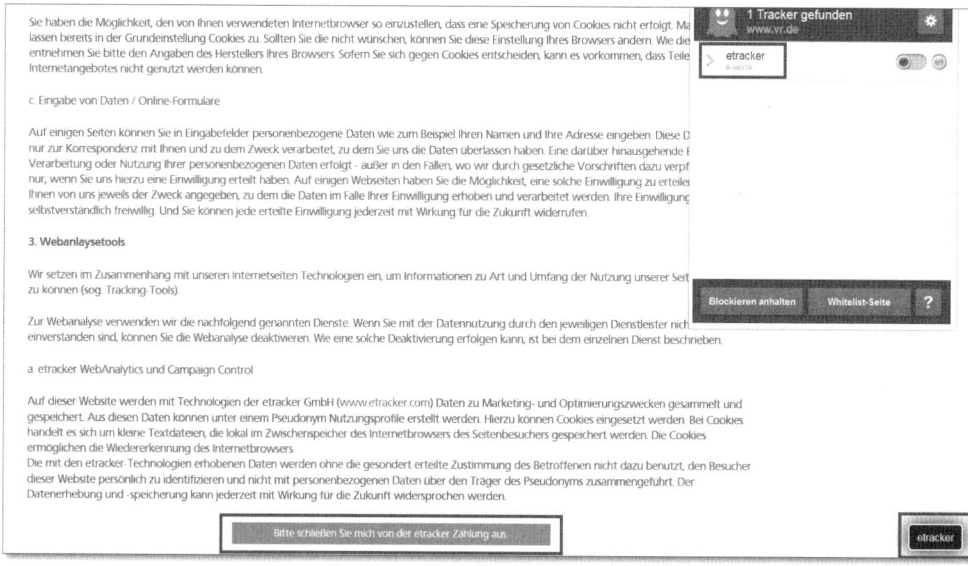

Abbildung 11.13 Einbindung der Widerspruchsmöglichkeit in die Datenschutzerklärung

> **Hinweis**
>
> Erläuterungen zur Einrichtung gibt Ihnen Google auf seiner Webseite für Entwickler (*https://developers.google.com/analytics/devguides/collection/gajs/?hl=de#disable*).

Bieten Sie diese Widerspruchsmöglichkeit nicht oder an der falschen Stelle, gehen Sie das Risiko einer Abmahnung zum Beispiel durch Mitbewerber ein. Denn auf diese Weise können unwissende Besucher nicht von ihrem Widerspruchsrecht Gebrauch machen. Dies hat für Sie den Vorteil, dass Sie mehr Besucherverhalten analysieren können und so bessere Optimierungsmaßnahmen auf Ihrer Website vornehmen können, die letztlich bessere Absatzchancen ermöglichen. Dies wäre dann ein unlauterer Wettbewerbsvorteil gegenüber Konkurrenten, die das Analysetool rechtskonform nutzen und daher unter Umständen auf weniger Besucherdaten zugreifen können.

11.1.5 Löschen von Altdaten

Haben Sie auch vor der rechtskonformen Einbindung des Analysetools Profile verwendet, so sollten Sie diese löschen. Denn dies fordert die Datenschutzbehörde. Verwenden Sie also beispielsweise Google Analytics, so bedeutet dies konkret, dass Sie ein neues Konto anlegen und das alte Konto löschen müssen.

Hinweis

Wir empfehlen Ihnen, die dargestellte Vorgehensweise einzuhalten. Andernfalls müssen Sie mit Konsequenzen wie Abmahnungen oder Bußgeldern rechnen. Sollte hinsichtlich der rechtlichen Details Unsicherheit bestehen, so lohnt es sich, den Rat eines Datenschutzexperten einzuholen.

11.2 Online-Targeting: Ist das Finden der Zielgruppe mittels Tracking-Technologien erlaubt?

Während die Zielgruppe bei den klassischen Medien nur sehr schwer bestimmt werden kann, ist dies im Internet deutlich einfacher. Der Grund dafür sind die Daten, die Internetnutzer, anders als die Nutzer klassischer Medien, bereitwillig von sich preisgeben. So bieten beispielsweise Profile auf sozialen Netzwerken allerhand Informationen, die Sie sich als Werbender zunutze machen können, um mit Ihrer Werbung genau Ihre Zielgruppe anzusprechen. Die Informationen reichen dabei von persönlichen Daten wie Alter oder Geschlecht über geografische Angaben wie den Wohnort bis hin zu Informationen aus dem Nutzerverhalten wie den besuchten Seiten.

Schalten Sie nun beispielsweise Werbung in sozialen Netzwerken, bieten diese Daten Ihnen die Möglichkeit, Ihre Werbung nur relevanten Personengruppen anzuzeigen und so Streuverluste zu minimieren. Das heißt, dass Kosten für Werbung vermieden werden, die sich an die »falsche« Zielgruppe richtet.

Abbildung 11.14 Auswertung der Besucherzahlen des Wordpress-Blogs

Diese gezielte Auslieferung von Werbung im Netz wird als *Online-Targeting* bezeichnet und ist nur auf Grundlage der beim sogenannten *Tracking* erfassten Nutzerdaten möglich. Dazu müssen Sie zuvor eine klare Zielgruppendefinition vornehmen. Im Anschluss daran wird das Surfverhalten der Nutzer verfolgt, gespeichert und analysiert (siehe Abbildung 11.14).

Dies gelingt, indem verschiedenste Tracking-Technologien eingesetzt werden, die wir Ihnen im Folgenden erläutern möchten. Zudem werden wir diese werbewirksamen Technologien auch auf ihre rechtliche Zulässigkeit hin überprüfen.

Hinweis

Internetnutzer haben die Möglichkeit, den Wunsch nach anonymem Surfen zu äußern, indem sie im Browser die Do-not-track-Funktion aktivieren (siehe Abbildung 11.15). Damit übermitteln sie den besuchten Webseiten, dass sie nicht getrackt werden möchten. Das funktioniert bei Google Chrome genauso wie bei Firefox, Opera, Internet Explorer oder Safari. Dieser Wunsch ist jedoch nicht verbindlich. Deutlich effektiver sind da Tracking-Blocker wie Privacy Badger oder Ghostery. Aber auch Werbeblocker wie AdBlock Plus verhindern, dass Sie die Nutzer tracken können.

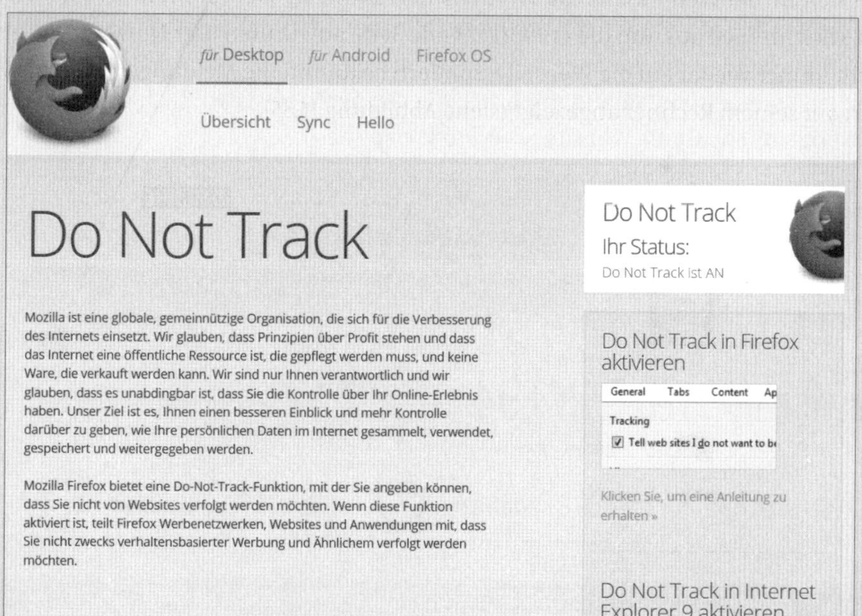

Abbildung 11.15 Do-not-track-Funktion beim Browser Firefox

11.2.1 Die Tracking-Technologien

Tracking basiert meist auf dem Einsatz von Cookies. Doch Cookies sind nur so lange nützlich, wie sie auf dem Computer des Nutzers gespeichert sind. Folglich ist es nicht verwunderlich, dass schon seit einiger Zeit versucht wird, die Lebensdauer von Cookies zu verlängern. Eine mögliche Lösung stellen sogenannte *Evercookies* dar.

Cookies können auf unterschiedliche Arten abgespeichert werden, so gibt es zum Beispiel HTTP-Cookies oder Flash-Cookies. Ein Evercookie hingegen nutzt alle Speichermöglichkeiten. Er wird also nicht bloß einfach, sondern mehrfach und in verschiedenen Formen abgespeichert. Löscht der Nutzer eine Form des Evercookies, erstellen die übrigen eine neue Kopie. Nur wenn alle Formen des spezifischen Evercookies gleichzeitig gelöscht werden, wird eine Reproduktion unterbunden. Aufgrund dieser Fähigkeit zur stetigen Vervielfältigung werden Evercookies mitunter auch Zombie-Cookies genannt.

Trotzdem bietet das Erfordernis einer Speicherung der Cookies immer die Gefahr der Entdeckung oder Löschung. Sogenannte *Fingerprinting-Technologien* gehen einen anderen Weg. Wie der Name bereits andeutet, versucht man, eine Art Fingerabdruck des Nutzers zu erstellen. Das erfolgt bei erstmaligem Aufruf einer Webseite und soll dann bestenfalls eine Unterscheidung der verschiedenen Nutzer voneinander ermöglichen. Grundlage dafür ist das *Browser-Fingerprinting*, das auch Device Fingerprinting genannt wird. Wer schon einmal über Sites wie *www.wieistmeineip.de* die eigene IP-Adresse erfragt hat, wird bemerkt haben, dass die Website auch Angaben über den eigenen Internetanbieter, den genutzten Browser und das Betriebssystem machen konnte (siehe Abbildung 11.16). Wie viel der Browser wirklich über den Nutzer verrät, offenbart die Website *www.browserspy.dk*.

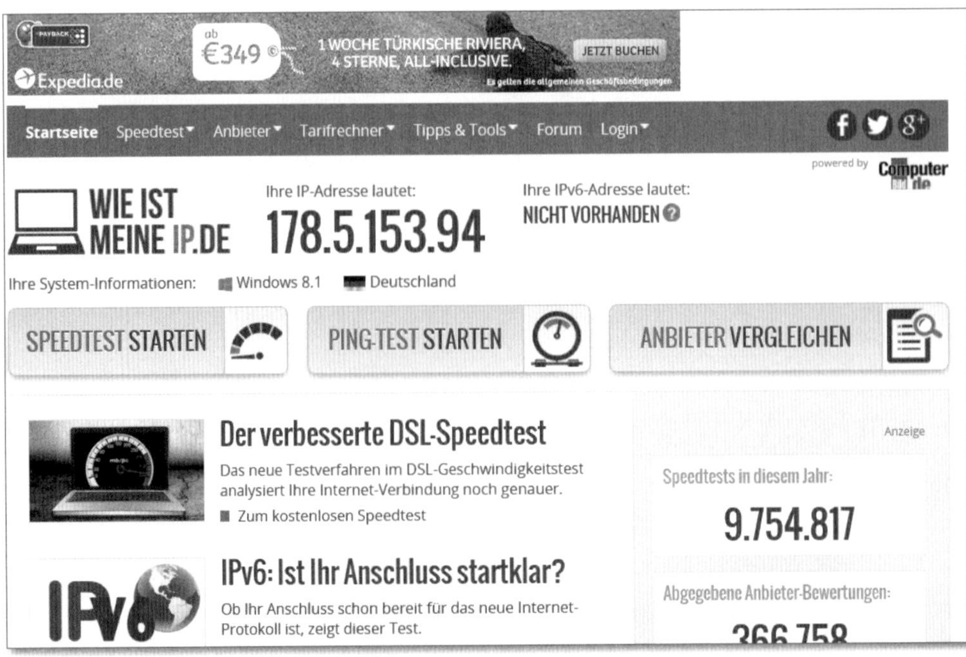

Abbildung 11.16 Über die Website www.wieistmeineip.de können Sie Ihre IP-Adresse erfragen.

Mit ausreichend Informationen über Browser, Betriebssystem, Internetanbieter, Browsereinstellungen, Plug-ins, installierte Software und vorgenommene Einstellungen lässt sich bereits ein grobes Bild des Nutzers zeichnen.

In den vergangenen Jahren wurde die Fingerprinting-Methode stetig weiterentwickelt. Während dem bisher wenig Beachtung geschenkt wurde, offenbarte eine im Jahr 2014 veröffentlichte Studie der Universitäten Princeton und Leuven den Einsatz des sogenannten *Canvas-Fingerprintings* auf 5,5 % der 100.000 meistbesuchten Webseiten.

Ein Canvas-Element ist ein in HTML geschriebener Bereich, der die Darstellung von Grafiken durch JavaScript ermöglicht. Canvas wird von allen aktuellen Browsern unterstützt und kann ohne Probleme in jede Webseite implementiert werden.

Was Canvas so besonders macht, ist die Tatsache, dass jeder Browser den Quellcode des Elements anders ausgibt. Während also die Darstellung der Grafik für jeden Nutzer identisch scheint, variiert die Darstellung des Quellcodes durch den Browser. Die Zahl der Einfluss nehmenden Faktoren ist viel größer als beim normalen Browser-Fingerprinting und umfasst Hard- und Software sowie sämtliche vorgenommenen Einstellungen gleichermaßen.

Durch Canvas-Fingerprinting wird der Browser beim Aufruf einer Webseite zur Darstellung eines Canvas-Elements aufgefordert – es wird also ein Fingerabdruck genommen. Das Ergebnis ist ein stark individualisiertes Profil des Nutzers (siehe Abbildung 11.17).

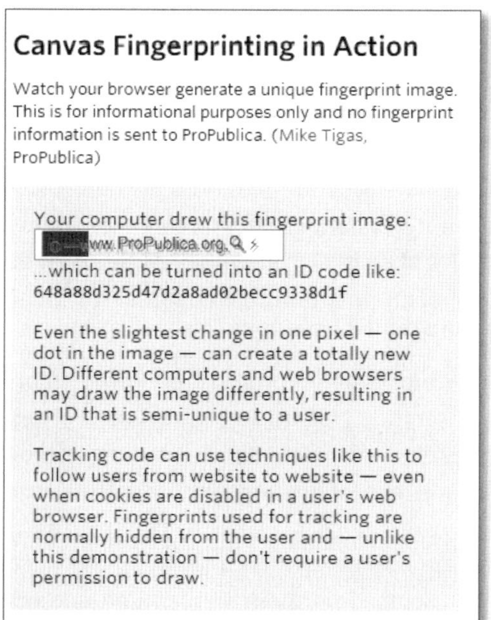

Abbildung 11.17 Beispiel für einen Fingerprint

11.2.2 Tracking-Methoden rechtskonform einsetzen

Evercookies und Fingerprinting-Technologien sind für Website- und Onlineshop-Anbieter ein sehr interessantes und profitables Werkzeug. Die sich bietenden Möglichkeiten sind offensichtlich: Jeder Schritt des Nutzers im Internet kann nachverfolgt werden. Genau das könnte jedoch im Hinblick auf datenschutzrechtliche Regelungen problematisch sein. Allerdings finden diese Regelungen nur Anwendung auf personenbezogene Daten, also Daten, die einer bestimmten oder bestimmbaren Person zugeordnet werden können. Daher stellt sich die Frage, ob beim Tracking überhaupt personenbezogene Daten betroffen sind.

Im Fall des Browser-Fingerprintings muss differenziert werden: Informationen über Hard- und Software lassen sich nicht dem konkreten Internetnutzer zuordnen und sind somit keine personenbezogenen Daten. Allerdings sind die ermittelten IP-Adressen, die ebenfalls vom Fingerprinting erfasst werden, weitgehend als personenbezogene Daten anerkannt, da sie einem konkreten Internetanschluss zugeordnet werden. Somit sind personenbezogene Daten vom Browser-Fingerprinting betroffen.

Die Beurteilung von Cookies gestaltet sich ebenfalls schwierig, da nicht alle Cookies personenbezogene Daten enthalten. Die datenschutzrechtliche Einordnung von Cookies ist aus rechtspolitischer Sicht umstritten. Nicht zuletzt unter Einfluss des Unionsrechts und dem Druck der EU-Kommission ist man aber dazu übergegangen, Cookies auch in den Anwendungsbereich der datenschutzrechtlichen Regelungen des Telemediengesetzes einzubeziehen.

Da diese Tracking-Technologien also personenbezogene Daten erheben und nutzen, sieht das Datenschutzrecht vor, dass Sie vor der Anwendung dieser Technologien die ausdrückliche Einwilligung des Nutzers einholen müssen. Dies ist ein zentraler Grundsatz des Datenschutzrechts. In der Praxis bedeutet dies, dass Sie den Nutzer beim erstmaligen Aufrufen einer Seite auf die Nutzung von Trackingmaßnahmen hinweisen und um seine Zustimmung in Form eines Opt-in-Verfahrens bitten müssen (siehe Abbildung 11.18). Ein Opt-out-Verfahren ist hingegen dann ausreichend, wenn Sie pseudonyme Nutzerprofile erstellen.

Die Artikel-29-Datenschutzgruppe der Europäischen Kommission warnt jedoch davor, dass das Device-Fingerprinting wesentlich gefährlicher sei als die Verwendung bloßer Cookies, da das Fingerprinting eine versteckte Datensammlung ermögliche. Mit den gesammelten Daten sei dann eine eindeutige Identifizierung und Ermittlung eines Bewegungsprofils des Nutzers möglich. Daher schlägt die Artikel-29-Datenschutzgruppe in Anlehnung an die EU-Cookie-Richtlinie vor, dass Nutzer über Device Fingerprinting durch Online-Dienste informiert werden und mit dem Opt-in-Verfahren explizit nach ihrer Zustimmung gefragt werden müssen. Auch wenn diese Vorgehensweise datenschutzrechtlich nutzerfreundlich scheint, ist sie in der Praxis doch eher unpraktikabel. Denn eine einzige Webseite platziert oft mehr als 15 Cookies, die der Nutzer dann zur Zustimmung alle einzeln anklicken müsste. Dies könnte von vielen Nutzern als nervig empfunden werden.

Abbildung 11.18 Einholung der Einwilligung zur Nutzung von Cookies mittels Einblendung am oberen Rand der Website

> **Hinweis**
>
> Dieser Vorschlag der Artikel-29-Datenschutzgruppe hat lediglich Empfehlungscharakter und keinen Gesetzescharakter. Da die EU-Cookie-Richtlinie in Deutschland noch nicht umgesetzt wurde, gilt hier weiterhin die Opt-out-Lösung als ausreichend. Wenn Sie dieses Tracking-Verfahren anwenden, sollten Sie jedoch mögliche Gesetzesänderungen in Folge der Umsetzung der Richtlinie im Blick behalten.

Verwenden Sie Tracking-Methoden und ist der Nutzer damit auch einverstanden, dann müssen Sie ihm dennoch die Möglichkeit geben, jederzeit gegen das Tracking widersprechen zu können. Dazu bietet sich auch an dieser Stelle die Datenschutzerklärung an (siehe Abbildung 11.19). Verzichten Sie auf einen Hinweis zur Widerspruchsmöglichkeit, so dürfen Sie die Tracking-Tools nicht weiter nutzen und riskieren Abmahnungen und Bußgelder.

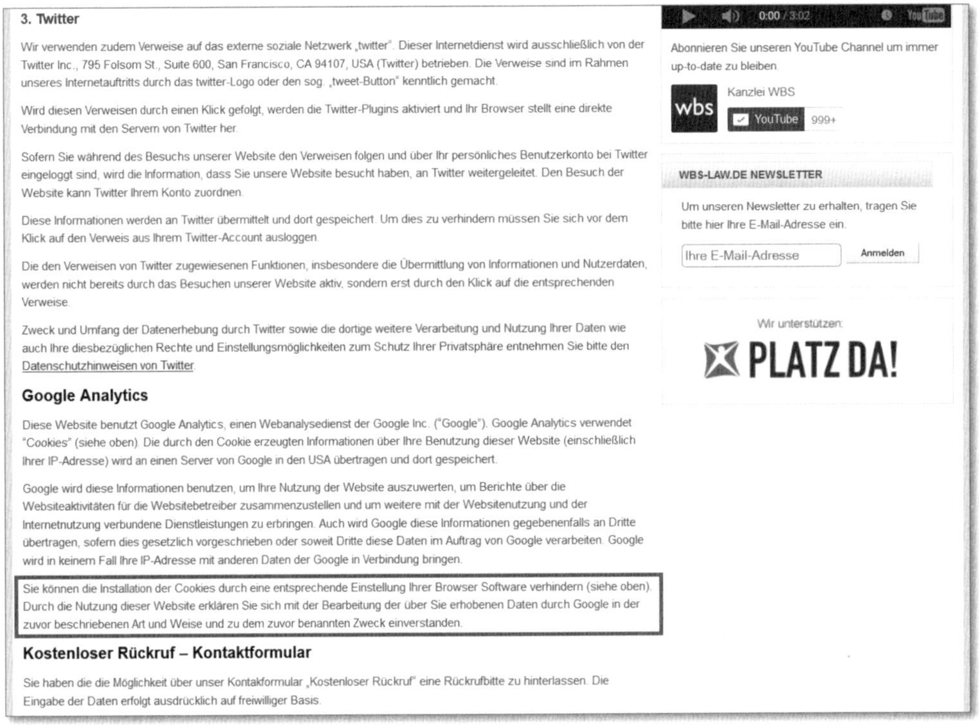

Abbildung 11.19 Widerspruchsmöglichkeit in der Datenschutzerklärung der Rechtsanwaltskanzlei Wilde Beuger Solmecke

In der Praxis verstoßen Evercookies und das Canvas-Fingerprinting jedoch in der Regel gegen diesen Grundsatz. Denn der Nutzer wird weder über den Einsatz derartiger Technologien informiert, noch wird ihm die Möglichkeit eines Widerspruchs gegeben. Im Gegenteil: Tracking-Werkzeuge erfüllen ihren Zweck schließlich am besten, wenn der Nutzer nichts von ihnen weiß.

11.2.3 Retargeting: Wiederfinden der Zielgruppe

Die Webanalyse ermöglicht es Ihnen nicht nur, die Zielgruppe zu finden, sondern auch die »verloren gegangene« Zielgruppe wiederzufinden. Dabei versuchen Anbieter wie *Criteo*, *ValueClick* oder *mediascale*, die Besucher Ihres Onlineshops, die sich dort Produkte angesehen haben, die Seite jedoch ohne einen Kauf wieder verlassen haben, im Netz wiederzufinden und Ihnen die Produkte noch einmal, beispielsweise durch gezielte Bannerwerbung, in Erinnerung zu rufen und so zum Kauf zu motivieren (siehe Abbildung 11.20).

Retargeting ist also die gezielte Ansprache eines Kaufabbrechers, um ihn zurück auf die Website zu holen und doch noch zum Kauf zu bewegen.

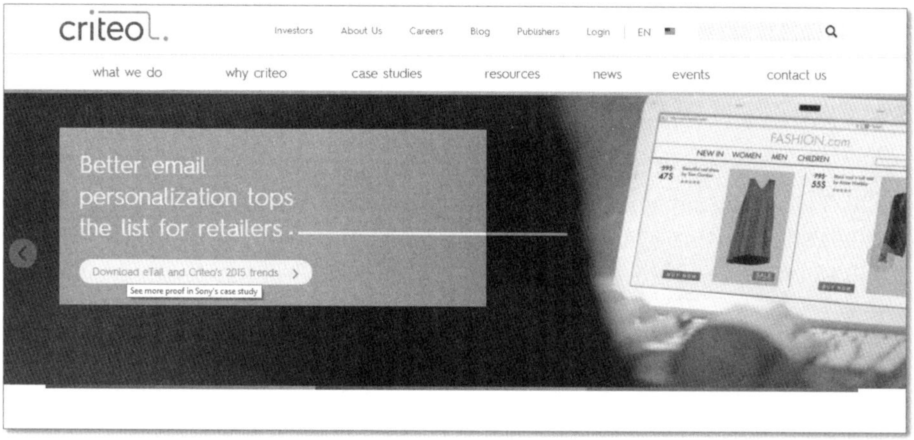

Abbildung 11.20 Website des Retargeting-Anbieters Criteo

11

Praxisbeispiel

Schauen Sie sich beispielsweise in dem Onlineshop von baby-walz ein Kinderdirndl an, verlassen den Shop aber, ohne das Produkt zu kaufen, um auf GMX Ihre E-Mails zu checken, so erscheint auf der Webseite von GMX eine Bannerwerbung von baby-walz, die Ihnen genau das Dirndl noch einmal zeigt (siehe Abbildung 11.21).

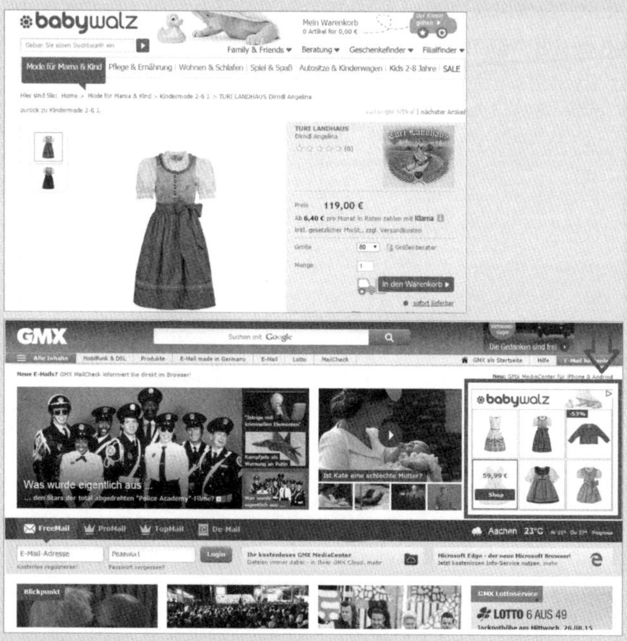

Abbildung 11.21 Oben im Bild sehen Sie den zuerst angesehenen Onlineshop von baby-walz. Darunter sehen Sie dann rechts im Bild die Einblendung der Bannerwerbung beim E-Mail-Dienst GMX.

…orgehen wird nicht nur direkt im Anschluss an den Besuch durchgeführt, … teilweise über Wochen hinweg auf den verschiedensten Webseiten. Dies ist für den Besucher besonders dann nervig, wenn man das Produkt gar nicht mehr benötigt, da man es beispielsweise schon bei einem anderen Anbieter gekauft hat.

Hinweis

Empfinden Besucher Ihre Werbung als nervig, so ist dies für Sie aus Marketinggesichtspunkten nicht förderlich. Daher empfehlen wir Ihnen, die Anzahl der Werbeschaltung gering zu halten. Bei dem Anbieter Criteo zum Beispiel können Sie dazu Kappungsgrenzen einrichten, die vorsehen, dass der Nutzer maximal drei-, fünf- oder zehnmal Retargeting-Werbung zu sehen bekommt und danach nicht mehr!

Rechtlich wird dieses Verfahren kritisch gesehen. Denn Retargeting basiert auf dem Sammeln von Daten aus aktuellen, nicht abgeschlossenen Kaufprozessen. Dabei werden Cookies und die ohnehin schon kritisch betrachteten aggressiven Tracking-Tools zur Verfolgung und Identifizierung des Nutzers eingesetzt. Da kommt dann noch hinzu, dass die Tracking-Software bereits beim Seitenaufruf aktiv wird.

Hinweis

Grundsätzlich sollten Sie Retargeting-Maßnahmen in der Datenschutzerklärung transparent machen und dem Besucher des Onlineshops die Möglichkeit geben, der Speicherung seiner Daten zu widersprechen (siehe Abbildung 11.22).

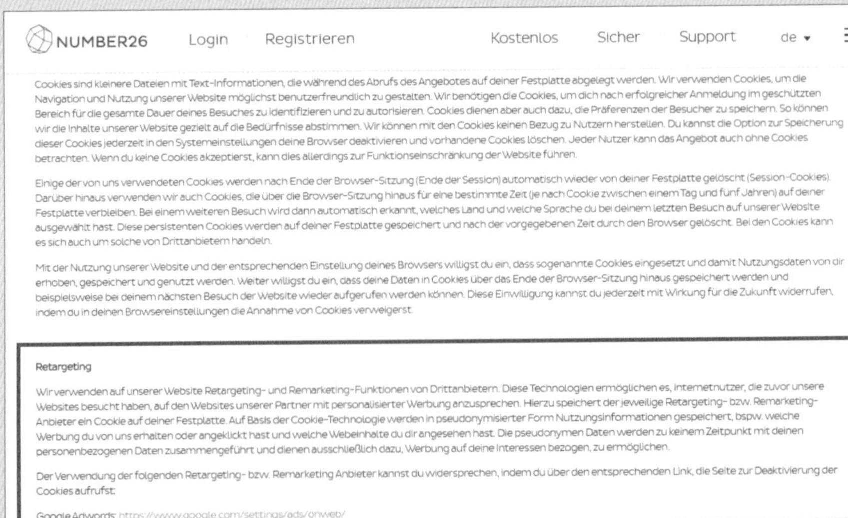
NUMBER26 Login Registrieren Kostenlos Sicher Support de ▾

Cookies sind kleinere Dateien mit Text-Informationen, die während des Abrufs des Angebotes auf deiner Festplatte abgelegt werden. Wir verwenden Cookies, um die Navigation und Nutzung unserer Website möglichst benutzerfreundlich zu gestalten. Wir benötigen die Cookies, um dich nach erfolgreicher Anmeldung im geschützten Bereich für die gesamte Dauer deines Besuches zu identifizieren und zu autorisieren. Cookies dienen aber auch dazu, die Präferenzen der Besucher zu speichern. So können wir die Inhalte unserer Website gezielt auf die Bedürfnisse abstimmen. Wir können mit den Cookies keinen Bezug zu Nutzern herstellen. Du kannst die Option zur Speicherung dieser Cookies jederzeit in den Systemeinstellungen deine Browser deaktivieren und vorhandene Cookies löschen. Jeder Nutzer kann das Angebot auch ohne Cookies betrachten. Wenn du keine Cookies akzeptierst, kann dies allerdings zur Funktionseinschränkung der Website führen.

Einige der von uns verwendeten Cookies werden nach Ende der Browser-Sitzung (Ende der Session) automatisch wieder von deiner Festplatte gelöscht (Session-Cookies). Darüber hinaus verwenden wir auch Cookies, die über die Browser-Sitzung hinaus für eine bestimmte Zeit (je nach Cookie zwischen einem Tag und fünf Jahren) auf deiner Festplatte verbleiben. Bei einem weiteren Besuch wird dann automatisch erkannt, welches Land und welche Sprache du bei deinem letzten Besuch auf unserer Website ausgewählt hast. Diese persistenten Cookies werden auf deiner Festplatte gespeichert und nach der vorgegebenen Zeit durch den Browser gelöscht. Bei den Cookies kann es sich auch um solche von Drittanbietern handeln.

Mit der Nutzung unserer Website und der entsprechenden Einstellung deines Browsers willigst du ein, dass sogenannte Cookies eingesetzt und damit Nutzungsdaten von dir erhoben, gespeichert und genutzt werden. Weiter willigst du ein, dass deine Daten in Cookies über das Ende der Browser-Sitzung hinaus gespeichert werden und beispielsweise bei deinem nächsten Besuch der Website wieder aufgerufen werden können. Diese Einwilligung kannst du jederzeit mit Wirkung für die Zukunft widerrufen, indem du in deinen Browsereinstellungen die Annahme von Cookies verweigerst.

Retargeting

Wir verwenden auf unserer Website Retargeting- und Remarketing-Funktionen von Drittanbietern. Diese Technologien ermöglichen es, Internetnutzer, die zuvor unsere Websites besucht haben, auf den Websites unserer Partner mit personalisierter Werbung anzusprechen. Hierzu speichert der jeweilige Retargeting- bzw. Remarketing-Anbieter ein Cookie auf deiner Festplatte. Auf Basis der Cookie-Technologie werden in pseudonymisierter Form Nutzungsinformationen gespeichert, bspw. welche Werbung du von uns erhalten oder angeklickt hast und welche Webeinhalte du dir angesehen hast. Die pseudonymen Daten werden zu keinem Zeitpunkt mit deinen personenbezogenen Daten zusammengeführt und dienen ausschließlich dazu, Werbung auf deine Interessen bezogen, zu ermöglichen.

Der Verwendung der folgenden Retargeting- bzw. Remarketing Anbieter kannst du widersprechen, indem du über den entsprechenden Link, die Seite zur Deaktivierung der Cookies aufrufst:

Google Adwords: https://www.google.com/settings/ads/onweb/

Abbildung 11.22 Der Anbieter von Girokonten Number 26 klärt in seiner Datenschutzerklärung über die Vornahme von Retargeting auf und weist auf die Widerspruchsmöglichkeit hin.

Um den Besucher wiederzufinden, benötigen Sie personenbezogene Daten. Die Daten der Besucher dürfen Sie aber grundsätzlich nur mit dessen ausdrücklicher Einwilligung erheben (Opt-in-Verfahren). Ein Opt-out-Verfahren ist hingegen nur dann ausreichend, wenn die Daten zu Werbezwecken, aus Gründen der Markforschung oder der bedarfsgerechten Gestaltung der Seite gespeichert und zu Nutzungsprofilen zusammengeführt werden sowie die Daten zudem pseudonymisiert werden.

Es stellt sich jedoch die Frage, inwieweit eine Pseudonymisierung oder Anonymisierung der Daten sinnvoll ist, wenn das Ziel des Retargetings doch gerade die Identifizierung des Nutzers ist.

11.3 Big Data: Dürfen die ermittelten Datenmengen analysiert und verwendet werden?

Das Schlagwort *Big Data* ist in aller Munde und sicher auch schon Ihnen an der einen oder anderen Stelle begegnet. Denn im Zuge der immer schneller fortschreitenden Digitalisierung unserer Gesellschaft gewinnt die Auswertung der in riesigen Mengen vorhandenen Daten in nahezu allen Lebensbereichen stetig an Bedeutung.

Abbildung 11.23 Zur umfassenden Analyse der Nutzer wird auf alle verfügbaren Quellen im Internet zugegriffen.

Nicht nur im Zusammenhang mit polizeilicher bzw. geheimdienstlicher Arbeit und wissenschaftlicher Forschung, sondern insbesondere im Bereich der Wirtschaft wird die Analyse und Auswertung aller verfügbaren Daten sowie die Umsetzung von Big-Data-basierten Erkenntnissen in unternehmerische Entscheidungen künftig zu einem der wichtigsten Erfolgsfaktoren werden (siehe Abbildung 11.23).

11.3.1 Vorteile von Big Data

In Zeiten von E-Commerce, Cloud Computing, Social Media, Smartphones, Mobile Devices und dem sogenannten Internet der Dinge lassen sich die rasant ansteigend anfallenden Datenmengen auf vielfältige Weise miteinander verknüpfen und durch spezielle Analyseanwendungen bzw. -algorithmen für verschiedenste Zwecke fruchtbar machen.

So kann Big Data etwa der Fahndung nach Auffälligkeiten, wie zum Beispiel Fraud-Detection bei Finanztransaktionen, der Erforschung von Krankheiten, der Steuerung des Energieverbrauchs durch Smart-Metering, insbesondere aber der Untersuchung des Kundenverhaltens für Marktforschung, Werbemaßnahmen oder andere unternehmensrelevante Erkenntnisse, wie zum Beispiel Cross-Selling und Up-Selling, dienen. In Anbetracht dessen erstaunt es kaum, dass im Zusammenhang mit Big Data oftmals sogar von dem »neuen Öl« die Rede ist.

Praxisbeispiel

Wissenschaftler von Google Flu Trend verglichen über einen fünfjährigen Zeitraum die 50 Mio. am häufigsten von US-Bürgern eingegebenen Suchbegriffe mit den realen Krankheitsdaten, wie sie von der Seuchenschutzbehörde gesammelt werden. Die These: Je öfter in einem bestimmten Zeitraum nach Begriffen gesucht wird, die mit Grippe zu tun haben, desto eher steht ein Krankheitsausbruch bevor (siehe Abbildung 11.24). Auf diese Weise wollten sie in Echtzeit registrieren, wann und wo eine Grippe ausbricht, und so der Seuchenschutzbehörde, die ihre Analysen mit zwei Wochen Verspätung veröffentlicht, einen Schritt voraus sein. Während das in manchen Jahren gelungen ist, haben sie sich bei so mancher Prognose auch überschätzt.

Abbildung 11.24 Grippevorhersage von Google Flu Trends

11.3.2 Datenschutzrechtliche Problematik

Trotz dieses unbestreitbar positiven Potenzials von Big Data stellt sich mit Schärfe aber auch die Frage nach den diesbezüglichen Risiken, insbesondere datenschutzrechtlicher Art. Denn die zumindest latent bestehende Gefahr der Erstellung von personenbezogenen Profilen hinsichtlich Interessen, Kaufverhalten, Bewegungsdaten, finanziellen Verhältnissen oder anderen relevanten Faktoren und eine damit einhergehende mögliche Beeinträchtigung der Privatsphäre von betroffenen Personen ist so real wie offensichtlich.

Praxisbeispiel

Plastisch veranschaulicht wird die Problematik durch den Plan des spanischen Mobilfunkkonzerns Telefonica, im Rahmen des Projekts Smart Steps die Bewegungsdaten seiner Kunden zu Zwecken der Werbung an Unternehmen zu verkaufen – oder wie es das Unternehmen ausdrückt: *»die potenziellen Möglichkeiten identifizieren, aus ›Big Data‹ finanziellen Nutzen zu ziehen«* (siehe Abbildung 11.25). Nachdem es dafür heftige Kritik hagelte, hat der Konzern davon Abstand genommen.

Abbildung 11.25 Beispiel für ein Bewegungsprofil mit Smart Steps

Zwar ist eine rechtskonforme Gestaltung von Big-Data-Projekten auf dem Boden der derzeitigen Rechtslage durchaus möglich, jedoch ist eine rechtssichere Umsetzung unter verschiedenen Aspekten problematisch. Daher möchten wir Ihnen an dieser Stelle die datenschutzrechtliche Problematik von Big Data bzw. diesbezüglicher Projekte kurz skizzieren.

Wie bereits erläutert, besteht als Grundregel im Bereich des Datenschutzrechts das sogenannte *Verbot mit Erlaubnisvorbehalt* als Ausgangspunkt für eine rechtliche

Bewertung. Nach diesem dürfen Sie personenbezogene Daten nur dann ausnahmsweise erheben, speichern und nutzen, soweit dies durch einen gesetzlichen Erlaubnistatbestand oder eine entsprechende Einwilligung des Betroffenen gedeckt ist.

Sie müssen jedoch vorab bedenken, dass das Datenschutzgesetz nur dann Anwendung findet, wenn eine Personenbeziehbarkeit der betreffenden Daten besteht. Sofern also die Informationen einer bestimmten oder zumindest bestimmbaren Person nicht zugeordnet werden können, greifen datenschutzrechtliche Regelungen gar nicht ein, und ihre Verwendung in Big-Data-Projekten ist rechtlich unbedenklich.

Rechtlich betrachtet mangelt es an einem solchen Personenbezug etwa in Fällen der sogenannten Anonymisierung, wie Sie es bereits im Rahmen der IP-Adressen-Verkürzung gesehen haben. Denn dann werden die Daten auf eine Weise verändert oder unter Umständen bereits derart erhoben, dass sie einer bestimmten Person überhaupt nicht mehr oder nur unter unverhältnismäßigem Aufwand zuzuordnen sind. Und auch eine Pseudonymisierung, bei der identifizierende Merkmale des Betroffenen durch ein anderes Kennzeichen ersetzt werden, kann die Anwendung des Datenschutzrechts ausschließen.

Ob im Zusammenhang mit Big Data faktisch aber eine effektive Anonymisierung bzw. ausreichend starke Pseudonymisierung überhaupt herstellbar ist, scheint pauschal zumindest zweifelhaft und ist für den Einzelfall sorgfältig zu prüfen. Denn aufgrund der Vielfalt der Daten und ihrer möglichen Verknüpfungen lässt es sich kaum mit hinreichender Sicherheit ausschließen, dass durch die Kombination einzelner Informationen nicht doch Rückschlüsse auf die Identität einzelner Personen gezogen werden und diese damit re-identifizierbar gemacht werden können.

Praxisbeispiel

Die amerikanische Forscherin Latanya Sweeney machte die Anonymisierung rückgängig, indem sie nicht anonymisierte, scheinbar harmlose Informationen des Datenbergs mit weiteren Datensätzen verknüpfte. So war sie in der Lage, die persönliche Krankenakte des Gouverneurs von Massachusetts herauszufinden und ihm zuzuschicken. Dieser hatte nämlich zuvor behauptet, dass die veröffentlichten Krankendaten seines Staates datenschutzrechtlich unbedenklich seien, da die personenbezogenen Informationen entfernt worden seien. Den Erkenntnissen der Forscherin nach können aber 90 % aller Personen anhand von drei Informationen – Geburtsdatum, Postleitzahl und Geschlecht – eindeutig identifiziert werden.

Nur sofern sich also eine Re-Identifizierung der betroffenen Personen praktisch mit Sicherheit ausschließen lässt, ist von einer zulässigen Verwendung der entsprechenden Information im Rahmen von Big Data auszugehen.

Hinweis

Sie sollten möglichst frühzeitig das Datenschutzrecht und dessen Anforderungen berücksichtigen und in die Planung integrieren. Denn die proaktiven Ansätze *Privacy by Design* und *Privacy by Default* sind in der Praxis auf Dauer deutlich ressourcengünstiger.

11.3.3 Öffentlich zugängliche Informationen

Als Grundlage einer zulässigen Realisierung von Big-Data-Vorhaben kommen aber auch gesetzliche Erlaubnistatbestände in Betracht. So ist trotz einer Personenbeziehbarkeit die Erhebung von öffentlich zugänglichen Daten grundsätzlich zulässig. Sofern also frei im Web verfügbare Informationen die Grundlage von Big Data bilden, bestehen per se keine datenschutzrechtlichen Bedenken.

Indes sind Daten, die nur mit bestimmten Einschränkungen, also etwa unter der Voraussetzung einer Registrierung auf Plattformen oder sozialen Netzwerken, verfügbar sind, nicht als aus öffentlich zugänglichen Quellen stammend eingeordnet, so dass der Anwendungsbereich dieser Erlaubnisnorm beschränkt bleibt.

Hinweis

Sie dürfen jedoch Inhalte aus sozialen Netzwerken beispielsweise für Ihre Facebook-Seite auswerten. Hier befinden wir uns dann im Bereich des Social Media Monitorings. Social Media Monitoring gibt Ihnen einen permanenten Überblick über aktuelle Themen, Meinungen, Meinungsbildner oder Kritiken in Bezug auf Ihr Unternehmen im Social-Media-Bereich. Diese Vorgehensweise ist mit einigen datenschutz- und urheberrechtlichen Anforderungen verbunden.

Zudem gilt die Vorschrift ausnahmsweise dann nicht, wenn schutzwürdige Interessen des Betroffenen gegenüber Ihrem berechtigten Nutzungsinteresse offensichtlich überwiegen. In Fällen von sensitiven Daten wie rassischer und ethnischer Herkunft, politischer Meinung, religiöser Überzeugung, Gesundheit oder Sexualität stellt sich eine Verwendung für Big Data ebenfalls als problematisch dar.

11.3.4 Einwilligung der Betroffenen

Zuletzt kann eine Nutzung von Informationen im Rahmen von Big Data zulässig sein, sofern der Betroffene eine entsprechende Einwilligung erteilt hat. Eine solche ist aber nur wirksam, wenn sie freiwillig und unter Hinweis der betroffenen Person auf den Zweck der jeweiligen Datenerhebung, -verarbeitung oder -nutzung erfolgt.

Stehen besonders sensible Daten in Rede, so muss sich die Einwilligungserklärung zudem explizit auch auf diese Datenkategorien beziehen.

Achtung

Grundsätzlich wird von der Rechtsprechung eine aktive Abgabe der Erklärung gefordert, so dass sich in der Praxis Opt-in-Lösungen durchgesetzt haben. Auf diese Weise können Sie Ihre Big-Data-Projekte auf eine rechtssichere Grundlage stellen.

Ob diese Anforderungen durch die in der heutigen Praxis oftmals gängigen ellenlangen Geschäftsbedingungen, die eine Vielzahl möglicher Verwendungszwecke und Nutzungsmöglichkeiten in Bezug auf erhobene Daten aufzählen, tatsächlich erfüllt werden, darf bezweifelt werden. Eine solche Vorgehensweise können wir Ihnen daher nicht empfehlen.

Hinweis

Insbesondere aber sollten Sie, wenn Sie Big Data nutzen und gewinnbringend einsetzen möchten, die von Ihnen geplanten Projekte im Hinblick auf etwaige erforderliche Einwilligungen nach Möglichkeit transparent gestalten und kommunizieren sowie eine hinreichende Kontrolle durch die Betroffenen sicherstellen. Dann sind Big Data und Datenschutz durchaus miteinander in Einklang zu bringen. Auch können Sie den Besuchern die Möglichkeit eines Opt-out-Services bieten, damit deren Daten auch nicht anonymisiert übertragen werden (siehe Abbildung 11.26).

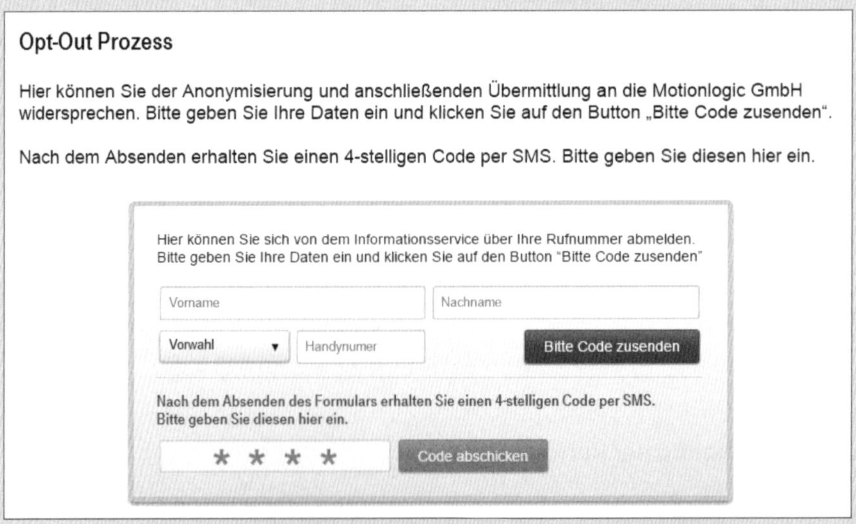

Abbildung 11.26 Großunternehmen wie die Deutsche Telekom GmbH greifen bereits zu Opt-out-Services.

11.4 Ort der Datenspeicherung: Wo können Daten rechtmäßig gesichert werden?

Nachdem Sie nun so zahlreich und umfassend die Daten Ihrer Nutzer gesammelt haben, stellt sich praktisch die Frage, wo diese Datenmengen gespeichert werden sollen. Dabei gibt es verschiedene Möglichkeiten:

- Sie können die Daten auf dem Server des Webanalyse-Unternehmens speichern.
- Sie können die Daten in einer Cloud speichern, sogenanntes Cloud Computing.
- Sie können die Daten in Ihrem eigenen Unternehmen speichern, sogenannte Inhouse-Variante.

Wie diese Möglichkeiten im Detail aussehen und welche rechtlichen Gefahren damit verbunden sind, möchten wir Ihnen in diesem Abschnitt erläutern.

11.4.1 Speicherung beim Webanalyse-Unternehmen

In der Praxis am häufigsten wird wohl die Möglichkeit der Speicherung auf den Servern der Webanalyse-Unternehmen gewählt. Dies zeigt auch die Popularität des Webanalysetools Google Analytics.

Werden die Daten auf den Servern von Webanalyse-Unternehmen gespeichert, dann müssen Sie besondere Vorkehrungen treffen, wenn die erhobenen Daten auf einem Server außerhalb der Europäischen Union gespeichert werden. Denn ein Großteil der Software ist nicht mit dem deutschen Recht kompatibel und weist große Defizite auf.

Achtung

Entscheiden Sie sich doch für einen Serverstandort außerhalb der Europäischen Union, so sollten Sie die Sicherheitseinstufung der Europäischen Kommission beachten. Japan, Indien und China beispielsweise gelten als unsichere Drittländer, in denen kein angemessenes Datenschutzniveau herrscht. Sichere Drittländer sind dagegen zum Beispiel die Schweiz, Kanada, Argentinien, Israel, Australien oder Neuseeland, da diese Staaten über ein angemessenes, mit dem EU-Recht hinreichend vergleichbares Datenschutzniveau verfügen.

Darüber hinaus treffen Sie auch Pflichten gegenüber Ihren Besuchern. So müssen Sie diese darauf hinweisen, dass das deutsche bzw. europäische Datenschutzrecht nicht ohne Weiteres anwendbar ist. Auch müssen die Besucher wissen, dass sich die Daten im Verantwortungsbereich ausländischer Strafverfolgungsbehörden befinden, die unter Umständen strenger sind als die deutschen, was daher besonders beachtet werden sollte. Hierzu bietet sich Ihr Datenschutzhinweis an (siehe Abbildung 11.27).

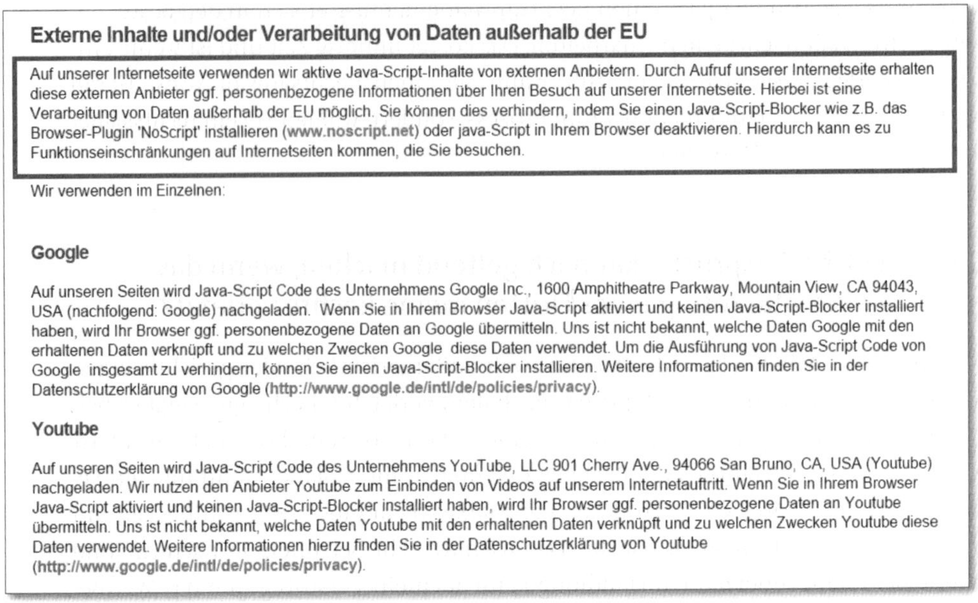

Externe Inhalte und/oder Verarbeitung von Daten außerhalb der EU

Auf unserer Internetseite verwenden wir aktive Java-Script-Inhalte von externen Anbietern. Durch Aufruf unserer Internetseite erhalten diese externen Anbieter ggf. personenbezogene Informationen über Ihren Besuch auf unserer Internetseite. Hierbei ist eine Verarbeitung von Daten außerhalb der EU möglich. Sie können dies verhindern, indem Sie einen Java-Script-Blocker wie z.B. das Browser-Plugin 'NoScript' installieren (**www.noscript.net**) oder java-Script in Ihrem Browser deaktivieren. Hierdurch kann es zu Funktionseinschränkungen auf Internetseiten kommen, die Sie besuchen.

Wir verwenden im Einzelnen:

Google

Auf unseren Seiten wird Java-Script Code des Unternehmens Google Inc., 1600 Amphitheatre Parkway, Mountain View, CA 94043, USA (nachfolgend: Google) nachgeladen. Wenn Sie in Ihrem Browser Java-Script aktiviert und keinen Java-Script-Blocker installiert haben, wird Ihr Browser ggf. personenbezogene Daten an Google übermitteln. Uns ist nicht bekannt, welche Daten Google mit den erhaltenen Daten verknüpft und zu welchen Zwecken Google diese Daten verwendet. Um die Ausführung von Java-Script Code von Google insgesamt zu verhindern, können Sie einen Java-Script-Blocker installieren. Weitere Informationen finden Sie in der Datenschutzerklärung von Google (**http://www.google.de/intl/de/policies/privacy**).

Youtube

Auf unseren Seiten wird Java-Script Code des Unternehmens YouTube, LLC 901 Cherry Ave., 94066 San Bruno, CA, USA (Youtube) nachgeladen. Wir nutzen den Anbieter Youtube zum Einbinden von Videos auf unserem Internetauftritt. Wenn Sie in Ihrem Browser Java-Script aktiviert und keinen Java-Script-Blocker installiert haben, wird Ihr Browser ggf. personenbezogene Daten an Youtube übermitteln. Uns ist nicht bekannt, welche Daten Youtube mit den erhaltenen Daten verknüpft und zu welchen Zwecken Youtube diese Daten verwendet. Weitere Informationen hierzu finden Sie in der Datenschutzerklärung von Youtube (**http://www.google.de/intl/de/policies/privacy**).

Abbildung 11.27 Die Datenschutzerklärung auf der Website der Bartels Media enthält einen Hinweis auf die Datenverarbeitung außerhalb der Europäischen Union.

Aber auch innerhalb der Europäischen Union bestehen Schwierigkeiten. Werden die Daten beispielsweise auf einem Server in Irland gespeichert, so findet grundsätzlich irisches Datenschutzrecht Anwendung. Zwar gilt auch in Irland die europäische Datenschutzrichtlinie, jedoch entfaltet diese keine unmittelbare Bindung für den einzelnen Mitgliedstaat. Vielmehr hat jeder Staat bei der Umsetzung der Richtlinie einen gewissen Spielraum.

Praxisbeispiel

Deutlich werden die Unterschiede aufgrund des Umsetzungsspielraums unter anderem bei der Sanktionierung von Datenschutzverstößen: Während dem Delinquenten in Irland nur vergleichsweise niedrige Bußgelder drohen, muss er in Deutschland hingegen mit einem Bußgeld von bis zu 300.000 € rechnen – eine empfindliche Strafe, die erfahrungsgemäß dazu führt, dass Anbieter mit einem Hosting in Deutschland sorgfältiger auf die Einhaltung des Datenschutzes achten.

Weiterhin unterliegen Sie als Betreiber mit Sitz in Deutschland den erheblich häufigeren und strikteren Kontrollen des deutschen Datenschutzgesetzes. Allein aufgrund ihrer Kapazitäten kann die irische Datenschutzbehörde mit ihrer geringen Mitarbeiterzahl und ihrer Zuständigkeit für große Konzerne wie Facebook und Google nicht den Kontrollen in Deutschland die Stirn bieten. So verfügt in Deutschland allein die Dienststelle der Bundesbeauftragten für den Datenschutz und die Informationsfreiheit über acht Fachreferate, den Bereich Zentrale Aufgaben und die Pressestelle. Der Mitarbeiterstab umfasst zurzeit etwa 90 Personen. Daneben verfügt auch jedes einzelne Bundesland über einen Datenschutzbeauftragten mit einem entsprechenden Mitarbeiterstab.

Hinweis

Nutzen Sie den Anbieter Amazon Web Services, so müssen Sie beachten, dass dieser die Daten grundsätzlich auf mehreren Servern weltweit hostet. Bei der Einrichtung eines Services kann sich der Nutzer für eine Region entscheiden, in der seine Inhalte ausschließlich gehostet werden sollen. Diese Region ist nachträglich änderbar. Bei einer Entscheidung für ein von Amazon gehostetes Tool empfehlen wir Ihnen, vertraglich festzulegen, wo genau die Software und Daten liegen und dass eine nachträgliche Änderung nur mit Ihrer Zustimmung erfolgen darf.

Legen Sie also Wert auf den bestmöglichen Schutz ihrer abgelegten Daten, dann sollten Sie darauf achten, dass der Server sich bestenfalls in Deutschland befindet. Zudem sollten Sie sich schriftlich ein formales Sicherheitskonzept für die Server vorlegen lassen, welches insbesondere Maßnahmen für Zutritts-, Zugangs- und Zugriffskontrollen enthält.

11.4.2 Cloud Computing

Cloud Computing ist einer der am stärksten wachsenden Wirtschaftszweige und bereits heute allgegenwärtig. Es beschreibt ein Modell zur Speicherung, Nutzung und Verarbeitung von Daten über ein Netzwerk. Hauptmerkmal von Cloud Computing ist, dass sich die betreffenden Daten nicht mehr an einem lokalen Ort befinden, zum Beispiel auf dem eigenen Rechner, sondern ausgelagert werden. Der Zugriff auf die Daten erfolgt dann über das Internet oder ein anderes, beispielsweise firmeninternes Netzwerk. Durch diese Möglichkeit der Auslagerung von Ressourcen eröffnet sich eine Vielzahl von praktischen Möglichkeiten. Auf der anderen Seite ist Cloud Computing ein Beispiel dafür, wie unser Rechtssystem der rasanten Entwicklung der Technologie hinterherhinkt. Vor allem für Unternehmen ist eine Auseinandersetzung mit elementaren Rechtsfragen unabdingbar. Denn mit den Möglichkeiten gehen auch rechtliche Probleme und Fragestellungen einher, auf die wir an dieser Stelle eingehen möchten.

Den Begriff der Cloud selbst kann man in private und öffentliche Clouds unterteilen. Standardmäßig versteht man unter einer Cloud die sogenannte *Public Cloud*. Der Zugriff erfolgt dann über das Internet. An dem Merkmal der Öffentlichkeit wird auch ein Charakteristikum von Cloud Computing deutlich: Eine Cloud ist nicht auf einen konkreten Nutzer angepasst. Vielmehr kann ein und dieselbe Cloud von vielen verschiedenen Nutzern gleichzeitig beansprucht werden.

Die *Private Cloud* findet vorwiegend in Großkonzernen Einsatz. Der Zugriff erfolgt nicht über das Internet, sondern durch ein internes Netzwerk, das sogenannte Intranet.

Für Unternehmen bedeutet die Auslagerung von Daten zunächst eine deutliche Einsparung von Kapazitäten auf mehreren Ebenen. Große unternehmensinterne Rechen- und IT-Zentren können eingespart werden. Somit entfallen auch die Wartung der Hardware und die Sicherung sowie das regelmäßige Updaten der Software. Diese Aufgaben werden zusammen mit den betreffenden Daten an den Cloud-Anbieter ausgelagert.

Hinweis

Sind Sie auf der Suche nach einem Cloud-Anbieter, so könnten Sie bei den bekanntesten Anbietern Amazon, IBM, Google oder Salesforce fündig werden (siehe Abbildung 11.28).

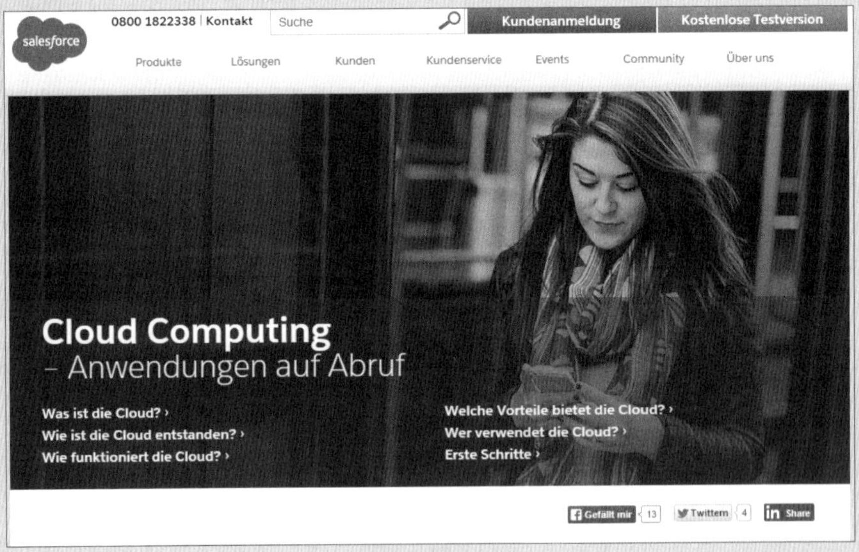

Abbildung 11.28 Website des Cloud-Anbieters Salesforce

Ein großer Vorteil von Cloud Computing ist, dass die Bereitstellung ebenso wie die anschließende Abrechnung bedarfsabhängig erfolgt. Somit entstehen Ihnen lediglich laufende Kosten – große Investitionen in umfangreiche IT-Zentren entfallen komplett. Das bedeutet gleichzeitig bessere Organisationsmöglichkeiten und mehr Flexibilität.

Dieser Umgang mit Daten wirft allerdings einige rechtliche Fragen auf. Schließlich verlassen die Daten Ihr Unternehmen und werden an Dritte weitergeleitet. Cloud-Dienste sorgen regelmäßig mit Datenverlusten und als lukrative Ziele von Hacker-Angriffen für Schlagzeilen.

Praxisbeispiel

Im Jahr 2014 wurde Apples iCloud zum Opfer eines Hacker-Angriffs. In der Folge hat der Hacker Nacktbilder von mehr als 100 Prominenten im Internet veröffentlicht. Auf der Liste stehen vor allem Schauspielerinnen und Sängerinnen aus Amerika, darunter Jennifer Lawrence, Rihanna und Kim Kardashian, die ihre Bilder über Ihr iPad oder iPhone in die iCloud geladen hatten.

Die Frage nach dem Datenschutz ist gerade bei der massenhaften Verarbeitung von fremden Daten durch Unternehmen relevant. Schließlich erfolgt diese Verarbeitung beim Cloud Computing nicht durch Sie selbst, sondern durch Dritte. In den meisten dieser Fälle werden personenbezogene Daten verarbeitet, also Daten, die einer bestimmten Person zugeordnet werden können. Darunter fallen neben Daten über die eigenen Mitarbeiter natürlich auch die Daten der Kunden. Für die Auslagerung solcher Daten normiert das Bundesdatenschutzgesetz strenge Voraussetzungen. Insbesondere die Inanspruchnahme ausländischer Cloud-Dienste wird durch deutsches Recht weitestgehend eingeschränkt. Personenbezogene Daten dürfen nämlich nur ausnahmsweise in das außereuropäische Ausland gelangen. Dazu muss das Schutzniveau am Zielort dem deutschen Schutzniveau entsprechen.

Hinweis

Daten können jedoch wiederum dann im außereuropäischen Ausland gelagert werden, wenn eine Verschlüsselung der Daten vorgenommen wird, wodurch diese ihren personenbezogenen Charakter verlieren.

Ein weiteres großes Problem ist die Haftung im Fall eines Datenverlusts. Ein vollständiger Haftungsausschluss in den AGB des Cloud-Anbieters ist nach deutschem Recht ausgeschlossen. Regelmäßig stellt sich aber auch die Frage, ob ein möglicher Anspruch überhaupt praktisch durchsetzbar wäre. Ein durch Datenverlust entstandener Schaden ist schwer zu beziffern und je nach Sitzland des Cloud-Anbieters muss ein teurer Rechtsstreit in einem fremden Land mit einem anderen Rechtssystem geführt werden.

Viele rechtliche Probleme können Sie jedoch bereits durch eine ausführliche und sorgfältige Vertragsgestaltung ausräumen. Hier sollten Sie Haftungsfragen eindeutig klären. Bei internationalen Verträgen sollten Sie zudem eine Schiedsklausel in Betracht ziehen. Wir empfehlen Ihnen darüber hinaus die vertragliche Festlegung des anwendbaren Rechts. Auch den Einsatz von möglichen Subunternehmern, vor allem auf der Seite des Cloud-Anbieters, sollten Sie bei der Vertragsgestaltung im Blick haben.

Von großer Wichtigkeit ist zudem die Regelung des Vertragsendes. Hier müssen auf beiden Seiten Vorkehrungen getroffen werden, um eine sichere Rückübertragung der Daten zu gewährleisten. Für große Diskussionen sorgt daher auch regelmäßig die Frage nach den Folgen einer Insolvenz des Cloud-Anbieters.

11.4.3 Die Speicherung auf dem internen Server

Neben der externen Speichermöglichkeit besteht auch die Möglichkeit der internen Speicherung im Unternehmen. Auch diese Möglichkeit haben Dienstleister wie Piwik oder etracker im Programm (siehe Abbildung 11.29).

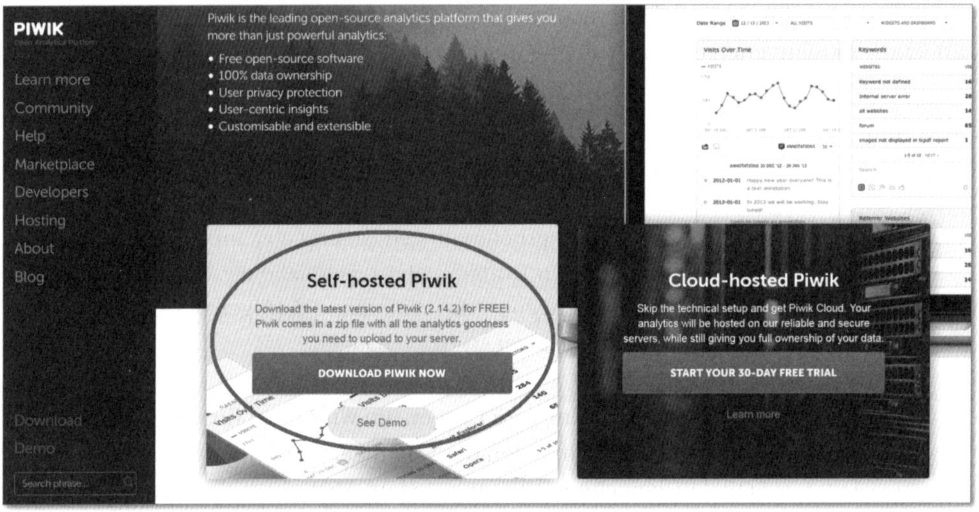

Abbildung 11.29 Self-Hosting-Dienst des Anbieters Piwik

Insbesondere dann, wenn Sie ein größeres Unternehmen führen, ist die Inhouse-Variante interessant für Sie. Die Vorteile liegen dabei darin, dass Sie die Daten nicht an Dritte weitergeben und so die volle Kontrolle darüber behalten. Da Sie als Betreiber der Website die Verantwortung für den rechtskonformen Umgang mit den Daten Ihrer Nutzer tragen, haben Sie so die Möglichkeit, datenschutzrechtliche Vorgaben sicherzustellen, und müssen nicht fürchten, für Rechtsverstöße Dritter in Anspruch genommen zu werden.

Die Inhouse-Variante ist für Sie dann das Richtige, wenn Sie besonders vertrauenswürdige Daten, wie zum Beispiel Zahlungsinformationen, verarbeiten. In diesen Fällen machen Inhouse-Lösungen auch einen positiven Eindruck auf die Nutzer.

Praxisbeispiel

Die Hamburger Sparkasse nutzt die Inhouse-Lösung von etracker. Dies ergibt sich auch aus ihrer Datenschutzerklärung, in der die Hamburger Sparkasse darauf hinweist, dass sie auf ihrer Website mit Technologien der etracker GmbH Daten zu Marketing- und Optimierungszwecken sammelt und speichert (siehe Abbildung 11.30).

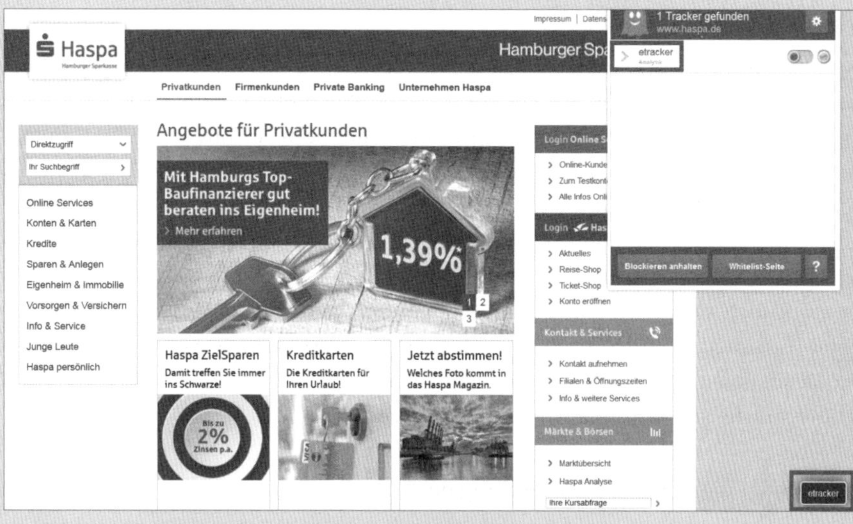

Abbildung 11.30 Website der Hamburger Sparkasse

Rechtlich müssen Sie neben den bereits erläuterten grundsätzlichen datenschutzrechtlichen Prinzipien auch beachten, dass Sie Mitarbeiter, die mit den Daten in Berührung kommen, im Hinblick auf einen rechtskonformen Umgang schulen.

Achtung

Werden personenbezogene Daten erhoben und sind ständig mehr als neun Personen mit der automatisierten Verarbeitung der Daten beschäftigt, muss ein betrieblicher Datenschutzbeauftragter bestellt werden – so will es der Gesetzgeber!

11.5 Checkliste Webanalyse: Alles beachtet?

Checkliste

- Haben Sie sich mit den Anforderungen an einen rechtskonformen Umgang mit Analysetools befasst?
- Beinhaltet der Vertrag zur Auftragsdatenverarbeitung alle wesentlichen Regelungen im Sinne des Bundesdatenschutzgesetzes, insbesondere zur Datenerhebung?
- Haben Sie die IP-Adressen Ihrer Besucher anonymisiert?
- Haben Sie die Verwendung von Analysetools und die Widerspruchsmöglichkeit in die Datenschutzerklärung eingebunden?
- Haben Sie gegebenenfalls vorhandene Altdaten bzw. Altprofile gelöscht?

- Haben Sie sichergestellt, dass keine Zusammenführung mit eventuell vorhandenen personenbezogenen Daten erfolgt?
- Haben Sie eine Einwilligung für Tracking-Technologien eingeholt?
- Haben Sie die Besonderheiten bei der Speicherung der Daten beachtet?

Wenn Sie alle Fragen mit Ja beantworten können, dann kann es losgehen ... Viel Erfolg!

Kapitel 12
Suchmaschinenwerbung (SEA)

Neben der Suchmaschinenoptimierung bietet Ihnen das Search Engine Advertising (SEA), englisch für Suchmaschinenwerbung, eine weitere Möglichkeit, auf Ihre Website oder Ihren Onlineshop aufmerksam zu machen. Auch im Rahmen des SEA machen Sie sich Suchmaschinen wie Google oder Bing zunutze, indem Sie dort gezielt Anzeigen schalten. Auf diese Weise können Sie einen Großteil der Internetnutzer ansprechen. Doch auch bei dieser Marketingmaßnahme gibt es einige rechtliche Aspekte, die Sie beachten müssen.

SEA ist neben der Suchmaschinenoptimierung (SEO), die wir im nächsten Kapitel behandeln, der zweite Bereich des Suchmaschinenmarketings. Man versteht darunter das Schalten von bezahlten Suchanzeigen, die in der Regel neben und über den natürlichen Suchergebnissen erscheinen (siehe Abbildung 12.1). Dort erscheinen Sie auch nur deshalb, weil sie zu den ausgewählten Suchbegriffen der Nutzer passen. Auf diese Weise haben Sie die Möglichkeit, Ihre Links gezielt in den Suchmaschinenergebnissen zu platzieren und so die Effizienz Ihrer Werbung zu steigern. Abgerechnet wird dann pro Klick zu einem vorher festgelegten Preis. Bekannte Beispiele sind dabei Google AdWords, Bing Ads und Yahoo Search Marketing.

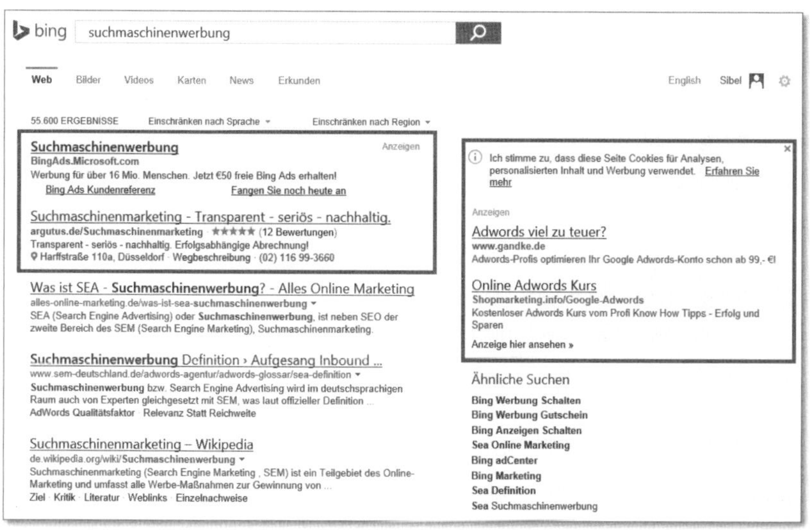

Abbildung 12.1 Die rot umrandeten Kästen beinhalten die geschalteten Anzeigen in der Suchmaschine Bing.

Der Aspekt der zielgruppenspezifischen Werbung ist wohl der Grund dafür, dass SEA für Unternehmen immer attraktiver wird. So schätzen Fachleute, dass die Ausgaben für SEA bis zum Jahr 2019 auf 130,58 Mrd. US$ weltweit steigen werden. Im Vergleich zum Jahr 2013 würden sich die Ausgaben dann in nur sechs Jahren mehr als verdoppeln (siehe Abbildung 12.2).

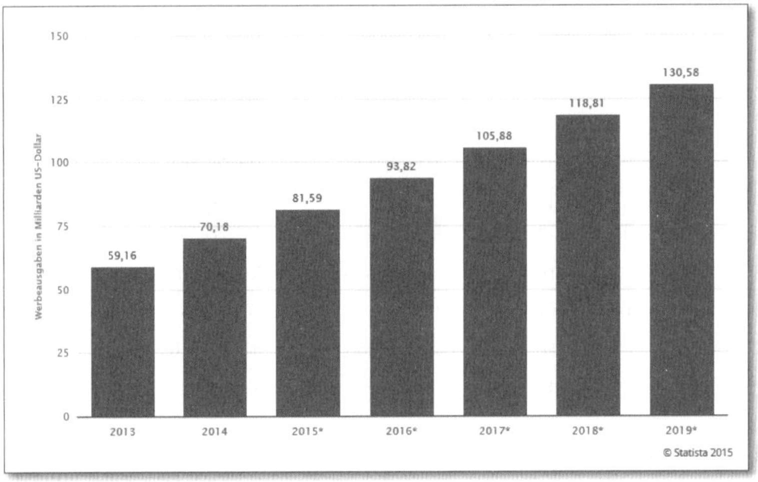

Abbildung 12.2 Höhe der Ausgaben für Suchmaschinenwerbung weltweit in den Jahren 2013 bis 2019

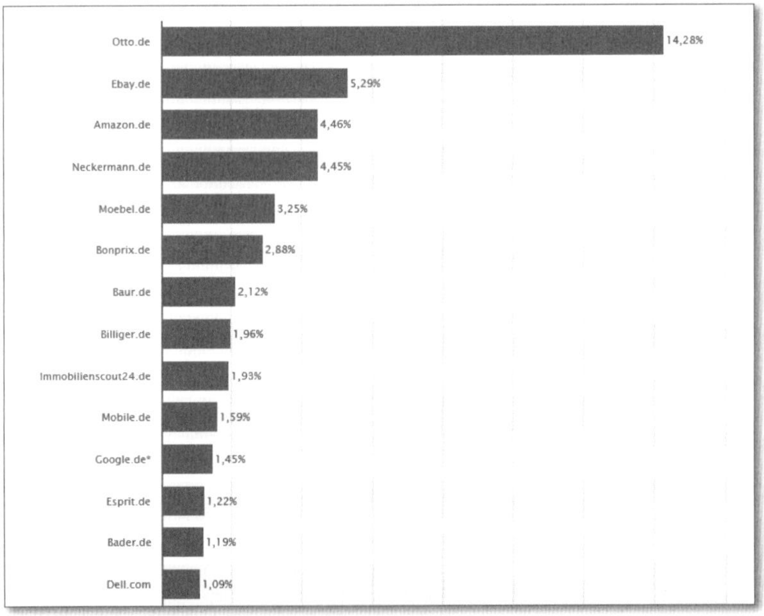

Abbildung 12.3 Top 14 der Unternehmen mit der höchsten Reichweite durch Search Engine Advertising (Quelle: Statista 2015)

Den Stellenwert von SEA haben bereits zahlreiche Unternehmen erkannt: Besonders Online-Händler setzen auf SEA – recht weit vorne sind dabei das Online-Versandhaus Otto, die Auktionsplattform eBay und der Online-Händler Amazon (siehe Abbildung 12.3).

In diesem Kapitel möchten wir die relevantesten Rechtsgebiete des SEA beleuchten, Ihnen kritische Probleme aufzeigen sowie erste Lösungsansätze bieten.

12.1 Wie sollte die Vertragsgestaltung erfolgen?

Möchten Sie SEA für Ihre Marketingzwecke nutzen, so sollten Sie auch speziell für diese Kategorie auf bestimmte Punkte im Vertragswerk achten. Im Übrigen verweisen wir auf die Erläuterungen zur Vertragsgestaltung in Abschnitt 13.3, »Woraus besteht ein SEO-Vertrag?«).

Darüber hinaus sollten Sie beispielsweise beachten, dass Sie in beiderseitigem Interesse die Eckdaten der gewünschten Anzeige klar benennen:

- Welchen Inhalt soll die Anzeige haben?
- Wie soll die Anzeige selbst im Hinblick auf Überschrift und Anzeigentext gestaltet werden?
- Zu welchem Keyword soll die Anzeige geschaltet werden?
- Welche Keyword-Optionen sollen gebucht werden?
- Wie hoch wird das Budget für die Anzeigenschaltung angesetzt?

Bei der Erstellung und Pflege der Anzeigen können vielfältige Probleme auftreten: So kann es passieren, dass sich der zuständige SEA-Spezialist bei der Höhe des Budgets vertippt, das Budgetkonto aus den Augen verliert und nicht regelmäßig kontrolliert, wodurch die Anzeige nicht mehr geschaltet wird oder gar falsche Keywords bucht. All diese Sorgfaltspflichtverletzungen verursachen in der Regel bei Ihnen einen Schaden und lösen eine Haftung des Verantwortlichen aus. Unter Umständen wird derjenige, der die SEA-Maßnahmen für Sie vornimmt, eine vertragliche Vereinbarung vorschlagen, mit welcher Sie diesen von einer Haftung Ihnen gegenüber freistellen. Wir empfehlen Ihnen aber, einer solchen Haftungsfreistellung nicht zuzustimmen.

Achtung

An dieser Stelle empfehlen wir Ihnen erneut, alle vertraglichen Vereinbarungen schriftlich zu fixieren. Denn tun Sie dies nicht, müssen Sie im Streitfall beweisen, dass eine solche Vereinbarung zwischen Ihnen und Ihrem Dienstleister bestand. Ohne schriftliche Fixierung wird Ihnen dies in der Regel jedoch nur schwer gelingen.

12.2 Dürfen fremde Marken beim Keyword-Advertising verwendet werden?

Neben der reinen Suchmaschinenoptimierung existiert für Sie auch die Möglichkeit, Ihr Angebot in Suchmaschinen an prominenter Stelle zu platzieren. Nicht selten möchten Unternehmen ihr eigenes Produkt in den Fokus der Aufmerksamkeit rücken, indem sie bekannte Markennamen als Keywords benutzen. Dabei handelt es sich jedoch nicht immer um die eigenen Marken – oftmals zum Leid der Markeninhaber. Denn dieser hat natürlich ein Interesse daran, dass Kunden, die über eine Suchmaschine auf seine Website gelangen wollen, nicht vorher von »Trittbrettfahrern« abgefangen werden. Andererseits kann er aber auch nicht davor geschützt werden, dass neben seinem Angebot auch als solche gekennzeichnete Werbung anderer Unternehmen eingeblendet wird. Schließlich hat der Internetnutzer die Wahl, welches Angebot er auswählt. Vor diesem Hintergrund wird über die markenrechtliche Zulässigkeit des sogenannten Keyword-Advertisings bereits seit Jahren lebhaft gestritten.

12.2.1 Grundsätzliches zum Keyword-Advertising

Im Bereich der AdWords-Anzeigengestaltung hat der EuGH vorläufig für Rechtsklarheit gesorgt. Er stellte in seinem Grundsatzurteil vom 8.07.2010 (Az. C-558/08) fest, dass die Verwendung fremder Markennamen als Keywords für AdWords-Anzeigen dann unzulässig ist, wenn nicht ersichtlich ist, von wem die angebotenen Leistungen stammen. Generell sei eine Verwendung jedoch zulässig.

Praxisbeispiel

Der EuGH entschied in einem Verfahren (Urteil vom 22.09.2011, Az. C-323/09) über den Streit des bekannten britischen Einzelhandelsunternehmens Marks & Spencer und seines Konkurrenten Interflora über eine Google-Werbeanzeige. Zum Bewerben seines Blumenlieferservices hatte Marks & Spencer als AdWord unter anderem den Markennamen des Konkurrenten Interflora angegeben. Damit war Interflora nicht einverstanden und klagte. Der daraufhin vom zuständigen britischen Gericht angerufene EuGH entschied dann, dass keine Markenrechtsverletzung vorliege, weil beim Nutzer der Suchmaschine keine Fehlvorstellung oder Verwirrung ausgelöst werde und auch der Ruf der Marke Interflora nicht beeinträchtigt werde. Im Ergebnis sprach sich der EuGH also für eine Zulässigkeit der Verwendung fremder Markennamen als Schlüsselbegriff in Google AdWords aus.

Genau in dieser Unterscheidung liegt nach Ansicht des EuGH auch der Unterschied zur Verwendung von fremden Markennamen in Metatags: Denn über AdWords werden die Suchergebnisse in der Rubrik ANZEIGEN veröffentlicht. Dort erwartet der Nutzer nicht ausschließlich Angebote des Markeninhabers, da ihm bewusst ist, dass es sich hier um bezahlte Anzeigen handelt. Der Nutzer kann also bei AdWords zwischen den bezahlten und den unbezahlten Suchergebnissen differenzieren. Die Meta-Tags hingegen beeinflussen die Suchergebnisse als solche, ohne dass dies für den Nutzer erkennbar wäre. Der Nutzer denkt, dass er auf den von der Suchmaschine als Treffer angezeigten Seiten Angebote des Markeninhabers findet. Dies ist gleichzeitig eine irreführende Werbung und damit auch wettbewerbsrechtlich nicht unproblematisch.

Da die erläuterte Unterscheidungsmöglichkeit des Nutzers und die unterschiedliche Beeinflussung des Suchvorgangs nach Ansicht des EuGH über die rechtliche Zulässigkeit entscheiden, überschreiten Sie die Grenze zur Rechtswidrigkeit dann, wenn sich Ihre Werbeanzeige nicht erkennbar von dem fremden Markennamen distanziert. Dies liegt nämlich genau dann vor, wenn Sie dem Nutzer mit Ihrer Anzeige suggerieren, dass zwischen Ihnen und dem Markenrechtsinhaber eine wirtschaftliche Verbindung beispielsweise in Form eines Vertriebs der Markenprodukte besteht. Es reicht aber auch schon aus, wenn der Nutzer gar nicht erkennen kann, ob eine solche Verbindung besteht.

Ob im konkreten Fall eine Beeinträchtigung der Marke vorliegt, ist also eine Einzelfallentscheidung. Eine Beeinträchtigung wird in jedem Fall dann anzunehmen sein, wenn der Werbende Nachahmungen von Waren des Markeninhabers anbietet.

Achtung

Wer Werbung für Imitate oder Fälschungen macht, der verstößt damit auch gegen die Google-AdWords-Fälschungsrichtlinie (*https://support.google.com/adwordspolicy/answer/176017?hl=de*). Wer dies dennoch versucht, der muss damit rechnen, dass seine Anzeige abgelehnt wird und sogar sein AdWords-Konto gesperrt wird.

Von den Fälschungen betroffene Unternehmen können bei Google auch eine Beschwerde einreichen. Ein Formular für die Markenbeschwerde finden Sie auf der Webseite *http://services.google.com/inquiry/aw_counterfeit*.

Eine Beeinträchtigung liegt in der Regel nicht vor, wenn mit dem Schlüsselwort eine Werbung gezeigt wird, die für alternative Waren wirbt und diese weder eine Nachahmung des Markenprodukts darstellen noch die Marke verunglimpfen oder ihre Funktion beeinträchtigen. Eine solche Benutzung fällt grundsätzlich in den wettbewerbsrechtlich erlaubten Rahmen.

Ob die rechtliche Tragweite der Entscheidung bereits vollends in der Praxis angekommen ist, bleibt jedoch fraglich. Denn immer noch gestalten viele SEA-Dienstleister die Anzeigen für ihre Auftraggeber so, dass sie zwar möglichst viele potenzielle Interessenten von Wettbewerbern abfangen, dabei aber vergessen, die Herkunft des Angebots klarzustellen. Gerade der Anzeigentitel lautet in vielen Fällen nur auf den Namen der Wettbewerber– was im Einzelfall bereits einen Verstoß bedeuten kann (siehe Abbildung 12.4).

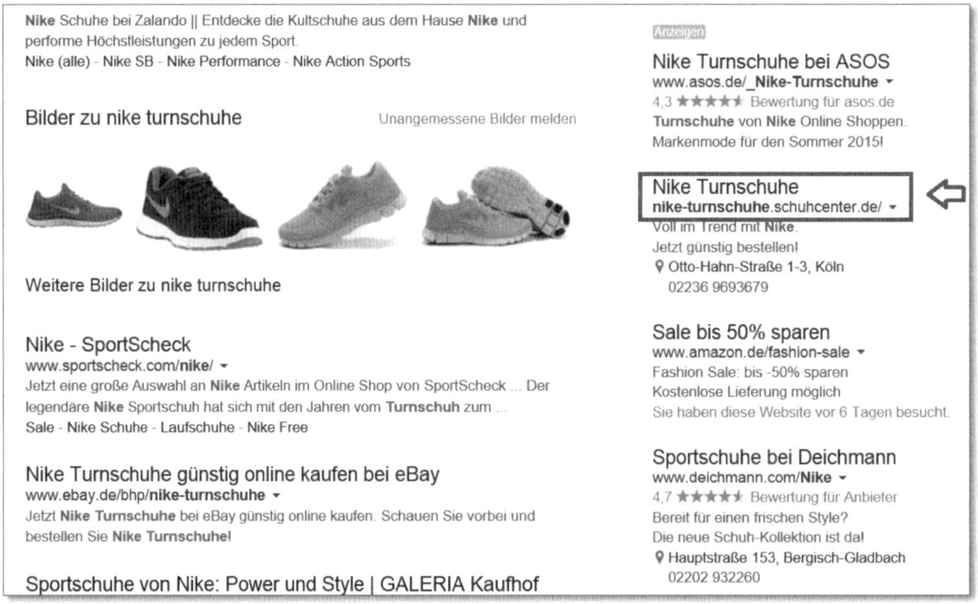

Abbildung 12.4 In der rot eingerahmten Google-AdWords-Anzeige enthält der Titel allein die Angabe »Nike Turnschuhe«, obwohl es sich nicht um die Website des Sportprodukteherstellers selbst handelt.

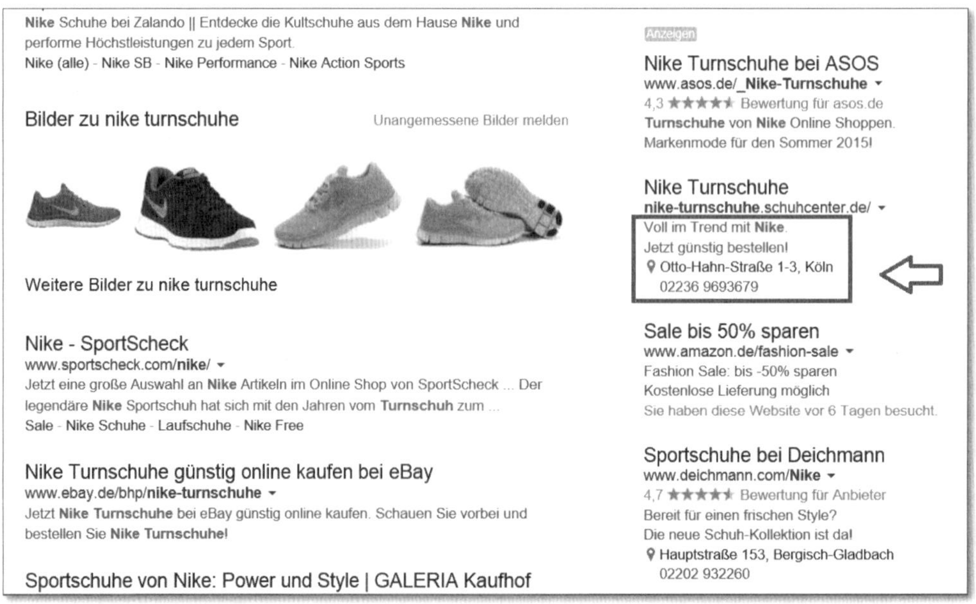

Abbildung 12.5 In der rot eingerahmten Google-AdWords-Anzeige enthält der Titel allein die Angabe »Nike Turnschuhe«, aus der Beschreibung wird jedoch klar, dass es sich um die Anzeige eines lokalen Schuhgeschäfts handelt. Markenrechte der Firma Nike werden damit nicht verletzt.

Spätestens aus dem Beschreibungstext muss dann jedoch eindeutig hervorgehen, dass hier nicht der angesprochene Wettbewerber, sondern das eigene Unternehmen hinter der Anzeige steckt (siehe Abbildung 12.5). Dennoch sind auch hier die SEA-Dienstleister oft nachlässig und verwenden sogar gleichlautende Texte für Anzeigentitel und -beschreibung.

Eine Ausnahme von diesen Grundsätzen besteht jedoch nach Ansicht der Rechtsprechung dort, wo es sich um bekannte Marken handelt: Werden auf der durch die Anzeige beworbenen Website Nachahmungen der Marke vertrieben oder zielt die Anzeige darauf ab, die Marke zu verunglimpfen, so ist dies rechtswidrig. Dies gilt auch dann, wenn in der Anzeige das Angebot des Markeninhabers als stark überteuert dargestellt wird, da es so in ein negatives Licht gerückt wird.

Praxisbeispiel

In einem konkreten Fall ging es um den Onlineshop eis.de, der unter anderem Erotikartikel online zum Verkauf anbot. Der Betreiber des Shops schaltete dabei eine AdWords-Anzeige wie folgt:

»Erotik Shop & Erotik Shop
Ersparnis bis 94% garantiert.
Shop TÜV geprüft! Seriös & diskret.
Eis.de/_Erotik-Shop_&_Erotik-Shop«

Als Keyword verwendete der Online-Händler den Begriff *Beate Uhse*. Bei der Eingabe der Marke »Beate Uhse« in die Suchmaschine erschien daher in der Folge in einem Anzeigenbereich ein Link zu dem Onlineshop eis.de. Das Erotikunternehmen sah seine Markenrechte dadurch verletzt, klagte und bekam Recht (OLG Frankfurt, Urteil vom 10.04.2014, Az. 6 U 272/10)!

Dabei ist natürlich stets zu klären, wann überhaupt eine bekannte Marke vorliegt, was der Markeninhaber nachweisen muss. Bei der Entscheidung über die Bekanntheit ist durch das Gericht eine Gesamtwürdigung aller Umstände vorzunehmen. Relevante Aspekte sind dabei der Marktanteil, die geografische Ausdehnung oder die Dauer der Benutzung der betroffenen Marke.

Im Fall des Erotikunternehmens Beate Uhse bejahte das Gericht die erforderliche Bekanntheit damit, dass ein bedeutender Teil des Publikums das in Flensburg ansässige Unternehmen mit bestimmten Waren in Verbindung bringe.

Achtung

Sollte Ihre Anzeige Verstöße gegen das Markenrecht beinhalten, so müssen Sie unter anderem mit Abmahnungen und der Aufforderung zur Abgabe einer Unterlassungserklärung rechnen. Geschah diese Vorgehensweise jedoch durch Ihren SEA-Dienstleister ohne Ihre Einwilligung bzw. gegen Ihren ausdrücklichen Willen, so müssen zunächst Sie den Forderungen der Gegenseite nachkommen, können diese aber gegenüber Ihrem Dienstleister geltend machen!

Rechtskonform ist eine Werbung mit Markennamen Dritter jedenfalls dann, wenn Sie eine dahin gehende vertragliche Vereinbarung mit dem Inhaber des Markenrechts haben oder beispielsweise ein Betreiber eines Onlineshops sind, der die Produkte der Marke in seinem Sortiment führt.

Ein Markeninhaber kann bei Google eine Markenbeschwerde einlegen, wenn er der Ansicht ist, dass seine Rechte verletzt werden. Verletzt die AdWords-Werbung jedoch nicht das Markenrecht, muss der Markeninhaber zwingend seine Zustimmung zur Werbung des Mitbewerbers erteilen. Andernfalls liegt nach Ansicht der Rechtsprechung eine gezielte Behinderung der Mitbewerber vor.

Praxisbeispiel: Rolex

Ein Händler, der mit Juwelierware und unter anderem auch mit der Marke Rolex handelt, wollte im Internet über Google AdWords folgende Werbeanzeige schalten:

»Ankauf: Rolex Armbanduhren
Ankauf: einfach, schnell, kompetent
Ankauf: Rolex-Uhr dringend gesucht
www.(...)«

Die Schaltung der Anzeige wurde von Google abgelehnt. Grund hierfür war eine sogenannte allgemeine Markenbeschwerde vom Unternehmen Rolex. Rolex ist Inhaber der eingetragenen Gemeinschaftsmarke Rolex. Google ermöglicht allen Markeninhabern sich mit einer Markenbeschwerde gegen die Nutzung ihrer Kennzeichen im Text von AdWords-Anzeigen zu wenden. Von dieser Möglichkeit machte Rolex erfolgreich Gebrauch. Dies wollte der Schmuckhändler jedoch nicht auf sich sitzen lassen und verklagte das Unternehmen Rolex auf Zustimmung zur Schaltung der Anzeige bei Google AdWords – zu Recht, wie der Bundesgerichtshof entschied (Urteil vom 12.03.2015, Az. I ZR 188/13).

Zwar ist die Verwendung fremder Markennamen grundsätzlich markenrechtlich zulässig, sie könnte aber wettbewerbsrechtlich unzulässig sein. Denn es gibt Stimmen, die die Verwendung fremder Kennzeichen als Keywords als unlauteres Abfangen von Kunden werten. Ein Teil der Rechtsprechung sieht dies jedoch anders und begründet dies damit, dass der Nutzer bei Eingabe der Marke als Suchwort keineswegs schon zum Kauf entschlossen wäre. Daher werde dieser nicht zu einer Änderung eines schon gefassten Kaufentschlusses gedrängt, sondern nur zusätzlich zur Werbung des Inserenten hingelenkt. Dies sei aber lauterkeitsrechtlich nicht zu beanstanden. Auch eine gezielte Behinderung eines Mitbewerbers könne darin nicht gesehen werden, da sich der Werbende durch die Anzeige nicht zwischen den Mitbewerber und dessen Kunden schiebe. Vielmehr liege hier allein ein Hinlenken auf die eigene Werbung vor.

12.2.2 Keyword-Optionen

Als Anzeigenersteller haben Sie durch Markierung des gewünschten Keywords die Möglichkeit, den Umfang der Sucheingaben, die schließlich auf die von Ihnen geschaltete Anzeige stoßen sollen, festzulegen (siehe Abbildung 12.6). Dabei stehen Ihnen folgende Optionen zur Verfügung:

- **Genau passende Worte (Exact Match)**: Werden die gewünschten Keywords, zum Beispiel *Computer Reparatur*, mit eckigen Klammern versehen, also *[Computer Reparatur]*, so stoßen auch nur Nutzer, die lediglich die Worte »Computer Reparatur« eingeben, auf Ihre Anzeige. Nutzern, die beispielweise die Begriffe »Computer Köln« eingeben, wird Ihre Anzeige nicht aufgeführt.
- **Passende Wortgruppen (Phrase Match)**: Versehen Sie die Keywords dagegen mit Anführungszeichen, also *»Computer Reparatur«*, können auch sogenannte passende Wortgruppen in der Suchanfrage enthalten sein. Das wären dann im Beispiel der Keywords *Computer Reparatur* Suchanfragen nach Begriffen wie »schnelle Computerreparatur« oder »Computer Reparatur Köln«.
- **Weitgehend passende Wortgruppen (Broad Match)**: Werden die Keywords ohne Markierung gebucht, kann der User schließlich auch sogenannte weitgehend passende Wortgruppen eingeben. Bei Eingabe der Begriffe *Computer Reparatur* als Keyword würde die Anzeige demnach auch den Nutzern angezeigt werden, die in die Suchleiste Begriffe wie »PC Reparatur« oder »Computer Werkstatt« eingegeben haben.
- **Modifiziert weitgehend passende Wortgruppen (Modified Broad Match)**: Wird das Keyword mit einem Plus davor versehen, also beispielsweise *+Computer Reparatur*, so hat dies zur Folge, dass der Wortstamm *Computer* unbedingt in der Suchanfrage enthalten sein muss. Dies gilt auch dann, wenn es sich um Falschschreibweisen, Singular und Plural des Begriffs, Abkürzungen, Akronyme sowie Wortstammvariationen des Keywords handelt. Damit wird die Anzeige auch dem Nutzer angezeigt, der beispielsweise den Suchbegriff »Comuter Reparatur« eingibt.

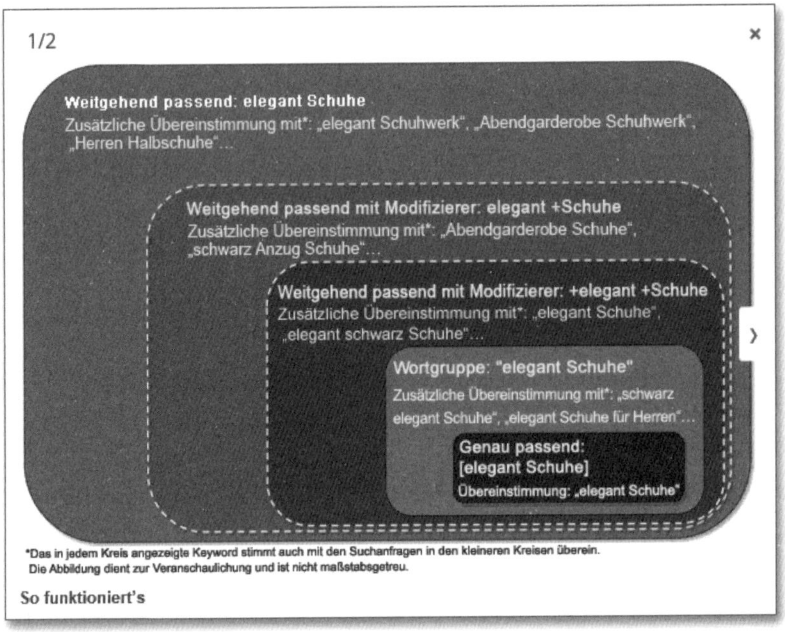

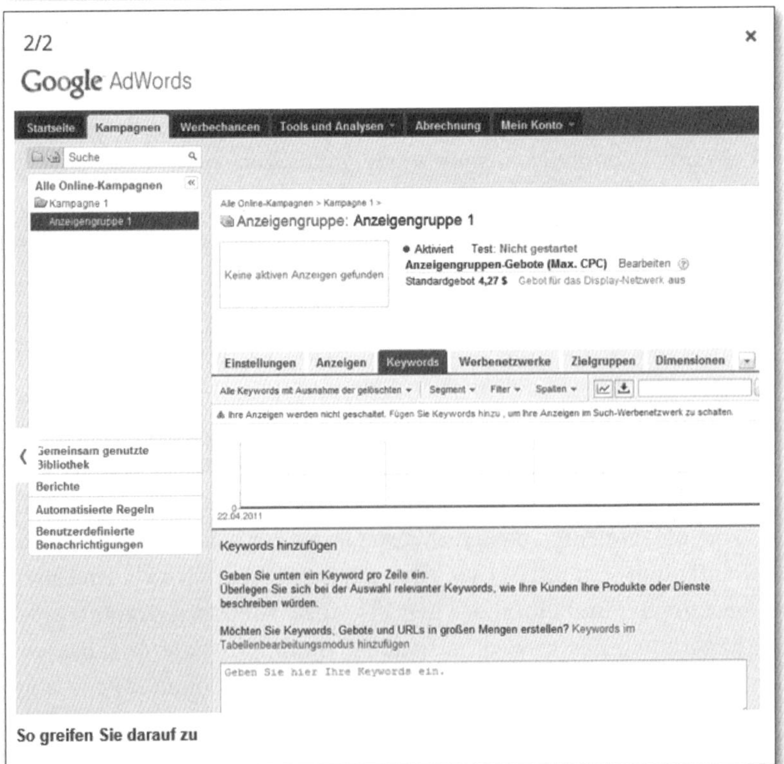

Abbildung 12.6 Erläuterung der Funktionsweise von Keyword-Optionen bei Google AdWords

Es stellt sich die Frage, ob es markenrechtlich zulässig ist, wenn die Optionen BROAD MATCH und MODIFIED BROAD MATCH auch geschützte Wortgruppen abfangen. Dazu möchten wir zunächst einen Blick auf die Option BROAD MATCH werfen.

Praxisbeispiel: MOST-Pralinen

Der Inhaber der unter anderem für Pralinen und Schokolade eingetragenen deutschen Marke MOST klagte gegen einen Pralinenhändler (BGH, Urteil vom 13.12.2012, Az. I ZR 217/10). Denn der Pralinenhändler betrieb einen Onlineshop für Schokolade und Pralinen und schaltete diesbezüglich Google-AdWords-Anzeigen, bei denen als Keyword das Wort *Pralinen* verwendet wurde. Darüber hinaus buchte er die AdWords-Option BROAD MATCH, was zur Folge hatte, dass Nutzer, die nach »MOST Pralinen« suchten, auf seiner Seite landeten, obwohl in seinem Shop gar keine Most-Produkte verkauft wurden. Dagegen wollte sich der Inhaber der Marke MOST zur Wehr setzen – Recht bekam er jedoch nicht!

Denn ebenso wie die grundsätzliche Nutzung von Markennamen als Keyword zulässig ist, ist dies nach Ansicht des BGH auch bei weitgehend passenden Suchwörtern der Fall. Denn konsequent bleiben die Richter bei der Auffassung, dass beim Keyword-Advertising keine Markenverletzung vorliegt, wenn

- die Anzeige so aufgeführt wird, dass sie für den Nutzer erkennbar kein organisches Suchergebnis, sondern offensichtlich eine Anzeige darstellt, und
- die Anzeige weder die Marke noch sonst einen Hinweis auf den Markeninhaber oder die unter der Marke angebotenen Produkte enthält.

Auch stellte der BGH klar, dass es keines Hinweises zum Fehlen einer wirtschaftlichen Verbindung zwischen dem Werbenden und dem Markeninhaber bedürfe.

Neben der Möglichkeit, die Marke selbst als Keyword aufzunehmen, greifen manche SEA-Dienstleister noch zu einem weiteren Trick, der Option MODIFIED BROAD MATCH: Dabei wird nicht der Markenname direkt gebucht, sondern Veränderungen im Wortstamm, wie zum Beispiel Tippfehler. Jedoch ist auch hier die markenrechtliche Lage keine andere als bei der direkten Buchung der Markennamen: Unter Einhaltung der von der Rechtsprechung benannten Voraussetzungen ist eine solche Vorgehensweise – zumindest markenrechtlich – zulässig!

Hinweis

Im Zweifel sollten Sie auch an dieser Stelle die rechtliche Zulässigkeit einem erhöhten Traffic vorziehen. Auch wenn die Keyword-Optionen an sich ein legitimes Instrument darstellen, das dem SEA-Dienstleister eine einfache Handhabe zur Maximierung des Empfängerkreises bietet, sollten sie nicht unbedacht verwendet werden.

12.3 Welche Pflichtangaben bestehen in Werbeanzeigen?

Auch bei der Gestaltung der Google-AdWords-Anzeige selbst sind einige rechtliche Besonderheiten zu beachten. So müssen Sie bedenken, dass Sie die vorgeschriebenen Pflichtangaben bei Werbung auch über AdWords platzieren. Ansonsten handeln Sie wettbewerbswidrig und müssen etwa mit einer Abmahnung rechnen. Von besonderer Relevanz sind dabei einerseits die gesetzlichen Informationspflichten und andererseits die Preisangaben.

12.3.1 Gesetzliche Informationspflichten in Anzeigen

Sie sollten beachten, dass Sie nicht nur bei Webseiten, sondern auch im Rahmen von Werbeanzeigen in Suchmaschinen Ihre umfangreichen Informationspflichten einhalten müssen. Dazu gehören beispielsweise neben der schon mehrfach angesprochenen Impressumspflicht auch Informationspflichten beim Vertrieb bestimmter Produkte.

Praxisbeispiel

In einem Verfahren vor dem BGH (Urteil vom 6.06.2013, Az. I ZR 2/12) stritten die Parteien um zwei Werbeanzeigen für Medikamente, die ein Unternehmen über AdWords geschaltet hatte. Diese hatten den folgenden Inhalt:

»Bei entzündeten Atemwegen
Kleine Kapsel – große Wirkung.
S. bekämpft die Entzündung
www.xy.de/Pflichttext_hier«

Die jeweils erste Zeile der beiden Anzeigen war mit einem Link versehen. Wenn Internetnutzer auf ihn klickten, gelangten sie auf die Startseite des Unternehmens. Dort erfuhr man dann nach mehrfachem Scrollen die Bezeichnung des Medikaments, die Anwendungsgebiete und den Zusatz: *»Zu Risiken und Nebenwirkungen lesen Sie die Packungsbeilage und fragen Sie Ihren Arzt oder Apotheker!«* Diese Angaben sind bei Werbung für Arzneien nach dem Heilmittelwerbegesetz vorgeschrieben. Der BGH stufte beide AdWords-Anzeigen als wettbewerbswidrig ein.

Nun stellt sich die Frage, wie diese Pflichtangaben in der Praxis umgesetzt werden müssen. Hierzu stellte der Bundesgerichtshof zunächst einmal grundsätzlich fest, dass diese Pflichtangaben nicht im Text der AdWords-Anzeige aufgeführt werden müssen.

Vielmehr haben Sie auch die Möglichkeit der Verlinkung. Diese sei aber nur dann rechtskonform, wenn sie mit dem ausdrücklichen Hinweis versehen werde, dass man über diesen Link auf eine Webseite gelangt, die die Pflichtinformationen enthält. Dazu sei es erforderlich, den Begriff Pflichtangaben oder eine entsprechend eindeutige Formulierung zu wählen. Denn dem Nutzer könne zum Finden der Hinweise kein Herumscrollen zugemutet werden. Dies ist nur auf der verlinkten Landingpage, auf der die Pflichtangaben platziert sind, unschädlich.

Achtung

Wer keinen Link setzt, sondern die die Pflichtinformationen enthaltende Webseite als URL nur textlich angibt, der steht nicht im Einklang mit den Anforderungen der Rechtsprechung!

Schließlich müssen die Angaben auch gut lesbar sein.

Hinweis

Diese Entscheidung ist nicht nur für den Bereich des Heilmittelwerberechts bedeutsam. Ein Anbieter muss auch zahlreichen anderen Informationspflichten, wie zum Beispiel der Impressumspflicht, nachkommen. Auch hier ist es als ausreichend anzusehen, wenn auf der Website die Pflichtangaben vorhanden sind. In der Anzeige braucht nicht zusätzlich noch der Link mit IMPRESSUM, ANBIETERKENNZEICHNUNG aufgenommen zu werden.

12.3.2 Preisangaben in Anzeigen

Zwar besteht grundsätzlich keine Pflicht, in den Anzeigen Preise für die beworbenen Produkte oder Dienstleistungen zu nennen, aber wenn Sie sich dennoch dazu entscheiden, dann müssen Sie es auch richtig machen! Doch was so einfach klingt, führt in der Praxis immer wieder zu Problemen. Aus diesem Grund hat der Gesetzgeber mit der Preisangabenverordnung ein Regelwerk geschaffen, das Einheitlichkeit bei der Preisdarstellung erreichen und die Verbraucher vor Irreführungen schützen soll.

Von besonderer Relevanz ist dabei die Pflicht zur Angabe des Endpreises, also inklusive Mehrwertsteuer und sonstiger Preisbestandteile, und der Verkaufs- oder Leistungseinheit sowie der Gütebezeichnung. Darüber hinaus sind speziell im Online-Handel diese Angaben zusätzlich mit dem Hinweis zu versehen, dass die für die Produkte geforderten Preise die Umsatzsteuer und sonstige Preisbestandteile wie Nachnahmegebühren, Zölle oder weitere Steuern enthalten. Weiterhin muss die Preisangabe noch mit dem Zusatz über gegebenenfalls anfallende Liefer- und Versandkosten versehen werden.

Bei der praktischen Umsetzung stellt sich jedoch dann die Frage, welche Bestandteile alle in den doch recht kurzen Anzeigentext aufzunehmen sind und bei welchen Angaben es unter Umständen reicht, wenn sie nur auf der Landingpage genannt werden (siehe Abbildung 12.7).

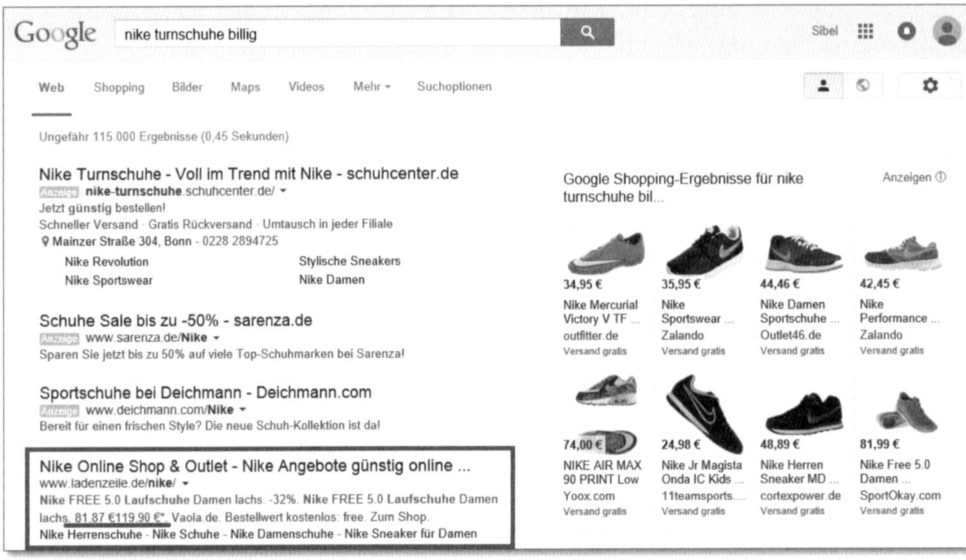

Abbildung 12.7 Beispiel einer Anzeige über AdWords, welche auch Produktpreise im Anzeigentext enthält

Google AdWords hat dieses Problem in der Praxis so gelöst, dass in der Anzeige selbst der Endpreis des Produkts und die Versandkosten angegeben werden und der Suchende über einen Klick auf ein Infokästchen darüber informiert wird, dass der ausgewiesene Preis bereits die gesetzliche Umsatzsteuer und alle Preisbestandteile beinhaltet (siehe Abbildung 12.8).

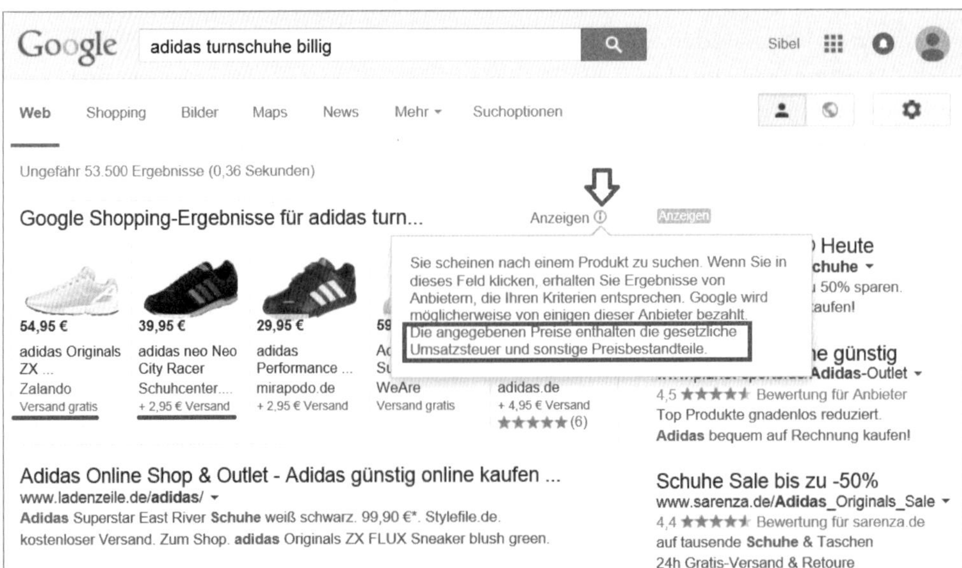

Abbildung 12.8 Hinweis des Suchmaschinenbetreibers Google zu den Preisen in den Anzeigen

Bei dieser Vorgehensweise ist vor allem zweifelhaft, ob die Angabe zur Umsatzsteuer ausreichend ist. Der Bundesgerichtshof (Urteil vom 4.10.2007, Az. I ZR 143/04) hat dahin gehend entschieden, dass ein unmittelbar räumlicher Bezug gerade nicht erforderlich ist. Die notwendigen Hinweise können dabei nicht nur jeweils unmittelbar neben den Preisen der einzelnen Waren stehen (siehe Abbildung 12.9), sondern zum Beispiel auch in einem hervorgehobenen Vermerk auf derselben Seite, beispielsweise mit einer Sternchen-Fußnote. Daneben ist auch denkbar, dass die Angaben auf einer nachgeordneten Seite, auf die ein eindeutiger Link verweist und welche erscheint, bevor der Bestellvorgang eingeleitet wird, platziert werden. Wichtig ist dabei jedoch, dass der Hinweis leicht erkennbar und gut wahrnehmbar ist.

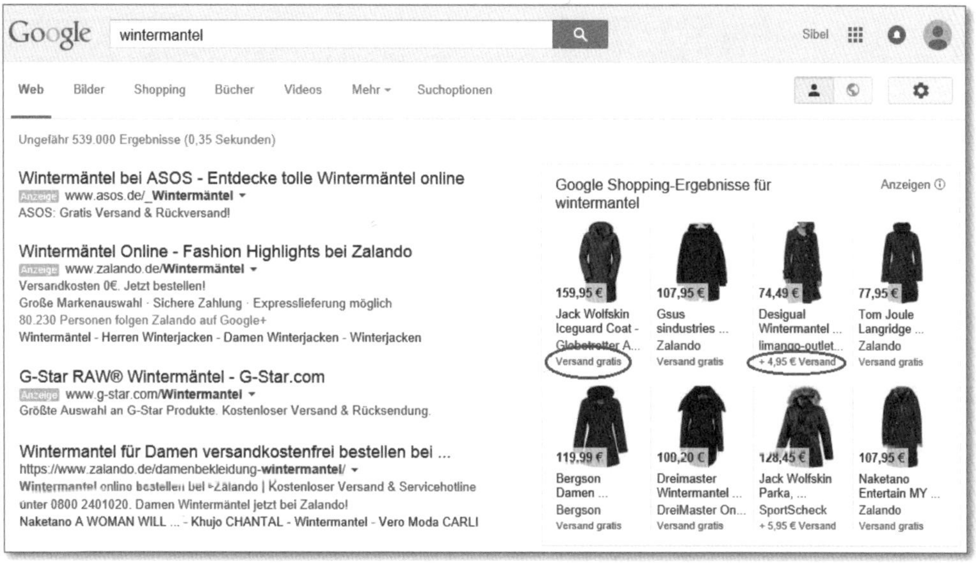

Abbildung 12.9 Beispiel für die Platzierung der Versandkostenangabe neben dem Produkt in der Google-AdWords-Anzeige

Der Grund dafür, dass diese Angaben nicht direkt neben dem Endpreis stehen müssen, besteht nach Ansicht des Gerichts darin, dass dem Verbraucher bekannt sei, dass im Versandhandel neben dem Endpreis üblicherweise auch Liefer- und Versandkosten anfallen. Ebenso gehen die Verbraucher auch als selbstverständlich davon aus, dass die angegebenen Preise die Umsatzsteuer enthalten.

Achtung

Verstößt Ihre Anzeige gegen geltendes Recht, so können Sie dies nicht damit rechtfertigen, dass Ihnen nur eine begrenzte Anzahl an Zeichen zur Verfügung steht. Denn Sie sind auch nicht verpflichtet, mit Preisen Ihrer Produkte zu werben.

12.4 Wie kann man irreführende Werbeanzeigen vermeiden?

Grundsätzlich dürfen Anzeigen nicht irreführend gestaltet werden, um so mehr Interessenten anzulocken. Das bedeutet, dass die Werbeanzeige keine objektiv falschen oder subjektiv falsch interpretierbaren Werbeaussagen enthalten darf. Andernfalls stellt dies einen Verstoß gegen das Irreführungsverbot dar, welches eine der zentralen Säulen des Wettbewerbsrechts darstellt. Welche Angaben genau dazu geeignet sind, den Adressaten in die Irre zu führen, hat der Gesetzgeber in § 5 UWG detailliert geregelt (siehe Abbildung 12.10).

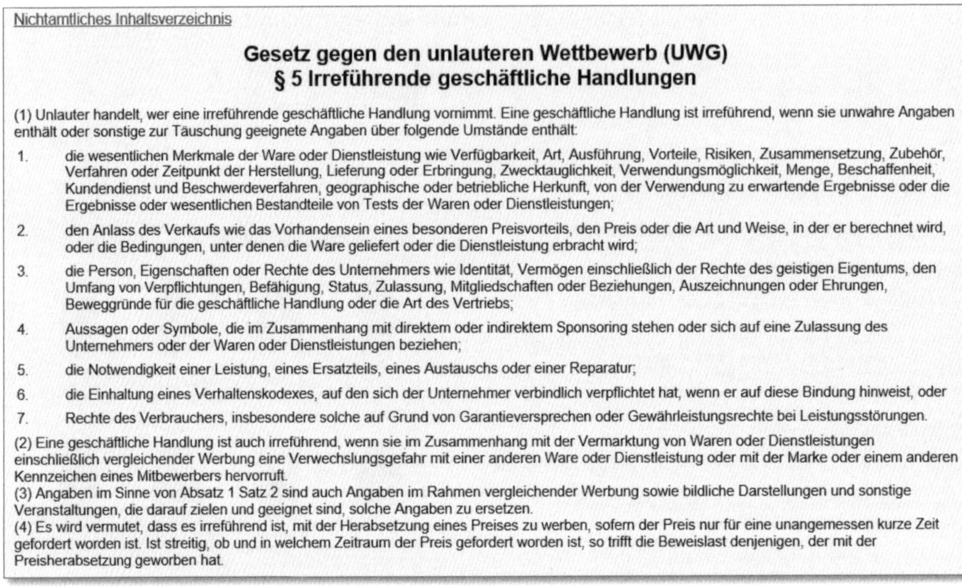

Nichtamtliches Inhaltsverzeichnis

Gesetz gegen den unlauteren Wettbewerb (UWG)
§ 5 Irreführende geschäftliche Handlungen

(1) Unlauter handelt, wer eine irreführende geschäftliche Handlung vornimmt. Eine geschäftliche Handlung ist irreführend, wenn sie unwahre Angaben enthält oder sonstige zur Täuschung geeignete Angaben über folgende Umstände enthält:

1. die wesentlichen Merkmale der Ware oder Dienstleistung wie Verfügbarkeit, Art, Ausführung, Vorteile, Risiken, Zusammensetzung, Zubehör, Verfahren oder Zeitpunkt der Herstellung, Lieferung oder Erbringung, Zwecktauglichkeit, Verwendungsmöglichkeit, Menge, Beschaffenheit, Kundendienst und Beschwerdeverfahren, geographische oder betriebliche Herkunft, von der Verwendung zu erwartende Ergebnisse oder die Ergebnisse oder wesentlichen Bestandteile von Tests der Waren oder Dienstleistungen;
2. den Anlass des Verkaufs wie das Vorhandensein eines besonderen Preisvorteils, den Preis oder die Art und Weise, in der er berechnet wird, oder die Bedingungen, unter denen die Ware geliefert oder die Dienstleistung erbracht wird;
3. die Person, Eigenschaften oder Rechte des Unternehmers wie Identität, Vermögen einschließlich der Rechte des geistigen Eigentums, den Umfang von Verpflichtungen, Befähigung, Status, Zulassung, Mitgliedschaften oder Beziehungen, Auszeichnungen oder Ehrungen, Beweggründe für die geschäftliche Handlung oder die Art des Vertriebs;
4. Aussagen oder Symbole, die im Zusammenhang mit direktem oder indirektem Sponsoring stehen oder sich auf eine Zulassung des Unternehmers oder der Waren oder Dienstleistungen beziehen;
5. die Notwendigkeit einer Leistung, eines Ersatzteils, eines Austauschs oder einer Reparatur;
6. die Einhaltung eines Verhaltenskodexes, auf den sich der Unternehmer verbindlich verpflichtet hat, wenn er auf diese Bindung hinweist, oder
7. Rechte des Verbrauchers, insbesondere solche auf Grund von Garantieversprechen oder Gewährleistungsrechte bei Leistungsstörungen.

(2) Eine geschäftliche Handlung ist auch irreführend, wenn sie im Zusammenhang mit der Vermarktung von Waren oder Dienstleistungen einschließlich vergleichender Werbung eine Verwechslungsgefahr mit einer anderen Ware oder Dienstleistung oder mit der Marke oder einem anderen Kennzeichen eines Mitbewerbers hervorruft.
(3) Angaben im Sinne von Absatz 1 Satz 2 sind auch Angaben im Rahmen vergleichender Werbung sowie bildliche Darstellungen und sonstige Veranstaltungen, die darauf zielen und geeignet sind, solche Angaben zu ersetzen.
(4) Es wird vermutet, dass es irreführend ist, mit der Herabsetzung eines Preises zu werben, sofern der Preis nur für eine unangemessen kurze Zeit gefordert worden ist. Ist streitig, ob und in welchem Zeitraum der Preis gefordert worden ist, so trifft die Beweislast denjenigen, der mit der Preisherabsetzung geworben hat.

Abbildung 12.10 Die Abbildung zeigt das in § 5 des Gesetzes gegen den unlauteren Wettbewerb geregelte Irreführungsverbot.

Ob eine Anzeige irreführend ist, bemisst sich nach dem Empfinden eines durchschnittlichen Adressaten. Ob der Adressat in der Werbebotschaft auch tatsächlich getäuscht wird, ist dabei unerheblich. Damit kann eine irreführende Werbung in der Praxis schnell zu bejahen sein.

Praxisbeispiel

Das Oberlandesgericht Dresden hatte über einen Rechtsstreit zu entscheiden (Urteil vom 19.02.2013, Az. 14 U 1810/12), in dem ein Unternehmen in einer Google-AdWords-Anzeige den Text »VorratsGmbH ab 1450 EUR« wählte. Auf der Website der Firma stand die folgende Aussage angegeben: *»Der Weg zu Ihrer neu gegründeten GmbH ›Vorrats-GmbH‹ mit einem voll eingezahlten Stammkapital von 25.000,– €. Zusätzlich ist ein Agio von 1.450,– € (...) zu entrichten, das dem Aufwand für die Übertragung der Gesellschaft an Sie entspricht.«*

Im Folgenden schickte eine Konkurrentin der Firma wegen Irreführung der beiden Aussagen eine Abmahnung und forderte die Abgabe einer strafbewehrten Unterlassungserklärung. Nachdem das Unternehmen sich weigerte, wurde es verklagt – zu Recht! Denn der Anzeigentext »VorratsGmbH ab 1450 EUR« suggeriert, dass man eine mit vollem Stammkapital ausgestattete und damit eintragungsfähige GmbH zum Preis von lediglich 1.450 € erwerben kann. Für Existenzgründer bzw. Unternehmer als Zielgruppe ist hier nicht ersichtlich, dass vom Käufer zusätzlich noch ein Stammkapital in Höhe von 25.000 € aufgebracht werden muss.

Gerade in Fällen der Anzeigenschaltung über Suchmaschinen stellt sich die Frage, wie viele Informationen Sie überhaupt in den Anzeigentext packen müssen, um sich später nicht mit dem Vorwurf der Irreführung auseinandersetzen zu müssen. Denn oftmals führen unzureichende Informationen zwar zu einer Fehlvorstellung beim Adressaten, dies ist aber nicht immer so beabsichtigt, sondern beruht vielmehr darauf, dass die Werbenden bei diesen Anzeigen nur eine sehr begrenzte Zeichenanzahl zur Verfügung haben.

Im Hinblick auf diese Problematik entschied das Oberlandesgericht Hamm (Urteil vom 4.06.2009, Az. 4 U 19/09), dass eine Werbeaussage, die im Rahmen von Google AdWords getroffen wird und zu einer Fehlvorstellung des Adressaten führt, dann nicht rechtswidrig ist, wenn ein Hinweis direkt auf der über die Anzeige zwangsläufig zur Bestellung aufzurufenden Startseite des Anbieters erscheint und dort die erforderlichen Angaben enthält. Diese Rechtsprechung gilt jedoch nur für die besonderen Gegebenheiten des Internets, da dies im Vergleich zu anderen Vertriebswegen besonders schnelllebig ist – in Sekundenschnelle ist man auf einer Webseite und verlässt sie ebenso schnell wieder, wenn sie einem nicht gefällt.

Achtung

Beinhaltet Ihre Anzeige eine Irreführung, so müssen Sie mit einer Abmahnung rechnen. Darüber hinaus besteht auch die Möglichkeit, dass Sie – unter Umständen sogar im Eilverfahren – auf Beseitigung und Unterlassung in Anspruch genommen werden. Auch können Sie mit Schadensersatzforderungen konfrontiert werden. Zudem sieht das Wettbewerbsrecht die Besonderheit der Gewinnabschöpfung vor: Das bedeutet, dass Sie den Gewinn, den Sie aus dieser Irreführung erzielt haben, an den Staat herausgeben müssen.

12.5 Welche Haftungsaspekte sind zu beachten?

Auch im Rahmen der SEA spielt der Aspekt der Haftung eine nicht zu unterschätzende Rolle. Dabei gibt es verschiedene Szenarien, die sich ereignen können und dann die Frage nach der Haftung bzw. nach Regressansprüchen auslösen. Welche dies sind und wer alles von einer Inanspruchnahme betroffen sein könnte, möchten wir Ihnen in diesem Abschnitt erläutern.

12.5.1 Haftung des SEA-Dienstleisters

Wie wir Ihnen bereits in den Abschnitten zuvor erläutert haben, kann die falsche Gestaltung der Anzeige schnell einen Marken- oder Wettbewerbsrechtsverstoß darstellen und zur Folge haben, dass Sie mit Abmahnungen sowie diversen Ansprüchen – und damit auch Kosten – konfrontiert werden. Haben Sie die Anzeige selbst erstellt und selbst gestaltet, so tragen selbstverständlich auch Sie die alleinige Verantwortung dafür. Doch wie sieht es aus, wenn Sie einen SEA-Dienstleister wie eine Agentur oder einen Suchmaschinenoptimierer beauftragt haben? Auf diese Frage möchten wir Ihnen im Folgenden eine Antwort geben.

Grundsätzlich ist in einem solchen Fall zunächst ein Blick in den Vertrag zu werfen. Denn wurde nichts Anderweitiges vereinbart, so ist der mit der SEA Beauftragte grundsätzlich dafür verantwortlich, dass die von ihm geschaltete Werbeanzeige auch rechtmäßig ist. Der BGH (Urteil vom 25.05.1972, Az. VII ZR 49/71) geht davon aus, dass es die Pflicht des Beauftragten ist, Sie auf rechtliche Bedenken bezüglich der geplanten Werbemaßnahmen hinzuweisen, und zwar auch dann, wenn Sie rechtlich bedenkliche Wünsche geäußert haben. Die Rechtsprechung mutet es Werbeagenturen dabei regelmäßig zu, die eigenen Maßnahmen zumindest im Hinblick auf Rechte Dritter wie das Markenrecht und das Wettbewerbsrecht zu überprüfen. Natürlich gilt diese Pflicht nicht uneingeschränkt, sondern ist anhand des konkreten Einzelfalles zu beurteilen. Wesentliche Aspekte bei der Beurteilung sind dabei der mit der rechtlichen Prüfung verbundene Aufwand sowie das Verhältnis der avisierten Werbung zur Höhe der geschuldeten Vergütung.

Praxisbeispiel

Das Kammergericht Berlin urteilte in einem Verfahren, dass bei einer vereinbarten Vergütung von lediglich 770 € für die Erstellung eines Werbelogos nicht ohne ausdrückliche Vereinbarung davon ausgegangen werden kann, dass die Werbeagentur neben der Erstellung des Logos selbst auch noch eine umfangreiche und kostenintensive Markenrecherche schuldet (KG Berlin, Beschluss vom 4.02.2011, Az. 19 U 109/10).

In der Regel wird der SEA-Dienstleister derartige rechtliche Verpflichtungen nicht übernehmen wollen und daher darauf hinwirken, von Ihnen vertraglich von der Haftung für Marken- und Wettbewerbsrechtsverletzungen freigestellt zu werden. Zu denken ist da beispielsweise an die Verwendung von Markennamen Dritter in der Anzeige. Stimmen Sie dem zu, müssen Sie die Konsequenzen für Verletzungen an Rechten Dritter auch dann tragen, wenn Sie diese Art des Advertisings gar nicht wollten. Das bedeutet, dass der Rechteinhaber Sie auf Schadensersatz, Unterlassung und

Beseitigung in Anspruch nehmen kann. Stimmen Sie einer solchen Haftungsfreistellung nicht zu, und haben Sie im Idealfall auch noch vertraglich vereinbart, dass bestimmte Handlungsweisen, die einen Verstoß gegen Rechte Dritter bedeuten, nicht von dem SEA-Dienstleister vorgenommen werden dürfen, dann können Sie sich all das, was der Rechteinhaber Ihnen gegenüber geltend macht, bei dem SEA-Dienstleister zurückholen. Sollten Sie darüber hinaus von Abstrafungen durch den Suchmaschinenbetreiber überzogen worden sein, so können Sie daraus resultierende Schäden ebenfalls gegenüber Ihrem SEA-Dienstleister geltend machen.

12.5.2 Haftung des Suchmaschinenbetreibers für seine Anzeigen

Daneben stellt sich insbesondere für die Inhaber von Schutzrechten die Frage, ob sie nicht auch die Betreiber der Suchmaschinen dafür in Anspruch nehmen können, dass sie die Anzeigen mit rechtsverletzendem Inhalt überhaupt freigeschaltet haben.

Praxisbeispiel

In einem Verfahren vor dem Landgericht München I (Beschluss vom 2.12.2003, Az. 33 O 21461/03) klagte ein Unternehmen, das vornehmlich CAD-Software für Architekten und Bauingenieure entwickelt, gegen den Suchmaschinenbetreiber Google. Denn das Unternehmen störte sich daran, dass Google über AdWords Anzeigen schaltete, welche als Keyword seinen markenrechtlich geschützten Begriff verwendeten. Nachdem der Kläger zunächst gegen das werbende Unternehmen eine einstweilige Verfügung erwirkte, wollte er nun auch den Beklagten in Anspruch nehmen, da dieser mittelbar am wettbewerbswidrigen Verhalten des werbenden Unternehmens mitgewirkt habe. Schließlich habe der Suchmaschinenbetreiber ihm überhaupt erst die Möglichkeit gegeben, durch Verwendung der Keywords gezielt Nutzer auf die Website des werbenden Konkurrenzunternehmens umzuleiten.

Der Kläger verlangte von Google die Einstellung dieser Möglichkeit und unterlag in dem Verfahren. Denn eine Pflicht zur vorherigen Untersuchung bestehe gerade nicht, da dies schon aus Aufwandsaspekten nicht realistisch sei und dem Betreiber der Suchmaschine eventuelle Lizenzvereinbarungen auch nicht bekannt seien. Schließlich sei gerade nicht offenkundig, dass keine Berechtigung zur Nutzung des Markennamens bestehe.

Auch andere Gerichte (so zum Beispiel LG München I, Beschluss vom 02.12.2003, Az. 33 O 21461/03 oder LG Hamburg, Beschluss vom 14.11.2003, Az. 312 O 887/03) vertraten eine ähnliche Ansicht und orientierten sich dabei an den allgemeinen medien- und presserechtlichen Grundsätzen. Danach kommt eine Haftung des Betreibers der Suchmaschine erst dann in Betracht, wenn er von der Rechtsverletzung Kenntnis erlangt und trotz positiver Prüfung der Sachlage keine Maßnahmen ergreift.

Wird dem Suchmaschinenbetreiber also eine Rechtsverletzung gemeldet und kommt er nach einer Prüfung beispielsweise durch Kontaktaufnahme mit dem werbenden Unternehmen zu dem Ergebnis, dass die Beschwerde zu Recht erhoben wurde, beseitigt diese aber dennoch nicht, obwohl ihm das technisch möglich und zumutbar ist, so kann auch er vom Rechteinhaber beispielsweise auf Schadensersatz in Anspruch genommen werden. Dabei ist dem Betreiber der Suchmaschine jedoch ein gewisser Zeitraum zur Überprüfung und Beseitigung der Rechtsverletzung zu gewähren.

12.5.3 Haftung der Plattformbetreiber für Anzeigen Ihrer Kunden

Anzeigen in Suchmaschinen werden nicht nur von den Unternehmen selbst geschaltet. Vielmehr nutzen auch Verkaufsplattformen wie eBay diese Möglichkeit, um den Absatz Ihrer Nutzer zu fördern (siehe Abbildung 12.11).

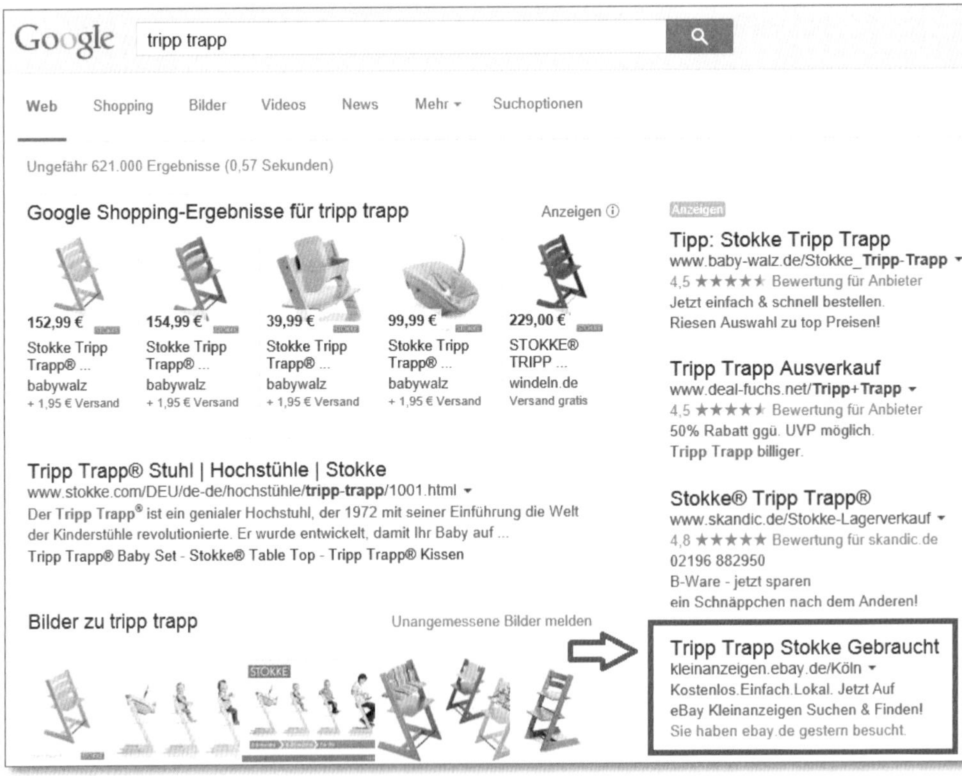

Abbildung 12.11 Bei Eingabe der Worte »tripp trapp« erscheint auch die Anzeige der Anzeigenplattform eBay Kleinanzeigen.

Nun stellt sich jedoch die Frage, was passiert, wenn die Plattform über AdWords Produkte gewerblicher Händler bewirbt, die beispielsweise Markenrechte Dritter verletzen, indem dort gefälschte Markenwaren vertrieben oder Markennamen in der Angebotsbeschreibung verwendet werden.

Praxisbeispiel

Geklagt hatte vor dem OLG Hamburg (Urteil vom 4.11.2011, Az. 5 U 45/07) das Unternehmen Stokke, der norwegische Produzent des bekannten Kinderstuhls »Tripp Trapp«. Plagiate des Stuhls waren auf der Plattform eBay verkauft worden. Wenn man auf der Plattform Google den Suchbegriff »Tripp Trapp« eingab, wurden dort auch Werbeanzeigen von eBay angezeigt, die unter anderem zu genau solche Auktionen mit Plagiaten führten. Diese AdWords-Anzeigen tauchten auch dann noch auf, nachdem mehrere entsprechende rechtsverletzende Auktionen auf Betreiben des Herstellers gelöscht worden waren. Hiermit wollte sich der norwegische Hersteller nicht abfinden und klagte gegen eBay.

Das OLG Hamburg entschied zugunsten des Herstellers. Dies begründete das Gericht damit, dass die Auktionsplattform eBay gesteigerte Prüfpflichten für Auktionen habe, die von ihr beispielsweise in Google AdWords besonders beworben werden. Denn mit der Schaltung von Werbung für die ansprechenden Auktionen gebe die Auktionsplattform die Rolle eines passiven Vermittlers auf und übernehme eine aktive Rolle. Daher sei sie auch in der Verantwortung, die beworbenen Inhalte verstärkt auf Rechtsverletzungen hin zu überprüfen.

Für den konkreten Fall bedeutet dies, dass Verkaufsplattformen wie eBay künftig alle entsprechenden Angebote, die mittels Wortfilter gefunden werden, einer Sichtprüfung unterziehen müssen. Tun sie dies nicht, können sie dafür haftbar gemacht werden. Damit gilt der Grundsatz, dass eine Haftung erst ab Kenntniserlangung von der Rechtsverletzung greift, im Fall der Verkaufsplattformen nicht.

Dass dies den Plattformbetreibern nicht gefällt, liegt nahe. eBay beispielsweise entgegnet dieser Entscheidung, dass das Geschäftsmodell darauf angelegt sei, vollautomatisch abzulaufen, und dieses so gefährdet werde. Das ist nach Ansicht der Gerichte jedoch unerheblich. Denn durch das Schalten von Anzeigen verlassen Verkaufsplattformen den Bereich der bloßen Bereitstellung technischer Strukturen und fördern gezielt das Auffinden bestimmter Angebote durch Kaufinteressenten. Sollte es bei dem Geschäftsmodell darum gehen, einen größtmöglichen Gewinn mit dem geringsten Aufwand und der Inkaufnahme einer erheblichen Gefahr für Rechtsgüter Dritter zu betreiben, dann sei ein solches Modell nicht von der Rechtsordnung geschützt, so das OLG Hamburg.

Auch wenn Verkaufsplattformen diese erhöhte Prüfpflicht nicht ganz recht ist, so bedeutet dies nicht, dass sie sich generell nicht für Rechtsverstöße gegenüber Dritten interessieren – im Gegenteil.

Praxisbeispiel: eBay entwickelt VeRI-Programm

eBay duldet nach eigenen Angaben die Verletzung von Rechten Dritter auf seinem Online-Marktplatz nicht. Um Inhabern gewerblicher Schutzrechte, wie zum Beispiel Markenrechtsinhabern, die Möglichkeit zu geben, solche Angebote zu melden, hat eBay das Verifizierte Rechteinhaber-Programm (VeRI) entwickelt (siehe Abbildung 12.12). Wird ein Angebot gemeldet, wird es nach einer Prüfung vom eBay-Marktplatz entfernt. Darüber hinaus kann auch eine vorübergehenden Sperrung des Verkäufers oder sogar dessen endgültiger Ausschluss vom Handel bei eBay die Folge sein. Natürlich dient ein solches Programm letztlich auch eBay selbst, um das Risiko der eigenen Inanspruchnahme zu verringern.

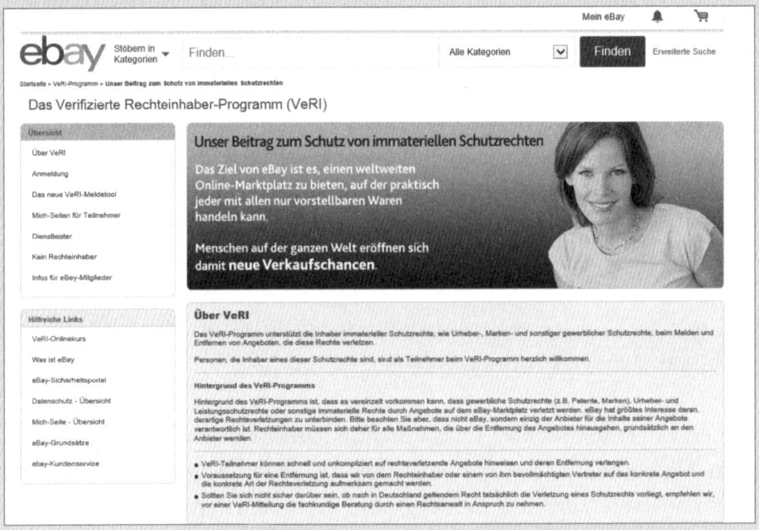

Abbildung 12.12 Das Verifizierte Rechteinhaber-Programm von eBay zum Schutz immaterieller Rechte

12.6 Checkliste SEA: Alles beachtet?

Checkliste

- Haben Sie die wesentlichen Eckpunkte der gewünschten Anzeige vertraglich festgehalten?
- Enthält Ihre Anzeige keinen Hinweis auf eine fremde Marke, weder in der Überschrift noch im Text oder im Link?
- Erscheint die Anzeige in einem getrennten und entsprechend gekennzeichneten Werbeblock?
- Haben Sie die gesetzlichen Informationspflichten und gegebenenfalls die produktspezifischen Informationspflichten bedacht?
- Enthält Ihre Anzeige keine objektiv falschen oder subjektiv falsch interpretierbaren Werbeaussagen?

Wenn Sie alle Fragen mit Ja beantworten können, dann kann es losgehen ... Viel Erfolg!

Kapitel 13
Suchmaschinenoptimierung (SEO)

Die Search Engine Optimization, englisch für Suchmaschinenoptimierung, ist für den Unternehmer in der digitalen Welt ein Kernelement seiner Marketingstrategien. Internetnutzer – und damit Verbraucher wie Unternehmer – steuern nur selten bewusst bestimmte Adressen an; vielmehr leisten Suchmaschinenbetreiber wie Google oder Yahoo die erforderliche Recherchearbeit für den Interessenten. Doch gefunden wird nur, wer in den Suchmaschinen unter den ersten Treffern landet. Dass dies auch passiert, überlassen viele nicht mehr dem bloßen Zufall: Suchmaschinenoptimierung heißt das Zauberwort. Doch bei der praktischen Umsetzung lassen sich die rechtlichen Regelungen für die SEO-Arbeiten nicht immer leicht und eindeutig interpretieren. Daher möchten wir Sie in diesem Kapitel auf einige rechtliche Fallstricke hinweisen.

Suchmaschinen sind für die moderne Informationsgesellschaft Wegweiser und Branchenbuch zugleich: Verzichten Sie auf eine gezielte Partizipation, ist es für Ihre Kunden wesentlich schwerer, auf Ihre Website oder Ihren Onlineshop zu stoßen – vielmehr wird Ihr Kunde so sogar zu Wettbewerbern geführt. Entschließen Sie sich jedoch, Ihre Webpräsenz suchmaschinenoptimiert ins Netz zu stellen, erwarten Sie deutlich verbesserte Umsatzprognosen. Dies gelingt, indem Ihre Website auf ihre Suchmaschinentauglichkeit hin überprüft wird und die für ein gutes Ranking ausschlaggebenden Kriterien überarbeitet werden. Im Anschluss daran soll Ihre Website bei Angabe eines Schlagwortes, das in Verbindung mit Ihrem Produkt oder Ihrer Dienstleistung steht, in einer Suchmaschine erscheinen, im Idealfall gleich an erster Stelle (siehe Abbildung 13.1).

Ganz oben im Ranking zu erscheinen, ist für Sie von nicht zu unterschätzender Bedeutung. Denn der überwiegende Teil der Besucher einer Website wird über Suchmaschinen generiert. Dabei suchen die Interessenten oftmals sehr differenziert und gezielt nach bestimmten Produkten oder Dienstleistungen, häufig auch in Kombination mit der Ortsangabe. Wer also nicht unter den Top-Platzierungen erscheint, wird weniger bis hin zu gar nicht wahrgenommen und generiert so auch weniger Umsatz in seinem Online-Geschäft. Dies empfinden auch viele Online-Händler so und bewerten SEO-Maßnahmen zu 84 % als rentabel (siehe Abbildung 13.2).

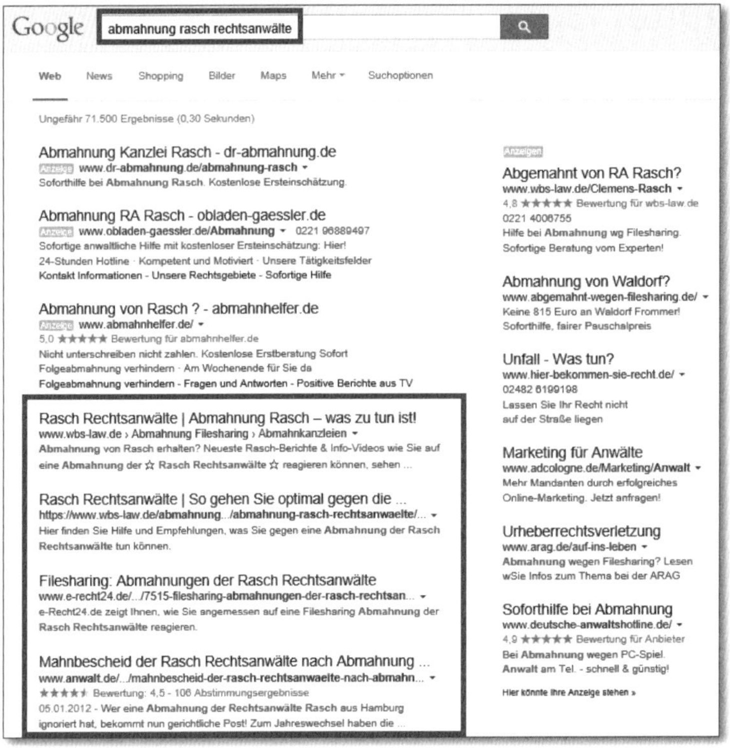

Abbildung 13.1 Beispiel eines Rankings in der Suchmaschine Google

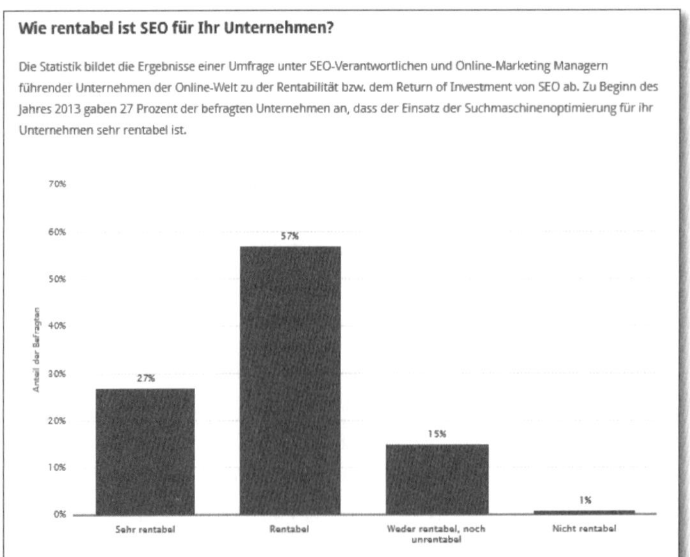

Abbildung 13.2 Umfrageergebnisse des Statistikportals statista.com zur Rentabilität von SEO für Unternehmen

Aus diesem Grund gaben bereits im Jahr 2013 knapp 70 % der befragten Unternehmen an, dass sie für SEO ein monatliches Budget von 0 bis 5.000 € zur Verfügung haben (siehe Abbildung 13.3). Diese Werte sind mittlerweile sicherlich weiter gestiegen.

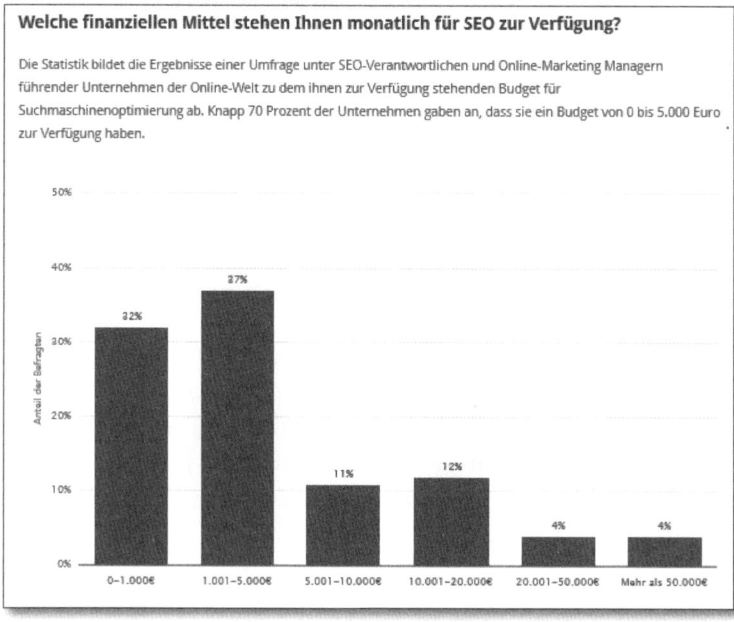

Abbildung 13.3 Umfrageergebnisse des Statistikportals statista.com zu monatlichen Ausgaben für SEO

Doch ebenso wichtig wie die SEO selbst ist auch die Einhaltung ihrer rechtlichen Vorgaben. Denn bei der praktischen Umsetzung stellen sich zahlreiche Fragen: Was müssen Sie beim Abschluss eines SEO-Vertrags mit einem Suchmaschinenoptimierer oder einer Agentur beachten? Dürfen Sie Namen von Wettbewerbern mit in den Metainformationen Ihres Internetauftritts nennen? Sind von Google verbotene Optimierungsmethoden auch juristisch relevant?

Lassen Sie Ihre Seite ganz unbedarft allein mit dem Ziel der Top-Platzierung gestalten, so können sich vielfältige juristische Probleme ergeben. Welche dies sind und wie Sie diese rechtskonform vermeiden können, möchten wir Ihnen in diesem Kapitel aufzeigen.

13.1 Wie erfolgt die vertragliche Gestaltung der SEO?

Bereits die vertragliche Beziehung zwischen Ihnen und dem Suchmaschinenoptimierer oder der SEO-Agentur birgt eine Fülle von möglichen rechtlichen Problemen.

Fehlt es beispielsweise an einer schriftlichen Fixierung des Vertragsinhalts oder sind die einzelnen Pflichten bzw. Erfolge nicht klar und bestimmt geregelt, kommt es häufig bei der Abwicklung zu Streitigkeiten über die konkreten Vereinbarungen. Aus diesem Grund ist die saubere und detaillierte Gestaltung des SEO-Vertrags auch für Sie unerlässlich. Ein Vertrag ist schließlich die Basis der Zusammenarbeit und regelt im Optimalfall jeden relevanten Punkt der Kooperation. Bei der Gestaltung des Vertrags sollten Sie daher alle möglichen Szenarien, die sich bei der Suchmaschinenoptimierung ereignen könnten, gedanklich durchspielen und verklausulieren. Auf diese Weise können Sie für jede Situation die Modalitäten und die Konsequenzen schon im Voraus vertraglich regeln.

13.2 Ist der SEO-Vertrag ein Werkvertrag oder Dienstvertrag?

Zunächst einmal stellt sich die Frage, welche Art von Vertrag eigentlich bei einer Vereinbarung zwischen Ihnen als Betreiber des Internetauftritts und dem Suchmaschinenoptimierer geschlossen wird. In Betracht kommen dabei ein Dienstvertrag und ein Werkvertrag. Um zu verstehen, warum diese Unterscheidung überhaupt eine Rolle spielt, ist zunächst ein Blick auf die Grundprinzipien dieser Vertragsarten zu werfen.

Ein Dienstvertrag liegt vor, wenn sich eine Vertragspartei zur Leistung einer Tätigkeit verpflichtet hat. Ein Werkvertrag hingegen zeichnet sich dadurch aus, dass sich eine Vertragspartei zur Leistung einer Tätigkeit und zusätzlich zum Erfolg dieser Leistung verpflichtet hat. Während beim Dienstvertrag der Dienstleister gerade keine Garantie für das Ergebnis übernimmt, ist bei einem Werkvertrag gerade das Eintreten des gewollten Ergebnisses entscheidend für die ordnungsgemäße Erfüllung des Vertrags. Tritt das Ergebnis nicht ein, stehen dem Auftraggeber umfassende Gewährleistungsrechte zu.

Praxisbeispiel: Werkvertrag und Dienstvertrag

Ein typischer Werkvertrag ist die Beauftragung des Schreiners mit der Herstellung eines Möbelstücks. Dabei schuldet der Schreiner die Fertigstellung des Möbelstücks und nicht nur die Vornahme von Arbeiten.

Ein typischer Dienstvertrag ist der Behandlungsvertrag beim Arzt. Dabei schuldet der Arzt nur die Behandlung, nicht hingegen das Gesundwerden des Patienten.

Doch was schuldet der Suchmaschinenoptimierer eigentlich? Einen Dienst oder ein Werk? Muss er also nur Suchmaschinenoptimierungsmaßnahmen ergreifen oder muss er tatsächlich erreichen, dass sich Ihr Ranking verbessert?

Für den Suchmaschinenoptimierer günstiger wäre die Annahme, dass er nur einen Dienst schuldet, da er dann allein die SEO-Maßnahmen durchführen muss, für den Erfolg in Form eines höheren Rankings aber nicht verantwortlich ist. Dies bedeutet im Umkehrschluss, dass Sie ihn nicht in Anspruch nehmen können, wenn sich Ihr Ranking nicht verbessert. Auch haben Sie keine Gewährleistungsrechte wie Nacherfüllung, Minderung oder Rücktritt, da der Gesetzgeber diese für den Dienstvertrag nicht vorsieht.

Spiegelbildlich dazu ist es daher in Ihrem Interesse als Auftraggeber, eine Einordnung als Werkvertrag zu erreichen, da Sie den Suchmaschinenoptimierer dann in Anspruch nehmen können, wenn Ihr Internetauftritt in Suchmaschinen keine bessere Platzierung aufweist. Denn dann handelt es sich um eine Schlechtleistung des Optimierers, die die Gewährleistungsrechte auslöst, die Ihnen das Dienstvertragsrecht gerade nicht bietet.

Um nun beurteilen zu können, ob der SEO-Vertrag ein Werkvertrag oder ein Dienstvertrag ist, muss ein Blick auf den Inhalt und das Ziel dieses Vertrags geworfen werden: Die Suchmaschinenoptimierung ist eine Maßnahme, durch die Suchmaschinenergebnisse im Internet so verbessert werden, dass bestimmte Webseiten im Suchmaschinenranking auf höheren Plätzen erscheinen. Dabei gibt es viele Möglichkeiten und Ansätze, die Suchergebnisse zu optimieren. Der Vertrag mit einem Suchmaschinenoptimierer bzw. einer solchen Agentur kann zahlreiche unterschiedliche Leistungen beinhalten. Dazu gehören beispielsweise:

- Beratung
- Konkurrenzanalyse
- Keyword-Analyse
- Linkbuilding
- Setzen konkreter Backlinks
- On-Site-Optimierung
- Content-Erstellung
- konkretes Platzierungsversprechen

Die rechtliche Einordnung eines SEO-Vertrags zu einem bestimmten Vertragstyp hängt immer von der Art der vereinbarten Leistung ab. Eine generelle Einordnung als Werk- oder Dienstvertrag ist nicht möglich. Man wird immer die konkret vereinbarten Leistungen unter die Lupe nehmen müssen und diese dann einem bestimmten Vertragstypen zuordnen.

Werden beispielsweise im Rahmen eines SEO-Vertrags konkrete SEO-Maßnahmen wie Content-Erstellung oder das Setzen einer bestimmten Anzahl oder Qualität von Links versprochen, wird man einen Werkvertrag annehmen müssen. In diesem Fall besteht eine Erfolgspflicht der Agentur.

Wird hingegen lediglich auf der Grundlage von Budgets ohne konkrete Verpflichtungen gearbeitet, wird man einen Dienstleistungsvertrag annehmen müssen. Wer demnach keine konkreten Platzierungserfolge verspricht, kann nicht für das Verfehlen eines bestimmten Rankings in Anspruch genommen werden.

Praxisbeispiel: Werkvertrag oder Dienstvertrag?

Über genau diese Problematik hatte das Landgericht Amberg 2012 in einem Verfahren zu entscheiden (Urteil vom 22.08.2012, Az. 140417/12). Gegenstand dieses Verfahrens war der Streit über einen Linkbuilding-Service-Vertrag zwischen einem Suchmaschinenoptimierer und einem Internetdienstleister. Danach sollte der Optimierer eine bestimmte Anzahl von Backlinks bis zu einer bestimmten Zeit zu einem bestimmten Betrag setzen. Eine genaue Tätigkeitsbeschreibung erfolgte jedoch nicht. Nach Ansicht des LG Amberg stellt dies einen Werkvertrag dar, da die geschuldete Leistung ein Erfolg und nicht nur ein ernstliches Bemühen ist. Daher war die Leistung durch den Auftragnehmer nicht schon dadurch erfüllt, dass er das Platzieren beantragt, sondern erst mit dem Platzieren durch die Betreiber selbst.

Anders hingegen ging ein Verfahren vor dem LG Köln (Urteil vom 20.02.2015, Az. 12 O 186/13) aus: Das Gericht entschied, dass entsprechende SEO-, SEM- und SEA-Verträge als Dienstverträge zu qualifizieren seien. Schließen Vertragspartner entsprechende Verträge mit dem Ziel, die Sichtbarkeit und Relevanz im Internet zu erhöhen, sei davon auszugehen, dass eine entsprechende Tätigkeit geschuldet werde, die planmäßig zu positiven Ergebnissen führen sollte. Regelmäßig sei jedoch kein spezieller Erfolg geschuldet, der sich zum Beispiel in einem bestimmten erreichten Suchmaschinenranking widerspiegeln würde.

Doch nicht in allen Fällen handelt es sich eindeutig um einen Werkvertrag oder einen Dienstvertrag. So hatte das OLG Köln (Beschluss vom 16.01.2014, Az. 19 U 149/13) zuletzt darüber zu entscheiden, welche Vertragsart bei dem Auftrag der Suchmaschinenoptimierung vorliegt, bei dem es sich um ein Gemisch von Beratung, Google-AdWords-Dienstleistungen und Webcontrolling handelte. Entscheidend sei hier, dass viele verschiedene Elemente geschuldet waren, nicht nur die SEO. Die Elemente Beratung, Marketing und Controlling bildeten hier laut Gericht einen Schwerpunkt, so dass lediglich ein Bemühen des beauftragten Unternehmens geschuldet war und damit ein Dienstvertrag vorlag.

An diesen unterschiedlichen Verfahrensausgängen zeigt sich, dass ein Pauschalisieren nicht möglich ist. Vielmehr ist immer eine konkrete Abwägung im Einzelfall erforderlich. Es spricht jedoch vieles dafür, den SEO-Vertrag grundsätzlich als Dienstvertrag einzuordnen, wobei es natürlich jeweils auf die individuelle Vertragsgestaltung ankommt.

Um Missverständnissen vorzubeugen und spätere Streitigkeiten über die Auslegung eines SEO-Vertrags zu vermeiden, raten wir Ihnen zu einer ausführlichen, schriftlichen Vereinbarung. Ein guter SEO-Vertrag sollte verständlich und präzise die einzelnen vereinbarten Leistungen aufzählen. Bei der Benutzung des Wortes »Erfolg« sollte man vorsichtig sein. Aus dem Vertrag sollte klar hervorgehen, ob man lediglich bestimmte Leistungen umsetzen möchte, die grundsätzlich geeignet sind, einen Erfolg herbeizuführen, oder ob man den Eintritt dieses Erfolgs garantieren möchte. In der Regel wird eine SEO-Agentur keine Garantie für den Erfolg geben können. Durch die ständige Weiterentwicklung der Suchmaschinen, der Änderung ihrer Algorithmen und der Löschung von Links durch Webmaster bzw. den Wegfall wichtiger Link-Partner sind SEO-Dienstleistungen mit vielen Risiken verbunden. Die meisten Agenturen sind somit an der Ausgestaltung des SEO-Vertrags als Dienstvertrag interessiert.

Achtung: Bezeichnung des Vertrags irrelevant

Die bloße Bezeichnung des Vertrags als Dienstvertrag ist allerdings rechtlich wertlos. Der Vertrag muss inhaltlich darauf ausgelegt werden können.

13.3 Woraus besteht ein SEO-Vertrag?

Die wichtigsten Bestandteile eines SEO-Vertrags bilden die Regelungen zum Leistungsumfang. Präzise und professionell formuliert, regelt der Leistungsumfang im Detail, welche Verpflichtungen sowohl den Suchmaschinenoptimierer als auch Sie als Betreiber der Seite zu welchem Zeitpunkt treffen.

Je detaillierter Sie den Leistungsumfang formulieren, desto geringer ist die Wahrscheinlichkeit, dass die Leistung im Nachhinein nicht oder nicht vollständig erbracht wird. Über den Leistungsumfang kann dann auch ermittelt werden, ob Sie mit dem Suchmaschinenoptimierer einen Werk- oder einen Dienstvertrag vereinbart haben, was für das Bestehen bzw. Nichtbestehen Ihrer Gewährleistungsrechte von ganz entscheidender Bedeutung ist.

Welche Aspekte Sie in jedem Fall in Ihrem Vertrag regeln und was Sie dabei beachten sollten, möchten wir Ihnen in den folgenden Abschnitten näher erläutern.

13.3.1 Die Hauptleistungspflichten

Zunächst sollten Sie Regelungen zu den Kernpflichten innerhalb des Vertragsverhältnisses treffen. Dazu gehört einerseits natürlich die Suchmaschinenoptimierung, andererseits aber auch die Vergütung des Optimierers bzw. der Agentur.

Bei einem SEO-Vertrag verpflichtet sich der Auftragnehmer dazu, Ihren Internetauftritt dergestalt zu optimieren, dass dieser in den Suchergebnissen der vereinbarten Suchmaschinen eine verbesserte Positionierung erreicht. Dazu ist eine Steigerung des Traffics erforderlich, dessen Umfang jedoch oftmals nicht garantiert werden kann, da er von zu vielen Faktoren abhängt. Suchmaschinenoptimierer werden sich daher in der Regel vertraglich absichern wollen, indem sie lediglich eine Verbesserung des Suchergebnisses versichern, nicht jedoch eine führende Top-10-Platzierung (siehe Abbildung 13.4). Sie möchten also gerade keinen Erfolg schulden, sondern nur einen Dienst.

Abbildung 13.4 Gibt man in der Suchmaschine Google das Keyword »Reise« ein, so erscheint innerhalb der ersten vier Treffer dreimal die Website www.reisen.de.

Achtung: Schriftliche Vereinbarung erforderlich!

Hat Ihnen der Suchmaschinenoptimierer beispielsweise in einem Gespräch eine Top-10-Platzierung zugesichert, so müssen Sie dies unbedingt in den Vertrag aufnehmen. Tun Sie dies nicht, müssen Sie im Streitfall beweisen, dass Ihr Optimierer eine solche Zusicherung getroffen hat – dies wird Ihnen jedoch in der Regel nur schwer gelingen.

Weiterhin sollte geregelt werden, was von der On-Page- und Off-Page-Optimierung umfasst sein soll. Die dafür erforderlichen Suchbegriffe und Suchbegriffskombinationen, sogenannte Keywords, sollten mit Ihnen abgestimmt werden. Dies sollten Sie auch nicht dem Optimierer überlassen, da dieser je nach Produkt oder Dienstleistung keine Vorstellung davon hat, welche Begriffe von Kunden bei der Suche Ihres Produkts bzw. Ihrer Dienstleistung eingegeben werden könnten. Diese Keywords sind aber gerade maßgeblich für den Erfolg!

Als weiteren Punkt ist an die Vereinbarung der Vergütung des Optimierers zu denken. Auf welcher Basis und in welcher Höhe die Bezahlung erfolgen soll, hängt von der Vereinbarung ab, die Sie mit dem Optimierer getroffen haben. In der Regel gibt der Optimierer die Bezahlung in einem Angebot an. Zu denken ist dabei an die Möglichkeiten eines Stundenhonorars, einer monatlichen Pauschale in Kombination mit einer Einrichtungsgebühr oder eines Erfolgshonorars auf Basis eines vorher fixierten Rankings oder einer Umsatzsteigerung.

Darüber hinaus empfiehlt es sich auch zu regeln, ob die vereinbarten Preise brutto oder netto gelten, wie die Rechnungsstellung zu erfolgen hat und welche Konsequenzen ein Zahlungsverzug hat.

13.3.2 Ausschluss von Spam-Methoden und Einhaltung der Google-Richtlinien

Neben den Regelungen dazu, welche Handlungen der Optimierer vornehmen soll, können Sie auch solche Vereinbarungen treffen, die beinhalten, was er gerade nicht soll. Zu denken ist dabei an einen Ausschluss der sogenannten Spam-Maßnahmen. Dabei handelt es sich um Maßnahmen und Mittel, die den Google-Richtlinien gemäß nicht erlaubt sind. Dazu zählen beispielsweise die Verwendung von verborgenem Text (*Hidden Text*), der Einsatz von Doorway Pages, das Cloaking sowie die Teilnahme an Link-Tauschprogrammen. Was diese Methoden im Einzelnen bedeuten, werden wir Ihnen an späterer Stelle noch im Rahmen des Wettbewerbsrechts erläutern. An dieser Stelle möchten wir Sie jedoch schon einmal darauf hinweisen, dass Sie Ihren Optimierer vertraglich dazu anhalten sollten, auf diese Maßnahmen zu verzichten und die Google-Richtlinien für Webmaster einzuhalten (siehe Abbildung 13.5).

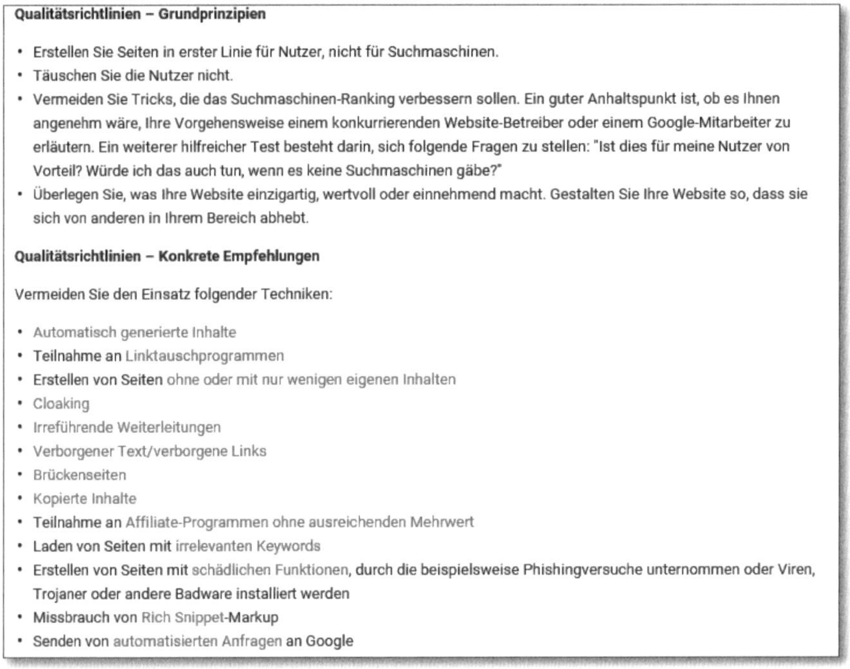

Qualitätsrichtlinien – Grundprinzipien

- Erstellen Sie Seiten in erster Linie für Nutzer, nicht für Suchmaschinen.
- Täuschen Sie die Nutzer nicht.
- Vermeiden Sie Tricks, die das Suchmaschinen-Ranking verbessern sollen. Ein guter Anhaltspunkt ist, ob es Ihnen angenehm wäre, Ihre Vorgehensweise einem konkurrierenden Website-Betreiber oder einem Google-Mitarbeiter zu erläutern. Ein weiterer hilfreicher Test besteht darin, sich folgende Fragen zu stellen: "Ist dies für meine Nutzer von Vorteil? Würde ich das auch tun, wenn es keine Suchmaschinen gäbe?"
- Überlegen Sie, was Ihre Website einzigartig, wertvoll oder einnehmend macht. Gestalten Sie Ihre Website so, dass sie sich von anderen in Ihrem Bereich abhebt.

Qualitätsrichtlinien – Konkrete Empfehlungen

Vermeiden Sie den Einsatz folgender Techniken:

- Automatisch generierte Inhalte
- Teilnahme an Linktauschprogrammen
- Erstellen von Seiten ohne oder mit nur wenigen eigenen Inhalten
- Cloaking
- Irreführende Weiterleitungen
- Verborgener Text/verborgene Links
- Brückenseiten
- Kopierte Inhalte
- Teilnahme an Affiliate-Programmen ohne ausreichenden Mehrwert
- Laden von Seiten mit irrelevanten Keywords
- Erstellen von Seiten mit schädlichen Funktionen, durch die beispielsweise Phishingversuche unternommen oder Viren, Trojaner oder andere Badware installiert werden
- Missbrauch von Rich Snippet-Markup
- Senden von automatisierten Anfragen an Google

Abbildung 13.5 Auszug aus den Google-Qualitätsrichtlinien

Hinweis

Die Richtlinien für Webmaster der Suchmaschine Google können Sie über die Webseite *https://support.google.com/webmasters/answer/35769?hl=de* abrufen. Für die Suchmaschine Bing sollten Sie einen Blick in die Webmaster Guidelines auf der Webseite *http://www.bing.com/webmaster/help/webmaster-guidelines-30fba23a* werfen.

Halten Sie sich nicht an diese Richtlinien, müssen Sie neben möglichen wettbewerbsrechtlichen Konsequenzen auch mit empfindlichen Strafen der Suchmaschinenbetreiber rechnen. Diese reichen von Ranking-Abstrafungen bis hin zur Deindexierung. Aus diesem Grund sollten Sie sich nicht zu schnellen Erfolgen durch Spam-Methoden hinreißen lassen, um nachhaltig und langfristig Erfolge bei der Suchmaschinenoptimierung verzeichnen zu können und das Risiko von Schadensersatzforderungen durch Dritte zu reduzieren. Denn als Betreiber der Seite sind Sie auch grundsätzlich für dessen Inhalte verantwortlich.

Hinweis

Vereinbaren Sie mit dem Optimierer, dass dieser sich an die Richtlinien der Suchmaschine halten muss. So können Sie in Fällen, in denen er sich dem widersetzt und Sie deshalb vom Betreiber der Suchmaschine abgestraft werden, Ihren Optimierer in Regress nehmen.

13.3.3 Vertragsdauer

Einen weiteren Vertragsbestandteil sollte auch die Vereinbarung zur Vertragsdauer bilden. Dabei müssen Sie sich gemeinsam mit dem Suchmaschinenoptimierer darüber einigen, ob der Vertrag entweder eine in Tagen, Wochen, Monaten oder Jahren klar vereinbarte Dauer haben soll oder nur bis zur Erreichung der im Leistungsumfang genannten Ziele andauern soll.

Praxisbeispiel: Vertragsdauer

Sie können einerseits vereinbaren, dass der Suchmaschinenoptimierer regelmäßig innerhalb von drei Tagen/fünf Wochen/sechs Monaten/drei Jahren Optimierungsstrategien für Ihre Internetpräsenz anwendet, oder auch, dass er diese vornimmt, bis Sie beispielsweise unter die Top-Ten-Suchergebnisse einer bestimmten Suchmaschine gelangt sind. Letztere Variante können wir Ihnen jedoch nicht empfehlen, da es nicht kalkulierbar ist, wann dieser Erfolg tatsächlich eintritt. Sie gehen damit also das Risiko ein, sich unnötig lange zu binden.

In aller Regel wird die Vereinbarung aber auf eine langfristige Dauer angelegt sein, weshalb oftmals Verträge über ein Jahr geschlossen werden, die sich dann automatisch verlängern, wenn keine der Parteien kündigt.

13.3.4 Haftungsbeschränkungen

Weiterhin wird oftmals vertraglich geregelt, in welchen Fällen Sie den Suchmaschinenoptimierer in Anspruch nehmen können, zum Beispiel wegen der Verletzung vertraglicher Pflichten oder aus unerlaubter Handlung. An diesen Regelungen hat nur der Suchmaschinenoptimierer ein Interesse, da dieser ohne eine vertragliche Regelung Ihnen gegenüber grundsätzlich in Höhe und Umfang unbeschränkt haftet. Dieses Risiko möchte der Suchmaschinenoptimierer jedoch verständlicherweise begrenzen. Dazu trifft er Regelungen, in welchen er die Haftung dem Grunde nach und/oder der Höhe nach begrenzt. Dies ist innerhalb bestimmter Grenzen auch rechtlich zulässig. Welche Grenzen dies sind, wird im Folgenden erläutert.

Haftung dem Grunde nach

Schränkt man die Haftung dem Grunde nach ein, so hat dies zur Folge, dass bestimmte Umstände erst gar nicht zu einem Haftungsfall führen. Die Haftung wird also ganz grundsätzlich ausgeschlossen. Dies kann durch individualvertragliche Regelungen erfolgen, aber auch durch Klauseln in Allgemeinen Geschäftsbedingungen.

Zu einer individualvertraglichen Vereinbarung wird der Suchmaschinenoptimierer dann greifen, wenn es um den Ausschluss ganz konkreter, genau diesen Fall der Suchmaschinenoptimierung betreffender Modalitäten geht. In Betracht kommt eine solche Vereinbarung beispielsweise für die Haftung des Suchmaschinenoptimierers für von Ihnen selbst gelieferte Drittinhalte wie Bilder oder Texte. Denn dabei sind Sie dafür verantwortlich, erforderliche Rechte, wie zum Beispiel Lizenzen, einzuholen. Der Suchmaschinenoptimierer kann nämlich nur schwer nachvollziehen, ob Sie dies auch getan haben, und wird sich daher durch eine Haftungsfreistellung von Ansprüchen der Rechteinhaber absichern wollen.

Praxisbeispiel: Haftungsfreistellung für Ansprüche Dritter

Nennen Sie dem Suchmaschinenoptimierer beispielsweise als Keyword den beliebten Markennamen eines Konkurrenzunternehmens, so sind Sie für die Einholung der Zustimmung zur Verwendung der Marke verantwortlich. Der Suchmaschinenoptimierer möchte verhindern, dass der Markenrechtsinhaber ihn wegen der Verletzung von Schutzrechten beispielsweise auf Schadensersatz in Anspruch nimmt und wird daher eine Haftungsfreistellungsklausel in den Vertrag aufnehmen. Danach stellen Sie den Suchmaschinenoptimierer von sämtlichen Ansprüchen des Rechteinhabers frei.

Haftungsausschlüsse können sehr facettenreich ausgestaltet werden und bedürfen zur Beurteilung ihrer Wirksamkeit immer einer individuellen Beurteilung. Denn die Grenze zur Unwirksamkeit ist unter anderem immer dann überschritten, wenn die Haftung auch für solches Handeln ausgeschlossen wird, welches vorsätzlich oder arglistig erfolgt ist.

Haftung der Höhe nach

Neben Klauseln zu grundsätzlichen Haftungsausschlüssen greifen Suchmaschinenoptimierer auch gelegentlich zu Klauseln, mit welchen Sie zwar grundsätzlich eine Haftung für bestimmte Umstände anerkennen, die Höhe der Haftungssumme aber auf einen summenmäßigen Maximalbetrag oder auf einen Prozentsatz des Auftragswertes beschränken.

Praxisbeispiel: Haftungsbeschränkung

Bei einer Haftungsbeschränkung dem Grunde nach formuliert der Suchmaschinenoptimierer beispielsweise, dass er für Schäden an Ihrem Eigentum keine Haftung übernimmt.

Bei einer Haftungsbeschränkung der Höhe nach hingegen vereinbart der Suchmaschinenoptimierer beispielsweise, dass er für Schäden an Ihrem Eigentum nur bis zu einem Betrag von 20.000 € oder 30 % des Auftragswertes pro Schadensereignis haftet.

Sind Sie ein Verbraucher, hat der Suchmaschinenoptimierer zumindest in seinen AGB nur begrenzte bis hin zu gar keinen Möglichkeiten der Haftungsbeschränkung. Denn aus Verbraucherschutzgesichtspunkten ist beispielsweise ein Haftungsausschluss für eine fahrlässige Pflichtverletzung, die eine Verletzung von Leben, Körper oder Gesundheit einer anderen Person zur Folge hat, unzulässig. Darüber hinaus ist eine Haftungshöchstgrenze gegenüber einem Verbraucher auch dann nicht wirksam, wenn die Klausel die Haftung für grobes Verschulden für sonstige Schäden begrenzen soll.

In allen anderen Fällen darf die Haftungsbegrenzung in den AGB nur in einem solchen Maß erfolgen, wie sie den möglichen Schaden auch umfassen würde, womit der Sinn der Haftungsbegrenzung jedoch faktisch leerläuft.

13.3.5 Kündigungsrechte

Regelmäßig enthält ein SEO-Vertrag auch Regelungen dazu, wie das Vertragsverhältnis von Ihnen oder dem Optimierer vorzeitig beendet werden kann, beispielsweise durch eine Kündigung. Eine solche ist nur dann möglich, wenn auch ein Kündigungsrecht besteht. Bei den Kündigungsrechten ist zwischen vertraglichen und gesetzlichen Kündigungsrechten zu unterscheiden.

Vertragliche Kündigungsrechte

Vertragliche Kündigungsrechte werden von Ihnen und dem Suchmaschinenoptimierer selbst individuell ausgestaltet. Wünschen Sie also eine solche Regelung, so müssen Sie diese selbst formulieren. Dabei sollten Sie sich überlegen, in welchen Fallkonstellationen Sie ein Kündigungsrecht ausüben möchten und ob dabei noch eine Fristsetzung erfolgen soll oder nicht. Dazu bietet es sich an, konkrete Beispiele und Fallgestaltungen in den Vertrag aufzunehmen. Darüber hinaus sollten Sie sich überlegen, welche Konsequenzen Ihre Kündigung auf den Vergütungsanspruch des Suchmaschinenoptimierers haben soll. Denn dieser kann je nach Fallgestaltung dann gekürzt oder gar ganz ausgeschlossen werden.

Aber auch der Suchmaschinenoptimierer selbst kann die Einräumung vertraglicher Kündigungsrechte verlangen. Sind Sie und der Suchmaschinenoptimierer sich über Ihre gegenseitigen oder auch nur einseitigen vertraglichen Kündigungsrechte einig, dann sollten diese Bestandteil des schriftlichen Vertrags werden.

Sofern Sie und Ihr Vertragspartner keine vertraglichen Kündigungsrechte vereinbaren möchten, so bedeutet dies nicht, dass Sie dann gar keine Kündigungsmöglichkeit mehr haben. Es bleiben die gesetzlichen Kündigungsrechte.

Gesetzliche Kündigungsrechte

Welche gesetzlichen Kündigungsrechte bestehen, hängt primär von der Vertragsart ab. Bereits in Abschnitt 13.2, »Ist der SEO-Vertrag ein Werkvertrag oder Dienstvertrag?«, haben wir Ihnen erläutert, dass ein SEO-Vertrag je nach Auftrag ein Werkvertrag oder ein Dienstvertrag sein kann. Je nach Vertragsart ändern sich auch die gesetzlichen

Kündigungsrechte! Damit wird an dieser Stelle erneut klar, dass die Einstufung der Vertragsart von enormer Bedeutung für die Abwicklung des Vertrags ist.

Wirft man zunächst einen Blick auf den Dienstvertrag, so muss zunächst einmal festgehalten werden, dass dieser grundsätzlich erst mit Ablauf der Zeit, für die er eingegangen worden ist, endet. Darüber hinaus endet das Vertragsverhältnis nur im Fall einer Kündigung durch eine Partei. Liegt kein Grund für die Kündigung vor, so gestattet der Gesetzgeber eine solche nur unter Einhaltung gesetzlich vorgeschriebener Fristen. Die Frist hängt dabei von der Art der Vergütungsvereinbarung ab (siehe Abbildung 13.6).

Bürgerliches Gesetzbuch

Buch 2 - Recht der Schuldverhältnisse (§§ 241 - 853)

Abschnitt 8 - Einzelne Schuldverhältnisse (§§ 433 - 853)

Titel 8 - Dienstvertrag und ähnliche Verträge (§§ 611 - 630h)

Untertitel 1 - Dienstvertrag (§§ 611 - 630)

◂ **§ 621** ▸

Kündigungsfristen bei Dienstverhältnissen

Bei einem Dienstverhältnis, das kein Arbeitsverhältnis im Sinne des § 622 ist, ist die Kündigung zulässig,

1. wenn die Vergütung nach Tagen bemessen ist, an jedem Tag für den Ablauf des folgenden Tages;
2. wenn die Vergütung nach Wochen bemessen ist, spätestens am ersten Werktag einer Woche für den Ablauf des folgenden Sonnabends;
3. wenn die Vergütung nach Monaten bemessen ist, spätestens am 15. eines Monats für den Schluss des Kalendermonats;
4. wenn die Vergütung nach Vierteljahren oder längeren Zeitabschnitten bemessen ist, unter Einhaltung einer Kündigungsfrist von sechs Wochen für den Schluss eines Kalendervierteljahrs;
5. wenn die Vergütung nicht nach Zeitabschnitten bemessen ist, jederzeit; bei einem die Erwerbstätigkeit des Verpflichteten vollständig oder hauptsächlich in Anspruch nehmenden Dienstverhältnis ist jedoch eine Kündigungsfrist von zwei Wochen einzuhalten.

Abbildung 13.6 Regelung des § 621 BGB zu den Kündigungsfristen bei Dienstverhältnissen

Möchten Sie oder der Suchmaschinenoptimierer jedoch fristlos kündigen, so ist dies zum Schutz Ihrer gegenseitigen Interessen nur aus wichtigem Grund möglich. Das Gesetz sieht in § 626 Abs. 1 BGB einen solchen wichtigen Grund dort, wo *»Tatsachen vorliegen, auf Grund derer dem Kündigenden unter Berücksichtigung aller Umstände des Einzelfalles und unter Abwägung der Interessen beider Vertragsteile die Fortsetzung des Dienstverhältnisses bis zum Ablauf der Kündigungsfrist oder bis zu der vereinbarten Beendigung des Dienstverhältnisses nicht zugemutet werden kann«*. Doch bei diesem Wortlaut stellt sich die Frage, wann ein solcher wichtiger Grund vorliegt. Dies muss im konkreten Einzelfall beurteilt werden. Möchten Sie also auch fristlose Kündigungsrechte vereinbaren, so empfehlen wir Ihnen, diese vertraglich zu sichern. Denn ob ein Zustand unzumutbar ist oder nicht, kann je nach Perspektive durchaus unterschiedlich bewertet werden.

Berufen Sie sich doch auf Ihr gesetzliches Kündigungsrecht, so müssen Sie dieses binnen zwei Wochen ab dem Zeitpunkt erklären, in dem Sie von dem zur Kündigung berechtigenden, unzumutbaren Zustand Kenntnis erlangen.

Anders sieht es hingegen aus, wenn der SEO-Vertrag einen Werkvertrag darstellt. Ebenso wie bei einem Dienstvertrag räumt der Gesetzgeber zwar auch den Parteien eines Werkvertrags Kündigungsrechte ein, deren Ausübung ist jedoch nur so lange möglich, wie noch keine Abnahme, also Akzeptanz des Werkes, erfolgt ist. Nach der Abnahme ist also keine Kündigung mehr möglich.

Der Suchmaschinenoptimierer kann den Vertrag kündigen, wenn Sie Ihren vertraglich vereinbarten Mitwirkungspflichten nicht oder nicht ausreichend nachkommen und so die Fertigstellung vereiteln. Dabei kann es sich beispielsweise um die Lieferung von Keywords handeln, die zur Optimierung erforderlich sind. Zuvor muss der Suchmaschinenoptimierer Ihnen aber noch eine Frist zur Nachholung der Mitwirkungshandlung setzen und Ihnen gegenüber erklären, dass er den Vertrag kündigt, wenn Sie Ihren Pflichten nicht innerhalb der Frist nachkommen. Kommt es dann zu solch einer Kündigung, wird das Vertragsverhältnis beendet.

Achtung: Die Vergütungspflicht bleibt!

Die Kündigung des Suchmaschinenoptimierers wegen fehlender Mitwirkung Ihrerseits bedeutet aber nicht, dass Sie seine Vergütung dann nicht mehr bezahlen müssen – im Gegenteil: der Vergütungsanspruch des Suchmaschinenoptimierers bleibt von der Kündigung unberührt, da ihn kein Verschulden an der Nichtvollendung der Optimierung trifft.

Ein deutlich weiter gefasstes Kündigungsrecht steht Ihnen – soweit nicht anders vereinbart – als Auftraggeber zu: Vom Zeitpunkt des Vertragsschlusses an bis zur Abnahme können Sie den Vertrag jederzeit fristlos und ohne Angabe von Gründen kündigen.

Die Vergütung des Suchmaschinenoptimierers berechnet sich dann aus der Differenz zwischen dem vertraglich Vereinbarten und dem, was er durch die Nichtvollendung des Werkes erspart hat oder anderweitig erzielt oder auch absichtlich nicht erzielt hat.

Hinweis: Beweislast

Da nur der Suchmaschinenoptimierer selbst darlegen kann, welchen Vergütungsanspruch er hat, trägt auch er die Beweislast für den von ihm berechneten Vergütungsanspruch. Dies bedeutet, dass er für den Einzelfall detailliert darlegen und beziffern muss, was er an Aufwendungen erspart hat.

13.3.6 Datenschutzerklärung

Ein weiterer besonders wichtiger Aspekt der Vertragsgestaltung ist die Datenschutzerklärung. Damit vereinbaren Sie und der Optimierer, wie mit den gegenseitig ausgetauschten Daten umzugehen ist. Dies betrifft insbesondere Ihre Daten, da Sie doch deutlich mehr Daten preisgeben müssen, als Sie selber erhalten. Dies betrifft neben Ihren persönlichen Daten wie Ihrem Namen und Ihren Adressdaten auch solche, die für die Anmeldung bzw. Änderung einer Domain in Suchmaschinen, Katalogen und Listen notwendig sind. Diese Daten betreffend wird der Suchmaschinenoptimierer sich vertraglich das Einverständnis dazu einholen, diese im Rahmen des Vertragsverhältnisses zu speichern, ändern oder löschen sowie an Dritte zu übermitteln, sofern dies notwendig ist. Sie sollten jedoch darauf achten, dass Ihre persönlichen Kundendaten, die nicht für die Vertragsabwicklung benötigt werden, auch nicht an Dritte weitergegeben werden.

Auch ist nicht unwesentlich, was mit Ihren Daten nach Beendigung des Vertrags passiert. Dahin gehend sollten Sie sich zusichern lassen, dass Ihre Daten auch über das Ende des Vertragsverhältnisses hinaus nicht weitergegeben und gegebenenfalls gelöscht werden.

13.3.7 Exklusivitäts- und Geheimhaltungsvereinbarungen

Exklusivitätsvereinbarungen spielen dort eine Rolle, wo Sie beispielsweise einer der Branchenführer sind und verhindern möchten, dass Ihr Suchmaschinenoptimierer auch für Ihre Konkurrenz tätig wird. Denn auf diese Weise laufen Sie Gefahr, auch innerhalb der Suchmaschinen noch mehr in direktem Wettbewerb zu stehen. Um dies zu verhindern, bietet sich eine Regelung an, die ein Tätigwerden des Suchmaschinenoptimierers während der Vertragslaufzeit für Ihre Mitbewerber ausschließt, er also exklusiv nur für Sie arbeiten darf.

Umgekehrt kann eine Exklusivitätsvereinbarung auch von dem Suchmaschinenoptimierer gewünscht werden, nämlich wenn es darum geht, dass Sie nicht berechtigt sein sollen, für dieselbe Domain weitere SEO-Dienstleister zu beauftragen.

Ferner spielt des Öfteren die Geheimhaltung von Geschäftsdaten eine wichtige Rolle. Denn für viele Auftraggeber ist es von besonderer Bedeutung, dass ihre gesamten Daten garantiert geheim gehalten werden, auch über die Vertragsauflösung hinaus.

Praxisbeispiel: Geheimhaltungsvereinbarung

»1. Die Parteien verpflichten sich, sämtliche im Zusammenhang mit der vertraglichen Zusammenarbeit erlangten vertraulichen Informationen strikt geheim zu halten und diese ohne ausdrückliche schriftliche Zustimmung weder über die zur Erfüllung ihrer vertraglichen Verpflichtungen hinausgehend zu verwenden oder zu verwerten noch an Dritte weiterzugeben. Dies gilt insbesondere für Informationen über Suchgewohnheiten und Technologien der Suchdienste, soweit diese nicht allgemein bekannt sind.

2. Als vertrauliche Informationen im Sinne dieser Regelung gelten alle mitgeteilten Informationen sowie ausgehändigten Daten, Unterlagen und Materialien, die im Rahmen des Vertrags direkt oder indirekt zur Verfügung gestellt werden und als vertraulich bezeichnet werden.«

Trotz des in der Regel untergeordneten Charakters dieser Pflichten können daraus bei deren Verletzung sehr kostenintensive Ansprüche geltend gemacht werden.

13.3.8 Form des Vertrags

Bei der Fixierung des Vertrags empfehlen wir Ihnen die Schriftform insofern, als sie es Ihnen und Ihrem Vertragspartner ermöglicht, sich während Ihrer Zusammenarbeit bei Unklarheiten immer wieder an dem schriftlich Vereinbarten zu orientieren und so Missverständnisse in den Absprachen vermeiden zu können. Denn die Suchmaschinenoptimierung umfasst zahlreiche Einzelaspekte, die im Laufe der Zeit in Vergessenheit geraten können, wenn diese nur mündlich besprochen wurden. Auch besteht das Risiko, dass Sie innerhalb einer Agentur die Absprachen mit Personen treffen, die bei Entstehen einer Unstimmigkeit nicht mehr für die Agentur tätig sind.

Zudem ist zu bedenken, dass zwar ein mündlicher Vertrag genauso wirksam ist wie ein schriftlicher Vertrag, jedoch besteht das Problem, dass mündliche Absprachen im Streitfall schwerer nachzuweisen sind. Die Schriftform ist die einfachste und sicherste Variante, sich im Streitfall auf Absprachen zu berufen, um so eigene Ansprüche durchzusetzen bzw. Gegenansprüche abzuwehren. Dazu genügt bereits eine E-Mail mit der gegnerischen Bestätigung des Erhalts.

13.4 Was gilt im Hinblick auf das Urheberrecht an suchmaschinenoptimierten Inhalte?

Im Zusammenhang mit der Suchmaschinenoptimierung spielen Urheberrechte an zwei Stellen eine wichtige Rolle: Zum einen bei der Suchmaschinenoptimierung an sich (zum Beispiel Konzeption der Seitenstruktur) und zum anderen bei den für die Suchmaschinenoptimierung verwendeten Inhalten Dritter, wie zum Beispiel Texten oder Bildern, also dem Content.

13.4.1 Der Schutz des Urheberrechts

Einen urheberrechtlichen Schutz genießen grundsätzlich nur Werke mit einer persönlichen geistigen Schöpfung. Persönlich bedeutet dabei, dass das Werk auf einer menschlich-gestalterischen Tätigkeit des Urhebers beruht und damit nicht bloß

Ergebnis eines Softwarevorgangs ist. Einen geistigen Gehalt weist es darüber hinaus dann auf, wenn der menschliche Geist beispielsweise durch die Mitteilung eines Gedanken- oder Gefühlsinhalts durch das Werk zum Ausdruck kommt.

Auch ist zu beachten, dass das Urheberrecht nach deutschem Recht nicht übertragbar ist, allenfalls ist es vererbbar. Dies hat zur Folge, dass die alleinigen und ausschließlichen Verwertungsrechte an dem Werk beim Urheber liegen und Dritte das urheberrechtlich geschützte Werk nur dann rechtmäßig gebrauchen können, wenn ihnen die Nutzungsrechte daran durch den Urheber eingeräumt wurden.

13.4.2 Urheberrecht an suchmaschinenoptimierten Inhalten

Im Rahmen der Suchmaschinenoptimierung stellt sich jedoch erst einmal ganz grundsätzlich die Frage, ob die suchmaschinenoptimierten Inhalte überhaupt urheberrechtlichen Schutz genießen, da sie oft belanglos und nicht sonderlich kreativ wirken. Die Antwort auf diese Frage haben bereits das OLG Rostock (Beschluss vom 27.06.2007, Az. 2 W 12/07) und das LG Köln (Beschluss vom 2.05.2011, Az. 33 O 267/11) gegeben, indem sie entschieden, dass der im Rahmen der Suchmaschinenoptimierung getroffenen Auswahl und Anordnung von Begriffen bei der Gestaltung der Texte ein urheberrechtlicher Schutz jedenfalls dann zukommt, wenn die Suchmaschinenoptimierung erfolgreich erfolgt ist, da in einem solchen Fall die verwendete Sprache für eine gewisse Schöpfungshöhe des Werkes spreche. Schließlich führe die sprachliche Gestaltung durch den Optimierer dazu, dass die Internetseite des Auftraggebers bei Eingabe plakativer Suchwörter in die Suchmaschine Google unter den ersten Suchergebnissen erscheint. Weiter führte das OLG Rostock aus:

> *»Die Gestaltung mit Mitteln der Sprache erreicht die für die Urheberrechtsschutzfähigkeit hinreichende Gestaltungshöhe, denn sie übersteigt deutlich das Schaffen eines durchschnittlichen Webdesigners, das auf einer routinemäßigen, handwerksmäßigen und mechanisch-technischen Zusammenfügung des Materials beruht. Die durch geschickte Auswahl und Anordnung der Schlüsselwörter erzielte Spitzenposition in der Suchmaschine beruht auf der eigenen geistigen Schöpfung des Kl. Die auf diese Weise vorgenommene Gestaltung verschafft den Webseiten eine individuelle Prägung und hebt sie deutlich aus der Vielzahl durchschnittlicher Internetauftritte anderer Anbieter von Häusern heraus.«*

Das OLG Rostock sieht einen Text also schon deswegen als kreativ an, da er bei Google gut gefunden wird. Ob andere Gerichte dieser weiten Auslegung des Begriffs Schöpfungshöhe folgen werden, bleibt abzuwarten.

Das LG Köln nimmt jedenfalls gerade keine Prüfung des Rankings vor. Entscheidend sei allein, dass es sich um Werbetexte handele, die die Eigenschaften und Beschaffenheit verschiedener Produktarten beschreiben und dabei einem bestimmten Stil folgen, der ersichtlich in seiner Ausdrucksart eine bestimmte Käuferschicht ansprechen soll und keine alltägliche Umgangssprache enthält. Dafür reiche auch schon ein aus drei Sätzen bestehender Text aus.

Damit ist zwar auch dieser rechtliche Aspekt der Suchmaschinenoptimierung noch nicht einheitlich geklärt, jedoch kann festgehalten werden, dass zumindest der Suchmaschinenoptimierer urheberrechtlich auf der sicheren Seite ist, der einen individuellen und hochwertigen Inhalt verwendet.

13.4.3 Urheberrecht an Dritt-Content

Eine weitere wichtige Rolle spielt das Urheberrecht im Hinblick auf die verwendeten Inhalte Dritter, also die Rechte an Texten oder Bildern, die nicht von dem Suchmaschinenoptimierer oder Ihnen selbst geschaffen wurden, aber dennoch zu Optimierungszwecken auf Ihrer Seite Platz finden sollen. Zwar erfolgt die Optimierung umso besser, je hochwertiger der Content ist, doch wer sich dabei ungefragt an Inhalten Dritter bedient, muss mit rechtlichen Konsequenzen rechnen. Denn nur weil Inhalte im Internet frei zugänglich sind, bedeutet dies nicht, dass diese auch nach Belieben benutzt werden dürfen. Dies gilt zum Beispiel auch für Bilder, die Sie über die Google-Bildersuche finden (siehe Abbildung 13.7).

Abbildung 13.7 Ergebnis der Google-Bildersuche bei Eingabe des Begriffs »Suchmaschinenoptimierung«

Der Grund dafür liegt im Urheberrecht: Das Urheberrecht sichert dem Urheber das alleinige und ausschließliche Verwertungsrecht an seinem Werk. Während im Gesetz verschiedene Arten geregelt sind, auf die der Urheber seine Rechte ausüben kann, sind im Internet drei Verwertungsarten von besonderer Relevanz: die Vervielfältigung, die öffentliche Zugänglichmachung und die Bearbeitung eines Werkes.

Dies bedeutet, dass ohne die Einwilligung des Urhebers – mit wenigen Ausnahmen – seine Werke weder vervielfältigt noch öffentlich zugänglich gemacht oder bearbeitet werden dürfen. Diese drei Verwertungsarten sind im Internet aber gerade relevant. Denn der Sinn einer Internetseite ist es, öffentlich zugänglich gemacht zu werden, also von einem unbestimmten Personenkreis betrachtet zu werden. In dem Moment, in dem Sie auf diese Internetseite Inhalte Dritter einstellen, fertigen Sie technische Kopien an und tangieren damit das Recht des Urhebers zur Vervielfältigung. Dies gilt grundsätzlich auch dann, wenn Sie die Inhalte bereits bearbeitet oder umgestaltet haben. Nehmen Sie diese Verwertungsarten ohne die Einwilligung des Urhebers vor, so stellt dies eine Verletzung seiner Rechte dar, die zivilrechtliche Ansprüche nach sich ziehen kann!

Achtung: Qualität des Werkes entscheidet nicht über Urheberrechtsschutz!

Bei der Verwendung von Inhalten Dritter sollte immer im Blick behalten werden, dass an jedem Bild, Text oder Video Urheberrechte bestehen. Dabei ist es unerheblich, wie aufwendig die Erstellung war – ein Schnappschuss eines Hobbyfotografen ist genauso schutzwürdig wie die Aufnahme eines Profis. Letztendlich sollten Sie bei jeder Verwendung eines Inhalts überprüfen, ob das Recht besteht, diesen Inhalt für den beabsichtigten Zweck zu verwenden. Besondere Beachtung sollte dabei der Zulässigkeit der kommerziellen Nutzung zukommen!

An dieser Stelle sollten Sie auch noch einmal an die bereits erläuterten Haftungsfreistellungsvereinbarungen des Suchmaschinenoptimierers denken. Denn liefern Sie ihm diese Inhalte, so sind auch Sie für die Einholung der erforderlichen Rechte verantwortlich.

13.4.4 Die rechtssichere Verwendung fremder Inhalte

Um geschützte Inhalte rechtssicher nutzen zu können, müssen Sie sich vom Rechteinhaber Nutzungsrechte einräumen lassen. Nutzungsrechte sind im allgemeinen Sprachgebrauch als Lizenzen bekannt und stellen Rechte am geistigen Eigentum anderer dar. Diese Nutzungsrechte an urheberrechtlich geschützten Werken kann der Urheber als Rechteinhaber (Lizenzgeber) mit einem Lizenzvertrag auf den späteren Werknutzer (Lizenznehmer), für bestimmte Nutzungsarten übertragen und ihm so die wirtschaftliche Nutzung des Werkes gestatten. Der Rechteinhaber eines Fotos beispielsweise entscheidet also, wer das Foto wo, wie und in welchem Umfang benutzen darf und wer nicht.

Dies bedeutet letztlich, dass Sie oder der Suchmaschinenoptimierer beim Urheber anfragen müssen, ob Sie den gewünschten Inhalt für die Internetseite nutzen dürfen. Diese Nutzungserlaubnis müssen Sie sich dann gegebenenfalls vertraglich und oftmals gegen ein Entgelt einräumen lassen. Hier empfiehlt sich erneut aus Gründen der Beweislast eine schriftliche Fixierung der Vereinbarung.

Hinweis: Kommerzielle Bildportale

Mittlerweile hat sich eine große Zahl an kommerziellen Bildportalen etabliert, die unter bestimmten Bedingungen die Nutzung von Bildern ermöglichen. Dazu zählen beispielsweise Pixelio, Fotolia, iStockphoto und Gettyimages (siehe Abbildung 13.8).

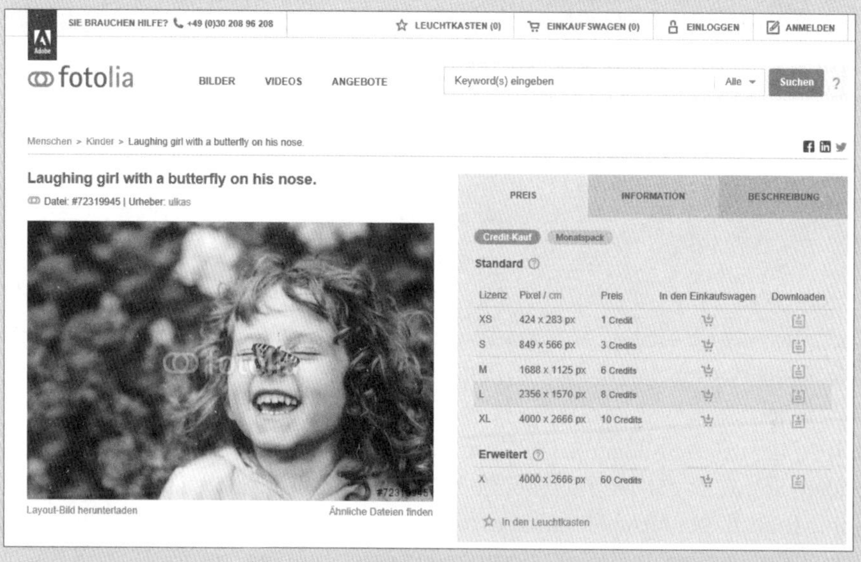

Abbildung 13.8 Der Anbieter Fotolia bietet Ihnen gegen ein Entgelt Bilder zur kommerziellen Verwendung an.

Möchten Sie für die Nutzung von Werken Dritter kein Entgelt zahlen, so können Sie auch auf kostenlose Alternativen zurückgreifen. Zu denken ist dabei an die sogenannten Creative-Commons-Inhalte (CC, kostenfreie Lizenz). Diese Jedermannlizenzen richten sich als schöpferisches Gemeingut an alle Betrachter gleichermaßen und erlauben, dass jeder mit einem CC-lizenzierten Inhalt machen darf, was sich aus dem jeweiligen CC-Lizenztext ergibt.

Hinweis: CC-lizenzierte Bilder

Eine gute Internetseite, auf der ausschließlich CC-lizenzierte Bilder zu finden sind, ist piqs.de (siehe Abbildung 13.9). Doch auch bei Google und Flickr können Sie die Bildersuchen auf Werke, die unter diesen Lizenzen stehen, beschränken.

Abbildung 13.9 CC-lizenzierte-Bilder erhalten Sie auf www.piqs.de.

Doch CC-lizenzierte Bilder dürfen Sie nur den Lizenzbedingungen entsprechend verwenden. Somit ist für Sie auch bei CC-Inhalten ein Blick in die Lizenzbedingungen unumgänglich. Andernfalls kann es passieren, dass Sie sich im Nachhinein mit Ansprüchen der Rechteinhaber auseinandersetzen müssen.

Bedingungen der Nutzung solcher CC-lizenzierten Werke sind zum Beispiel:

- die Nennung des Namens des Urhebers und die Verlinkung
- das Verbot der Bearbeitungen des Bildes
- die Nennung der jeweiligen Lizenz und die Verlinkung dazu
- die nicht kommerzielle Nutzung

Hinweis: Kommerzielle Nutzung erlaubt!

Das Portal piqs.de erlaubt Ihnen auch die kommerzielle Nutzung der CC-lizenzierten Bilder, solange Sie sich an die übrigen Regelungen wie die Namensnennung halten (siehe Abbildung 13.10).

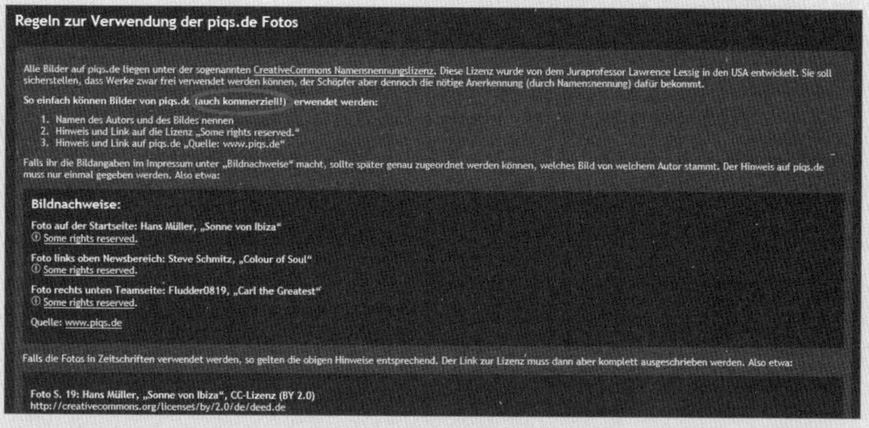

Abbildung 13.10 Regeln zur Verwendung CC-lizenzierter Fotos auf piqs.de

Der Aspekt der Namensnennung sollte keineswegs unterschätzt werden. Dabei geben Portale wie piqs.de auch Anleitungen zur Umsetzung Ihrer Anforderungen (siehe Abbildung 13.10), die Sie unbedingt einhalten sollten. Doch auch wenn der Lizenzgeber dazu keine Anforderungen stellt, sind Sie gesetzlich zur dauerhaften Nennung des Urhebers verpflichtet. Nach jüngster Rechtsprechung (AG Düsseldorf, Urteil vom 3.09.2014, Az. 57 C 5593/14) reicht beispielsweise eine Benennung, die nur bei Herüberstreifen mit dem Mauszeiger – sogenannter Mouseover-Effekt – angezeigt wird, nicht aus. Schließlich wird der Mouseover-Effekt insbesondere bei einem mauslosen Tablett-PC nicht angezeigt. Von daher liegt eine Urheberrechtsverletzung vor, was teure Abmahnungen und Schadensersatzklagen zur Folge haben kann.

13.5 Wann ist die Verwendung fremder Kennzeichen und Marken markenrechtlich zulässig, wann nicht?

Durch die Suchmaschinenoptimierung soll erreicht werden, dass bestimmte, unbezahlte Suchergebnisse ganz oben in der Rangliste erscheinen. Wird die Suchmaschine jedoch unter Vortäuschung unzutreffender Sachverhalte manipuliert, gerät man schnell mit dem geltenden Recht in Konflikt. Unzulässige SEO-Maßnahmen können zu teuren Abmahnungen führen. Werden fremde Markennamen zur Optimierung der Suchergebnisse benutzt, ist die markenrechtliche Grenze schnell erreicht. Schließlich haben markenrechtliche Streitigkeiten bereits zu zahlreichen gerichtlichen Auseinandersetzungen geführt. Wir klären darüber auf, was erlaubt ist und was nicht.

13.5.1 Der Schutz des Markenrechts

Es ist nicht generell verboten, einen fremden Markennamen auf seiner Website zu erwähnen. Doch um zu verstehen, welche Aspekte der Suchmaschinenoptimierung von einem Verbot betroffen sein können, ist zunächst einmal auf die erforderlichen Grundsätze des Markenrechts einzugehen.

Grundsätzlich schützt das Markenrecht unter anderem Marken, worunter *»alle Zeichen, insbesondere Wörter einschließlich Personennamen, Abbildungen, Buchstaben, Zahlen, Hörzeichen, dreidimensionalen Gestaltungen einschließlich der Form einer Ware oder ihrer Verpackung sowie sonstige Aufmachungen einschließlich Farben und Farbzusammenstellungen [...], die geeignet sind, Waren oder Dienstleistungen eines Unternehmens von denjenigen anderer Unternehmen zu unterscheiden«*, verstanden werden (§ 3 Abs. 1 MarkenG). In der Regel entsteht dieser Markenschutz mit der Eintragung der Marke in das beim Marken- und Patentamt geführte Markenregister (siehe Abbildung 13.11). Dies hat zur Folge, dass zugunsten des Eintragenden ein ausschließliches Recht entsteht. Dies bedeutet, dass nur er die Marke im geschäftlichen Verkehr benutzen darf, Dritte hingegen dazu seiner Zustimmung bedürfen.

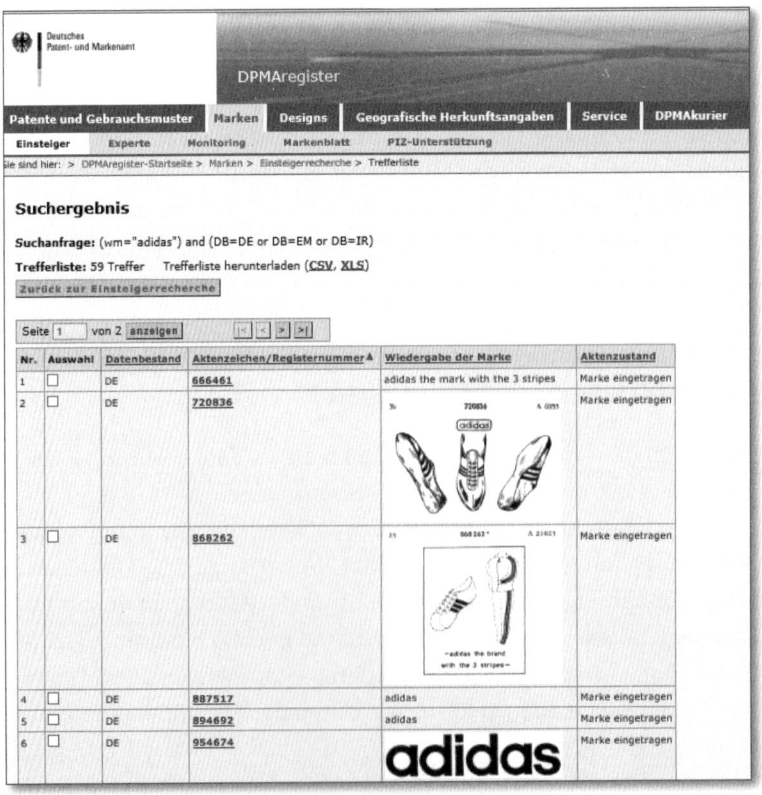

Abbildung 13.11 Der Sportwarenhersteller Adidas hat sich zahlreiche Variationen in Logo und Schreibweise des Namens Adidas schützen lassen.

Ausgehend von diesem Grundsatz hat sich der Bundesgerichtshof in zahlreichen markenrechtlichen Streitigkeiten zu den verschiedenen Maßnahmen von Suchmaschinenoptimierern geäußert.

13.5.2 Die On-Page-Optimierung

Die On-Page-Optimierung umfasst alle Maßnahmen, die zur inhaltlichen Verbesserung der eigenen Website dienen. Gemeint ist damit die Platzierung von Keywords in dem Textinhalt und den Überschriften. Auch die Formatierung der Seite und technische Details, wie das Einsetzen von Tags, beeinflussen die Auffindbarkeit der Website durch die Suchmaschine.

Ein rechtliches Problem kann dabei entstehen, wenn das platzierte Schlagwort identisch mit dem Markennamen eines anderen ist und eine Verwechslungsgefahr besteht. Die Nutzung eines fremden Markennamens pusht die Platzierung der eigenen Website. Wird der fremde Markenname ausschließlich zu diesem Zweck genutzt, liegt ein Verstoß gegen das Markenrecht vor.

Praxisbeispiel: On-Page-Optimierung mit fremden Marken

Im Power-Ball-Urteil entschied der BGH (Urteil vom 4.02.2010, Az. I ZR 51/08), dass ein Unternehmen, das in einer bestimmten Zeile seiner Internetseite, von der es weiß, dass eine Internetsuchmaschine auf die dort angegebenen Wörter zugreift, zusammen mit seiner Produktkennzeichnung eine Bezeichnung angibt, die mit der Marke eines Dritten verwechselbar ist, dafür verantwortlich ist, dass die Internetsuchmaschine die Kennzeichen zusammen als Treffer anführt. Damit ist die Verwendung fremder Markennamen im Einzelfall auch in für den durchschnittlichen User sichtbarer Form unzulässig.

Fremde Markennamen dürfen Sie auf Ihrer eigenen Website verwenden, wenn dies nicht ausschließlich zum eigenen Vorteil geschieht. Sie dürfen selbstverständlich den Markennamen erwähnen, wenn der Inhalt Ihrer Website einen Bezug zu der Marke herstellt, indem über das Produkt oder das Unternehmen berichtet wird. Es muss demnach ein Sinn für die Erwähnung des Markennamens erkennbar sein. Erlaubt ist die Nutzung fremder Markennamen daher beispielsweise, wenn über die Website Produkte der Marke vertrieben werden. So darf beispielsweise der Online-Händler Zalando zur schnelleren Auffindbarkeit seines Shops das Keyword Adidas benutzen, da er die Artikel dieser Marke auch in seinem Shop verkauft (siehe Abbildung 13.12).

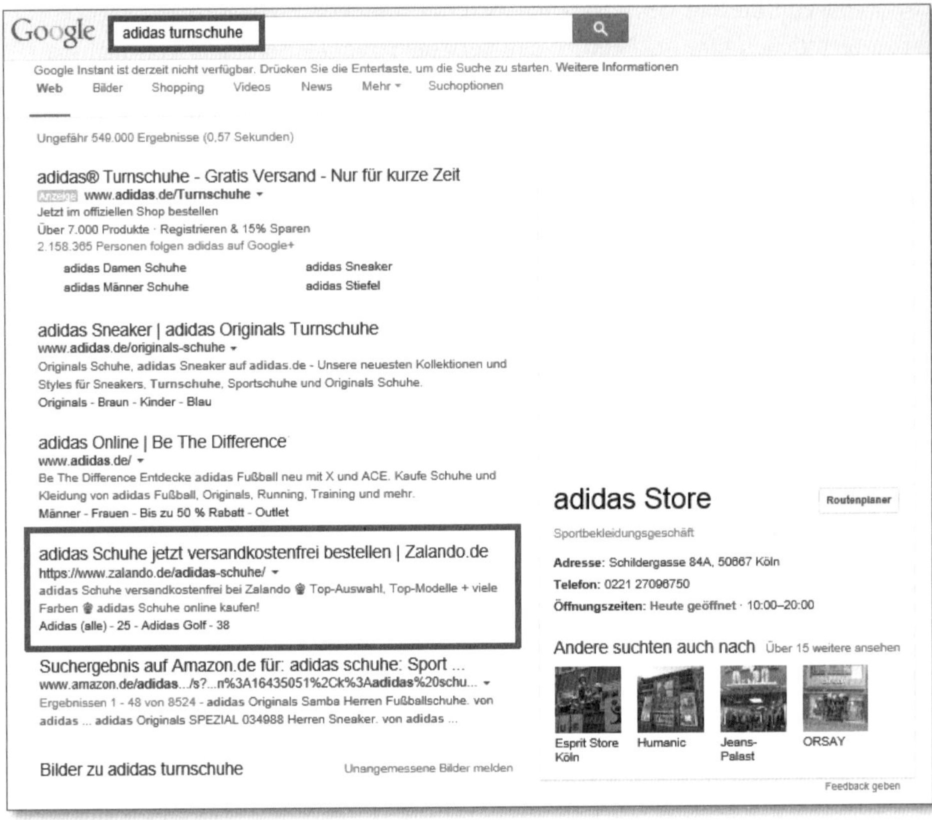

Abbildung 13.12 Bei Eingabe der Keywords »Adidas« und »Turnschuhe« erscheint der Online-Händler Zalando gleich als dritter Treffer.

13.5.3 Versteckte Nutzung des Markennamens

Einen fremden Markennamen können Sie auch verdeckt benutzen, indem Sie diesen unsichtbar im HTML-Code der Seitenprogrammierung aufnehmen. Der Markenname erscheint auf diese Weise überhaupt nicht auf der Webseite, dennoch wird diese durch die Aufnahme des Markennamens im HTML-Code der Webseite schneller gefunden. Grund dafür sind ganz bestimmte Metatags. Diese sind kurze Teile einer Programmierung im Head-Bereich einer Webseite im HTML-Code, die Informationen über eine Webseite enthalten, aber für den durchschnittlichen User in der Regel nicht sichtbar sind. Metatags werden von Crawlern einer Suchmaschine ausgelesen und für das Ranking herangezogen.

Suchmaschinenoptimierer nutzen dieses System nicht nur auf die gedachte Art und Weise, sondern setzen auch irrelevante Keywords ein, wie zum Beispiel Markennamen bekannter Unternehmen, die allein den Zweck haben, die Ergebnisse in den

Suchmaschinen zu beeinflussen. Dadurch werden die Nutzer auf die Seite geleitet, obwohl das Keyword tatsächlich gar nicht mit der Anfrage übereinstimmt.

Hier ist die Rechtslage für den BGH eindeutig: Da kein Bezug des Textes zum Markennamen vorliegt, der bekannte Name ausschließlich zur Beeinflussung der Suchmaschine zum eigenen Vorteil genutzt und die Marke »kennzeichenmäßig« genutzt wird, verstößt die Verwendung gegen das Markenrecht. Denn es geht dabei nur darum, die eigene Trefferhäufigkeit bei Suchmaschinenanfragen zu erhöhen, den Nutzer auf die eigene Seite zu führen und eigene Angebote zu präsentieren. Eine solche versteckte Nutzung eines Markennamens kann abgemahnt werden und gegebenenfalls Schadensersatzforderungen nach sich ziehen.

Praxisbeispiel: Markenname im HTML-Code

In dem AIDOL-Urteil des BGH (Urteil vom 8.02.2007, Az. I ZR 77/04) stritten die Inhaberin der eingetragenen Marke AIDOL Holzschutzmittel und Lacke als Herstellerin und Vertreiberin des Produkts sowie eine Konkurrentin, die früher ebenfalls dieses Produkt vertrieb, nun aber nur noch ähnliche Lacke im Sortiment hat. Gleichwohl verwendete sie auf mehreren ihrer Internetseiten als Metatag und in Weiß-auf-Weiß-Schrift das Kennzeichen AIDOL – sehr zum Ärger der Herstellerin.

Der BGH bejahte vorliegend eine Markenrechtsverletzung unter dem Aspekt, dass die Konkurrentin die Marke AIDOL nicht nur im Rahmen der Bewerbung des Produkts, sondern auch auf Internetseiten verwendete, die mit den AIDOL- Produkten nichts zu tun hatten. Dies stelle aber eine unternehmensbezogene Verwendung der Marke dar und sei daher unzulässig.

Ebenfalls unzulässig ist die Verwendung des als Suchwort verwendeten verwechslungsfähigen Zeichens als Hidden Text auf der Internetseite, die dazu dient, das Ergebnis einer Internetsuchmaschine zu beeinflussen und den Nutzer dadurch zu der Internetseite des Verwenders zu leiten.

13.5.4 Nutzung eines fremden Markennamens bei AdWords

Ein wenig anders liegt die rechtliche Lage bei der Nutzung eines fremden Markennamens im Rahmen von AdWords. An dieser Stelle möchten wir auf die ausführliche Darstellung in Abschnitt 12.2, »Dürfen fremde Marken beim Keyword-Advertising verwendet werden?«, verweisen und Ihnen an dieser Stelle nur einen groben Überblick geben.

AdWords ist ein Werbesystem, bei dem man Schlüsselwörter buchen kann, bei deren Eingabe die Webseite automatisch über den »normalen« Suchergebnissen bzw. rechts davon erscheint (siehe Abbildung 13.13). Dabei können Sie im Vorhinein festlegen, dass Ihre Anzeige nur in den Ergebnissen der Suchanfragen erscheint, die Ihre Keywords enthalten. Auf diese Weise können Sie ganz gezielt Werbung schalten. Gebühren fallen erst dann an, wenn ein Nutzer infolge der Anzeige auf Ihre Seite klickt.

Bei diesem bezahlten Suchergebnis darf man nach Ansicht des Europäischen Gerichtshofs vom Grundsatz her einen fremden Markennamen als Schlüsselwort nutzen. Der Grund dafür liegt darin, dass es sich hier um eine bezahlte Anzeige handelt und der Nutzer nach Ansicht der europäischen und auch der deutschen höchstrichterlichen Rechtsprechung zwischen einer Werbeanzeige und den eigentlichen Ergebnissen der Suchmaschine unterscheiden kann. Schließlich wird bei AdWords die Anzeige auch als solche klar gekennzeichnet (siehe Abbildung 13.13).

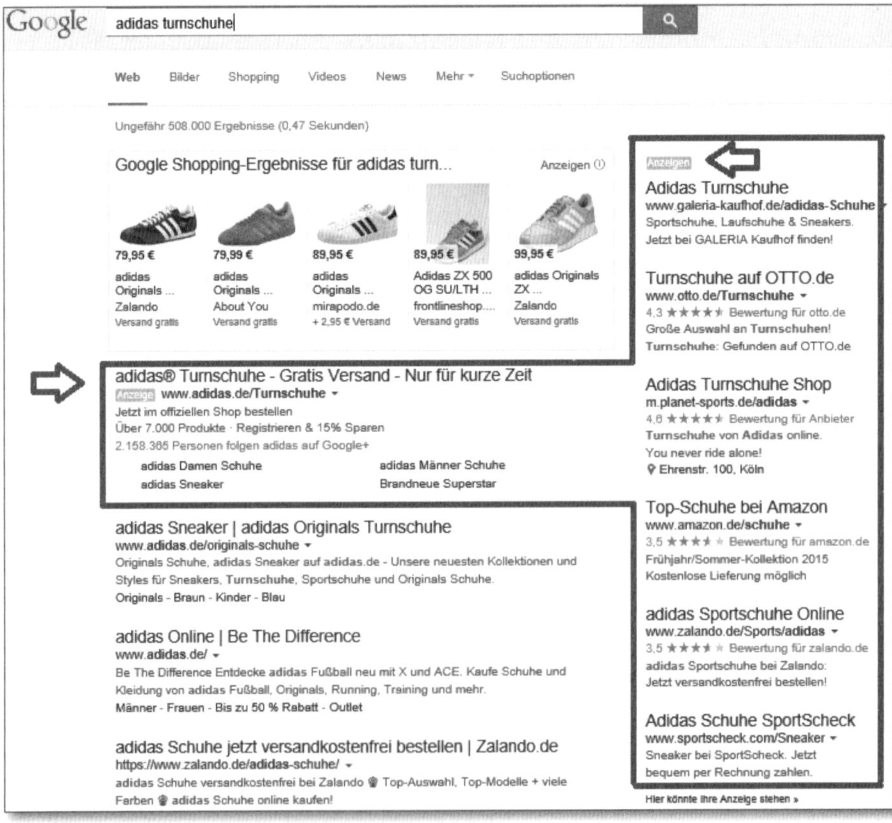

Abbildung 13.13 Rot eingerahmt sind die Anzeigen über Google AdWords.

Durch die Kennzeichnung wird beim Nutzer der Suchmaschine keine Fehlvorstellung oder Verwirrung ausgelöst und auch der Ruf der als Keyword verwendeten Marke nicht beeinträchtigt. Genau in dieser Unterscheidungskraft des Nutzers liegt nach Ansicht des EuGH auch der Unterschied zur Verwendung von fremden Markennamen in Metatags: Denn über AdWords werden die Suchergebnisse in der Rubrik ANZEIGEN veröffentlicht. Dort erwartet der Nutzer nicht ausschließlich Angebote des Markeninhabers, da ihm bewusst ist, dass es sich hier um bezahlte Anzeigen handelt. Der Nutzer kann also bei AdWords zwischen den bezahlten und den unbezahlten Suchergebnissen differenzieren. Die Metatags hingegen beeinflussen die Suchergebnisse als solches, ohne dass dies für den Nutzer erkennbar wäre. Der Nutzer denkt, dass er auf den von der Suchmaschine als Treffer angezeigten Seiten Angebote des Markeninhabers findet. Dies ist gleichzeitig eine irreführende Werbung und damit auch wettbewerbsrechtlich nicht unproblematisch.

Da die erläuterte Unterscheidungsmöglichkeit des Nutzers und die unterschiedliche Beeinflussung des Suchvorgangs nach Ansicht des EuGH über die rechtliche Zulässigkeit entscheiden, überschreiten Sie die Grenze zur Rechtswidrigkeit dann, wenn sich Ihre Werbeanzeige nicht erkennbar von dem fremden Markennamen distanziert. Dies liegt nämlich genau dann vor, wenn Sie dem Nutzer mit Ihrer Anzeige suggerieren, dass zwischen Ihnen und dem Markenrechtsinhaber eine wirtschaftliche Verbindung besteht, beispielsweise in Form eines Vertriebs der Markenprodukte. Es reicht aber auch schon aus, wenn der Nutzer gar nicht erkennen kann, ob eine solche Verbindung besteht.

Ob im konkreten Fall eine Beeinträchtigung der Marke vorliegt, ist also eine Einzelfallentscheidung. Eine Beeinträchtigung wird in jedem Fall dann anzunehmen sein, wenn der Werbende Nachahmungen von Waren des Markeninhabers anbietet.

Eine Beeinträchtigung liegt in der Regel nicht vor, wenn mit dem Schlüsselwort eine Werbung gezeigt wird, die für alternative Waren wirbt und diese weder eine Nachahmung des Markenprodukts darstellen, noch die Marke verunglimpfen oder ihre Funktion beeinträchtigen. Eine solche Benutzung fällt grundsätzlich in den wettbewerbsrechtlich erlaubten Rahmen.

Achtung: Konsequenzen bei Markenrechtsverstößen

Wer mit seiner Suchmaschinenoptimierung die Grenzen des geltenden Rechts überschreitet, um so sein Produkt vermeintlich besser zu vermarkten, der muss mit teuren Abmahnungen und Ersatzansprüchen der Markenrechtsinhaber rechnen. Darüber hinaus können auch eine Rankingabstrafung in den Suchmaschinenergebnissen oder gar die Löschung aus dem Google-Index die Folge sein. Möchten Sie diese Risiken nicht eingehen, so empfehlen wir Ihnen, dies Ihrem Suchmaschinenoptimierer klar mitzuteilen und sogar von einer dahin gehenden vertraglichen Vereinbarung einschließlich Haftungsvereinbarungen bei Zuwiderhandlungen Gebrauch zu machen!

13.6 Spam-Links, Cloaking, Doorway-Pages, Backlinks und Co.: Was ist wettbewerbsrechtlich unlauter?

Auch im Wettbewerbsrecht lauern bei der SEO rechtliche Probleme. Besonders relevant sind dabei die manipulativen Mittel der SEO. Denn mit SEO versucht man letztlich eine bessere Suchmaschinenindizierung zu erreichen als die Konkurrenz. Dass dabei auch Missbrauch betrieben wird, ist naheliegend. Mit steigender Beliebtheit von SEO-Maßnahmen steigt auch die Häufigkeit wettbewerbsrechtlicher Abmahnungen auf diesem Gebiet. Um dies zu vermeiden, möchten wir Sie in diesem Abschnitt auf die Maßnahmen der Suchmaschinenoptimierung hinweisen, die für Sie auch Unterlassungs- oder Schadensersatzforderungen nach sich ziehen können.

Achtung: Vertragliche Regelung mit dem Suchmaschinenoptimierer!

Da Sie als Betreiber einer Internetseite auch für diese verantwortlich sind, die Suchmaschinenoptimierung aber regelmäßig von Dritten vorgenommen wird, sollten Sie mit dem Suchmaschinenoptimierer vertraglich regeln, welche Handlungen er nicht vornehmen darf. Dabei können Sie sich selbst an dem Gedanken orientieren, dass Sie SEO in erster Linie für potenzielle Nutzer vornehmen – ohne diese in die Irre zu führen – und nicht gegen Ihre Konkurrenten. Andernfalls müssen Sie mit Imageverlusten oder einem Downranking der Suchmaschinenbetreiber rechnen.

Um negative Konsequenzen der SEO zu vermeiden, möchten wir Ihnen zunächst kurz einen Überblick über den Schutzzweck des Wettbewerbsrechts geben und Sie dann auf einige wettbewerbsrechtlich relevante Stolpersteine bei der Suchmaschinenoptimierung hinweisen.

13.6.1 Der Schutz des Wettbewerbsrechts

Das Wettbewerbsrecht zielt darauf ab, den Wettbewerb im Interesse der Betroffenen, also der Wettbewerber, der Verbraucher und sonstigen Marktteilnehmer, vor Verfälschungen und damit vor Einschränkungen des Wettbewerbs zu schützen. Das in Deutschland vornehmlich im Gesetz gegen den unlauteren Wettbewerb geregelte Recht enthält sogenannte Marktverhaltensregeln für die Marktteilnehmer. Von besonderer Relevanz ist dabei das Verbot unlauterer geschäftlicher Handlungen. Das sind solche, die geeignet sind, den Wettbewerb zum Nachteil der Mitbewerber, der Verbraucher oder der sonstigen Marktteilnehmer nicht nur unerheblich zu beeinträchtigen. Besonders relevant sind Wettbewerbsregeln im Rahmen des Marketings und damit auch bei der Suchmaschinenoptimierung.

Achtung: Folgen von Wettbewerbsverstößen

Werden über Ihre Website im Rahmen der SEO Wettbewerbsverstöße begangen, so müssen Sie mit folgenden Konsequenzen rechnen:

- Abmahnungen
- Unterlassungs- und Beseitigungsforderungen
- Schadensersatzansprüche
- Abschöpfung des Gewinns aus der unzulässigen Handlung
- Bußgelder von bis zu 300.000 €

Daneben müssen Sie bei besonders schweren Wettbewerbsverstößen wie einer irreführenden Werbung auch mit strafrechtlichen Konsequenzen einer Freiheitsstrafe von bis zu fünf Jahren oder einer Geldstrafe rechnen.

13.6.2 Verletzung gesetzlicher Informationspflichten

Wettbewerbsrechtlich relevant kann beispielsweise der Verstoß gegen Informationspflichten sein, die Ihnen der Gesetzgeber als Betreiber der Seite auferlegt. Dazu gehört unter anderem ein nicht vorhandenes, falsches oder unvollständiges Impressum. Denn die Impressumspflicht ist eine Vorschrift, die auch dazu dient, im Interesse der Marktteilnehmer das Marktverhalten zu regeln. Verstoßen Sie gegen eine solche Marktverhaltensregel, ist dies unlauter und damit unzulässig.

Im Rahmen der Suchmaschinenoptimierung wird die Impressumspflicht regelmäßig dort verletzt, wo beispielsweise Blogs, Tumblr- oder Facebook-Seiten nur zu Optimierungszwecken aufgesetzt worden sind und daher eher stiefmütterlich behandelt werden. Dabei gilt die Impressumspflicht grundsätzlich für jeden, der mit seiner Website ein finanzielles Interesse verfolgt. Dies beginnt bereits mit einer Werbekampagne. Nur wenn Ihre Website ausschließlich persönlichen Zwecken dient, sind Sie von der Impressumspflicht befreit.

Hinweis: Rechtstexter

Als Website-Betreiber haften Sie für die Vollständigkeit, Richtigkeit und Einsehbarkeit des Impressums. Wenn Sie sich nicht sicher sind, was alles in Ihr Impressum gehört, dann können Sie sich auch des Rechtstexters bedienen, den die Rechtsanwaltskanzlei Wilde Beuger Solmecke in Kooperation mit Trusted Shops entwickelt und auf der Webseite *https://www.wbs-law.de/e-commerce/trusted-shops-und-die-kanzlei-wilde-beuger-solmecke-bieten-abmahnschutzpakete-an-die-garantie-fuer-online-haendler-60997/* online gestellt hat. Dieses kostenlose Tool hilft Ihnen dabei, das Impressum schnell und einfach immer auf dem neuesten Stand zu generieren.

Auf diese Weise können Sie sich günstig, einfach und sicher gegen Abmahnungen schützen (siehe Abbildung 13.14).

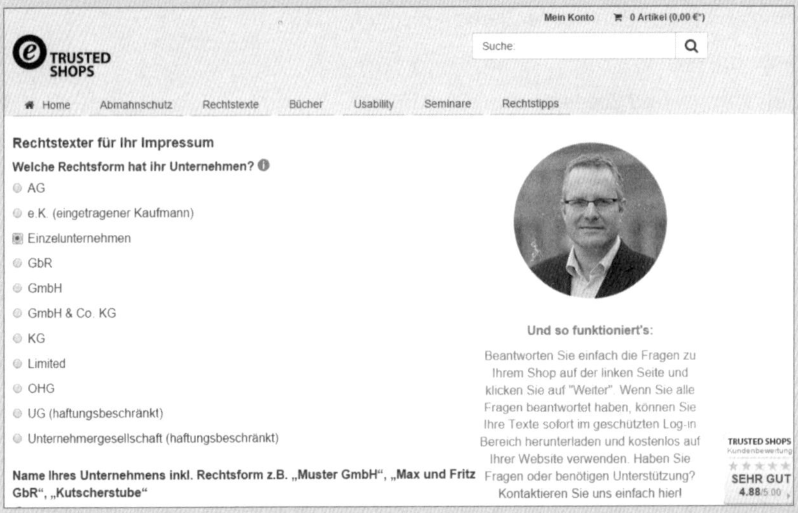

Abbildung 13.14 Der Rechtstexter hilft Ihnen bei der Erstellung Ihres Impressums.

13.6.3 Wettbewerbernamen im Hidden Text

Hinweis

Als Hidden Text, englisch für versteckter Text, werden Textinhalte und Links einer Webseite bezeichnet, die zwar im Quelltext vorhanden sind, jedoch für den Besucher unsichtbar bleiben.

Verwenden Sie konkret die Namen Ihrer Konkurrenten im Hidden Text Ihrer Website, um so eine Umleitung von der fremden Seite auf die eigene Seite zu erreichen, handeln Sie unlauter und verstoßen damit gegen das Wettbewerbsrecht. Denn dieser Versuch der Suchmaschinenoptimierung hat allein den Zweck, die Kunden der Konkurrenz abzufangen, und behindert damit gezielt den Konkurrenten. Dies gilt aber nur dann, wenn Sie zudem den Ruf des Konkurrenzunternehmens ausnutzen oder die Nutzer in die Irre führen (vergleiche dazu auch Abschnitt 13.5.3, »Versteckte Nutzung des Markennamens«). Denn dann handelt es sich ganz klar um eine unzulässige Suchmaschinenmanipulation.

13.6.4 Negativ-SEO

Das recht neue Phänomen der Negativ-SEO zielt darauf ab, die Seiten von Mitbewerbern abzuwerten, um so der eigenen Seite einen mittelbaren Vorteil zu verschaffen.

Das Prinzip ist simpel: Es gibt bekanntermaßen einige Links, die von Google als »minderwertig« eingestuft werden. Genannt seien hier beispielweise solche aus der Erotik- oder Glücksspielbranche. Von derartig eingestuften Seiten werden Links auf die Seite, die abgewertet werden soll, beispielsweise in das Gästebuch gesetzt. Im Ergebnis sollte diese Vorgehensweise ausreichen, um die Seite des Konkurrenten bei Google herabzustufen.

Findet dieses Verhalten zwischen Unternehmern statt, so ist diese Herangehensweise im Rahmen einer rechtlichen Beurteilung als unlauteres Verhalten einzustufen. Denn die Handlung zielt offenbar auf die Besserstellung der eigenen Unternehmung gegenüber dem Mitbewerber ab und bezweckt somit zumindest mittelbar die Förderung des eigenen Absatzes.

Da durch Negativ-SEO für die Betreiber von Onlineshops massive Umsatzeinbußen drohen, verwundert es nicht, dass auch die Cyber-Kriminalität auf den Plan gerufen wurde.

Praxisbeispiel: SEO-Erpressung

Wie das Online-Portal Golem berichtete, wurde der Betreiber eines Shops für Holzspielzeug damit erpresst, den Absturz seiner Website im Google-Ranking nur durch die Zahlung von 5.000 € verhindern zu können. Nachdem der Händler nicht zahlen wollte, sorgte der Erpresser durch das Setzen von sogenannten *Badlinks* in überwiegend osteuropäischen, asiatischen und arabischen Foren dafür, dass der Shop im Google-Ranking deutlich nach unten rutschte. Der Erpresser erstellte mit technischen Hilfsmitteln mehr als 500 Nutzerprofile, mit denen er durch mehrfache Verlinkung aus einzelnen Domains Tausende Badlinks generierte, mit wirtschaftlich katastrophalen Folgen: Nach Angaben des Holzspielzeughändlers sackte sein Umsatz dadurch um 75 % ein.

So gravierend die wirtschaftlichen Konsequenzen für die Betreiber sind, so massiv sind auch die straf- und zivilrechtlichen Konsequenzen für den Erpresser: Die Erpressung ist strafrechtlich nicht das, was man als Kavaliersdelikt bezeichnen würde, steht für den Täter doch eine Freiheitsstrafe von bis zu fünf Jahren oder Geldstrafe in Aussicht. Handelt der Täter dabei gewerbsmäßig, so sieht das Gesetz sogar eine Freiheitsstrafe von nicht unter einem Jahr vor.

Unabhängig von diesen strafrechtlichen Konsequenzen muss sich der Erpresser auch darauf einstellen, zivilrechtlich auf Schadensersatz in Anspruch genommen zu werden: Negativ-SEO stellt einen Eingriff in den Gewerbebetrieb des Händlers dar. Die daraus resultierenden Schäden wie Umsatzeinbußen muss der Erpresser dem Betreiber der Website dann ersetzen. Bei gut laufenden Shops können so durch massive Umsatzeinbußen hohe Schadenssummen entstehen, da der zu ersetzende Schaden auch den entgangenen Gewinn umfasst. Problematisch ist natürlich auch die Wiederherstellung des Status quo im Google-Ranking: Eine direkte Schnittstelle für diese Probleme hält Google nicht bereit. Den Betroffenen bleibt nur der Umweg über Googles Webmaster-Tools, womit jeder negativ besetzte Link einzeln erkannt und als Spam gemeldet werden müsste.

Bedient sich der Händler für diesen zeitaufwendigen Akt eines IT-Spezialisten, muss der Erpresser auch dessen Rechnung zahlen, da auch dieser Posten allein auf der Negativ-SEO basiert. Zu guter Letzt wird sich der Händler bei derart massiven Rechtsverletzungen anwaltlich beraten lassen. Auch diese Kosten und gegebenenfalls die Kosten eines nachfolgenden Gerichtsverfahrens kann der Händler von dem Erpresser ersetzt verlangen. Daneben steht dem Händler ein Unterlassungsanspruch gegen den Erpresser zu, der ihn vor zukünftigen Eingriffen in seinen Gewerbebetrieb schützt.

Achtung: Durchsetzbarkeit der Ansprüche

Fraglich bleibt aber, ob der Geschädigte seine zivilrechtlichen Ansprüche auch durchsetzen kann. Im Fall des Holzspielzeughändlers konnte der Täter nicht ermittelt werden. Selbst wenn der Erpresser identifiziert werden würde, müsste der Händler vor Gericht beweisen, dass der Erpresser hinter den mit unterschiedlichen Namen, E-Mail-Adressen, ICQ-Nummern und Herkunftsangaben erstellten Forenprofilen steckt, auf denen die Badlinks gesetzt wurden.

13.6.5 Cloaking

Beim Cloaking handelt es sich um eine Technik zur Suchmaschinenoptimierung, bei der dem Webcrawler der Suchmaschine eine andere Seite präsentiert wird als dem Besucher, obwohl die gleiche Quellenanzeige verwendet wird. Ziel dieser Vorgehensweise ist ein höheres Ranking in der Suchmaschine.

Hinweis

Antworten auf die häufigsten Fragen zum Cloaking beantwortet Ihnen Google in einem Video, das Sie auf *https://support.google.com/webmasters/answer/66355* abrufen können.

Ob dieses Verhalten auch wettbewerbsrechtlich relevant ist, wird unterschiedlich beurteilt. Die einen gehen von einer rechtlichen Zulässigkeit des Cloakings aus, da lediglich der Suchmaschine etwas vorgespielt werde, um das Ranking zu erhöhen, ein unlauteres Verhalten gegenüber Mitbewerbern oder Verbrauchern sei aber nicht erkennbar. Denn im Gegensatz zur Verwendung fremder Kennzeichen als Metatags sei die Erwartungshaltung des durchschnittlichen Nutzers eine andere, da diesem bewusst sei, dass in der Trefferliste einer Suchmaschine auch zugleich Webseiten aufgeführt werden, deren Inhalt mit dem Suchbegriff nichts oder nur sehr wenig zu tun hat. Andere hingegen sehen im Cloaking einen Wettbewerbsverstoß, da die Brückenseiten irreführend und damit unlauter seien.

Achtung

Dass das Cloaking keinen Wettbewerbsverstoß darstellt, bedeutet nicht, dass es deshalb unproblematisch zulässig ist. Denn sehr wohl kann das Cloaking unter markenrechtlichen Aspekten unzulässig sein, wenn beispielsweise fremde Marken auf Doorway Pages eingesetzt und dann über das Cloaking versteckt werden (LG Hamburg, Beschluss vom 22.04.2005, Az. 315 O 260/05). Auch verstößt ein solches Verhalten meist gegen die Regeln der Suchmaschinenbetreiber und kann zu Abstrafungen führen (siehe Abbildung 13.15)!

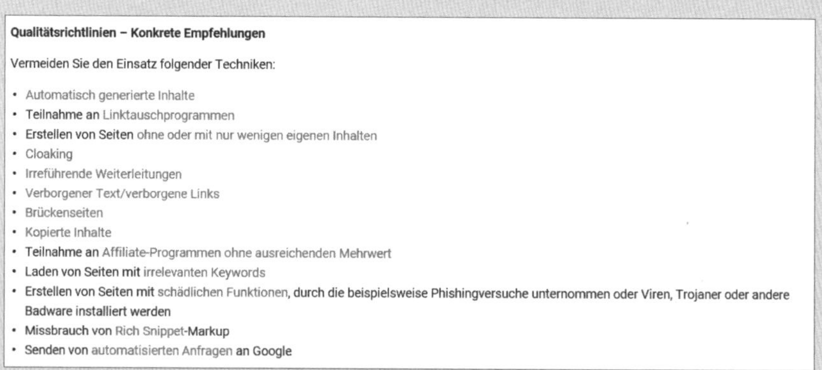

Qualitätsrichtlinien – Konkrete Empfehlungen

Vermeiden Sie den Einsatz folgender Techniken:

- Automatisch generierte Inhalte
- Teilnahme an Linktauschprogrammen
- Erstellen von Seiten ohne oder mit nur wenigen eigenen Inhalten
- Cloaking
- Irreführende Weiterleitungen
- Verborgener Text/verborgene Links
- Brückenseiten
- Kopierte Inhalte
- Teilnahme an Affiliate-Programmen ohne ausreichenden Mehrwert
- Laden von Seiten mit irrelevanten Keywords
- Erstellen von Seiten mit schädlichen Funktionen, durch die beispielsweise Phishingversuche unternommen oder Viren, Trojaner oder andere Badware installiert werden
- Missbrauch von Rich Snippet-Markup
- Senden von automatisierten Anfragen an Google

Abbildung 13.15 Regeln des Suchmaschinendienstes Google für Webmaster

13.6.6 Doorway Pages

Bei Doorway Pages handelt es sich um HTML-Seiten, die als speziell für Suchmaschinen aufbereitete Seiten vor der eigentlichen Webseite geschaltet werden. Diese vorgeschaltete Seite bemerkt der Besucher jedoch in der Regel nicht, da er automatisch auf die eigentlich gewünschte Webseite weitergeleitet wird (siehe Abbildung 13.16). Dadurch wird dem Besucher der Webseite ein anderer Inhalt geboten als der Suchmaschine, wodurch aber das Ranking der Seite erhöht wird.

Abbildung 13.16 Beispiel für Doorway Pages aus dem Google-Video zu den Webmaster-Richtlinien

Praxisbeispiel

Google nennt in seinen Webmaster-Richtlinien folgende Beispiele für Brückenseiten:

- mehrere Domainnamen oder Seiten, die auf bestimmte Regionen oder Städte ausgerichtet sind, die Nutzer jedoch alle zur selben Seite weiterleiten
- Seiten, die erstellt wurden, um Besucher auf den tatsächlich nutzbaren oder relevanten Teil Ihrer Webseite zu leiten
- im Wesentlichen ähnliche Seiten, die eher Suchergebnissen ähneln als einer klar definierten, durchsuchbaren Hierarchie

Jedoch stellen solche Brückenseiten keinen Verstoß gegen das Wettbewerbsrecht dar, da der Besucher nach Meinung der Gerichte nicht auf die Richtigkeit der Suchmaschinenergebnisse vertrauen kann und somit auch nicht schutzwürdig ist. Dies wäre aber gerade Voraussetzung einer Unlauterkeit.

Achtung: Brückenseiten sind Google ein Dorn im Auge!

Google hat seine Qualitätsrichtlinien für Brückenseiten im März 2015 aktualisiert (einsehbar unter *http://googlewebmastercentral-de.blogspot.de/2015/03/aktualisierung-der-qualitatsrichtlinien-fuer-brueckenseiten.html*). In diesen Richtlinien wird darauf hingewiesen, dass in Kürze eine Rankinganpassung im Hinblick auf Brückenseiten vorgenommen werden soll und diese Änderung weitreichende Folgen für Webseiten mit einem groß angelegten und etablierten Einsatz von Brückenseiten haben wird. Auf diese Weise soll Webspam bekämpft und die Qualität des Suchergebnisses verbessert werden.

13.6.7 Link-Tauschprogramme

Ferner könnten Kauf, Tausch und Miete von Backlinks wettbewerbsrechtlich bedenklich sein. Diese sind für die Suchmaschinenoptimierung deshalb von besonderer Bedeutung, da die Anzahl der Backlinks letztlich eine große Rolle beim Ranking in den Suchmaschinentreffern spielt. Weil der natürliche Aufbau von Links jedoch seine Zeit braucht, greifen manche Suchmaschinenoptimierer immer häufiger zum Kauf, Tausch oder zur Miete von Backlinks. Gerade bei Seiten, die auf das Internet angewiesen sind, wie zum Beispiel Onlineshops, ist die Verlockung groß. So gibt es im Internet sogar Link-Tauschbörsen, in denen man thematisch nach der eigenen Produkt- und Dienstleistungspalette Link-Tauschpartner finden kann (siehe Abbildung 13.17).

Abbildung 13.17 Ergebnis des Portals Link-Partner.de bei der Suche nach Link-Partnern zum Thema »Hochzeit«

Auch diesem Verhalten kommt ebenso wie den Doorway Pages und dem Cloaking grundsätzlich keine wettbewerbsrechtliche Relevanz zu, da auch hierbei allein die Suchmaschine getäuscht wird und nicht der Nutzer.

Eine Ausnahme von der Zulässigkeit besteht jedoch dann, wenn solche Backlinks aus redaktionellen Inhalten heraus erfolgen. Etliche Suchmaschinenoptimierer sind dazu übergegangen, gezielt Texte in Online-Publikationen mit darin eingebetteten Backlinks zu positionieren. Die Zeitungsverlage veröffentlichen also gekaufte Texte, die für den Leser wie redaktionelle Inhalte aussehen. Ein solches Vorgehen verstößt gegen das strikte Gebot der Trennung von Werbung und redaktionellen Inhalten. Solche Texte und Backlinks müssen klar als Werbung gekennzeichnet werden. Zwar sind besagte Kooperationen für Wettbewerber oder Verbraucherschützer nicht immer leicht aufzudecken, kommen die geheimen Verträge allerdings erst einmal ans Licht, haben Suchmaschinenoptimierer, Verlag und Sie selbst mit kostspieligen Abmahnungen zu rechnen.

Hinweis

Alle Links, die den PageRank oder das Ranking einer Website in den Google-Suchergebnissen beeinflussen sollen, wertet der Suchmaschinenbetreiber Google als Teil eines Link-Tauschprogramms und als Verstoß gegen die unternehmenseigenen Richtlinien für Webmaster. Darin erläutert Google auch Beispiele für solche unnatürlichen und gleichzeitig unzulässigen Links (siehe Abbildung 13.18).

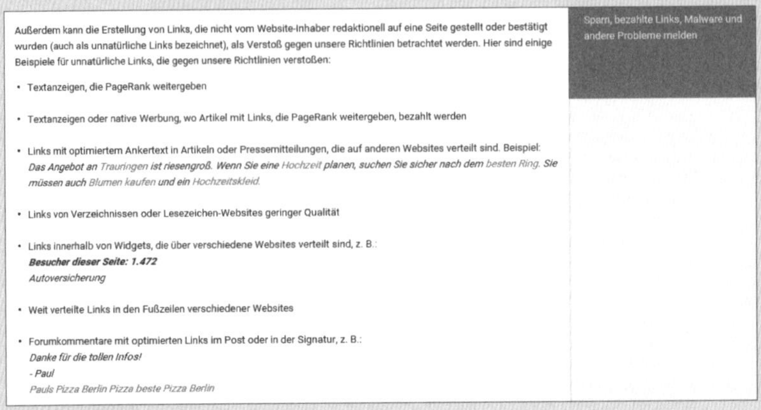
Außerdem kann die Erstellung von Links, die nicht vom Website-Inhaber redaktionell auf eine Seite gestellt oder bestätigt wurden (auch als unnatürliche Links bezeichnet), als Verstoß gegen unsere Richtlinien betrachtet werden. Hier sind einige Beispiele für unnatürliche Links, die gegen unsere Richtlinien verstoßen:

- Textanzeigen, die PageRank weitergeben
- Textanzeigen oder native Werbung, wo Artikel mit Links, die PageRank weitergeben, bezahlt werden
- Links mit optimiertem Ankertext in Artikeln oder Pressemitteilungen, die auf anderen Websites verteilt sind. Beispiel:
  Das Angebot an Trauringen ist riesengroß. Wenn Sie eine Hochzeit planen, suchen Sie sicher nach dem besten Ring. Sie müssen auch Blumen kaufen und ein Hochzeitskleid.
- Links von Verzeichnissen oder Lesezeichen-Websites geringer Qualität
- Links innerhalb von Widgets, die über verschiedene Websites verteilt sind, z. B.:
  Besucher dieser Seite: 1.472
  Autoversicherung
- Weit verteilte Links in den Fußzeilen verschiedener Websites
- Forumkommentare mit optimierten Links im Post oder in der Signatur, z. B.:
  Danke für die tollen Infos!
  - Paul
  Pauls Pizza Berlin Pizza beste Pizza Berlin

Spam, bezahlte Links, Malware und andere Probleme melden

Abbildung 13.18 Auszug aus den Webmaster-Richtlinien von Google zu Link-Tauschprogrammen

13.7 Wie funktioniert eine datenschutzkonforme Webanalyse mit Google Analytics?

Der Datenschutz ist im Rahmen der Suchmaschinenoptimierung besonders im Hinblick auf die professionellen Webanalysen durch Google Analytics, Piwik und Co. brisant (siehe Abbildung 13.19). Denn nach eigenen Angaben des Unternehmens Google werden bei der Webanalyse IP-Adressen der Website-Besucher erfasst, damit Sie als Inhaber der Website untersuchen können, aus welchen Teilen der Erde Ihre Besucher stammen (sogenanntes *Geotargeting*).

Abbildung 13.19 Startseite des Webanalysetools Google Analytics

Obwohl keine Weitergabe der Daten an den jeweiligen Website-Betreiber erfolgt, wurde die Google-Webanalyse lange Zeit von Datenschutzbeauftragten in Deutschland als nicht mit den Datenschutzregelungen konform angesehen. In der Folge wurde nun eine Vorgehensweise festgelegt, nach der die Nutzung in Einklang mit dem Datenschutzrecht steht. Damit gibt es nun Möglichkeiten, auch Google Analytics datenschutzkonform in die Suchmaschinenoptimierung einzubinden. Dazu sind folgende Maßnahmen nötig:

1. **Abschluss eines Vertrags zur Auftragsdatenverarbeitung**: Da Sie beim Einsatz von Google Analytics als Auftraggeber und Google als Auftragnehmer agieren, ist mit Google ein schriftlicher Vertrag zur Auftragsdatenverarbeitung abzuschließen.

Praxistipp

Einen Entwurf eines solchen Vertrags können Sie auf *http://static.googleusercontent.com/media/www.google.com/de//analytics/terms/de.pdf* herunterladen und auch verwenden.

2. **Anonymisierung der IP-Adressen**: Nehmen Sie eine Anonymisierung der IP-Adressen der Nutzer vor, indem Sie den Google-Analytics-Code durch `anonymizeIP` händisch erweitern (siehe Abbildung 13.20). Auf diese Weise erreichen Sie, dass die letzten 8 Bit der IP-Adressen gelöscht und somit anonymisiert werden.

```
<script type="text/javascript">

var _gaq = _gaq || [];
_gaq.push(['_setAccount', 'UA-XXXXXXX-X']);
_gaq.push(['_gat._anonymizeIp']);
_gaq.push(['_trackPageview']);

(function() {
var ga = document.createElement('script'); ga.type = 'text/javascript';
ga.async = true;
ga.src = ('https:' == document.location.protocol ? 'https://ssl' :
'http://www') + '.google-analytics.com/ga.js';
var s = document.getElementsByTagName('script')[0];
s.parentNode.insertBefore(ga, s);
})();

</script>
```

Abbildung 13.20 Beispiel für einen datenschutzkonformen Tracking-Code

3. **Widerspruchsrecht und Aufklärung**: Sie müssen den Besucher der Website darüber aufklären, welche Daten in welchem Umfang und zu welchem Zweck erhoben werden und müssen ihm zudem die Möglichkeit geben, der Erfassung von Nutzungsdaten widersprechen zu können. Dies gelingt durch einen Link zum Deaktivierungs-

Add-on und das Setzen eines Opt-out-Cookies in Ihrer Datenschutzerklärung, wobei beides vorhanden sein muss (siehe Abbildung 13.21).

Einsatz von Google Analytics zur Webanalyse
Diese Website benutzt Google Analytics, einen Webanalysedienst der Google Inc. (www.google.de). Google Analytics verwendet sog. „Cookies", Textdateien, die auf Ihrem Computer gespeichert werden und die eine Analyse der Benutzung der Website durch Sie ermöglichen. Die durch den Cookie erzeugten Informationen über Ihre Benutzung dieser Website werden in der Regel an einen Server von Google in den USA übertragen und dort gespeichert. Im Falle der Aktivierung der IP-Anonymisierung auf dieser Webseite, wird Ihre IP-Adresse von Google jedoch innerhalb von Mitgliedstaaten der Europäischen Union oder in anderen Vertragsstaaten des Abkommens über den Europäischen Wirtschaftsraum zuvor gekürzt. Nur in Ausnahmefällen wird die volle IP-Adresse an einen Server von Google in den USA übertragen und dort gekürzt. Die IP-Anonymisierung ist auf dieser Website aktiv. Im Auftrag des Betreibers dieser Website wird Google diese Informationen benutzen, um Ihre Nutzung der Website auszuwerten, um Reports über die Websiteaktivitäten zusammenzustellen und um weitere mit der Websitenutzung und der Internetnutzung verbundene Dienstleistungen gegenüber dem Websitebetreiber zu erbringen. Die im Rahmen von Google Analytics von Ihrem Browser übermittelte IP-Adresse wird nicht mit anderen Daten von Google zusammengeführt. Sie können die Speicherung der Cookies durch eine entsprechende Einstellung Ihrer Browser-Software verhindern; wir weisen Sie jedoch darauf hin, dass Sie in diesem Fall gegebenenfalls nicht sämtliche Funktionen dieser Website vollumfänglich werden nutzen können.

Sie können darüber hinaus die Erfassung der durch das Cookie erzeugten und auf Ihre Nutzung der Website bezogenen Daten (inkl. Ihrer IP-Adresse) an Google sowie die Verarbeitung dieser Daten durch Google verhindern, indem sie das unter dem folgenden Link verfügbare Browser-Plugin herunterladen und installieren: http://tools.google.com/dlpage/gaoptout?hl=de
Alternativ zum Browser-Plugin können Sie diesen Link klicken, um die Erfassung durch Google Analytics auf dieser Website zukünftig zu verhindern. Dabei wird ein Opt-Out-Cookie auf Ihrem Endgerät abgelegt. Löschen Sie Ihre Cookies, müssen Sie den Link erneut klicken.

Abbildung 13.21 Einbindung der Widerspruchsmöglichkeit in die Datenschutzerklärung, die über den kostenfreien Trusted-Shops-Rechtstexter erstellt wurde

Hinweis

Erläuterungen zur Einrichtung gibt Ihnen Google auf seiner Webseite für Entwickler (*https://developers.google.com/analytics/devguides/collection/gajs/?hl=de#disable*).

4. **Anpassung des Datenschutzhinweises**: Ihre bisherige Datenschutzerklärung muss um die Angaben zur Verwendung von Google Analytics erweitert werden (siehe Abbildung 13.22).

Hinweis: Rechtstexter

Der von der Rechtsanwaltskanzlei Wilde Beuger Solmecke in Kooperation mit Trusted Shops entwickelte Rechtstexter hilft Ihnen dabei, Ihre Datenschutzerklärung auch um den Hinweis der Verwendung von Google Analytics zu erweitern. Der Rechtstexter wird Ihnen auf der Webseite *https://www.wbs-law.de/e-commerce/trusted-shops-und-die-kanzlei-wilde-beuger-solmecke-bieten-abmahnschutzpakete-an-die-garantie-fuer-online-haendler-60997/* kostenlos zur Verfügung gestellt. Auf diese Weise können Sie sich günstig, einfach und sicher vor Abmahnungen schützen.

> **Einsatz von Google Analytics zur Webanalyse**
> Diese Website benutzt Google Analytics, einen Webanalysedienst der Google Inc. (www.google.de). Google Analytics verwendet sog. „Cookies", Textdateien, die auf Ihrem Computer gespeichert werden und die eine Analyse der Benutzung der Website durch Sie ermöglichen. Die durch den Cookie erzeugten Informationen über Ihre Benutzung dieser Website werden in der Regel an einen Server von Google in den USA übertragen und dort gespeichert. Im Falle der Aktivierung der IP-Anonymisierung auf dieser Webseite, wird Ihre IP-Adresse von Google jedoch innerhalb von Mitgliedstaaten der Europäischen Union oder in anderen Vertragsstaaten des Abkommens über den Europäischen Wirtschaftsraum zuvor gekürzt. Nur in Ausnahmefällen wird die volle IP-Adresse an einen Server von Google in den USA übertragen und dort gekürzt. Die IP-Anonymisierung ist auf dieser Website aktiv. Im Auftrag des Betreibers dieser Website wird Google diese Informationen benutzen, um Ihre Nutzung der Website auszuwerten, um Reports über die Websiteaktivitäten zusammenzustellen und um weitere mit der Websitenutzung und der Internetnutzung verbundene Dienstleistungen gegenüber dem Websitebetreiber zu erbringen. Die im Rahmen von Google Analytics von Ihrem Browser übermittelte IP-Adresse wird nicht mit anderen Daten von Google zusammengeführt. Sie können die Speicherung der Cookies durch eine entsprechende Einstellung Ihrer Browser-Software verhindern; wir weisen Sie jedoch darauf hin, dass Sie in diesem Fall gegebenenfalls nicht sämtliche Funktionen dieser Website vollumfänglich werden nutzen können.
>
> Sie können darüber hinaus die Erfassung der durch das Cookie erzeugten und auf Ihre Nutzung der Website bezogenen Daten (inkl. Ihrer IP-Adresse) an Google sowie die Verarbeitung dieser Daten durch Google verhindern, indem sie das unter dem folgenden Link verfügbare Browser-Plugin herunterladen und installieren: http://tools.google.com/dlpage/gaoptout?hl=de
> Alternativ zum Browser-Plugin können Sie diesen Link klicken, um die Erfassung durch Google Analytics auf dieser Website zukünftig zu verhindern. Dabei wird ein Opt-Out-Cookie auf Ihrem Endgerät abgelegt. Löschen Sie Ihre Cookies, müssen Sie den Link erneut klicken.

Abbildung 13.22 Beispiel einer Datenschutzerklärung für Google Analytics, die über den Rechtstexter erstellt wurde

5. **Löschung von alten Google-Analytics-Profilen**: Wurden auch vor der rechtskonformen Einbindung Google-Analytics-Profile verwendet, so sollten Sie diese löschen.

> **Hinweis**
> Wir empfehlen Ihnen, die erläuterte Vorgehensweise einzuhalten bzw. Ihren Optimierer zur Einhaltung vertraglich anzuhalten. Sollte hinsichtlich der rechtlichen Details Unsicherheit bestehen, so lohnt es sich, den Rat eines Datenschutzexperten einzuholen.

13.8 Welche rechtliche Relevanz haben die Google-Richtlinien?

Auf seiner Internetseite hat der Suchmaschinenbetreiber Google ausführliche Richtlinien für Webmaster unter *https://support.google.com/webmasters/answer/35769?hl=de* zur Verfügung gestellt, denen Sie entnehmen können, nach welchen Regeln eine Suchmaschinenoptimierung bei Google zu erfolgen hat. Zusätzlich erläutert ein YouTube-Video die wichtigsten Regeln (siehe Abbildung 13.23). Darin wird erklärt, welche Aspekte der Inhaltsgestaltung wichtig sind. Dabei spielen die Regeln zur Qualität eine besondere Rolle, wonach gewisse unerlaubte Vorgehensweisen, wie zum Beispiel die Verwendung von Spam-Methoden, unterlassen werden sollen.

Abbildung 13.23 YouTube-Video zu den Google-Richtlinien für Webmaster

Nun stellt sich jedoch die Frage, welche Konsequenzen ein Verstoß gegen diese Richtlinien hat. Zunächst einmal ist festzuhalten, dass die Google-Richtlinien nicht vergleichbar sind mit dem deutschen Recht, da sie nur Richtlinien eines privaten Unternehmens darstellen und keine Gesetzesqualität haben. Hier darf keine Verwechslung mit der Richtlinie erfolgen, wie wir sie aus dem europäischen Recht kennen. Google-Richtlinien sind eher Nutzungsbedingungen. Daraus folgt, dass ein Verstoß gegen diese Richtlinien im Verhältnis zu Mitbewerbern rechtlich keine unmittelbare Konsequenz hat.

Wer nun denkt, er könne beherzt die Google-Richtlinien außer Acht lassen, der irrt. Denn die Konsequenzen, mit denen Google droht, treffen gerade die auf das Internet angewiesenen Unternehmen, wie beispielsweise Onlineshop-Betreiber, deutlich empfindlicher. Denn während Google selbst hinsichtlich der Richtlinien zu Gestaltung, Inhalt und Technik von einer rein beratenden Funktion ausgeht, diese also befolgt werden können, jedoch nicht müssen, sieht es die Qualitätsrichtlinien als zwingend an. Ein Verstoß dagegen wird daher mit der dauerhaften Entfernung einer Website aus dem Google-Index oder einer sonstigen Beeinträchtigung durch algorithmische oder manuelle Maßnahmen abgestraft!

Hinweis

Sind Sie von solch einer Abstrafung betroffen, können Sie Ihre Seite bereinigen und dann auf folgender Webseite von Google (*https://support.google.com/webmasters/answer/35843*) einen Antrag auf erneute Überprüfung stellen (siehe Abbildung 13.24).

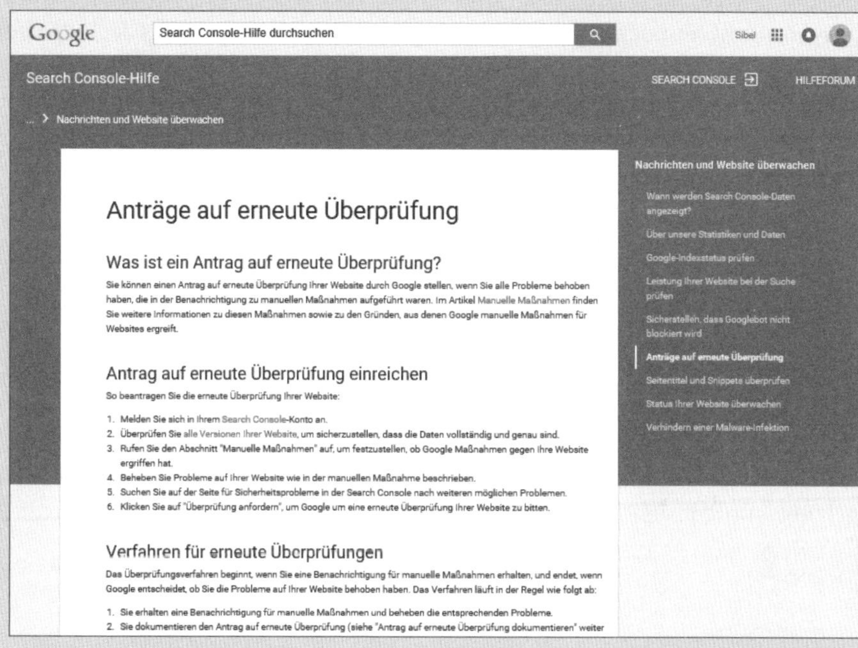

Abbildung 13.24 Antrag auf erneute Überprüfung der Suchmaschine Google nach Abstrafungen im Suchergebnis

13.9 Haftung: Wer haftet wann und wofür?

Auch im Rahmen der Suchmaschinenoptimierung spielt der Aspekt der Haftung eine nicht zu unterschätzende Rolle. Dabei kann grundsätzlich festgehalten werden, dass die bereits im Rahmen des Social Media Marketings erläuterten Grundsätze zur Haftung im Internet auch im Rahmen der Suchmaschinenoptimierung Anwendung finden, sofern Sie der Sache nach übertragbar sind. Insofern möchten wir für die allgemeinen rechtlichen Aspekte auf jene ausführlichen Erläuterungen in Abschnitt 7.10, »Wie ist die Haftung im Rahmen von sozialen Netzwerken geregelt?«, verweisen.

Eine Besonderheit besteht bei der Suchmaschinenoptimierung jedoch im Hinblick auf die Haftung für negative SEO-Maßnahmen wie Spam-Links. Suchmaschinen sind diese ein Dorn im Auge. Aus diesem Grund investieren Google, Yahoo, Bing und Co. einen hohen Aufwand in die Bekämpfung und automatische Erkennung von Spam. Denn erscheint über Nacht eine ungeheure Vielzahl neuer Webseiten zu einer bestimmten Internetseite im Google-Index, die bei Suchanfragen in der Ergebnisliste angezeigt werden können, so schlagen Spam-Filter Alarm. Denn dann geht die Suchmaschine davon aus, dass eine solche Entwicklung nicht natürlich sein kann. Daraufhin zieht Google Konsequenzen und straft die Webseiten entweder in den Suchergebnissen ab oder schließt sie gar ganz aus dem Index aus. Die Teilnahme daran ist aber gerade die Grundvoraussetzung für eine Auffindbarkeit in der Suchmaschine. Darüber hinaus sind mit einem schlechten bis nicht vorhandenen Ranking Umsatzeinbußen und ein Reputationsverlust für das Unternehmen verbunden, dessen Seite Zielscheibe von Spam-Links wurde.

Diese verheerenden Konsequenzen werden auch gezielt im Rahmen von negativen SEO-Kampagnen gegen Mitbewerber eingesetzt, die ein hohes Ranking haben, indem ihre Seite mit Spam-Links überschüttet wird. Denn die Suchmaschine selbst kann nicht erkennen, wer diese Links gesetzt hat, so dass sie dafür zunächst den Betreiber der Seite in Anspruch nimmt. Doch was können Sie tun, wenn Sie Opfer einer solchen Attacke werden?

Zunächst einmal können Sie beim Betreiber der Suchmaschine Google in den Webmaster-Tools überprüfen, ob sogenannte »manuelle Maßnahmen« gegen Ihre Seite eingeleitet wurden (siehe Abbildung 13.25).

Abbildung 13.25 Überprüfung nach manuellen Maßnahmen in den Webmaster-Tools der Suchmaschine Google

Grundsätzlich können Sie zunächst die negativen Auswirkungen von Spam-Links neutralisieren. Dabei ist beispielsweise eine Kontaktaufnahme mit dem Suchmaschinenbetreiber über das Diashow-Tool üblich sowie das Ergreifen eigener manueller Gegenmaßnahmen zum Link-Abbau. Doch die Umsetzung ist zum einen sehr zeitaufwendig und zum anderen kostenaufwendig.

Möchten Sie nun den Schädiger für die entstandenen Schäden auf Schadensersatz und Unterlassung in Anspruch nehmen, so werden Sie – sofern man von dem Vorliegen der Voraussetzungen dieser Ansprüche ausgeht – bei der prozessualen Durchsetzung mit zahlreichen rechtlichen Problemen konfrontiert.

Zunächst einmal müssen Sie als Geschädigter die Tatsachen, die Ihren Anspruch begründen, auch beweisen. Die dafür erforderlichen Beweismittel liegen aber regelmäßig in der Sphäre des Schädigers, auf die Sie nur schweren bis hin zu gar keinen Zugriff haben. Denn Spam-Links stellen Aktivitäten auf Seiten Dritter dar, die mit dem Schädiger nicht verbunden sein müssen, wodurch dieser zunächst anonym bleibt. Ein Zivilverfahren gibt Ihnen aber nicht die Möglichkeit, Ermittlungsmaßnahmen einleiten zu lassen, um an die Daten des Schädigers zu gelangen. Eine solche Möglichkeit besteht nur dann, wenn ein Strafverfahren gegen den Schädiger eingeleitet wird.

Um jedoch eine solche Vorgehensweise auch auf Spam-Links anwenden zu können, müsste dieses Verhalten auch einen Straftatbestand erfüllen. Zu denken ist dabei beispielsweise an eine Kreditgefährdung. Danach ist der zu bestrafen, der wider besseren Wissens in Beziehung auf einen anderen eine unwahre Tatsache behauptet oder verbreitet, die geeignet ist, dessen Kredit zu gefährden.

Hinweis: Kredit

Der Begriff Kredit ist nicht wörtlich im Sinne eines Darlehens zu verstehen, sondern beschreibt vielmehr das Vertrauen, das jemand hinsichtlich der Erfüllung seiner vermögensrechtlichen Verbindlichkeiten genießt.

Erforderlich wäre dafür unter anderem, dass eine Dreierkonstellation vorliegt. Es muss für einen Dritten erkennbar und offensichtlich sein, dass hinter der Äußerung ein anderer als der Betroffene selbst steht. Dies ist zwar tatsächlich der Fall und eine Strafbarkeit demnach vollkommen gegeben, jedoch fällt der Nachweis schwer, da der Angriff so gestaltet wird, dass es so scheint, als hätten Sie selbst gehandelt. Eine Verfolgbarkeit der Straftat ist daher eher unwahrscheinlich. Damit gelangt man auf diese Weise auch nicht an die Daten des Schädigers.

Achtung: Beweislast

Würde es Ihnen dennoch gelingen, den Schädiger ausfindig zu machen, müssten Sie zur Geltendmachung von Umsatzeinbußen auch diese darlegen und beweisen. Das heißt, Sie müssen begründen und beweisen, dass der von dem Schädiger vorgenommene Angriff die direkte Folge Ihrer genau zu beziffernden Umsatzeinbuße war. Dieser Beweis ist jedoch nur sehr schwer zu führen, da ein direkter Zusammenhang zwischen beispielsweise rückläufigen Aufträgen und einer fehlenden Auffindbarkeit in Suchmaschinen nur schwer nachzuweisen ist.

Damit kann festgehalten werden, dass Ihnen im Fall einer Negativ-SEO zwar materiell Ansprüche gegen den Schädiger zustehen, die prozessuale Geltendmachung dieser Sie aber vor nahezu unüberwindliche Probleme stellt. Es bleibt abzuwarten, wie Gerichte mit dieser Problematik umgehen werden.

13.10 Checkliste SEO: Alles beachtet?

Checkliste

- Schriftliche Fixierung des SEO-Vertrags?
- Einigung über den Gegenstand des Vertrags: Werk oder Dienst?
- Ausschluss von Black-Hat-Methoden?
- Einholung der Lizenzen von Drittinhalten?
- Rechtskonformer Einsatz von Markennamen Dritter?
- Keine Namen von Wettbewerbern im Hidden Text?
- Rechtskonformes Impressum?
- Anpassung der Datenschutzerklärung an Google Adwords?
- Einhaltung des datenschutzrechtlichen Verfahrens bei Google Analytics?
- Einhaltung der Google-Richtlinien?

Wenn Sie alle Fragen mit Ja beantworten können, dann kann es losgehen ... Viel Erfolg!

Kapitel 14
Der Onlineshop

Während anfangs vorwiegend Bücher und CDs über das Internet vertrieben wurden, kennt der Online-Handel in seiner Produktpalette heute keine Grenzen mehr: von Alltagsgegenständen über Luxusprodukte bis hin zu Urlaubsreisen können Sie heute alles im Internet bestellen. Dadurch hat sich der Onlineshop mittlerweile zu einem absatzstarken und fast standardmäßig eingesetzten Marketinginstrument entwickelt. Doch ebenso facettenreich wie die Möglichkeiten sind auch die rechtlichen Stolpersteine im Onlineshop: Vertragsschluss im Internet, Widerrufsrechte oder Datenschutzerklärung sind dabei Schlagwörter, die so manchen Online-Händler ins Schwitzen bringen. Wie Sie beim Einsatz eines Onlineshops nun solche rechtlichen Schwierigkeiten und Risiken bewältigen können, zeigt dieses Kapitel.

Auch wenn mittlerweile ein Onlineshop schon zum Standardprogramm von Unternehmen gehört, so sollte dessen Bedeutung nicht unterschätzt werden: Allein im Jahr 2014 wurden in Deutschland 42,9 Mrd. € online umgesetzt. Dies entspricht etwa 10 % des deutschen Gesamthandelsvolumens und stellt eine Steigerung zum vergangenen Jahr von 25 % dar. Solche Zahlen verwundern nicht, schließlich tätigt durchschnittlich jeder zweite Deutsche seine Einkäufe online und gibt dabei im Schnitt 1.054 € pro Jahr aus – die Deutschen sind damit in der Statistik der Onlineshopper recht weit vorne vertreten (siehe Abbildung 14.1)!

Nach einer aktuellen Umfrage im Auftrag von *www.deals.com* soll der Absatz im Online-Handel im Jahr 2015 im Vergleich zum Vorjahr weiter um etwa 20 % steigen. Gleichzeitig prognostiziert die Studie für die Zukunft einen – wenn auch erst einmal leichten – Rückgang im stationären Handel: Über die Ladentheke wird der deutsche Einzelhandel demnach 2015 voraussichtlich etwa 1,8 % weniger erwirtschaften.

Diese enormen Absatzmöglichkeiten im Internet und das stetige Wachstum besonders auf dem deutschen Markt zeigen ganz klar, warum der Onlineshop weiterhin als Marketinginstrument unverzichtbar ist. Denn dort können Sie Ihre Produkte und Dienstleistungen rund um die Uhr einer unbegrenzten Anzahl von Personen vorstellen.

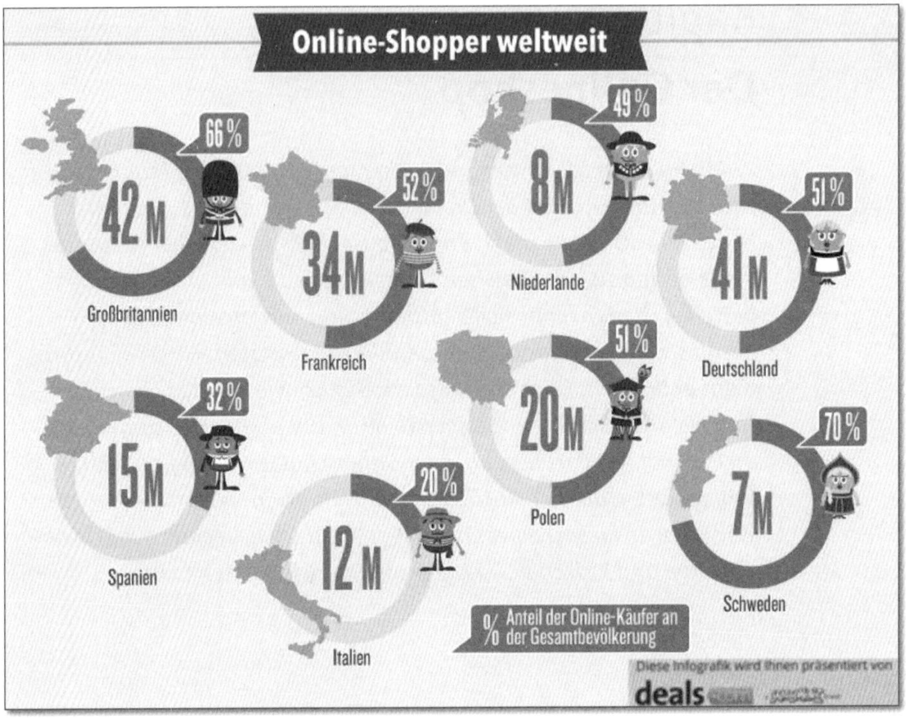

Abbildung 14.1 Statistik zu Onlineshoppern in Europa

Doch der Onlineshop stellt Sie als Online-Händler vor enorme Herausforderungen. Denn zum Schutz der Verbraucher haben Gesetzgeber und Rechtsprechung ganz klare Vorstellungen darüber, wie Verträge in Onlineshops abzuwickeln sind, ja sogar dazu, wie Sie den Onlineshop zu gestalten haben – hier werden Ihnen teilweise sogar Begrifflichkeiten vorgegeben. Halten Sie sich nicht an die rechtlichen Vorgaben, so erleiden Sie oftmals nicht nur Nachteile im Verhältnis zum Kunden, sondern müssen auch mit wettbewerbsrechtlichen Konsequenzen, wie zum Beispiel einer Abmahnung, rechnen. Um genau dies zu verhindern, möchten wir Ihnen in diesem Kapitel einen kleinen Leitfaden zu den wichtigsten Aspekten beim Handel im Internet geben. Insbesondere möchten wir Sie auf Änderungen der Verbrauchervorschriften hinweisen, die seit dem 13. Juni 2014 gelten und unter anderem Ihre Informationspflichten und das Widerrufsrecht Ihrer Kunden betreffen.

14.1 Basis des Online-Handels: Was ist beim Vertragsschluss im Internet zu beachten?

Das A und O eines erfolgreichen Onlineshops ist die Vertragsgestaltung. Denn nur wenn der Handel im Netz reibungslos abläuft, können Sie Ihren Onlineshop erfolgreich als Marketingkanal nutzen. Gerade im Internet erscheint der Verkaufsprozess jedoch oft undurchsichtig und rechtlich für beide Parteien nur schwer zu durchblicken. Bevor der Handel im Netz beginnt, sollten daher die folgenden Eckpunkte des Vertrags für Sie und auch für Ihre Kunden klar sein:

- Art des geschlossenen Vertrags
- Art und Weise des Vertragsschlusses
- Konsequenzen aus dem Vertragsschluss

Nur wenn Sie diese Punkte verstanden und verinnerlicht haben, ist der Betrieb eines rechtssicheren Onlineshops möglich und schützt Sie vor späteren Problemen bei der Abwicklung des Vertrags. Gleichzeitig steigern Sie die Kundenzufriedenheit, wenn diese ein Gefühl von Transparenz bei den Details der Geschäftsabwicklung haben.

In diesem Abschnitt möchten wir Ihnen als Online-Händler daher einen Überblick über die verschiedenen Etappen der Vertragsgestaltung bieten und dabei die Gelegenheit geben, die rechtlichen Fallstricke des Vertragsschlusses beim Online-Handel zu verstehen.

14.1.1 Die Vertragsart: Ein Kaufvertrag

In der Regel nutzen Sie den Onlineshop, um Kaufinteressenten Ihre Ware zum Kauf anzubieten. Folglich handelt es sich bei der Vertragsart um einen Kaufvertrag. Dieser Vertrag verpflichtet Sie als Verkäufer dem Käufer den Kaufgegenstand zu übergeben und ihm das Eigentum daran zu übertragen. Der Käufer wiederum ist zur Zahlung des Kaufpreises und zur Annahme des Kaufgegenstandes verpflichtet.

14.1.2 Die Trennung des Kundenkreises

Ein Blick auf die gesetzlichen Regelungen zum Kaufvertrag zeigt, dass sich die anzuwendenden Normen danach richten, wer Ihr Kundenkreis ist. Denn Sie als Unternehmer können entweder ebenfalls mit Unternehmern Verträge schließen (B2B) oder auch mit Verbrauchern (B2C). Je nachdem, mit wem der Vertrag geschlossen wird, ändern sich die anzuwendenden Vorschriften. Denn angesichts bestehender zahlreicher Verbraucherschutzvorschriften hat dieser Umstand bedeutende Auswirkungen auf den Vertrieb über das Internet.

Praxistipp: Trennung je nach Kundenkreis

Da der Kundenkreis letztlich über die Anwendbarkeit der gesetzlichen Normierungen entscheidet, ist es empfehlenswert, die Kundenkreise Verbraucher und Unternehmer klar zu trennen und separate Onlineshops zu gestalten, wenn Sie auf beiden Seiten Geschäfte abschließen möchten.

Eine Beschränkung auf den Kundenkreis Unternehmer ist klar zu kennzeichnen und der Vertrieb an Verbraucher dann auszuschließen. Ob es sich bei dem Käufer tatsächlich um einen Unternehmer handelt, müssen Sie auch überprüfen, da Sie andernfalls gegen zahlreiche Verbraucherschutzvorschriften verstoßen. Dies lässt sich beispielsweise dadurch umsetzen, dass ein geschlossener Bereich für Unternehmer eingerichtet und dieser Bereich auch klar als B2B-Bereich gekennzeichnet wird (siehe Abbildung 14.2).

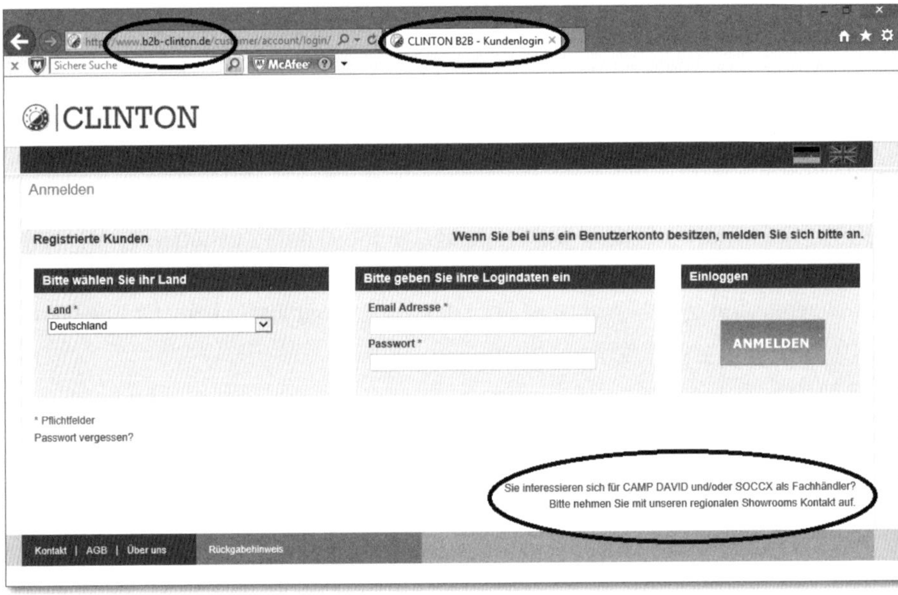

Abbildung 14.2 Beispiel für einen B2B-Shop, der auch als solcher an verschiedenen Stellen gekennzeichnet wird

Durch eine Trennung können Sie bei Geschäften mit Verbrauchern sicherstellen, dass Sie den zahlreichen Verbraucherschutzvorschriften gerecht werden. Denn der Gesetzgeber geht davon aus, dass der Verbraucher im Vergleich zu einem Unternehmer im Geschäftsleben unerfahrener ist und auch die wirtschaftlich schwächere Position innehat. Vor sich daraus ergebenden Benachteiligungen soll der Verbraucher daher geschützt werden.

Wenn Sie nun Verbraucher von Ihrem Geschäft ausschließen, profitieren Sie bei dem Handel mit Unternehmern von einer einfacheren und teilweise vorteilhafteren Gestaltung der Vertragsbestimmungen.

14.1.3 Der Vertragsschluss in der rechtlichen Theorie

Während des Bestellvorgangs muss sich der Käufer durch zahlreiche Seiten im Onlineshop klicken. Dabei stellt sich vielen eine ganz entscheidende Frage: In welchem Moment genau wird der Vertrag geschlossen? Etwa schon dann, wenn ein Produkt in den virtuellen Warenkorb gelegt wurde? Diese Frage ist für Sie ebenso entscheidend wie für Ihre Kunden. Denn während Sie wissen wollen, ab wann Sie liefern müssen und die Zahlung des Kaufpreises verlangen können, möchte der Käufer wissen, ab wann er an die Bestellung gebunden ist und die Ware bezahlen muss. Aus diesem Grund müssen Sie bei der Gestaltung Ihres Onlineshops im Voraus entscheiden, auf welche Art und Weise der Vertrag geschlossen werden soll.

Achtung: Informationspflicht

Ihren Kunden Klarheit über den Vertragsschlussmechanismus zu verschaffen ist für Sie auch deshalb relevant, weil es zu Ihrer gesetzlichen Informationspflicht gehört: Bei Geschäften mit Verbrauchern müssen Sie diesen die Details des Vertragsschlusses nämlich klar erläutern!

Grundsätzlich kommt ein Kaufvertrag durch die rechtsverbindliche Abgabe von Angebot und Annahme zustande. Eine Partei macht einen Vorschlag und die andere Partei erklärt ihre Zustimmung dazu – es herrscht also Einigkeit über die wesentlichen Merkmale Kaufgegenstand und Kaufpreis.

Die Angebots- und die Annahmeerklärung müssen von Ihnen bzw. dem Käufer abgegeben werden und dem jeweils anderen auch zugehen. Die Abgabe einer Erklärung Bedarf im Online-Handel aus Gründen der Rechtssicherheit einer ausdrücklichen Erklärung in elektronischer Form, beispielsweise durch den Klick auf einen Button JETZT KAUFEN (siehe Abbildung 14.3).

Abbildung 14.3 Beispiel für die Verwendung des Buttons »Jetzt kaufen« beim Online-Versandhändler Amazon

Von einem Zugang kann bei Online-Geschäften ausgegangen werden, wenn der Empfänger nach gewöhnlichem Verlauf Kenntnis von der Erklärung erhält. Der Zeitpunkt des Zugangs ist für die Einhaltung von Fristen, wie beispielsweise die Widerrufsfrist, besonders relevant.

Praxisbeispiel: Zugang von Erklärungen

Schickt ein Käufer Ihnen eine E-Mail abends um 23 Uhr, so erfolgt der Zugang nicht mehr um 23 Uhr, sondern erst am nächsten Tag um die Uhrzeit, zu der Sie für gewöhnlich Ihre E-Mails kontrollieren. Bei Unternehmen können Sie daher von einem Zugang innerhalb der üblichen Geschäftszeiten ausgehen, bei Privatpersonen gelten da jedoch großzügigere Zeitspannen.

Liegen nun ein Angebot sowie eine Annahme vor und stimmen Käufer und Verkäufer in allen wesentlichen Details des Geschäfts wie Kaufgegenstand und Kaufpreis überein, dann liegt ein wirksamer Vertragsschluss vor.

Dieser Vertragsschlussmechanismus klingt zwar recht einfach, bereitet in seinen rechtlichen Details jedoch dann Schwierigkeiten, wenn der Vertrag über das Internet abgeschlossen werden soll. Welche Besonderheiten es dabei zu kennen und zu beachten gilt, soll im Folgenden erläutert werden.

Der Vertragsschlussmechanismus

In einer Vielzahl von Fällen gestaltet sich die Vertragsanbahnung durch ein Aufrufen des Onlineshops in der Praxis auf Initiative des Käufers: Dieser schaut sich die dort präsentierten Produkte an und legt die für ihn interessanten Waren zum späteren Erwerb in seinen virtuellen Warenkorb (siehe Abbildung 14.4). Nach Abschluss des Auswahlvorgangs bestätigt der Käufer die Liste, gibt seine persönlichen Daten an und nimmt dann den verbindlichen Kauf vor, indem er auf Buttons wie JETZT KAUFEN oder KOSTENPFLICHTIG BESTELLEN klickt.

Im Anschluss daran erhält der Käufer meist per E-Mail eine automatische Bestellbestätigung und kurze Zeit darauf eine weitere E-Mail mit den Angaben zu Rechnung und Versand – so der tatsächliche Vorgang, wie ihn wohl jeder schon einmal erlebt hat.

Doch was in der Praxis so einfach ist, ist rechtlich durchaus diskutabel. Denn es stellt sich die Frage, wer nun nach dem bereits erläuterten Vertragsschlussmodell hier die Angebots- und wer die Annahmeerklärung abgegeben hat – der Käufer oder der Verkäufer? Dabei gibt es verschiedene, im Folgenden darzustellende Möglichkeiten.

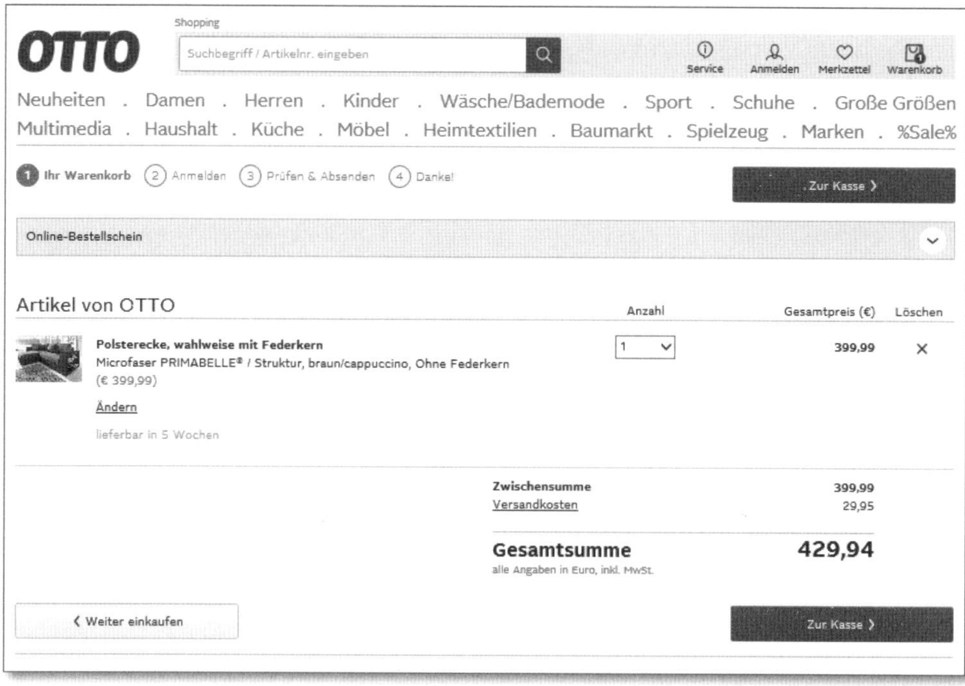

Abbildung 14.4 Beispiel für einen Warenkorb beim Versandhaus Otto

> **Achtung: Relevanz der Zuordnung**
>
> Zu Recht stellen Sie sich an dieser Stelle vielleicht die Frage, ob es nicht völlig irrelevant ist, wer nun welche Erklärung abgibt – schließlich führt beides gemeinsam letztlich zum Vertragsschluss. Dies ist zwar richtig, jedoch hat die Zuordnung rechtlich eine ganz entscheidende Folge: Derjenige, der die Annahmeerklärung abgibt, entscheidet darüber, ob überhaupt ein Vertrag geschlossen wird – er hat sprichwörtlich das letzte Wort!

Das Angebot durch den Verkäufer, die Annahme durch den Käufer

Zunächst könnte in dem Einstellen der Ware in den Onlineshop ein verbindliches Angebot des Verkäufers bestehen, das der Käufer dann durch die Durchführung des Bestellvorgangs verbindlich annimmt. Ein Vertragsschluss läge dann vor und würde die bereits erläuterten Verpflichtungen der Parteien nach sich ziehen: Kaufpreiszahlung sowie Übergabe und Eigentumsübertragung. Voraussetzung dafür ist jedoch, dass der Verkäufer sich mit dem Einstellen der Ware auch tatsächlich rechtlich binden möchte, sogenannter *Rechtsbindungswille*. Eine berechtigte Frage wäre, warum daran überhaupt Zweifel bestehen können, schließlich hat er die Ware selbst in seinen Shop gestellt. Nun sind Zweifel dann berechtigt, wenn unter Umständen das Risiko besteht, dass mehr Verträge geschlossen werden, als der Verkäufer erfüllen kann.

Praxisbeispiel: Der Rechtsbindungswille

Der Versandhändler Otto verkauft in seinem Onlineshop die Polsterecke Primabelle zum Preis von 399 €. Der reguläre Preis betrug jedoch 799 €. Da es sich um ein Auslaufmodell handelt, hat Otto davon nur noch drei Stück in seinem Warenlager und möchte diese nun schnell zum reduzierten Preis loswerden. Da es sich um eine sehr im Trend liegende Polsterecke handelt, bestellen an einem Abend zehn Kunden genau dieses Sofa. Stellt nun das Einstellen des Produkts das verbindliche Angebot dar, dann liegen zehn Annahmeerklärungen, also zehn Vertragsschlüsse vor. Otto kann jedoch nur drei Kunden beliefern und damit auch nur drei Verträge erfüllen. Gegenüber den anderen sieben Kunden macht sich Otto schadensersatzpflichtig. Handelt es sich also um in der Verfügbarkeit begrenzte Produkte, so ist dieses Modell nicht im Interesse des Händlers.

Nun gibt es aber Fälle, in denen es doch in Ihrem Interesse sein kann, möglichst viele Vertragsschlüsse zu erzielen. Dies ist beispielsweise bei Produkten der Fall, die beliebig oft verkauft werden können, wie zum Beispiel einer downloadbaren Software. Denn dann ist Ihnen die Erfüllung problemlos möglich, und Sie müssen nicht fürchten, mit Schadensersatzforderungen konfrontiert zu werden.

Das Angebot durch den Käufer, die Annahme durch den Verkäufer

Der soeben erläuterte Aspekt der mangelnden Erfüllbarkeit einer Vielzahl von Verträgen macht Sie besonders schutzwürdig. Denn gerade im Internethandel kann es passieren, dass im gleichen Moment mehrere Personen gleichzeitig die Ware bestellen, ohne dass Sie dies sofort überblicken können. Dieses Problem hat die Rechtsprechung erkannt und beurteilt die Vertragsschlusssituation im gängigen Fall des Online-Handels folgendermaßen:

1. Das Einstellen der Ware in den Onlineshop stellt ähnlich wie das Ausstellen der Ware in einem realen Verkaufsraum oder in einem Versandhandelskatalog kein verbindliches Angebot Ihrerseits dar, sondern eine Aufforderung zur Abgabe eines Angebots an eine unbestimmte Vielzahl von Kaufinteressenten.
2. Die Kaufinteressenten geben dann mit Durchführung des Bestellvorgangs ein Angebot zum Vertragsschluss an Sie ab.
3. Sie müssen dieses Angebot annehmen, damit ein verbindlicher Vertragsschluss vorliegt.

Damit ist der Käufer der Antragende, und Sie sind der Annehmende – Sie entscheiden also, ob ein Vertrag über den eingestellten Gegenstand zustande kommt. Dieses rechtliche Konstrukt hat den Vorteil, dass Sie zudem vor Absenden der Annahmeerklärung noch einmal die tatsächlichen Daten abgleichen, wie beispielsweise den Preis mit dem Angebotspreis, Ihren Warenbestand überprüfen oder Bonitätsprüfungen durchführen können.

Achtung

Auch wenn Sie Ihr Produkt mit Schriftzügen wie »Angebot des Tages«, »Heute im Angebot« oder auch »Sonderangebot« versehen, so stellt dies kein zum Vertragsschluss führendes Angebot dar, sondern lediglich eine Werbemaßnahme.

Sonderkonstellation im Online-Handel: eBay

Nun gibt es aber auch Konstellationen, in denen von dem bereits erläuterten System der Einladung zur Abgabe eines Antrags abgewichen werden kann. Denn der Vertragsschlussmechanismus kann von der Plattform selbst bestimmt werden. Für Regelungen dazu bieten sich die Allgemeinen Geschäftsbedingungen an – wer hier keine Regelung trifft, für den gelten die bereits erläuterten gesetzlichen Vorschriften.

Von der Möglichkeit eines abweichenden Vertragsschlusses hat beispielsweise die Auktionsplattform eBay Gebrauch gemacht und zwei andere Arten des Vertragsschlusses geregelt: die Auktion (siehe Abbildung 14.5) und den Sofort-Kauf (siehe Abbildung 14.7).

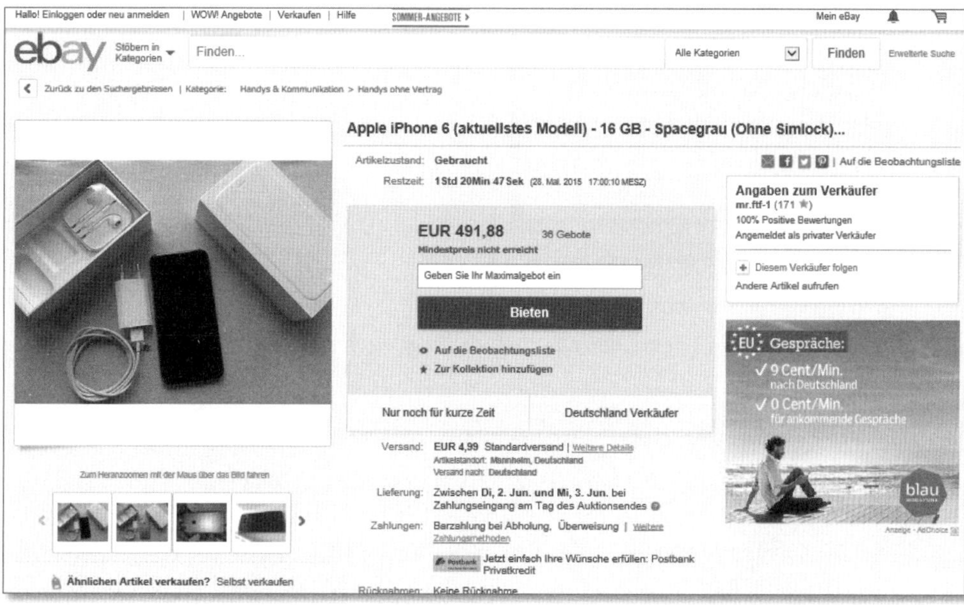

Abbildung 14.5 Beispiel für eine Auktion auf eBay

Bei der Auktion auf eBay gibt der Käufer zwar ein Gebot ab, es handelt sich aber nicht um eine Versteigerung im klassischen Sinne. Vielmehr zeigt ein Blick in die Allgemeinen Geschäftsbedingungen von eBay, dass das Einstellen der Ware als verbindliches Angebot des Verkäufers zu werten ist (siehe Abbildung 14.6). Die Annahme wiederum erfolgt jedes Mal, wenn jemand ein Gebot abgibt. Jedoch besteht eine Besonderheit darin, dass jede Annahme nur unter der Bedingung abgegeben wird, dass es auch das Höchstgebot zum Ende des Angebotszeitraums ist. Dadurch kommt letztlich am Ende nur ein Vertrag zustande, nämlich zwischen dem Verkäufer und dem Käufer mit dem Höchstgebot.

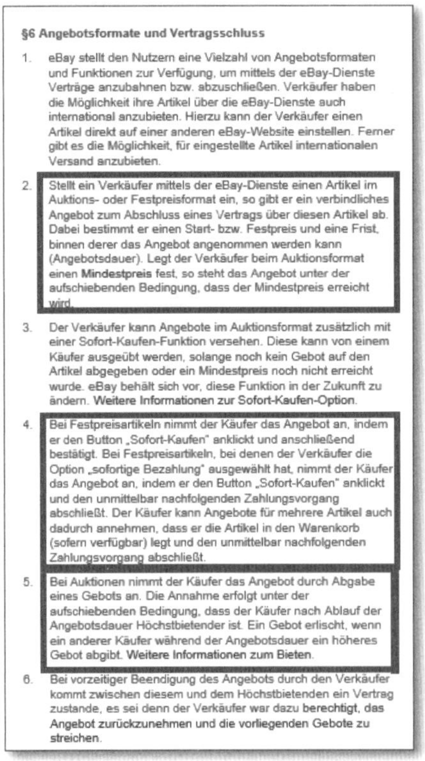
§6 Angebotsformate und Vertragsschluss

1. eBay stellt den Nutzern eine Vielzahl von Angebotsformaten und Funktionen zur Verfügung, um mittels der eBay-Dienste Verträge anzubahnen bzw. abzuschließen. Verkäufer haben die Möglichkeit ihre Artikel über die eBay-Dienste auch international anzubieten. Hierzu kann der Verkäufer einen Artikel direkt auf einer anderen eBay-Website einstellen. Ferner gibt es die Möglichkeit, für eingestellte Artikel internationalen Versand anzubieten.
2. Stellt ein Verkäufer mittels der eBay-Dienste einen Artikel im Auktions- oder Festpreisformat ein, so gibt er ein verbindliches Angebot zum Abschluss eines Vertrags über diesen Artikel ab. Dabei bestimmt er einen Start- bzw. Festpreis und eine Frist, binnen derer das Angebot angenommen werden kann (Angebotsdauer). Legt der Verkäufer beim Auktionsformat einen **Mindestpreis** fest, so steht das Angebot unter der aufschiebenden Bedingung, dass der Mindestpreis erreicht wird.
3. Der Verkäufer kann Angebote im Auktionsformat zusätzlich mit einer Sofort-Kaufen-Funktion versehen. Diese kann von einem Käufer ausgeübt werden, solange noch kein Gebot auf den Artikel abgegeben oder ein Mindestpreis noch nicht erreicht wurde. eBay behält sich vor, diese Funktion in der Zukunft zu ändern. **Weitere Informationen zur Sofort-Kaufen-Option**.
4. Bei Festpreisartikeln nimmt der Käufer das Angebot an, indem er den Button „Sofort-Kaufen" anklickt und anschließend bestätigt. Bei Festpreisartikeln, bei denen der Verkäufer die Option „sofortige Bezahlung" ausgewählt hat, nimmt der Käufer das Angebot an, indem er den Button „Sofort-Kaufen" anklickt und den unmittelbar nachfolgenden Zahlungsvorgang abschließt. Der Käufer kann Angebote für mehrere Artikel auch dadurch annehmen, dass er die Artikel in den Warenkorb (sofern verfügbar) legt und den unmittelbar nachfolgenden Zahlungsvorgang abschließt.
5. Bei Auktionen nimmt der Käufer das Angebot durch Abgabe eines Gebots an. Die Annahme erfolgt unter der aufschiebenden Bedingung, dass der Käufer nach Ablauf der Angebotsdauer Höchstbietender ist. Ein Gebot erlischt, wenn ein anderer Käufer während der Angebotsdauer ein höheres Gebot abgibt. **Weitere Informationen zum Bieten**.
6. Bei vorzeitiger Beendigung des Angebots durch den Verkäufer kommt zwischen diesem und dem Höchstbietenden ein Vertrag zustande, es sei denn der Verkäufer war dazu berechtigt, das Angebot zurückzunehmen und die vorliegenden Gebote zu streichen.

Abbildung 14.6 Die Allgemeinen Geschäftsbedingungen zum Vertragsschluss auf eBay

Praxisbeispiel: Vertragsschluss bei eBay

Ein Verkäufer stellt ein Buch bei eBay in Form einer Auktion mit dem Startpreis von 1 € und für eine Dauer von drei Tagen ein. Am ersten Tag bietet Käufer A einen Betrag von 5 €. Am zweiten Tag bietet Käufer B einen Betrag von 6 € und Käufer C von 9 €, danach werden keine Angebote mehr abgegeben, und die Auktion endet regulär an Tag 3. Demnach liegt in dem Einstellen des Buches durch den Verkäufer ein verbindliches

Angebot vor. Auf der Annahmeseite haben wir hingegen drei Annahmen, die alle unter der Bedingung stehen, das Höchstgebot zu sein. Diese Bedingung erfüllt sich jedoch nur bei Käufer C, weshalb der Vertrag auch nur mit diesem zustande kommt.

Anders sieht es hingegen beim sogenannten Sofort-Kauf auf eBay aus: Das Einstellen des Artikels stellt ein Angebot des Verkäufers dar. Klickt ein Käufer auf den Button SOFORT-KAUFEN (siehe Abbildung 14.7), dann besteht darin eine Annahme dieses Angebots. Demnach ist der Kaufvertrag mit der Betätigigung des Buttons abgeschlossen und bedarf keiner weiteren Bestätigung des Verkäufers mehr. Hier entscheidet also der Käufer über das Ob des Vertragsschlusses.

Abbildung 14.7 Beispiel für einen Sofort-Kauf auf eBay

14.1.4 Der Vertragsschlussmechanismus in der Praxis des Internets

Nachdem nun klar ist, wer die antragende und wer die annehmende Partei ist, gilt es nun zu untersuchen, wie die Einigung der Parteien im Detail technisch und zeitlich erfolgt.

Wann liegt ein verbindliches Angebot vor?

Im Hinblick auf das Angebot könnten Sie auf die Idee kommen, dass schon ein Klick auf Buttons wie IN DEN EINKAUFSWAGEN oder IN DEN WARENKORB (siehe Abbildung 14.8) eine verbindliche Bestellung bedeutet.

Abbildung 14.8 Beispiel für den Button »In den Einkaufswagen« im Onlineshop von Amazon

Doch dem ist nicht so: Denn wie das Einkaufswagensymbol in Abbildung 14.8 zeigt, ist der virtuelle Warenkorb vergleichbar mit einem Einkaufswagen im Supermarkt. Ebenso wie Sie im Supermarkt Dinge in den Einkaufswagen legen und auch wieder herausnehmen können, können die Käufer auch den virtuellen Warenkorb jederzeit wieder verändern oder auch ganz leeren. Daher stellt das Legen der Produkte in den Warenkorb allein noch nicht die Abgabe eines Angebots dar.

Vielmehr ist erforderlich, dass der Käufer, nachdem er das Produkt in den Warenkorb gelegt hat, noch die Bestellmaske ausfüllt und dann im letzten Schritt auf den Button JETZT KAUFEN oder KAUFEN klickt (siehe Abbildung 14.3). Erst dann liegt ein für den Käufer verbindliches Angebot vor.

Wann liegt eine verbindliche Annahme vor?

Deutlich schwieriger gestaltet sich die Frage, in welchem Moment das Angebot des Käufers auch durch Sie als Verkäufer angenommen wird – bereits mit der Bestellbestätigung per E-Mail oder erst mit elektronischer Zusendung einer Versandbestätigung oder doch erst mit der Auslieferung der Ware? Diese Frage kann so pauschal nicht beantwortet werden und ist im Einzelfall zu beurteilen. Denn wie in vielen Fällen entscheiden wenige Worte über die Verbindlichkeit der Kommunikation. Aus diesem Grund werden im Folgenden einige in der Praxis sehr häufig verwendete E-Mail-Nachrichten von Online-Händlern an ihre Kunden genauer auf ihre juristischen Konsequenzen hin untersucht.

Praxisbeispiel: Einfache Eingangsbestätigung

»Vielen Dank für Ihre Bestellung, die wir erhalten haben.«

Diese Formulierung stellt noch keine verbindliche Annahmeerklärung Ihrerseits dar, da es sich erkennbar um eine automatisch generierte und für alle Bestellungen auf dem Onlineshop programmierte Nachricht handelt. Sie soll allein vermitteln, dass der Bestellvorgang technisch einwandfrei abgelaufen ist und das Angebot des Käufers Sie erreicht hat. Eine Verbindlichkeit kann dem jedoch nicht entnommen werden, weshalb auch kein Kaufvertrag zustande kommt.

Eine solche einfache Eingangsbestätigung empfehlen wir Ihnen daher dann, wenn Sie erst einmal nur den Empfang der Bestellung bestätigen, sich aber noch nicht binden möchten, da Sie beispielsweise erst noch den Warenbestand prüfen müssen.

Praxisbeispiel: Ausführliche Eingangsbestätigung

»Vielen Dank für Ihre Bestellung, die wir erhalten haben. Wir werden diese in Kürze durch einen unserer Mitarbeiter überprüfen lassen und nach dessen Freigabe zum Versand vorbereiten. In diesem Fall erhalten Sie eine separate Versandbestätigung.«

Diese Formulierung zeigt klar, dass Sie zunächst nur den Eingang der Bestellung bestätigen möchten und sich die Annahme aber noch bis zur Überprüfung und Freigabe vorbehalten. Erst wenn diese positiv erfolgt ist, erhält der Käufer eine Versandbestätigung, die dann als verbindliche Annahmeerklärung zu qualifizieren ist. Bis dahin fehlt es jedoch an einer verbindlichen Annahme und damit auch an einem Kaufvertrag. Auch diese Formulierung empfehlen wir Ihnen nur dann, wenn Sie sich noch nicht festlegen möchten.

Praxisbeispiel: Bestellbestätigung mit Versandhinweis

»Wie bedanken uns für Ihre Bestellung, die nun unter der Kundennummer 12345XYZ zum Versand vorbereitet wird, und wünschen Ihnen viel Freude mit der Sie in Kürze erreichenden Lieferung.«

Anders als bisher stellt eine solche Formulierung ganz klar die Bestätigung der Bestellung und nicht nur dessen Empfang dar, da Sie hier dem Kunden suggerieren, dass Sie die Ware vorrätig haben, das Angebot annehmen möchten und daher alles Erforderliche für die Auslieferung in die Wege leiten. Eine solche Formulierung empfehlen wir Ihnen erst im zweiten Schritt, also nach tatsächlicher Prüfung der Bestellung.

Praxisbeispiel: Bestellbestätigung mit Zahlungsaufforderung

»Vielen Dank für Ihre Bestellung, die wir erhalten haben. Zur Abwicklung der Bestellung überweisen Sie bitte den unten ausgewiesenen Rechnungsbetrag auf die ebenfalls unten ausgewiesene Bankverbindung.«

Auch dieses Beispiel lässt einen verbindlichen Charakter erkennen, da die Aufforderung zur Bezahlung als Gegenleistung zur Lieferung auf Ihren Annahmewillen schließen lässt. Dies ist besonders bei der Zahlungsart der Vorkasse, Sofortüberweisungen und Zahlungen über Dienste wie PayPal zu beachten. Daher sollten Sie auch diese Formulierung nur dann wählen, wenn auch tatsächlich eine Auslieferung erfolgen soll. Andernfalls gilt der Vertrag nämlich trotzdem als geschlossen, und Sie machen sich schadensersatzpflichtig, wenn Sie diesen, beispielsweise aufgrund von Lieferschwierigkeiten, nicht erfüllen können.

Praxisbeispiel: Versand der Ware

Nach der Versendung der einfachen Bestellbestätigung versenden Sie die Ware ohne weitere Kommunikation an den Besteller.

Die Versendung der Bestellung stellt Ihre Annahme des Vertragsangebots durch schlüssiges Verhalten dar und führt ebenfalls zum Vertragsschluss. Zu dieser Vorgehensweise raten wir Ihnen daher nur dann, wenn keinerlei Überprüfungen mehr nötig sind. Der Nachteil ist jedoch, dass manche Kunden bereits nach Erhalt der Versandbestätigung von ihrem Widerrufsrecht Gebrauch machen. Wenn Sie die Ware jedoch ohne Versandbestätigung rausschicken, müssen Sie damit rechnen, Aufwand und Kosten für den Versand umsonst aufzuwenden.

14.1.5 Die Bestandteile des Vertrags

Um von einem wirksamen Abschluss eines Kaufvertrags ausgehen zu können, ist es erforderlich, dass sich die Parteien über alle wesentlichen Punkte des Geschäfts geeinigt haben. Diese bestehen bei einem Kaufvertrag in folgenden Punkten:

- Einigung über den Kaufgegenstand
- Einigung über den Preis der Kaufsache
- Modalitäten der Übergabe und Übereignung des Gegenstandes
- Modalitäten zur Zahlung des Kaufpreises

Um sicherzustellen, dass eine Einigung über den Vertragsgegenstand erfolgt ist, ist eine ausführliche und richtige Produktbeschreibung unerlässlich. Für die Klärung der Aspekte der Übergabe und Übereignung der Kaufsache ist die Vereinbarung der Lieferbedingungen maßgeblich, für die Zahlung des Kaufpreises die Absprache zur Zahlungsabwicklung. Wie diese im Einzelnen aussehen und was sie beinhalten müssen, wird im Folgenden näher dargestellt.

Produktbeschreibung

Wer einen einerseits rechtssicheren und andererseits kundenfreundlichen Onlineshop auf die Beine stellen möchte, sollte auf eine Sache besonderen Wert legen: die

Gestaltung des Warenangebots. Denn hieran sind hohe Anforderungen geknüpft. Zunächst einmal müssen Sie Ihre Ware mit einer ausführlichen Produktbeschreibung vollständig und korrekt darstellen. In diesem Rahmen sollten Sie einen individuellen Text verfassen, der die wesentlichen Merkmale des Produkts wie Hersteller, Typ, Qualität, Mängel, Zustand, Verwendungszweck, Maße, Gewicht, Material, Farbe etc. wiedergibt. Dieser Produkttext sollte dann, mit Bildern des Produkts gepaart, dem Kunden eine möglichst genaue Vorstellung von der Ware vermitteln, um diesem eine geeignete Entscheidungsgrundlage beim Kauf zu bieten (siehe Abbildung 14.9).

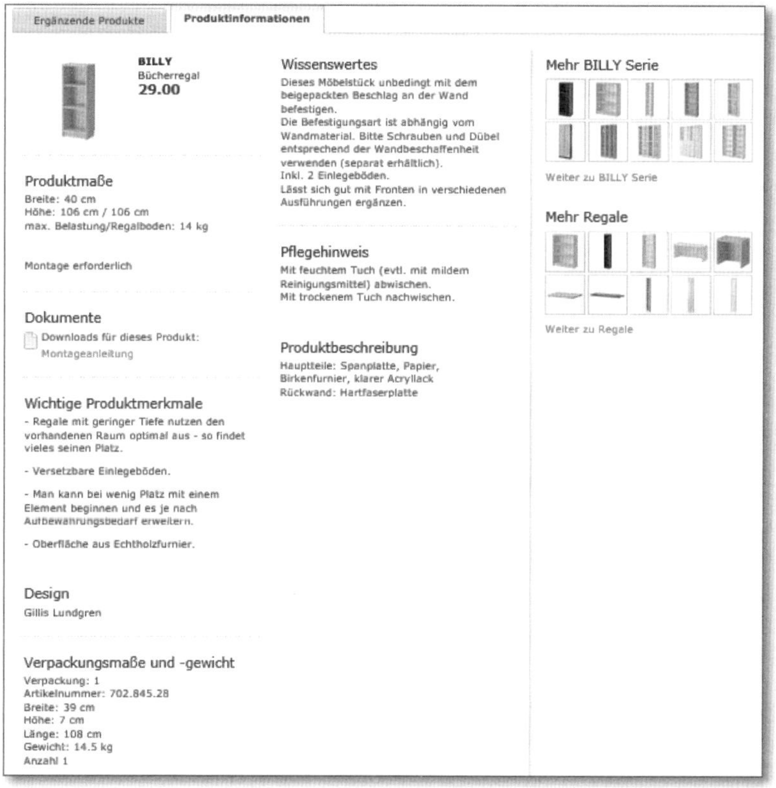

Abbildung 14.9 Beispiel für eine ausführliche Produktbeschreibung des Billy-Regals bei IKEA

> **Achtung: Urheberrechte beachten!**
>
> Bei der Verwendung von Bildern müssen Sie an das Urheberrecht denken: Abbildungen des Herstellers oder von Dritten dürfen Sie nicht ohne Weiteres benutzen!

Handelt es sich um gebrauchte oder fehlerhafte Waren, so müssen Sie darauf achten, diese dementsprechend kenntlich zu machen, um eine Irreführung der Kunden zu vermeiden. Dabei sollten Sie auch auf die richtigen Termini achten: So sind beispielsweise Bezeichnungen wie »B-Ware« oder »2. Wahl« gängige Ausdrücke, die kenntlich machen, dass es sich zwar um Neuware handelt, diese aber bereits Schäden, wie beispielsweise Lagerschäden oder Produktionsfehler, beinhalten und aus diesem Grund zu einem vergünstigten Preis angeboten werden (siehe Abbildung 14.10). Wenn Sie mit solchen gängigen Bezeichnungen arbeiten, sorgen Sie für mehr Transparenz und verhindern Missverständnisse. Die Begrifflichkeiten müssen Sie jedoch auch richtig verwenden!

Abbildung 14.10 Beispiel für die Kennzeichnung eines Produkts als B-Ware

Preisangaben

Ebenfalls nicht vernachlässigen dürfen Sie Angaben zum Preis des Produkts, über die Sie den Käufer vor Abschluss des Bestellvorgangs informieren müssen. Wer jetzt denkt, dass es doch nicht so schwer ist, einfach den Produktpreis aufzuschreiben, der irrt. Denn was so einfach klingt, führt in der Praxis immer wieder zu Problemen. Aus diesem Grund hat der Gesetzgeber mit der *Preisangabenverordnung* ein Regelwerk geschaffen, das Einheitlichkeit bei der Preisdarstellung erreichen und die Verbraucher vor Irreführungen schützen soll.

Hinweis

Da die Verordnung dem Verbraucherschutz dient, müssen Sie diese nicht beachten, wenn Sie nur an Unternehmer verkaufen. Dann dürfen Sie sich beispielsweise auch auf Listen- oder Netto-Preise beschränken.

Bei der Preisangabe müssen Sie nun folgende Kriterien erfüllen (siehe Abbildung 14.11):

- Verkaufen Sie Waren an Endverbraucher, so müssen Sie stets die Endpreise (inklusive Mehrwertsteuer, Nachnahmegebühren, Zöllen etc.) und die Verkaufs- oder Leistungseinheit sowie die Gütebezeichnung nennen.
- Sie müssen angeben, ob zusätzlich Liefer- und Versandkosten anfallen.
- Bei Produkten, deren Preis beispielsweise nach Gewicht, Volumen, Länge oder Fläche berechnet wird, müssen Sie in unmittelbarer Nähe des Endpreises den Grundpreis einschließlich der Umsatzsteuer und sonstiger Preisbestandteile angeben. Dies gilt nur dann nicht, wenn der Endpreis mit dem Grundpreis identisch ist.

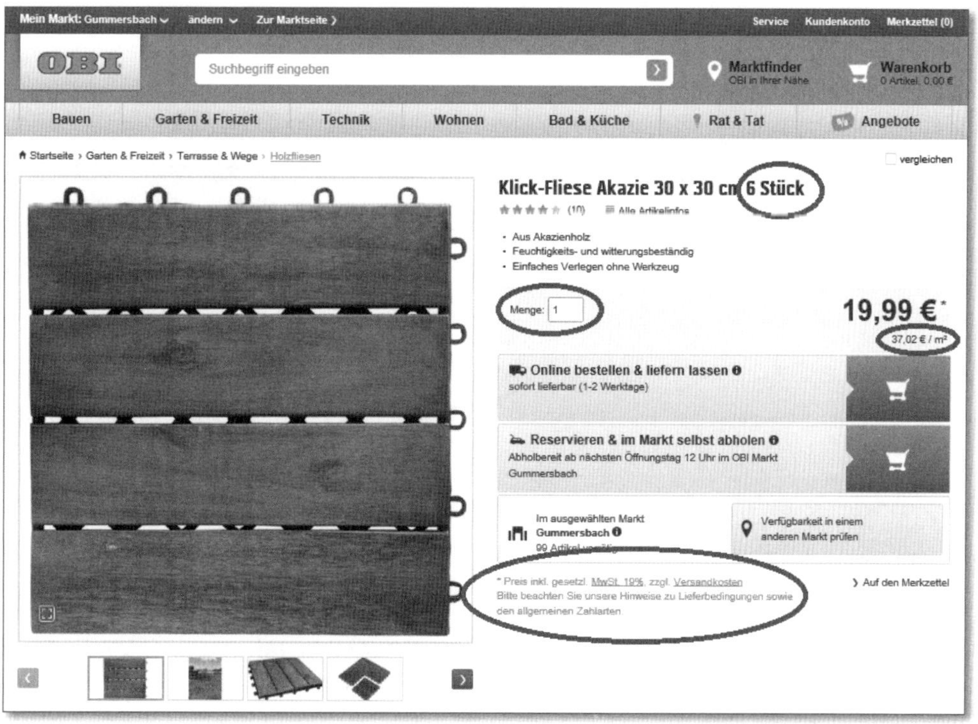

Abbildung 14.11 Beispiel für eine rechtskonforme Preisangabe im Onlineshop des Bauhauses OBI

Versandkosten

Versandkosten umfassen grundsätzlich die Kosten der Versendung sowie die Kosten der Verpackung, wobei die Mehrwertsteuer bereits enthalten ist und nicht gesondert ausgewiesen werden muss. Aber auch diese Kosten können Sie dem Käufer nicht ohne Weiteres in Rechnung stellen – Sie müssen dem Verbraucher im Voraus mitteilen, ob Liefer- und Versandkosten anfallen. Andernfalls bleiben Sie darauf sitzen!

Damit tatsächlich von einer Einigung über die Versandkosten ausgegangen werden kann, müssen die Versandkosten noch vor Einleitung des Bestellvorgangs und nicht erst im Warenkorb notwendig aufgerufen werden, da andernfalls ein Verstoß gegen das Transparenzgebot vorliegt. Daher ist zu empfehlen, die Versandkosten direkt neben dem Produktangebot zu platzieren. Bieten Sie nur eine Versandart an, so können Sie den zahlenmäßigen Betrag direkt neben den Endpreis schreiben (siehe Abbildung 14.12).

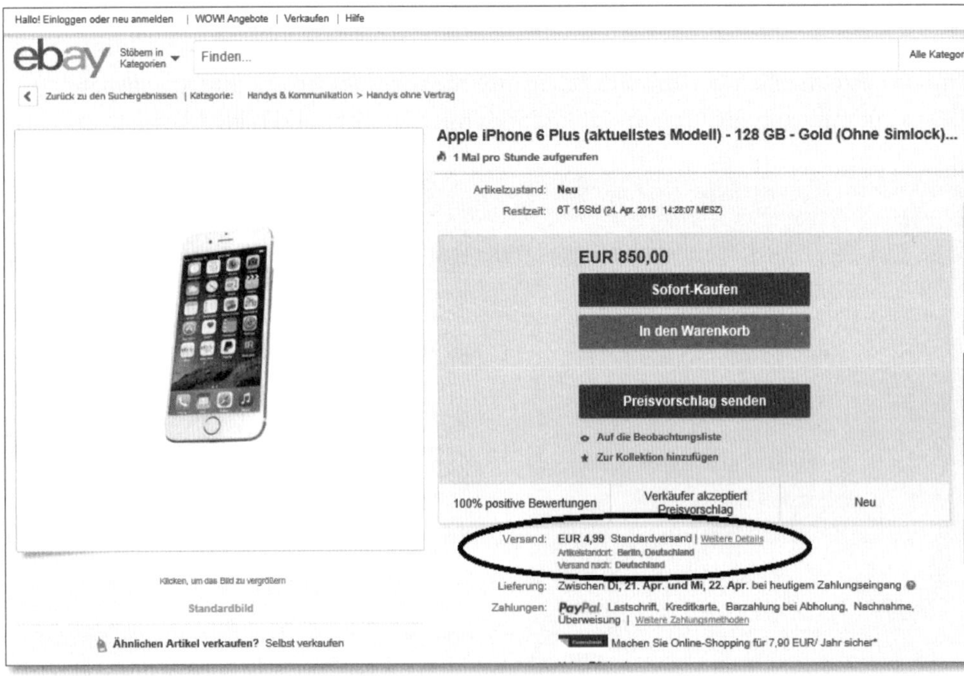

Abbildung 14.12 Beispiel für die zahlenmäßige Ausweisung des Versandkostenbetrags

Bieten Sie hingegen verschiedene Artikel mit uneinheitlichen Versandgebühren oder eine Lieferung ins Ausland an, so ist die Verlinkung des Begriffs Versand mit einer Seite zu den Versandinformationen empfehlenswert (siehe Abbildung 14.13). Dabei müssen Sie insbesondere beachten, dass Sie bei einem Versand ins Ausland auch die Auslandsversandkosten nachvollziehbar und transparent mit anzugeben haben. Gerade bei einem weltweiten Versand von Produkten, die ein sehr unterchiedliches Gewicht oder unterschiedliche Versandarten haben, ist dies zwar sehr ufwendig, muss aber erfolgen, da Sie andernfalls abgemahnt werden können.

Abbildung 14.13 Beispiel für die separate Ausweisung der Versandkosten

Darüber hinaus steht es Ihnen frei, die Ware versichert oder unversichert zu versenden und die Mehrkosten durch den versicherten Versand ebenfalls dem Käufer in

Rechnung zu stellen. Dabei ist jedoch bei Geschäften mit Verbrauchern ein versicherter Versand zu empfehlen, da Sie das Risiko der Beschädigung bzw. des Verlusts während des Transports tragen.

Praxistipp

Klären Sie Ihre Kunden früh über Versandkosten auf. Wenn Versandkosten in unterschiedlicher Höhe anfallen können, schaffen Sie mit einer Informationsseite die nötige Transparenz.

Zahlungsabwicklung

Ein für den Online-Händler besonders wichtiger Aspekt ist der der Bezahlung der Ware. Dabei gibt es verschiedene Möglichkeiten, die sich im Laufe der Zeit verändert haben. Während früher nur klassische Zahlungsmethoden wie die Zahlung per Rechnung oder Nachnahme genutzt werden konnten, spielen heute moderne Bezahlmöglichkeiten wie Kreditkarten, Giro-Pay oder PayPal eine große Rolle im Online-Handel (siehe Abbildung 14.14).

Abbildung 14.14 Beispiel für die Auszeichnung der Zahlungsmöglichkeiten im Bestellformular des Versandhändlers Baur

Praxistipp

Je mehr Zahlungsmöglichkeiten Sie Ihrem Kunden zur Verfügung stellen, desto einfacher fällt es ihm, die für ihn angenehmste Variante auszusuchen. Der Aspekt der Zahlungsmöglichkeiten trägt also auch einen wesentlichen Teil zur Kundenzufriedenheit bei.

Neben den Möglichkeiten der Zahlungsweise müssen Sie auch die Bedingungen der Zahlung festlegen. Dabei sind verschiedene Aspekte zu berücksichtigen.

Zunächst einmal sollte der Käufer darüber in Kenntnis gesetzt werden, wann der zu zahlende Betrag fällig ist. Dies ist besonders wichtig, wenn eine Zahlungsanweisung durch den Käufer zu erfolgen hat. Erfolgt ein Einzug durch Sie, ist es kundenfreundlich, diesem mitzuteilen, wann dieser voraussichtlich erfolgt.

Praxisbeispiel: Mitteilung des Einzugsdatums

»Der Rechnungsbetrag in Höhe von 12,30 € wird voraussichtlich am 23.12.2015 per Lastschrift von Ihrem Konto (Konto-Nr. 12345678, BLZ 98765432) eingezogen.«

Sollte eines der bereits im Rahmen der Zahlungsmöglichkeiten genannten Bezahlsysteme bei ihrer Nutzung eine Gebühr für den Käufer erzeugen, so müssen Sie dies extra ausweisen und im Endpreis sichtbar machen. Umgekehrt sollte auch ein Preisnachlass für die Wahl eines bestimmten Zahlungsmittels oder bei der Zahlung bis zu einem bestimmten Termin genau dargestellt werden. Der Käufer kann dann selbst entscheiden, ob er diese Möglichkeit in Anspruch nimmt oder doch ein anderes Zahlungsmittel wählt bzw. das Zahlungsziel voll ausnutzt.

Liefervereinbarungen

Um eine reibungslose Auslieferung der Ware sicherstellen zu können, ist im Voraus bereits an die Angabe folgender Punkte zu denken:

- detaillierte und korrekte Lieferanschrift des Kunden
- Ansprechpartner mit Kontaktadresse
- Dauer der Lieferung
- Lieferbeschränkungen
- Mindestbestellmengen

Achtung: Vorsicht bei der Angabe von Lieferzeiten!

Bei der Benennung von Lieferzeiten sind Sie nach neuem Verbraucherrecht verpflichtet, den Verbraucher über den Termin zu informieren, bis zu dem Sie die Waren liefern oder die Dienstleistung erbringen müssen. Da die Lieferung in der Regel außerhalb Ihres Geschäftsbereichs erfolgt, können Sie zwar keinen konkreten Liefertermin benennen, wohl aber eine eindeutig bestimmte Lieferfrist, also beispielsweise »2–4 Werktage«. Auf zusätzliche Angaben wie »ca.«, »ungefähr« oder »voraussichtlich« sollten Sie dabei jedoch verzichten, da über deren Zulässigkeit angesichts des Erfordernisses der Bestimmtheit der Angabe keine Einigkeit in der Rechtsprechung besteht! Sie können aber auch ganz konkret das Datum der Zeitspanne benennen (siehe Abbildung 14.15).

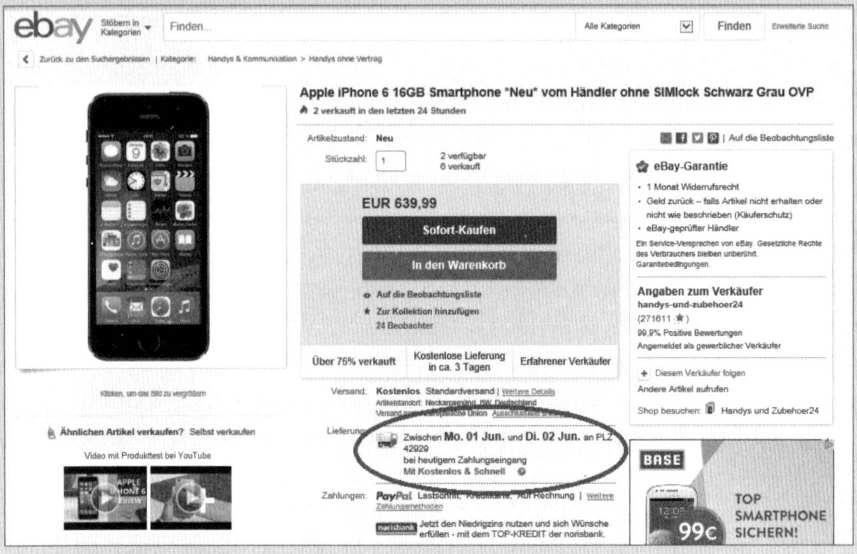

Abbildung 14.15 Beispiel für die konkrete Angabe einer Lieferzeit bei eBay

14.2 Wie formuliert man Allgemeine Geschäftsbedingungen richtig?

Die Verwendung von Allgemeinen Geschäftsbedingungen (AGB) ist insbesondere dann sinnvoll, wenn Sie eine Vielzahl gleichartiger Geschäfte, wie zum Beispiel Kaufverträge, abschließen. Denn auf diese Weise können Sie Einheitlichkeit und Transparenz für den Kunden schaffen und selbst unter Umständen eigene Risiken in der Vertragsabwicklung minimieren oder gar ganz ausschalten.

Doch nicht selten erweist sich das, was Sie mit Ihren AGB einmal für alle Kunden geregelt zu haben glauben, als rechtlicher Stolperstein. Denn darin können Sie zwar die von Ihnen gewünschten Bedingungen zur Geschäftsabwicklung festlegen, dies bedeutet jedoch noch lange nicht, dass diese auch wirksam sind. Neben Ihren Kunden können sich auch Ihre Mitbewerber an unwirksamen AGB stören und Ihnen einen Strick daraus drehen.

Achtung

Insbesondere Regelungen zu Preisen, Gewährleistungsrechten, Lieferzeiten, zur Rücksendung von Waren oder zur Haftung sowie zu Gutschriften oder Strafporto sind besonders sorgfältig zu prüfen, da es bei diesen Aspekten schnell zu einer unangemessenen Benachteiligung der Verbraucher kommen kann, was die Unwirksamkeit der Klausel zur Folge hätte. Daher sollten Sie in keinem Fall ungeprüft AGB von anderen Onlineshops übernehmen!

Damit die Gestaltung rechtswirksam gelingt, gibt dieser Abschnitt einen Überblick über einige fehlerträchtige Aspekte des AGB-Rechts.

14.2.1 Grundvoraussetzung: Klausel ist Vertragsbestandteil

Der Frage nach der Wirksamkeit einer Klausel geht die Frage voraus, ob sie überhaupt Bestandteil des Vertrags geworden ist. Denn es gibt Umstände, unter denen Klauseln zwar in den AGB stehen, der Gesetzgeber sie aber nicht als Vertragsbestandteil anerkennt.

Von besonderer praktischer Relevanz ist dabei die sogenannte *überraschende Klausel*. Diese Klausel hat ihren Namen daher, dass die Platzierung der Regelung in den AGB so ungewöhnlich ist, dass der Vertragspartner mit ihr dort nicht zu rechnen braucht. Typisch ist dafür beispielsweise die Vereinbarung eines Entgeltes. So geriet die Website *www.outlets.de* damit in Verruf, dass die Betreiber damit warben, den Nutzern »Kostenlose Schnäppchen Adressen« zur Verfügung zu stellen (siehe Abbildung 14.16).

Abbildung 14.16 Website eines Anbieters von Outlet-Adressen

Auf die Registrierung folgte dann aber die böse Überraschung: eine Rechnung über insgesamt 192 €! Wer sich daraufhin bei den Betreibern beschwerte und äußerte, dass er von der Kostenpflichtigkeit nichts gewusst habe, den verwiesen die Betreiber auf ihre AGB (siehe Abbildung 14.17). Darin hatten sie nämlich vermerkt, dass die Registrierung eine Entgeltpflicht von 96 € pro Jahr bei einer Mindestlaufzeit von zwei Jahren zur Folge habe – insgesamt also 192 €.

Verfügbarkeit

Die Diensteanbieterin verpflichtet sich, dem Nutzer den Zugang ab dem Zeitpunkt des Vertragsschlusses mit einer Verfügbarkeit in Höhe von 98 Prozent eines jeden Kalendermonats zu verschaffen.

Die Verfügbarkeit wird wie folgt berechnet: (Gesamtzeit-Gesamtausfallzeit)/Gesamtzeit.

Im Rahmen der Bemessung der Gesamtausfallzeit bleiben diejenigen Zeiten außer Betracht, die darauf beruhen, dass die vom Nutzer zu schaffenden technischen Voraussetzungen für den Zugang vorübergehend nicht gegeben sind. Ebenso bleiben Zeiten außer Betracht, die auf der Nichtverfügbarkeit des Angebotes wegen notwendiger Wartungsarbeiten, die zwischen 08.00 Uhr und 10:00 Uhr morgens durchgeführt werden, beruhen.

Darüber hinaus bleiben Ausfallzeiten unberücksichtigt, die auf höherer Gewalt und rechtswidrigen Handlungen beruhen, die gegen die Kommunikationsinfrastruktur, insbesondere Datenserver, der Anbieterin gerichtet sind.

Vertragslaufzeit, Vergütung, Anpassung der Vergütung

Der Vertrag wird über einen Bezugszeitraum von 24 Monaten (Mindestvertragslaufzeit) geschlossen.

Der Nutzer verpflichtet sich, der Anbieterin jährlich einen Betrag in Höhe von 96,00 EUR für die Verschaffung des Zugangs zum Kundenbereich zu zahlen.

Soweit sich der vom Nutzer gebuchte Kundenbereich mehr als nur unerheblich erweitert, ist die Anbieterin berechtigt, die Vergütung entsprechend der Erweiterungen angemessen zu erhöhen. Die Erhöhung der Vergütung wird erstmals für den auf den Zeitpunkt der Erweiterung folgenden Bezugszeitraum wirksam. Im Fall einer Erhöhung des Entgeltes ist der Nutzer berechtigt, den Vertrag ohne Einhaltung einer Frist zum Ende des laufenden Bezugszeitraums zu kündigen. Die Erhöhung der Vergütung ist dem Nutzer mittels gesonderter eMail an die vom Nutzer angegebene eMail-Adresse mitzuteilen.

Bei einer Änderung des gesetzlich vorgeschriebenen Umsatzsteuersatzes ist die Anbieterin berechtigt, die Preise entsprechend anzupassen.

Zahlungsverzug

Soweit der Nutzer die geschuldete Vergütung nicht fristgerecht zahlt, ist die Anbieterin berechtigt, die geschuldete Leistung bis zur vollständigen Zahlung der geschuldeten Vergütung zu verweigern.

Abbildung 14.17 Die überraschende Klausel in den AGB der Website www.outlets.de

Doch dabei machten die Betreiber einen entscheidenden Fehler: Klauseln zu Preisangaben, die nur in den kleingedruckten AGB enthalten sind, werden in der Regel nicht Vertragsbestandteil, da es sich um sogenannte überraschende Klauseln handelt. Der Käufer fühlt sich schlichtweg überrumpelt und muss daher in diesen Fällen auch nicht zahlen.

Hinweis

Wesentliche Aspekte des Vertragsinhalts dürfen nicht allein in den AGB geregelt werden. Was dabei wesentlich ist, können Sie grob selbst kontrollieren. Versetzen Sie sich in die Lage Ihres Vertragspartners, und fragen Sie sich, ob Sie den von Ihnen geregelten Umstand im Voraus hätten wissen wollen. Gerade bei Angaben wie Entgeltpflichten wird dies wohl jeder mit Ja beantworten. Sind Sie sich einmal nicht sicher, nehmen Sie Abstand davon, die Regelung in die AGB aufzunehmen, oder holen Sie sich rechtlichen Beistand.

14.2.2 Unwirksame Klauseln

Sind nun alle Klauseln Bestandteil Ihres Vertrags geworden, so ist es damit noch nicht geschafft: Die Klauseln dürfen zudem nicht unwirksam sein. Der Gesetzgeber hat einen ganzen Katalog an Tatbeständen zusammengefasst, die zur Unwirksamkeit der Klausel führen. An dieser Stelle kann natürlich nicht auf alle Aspekte eingegangen werden. Die wichtigsten und häufigsten Unwirksamkeitsgründe möchten wir Ihnen aber dennoch erläutern.

Grundsätzlich liegt eine Unwirksamkeit dann vor, wenn die Klausel entweder gegen gesetzlich normierte Klauselverbote verstößt oder eine unangemessene Benachteiligung des Vertragspartners darstellt.

Praxishinweis: Unangemessene Benachteiligung

Erinnern Sie sich daran, dass das Gesetz den Verbraucher schützen will. Daher dürfen Sie die gesetzlichen Regelungen nicht zum Nachteil des Verbrauchers verändern.

Widmen wir uns zunächst den Klauselverboten. Im Fall des Online-Handels sind vor allem die Regelungen relevant, die die Vertragsstrafen und den Haftungsausschluss hinsichtlich der Mängelrechte des Käufers betreffen.

So ist beispielsweise eine Bestimmung unwirksam, die den Käufer zu einer Vertragsstrafe verpflichtet, wenn er die bestellte Ware verspätet oder überhaupt nicht abnimmt. Auch die verzögerte Kaufpreiszahlung berechtigt den Verkäufer nicht eine Vertragsstrafe zu verlangen, da er in diesen Fällen ausreichend über die Regelungen des Schadensersatzes geschützt wird. Er hat daher kein schützenswertes Interesse daran, darüber hinaus zusätzlich Finanzmittel zu erhalten.

Ein in der Praxis weiterhin sehr häufig streitgegenständliches Klauselverbot ist das zur Beschränkung oder zum Ausschluss der Gewährleistungsrechte. Dabei ist eine Klausel unwirksam, mit der

- Ihre Haftung für Mängel an der Neuware ganz oder teilweise ausgeschlossen werden soll,
- die Gewährleistungsansprüche des Kunden ganz oder teilweise auf den Anspruch auf Nachlieferung oder Nachbesserung begrenzt werden sollen,
- die Kosten der Nachlieferung oder Nachbesserung auf den Käufer abgewälzt werden sollen,
- die Vornahme der Nacherfüllung von der Kaufpreiszahlung abhängig gemacht werden soll,
- eine Ausschlussfrist für die Mängelanzeige vereinbart werden soll, die kürzer ist als die Verjährungsfrist oder
- die gesetzliche Verjährungsfrist von zwei Jahren ab Übergabe der Sache verkürzt werden soll.

Achtung: Auch Konkurrenten können Sie wegen solcher Regelungen abmahnen!

Die Beschränkung bzw. der Ausschluss des Gewährleistungsrechts benachteiligt auch Konkurrenten. Denn nach Ansicht der Rechtsprechung ist ein solches Vorgehen dazu geeignet, den Wettbewerb nicht nur unerheblich zu beeinträchtigen. Denn verwenden Sie solche AGB, dann können Ihre Kunden davon abgehalten werden, ihre berechtigten Ansprüche geltend zu machen. Dies wiederum führe dazu, dass Sie durch die Abschreckungswirkung in Ihrer Kalkulation niedrigere Kosten für berechtigte Reklamationen berücksichtigen können und sich dies letztlich im Endpreis zu Ihren Gunsten niederschlage. Dies wirke sich im Umkehrschluss zum Nachteil der Mitbewerber aus.

Ebenso gerne nutzen Händler die AGB, um ihre Haftung einzugrenzen oder ganz auszuschließen. Zum Schutz der Vertragspartner hat der Gesetzgeber jedoch auch hier bestimmte Konstellationen verboten. So ist eine Haftungsbegrenzung unter anderem dann unwirksam, wenn eine Begrenzung auf jene Schäden erfolgen soll, die auf Ihrer fahrlässigen Pflichtverletzung beruhen und eine Verletzung von Leben, Körper oder Gesundheit einer anderen Person zur Folge haben.

Besonders beliebt und ebenso fehlerträchtig ist die Pauschalierung von Schadensersatz auf festgesetzte Beträge. Darunter fällt beispielsweise die Beschränkung Ihrer Haftung auf die Höhe des Kaufpreises.

Praxistipp

Angesichts der hohen Haftungsrisiken, die sich aus nicht vorhandenen oder unwirksamen Haftungsbegrenzungen ergeben, empfehlen wir Ihnen die Formulierung von Haftungsklauseln durch einen spezialisierten Rechtsanwalt.

Es ist auch unzulässig, Versand- und Lieferzeiten nicht anzugeben. Denn Sie als Händler haben die Ware innerhalb der im Geschäftsbetrieb und Postbetrieb üblichen Zeit auszuliefern und den Käufer über die Dauer zu informieren. Um diesen Pflichten nachzukommen, können Sie in Ihren AGB auch eine Lieferzeitentabelle aufnehmen, in der je nach gewünschter Versandart die konkrete Lieferzeit aufgelistet wird (siehe Abbildung 14.18), oder darauf verweisen.

Neben diesen Klauselverboten führt auch eine sogenannte unangemessene Benachteiligung des Verbrauchers zur Unwirksamkeit der Vereinbarung. Dies kann sich zum Beispiel aus einer nicht klar und verständlich formulierten Vereinbarung ergeben.

Lieferung innerhalb Deutschlands

Informationen zu Lieferungen in Länder außerhalb Deutschlands finden Sie auf unseren Hilfeseiten zur internationalen Lieferung.

Versandart	Versandkosten für Amazon Prime-Mitglieder	Versandkosten ohne Amazon Prime-Mitgliedschaft
Standardversand (Zustellung 1-2 Werktage* nach Versand)	kostenfrei	3,00 EUR pro Lieferung** (nur für Bestellungen unter 29 EUR und nicht für Artikel, die wir generell versandkostenfrei liefern)
Premiumversand (Zustellung am Werktag nach Versand)	kostenfrei	6,00 EUR pro Lieferung**
2-Tage-Expressversand (Zustellung 2 Werktage nach Versand)	kostenfrei	6,00 EUR pro Lieferung**
Morning-Express (Zustellung bis 12 Uhr am Werktag nach Versand)	5,00 EUR pro Artikel	13,00 EUR pro Lieferung**
Evening-Express (Zustellung am Versandtag zwischen 18 und 21 Uhr)	5,00 EUR pro Artikel	13,00 EUR pro Lieferung**
Spezialversand für Artikel ohne Jugendfreigabe (Zustellung 1-2 Werktage nach Versand)	Filme und PC- & Videospiele: 5,00 EUR pro Lieferung** Branntwein: 3,00 EUR pro Lieferung (nur für Bestellungen unter 29 EUR)	Filme und PC- & Videospiele: 5,00 EUR pro Lieferung** Branntwein: 3,00 EUR pro Lieferung (nur für Bestellungen unter 29 EUR)
Spezialversand für hochwertige Produkte (Zustellung 1 Werktag nach Versand)	kostenfrei	kostenfrei

Abbildung 14.18 Lieferzeitentabelle des Online-Händlers Amazon

14

Praxisbeispiel: Unzulässige AGB-Darstellung

Im Rahmen der Darstellung der AGB ist es zum Beispiel unzulässig, die AGB in einem zu kleinen Scrollkasten aufzuführen!

Von besonderer Relevanz ist zudem die Benachteiligung aufgrund der Abweichung von gesetzlichen Regelungen wie denen des Verbraucherschutzes. Denn gerade an dieser Stelle hat der Gesetzgeber bewusst Schutzvorschriften für Verbraucher geschaffen, die nicht durch AGB unterlaufen werden sollen. Dies betrifft insbesondere Änderungen der Mängelrechte zulasten des Verbrauchers.

Aber auch Haftungsbeschränkungen können eine unangemessene Benachteiligung darstellen und daher unwirksam sein, nämlich dann, wenn der Ausschluss die Erfüllung sogenannter Kardinalpflichten betrifft. Als Kardinalpflichten werden all die wesentlichen Pflichten der Parteien eines Vertrags bezeichnet, die erfüllt werden müssen, um das vereinbarte Vertragsziel zu erreichen. Im Fall des Kaufvertrags stellt beispielsweise die Freiheit von Sach- und Rechtsmängeln der Kaufsache eine Kardinalpflicht dar.

Achtung

Wenn Sie sich nicht sicher sind, was in Ihrem Fall zu den Kardinalpflichten gehört, können Sie das Problem nicht dadurch lösen, dass Sie statt der Benennung der Pflichten einfach den Begriff Kardinalpflichten wörtlich in Ihre AGB aufnehmen. Denn auch das verstößt nach Ansicht des BGH gegen das Transparenzgebot, da dem durchschnittlichen Kunden als juristischem Laien nicht klar ist, welche Pflichten darunter fallen.

Stellt sich nun heraus, dass die AGB nicht wirksam einbezogen wurden, ein Fall eines Klauselverbots vorliegt oder die Regelung eine unangemessene Benachteiligung darstellt, so ist zwar die betreffende Klausel unwirksam, nicht aber der restliche Vertrag. Dadurch soll der Käufer bei einem im Übrigen für ihn günstigen Vertrag geschützt werden. Die unwirksame Klausel wird dann grundsätzlich durch die gesetzlichen Normierungen ersetzt. Eine Reduzierung der unwirksamen Klausel auf das gerade noch zulässige Maß ist dagegen nicht zulässig, da andernfalls der Verkäufer immer überzogene AGB verwenden könnte, schließlich würde er im schlimmsten Fall ohnehin nur auf seine Pflicht reduziert werden.

14.2.3 Praktische Details der AGB-Gestaltung

Nachdem Sie im ersten Schritt nun mühsam wirksame AGB formuliert haben, müssen Sie diese in einem zweiten Schritt auch richtig an den Mann bringen. Dabei hat der Gesetzgeber ebenfalls genau seine Vorstellungen normiert:

1. Der Käufer muss ausdrücklich auf die AGB hingewiesen werden und die Möglichkeit haben, diese zur Kenntnis zu nehmen sowie mit deren Geltung einverstanden sein.

Praxistipp

Um das Erfordernis des Hinweises, der Einsichtsmöglichkeit und des Einverständnisses sicherzustellen, wird in der Praxis vielfach die Möglichkeit gewählt, sich das Vorliegen dieser Voraussetzungen durch das Anklicken eines Kästchens vor Abschluss des Bestellvorgangs durch den Käufer bestätigen zu lassen (siehe Abbildung 14.19).

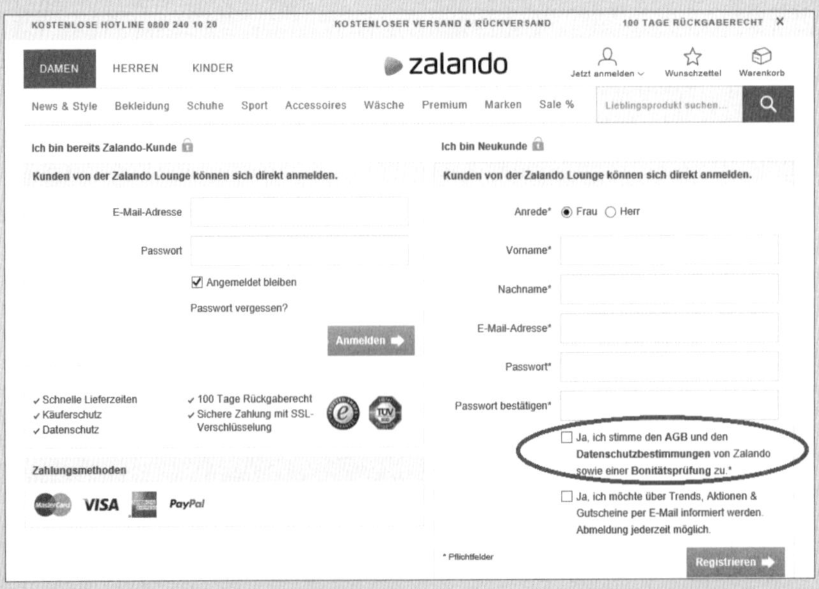

Abbildung 14.19 Hinweis auf die AGB beim Online-Händler Zalando und Einholung der Zustimmung durch das Opt-in-Verfahren

2. Bei der Übermittlung der AGB müssen Sie grundsätzlich beachten, dass die AGB dem Verbraucher zusammen mit den Vertragsbestimmungen so zugehen, dass er sie bei Vertragsschluss abrufen und in wiedergabefähiger Form speichern kann. Zeitlich hat dies innerhalb einer angemessenen Frist nach Vertragsschluss zu erfolgen, spätestens jedoch mit Lieferung der Ware.

Praxistipp

Viele Online-Händler nutzen die Möglichkeit, dem Käufer die AGB gemeinsam mit der Bestellbestätigung per E-Mail zuzuschicken. Da der Händler für den Erhalt die Beweislast trägt, sollte er ein technisches Protokoll darüber anfertigen, dass der Kunde die AGB zur Kenntnis genommen hat. Denkbar und beliebt ist es dabei, gleich mit der Zusendung der AGB per E-Mail auch eine elektronische Empfangsbestätigung zu generieren.

Übermittelt der Händler grundsätzlich keine AGB an seine Kunden, so kann er von Mitbewerbern ebenso abgemahnt werden wie der, der unwirksame AGB versendet. Eine bloße Zurverfügungstellung beispielsweise auf Ihrer Website ist nicht ausreichend.

14.3 Welche Anforderungen werden an die Datenschutzerklärung gestellt?

Als Betreiber von Onlineshops sind Sie aufgrund der datenschutzrechtlichen Bestimmungen bei der Verarbeitung und Nutzung von personenbezogenen Daten dazu verpflichtet, Ihren Kunden über die Verwendung seiner Daten zu unterrichten. Oft befassen sich Betreiber allerdings nicht mit diesem Thema und gehen damit das Risiko hoher Bußgelder ein. Um dies zu verhindern, gibt Ihnen dieser Abschnitt einen Überblick über die Anforderungen, die der Gesetzgeber an eine Datenschutzerklärung stellt.

14.3.1 Sinn und Zweck

Zweck der Datenschutzerklärung ist es, den Kunden darüber aufzuklären, in welchem Umfang und zu welchen Zwecken Sie seine personenbezogenen Daten verwenden. Personenbezogene Daten sind dabei Einzelangaben über persönliche und sachliche Verhältnisse einer bestimmten oder bestimmbaren Person. Entscheidend ist, dass die Daten mit der Person verbunden sind oder sich eine Verbindung aus dem Inhalt unmittelbar herstellen lässt. Darunter fallen beispielsweise Name, Alter, Familienstand oder Geburtsdatum. Personenbezogene Daten können aber auch IP-Adresse, Kontonummer oder die Telefonnummer sein.

Achtung

Eine Datenschutzerklärung entbindet Sie nicht von der Einholung einer ausdrücklichen Einwilligung, wenn Sie die Daten verarbeiten möchten, zum Beispiel zu weiteren Werbemaßnahmen per E-Mail oder Telefon!

14.3.2 Erfordernis einer Datenschutzerklärung

Eine Datenschutzerklärung ist grundsätzlich immer dann erforderlich, wenn Ihre Website personenbezogene Daten der Kunden oder der Besucher erhebt. Nur wenn allein anonyme, systembezogene oder statistische Daten ohne Personenbezug, wie zum Beispiel Browsertyp, verwendetes Betriebssystem oder Uhrzeit der Serveranfrage, verarbeitet werden, bedarf es keiner Datenschutzerklärung.

Im Rahmen Ihres Onlineshops können an verschiedenen Stellen personenbezogene Daten anfallen. Zunächst einmal ist dabei an solche Daten zu denken, die Sie im Zusammenhang mit dem Besuch des Kunden in Ihrem Onlineshop beispielsweise über personenbezogene Cookies sammeln. Aber auch wenn Sie Webanalyseinstrumente wie Google Analytics verwenden, mit denen Sie das Nutzerverhalten analysieren können, müssen Sie dies in Datenschutzerklärung angegeben, wenn diese Statistiken nicht anonym sind bzw. Aufschluss darüber geben können, dass eine bestimmte Person auf den Server zugegriffen hat.

Darüber hinaus müssen Sie zur Durchführung der Bestellung Daten wie Name, Adresse, Geburtsdatum oder E-Mail-Adresse Ihrer Kunden erheben. Auch müssen diese oftmals sogar an Dritte, wie zum Beispiel Lieferunternehmen oder Banken, weitergegeben werden – darüber muss der Kunde aufgeklärt werden und damit einverstanden sein.

Binden Sie in Ihrem Onlineshop Social-Media-Plug-ins ein, so fallen auch dabei Daten an, über die Sie Ihre Kunden unterrichten müssen.

14.3.3 Inhalt der Datenschutzerklärung

In der Datenschutzerklärung selbst sollten Sie dann den Zweck, die Art und den Umfang der Erhebung, Verarbeitung und Nutzung der Daten aufnehmen. Dies umfasst jede Variante der Datenverwendung.

Hinweis: Rechtstexter

Wenn Sie sich nicht sicher sind, was alles in Ihre Datenschutzerklärung gehört, so können Sie sich auch des Rechtstexters bedienen, den die Rechtsanwaltskanzlei Wilde Beuger Solmecke in Kooperation mit Trusted Shops entwickelt und auf der Webseite *https://www.wbs-law.de/e-commerce/trusted-shops-und-die-kanzlei-wilde-beuger-solmecke-bieten-abmahnschutzpakete-an-die-garantie-fuer-online-haendler-*

60997/ online gestellt hat. Dieses kostenlose Tool hilft Ihnen dabei, die Datenschutzerklärung für Ihren Onlineshop schnell und einfach immer auf dem neuesten Stand zu generieren. Auf diese Weise können Sie sich günstig, einfach und sicher vor Abmahnungen schützen (siehe Abbildung 14.20).

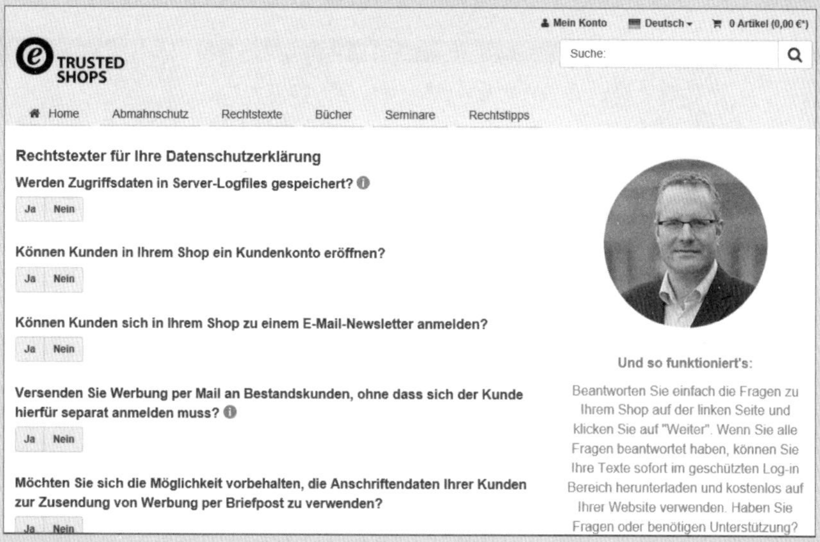

Abbildung 14.20 Der Rechtstexter hilft Ihnen bei der Erstellung Ihrer Datenschutzerklärung.

Nach den Regelungen des Bundesdatenschutzgesetzes hat der Kunde ein Recht auf unentgeltliche Auskunft über seine gespeicherten Daten sowie gegebenenfalls ein Recht auf Berichtigung, Sperrung oder Löschung dieser Daten. Daher ist er zudem über seine Widerspruchs- und Widerrufsmöglichkeit gegen die Datenerhebung zu belehren.

Hinweis: Muster Datenschutzerklärung

Von der Webseite der Rechtsanwaltskanzlei Wilde Beuger Solmecke (*https://www.wbs-law.de/internetrecht/muster-datenschutzerklarung-10054*) können Sie unter Angabe des Links der Kanzleiseite (*www.wbs-law.de*) als Quelle die Muster-Datenschutzerklärung kostenlos übernehmen. Beachten Sie aber bitte, dass auch eine Datenschutzerklärung kein festes Konstrukt ist, sondern der Anpassung in Ihrem Einzelfall bedarf. Dabei sollten Sie sehr sorgfältig vorgehen, da Datenschutzverstöße in Shops wettbewerbsrechtlich abgemahnt werden können!

14.3.4 Form der Unterrichtung

Zunächst einmal müssen Sie die Informationen leicht verständlich formulieren und für den Kunden jederzeit verfügbar halten. Dabei kann die Unterrichtung zentral in einer von jeder Seite aus erreichbaren Datenschutzerklärung erfolgen. In Onlineshops findet sich die Datenschutzerklärung meist am Fuß der Seite in der Nähe des Impressums oder der Allgemeinen Geschäftsbedingungen. Der entsprechende Link sollte dann mit den Begriffen DATENSCHUTZ, DATENSCHUTZERKLÄRUNG oder DATENSCHUTZINFORMATIONEN bezeichnet werden (siehe Abbildung 14.21).

Abbildung 14.21 Beispiel für einen Datenschutz-Link im Onlineshop des Modehauses H&M

Alternativ kann auch eine Kundeninformationsseite eingerichtet werden. In diesem Fall sollte dann der Link DATENSCHUTZ auf den Abschnitt mit den entsprechenden Angaben verweisen.

Achtung: Datenschutzerklärung in den AGB ist unzulässig!

Nicht zulässig ist die bloße Einbindung der Datenschutzerklärung in die Allgemeinen Geschäftsbedingungen des Unternehmens! Denn oftmals reicht nicht nur die Erklärung Ihrerseits, sondern Sie benötigen auch das Einverständnis Ihrer Kunden.

14.4 Wie stellt man eine rechtskonforme Abwicklung des Online-Geschäfts sicher?

Ein Onlineshop ist nur dann ein erfolgreiches Marketinginstrument, wenn es Ihnen gelingt, das Geschäft zur Zufriedenheit Ihrer Kunden abzuwickeln. Denn nur dann können Sie mit weiteren Bestellungen und guten Bewertungen rechnen. Auf der sicheren Seite sind Sie dabei auf jeden Fall dann, wenn die Abwicklung rechtskonform erfolgt – insbesondere ist dabei an die zahlreichen Informationspflichten in den verschiedenen Stadien der Bestellung zu denken. Welche Stolpersteine Sie dabei erwarten und wie Sie diese umgehen können, möchten wir Ihnen in diesem Abschnitt erläutern.

14.4.1 Der Bestellvorgang

Während der Kunde sich Kaufentscheidungen im Geschäft in der Regel gut überlegt, verlockt gerade der Online-Handel zu übereilten Entscheidungen, die so mancher Kunde im Nachhinein bereut. Die Schuld dafür ist dann schnell beim Online-Händler gefunden, wenn der Kunde das Gefühl hat, dass ihm wesentliche Aspekte nicht transparent genug dargestellt wurden. Konsequenz daraus ist ein – wenn auch nicht immer berechtigter – Vertrauensverlust. Um dies zu verhindern, sind Sie zunächst einmal im Voraus der Bestellung gefragt. Eine Hilfe dabei ist beispielsweise die Einhaltung der gesetzlichen Verpflichtungen für Online-Händler. Danach sollten die folgenden Punkte unbedingt beachtet werden:

- **Informationspflichten**: Der Käufer muss bereits vor Abgabe der Bestellung über bestimmte Aspekte des Geschäfts in klarer und verständlicher Art und Weise aufgeklärt werden. Dazu gehören insbesondere:
  - Ihre Identität (zum Beispiel Handelsname, Anschrift der Niederlassung, Telefonnummer, E-Mail-Adresse)
  - wesentliche Merkmale der Ware, so zum Beispiel Maße, Material, Eigenschaften etc.
  - Endpreise der Ware einschließlich aller Preisbestandteile, wie zum Beispiel Steuern
  - Zahlungs-, Liefer- und Leistungsbedingungen sowie der Termin, bis zu dem Sie die Waren an den Kunden liefern müssen
  - Hinweis, ob Lieferbeschränkungen bestehen
  - Hinweis, welche Zahlungsmittel Sie akzeptieren
  - das Bestehen bzw. Nichtbestehen, die Bedingungen, die Fristen und das Verfahren für die Ausübung des Widerrufsrechts
  - die einzelnen technischen Schritte, die zu einem Vertragsschluss führen, und die für den Vertragsschluss zur Verfügung stehenden Sprachen
  - Hinweise zu bestimmten Waren, die Spezialvorschriften unterliegen, wie zum Beispiel Arzneimittel, Elektrogeräte oder Bücher

…is

…gesetzlichen Informationspflichten sind sehr umfassend und sollten von Ihnen …cht vernachlässigt werden. Aus diesem Grund empfehlen wir Ihnen auch die Lek-…üre des Buches »Handel im Netz: Rechtsfragen und rechtliche Rahmenbedingungen des e-Commerce« von Christian Solmecke, erschienen 2014 im De Gruyter Verlag.

- **Korrektur von Eingabefehlern**: Auch über die konkrete Bestellsituation hat der Gesetzgeber klare Vorstellungen. So müssen Sie dem Käufer im Rahmen des Bestellvorgangs die Möglichkeit geben, fehlerhafte Eingaben, wie zum Beispiel eine falsche Stückzahlangabe, zu erkennen und ohne Weiteres zu korrigieren. Wie dies technisch umsetzbar ist, darüber müssen Sie den Käufer aufklären!

Praxistipp

Zur Umsetzung dieser Pflicht eignet sich die Nutzung einer Bestätigungsanzeige, in welcher die Bestellung des Kunden noch einmal zusammengefasst wird. Über den Button BEARBEITEN am Kopf oder Fuß der Anzeige kann er dann wieder zu einer überarbeitungsfähigen Version seiner Eingaben gelangen und die Unstimmigkeiten korrigieren (siehe Abbildung 14.22).

Abbildung 14.22 Beispiel für Änderungsmöglichkeiten im Bestellbestätigungsformular von Amazon

- **Bestätigung der Zahlungspflicht (sogenannte Button-Lösung)**: Befindet sich der Kunde dann im Bestellformular, haben Sie die Bestellsituation so zu gestalten, dass der Kunde nach Ausfüllen des Bestellformulars ausdrücklich bestätigt, dass er sich zu einer Zahlung verpflichtet. Der Bestätigungs-Button sollte die Aufschrift

ZAHLUNGSPFLICHTIG BESTELLEN, KOSTENPFLICHTIG BESTELLEN, KAUFEN oder eine ähnlich eindeutige Formulierung haben (siehe Abbildung 14.23). Darüber hinaus sollte die Schaltfläche gut lesbar in ausreichender Schriftgröße und mit farblichem Kontrast gestaltet werden. Auch grafische Elemente dürfen nicht vom Text ablenken.

Praxistipp

Wählen Sie unmissverständliche Aufschriften für den Bestätigungs-Button. Dem Kunden muss bewusst sein, dass er nach dem Klick auf den Button tatsächlich Geld bezahlen muss. Nicht erlaubt sind daher Aufschriften wie WEITER, ABSCHICKEN oder ZUR KAUFÜBERSICHT.

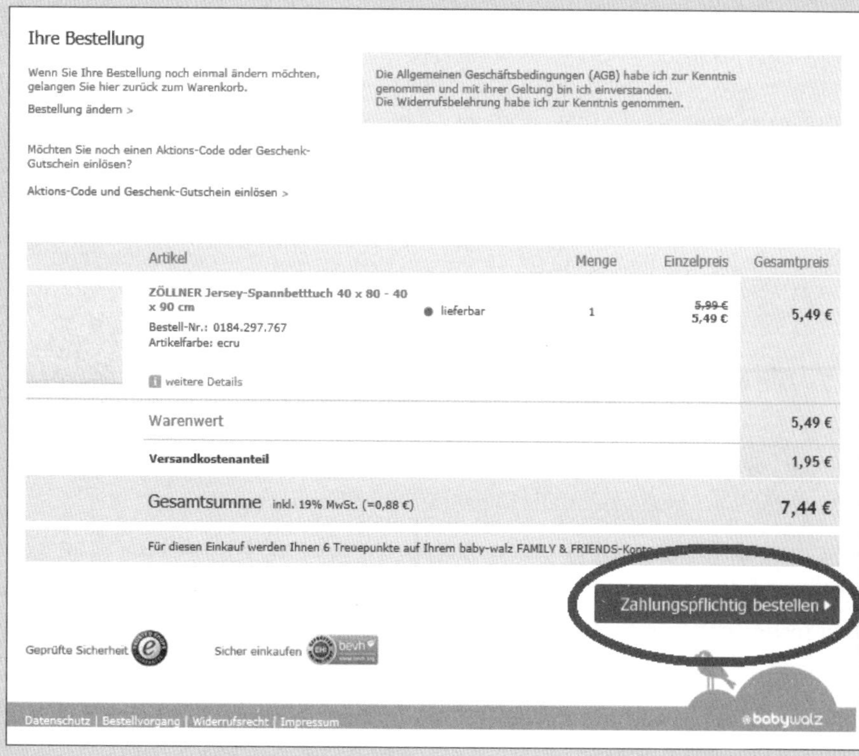

Abbildung 14.23 Beispiel für die vorbildliche Einhaltung der Button-Lösung

- **Bestellbestätigung**: Im Anschluss an die Absendung der Bestellung sollten Sie dem Kunden elektronisch eine unverbindliche Bestellbestätigung zukommen lassen, damit dieser erst einmal sichergehen kann, dass sein Auftrag Sie auch erreicht hat. Wie eine solche Bestellbestätigung aussehen kann und welche Konsequenzen für den Vertragsschluss eine ungenaue Formulierung haben kann, wurde bereits in Abschnitt 14.1.4, »Der Vertragsschlussmechanismus in der Praxis des Internets«, eingehend erörtert.

- **Auftragsbestätigung**: Wenn Sie das Kaufangebot dann annehmen, sollten Sie ihm weiterhin eine verbindliche elektronische Auftragsbestätigung zukommen lassen. Gleichzeitig sollten Sie auch daran denken, dem Kunden neben den AGB und den Pflichtinformationen im Fernabsatzgeschäft auch die Widerrufsbelehrung zukommen lassen, um eine Verlängerung der Widerrufsfrist zu vermeiden.
- **Versand von Informationen**: Nachdem Sie Ihre Kunden bereits im Voraus über die gesetzlich vorgesehenen Informationen aufgeklärt haben, müssen Sie ihm diese im Anschluss an die Bestellung auch per E-Mail oder auf Papier übermitteln. Dies muss spätestens mit Versand der Ware erfolgen.

Achtung: Folgen eines Pflichtverstoßes

Halten Sie sich nicht an Ihre gesetzlichen Pflichten, so hat dies zwar nicht die Unwirksamkeit des Vertrags zur Folge, kann Sie aber gegenüber Ihren Kunden schadensersatzpflichtig machen! Eine Besonderheit gilt jedoch bei einem Verstoß gegen die Button-Anforderungen: Werden die Anforderungen nicht eingehalten, so liegt erst gar kein Vertragsschluss vor. Das bedeutet, dass Sie den Kunden nicht zur Kaufpreiszahlung verpflichten können, wenngleich er dann auch die Ware nicht behalten darf.

14.4.2 Die Abwicklung der Bestellung

Einen wesentlichen Aspekt der Bestellungsabwicklung stellt die Lieferung der Kaufsache dar, welche in aller Regel durch ein Transportunternehmen erfolgt. Daher sollten Sie Ihrer Ware gegebenenfalls folgende Dinge beifügen:

- alle in der Produktbeschreibung aufgeführten Zubehörteile wie Kabel, Ladegeräte, Aufbewahrungshüllen etc.
- bei technischen Produkten eine Bedienungsanleitung in der jeweiligen Landessprache
- Garantieerklärung in Textform, wenn Sie eine Garantie für ein Produkt übernehmen
- rechtliche Informationen wie die Vertragsbestimmungen, AGB oder die Widerrufsbelehrung
- Rechnung in Papierform

Ein weiterer wesentlicher Aspekt der Bestellabwicklung ist die Kaufpreiszahlung. Dabei ist zu beachten, dass der säumige Käufer Ihnen entstandene Schäden, wie beispielsweise Mahngebühren oder darauf folgende Rechtsanwalts- oder Gerichtskosten, ersetzen muss.

Kommt der Käufer seiner Abnahmepflicht nicht nach, indem er beispielsweise das Paket nicht annimmt oder zurückweist, obwohl ihm die Sache ordnungsgemäß angeboten wurde, so gerät er dadurch in Verzug. Dies hat zur Folge, dass der Käufer weiterhin zur Abnahme verpflichtet bleibt, in der Zwischenzeit eingetretene Schäden an der Sache vom Verkäufer jedoch nur bei Vorsatz und grober Fahrlässigkeit vertreten werden müssen.

Praxisbeispiel: Annahmeverzug

Der Käufer erwirbt im Onlineshop eines Möbelhauses einen Schrank und vereinbart einen festen Termin für die Lieferung. Zum vereinbarten Zeitpunkt öffnet der Käufer den Mitarbeitern des Möbelhauses jedoch nicht die Tür, woraufhin sie den Schrank wieder mitnehmen müssen. Auf der Rückfahrt gerät der Möbeltransporter ohne Verschulden seines Fahrers in einen Unfall, in dessen Folge der Schrank zerstört wird. Der Käufer muss den Kaufpreis für den Schrank dennoch zahlen.

14.4.3 Konsequenzen bei Mängeln an der Ware

Kommt es nach dem Kauf zu Problemen, so haben Sie einige rechtliche Aspekte zu beachten. Denn Schäden am Produkt können nicht nur beim Transport passieren. Vielmehr ist der weitaus häufigere Fall der, dass die Mängel bereits während der Produktion oder Lagerung der Ware entstanden sind. Dies löst verschiedene Gewährleistungsrechte des Kunden aus. Sie umfassen das Recht

- zur Nacherfüllung in Form der Neulieferung der Sache (Nachlieferung) oder Reparatur des Mangels (Nachbesserung),
- bei Unmöglichkeit bzw. wiederholtem Fehlschlag der Nacherfüllung den Rücktritt vom Kaufvertrag,
- zur Minderung des Kaufpreises
- oder zum Schadensersatz bzw. Aufwendungsersatz.

Die Grundvoraussetzungen eines Gewährleistungsanspruchs sind dabei:

- ein wirksamer Kaufvertrag
- ein erheblicher Mangel an der Sache

Hinweis: Was bedeutet eigentlich Mangel?

Ein Mangel liegt vor, wenn

- eine Abweichung der tatsächlichen Beschaffenheit von der erwarteten Beschaffenheit vorliegt,
- die Sache nicht die vereinbarte Beschaffenheit aufweist,

- zwar keine Beschaffenheitsvereinbarung vorliegt, die Sache sich jedoch nicht für die nach dem Vertrag vorausgesetzte Verwendung oder die gewöhnliche Verwendung eignet oder nicht eine Beschaffenheit aufweist, die bei Sachen der gleichen Art üblich ist und die der Käufer nach der Art der Sache erwarten kann,
- Sie die Montage fehlerhaft vorgenommen haben oder eine mangelhafte Montageanleitung herausgegeben haben,
- Sie eine andere als die vereinbarte Sache geliefert haben oder
- Dritte nicht vertraglich vereinbarte Rechte an der Sache haben.

- ein Vorliegen des Mangels zum Zeitpunkt des sogenannten Gefahrübergangs

Hinweis: Was bedeutet Mangel zum Zeitpunkt des Gefahrübergangs?

Dass der Mangel schon zum Zeitpunkt des Gefahrübergangs vorhanden war, bedeutet bei Geschäften mit Verbrauchern konkret, dass der Mangel schon bei Übergabe der Sache durch Sie oder das von Ihnen beauftragte Transportunternehmen an den Käufer vorlag.

- kein Gewährleistungsausschluss

Hinweis: Wie kann ein Ausschluss erfolgen?

Ein solcher Ausschluss kann in engen Grenzen auf vertraglicher Basis erfolgen und führt dazu, dass die Geltendmachung von Gewährleistungsansprüchen gänzlich oder unter bestimmten Voraussetzungen nicht mehr möglich ist, obwohl das Gesetz dem Käufer diese Ansprüche einräumt. Daneben ist auch ein gesetzlicher Ausschluss möglich, beispielsweise dann, wenn der Käufer den Mangel bei Vertragsschluss kennt.

Auch wenn die bereits erläuterten Voraussetzungen vorliegen, so kann der Anspruch nicht auf unbestimmte Zeit geltend gemacht werden. Vielmehr sieht der Gesetzgeber die Geltendmachung innerhalb von zwei Jahren ab Ablieferung der Kaufsache vor. Danach kann der Käufer den Anspruch nicht mehr durchsetzen, da er danach verjährt ist.

Praxishinweis: Beweislast

Kommt es zum Streit zwischen Ihnen und dem Käufer, so muss der Käufer das Vorliegen der Voraussetzungen des Gewährleistungsanspruchs beweisen. Dass diese Beweisführung nicht immer einfach ist und mit viel Aufwand verbunden sein kann, weiß auch der Gesetzgeber und hat daher für den Verbraucher eine Erleichterung vorgenommen: Danach wird ein Vorliegen des Mangels bei Gefahrübergang vermutet, wenn dieser innerhalb von sechs Monaten nach dem Kauf auftritt. Es handelt sich dabei um eine gesetzliche Vermutung, die aber vom Verkäufer durch einen Gegenbeweis widerlegt werden kann. Diese Vermutung bezieht sich jedoch nur auf den Zeitpunkt der Mangelhaftigkeit, nicht hingegen auf das Vorliegen des Mangels selbst.

Sind Sie der Ansicht, dass der Anspruch bereits verjährt ist, so müssen Sie dies geltend machen und den Beweis dafür liefern, beispielsweise durch einen Übergabebeleg.

14.5 Rechtskonforme Rückabwicklung des Online-Geschäfts: Rücktritt oder Widerruf?

Ein einmal geschlossener Vertrag bleibt nicht immer bestehen: Unter bestimmten Voraussetzungen kann der Käufer durch einen Rücktritt oder Widerruf die Lösung vom Vertrag erreichen. Zunächst einmal muss klargestellt werden, dass das Widerrufsrecht und das Gewährleistungsrecht völlig eigenständige Rechte darstellen, die unter unterschiedlichen Voraussetzungen Anwendung finden. Doch worin besteht der Unterschied zwischen diesen beiden Rechten genau und wann kann der Käufer welches Recht geltend machen? Antworten auf diese Fragen soll dieser Abschnitt liefern.

14.5.1 Der Rücktritt

Ein Rücktrittsrecht hat der Käufer nur dann, wenn ihm das Gesetz ein solches einräumt oder Sie mit dem Käufer ein solches vertraglich vereinbart haben. Da die zweite Alternative in der Praxis des Online-Handels nahezu keine Anwendung findet, sind in der Regel nur die gesetzlichen Rücktrittsrechte beachtlich. Von entscheidender Bedeutung ist dabei das bereits erläuterte Rücktrittsrecht im Fall der Lieferung einer mangelhaften Sache. Doch unter welchen Voraussetzungen kann Ihr Kunde überhaupt einen Rücktritt geltend machen?

Voraussetzung für die wirksame Geltendmachung eines Rücktrittsrechts ist zunächst einmal, dass der Kunde Ihnen den Mangel angezeigt und Ihnen eine angemessene Frist zur Nachlieferung oder Nachbesserung gesetzt hat, die Sie aber erfolglos haben verstreichen lassen. Eine Frist ist dann angemessen, wenn der Zeitraum zur Erfüllung der Forderung realistisch ist. Demnach ist hier eine Einzelfallentscheidung erforderlich: Müssen Sie selbst ein Ersatzteil bei einem Händler bestellen oder ist die Reparatur sehr aufwendig, so muss der Kunde dies in seiner Fristsetzung beachten und großzügiger sein als in Fällen, in denen nur ein kleiner Mangel vorliegt, der von Ihnen selbst auch schnell behoben werden kann.

Nun kann das Erfordernis der Nachfristsetzung in gesetzlich aufgezählten Ausnahmefällen aber auch entfallen. Den in der Praxis wohl bedeutendsten Ausnahmefall stellt die Konstellation dar, in der Sie als Verkäufer die Nacherfüllung ernsthaft und endgültig verweigern, weil Sie beispielsweise der Ansicht sind, dass das Produkt nicht mangelhaft ist. Dabei kann jedoch nicht jede Ablehnung als eine Verweigerung gewertet werden, vielmehr muss es sich um Ihr letztes Wort in dieser Sache handeln. Nicht jede Diskussion mit dem Käufer stellt demnach eine Ablehnung dar.

Praxishinweis: Ernsthafte und endgültige Verweigerung

Es handelt sich noch nicht um eine Verweigerung, wenn Sie den Sachverhalt zunächst Ihrem Anwalt zur Überprüfung vorlegen wollen oder Zweifel an einer pünktlichen Nachlieferung äußern. Das sollten Sie allerdings mit Ihrem Vertragspartner besprechen, da dieser nicht hinnehmen muss, dass Sie die Nachfrist verstreichen lassen.

Ein Rücktritt ist unter anderem auch nur dann möglich, wenn der Mangel nicht nur unerheblich ist. Der Gesetzgeber räumt also nicht für jegliche Mängel ein Rücktrittsrecht ein, wohl aber die übrigen Gewährleistungsrechte, wie beispielsweise die Nacherfüllung.

Praxisbeispiel: Erheblichkeit des Mangels

Käufer und Verkäufer stritten vor dem Bundesgerichtshof (Urteil vom 28.05.2014, Az. VIII ZR 94/13VIII ZR 94/13) über eine defekte Einparkhilfe und die Frage, ab wie viel Prozent Anteil am Gesamtkaufpreis des Autos ein Mangel als nicht mehr unerheblicher Mangel einzustufen ist. Der Bundesgerichtshof entschied dabei, dass bei behebbaren Mängeln zunächst eine an den Einzelfallumständen vorzunehmende Interessenabwägung erforderlich sei und eine Erheblichkeit in der Regel bereits dann erreicht ist, wenn der Aufwand zur Mängelbeseitigung einen Betrag von 5 % des Kaufpreises überschreitet.

Nicht zurücktreten kann der Käufer jedoch dann, wenn er selbst für den Mangel verantwortlich ist, weil er beispielsweise die Kaufsache falsch gelagert hat und diese nun von Schimmel befallen ist.

Zur Geltendmachung des Rücktrittsrechts muss der Käufer Ihnen gegenüber dann auch eine Rücktrittserklärung abgegeben.

Sind all diese Voraussetzungen erfüllt, so verwandelt sich der Kaufvertrag in ein sogenanntes *Rückgewährschuldverhältnis*. Das bedeutet, dass das Verhältnis zwischen Ihnen und dem Käufer nicht mehr auf dem Kaufvertrag basiert, sondern auf einem neuen Schuldverhältnis aus dem Rücktritt. Dieses beinhaltet dann nur die Pflicht, gegenseitig die empfangenen Leistungen zurückzugewähren und die gezogenen Nutzungen herauszugeben. Dies bedeutet konkret, dass Sie den gezahlten Kaufpreis an den Käufer erstatten und der Käufer die erhaltene Ware in einem ordnungsgemäßen

Zustand an Sie zurückgeben muss. Ist dies dem Käufer gar nicht oder nur in einem beschädigten Zustand möglich, hat er grundsätzlich Wertersatz zu leisten.

Praxisbeispiel: Rückgewährschuldverhältnis

Der Käufer erwirbt in einem Onlineshop ein Paar Schuhe für 50 €. Aufgrund eines Mangels tritt er vom Kaufvertrag zurück. Den Käufer trifft nun die Pflicht, die Schuhe an den Verkäufer zurückzuschicken. Der Verkäufer hingegen muss dem Käufer die 50 € erstatten.

14.5.2 Widerruf

Während die Gewährleistungsrechte dem Kunden unabhängig vom Widerrufsrecht für den Fall zustehen, dass die Ware mangelhaft ist, ist das Widerrufsrecht hingegen ein Recht, das der Gesetzgeber dem Verbraucher aufgrund der Besonderheiten des Internethandels zur Verfügung stellt.

Sein Widerrufsrecht kann der Käufer ohne Angabe von Gründen innerhalb der Widerrufsfrist geltend machen. Während das Gewährleistungsrecht darauf abzielt, einen Ausgleich für die Lieferung mangelhafter Waren zu bieten, bezweckt das Widerrufsrecht den Ausgleich dafür, dass der Kunde die Ware anders als in einem Warenhaus nicht anfassen und mit eigenen Augen ansehen kann, sondern sich mit Fotos und Artikelbeschreibungen zufriedengeben muss. Fotos können jedoch je nach Lichteinfall und Nachbearbeitung von der Realität abweichen. Daher reicht es aus, dass einem Kunden ein Produkt aus persönlichen Gründen nicht gefällt, um den Vertragsschluss zu widerrufen. Danach ist der Kunde ebenso wie Sie an die zum Vertragsschluss führende Erklärung nicht mehr gebunden. Im Fall der deutlichen Abweichung der Abbildung von dem Produkt kann der Kunde Sie darüber hinaus auch noch auf Schadensersatz in Anspruch nehmen.

Achtung: Reform des Widerrufsrechts 2014!

Hinsichtlich der Details des Widerrufsrechts müssen Sie besonders beachten, dass kürzlich eine Reform des Widerrufsrechts erfolgt ist, um so eine Vereinheitlichung innerhalb der Europäischen Union zu erreichen und den grenzüberschreitenden Vertrieb zu erleichtern. Hier müssen Sie unter Umständen auch in bestehenden Onlineshops Anpassungen vornehmen!

Die Reform führte beispielsweise dazu, dass die Widerrufsfrist innerhalb der Europäischen Union nun einheitlich 14 Tage beträgt. Der Fristbeginn erfolgt grundsätzlich mit Vertragsschluss, jedoch nicht, bevor Sie den Kunden über sein Widerrufsrecht belehrt und ihm das Muster-Widerrufsformular zugesandt haben oder Sie Ihren übrigen Informationspflichten nachgekommen sind.

Um Ihnen die ordnungsgemäße Erfüllung Ihrer Belehrungspflichten zu erleichtern, hat der Gesetzgeber im Gesetz eine Muster-Widerrufsbelehrung eingeführt. Nutzen Sie dieses Muster, so können Sie sicher sein, dass Sie die gesetzlichen Anforderungen erfüllen. Beachten Sie dabei jedoch die amtlichen Gestaltungshinweise, die es Ihnen ermöglichen, die Belehrung Ihrem konkreten Geschäft entsprechend zusammenzustellen. Das Muster kann daher keinesfalls unverändert übernommen werden!

Achtung

Sie können das Muster von der Webseite des Bundesministeriums der Justiz und für Verbraucherschutz herunterladen (*http://www.bmjv.de/DE/Themen/MarktundRecht/Musterbelehrungen/musterbelehrungen_node.html*). Sie sind zwar nicht verpflichtet dieses Muster zu verwenden, jedoch empfehlen wir Ihnen dies grundsätzlich. Denn eine falsche Widerrufsbelehrung kann einen Wettbewerbsverstoß darstellen und dadurch zu Abmahnungen führen. Gleichzeitig hat es die Folge, dass die Widerrufsfrist nicht zu laufen beginnt.

Für eine Unterstützung bei der individuellen Gestaltung empfehlen wir Ihnen den Rechtstexter der Rechtsanwaltkanzlei Wilde Beuger Solmecke und Trusted Shops, den Sie kostenlos und einfach über die Webseite *https://www.wbs-law.de/e-commerce/trusted-shops-und-die-kanzlei-wilde-beuger-solmecke-bieten-abmahnschutz-pakete-an-die-garantie-fuer-online-haendler-60997/* erreichen können.

Während vor der Novellierung die Ausübung des Widerrufsrechts auch einfach durch Rücksendung der Ware oder deren Nichtannahme erfolgen konnte, muss der Käufer seinen Widerruf nun Ihnen gegenüber ausdrücklich erklären. Dabei gilt hinsichtlich der Form der Erklärung eine Erleichterung: Die Textform ist nicht mehr zwingend – vielmehr ist nun auch eine Widerrufserklärung über das Telefon möglich. Dies bedeutet für Sie gleichzeitig, dass Sie dem Kunden im Impressum bzw. der Muster-Widerrufserklärung auch eine Telefonnummer mitteilen müssen.

Achtung

Die Telefonnummer zur Ausübung des Widerrufsrechts darf keine Mehrwertdienstenummer wie beispielsweise die 0180-Nummer sein! Andernfalls müssen Sie mit Abmahnungen rechnen, da Sie die Verbraucher so mittelbar davon abhalten, von ihrem Widerrufsrecht Gebrauch zu machen. Dies bedeutet aber nicht, dass ein Anruf grundsätzlich kostenlos sein muss.

Damit der Verbraucher den Widerruf so einfach wie möglich erklären kann, müssen Sie ihm eine Muster-Widerrufserklärung zukommen lassen. Dadurch soll es ihm möglich sein, seinen Widerruf ganz einfach zu erklären, indem er das Formular nur ausfüllen und zurückschicken muss. Hinsichtlich der Ausgestaltung des Formulars hat der Gesetzgeber auch hier ein Muster formuliert, das Sie verwenden können, jedoch nicht müssen. Das Widerrufsformular ergibt sich aus der amtlichen Information zu Artikel 246 a § 1 Abs. 2 S. 1 Nr. 1 EGBGB.

Praxisbeispiel

Widerrufsformular

Wenn Sie den Vertrag widerrufen wollen, dann füllen Sie bitte dieses Formular aus und senden Sie es zurück an

Muster-Onlineshop
Musterstraße 13
53458 Musterstadt
Telefon: 0123/ 456123
Telefax: 0123/ 456125
E-Mail: info@mustershop.de

- Hiermit widerrufe(n) ich/wir (*) den von mir/uns (*) abgeschlossenen Vertrag über den Kauf der folgenden Waren (*)/die Erbringung der folgenden Dienstleistung (*) ____________________

- Bestellt am (*)/erhalten am (*) ____________________

- Name des/der Verbraucher(s) ____________________

- Anschrift des/der Verbraucher(s) ____________________

____________________ ____________________

Ort, Datum Unterschrift des/der Verbraucher(s)

(*) Unzutreffendes bitte streichen

Möchten Sie nicht auf das gesetzliche Muster zurückgreifen, so sollten Sie Abweichungen davon nur dann vornehmen, wenn Sie dies vorher rechtlich abgesichert haben.

Hinweis: Kein gesetzliches Rückgaberecht mehr!

Neben dem Widerrufsrecht räumte der Gesetzgeber dem Verbraucher nach der bis zum 13.06.2014 geltenden Rechtslage auch ein Rückgaberecht ein. Dieses wurde jedoch mit der Novellierung abgeschafft. Demnach kann der Käufer sich nun nur noch über den Rücktritt oder den Widerruf vom Vertrag lösen.

14.5.3 Die Rückabwicklung in der Praxis

Nun möchten wir einen Blick auf die Frage werfen, was Sie bei der Rückabwicklung in der Praxis beachten müssen, nachdem Sie die Ware geliefert haben und der Kaufpreis bezahlt wurde.

Grundsätzlich sieht der Gesetzgeber vor, dass die empfangenen Leistungen im Fall des Widerrufs von den Parteien des Kaufvertrags spätestens nach 14 Tagen zurückzugewähren sind. Diese Frist beginnt für Sie dann, wenn Ihnen die Widerrufserklärung zugeht und für den Käufer ab dem Zeitpunkt, ab dem er die Widerrufserklärung abgegeben hat.

Praxisbeispiel: Widerrufsfrist

Der Käufer bestellt am 1.01.2015 im Internet einen Anzug bestehend aus Sakko und Hose. Am darauffolgenden Tag erhält er eine Bestellbestätigung und die Widerrufsbelehrung per E-Mail. Beim Versand gibt es Probleme, so dass die Hose am 5.01.2015 und das Sakko erst am 7.01.2015 geliefert werden. Die Widerrufsfrist beginnt mit Lieferung des letzten Teils der zusammengehörigen Bestellung und endet damit erst am 21.01.2015.

Rückzahlung des Kaufpreises

Bei der Rückzahlung des Kaufpreises müssen Sie beachten, dass Sie grundsätzlich dasselbe Zahlungsmittel verwenden müssen, das der Käufer bei der Zahlung verwendet hat. Konkret bedeutet das in der Praxis beispielsweise, dass Sie den Kaufpreis per Überweisung zurückerstatten, wenn der Kunde auf Rechnung oder per Lastschrift gezahlt hat. Hat er hingegen per Kreditkarte gezahlt, so muss der Betrag auch wieder dem Kreditkartenkonto gutgeschrieben werden und nicht dem Girokonto des Kunden. Sie können die Rückzahlung aber bis zum Rückerhalt der Ware oder der Erbringung eines Nachweises über die Rücksendung zurückbehalten.

Kosten der Rücksendung

Die Kosten der Rücksendung nach einem Widerruf trägt nach der gesetzlichen Regelung der Verbraucher. Voraussetzung ist allein, dass Sie den Käufer über seine Kostentragungspflicht im Widerrufsfalle informiert haben. Zahlreiche Onlineshops möchten jedoch mit kostenlosen Rücksendungen Ihre Kunden zu einem Kauf animieren (siehe Abbildung 14.24). Dies ist auch gerade als Kundenservice aus Marketinggesichtspunkten zu empfehlen.

Damit ist auch die bis zum 13.06.2014 geltende sogenannte 40-€-Klausel nun hinfällig. Danach regelten die Online-Händler vertraglich, dass beim Widerruf einer Bestellung von Waren mit einem Wert von unter 40 € die Rücksendekosten vom Käufer zu tragen waren. Dies ist nun nicht mehr nötig! Zur Übernahme der Kosten der Hinsendung bleiben Sie jedoch auch im Widerrufsfalle weiterhin verpflichtet.

Abbildung 14.24 Beispiel für die Übernahme der Rücksendekosten durch den Online-Händler Zalando

Anders ist dies hingegen in den Fällen, in denen eine Rücksendung erfolgt, da die Kaufsache mangelhaft ist. Denn dann stellen die Kosten der Rücksendung einen Schaden dar, den Sie durch die Lieferung einer mangelhaften Sache zu vertreten haben. Daher müssen auch Sie in diesen Fällen die Kosten der Hin- und Rücksendung tragen.

Rücksendung beschädigter oder gebrauchter Sachen

Macht der Käufer von seinem Widerrufsrecht Gebrauch, sendet Ihnen aber eine gebrauchte oder beschädigte Sache zurück, die Sie deshalb nicht weiterverkaufen können, so ist er Ihnen nicht zum Wertersatz verpflichtet, wenn er die Ware nur ordnungsgemäß getestet hat. Dies gilt auch dann, wenn die Ware bereits durch die Prüfung der Eigenschaften wertlos wird – dieses Risiko müssen Sie leider tragen!

Praxisbeispiel: Testbetrieb

In dem sogenannten Wasserbetten-Urteil (BGH, Urteil vom 3.11.2010, Az. VIII ZR 337/09) verurteilte der Bundesgerichtshof einen Wasserbettenhändler zur Erstattung des vollständigen Kaufpreises, nachdem der Verbraucher ein Wasserbett befüllt hatte und anschließend von seinem Widerrufsrecht Gebrauch machte. Der Bundesgerichtshof wies die Wertersatzforderung des Händlers mit der Begründung ab, dass es sich nur um eine Prüfung der Ware handele, die kostenlos möglich sein müsse.

Sinn dieser Regelung ist, dass der Online-Käufer anders als im Geschäft kein Vorführmodell hat, das er testen kann, und dieser Nachteil durch eine fehlende Wertersatzpflicht beim Testbetrieb ausgeglichen werden soll.

Auch im Rücktrittsfall entfällt eine Wertersatzpflicht des Käufers unter anderem dann, wenn die Verschlechterung auf der bestimmungsgemäßen Ingebrauchnahme beruht. Gemeint ist damit schlichtweg der Verlust, der durch die erstmalige Benutzung eintritt. Dies ist beispielsweise bei fabrikneuen PKW der Fall, wenn diese durch die Erstzulassung des Käufers an Wert verlieren.

14.6 Gewinnspiele im Onlineshop: Wie wird der Gewinn nicht zum Verlust?

Eine gute Strategie, Kunden zu einem Besuch des Onlineshops oder gar zu einer Bestellung zu bewegen, ist die Veranstaltung von Gewinnspielen (siehe Abbildung 14.25). Ein Gewinnspiel liegt vor, wenn ohne Leistung eines Einsatzes zur Teilnahme an einem Spiel aufgefordert wird. Der Gewinner wird dabei durch irgendein Zufallselement wie die Ziehung eines Loses bestimmt.

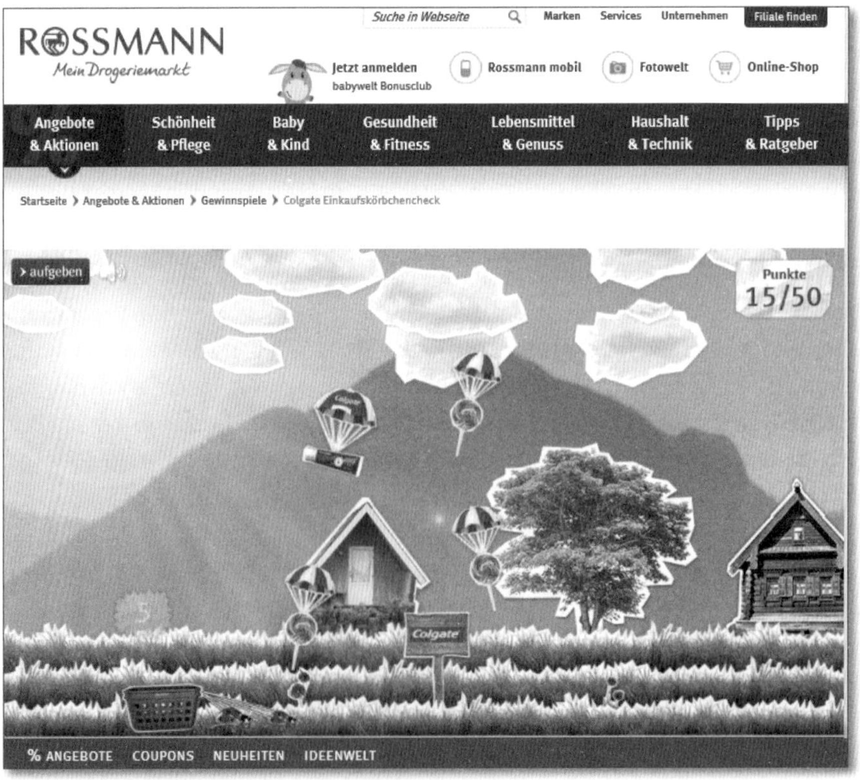

Abbildung 14.25 Gewinnspiel im Onlineshop der Drogeriekette Rossmann

Doch dabei müssen Sie aufpassen, dass Ihnen ein solches Lockmittel nicht zum Verhängnis wird: Die gesetzlichen Vorgaben insbesondere des Lauterkeitsrechts müssen eingehalten werden! Darin hat der Gesetzgeber ganz klar formuliert, auf welche Art und Weise Gewinnspiele in Onlineshops veranstaltet werden dürfen.

14.6.1 Unterscheidung zwischen Gewinnspiel und Glücksspiel

Zunächst einmal ist es wichtig, zwischen einem Gewinnspiel und einem Glücksspiel zu differenzieren, da damit verbunden unterschiedliche rechtliche Rahmenbedingungen einhergehen. Ein Gewinnspiel kann von jedem durchgeführt werden. Möchten Sie hingegen ein Glücksspiel durchführen, brauchen Sie eine staatliche Genehmigung, da andernfalls strafrechtliche Konsequenzen drohen.

Um ein Gewinnspiel handelt es sich, wenn Sie andere ohne Leistung eines Einsatzes zur Teilnahme an einem Spiel auffordern. Wenn allerdings erst durch die Leistung eines Einsatzes eine Gewinnchance erworben werden kann, handelt es sich um ein Glücksspiel. Der ausschlaggebende Unterschied zwischen Glücksspiel und Gewinnspiel ist damit der Einsatz. In den Fällen, in denen Ihre Kunden durch den Kauf eines Produkts eine Gewinnchance erwerben, handelt es sich dennoch um ein Gewinnspiel, da der gezahlte Preis dem Erwerb des Produkts dient und nur mittelbar zur Teilnahme am Gewinnspiel führt.

14

Praxisbeispiel: Gewinnspiel oder Glücksspiel

Ein Onlineshop verlost Einkaufsgutscheine. Für die Teilnahme müssen die Kunden auf der Webseite fünf versteckte Buchstaben finden und zu einem Wort zusammensetzen. Hierbei handelt es sich um ein Gewinnspiel. Erhalten die Kunden die gesuchten Buchstaben allerdings erst durch den Kauf von Produkten, dann handelt es sich um ein Glücksspiel.

14.6.2 Beschränkungen bei der Veranstaltung eines Gewinnspiels

Das Lauterkeitsrecht sieht bei der Veranstaltung von Gewinnspielen ein paar Verhaltensregeln vor, die es zu beachten gilt.

Besonders naheliegend ist die Idee, den Verbraucher zu einem Kauf zu animieren, indem er dafür mit der Teilnahme an einem besonders attraktiven Gewinnspiel belohnt wird. Zu denken ist da beispielsweise an die Möglichkeit, die Produkte in Ihrem Onlineshop mit Etiketten zu Gewinnspielcoupons zu versehen, wobei zur Teilnahme an dem vermeintlich kostenlosen Gewinnspiel zuerst die Ware gekauft werden muss. Bei diesem Vorgehen handelt es sich um einen sogenannten versteckten Einsatz, den der Teilnehmer erbringen müsste. Genau dieser versteckte Einsatz verstößt aber gegen das deutsche Wettbewerbsrecht, da die Teilnahme an einem

Gewinnspiel nicht vom Kauf einer Ware abhängig gemacht werden darf, sogenanntes *Kopplungsverbot*. Dieses Verbot darf auch nicht dadurch umgangen werden, dass die Teilnahme freigestellt wird, die Gewinnchance aber wiederum vom Kauf einer Ware abhängig gemacht wird. Denn der Gesetzgeber möchte den von der Gewinnchance geblendeten Verbraucher möglichst vor einer unüberlegten Kaufentscheidung bewahren.

Praxisbeispiel: Kopplung Gewinnspiel an Warenerwerb

In einem vom BGH (Beschluss vom 5.06.2008, Az. I ZR 4/06) zu entscheidenden Fall warb die Supermarktkette Plus mit dem Slogan: *»Einkaufen, Punkte sammeln, gratis Lotto spielen«*. Demnach sollten Kunden, die bei Plus einkauften, für jeden Einkauf Bonuspunkte erhalten. Nach Erreichen von 20 Bonuspunkten konnten die Kunden dann an einer Lottoziehung teilnehmen. Damit war die Teilnahme am Gewinnspiel an den vorherigen Einkauf von Waren gekoppelt und daher nach Ansicht der Klägerin wettbewerbswidrig.

Der BGH legte daraufhin dem EuGH die Frage vor, ob das lauterkeitsrechtliche Koppelungsverbot mit der Europäischen Richtlinie 2005/29/EG über unlautere Geschäftspraktiken in Einklang steht. Das Gericht wollte demnach wissen, ob es zulässig ist, eine Koppelung per se zu untersagen oder ob dafür noch zusätzliche Umstände wie die Irreführung oder unsachliche Beeinflussung der Verbraucher hinzutreten müssen.

Die strenge Ansicht des deutschen Wettbewerbsrechts teilte der Europäische Gerichtshof nicht und entschied (Urteil vom 14.01.2010, Az. C 304/08), dass vielmehr eine Einzelfallentscheidung vorzunehmen sei, bei der untersucht werden müsse, ob im konkreten Fall eine unlautere Geschäftspraxis vorliegt. Dies sei jedenfalls dann der Fall, wenn die Werbung im Einzelfall als irreführende Geschäftspraxis gewertet werden kann, als Verstoß gegen die berufliche Sorgfalt oder die sogenannten schwarzen Klauseln einzuordnen ist. Danach darf das Gewinnspiel durch die Kopplung an den Warenerwerb nicht die Spiellust des Teilnehmers anstacheln oder ausnutzen. Dies ist beispielsweise der Fall, wenn der Kunde immer weiter wirtschaftlich unsinnige Kaufentscheidungen trifft, nur um weiter am Gewinnspiel teilnehmen zu können, so etwa beim Rabattwürfeln. Denn dadurch wird der Kunde vor einer Abwägung der Güte und Preiswürdigkeit der angebotenen Ware durch die Hoffnung auf leichten Gewinn abgelenkt.

Praxistipp: Rechtskonformer Rabattwürfel

Einen Rabattwürfel können Sie jedoch dann rechtssicher einsetzen, wenn Sie beispielsweise in den Teilnahmebedingungen eine Beschränkung auf eine Teilnahme pro Person festlegen (siehe Abbildung 14.26). Die Umsetzung ist dabei im Online-Handel durch die Aufnahme der Daten des Kunden recht einfach. Auf diese Weise können Sie sicherstellen, dass der Kauf der Ware am Ende nicht ausschließlich von der Lust zu gewinnen abhängig ist, sondern weiterhin eine rationale Entscheidung darstellt.

Toys"R"Us

Würfel Dir Deinen Rabatt!

RABATTWÜRFELN

In jedem Toys"R"Us Markt an der Infotheke*

3 € Rabatt: 3er Pasch (3 Würfel mit jeweils gleicher Augenzahl)
4 € Rabatt: 4er Pasch (4 Würfel mit jeweils gleicher Augenzahl) oder einer kleinen Straße (vier Würfel mit aufsteigender Augenzahl, z.B. 1,2,3,4),
5 € Rabatt: „Full House“ (drei Würfel mit jeweils gleicher Augenzahl, sowie 2 Würfel mit ebenfalls gleicher Augenzahl) oder „große Straße“ (5 Würfel mit aufsteigender Augenzahl, 1,2,3,4,5 oder 2,3,4,5,6)
10 € Rabatt: 5er Pasch (5 Würfel mit gleicher Augenzahl)

Die Einlösung sämtlicher Rabatte ist an einen Mindesteinkauf in Höhe von 20 € gebunden.

So wird gespielt:
Jeder Teilnehmer hat 3 Würfelversuche. Würfelbecher und Würfel werden im Markt bereitgestellt. Bei jedem Versuch können entweder alle Würfel wieder aufgenommen, oder einzelne Würfel liegen gelassen und mit den restlichen Würfeln weiter gewürfelt werden. Sollten bei den 3 Würfelversuchen mehrere Rabatte „erwürfelt“ werden, zählt der höchste erreichte Rabatt. Selbstverständlich kann auch nach dem ersten Wurf aufgehört werden, wenn bereits ein Rabatt „erwürfelt“ wurde.

Name: ______________ Alter: ______

Straße/Nr: ______________

PLZ/Ort: ______________ Unterschrift: ______________
(mit meiner Unterschrift akzeptiere ich die AGBs der Toys"R"Us GmbH, sowie die Teilnahmebedingungen zum Rabattwürfel Gewinnspiel)

Teilnahmebedingungen:
Die Teilnahme ist zwischen dem 17.07.2014 und dem 23.07.2014 in den Toys "R" Us-Filialen in Deutschland, Österreich und der Schweiz (außer Lausanne) möglich. Teilnahmeberechtigt sind Personen ab 18. Mitarbeiter der Toys "R" Us GmbH sind von der Teilnahme ausgeschlossen. Jede Person darf nur einmal an dem Würfelspaß teilnehmen und es kann maximal ein Rabattcoupon pro Person erwürfelt werden. Eine Barauszahlung, Änderung oder Umtausch der Gewinne ist nicht möglich. Der Rechtsweg ist ausgeschlossen.
*außer Lausanne

Abbildung 14.26 Beispiel für den Einsatz eines rechtskonformen Rabattwürfels beim Spielwarenhändler Toys"R"Us

14.6.3 Teilnahmebedingungen

Bei der Veranstaltung eines Gewinnspiels mit Werbecharakter müssen Sie besonders darauf achten, die Teilnahmebedingungen klar und eindeutig anzugeben. Diese müssen Sie zudem leicht einsehbar und ständig verfügbar bereithalten. Dafür dürfte es ausreichend sein, diese Informationen entweder mit einem Sternchenhinweis unmittelbar unterhalb der Bewerbung anzubringen oder über einen entsprechenden Link diese Informationen darzustellen.

Im Detail müssen die Teilnahmebedingungen dabei folgende Informationen umfassen:

- genaue Angaben zum Veranstalter des Gewinnspiels
- genaue Angabe des Beginns und der Dauer des Gewinnspiels
- Teilnahmeberechtigungen, zum Beispiel Altersbeschränkung
- Teilnahmebedingungen
- Gewinnspielverfahren
- genaue Angabe der möglichen Gewinngegenstände
- Angaben zum Wert des Gewinns

- Angaben zu gegebenenfalls anfallenden Zusatzkosten
- Angaben zur Auslosung
- Termin für die Verkündung des Gewinners
- Hinweise zum Datenschutz, wonach die Daten ausschließlich zum Zwecke des Gewinnspiels genutzt werden
- Ausschluss des Rechtsweges

Achtung: Konsequenzen bei fehlerhaften Teilnahmebedingungen

Wer bei Gewinnspielen mit Werbecharakter die Teilnahmebedingungen nicht klar, eindeutig und vollständig angibt, der muss mit Konsequenzen wie einer Abmahnung oder einer Unterlassungsklage rechnen. Auch Teilnehmer können rechtliche Schritte gegen Sie einleiten!

14.6.4 Durchführung des Gewinnspiels

Nachdem Sie das Gewinnspiel nun den rechtlichen Regeln entsprechend organisiert haben, müssen Sie auch bei der Durchführung ein paar Aspekte beachten. So sind beispielsweise Gewinnversprechen einzuhalten bzw. die in Aussicht gestellten Preise auch zu verteilen. Haben Sie beispielsweise einen Pkw als Hauptgewinn ausgestellt (siehe Abbildung 14.27), so müssen Sie diesen am Ende des Gewinnspiels auch tatsächlich verschenken.

Abbildung 14.27 Gewinnspiel des Autoherstellers Opel mit einem Opel Adam als Hauptgewinn

Dabei sollten Sie den in Aussicht gestellten Gewinn ausführlich beschreiben, indem Sie beispielsweise genau das Modell oder den Wert des Gewinns angeben. Es geht regelmäßig zu seinen Lasten, wenn sich der Kunde anhand der Gewinnspielwerbung unter dem Auto, das es zu gewinnen gibt, das neueste Modell vorstellt und er aber ein Vorgängermodell überreicht erhält. Um solche Missverständnisse zu vermeiden, können Sie neben den Teilnahmebedingungen auch FAQs zusammenstellen, die zu den häufigsten Fragen ausführliche Antworten geben (siehe Abbildung 14.28). Sie müssen jedoch beachten, dass diese nur zusätzlich zu den Teilnahmebedingungen aufgeführt werden, diese aber nicht ersetzen!

Abbildung 14.28 FAQs zum Crunships Gewinnspiel

14.6.5 Datenschutz in Gewinnspielen

Die persönlichen Daten der Teilnehmer müssen selbstverständlich ausreichend geschützt sein. Es muss sichergestellt werden, dass diese ausschließlich zum Zwecke des Gewinnspiels genutzt werden und nicht zu Marketingzwecken. Alles andere bedarf einer ausdrücklichen Einwilligung des Teilnehmers. Es dürfen auch ohne Einwilligung nicht mehr Daten erhoben werden, als für das Spiel zwingend notwendig sind.

Gewinnspiele werden von Online-Händlern häufig dazu genutzt, um an Daten der Teilnehmer und gleichzeitig an potenzielle Kunden zu gelangen, die sie dann im Anschluss beispielsweise für den Versand von Werbung per E-Mail weiter nutzen können. Hier gelten aber die allgemeinen Regeln zum E-Mail-Marketing: Sie benötigen vorher die ausdrückliche Einwilligung! Ein versteckter Hinweis in den Gewinnspiel-Teilnahmebedingungen oder ein voreingestellt abgehaktes Opt-in-Feld sind hier nicht rechtskonform. Vielmehr muss der Teilnehmer über die Datenverwendung aufgeklärt werden und das Häkchen selber setzen (siehe Abbildung 14.29).

Abbildung 14.29 Beispiel für die Einwilligung in den Erhalt von E-Mail-Werbung bei Teilnahme am Gewinnspiel

Praxishinweis: Newsletter

Gewinnspiele eignen sich gut, um die Teilnehmer zum Abonnement eines Newsletters zu bewegen. Bedenken Sie jedoch, dass Ihre Kunden ausdrücklich in den Erhalt eines Newsletters einwilligen müssen. Wir raten Ihnen davon ab, ein Newsletter-Abonnement für die Teilnahme an dem Gewinnspiel zwingend vorauszusetzen. Bieten Sie den Newsletter stattdessen als Option an, zum Beispiel mit dem Hinweis, so über weitere Gewinnspiele informieren zu können.

14.7 Bedeutet ein grenzüberschreitender Onlineshop grenzüberschreitende rechtliche Probleme?

In einer globalisierten Welt gehört der grenzüberschreitende Vertrieb mittlerweile zum Alltag des Internethandels. Was so einfach erscheint, ist rechtlich jedoch in manchen Fällen kompliziert. Denn während der Nutzung des grenzenlosen Internets wird schnell vergessen, dass die Rechtssysteme sehr wohl ihre Grenzen haben. Sie müssen daher untersuchen, ob Ihr Vertragswerk auch auf Verträge mit Auslandsbezug anwendbar bleibt. Andernfalls können beispielsweise einzelne AGB-Klauseln ihre Gültigkeit verlieren und somit sogar zu Ihrem Nachteil werden. Da das internationale Recht sehr komplex ist, soll dieser Abschnitt nur einige wichtige Punkte anschneiden, die für Sie besonders wichtig sind.

14.7.1 Absatzmarkt

Beim grenzüberschreitenden Handel ist zunächst zwischen dem Handel mit Käufern in EU-Ländern und Nicht-EU-Ländern zu unterscheiden. Denn während innerhalb der EU Harmonisierungsbestrebungen zur stetigen Angleichung der Rechtssysteme und damit zur Vereinfachung des Handels führen, sieht sich der Händler beim Rechtsverkehr mit Käufern aus Nicht-EU-Ländern immer wieder mit anderen Rechtsordnungen konfrontiert, was bei der Wahl der Absatzmärkte ebenso wenig unbeachtet bleiben sollte wie die Untersuchung der wirtschaftlichen Marktchancen.

14.7.2 Anpassung an den Absatzmarkt

Entscheidet sich der Händler dann für einen Verkauf im Ausland, so ist eine Anpassung des gesamten Handels auf die ausländischen Gegebenheiten vorzunehmen. Dazu gehört zum einen selbstverständlich eine in der Landessprache oder auf Englisch gestaltete Shop-Seite (siehe Abbildung 14.30).

Abbildung 14.30 Beispiel des international aufgestellten Onlineshops ASOS mit Webseiten in verschiedenen Sprachen

Darüber hinaus müssen Sie auch beachten, dass zudem die AGB in der jeweiligen Landessprache verfügbar sein müssen. Der russische Onlineshop sollte daher auch AGB auf Russisch bereithalten (siehe Abbildung 14.31).

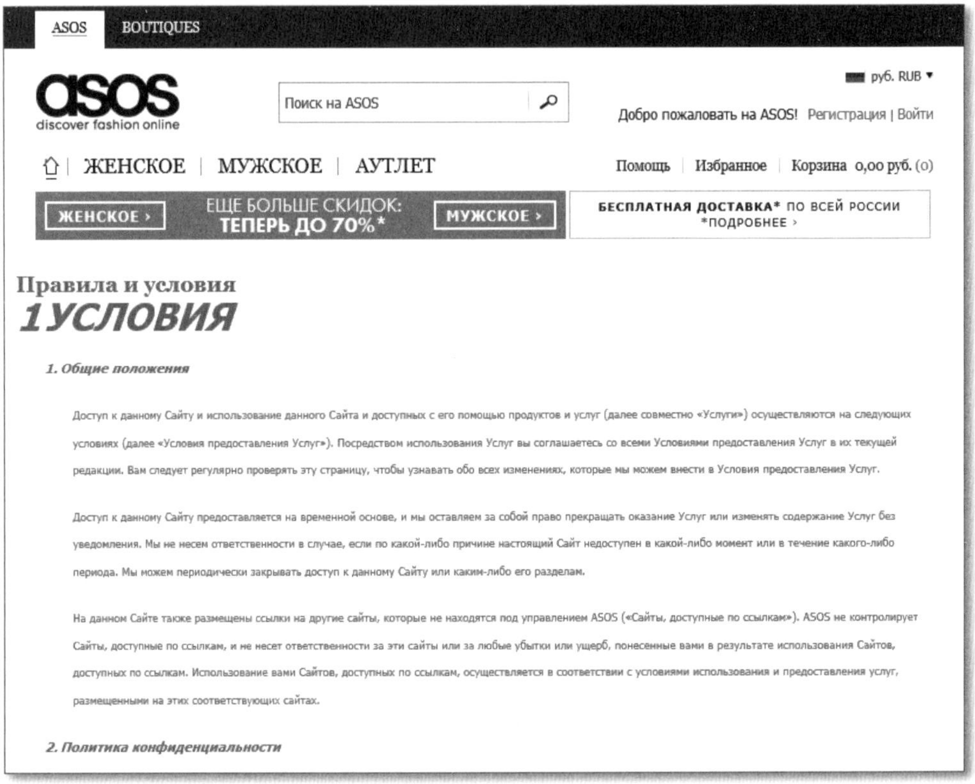

Abbildung 14.31 Der Onlineshop ASOS bietet seinen russischen Kunden auch die AGB auf Russisch an.

Auch müssen Sie in den AGB eine Klausel über das anzuwendende Recht und den Gerichtsstand hinzufügen. Da sich aus dem internationalen Privatrecht bei Streitigkeiten häufig unterschiedliche Lösungen ergeben, sollten sich die Parteien darüber einigen, welches nationale Recht auf den Vertrag Anwendung findet, sogenannte *Rechtswahl*.

Praxistipp: Nicht immer gilt der Heimvorteil!

Welches Recht bei der Rechtswahl für Sie vorteilhafter ist, muss im Einzelfall durch Gegenüberstellung der Rechtsordnungen geklärt werden – denn dies muss nicht immer das eigene nationale Recht sein. Hier ist eine Rechtsberatung unerlässlich.

Neben der Rechtswahl ist auch die Gerichtsstandswahl erheblich. Dabei ist zu bedenken, dass es auf eine Vollstreckbarkeit des erstrittenen Urteils ankommt. Da deutsche

Urteile aber nicht weltweit vollstreckbar sind, sondern von zwischenstaatlichen Abkommen abhängen, ist auch hier eine Einzelfallentscheidung notwendig.

Ein weiterer wesentlicher Aspekt, der beim Verkauf ins Ausland beachtet werden sollte, ist die richtige Auswahl der Zahlungsmöglichkeiten. So ist als Zahlungsmethode insbesondere die Zahlung per Vorkasse, Kreditkarte oder über einen Treuhandservice wie PayPal sinnvoll.

Achtung: Abstand nehmen vom Verkauf auf Rechnung!

Der Verkauf auf Rechnung ins Ausland ist dagegen in der Regel nicht die beste Alternative. Denn neben erheblich längeren Zahlungszielen von 60 Tagen oder 90 Tagen ist auch der Einzug nicht beglichener Kaufpreisforderungen besonders in Nicht-EU-Staaten sehr schwierig und kostenaufwendig.

Darüber hinaus sind Angaben hinsichtlich der Versandkosten für eine Auslandslieferung notwendig. Hinsichtlich der Lieferzeiten sollten Sie sich zuvor bei einem Transportunternehmen erkundigen, um dem Käufer so realistische Angaben bezüglich der Lieferzeit machen zu können.

Innerhalb der EU fallen für die Ein- oder Ausfuhr von Waren keine Zölle an. Jedoch sollten Sie sich beim Versand in Drittländer zuvor erkundigen, ob auf die vertriebenen Produkte Zollgebühren erhoben werden.

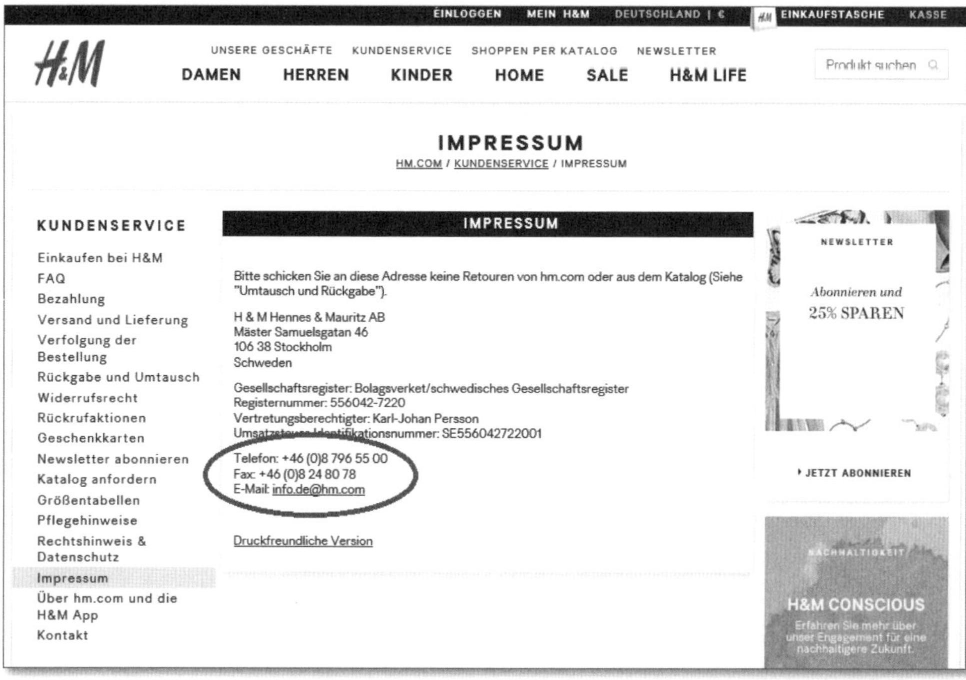

Abbildung 14.32 Das Impressum des Bekleidungshauses H&M mit Angabe der eigenen schwedischen Ländervorwahl

Besonderheit sollte im Impressum beachtet werden: Um eine Erreichbar- Kunden aus dem Ausland zu gewährleisten, müssen die Telefon- und Faxnummern mit der eigenen Ländervorwahl versehen werden (siehe Abbildung 14.32).

Sollte der Handel in Ländern mit erheblichen Zeitunterschieden vorgenommen werden, wie beispielsweise in Amerika, Asien oder Australien, so sollten Sie angeben, wann Sie nach der Zeit des Absatzlandes erreichbar sind.

Praxistipp

Der Handel mit Kunden im Ausland ist rechtlich und praktisch ein nicht zu unterschätzendes Unterfangen. Aus diesem Grund ist gerade hier die Beiziehung eines Rechtsanwalts sehr zu empfehlen. Zwar generiert dies erst einmal Kosten, macht sich bei einem anschließend reibungslosen Vertrieb jedoch mehr als bezahlt.

Unter Marketinggesichtspunkten sollten Sie auch bedenken, dass Sie Ihre SEO-Strategie an das Zielland anpassen und die Suchbegriffe optimieren müssen.

In jedem Fall aber sollten Sie sich vor dem Beginn eines grenzüberschreitenden Handels mit den gesetzlichen Regelungen Ihres Zielmarktes auseinandersetzen. So kann es in anderen Ländern beispielsweise andere Informationspflichten geben, die es einzuhalten gilt, um keine Konsequenzen fürchten zu müssen.

14.8 Checkliste Onlineshop: Alles beachtet?

Checkliste

- Haben Sie den Vertragsschlussmechanismus im Internet verinnerlicht?
- Haben Sie die gesetzlichen Vorgaben zu Produktbeschreibungen, Preisangaben und zu Versandkosten beachtet?
- Sind Ihre AGB rechtssicher?
- Haben Sie Ihre AGB an den Kunden übermittelt?
- Haben Sie eine rechtssichere Datenschutzerklärung?
- Sind Sie Ihren Informationspflichten nachgekommen?
- Entspricht Ihre Widerrufsbelehrung dem Muster des Gesetzgebers?
- Haben Sie die Button-Lösung beachtet?
- Haben Sie gegebenenfalls die Vorgaben zu Gewinnspielen in Onlineshops beachtet?
- Haben Sie beim grenzüberschreitenden Handel die Besonderheiten wie die Anpassung der AGB im Blick?

Wenn Sie alle Fragen mit Ja beantworten können, dann kann es losgehen ... Viel Erfolg!

Kapitel 15
Die Website

Eine Website ist marketingtechnisch schon ein Klassiker. Ebenso klassisch sind aber noch immer die zahlreichen Abmahnfallen. Denn wer eine Website betreiben will, hat mit der technischen, inhaltlichen und grafischen Gestaltung oftmals genug zu tun. Dabei bleibt nicht selten unbeachtet, dass auch Websites vielen rechtlichen Regelungen unterfallen. Dies ist besonders dann relevant, wenn die Website zu kommerziellen Zwecken genutzt wird. Wie Sie eine rechtssichere Website zur Grundlage Ihrer Firmenpräsentation im Internet machen können, möchten wir Ihnen in diesem Kapitel erläutern.

Auch wenn wir uns mittlerweile daran gewöhnt haben, dass nahezu jedes Unternehmen über eine Website verfügt, so sollte dabei doch nicht in den Hintergrund treten, dass es die Website ist, die eine ganz zentrale Rolle im gesamten Online-Marketing spielt. Denn sie ist die erste Anlaufstelle für alle Informationssuchenden und gleichzeitig Ihre Visitenkarte im Internet. Wer keine Website hat, findet in der Online-Welt nicht statt. Denn nur mit einer eigenen Webpräsenz können Sie von Ihren potenziellen Kunden im Internet gefunden werden. Aus diesem Grund verfügen schon seit einigen Jahren durchschnittlich zwei Drittel der Unternehmen über eine eigene Website (siehe Abbildung 15.1).

Rechtliche Verstöße durch Betreiber von Websites gehören zu den häufigsten Gründen für Abmahnungen. Dabei erfordert die Anpassung einer Website an den rechtlichen Standard keinen großen Aufwand. Problematisch ist nur, dass viele Betreiber von Websites über die rechtlichen Anforderungen zu wenig wissen. Besonders gefährlich ist dabei das Halbwissen: Begriffe wie Impressum oder Datenschutzerklärung sind den meisten zwar nicht unbekannt, doch bei der Gestaltung im Detail steht eine Vielzahl der Betreiber vor einer großen Herausforderung. Aus diesem Grund möchten wir Ihnen in diesem Kapitel die rechtlichen Aspekte erläutern, die es bei der Erstellung und dem Betrieb einer Website zu beachten gilt.

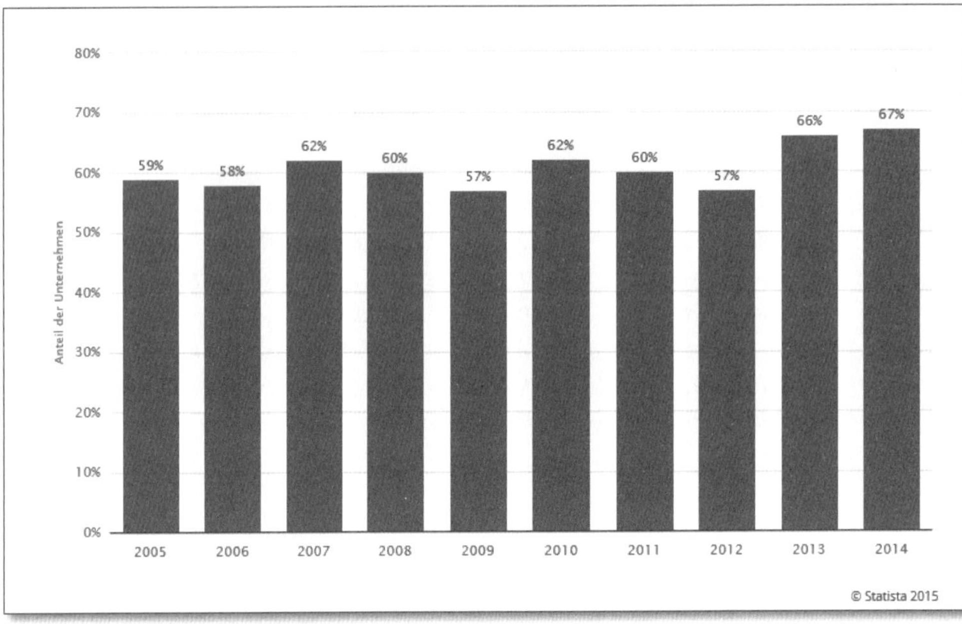

Abbildung 15.1 Die Zeitreihe veranschaulicht den Anteil der Unternehmen mit einer eigenen Website im Zeitraum von 2005 bis 2014 in Deutschland.

15.1 Wie erfolgt die Vergabe und Registrierung der Domain?

Die ersten rechtlichen Stolpersteine lauern gleich bei den ersten Schritten auf dem Weg zur Website, nämlich bei der Vergabe und Registrierung der gewünschten Domain. Worum es sich dabei genau handelt, erfahren Sie in diesem Abschnitt.

15.1.1 Die Vergabe der Domain

Möchten Sie eine Website für Ihr Unternehmen erstellen, so sollten Sie sich als Erstes um die Registrierung Ihrer Internetadresse kümmern. Dabei stellt sich zunächst einmal die Frage, wer überhaupt für die Vergabe der Domainnamen zuständig ist. Grundsätzlich gibt es dazu keine gesetzlichen Regelungen. Die Domainnamen werden weltweit von der Non-Profit-Organisation ICANN (Internet Corporation for Assigned Names and Numbers) mit Sitz in Kalifornien koordiniert und verwaltet.

Für die Vergabe der Domains sind dann grundsätzlich sogenannte Registrare zuständig, die die neuen Domains vergeben und verwalten. Wenn Sie beispielsweise eine *.de*-Domain möchten, dann müssen Sie sich an die DENIC eG wenden, bei der es sich um ein in jedem Land vorhandenes Network Information Center handelt. Auf der Homepage der DENIC eG können Sie dann schnell und unkompliziert abfragen, ob der von Ihnen gewünschte Domainname noch verfügbar ist (siehe Abbildung 15.2).

Abbildung 15.2 Homepage der zentralen Registrierungsstelle für alle Domains unterhalb der Top-Level-Domain ».de«

Bei der Vergabe der Domainnamen gilt dann das First-come-first-served-Prinzip. Dies bedeutet, dass der, der als Erster eine freie Domain registrieren lässt, diese auch bekommt. Dabei nimmt die DENIC keine rechtliche Prüfung im Hinblick auf Marken- oder Namensrechte Dritter vor. Das bedeutet, dass sie nicht überprüft, ob es Dritte gibt, die sich den von Ihnen gewünschten Domainnamen beispielsweise bereits markenrechtlich geschützt haben. Der Antragsteller muss jedoch versichern, durch die Registrierung keine Rechte Dritter zu verletzen und etwaige kennzeichenrechtliche Streitigkeiten zu regeln sowie die Registrierungsstelle von Rechtsverfolgungskosten freizustellen.

Achtung

Sofern Sie eine bestimmte Domain möchten, sollten Sie diese umgehend registrieren. Nach der Registrierung ist die Domain dann für Sie blockiert und nur für Sie verfügbar. Dabei sind Sie allerdings nicht verpflichtet, unter dieser Domain auch tatsächlich eine Website zu betreiben.

Dass die Registrierungsstelle keine Prüfung vornimmt, sollte Sie jedoch nicht dazu verleiten, etwaige Schutzrechte Dritter außer Acht zu lassen. Vielmehr empfehlen wir Ihnen, eine umfassende On- und Offline-Recherche zu der gewünschten Domain durchzuführen, um so zukünftigen Rechtsstreitigkeiten vorzubeugen. Denn auch wenn die Domain noch nicht von einem Dritten registriert wurde, kann ein Dritter Sie wegen der Verletzung älterer Kennzeichen- oder Namensrechte in Anspruch nehmen.

Hinweis

In jedem Fall sollten Sie als ersten Schritt eine einfache Google-Suche nach dem gewünschten Domainnamen durchführen. Ergibt sich dort kein Hinweis auf Schutzrechte Dritter, so sollten Sie auch im Handelsregister und im Markenregister nach eventuellen Hinweisen recherchieren.

Sobald Sie sich dann für einen Domainnamen entschieden haben, sollten Sie diesen zeitnah bei der zuständigen Registrierungsstelle anmelden. Mit der Domainregistrierung kommt der Domainvertrag unmittelbar zwischen der DENIC eG und Ihnen als Domaininhaber zustande. Dies gilt selbst dann, wenn die Registrierung über einen Provider erfolgt ist.

Der Inhalt des Domainvertrags ergibt sich aus den Domainbedingungen (*http://www.denic.de/domainbedingungen.html*) und den Domainrichtlinien (*http://www.denic.de/domains/allgemeine-informationen/domainrichtlinien.html*). Dabei ist von besonderer Relevanz, dass die DENIC die Verbindung der Domain herstellen muss und die Domain in das Domainabfrageverzeichnis *Whois* aufnehmen muss. Dort kann dann jeder sehen, ob ein Name schon vergeben ist. Ist die Domain bereits registriert, können Sie feststellen, an wen, und sich gegebenenfalls mit dieser Person in Verbindung setzen (siehe Abbildung 15.3).

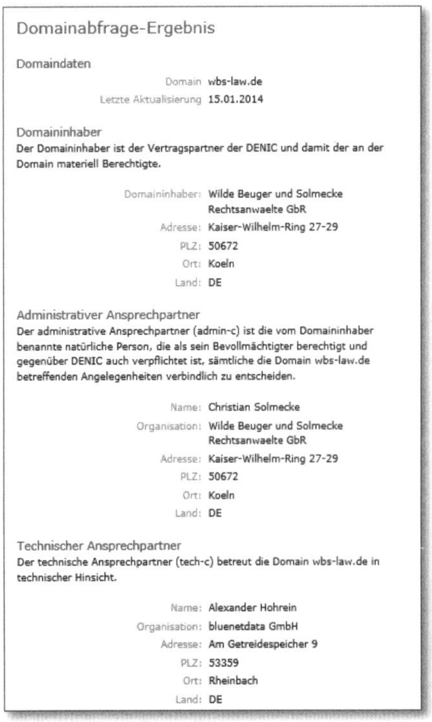

Domainabfrage-Ergebnis

Domaindaten

Domain: wbs-law.de
Letzte Aktualisierung: 15.01.2014

Domaininhaber

Der Domaininhaber ist der Vertragspartner der DENIC und damit der an der Domain materiell Berechtigte.

Domaininhaber: Wilde Beuger und Solmecke Rechtsanwaelte GbR
Adresse: Kaiser-Wilhelm-Ring 27-29
PLZ: 50672
Ort: Koeln
Land: DE

Administrativer Ansprechpartner

Der administrative Ansprechpartner (admin-c) ist die vom Domaininhaber benannte natürliche Person, die als sein Bevollmächtigter berechtigt und gegenüber DENIC auch verpflichtet ist, sämtliche die Domain wbs-law.de betreffenden Angelegenheiten verbindlich zu entscheiden.

Name: Christian Solmecke
Organisation: Wilde Beuger und Solmecke Rechtsanwaelte GbR
Adresse: Kaiser-Wilhelm-Ring 27-29
PLZ: 50672
Ort: Koeln
Land: DE

Technischer Ansprechpartner

Der technische Ansprechpartner (tech-c) betreut die Domain wbs-law.de in technischer Hinsicht.

Name: Alexander Hohrein
Organisation: bluenetdata GmbH
Adresse: Am Getreidespeicher 9
PLZ: 53359
Ort: Rheinbach
Land: DE

Abbildung 15.3 Beispiel für eine Domainabfrage bei der DENIC über Whois

Hinweis

Wir empfehlen Ihnen, nicht nur die gewünschte Domain registrieren zu lassen, sondern sich gerade bei komplizierteren Unternehmensnamen auch typische Tippfehler und bei Mehrwortdomains die zusammengeschriebene sowie die Bindestrichvariante zu sichern. Planen Sie auch eine internationale Internetpräsenz, so sollten Sie auch eine Registrierung in den jeweiligen Staaten sowie der generischen Top-Level-Domain *.com* vornehmen.

15.1.2 Die Registrierung der Domain

Nachdem Sie sich für einen Domainanbieter entschieden haben, muss noch die Registrierung vorgenommen werden. Dies können Sie selbst vornehmen, wenn Sie über die erforderliche technische Infrastruktur für Internetzugang und Webspace verfügen (siehe Abbildung 15.4).

Abbildung 15.4 Über DENICdirect können Domaininhaber ihre Domain selbst registrieren.

Andernfalls sollten Sie einen Serviceprovider damit beauftragen. Dies macht auch deshalb durchaus Sinn, da ein Serviceprovider zusätzlich weitere Dienste wie die Bereitstellung von Webservern oder Mailservern aus einer Hand anbieten (siehe Abbildung 15.5).

Abbildung 15.5 STRATO ist zum Beispiel ein bekannter Serviceprovider.

Dazu schließen Sie mit Ihrem Serviceprovider ebenfalls einen Vertrag. Dieser hat die Durchführung der Registrierung zum Gegenstand. Ansprechpartner für die Domain und damit zusammenhängende technische Probleme ist dann der Serviceprovider.

Bei der vertraglichen Gestaltung sollten Sie darauf achten, dass Sie als administrativer Ansprechpartner, als sogenannter *Admin-C*, eingetragen werden. Denn nur auf diese Weise können Sie sicherstellen, dass Sie von allen Änderungen in Bezug auf den Domainnamen auch in Kenntnis gesetzt werden. Sollte sich der Provider als Inhaber der Domain eintragen, so drohen nach Beendigung des Vertragsverhältnisses lange Streitigkeiten über die Inhaberschaft an der Domain.

Praxisbeispiel

Der Bundesgerichtshof (Beschluss vom 4.03.2004, Az. I ZR 50/03) entschied über einen Rechtsstreit in Bezug auf die Domain *www.ritter.de*. Der Provider hatte zwar im Auftrag seines Kunden die Registrierung der Domain bei der DENIC eG vorgenommen, jedoch sich selbst als Admin-C eintragen lassen. Nach Ende des Vertragsverhältnisses verweigerte der Provider die Herausgabe der Domain an den Kunden – zu Unrecht! Denn nach Ansicht des Gerichts ist der Provider dazu verpflichtet, die Domain auf den Kunden zu übertragen und der Umschreibung auf ihn gegenüber der DENIC zuzustimmen.

Besonders bei längerfristigen Domainserviceverträgen sollten Sie darüber hinaus darauf achten, dass der Anbieter vertraglich verpflichtet ist, die Registrierung nicht nur durchzuführen, sondern auch aufrechtzuerhalten.

Ferner sollten Sie den tatsächlichen Termin der Registrierung vertraglich fixieren. Dies ist besonders wichtig, da es passieren kann, dass bei Verzögerungen in der Zwischenzeit eine Registrierung durch einen Dritten erfolgt. Dagegen können Sie dann grundsätzlich nichts mehr tun, da in der Regel das Prioritätsprinzip gilt: Wer zuerst kommt, mahlt zuerst (siehe Abbildung 15.6).

Abbildung 15.6 Informationen der DENIC eG zur Registrierung

Was Sie dann aber sehr wohl noch tun können, ist den Provider wegen Verletzung seiner Vertragspflichten auf Schadensersatz in Anspruch zu nehmen!

Achtung

Sie können sich keine Domainnamen vorsorglich sichern oder diese für die Zeit bis zur Registrierung zu Ihren Gunsten sperren. Denn der Domainname ist erst dann sicher, wenn er registriert ist – eine Art Reservierung gibt es nicht. Dies gilt selbst dann nicht, wenn der von Ihnen gewünschte Name aufgrund von Namens- oder Kennzeichenrechten nur von Ihnen benutzt werden darf.

Darüber hinaus sollten Sie mit Ihrem Provider vereinbaren, dass es zu seinen Leistungspflichten gehört, etwaige Gebühren an den Registrar zu bezahlen. Sofern der Provider die Zahlung der Gebühren beispielsweise an die DENIC eG versäumt und die Domain daraufhin verloren geht, ist dieser Ihnen gegenüber dann zum Schadensersatz verpflichtet.

15.2 Die Wahl des Domainnamens – ein juristisches Schlachtfeld?

Der Domainname ist das A und O der Auffindbarkeit im Netz. Denn mit einem treffenden, präzisen und der angestrebten Zielgruppe angepassten Domainnamen lässt sich der zukünftige Erfolg der Website bereits erheblich beeinflussen. Daher hätte wohl jedes Unternehmen am liebsten den Domainnamen, der mit dem Unternehmensnamen identisch ist. Doch den gewünschten Namen zu erhalten ist nicht immer so einfach. Möglicherweise ist der gewünschte Name schon vergeben oder kollidiert mit einer Marke oder dem Unternehmenskennzeichen eines Dritten. Was Sie in solchen Fällen tun können und worauf Sie noch bei der Wahl des Domainnamens achten müssen, möchten wir Ihnen in diesem Abschnitt erläutern.

15.2.1 Der Domainname und das Markenrecht

Vor der Registrierung sollten Sie unbedingt überprüfen, ob der Domainname einen Markennamen oder den Namen eines Unternehmens enthält. Der Domainname ist dabei nicht mit der Endung gleichzusetzen. Man unterscheidet zwischen der Domainendung, die bei den Top-Level-Domains beispielsweise *.com* oder *.de* lautet, und dem Domainnamen an sich, der sogenannten Second-Level-Domain. Bei der Recherche müssen Sie also nur den Domainnamen überprüfen, ohne die Domainendung.

Praxisbeispiel

Bei der Website *www.rheinwerk-verlag.de* handelt es sich bei *rheinwerk-verlag* um den Domainnamen und bei der Endung *.de* um die Domainendung.

Registrieren Sie Ihre Domain, so gibt Ihnen das noch kein Recht zur alleinigen Nutzung des Domainnamens, wie es Ihnen unter Umständen bei Markennamen bekannt ist. Denn ein Schutz nach dem Markenrecht entsteht bei benutzten Domainnamen zum Beispiel dann, wenn es sich um einen Werktitel im Sinne des Markengesetzes handelt. Dafür muss der Domainname bezeichnend für das ihn verwendende Unternehmen sein und ausreichend Unterscheidungskraft zu anderen Unternehmen besitzen.

Ein Schutz nach dem Markenrecht entsteht aber auch dann, wenn Sie den Domainnamen beim Deutschen Patent- und Markenamt (DPMA) registriert haben. Ist der Domainname mit Ihrem Unternehmensnamen identisch, so empfiehlt sich eine solche Vorgehensweise in jedem Fall.

Vor der Registrierung des Domainnamens sollten Sie eine Recherche auf der Website des DPMA durchführen. Nur so können Sie herausfinden, ob Dritte den von Ihnen gewünschten Domainnamen bereits als Marke haben registrieren lassen. Dazu können Sie die Online-Suchmaske auf der Website *www.dpma.de* bedienen (siehe Abbildung 15.7).

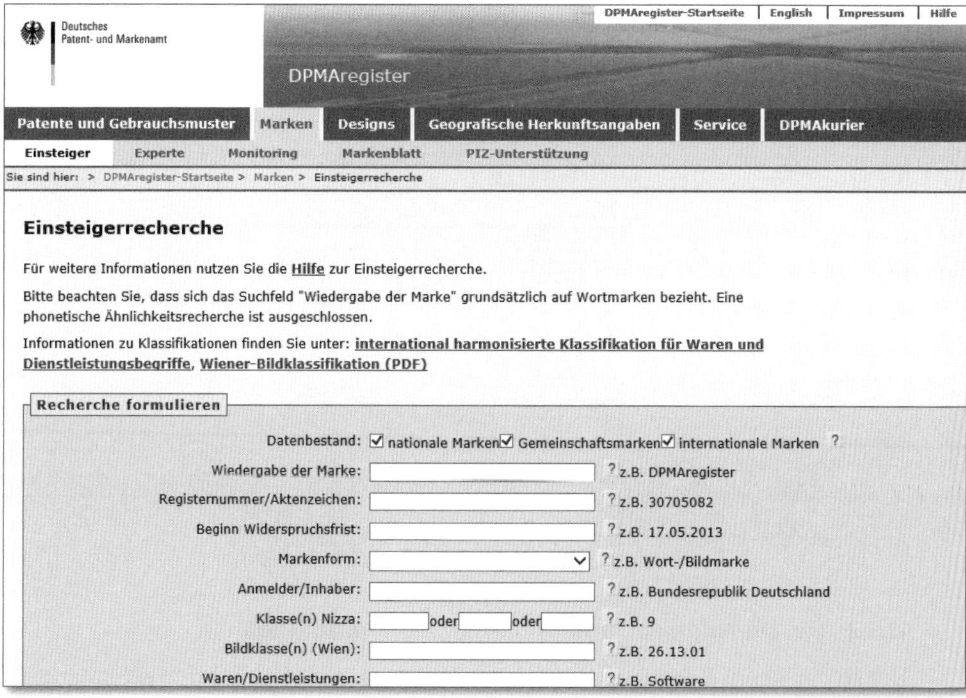

Abbildung 15.7 Online-Markenrecherche beim DPMA

Ist der von Ihnen gewünschte Name für Ihre Produkt- oder Dienstleistungspalette markenrechtlich geschützt, so dürfen Sie diesen nur dann für Ihre Domain verwenden, wenn der Rechteinhaber in die Nutzung des Namens einwilligt. Andernfalls müssen Sie mit einer kostspieligen Abmahnung und einem gerichtlichen Verfahren rechnen.

Um herauszufinden, wer der Rechteinhaber ist, können Sie eine Markenrecherche auf der Website des DPMA durchführen. Durch einen Klick auf die Nummer in der Zeile REGISTERNUMMER/AKTENZEICHEN werden Ihnen die erforderlichen Daten des Rechteinhabers angezeigt (siehe Abbildung 15.8).

Registernummer: 720836

Marke eingetragen
Stand am: 30.06.2015

Zurück zur Einsteigerrecherche | Zurück zur Trefferliste

Registerauskunft 2 von 59 anzeigen |< < > >|

Stammdaten Details schließen

INID	Kriterium	Feld	Inhalt
	Datenbestand	DB	DE
111	Registernummer	RN	720836
210	Altes Aktenzeichen	AKZ	A6935
540	Wiedergabe der Marke	WM	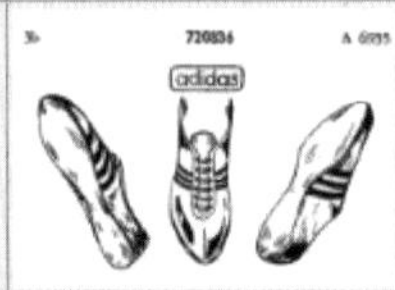
550	Markenform	MF	Wort-Bildmarke
571	Markenbeschreibung	BM	<ja>
220	Anmeldetag	AT	16.08.1957
442	Tag der Bekanntmachung	BT	31.12.1957
151	Tag der Eintragung im Register	ET	08.01.1959
156	Verlängerung der Schutzdauer	VBD	01.09.2007
730	Inhaber	INH	adidas AG, 91074 Herzogenaurach, DE
740	Vertreter	VTR	Lorenz Seidler Gossel Rechtsanwälte Patentanwälte Partnerschaft mbB, 80538 München, DE
750	Zustellanschrift	ZAN	Lorenz Seidler Gossel Rechtsanwälte Patentanwälte Partnerschaft mbB, Widenmayerstr. 23, 80538 München
511	Klasse(n) Nizza	KL	**25**
531	Bildklasse(n) (Wien)	WBK	09.09.01
	Aktenzustand	AST	Marke eingetragen
180	Schutzendedatum	VED	31.08.2017
111 151	Internationale Registrierung		Internationale Registrierungsnummer: IR289063 Registrierungsdatum: 25.09.1964
450	Tag der Veröffentlichung	VT	14.02.1959
510	Waren- / Dienstleistungsverzeichnis	WDV	Klasse(n) Nizza 25: Sportschuhe

Abbildung 15.8 Registerauskunft beim DPMA zur Marke adidas

15.2.2 Der Domainname und Unternehmenskennzeichen

Neben der Kennzeichnung von Waren oder Dienstleistungen durch eine Marke ist es genauso möglich, ein Unternehmen selbst zu kennzeichnen. Dies geschieht mittels eines Unternehmenskennzeichens. Ein Unternehmenskennzeichen kann sowohl mit als auch ohne Namensfunktion unter den Schutzbereich des Markenrechts fallen.

Im Rahmen der Unternehmenskennzeichnung mit Namensfunktion werden sowohl Namen als auch besondere Geschäftsbezeichnungen erfasst:

- Namen natürlicher Personen (oder deren Pseudonym)
- Firmennamen
- Name der GbR
- Vereinsnamen

Unternehmenskennzeichen ohne Namensfunktion umfassen alles, was als Hinweis auf ein bestimmtes Unternehmen verstanden werden kann. Darunter fallen beispielsweise:

- Logos
- Werbeslogans
- einheitliche Kleidung der Unternehmensangestellten

Für die Schutzfähigkeit eines Unternehmenskennzeichens wird vorausgesetzt, dass es eine gewisse Unterscheidungskraft aufweist. Denn nur dann besteht eine Verwechslungsgefahr, vor der das Unternehmen geschützt werden soll. Ob eine Verwechslungsgefahr vorliegt, muss nach den Umständen des Einzelfalles beurteilt werden. Als Kriterien für eine Verwechslungsgefahr werden insbesondere die Zeichenähnlichkeit, die Nähe der Unternehmensbereiche, also die Branchenähnlichkeit, und die Kennzeichnungskraft der Zeichen herangezogen.

Praxisbeispiel

In einem Verfahren vor dem Oberlandesgericht Hamm (Beschluss vom 25.07.2013, AZ. 4 W 33/12) klagte die Firma U Gesellschaft für Trockenbausysteme GmbH, die auf den Vertrieb von Trockenbausystemen und Zubehör spezialisiert ist, gegen die Beklagte, welche den Domainnamen U-trockenbausysteme.de benutzte. Die Klägerin machte einen Unterlassungsanspruch geltend, da sie den Firmenbestandteil »U Trockenbausysteme« als Schlagwort für Werbemaßnahmen benutzte.

Das OLG Hamm gab der Klägerin nun Recht. Denn das Firmenschlagwort »U Trockenbausysteme« genieße als eigenes Objekt in der Gesamtfirma U Gesellschaft für Trockenbausysteme GmbH einen eigenen kennzeichnungsrechtlichen Schutz. Denn der Bestandteil »U-Trockenbausysteme« sei nicht bloß ein rein beschreibendes Element. Insbesondere der Bestandteil »U« sei als Abkürzung ein Schlagwort. Buchstabenkombinationen weisen immer kennzeichnungsrechtliche Unterscheidungskraft auf, da sie vom Verkehr als namensmäßiger Hinweis auf ein bestimmtes Unternehmen verstanden werden können. Hierbei reiche es aus, dass eine bestimmte beschreibende Verwendung nicht festzustellen sei.

Die Bezeichnung »U« sei ein prägender Bestandteil und weise deshalb hinreichend Unterscheidungskraft auf. Ob die Kurzbezeichnung »U Trockenbausysteme« tatsächlich als Firmenschlagwort in Alleinstellung, zum Beispiel in der Werbung, verwendet wird oder nicht, sei daher unerheblich.

Eine Unterscheidungskraft liegt nicht vor, wenn es sich bei dem Kennzeichen – egal, ob Name oder geschäftliche Bezeichnung – um einen rein beschreibenden Inhalt handelt. Nur im Ausnahmefall können beschreibende Angaben Markenschutz genießen bzw. diesen durchsetzen, nämlich dann, wenn eine überragende Bekanntheit vorliegt. Dies ist jedoch nur selten der Fall.

Praxisbeispiel

Die Unister GmbH, die hinter der Domain fluege.de steht, machte Markenrechte im Sinne eines Unternehmenszeichens gegen den Inhaber der Domain flüge.de geltend, da sie eine erhebliche Verwechslungsgefahr mit dem eigenen Internetauftritt sah (siehe Abbildung 15.9). Zu diesem Verfahren äußerte sich zuletzt der Bundesgerichtshof (Beschluss vom 8.01.2015, Az. I ZR 96/14). Kernfrage des Verfahrens war dabei, ob der Begriff »Flüge« überhaupt ein geschütztes Unternehmenskennzeichen ist. Denn unter Umständen besitzt er keine Unterscheidungskraft für den Bereich der Flugreisen und hat allein beschreibende Wirkung. Nach Ansicht des Gerichts ändere die Tatsache, dass das Portal mit »ue« geschrieben werde, nichts an der rechtlichen Einordnung, da der Verkehr daran gewöhnt sei, dass der Umlaut ü mit ue geschrieben wird. Dies gelte gerade in anderen Sprachen, die das ü nicht kennen.

Unister hingegen argumentierte für einen Schutz damit, dass die fehlende Unterscheidungskraft mit einer erheblichen Bekanntheit des Portals ausgeglichen werden könne. So seien seit 2010 umfangreiche Werbemaßnahmen aufgewendet worden, unter anderem werbe auch der ehemalige Fußballmanager Reiner Calmund für das Unternehmen. Mit mehr als 2,5 Mio. Einzelnutzern im Monat sei man zudem eines der meistbesuchten online tätigen Reisebüros landesweit. Dies reichte dem Gericht jedoch nicht, und es entschied zugunsten der Inhaber der Domain flüge.de.

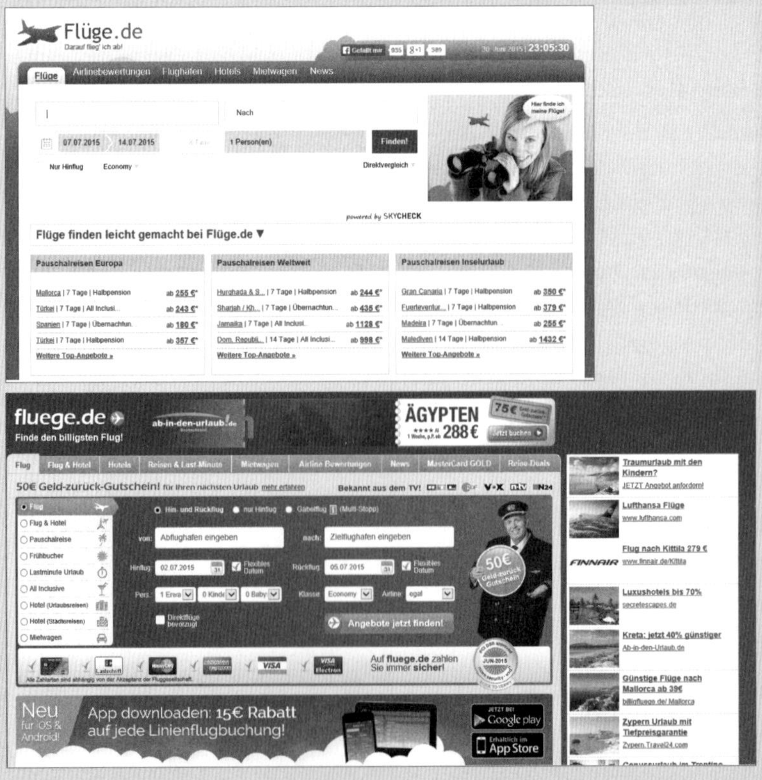

Abbildung 15.9 Vergleich der Websites www.flüge.de und www.fluege.de

Eine rein beschreibende Funktion kann auch nicht immer durch Zusätze aufgehoben werden. Denn auch die Zusätze müssen geeignet sein, eine Namensfunktion bejahen zu können.

Praxisbeispiel

Das Landgericht Hamburg (Urteil vom 25.10.2011, Az. 312 O 118/11) hat entschieden, dass die Zeichen fliesen24 und fliesen24.com keine geschützten Unternehmenskennzeichen seien, da sie für den Online-Fliesenhandel rein beschreibend seien.

Der Kläger, der das Zeichen »Fliesen24« national sowohl als Wortmarke als auch als Gemeinschaftsmarke hat eintragen lassen, betreibt unter der Internetadresse *www.fliesen24.com* ein Versandhandelsgeschäft, insbesondere für Fliesen, und bietet dort auch Produkte unter seiner Eigenmarke Fliesen24 an. Zudem hält er auf der Website unter den Rubriken FLIESENLEXIKON und FLIESEN A–Z allgemeine Informationen zum Thema Fliesen vor. In dem Verfahren wendet er sich gegen die Verwendung des Zeichens Fliesen24 durch die Beklagten, die unter der Internetseite *www.fliesen24.de* Fliesen vertreibt und dort ebenfalls Informationsmaterial zu Fliesen bereithält.

Das Landgericht Hamburg wies die Klage ab. Ein Anspruch aufgrund einer Verletzung eines Unternehmenskennzeichens bestehe nicht, da es sich bei den Bezeichnungen Fliesen24 bzw. Fliesen24.com nicht um Unternehmenskennzeichen im Sinne des Markengesetzes handele. Dem Schutz als Unternehmenskennzeichen stehe entgegen, dass die vorgenannten Bezeichnungen keine Namensfunktion hätten, sondern lediglich den Tätigkeitsbereich des Unternehmens beschreiben würden. Die Zusätze »24« bzw. ».com« würden daran nichts ändern, da sie vom Verkehr als Hinweis auf die 24-stündige Erreichbarkeit bzw. die Angabe der Top-Level-Domain verstanden würden.

Anders als bei Marken gibt es bei den Unternehmenskennzeichen nicht die Möglichkeit der Eintragung. Der Schutz entsteht hier durch die Benutzung im Geschäftsverkehr. Ein weiterer Unterschied zur Marke besteht darin, dass der Schutzbereich räumlich begrenzt ist, soweit eine ortsgebundene Tätigkeit durch das Unternehmen vorliegt. Dabei kann der Schutzbereich ausgeweitet werden, wenn zugleich der Tätigkeitsbereich überörtlich ausgedehnt wird. Er endet sodann durch die Aufgabe der Benutzung oder durch wesentliche Änderungen. Auch besteht kein Schutz mehr, wenn die Kennzeichnungskraft verloren geht. Das genaue Abstecken des Schutzbereichs ist in jedem Fall eine Einzelfallabwägung.

15.2.3 Der Domainname und das Namensrecht

Neben dem Markenrecht müssen Sie auch das Namensrecht beachten. Das Namensrecht schützt einerseits den bürgerlichen Namen natürlicher Personen und andererseits Namen von Personenvereinigungen wie Firmen, Vereinen, Parteien, Städten oder Gemeinden. Ein Namensschutz entsteht jedoch nur, wenn der Name dazu geeignet ist, eine bestimmte Person zu kennzeichnen und zu identifizieren.

Praxisbeispiel

Seit dem Jahr 2007 betrieb ein im Rheingau ansässiger Zweckverband die Domain *www.zweckverband-rheingau.de*. Vor dem Landgericht Frankfurt am Main (Urteil vom 29.09.2010, Az. 2-06 O 167/10) stritten der Zweckverband und ein Unternehmen aus der IT-Branche darüber, ob Letzterer die Domain *www.rheingau.de* verwenden darf.

Im Vorfeld ließ der Zweckverband das Unternehmen abmahnen. Damit war das betroffene Unternehmen aber nicht einverstanden. Es verwies unter anderem darauf, dass es schon sehr viele Jahre auf dem Markt sei und seine Domain bereits seit dem Jahr 1998 betreibe. Das IT-Unternehmen begehrte daher vom Gericht die Feststellung, dass es seine Domain nicht an den Zweckverband herauszugeben braucht.

Die Richter des Landgerichts Frankfurt am Main stellten sich auf die Seite des IT-Unternehmens. Dies begründeten sie damit, dass zwar auch ein Zweckverband als Gebietskörperschaft Inhaber einer Domain sein könne, Voraussetzung dafür im konkreten Fall aber sei, dass es sich überhaupt um einen geschützten Namen handele. Dieser müsse zur Kennzeichnung und Identifikation einer bestimmten natürlichen oder juristischen Person geeignet sein. Die Bezeichnung Rheingau könne aber nach Ansicht des Gerichts keiner bestimmten Organisation zugeordnet werden. Es handele sich lediglich um die Eingrenzung für ein bestimmtes geografisches Gebiet. Daher müsse das IT-Unternehmen ihre Domain nicht an den Zweckverband herausgeben.

Diesen Schutz können Sie auch nicht umgehen, indem Sie eine ausländische Top-Level-Domain wählen.

Praxisbeispiel

Das OLG Köln (Urteil vom 30.04.2010, Az. 6 U 208/09) entschied, dass die spanische Domain *www.fc-bayern.es* die Namensrechte des FC Bayern München verletze. In der Tat ist die Abkürzung FC Bayern für den Bundesligisten FC Bayern München AG namensrechtlich geschützt. Dabei ist seit Langem anerkannt, dass auch aus einem Namen abgeleitete Abkürzungen und Schlagworte Namensschutz genießen können. Der Unterschied, dass im vorliegenden Fall der Beklagte den geschützten Namen unter einer ausländischen Top-Level-Domain hat registrieren lassen, rechtfertige nach Ansicht des OLG Köln keine abweichende Beurteilung. Insbesondere bestehe auch in diesem Fall die erforderliche Zuordnungsverwirrung.

Das OLG führt hierzu aus:

»Üblicherweise wird der Verkehr bei einer rein namensmäßigen Verwendung eines fremden Namens im Rahmen einer Internetadresse in der Internetadresse einen Hinweis auf den Namen des Betreibers des Internetauftritts sehen. Diese Erwartung des Verkehrs gründet sich auf der Verwendung des Namens und besteht daher unabhängig davon, welche Top Level Domain folgt. (...) Es genügt jedenfalls, dass das Unternehmen auch im Inland hinreichend bekannt und / oder geschäftlich tätig ist.«

Dem steht auch nicht der Umstand entgegen, dass der Fußball-Club in Spanien nicht als FC Bayern, sondern unter dem Namen Bayern de Munich oder einfach nur unter Bayern bekannt sei. Ausschlaggebend sei nämlich nicht, ob ein spanischer Fußballfan FC Bayern kenne, sondern ob derjenige, der auf die Webseite stoße, annehme, diese werde von der FC Bayern München AG selbst betrieben. Demzufolge habe die Klägerin ein berechtigtes Interesse daran, dass derjenige, der eine Internetseite aufrufe, von der er ausgehe, sie stamme von der Klägerin, dort nicht auf einen Internetauftritt des Beklagten stößt.

Voraussetzung für den Beseitigungs- bzw. Unterlassungsanspruch ist eine unbefugte Verwendung eines fremden Namens in Form der Namensleugnung oder eine Namensanmaßung; eine tatsächliche Nutzung der Domain ist nicht erforderlich. Im Rahmen domainrechtlicher Streitigkeiten spielt dabei überwiegend die Fallgruppe der Namensanmaßung eine Rolle. Als weitere Voraussetzung für eine Namensrechtsverletzung ist darüber hinaus das Bestehen einer Verwechslungsgefahr, die im Rahmen des Namensrechts bezüglich Domains dann zu bejahen ist, wenn der angesprochene Internetnutzer hinter der registrierten Domain eine andere Person erwartet, als diejenige, die er tatsächlich vorfindet. Dabei handelt es sich um die sogenannte Zuordnungsverwirrung. Da es sich in den meisten Fällen des *Domain-Grabbings* jedoch um reine Gattungsbegriffe handelt, scheidet meist eine Zuordnungsverwirrung aus. Handelt es sich hingegen nicht um bloße Gattungsbegriffe, dann muss zudem noch eine Interessenverletzung des Namensinhabers vorliegen. Diese liegt in der Regel in der mit der Registrierung einhergehenden Sperrwirkung des Domainnamens.

Ein Problem, das sich im Rahmen von namensrechtlichen Domainstreitigkeiten regelmäßig stellt, ist die Frage der *Gleichnamigkeit*, etwa wenn Domaininhaber und Anspruchsteller also jeweils – berechtigterweise – den gleichen Namen tragen. Grundsätzlich kann in diesem Zusammenhang keiner an einem redlichen Namensgebrauch gehindert werden, so dass hier in Bezug auf Domains das Prinzip first come, first served zur Geltung kommt, da jede Internetdomain technisch nur ein einziges Mal vergeben werden kann. Dieses Prinzip gilt allerdings nicht bei einer überragenden Bekanntheit eines Namensinhabers, wie es bei den unter Juristen umstrittenen Entscheidungen zu den Domains *www.shell.de* und *www.krupp.de* der Fall war. Insoweit hat im »Recht der Gleichnamigen« stets eine Abwägung der sich gegenüberstehenden Interessen stattzufinden.

15.2.4 Der Domainname und das Wettbewerbsrecht: Tippfehler-Domain

Unter einer Tippfehler-Domain versteht man eine Domain, die sich an einen bekannten Domainnamen anlehnt und dadurch User anlockt, die sich bei der Suche nach diesen bekannten Webseiten vertippt haben. Die Nutzer werden dann auf eine Webseite weitergeleitet, die mit der gewünschten Website in der Regel nicht in Verbindung steht.

Praxisbeispiel

In einem Verfahren vor dem Bundesgerichtshof (Urteil vom 22.01.2014, Az. I ZR 164/12) ging es um den Streit zwischen der Betreiberin eines Wetterdienstes unter dem Domainnamen *www.wetteronline.de* und dem Inhaber verschiedener sogenannter Tippfehler-Domains, darunter zum Beispiel *www.wetteronlin.de*. Die User wurden über die Tippfehler-Domains auf eine Internetseite weitergeleitet, die für private Krankenversicherungen warb. Hierfür erhielt der Inhaber der Tippfehler-Domain dann ein Entgelt.

Dies ist nach Ansicht des Gerichts zwar keine Markenrechtsverletzung, da die Bezeichnung »wetteronline« ein rein beschreibender Begriff sei, wohl aber ein Verstoß gegen das Wettbewerbsrecht. Denn die konkrete Benutzung solcher Tippfehler-Domains verstoße unter dem Gesichtspunkt des Abfangens von Kunden grundsätzlich gegen das wettbewerbsrechtliche Verbot unlauterer Behinderung. Dies gelte nur dann nicht, wenn der Nutzer auf der sich öffnenden Internetseite nicht unmittelbar und auf deutliche Art und Weise darauf hingewiesen wird, dass er sich nicht auf der Seite »wetteronline.de« befindet. Zur Löschung der Tippfehler-Domain wurde der Beklagte nicht verpflichtet, da eine rechtlich zulässige Nutzung der Website denkbar ist und die bloße Registrierung des Domainnamens die Klägerin nicht unlauter behindert.

Mittlerweile hat der Betreiber der Domain *www.wetteronlin.de* den Inhalt der Website geändert: unter dem Namen WetteRonLin findet dort ein Fragespiel zum Geschlechterkampf zwischen Männchen Ron und Weibchen Lin statt (siehe Abbildung 15.10).

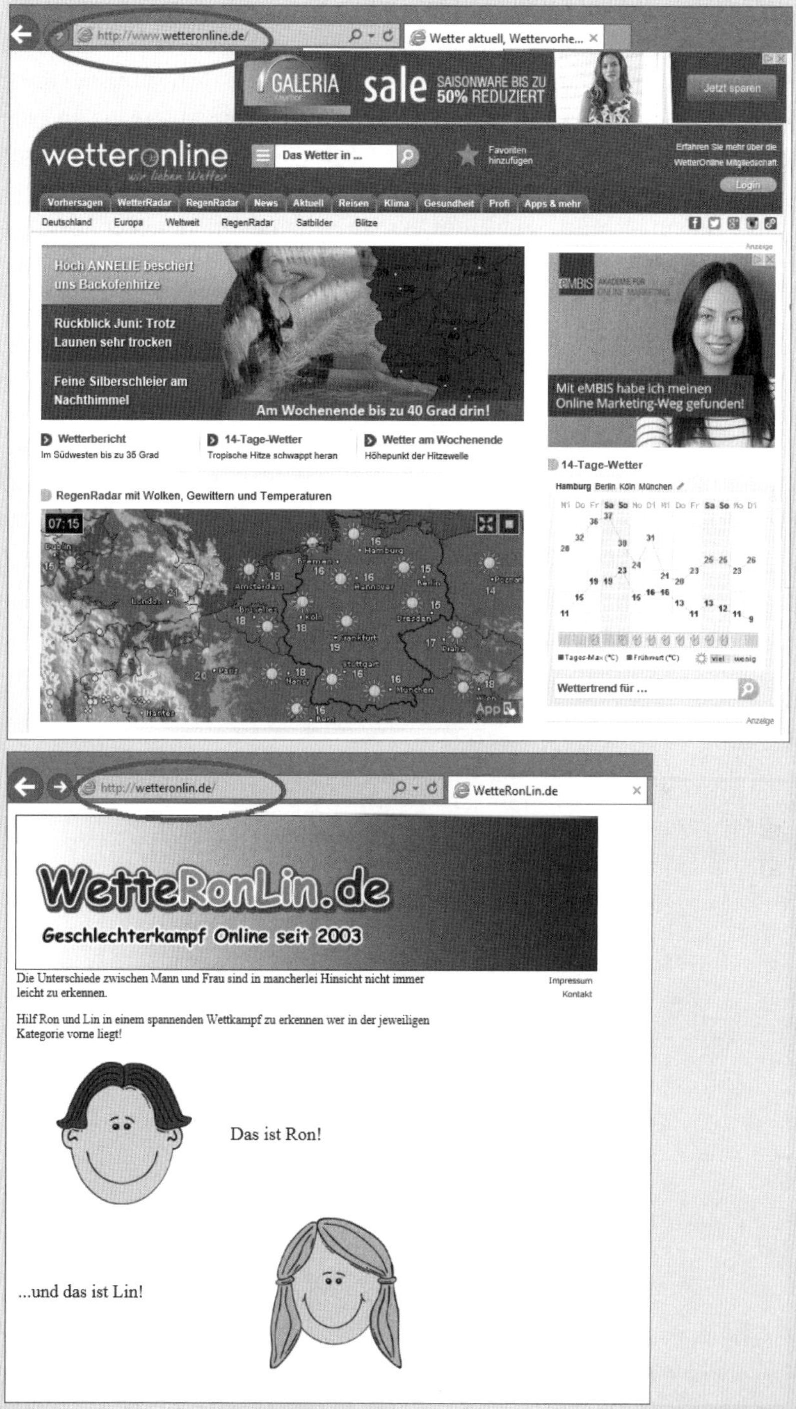

Abbildung 15.10 Vergleich der Websites www.wetteronline.de und der sogenannten Tippfehler-Domain www.wetteronlin.de.

15.2.5 Schutz vor virtuellem Diebstahl: Domain-Grabbing

Häufig entstehen Rechtskollisionen auch ohne eine unmittelbare Verwechslungsgefahr schon allein dadurch, dass Sie eine bestimmte Domain nicht nutzen können, weil diese zuvor von jemand anderem registriert wurde. Insbesondere in den Fällen, in denen unter dem fraglichen Domainnamen keinerlei Inhalt hinterlegt ist und somit weder eine geschäftliche Nutzung noch eine Verwechslungsgefahr begründet werden kann, liegt ein rechtlich relevantes Verhalten dann vor, wenn der Erwerb der Domain lediglich darauf gerichtet war, sich diese vom betreffenden Kennzeicheninhaber abkaufen oder lizenzieren zu lassen (sogenanntes *Domain-Grabbing*). Weiter ist für das Domain-Grabbing kennzeichnend, dass der Domainerwerber keinerlei eigenes Interesse an der Domain hat, sondern sich vielmehr an dem Kennzeicheninhaber, der auf die Nutzung der Domain angewiesen ist, bereichern will. Da ein Domainname nämlich nur einmalig vergeben werden kann, sichern sich Domain-Grabber zukünftig begehrte Domainnamen vorsorglich, um diese später Interessenten zu hohen Preisen zum Kauf anzubieten. Dabei sollte man die Höhe der Domainpreise nicht unterschätzen (siehe Abbildung 15.11).

Domain	US$	ca. EUR	Jahr
cameras.com	1,5 Mio.	1.181.100,–	2006
tandberg.com	1,5 Mio.	1.150.970,–	2007
russia.com	1,5 Mio.	993.372,–	2009
ticket.com	1,525 Mio.	1.023.494,–	2009
datarecovery.com	1,659 Mio.	1.106.656,–	2008
auction.com	1,7 Mio.	1.190.000,–	2009
dating.com	1,75 Mio.	1.422.745,–	2010
fly.com	1,76 Mio.	1.353.846,–	2009
seniors.com	1,8 Mio.	1.337.000,–	2007
computer.com	2,2 Mio.	1.552.203,–	2007
investing.com	2,45 Mio.	1.870.229,–	2012
social.com	2,6 Mio.	1.817.240,–	2011
creditcards.com	2,75 Mio.	2,23 Mio.	2004
shopping.de	2.858.945,–*	1,96 Mio.	2008
vodka.com	3 Mio.	2,3 Mio.	2006
candy.com	3 Mio.	2.255.639,–	2009
clothes.com	4,9 Mio.	3,4 Mio.	2008
toys.com	5,1 Mio.	3.966.667,–	2009
slots.com	5,5 Mio.	4.508.197,–	2010
diamond.com	7,5 Mio.	5.833.400,–	2006
porn.com	9,5 Mio.	7.246.377,–	2007
fund.com	9.999.950,–	6.521.301,–	2008
sex.com	13 Mio.	9.629.703,–	2010

Abbildung 15.11 Die Liste der teuersten Domains bis zum Jahr 2012, zusammengestellt von businessinsider.com zusammen mit dnjournal.com

Ein solches Vorgehen ist rechtlich nicht ganz unbedenklich: Namensrechte, Markenrechte oder das Wettbewerbsrecht können durch das Domain-Grabbing verletzt werden. Zwar stellt das Registrieren vieler Domains auf Vorrat mit dem Ziel, sie später gewinnbringend zu verkaufen, grundsätzlich keine rechtlich untersagbare Handlung dar, jedoch gibt es davon Ausnahmen: Wenn dem Domain-Grabber nachgewiesen werden kann, dass die Registrierung keinen eigenen ernsthaften Benutzungswillen hat und in Kenntnis anderer bzw. besserer Rechte Dritter ausschließlich zu dem Zweck erfolgte, die Domain später an den Inhaber des entsprechenden Kennzeichen- oder Namensrechts zu verkaufen, liegt ein rechtlich relevantes unlauteres Verhalten vor.

In der gerichtlichen Praxis ist die Durchsetzung der Ansprüche jedoch nicht ganz unproblematisch. Denn behaupten Sie, dass es an einem eigenen Benutzungswillen des Domain-Grabbers fehlt, dann tragen auch Sie die Beweislast dafür. Ihm eine solche Intention nachzuweisen, ist jedoch gar nicht so einfach. Dies gilt besonders dann, wenn es sich bei dem Domainnamen um einen Gattungs- oder Sachbegriff handelt, der auch auf andere Art und Weise sinnvoll durch den Inhaber genutzt werden kann.

Praxisbeispiel

Das LG Hamburg (Urteil vom 12.08.2008, Az. 312 O 64/08) entschied über einen Rechtsstreit, in dem ein Konkurrent der Klägerin das Kennzeichen, unter dem die Klägerin im geschäftlichen Verkehr auftrat, zunächst als *.com*-Domain hat registrieren lassen. Nachdem die Klägerin dies feststellte, mahnte sie den Domaininhaber ab und meldete das Kennzeichen als Marke an. Wenige Tage nach der Abmahnung registrierte der Konkurrent das Kennzeichen unter weiteren Top-Level-Domains. Die Klägerin war der Ansicht, ein solches Vorgehen verletze sie in ihren Markenrechten und verlangte die Löschung der Domain.

Das Gericht gab ihr zum Teil Recht! Zwar bestehe kein genereller Löschungsanspruch aufgrund der Eintragung als Marke, hier sei die Lage jedoch anders, da der Beklagte die betreffenden Domains im Wege des Domain-Grabbings erlangt habe. Die Richter erkannten in diesem Fall einen Löschungsanspruch des Kennzeicheninhabers bezüglich der Domains *.eu* und *.mobi* an. Für die ausländischen Domains *.es* und *.nl* lehnte das LG Hamburg einen Löschungsanspruch mit der Begründung ab, dass die Klägerin nicht ausreichend dargelegt habe, auf den entsprechenden Märkten tätig zu sein bzw. ihr Interesse anderweitig zu begründen.

Um Domainstreitigkeiten unkompliziert klären zu können, bietet die ICANN ein außergerichtliches Schiedsverfahren an, die *Uniform Domain-Name Dispute-Resolution Policy* (siehe Abbildung 15.12). Sofern der Rechtsverletzer seinen Sitz im Ausland hat, ist die Rechtsdurchsetzung oft mit hohen Kosten verbunden und auch die

Zustellung einer Klage kann zum Problem werden. Eine rasche Konfliktlösung ist daher oft nicht möglich. Durch die standardisierte UDRP-Streitregelungsrichtlinie bekommen Inhaber eines geschützten Kennzeichens ein wertvolles Instrument zur Verfügung gestellt, um gegen rechtsverletzende Domains vorzugehen.

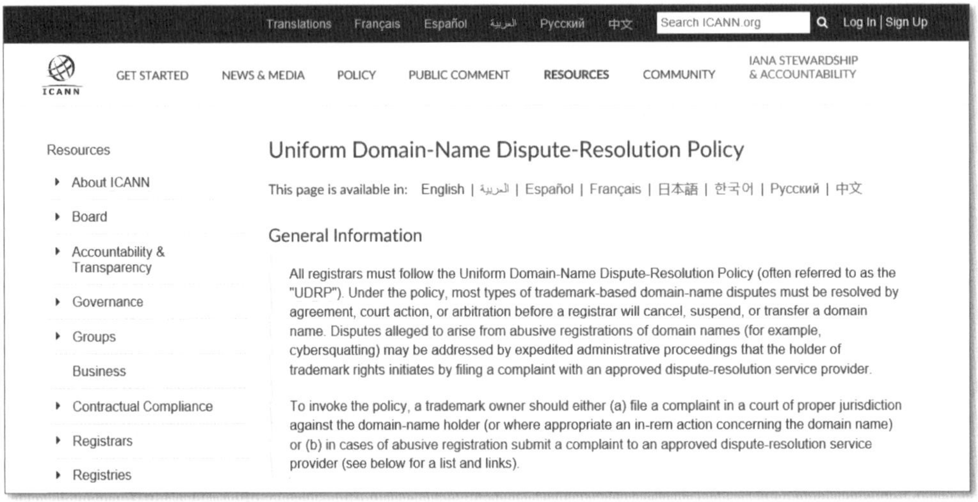

Abbildung 15.12 Website der ICANN

Hinweis

Weitere Informationen zu diesem Verfahren erhalten Sie auf der Website der ICANN unter *www.icann.org*.

15.3 Was ist bei der Verwendung von Bildern, Tönen, Texten und Co. auf der Website zu beachten?

Eine Webseite, die Ihr Unternehmen im Netz adäquat repräsentieren soll, bedarf einer ansprechenden Gestaltung und eines hochwertigen Inhalts. Aus diesem Grund setzen Unternehmen auf ihrer Website zunehmend auf die Verwendung von Bildern, Zitaten, Videos oder einer klangvollen Hintergrundmusik.

Doch wenn Sie Inhalte einsetzen, die Sie nicht selbst hergestellt haben, können Sie dabei schnell in Konflikt mit dem Gesetz geraten. Denn dann besteht das Risiko, dass Sie Urheberrechte Dritter verletzen. Schließlich handelt es sich beim Urheberrecht um fremdes geistiges Eigentum, in das andere viel Zeit, Mühe, Kreativität und Geld investiert haben.

Praxisbeispiel

Unter urheberrechtlich geschützte Werke fallen beispielsweise Fotos, Texte, Videos, Musik, Software oder auch das Design einer Website (Layout, Buttons oder Grafiken). Das Design ist aber nur dann geschützt, wenn es nicht dem zahlloser anderer Websites gleicht.

Die Person, die das Werk geschaffen hat, ist ihr Urheber. Dies hat zur Folge, dass er das alleinige und ausschließliche Recht hat, sein Werk zu verwerten. Er kann also beispielsweise entscheiden, wer das Werk vervielfältigen oder veröffentlichen darf – Dritte bedürfen hingegen grundsätzlich seiner Einwilligung.

Letztlich sollten Sie bei der Verwendung von Bildern, Videos oder Texten Dritter auf Ihrer Website immer im Hinterkopf behalten, dass an jedem Werk Urheberrechte bestehen können.

Achtung

Für den urheberrechtlichen Schutz ist es völlig unerheblich, ob es sich um das Werk eines Laien oder eines Profis handelt. Bei Fotos beispielsweise genießt ein einfacher Schnappschuss ebenso urheberrechtlichen Schutz wie ein aufwendig produziertes Marketingfoto. Auch der Umstand, dass ein Werk im Internet frei zugänglich ist, bedeutet grundsätzlich nicht, dass es ohne die Einwilligung des Urhebers genutzt werden darf.

Möchten Sie nun Werke Dritter nutzen, so müssen Sie beim Urheber anfragen, ob Sie das gewünschte Werk für Ihre Website nutzen dürfen. Ist er damit einverstanden, so räumt er Ihnen die Nutzungserlaubnis, auch Lizenz genannt, vertraglich und oftmals gegen ein Entgelt ein. Der Urheber entscheidet also, wer sein Werk wo, wie und in welchem Umfang benutzen darf und wer nicht sowie ob dies entgeltlich oder unentgeltlich geschieht.

Sicher ist sicher: Schriftform

Auch hier empfiehlt sich aus Gründen der Beweislast eine schriftliche Fixierung der Vereinbarung, da Sie als Betreiber der Website die Beweislast dafür tragen, dass Ihnen eine solche Nutzungserlaubnis erteilt wurde. Beauftragen Sie einen Webdesigner mit dem Aufbau und der Gestaltung der Website, so sollten Sie ihm die Einholung der Nutzungserlaubnis auferlegen und sich die Lizenzvereinbarungen zwischen dem Designer und dem Urheber der benutzten Elemente (Fotos etc.) zumindest in Kopie aushändigen lassen. Zudem sollten Sie sich vertraglich von einer Haftung gegenüber dem Urheber freistellen lassen.

Daneben gibt es aber auch Werke, die vom Urheber ohne die Zahlung eines Entgeltes zur freien Verwendung jedem zur Verfügung gestellt werden. Dabei handelt es sich um sogenannte Creative-Commons-Inhalte (CC = kostenfreie Lizenz). Im Detail möchten wir dazu auf unsere Ausführungen in Kapitel 5, »App-Marketing«, verweisen, da sich an der rechtlichen Lage auch bei Websites nichts ändert.

Im Folgenden möchten wir nun die einzelnen möglichen Inhalte, mit der Sie Ihre Website gestalten können, im Hinblick auf die urheberrechtliche Situation untersuchen und Ihnen bei der rechtskonformen Nutzung Hilfestellung geben.

15.3.1 Fotos von Privatpersonen und Prominenten

Besonders gerne werden Webseiten mit Fotos visuell gestaltet (siehe Abbildung 15.13). Dabei kann es sich um Fotos von Privatpersonen oder von Prominenten handeln.

Abbildung 15.13 Der Sportartikelhersteller Nike verwendet auf seiner Website ein Foto der Tennisspielerin Laura Robson.

Rechtlich gilt: Grundsätzlich dürfen Sie Abbildungen von Personen nur mit deren Einwilligung veröffentlichen. Dies gilt grundsätzlich auch bei Prominenten wie Politikern, Musikern oder Schauspielern. Eine Ausnahme davon besteht jedoch dann, wenn das Foto im Zusammenhang mit einem zeitgeschichtlichen Ereignis steht und keine gegenläufigen Interessen einer solchen Veröffentlichung entgegenstehen.

Wer auf seiner Website ohne Zustimmung des Rechtsinhabers fremde Bilder einbindet, muss wegen der damit verbundenen Urheberrechtsverletzung mit scharfen Konsequenzen rechnen. Er muss gewöhnlich nicht nur für die Abmahnkosten aufkommen, sondern auch Schadensersatz entrichten. Besonders teuer wird es, wenn er gewerblich handelt und nicht auf den Urheber des Fotos hinweist (siehe Abbildung 15.14).

Abbildung 15.14 Beispiel für die Urheberkennzeichnung auf der Webseite

Nutzen Sie Bilder von Prominenten auf Ihrer Website, so kann dies durchaus als Verwendung zu Werbezwecken ausgelegt werden und zur Folge haben, dass Sie dem Abgebildeten den Betrag zahlen müssen, den er üblicherweise für ein solches Foto erhalten hätte. Unter bestimmten Voraussetzungen kann ein Unternehmen auch ohne Erlaubnis eine prominente Person für Werbezwecke nutzen, nämlich dann, wenn es sich um eine satirische Auseinandersetzung handelt. Denn dann wird die Werbeanzeige als Teil der öffentlichen Diskussion betrachtet. Dieser Teil ist von der grundrechtlich geschützten Meinungsfreiheit umfasst und daher zulässig. Es muss allerdings immer eine Abwägung stattfinden zwischen der Freiheit, sich politisch-satirisch auszudrücken, und dem Persönlichkeitsrecht der betroffenen Person. Entscheidend ist vor allem, ob die Ehre der betroffenen Person durch die Werbung verletzt wird. Ist dies der Fall, ist die Werbemaßnahme nicht mehr zulässig. Das Image der Person darf zudem nicht derart benutzt werden, dass der Eindruck erweckt wird, die abgebildete Person identifiziere sich mit dem beworbenen Produkt.

Praxisbeispiel

Der Europäische Gerichtshof für Menschenrechte (Urteil vom 19.02.2015, Az. 53495/09 und 53649/09) hat in der Vergangenheit bereits zu zwei Fällen Urteile gesprochen und unfreiwillige Werbemaßnahmen mit Prinz Ernst August von Hannover und Dieter Bohlen zugelassen. Beide waren gegen eine Werbekampagne für die Zigarettenmarke Lucky Strike vor Gericht gezogen.

Konkret ging es im Fall von Dieter Bohlen um eine Anspielung aus seinem Buch »Hinter den Kulissen«, das damals für Aufsehen sorgte und nur mit geschwärzten Passagen nach diversen Rechtsstreits vertrieben werden durfte. Die Werbung zeigte zwei Zigarettenschachteln, an denen ein schwarzer Filzstift angelehnt war. In der darüber befindlichen Textzeile »Schau mal, lieber Dieter, so einfach schreibt man super Bücher« waren einzelne Wörter geschwärzt, ohne dadurch unleserlich zu werden.

Bei Ernst August spielte die Werbung auf die tätlichen Auseinandersetzungen an, in die dieser 1998 und 2000 verwickelt war. Auf der eingedrückten Zigarettenschachtel war folgender Spruch abgebildet: »War das Ernst? Oder August?«.

Der Bundesgerichtshof verneinte damals das Vorliegen einer Persönlichkeitsrechtsverletzung mit dem Argument, dass auch Unternehmen das Recht auf freie Meinungsäußerung zustehe und aktuelle gesellschaftliche Ereignisse grundsätzlich auch Thema einer Werbekampagne sein dürfen. Dies gelte zumindest, solange nicht der Eindruck entsteht, dass sich die abgebildeten Prominenten mit dem beworbenen Produkt identifizieren und tatsächlich Werbung dafür machen. Der satirische Kontext müsse erkennbar sein. Schließlich dürfe die Werbekampagne auch nicht beleidigend sein. Diese Voraussetzungen hielt der BGH in beiden Fällen für gegeben. So auch der EGMR, der hier ebenfalls der Meinungsfreiheit dem Vorrang gegeben hat. Aus Sicht der Richter habe *»ein verbindliches Gleichgewicht zwischen Meinungsfreiheit und Achtung des Privatlebens«* stattgefunden.

15.3.2 Bilder aus Suchmaschinen

Die Suchmaschinen liefern mit einer speziellen Bildersuche zu jedem erdenklichen Suchbegriff innerhalb von Sekunden eine Vielzahl von Bildern. Das könnte Sie dazu verleiten, die Bilder auch für Ihre Website zu benutzen. Doch hier ist Vorsicht geboten. Schließlich besteht das Suchergebnis aus Bildern, die die Suchmaschine auf Webseiten anderer gefunden hat. Die sind aber möglicherweise nicht damit einverstanden, dass ihre Bilder kostenlos von jedem benutzt werden. Auch hier spielen Urheberrechte eine wichtige Rolle und sollten von Ihnen beachtet werden.

Achtung

Wenn Sie denken, der Urheber müsste erst einmal auf Ihre Website stoßen, um dort dann sein Bild zu sehen, dann irren Sie sich! Denn Bildersuchdienste wie TinEye (*www.tineye.com*) speichern das Pixelmuster von Bildern in einer Datenbank und suchen dann im Internet nach diesem und ähnlichen Bildern. Dadurch können sowohl das identische Bild gefunden, als auch Bearbeitungen und Ausschnitte des Bildes erkannt werden (siehe Abbildung 15.15). Nicht selten überprüfen Urheber das Netz auf unrechtmäßige Nutzungen ihrer Bilder. Dies kann dann teuer für Sie werden, wenn Sie nicht zuvor die entsprechenden Lizenzen erworben haben!

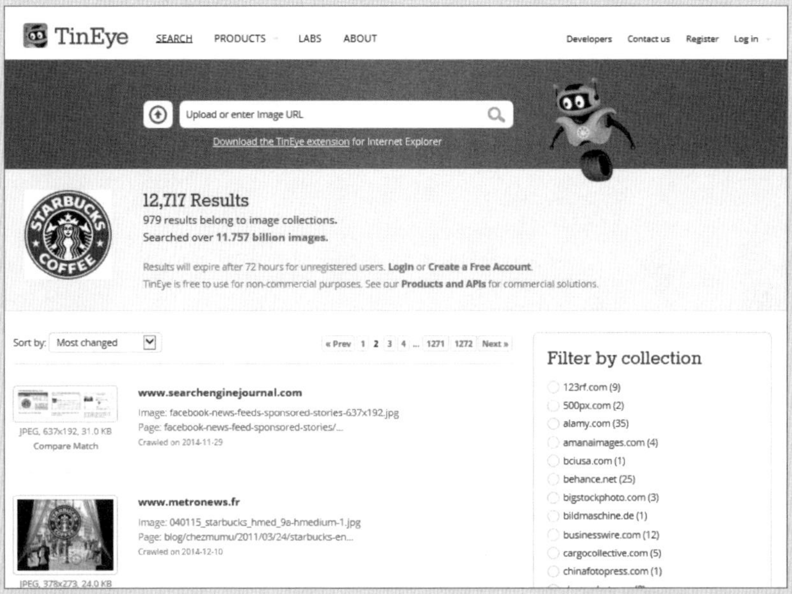

Abbildung 15.15 Ergebnis der Bildersuche auf TinEye zum Logo des Kaffeehauses Starbucks

Doch nicht jedes Bild dürfen Sie nur mit Zustimmung des Urhebers verwenden. Es gibt auch durchaus Bilder, die frei verfügbar sind oder deren zumindest private Nutzung erlaubt ist. Bei der Suche nach diesen Bildern können Sie ebenfalls die Suchmaschinen zu Hilfe nehmen. Denn über die Filterfunktion NUTZUNGSRECHTE haben Sie beispielsweise bei der Google-Bildersuche nun die vereinfachte Möglichkeit, Ihre Bilderauswahl anhand verschiedener Lizenzfilter zu selektieren (siehe Abbildung 15.16). Die Nutzung eines solchen Filters ist hilfreich, blind vertrauen sollte man dem Ergebnis der Auswahl dennoch nicht.

Nutzer der Google-Bildersuche wussten bis dato häufig nicht, inwieweit das von der Suchmaschine gefundene Bild verwendet werden durfte. Einige der hochgeladenen Bilder dürfen beispielsweise für kommerzielle Zwecke verwendet werden und andere nicht. Die Suche nach Fotos mit einer bestimmten Lizenz ist bei Google zwar bereits seit dem Jahr 2009 möglich, jedoch kannte sie kaum jemand, da sie nur schwer aufzufinden war. Seit Neuestem ist die Filterfunktion in die Bildersuche integriert. Mit einem Klick können Nutzer ihre Bildersuche auf bestimmte Lizenztypen einschränken.

Die verschiedenen Lizenztypen können unter der Rubrik SUCHOPTIONEN angeklickt werden. Zur Auswahl stehen folgende Kategorien:

- Nicht nach Lizenz gefiltert
- Zur Wiederverwendung und Veränderung gekennzeichnet
- Zur Wiederverwendung gekennzeichnet
- Zur nicht kommerziellen Wiederverwendung und Veränderung gekennzeichnet
- Zur nicht kommerziellen Wiederverwendung gekennzeichnet

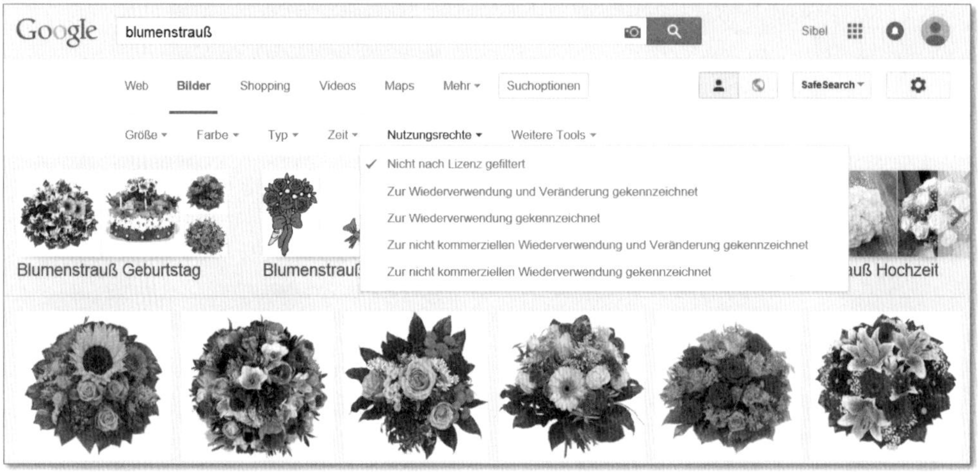

Abbildung 15.16 Bei der Suche nach Bildern kann die Art des Nutzungsrechts mit berücksichtigt werden.

Zunächst fällt auf, dass die Bezeichnung der verschiedenen Lizenzkategorien nicht mit der üblicherweise genutzten Bezeichnung von bereits existierenden Standardlizenzmodellen übereinstimmt. Das liegt daran, dass Google selbst nur Überbegriffe gebildet hat, unter denen verschiedene Lizenzen des vermeintlich gleichen Typs sortiert werden. Dadurch werden in den Suchergebnissen verschiedene Lizenzen (CC-Lizenzen, Pixabay) vermischt. Dies kann leicht für Verwirrung sorgen, denn die Überschrift sagt somit nicht viel über den tatsächlichen Inhalt der Lizenz aus.

Diese Tatsache ist insofern wichtig, als dass Google als Suchmaschine nicht dafür einsteht, dass die angezeigten Bilder verwertet werden dürfen. Google steht somit auch nicht für die Richtigkeit der Lizenzangaben ein, die beim Hochladen der Bilder gemacht wurden und als Ergebnis der Filtersuche angezeigt werden. Die Suchmaschine garantiert nicht, dass die gefilterten Bilder tatsächlich unter der angegebenen Lizenz vom Fotografen, also vom eigentlichen Urheber, eingestellt wurden.

Praxisbeispiel

In den berühmten Vorschaubilder-Urteilen des BGH entschied dieser gleich zweimal über die Rolle der Suchmaschinenbetreiber bei der Frage der Haftung für Urheberrechtsverletzungen.

Bereits im Jahr 2010 hatte das Gericht über einen Fall zu entscheiden, in dem sich eine Künstlerin, die Bilder im Internet veröffentlicht hatte, dagegen gewehrt hatte, dass diese Bilder in der Google-Bildersuche als Vorschaubilder zu finden waren. Der BGH wies in dieser Entscheidung »Vorschaubilder I« (Urteil vom 29.04.2010, Az. I ZR 69/08) die Klage mit der Begründung zurück, dass die Klägerin keine technischen Vorkehrungen auf ihrer Internetseite getroffen habe, um zu verhindern, dass dort eingestellte Bilder von Suchmaschinen aufgefunden und angezeigt werden können. Der Verzicht auf entsprechende Schutzvorkehrungen sei als Einwilligung in eine Wiedergabe als Vorschaubild zu werten; eine solche Einwilligung schließe die Rechtswidrigkeit eines Eingriffs in das Urheberrecht aus.

Ein Jahr später entschied der BGH dann über »Vorschaubilder II«: In diesem Verfahren (Urteil vom 19.10.2011, Az. I ZR 140/10) war das streitgegenständliche Bildmaterial nicht vom Urheber selbst, sondern auf den Internetseiten Dritter online gestellt worden. Dennoch nahm der BGH auch in diesem Fall eine entsprechende Einwilligung an, obgleich der Kläger geltend gemacht hatte, den Betreibern jener Internetseiten, auf denen die Vorschaubilder zu sehen waren, keine entsprechenden Rechte zur Veröffentlichung des Bildmaterials eingeräumt zu haben.

Entscheidend sei nämlich nach Ansicht des BGH, dass der Kläger überhaupt Dritten das Recht eingeräumt habe, das Bild im Internet zu veröffentlichen. Die Richter unterstellten als bekannt, dass Suchmaschinen automatisch Webseiten nach Bildmaterial durchsuchen, ohne unterscheiden zu können, ob ein Bild vom Berechtigten ins Internet eingestellt wurde oder nicht. Der Suchmaschinenbetreiber dürfe ein so veröffentlichtes Bild so verstehen, dass auch die Anzeige eines entsprechenden Vorschaubildes von einer entsprechenden Einwilligung umfasst sei. Der BGH stellte jedoch ausdrücklich fest, dass es dem Urheber unbenommen bleibe, diejenigen in Anspruch zu nehmen, die das Bildmaterial unberechtigt ins Internet gestellt haben.

Der Suchmaschinenbetreiber kommt jedoch nicht immer so glimpflich davon: Sobald er Kenntnis von einer Rechtsverletzung erlangt und diesen Zustand nicht beseitigt, indem er das Bild entfernt, haftet er ebenfalls!

Auch können Sie sich bei einer Urheberrechtsverletzung nicht darauf berufen, dass Sie sich auf die Lizenzangabe verlassen haben, denn das Verschulden spielt bei einer Urheberrechtsverletzung keine Rolle. Sie können lediglich versuchen, beim Uploader Regress zu nehmen. Dies wird aber häufig dadurch erschwert, dass die Bilder anonym hochgeladen werden.

Hinweis

Wenn Sie auf Nummer sicher gehen wollen, sollten Sie auf professionelle Stockfotos zurückgreifen, auf die wir ebenfalls noch im folgenden Abschnitt zu sprechen kommen.

Unabhängig von der Lizenzproblematik darf nicht vergessen werden, dass bei der Nutzung eines Bildes, das eine Person abbildet, auch eine etwaige Verletzung des Persönlichkeitsrechts der abgebildeten Personen beachtet werden muss. Eine Persönlichkeitsrechtsverletzung kann auch bei Vorliegen einer Lizenz bestehen. Daher sollte vor der Verwertung eines Bildes immer zusätzlich das Einverständnis der abgebildeten Person eingeholt werden.

15.3.3 Stockfotos

Im Internet gibt es immer mehr Fotoagenturen, bei denen man Lizenzen für Tausende von Bildern erwerben kann. Bekannte Beispiele sind dabei *Fotolia*, *Getty Images* oder *Pixelio* (siehe Abbildung 15.17).

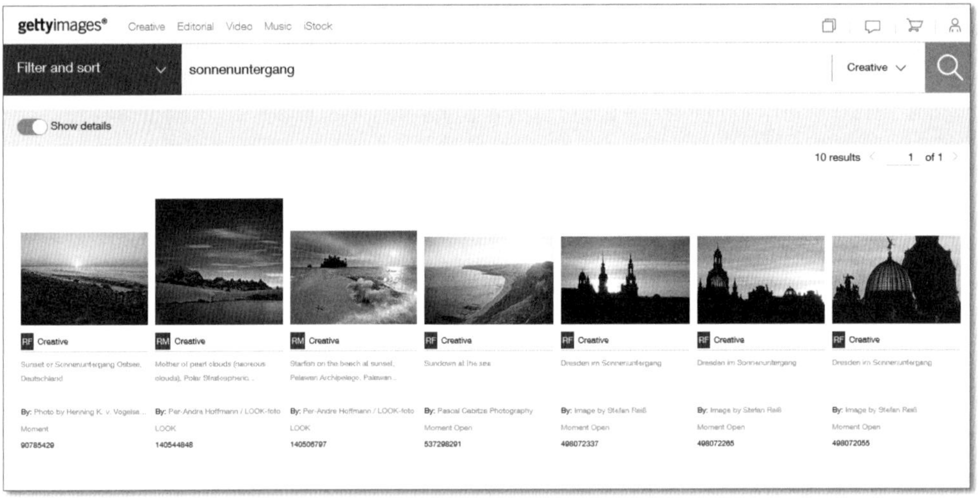

Abbildung 15.17 Getty Images bietet zahlreiche Fotos für Ihre Website.

Das Prinzip der Stockfotos klingt einfach, schnell und rechtssicher – ist es aber leider nicht immer. Denn auch wenn man hier gegebenenfalls für die Nutzung des Bildes zahlt, bedeutet das nicht, dass man mit dem Bild gewissermaßen »tun und lassen kann, was man möchte«. Vielmehr müssen die Lizenzbedingungen im Einzelnen sehr genau studiert werden. Wir zeigen Ihnen, wo die Fallstricke bei der rechtskonformen Nutzung von Stockfotos liegen.

Der Urheber hat ein gesetzlich verankertes Recht auf Anerkennung seiner Urheberschaft. Aus diesem Grund sehen die Lizenzbedingungen der Fotoagenturen in der Regel vor, dass bei Nutzung des Fotos ein Urhebervermerk beigefügt werden muss. Oftmals wird zusätzlich auch die Nennung der Agentur verlangt (siehe Abbildung 15.18).

3. Nachweise und geistiges Eigentum.

3.1 Urheberrecht. Dem Lizenznehmer werden durch die Einräumung der Lizenz durch diesen Vertrag keinerlei Eigentums- oder Urheberrechte an dem Lizenzmaterial übertragen. Soweit in diesem Vertrag nicht ausdrücklich anderweitig festgelegt, gewährt Getty Images dem Lizenznehmer weder ausdrücklich noch konkludent ein Recht oder eine Lizenz an dem Lizenzmaterial. Da keine Eigentums- oder Urheberrechte an dem Lizenzmaterial an den Lizenznehmer übertragen werden, kann dieser keine Ansprüche auf Erlös von einer Verwertungsgesellschaft hinsichtlich des Fotokopierens, digitalen Kopierens oder sonstiger Sekundäranwendungen des Lizenzmaterials, welches in einenm Lizenznehmerwerk enthalten ist, geltend machen.

3.2 Eingetragene Marken. In Zusammenhang mit der Verwendung von 'Getty Images' oder sonstigen Markennamen, eingetragenen Marken, Logos oder Dienstleistungsmarken von Getty Images oder dessen Partnern, einschließlich der Namen aller Lizenzmaterial-Kollektionen ('Marken'), erkennt der Lizenznehmer an, dass (i) diese Marken alleiniges Eigentum von Getty Images oder dessen Partnern sind und bleiben, (ii) solange dies nicht zur Erfüllung von Nachweisverpflichtungen nach diesem Vertrag ausdrücklich erforderlich ist, dem Lizenznehmer durch diesen Vertrag keinerlei Nutzungsrechte in Verbindung mit den Marken übertragen werden und (iii) der Lizenznehmer zu keiner Zeit die Gültigkeit der Marken anficht.

3.3 Bildnachweis. Falls in Abschnitt 10 nicht anders angegeben, muss jeglichem in redaktionellem Kontext verwendeten Lizenzmaterial in enger räumlicher Nähe dieser Urhebervermerk hinzugefügt werden: '[Name des Fotografen]/[Name der Kollektion]/Getty Images' oder ein anderer auf der Website von Getty Images dargestellter Urhebervermerk. Versäumt der Lizenznehmer die Kennzeichnung mit den vorgeschriebenen Angaben, so kann Getty Images nach billigem Ermessen die Zahlung einer zusätzlichen Gebühr in Höhe von einhundert Prozent (100 %) der Lizenzgebühr verlangen. Diese Gebühr ist zusätzlich zu entrichten; alle anderen Rechte und Rechtsmittel, die Getty Images nach Gesetz und Billigkeit zustehen, bleiben davon unberührt.

3.4 Nachweis für Audio- oder visuelles Material. Wird Lizenzmaterial in Audio-/visuellem Material in redaktionellem Kontext oder in nicht redaktionellem Kontext verwendet, in dem aber Nachweise für weitere Anbieter von Lizenzmaterial angegeben sind, so ist der Nachweis nach Maßgabe der technischen Möglichkeiten in gleicher Größe und an vergleichbarer Stelle wie bei diesen sonstigen Nachweisen anzugeben. Im Wesentlichen sollte er in dieser Form erfolgen: '[Videomaterial] [Bildmaterial] zur Verfügung gestellt von [Name der Kollektion]/Getty Images'.

3.5 Benachrichtigung über Zuwiderhandlungen. Der Lizenznehmer setzt Getty Images umgehend in Kenntnis, wenn er weiß oder den Verdacht hegt, dass Dritte, die über den Lizenznehmer Zugang zum Lizenzmaterial bekommen haben, das Lizenzmaterial ganz oder in Teilen in rechtswidriger Weise verwenden oder die Schutzrechte von Getty Images, einschließlich Marken- und Urheberrechte, verletzen.

Abbildung 15.18 Auszug aus den Lizenzvereinbarungen für Produkte von Getty Images

Hinweis

Sie sollten sich die Lizenzvereinbarung genau anschauen und die Vorgaben zum Urhebervermerk auch einhalten. Gibt es keine genauen Vorgaben, so können Sie beispielsweise die Formulierung »© Fotograf/Fotoagentur« wählen (siehe Abbildung 15.19) oder »Urheber: Fotograf/Fotoagentur«. Das Symbol © ist nämlich ebenso wie der Begriff Copyright von deutschen Gerichten als Synonym für den Urheberrechtshinweis anerkannt.

The law on social media marketing – fan "likes"© kbuntu – Fotolia

Abbildung 15.19 Beispiel für einen Urhebervermerk nach den Regeln der Plattform Fotolia

Auch der Ort, an dem dieser Vermerk eingefügt werden muss, ist meist in den Lizenzbedingungen angegeben. Teilweise verlangen die Agenturen einen Hinweis direkt unter dem Bild oder in unmittelbarem Zusammenhang, teils ist eine Urhebernennung am Seitenende oder sogar im Impressum ausreichend. Bei der Verwendung im Internet wird von manchen Plattformen auch ein Hinweis auf die Website der Agentur gefordert (siehe Abbildung 15.20).

7. Keine Rechteeinräumung durch PIXELIO

PIXELIO stellt als Diensteanbieter nach § 12 TMG nur die multimediale Plattform als solches zur Nutzung durch die Mitglieder zur Verfügung.

PIXELIO räumt somit keine Nutzungsrechte oder Lizenzen an den von den Urhebern in die Datenbank eingestellten Bilder ein.

Sämtliche Rechte an den Bildern werden direkt vom Urheber an den Nutzer aufgrund der Lizenzvereinbarung unter Nr. 5 übertragen.

8. Urheberbenennung und Quellenangabe

Der Nutzer hat in für die jeweilige Verwendung üblichen Weise und soweit technisch möglich am Bild selbst oder am Seitenende PIXELIO und den Urheber mit seinem beim Upload des Bildes genannten Fotografennamen bei PIXELIO in folgender Form zu nennen: ‚© Fotografenname / PIXELIO'

Bei Nutzung im Internet oder digitalen Medien muß zudem der Hinweis auf PIXELIO in Form eines Links zu www.pixelio.de erfolgen.

Bei der isolierten Darstellung des Bildes durch direkten Aufruf der Bild-URL ist eine Urheberbenennung nicht erforderlich.
Bitte beachten: Häufige Fragen und Antworten zur Bildquellenangabe

Abbildung 15.20 Auszug aus den Nutzungsbedingungen der Bilddatenbank pixelio

Die Möglichkeiten der Verwendung der erworbenen Fotos sind jedoch nicht grenzenlos: Alle seriösen Fotoagenturen untersagen eine Nutzung der Fotos in anstößigem oder beleidigendem Zusammenhang. Hierzu gehört vor allem eine Verwendung

- in pornografischem oder erotischem Kontext,
- in Verbindung mit Herrenclubs, Escort-Services oder erotischer Partnervermittlung,
- in Bezug auf Tabakwerbung,
- in politischem Zusammenhang,
- zu verleumderischen oder beleidigenden Zwecken.

Die Lizenzbedingungen sehen in aller Regel darüber hinaus auch vor, dass das Nutzungsrecht, das Sie durch Zahlung der Lizenzgebühr erwerben, nicht unterlizenziert werden darf. Wer jedoch ein Foto beispielsweise bei Facebook oder einem anderen sozialen Netzwerk hochlädt, räumt diesem automatisch bestimmte Rechte ein. Eine solche Unterlizenzierung verstößt gegen die Lizenzbedingungen. Teilweise schließen die Lizenzbedingungen die Nutzung von Bildern in sozialen Netzwerken auch explizit aus. Bilder aus Fotoagenturen dürfen daher in aller Regel nicht in sozialen Netzwerken verbreitet werden.

Darüber hinaus stellt sich Ihnen sicher auch die Frage, ob Sie die Bilder denn bearbeiten dürfen. Bilder von Internetfotoagenturen dürfen Sie in der Regel bearbeiten. Manchmal sind jedoch nur bestimmte Bearbeitungen, wie zum Beispiel das Ändern der Größe eines Bildes oder die Beschneidung der Ränder, zulässig (siehe Abbildung 15.21). Detaillierten Aufschluss über Ihre Rechte geben Ihnen auch hier wieder die Lizenzbestimmungen oder der Lizenzvertrag.

- Das eingeschränkte Bearbeitungsrecht, d.h. das Recht, das Bildmaterial unter Verwendung analoger, digitaler oder sonstiger Bildbearbeitungsmethoden wie folgt zu bearbeiten: Änderung der Bildgröße (Vergrößerung, Verkleinerung, Beschneidung), Umwandlung der Farbinformationen, Änderung der Far-, Kontrast- und Helligkeitswerte.
  Das Recht zu anderweitigen Änderungen am Bildmaterial verbleibt beim Urheber.

Sämtliche weiteren Rechte an den Bildern, einschließlich sämtlicher Urheberrechte und sonstigen gewerblicher Schutzrechte, die sich auf das Bildmaterial beziehen, verbleiben beim Urheber.

Nicht übertragen werden insbesondere:

- das Merchandisingrecht, d.h. das Recht zur kommerziellen Auswertung des Bildmaterials durch den Verkauf des Bildmaterials oder die Herstellung und Verbreitung von Waren aller Art, welche durch die Darstellung des Bildmaterials geprägt werden (z.B. Poster, Postkarten, Kleidungsstücke, Druckschriften einschließlich Comics, Tonträger, Kopfbedeckungen, Mousepads, Buttons etc.).

Abbildung 15.21 Auszug aus dem Lizenzvertrag zur redaktionellen und kommerziellen Nutzung der Bilderdatenbank pixelio

Achtung

Besonders wichtig für Sie ist, dass Sie nur Bilder verwenden, deren kommerzielle Verwendung gestattet ist. Manche Bilderdatenbanken sehen dafür eigene Lizenzverträge vor und räumen Ihnen darin ein solches Recht ein (siehe Abbildung 15.22).

- Das Druckrecht, d. h. das Recht, das Bildmaterial im Rahmen der vorstehend angeführten Lizenzart zur Herstellung, Vervielfältigung und Verbreitung von bebilderten oder nicht-bebilderten Büchern, Heften und sonstigen Druckwerken zu nutzen. Ausgenommen ist eine Nutzung in Bildkatalogen und artverwandten Bildsammlungen.
- das Videogrammrecht, d. h. das Recht zur Auswertung des Bildmaterials im Rahmen der vorstehend angeführten Lizenzart durch Vervielfältigung und Verbreitung auf analogen und digitalen Bild-/Ton-/Datenträgern jeder Art. Die Videogrammrechte umfassen insbesondere sämtliche Speichermedien (Bild-/Tonträger) aller Art (CD, DVD usw.). Ausgenommen ist eine Nutzung in Bilddatenbanken, Bildkatalogen und artverwandten Bildsammlungen.
- Das Recht zur Werbung, d. h. das Recht, das Bildmaterial im Rahmen der vorstehend angeführten Lizenzart unverändert zu Werbezwecken zu nutzen, z. B. in Programmvorschauen, im Fernsehen, im Kino, in Druckschriften (Werbeanzeigen, Plakate, Programmankündigungen etc.), Telefonmehrwertdiensten, im Internet (z. B. Pop-up-Fenster, Werbebanner etc.) zu nutzen, wobei diese Werbeformen nicht abschließend sind.

Abbildung 15.22 Auszug aus dem Lizenzvertrag zur redaktionellen und kommerziellen Nutzung der Bilderdatenbank pixelio

Hinweis

Verstöße gegen die Lizenzbedingungen können teure Abmahnungen sowie Schadensersatz- und Unterlassungsansprüche zur Folge haben. Minimieren Sie dieses Risiko, indem Sie sich die Lizenzbedingungen sehr genau anschauen. Wenn Sie sich unsicher sind, ob die geplante Verwendung mit den Lizenzbestimmungen konform ist, sollten Sie sich vor der Veröffentlichung von einem Anwalt Rechtsrat einholen.

15.3.4 Gemälde, Kunstwerke, Grafiken

Weite Hügel, traumhafte Strände oder saftige Blumenwiesen sind Bilder, die viele gerne als Hintergrundbild für ihre Website benutzen. Dabei sind nicht nur Fotos besonders beliebt, sondern auch Gemälde namhafter Künstler, wie zum Beispiel Monet (siehe Abbildung 15.23).

Abbildung 15.23 Ein besonders beliebtes Hintergrundbild ist das Gemälde des französischen Malers Claude Monet mit dem Titel »Les coquelicots à Argenteuil«.

Doch nachdem wir nun schon mehrfach über Urheberrechte gesprochen haben, stellt sich Ihnen sicherlich auch hier die entscheidende Frage: Darf man das überhaupt? Bei der Antwort auf diese Frage muss zunächst einmal festgehalten werden, dass auch bei Gemälden, Kunstwerken und Grafiken grundsätzlich Urheberrechte bestehen. Sie dürfen also nicht einfach ein solches Werk zum Hintergrundbild Ihrer Website machen. Insbesondere bei aktueller und unbekannter Kunst ist Vorsicht geboten: Es darf auf gar keinen Fall der Eindruck entstehen, dass Sie sich das Werk zu eigen machen.

Urheberrechte können aber auch erlöschen. Dies ist dann der Fall, wenn 70 Jahre nach dem Tod des Urhebers vergangen sind. Danach können Sie die Werke frei verwenden.

Hinweis

Vergleichbare Zeitspannen für das Erlöschen von Urheberrechten sind übrigens auch in den meisten anderen europäischen sowie der amerikanischen Rechtsordnung vorgesehen.

Ist die Schutzdauer noch nicht abgelaufen, ist eine Veröffentlichung eigener Fotos nur mit Zustimmung des Urhebers, seiner Erben oder der zuständigen Verwertungsgesellschaft zulässig. Die Verwertungsgesellschaften bilden eine Brücke zwischen den Urhebern und den Nutzern des urheberrechtlich geschützten Werkes. Sie nehmen die Urheberrechte und Leistungsrechte wahr und verfolgen etwaige Rechtsverletzungen.

Diese Regeln zur Einwilligung gelten aber nicht nur dann, wenn Sie ein Gemälde oder ein Kunstwerk als solches auf Ihrer Website abbilden, sondern auch dann, wenn es in irgendeiner Art und Weise auf Ihrer Website erscheint.

Praxisbeispiel

In einem Verfahren vor dem Bundesgerichtshof (Urteil vom 17.11.2014, Az. I ZR 177/13) stritten die Parteien über die Zulässigkeit der Abbildung eines Kunstwerkes in einem Möbelkatalog.

Der Kläger ist Urheber des Gemäldes »ohne Titel 2002/08«; der Beklagte vertreibt Büromöbel. Im Jahr 2008 einigten sich der Künstler und das Büromöbelunternehmen darauf, mehrere Werke des Künstlers auszustellen. Zu diesem Zweck wurden die Gemälde dem Unternehmen zur Verfügung gestellt. Nach Rückgabe der Gemälde bemerkte der Künstler, dass im Katalog des Möbelunternehmens ein Foto enthalten war, auf welchem neben den zum Verkauf angebotenen Möbeln auch sein Gemälde zu sehen war. Das Foto war zudem auf der Internetpräsenz des Möbelunternehmens abrufbar. Ein Hinweis auf den Künstler als Urheber des Gemäldes fehlte. Hierin sah der Künstler eine Verletzung seines Urheberrechts.

Die Vorinstanzen verneinten eine Urheberrechtsverletzung, da das im Katalog und im Internetauftritt des Möbelunternehmens abgebildete Gemälde des Künstlers ein unwesentliches Beiwerk in Katalog und Internetauftritt sei. Daher sei eine Vervielfältigung und öffentliche Wiedergabe in diesem Rahmen ohne Weiteres zulässig gewesen. Der BGH folgte dieser Ansicht jedoch nicht. Denn dem Gemälde komme eine nicht unwesentliche ästhetische Bedeutung zu, indem es einen Kontrast zu den Möbeln biete und deren Wirkung auf den Betrachter beeinflusse. Es sei daher kein unwesentliches Beiwerk und bedürfe bei Abbildung daher der Zustimmung des Urhebers.

Nach Ablauf der Schutzdauer, also 70 Jahre nach dem Tod des Künstlers, werden die Werke gemeinfrei und können dann von Ihnen verwendet werden.

15.3.5 Cliparts und sonstige Bilder

Oft findet man in Software-Bundles so genannte Clipart-Sammlungen (siehe Abbildung 15.24).

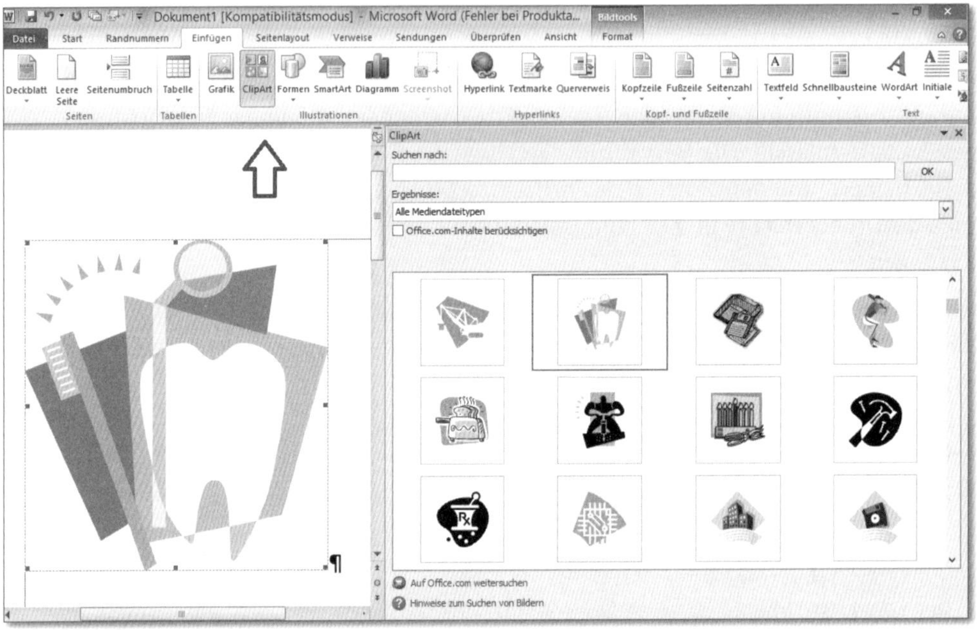

Abbildung 15.24 ClipArt in Microsoft Word

Auch hier gilt: Cliparts und Grafiken sind regelmäßig urheberrechtlich geschützt, selbst wenn nicht ausdrücklich auf die Urheberrechte hingewiesen wird. Solche geschützten Bilder dürfen Sie grundsätzlich nur zum privaten Gebrauch verwenden. Eine Veröffentlichung auf der eigenen Homepage deckt diese Erlaubnis häufig nicht ab. Werfen Sie also vorher einen Blick in die Lizenzbedingungen, bevor Sie die Bilder auf Ihrer Website verwenden.

15.3.6 Musik

Ebenso beliebt wie Bilder ist eine ansprechende Hintergrundmusik auf der Website. Doch auch Musik ist urheberrechtlich geschützt und kann grundsätzlich nicht ohne Weiteres eingebunden werden. Dies gilt nicht nur für Hintergrundmusik, sondern für jegliche Musik auf Ihrer Website. Also auch für Musik, die beispielsweise in einem Produktvideo im Hintergrund abgespielt wird und dann auf der Website veröffentlicht wird. Dabei reicht es auch aus, wenn Sie nur ein paar Takte aus dem Musikstück entnehmen. Unproblematisch ist es hingegen, wenn Sie nur nicht melodietragende Komponenten, wie zum Beispiel Bässe, entnehmen. Beachten Sie dabei jedoch, dass Sie keine Originalsequenzen von dem Tonträger übernehmen dürfen, sondern alle Sequenzen nachspielen müssen.

Jedoch gilt auch dieses Urheberrecht nicht unbegrenzt: Was den Beginn der Gemeinfreiheit angeht, so sind hier zwei Fristen zu beachten: Die Frist von 50 Jahren für die Leistungsschutzrechte an der Darbietung und die Frist von 70 Jahren für das Urheberrecht der Autoren an Text und Komposition. Handelt es sich um mehrere Urheber, so erlischt das Recht erst 70 Jahre nach dem Tod des letzten lebenden Urhebers. Ein Song ist damit grundsätzlich erst dann frei, wenn sowohl Urheberrecht als auch Leistungsschutzrecht erloschen sind – also in jedem Fall nach 70 Jahren.

Hinweis

Etwas anderes gilt allerdings in den Fällen, in denen Sie das Stück so verfremden, dass ein neues, eigenes Werk entsteht: Dann müssen Sie gar keine Fristen beachten und können es sofort verwerten.

Die Vergütung beträgt:

Einsatz der Internetseite mit Musik	Kategorie	Vergütung in EURO je angefangene 120.000 Zugriffe im Jahr
Verkauf von Waren und Dienstleistungenan Wiederverkäufer und/oder Endverbraucher – e-commerce und e-business -	1	433,80
Produktpräsentation und Information, Verkaufsförderung, Angebots- oder Leistungspräsentation; der Kauf von Waren und Dienstleistungen über diese Internetseite ist nicht möglich	2	390,50
Darstellungen jedweder Art, die weder der Kategorie 1 oder 2 entsprechen und bei denen die Musik integraler Bestandteil der Darstellung ist	3	162,80
Darstellungen jedweder Art, die weder der Kategorie 1 oder 2 entsprechen und bei denen die Musik integraler Bestandteil der Darstellung ist und es sich beim Betreiber der Internetseite um einen nicht kommerziell auftretenden bzw. gemeinnützigen musiktreibenden Verein handelt. (Chor, Instrumentalkapelle u. Ä.) ohne Vorschaltbanner Dritter	3a	99,50
Darstellung jedweder Art, die weder der Kategorie 1 oder 2 entsprechen und bei denen die Musik nicht integraler Bestandteil der Darstellung ist, sondern unterlegt wurde	4	76,20
Private Websites	5	38,00
Musik auf Intranetseiten von Unternehmen	6	390,50

Die vorstehenden Vergütungssätze gelten für den Abschluss einer Jahreslizenz.

Bei Abschluss einer Vierteljahreslizenz erhöhen sich die Vergütungssätze um 10%,

bei Abschluss einer Monatslizenz erhöhen sich die Vergütungssätze um 20%.

Abbildung 15.25 Die Vergütungssätze der GEMA für die Nutzung von Hintergrundmusik auf Internet- und Intranetseiten

Wenn Sie vor Ablauf der Schutzfrist Musikstücke auf Ihrer Website einbinden möchten, so brauchen Sie dazu die Einwilligung des Rechteinhabers. In einer Vielzahl von Fällen ist dies die Gesellschaft für musikalische Aufführungs- und mechanische Vervielfältigungsrechte (GEMA), die die Lizenzen vergibt. Die Urheber verbindet mit der Verwertungsgesellschaft ein Berechtigungsvertrag. Die Verwertungsgesellschaften schließen wiederum verschiedene Nutzungsverträge mit den Nutzern des Werks. Sie sind verpflichtet diese Nutzungsverträge einzugehen, wenn Sie das entsprechende Werk nutzen möchten. Zudem müssen Sie für die Nutzung auch eine Vergütung bezahlen. Die Höhe der Vergütung richtet sich dann einerseits nach der gewünschten Nutzung und andererseits nach der Popularität des Werkes. Die Höhe der Mindestvergütung berechnet sich dabei nach der nachgewiesenen Anzahl der Zugriffe auf dieses Musikstück (siehe Abbildung 15.25).

Hinweis

Möchten Sie Musik als Hintergrund auf Ihrer Website nutzen, so gelten für Sie die Vergütungssätze VR-W I für die Nutzung von Werken des GEMA-Repertoires als Hintergrundmusik, Funktionsmusik oder Streaming von Musik auf Internetseiten und Intranetseiten. Diese können Sie über die Seite *https://www.gema.de/fileadmin/user_upload/Musiknutzer/Tarife/Tarife_AD/tarif_vr_w_i.pdf* einsehen.

15.3.7 Texte und Zitate

Viele Betreiber von Websites schmücken ihren Internetauftritt mit bekannten Zitaten von berühmten Persönlichkeiten (siehe Abbildung 15.26). Sie ahnen dabei jedoch meist nicht, dass sie damit in einer Vielzahl von Fällen eine Urheberrechtsverletzung begehen, die eine teure Abmahnung zur Folge haben kann. Im Folgenden möchten wir Ihnen einmal darstellen, wann Zitate frei benutzt werden dürfen und wann nicht.

Abbildung 15.26 Die Website der Agentur marmalade enthält ein Zitat von Erich Kästner.

Der Begriff der Zitierfreiheit täuscht: Es bestehen strenge Voraussetzungen für die freie Nutzung von Zitaten. Grundsätzlich ist eine Einwilligung des Urhebers notwendig, bevor ein Zitat auf Ihrer Website veröffentlicht werden darf.

Davon macht der Gesetzgeber jedoch auch eine Ausnahme: Die Vervielfältigung, Verbreitung und öffentliche Wiedergabe eines veröffentlichten Werkes zum Zweck des Zitats ist auch ohne Einwilligung des Urhebers zulässig, sofern die Nutzung in ihrem Umfang durch den besonderen Zweck gerechtfertigt ist. Ein solcher rechtfertigender Zweck liegt insbesondere in drei Konstellationen vor:

- zur Erläuterung des Inhalts wissenschaftlicher Werke
- innerhalb selbstständiger Sprachwerke, also Texten jeder Art
- innerhalb selbstständiger Werke der Musik

Alle drei Konstellationen haben eins gemeinsam: Zitiert werden darf nur, wenn das Zitat als Beleg oder der Erläuterung dient. Sie müssen sich also mit dem Inhalt des Zitats auseinandergesetzt haben. Dazu muss ein inhaltlicher Zusammenhang zwischen dem Zitat und dem Werk des Nutzers bestehen. In allen anderen Fällen brauchen Sie grundsätzlich eine Einwilligung der Person, die Sie zitieren. Andernfalls liegt eine Urheberrechtsverletzung vor, die eine teure Abmahnung nach sich ziehen kann.

Achtung

Wer einfach ein Zitat auf seiner Website veröffentlicht, weil er es schön findet, erfüllt diese Kriterien nicht. In diesem Fall liegt grundsätzlich eine Urheberrechtsverletzung vor, wenn Sie nicht zuvor eine Einwilligung eingeholt haben.

Wie lang ein Zitat sein darf, bestimmt sich im Verhältnis zum Zweck des Zitats. In einem wissenschaftlichen Werk sind größere Zitate erlaubt, als beispielsweise in einem kurzen Blogartikel. Es darf jedoch immer nur das zitiert werden, was als Beleg für die eigenen Gedanken erforderlich ist.

Es gibt jedoch einige Ausnahmefälle, in denen die freie Nutzung auch ohne inhaltliche Auseinandersetzung erlaubt ist. Dabei ist zum einen auch bei Texten und Zitaten an das Erlöschen des Urheberrechts 70 Jahre nach dem Tod des Urhebers zu denken. Andererseits dürfen beispielsweise Gesetze und Gerichtsurteile ohne Einschränkung zitiert werden.

Liegen die oben genannten Voraussetzungen für die Zitierfreiheit vor, müssen Sie noch zwei weitere Kriterien beachten:

- Sie dürfen das Zitat nicht verändern. Nur das Originalzitat ist von der Zitierfreiheit gedeckt.
- Sie müssen die korrekte Quelle für das Zitat angeben. Dabei müssen Sie in jedem Fall den Namen des Urhebers nennen.

Hinweis

Wenn Sie fremde Texte legal in Ihre Website einbauen wollen, sollten Sie entweder auf Berühmtheiten zurückgreifen, die schon länger als 70 Jahre gestorben sind. Alternativ übernehmen Sie nicht den exakten Wortlaut und auch nicht das Layout, sondern geben den Sinn mit Ihren eigenen Worten wieder und überlegen sich eine eigene Gestaltung.

15.4 Die Datenschutzerklärung: Was gilt es zu beachten?

Als Betreiber einer Website sind Sie aufgrund der datenschutzrechtlichen Bestimmungen bei der Verarbeitung und Nutzung von personenbezogenen Daten verpflichtet, die Besucher Ihrer Website über die Verwendung Ihrer Daten zu unterrichten. Oft befassen sich Betreiber allerdings nicht mit diesem Thema und gehen damit ein Risiko ein. Im folgenden Beitrag geben wir Ihnen einen kurzen Überblick über die Anforderungen, die an eine Datenschutzerklärung für eine Website gestellt werden. Hinsichtlich der Details möchten wir auf die Ausführungen in Kapitel 14, »Der Onlineshop«, verweisen, da diese im Wesentlichen übertragbar sind.

Zweck der Datenschutzerklärung ist es, den Besucher darüber aufzuklären, in welchem Umfang und zu welchem Zweck seine personenbezogenen Daten verwendet werden. Personenbezogene Daten sind dabei Einzelangaben über persönliche und sachliche Verhältnisse einer bestimmten oder bestimmbaren Person. Darunter fallen beispielsweise Name, Alter, Familienstand oder Geburtsdatum. Personenbezogene Daten können aber auch Kontonummer, Kfz-Kennzeichen oder die Telefonnummer sein. Entscheidend ist, dass die Daten mit dem Namen verbunden sind oder sich eine Verbindung aus dem Inhalt unmittelbar herstellen lässt.

Hinweis

Eine Datenschutzerklärung entbindet Sie nicht von der Einholung einer ausdrücklichen Einwilligung, wenn Sie die Daten kommerziell verarbeiten möchten.

Jede Webseite, die personenbezogene Daten des Kunden oder Besuchers erhebt, sei es in einem Bestellformular oder für einen Newsletter-Versand, bedarf einer Datenschutzerklärung. Dies ist eine gesetzliche Pflicht, die nur dann nicht gilt, wenn ausschließlich anonyme, systembezogene oder statistische Daten ohne Personenbezug, wie zum Beispiel Browsertyp, verwendetes Betriebssystem oder Uhrzeit der Serveranfrage, verarbeitet werden.

Aber auch im Fall von Cookies oder Webanalyseinstrumenten wie Google Analytics muss eine Datenschutzerklärung abgegeben werden, wenn diese Statistiken nicht anonym sind bzw. Aufschluss darüber geben können, dass eine bestimmte Person auf den Server zugegriffen hat (siehe Abbildung 15.27).

Google Analytics

Diese Website benutzt Google Analytics, einen Webanalysedienst der Google Inc. („Google"). Google Analytics verwendet "Cookies" (siehe oben). Die durch den Cookie erzeugten Informationen über Ihre Benutzung dieser Website (einschließlich Ihrer IP-Adresse) wird an einen Server von Google in den USA übertragen und dort gespeichert.

Google wird diese Informationen benutzen, um Ihre Nutzung der Website auszuwerten, um Berichte über die Websiteaktivitäten für die Websitebetreiber zusammenzustellen und um weitere mit der Websitenutzung und der Internetnutzung verbundene Dienstleistungen zu erbringen. Auch wird Google diese Informationen gegebenenfalls an Dritte übertragen, sofern dies gesetzlich vorgeschrieben oder soweit Dritte diese Daten im Auftrag von Google verarbeiten. Google wird in keinem Fall Ihre IP-Adresse mit anderen Daten der Google in Verbindung bringen.

Sie können die Installation der Cookies durch eine entsprechende Einstellung Ihrer Browser Software verhindern (siehe oben). Durch die Nutzung dieser Website erklären Sie sich mit der Bearbeitung der über Sie erhobenen Daten durch Google in der zuvor beschriebenen Art und Weise und zu dem zuvor benannten Zweck einverstanden.

Abbildung 15.27 Beispiel für eine Datenschutzerklärung im Hinblick auf die Verwendung von Google Analytics

Social-Media Einbindungen und Plugins

Auf unserer Website finden Sie Verweise (Links) auf die sozialen Netzwerke Facebook, Google+ und Twitter. Hierfür gelten die folgenden Datenschutzhinweise:

1. Facebook Plug-ins

Auf unserer Website sind zudem Programme (Plug-ins) des sozialen Netzwerks Facebook enthalten. Diese werden ausschließlich von der Facebook Inc., 1601 S. California Ave, Palo Alto, CA 94304, USA (Facebook) betrieben. Die Plug-Ins sind im Rahmen unseres Internetauftritts durch das Facebook Logo oder den Zusatz „Gefällt mir" kenntlich gemacht.

Beim Besuch einer Website unseres Internetauftritts, die ein derartiges Plug-in beinhaltet, stellt ihr Browser eine direkte Verbindung mit den Servern von Facebook her, wodurch wiederum der Inhalt des Plug-ins an Ihren Browser übermittelt und von diesem in die dargestellte Website eingebunden wird.

Hierdurch wird die Information, dass Sie unsere Website besucht haben, an Facebook weitergeleitet. Sofern Sie während des Besuchs unserer Website über Ihr persönliches Benutzerkonto bei Facebook eingeloggt sind, kann Facebook den Websitebesuch diesem Konto zuordnen. Durch Interaktion mit Plug-ins, z.B. durch Anklicken des „Gefällt mir"-Buttons oder Hinterlassen eines Kommentars werden diese entsprechenden Informationen direkt an Facebook übermittelt und dort gespeichert. Wenn Sie eine solche Datenübermittlung unterbinden möchten, müssen Sie sich vor dem Besuch unseres Internetauftritts unter Ihrem Facebook-Account ausloggen.

Zweck und Umfang der Datenerhebung durch Facebook sowie die dortige weitere Verarbeitung und Nutzung Ihrer Daten wie auch Ihre diesbezüglichen Rechte und Einstellungsmöglichkeiten zum Schutz Ihrer Privatsphäre entnehmen Sie bitte den Datenschutzhinweisen von Facebook.

2. Google+

Wir verwenden zudem Verweise auf das externe soziale Netzwerk „Google+". Dieser Internetdienst wird ausschließlich von der Google Inc. 1600 Amphitheatre Parkway, Mountain View, CA 94043, USA (Google) betrieben. Die Verweise sind im Rahmen unseres Internetauftritts durch das Google+-Logo oder den Zusatz „+ 1" kenntlich gemacht.

Wird diesen Verweisen durch einen Klick gefolgt, werden die Google-Plugins aktiviert und Ihr Browser stellt eine direkte Verbindung mit den Servern von Google her.

Sofern Sie während des Besuchs unserer Website den Verweisen folgen und über Ihr persönliches Benutzerkonto bei Google+ eingeloggt sind, wird die Information, dass Sie unsere Website besucht haben, an Google weitergeleitet. Den Besuch der Website kann Google Ihrem Konto zuordnen.

Diese Informationen werden an Google übermittelt und dort gespeichert. Um dies zu verhindern müssen Sie sich vor dem Klick auf den Verweis aus Ihrem Google+-Account ausloggen.

Die den Verweisen von Google+ zugewiesenen Funktionen, insbesondere die Übermittlung von Informationen und Nutzerdaten, werden nicht bereits durch das Besuchen unserer Website aktiv, sondern erst durch den Klick auf die entsprechenden Verweise.

Zweck und Umfang der Datenerhebung durch Google+ sowie die dortige weitere Verarbeitung und Nutzung Ihrer Daten wie auch Ihre diesbezüglichen Rechte und Einstellungsmöglichkeiten zum Schutz Ihrer Privatsphäre entnehmen Sie bitte den Datenschutzhinweisen von Google+.

Abbildung 15.28 Beispiel für eine Datenschutzerklärung im Hinblick auf die Verwendung von sozialen Netzwerken

In die Datenschutzerklärung sollten Sie den Zweck sowie die Art und den Umfang der Verarbeitung aufnehmen. Zudem dürfen eine Widerspruchs- und Widerrufsbelehrung nicht fehlen. Verwenden Sie personenbezogene Cookies, so müssen Sie die Besucher Ihrer Website in der Datenschutzerklärung auch darüber informieren. Beim Einsatz von Social Plug-ins ist ein Hinweis erforderlich. Zusätzlich muss ein Link zur Datenschutzerklärung der sozialen Netzwerke beigefügt werden (siehe Abbildung 15.28, siehe auch Abschnitt 7.5.4, »Datenschutzrecht: Plug-ins, Cookies und Co.«).

Der Text der Datenschutzerklärung muss allgemein verständlich sein. Das können Sie erreichen, indem Sie den Text einfach formuliert und in deutscher Sprache verfassen und nach Möglichkeit auf eine allzu komplizierte juristische Fachsprache verzichten.

Neben den Inhalten ist auch die optische Darstellung der Datenschutzhinweise wichtig. Nach den gesetzlichen Vorgaben müssen Sie nämlich dafür sorgen, dass die Datenschutzerklärung jederzeit und ohne großen Suchaufwand abgerufen werden kann. Dazu bietet sich beispielsweise ein Button am Fuß der Webseite in der Nähe des Impressums oder der AGB an (siehe Abbildung 15.29). Als Bezeichnungen kommen dabei Begriffe wie DATENSCHUTZERKLÄRUNG, DATENSCHUTZHINWEIS oder einfach DATENSCHUTZ in Betracht. In jedem Fall sollte aber sofort erkennbar sein, wo sich die Datenschutzhinweise befinden. Eine Platzierung in den Allgemeinen Geschäftsbedingungen ist beispielsweise nicht zulässig.

Abbildung 15.29 Datenschutzerklärung am Fuß der Website des Reiseveranstalters TUI

Bei Registrierungsverfahren im Internet sollten Sie bereits im Vorfeld auf die Datenschutzerklärung und die mit der Registrierung verbundene nötige Einwilligung zur Datennutzung hinweisen. Da jede Einwilligung vom Nutzer bewusst und eindeutig zu erfolgen hat, empfehlen wir Ihnen eine Ausgestaltung als Opt-in mit einer nicht vorangekreuzten Checkbox (siehe Abbildung 15.30).

WZ | Login | Registrieren   Anzeigen & Service | Anzeigenaufgabe | Abo & Service | E-Paper | Umfragen | mehr

5. Juli 2015

WZ

WESTDEUTSCHE ZEITUNG   Wuppertal, wolkig, 24°

Home | Lokales | Partybilder | WZ TV | Texthelden   Frauen-WM 2015 | Ferien-Klassiker

Home | Lokales | Partybilder | WZ TV | Texthelden

Westdeutsche Zeitung - Registrierung

Zur Registrierung verwenden Sie bitte das folgende Formular. Als registrierter Nutzer der Westdeutschen Zeitung stehen Ihnen einige Vorteile in unserem Angebot zur Verfügung, wie zum Beispiel die Möglichkeit einfacher und schneller Kommentare zu verfassen.

Bitte füllen Sie das untenstehende Formular aus, um sich zu registrieren. Bitte beachten Sie, dass Ihr Name oder Login-Name gegegenenfalls im Angebot sichtbar sind, zum Beispiel wenn Sie Artikel oder Umfragen kommentieren. Einen Teil der Kommentare - bevorzugt mit vollem Namen - drucken wir in Westdeutscher Zeitung, Solinger Tageblatt und Remscheider General-Anzeiger ab. Die Redaktion behält sich vor, Kommentare mit Login-Namen oder Pseudonymen nicht zu veröffentlichen.

Login-Name *

E-Mail *

Passwort *

Passwort - Wiederholung *

Vorname

Nachname

Meine Leserkommentare sollen erscheinen
- (●) mit meinem Namen
- ( ) mit meinem Login-Namen

☐ Ich habe die AGB und die Datenschutzbestimmungen gelesen und akzeptiere beide.

Registrieren

Home | Lokales | Partybilder | WZ TV | Texthelden

Abbildung 15.30 Beispiel für ein Opt-in-Verfahren im Rahmen der Registrierung für den Online-Zugang der Westdeutschen Zeitung

Ein ausdrückliches Erfordernis, sämtliche Einwilligungen separat einzuholen, lässt das Datenschutzrecht aber nicht erkennen. Aus diesem Grund greifen manche Betreiber von Websites auch zu einer Unterstellung der Einwilligung bei der Registrierung (siehe Abbildung 15.31).

Abbildung 15.31 Beispiel für eine Unterstellung der Einwilligung bei Registrierung auf der Website von Amazon

In jedem Fall aber sollte die Einwilligungserklärung von Ihnen für den Streitfall auch protokolliert werden. Denn grundsätzlich tragen Sie die Beweislast dafür, dass der Nutzer Ihnen eine Einwilligung erteilt hat.

Hinweis

Trusted Shops hat in Kooperation mit der Kanzlei Wilde Beuger Solmecke eine Initiative gestartet, damit Sie sich günstig, einfach und sicher vor Abmahnungen schützen können. Mit einem dauerhaft kostenlosen Tool können Sie Ihre Datenschutzerklärung schnell und einfach immer auf dem neuesten Stand generieren. Den kostenlosen Rechtstexter finden Sie unter *https://www.wbs-law.de/e-commerce/trusted-shops-und-die-kanzlei-wilde-beuger-solmecke-bieten-abmahnschutzpakete-an-die-garantie-fuer-online-haendler-60997/*.

15.5 Die Impressumspflicht: Was gehört alles rein?

Die Impressumspflicht im Internet ist Ihnen sicherlich schon bekannt. Schließlich hört man doch regelmäßig davon, dass fehlende oder fehlerhafte Anbieterkennzeichnungen schnell zu Abmahnungen führen und schon vielfach Gerichte beschäftigt haben. In einem Impressum werden die verantwortlichen Site-Betreiber veröffentlicht und nötige Informationen und Kontaktinformationen vorgehalten. Der Besucher Ihrer Website soll dort also erfahren, wie er Sie erreichen kann.

Was im Impressum stehen muss und welche weiteren Vorgaben eingehalten werden müssen, um sich nicht der Gefahr einer Abmahnung auszusetzen, haben wir Ihnen bereits in Kapitel 14, »Der Onlineshop«, erläutert und möchten an dieser Stelle darauf verweisen. Denn im Wesentlichen gelten für Betreiber von Onlineshops und Websites dieselben Anforderungen. In diesem Abschnitt möchten wir daher nur noch auf Besonderheiten des Impressums bei Webseiten eingehen.

Hinweis

Ein fehlendes oder falsches Impressum ist ein Wettbewerbsverstoß, der eine kostspielige Abmahnung nach sich ziehen kann. Abmahnfähig sind darüber hinaus aber auch fehlerhafte oder veraltete Angaben in einem Impressum.

15.5.1 Impressum bei journalistisch-redaktionell gestalteten Websites

Eine Impressumspflicht ist sowohl im Telemediengesetz, als auch im Rundfunkstaatsvertrag vorgesehen. Im Rahmen von Kapitel 14, »Der Onlineshop«, haben wir Ihnen die Anforderungen an ein rechtskonformes Impressum im Sinne des Telemediengesetzes erläutert. Diese finden Anwendung, wenn Sie Anbieter geschäftsmäßiger, in der Regel gegen Entgelt angebotener Telemedien sind. Daneben besteht aber auch eine Impressumspflicht für Websites, die zwar nicht geschäftsmäßig auftreten, deren Website aber auch nicht ausschließlich persönlichen oder familiären Zwecken dient. Betreiber solcher Websites trifft nach den Regelungen des Rundfunkstaatsvertrags (RStV) nur eine eingeschränkte Impressumspflicht, auf die wir an dieser Stelle eingehen möchten.

Hinweis

Sobald Sie auf Ihrer Website Werbeanzeigen schalten oder Ihre eigenen Produkte und Dienstleistungen anpreisen, handeln Sie geschäftsmäßig und müssen die Anforderungen des Telemediengesetzes an ein Impressum erfüllen.

Voraussetzung einer eingeschränkten Impressumspflicht ist das Vorliegen eines journalistisch-redaktionell gestalteten Angebots. Davon kann ausgegangen werden, wenn eine Presseähnlichkeit aufgrund des Ziels der Leistung eines Beitrags zur öffentlichen Meinungsbildung und Information angenommen werden kann. Zur Beurteilung dessen ist die Gestaltung der Website zu untersuchen.

Sind Sie Betreiber von journalistisch-redaktionell gestalteten Websites, so trifft Sie die Pflicht, einen Verantwortlichen mit Angabe des Namens und der Anschrift zu benennen (siehe Abbildung 15.32).

Abbildung 15.32 Beispiel für die rechtskonforme Angabe eines Verantwortlichen

Dabei müssen Sie beachten, dass als Verantwortlicher nur benannt werden darf, wer

- seinen ständigen Aufenthalt im Inland hat,
- nicht infolge Richterspruchs die Fähigkeit zur Bekleidung öffentlicher Ämter verloren hat,
- voll geschäftsfähig ist und
- unbeschränkt strafrechtlich verfolgt werden kann.

Je nach Art und Weise der Gestaltung der Website können Sie sowohl zur Einhaltung der Angaben nach dem TMG als auch nach dem RStV verpflichtet sein. Zur Beurteilung dessen bedarf es einer Untersuchung der Website im Einzelfall.

> **Hinweis**
>
> Wenn Sie sich nicht sicher sind, ob Sie neben der »normalen« Impressumpflicht auch die für journalistisch-redaktionell gestaltete Webseiten trifft, so ergänzen Sie einfach Ihr Impressum um die Angabe eines Verantwortlichen. Denn ein Verstoß gegen die Impressumspflicht kann als Ordnungswidrigkeit mit einer Geldbuße von bis zu 50.000 € geahndet werden und Abmahnungen von Konkurrenten zur Folge haben.

15.5.2 Baustellenseiten

»Diese Seite wird zurzeit neu gestaltet und steht Ihnen in Kürze zur Verfügung.« Nicht selten liest man im Web diesen oder ähnliche Sätze. Gründe dafür gibt es viele:

In den meisten Fällen wurde eine Domain zwar registriert, kann aber noch nicht genutzt werden, weil die Programmierung noch nicht beendet ist, die Texte noch ausstehen, rechtliche Fragen noch nicht geklärt sind usw. Eine solche Seite nennt man dann Baustellenseite. Diese Webseiten weisen keinen Inhalt auf und dienen lediglich als Platzhalter. Wir empfehlen Ihnen, darauf auch deutlich hinzuweisen. Viele Betreiber von Websites nutzen dazu ein Baustellenzeichen, wie Sie es aus dem Straßenverkehr kennen (siehe Abbildung 15.33).

Abbildung 15.33 Baustellenseite des Unternehmens Topgas Lippstadt

Nun stellt sich die Frage, wie es mir der Impressumspflicht auf solchen Baustellenseiten aussieht: Muss ein Impressum auch dann vorhanden sein, wenn die Website noch gar nicht »fertig« ist? Nein, sagt die Rechtsprechung, Baustellenseiten sind grundsätzlich von der Impressumspflicht befreit. Voraussetzung dafür ist allerdings, dass die Website nicht nur oberflächlich als Baustellenseite bezeichnet wird, sondern dass auch tatsächlich keine Produkte oder Leistungen angeboten werden oder Werbung für die künftige Website gemacht wird. Je mehr Inhalt die Baustellenseite enthält, desto eher benötigen Sie ein Impressum. Nur wenn ausschließlich der Hinweis besteht, dass an der Website noch gebaut wird, können Sie davon ausgehen, dass Sie keine Impressumspflicht trifft.

Praxisbeispiel

Das Landgericht Aschaffenburg (Urteil vom 3.04.2012, Az. 2 HK O 14/12) hatte über einen Fall zu entscheiden, in dem der Inhaber einer Internetdomain von seinem Konkurrenten wegen seiner Baustellenseite abgemahnt wurde. Denn nach Ansicht des Mitbewerbers stellte die Webseite, die lediglich den Schriftzug »Hier entsteht in Kürze unsere Internetpräsenz« enthielt, das Logo des Betreibers der Internetseite, die Aufforderung zum späteren Besuch der Seite und einen Link zur PDF-Ausgabe des Anzeigenblattes zum Download, einen Verstoß gegen das Wettbewerbsrecht und klagte. Dies begründete er damit, dass der Betreiber ein Impressum hätte bereitstellen müssen, da er aufgrund der Werbung für sich und die eigene Website eine geschäftliche Tätigkeit vorliege – zu Recht!

Obwohl es sich um eine Baustellenseite handelt, entschied das Gericht, dass allein die Bezeichnung als solche nicht ausreiche. Vielmehr sei entscheidend, was auf der Baustellenseite inhaltlich tatsächlich angeboten wird. Durch den Verweis auf die spätere Internetseite, die Aufforderung zum späteren Besuch der Seite und das Angebot des Download-Links handelte der Betreiber der Seite geschäftlich. Daher habe er auch ein Impressum bereitstellen müssen.

15.5.3 Fälschlicherweise veröffentlichte Webseiten

Anders stellt sich die Situation dann dar, wenn Sie als Seitenbetreiber eine Internetseite veröffentlichen und sich dann beispielsweise im Fall einer Abmahnung darauf berufen, dass die Veröffentlichung nicht absichtlich bzw. versehentlich erfolgt sei. Denn auch dann besteht eine Impressumspflicht!

Praxisbeispiel

Vor dem Landgericht Essen (Urteil vom 13.11.2014, Az. 4 O 97/14) wurde ein Fall verhandelt, in welchem der Betreiber einer Internetseite diese unabsichtlich veröffentlichte und kein Impressum bereitstellte. Vor Gericht berief er sich darauf, dass es ein Versehen gewesen sei und die Internetseite nur wenig Inhalt aufgewiesen habe. Daher sei eine Anbieterkennzeichnung noch nicht nötig gewesen. Diese Argumentation überzeugte das Gericht jedoch nicht. Denn da die Internetseite nicht als Baustellenseite gekennzeichnet war, sondern schon Inhalt aufgewiesen habe, bestünde eine

Impressumspflicht. Denn auch wenn die Internetseite noch nicht vollständig programmiert worden war, konnten doch schon Fotos und Texte aufgerufen werden. Daher sei ein ordnungsgemäßes Impressum Pflicht.

Sie sollten also bei der Veröffentlichung von noch nicht gänzlich fertigen Internetseiten entsprechend vorsichtig sein und in jedem Fall vorsorglich rechtssichere Anbieterkennzeichnungen einbauen, um sich vor Abmahnungen und Klagen zu schützen.

15.6 Haftungsfallen: Wer haftet wann und wofür?

Werden Sie von Konkurrenten abgemahnt oder gar verklagt, stellt sich immer wieder eine ganz entscheidende Frage: Wer haftet eigentlich wofür? Dabei kann man ganz grundsätzlich sagen, dass bei Rechtsverletzungen immer derjenige haftet, der als Inhaber der Domain eingetragen ist. Insofern möchten wir an dieser Stelle auf die ausführliche Erläuterung im Rahmen von Kapitel 14, »Der Onlineshop«, verweisen.

In diesem Abschnitt möchten wir Ihnen jedoch darüber hinaus noch besondere Haftungskonstellationen für Inhaber von Websites erläutern und auch auf die Frage eingehen, ob nicht auch andere Personen außer dem Inhaber der Domain in Anspruch genommen werden können. Zu denken ist da beispielsweise an den Registrar der Seite oder den sogenannten Admin-C, der als Verwalter der Seite von der Registrierungsstelle beauftragt wird.

15.6.1 Haftung des Inhabers der Domain

Zunächst einmal möchten wir Ihnen jedoch erläutern, mit welchen Haftungsfallen Sie als Betreiber der Website rechnen müssen. Zu denken ist dabei einerseits an Risiken, die in Bezug auf die Einbindung von externen RSS-Feeds bestehen und andererseits an Haftungsaspekte in Bezug auf Inhalte, die Dritte auf Ihrer Website hinterlassen. Sind Sie Anbieter eines File-Hosting-Dienstes, so treffen Sie zusätzliche Pflichten, um einer Haftung zu entgehen.

Einbindung eines externen RSS-Feeds

Viele Websites, wie zum Beispiel Online-Zeitungen und Internetpräsenzen von Nachrichtensendern, halten RSS-Feeds für ihre Nutzer bereit. Erkennbar ist dies an dem meist orangefarbenen Symbol (siehe Abbildung 15.34).

Abbildung 15.34 RSS-Feed-Symbole auf der Website der ARD

Der RSS-Feed erlaubt es den Besuchern, sozusagen »aus der Ferne« mitzuverfolgen, was sich auf der Webpräsenz tut. Werden interessante Artikel veröffentlicht, so reicht ein Klick im Feed aus, um die entsprechende Seite aufzurufen. Der Nutzer muss also nicht immer wieder auf die Webseite, sondern bekommt die Meldungen individualisiert auf seinem Rechner angezeigt (siehe Abbildung 15.35).

Abbildung 15.35 RSS-Feed der Schlagzeilen von SPIEGEL ONLINE

Nun kommen Website-Betreiber immer häufiger auf die Idee, Feeds Dritter in vollem Umfang in den eigenen Online-Auftritt einzubinden. Auf diese Weise gewinnen sie vollautomatisch neuen Content hinzu, ohne ihn selbst aufwendig erstellen und einpflegen zu müssen (siehe Abbildung 15.36).

Abbildung 15.36 Die Website motorrad.net hat einen externen Newsfeed eingebaut.

Das ist allerdings rechtlich nicht ganz ungefährlich. Denn wenn Sie externe RSS-Feeds auf Ihrer Website einbauen, wissen Sie nicht, ob die Urheber der darin befindlichen Inhalte auch damit einverstanden sind. Nicht selten führt die ungenehmigte Übernahme von fremden Texten, Bildern und anderen vom Urheberrecht geschützten Inhalten in die eigene Online-Präsenz vor Gericht.

Praxisbeispiel

Im einem vor dem Landgericht Berlin (Urteil vom 15.03.2011, Az. 15 O 103/11) verhandelten Fall stritten die Parteien darüber, dass ein Website-Betreiber einen externen RSS-Feed mit Texten und Fotos in die eigene Online-Präsenz übernommen hatte. Daraufhin wurde er vom Fotografen eines der via RSS übermittelten Bilder auf Unterlassung verklagt.

Während bis zum Jahr 2014 manche Gerichte wie auch das Landgericht Berlin dem Rechteinhaber mit der Begründung Recht gab, dass Inhalte nicht ohne die Erlaubnis des Urhebers auf die eigene Internetpräsenz übernommen werden dürfen, wird diese Rechtsprechung sich künftig ändern. Denn seit dem Urteil des Europäischen Gerichtshofs (Urteil vom 21.10.2014, Az. C-348/13) zum *Framing*, also zum Einbinden fremder Inhalte, gibt es eine Kehrtwende: Danach stellt das Einbinden von Inhalten auf einer anderen Webseite grundsätzlich keine Urheberrechtsverletzung dar. Auf diese Problematik sind wir bereits in Abschnitt 6.8.1, »Framing«, eingegangen und möchten für Details an dieser Stelle darauf verweisen. Zwar betrifft das bereits angesprochene Urteil die Einbindung eines YouTube-Videos auf einer Webseite, jedoch ist die Rechtsprechung auch auf die Einbindung eines externen RSS-Feeds übertragbar.

Haftung für Inhalte der Nutzer

Mit Konsequenzen müssen Sie nicht nur dann rechnen, wenn Sie selbst fremde Inhalte wie Fotos oder Texte auf Ihre Website hochladen, sondern auch dann, wenn Sie eine Website betreiben, auf der Ihre Nutzer urheberrechtlich geschützte Materialien veröffentlichen und anbieten.

Praxisbeispiel

Der Bundesgerichtshof (Urteil vom 12.11.2009, Az. I ZR 166/07) entschied über einen Rechtsstreit in Bezug auf eine Rezeptsammlung auf der Website *www.chefkoch.de*. Zum Ärger des Klägers veröffentlichte der Beklagte auf der benannten Website Kochrezepte des Klägers samt von diesem gefertigte Fotos, die seine Nutzer hochgeladen und zum Download zur Verfügung gestellt hatten. Diese Fotos konnten zusammen mit entsprechenden Rezepten kostenlos auf der vom Kläger betriebenen Website *www.marions-kochbuch.de* abgerufen werden (siehe Abbildung 15.37).

Der Bundesgerichtshof entschied, dass zwar Privatleute und nicht der Beklagte selbst die Fotos des Klägers auf die streitgegenständliche Internetseite *www.chefkoch.de* gestellt hatten, der Beklagte sich dies aber vollumfänglich zurechnen lassen müsse. Denn wer die Inhalte seiner Internetseite kontrolliert und die eingeschickten Fotos mit einem eigenen Emblem kennzeichnet, mache sich die Handlungen der Internetnutzer zu eigen und trage dafür auch die Verantwortung wie für eigene Inhalte. Schließlich verletze ein solches Verhalten den Kläger in dessen ausschließlichem Recht auf öffentliche Zugänglichmachung. Der Rechtsverletzung stehe nicht entgegen, dass die Fotos bereits zuvor auf der Internetseite des Klägers allgemein abrufbar gewesen seien.

Abbildung 15.37 Das Bild zeigt die Websites der im Verfahren vor dem BGH streitenden Parteien.

Achtung

Auch ein Hinweis in den Allgemeinen Geschäftsbedingungen, der anordnen soll, dass auf Ihrer Plattform keine urheberrechtsverletzenden Inhalte geladen werden dürften, reicht nicht aus!

15.6.2 Haftung des Admin-C

Neben dem Inhaber der Website spielt eine weitere Person eine wichtige Rolle: der administrative Ansprechpartner einer Domain (Admin-C), der als Verwalter beauftragt wird. Da dieser befugt ist, sämtliche die Domain betreffenden Angelegenheiten verbindlich zu entscheiden und zentraler Ansprechpartner für den Registrar ist, nimmt er wesentlichen Einfluss auf die Website. Daher stellt sich die Frage, für welche Rechtsverletzungen er gegebenenfalls in Anspruch genommen werden kann, wenn er nicht zugleich auch der Inhaber der Domain ist. Zu denken ist dabei sowohl an Rechtsverstöße im Domainnamen, als auch im Inhalt der Website.

Haftung für den Domainnamen

Geht es um die Verletzung von Rechten beim Domainnamen, wie zum Beispiel Marken- oder Namensrechte, so muss der Admin-C nicht ohne Weiteres dafür geradestehen.

Praxisbeispiel

In einem Verfahren hatte der Bundesgerichtshof (Urteil vom 13.12.2012, Az. I ZR 150/11) über die Haftung eines Admin-C wegen der Verletzung von Namens- und Markenrechten zu entscheiden. Vorliegend wurden bei der DENIC etwa 193 Registrierungen von Kurzdomains vorgenommen. Diese bestanden aus bis zu drei Buchstaben. Hiergegen ging die Namensinhaberin der Wortmarke DLG vor. Sie sah darin eine Verletzung ihrer Marken- und Namensrechte und verklagte den für die betreffende Domain genannten administrativen Ansprechpartner auf Löschung des Domainnamens *www.dlg.de* sowie Erstattung der Abmahnkosten. Die Rechtsverletzung müsse sich der Admin-C bereits aufgrund seiner Stellung als Verwalter zurechnen lassen.

Anders sah dies hingegen der Bundesgerichtshof: Er verwies darauf, dass die Stellung als Admin-C hier nicht für die Zurechnung von Rechtsverletzungen Dritter ausreiche. Es müssten vielmehr besondere gefahrerhöhende Umstände hinzutreten, die seine Haftung für Dritte rechtfertigen. Dies sei beispielsweise dann der Fall, wenn der Admin-C bei der Anmeldung die Kollision mit Namensrechten nicht geprüft habe. Solche Umstände seien hier nicht hinreichend dargelegt worden.

Der Admin-C muss also nur dann in Bezug auf den registrierten Namen haften, wenn er selbst seine Pflichten bei der Anmeldung verletzt hat. Aus diesem Grund sollten

Sie vertraglich vereinbaren, was denn zu seinen Pflichten gehört. Was Namensrechte betrifft, so sollte es grundsätzlich Aufgabe des Admin-C sein, eine Kollision mit Namensrechten Dritter vor der Registrierung der Website umfassend zu prüfen.

Haftung für Inhalte der Website

Die Haftung des Admin-C für Rechtsverletzungen, die sich auf den Inhalt der Domain beziehen, ist in der Rechtsprechung umstritten. Nicht wenige Gerichte nehmen eine Haftung zumindest dann an, wenn der Admin-C Kenntnis vom rechtswidrigen Inhalt erlangt.

Praxisbeispiel

Das LG Potsdam entschied über einen Fall (Urteil vom 31.07.2013, Az. 2 O 4/13), in dem der Admin-C eine Website verwaltete, auf der die Daten der Klägerin unerlaubt veröffentlicht worden seien. Sie wies ihn auf diese Datenschutzverletzung hin, jedoch erfolgte keine Löschung, woraufhin sie vor Gericht zog und Recht bekam. Denn nach Ansicht der Potsdamer Richter hafte er in seiner Funktion als Admin-C, da er trotz Kenntnis des Rechtsverstoßes nichts unternommen habe. Er wäre vielmehr verpflichtet gewesen, auf die Beseitigung der Rechtsverletzung hinzuwirken – notfalls auch durch Löschung der Domain.

Andere verneinen jegliche Haftung, da der Admin-C nur im Innenverhältnis zur Registrierungsstelle auftrete und gerade nicht für den Inhalt verantwortlich sei. Zu denken ist da beispielsweise an den häufigen Abmahngrund eines fehlerhaften Impressums.

Praxisbeispiel

In einem Verfahren vor dem OLG Köln (Urteil vom 17.01.2012, Az. 3 W 54/10) stritten die Parteien um die Inanspruchnahme des Admin-C wegen eines schlecht erkennbaren Impressums auf einer Webseite. Dieses enthielt zwar alle vorgeschriebenen Angaben, gerügt wurde aber die Erkennbarkeit aufgrund der Gestaltung. Stein des Anstoßes war, dass der betreffende Link in der Farbe Grau war und dadurch dem Betrachter der Webseite nicht direkt ins Auge fiel.

Neben der Tatsache, dass der Link zum Impressum leicht genug erkennbar gewesen sei, stellte das Gericht fest, dass der Admin-C nach Ansicht der Richter normalerweise nicht für eine Rechtsverletzung hafte, die durch das Betreiben der Domain verwirklicht wurde. Für ihn sei es nämlich nicht zumutbar, die Webseite im Hinblick auf ihre Inhalte zu überprüfen. Anders sei dies nur dann, wenn er als Täter oder Teilnehmer gehandelt habe.

15.6.3 Haftung des Registrars

Ein Unternehmen, das die Registrierung von Internetdomains durchführt (Registrar), kann im Wege der sogenannten Störerhaftung unter Umständen als Mitverantwortlicher für eine Rechtsverletzung in Anspruch genommen werden. Der Grund dafür liegt darin, dass der Registrar zwar grundsätzlich neutral sei und nicht für Inhalte eines Portals hafte, die Neutralität aber nur so lange bestehe, wie er keine Kenntnis von einer Rechtsverletzung habe. Denn durch die Registrierung leiste er einen erheblichen Beitrag dazu, dass der Inhaber der Website oder die Besucher dieser Domain Rechtsverletzungen begehen können. Damit wird dem Registrar eine Prüfungs- und gegebenenfalls Sperrpflicht auferlegt. Sperrt er die Seite nicht, obwohl er Kenntnis von der Rechtswidrigkeit erlangt, so haftet er dafür.

Praxisbeispiel

Vor dem Landgericht Saarbrücken (Urteil vom 15.01.2014, Az. 7 O 82/13) erhob ein Rechteinhaber wegen Urheberrechtsverletzungen Klage gegen den Registrar der Website. In dem zu entscheidenden Fall ging es um die Domain *www.h33t.com*. Über diese Domain wurde das Album eines deutschen Tonträgerherstellers zum Download bereitgestellt. Dieser wandte sich sodann an den Registrar und verlangte die Unterbindung der rechtswidrigen Nutzung seines Albums. Der Registrar fühlte sich jedoch nicht zuständig und verwies den Rechteinhaber an den Eigentümer der Domain. Als Eigentümer und Administrator der Domain war jedoch eine Adresse auf den Seychellen eingetragen. Wie unschwer zu erwarten war, konnte der Eigentümer nicht zur Unterbindung der Rechtsverletzung veranlasst werden, so dass der Rechteinhaber sodann versuchte, vor Gericht den Registrar zu verpflichten – mit Erfolg! Nach Ansicht der Richter treffen den Registrar Prüfungs- und Sicherungspflichten, die er vorliegend verletzt habe und wofür er somit ab Kenntniserlangung als Störer hafte.

15.7 Checkliste Website: Alles beachtet?

Checkliste

- Haben Sie den Domainnamen im Hinblick auf Kollisionen mit Rechten Dritter überprüft?
- Haben Sie die erforderlichen Lizenzen für Inhalte Dritter eingeholt?
- Haben Sie bei Bildern an die Urheberkennzeichnung gedacht?
- Haben Sie eine rechtssichere Datenschutzerklärung?
- Haben Sie ein rechtssicheres Impressum?

Wenn Sie alle Fragen mit Ja beantworten können, dann kann es losgehen ... Viel Erfolg!

Kapitel 16

Der Rechtsweg: Abwehr und Durchsetzung von Ansprüchen bei Rechtsverletzungen

Die Begriffe Abmahnung, Unterlassungsklage oder Schadensersatzforderung sind nun mehr als häufig in diesem Buch gefallen. An der einen oder anderen Stelle kamen Ihnen die beschriebenen Situationen vielleicht aus der Praxis bekannt vor, entweder weil Marketingmaßnahmen anderer Ihre Rechte verletzt haben und Sie sich gefragt haben, was Sie denn dagegen tun könnten, oder weil Ihnen unter Umständen bei der Lektüre des Buches bewusst geworden ist, dass Ihre Marketingstrategie nicht ganz rechtskonform ist. In diesem Kapitel möchten wir Ihnen nun erläutern, wie Sie mit diesen Situationen und den Konsequenzen daraus optimal umgehen können.

Einen Anspruch auf Unterlassung oder Schadensersatz zu haben, ist das eine, das andere ist, diesen auch durchsetzen zu können. Wenn eine einfache schriftliche Aufforderung an den Rechtsverletzer nicht reicht, kann ein auf Internetrecht spezialisierter Anwalt helfen. Der kann Ihnen jedoch nur dann effektiv zur Seite stehen, wenn Sie bereits vor und während der Anwendung von Marketingstrategien auf einige Dinge achten – zum Beispiel auf Möglichkeiten, Beweise für Ihre Ansprüche für den Streitfall zu sichern, dazu gehören nicht nur Verträge!

Dabei muss der Streit nicht immer vor Gericht landen: Auch außergerichtlich bestehen effektive Möglichkeiten, die eigenen Ansprüche durchzusetzen – mit einer Abmahnung zum Beispiel. Kostenpflichtige Abmahnungen können jedoch in der Regel nur Rechtsanwälte versenden.

Auf der anderen Seite stellt sich Ihnen vielleicht die Frage, was zu tun ist, wenn eine Abmahnung, Unterlassungserklärung, einstweilige Verfügung oder gar Klage in Ihr Büro flattert, weil jemand behauptet, dass Ihre neue Marketingstrategie seine Rechte verletzt. Was sollen Sie tun? Unterschreiben, bezahlen oder einfach ignorieren? Eine Antwort auf diese und viele andere Fragen möchten wir Ihnen in diesem Kapitel geben und Ihnen so ermöglichen, dass Sie mit jeder Situation optimal umgehen bzw. wissen, was auf Sie zukommt. Da jedoch jeder Fall anders ist, können wir Ihnen in diesem Kapitel nur einen allgemeinen Überblick geben. Für die rechtlichen Details empfehlen wir Ihnen, rechtzeitig einen Rechtsbeistand hinzuzuziehen.

16.1 Die Zuziehung eines Rechtsbeistands – unverzichtbar?

Die meisten Menschen versuchen den Kontakt mit einem Rechtsanwalt stets zu vermeiden. Das ist auch verständlich, wird ein Rechtsanwalt doch immer mit rechtlichen Problemen assoziiert. Trotzdem kann einer Rechtsberatung oft nicht aus dem Weg gegangen werden. An verschiedenen Stellen dieses Buches haben wir bereits Empfehlungen für anwaltliche Unterstützung gegeben. Im Folgenden zeigen wir Ihnen noch einmal die verschiedenen Vorteile einer Rechtsberatung auf.

16.1.1 Der Rechtsbeistand zu Beratungszwecken

Machen Sie sich bewusst, dass der Großteil der Arbeit von Rechtsanwälten außerhalb des Gerichtssaals stattfindet. Eine Klage ist oftmals der letzte Ausweg, um eine rechtliche Streitigkeit zu lösen. Der Fokus der Arbeit liegt zu einem großen Teil auf der Prävention: Bereits die Entstehung rechtlicher Probleme soll verhindert werden.

Sind Ihre AGB rechtskonform? Gibt es Lücken im Vertrag? Ist die Datenschutzerklärung richtig und vollständig? Gibt es ein Impressum und wenn ja, befindet es sich überhaupt an der richtigen Stelle? Im Internet finden sich zahlreiche gute Hilfestellungen, Anleitungen und Musterverträge, mit denen sich diese Fragen bis zu einem gewissen Grad beantworten lassen. Ganz verlassen sollten Sie sich darauf jedoch nicht. Schließlich ist die Quelle oftmals unbekannt, und für den juristischen Laien ist es schwer zu erkennen, ob die Empfehlungen für Ihren Einzelfall richtig sind und auch der aktuellen Rechtslage entsprechen.

Praxistipp

Auf der Website *www.wbs-law.de* stehen Ihnen neben aktuellen Nachrichten eine Fülle von Leitfäden, FAQs und Erklärungen kostenfrei zur Verfügung.

Individuelle Wünsche und Bedürfnisse lassen sich durch das Internet jedoch nicht erfüllen. Wenn Sie einen eigenen Onlineshop betreiben, sollten Sie nicht auf Muster-AGB aus dem Internet zurückgreifen. Hier lohnt sich der Gang zum Rechtsanwalt; lassen Sie Mustertexte rechtlich überprüfen und auf Ihre Situation modifizieren oder gar komplett neu verfassen.

Der für Sie wichtigste Punkt bei der Frage, ob Rechtsbeistand hinzugezogen werden soll, sind wohl die Kosten. Diese berechnen sich entweder nach den gesetzlichen Rechtsanwaltsgebühren oder basieren auf einer Honorarvereinbarung mit Ihrem Rechtsanwalt.

Hinweis

Wie hoch die Kosten ausfallen und wie die Abrechnung erfolgt, können Sie Ihren Rechtsanwalt bereits im Voraus fragen. Gerade Honorarvereinbarungen können ganz unterschiedlich ausfallen.

Um die Kosten gering zu halten, sollten Sie sich bereits im Vorfeld der Beratung eine Vorstellung davon machen, was Sie erreichen wollen. Sammeln Sie die erforderlichen Unterlagen zusammen, und versorgen Sie den Rechtsanwalt mit allen nötigen Informationen.

Praxistipp

Wenn Sie zum Beispiel Hilfe bei der Erstellung einer Datenschutzerklärung brauchen, verschaffen Sie Ihrem Anwalt umfangreiche Informationen über die auf Ihrer Website eingesetzten Analyseprogramme und Social Plug-ins.

Ausführliche Informationen über den Sachverhalt erleichtern dem Rechtsanwalt die Arbeit. Dies kann zudem für Sie einen Vorteil im Hinblick auf die Kosten haben: Haben Sie eine Honorarvereinbarung auf Stundenbasis abgeschlossen, sparen Sie so bares Geld. Rechnet Ihr Rechtsanwalt nach der gesetzlichen Gebührentabelle ab, dann spielt nicht der Zeitfaktor eine Rolle, sondern der Wert Ihres Anliegens. Geht es beispielsweise um eine Schadensersatzforderung, dann ist die Höhe der Schadensersatzforderung der Wert Ihres Anliegens, auf dessen Basis die Berechnung der Rechtsanwaltsgebühr erfolgt. Dennoch ist es natürlich in Ihrem Interesse, ein Verfahren so schnell wie möglich zu beenden.

16

Abhängig davon, wie speziell Ihre Fragen und Bedürfnisse sind, ist Ihnen außerdem zu empfehlen, den beratenden Rechtsanwalt nach seiner Spezialisierung auszuwählen.

Praxistipp

Wenn Sie komplexe, selbst programmierte Software auf ihre Vereinbarkeit mit dem deutschen Recht überprüfen lassen wollen, dann sollten Sie sich einen Anwalt mit entsprechendem technischen Wissen suchen. Je schneller und besser ein Anwalt Ihr Anlegen versteht, desto effizienter kann er es bearbeiten.

Darüber hinaus können Sie einen Rechtsanwalt auch wegen abstrakter Fragen aufsuchen. Viele Kanzleien bieten, insbesondere für Webseiten, eine umfangreiche »Rundumberatung« an. Dabei wird Ihre gesamte Homepage oder eine große Marketingkampagne vollständig rechtlich geprüft. Natürlich kann die Beratung auch schon zum Aufbau einer Website oder einer Marketingkampagne in Anspruch genommen werden.

Darüber hinaus kann Ihnen der Rechtsanwalt einen Durchblick bei komplexen Rechtsverhältnissen oder Mehrpersonensystemen verschaffen und praktische Abläufe aus rechtlicher Sicht erklären. Auch das sogenannte *Rechteclearing* kann vom Rechtsanwalt übernommen werden. Darunter fällt der Kontakt mit Rechteinhabern an Fotos, Videos und anderen Medieninhalten. Lizenzen werden beschafft und Einwilligungen eingeholt. Während Sie sich beruhigt auf die tatsächliche Umsetzung Ihres Projekts konzentrieren können, kümmert der Rechtsanwalt sich dann um die rechtlichen Aspekte.

16.1.2 Der Rechtsbeistand im außergerichtlichen Verfahren

Die meisten Menschen werden einen Rechtsanwalt wegen eines konkreten rechtlichen Problems aufsuchen. Dabei geht es entweder um die Durchsetzung eigener Rechte oder die Verteidigung gegen einen Dritten. Aber auch dann treffen sich die Parteien nicht direkt vor Gericht. Jeder Gerichtsverhandlung gehen umfangreiche und oft wochen- oder monatelange Recherchen, Prüfungen und Verhandlungen voraus, die in vielen Fällen in einer Einigung der Parteien enden. Meist kommt es nämlich gar nicht zu einem Gerichtsverfahren.

Die Anzahl außergerichtlicher Streitbeilegungen steigt immer weiter an. Studien zufolge sind Mandanten eher an einem außergerichtlichen Vergleich als an einem Gerichtsprozess interessiert. Das ist nachvollziehbar, denn Prozesse ziehen sich oft über eine lange Zeit und haben einen ungewissen Ausgang. Außerdem werden die wenigsten Mandanten die Zeit, Lust und Ressourcen haben, um einen Rechtsstreit möglicherweise über mehrere Instanzen zu führen. Schließlich steigen mit den Instanzen auch die Kosten und übersteigen dann schnell die eigentliche Forderung. Ein Vergleich ist zwar weniger, im Ergebnis dann jedoch mehr!

Praxisbeispiel

Bei einer Forderung von 1.000 € entstehen in einem Gerichtsverfahren, bei dem beide Seiten anwaltlich vertreten sind, in der ersten Instanz Kosten in Höhe von 683 €, in der zweiten Instanz weitere 792 €. Verliert der Kläger, bekommt er die 1.000 € nicht und muss zudem nach der zweiten Instanz Kosten in Höhe von insgesamt 1.475 € tragen. Ist der Beklagte dann zu einem Vergleich bereit, kann dies für den Kläger der sprichwörtliche Spatz in der Hand sein. Dies gilt umgekehrt natürlich auch für den Beklagten.

Wenn Sie international tätig sind, besteht zudem die Gefahr von Rechtsstreitigkeiten mit Auslandsberührung. Das wirft weitere Probleme wie die Frage nach dem anwendbaren Recht und dem zuständigen Gericht auf. Nicht nur deswegen ist auf internationaler Ebene die außergerichtliche Einigung sehr weit verbreitet.

Sie sollten daher die Bedeutung des Rechtsbeistands im außergerichtlichen Verfahren nicht unterschätzen und durchaus in Betracht ziehen. In diesem Stadium einen Rechtsanwalt einzuschalten, kann somit durchaus sinnvoll sein. Was der Rechtsanwalt dann für Sie tun kann, möchten wir Ihnen im Folgenden erklären.

Kontakt mit der Gegenseite

Eine Hauptaufgabe des Rechtsanwalts ist der Kontakt mit der Gegenseite. Das könnte natürlich auch von Ihnen selbst übernommen werden. Davon raten wir Ihnen jedoch dringend ab, insbesondere wenn die Gegenseite selbst einen Anwalt eingeschaltet hat! Ein Anwalt vermittelt nicht nur Seriosität und Respekt, sondern verringert auch das Risiko »über den Tisch gezogen« zu werden.

Praxistipp

Das bedeutet nicht, dass der Anwalt der Gegenseite versucht, Sie zu betrügen. Allerdings müssen Sie sich darüber im Klaren sein, dass ein Rechtsanwalt dazu verpflichtet ist, seinen Mandanten bestmöglich zu vertreten. Er kann daher keine Rücksicht auf unerfahrene Verhandlungspartner nehmen! So mancher Rechtsanwalt wird zudem im Interesse seines Mandanten die rechtliche Unerfahrenheit der Gegenseite zu seinen Gunsten ausnutzen.

Grund des Kontakts mit der Gegenseite ist zum einen der Versuch, eine außergerichtliche Lösung zu finden. Zum anderen dient diese Kommunikation auch der Vorbereitung auf einen möglichen Prozess. Ein eingearbeiteter Anwalt kann eine effizientere Verteidigung gewährleisten und die Verhandlungen in eine für den Mandanten günstige Richtung lenken. Das ist allerdings nur mit dem entsprechenden Sachverstand und Hintergrundwissen möglich.

Verzichten Sie an dieser Stelle auf einen Rechtsberater, laufen Sie Gefahr, prozessuale Fehler zu begehen. Laien wird es schwer fallen, das Wichtige vom Unwichtigen zu trennen. Schalten Sie erst später einen Anwalt ein, erschweren Sie diesem seine Arbeit nur, ohne Zeit und Kosten gespart zu haben. Zudem haben Sie dann meist schon selbst viel Zeit und auch Nerven in das Verfahren gesteckt.

Praxistipp

Das kann besonders dann problematisch sein, wenn Ihre Fehler erst im Prozess auftauchen, weil Ihnen beispielsweise deren Bedeutung nicht bewusst war. Schalten Sie also erst später einen Anwalt ein, oder wechseln Sie unter Umständen Ihren Anwalt, sollten Sie ihn umfassend über die bisherigen Verhandlungen informieren. Übergeben Sie ihm zum Beispiel sämtliche E-Mails, Briefe und Schriftsätze sortiert zur Durchsicht. Nur so kann er sich umfassend ein Bild von der Lage machen und Sie bestmöglich beraten sowie vertreten.

Rechtliches Vorgehen

Neben der bloßen Kommunikation zwischen den Parteien prüft der Rechtsanwalt das rechtliche Vorgehen. Dazu gehört beispielsweise bei Urheberrechtsverletzungen zunächst das Verschicken einer Abmahnung sowie einer strafbewehrten Unterlassungserklärung. In Kanzleien, die auf Medien- und Wettbewerbsrecht spezialisiert sind, sind Abmahnungen Routine. Das bedeutet für Sie eine große Zeitersparnis und natürlich Rechtssicherheit. Zwar finden sich auch Muster von Abmahnungen im Internet, allerdings müssen die Verletzungshandlungen konkret bezeichnet und die daraus resultierenden Abmahnkosten und Vertragsstrafen bemessen werden. Dafür bedarf es juristischen Fachwissens. Darüber hinaus können kostenpflichtige Abmahnungen ohnehin nur von Rechtsanwälten versendet werden.

Praxistipp

Abmahnungen können auch unzulässig oder sogar rechtsmissbräuchlich sein. Wann das genau der Fall ist, wird von den Gerichten allerdings unterschiedlich bewertet. Ein guter Rechtsanwalt sollte hier Bescheid wissen!

Dasselbe gilt, wenn Sie selbst eine Abmahnung erhalten und darauf reagieren müssen. Ohne rechtliche Unterstützung reagieren hier leider viele Menschen falsch, was fast immer zu hohen Kosten führt. Nicht jede Abmahnung ist berechtigt, und zahlreiche Unterlassungserklärungen können Anwälte noch nachträglich zu Ihren Gunsten modifizieren.

Führen weder Verhandlungen noch eine Abmahnung zum Erfolg, muss das Problem gerichtlich gelöst werden. Vor Gericht wird es ernst – hier zählen eine gute Vorbereitung und detaillierte Kenntnisse der Rechtslage. Wieder einmal hängt also alles von der richtigen Vorbereitung ab. Die vielen in Betracht kommenden (Gegen-)Ansprüche müssen in ihren Voraussetzungen und Erfolgsaussichten geprüft werden. Hier ist dann eine einzelfallgerechte Prüfung Ihres Falles erforderlich.

16.1.3 Der Rechtsbeistand im gerichtlichen Verfahren

Können Sie und die Gegenseite sich nicht außergerichtlich einigen, soll meist der Richter entscheiden. Spätestens zu diesem Zeitpunkt werden Sie um einen Rechtsanwalt fast nicht mehr herumkommen. Ab dem Landgericht besteht ohnehin die Rechtsanwaltspflicht.

Ob ein Rechtsstreit vor dem Amts- oder Landgericht landet, hängt von dem Streitwert ab. Alle Rechtsstreitigkeiten ab einem Streitwert von 5.001 € gehen an das Landgericht und verpflichten Sie damit zur Vertretung durch einen Rechtsanwalt.

Praxistipp

Findige Rechtsanwälte setzen in Verträgen die Höhe der Vertragsstrafe auf mindestens 5.001 €, da dadurch der Rechtsstreit vor dem Landgericht ausgetragen werden muss.

Schalten Sie jedoch erst jetzt einen Rechtsanwalt ein, muss er sich in den bestehenden Sachverhalt nachträglich einarbeiten. Das kostet unnötig Zeit und ist wenig effizient. Überlegen Sie sich daher früh, wann Sie einen Rechtsanwalt konsultieren wollen. Warten Sie damit nicht bis zum Prozess, sondern wählen Sie ein rechtssicheres und präventives Vorgehen.

16.2 Welche Ansprüche kann ich geltend machen, wenn das Online-Marketing eines Dritten meine Rechte verletzt?

Welche Ansprüche Sie bzw. Ihr Rechtsanwalt außergerichtlich oder gerichtlich geltend machen kann, richtet sich primär nach dem verletzten Rechtsgut. Geht es beispielsweise um das geistige Eigentum an einem Werk, so greift das Urheberrecht. Ist Gegenstand des Verfahrens die Rechtsverletzung an Ihrer Marke, dann müssen Sie schauen, welche Möglichkeiten Ihnen das Markenrecht gibt. Geht es hingegen um Daten der Internetnutzer, so ist das Datenschutzrecht betroffen. Je nach Art und Weise der rechtsverletzenden Handlung kann auch ein Verstoß gegen das Wettbewerbsrecht vorliegen.

Zwar klingt dies nun nach einem Haufen diverser Ansprüche, doch dem ist nicht so: Diese Rechtsgebiete bieten Betroffenen eine Vielzahl gleicher und ähnlicher Anspruchsarten. Zwar haben die einzelnen Rechtsgebiete zusätzlich so manch eigenen Anspruch, an dieser Stelle möchten wir uns jedoch auf die Darstellung der Kapitel beschränken, die die hier relevanten Rechtsgebiete im Wesentlichen alle bieten: den Auskunfts-, Unterlassungs-, Beseitigungs- und Schadensersatzanspruch.

An dieser Stelle werden wir nur auf gesetzliche Ansprüche eingehen. Selbstverständlich haben Sie die Möglichkeit, mit Ihrem Vertragspartner alle hier dargestellten Ansprüche auch vertraglich zu vereinbaren, zu erweitern oder auszuschließen. Diese Vereinbarung gilt dann unabhängig davon, was der Gesetzgeber vorsieht. Insoweit hat der Vertrag Vorrang vor dem Gesetz. Achten Sie bei der Formulierung jedoch darauf, klar und verständlich bestimmte Situationen zu beschreiben, die die Ansprüche entstehen lassen, verkürzen oder ausschließen! Nur so können Sie diese in der Praxis auch schnell und einfach durchsetzen.

Achtung

Die Details Ihres Anspruchs müssen im Einzelfall beurteilt werden. Dazu werden Sie in vielen Fällen ohne einen Rechtsanwalt nicht auskommen. Denn Sie müssen wissen, dass Sie im Zivilverfahren nur das bekommen, was Sie auch beantragen. Beantragen Sie also in der Summe weniger als Ihnen eigentlich zusteht, so bekommen Sie auch dann nicht mehr, wenn dem Gericht durchaus klar ist, dass Ihr Anspruch eigentlich höher ist. An dieser Stelle ist Rechtsexpertise gefragt!

16.2.1 Auskunftsansprüche

Auskunftsansprüche spielen immer dort eine Rolle, wo Sie von jemand anderem Auskunft über bestimmte Informationen, Daten, Umstände oder Ereignisse erhalten möchten. Zwar können Sie Ihren Vertragspartner auch einfach nach diesen Angaben fragen, ist er jedoch nicht bereit, Ihnen die gewünschten Informationen zur Verfügung zu stellen, dann können Sie ein solches Verlangen nur dann durchsetzen, wenn Sie einen Anspruch darauf haben. Ihr Verlangen muss dazu eine Verankerung im Gesetz haben. Der Gesetzgeber bietet Ihnen einen Auskunftsanspruch für Urheberrechtsverletzungen, Markenrechtsverletzungen und Wettbewerbsverstöße.

Ein Auskunftsanspruch macht immer dort Sinn, wo Sie als Geschädigter das Ausmaß einer Rechtsverletzung nicht kennen und dazu Informationen des Schädigers brauchen, um Ihren Anspruch dann später vor Gericht geltend machen zu können, so zum Beispiel, wenn Ihnen die Bezifferung eines Schadens in Folge einer Rechtsverletzung Probleme bereitet. Denn vor Gericht können Sie keinen vagen Sachverhalt beschreiben und vom Gericht die Klärung verlangen. Vielmehr müssen Sie einen bestimmten Antrag stellen und den von Ihnen geltend gemachten Anspruch klar und eindeutig darlegen. Andernfalls werden Sie vor Gericht auch dann scheitern, wenn Sie grundsätzlich Recht haben. An dieser Stelle wird auch noch einmal die enorme Bedeutung einer ordentlichen Rechtsberatung im Voraus deutlich. Denn Gerichte ersetzen nicht die Rechtsberatung!

Achtung

Verlangt dagegen jemand von Ihnen berechtigterweise Auskunft und machen Sie absichtlich falsche oder unvollständige Angaben, kann der Geschädigte Sie in der Folge auch noch auf Schadensersatz in Anspruch nehmen.

16.2.2 Beseitigungsansprüche

Der Beseitigungsanspruch richtet sich gegen Beeinträchtigungen des Schutzrechts, die durch ein reines Unterlassen nicht beseitigt werden können. Der Rechteinhaber hat somit durch den Beseitigungsanspruch die Möglichkeit, den Rechtsverletzer zu bestimmten Handlungen anzuhalten. Voraussetzung dafür ist eine Verletzung Ihres Urheberrechts.

Mit Ihrer Aufforderung zur Beseitigung einer Rechtsverletzung ist häufig ein erheblicher Aufwand für den Verletzer verbunden. Dieser hat grundsätzlich die Kosten für die Beseitigung selbst zu tragen. Werden Sie als Rechteinhaber selbst tätig und beseitigen die Beeinträchtigung Ihrer Rechte, so können Sie die dafür angefallenen Kosten vom Verletzer im Wege eines Schadensersatzanspruchs ersetzt verlangen. Allerdings muss die Beseitigung dem Verletzer zumutbar und auch zur Wahrung Ihrer Rechte erforderlich sein.

Beachten Sie, dass der Beseitigungsanspruch unabhängig von einem Verschulden des Täters besteht. Dass dieser also beispielsweise nicht wusste, dass sein Verhalten rechtswidrig ist, ist irrelevant.

16.2.3 Unterlassungsansprüche

Der Unterlassungsanspruch wird Ihnen ebenso vom Urheberrecht wie vom Marken- und Wettbewerbsrecht eingeräumt. Voraussetzung dafür ist, dass ein Rechtsgut verletzt wurde und die Gefahr der Wiederholung besteht. Ebenso wie für den Beseitigungsanspruch ist es auch für den Unterlassungsanspruch nicht notwendig, dass den Verletzer ein Verschulden trifft. Vielmehr liegt eine Rechtsverletzung auch dann vor, wenn dem Betreffenden gar nicht bewusst ist, dass er fremde Rechte verletzt.

Praxisbeispiel

Eine verschuldensunabhängige Haftung besteht beispielsweise dann, wenn der Betreffende das Recht an einem Foto für die Verwendung auf einem Flyer von einer Bildagentur erworben hat, die die entsprechenden Rechte selbst jedoch nicht vom Rechteinhaber erworben hatte. Dann liegt ein Verstoß gegen das Urheberrecht vor.

Zudem ist grundsätzlich für einen Unterlassungsanspruch eine Wiederholungsgefahr erforderlich. Sie müssen sich also der Gefahr ausgesetzt sehen, dass der Betreffende Ihre Rechte erneut verletzen wird und es nicht bei einer einmaligen Verletzung bleibt. Die Gerichte gehen jedoch in der Regel bereits bei einmaliger Rechtsverletzung von einer Wiederholungsgefahr aus, da nach begangener Rechtsverletzung weitere vermutet werden können.

Hinweis

Die Wiederholungsgefahr kann der Rechtsverletzer jedoch in den meisten Fällen durch die Abgabe einer strafbewehrten Unterlassungserklärung, die eine Vertragsstrafe für den Fall der Zuwiderhandlung enthält, Ihnen gegenüber ausräumen.

Eine Besonderheit bietet beispielsweise das Urheberrecht mit der Möglichkeit eines vorbeugenden Unterlassungsanspruchs. Ihnen als Rechteinhaber wird also ein Anspruch zur Verfügung gestellt, der bereits vor der ersten Rechtsverletzung besteht. Voraussetzung ist, dass die Gefahr einer Urheberrechtsverletzung besteht, sogenannte Erstbegehungsgefahr. Eine Wiederholungsgefahr, wie ihn der klassische Unterlassungsanspruch erfordert, ist hier nicht nötig.

Eine solche Erstbegehungsgefahr wird von den Gerichten in der Regel dann angenommen, wenn der Betreffende bereits Vorbereitungshandlungen vorgenommen hat, die die tatsächliche Rechtsverletzung schon vorbereiten.

Praxisbeispiel

Ein Unternehmen kündigt die Veröffentlichung einer App an und bewirbt diese bereits, an der nicht er, sondern Sie die Rechte haben. Hier müssen Sie nicht abwarten, bis die App tatsächlich auf dem Markt ist.

16.2.4 Schadensersatzansprüche

Neben einem Unterlassungs- und Beseitigungsanspruch haben Sie auch die Möglichkeit, einen Schadensersatzanspruch gegenüber dem Verletzer geltend zu machen. Anders als bei der Geltendmachung eines Unterlassungs- oder Beseitigungsanspruchs ist für einen Schadensersatzanspruch ein Verschulden des Verletzers erforderlich. Das Gesetz verlangt hierfür eine vorsätzliche oder fahrlässige Rechtsverletzung. Insofern gilt ein relativ strenger Sorgfaltsmaßstab, der den Betreffenden eine umfassende Prüfungs- und Erkundigungspflicht auferlegt. Dies ist zum Schutz der Rechteinhaber aber auch erforderlich!

Hinweis

Eine fahrlässige Rechtsverletzung liegt vor, wenn der Täter die im Verkehr erforderliche Sorgfalt außer Acht gelassen hat. So ist es beispielsweise erforderlich, sich vor der Kopie von Bildern oder der Verwendung von Markennamen Dritter mit der Rechteeinräumung zu beschäftigen. Wer dies vergisst, handelt fahrlässig.

Vorsätzlich handelt, wer die Rechtsverletzung bewusst begeht oder die Rechtsverletzung als Konsequenz seines Handelns zumindest billigend in Kauf nimmt. Weiß also der Täter, dass die Kopie von Bildern oder die Verwendung von Markennamen Dritter ohne Erlaubnis rechtswidrig ist, ignoriert dies aber bewusst oder vertraut darauf, dass es niemand bemerkt, dann handelt er vorsätzlich.

Das Urheberrecht sieht noch eine Besonderheit vor: Es ermöglicht dem Urheber ausdrücklich auch die Geltendmachung eines immateriellen Schadens. Die Voraussetzung dafür ist jedoch hoch: Es muss eine besonders schwere Urheberrechtsverletzung vorliegen, die einer Persönlichkeitsrechtsverletzung gleichkommt. Ein solcher Verstoß kann zum Beispiel bei einer besonders verletzenden Entstellung eines Werkes vorliegen.

Zur Schadensberechnung können verschiedene Methoden herangezogen werden. Welche Methode Sie wählen, hängt von der Art der Rechtsverletzung ab. Stehen Ihnen im Ergebnis mehrere Möglichkeiten zur Verfügung, so bleibt die Wahl Ihnen überlassen. Möglich ist die Schadensberechnung

- nach dem entgangenen Gewinn,
- nach dem Gewinn, den der Täter durch die Rechtsverletzung erzielt hat, und
- gegebenenfalls anhand einer fiktiven Lizenzgebühr.

Was diese Arten der Schadensberechnung genau beinhalten und wie sie erfolgen, möchten wir Ihnen im Folgenden erklären.

Kommt ein Anspruch auf entgangenen Gewinn in Frage, beispielsweise bei der unberechtigten Nutzung von Werken, so können Sie neben dem konkret durch die Rechtsverletzung entstandenen Schaden auch den entgangenen Gewinn vom Schädiger ersetzt verlangen. Hierzu benötigen Sie allerdings konkrete Nachweise, die belegen, welcher Gewinn Ihnen durch die Rechtsverletzung entgangen ist. Vermutungen oder Schätzungen reichen nicht aus, um einen entgangenen Gewinn nachzuweisen. In der Praxis ist der Nachweis eines konkret durch eine Urheberrechts- oder Markenrechtsverletzung entgangenen Gewinns nur schwer möglich.

Hinweis

Sinnvoll kann diese Art der Schadensberechnung allerdings sein, wenn Sie zum Beispiel mit einer Agentur einen Exklusivvertrag über einen Werbeslogan abgeschlossen haben, indem die genaue Vergütungshöhe geregelt ist. Bei einer unberechtigten Kopie dieses Werbeslogans durch einen Dritten platzt regelmäßig der Exklusivvertrag. In einem solchen Fall kann die Agentur die Höhe des entgangenen Gewinns relativ leicht nachweisen und vom Schädiger ersetzt verlangen.

Bei der Schadensberechnung nach dem Verletzergewinn wird nicht Ihr entgangener Gewinn berechnet, sondern der Gewinn, den der Schädiger durch die rechtswidrige Tat erzielt hat, zur Schadensberechnung herangezogen. Auch diese Form der Schadensberechnung hat ihre Tücken im Nachweis des beim Verletzer angefallenen Gewinns.

Praxisbeispiel

Wird zum Beispiel ein Foto ohne Ihre Erlaubnis einzeln verwertet, ist der entstandene Verletzergewinn relativ leicht zu ermitteln. Schwieriger ist der Nachweis, wenn das Foto mit mehreren anderen Fotos in einem Bildband etc. vermarktet wird. In einem solchen Fall ist der Gewinn, der durch die Aufnahme des besagten Fotos in den Bildband angefallen ist, praktisch kaum nachzuweisen.

Allerdings muss der Verletzer nicht den gesamten Erlös, der durch die rechtswidrige Handlung angefallen ist, an Sie herausgeben. Vielmehr gestattet es der Gesetzgeber, dass der Schädiger die Kosten, die ihm bei Erzielung des Gewinns entstanden sind, vom Gewinn abzieht. Jedoch dürfen nur solche Kosten in Abzug gebracht werden, die in unmittelbarem Zusammenhang mit der Gewinnerzielung stehen. Alles andere stünde in Widerspruch zu dem Sinn und Zweck des Schadensausgleichs in der Form der Herausgabe des Verletzergewinns und insbesondere zu dem Gedanken, dass der Verletzte durch die Herausgabe des Verletzergewinns so zu stellen ist, als hätte er ohne die Rechtsverletzung den gleichen Gewinn wie der Rechtsverletzer erzielt.

Praxisbeispiel

So hat der Bundesgerichtshof in seinem Urteil vom 2.11.2000 (Az. I ZR 246/98) entschieden, dass bei der Ermittlung des Verletzergewinns keine Fixkosten wie Miete oder Abschreibungen berücksichtigt werden dürfen. Denn der Verletzergewinn sei von dem Gewinn eines Unternehmens, das auch seine Gemeinkosten erwirtschaften muss, um lebensfähig zu bleiben, zu unterscheiden. Nach Sinn und Zweck des Anspruchs auf Herausgabe des Verletzergewinns sei es grundsätzlich nur gerechtfertigt, bei der Ermittlung des Verletzergewinns von den erzielten Erlösen nur die Kosten für die Herstellung und den Vertrieb der schutzrechtsverletzenden Gegenstände abzuziehen. Andernfalls verbliebe dem Verletzer vielmehr ein Deckungsbeitrag zu seinen Fixkosten.

Bei der Berechnung des Schadens nach der Lizenzanalogie wird von der Lizenzgebühr ausgegangen, auf die sich die Vertragsparteien bei der vertraglichen Einräumung der entsprechenden Nutzungsrechte geeinigt hätten. Gemeint ist damit die Gebühr, die der Verwender hätte zahlen müssen, wenn Sie ihm die Verwendung Ihrer Marke oder Ihres Werkes gestattet hätten.

Der BGH hat in einem Urteil vom 22.03.1990 (Az. 1 ZR 59/88) zur Lizenzanalogie ausgeführt, dass bei der Berechnung der angemessenen Lizenzanalogie rein objektiv darauf abzustellen sei, was bei vertraglicher Einräumung ein vernünftiger Lizenzgeber gefordert und ein vernünftiger Lizenznehmer gewährt hätte, wenn beide die im Zeitpunkt der Entscheidung gegebene Sachlage gekannt hätten. Denn diese Art der Schadensberechnung beruhe auf der Erwägung, dass derjenige, der ausschließliche Rechte anderer verletzt, nicht besser dastehen solle als er im Fall einer ordnungsgemäß erteilten Erlaubnis durch den Rechtsinhaber gestanden hätte.

Hinweis

Bei der Schadensberechnung nach der Lizenzanalogie kommt es nicht darauf an, ob der Verletzer mit der unberechtigten Verwertung einen Gewinn erzielt hat. Ebenso kann er nicht einwenden, dass er zu keinem Zeitpunkt dazu bereit gewesen wäre einen solchen Lizenzvertrag zu schließen. Wer nutzt, der muss auch zahlen!

Bei der Ermittlung der Schadenshöhe stützen sich die Gerichte häufig auf allgemeine Honorarübersichten, sofern es solche gibt. Bei Bildrechtsverletzungen beispielsweise wird die Liste der Mittelstandsgemeinschaft Fotomarketing herangezogen, bei der unrechtmäßigen Kopie von Texten hingegen wird die Vergütungstabelle des Deutschen Journalisten-Verbandes als branchenübliche Vergütung zugrunde gelegt.

Hinweis

Verlangen Sie eine höhere Lizenzgebühr, so müssen Sie dafür Gründe anführen, die der gerichtlichen Nachprüfung standhalten. Das könnten zum Beispiel Ihre Lizenzvereinbarungen mit anderen Lizenznehmern sein, die belegen, dass Ihre Nutzungsrechte auf dem Markt weitaus mehr wert sind.

Vielfach wird von Rechteinhabern zu dem Schadensersatzanspruch noch ein Verletzerzuschlag gefordert. Demnach soll der Verletzer einen Zuschlag aufgrund der Rechtsverletzung zahlen. Die Forderung eines solchen Zuschlags wird zum einen mit der abschreckenden Wirkung begründet. Zum anderen wird angeführt, dass der Verletzer sonst nur den Betrag zahlen müsse, der auch bei rechtmäßiger Nutzung angefallen wäre. Er würde also keinerlei Risiko eingehen und müsste maximal immer nur die normale Gebühr bezahlen. Bleibt sein rechtswidriges Verhalten dagegen verborgen, spart er sich die Gebühr. Dies wäre jedoch das falsche Signal an Rechtsverletzer.

Praxisbeispiel

Das Landgericht Düsseldorf hat in seinem Urteil vom 14.07.1992 (Az. 12 O 353/91) dem Rechteinhaber einen Zuschlag von 100 % zugesprochen, da die rechtswidrige Veröffentlichung eines Fotos vom Verletzer in dem Bewusstsein in die Wege geleitet wurde, dass der Rechteinhaber damit nicht einverstanden ist. Schließlich war es ihm im Voraus trotz einiger angestrengter Versuche nicht gelungen, eine Erlaubnis zur Veröffentlichung der Fotografien zu erlangen. Dass der Schädiger sich über den ausdrücklichen Willen des Rechteinhabers einfach hinwegsetzte, strafte das Gericht mit einem Verletzerzuschlag ab. Zur Begründung führte das Gericht aus, dass eine Gleichbehandlung mit dem redlichen Lizenznehmer nicht angebracht und zur Verhinderung einer »Selbstbedienung« erforderlich sei.

16

16.3 Wie kann ich diese Ansprüche in der Praxis geltend machen?

Nachdem Sie in der Theorie festgestellt haben, dass Sie Ansprüche gegen Dritte geltend machen könnten, stellt sich Ihnen sicherlich die Frage, wie Sie diese in der Praxis auch durchsetzen können. Dabei bieten sich Ihnen verschiedene außergerichtliche und gerichtliche Möglichkeiten, die es allesamt ordentlich vorzubereiten gilt. Welche dies sind und worauf Sie achten müssen, möchten wir Ihnen im Folgenden erläutern.

16.3.1 Vorbereitung des Verfahrens

Um optimale Ergebnisse zu erzielen und keine bösen sowie kostspieligen Überraschungen zu erleben, sollten Sie sich im Voraus einige Fragen stellen. Nur wenn Sie diese beantworten können, macht es Sinn, die rechtliche Durchsetzung Ihrer Ansprüche anzustreben. Zu den relevanten Fragen gehören unter anderem:

- Wer hat die Rechtsverletzung begangen?

Hinweis

Wenn Sie nicht wissen, wer Ihre Rechte verletzt hat, können Sie auch keine Ansprüche verfolgen. Sie können also keine pauschale Behauptung bei Gericht aufstellen und hoffen, dass das Gericht für Sie ermittelt, gegen wen Sie Ihre Ansprüche konkret geltend machen müssen. Denn anders als im Strafverfahren gilt im Zivilverfahren der Grundsatz, dass grundsätzlich die Parteien die zur Urteilsfindung erforderlichen Informationen beibringen müssen. Eigene Ermittlungen durch Gericht und Staatsanwaltschaft werden nur in Strafverfahren angestellt. Je nach Art der Handlung kann es sich jedoch anbieten, zunächst ein Strafverfahren einzuleiten, um die darin ermittelten Personendaten dann im Anschluss im Zivilverfahren zu verwerten. Dies ist gerade im Bereich des Internets gar nicht so unklug, sofern die Handlung überhaupt strafrechtliche Relevanz hat.

- Worin liegt die Verletzungshandlung genau?

Hinweis

Sie müssen alle Details der Rechtsverletzung genau darlegen und beweisen können. Dazu gehören beispielsweise die Beschreibung der rechtsverletzenden Handlung sowie dessen Ort und Zeit.

- Welche Ansprüche möchten Sie geltend machen?

Hinweis

Im Zivilverfahren bestimmt der Kläger, worüber gestritten wird. Daher kommt es maßgeblich auf Ihren Klageantrag und auf Ihren Vortrag an. Was Sie nicht beantragen, bekommen Sie auch nicht – auch wenn es Ihnen theoretisch zusteht.

- Können Sie Ihre Ansprüche auch beweisen?

Hinweis

Dass Sie einen Anspruch theoretisch haben, hilft Ihnen in der Praxis nicht, wenn Sie diesen nicht beweisen können. Zur Beweissicherung bietet es sich an, Screenshots anzufertigen und jegliche relevante Korrespondenz mit dem Schädiger zu speichern.

- Dürfen Sie Ihre Ansprüche selbst vor Gericht vortragen?

Hinweis

Vor Gericht selbst auftreten dürfen Sie nur dann, wenn das Verfahren vor dem Amtsgericht stattfindet. Findet das Verfahren jedoch vor dem Landgericht statt, so benötigen Sie einen Rechtsanwalt. Denn dort herrscht Anwaltszwang. Grundsätzlich entscheidet der Streitwert über die Zuständigkeit: Verfahren bis zu einem Streitwert von einschließlich 5.000 € gehen an das Amtsgericht, ab 5.001 € ist das Landgericht zuständig.

16.3.2 Das außergerichtliche Verfahren: Die Abmahnung

Während in Rechtsgebieten wie dem Arbeits- oder dem Mietrecht eine Abmahnung unter Umständen Voraussetzung für eine Kündigung ist, hat die Abmahnung im Urheber-, Datenschutz-, Marken- und Wettbewerbsrecht die Funktion, Streitigkeiten auf direktem Weg kostengünstig und ohne Einschaltung eines Gerichts beizulegen.

Gerade bei Urheber- und Datenschutzrechtsverletzungen, die im Internet begangen werden, ist die Zahl der Abmahnungen in den letzten Jahren kontinuierlich gestiegen. Da es im Internet zu zahlreichen Rechtsverstößen kommt, gehen die Rechteinhaber und Konkurrenten inzwischen konsequent dagegen vor. Wie die Abmahnungen im Wesentlichen aufgebaut sind, möchten wir Ihnen im Folgenden erklären.

Praxisbeispiel: Abmahnung wegen Urheberrechtsverletzung

Sehr geehrter Herr Mustermann,

in vorbezeichneter Angelegenheit zeigen wir unter Vorlage der anwaltlichen Vollmacht an, dass wir die rechtlichen Interessen von Maximiliane Musterfrau, Musterweg 12, 56897 Musterstadt, vertreten.

I.

Unser Mandant ist Inhaber der Rechte an einem Lichtbild(-werk), welches von Ihnen ohne Einwilligung unseres Mandanten verwendet wurde. Es handelt sich dabei um die nachfolgende Ablichtung von [Beschreibung Bild]:

[Abbildung]

Das Originalbild ist auf der Website unseres Mandanten unter dem Link *www.mustermann.de* abrufbar. Das Lichtbild ist mit einem Wasserzeichen, bestehend aus dem Namen unseres Mandanten sowie einem Copyrightvermerk versehen.

Die Urheberschaft kann durch Vorlage der hochauflösenden Bilddatei nachgewiesen werden.

Unser Mandant hat das Lichtbild selbst angefertigt. Es ist als Lichtbildwerk nach § 2 UrhG, zumindest als Lichtbild gem. § 72 UrhG geschützt.

II.

Sie haben das streitgegenständliche Lichtbild(-werk) seit dem 12.03.2015 ohne die Einwilligung unseres Mandanten auf Ihrer Website *www.12345.de* genutzt. Entsprechende Beweissicherungsmaßnahmen haben wir bereits vorgenommen. Das streitgegenständliche Lichtbild(-werk) ist auf der Startseite Ihres Onlineshops verwendet worden. Es enthält keinen Hinweis auf die Rechteinhaberschaft unseres Mandanten.

III.

Sie haben durch die Nutzung des Lichtbild(-werkes) auf Ihrer Website *www.12345.de* das ausschließliche Recht unseres Mandanten, das Lichtbild(-werk) zu vervielfältigen und es öffentlich zugänglich zu machen verletzt (§§ 16, 19a UrhG). Darüber hinaus wird durch das Unterlassen der Nennung als Urheber auch in das Urheberpersönlichkeitsrecht unseres Mandanten aus § 13 UrhG eingegriffen. Unserem Mandanten steht somit gem. § 97 UrhG ein Unterlassungsanspruch, ein Schadensersatzanspruch sowie ein Anspruch auf Erstattung der durch unsere Beauftragung entstandenen Anwaltskosten zu.

Unser Mandant hat gem. § 97 Abs. 1 UrhG einen Anspruch auf Unterlassung. Wir fordern Sie daher dazu auf, es in Zukunft zu unterlassen, das streitgegenständliche Lichtbild unseres Mandanten zu vervielfältigen und/oder öffentlich zugänglich zu machen, ohne über die dazu erforderlichen Nutzungsrechte zu verfügen. Zudem fordern wir Sie dazu auf, die als Anlage 1 beigefügte strafbewehrte Unterlassungserklärung zu unterzeichnen.

Für den Eingang der unterzeichneten Unterlassungserklärung haben wir eine Frist bis zum

15.11.2015

vorgemerkt.

Des Weiteren steht unserem Mandanten gem. § 97 Abs. 2 UrhG ein Schadensersatzanspruch zu. Dieser kann gem. § 97 Abs. 2 S. 3 UrhG auch auf der Grundlage des Betrags berechnet werden, den der Verletzer als angemessene Vergütung hätte entrichten müssen, wenn er die Erlaubnis zur Nutzung des verletzten Rechts eingeholt hätte (sogenannte Lizenzanalogie). Angemessen ist eine Lizenzgebühr, die »bei vertraglicher Einräumung ein vernünftiger Lizenzgeber gefordert und ein vernünftiger Lizenznehmer gewährt hätte, wenn beide die im Zeitpunkt der Entscheidung gegebene Sachlage gekannt hätten« (st. Rspr. vgl. BGH GRUR 1975, 323, 324; BGH GRUR 1990, 1008, 1009).

Nach diesen Maßstäben beträgt die Höhe des Schadensersatzanspruchs 300 €. Diesen Betrag verlangt unser Mandant regelmäßig für die Einräumung eines Rechts zur Nutzung eines von ihm angefertigten Lichtbild(-werkes) auf einer Webseite.

Gem. § 97a Abs. 3 S. 1 UrhG hat unser Mandant zudem Anspruch auf Erstattung der durch unsere Beauftragung entstandenen Rechtsanwaltskosten, die sich wie folgt berechnen:

Gegenstandswert: 6.000,00 €

1,3 Geschäftsgebühr §§ 13, 14 RVG, Nr. 2300 VV RVG	460,20 €
Pauschale für Post und Telekommunikation Nr. 7002 VV RVG	20,00 €
Zwischensumme netto	480,20 €
19 % Umsatzsteuer Nr. 7008 VV RVG	91,24 €
Gesamtbetrag	571,44 €

Die Zahlung unserer Rechtsanwaltskosten und des geltend gemachten Schadensersatzes, insgesamt also eines Betrags in Höhe von 871,44 €, erwarten wir namens und in Vollmacht unseres Mandanten bis zum

20.11.2015

eingehend auf unserer Bankverbindung 12345.

Für den Fall, dass diese Frist fruchtlos verstreicht, werden wir unserem Mandanten empfehlen, seine Forderungen gerichtlich geltend zu machen. Die Geltendmachung weiterer Ansprüche aufgrund Ihres rechtswidrigen Verhaltens behalten wir uns ausdrücklich vor.

Mit freundlichen Grüßen

Rechtsanwalt

Zunächst erläutert die Kanzlei, für welchen Mandanten sie die Rechte vertritt. Im Anschluss wird die zur Last gelegte Rechtsverletzung erläutert, indem zum Beispiel die Webseite benannt wird, auf der sie stattgefunden haben soll. Zu Beweiszwecken werden häufig Screenshots der betreffenden Webseite abgebildet, auf der die Rechtsverletzung zu sehen ist.

Nach der Beschreibung der Rechtsverletzung legt die abmahnende Kanzlei ausführlich dar, dass der von ihr vertretene Mandant der Inhaber des streitgegenständlichen Schutzrechts sei.

Als Ergebnis wird die angeblich begangene Rechtsverletzung festgestellt.

Aufgrund der vorgeworfenen Rechtsverletzung macht die abmahnende Kanzlei unter anderem einen Unterlassungsanspruch geltend, der bei Abmahnungen in der Regel im Vordergrund steht. Hierzu fordert die Kanzlei die Abgabe einer strafbewehrten Unterlassungserklärung innerhalb einer meist kurz bemessenen Frist. Dem Schreiben wird regelmäßig eine vorformulierte Unterlassungs- und Verpflichtungserklärung beilgelegt, die vom Abgemahnten unterschrieben zurückverlangt wird.

Darüber hinaus wird meist ein Auskunftsanspruch geltend gemacht. Mit dem Auskunftsanspruch wird insbesondere die Information darüber verlangt, woher das Bild stammt und wie lange die Rechtsverletzung angedauert hat, beispielsweise also das Bild illegal auf der Webseite online war. Diese Informationen dienen der Kanzlei dann im Weiteren für die Berechnung des Schadensersatzes.

In einem zweiten Schritt, nachdem die Auskunft über die Dauer der Rechtsverletzung erteilt ist, fordert die Kanzlei normalerweise Schadensersatz für die rechtswidrige Verwendung sowie die Kosten für die Abmahnung. Dabei wird in der Regel der Betrag zugrunde gelegt, der angeblich üblicherweise für die Lizenzierung des Bildes oder des Musikstücks berechnet wird.

Nach der Abgabe einer Unterlassungs- und Verpflichtungserklärung ist das Kostenrisiko für den Abgemahnten weitaus geringer. Denn Sie können danach lediglich die ebenfalls in der Abmahnung geforderten Kosten für Ihre Anwaltskosten und gegebenenfalls weitergehende Schäden ersetzt verlangen. Diese müssten allerdings im Wege eines gerichtlichen Verfahrens eingeklagt werden, wobei der Streitwert hier von vorneherein auf die geltend gemachten Gebühren beschränkt ist.

16.3.3 Das gerichtliche Eilverfahren: Einstweilige Verfügung

Die Abmahnung dient der außergerichtlichen Beilegung einer Rechtsstreitigkeit und wird häufig mit der Forderung verbunden, eine strafbewehrte Unterlassungserklärung abzugeben. Kommt der Abgemahnte dieser Forderung nicht nach und gibt keine bzw. nur eine unzureichende Unterlassungserklärung ab, können Sie als Rechteinhaber bei Gericht eine einstweilige Verfügung beantragen. Durch die Beantragung einer einstweiligen Verfügung wird ein gerichtliches Eilverfahren angestrebt, das Ihnen schnellstmöglichen Rechtsschutz gewähren soll. Demnach ist es für Sie häufig effektiver, zunächst eine einstweilige Verfügung zu beantragen, bevor Sie Klage erheben.

Praxisbeispiel: Antrag auf Erlass einer einstweiligen Verfügung

Antrag auf Erlass einer einstweiligen Verfügung

der Frau Maximiliane Musterfrau, Musterweg 12, 12345 Musterstadt

– Antragstellerin –

Verfahrensbevollmächtigte: Schmitz Rechtsanwälte, Kaiser-Wilhelm-Ring 123, 50672 Köln

gegen

den Herrn Max Mustermann, Musterstraße 22, 85697 Musterhausen

– Antragsgegner –

wegen: Urheberrechtsverletzung

vorläufiger Streitwert: 6.000,00 €

Namens und im Auftrag der Antragstellerin beantragen wir – wegen Dringlichkeit ohne mündliche Verhandlung – den Erlass folgender einstweiliger Verfügung:

1. Dem Antragsgegner wird bei Meidung eines vom Gericht für jeden Fall der Zuwiderhandlung festzusetzenden Ordnungsgeldes und für den Fall, dass dieses nicht beigetrieben werden kann, einer Ordnungshaft oder Ordnungshaft bis zu sechs Monaten untersagt, das urheberrechtlich geschützte Musikwerk »Sunshine« ohne Einwilligung der Antragstellerin zu vervielfältigen und/oder öffentlich zugänglich zu machen.
2. Der Antragsgegner trägt die Kosten des Verfahrens.

Begründung:

1. Sachverhalt

(...)

2. Rechtliche Würdigung

(...)

Der Erlass der beantragten einstweiligen Verfügung ist dringend geboten, um der Antragsgegner die fortdauernde Begehung der im Antrag 1.) bezeichneten Handlung zu untersagen.

(...)

Es zeigt sich also, dass der Antragstellerin neben dem Verfügungsanspruch auch ein Verfügungsgrund zur Seite steht und der Erlass der beantragten einstweiligen Verfügung gegen den Antragsgegner dringend geboten ist.

3. Zuständigkeit des Landgerichts Köln

Das Landgericht Köln ist gemäß § 32 ZPO für den Rechtsstreit örtlich zuständig. Die über den Dienst des Antragsgegners begangenen Urheberrechtsverletzungen stellen eine unerlaubte Handlung i.S.d § 32 ZPO dar. Der Internetdienst »www.musterseite.de« ist auch im Bezirk des Landgerichts Köln abrufbar, unerlaubte Handlungen werden folglich auch hier begangen. Da streitentscheidende Normen vorliegend solche des Urheberrechtsgesetzes sind, ist die funktionelle Zuständigkeit der Kammer für Urheberrechtssachen ebenfalls gegeben.

4. Zusammenfassung

Die Antragstellerin hat sowohl den Verfügungsanspruch als auch den Verfügungsgrund hinreichend glaubhaft gemacht. Das Rechtsschutzbedürfnis der Antragstellerin gebietet es daher insgesamt, die beantragte einstweilige Verfügung – wegen der besonderen Dringlichkeit ohne mündliche Verhandlung – zu erlassen.

Sollte das Gericht weiteren Vortrag oder die Beibringung weiterer Glaubhaftmachungen für erforderlich halten, wird um einen entsprechenden richterlichen, gegebenenfalls telefonischen, Hinweis gebeten.

Rechtsanwalt

Voraussetzung für eine einstweilige Verfügung ist die Eilbedürftigkeit des Verfahrens, die der Rechteinhaber glaubhaft darlegen muss, sonst lehnt das Gericht die einstweilige Verfügung ab. In diesem Zusammenhang ist insbesondere die Zeitspanne relevant, die zwischen der Kenntniserlangung von der Rechtsverletzung und der Antragstellung vergangen ist. Die Rechtsprechung urteilt in diesem Bereich sehr unterschiedlich. Teilweise werden Zeitspannen von einem bis zwei Monaten als zulässig angesehen und eine Eilbedürftigkeit noch bejaht. Wartet der Rechteinhaber aber zu lange, dann ist sein Verlangen offensichtlich nicht eilbedürftig, und er muss das Ende eines Klageverfahrens abwarten.

Im Rahmen eines einstweiligen Verfügungsverfahrens kann das entscheidende Gericht nach seinem Ermessen vor einer Entscheidung zunächst die Anhörung des

Rechtsverletzers anordnen oder auf eine solche Anhörung verzichten und ohne mündliche Verhandlung über Ihren Antrag entscheiden.

Wie jedes andere gerichtliche Verfahren ist auch das einstweilige Verfügungsverfahren mit Kosten verbunden. Auch hier gilt zunächst der Grundsatz, dass derjenige die Kosten zu tragen hat, der das Verfahren verliert. Die Kosten werden hierbei anhand von Streitwerten berechnet.

Praxisbeispiel

Bei einstweiligen Verfügungsverfahren aufgrund von Urheberrechtsverletzungen wird der Streitwert durch die abmahnenden Kanzleien in der Regel auf einen Betrag zwischen 10.000 € und 30.000 € pro betroffenem geschützten Rechtsgut, also beispielsweise pro Foto, festgesetzt. Diese Summe erscheint sehr hoch, entspricht aber gerichtlicher Praxis. Bei einer Abmahnung bezüglich eines Streitwertes von 30.000 € beläuft sich das Prozesskostenrisiko schon auf über 5.500 €. Die Antragsgegner sind daher in diesen Fällen einem erheblichen Kostenrisiko ausgesetzt.

16.3.4 Das gerichtliche Verfahren: Klage

Können Sie Ihre Ansprüche beweisen, kommt die Gegenseite Ihren Forderungen jedoch nicht nach, dann sollten Sie die Erhebung einer Klage in Erwägung ziehen. Das von Ihnen eingeleitete Klageverfahren läuft dann folgendermaßen ab:

Zunächst einmal müssen Sie eine Klageschrift verfassen, in der Sie Ihren Anspruch darlegen und beweisen. Diesen Schriftsatz müssen Sie dann in dreifacher Ausfertigung bei dem dafür zuständigen Gericht einreichen.

Hinweis

Die Zuständigkeit beurteilt sich einmal nach dem Ort und einmal nach der Sache. Die Variationen sind dabei je nach Einzelfall unterschiedlich. Grundsätzlich können Sie sich jedoch merken, dass für Streitigkeiten bis 5.000 € das Amtsgericht sachlich zuständig ist und darüber das Landgericht. Örtlich ist grundsätzlich das Gericht anzurufen, an dem der Beklagte, also der Rechtsverletzer, seinen Wohnort oder Unternehmenssitz hat.

Das Gericht schickt dem Beklagten dann eine Ausfertigung der Klageschrift zu und setzt ihm eine in der Regel zweiwöchige Frist, in der er eine sogenannte Verteidigungsanzeige abgeben kann. Dabei handelt es sich um die Erklärung, dass er sich gegen die Klage verteidigen möchte. Das Ob und Wie ist dann Teil der Klageerwiderung. Lässt der Beklagte die vom Gericht gesetzte Frist zur Verteidigungsanzeige erfolglos verstreichen, erlässt das Gericht ein Versäumnisurteil, in dem es ihn entsprechend Ihres Antrags verurteilt, ohne beispielsweise Zeugen zu hören. Das

Gericht prüft allein, ob der im Klageantrag geltend gemachte Anspruch bei Zugrundelegung des dargestellten Sachverhalts besteht. Tut er das, bekommt der Kläger, was er beantragt hat.

Praxisbeispiel

Beantragt der Kläger die Zahlung eines Kaufpreises aus einem Kaufvertrag, wird der Beklagte auf Antrag des Klägers zur Zahlung verurteilt, wenn er nicht auf die Klage reagiert.

Beantragt der Kläger hingegen Schmerzensgeld in Folge einer Urheberrechtsverletzung, dann wird der Beklagte nicht zur Zahlung verurteilt, da es diesen Anspruch im Urheberrecht nicht gibt. Vielmehr ergeht dann ein Versäumnisurteil gegen den Kläger. Hier spricht man von einem unechten Versäumnisurteil, da der Kläger anwesend war und das Gericht das Versäumnisurteil nur wegen der Unschlüssigkeit der Klage erlassen hat.

Allerdings hat der Beklagte dann noch die Möglichkeit, gegen das Versäumnisurteil Einspruch einzulegen. Dann geht das Verfahren an der Stelle vor Erlass des Versäumnisurteils weiter.

Lässt der Beklagte dem Gericht eine Verteidigungsanzeige zukommen, hat er anschließend noch die Möglichkeit, innerhalb einer meist zweiwöchigen Frist zu dem Klageantrag inhaltlich Stellung zu nehmen. Darin erläutert er beispielsweise, dass der geltend gemachte Anspruch nicht oder nur zum Teil besteht.

Anschließend setzt das Gericht einen Termin für die mündliche Verhandlung fest, in der die Sachvorträge der Parteien wiederholt und gegebenenfalls Vergleichsverhandlungen geführt werden, die zu einer vorzeitigen Beendigung des Klageverfahrens führen können. Reichen die Informationen aus den Sachvorträgen der Parteien dem Gericht zur Urteilsfindung nicht aus, so wird es einen zweiten Termin ansetzen, in dem es zur Beweisaufnahme kommt. Im Anschluss fällt das Gericht das Urteil in der Sache und über die Kosten. Die Kosten des Gerichtsverfahrens hat grundsätzlich die unterlegene Partei zu zahlen.

Achtung

Das Kostenrisiko eines Klageverfahrens sollten Sie nicht unterschätzen. Haben Sie mit Ihrem Klageantrag keinen Erfolg, so müssen Sie Ihre gesamten Anwaltskosten, die Anwaltskosten der Gegenseite und die Gerichtsgebühren selbst tragen. Auch ein Vergleich vor Gericht erzeugt Kosten – hier sollten Sie daher im Rahmen des Vergleichs auch Regelungen zur Kostenlast zu Ihren Gunsten anregen!

Wurde eine Kostenentscheidung in Ihrem Sinne getroffen, so können Sie einen Antrag auf Kostenfestsetzung bzw. Kostenausgleich stellen. Ein entsprechendes Formular finden Sie auf der Webseite des Justizportals NRW: *https://www.justiz.nrw.de/BS/formulare/zivilsachen/ziv_zwischentext/kostenfestsetzungsantrag/kfa.pdf* (siehe Abbildung 16.1).

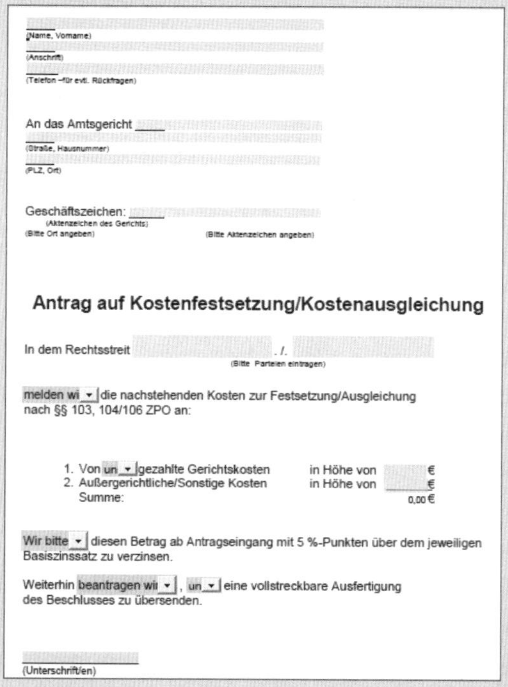

(Name, Vorname)
(Anschrift)
(Telefon –für evtl. Rückfragen)

An das Amtsgericht
(Straße, Hausnummer)
(PLZ, Ort)

Geschäftszeichen:
(Aktenzeichen des Gerichts)
(Bitte Ort angeben) (Bitte Aktenzeichen angeben)

Antrag auf Kostenfestsetzung/Kostenausgleichung

In dem Rechtsstreit ./.
(Bitte Parteien eintragen)

melden wi ▾ die nachstehenden Kosten zur Festsetzung/Ausgleichung nach §§ 103, 104/106 ZPO an:

1. Von un ▾ gezahlte Gerichtskosten in Höhe von €
2. Außergerichtliche/Sonstige Kosten in Höhe von €
Summe: 0,00 €

Wir bitte ▾ diesen Betrag ab Antragseingang mit 5 %-Punkten über dem jeweiligen Basiszinssatz zu verzinsen.

Weiterhin beantragen wi ▾ , un ▾ eine vollstreckbare Ausfertigung des Beschlusses zu übersenden.

(Unterschrift/en)

Abbildung 16.1 Antrag auf Kostenfestsetzung bzw. Kostenausgleich

16.4 Wie kann ich mich verteidigen, wenn ein Dritter mir vorwirft, mein Online-Marketing verletze ihn in seinen Rechten?

Nachdem Sie aufwendig Online-Marketing-Strategien entwickelt und diese auch in die Tat umgesetzt haben, erhalten Sie unliebsame Post: Abmahnung, einstweilige Verfügung und Klage heißen die Stichworte, die es vielen von Ihnen eiskalt über den Rücken laufen lassen. Denn zwei Dinge sind vorprogrammiert: Mühe und Kosten. In der Regel müssen Sie irgendwie darauf reagieren – fragt sich nur wie. Eine Antwort auf diese Frage möchten wir Ihnen in diesem Abschnitt geben, indem wir verschiedene Reaktionsmöglichkeiten darstellen und die möglichen Konsequenzen durchspielen.

Hinweis

Besteht tatsächlich ein Rechtsverstoß, dann sollten Sie grundsätzlich umgehend etwaige offensichtliche und anhaltende Rechtsverstöße beenden. Zudem sollten Sie Beweise sichern, die für Sie günstige Umstände belegen, und etwaige Gegenansprüche sowie Chancen möglicher Vorgehensweisen prüfen. Vor Gericht können Sie jedoch nur dann selbst Schriftsätze einreichen und allein zur mündlichen Verhandlung erscheinen, wenn das Verfahren vor dem Amtsgericht stattfindet. Vor dem Landgericht herrscht Anwaltszwang!

16.4.1 Reaktionsmöglichkeiten auf eine Abmahnung

Bei Erhalt einer Abmahnung ist die richtige Vorgehensweise das A und O. Im Rahmen unserer Arbeit stellen wir täglich fest, dass die falsche Reaktion auf eine Abmahnung sogar schlimmere Folgen auslösen kann, als die ursprüngliche Rechtsverletzung. Denn was für den Laien oftmals unbedenklich aussieht, kann erhebliche rechtliche und finanzielle Konsequenzen nach sich ziehen. Die richtige Reaktion auf eine Abmahnung ist daher besonders wichtig für das weitere Verfahren. Im Folgenden werden wir Ihnen die einzelnen Reaktionsmöglichkeiten vorstellen und aus rechtlicher Sicht bewerten.

Keine Reaktion

Diese Empfehlung liest man manchmal in Internetforen. Auch wenn dies gelegentlich gut ausgehen kann, weil die Rechteinhaber ihre Forderung letztlich nicht vor Gericht geltend machen, wird der Ernst der Lage damit verkannt: Eine offensichtlich unbegründete Abmahnung liegt nämlich selten vor, ein Unterlassungsanspruch besteht in den meisten Fällen. Wird keine Unterlassungserklärung innerhalb der bestimmten Frist abgegeben, so besteht das Risiko eines gerichtlichen Verfahrens. Dieses sollten Sie aufgrund des damit verbundenen Kostenrisikos vermeiden, zumal in vielen Bereichen keine einheitliche Rechtsprechung besteht.

Geben Sie die Unterlassungserklärung nicht oder nicht fristgemäß ab, so kann der Abmahnende seinen Anspruch auch im Wege der einstweiligen Verfügung vor Gericht durchsetzen. Gerade im Urheber- und Wettbewerbsrecht sind solche Eilverfahren üblich. Dies ist für Sie oft nachteilig, denn in der Regel werden Sie wegen der Eilbedürftigkeit vom Gericht nicht angehört. Ein solches Verfahren können Sie jedoch durch die Hinterlegung einer sogenannten Schutzschrift verhindern.

Oft verfolgen die abmahnenden Kanzleien den Unterlassungs- und Schadensersatzanspruch außergerichtlich weiter, wenn eine Erklärung nicht oder nicht in ausreichender Weise abgegeben wird. Dabei steigen die Forderungen deutlich, teilweise sogar um das Doppelte; zudem ist zu befürchten, dass Inkasso-Büros eingeschaltet werden, die Ihnen in der Folgezeit das Leben schwer machen.

Dass Sie reagieren sollten, wenn die Abmahnung zu Recht erfolgt, ist naheliegend. Doch wie sieht es aus, wenn Sie zu Unrecht abgemahnt worden sind? Müssen Sie sich mit Abmahnungen beschäftigen, die weder Hand noch Fuß haben? Die Rechtsprechung verneint diese Frage grundsätzlich. Das gilt allerdings nicht immer.

Praxisbeispiel

In einem Verfahren vor dem Landgericht Münster (Urteil vom 26.06.2013, Az. 26 O 76/12) stritten die Parteien um die Rechtmäßigkeit einer Abmahnung, die der Beklagte erhielt, weil er auf 13 Internetplattformen gebrauchte Pkws anbot und dabei nur seine Handynummer angab. Der ihn abmahnende Wettbewerbsverband war der Ansicht, dass er als Kfz-Händler nicht seiner Impressumspflicht nachgekommen sei. Dabei wusste er nicht, dass der beklagte Verkäufer bereits seit einiger Zeit sein Gewerbe abgemeldet hatte und er daher als Privatmann gehandelt hatte.

Der Verkäufer wies den Gewerbeverein hierauf zunächst auch nicht hin, sondern ignorierte die Abmahnung einfach. Ebenso wenig reagierte er auf ein Erinnerungsschreiben. Erst als der Abmahner vor Gericht gezogen und gegen ihn ein Versäumnisurteil erwirkt hatte, legte er gegen dieses Einspruch ein. Der Abmahner verklagte ihn nunmehr auf Schadensersatz für die umsonst entstandenen Prozesskosten – zu Unrecht.

Wie die Richter erläuterten, bestehe zwar grundsätzlich keine Aufklärungspflicht des Abgemahnten, jedoch gelte dies dann nicht, wenn der Abgemahnte den Anschein eines Verstoßes gesetzt hat und dadurch die Voraussetzungen für eine vorsätzliche sittenwidrige Schädigung erfüllt werden. Derartige besondere Umstände seien hier jedoch nach den Feststellungen des Gerichts nicht ersichtlich. Denn dafür reiche es nicht aus, dass der Verkäufer früher als Kfz-Händler tätig war und der Abmahner in einem weiteren Schreiben erneut nachgefragt hatte.

Abgabe einer Unterlassungserklärung

In den meisten Fällen hat der Rechteinhaber einen grundsätzlichen Anspruch auf Abgabe einer Unterlassungserklärung innerhalb einer angemessenen Frist. Damit kann die Wiederholungsgefahr einer Verletzung rechtswirksam beseitigt werden.

Eine feste Frist, an die Abmahnungen gebunden sind, gibt es jedoch nicht. Der Abmahnende darf die Frist selbst bestimmen. Allerdings muss diese Frist »angemessen« sein. Das heißt, dass Ihnen genug Zeit zur Prüfung der Abmahnung und einer entsprechenden Reaktion eingeräumt werden muss. Das kann natürlich je nach Einzelfall variieren. Für eine normale Abmahnung per Fax oder Post ist eine Frist von zwei bis sieben Tagen nicht ungewöhnlich. Schließlich hat der Rechteinhaber ein Interesse daran, den rechtswidrigen Zustand so schnell wie möglich zu unterbinden.

Geben Sie eine Unterlassungserklärung ab, so raten wir Ihnen jedoch von der Abgabe in der vom Abmahnenden vorgeschriebenen Form ab. Sie sollten zwar Ihrer Unterlassungserklärungspflicht nachkommen, sich die Bedingungen vom Abmahner aber nicht diktieren lassen.

Achtung

Das mit der Unterlassungserklärung verbundene Strafversprechen ist eine vertragliche Vereinbarung, deren Wirksamkeit von der Berechtigung der ursprünglichen Abmahnung nicht abhängt. Es ist daher sehr schwierig, eine einmal abgegebene Erklärung wieder rückgängig zu machen. Die gestellten Erklärungen gehen oft zu weit und sind daher für Sie von Nachteil.

Zum einen erkennen Sie durch die uneingeschränkte Abgabe der Unterlassungserklärung auch die Kosten der Gegenseite an und müssen diese übernehmen. Zum anderen ist die bestimmte Vertragsstrafe in den meisten Fällen zu hoch. Außerdem beinhaltet das Erklärungsformular häufig ein Schuldanerkenntnis, welches bei eventuellen späteren Rechtsstreitigkeiten als Beweismittel gegen Sie verwandt werden kann. Darüber hinaus unterliegt eine solche Unterlassungserklärung der Regelverjährungszeit von 30 Jahren und bindet Sie viel zu lange, selbst bei etwaiger Änderung der Gesetzeslage oder Rechtsprechung.

Achtung

Dringend zu empfehlen ist daher die fristgerechte Abgabe einer modifizierten Unterlassungserklärung, die dem Unterlassungsanspruch einerseits Rechnung trägt, andererseits nicht mehr erklärt, als von Ihnen gefordert werden kann.

Solche veränderten Unterlassungserklärungen werden von auf Internet- und Urheberrecht spezialisierten Rechtsanwälten formuliert. Dabei sollten Sie darauf Wert legen, dass lediglich eine Vertragsstrafe vereinbart wird, die vom Abmahnenden nach Billigkeit zu bestimmen ist und gerade keine feste Summe. Diese Vertragsstrafe wäre in einem späteren Prozess gerichtlich voll überprüfbar. Auch ist die zeitliche Geltung der Unterlassungserklärung mit Blick auf zukünftige Änderungen der Rechtslage zu beschränken.

Praxisbeispiel: Modifizierte Unterlassungs- und Verpflichtungserklärung

Hiermit verpflichtet sich

Herr Max Mustermann, Musterstraße 12, 34567 Musterstadt

– Unterlassungsschuldner –

gegenüber

Frau Alexandra Musterfrau, Musterstraße 34, 98745 Musterhausen

– Unterlassungsgläubigerin –

es künftig bei Meidung einer für jeden Fall der Zuwiderhandlung von der Unterlassungsgläubigerin zu bestimmenden angemessenen Vertragsstrafe, deren Höhe im Streitfall von dem zuständigen Gericht zu überprüfen ist, zu unterlassen, das nachfolgend dargestellte Lichtbild(-werk) ohne die Zustimmung des Unterlassungsgläubigers zu vervielfältigen und/oder öffentlich zugänglich zu machen bzw. vervielfältigen und/oder öffentlich zugänglich machen zu lassen:

[Abbildung]

Ort, den ______________________

Unterschrift Unterlassungsschuldner ______________________

Um das Problem aber wirklich zu lösen, ist zusätzlich an eine vorbeugende Unterlassungserklärung zu denken. Beispielsweise bezieht sich die von einer Abmahnkanzlei vorformulierte Erklärung wegen der unberechtigten Verwendung einer Fotografie nur auf dieses eine Bild. Haben Sie aber mehrere Rechtsverletzungen begangen, so ist die rechtzeitige Abgabe von vorbeugenden Unterlassungserklärungen gegenüber den jeweiligen Rechteinhabern zu empfehlen. Hierdurch können die Kosten für weitere Abmahnungen für bereits begangene Urheberrechtsverletzungen gespart werden.

Beharrt die Gegenseite neben dem Unterlassungsanspruch auch auf einen Schadensersatzanspruch, so kann diese Streitigkeit auch außergerichtlich beigelegt werden. Die Vereinbarung eines solchen Vergleichs sollte einem mit der Abmahnungsproblematik vertrauten Anwalt überlassen werden.

Die Zahlungsverweigerung

Auch wenn Sie vielleicht im ersten Moment erschrecken, wenn Sie Post vom gegnerischen Rechtsanwalt erhalten und dieser Sie unter Setzung einer kurzen Frist zur Zahlung auffordert, sollten Sie nicht vorschnell reagieren und einfach bezahlen.

Vielmehr sollten Sie sich in einem ersten Schritt zunächst selbst fragen, ob Sie die Ihnen vorgeworfene Rechtsverletzung begangen haben und wenn ja, dann in einem weiteren Schritt prüfen, ob die Abmahnkanzlei geeignete Dokumente vorlegen kann, die geeignet sind, um Ihre Rechtsverletzung nachzuweisen. Denn die Gegenseite muss nachweisen, dass Sie eine Rechtsverletzung begangen haben. Gelingt ihr dies nicht, hat sie vor Gericht keinen Erfolg.

Aber auch wenn man davon ausginge, dass sich Ihre Rechtsverletzung beweisen ließe, bliebe immer noch die Frage nach der Rechtmäßigkeit der Höhe des Anspruchs. Das betrifft einerseits die für die Berechnung der Anwaltsgebühr zugrunde gelegten Streitwerte, die regelmäßig mit Beträgen in Höhe von mehreren tausend Euro beziffert werden, und zum anderen den Schadensersatzanspruch.

Hinweis

Ob die Ihnen gegenüber geltend gemachte Zahlungsforderung berechtigt oder völlig aus der Luft gegriffen ist, kann ein spezialisierter Rechtsanwalt für Sie prüfen.

Bestehen berechtigte Zweifel daran, dass Sie überhaupt eine Rechtsverletzung begangen haben oder an der Höhe der Zahlungsforderung, dann können Sie die Zahlung verweigern und die Feststellung in einem Gerichtsverfahren abwarten. Was dann jedoch noch bleibt, ist das Prozessrisiko – also das Risiko, die Kosten des gerichtlichen Verfahrens tragen zu müssen, wenn dem Rechteinhaber der Beweis gelingt. Ob Sie dieses Risiko eingehen oder sich doch lieber außergerichtlich mit der Gegenseite einigen möchten, müssen Sie selbst entscheiden.

Hinweis

Bis zum Ablauf der gesetzlichen regelmäßigen Verjährungsfrist von drei Jahren, beginnend mit Ablauf des Jahres, in dem die Rechtsverletzung liegt, kann der Rechteinhaber seine Forderung erneut – auch gerichtlich – geltend machen. Hat der Rechteinhaber bis zum Ablauf der Verjährungsfrist keinen rechtskräftigen Titel wie einen Vollstreckungsbescheid oder ein gerichtliches Urteil gegen Sie erwirkt, kann er seine Forderung auch nicht mehr durchsetzen.

Wenn Sie jedoch wissen, dass ein Anspruch gegen Sie tatsächlich besteht, dann sollten Sie spätestens mit Erhalt eines Mahnbescheides einlenken und neue Vergleichsverhandlungen einleiten, um ein kostenintensives Klageverfahren zu vermeiden.

Neue Vergleichsverhandlungen

Wenn Sie kein Prozessrisiko tragen möchten, weil Sie zum Beispiel selber wissen, dass ein Anspruch gegen Sie besteht oder sich durch die Situation belastet fühlen und das Verfahren schnellstmöglich beenden möchten, dann haben Sie auch die Möglichkeit, gleich zu Anfang neue Vergleichsverhandlungen mit der Gegenseite in die Wege zu leiten. Selbst dann, wenn Sie zunächst die Zahlung verweigert haben, können Sie im Wege des Vergleichs noch davon Abstand nehmen und sich anderweitig einigen.

Denn Vergleichsverhandlungen sind in jedem Stadium des Verfahrens möglich – vom Erhalt des ersten Schreibens bis zum gerichtlichen Verfahren. Wenn Sie also zunächst die Zahlung verweigert haben, können Sie auch zu einem späteren Zeitpunkt noch einen Vergleich anbieten, um einen möglicherweise drohenden Prozess doch noch abzuwenden. Dabei müssen Sie sich nur im Klaren darüber sein, dass ein Vergleich im Klageverfahren teurer ist als im außergerichtlichen Verfahren.

Hinweis

Haben Sie sich schließlich auf einen Vergleich geeinigt und ist die Zahlung erfolgt, ist das Verfahren für beide Seiten aufgrund des Vertragscharakters des Vergleichs verbindlich beendet, das heißt, ein Klageverfahren kann danach hinsichtlich der ursprünglichen Forderung nicht mehr erfolgen.

16.4.2 Reaktionsmöglichkeiten auf eine einstweilige Verfügung

Bei einer einstweiligen Verfügung gibt es zwei Reaktionsmöglichkeiten: Ahnen Sie bereits, dass ein Dritter eine einstweilige Verfügung gegen Sie beantragen möchte oder bereits beantragt hat, so kann Ihnen eine sogenannte Schutzschrift dabei helfen, sich dagegen zu verteidigen. Die zweite Möglichkeit, nämlich der Widerspruch gegen die einstweilige Verfügung, ist erst dann möglich, wenn eine solche bereits erlassen wurde.

Vorbeugen: Hinterlegung einer Schutzschrift

Rechnen Sie mit einem einstweiligen Verfügungsverfahren zu Ihren Lasten, dann haben Sie die Möglichkeit, bei Gericht eine sogenannte Schutzschrift zu hinterlegen, um den Erlass eines Verfügungsbeschlusses ohne mündliche Verhandlung zu verhindern.

Praxisbeispiel: Schutzschrift

In dem vermutlichen einstweiligen Verfügungsverfahren

der XY GmbH, Adresse, vertreten durch ihren Geschäftsführer Max Mustermann,

– vermutliche Antragstellerin –

gegen

die AB GmbH, Adresse, vertreten durch ihre Geschäftsführerin Petra Mustermann,

– vermutliche Antragsgegnerin –

Verfahrensbevollmächtigte: Rechtsanwälte Meier & Schmitz, Adresse

wegen: Unlauteren Wettbewerbs/Unterlassung/Abwehr einer einstweiligen Verfügung

Es ist zu erwarten, dass die vermutliche Antragstellerin (nachfolgend Antragstellerin) wegen des nachstehend wiedergegebenen Sachverhalts einen Antrag auf Erlass einer einstweiligen Verfügung gegen die vermutliche Antragsgegnerin (nachfolgend Antragsgegnerin) stellt, um der Antragsgegnerin zukünftig zu untersagen,

[vermutlicher Unterlassungsantrag]

Es wird für diesen Fall beantragt,

1. den Antrag auf Erlass einer einstweiligen Verfügung zurückzuweisen; hilfsweise über einen solchen Antrag auf Erlass einer einstweiligen Verfügung nach vorheriger mündlicher Verhandlung zu entscheiden;
2. für den Fall der Zurückweisung des Verfügungsantrags oder seiner Zurücknahme, der Antragstellerin die Kosten des Verfügungsverfahrens einschließlich der durch die Hinterlegung der Schutzschrift entstandenen Kosten aufzuerlegen.

Wir beantragen weiter,

diese Schutzschrift der Antragstellerin nur dann zugänglich zu machen, wenn diese einen Antrag auf Erlass einer einstweiligen Verfügung stellen sollte.

I.

[Sachverhalt]

Glaubhaftmachung: zum Beispiel eidesstattliche Versicherung des ...

Die Antragstellerin wirft der Antragsgegnerin in dem Abmahnschreiben vom 13.12.2014 vor,

[Inhalt der Abmahnung].

Glaubhaftmachung: Abmahnschreiben der Antragstellerin vom ... in Kopie als Anlage ASt 1

II.

Die Antragstellerin hat keinen Anspruch auf Erlass einer einstweiligen Verfügung.

[rechtliche Ausführungen]

Nach alledem ist hier, wie eingangs beantragt, zu entscheiden und der Antrag auf Erlass einer einstweiligen Verfügung zurückzuweisen bzw. eine solche nicht ohne vorherige mündliche Verhandlung zu erlassen.

Für Rückfragen steht der Unterzeichner dem Gericht gerne und unmittelbar unter der Rufnummer 0125-122345 sowie per E-Mail unter schmitz@meier-schmitz.de zur Verfügung.

Schmitz

Rechtsanwalt

Mit der Hinterlegung einer solchen Schutzschrift ist der behauptete Unterlassungs- und Verpflichtungsanspruch des betroffenen Rechteinhabers jedoch nicht erfüllt. Die Hinterlegung stellt vielmehr lediglich einen Versuch dar, sich vor dem Erlass einer einstweiligen Verfügung gegen diese zu verteidigen. Besteht der Unterlassungsanspruch jedoch Ihnen gegenüber, so hindert die Hinterlegung einer Schutzschrift nicht die Durchsetzbarkeit des Anspruchs im Wege eines einstweiligen Verfahrens.

Im Gegensatz dazu erfüllt die Abgabe einer strafbewehrten Unterlassungs- und Verpflichtungserklärung den Anspruch des Betroffenen. Ein weiteres Vorgehen gegen Sie ist dem Betroffenen dann nicht mehr möglich, insbesondere kann es nicht mehr zu einem einstweiligen Verfügungsverfahren kommen.

Darüber hinaus hat die Verwendung von Schutzschriften erhebliche Nachteile gegenüber der Abgabe einer Unterlassungs- und Verpflichtungserklärung. Zunächst führt die Hinterlegung einer Schutzschrift nicht automatisch zu Ihrer Anhörung vor Erlass einer einstweiligen Verfügung. Gelangt der entscheidende Richter zu der Überzeugung, dass die Argumente aus der Schutzschrift nicht greifen, so kann er auch hier – nach seinem Ermessen – auf Ihre Anhörung verzichten und eine einstweilige Verfügung erlassen. Die Hinterlegung der Schutzschrift läuft dann ins Leere.

Hinweis

Schließlich müssen Sie bei Urheberrechtsstreitigkeiten und teilweise bei Wettbewerbsverstößen beachten, dass dort in vielen Fällen der sogenannte »fliegende Gerichtsstand« gilt. Das bedeutet, dass der Abmahnende den Antrag innerhalb Deutschlands bei einem Gericht seiner Wahl stellen kann, da überall eine Zuständigkeit angenommen wird. Allein um die ohnehin geringe Schutzwirkung der Schutzschriften überhaupt erreichen zu können, müssten Sie bei jedem Gericht in Deutschland eine Schutzschrift bezüglich des Einzelfalles hinterlegen, da Sie nicht wissen, wo der Rechteinhaber seinen Antrag stellen wird. Dieser Arbeitsaufwand steht oft jedoch in keinem Verhältnis zu dem erreichbaren Erfolg.

Keine Reaktion

Wurde eine einstweilige Verfügung erlassen, dann muss diese auch innerhalb von einem Monat vollzogen werden. Bei einer Unterlassungsverfügung erfolgt dies üblicherweise, indem ein Gerichtsvollzieher Ihnen die einstweilige Verfügung im Auftrag des Antragsstellers zustellt. Halten Sie sich nicht an die Verfügung, dann kann gegen Sie ein Ordnungsgeld von bis zu 250.000 € oder eine Haftstrafe von bis zu zwei Jahren verhängt werden. Sind Sie bereit, die einstweilige Verfügung als abschließend zu akzeptieren, dann sollten Sie oder Ihr Anwalt innerhalb von zwei Wochen eine sogenannte Abschlusserklärung abgeben. Damit stellen Sie unmissverständlich klar, dass Sie mit dem Beschluss des Gerichts einverstanden sind und ein Hauptsacheverfahren nicht mehr durchgeführt werden muss. Verzichten Sie in dieser Situation auf eine Abschlusserklärung, droht eine weitere Abmahnung, mit der Sie aufgefordert werden, entweder Widerspruch einzulegen oder den Abschluss des Verfahrens zu erklären.

Widerspruch gegen die einstweilige Verfügung

Wenn die einstweilige Verfügung Ihrer Ansicht nach zu Unrecht gegen Sie erlassen wurde, dann sollten Sie über die Möglichkeit des Widerspruchs nachdenken. Der Widerspruch bewirkt, dass das bis dahin ohne mündliche Verhandlung erfolgte Verfahren nun mit einer mündlichen Verhandlung fortgeführt wird. Dass bedeutet, dass Sie nun vor dem Richter darlegen und beweisen müssen, warum die einstweilige Verfügung zu Unrecht ergangen ist. Gibt der Richter Ihnen Recht, hebt er die einstweilige Verfügung in einem Endurteil auf und legt der Gegenseite die Kosten des Verfahrens auf. Andernfalls bleibt die Verfügung bestehen und Sie müssen für die Kosten aufkommen. Es kann aber auch zu einem Vergleich kommen, wenn Sie und die Gegenseite dies möchten.

Achtung

Solange kein Endurteil vorliegt, wird die Verfügung aber trotz Ihres Widerspruchs vollzogen. Das bedeutet, dass die Verfügung für Sie so lange verbindlich ist, wie sie nicht durch das Gericht aufgehoben wird.

Bei Einlegung des Widerspruchs müssen Sie beantragen, die einstweilige Verfügung aufzuheben und den Antrag auf Erlass der einstweiligen Verfügung der Gegenseite zurückzuweisen. Wird der Widerspruch beim Landgericht eingelegt, so muss dies ein Rechtsanwalt für Sie machen, da dort Anwaltszwang besteht.

Praxisbeispiel

Az.: 402 O 896

In Sachen

Mustermann ./. Musterfrau

bestellen wir uns zu Verfahrensbevollmächtigten des Antragsgegners. Namens und im Auftrag des Antragsgegners legen wir gegen die einstweilige Verfügung des Landgerichts Köln vom 13.08.2015, zugestellt am 16.08.2015

Widerspruch

ein. Im Termin zur mündlichen Verhandlung werden wir beantragen,

1. die einstweilige Verfügung des Landgerichts vom 13.08.2015, Az. 402 O 896, aufzuheben und den Antrag auf Erlass einer einstweiligen Verfügung zurückzuweisen;

2. dem Antragsteller die Kosten des Verfahrens aufzuerlegen.

Gründe

[...]

Die einstweilige Verfügung ist daher aufzuheben und der Antrag auf Erlass derselben zurückzuweisen.

Schmitz

Rechtsanwalt

Eine bestimmte Frist zur Einlegung des Widerspruchs gibt es nicht. Jedoch dürfen Sie sich auch nicht zu viel Zeit lassen. Lassen Sie grundlos mehrere Monate verstreichen, könnte das Gericht Ihr Widerspruchsrecht als verwirkt ansehen. Denn wer sich so lange Zeit lässt, der kann dann auch das Ende des Klageverfahrens abwarten.

Stellt sich heraus, dass die einstweilige Verfügung von Beginn an nicht gerechtfertigt war, können Sie unter Umständen auch Schadensersatz von dem Antragsteller verlangen.

Hinweis

Je nach Situation gibt es noch weitere Möglichkeiten, wie Sie auf eine einstweilige Verfügung reagieren sollten. Die obige Darstellung beschränkt sich daher nur auf die relevantesten Varianten. Da aber jede Reaktion auf eine einstweilige Verfügung weitreichende Konsequenzen haben kann, empfehlen wir Ihnen, sich vorher anwaltlich beraten zu lassen.

16.4.3 Reaktionsmöglichkeiten auf eine Klage

Seine Ansprüche auf Unterlassung, Beseitigung oder Schadensersatz kann der Rechteinhaber auch im Rahmen eines Klageverfahrens durchsetzen. Sind Sie nun verklagt worden, so gibt es verschiedene Möglichkeiten, damit umzugehen. Am relevantesten sind dabei folgende:

- keine Reaktion
- die Verteidigung gegen die Klage
- Anerkenntnis der Forderung
- Flucht in die Säumnis
- Begleichen der Forderung vor der mündlichen Verhandlung

Zunächst einmal müssen Sie sich fragen, ob Sie sich überhaupt gegen die Klage verteidigen möchten. Maßgeblich zur Beantwortung dieser Frage ist die Tatsache, ob Sie die Rechtsverletzung, die Ihnen vorgeworfen wird, begangen haben oder nicht.

Achtung

Zwar sind die Gesichtspunkte bei den Abwägungen zur Reaktion nach einer Klageerhebung ähnlich wie nach einer Abmahnung, allerdings müssen Sie beachten, dass Sie nun durch den begonnenen Prozess ein höheres finanzielles Risiko tragen! Zur Ermittlung der Kosten, die Ihnen in einem Klageverfahren entstehen, bietet das Justizportal NRW auf seiner Website einen Kostenrechner an (*https://www.justiz.nrw.de/BS/Hilfen/Kostenrechner.php#verweis1*). Dort geben Sie die Höhe der Forderung als Streitwert an, und der Rechner ermittelt die gesamten Kosten der ersten und zweiten Instanz für Sie (siehe Abbildung 16.2) Alternativ suchen Sie im Apple App Store oder im Store Google Play nach der App der Kanzlei Wilde Beuger Solmecke namens »Pocket Anwalt«. Diese App enthält – neben anderen nützlichen Informationen – ebenfalls einen entsprechenden Prozesskostenrechner.

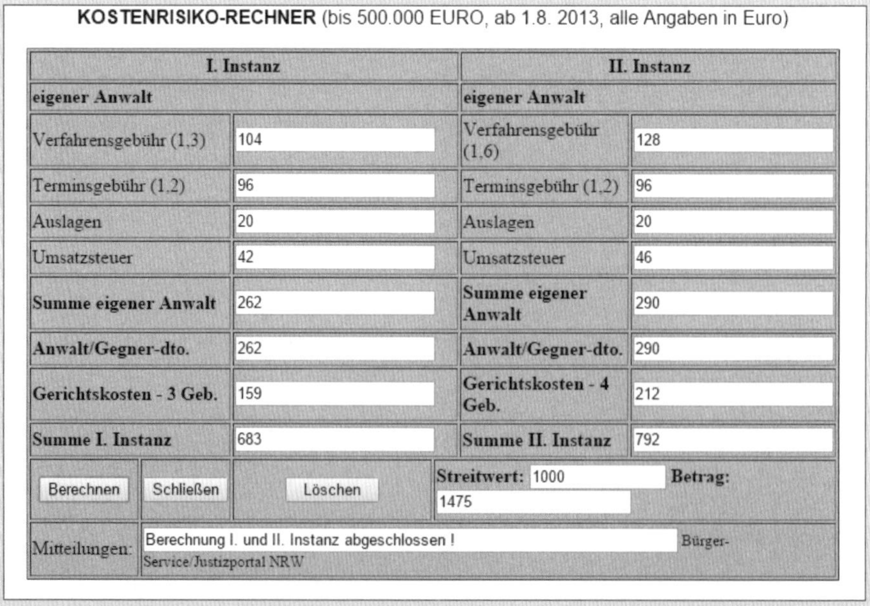

KOSTENRISIKO-RECHNER (bis 500.000 EURO, ab 1.8. 2013, alle Angaben in Euro)

I. Instanz		II. Instanz	
eigener Anwalt		**eigener Anwalt**	
Verfahrensgebühr (1,3)	104	Verfahrensgebühr (1,6)	128
Terminsgebühr (1,2)	96	Terminsgebühr (1,2)	96
Auslagen	20	Auslagen	20
Umsatzsteuer	42	Umsatzsteuer	46
Summe eigener Anwalt	262	**Summe eigener Anwalt**	290
Anwalt/Gegner-dto.	262	**Anwalt/Gegner-dto.**	290
Gerichtskosten - 3 Geb.	159	**Gerichtskosten - 4 Geb.**	212
Summe I. Instanz	683	**Summe II. Instanz**	792
Berechnen | Schließen	Löschen	**Streitwert:** 1000	**Betrag:** 1475
Mitteilungen:	Berechnung I. und II. Instanz abgeschlossen !	Bürger-Service/Justizportal NRW	

Abbildung 16.2 Der Kostenrechner ermittelt Ihnen die Kosten des Rechtsstreits in erster und zweiter Instanz.

Wie die Möglichkeiten der Reaktion auf eine Klage nun im Detail aussehen und wann welche Reaktion strategisch die beste ist, möchten wir Ihnen im Folgenden erläutern.

Vorbereitung: Prüfung der Beweislast

Sollte es zu einem Klageverfahren kommen, sollten Sie grundsätzlich im Voraus genau beachten, welche Partei wofür beweisbelastet ist, also den Beweis für die von ihm angeführte Tatsache erbringen muss. Grundsätzlich gilt, dass der Kläger, also der Rechteinhaber, die Tatsachen beweisen muss, die seinen Anspruch begründen. Sie hingegen müssen als Beklagter beweisen, dass der Anspruch nicht entstanden ist, nicht mehr besteht oder nicht durchgesetzt werden kann, weil er beispielsweise schon verjährt ist. Denn ein Anspruch der Gegenseite ist nur dann vor Gericht etwas wert, wenn diese ihn auch beweisen kann. Ebenso können auch Sie sich nur effektiv gegen die Forderung wehren, wenn Sie die von Ihnen entgegneten Tatsachen auch beweisen können.

Praxisbeispiel

Haben Sie auf Ihrer Website Bilder verwendet, an denen Sie keine Rechte hatten, und hat dies der Rechteinhaber bemerkt, so kann er daraus folgende Ansprüche wie Schadensersatz nur effektiv geltend machen, wenn er die Verwendung zum Beispiel durch Screenshots auch beweisen kann. Stellen Sie sich dagegen auf den Standpunkt, dass Sie die Bilder zwar veröffentlicht haben, dies aber mit Einwilligung des Rechteinhabers erfolgte, so müssen Sie die erteilte Einwilligung beweisen. Dies kann zum Beispiel aus einer E-Mail-Korrespondenz hervorgehen, die Sie dann dem Gericht vorlegen müssten.

Keine Reaktion: Versäumnisurteil

Lassen Sie die vom Gericht gesetzte Frist zur Verteidigungsanzeige oder zur Klageerwiderung erfolglos verstreichen oder erscheinen Sie unentschuldigt nicht zur mündlichen Verhandlung, erlässt das Gericht auf Antrag des Klägers ein Versäumnisurteil, in dem es Sie entsprechend des Antrags des Klägers verurteilt werden. Allerdings haben Sie dann noch die Möglichkeit, binnen einer Frist von zwei Wochen ab Zustellung des Versäumnisurteils dagegen Einspruch einzulegen. In der Einspruchsschrift müssen Sie dann die Bezeichnung des Urteils, gegen das der Einspruch gerichtet wird, sowie die Erklärung, dass Sie gegen dieses Urteil Einspruch einlegen, niederschreiben.

Verteidigungsanzeige

Entscheiden Sie sich nun dafür, auf die Klage zu reagieren, so müssen Sie als Erstes dem Gericht in einem Schriftsatz mitteilen, dass Sie sich gegen die Vorwürfe oder

Forderungen in der Klageschrift verteidigen wollen, sogenannte Verteidigungsanzeige. Außerdem sollten Sie beantragen, dass die Klage abgewiesen und die Kosten des Rechtsstreits dem Kläger auferlegt werden.

Praxisbeispiel

Geschäftszeichen: 402 F 896

In dem Rechtsstreit

Max Mustermann

gegen

Maximiliane Musterfrau

zeige ich an, dass ich mich gegen die mir am 15.09.2015 zugestellte Klage verteidigen werde.

Eine Begründung wird fristgerecht zu den Akten gereicht.

Unterschrift

Diesen Schriftsatz müssen Sie dann in dreifacher Ausfertigung, also ein Original und zwei Kopien, beim Amtsgericht innerhalb einer Frist von zwei Wochen einreichen. Die Frist beginnt an dem Tag, an dem Sie die Klageschrift erhalten haben. Dieses Datum können Sie auch dem gelben Briefumschlag entnehmen, in welchem sich die Klageschrift befand. Die Frist endet dann genau zwei Wochen danach.

Um sicherzugehen, dass Ihr Schriftsatz auch rechtzeitig bei Gericht eingeht, sollten Sie diesen entweder persönlich abgeben und sich den Eingang bestätigen lassen oder den Brief als Einschreiben mit Rückschein verschicken. Sie sollten nämlich nachweisen können, dass Sie sich fristgerecht zurückgemeldet haben und Ihr Schreiben bei Gericht eingegangen ist.

Hinweis

Ein Formular für die Anzeige der Verteidigungsbereitschaft bietet Ihnen das Justizportal NRW auf der Webseite *https://www.justiz.nrw.de/BS/formulare/zivilsachen/ziv_zwischentext/verteidigungsbereitschaft/anzeige_der_verteidigungsbereitschaft.pdf* (siehe Abbildung 16.3).

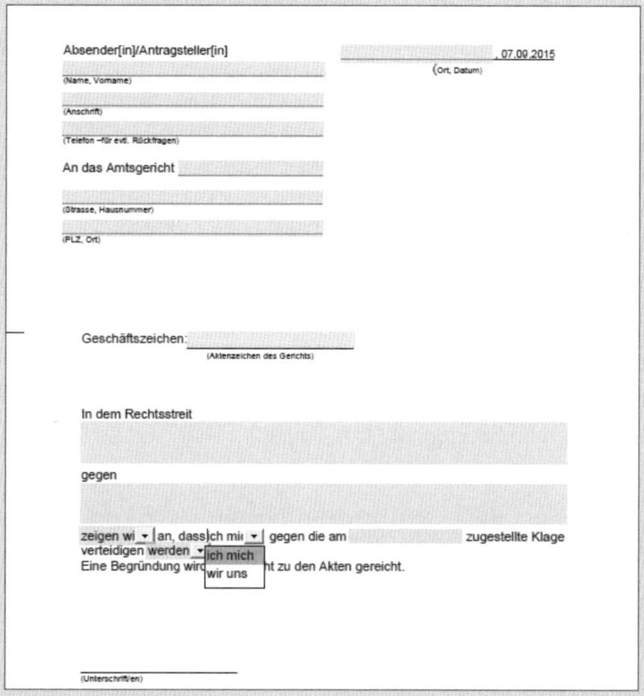
Absender[in]/Antragsteller[in] , 07.09.2015
(Ort, Datum)
(Name, Vorname)
(Anschrift)
(Telefon –für evtl. Rückfragen)
An das Amtsgericht
(Strasse, Hausnummer)
(PLZ, Ort)

Geschäftszeichen:
(Aktenzeichen des Gerichts)

In dem Rechtsstreit

gegen

zeigen wi an, dass ich mi gegen die am zugestellte Klage
verteidigen werden
ich mich
wir uns
Eine Begründung wird t zu den Akten gereicht.

(Unterschrift/en)

Abbildung 16.3 Formular des Justizportals NRW zur Verteidigungsbereitschaft

Klageerwiderung

Haben Sie Ihre Verteidigungsbereitschaft fristgemäß angezeigt, dann müssen Sie als Nächstes konkret Stellung zu dem in der Klageschrift geltend gemachten Anspruch nehmen. Sie müssen also begründen, warum der Anspruch nicht oder nicht vollständig besteht und das Gericht daher die Klage abweisen soll. Dabei müssen Sie Ihre Darstellung ausführlich und präzise halten sowie sich auf das für die Entscheidung Wesentliche beschränken.

Hinweis

Im Zivilprozess gilt der Beibringungsgrundsatz. Das bedeutet, dass es den Parteien, also dem Kläger und dem Beklagten, obliegt, alle relevanten Tatsachen vorzubringen, auf deren Grundlage das Gericht dann eine Entscheidung fällt. Denn das Gericht berücksichtigt lediglich die Sachverhalte, die ihm der Kläger und der Beklagte nennen. Es stellt selbst grundsätzlich weder eigene Ermittlungen noch Nachforschungen an!

Am einfachsten ist es daher, wenn Sie die Klageschrift Schritt für Schritt durchgehen und sich zu jedem Punkt äußern. Ist der Inhalt falsch dargestellt, sollten Sie das Vorbringen der Gegenseite bestreiten und im Anschluss daran schildern, wie Sie den Sachverhalt sehen.

Praxisbespiel

»Sofern der Kläger seinen Anspruch auf Schadensersatz darauf stützt, dass ich das streitgegenständliche Bild ohne seine Einwilligung genutzt habe, so bestreite ich dies. Tatsächlich war es nämlich so, dass der Kläger mir in seiner E-Mail vom 13.03.2015 ausdrücklich die Verwendung in der von mir vorgenommenen Art und Weise gestattet hat.«

Zu Ihren Ausführungen sollten Sie zudem einen Beweis nennen. Dieser kann aus einem Brief, einer ausgedruckten E-Mail, einem Kontoauszug oder einem Screenshot bestehen. Auch die Benennung von Zeugen, die Ihre Angaben bestätigen können, ist möglich.

Die Klageerwiderungsschrift muss dem Gericht dann binnen einer Frist von vier Wochen ab dem Datum der Zustellung der Klageschrift vorliegen, ebenfalls in dreifacher Ausfertigung.

Sie können die Klageerwiderung allerdings auch schon gemeinsam mit der Verteidigungsanzeige einreichen. Beachten Sie dann jedoch, dass wiederum die zweiwöchige Frist der Verteidigungsanzeige gilt. Eine Trennung der Schriftsätze macht daher insbesondere dann Sinn, wenn Sie noch etwas Zeit für die Begründung der Klageerwiderung benötigen.

Praxisbeispiel: Einheitliche Verteidigungsanzeige und Klageerwiderung

In dem Rechtsstreit

Klägerin ./. Beklagter

zeigen wir hiermit an, dass der Beklagte sich gegen die Klage verteidigen will.

Demgemäß werden wir beantragen,

1. die Klage abzuweisen,

2. dem Kläger die Kosten des Rechtsstreits aufzuerlegen.

Begründung:

A. Zulässigkeit

Die Klage ist bereits unzulässig.

Das Landgericht Düsseldorf ist unzuständig. (Amtsgericht Frankfurt, Urteil vom 13.02.2009, Az. 32 C 2323/08 – 72, MMR 06/2009) Sowohl der allgemeine Gerichtsstand, §§ 12, 13 ZPO, als auch der besondere Gerichtsstand der unerlaubten Handlung, § 32 ZPO, sind danach nicht eröffnet. In Anwendung dieser Rechtsprechung kommen nur die Landgerichte Hamm (§§ 12, 13, 32 ZPO) oder Berlin (§ 32 ZPO) als zuständige Gerichte in Betracht [...].

B. Begründetheit

Der geltend gemachte Anspruch steht dem Rechteinhaber nicht zu:

Dem Beklagten ist die streitgegenständliche Datei nicht bekannt. Sie ist auf seinem Rechner nicht vorhanden und hat sich weder nach seiner Kenntnis noch nach Kenntnis seiner Ehefrau, die den Rechner ebenfalls genutzt hat, auf seinem Rechner oder anderen in seinem Haushalt existierenden Rechnern befunden.

Beweis: Zeugnis Maximiliane Musterfrau, Musterweg 3, 89546 Musterstadt

[...]

Es wird bestritten, dass die streitgegenständliche Datei von dem Anschluss heruntergeladen wurde, dem zum streitgegenständlichen Zeitpunkt die streitgegenständliche IP-Adresse zugeordnet gewesen sein soll.

Beweis: Sachverständigengutachten

Wer die Urheberrechtsverletzung letztlich begangen hat, entzieht sich der Kenntnis des Beklagten. Jedenfalls hat er aber dargetan, dass eine eigenhändige Rechtsverletzung von seinem PC aus nicht stattgefunden haben kann.

Schon aus diesem Grund ist die in dem Abmahnschreiben der Klägerin verlangte Unterlassungserklärung unbegründet. Da nach dem oben Dargestellten feststeht, dass der Beklagte keine eigenhändige Urheberrechtsverletzung über seinen Internetanschluss begangen haben kann, könnte eine derartige Verletzung allenfalls durch einen Dritten begangen worden sein. Die von der Klägerin verlangte Unterlassungserklärung ist jedoch darauf gerichtet, dass sich der Beklagte verpflichtet, es zukünftig zu unterlassen in eigener Person ein urheberrechtlich geschütztes Musikstück der Klägerin im Internet der Öffentlichkeit zugänglich zu machen. Das Unterlassungsverlangen ist damit nicht auf die konkrete Verletzungsform ausgerichtet. Dies führt dazu, dass die Unterlassungserklärung insgesamt als unbegründet anzusehen ist.

Schließlich sind auch die geltend gemachten Rechtsanwaltskosten dem vorliegenden Sachverhalt nicht angemessen. Diese sind gem. § 97 a II UrhG auf € 100,00 begrenzt. Die Norm ist hier anwendbar, da sie am 1. September 2008 in Kraft getreten und die Abmahnung der Klägerin erst danach an den Beklagten zugestellt wurde.

Bei dem vorgeworfenen Tatbestand handelt es sich um einen *einfach gelagerten Fall einer nur unerheblichen Rechtsverletzung außerhalb des geschäftlichen Verkehrs.*

Nach alldem ist die Klage insgesamt als unzulässig, jedenfalls als unbegründet abzuweisen.

Schmitz

Rechtsanwalt

Anerkennung der Forderung und Versäumnisurteil

Haben Sie die Rechtsverletzung tatsächlich in dem Ihnen vorgeworfenen Umfang begangen und kann die Gegenseite dies auch beweisen, dann wird es in Ihrem Interesse sein, den Rechtsstreit so schnell und kostengünstig wie möglich zu beenden. Dabei haben Sie zwei Möglichkeiten: Entweder Sie erkennen die Forderung an, und es ergeht ein Anerkenntnisurteil, oder Sie reagieren gar nicht auf die Klage und kassieren ein Versäumnisurteil. Beim Versäumnisurteil werden Sie entsprechend des Antrags des Klägers verurteilt ohne dass das Gericht eine Prüfung des Sachverhalts vornimmt. Das Gericht prüft lediglich, ob die Klage schlüssig ist, also ob der geltend gemachte Anspruch bestünde, wenn man den dargelegten Sachverhalt zugrunde legt.

Das Ergebnis ist damit scheinbar dasselbe, der Unterschied liegt jedoch in den anfallenden Kosten. Grundsätzlich ist das Anerkenntnisurteil gegenüber dem Versäumnisurteil die teurere Alternative. Daher sollte in den Fällen, in denen es wahrscheinlich ist, dass Sie den Rechtsstreit verlieren und dann die gesamten Kosten tragen müssen, die sogenannte *Flucht in die Säumnis* durchaus in die Prozessstrategie mit einbezogen werden.

Begleichen der Forderung

Noch günstiger kann es sein, wenn Sie die Klageforderung tatsächlich noch vor Beginn der mündlichen Verhandlung bezahlen. Denn dann muss der Kläger die Hauptsache für erledigt erklären. Dies hat zur Folge, dass sich die Rechtsanwaltskosten reduzieren. Zwar bleibt es grundsätzlich bei der vollen Gerichtsgebühr, da das Gericht dann noch über die Kosten entscheiden muss und dafür mittelbar wieder prüfen muss, wer den Rechtsstreit gewonnen oder verloren hätte, jedoch können Sie dies vermeiden, wenn Sie dem Gericht mitteilen, dass Sie die vollen Kosten übernehmen. Denn dann reduziert sich auch die Gerichtsgebühr. Sind Sie also hinreichend liquide, ist diese Möglichkeit die schnellste und kostengünstigste Variante, das Verfahren zu beenden.

Kapitel 17
Mustertexte

Auf den folgenden Seiten finden Sie Mustertexte, die Ihnen dabei helfen sollen, Ihre Marketinginstrumente rechtssicher einzusetzen. Sie können diese Mustertexte frei verwenden. Beachten Sie dabei, dass Sie den Text an bestimmten Stellen durch die Angabe Ihrer Daten oder anderer wesentlicher Informationen ergänzen müssen.

Grundsätzlich gilt für solche Mustertexte, dass sie lediglich eine Hilfestellung geben sollen. Eine absolut rechtssichere Verwendung von Impressum, Teilnahmebedingungen und Einwilligungen erfordert natürlich eine einzelfallbezogene Herstellung des entsprechenden Textes.

Hinweis

Vorab möchten wir Sie darauf hinweisen, dass Sie sich für die Gestaltung des Impressums, der AGB, der Datenschutzerklärung und der Widerrufsbelehrung des Rechtstexters bedienen können. Diesen hat die Rechtsanwaltskanzlei Wilde Beuger Solmecke in Kooperation mit Trusted Shops entwickelt und auf der Webseite *https://www.wbs-law.de/e-commerce/trusted-shops-und-die-kanzlei-wilde-beuger-solmecke-bieten-abmahnschutzpakete-an-die-garantie-fuer-online-haendler-60997/* online gestellt. Dieses kostenlose Tool hilft Ihnen dabei, rechtlich schnell und einfach immer auf dem neuesten Stand zu sein. Auf diese Weise können Sie sich günstig, einfach und sicher vor Abmahnungen schützen.

17.1 Impressum

Als ausführliches Beispiel möchten wir auf unser Impressum auf unserer Homepage hinweisen, das Sie über den folgenden Link *http://www.wbs-law.de/impressum* erreichen. Einen Leitfaden zur Impressumspflicht finden Sie zudem auf der Homepage des Bundesministeriums für Justiz unter dem Link *http://www.bmj.de/DE/Service/StatistikenFachinformationenPublikationen/Fachinformationen/LeitfadenzurImpressumspflicht/_node.html*. Ebenfalls empfehlen können wir die Anwendung des bereits angesprochenen Rechtstexters, welchen Sie über den Link *https://www.wbs-law.de/*

e-commerce/trusted-shops-und-die-kanzlei-wilde-beuger-solmecke-bieten-abmahnschutzpakete-an-die-garantie-fuer-online-haendler-60997/ erreichen können.

Impressum

Angaben gemäß § 5 TMG:

Max Mustermann GmbH
Musterstr. 10
12345 Musterstadt
Tel. + 49 1234/567890
Fax. + 49 1234/567890
E-Mail: info@maxmustermann.de

Geschäftsführer der Max Mustermann GmbH:
Max Mustermann, Peter Mustermann

Hinweis

Wenn es mehrere Vertretungsberechtigte gibt, müssen diese auch alle genannt werden.

Registergericht: Amtsgericht Musterstadt

Registernummer: HRB 12345

Stammkapital: 25.000 €

Hinweis

Die Angabe zum Stammkapital ist keine Pflichtangabe. Wenn eine Angabe gemacht wird, muss diese aber richtig sein!

Umsatzsteuer-Identifikationsnummer gemäß § 27a Umsatzsteuergesetz:

DE-123456789

Redaktionelle Verantwortung:

Max Mustermann
Musterstr. 1
12345 Musterstadt

Hinweis

Dieser Abschnitt ist nur erforderlich, wenn Sie journalistisch oder redaktionell gestaltete Texte auf Ihrem Angebot veröffentlichen.

17.2 Datenschutzerklärung

Datenschutzerklärung

Wir, die XY GmbH, bedanken uns für Ihren Besuch auf unserer Homepage. Als XY GmbH ist uns der sichere Umgang mit Ihren Daten besonders wichtig. Wir möchten Sie daher hiermit ausführlich über die Verwendung Ihrer Daten bei dem Besuch unseres Webauftritts informieren.

1. Welche Daten werden erhoben und gespeichert?

Um unsere Homepage zu besuchen, ist die Angabe von personenbezogenen Daten nicht notwendig. Personenbezogene Daten sind Einzelangaben über persönliche und sachliche Verhältnisse einer bestimmten oder bestimmbaren Person (§ 3 Abs. 1 BDSG), also Daten, die Rückschlüsse auf eine Person zulassen. Diese Daten werden von uns nur erhoben oder gespeichert, wenn Sie uns die Daten freiwillig, beispielsweise bei Kontaktaufnahme Ihrerseits, mitteilen.

Freiwillig mitgeteilte personenbezogene Daten werden ausschließlich zur Durchführung des Vertragsverhältnisses erhoben, gespeichert und verarbeitet. Auch die Weitergabe Ihrer Daten an Dritte erfolgt ausschließlich, soweit dies im Rahmen des Vertragsverhältnisses notwendig ist. Selbstverständlich achten wir bei der Verwendung Ihrer Daten auf die Einhaltung datenschutzrechtlicher Bestimmungen – insbesondere des Bundesdatenschutzgesetzes sowie des Telemediengesetzes.

2. Verwendung von Cookies

Cookies sind kurze Textinformationen, die auf Ihrem Rechner abgelegt werden. Sie erleichtern die Nutzung von Internetseiten. Bei der Verwendung von Cookies besteht grundsätzlich die Gefahr, dass Ihr Surfverhalten innerhalb der genutzten Internetpräsenz ausgelesen und Benutzerprofile erstellt werden können.

Nichtsdestotrotz verwenden wir auch auf unserer Internetseite Cookies, da diese die Nutzung der Internetpräsenz komfortabler gestalten und andernfalls bestimmte Funktionen der Website nicht ausgeführt werden können. Nach dem Ende der Browsersitzung werden die meisten der von uns verwendeten Cookies wieder von Ihrer Festplatte gelöscht (»Sitzungs-Cookies«). Die sogenannten »dauerhaften Cookies« verbleiben dagegen auf Ihrem Rechner und ermöglichen es uns so, Sie bei Ihrem nächsten Besuch wiederzuerkennen.

Sie haben jedoch die Möglichkeit, das Abspeichern von Cookies auf Ihrem eigenen Rechner zu verhindern, indem Sie die Einstellungen in Ihrem Browserprogramm entsprechend ändern.

3. Verwendung von Google Analytics

Wir nutzen auf unserer Internetseite Google Analytics, einen Webanalysedienst der Google Inc. (Google). Google Analytics verwendet sogenannte Cookies, Textdateien, die auf Ihrem Computer gespeichert werden und die eine Analyse der Benutzung der Website durch Sie ermöglichen.

Die durch den Cookie erzeugten Informationen über Ihre Benutzung dieser Website (einschließlich Ihrer IP-Adresse) wird an einen Server von Google in den USA übertragen und dort gespeichert. Google wird diese Informationen benutzen, um Ihre Nutzung der Website auszuwerten, um Reports über die Website-Aktivitäten für die Website-Betreiber zusammenzustellen und um weitere mit der Website-Nutzung und der Internetnutzung verbundene Dienstleistungen zu erbringen.

Auch wird Google diese Informationen gegebenenfalls an Dritte übertragen, sofern dies gesetzlich vorgeschrieben oder soweit Dritte diese Daten im Auftrag von Google verarbeiten. Google wird in keinem Fall Ihre IP-Adresse mit anderen Daten von Google in Verbindung bringen. Sie können die Installation der Cookies durch eine entsprechende Einstellung Ihrer Browsersoftware verhindern; wir weisen Sie jedoch darauf hin, dass Sie in diesem Fall gegebenenfalls nicht sämtliche Funktionen dieser Website vollumfänglich nutzen können. Durch die Nutzung dieser Website erklären Sie sich mit der Bearbeitung der über Sie erhobenen Daten durch Google in der zuvor beschriebenen Art und Weise und zu dem zuvor benannten Zweck einverstanden.

Sie können der Erhebung und Speicherung Ihrer Daten jederzeit mit Wirkung für die Zukunft widersprechen. Wir möchten angesichts der Diskussion um den Einsatz von Analysetools mit vollständigen IP-Adressen darauf hinweisen, dass, um eine direkte Personenbeziehbarkeit auszuschließen, auf dieser Website IP-Adressen nur gekürzt weiterverarbeitet werden, da wir Google Analytics mit der Erweiterung »_anonymizeIp()« verwenden.

4. Verwendung von Facebook Social Plug-ins

Diese Website der XY GmbH verwendet sogenannte Social Plug-ins (im Folgenden »Plug-ins«) des sozialen Netzwerkes Facebook, das von der Facebook Inc., 1601 S. California Ave, Palo Alto, CA 94304, USA (im Folgenden Facebook) betrieben wird. Die Plug-ins erkennen Sie an einem Facebook-Logo oder dem Zusatz »Soziales Plug-in von Facebook« bzw. »Facebook Social Plugin«. Eine Übersicht über die Facebook Social Plug-ins und deren Aussehen finden Sie unter *http://developers.facebook.com/plugins*.

Wenn Sie eine Seite unseres Webauftritts aufrufen, die ein solches Plug-in enthält, baut Ihr Browser eine direkte Verbindung mit den Servern von Facebook auf. Der Inhalt des Plug-ins wird von Facebook direkt an Ihren Browser übermittelt und von diesem in die Webseite eingebunden.

Durch die Einbindung der Plug-ins erhält Facebook die Information, dass Ihr Browser die entsprechende Seite eines Webauftritts von der XY GmbH aufgerufen hat, auch wenn Sie kein Facebook-Konto besitzen oder gerade nicht bei Facebook eingeloggt sind. Diese Information (einschließlich Ihrer IP-Adresse) wird von Ihrem Browser direkt und unmittelbar an einen Server von Facebook in den USA übermittelt und dort gespeichert.

Sofern Sie bei Facebook eingeloggt sind, kann Facebook den Besuch einer Webseite der XY GmbH Ihrem Facebook-Konto unmittelbar zuordnen.

Sofern Sie mit den Plug-ins interagieren, etwa den »Gefällt mir«-Button betätigen oder einen Kommentar abgeben, wird die entsprechende Information ebenfalls unmittelbar an einen Server von Facebook übermittelt und dort gespeichert. Die Informationen werden außerdem auf Facebook veröffentlicht und Ihren Facebook-Freunden angezeigt.

Wenn Sie nicht wünschen, dass Facebook die über den Webauftritt der XY GmbH gesammelten Daten Ihrem Facebook-Konto zuordnet, sollten Sie sich unbedingt vor Ihrem Besuch einer Webseite der XY GmbH bei Facebook ausloggen.

Zweck und Umfang der Datenerhebung sowie die weitere Verarbeitung und Nutzung Ihrer Daten durch Facebook sowie Ihre diesbezüglichen Rechte und Einstellungsmöglichkeiten zum Schutz Ihrer Privatsphäre können Sie den Datenschutzhinweisen von Facebook unter *http://www.facebook.com/policy.php* entnehmen.

Hinweis

Sofern Sie keine Social-Media-Plug-ins verwenden, benötigen Sie den obigen Abschnitt nicht.

5. Newsletter

Sie können sich zum Empfang unseres Newsletters registrieren. Hierzu müssen Sie uns in jedem Fall Ihre E-Mail-Adresse mitteilen. Sonstige Angaben, die der Optimierung des Newsletters dienen, können freiwillig vorgenommen werden. Ihre E-Mail-Adresse verwenden wir ausschließlich, um Ihnen unseren Newsletter für eigene Werbezwecke zuzusenden. Eine Abmeldung vom Newsletter ist jederzeit möglich. Bitte bestellen Sie den Newsletter mit Klick auf den Link »Vom Newsletter abmelden« ab, den Sie unter www.maxmustermann.de finden können, oder senden Sie eine entsprechende E-Mail-Nachricht an folgende Adresse: *info@maxmustermann.de*.

6. Eingebettete Videos und Bilder von externen Internetseiten

Einige unserer Seiten enthalten eingebettete Inhalte von YouTube oder Instagram. Beim alleinigen Aufrufen einer Seite aus unserem Internetangebot mit eingebundenen Videos oder Bildern aus unserem YouTube- und/oder Instagram-Kanal werden keine personenbezogenen Daten, mit Ausnahme der IP-Adresse, übermittelt. Die IP-Adresse wird im Fall von YouTube an die Google Inc., im Fall von Instagram an die Instagram Inc., 181 SouthPark Street Suite 2 San Francisco, California 94107 (Instagram) übermittelt.

Hinweis

Hier sollten Sie diejenigen Drittanbieter aufführen, von denen Sie Content in Ihre Website einbinden.

7. Bekanntmachung von Veränderungen

Gesetzesänderungen oder Änderungen unserer internen Prozesse können eine Anpassung dieser Datenschutzerklärung erforderlich machen.

Für den Fall einer solchen Änderung werden wir Ihnen dies spätestens sechs Wochen vor Inkrafttreten mitteilen. Ihnen steht generell (Ziffer 6) ein Widerrufsrecht hinsichtlich Ihrer erteilten Einwilligungen zu.

Bitte beachten Sie, dass (sofern Sie keinen Gebrauch von Ihrem Widerrufsrecht machen) die jeweils aktuelle Version der Datenschutzerklärung die gültige ist.

8. Aktualisierung/Löschung Ihrer persönlichen Daten

Sie haben jederzeit die Möglichkeit, die uns zur Verfügung gestellten persönlichen Daten zu überprüfen, zu ändern oder zu löschen, indem Sie uns eine E-Mail an info@maxmustermann.de schicken. Wenn Sie Mitglied bei uns sind, können Sie dort auch den Empfang weiterer Informationen für die Zukunft ausschließen.

Ebenso haben Sie das Recht, einmal erteilte Einwilligungen mit Wirkung für die Zukunft jederzeit zu widerrufen.

Die Löschung der gespeicherten personenbezogenen Daten erfolgt, wenn Sie Ihre Einwilligung zur Speicherung widerrufen oder wenn die Kenntnis dieser Daten zur Erfüllung des mit der Speicherung verfolgten Zwecks nicht mehr erforderlich ist. Die Löschung erfolgt jedoch erst nach Ablauf der Fristen der steuer- und handelsrechtlichen Vorschriften.

9. Ihr Ansprechpartner

Haben Sie Fragen zur Erhebung, Verarbeitung oder Nutzung Ihrer personenbezogenen Daten, oder wünschen Sie eine Auskunft oder die Berichtigung, Löschung oder Sperrung Ihrer Daten, wenden Sie sich bitte an:

Max Mustermann GmbH
Musterstr. 10
12345 Musterstadt
Tel. + 49 1234/567890
Fax. + 49 1234/567890
E-Mail: info@maxmustermann.de

Hinweis

Dieses Muster gilt für eine Unternehmenshomepage mit den üblichen Basisfunktionen (Cookies, Google Analytics, Newsletter). Wenn jedoch zum Beispiel eine Registrierung des Nutzers möglich ist, bei der weitere Daten erhoben werden, oder wenn eine Shop-Funktion integriert ist, muss die Datenschutzerklärung erweitert werden. An dieser Stelle kann der bereits mehrfach angesprochene Rechtstexter bei einer individuellen Gestaltung helfen.

17.3 Muster-Einwilligungserklärung in die Zusendung von Werbung per E-Mail

17.3.1 Versand eines Newsletters

Wenn Sie die Einwilligung für das Zusenden eines Newsletters abfragen möchten, empfiehlt sich die nachfolgende Formulierung:

»Bitte senden Sie mir künftig Ihren kostenlosen Newsletter per E-Mail zu. Diesen kann ich jederzeit, zum Beispiel durch eine E-Mail an [Ihre E-Mail-Adresse], wieder abbestellen.«

Hinweis

Um nachzuweisen, dass der Nutzer tatsächlich seine Einwilligung erteilt hat, sollten Sie auf das sogenannte Double-Opt-in-Verfahren setzen. Zudem müssen Sie auf die Möglichkeit zur Abbestellung des Newsletters hinweisen.

17.3.2 Einwilligung für weitere werbliche E-Mails

Eine Einwilligung in den Erhalt von Werbung via E-Mail können Sie mit dieser Formulierung einholen:

»Ich bin mit der Zusendung von Informationen über Ihre neuen Produkte und Dienstleistungen einverstanden. Diese Einwilligung kann ich jederzeit, zum Beispiel per Brief oder per E-Mail an [Ihre E-Mail-Adresse], mit Wirkung für die Zukunft widerrufen.«

Hinweis

Sie müssen zwingend darauf hinweisen, dass die Einwilligung widerrufen werden kann und wie der Widerruf zu erfolgen hat.

17.4 Social Media Guidelines

Die folgenden Richtlinien sollen als Anleitung für die Mitarbeiter des Unternehmens zur privaten wie beruflichen Nutzung von Social-Media-Kanälen wie Facebook, Twitter, Blogs, Foren, YouTube, Flickr etc. dienen. Ziel ist insbesondere, sowohl das Unternehmen als auch Mitarbeiter vor den Folgen unbedachter und möglicherweise geschäftsschädigender Aktivitäten zu schützen.

1. Einleitung

[...]

Hinweis

Einleitend sollte kurz definiert werden, welche Ziele mit den folgenden Richtlinien verfolgt werden sollen. Abhängig davon, ob und in welchem Umfang Ihr Unternehmen selbst im Social-Media-Bereich aktiv ist, kann eine solche Einleitung durchaus ausführlicher gestaltet werden. Insbesondere können an dieser Stelle auch die positiven Erwartungen im Hinblick auf die Darstellung des Unternehmens im Web 2.0 formuliert werden.

2. Nutzungsumfang von Social Media

Aktive Teilnahme an Social Computing in all seinen Facetten kann sehr zeitaufwendig sein. Achten Sie daher darauf, dass Ihre eigentlichen Aufgaben innerhalb des Unternehmens nicht unter Ihren Social-Media-Aktivitäten leiden.

Hinweis

Der Abschnitt zum Umfang der Social-Media-Nutzung ist an dieser Stelle bewusst kurz gehalten, da die diesbezügliche Gestaltung ganz besonders von den Vorgaben des jeweiligen Unternehmens abhängt. Außerdem bestehen oftmals bereits Vereinbarungen über die private Internetnutzung der Mitarbeiter, so dass eine entsprechende Regelung in den Social Media Guidelines entbehrlich ist. Wichtig ist, dass der obige Passus keinesfalls verwendet wird, wenn die private Internetnutzung zum Beispiel in einer Betriebsvereinbarung oder im Arbeitsvertrag gänzlich ausgeschlossen worden ist.

3. Eigenverantwortlichkeit

Grundsätzlich sind Sie für jegliche Äußerungen privater oder beruflicher Natur selbst verantwortlich. Einmal eingestellte Inhalte sind gerade im Internet oftmals sehr lange verfügbar. Wägen Sie daher vor der Veröffentlichung von Beiträgen sorgfältig deren Inhalt ab.

Hinweis

Die Eigenverantwortlichkeit hinsichtlich der Online-Aktivitäten ist eigentlich ebenso selbstverständlich wie die Achtung von gesetzlichen Vorschriften und allgemeinen Verhaltensregeln. Dennoch sollte auf die entsprechenden Hinweise keinesfalls verzichtet werden, da sie in der scheinbaren Anonymität des Netzes oftmals verdrängt werden. Hieran knüpft dann auch der nächste Punkt an.

4. Gesetzliche Vorgaben

Beachten Sie auch bei der Nutzung von Social Media geltende gesetzliche Vorgaben, wie beispielsweise des Datenschutz-, Urheber- und Markenrechts.

5. Netikette

Auch im Internet sind die allgemeinen Regeln des Anstands zu beachten. Verhalten Sie sich also respektvoll etwa gegenüber anderen Diskussionsteilnehmern oder Wettbewerbern. Informieren Sie sich darüber hinaus über die jeweiligen Verhaltenskodizes der von Ihnen genutzten Plattformen.

6. Transparenz

Transparenz und Offenheit sind sowohl im privaten als auch im geschäftlichen Bereich unerlässlich für den Aufbau vertrauensvoller Beziehungen. Verstecken Sie sich daher nicht hinter einem Pseudonym oder gar vollkommener Anonymität. Transparentes Auftreten umfasst neben der Nennung des richtigen Namens sowie der Unternehmenszugehörigkeit auch einen entsprechenden Umgang mit Fehlern. Gestehen Sie diese offen ein, indem Sie beispielsweise bereits veröffentlichte Beiträge offen korrigieren und nicht einfach kommentarlos löschen.

Hinweis

Ein transparentes Auftreten ist eng mit den inhaltlichen Richtlinien verknüpft, da es mehr Bewusstsein für das eigene Handeln schafft. Darüber hinaus wird das Unternehmen so in die Lage versetzt, Vorfälle im Zusammenhang mit Internetveröffentlichungen besser aufklären zu können.

7. Kenntlichmachung privater Meinungen

Wenn Sie öffentlich einen Kommentar im Zusammenhang mit unserem Unternehmen abgeben, tun Sie dies in der ersten Person Singular (»ich« statt »wir«). Kennzeichnen Sie darüber hinaus, dass es sich um die Äußerung einer privaten Meinung handelt, indem Sie an geeigneter Stelle einen entsprechenden Hinweis hinterlegen. Dies gilt ebenfalls für die Abgrenzung von Meinungsäußerungen gegenüber geäußerten Tatsachen.

Hinweis

An dieser Stelle können auch Vorschläge bzw. Vorgaben dahin gehend gemacht werden, wie der entsprechende Hinweis zu gestalten bzw. zu platzieren ist, etwa im Impressum eines privaten Blogs.

8. Unternehmensschädigende Äußerungen

Denken Sie auch bei Ihren Social-Media-Aktivitäten an Ihre Verbundenheit gegenüber dem Unternehmen. Kritische und gegebenenfalls geschäftsschädigende Äußerungen sind insbesondere im beruflichen Bereich zu unterlassen. Aber auch privat geäußerte Kritik kann negative Folgen für den geschäftlichen Erfolg des Unternehmens und damit auch für seine Mitarbeiter haben. Gleiches gilt für Aussagen über Partner oder Kunden.

Hinweis

Soweit es sich um bewusste Geschäfts- oder Rufschädigungen, Drohungen und Beleidigungen, falsche Tatsachenbehauptungen oder den Betriebsfrieden ernstlich gefährdende Äußerungen handelt, sind diese auch durch den Arbeitgeber sanktionierbar. Durch das Aufzeigen entsprechender Konsequenzen (Abmahnung, Kündigung) kann diesem Abschnitt daher noch mehr Nachdruck verliehen werden. Der Hinweis, dass auch eine in aller Regel zulässige, da von der Meinungsfreiheit gedeckte kritische Auseinandersetzung im privaten Bereich negative Folgen für Unternehmen und Mitarbeiter haben kann, schärft insoweit das Bewusstsein der Belegschaft.

9. Verschwiegenheitspflicht

Vertrauliche Informationen des Unternehmens sowie von Kunden sind ebenso zu behandeln. Achten Sie daher auch und insbesondere bei der Nutzung von Social Media auf die Wahrung von Betriebs- und Geschäftsgeheimnissen.

Hinweis

Auch bezüglich der Verschwiegenheitspflicht kann sich ein Aufzeigen der gegebenenfalls gravierenden Folgen einer Zuwiderhandlung anbieten. So berechtigt das Verraten von Betriebs- oder Geschäftsgeheimnissen den Arbeitgeber im Einzelfall zur fristlosen Kündigung. Die Verschwiegenheitspflicht ergibt sich aus dem Arbeitsvertrag und ist immer dann anzunehmen, wenn ein berechtigtes betriebliches Interesse des Arbeitgebers an der Geheimhaltung vorliegt. Insofern kann es aber im Einzelfall sinnvoll sein, den Umfang der Verschwiegenheitsverpflichtung näher zu konkretisieren.

10. Ansprechpartner

Sollten Sie im Rahmen des Webs 2.0 auf positive oder negative Beiträge oder Reaktionen stoßen, die das Unternehmen und/oder seine Produkte betreffen, teilen Sie dies bitte [Kontaktdaten des Ansprechpartners] mit. An die gleiche Stelle können Sie sich auch wenden, wenn Unsicherheiten oder Fragen bezüglich der Umsetzung dieser Richtlinien bestehen.

17.5 Gewinnspielbedingungen

Teilnahmebedingungen

»Quiz Spiel 2015«

1. Gewinnspiel und Veranstalter

Veranstalter des Online-Gewinnspiels »Quiz Spiel 2015« (nachfolgend Gewinnspiel) ist die Quiz-Onlinegesellschaft mbH, ABC-Str. 1, 12345 Musterhausen (nachfolgend Veranstalter). Die Teilnahme an dem Gewinnspiel richtet sich ausschließlich nach den nachfolgenden Teilnahmebedingungen.

2. Teilnahme

2.1 Teilnahmeberechtigt ist jede Person ab 18 Jahren mit Wohnsitz in Deutschland. Mitarbeiter des Veranstalters sowie deren Angehörige sind von der Teilnahme ausgeschlossen.

2.2 Die Teilnahme an dem Gewinnspiel ist ausschließlich in dem Zeitraum [Zeitraum mit genauen Daten ergänzen] möglich. Die Teilnahme am Gewinnspiel ist kostenlos.

2.3 Die Teilnahme an dem Gewinnspiel erfolgt über die Seite www.quiz-online.de (nachfolgend Webseite). Das Gewinnspiel ist dort unter dem Reiter »Gewinnspiel« verfügbar.

2.4 Jede Person, die an dem Gewinnspiel teilnehmen möchte, muss zwei auf der Webseite vorgehaltene Online-Games absolvieren. Die jeweils gültige Spielanleitung wird auf der Webseite zum Abruf bereitgehalten.

2.5 Nach Abschluss der beiden Online-Games muss sich der Teilnehmer online registrieren. Für die Registrierung ist die vollständige und wahrheitsgemäße Angabe sämtlicher abgefragten Daten, Vor- und Nachname, E-Mail-Adresse, Geburtsdatum, erforderlich.

2.6 Nur vollständig ausgefüllte Registrierungen nehmen an dem Gewinnspiel teil. Unzutreffende Angaben oder unvollständig ausgefüllte Registrierungen führen zum Ausschluss von der Gewinnvergabe. Für verspätete und/oder unvollständige Eingänge kann der Veranstalter nicht verantwortlich gemacht werden.

2.7 Die Teilnahme und die Gewinnchancen hängen in keiner Weise von der Anzahl der Absolvierungen der Online-Games oder den im Rahmen der Online-Games erzielten Punkte ab.

Hinweis

In diesem Abschnitt sollten Sie Aufbau und Ablauf des Gewinnspiels so genau wie möglich beschreiben.

3. Durchführung und Abwicklung

3.1 Unter allen vollständig durchgeführten Registrierungen werden folgende Preise verlost:

- eine Reise für 2 Personen nach Mallorca inklusive Flug und Übernachtung in einem 4-Sterne-Hotel im Wert von 1.000,00 €
- ein Apple iPad der aktuellen Generation mit 32 GB Speicher im Wert von 500,00 €
- 20 Amazon-Gutscheine im Wert von je 100,00 €

3.2 Der Gewinner wird bis zum [Datum bitte ergänzen] per E-Mail benachrichtigt und hat den Erhalt der Benachrichtigung und die Inanspruchnahme des Gewinns bis zum [Datum bitte ergänzen – üblich ist eine Frist von ein bis zwei Wochen ab Gewinnbenachrichtigung] an die in der Benachrichtigung genannten Kontaktwege zu bestätigen, andernfalls wird der Gewinn an einen anderen Gewinnspielteilnehmer vergeben.

3.3 Der Anspruch auf den Gewinn verfällt ebenfalls, wenn die Übermittlung des Gewinns nicht innerhalb von vier Wochen nach der ersten Benachrichtigung über den Gewinn aus Gründen, die in der Person des Gewinners liegen, erfolgen kann. Die Übermittlung des Reisegutscheins bzw. der Reiseunterlagen erfolgt nur innerhalb Deutschlands kostenfrei für einen einmaligen Zustellversuch. Ansonsten hat der Gewinner Transportkosten und sonstige Abgaben (Zollgebühren, Steuern etc.) zu tragen. Die zu verlosende Reise wird durch die [Reiseveranstalter wenn bekannt ergänzen] ausgerichtet und durchgeführt. Der Veranstalter ist für die Organisation und die Durchführung der Reisen nicht verantwortlich.

3.4 Der Anspruch auf den Gewinn kann nicht abgetreten oder übertragen werden. Der Gewinn ist weder auszahlbar noch ergänzbar oder änderbar. Sollte der Gewinn, gleich aus welchem Grund, nicht zur Verfügung gestellt werden können, behält sich der Veranstalter das Recht vor, einen gleichwertigen Ersatzpreis zu vergeben.

4. Ausschluss von der Teilnahme

4.1 Bei einem Verstoß gegen diese Teilnahmebedingungen behält sich der Veranstalter das Recht vor, Teilnehmer vom Gewinnspiel auszuschließen.

4.2 Weiterhin behält sich der Veranstalter das Recht vor, Teilnehmer auszuschließen, die sich unerlaubter Hilfsmittel bedienen oder sich anderweitig durch Manipulation

Vorteile verschaffen (insbesondere Sammel- oder Mehrfachteilnahmen). Dies liegt vor, wenn zum Beispiel automatische Skripte, Hackertools, Trojaner oder Viren eingesetzt werden oder wenn ein Teilnehmer sich durch andere unerlaubte Mittel einen Vorteil verschafft. Des Weiteren können unwahre Personenangaben sowie der Einsatz von »Fake-Profilen« zum Ausschluss führen. Gegebenenfalls können in diesen Fällen auch nachträglich Gewinne aberkannt und/oder zurückgefordert werden.

5. Vorzeitige Beendigung bzw. Abbruch des Gewinnspiels

Der Veranstalter ist berechtigt, das Gewinnspiel vorzeitig abzubrechen, auszusetzen oder zu verändern, wenn unvorhergesehene, außerhalb des Einflussbereichs des Veranstalters liegende Umstände eintreten, die die ursprüngliche Durchführung erschweren oder für den Veranstalter unzumutbar machen. Hierzu gehören insbesondere, jedoch nicht abschließend, das nicht gestattete Eingreifen Dritter, technische Probleme mit Hard- oder Software, die außerhalb des Machtbereichs des Veranstalters liegen, sowie Rechtsverletzungen, die im unmittelbaren Zusammenhang mit der Durchführung des Gewinnspiels stehen, hier insbesondere das manipulative Eingreifen in den Ablauf des Gewinnspiels.

6. Datenschutz

Der Veranstalter erhebt und nutzt die personenbezogenen Daten der Teilnehmer ausschließlich im gesetzlich zulässigen Rahmen. Einzelheiten zur Art und dem Umfang der Datenverarbeitung ergeben sich aus der Datenschutzerklärung, die Sie unter *www.quiz-online.de/gewinnspiel* abrufen können.

Hinweis

Bei einem Gewinnspiel sollten Sie immer auch eine gültige Datenschutzerklärung bereithalten. Ein Muster hierzu finden Sie in Abschnitt 17.2, »Datenschutzerklärung«.

7. Haftung des Veranstalters

Für eine Haftung des Veranstalters auf Schadensersatz gelten unbeschadet der sonstigen gesetzlichen Anspruchsvoraussetzungen die nachfolgenden Haftungsausschlüsse und -begrenzungen:

7.1 Der Veranstalter haftet unbeschränkt, soweit die Schadensursache auf Vorsatz oder grober Fahrlässigkeit beruht.

7.2 Weiter tritt eine Veranstalterhaftung für leicht fahrlässig verursachte Verletzungen von wesentlichen Pflichten, deren Verletzung die Erreichung des Vertragszwecks gefährdet, oder für die Verletzung von Pflichten, deren Erfüllung die ordnungsgemäße Durchführung des Gewinnspiels überhaupt erst ermöglichen und auf deren Einhaltung die Vertragspartner regelmäßig vertrauen, ein. Der Haftungsumfang beschränkt sich für den Veranstalter in einem solchen Fall jedoch bloß auf den vorhersehbaren, vertragstypischen Schaden.

7.3 Der Veranstalter haftet nicht für die leicht fahrlässige Verletzung anderer als den vorstehend benannten Pflichten.

7.4 Die bezeichneten Haftungsbeschränkungen gelten nicht bei Verletzungen von Leben, Körper und Gesundheit, für einen Mangel nach Übernahme von Beschaffenheitsgarantien für die Beschaffenheit eines Produkts und bei arglistig verschwiegenen Mängeln. Die Haftung nach dem Produkthaftungsgesetz bleibt unberührt.

7.5 Der Haftungsausschluss bzw. die Haftungsbeschränkung des Veranstalters gilt ebenso für die persönliche Haftung von Vertretern und Erfüllungsgehilfen des Veranstalters oder dessen Arbeitnehmern.

8. Hinweise und Bedingungen von Facebook

8.1 Das Gewinnspiel steht in keiner Verbindung zu Facebook und wird in keiner Weise von Facebook gesponsert, unterstützt oder organisiert.

8.2 Den Teilnehmern entstehen gegenüber Facebook keinerlei Ansprüche aus der Teilnahme am Gewinnspiel oder durch einen Gewinn bei dem Gewinnspiel.

8.3 Anfragen und Hinweise durch die Teilnehmer sind ausschließlich an den Veranstalter und nicht an Facebook zu richten.

Hinweis

Dieser Abschnitt ist wichtig und wird benötigt, wenn Sie Ihr Gewinnspiel über Facebook organisieren. Ansonsten können Sie ihn auch streichen.

9. Schlussbestimmungen

9.1 Der Rechtsweg ist ausgeschlossen.

9.2 Es gilt das Recht der Bundesrepublik Deutschland unter Ausschluss des Internationalen Privatrechts und des ins Deutsche Recht übernommenen UN-Kaufrechts (CISG).

9.3 Sollten einzelne dieser Bestimmungen ungültig sein oder werden, bleibt die Gültigkeit der übrigen Bedingungen hiervon unberührt.

Hinweis

Bei Gewinnspielen müssen nach § 4 Nr. 5 UWG die Teilnahmebedingungen genau angegeben werden. Bei Gewinnspielen auf Facebook müssen zusätzlich die unter Ziffer 8 dargestellten Hinweise angegeben werden.

17.6 Widerrufsbelehrung Onlineshop

Der Gesetzgeber hat in Anlage 1 zu Art. 246a § 1 Abs. 2 S. 2 EGBGB ein Muster für die Widerrufsbelehrung bereitgestellt. Wir empfehlen Ihnen, sich an diesem Muster zu orientieren. Zusätzlich können Sie sich des Rechtstexters bedienen, der auch Ihren individuellen Bedürfnissen gerecht wird.

Widerrufsbelehrung

Widerrufsrecht

Sie haben das Recht, binnen 14 Tagen ohne Angabe von Gründen diesen Vertrag zu widerrufen.

Die Widerrufsfrist beträgt 14 Tage ab dem Tag, an dem Sie oder ein von Ihnen benannter Dritter, der nicht der Beförderer ist, die Waren in Besitz genommen haben bzw. hat.

Um Ihr Widerrufsrecht auszuüben, müssen Sie uns (Ihr Name, Ihre Anschrift, Telefonnummer, Telefaxnummer und E-Mail-Adresse) mittels einer eindeutigen Erklärung (zum Beispiel ein mit der Post versandter Brief, ein Telefax oder eine E-Mail) über Ihren Entschluss, diesen Vertrag zu widerrufen, informieren. Sie können dafür das beigefügte Muster-Widerrufsformular verwenden, das jedoch nicht vorgeschrieben ist.

Hinweis

Wenn Sie dem Verbraucher die Wahl einräumen, die Information über seinen Widerruf des Vertrags auf Ihrer Website elektronisch auszufüllen und zu übermitteln, fügen Sie Folgendes ein:
»Sie können das Muster-Widerrufsformular oder eine andere eindeutige Erklärung auch auf unserer Website [Internetadresse einfügen] elektronisch ausfüllen und übermitteln. Machen Sie von dieser Möglichkeit Gebrauch, so werden wir Ihnen unverzüglich (zum Beispiel per E-Mail) eine Bestätigung über den Eingang eines solchen Widerrufs übermitteln.«

Zur Wahrung der Widerrufsfrist reicht es aus, dass Sie die Mitteilung über die Ausübung des Widerrufsrechts vor Ablauf der Widerrufsfrist absenden.

Folgen des Widerrufs

Wenn Sie diesen Vertrag widerrufen, haben wir Ihnen alle Zahlungen, die wir von Ihnen erhalten haben, einschließlich der Lieferkosten (mit Ausnahme der zusätzlichen Kosten, die sich daraus ergeben, dass Sie eine andere Art der Lieferung als die von uns angebotene, günstigste Standardlieferung gewählt haben), unverzüglich und spätestens binnen 14 Tagen ab dem Tag zurückzuzahlen, an dem die Mitteilung über Ihren Widerruf dieses Vertrags bei uns eingegangen ist. Für diese Rückzahlung verwenden wir dasselbe Zahlungsmittel, das Sie bei der ursprünglichen Transaktion eingesetzt haben, es sei denn, mit Ihnen wurde ausdrücklich etwas anderes vereinbart; in keinem Fall werden Ihnen wegen dieser Rückzahlung Entgelte berechnet. Wir können die Rückzahlung verweigern, bis wir die Waren wieder zurückerhalten haben oder bis Sie den Nachweis erbracht haben, dass Sie die Waren zurückgesandt haben, je nachdem, welches der frühere Zeitpunkt ist.

Sie haben die Waren unverzüglich und in jedem Fall spätestens binnen 14 Tagen ab dem Tag, an dem Sie uns über den Widerruf dieses Vertrags unterrichten, an uns oder an [hier sind gegebenenfalls der Name und die Anschrift der von Ihnen zur Entgegennahme der Waren ermächtigten Person einzufügen] zurückzusenden oder zu übergeben. Die Frist ist gewahrt, wenn Sie die Waren vor Ablauf der Frist von 14 Tagen absenden.

Hinweis

Je nachdem, wer die Kosten der Rücksendung tragen soll, können Sie an dieser Stelle noch die Formulierung »*Wir tragen die Kosten der Rücksendung der Waren*« oder »*Sie tragen die unmittelbaren Kosten der Rücksendung der Waren*« einfügen.

Sie müssen für einen etwaigen Wertverlust der Waren nur aufkommen, wenn dieser Wertverlust auf einen zur Prüfung der Beschaffenheit, Eigenschaften und Funktionsweise der Waren nicht notwendigen Umgang mit ihnen zurückzuführen ist.

Kapitel 18
Fazit und Ausblick

Wenn Sie an dieser Stelle angelangt sind, haben Sie in jedem Fall eines bewiesen: Sie sind mit der Zeit gegangen und haben sich umfassend mit den neuen Strategien beschäftigt, die Ihnen das Online-Marketing bietet. Damit ist es an der Zeit, ein Fazit zu ziehen und einen kurzen Blick in die Zukunft zu werfen.

Von der abmahnsicheren Website über umfangreiche Affiliate-Netzwerke bis hin zur Werbung auf mobilen Endgeräten haben wir uns mit allen Bereichen des Online-Marketings beschäftigt. Damit wären wir nun am Ende des Buches angelangt. Egal, ob Sie alle Kapitel ausführlich durchgearbeitet oder das Buch gezielt als Nachschlagwerk genutzt haben, hoffen wir, dass Sie einiges lernen und auch umsetzen konnten.

Nach der Lektüre sollte Ihnen auf jeden Fall klar sein, dass die sich Ihnen bietenden Möglichkeiten im Online-Marketing zahlreich sind. Wir haben uns mit den allgemeinen Voraussetzungen für eine erfolgreiche Internetpräsenz beschäftigt. Dabei haben wir uns insbesondere der obligatorischen Website, aber auch den interaktiven sozialen Netzwerken gewidmet.

Wie viel Wert Sie auf den Kontakt mit Ihren Kunden oder Followern legen, bleibt natürlich Ihnen überlassen und richtet sich ganz nach Ihrem individuellen Vorhaben. Je stärker die Interaktion mit den Kunden oder Followern im Mittelpunkt Ihrer Tätigkeit steht, desto sorgsamer müssen Sie im Umgang mit urheberrechtlich geschützten Werken und wettbewerbsrechtlich relevanten Äußerungen sein. Die von uns gelieferten Praxisbeispiele sollten Ihnen ein Gefühl dafür vermittelt haben, was erlaubt ist und was nicht.

Praxistipp

Lesen Sie sich die Praxis-Kästen in den für Sie interessantesten Kapiteln in regelmäßigen Abständen erneut durch. Versuchen Sie auch, eigene Beispiele zu bilden oder die Ausführungen mit Ihren Erfahrungen aus der Praxis zu verbinden. Auf diese Weise behalten Sie auch kompliziertere Probleme im Kopf und können reale Situationen mit dem Gelernten assoziieren.

In diesem Zusammenhang weisen wir noch ein weiteres Mal auf die große Bedeutung des Datenschutzes hin. Persönliche Daten nehmen in der heutigen Zeit einen hohen Stellenwert ein. Bei Verfehlungen im Umgang mit den Daten Ihrer Nutzer gilt der Spruch »auch schlechte Werbung ist gute Werbung« ausnahmsweise nicht. Abgesehen von den rechtlichen Konsequenzen Ihres Handelns sollten Sie sich somit auch immer die Reaktion Ihrer Nutzerbasis vor Augen führen.

Das alles sollte Sie nicht davon abhalten, ausführliche Besucherstatistiken Ihrer Webpräsenzen anzulegen. Behalten Sie diese Statistiken stets im Blick, um Ihre Zielgruppen und deren Verhalten sowie Bedürfnisse kennenzulernen. Dafür haben wir Ihnen verschiedene Instrumente vorgestellt.

Darüber hinaus haben wir Ihnen eine Übersicht unterschiedlichster Marketingpraktiken gegeben, die sich in Zeitaufwand, Kosten und technischen wie rechtlichen Voraussetzungen unterscheiden.

Praxistipp

Wenn Sie sich bisher nur über die für Sie persönlich in Frage kommenden Handlungsinstrumente informiert haben, sollten Sie auch den übrigen Maßnahmen eine Chance geben. Selbst wenn Sie zum Beispiel Content oder Mobile Marketing nie in Betracht ziehen würden, hilft Ihnen die Lektüre zum besseren Verständnis Ihrer Konkurrenten und bei der Entwicklung neuer Ideen.

Sie werden bemerkt haben, dass viele Dinge überhaupt nicht so kompliziert sind, wie sie am Anfang zu sein schienen. Viele der gelernten Grundlagen werden Sie auch in anderen Lebensbereichen gebrauchen können. Ein allgemeines Rechtsempfinden hilft in vielen Fällen weiter, und wir hoffen, wir konnten Ihr Gefühl für rechtlich relevante Handlungen noch weiter verstärken.

Insgesamt sollten Sie jetzt genug Selbstvertrauen besitzen, um auch neue Formen des Online-Marketings auszuprobieren. Falls Sie dennoch einmal vor größeren Problemen stehen, zögern Sie nicht, rechtliche Hilfe in Anspruch zu nehmen. Hier ist Vorsorge oftmals besser und kostengünstiger als Nachsorge!

Online-Marketing ist aus rechtlicher und technischer Sicht kein einfaches Thema. Gehen Sie mit Bedacht vor, und schätzen Sie Ihre Kunden und Follower. Wahren Sie stets einen fairen Umgang mit Ihren Konkurrenten. Mit intelligenten und kreativen Marketingkampagnen sind Sie Ihren Mitbewerbern immer einen Schritt voraus, ohne auf unlautere Mittel zurückgreifen zu müssen. Das Internet bietet dazu eine Fülle an Möglichkeiten.

Zum Abschluss des Buches werden wir noch einmal einen kurzen Blick in die Zukunft werfen. Ein guter Marketer denkt im Voraus, geht mit der Zeit und versucht, die angesagten Trends zur richtigen Zeit abzupassen.

In den nächsten Jahren werden Politik und Wirtschaft einen großen Einfluss auf die Praxis des Online-Marketings und dessen rechtliche Grundlagen haben. Der Fokus liegt dabei zunächst auf dem Zusammenwachsen der Europäischen Gemeinschaft.

Die unterschiedlichen Rechtsordnungen sorgen zurzeit häufig für Missverständnisse, widersprüchliche Urteile und angespannte Geschäftsbeziehungen. Zwar wird eine Vereinheitlichung der verschiedenen nationalen Rechtssysteme angestrebt, die Entwicklung verläuft jedoch – verständlicherweise – sehr schleppend.

Trotzdem zeigt zum Beispiel die neue Verbraucherrechtsreform, dass europarechtliche Normen sehr wohl Einfluss auf die einzelnen Mitgliedsstaaten haben. Dabei ist gleichwohl anzumerken, dass Deutschland bei der Umsetzung von EU-Richtlinien oft um Jahre hinter dem Zeitplan liegt. Falls sich in der nächsten Zeit etwas verändert, werden Sie es sicherlich früh genug erfahren.

Praxistipp

Hier ist Ihnen bereits mit einer gelegentlichen Zeitungslektüre geholfen. Als im Juni 2014 die Verbraucherrechtsreform in Kraft getreten ist, haben die Medien mehrere Wochen vorher und nachher darüber berichtet. Damit einher gehen dann auch immer vermehrt Ratschläge und Debattenbeiträge von Rechtsanwälten oder Richtern in einschlägigen Medien.

In absehbarer Zeit ist eine europäische Datenschutzreform zu erwarten. Seit mehr als drei Jahren wird über diese Reform verhandelt, und mitunter wird sie als eines der größten europäischen Gesetzesvorhaben bezeichnet. Ziel ist es, die teils Jahrzehnte alten Datenschutzgesetze der Mitgliedsstaaten an das Internetzeitalter anzupassen.

Eine Vereinheitlichung des europäischen Datenschutzrechts ist für Sie zunächst positiv zu sehen. Geschäftshandlungen im Internet und vor allem im Online-Marketing gehen häufig über die nationalen Grenzen hinaus – Grenzüberschreitungen sind im World Wide Web ohnehin nicht zu vermeiden. Ein einheitliches europäisches Datenschutzrecht würde für Sie weniger Sorge vor möglichen Rechtsverletzungen im Ausland bedeuten.

Außerdem könnte sich für Sie die Zusammenarbeit mit anderen europäischen Unternehmen oder die Nutzung anderer europäischer Online-Dienste anbieten. Bisher ist es nicht immer gerne gesehen, wenn zum Beispiel zur Speicherung von Kundendaten Cloud-Dienste aus dem Ausland in Anspruch genommen werden. Ein einheitliches Datenschutzniveau verringert das Misstrauen Ihrer Kunden und gibt Ihnen somit neue Möglichkeiten.

Immer noch unklar ist jedoch, welche konkreten Anforderungen die Datenschutzreform an die Erhebung, Verwendung und Speicherung von Kundendaten stellt. Insbesondere vor dem Hintergrund des im Online-Marketing sehr relevanten Themas Big Data streiten Lobbyisten und Verbraucherverbände um angemessene Klauseln. Angesichts des ohnehin sehr strengen deutschen Datenschutzrechts ist jedoch nicht zu erwarten, dass sich eine europäische Reform sehr viel schärfer auswirken wird. Solange Sie sich also an das derzeit geltende deutsche Recht halten, sollten Sie sich auch in Zukunft keine großen Sorgen machen müssen.

Schließlich ist auf die europäische Rechtsprechung zu verweisen. In den letzten Jahren wurden dem Europäischen Gerichtshof (EuGH) immer mehr Rechtsstreite von den nationalen Gerichten zur Entscheidung vorgelegt. Auch die deutschen Gerichte haben mehrmals den EuGH angerufen. Dieser Trend wird sich noch weiter verschärfen und ist eine logische Folge davon, dass in vielen Bereichen Unklarheiten zwischen nationalem und europäischem Recht bestehen.

Bedeutende Entscheidungen, die auf diese Weise vom EuGH getroffen wurden, sind zum Beispiel das »Recht auf Vergessenwerden« und das Urteil zum Framing, also dem Einbetten von fremden YouTube-Videos auf der eigenen Website.

Praxishinweis

Auch hier gilt, dass Sie von relevanten Entscheidungen aus der Tagespresse erfahren werden. Es ist nicht erforderlich, dass Sie die rechtlichen Entwicklungen aufmerksam mitverfolgen. Sie sollten sich lediglich bewusst machen, dass rechtliche Entscheidungen auf europäischer Ebene auch das deutsche Rechtssystem beeinflussen können.

Auf internationaler Ebene verhält es sich aus rechtlicher Sicht vergleichsweise ruhig. Das ist allerdings nicht unbedingt positiv. Zwar bedeutet Konstanz weniger Aufwand, um auf Veränderungen zu reagieren. Gleichwohl ist der derzeitige Zustand für Sie nicht sehr vorteilhaft.

Probleme aufgrund der unterschiedlichen Rechtssysteme auf internationaler Ebene werden vor allem im Hinblick auf die USA deutlich. Dort sitzt ein Großteil der erfolgreichsten und einflussreichsten Internetkonzerne. Trotzdem gelten für diese Konzerne teilweise vollkommen andere Regeln als für Sie. Das schlägt sich zum Beispiel in den Nutzungsbedingungen von Facebook oder Google nieder. Urheberrecht und Datenschutzrecht haben nur nachrangige Bedeutung, was regelmäßig Unstimmigkeiten hinsichtlich der Nutzung dieser Online-Dienste verursacht.

Besserungen sind in dieser Hinsicht leider nicht zu erwarten. Viele Aspekte der Rechtssysteme unterscheiden sich zu stark voneinander, als dass sich in den nächsten Jahren etwas Bedeutendes verändern würde. Lesen Sie sich daher vor der Inanspruchnahme eines ausländischen Dienstes dessen Nutzungsbedingungen aufmerksam durch. Lassen Sie sich auch nicht dadurch verunsichern, dass Websites mit Sitz im Ausland oft andere Ansprüche an Datenschutz oder Urheberrecht haben.

Wenn Sie sich weiterhin informieren und auf dem Laufenden halten wollen, besuchen Sie die Kanzlei-Website *www.wbs-law.de*, den zugehörigen YouTube-Kanal *www.wbs-law.tv* sowie die Facebook-Seite *www.facebook.com/die.aufklaerer*. Scheuen Sie sich nicht, noch offene Fragen als Nutzerfragen einzureichen oder die Kanzlei direkt über *info@wbs-law.de* zu kontaktieren.

Bis dahin wünschen wir Ihnen viel Erfolg bei Ihren – möglichst rechtsfehlerfreien – Vorhaben!

Index

N

O

P

R

S

W

X

Y

Z